제7판

THE CIVIL CODE THE CIVIL CODE

채권법각론

송덕수 저

박영사

제 7 판 머리말

이 책의 제6판이 나온 지 2년 만에 제7판을 펴내게 되었다. 저자가 낱권 교과서의 집필을 처음 시작할 때 희망했던 대로 — 제6판에 이어 제7판도 — 2년 주기로 개정하게 된 것이다. 저자는 이번에 낱권 교과서 중에는 이 책과 함께 「물권법」의 개정판도 낸다. 그 책 역시 제7판이다. 이 책과 「물권법」의 제7판이 나오면 저자의 민법 낱권 교과서 시리즈 5권은 모두 제7판이 된다. 낱권 교과서 「민법총칙」을 펴낸 게 엊그제 같은데 어느새 전체를 6번씩, 그리하여 총 30번 고쳐 쓰게 된 것이다. 언제나 드는 생각이지만, 이는 전적으로 저자의 책을 열심히 읽고 참고하는 독자들 덕분이다.

제7판에서 특별히 달라진 점은 다음과 같다.

(1) 지난 2년 동안 주택임대차보호법을 비롯한 중요한 법령의 개정 및 제정이 있었다. 그러한 법령을 모두 조사하여 서술하였다.

(2) 제6판 출간 후 새로 출현한 중요한 대법원판례가 대단히 많다. 그러한 판례들을 최근의 것까지 빠짐없이 조사하여 적절한 곳에서 충실하게 설명하였다. 요즘 특히 채권법각론 분야의 판례는 새로운 사항에 관한 것도 있지만, 대법원이 기존에 제시한 큰 틀 안에서 세부 사항에 관하여 정교하게 법리를 완성해간다는 인상을 주는 것도 자주 눈에 띈다.

(3) 이번 판에서는 새로운 사항에 대한 설명과 특별한 논점에 관한 판례를 따로 정리해 둔 곳이 여럿 있다. 이는 다른 개정 때도 있었던 일이지만 이번에 유난히 많다.

(4) 때로는 이론의 완결성과 이해의 편의를 위하여 이론 설명과 판례 인용의 위치를 바꾸었다. 일부에서는 판례의 설명을 변경하거나 보완하기도 했다.

(5) 저자는 — 김병선 교수와 공저로 — 2024년 5월에 「민법 핵심판례240 선」(박영사)을 펴냈다. 그 책을 집필하면서 새롭게 알게 된 사항을 이 책에 추가하였다. 그리고 이 책에서는 특히 최근 판례를 중심으로 일부 판례에 대하여 참고하라고 그 책을 인용하고 있는데, 그때 그 책의 해당 면수를 올바르게 찾아 적었다.

(6) 저자는 2024년 7월에 「신민법사례연습」 제 7 판(박영사)을 펴냈다. 저자의 「채권법각론」 책에서는 때로 그 책을 인용하고 있는데, 그 경우 그 책의 면수를 새로 나온 책에 맞추어 적었다.

(7) 그렇게 하다 보니 이 책의 분량이 본문을 기준으로 21면 증가하였다. 책 분량 증가를 최소화하려고 항상 노력하고 있지만, 분량만을 생각하여 꼭 필요한 내용을 뺄 수는 없었다. 분량 증가를 가져온 가장 큰 요인은 판례에 대한 자세한 설명이었다.

이 책이 나오는 데에는 여러 분의 도움이 있었다. 무엇보다도 박영사의 안종만 회장님과 안상준 대표는 개정판 집필에 힘들어하는 저자를 독려하고 격려해 주셨다. 그리고 박영사 편집부의 김선민 이사는 짧은 시간에 책을 아주 훌륭하게 만들어주셨으며, 조성호 출판기획이사는 책이 제때 출간될 수 있도록 열심히 도와주셨다. 이분들을 비롯하여 도와주신 모든 분께 깊이 감사드린다.

2025년 1월

송 덕 수

머 리 말

저자가 낱권 교과서를 집필하기 시작할 때, 일단 시작을 하면 적어도 전통적인 재산법 전체에 관하여 반드시 집필을 마쳐야 한다는 점에 크게 부담을 느꼈었다. 무엇보다도 시간적인 여유가 극히 부족한 상황에서 방대한 민법을 계획한 대로 집필을 할 수 있을지 스스로도 자신이 없었다. 그런데 이제 드디어 재산법 분야의 교과서를 모두 펴내게 되었다. 저자는 그 사실만으로도 무척 기쁘다. 그리고 교과서를 출간하기 어려운 환경에서 어려움을 극복하고 결실을 맺었다는 점에서 대견하기도 하다.

이 책의 집필방향과 방식은 민법총칙 교과서 머리말에서 밝힌 것 그대로이다. 그런데 이 책과 관련해서만은 추가로 고려한 점이 있다. 본래 채권법각론 책은 자세하게 기술하기로 하면 그 양이 엄청나게 늘어나게 된다. 그 책에서 다루어야 할 사항이 아주 많고, 그에 대한 판례도 대단히 많이 쌓여 있기 때문이다. 그러나 저자는 독자들의 편의를 고려해 볼 때 책의 분량이 많이 늘어나는 것은 바람직하지 않다고 생각했다. 그렇다고 꼭 있어야 할 내용이 분량 때문에 빠져서도 안 될 일이었다. 그리하여 저자는 이 책을 쓰면서 '교과서에 꼭 있어야 하는 것은 모두 넣으면서 전체적인 양은 일정한 정도를 넘지 않도록' 분량의 조절에 신경을 썼다. 그리고 그 목적은 달성한 듯하다.

이 책을 쓸 때도 시간이 충분하지 못하여 곤란을 겪었다. 작년 상반기에는 저자의 「신민법사례연습」 책에 대한 개정판 출간 요구가 많아 이전에 틈틈이 준비해 둔 원고를 정리하느라고, 6월부터 10월까지는 저자가 위원장을 맡은 법제처 '민법 알기 쉽게 새로 쓰기 자문위원회'의 일로 시간을 많이 할애해야 했다. 그래서 특히 작년 9월과 10월에는 시간을 어떻게 보냈는지 알 수 없을 정도였다.

저자는 1983년 12월에 처음으로 대학 전임교수가 되었다. 그러니 이제 만

30년이 된 것이다. 이 시점에 저자가 나름의 방법론으로 민법 재산법 전체에 대하여 체계적인 교과서 집필을 완료한 것은 저자에게는 의미가 적지 않다. 민법총칙부터 채권법각론에 이르기까지 네 권의 낱권 교과서 출간이야말로 능력이 부족한 저자에게는 30년 전임교수 생활의 일종의 기록물이라고 할 수 있다. 이러한 결실은 낱권 교과서의 집필을 시작하게 한 박영사 안종만 회장님의 법학에 대한 남다른 애정과 출판인으로서의 사명감에서 비롯되었다고 해도 과언이 아니다. 안회장님은 법학 분야의 여건이 예전과 현저히 다름에도 불구하고 법학의 발전을 위하여 저자에게 낱권 교과서 집필을 강력하게 요청하였고, 그 과정에서 — 저자의 건강을 염려하여 — 집필에 소극적인 저자의 아내를 설득하기도 하셨다.

이 책이 나오기까지 여러 분들의 도움을 받았다. 항상 그렇듯이 저자의 제자들이 많이 도와주었다. 무엇보다도 최근에 독일 쾰른대학에서 박사학위를 받은 홍윤선 법학박사와 이화여대 대학원에서 박사과정을 수료한 이선미 법무부 전문위원의 도움이 컸다. 그리고 김지원 법학박사, 한은주 법령정보관리원 책임연구원도 적지 않게 도와주었다. 또한 박영사에서도 김선민 부장과 조성호 부장을 비롯하여 많은 분들이 도와주셨다. 도와주신 모든 분들에게 마음으로부터 감사드린다.

2014년 1월

송 덕 수 씀

차   례

제 1 장   서   론

제 2 장   계약총론

제3장　계약각론

제 4 장   사무관리

제 5 장   부당이득

제 6 장 불법행위

주요 참고문헌

(괄호 안은 인용약어임)

高翔龍, 民法總則, 第 3 版, 法文社, 2003 (고상룡, 민법총칙)
郭潤直, 債權各論, 第 6 版, 博英社, 2003 (곽윤직)
郭潤直, 債權各論, 新訂版, 博英社, 1995 (곽윤직(신정판))
郭潤直, 相續法, 改訂版, 博英社, 2004 (곽윤직, 상속법)
金基善, 韓國債權法各論, 第 3 全訂版, 法文社, 1988 (김기선)
金大貞, 契約法(上), 피데스, 2007 (김대정)
김상용, 채권각론, 화산미디어, 2011 (김상용)
金疇洙, 債權各論, 第 2 版, 三英社, 1997 (김주수)
김주수·김상용, 친족·상속법, 제10판, 법문사, 2011 (김/김, 친족상속법)
金俊鎬, 債權各則, 法文社, 2007 (김준호)
金曾漢, 債權各論, 博英社, 1988 (김증한)
金曾漢 著·金學東 增補, 債權各論, 第 7 版, 博英社, 2006 (김학동)
金亨培, 債權各論[契約法], 新訂版, 博英社, 2001 (김형배)
金亨培, 事務管理·不當利得, 博英社, 2003 (김형배)
송덕수, 채권법총론, 제 7 판, 박영사, 2024 (채권법총론)
송덕수, 물권법, 제 7 판, 박영사, 2025 (물권법)
송덕수, 민법총칙, 제 7 판, 박영사, 2024 (민법총칙)
송덕수, 신민법강의, 제18판, 박영사, 2025 (신민법강의)
송덕수, 신민법사례연습, 제 7 판, 박영사, 2024 (송덕수, 신사례)
송덕수·김병선, 민법 핵심판례240선, 박영사, 2024 (핵심판례)
尹喆洪, 債權各論, 法元社, 2001 (윤철홍)
李庚熙, 家族法(親族法·相續法), 全訂版, 法元社, 2008 (이경희, 친족상속법)
李英俊, 民法總則, 改訂增補版, 博英社, 2007 (이영준, 민법총칙)
李銀榮, 債權各論, 第 5 版, 博英社, 2007 (이은영)
李太載, 債權各論, 改訂版, 進明文化社, 1985 (이태재)
池元林, 民法講義, 第11版, 弘文社, 2013 (지원림)
黃迪仁, 現代民法論Ⅳ[債權各論], 增補版, 博英社, 1987 (황적인)
Brox, *Besonderes Schuldrecht*, 17. Aufl., 1991 (Brox, BS)
Fikentscher, *Schuldrecht*, 8. Aufl., 1992 (Fikentscher)
Larenz, *Lehrbuch des Schuldrechts, 2. Band Besonderer Teil, 1. Halbband*, 13. Aufl., 1986 (Larenz)
Medicus, *Schuldrecht II Besonderer Teil*, 7. Aufl., 1995 (Medicus)

일러두기

독자들로 하여금 이 책을 효율적으로 읽게 하기 위하여 이 책의 특징을 소개하기로 한다.

- 이 책은 독서의 편의를 위하여 각주를 두지 않고, 각주에 둘 사항은 괄호 안에 두 줄의 작은 글씨로 처리하였다.
- 주요 관련사항은 본문에 두되, 글자의 크기를 줄여서 구별되게 하였다.
- 판례는 최근의 것까지 모두 조사하여 정리·인용하였다. 판례는 판례공보에 수록된 것을 중심으로 검토하였으나(2024. 9. 15.자까지), 다른 자료에 나타난 판례라도 중요한 것은 반영하였다. 그런데 이 책은 교과서이기 때문에 독서의 편의를 위하여 ─ 전거를 찾기가 어려운 특별한 사정이 없는 한 ─ 전거나 자료의 표시는 생략하였다.
- 판례 가운데 특히 중요한 것은 판결이유 중 요지부분을 직접 인용하여 실었다. 그러한 판례는 충분히 익혀야 한다.
- 독자들의 편의를 위하여 교과서(특히 현재 실효성이 있는 것)를 중심으로 하여 학설을 모두 조사하여 정리해 두었다. 그럼에 있어서 교과서 이외의 문헌도 가치가 큰 것은 조사하여 추가하였다.
- 이 책에는 관련부분을 찾아보는 데 편리하게 하기 위하여 본문의 옆에 일련번호, 즉 옆번호를 붙였다. 그리고 참조할 곳을 지시할 때는 이 옆번호를 사용하였다. 색인의 경우에도 마찬가지이다.
- 이 책에 인용된 법령 가운데 민법규정은 민법이라고 표시하지 않고 조문으로만 인용하였다. 그리고 나머지의 법령은 해당 법령의 명칭을 써서 인용하되, 몇 가지 법령은 약칭을 썼다(전부 또는 일부에서). 그러한 법령 중 중요한 것들의 본래의 명칭은 다음과 같다.

  가담법(또는 가등기담보법): 「가등기담보 등에 관한 법률」
  근기법: 근로기준법
  대부업법: 「대부업의 등록 및 금융이용자 보호에 관한 법률」
  민소: 민사소송법
  부동산실명법: 「부동산 실권리자 명의 등기에 관한 법률」
  부등규칙: 부동산등기규칙
  부등법: 부동산등기법
  부등특조: 「부동산등기 특별조치법」
  실화책임법: 「실화책임에 관한 법률」
  약관법: 「약관의 규제에 관한 법률」
  주임법: 주택임대차보호법
  집합건물법: 「집합건물의 소유 및 관리에 관한 법률」
  채무자회생법: 「채무자회생 및 파산에 관한 법률」
- 판결 인용은 양을 줄이기 위하여 다음과 같은 방식으로 하였다.
  (예) 대법원 1971. 4. 10. 선고 71다399 판결 → 대판 1971. 4. 10, 71다399

제 1 장 서 론

I. 서 설 [1]

저자가 「채권법총론」 책에서 이미 밝힌 바와 같이$^{(채권법총론}_{[3] 참조)}$, 저자는 채권법을 총론과 각론의 두 권으로 나누어 엮기로 하였다. 그러한 계획에 따라 먼저 「채권법총론」을 출간했고 그에 이어서 이 책(「채권법각론」)을 펴내게 된 것이다. 그러므로 「채권법총론」 책과 「채권법각론」 책은 전체적으로는 「채권법」이라는 하나의 교과서를 편의상 나눈 것이라고 할 수 있다. 그런 관점에서 보면 「채권법각론」 책에는 서론부분이 필요하지 않다. 그런데 대학에서 채권법각론을 채권법총론, 심지어 민법총칙에 앞서서 강의하기도 한다. 그것은 구체적인 법률요건을 통하여 어느 정도 이해를 하게 한 뒤에, 보다 어렵고 추상적인 규정과 이론으로 나아가게 하기 위해서 그렇다. 그런가 하면 다른 여러 가지 이유로 「채권법총론」 책을 보기 전에 「채권법각론」 책을 먼저 보려는 경우도 있다. 이러한 점들을 고려하면 「채권법각론」에도 서론을 두고, 거기에서 앞으로 이 책에서 다룰 내용을 개괄적으로 소개해 줄 필요가 있다. 이 장(章)은 그런 연유로 마련된 것이다.

II. 이 책에서 기술할 내용의 개요 [2]

「채권법」 교과서를 둘로 나눈 「채권법총론」·「채권법각론」은 채권법(실질적 채권법)을 연구대상으로 한다. 그런데 실질적 채권법, 즉 채권법의 법원(法源)에는 여러 가지가 있다$^{(채권법총론}_{[2] 참조)}$. 그 중에 가장 중요한 것은 민법 제 3 편 채권이다. 그리고 「채권법총론」·「채권법각론」 책은 이 민법 제 3 편 채권을 중심으로 하여, 그것도 대체로 그 순서에 따라 기술하는 것이 보통이다. 저자도 마찬가지이다.

그러면 민법 제 3 편에서 규율하는 내용을 어떻게 나누어 총론·각론에서 논의할 것인가? 민법 제 3 편은 5장으로 이루어져 있다. 총칙, 계약, 사무관리, 부당이득, 불법행위가 그것이다. 이들 가운데 제1장 총칙은 채권이 어떤 원인에 의하여 발생했는지를 묻지 않고 모든 채권에 공통적으로 적용되는 내용을 규정하고 있다. 그에 비하여 제2장 내지 제5장은 채권의 발생원인 중 대표적인 4가지에 관하여 개별적인 사항을 규정하고 있다. 저자는 — 일반적으로 그러하듯이 — 민법 제3편 중 제1장 총칙에 관하여 「채권법총론」 책에서 논의를 하였다. 그리고 「채권법각론」에서는 제3편 중 제2장 내지 제5장이 정하고 있는 사항을 논의하려고 한다. 즉 계약·사무관리·부당이득·불법행위에 관하여 논의할 것이다.

구체적으로는 이 책을 다음과 같이 구성하려고 한다. 먼저 계약에 관하여 기술하려고 한다. 그런데 계약에 관한 내용은 워낙 많아서 다음과 같이 크게 둘로 나누어 적을 것이다. 민법 제3편 제2장 계약은 16절로 이루어져 있다. 그리고 그 중 제1절은 총칙(계약총칙)이고, 제2절 내지 제15절은 15가지 전형계약에 관한 것이다($^{2015.\,2.\,3.에\,9절의}_{2가\,신설되었다}$). 이들 중 제1절 총칙에 관한 논의를 일반적으로 계약총론이라고 하고, 제2절 내지 제15절에 규정된 개별적인 전형계약에 관한 논의를 계약각론이라고 한다. 그리하여 이 책에서는 계약에 관한 내용을 계약총론(제2장)과 계약각론(제3장)으로 나누어 적을 것이다. 그러고 나서 제4장에서 사무관리를, 제5장에서 부당이득을, 마지막으로 제6장에서 불법행위에 관하여 논의하려고 한다.

「채권법각론」에서 다루게 되는 계약·사무관리·부당이득·불법행위는 모두 그것에 기하여 채권이 발생하게 되는 채권발생원인이다. 여기의 계약은 넓은 의미의 계약 가운데 채권계약만을 가리킨다. 그리하여 둘 이상의 서로 대립하는 의사표시의 일치에 의하여 성립하는 법률행위(넓은 의미의 계약) 중 채권의 발생을 목적으로 하는 것이다. 사무관리는 의무 없이 타인을 위하여 그의 사무를 처리하는 행위이다($^{734조}_{참조}$). 부당이득은 법률상 원인 없이 타인의 재산 또는 노무로 인하여 얻은 이익을 의미한다($^{741조}_{참조}$). 그리고 불법행위는 고의 또는 과실로 위법하게 타인에게 손해를 가하는 행위이다($^{750조}_{참조}$). 이들 가운데 계약은 법률행위이고, 나머지는 법률행위가 아니다. 그리하여 계약의 경우에는 법률행위에 의하여 채권이 발생하는 데 비하여, 나머지의 경우에는 법률(민법) 규정에 의하여 채권이 발생하게 된다. 주의할 것은 채권발생원인이 위의 4가지에 한정되지 않는다는 점이다.

법률행위 중 단독행위에 의하여 채권이 발생하기도 하고($\frac{예: 유언, 재단}{법인 \ 설립행위}$), 채권편 이외의 민법 규정이나 특별법 규정에 의하여 채권이 발생하는 경우도 많이 있다. 그리고 단독행위는 법률행위이기는 하지만, 법률에 규정이 있는 경우에만 그것에 의하여 채권이 발생한다고 해석된다. 채권의 발생원인에 어떤 것이 있고, 그것들이 성질상 어떻게 분류되는지에 관하여는 「채권법총론」에서 자세히 설명하였다 ($\frac{채권법총론}{[22] \cdot [23] \ 참조}$).

제 2 장 계약총론

제 1 절 계약의 의의 및 작용

I. 계약의 의의 [3]

계약이라는 용어는 넓은 의미와 좁은 의미의 두 가지로 사용된다. 그에 따라 계약의 의의도 두 가지가 있게 된다.

넓은 의미로 계약이라고 하면, 둘 이상의 서로 대립하는 의사표시의 일치에 의하여 성립하는 법률행위를 말한다. 넓은 의미의 계약에는 채권계약(채권의 발생을 목적으로 하는 계약)뿐만 아니라 물권계약(물권변동을 목적으로 하는 계약), 준물권계약(물권 이외의 재산권의 변동을 목적으로 하는 계약), 가족법상의 계약(가족법상의 법률관계의 변동을 목적으로 하는 계약) 등도 포함된다.

좁은 의미로 계약이라고 하면, 넓은 의미의 계약 가운데 채권계약만을 가리킨다. 즉 채권의 발생을 목적으로 하는 계약이 좁은 의미의 계약이다. 그리고 문헌들은 이러한 채권계약과 구별하기 위하여 다른 계약에 대하여는 「계약」이라고 하지 않고 「합의」라고 표현하기도 한다(예: 소유권 이전의 합의·혼인의 합의). 민법도 채권계약에 관하여만 계약이라는 용어를 사용하고 있다. 이 책에서도 계약법 부분에서는 「계약」이라는 용어를 채권계약의 의미로만 사용할 것이다.

민법은 넓은 의미의 계약에 관하여는 일반적으로 적용되는 규정을 두고 있지 않으며, 좁은 의미의 계약에 관하여만 그러한 규정을 두고 있다. 민법 제 3 편(채권) 제 2 장(계약)의 제 1 절 총칙(527조 내지 553조)이 그것이다. 이들 규정은 그것이 채권계약에만 적용되어야 할 특수성이 없는 한 넓은 의미의 계약에 유추적용될 수 있을 것이다.

Ⅱ. 계약의 사회적 작용

중세 봉건사회에 있어서는 사람은 한편으로 신분적인 제약을 받으면서도 다른 한편으로는 신분질서에 의하여 생존의 보장을 받고 있었다. 그런데 근대사회에서는 모든 개인이 신분적인 제약으로부터 벗어났으나, 그 반면에 생존보장도 받을 수 없게 되었다. 그리하여 개인은 생존방안을 스스로 강구하여야만 하게 되었다. 그 방법으로 근대법이 예정한 것이 바로 계약이다. 즉 타인과의 합의를 통하여 필요한 재화와 용역을 얻을 수 있게 한 것이다.

이러한 점은 오늘날에 있어서도 마찬가지이다. 자본주의 사회에서 사람은 계약을 맺어 삶을 영위하고 있다. 예컨대, 생존에 필요한 식량이나 의류를 매매계약을 통하여 얻고, 주거를 위한 공간은 매매계약·임대차계약 또는 도급계약으로 마련하며, 생활에 필요한 타인의 노동력을 고용계약이나 도급계약에 의하여 조달한다. 그리고 생존에 필요한 금전은 고용계약이나 물건의 매매계약 등에 의하여 마련하게 된다. 이와 같이 사람의 삶의 거의 대부분이 계약에 의하여 이루어짐을 볼 때, 우리 사회에서 계약이 가지는 의미는 가늠하기 어려울 정도로 크다고 할 것이다.

제 2 절　계약의 자유와 그 한계

[4]　Ⅰ. 계약자유의 의의

계약자유라 함은 계약에 의한 법률관계의 형성은 법의 제한에 부딪히지 않는 한 계약당사자의 자유에 맡겨진다는 원칙을 말한다. 이 계약자유는 사적 자치($\begin{smallmatrix}민법총칙\ [71]\\이하\ 참조\end{smallmatrix}$)의 발현형식(내지 내용) 가운데 가장 대표적인 것이다.

Ⅱ. 계약자유의 법적 근거

1. 헌법적 기초

계약자유는 사적 자치의 하나의 발현형식이다. 따라서 사적 자치의 헌법적 근거인 헌법 제10조와 제37조 제 1 항에 의하여 계약자유도 일반적으로 보장된다고 할 수 있다(민법총칙 [71] 참조. 헌재 1991. 6. 3, 89헌마204는 계약자유의 원칙은 행복추구권 속에 함축된 일반적 행동자유권으로부터 파생되는 것이라고 한다). 그런가 하면 헌법 제23조(재산권보장), 제15조(직업선택의 자유), 제119조 제 1 항(경제상의 자유) 등에 의하여 개별적으로 보장되고 있다.

2. 민법상의 근거

민법은 사적 자치를 당연한 전제로 하고 있으며, 제105조가 이를 간접적으로 규정한다. 사적 자치를 간접적으로 규정한 이 제105조는 계약자유에 대하여도 근거가 된다고 할 수 있다. 그리고 제103조·제104조와 계약법의 많은 규정은 계약자유를 전제로 한 것이다.

Ⅲ. 계약자유의 내용

계약자유의 내용에는 체결의 자유, 상대방 선택의 자유, 내용결정의 자유, 방식의 자유의 네 가지가 있다. 그런데 상대방 선택의 자유는 체결의 자유의 한 내용으로 볼 수 있다.

체결의 자유(상대방 선택의 자유 포함)는 계약을 체결할 것인가, 그리고 체결하는 경우에 누구와 체결할 것인가는 당사자의 자유라는 것이다. 그런데 계약은 보통 청약과 승낙에 의하여 성립하기 때문에, 체결의 자유는 청약 여부의 자유와 승낙 여부의 자유를 포함한다. 내용결정의 자유는 계약의 내용은 당사자가 자유롭게 결정할 수 있다는 것이다. 이 내용결정의 자유는 계약을 체결할 때 계약 내용을 자유롭게 결정하는 것 외에 일단 성립한 계약의 내용을 후에 합의(계약)에 의하여 변경하거나 보충하는 것도 포함한다(같은 취지: 곽윤직, 10면). 내용결정의 자유는 좁은 의미의 계약자유라고도 한다. 방식의 자유는 계약체결에 일정한 방식이 요구되지 않음을 말한다.

〈판 례〉

「당사자들은 계약자유의 원칙에 따라 계약을 체결할 것인지 여부와 어떠한 내용과 방식으로 계약을 체결할 것인지를 자유롭게 정할 수 있을 뿐만 아니라, 계약이 성립한 후에 합의로 계약 내용을 변경·보충할 수도 있다. 이와 같이 계약의 성립 후에 계약의 내용을 변경·보충하려면 당사자들 사이에 명시적이든 묵시적이든 계약을 변경·보충하려는 의사의 합치가 있어야 한다.

계약 체결 후에 한쪽 당사자가 계약의 내용을 변경하고자 계약 내용과는 다른 사항이 포함된 문서를 상대방에게 송부하고 상대방이 이를 수령하고도 이의를 제기하지 않은 경우에 계약의 내용이 변경되었다고 보려면, 거래의 종류와 성질, 거래관행, 발송한 문서의 내용과 형식, 상대방의 태도 등에 비추어 상대방이 그 변경에 묵시적으로 동의하였다고 볼 수 있어야 한다. 이때 변경되는 사항이 이미 체결된 계약의 내용을 중요하게 변경하는 결과를 초래하는 경우에는 위와 같은 묵시적 동의를 쉽사리 인정해서는 안 된다.」($\binom{\text{대판 2016. 10. 27,}}{\text{2014다88543·88550}}$)

[5] Ⅳ. 계약자유의 한계

1. 서   설

계약자유는 제약이 없는 것이 아니고, 법질서의 한계 내에서 인정된다. 역사적으로 보면, 계약자유는 19세기에는 광범위하게 인정되고 제약이 많지 않았다. 그 결과 경제는 대단히 발전하였다. 그런데 개인에게는 심각한 문제가 생겼다. 경제력의 차이로 인하여 모든 자에게 보장된 계약자유가 동등하게 행사될 수 없었다. 예컨대 기업이 개인과 고용계약을 체결하거나 주택의 소유자가 임차인과 임대차계약을 체결하는 경우에는, 기업이나 주택의 소유자가 계약자유를 자신에게 유리하게 이용하였다. 이러한 문제점이 발생하게 되자, 계약자유에 관하여 보다 많은 제약이 가해져야 한다고 주장되었으며, 문제점을 해결하기 위한 입법($\binom{\text{특히 노동법·}}{\text{경제법}}$)이 행하여지기도 하였다. 그리고 민법의 계약법에도 강행규정이 더 늘게 되었다. 이를 두고 많은 문헌들이 계약자유 원칙의 「수정」이라고 설명하기도 한다. 그러나 계약자유가 본래 법질서의 한계 내에서 인정되는 것인 만큼, 제약의 증가가 그에 대한 본질을 변경시키는 것은 아니다. 따라서 본질이 변한 것으로 오해할 수 있는 그러한 표현은 적절하지 않다.

2. 계약자유의 한계의 종류

계약자유의 한계에는 외적인 한계와 내적인 한계가 있다. 전자는 계약당사자 쌍방이 모두 자유로운 자기결정에서 행위한 경우에도 계약자유에 끌어들여지는 한계이고, 후자는 당사자 일방의 자기결정이 타방당사자의 우월적 지위에 의하여 위협받는 경우에 생기는 한계이다. 내적인 한계는 계약당사자에 의한 사적 자치적 규율에서 일반적으로 일정한 영역을 제거하는 것이 아니고, 따라서 엄밀한 의미에서「한계」가 아니다. 그것은 오히려 계약당사자의 자치적인 규율에 맡겨진 영역 안에서 당사자 사이에 존재하는 불평등한 지위 때문에 약자가 보호되어야 하는 때에 작용한다. 따라서 그때에는 양 당사자의 자유가 아니고, 한 당사자 즉 우월적인 지위의 계약당사자의 자유만이 그 행사에 있어서 제한된다. 이러한 계약자유의 두 한계 가운데 중요한 것은 내적인 것이다.

우리의 문헌들은 대체로 계약자유의 한계(제한)를 체결의 자유, 내용결정의 자유, 방식의 자유와 같이 각각의 계약자유별로 기술하고, 그에 덧붙여「국가의 허가 또는 증명을 필요로 하는 계약」이나 그와 유사한 것에 대하여 다루고 있다$\binom{\text{대표적으로 곽}}{\text{윤직, 12면 이하}}$. 이러한 문헌들의 태도는 계약자유의 한계에 본질적으로 구분되는 두 가지(외적 한계와 내적 한계)가 있음을 보여주지 못하는 문제가 있다. 그리고 세분된 계약자유의 한계의 어느 하나에 속할 수 없는 것을 별도로 다룰 수밖에 없는 결과를 야기한다.

3. 외적(外的)인 한계   [6]

외적인 한계는 경제적 지위의 우열관계와 무관한 것으로서 일반적인 한계라고 할 수 있다. 계약자유의 외적인 한계로는 강행규정과 제103조를 들 수 있다.

(1) 강행규정

우리법상 계약은 그것이 강행규정$\binom{\text{민법총칙 [117]}}{\text{이하 참조}}$에 반하는 경우에는 무효이다$\binom{\text{105조}}{\text{참조}}$. 그러므로 강행규정은 계약자유의 한계를 형성한다. 그런데 계약자유를 제한하는 강행규정 가운데에는 계약자유의 내적인 한계에 관한 것이 많다. 그러나 모두가 그런 것은 아니다. 강행규정 중에는 약자 보호를 위하여서가 아니고 사회 일반의 이익 또는 제 3 자의 이익을 위하여 두어진 것도 있다.

계약자유의 외적인 한계를 이루는 강행규정의 구체적인 예로는 광업권의 대차$\binom{\text{이른바 덕대계}}{\text{약(德大契約)}}$를 금지하고 있는 광업법 제11조, 어업권의 임대차를 금지하고 있는 수산업법 제33조, 금융투자업자의 명의대여를 금지한 「자본시장과 금융투자업에 관한 법률」 제39조 등을 들 수 있다.

　계약의 체결에 관청의 허가나 일정한 증명을 요구하는 법률규정도 같은 맥락에서 파악할 수 있다. 그러한 규정에 어긋나는 때에는 계약이 무효로 되기 때문이다. 토지거래 허가구역에 있는 토지에 관한 소유권·지상권을 이전하거나 설정하는 계약을 체결하려는 경우에 시장·군수 또는 구청장의 허가를 받도록 하는 「부동산 거래신고 등에 관한 법률」 제11조 제 1 항(대판(전원) 1991. 12. 24, 90다12243 등은 허가 없이 체결한 토지매매계약은 유동적 무효라고 한다. 민법총칙 [234] 참조), 외국인 등이 일정한 구역·지역 등에 있는 토지에 관하여 토지취득계약을 체결하는 경우에 시장·군수 또는 구청장의 토지취득 허가를 받도록 하는 「부동산 거래신고 등에 관한 법률」 제 9 조(외국인이 토지취득계약을 체결하는 경우에는 원칙적으로 계약체결일부터 60일 이내에 신고만 하면 되나(같은 법 8조), 예외적으로 계약을 체결하기 전에허가를 받아야 하는 때도 있다), 농지를 취득하는 경우에 소재지의 시장·구청장·읍장 또는 면장의 농지취득자격증명을 요구하는 농지법 제 8 조, 학교법인의 기본재산의 매도 등을 하는 경우에 관할청의 허가를 받도록 하는 사립학교법 제28조, 전통 사찰의 주지가 동산 또는 일정한 부동산을 양도하는 때에는 문화체육관광부장관의 허가를 받도록 하고 또 그것들의 대여·담보제공 등을 하는 때에는 시·도지사의 허가를 받도록 하는 「전통사찰의 보존 및 지원에 관한 법률」 제 9 조 등이 그러한 규정이다.

〈허가를 받아야 하는 계약을 허가 없이 체결한 경우의 효력〉

　법률상 일정한 행정관청의 허가를 받아서 체결해야 하는 계약을 허가 없이 체결한 경우에 그 계약의 효력이 문제된다. 계약에 허가를 요구하는 법률 중에는 — 위반한 경우의 벌칙 외에 — 허가 없이 체결한 계약의 효력에 대해서도 명시적으로 무효라고 규정하는 것이 있다(예: 「부동산 거래신고 등에 관한 법률」 11조 6항·9조 3항, 「전통사찰의 보존 및 지원에 관한 법률」 9조 3항). 그런가 하면 벌칙만을 규정하거나(예: 사립학교법 73조 2호), 벌칙과 함께 다른 특별한 내용을 규정하는 것도 있다(예: 농지법 59조 1호·8조 4항).

　허가 없이 체결한 계약이 무효라고 하는 규정은 물론이고, 허가를 요구하고 그것을 위반한 경우에 제재를 가하는 규정도 모두 — 법률행위를 무효로 만드는 — 효력규정이라고 해석된다(민법총칙 [118] 참조). 그리고 이때의 허가는 법률행위의 특별효력요건에 해당한다고 할 것이다(민법총칙 [82] 참조). 따라서 허가를 받아야 하는 계약을 허가 없이 체결한 경우에는 그 계약은 — 무효라는 명문규정이 없더라도 — 무효라고 해석된다. 그런데 여기의 무효는 절대로 유효하게 해서는 안 되는 경우가 아니므로, 후에 허가를 받으면 유효하게 되는 유동적 무효라고 새기는 것이 바람직하다.

우리 판례는, 토지거래 허가구역 안에서 허가 없이 소유권이전 등에 관한 계약을 체결한 경우(대판(전원) 1991. 12. 24, 90다12243 등
다수의 판결. 민법총칙 [234] · [235] 참조), 관할청의 허가 없이 사찰 소유의 재산을 대여 등을 한 경우(대판 2001. 2. 9, 99다26979. 구 불교재
산관리법은 관할청의 허가를 요구했음)에 관하여, 그러한 계약은 유동적 무효라고 한다. 그리고 학교법인이 관할청의 허가 없이 기본재산을 매각하거나 금전을 차용한 행위는 무효라고 한다(기본재산을 매매한 경우: 대판 1994. 9. 27, 93누22784; 대판 1998. 7. 24,
96다27988. 금전을 차용한 경우: 대판 1974. 5. 28, 74다244; 대판
1998. 12. 8, 98다44642; 대
판 2000. 9. 5, 2000다2344). 그런가 하면, 농지법 제 8 조 제 1 항의 농지취득자격증명은 농지를 취득하는 자가 그 소유권에 관한 등기를 신청할 때에 첨부하여야 할 서류로서 농지를 취득하는 자에게 농지취득의 자격이 있다는 것을 증명하는 것일 뿐 농지취득의 원인이 되는 법률행위의 효력을 발생시키는 요건은 아니라고 한다(대판 1998. 2. 27,
97다49251; 대판
2006. 1. 27, 2005다59871; 대판 2008. 2. 1,
2006다27451; 대판 2008. 4. 10, 2008도1033 등). 농지법에 관한 이러한 판례는, 구 농지개혁법 제 19조 제 2 항이 요구하던 소재지관서의 증명이 없는 농지매매계약의 효력에 관한 판례(대판 1987. 4. 28, 85다카971;
대판 1993. 11. 9, 93다28928 등)와 같은 맥락에 있다. 생각건대 농지법이나 구 농지개혁법에 관한 판례는 바람직하지 않다. 구 농지개혁법 제19조 제 2 항이나 현행 농지법 제 8 조는 모두 비농가(非農家)의 농지소유를 막고 이른바 경자유전(耕者有田: 농사를 짓는 사람이 농지를 소유함)의 원칙을 확립하려는 데 그 취지가 있다. 그런데 그 취지를 살리려면 농지취득자격증명을 발급받지 못한 경우에는 농지매매계약 자체가 무효라고 해야 한다. 그리고 농지법 제 8 조 제 6 항은 「그에 더하여」 농지취득자격증명을 등기신청시에 첨부하도록 규정한 것이라고 이해해야 하며, 그 규정을 근거로 그 증명이 등기신청시에 필요한 서류에 불과하다고 새길 것이 아니다.

그에 비하여 계약을 체결하기 전이나 후에 단순히 신고하도록 할 뿐, 신고가 없었다고 하여 계약을 무효로 하지는 않는 경우에는 외적인 한계가 아니라고 할 것이다. 외국인 등이 토지취득계약을 체결한 때에 계약체결일부터 60일 이내에 시장 · 군수 · 구청장에게 신고하도록 하는(예외
있음) 「부동산 거래신고 등에 관한 법률」 제 8 조 제 1 항이 그 예이다(이 경우에는 과태료의 제재만 받는다. 「부동
산 거래신고 등에 관한 법률」 28조 4항 참조).

(2) 제103조

제103조도 계약자유의 외적인 한계가 된다. 동조에 의하면, 계약은 강행규정에 반하지 않을지라도 선량한 풍속 기타 사회질서에 반하는 경우에는 무효로 되기 때문이다. 사회질서에 반하는 계약의 예로는 인신매매(人身賣買), 남녀가 불륜관계를 맺기로 약속한 경우를 들 수 있다.

4. 내적(內的)인 한계 [7]

계약당사자가 대등한 지위를 갖는다면 계약자유는 외적인 한계로 충분하다.

그러나 실제에 있어서는 계약당사자의 일방이 우월한 지위를 갖고, 그리하여 쌍방의 자기결정 대신에 그 자의 일방적인 결정이 행하여지는 때가 많이 있다. 그러한 때에는 우월한 당사자의 계약자유는 약자의 보호를 위하여 제한되어야 한다. 이것이 계약자유의 내적인 한계의 문제이다. 법질서도 그러한 입장에서 많은 강행규정을 두고 있다.

(1) 체약강제(締約强制)

1) 공익적 독점기업의 체약의무   우편 · 전기통신($\substack{유무선\\전화 등}$) · 운송($\substack{철도 · 버스 ·\\택시 등}$) 등의 사업을 경영하거나, 전기 · 수도 · 가스 등의 생활필수품을 공급하는 공익적 독점기업은 정당한 사유가 없는 한 급부제공을 거절하지 못한다($\substack{우편법 50조, 전기통신사\\업법 3조, 철도사업법 20}$ 조 · 22조,「여객자동차 운수사업법」26조, 전기사업법 14조 · 21조, 수도법 39조, 도시가스사업법 19조 등 참조). 그리고 이러한 공익적 독점기업에 대한 계약체결 강제는 법률에 명문규정이 없어도 인정되어야 한다($\substack{같은 취지: 곽윤직, 13면. 그러나\\김형배, 42면은 권리남용 금지와}$ 같은 근거 를 요구한다).

공익적인 독점기업이 체약의무를 위반한 경우에는 관련 법률이 정하는 공법적인 제재를 받게 된다. 그리고 사법상으로는 그 거절이 불법행위가 되어 손해배상책임을 지게 될 것이다. 그러나 체약의무가 있는 것만으로 계약이 체결되는 것은 아니기 때문에 계약성립이 인정되지는 않는다.

2) 공공적 · 공익적 직무담당자의 체약의무   공증인 · 집행관 · 법무사 · 행정사 등의 공공적 직무담당자($\substack{공증인법 4조, 집행관법 14조,\\법무사법 20조, 행정사법 22조}$)와, 의사 · 치과의사 · 한의사 · 조산사 · 약사 · 한약사 등 공익적 직무담당자($\substack{의료법 15조,\\약사법 24조}$)에 대하여 정당한 사유 없이 직무의 집행을 거절할 수 없다는 공법적 의무가 부과되어 있다.

공공적 또는 공익적 직무담당자가 체약의무를 위반한 경우의 효과는 위 1)에서와 같다.

3) 경제통제법에 의한 체약강제   전쟁이나 경제적 위기가 닥칠 때에 경제에 관하여 통제하는 내용의 법률을 경제통제법이라고 한다. 그러한 경제통제법 중에는 계약체결을 강제하거나 금지하는 내용을 담고 있는 것도 있다.「물가안정에 관한 법률」($\substack{6조 ·\\7조}$),「농수산물 유통 및 가격안정에 관한 법률」($\substack{4조\\이하}$), 비료관리법($\frac{7}{조}$) 등이 그 예이다. 경제통제법은 체약강제의 방법으로 영업허가나 등록의 취소, 형벌 등을 사용하는 것이 보통이나, 때에 따라서는「명령된 계약」으로 강제하기도 한다. 명령된 계약은 법규에 기한 행정명령에 의하여 당사자 사이에 성

립한 계약을 말한다. 이러한 명령된 계약의 경우에는 행정명령이 당사자의 합의에 갈음하게 된다. 우리의 현행법에서는 「농수산물 유통 및 가격안정에 관한 법률」 제10조 이하, 비료관리법 제 7 조에 의하여 이 계약이 성립할 가능성이 있다.

(2) 내용에의 간섭

경제적 약자보호를 위하여 법질서가 직접 계약의 내용에 간섭을 가하기도 한다. 제607조, 제608조, 임대차에 관한 규정($^{652조}_{참조}$), 근로기준법을 비롯한 노동법, 이자제한법, 주택임대차보호법, 「상가건물 임대차보호법」, 「가등기담보 등에 관한 법률」, 「약관의 규제에 관한 법률」 등이 그 예이다.

전쟁이나 경제적 위기가 닥친 때에 경제통제법에 의하여 계약체결이 강제될 수 있음에 대하여서는 앞에서 보았다. 그런데 경우에 따라서는 계약을 체결하려면 반드시 일정한 내용($^{예:공}_{정가격}$)에 따르도록 강제하기도 한다. 이때 법규가 정하는 내용으로 성립하는 계약을 「규제된 계약」이라고 한다.

제 3 절   계약과 보통거래약관

Ⅰ. 서   설 [8]

보통의 계약의 경우 계약당사자는 서로 협의하여 계약의 내용을 확정한다. 부동산의 매매나 전세와 같이 중개업소에서 제시한 서식을 이용하여 계약을 체결할 때에는 당사자는 거기에 기재된 사항을 확인하여 계약의 내용으로 삼는다. 그런데 어떤 경우에는 계약당사자 일방이 계약내용으로 삼을 사항(계약조건)을 일방적으로 미리 정해 놓고서 계약체결시에 이를 제시하기도 한다. 그때 상대방이 이를 받아들이면 그것은 계약의 내용으로 된다. 이처럼 계약의 내용으로 삼기 위하여 당사자 일방이 미리 준비한 계약조건을 보통거래약관($^{또는 일반거래약관 · 보통}_{계약약관. 이는 독일어}$ Allgemeine Geschäftsbedingungen)이라고 한다. 의 번역어이다

보통거래약관은 실제거래에 있어서 특히 대기업에 의하여 널리 사용되고 있다. 예컨대 은행 · 보험회사 · 운송기업 · 상품생산기업은 그들($^{법률고문 또}_{는 이익단체}$)이 만든 보통거래약관($^{은행약관 · 보험약관 ·}_{운송약관 · 공급약관 등}$)을 계약체결에 사용하고 있다. 그 결과 보통거래약관

은 오늘날의 경제생활에서 대단히 중요한 역할을 수행하고 있다.

보통거래약관은 여러 가지 긍정적 기능을 가지고 있다. 첫째 다수의 상대방과 계약을 체결하여야 하는 경우 계약내용을 일일이 상대방과 협의하여 정하는 번거로움을 피하고 신속하게 거래를 행할 수 있게 한다. 둘째 계약내용을 통일적으로 규율하게 되어 경영의 합리화를 달성할 수 있도록 한다. 셋째 거래에 따른 위험을 적절하게 분산시킬 수 있게 한다($^{예:「상품의 소유권은 대금의 완급시까지 매도인에게}_{유보된다」,「임금이 오르면 그에 따라 가격도 오른다」}$). 넷째 법률에 규정이 전혀 없거나 불완전한 법률관계를 포괄적으로 규율할 수 있게 한다($^{예: 자동판매}_{기 설치계약}$).

그런데 보통거래약관은 무시하지 못할 부정적 기능도 있다. 보통거래약관은 약관의 사용자 측에서 일방적으로 준비하는 것이므로 그 사용자에게만 유리한 내용으로 이루어질 가능성이 크다. 가령 사용자가 의무를 면하거나 모든 위험을 상대방에게 전가하거나 분쟁 발생시 자신에게 유리하게 해 줄 방법을 정해 놓는 경우에 그렇다. 그런가 하면 때로는 상대방으로 하여금 전혀 예상할 수 없는 의무를 부담시키는 조항을 둘 수도 있다. 물론 보통거래약관의 사용자가 약관을 이용하여 계약을 체결하려는 경우에 상대방은 계약체결을 거절할 수 있다. 그러나 일단 계약을 체결하려고 하면 보통거래약관에 따라서 계약을 체결할 수밖에 없게 된다. 그 결과 계약체결의 자유는 있으나 계약내용결정의 자유는 가지지 못하게 된다. 더구나 보통거래약관 사용자가 생존에 불가결한 상품이나 용역을 제공하는 독점기업인 때에는 보통거래약관에 의한 계약체결이 강제되어 체결의 자유까지도 없게 된다($^{Brox, AS,}_{S. 32}$). 그리고 상대방이 청약자($^{예: 운}_{송기업}$)를 선택할 수 있다고 하더라도 청약자들이 그들의 이익단체($^{예: 운송}_{사업조합}$)에서 만든 보통거래약관을 공동으로 사용한다면 결과는 마찬가지이다($^{Brox, AS,}_{S. 32}$). 결국 형식적으로는 계약자유(체결의 자유)가 있지만 실질적으로는 보통거래약관 사용자의 일방적인 명령인 경우가 많다.

이와 같이 보통거래약관이 중대한 폐단을 가져올 수 있기 때문에 종래 각국의 판례와 학설은 보통거래약관을 규제하기 위하여 부심해왔다. 특히 보통거래약관 사용자에게 유리하게 하기 위하여 매우 합리적으로 규정되어 있는 민법 등의 임의규정을 일방적으로 배제하는 경우에 그 약관의 적용을 제한하려고 많은 노력을 기울였다. 그러나 판례·학설에 의한 보통거래약관의 통제는 한계가 있어서 각국은 보통거래약관을 규제하기 위한 특별법을 제정하게 되었다($^{그 대표적인 것이}_{1976년의 독일의}$

「보통거래약관법의 규율에 관한 법률」이다. _(이 법은 2001년에 독일민법에 흡수되었다)). 우리나라에서도 1986년 「약관의 규제에 관한 법률」_(이하에서는 약관규제법이라고 약칭함)을 제정하여 시행하고 있다(_{1987. 7. 1. 시행}). 이 법은 독일의 법을 모범으로 한 것으로서 보통거래약관을 — 개별약관별로가 아니고 — 일반적으로 규제하고 있다.

아래에서는 이러한 우리의 약관규제법을 기초로 하여 보통거래약관에 관하여 살펴보기로 한다.

〈용어 문제〉

우리의 약관규제법은 보통거래약관을 단순히 「약관」이라고 표현하고 있다(_{같은 법 2조 1호}). 그런데 본래 약관은 보통거래약관의 의미 외에 단순한 계약조항(Klausel)의 의미도 가지고 있다(_{예: 면책약관, 제 3 자약관}). 그 때문에 보통거래약관을 단순히 약관이라고 하면 혼동을 가져올 수도 있다. 그렇지만 약관규제법이 그와 같이 표현하고 있으므로 여기서는 약관이라는 용어를 보통거래약관의 의미로 쓰기로 한다. 한편 약관규제법은 약관의 사용자와 그 상대방을 각각 「사업자」와 「고객」이라고 표현한다(_{같은 법 2조 2호·3호}). 사업자와 고객은 모두 일반적인 의미를 가지는 용어이어서 항상 그대로 쓰기는 부적절하다. 정확하게는 「약관 사용자」, 「상대방」이라고 하여야 한다. 이하에서는 필요에 따라 이들 용어를 병행하여 쓰기로 한다.

Ⅱ. 약관의 의의 [9]

약관 즉 보통거래약관은 계약의 한쪽 당사자(약관 사용자 즉 사업자)가 여러 명의 상대방(고객)과 계약을 체결하기 위하여 일정한 형식으로 미리 마련한 계약의 내용을 말한다(_{약관규제법 2조 1호})(_{현재의 약관규제법 2조 1호가 '약관은 … 계약의 내용'이라고 한 것은 잘못이다. 왜냐하면 약관은 그 자체가 계약의 내용은 아니며 여러 요건을 갖추어야 계약의 내용으로 주장될 수 있기 때문이다(같은 법 3조 4항 참조). 그러한 점에서 '약관은 … 계약의 내용이 되는 것'이라고 한 개정 전의 문구가 더 정확하다}).

이를 나누어 살펴본다. 첫째, 약관은 장차 계약의 내용으로 되는 것이다. 따라서 계약의 내용으로 될 수 없는 것은 약관이 아니다(_{대판 1999. 4. 9, 98다20714; 대판 2000. 3. 10, 99다70884 참조. 이은영, 54면은 약관은 계약의 내용이 될 사항을 포함하고 있어야 한다고 하나, 그 경우에는 계약내용으로 되는 것만 약관이라고 해야 한다}). 그것은 계약내용의 전체에 관한 것일 수도 있고 그 일부에 관한 것일 수도 있다(_{예: 지급조건, 송부조건}). 둘째, 「여러 명」의 상대방과 계약을 체결하기 위한 것이어야 한다. 특정한 상대방과 계약을 체결하기 위하여 준비한 계약조건은 약관이 아니다(_{같은 취지: 대판 1999. 7. 9, 98다13754·13761}). 셋째, 일정한 형식으로 「미리」 마련하였어야 한다. 즉 약관 사용자가 일방적으로 사전에 준비하였어야 한다(이은영, 54면은 일방적 준비가 중요하고 약관이 계약
체결 시점 이전에 완성되었을 필요는 없다고 한다). 약관은 사용자가 스스로 작성할 수도 있고 이익단체나 제 3 자가 작성할 수도 있다. 어떤 경우이든 상대방과의 협의에 의하여 마련된 것은 약관이 아니다. 약관 중 일부조항에 대하여 협의·교섭한 때에도 그 조항은 약관이 아니다. 구체적인 계약에서 당사자 사이에 개별적으로 이루어진 합의도 마찬가지이다(대판 2001. 11. 27, 99다8353; 대판 2002. 10. 11,
2002다39807; 대판 2020. 11. 26, 2020다253379). 넷째, 명칭·형태·범위는 묻지 않는다(약관규제법
2조 1호). 약관은 보통 신용카드약관·보험약관 등과 같이 약관이라고 표현하나, 거래약정서·공급규칙·회원규정 등과 같이 다른 명칭을 써도 무방하다. 그리고 외관상 계약서 자체에 포함되어 있는지 따로 독립되어 있는지, 서면으로 작성되어 있는지 전자게시판에 게시되어 있는지, 인쇄되어 있는지 손으로 썼는지, 조문의 형식을 취하고 있는지 여부도 묻지 않는다. 나아가 약관이 계약의 모든 내용을 담고 있는지 일부분의 내용인지, 중요한 내용이 포함되어 있는지 여부도 차이가 없다. 한편 우리의 판례는 전기사업법에 의한 전기공급규정(대판 2002. 4. 12,
98다57099) 또는 기본공급약관(대판 2023. 3. 30,
2018다207076), 예탁금회원제 골프장의 회칙 중 회원권의 양도·양수절차와 같은 당사자의 권리·의무에 관한 규정(대판
1999. 4. 9, 98
다20714; 대판
2000. 3. 10, 99다70884)은 약관으로서의 성질을 가진다고 한다.

〈판 례〉

(ㄱ)「사업자와 고객 사이에 교섭이 이루어진 조항은 약관작성상의 일방성이 없으므로 약관규제법 소정의 약관에 해당하지 않는다고 할 것이나, 이 경우 원칙적으로 개개의 조항별로 교섭의 존재 여부를 살펴야 하며, 약관조항 중 일부의 조항이 교섭되었음을 이유로 그 조항에 대하여는 약관규제법의 적용이 배제되더라도 교섭되지 아니한 나머지 조항들에 대하여는 여전히 약관규제법이 적용되어야 할 것이다.」
(대판 2000. 12. 22,
99다4634)

(ㄴ)「구 약관규제법에서의 '고객'이라 함은 계약의 일방 당사자로서 사업자로부터 약관을 계약의 내용으로 할 것을 제안받은 자를 말하고(제 2 조
제 3 항), 주택분양보증계약은 구 주택법에 따라 주택건설을 하는 사업주체가 파산 등의 사유로 분양계약을 이행할 수 없게 되는 경우 피고가 당해 주택의 이행 또는 수분양자가 납부한 계약금 및 중도금의 환급에 대하여 이행책임을 부담하기로 하는 조건부 제 3 자를 위한 계약이므로(대법원 1997. 9. 26. 선고 97다10208 판결, 대법
원 2006. 5. 12. 선고 2005다68783 판결 등 참조), 주택분양보증계약의 당사자는 사업주체와 피고이고, 수분양자들은 위와 같은 조건이 성취되면 피고에게 수익의 의사표시(보증채무의
이행청구)를 하여 그 급부를 수령하는 수익자에 불과할 뿐 구 약관규제법 제 2 조 제 3 항 소정의 '고객'에 해당한다고 할 수 없다. 따라서 이 사건 약관규정이 구 약관규제법

제 6 조 제 2 항 제 1 호의 '고객에 대하여 부당하게 불리한 조항'인지 여부는 무엇보다도 위 주택분양보증계약의 당사자인 사업주체들의 평균적이고 전형적인 이익을 기준으로 판단하여야 하고, 같은 법 제 6 조 제 2 항 제 2 호의 '고객이 계약의 거래형태 등 관련된 모든 사정에 비추어 예상하기 어려운 조항' 또는 같은 법 제 7 조 제 3 호의 '상당한 이유 없이 사업자의 담보책임을 배제 또는 제한하거나 그 담보책임에 따르는 고객의 권리행사의 요건을 가중하는 조항'인지 여부도 사업주체들을 기준으로 판단하여야 한다.」(대판 2011. 4. 28, 2010다106337)

약관과 구별되는 것으로 「서식(書式)」이 있다. 서식은 계약의 내용으로 삼기 위하여 준비한 것이 아니고 모범으로 삼기 위한 것이다(같은 취지: 곽윤직, 19면. 김상용, 21면은 서식은 약관은 아니나, 사용하면 약관이 된다고 한다). 그런데 이 서식을 계약체결에 이용하게 되면 실질적으로는 약관과 같은 기능을 하게 된다. 따라서 서식을 이용하여 계약을 체결하는 경우에는 약관규제법을 적용하는 것이 타당하다.

Ⅲ. 약관의 구속성 [10]

약관은 계약당사자 일방이 일방적으로 준비한 계약조건에 지나지 않는다. 따라서 그것이 당연히 상대방을 구속할 수는 없다. 만약 약관이 상대방을 구속한다면 거기에는 어떤 근거가 있어야 한다. 나아가 약관이 상대방을 구속하기 위하여 갖추어야 할 사항이 있다면 그것도 살펴보아야 한다. 이는 일방적으로 준비·사용된 약관으로부터 상대방 즉 고객을 보호하는 첫 번째 단계의 문제이다. 약관이 이 단계를 통과하면 내용통제라는 두 번째 단계에 이르게 된다.

1. 구속력의 근거

(1) 약관규제법이 제정되기 전

약관규제법이 제정되기 전에는 약관의 구속력의 근거에 관하여 학설은 i) 약관을 기업이 자주적으로 제정하는 법규라고 하는 자치법설, ii) 약관이 있는 때에는 그것에 의하여 계약이 체결된다는 상관습이 있기 때문에 약관이 구속력을 가진다는 상관습설, iii) 약관은 당사자의 합의에 의하여 계약내용을 형성하게 되고 따라서 구속력을 가진다는 계약설, iv) 계약설을 원칙으로 하면서 약관작성이 의무화된 경우에는 법률이 근거라고 하는 이원설 등이 대립하고 있었다. 그리고 판례는 계약설의 견지에 있었다(보험약관에 관한 것으로서 대판 1985. 11. 26, 84다카2543; 대판 1986. 10. 14, 84다카122; 대판 1989. 3. 28, 88다4645; 대판 1989. 11. 14, 88다카29177. 전 기공급규정(인가약관)에 관한 것으로서 대판 1983. 12. 27, 83다카893; 대판 1988. 4. 12, 88다2. 공용 자동차정류장 사용약관(인가약관)에 관한 것으로서 대판 1985. 9. 24, 81다440).

(2) 약관규제법 제정 후

약관규제법이 제정되어 있는 현재에는 약관이 어떤 근거로 상대방을 구속하게 되는가? 이는 약관규제법의 해석의 문제이다. 이에 관하여 우리의 학설은 i) 계약설, ii) 절충적 계약설, iii) 이원설, iv) 다원설로 나뉘어 있다. i) 계약설은 구속력의 근거를 약관을 계약내용으로 삼고자 하는 당사자의 합의에서 찾는 견해이다(김상용, 26면; 김형배, 53면; 윤철홍, 34면; 지원림, 1264면). ii) 절충적 계약설은 계약설을 기본적으로 취하면서 약관의 사회적 기능을 고려하여 규범과 유사한 비자발적 구속성을 인정하는 견해이다(이은영, 50 면·51면). iii) 이원설은 원칙적으로 계약설을 취하면서 현행법상 예외적으로 법률상의 수권으로 구속력이 인정되는 경우(약관규제법 3조 2항 단서의 경우)가 있다는 견해이다(곽윤직, 22면). iv) 다원설은 원칙적으로 계약설을 취하면서 여러 가지 경우에 예외를 인정하는 견해이다(김주수, 63 면·64면).

판례는 약관이 구속력을 가지는 것은 당사자 사이에서 약관을 계약내용에 포함시키기로 합의하였기 때문이라고 하여 계약설을 취하고 있다(대판 1990. 4. 27, 89 다카24070; 대판 1991. 9. 10, 91다20432; 대판 1992. 7. 28, 91다5624(은행거래약관); 대판 1998. 4. 14, 97다39308; 대판 1998. 9. 8, 97다53663(신용보증약관); 대판 2000. 4. 25, 99다68027; 대판 2003. 7. 11, 2001다6619; 대판 2004. 11. 11, 2003다30807 등. 이들은 대부분 보험약관에 관한 것임).

〈판 례〉

「보통보험약관이 계약당사자에 대하여 구속력을 가지는 것은 그 자체가 법규범 또는 법규범적 성질을 가진 약관이기 때문이 아니라 보험계약 당사자 사이에서 계약내용에 포함시키기로 합의하였기 때문이라고 볼 것인바, 일반적으로 당사자 사이에서 보통보험약관을 계약내용에 포함시킨 보험계약서가 작성된 경우에는 계약자가 그 보험약관의 내용을 알지 못하는 경우에는(여기의 '는'은 '도'의 오기로 보임: 저자 주) 그 약관의 구속력을 배제할 수 없는 것이 원칙이나 다만 당사자 사이에서 명시적으로 약관에 관하여 달리 약정한 경우에는 위 약관의 구속력은 배제된다 할 것이고, 약관의 내용이 일반적으로 예상되는 방법으로 명시되어 있지 않다든가 또는 중요한 내용이어서 특히 보험업자의 설명을 요하는 경우에는 위 약관의 구속력은 배제된다고 보아야 할 것이다.」(대판 2000. 4. 25, 99다68027)

생각건대 약관규제법이 약관 사용자에게 약관의 내용을 분명하게 밝힐 것과 설명을 요구하고(같은 법 3조), 약관의 내용과 다르게 합의한 사항이 있을 때에는 합의사항을 약관에 우선시키며(같은 법 4조), 약관조항 중 공정하지 못한 것을 무효화하는 점(같은 법 6조 내지 14조) 등에 비추어 볼 때, 그 법은 계약설을 기초로 한 것으로 판단된다.

다만, 일정한 요건을 갖추지 못하는 경우에 약관이 계약내용으로 편입되지 못한다고 하지 않고, 사업자로 하여금 계약내용으로 주장할 수 없게 한 점(약관규제법), 계약내용으로 주장할 수 있기 위한 요건으로 고객의 동의를 명문화하지 않은 점 등은 계약설을 완화하는 요소라고 할 것이다(그러나 뒤에 보는 바와 같이, 그럼에도 불구하고 고객의 동의는 요건이라고 해야 한다). 그리고 계약설은 명시의무가 면제되는 약관의 경우에도 관철되어야 한다. 약관규제법이 명시의무를 면제한 것은「주장 요건」에서 예외를 인정한 것에 불과하기 때문이다. 그리고 그러한 약관도 불공정한 조항이 있으면 그 조항은 당연히 무효로 되어야 한다는 점에서도 그 경우에 법률이 구속력의 근거일 수 없다(같은 취지: 이은영, 51면).

2. 사업자가 약관을 계약내용으로 주장할 수 있기 위한 요건 [11]

(1) 개 설

우리 문헌들은 이 문제를 독일문헌 등에 따라 약관의 계약에의 편입의 문제로 다루고 있다. 그러나 우리 약관규제법은 독일과 달리(독일민법 305 조 2항 참조) 일정한 요건을 갖추지 못한 경우에는 사업자는「해당 약관을 계약의 내용으로 주장할 수 없다」고 규정하고 있다(약관규제법 3조 4항). 따라서 우리 법 아래서는 요건이 모두 갖추어지지 않았더라도 상대방인 고객이 약관을 계약내용으로 주장할 수 있게 된다. 즉 당연히 계약내용으로 되지 못하는 것이 아니다. 그리고 보면 우리 법상 약관의 계약에의 편입요건은 특별한 것이 없다는 결과로 된다. 문제는 사업자가 약관을 계약내용으로 주장할 수 있기 위한 요건이 무엇인가이다.

약관규제법은 그러한 요건으로 ① 사업자가 약관내용을 분명하게 밝힐 것과 ② 사업자가 약관의 중요내용을 설명할 것을 규정하고 있다(같은 법 3조 2항·3항). 그리고 당연한 전제요건으로 사업자와 고객 사이의 계약체결이 있다. 그 밖에 고객의 동의도 필요한지가 문제된다. 아래에서 당연한 요건을 제외하고 세 가지에 관하여 차례로 살펴보기로 한다.

약관규제법은 근래의 개정(2007. 8. 3)에서 사업자의 약관작성의무 규정을 신설하였다(같은 법 3조 1항). 그에 의하면, 사업자는 고객이 약관의 내용을 쉽게 알 수 있도록 한글로 작성하고, 표준화·체계화된 용어를 사용하며, 약관의 중요한 내용을 부호·색채·굵고 큰 문자 등으로 명확하게 표시하여 알아보기 쉽게 약관을 작성하여야 한다. 그러나 이에 위반하더라도 사업자가 약관을 계약의 내용으로 주장할 수 없는 것은 아니며

$\binom{\text{따라서 그것은 계약내용으로 주장할 수 있}}{\text{는 요건이 아니다(같은 법 3조 4항 참조)}}$, 또한 위반시에 벌칙의 제재가 가해지지도 않는다 $\binom{\text{같은 법 32조,}}{\text{이하 참조}}$. 결국 위 규정은 훈시규정에 지나지 않는다고 하겠다.

(2) 구체적인 요건

1) 사업자에 의한 명시(고객의 인식취득의 가능성)　사업자는 예외적인 경우를 제외하고는 계약을 체결할 때에는 고객에게 약관의 내용을 계약의 종류에 따라 일반적으로 예상되는 방법으로 분명하게 밝히고, 고객이 요구할 경우 그 약관의 사본을 고객에게 내주어 고객이 약관의 내용을 알 수 있도록 하여야 한다 $\binom{\text{약관규제법}}{\text{3조 2항 본문}}$. 약관의 명시는 「계약을 체결할 때」 즉 계약 당시에 하여야 한다. 계약이 체결된 후에 하는 것으로는 불충분하다. 그때에는 이미 체결된 계약의 변경청약이 문제되기 때문이다 $\binom{\text{Brox,}}{\text{AS, S. 30}}$. 상대방은 이 청약을 받아들일 의무가 없다 $\binom{\text{상대방의 침묵이나 급부수령이}}{\text{승낙으로 추정되지도 않는다}}$. 그리고 약관은 「명시」하여야 하므로, 약관을 계약청약서의 뒷면에 단순히 인쇄하여 둔 것만으로는 부족하다.

그런데 여객운송업, 전기·가스 및 수도사업, 우편업, 공중전화 서비스 제공 통신업 중 어느 하나에 해당하는 업종의 약관에 대하여는 위에서 설명한 명시의무가 없다 $\binom{\text{약관규제법}}{\text{3조 2항 단서}}$.

2) 사업자에 의한 약관의 중요내용의 설명

⑦ **원　칙**　사업자는 원칙적으로 약관에 정하여져 있는 중요한 내용을 고객이 이해할 수 있도록 설명하여야 한다 $\binom{\text{약관규제법}}{\text{3조 3항 본문}}$. 이는 약관에 의한 계약의 경우 사업자와 고객이 중요내용을 협의하여 정할 수는 없을지언정 적어도 고객이 이를 알고서 계약을 체결할 수 있도록 하기 위한 것이다. 여기서 중요한 내용이라 함은 사회통념에 비추어 고객이 계약체결의 여부나 대가를 결정하는 데에 직접적인 영향을 미칠 수 있는 사항을 말한다 $\binom{\text{대결 2008. 12. 16, 2007마1328; 대판 2013. 2.}}{\text{15, 2011다69053; 대판 2018. 10. 25, 2014다}}$ 232784; 대판 2019. 5. 30, 2016다276177. 대판 2007. 8. 23, 2005다59475·59482·59499도 참조 $\Big)$. 무엇이 중요한 내용인지는 구체적인 경우에 계약의 해석에 의하여 결정되어야 한다 $\binom{\text{판례는 어떤 약관 조항에 관하여 알았더라면 계약을 체결하지 않았으}}{\text{리라고 인정할 만한 사정이 있는 경우에 중요내용으로 파악하기도 한}}$다. 대판 1994. 10. 25, 93다39942; 대판 1995. 12. 12, 95다11344; 대판 1996. 6. 25, 96다12009 $\Big)$.

한편 판례는, 약관조항에 관한 명시·설명의무가 제대로 이행되었더라도 그러한 사정이 그 보험계약의 체결 여부에 영향을 미치지 않았다고 볼 수 있다면 그 약관조항은 명시·설명의무의 대상이 되는 보험계약의 중요한 내용이 아니라고 한다 $\binom{\text{대판 2005. 10. 7, 2005다28808; 대판 2016. 9. 23, 2016다221023. 대판 2024. 7. 11,}}{\text{2024다223949도 그러한 경우에는 보험자에게 명시·설명의무가 없다고 함}}$.

〈판 례〉

우리 대법원은 은행거래약관에 있어서 예금채권의 양도금지특약($^{대판\ 1998.\ 11.\ 10,}_{98다20059}$), 일반적으로 보통거래약관에 있어서 보험상품의 내용, 보험료율의 체계 및 보험청약서상 기재사항의 변동사항, 보험자의 면책사유($^{대판\ 1992.\ 3.\ 10,\ 91다31883;\ 대판\ 1998.\ 4.\ 10,}_{97다47255;\ 대판\ 1998.\ 6.\ 23,\ 98다14191;\ 대판}$ $^{2000.\ 5.\ 30,\ 99다66236;\ 대판\ 2003.\ 5.\ 30,\ 2003}_{다15556;\ 대판\ 2004.\ 11.\ 25,\ 2004다28245\ 등}$), 자동차종합보험약관에 있어서 보험계약의 승계절차($^{대판\ 1994.\ 10.\ 14,}_{94다17970}$), 안전설계보험약관에 있어서 자동차 소유자에 등록명의자만 포함된다는 사실($^{대판\ 1996.\ 6.\ 25,}_{96다12009}$), 자동차종합보험의 가족운전자 한정운전 특별약관($^{대판\ 2003.\ 8.\ 22,\ 2003다27054;\ 대판\ 2014.\ 9.\ 4,\ 2013다66966(그러나\ 특별한\ 사정이\ 없는\ 한\ 기명피보험자의\ 자녀}_{가\ 사실혼관계에\ 있을\ 경우를\ 상정하여\ 그\ 자녀와\ 사실혼관계에\ 있는\ 사람은\ 기명피보험자의\ 사위나\ 며느리로서\ 가}$ $_{족의\ 범위에\ 포함되지\ 않는다고까지\ 이}^{약관을\ 명시\cdot설명할\ 의무는\ 없다고\ 함)}$), 자동차종합보험의 부부운전자 한정운전 특별약관($^{대판\ 2010.\ 3.\ 25,}_{2009다84141}$), 보험회사가 영국법 준거약관에 의하여 영국 해상보험법이 적용되는 워런티(warranty) 약관조항을 사용하여 해상운송업자인 보험계약자와 선박에 관한 보험계약을 체결한 경우에 워런티의 의미 및 효과($^{대판\ 2010.\ 9.\ 9,}_{2009다105383}$)는 약관의 중요한 내용이라고 한다. 그에 비하여 자동차종합보험약관의 면책조항에서 「배우자」에 사실혼관계의 배우자도 포함되는지 여부($^{대판\ 1994.\ 10.\ 25,\ 93다39942;\ 대판\ 2010.\ 3.\ 25,\ 2009다84141(법률상}_{혼인을\ 한\ 부부가\ 별거하고\ 있는\ 상태에서\ 그\ 다른\ 한쪽이\ 제\ 3\ 자와}$ $_{있는\ 배우자」에\ 해당하는지\ 여부는\ 명시\cdot설명의무의\ 대상이\ 아니라고\ 함)}^{혼인의\ 의사로\ 실질적인\ 부부생활을\ 하는\ 경우를\ 상정하여\ 「사실혼\ 관계에}$), 전기공급규정에 있어서 전기공작물의 고장 등으로 전기공급이 중지된 경우의 면책규정($^{대판\ 1995.\ 12.\ 12,}_{95다11344}$), 자동차종합보험약관의 무면허운전 면책과 관련하여 어떤 면허가 무면허운전이 되지 않는지($^{대판\ 2000.\ 5.\ 30,}_{99다66236}$), 자동차종합보험약관의 무보험 자동차에 의한 상해보상 특약에 있어서 보험금액의 산정기준이나 방법($^{대판\ 2004.\ 4.\ 27,}_{2003다7302}$), 형사피의사건에 관하여 위임계약을 체결하는 경우에 서식에 포함되어 있는 관할합의조항($^{대결\ 2008.\ 12.\ 16,\ 2007마1328:\ 서식의}_{두\ 조항을\ 삭제하고\ 특약사항을\ 기재}$ $_{도\ 함)}^{하기}$, 골프장 회칙에 '회원의 탈회시 서면으로 반환요청 후 3개월 이내에 입회금의 원금만 반환한다'는 유예기간의 약정($^{대판\ 2015.\ 12.\ 23,}_{2013다85417}$)은 중요한 내용에 해당하지 않는다고 한다.

약관의 중요내용의 설명은 약관을 계약의 내용으로 주장하는 자 즉 사업자($_{우에는\ 보험자}^{보험계약의\ 경}$)가 하여야 하며, 설명의 상대방은 고객이겠으나 그의 대리인과 계약을 체결하는 때에는 그 대리인에게 설명하면 충분하다($^{대판\ 2001.\ 7.\ 27,}_{2001다23973}$). 그리고 설명하였다는 사실의 증명책임은 사업자가 진다. 설명은 구체적이고 상세하게 하여야 하며, 기존의 계약내용 중 잘못된 부분이 있으면 즉시 수정 신고하여야 한다는 안내문 또는 청약을 유인하는 추상적·개괄적인 내용의 안내문을 우송한 것만으로는 불충분하다($^{대판\ 1997.\ 9.\ 26,\ 97다4494;\ 대판}_{1999.\ 3.\ 9,\ 98다43342\cdot43359}$).

(나) **예   외**   계약의 성질상 설명하는 것이 현저하게 곤란한 경우에는 중요내용의 설명의무가 없다($_{3조\ 3항\ 단서}^{약관규제법}$).

판례는, 고객이 약관의 내용을 충분히 잘 알고 있는 경우(대판 2016. 6. 23, 2015다5194; 대판 2018. 6. 19, 2018다201610 등)와 약관에 정해진 사항이라고 하더라도 거래상 일반적이고 공통된 것이어서 계약 상대방이 별도의 설명 없이도 충분히 예상할 수 있었던 사항이거나 이미 법령에서 정하여진 것을 되풀이하거나 부연하는 정도에 불과한 사항이라면 그러한 사항에 대해서는 설명의무가 없다고 한다(대판 2018. 10. 25, 2014다232784; 대판 2019. 5. 30, 2016다276177; 대판 2023. 4. 13, 2021다250285 등. 같은 취지: 대판 2018. 6. 19, 2018다201610)(특히 보험계약에 관한 다른 판결들의 표시는 이 책 제 6 판, [11] 참조). 여기서 사업자의 설명의무를 면제하는 사유로서「거래상 일반적이고 공통된 것」이라는 요건은 해당 약관 조항이 그 거래계에서 일반적으로 통용되고 있는지의 측면에서,「고객이 별도의 설명 없이도 충분히 예상할 수 있는 사항」인지 여부는 소송당사자인 특정 고객에 따라 개별적으로 예측가능성이 있었는지의 측면에서 각 판단되어야 하고, 약관에 정하여진 사항이「이미 법령에 의하여 정하여진 것을 되풀이하거나 부연하는 정도에 불과한지」는 약관과 법령의 규정 내용, 법령의 형식 및 목적과 취지, 해당 약관이 고객에게 미치는 영향 등 여러 가지 사정을 종합적으로 고려하여 판단하여야 하며, 여기에서 말하는「법령」은 일반적인 의미에서의 법령, 즉 법률과 그 밖의 법규명령으로서의 대통령령·총리령·부령 등을 의미하고, 이와 달리 상급행정기관이 하급행정기관에 대하여 업무처리나 법령의 해석·적용에 관한 기준을 정하여 발하는 이른바 행정규칙은 일반적으로 행정조직 내부에서만 효력을 가질 뿐 대외적인 구속력을 갖는 것이 아니므로 이에 해당하지 않으나, 행정규칙이라 하더라도, 법령의 규정이 특정 행정기관에게 법령 내용의 구체적 사항을 정할 수 있는 권한을 부여함으로써 그 법령 내용을 보충하는 기능을 가지고, 그 내용이 해당 법령의 위임한계를 벗어나지 않아 그 법령과 결합하여 대외적 구속력이 있는 법규명령으로서의 효력을 가지는 등의 특별한 사정이 인정된다면, 달리 볼 수 있다고 한다(대판 2019. 5. 30, 2016다276177). 그런데 대외적 구속력이 인정되지 않는 행정규칙으로서의 고시는, 약관이 포함된 계약의 일방 당사자인 고객에게 당연히 그 법률효과가 미친다고 할 수 없을 뿐만 아니라 고객이 별도의 설명 없이 그 내용을 예상할 수 있었다고 보기도 어려우므로, 약관 조항에서 고시의 내용을 되풀이하거나 부연하고 있다는 이유만으로 사업자의 설명의무가 면제된다고 할 수 없다고 한다(대판 2019. 5. 30, 2016다276177). 한편 위와 같이 사업자가 고객에게 약관의 내용을 따로 설명할 필요가 없는 특별한 사정이 있다는 점은 이를 주장하는 사업자가 증명할 것이라고 한다$\binom{\text{대판 2010. 7. 15, 2010다19990;}}{\text{대판 2018. 6. 19, 2018다201610 등}}$.

〈판·례〉

대법원은 신용보증약정서에 있어서 당사자 사이의 약정의 취지를 명백히 하기 위한 확인적 규정에 불과한 경우는 명시·설명의무가 없다고 한다$\binom{\text{대판 1998. 2. 27,}}{\text{96다8277}}$.

3) 고객의 동의　　　약관규제법은 계약설에 기초를 두고 있으면서도 독일 [12] 민법과 달리$\binom{\text{독일민법 305}}{\text{조 2항 참조}}$ 약관을 계약내용으로 주장하기 위한 요건으로 고객의 동의를 명문으로 규정하고 있지 않다. 이러한 상황에서 우리의 학설은 i) 고객의 동의 내지 당사자의 합의가 필요하다는 견해$\binom{\text{곽윤직, 22면; 김상용, 27면; 김형배, 53}}{\text{면·60면; 윤철홍, 34면; 지원림, 1264면}}$와 ii) 고객의 동의가 필요하지 않다는 견해$\binom{\text{이은영, 51면. 이 견해는「고객이 사업자의 불명시·불설명}}{\text{에 대하여 이의를 제기하지 않을 것」을 요건으로 요구한다}}$로 나뉘어 있다. 생각건대 ii)설을 취하면 고객이 약관의 편입에 대하여 이의를 제기한 때$\binom{\text{여기의 이의는 약관의 편입에 대한 이의이}}{\text{며 불명시·불설명에 대한 것이 아님을 주의}}$에도 다른 요건들$\binom{\text{명시와 중요}}{\text{내용의 설명}}$이 갖추어져 있는 한 사업자가 약관을 계약내용으로 주장할 수 있다는 불합리한 결과로 된다. 만약 그렇지 않다면 ii)설은「이의가 제기된 경우」에는 불합의로 볼 수밖에 없다. 그런데 그러면 계약은 성립할 수 없게 되어 고객에게 더욱 불리해진다. 그보다는 계약이 성립하되 사업자로서는 약관을 계약내용으로 주장할 수 없다고 하는 것이 더 낫다. 그러려면 고객의 동의를 요건으로 보아야 한다. 그리하여 이의가 제기된 경우에는 그 요건을 갖추지 못한 때에 해당한다고 해야 한다$\binom{\text{이때는 고객도 약관을 계약내용}}{\text{으로 주장할 수 없다고 하여야 한}}$다. 그 점에서 고객의 동의는 엄격하게 말하면 약관의 계약에의 편입요건이라고 할 것이다. 다만, 여기의 동의는 명시적으로뿐만 아니라 묵시적으로도 할 수 있다. 그리고 사업자의 약관 명시·중요내용의 설명이 있는 경우에는 명백한 반대의사를 표시하지 않으면 묵시적인 동의를 인정할 수 있다$\binom{\text{이렇}}{\text{게 해}}$석하면 이 요건은 사업자가 아니고 고객이 반대증명을 하여야 한다. 한편 고객의 동의는 약관규제법 제 3 조 제 2 항 단서에 의하여 명시의무가 면제되는 경우에는 요건이 아니라고 하여야 한다.

(3) 요건을 갖추지 못한 경우의 효과

사업자가 위의 요건을 갖추지 못한 경우에는 그는 해당 약관을 계약의 내용으로 주장할 수 없다$\binom{\text{약관규제법}}{\text{3조 4항}}$. 그에 비하여 그러한 경우에도 고객은 그 약관을 계약내용으로 주장할 수 있다$\binom{\text{이설}}{\text{없음}}$. 한편 판례는, 약관규제법 제 3 조 제 4 항에 따라 해당 약관을 계약의 내용으로 주장할 수 없는 사유로서「약관 사본 교부와 관련하여 약관법 제 3 조 제 2 항을 위반하여 계약을 체결한 경우」라 함은 고객이 계약 체결 당시 사업자에게 약관 사본을 내줄 것을 요구하여 사업자가 약관 사본 교부의무를 부담하게 되었음에도 이를 이행하지 않은 경우를 의미하고, 계약이 체결된 이후 고객이 사업자에게 약관의 사본을 내줄 것을 요구하고 사업자가 이에 불응한 경우까지 포함하는 것은 아니라고 한다(대판 2023. 6. 29, 2020/다248384 · 248391).

약관을 계약내용으로 주장할 수 없는 경우의 구체적인 효과는 약관의 일부 조항이 무효인 경우와 같다([16]/참조).

〈판 례〉

「보험자 및 보험계약의 체결 또는 모집에 종사하는 자는 보험계약의 체결에 있어서 보험계약자 또는 피보험자에게 보험약관에 기재되어 있는 보험상품의 내용, 보험료율의 체계 및 보험청약서상 기재사항의 변동사항 등 보험계약의 중요한 내용에 대하여 구체적이고 상세한 명시 · 설명의무를 지고 있다고 할 것이어서 보험자가 이러한 보험약관의 명시 · 설명의무에 위반하여 보험계약을 체결한 때에는 그 약관의 내용을 보험계약의 내용으로 주장할 수 없다 할 것이므로, 보험계약자나 그 대리인이 그 약관에 규정된 고지의무를 위반하였다 하더라도 이를 이유로 보험계약을 해지할 수는 없다.」(대판 1997. 9. 9,/95다45873)

[13] **Ⅳ. 약관의 해석**

약관을 계약내용으로 주장할 수 있게 된 뒤에는 약관을 해석하여 그 내용을 확정하여야 한다. 이는 그 자체만으로도 의미가 있으나, 약관에 대한 제2단계의 규제인 내용통제를 위하여서도 필요하다.

약관은 실질적으로는 계약조항과 같지만 그것이 지니는 특수성이 있기 때문에 특별한 고려가 요청된다. 약관규제법은 그런 취지에서 약관의 해석과 관련하여 별개의 특별규정을 두고 있다.

1. 해석의 방법

약관은 계약의 내용으로 되는 것이다. 따라서 약관의 해석에는 마땅히 법률행위의 해석의 원칙(민법총칙 [91]/이하 참조)이 적용되어야 한다(곽윤직, 23면은 약관이 법규로서 구속력을 갖는 경우에는 해석도 법규처럼 할 것이라고 하나, 이는 옳지 않다). 그 결과 약관에도 밝히는 해석(단순한 해석)과 보충적 해석이 고려된다. 그러나 약관은 다른 한편으로 대량계약에 있어서 획일적인 처리를 목적으로 하는 것이므로, 약관을 해석하는 때에는 구체적인 고객이 개별적인 경우에 어떻게 이해하였는가 또는 이해하였어야 하는가에 좌우되지는 않아야 한다(^{구체적인 상대방의} ^{이해가능성에 의한} ^{해석은 불가하다.} ^{민법총칙 [91] 참조}). 오히려 평균적인 고객의 이해를 표준으로 하여야 한다. 그리하여 약관의 해석에 있어서는 단지 평균적인 고객에 의하여 인식될 수 있는 사정들만 이 고려되어야 한다. 약관규제법 제 5 조 제 1 항은 이러한 취지를 규정하고 있다.

〈판 례〉

「보통거래약관의 내용은 개개 계약체결자의 의사나 구체적인 사정을 고려함이 없이 평균적 고객의 이해가능성을 기준으로 하되 보험단체 전체의 이해관계를 고려하여 객관적, 획일적으로 해석하여야 하고, 고객 보호의 측면에서 약관내용이 명백하지 못하거나 의심스러운 때에는 약관작성자에게 불리하게 제한해석하여야 한다.」 (대판 2005. 4. 15, 2004다65138·65145. 같은 취지: 대판 1996. 6. 25, 96다12009; 대판 1998. 10. 23, 98다20752; 대판 2007. 2. 22, 2006다72093; 대판 2009. 1. 30, 2008다68944 등)

〈약관의 수정해석에 관한 판례〉

「약관의 내용통제원리로 작용하는 신의성실의 원칙은 보험약관이 보험사업자에 의하여 일방적으로 작성되고 보험계약자로서는 그 구체적 조항내용을 검토하거나 확인할 충분한 기회가 없이 보험계약을 체결하게 되는 계약성립의 과정에 비추어, 약관작성자는 계약상대방의 정당한 이익과 합리적인 기대 즉 보험의 손해전보에 대한 합리적인 신뢰에 반하지 않고 형평에 맞게끔 약관조항을 작성하여야 한다는 행위원칙을 가리키는 것이며, 보통거래약관의 작성이 아무리 사적자치의 영역에 속하는 것이라고 하여도 위와 같은 행위원칙에 반하는 약관조항은 사적자치의 한계를 벗어나는 것으로서 법원에 의한 내용통제 즉 수정해석의 대상이 되는 것은 지극히 당연하다. 그리고 이러한 수정해석은 조항전체가 무효사유에 해당하는 경우뿐만 아니라 조항일부가 무효사유에 해당하고 그 무효부분을 추출배제하여 잔존부분만으로 유효하게 존속시킬 수 있는 경우에도 가능한 것이다.

이 사건 무면허운전면책조항(^{자동차의 운전자가 무면허운전을 하였을 때에 생긴} ^{사고로 인한 손해를 보상하지 않는다는 조항: 저자 주}) … 이 보험계약자나 피보험자의 지배 또는 관리가능성이 없는 무면허운전의 경우에까지 적용된다고 보는 경우에는 그 조항은 신의성실의 원칙에 반하여 공정을 잃은 조항으로서 위 약관규제법의 각 규정에 비추어 무효라고 볼 수밖에 없다. 그러므로 위 무면허운전면책조항은 위와 같은 무효의 경우를 제외하고 무면허운전이 보험계약자나 피보험자의 지배 또는 관리가능한 상황에서 이루어진 경우에 한하여 적용되는 조항으로 수정해석을 할 필요가 있으며 그와 같이 수정된 범위 내에서 유효한 조항으로 유지될 수 있는바, 무면허운전이 보험계약자나 피보험자의 지배 또는 관리가능한 상황에서 이루어진 경우라고 함은 구체적으로는 무면허운전이 보험계약자나 피보험자 등의 명시

적 또는 묵시적 승인 하에 이루어진 경우를 말한다고 할 것이다(대체로 보험계약자
나 피보험자의 가족, 친지 또는 피용인으로서 당해 차량을 운전할 기회에 쉽게 접할
수 있는 자에 대하여는 묵시적인 승인이 있었다고 볼 수 있을 것이다).」($^{대판(전원)}_{1991. 12. 24, 90}$
$_{다카}^{23899}$)

[14]   ## 2. 불명료한 규정의 해석

약관의 어떤 조항이 모든 사정을 고려하여도 분명하지 않고 최소한 두 가지
로 해석될 수 있는 경우에는, 그것은 고객에게 유리하게 즉 사업자에게 불리하게
해석되어야 한다($^{약관규제법}_{5조 2항}$). 그 이유는, 고객은 — 개별 계약에서와 달리 — 약관의
형성에 전혀 영향을 줄 수 없었는 데 비하여, 사업자는 명백하게 표현할 수 있었
고 또 그랬어야 하기 때문이다.

〈판 례〉

(ㄱ)「약관의 해석은, 신의성실의 원칙에 따라 당해 약관의 목적과 취지를 고려하여
공정하고 합리적으로 해석하되, 개개 계약당사자가 기도한 목적이나 의사를 참작함
이 없이 평균적 고객의 이해가능성을 기준으로 객관적·획일적으로 해석하여야 하
며, 위와 같은 해석을 거친 후에도 약관조항이 객관적으로 다의적으로 해석되고 그
각각의 해석이 합리성이 있는 등 당해 약관의 뜻이 명백하지 아니한 경우에는 고객
에게 유리하게 해석하여야 할 것이나($^{대법원 2009. 5. 28. 선고 2008다81633 판결, 대법}_{원 2009. 8. 20. 선고 2007다64877 판결 등 참조}$), 당해 약
관의 목적과 취지를 고려하여 공정하고 합리적으로, 그리고 평균적 고객의 이해가능
성을 기준으로 객관적이고 획일적으로 해석한 결과 그 약관조항이 일의적으로 해석
된다면 그 약관조항을 고객에게 유리하게 제한해석할 여지가 없다.」($^{대판 2010. 9. 9, 2007}_{다5120. 같은 취지: 대}$
판 2018. 10. 25, 2014다232784; 대판 2024. 1. 25, 2023다283913; 대판 2024. 7. 11, 2024다223949. 전단에 관하여 같
은 취지: 대판 2023. 7. 13, 2021다283742. 보험약관 해석에 관하여 전단과 같은 취지: 대판 2016. 5. 12, 2015다243347
(자살한 경우의 보험금에 관한 사례); 대판 2016. 10. 27, 2013다90891·90907;)
대판 2019. 1. 17, 2016다277200; 대판 2019. 3. 14, 2018다260930
(ㄴ)「이러한 법리($^{위 (ㄱ) 판결 전단}_{의 법리: 저자 주}$)는 회사가 작성한 회칙이 약관으로서 회원과 회사
사이의 계약의 내용을 이루는 경우에도 마찬가지로 적용된다.」($^{대판 2017. 12. 13,}_{2015다33441}$)

약관규제법에는 규정되지 않았지만 독일판례에 의하여 형성된「엄격해석(축
소해석)의 원칙」도 적용되어야 한다($^{이은영, 61면은 이 원칙도 약관규}_{제법 5조 2항에 포함된다고 한다}$). 즉 고객에게 불이익
하게 임의규정과 다르게 작성된 약관조항은 좁게 해석되어야 한다. 이는 특히 면
책조항에서 자주 고려된다($^{약관규제법}_{7조 참조}$). 예컨대 도급계약에서 완성된 일의 손해로부
터 면책된다고 하는 경우에는, 불분명한 때에는, 면책되는 책임은 계약책임만이
고 불법행위책임은 아니라고 해석되어야 한다.

판례는 근저당설정계약의 경우에 피담보채무에 관한 약관조항이 그 문언대로 해석하면 금융기관의 일반 대출관례에 어긋나고 당사자의 의사는 당해 대출금채무만을 피담보채무로 약정한 취지로 해석하는 것이 합리적일 때에는 피담보채무에 관한 포괄적 기재는 부동문자로 인쇄된 일반거래약관의 예문에 불과한 것으로 보아 구속력을 배제하는 것이 타당하다고 한다(대판 1997. 5. 28, 96다9508; 대판 1997. 9. 26, 97다22768; 대판 2001. 9. 18, 2001다36962; 대판 2003. 3. 14, 2003다2109; 대판 2004. 2. 13, 2002다43882). 그리하여 약관에 대하여도 이른바 예문해석을 하고 있다. 그러나 그러한 판례는 바람직하지 않다(자세한 사항은 민법총칙 [94] 참조).

〈판　례〉

　　신용보증사고의 통지를 지연함으로써 채권보전에 장애를 초래한 경우에는 보증채무가 면책된다는 보증약관은, 피보험자가 신용보증사고의 통지기한 내에 통지를 하지 아니함으로 인하여 채권보전조치에 실질적인 장애를 초래한 경우에 한하여 면책된다는 취지로 해석하여야 하고, 피보험자가 통지기한 내에 통지를 하지 아니하였다 하여 언제나 보험자의 채권보전에 장애가 초래되었다고 볼 수 없고, 비록 보험자가 통지기한 만료일까지 통지를 받지 못하였다 하더라도 보험자가 통지를 받은 후 채권보전조치를 취할 수 있는 상당한 기간이 지난 후까지 아무런 조치도 취하지 아니한 경우에는 면책을 주장할 수 없다고 보아야 한다(대판 2001. 3. 23, 2000다71555).

3. 개별약정의 우선

약관에서 정하고 있는 사항에 관하여 사업자와 고객이 약관의 내용과 다르게 합의한 사정이 있을 때에는 그 합의사항은 약관보다 우선한다(약관규제법 4조). 이는 종래의 학설·판례에 의하여 인정되던 것을 입법화한 것으로서 타당하다. 약관조항이 당사자 사이의 합의에 의하여 개별약정으로 되었다는 사실은 그것을 주장하는 사업자 측에서 증명하여야 한다(대판 2010. 9. 9, 2009다105383; 대판 2014. 6. 12, 2013다214864).

그리고 대법원은, 계약의 일방당사자가 일정한 형식에 의하여 미리 계약서를 마련하여 두었다가 이를 상대방에게 제시하여 그 내용대로 계약을 체결하는 경우에도 특정조항에 관하여 상대방과 개별적인 교섭을 거침으로써 상대방이 자신의 이익을 조정할 기회를 가졌다면, 그 조항은 약관규제법의 규율대상이 아닌 개별약정이 된다고 보아야 하며, 이때 개별적인 교섭이 있었다고 하기 위하여는 그 교섭의 결과가 반드시 특정조항의 내용을 변경하는 형태로 나타나야 하는 것은 아니고, 계약상대방이 그 특정조항을 미리 마련한 당사자와 대등한 지위에서 당해 조항에 대하여 충분한 검토와 고려를 한 뒤 그 내용을 변경할 가능성이 있었다고 인정되면 된다고 한다(대판(전원) 2013. 9. 26, 2011다53683·53690; 대판(전원) 2013. 9. 26, 2012다1146·1153; 대판(전원) 2013. 9. 26, 2012다13637; 대판(전원) 2013. 9. 26, 2013다26746. 같은 취지: 대판 2008. 7. 10, 2008다16950; 대판 2010. 9. 9, 2009다105383; 대판 2014. 6. 12, 2013다214864). 그러면서 갑이 을 은행 등과 체결한 키코(KIKO) 통화옵션계약이 약관규제법의 규율대상인지 문제된 사안에서, 그 통화옵션계약의 구조는 다른 장외파생상품들과 마찬가지로 을 은행 등이 고객의 필요에 따라 구조나 조건을 적절히 변경하여 사용하기 편하도록 표준화하여 미리 마련해 놓은 것일 뿐, 구조만으로는 거래당사자 사이에 아무런 권리의무가 발생하지 않고 거기에 개별적 교섭에 의해서 결정된 계약금액, 행사환율 등 구체적 계약조건들이 결부됨으로써 비로소 전체 계약의 내용으로 완결되는 것이므로, 그 구조 자체는 따로 약관에 해당하지 않는다고 하였다(대판(전원) 2013. 9. 26, 2011다53683·53690; 대판(전원) 2013. 9. 26, 2012다1146·1153; 대판(전원) 2013. 9. 26, 2012다13637; 대판(전원) 2013. 9. 26, 2013다26746).

[15] V. 약관의 내용통제

약관에 대하여 일정한 요건을 갖추어 사업자가 그것을 계약의 내용으로 주장할 수 있는 경우에 그 가운데에는 고객에게 대단히 불리한 조항이 포함되어 있을 수 있다. 그리하여 제 2 단계로 약관의 조항 중 어떤 것은 무효로 해야 할 필요가 있다. 특히 약관의 조항이 고객에게 불리하게 임의규정을 일방적으로 배제하는 때에 그렇다. 이를 위하여 약관규제법은 상당수의 규정을 두고 있다(같은 법 6조 내지 16조).

1. 무효근거

약관규제법은 한편으로 구체적·개별적인 약관조항이 무효로 되는 경우를 규정하고(같은 법 7조 내지 14조), 다른 한편으로 일반규정의 형태로 무효인 경우를 규정하고 있다(같은 법 6조).

(1) 개별적인 금지규정

약관규제법이 개별적인 약관조항에 대하여 무효라고 규정하고 있는 경우로는, ① 부당하게 사업자의 책임(예: 손해배상책임·담보책임)을 배제 또는 제한하는 면책조항(같은 법 7조), ② 고객에게 부당하게 과중한 손해배상의무를 부담시키는 손해배상액의 예정조항(같은 법 8조), ③ 계약의 해제·해지에 관한 일정한 조항(같은 법 9조), ④ 채무의 이행에 관한 일정한 조항($\substack{같은 법 \\ 10조}$), ⑤ 법률이 인정하는 고객의 권익($\substack{예: 항변권 · \\ 기한의 이익}$)을 부당하게 배제 또는 제한하는 조항($\substack{같은 법 \\ 11조}$), ⑥ 의사표시에 관하여 그 존부와 도달을 의제하거나 형식이나 요건을 부당하게 제한하는 등의 조항($\substack{같은 법 \\ 12조}$), ⑦ 고객의 대리인에게 부당하게 책임을 부담시키는 조항($\substack{같은 법 \\ 13조}$), ⑧ 고객에 대하여 부당하게 불리한 소송제기의 금지 · 재판관할의 합의 · 증명책임의 부담을 정하는 조항($\substack{같은 법 \\ 14조}$)이 있다.

(2) 일반규정

1) 약관규제법 제 6 조 제 1 항   약관규제법은 앞에서 본 약관에 대한 개별적인 금지규정 외에 일반규정도 두고 있다. 그에 의하면 「신의성실의 원칙을 위반하여 공정성을 잃은 약관조항은 무효이다」($\substack{약관규제법 \\ 6조 1항}$). 이로써 개별적인 금지규정들은 열거적인 의미만을 갖게 되며, 따라서 약관조항이 거기에 해당하지 않는 경우에도 이 규정에 의하여 무효로 될 수 있다.

2) 불공정성의 추정   나아가 약관규제법상 다음 세 가지 경우에는 약관조항이 공정성을 잃은 것으로 추정된다($\substack{같은 법 \\ 6조 2항}$). 그 결과 그에 해당하는 경우에는 사업자가 불공정하지 않다는 반대증명을 하지 않는 한 불공정한 것으로 인정되어 무효로 된다.

⑺ **「고객에게 부당하게 불리한 조항」**($\substack{약관규제법 \\ 6조 2항 1호}$)   판례에 의하면, 약관규제법 제 6 조 제 1 항, 제 2 항 제 1 호에 따라 고객에 대하여 부당하게 불리한 조항으로서 「신의성실의 원칙에 반하여 공정을 잃은 약관조항」이라는 이유로 무효라고 보기 위해서는, 그 약관조항이 고객에게 다소 불이익하다는 점만으로는 부족하고, 약관 작성자가 거래상의 지위를 남용하여 계약 상대방의 정당한 이익과 합리적인 기대에 반하여 형평에 어긋나는 약관 조항을 작성 · 사용함으로써 건전한 거래질서를 훼손하는 등 고객에게 부당하게 불이익을 주었다는 점이 인정되어야 한다($\substack{대결 2008. 12. 16, 2007마1328; 대판 2014. 6. 12, 2013다214864; 대판 2017. 4. 13, \\ 2016다274904; 대판 2022. 5. 12, 2020다278873; 대판 2023. 3. 30, 2018다207076}$). 그리고 이와 같이 약관조항의 무효 사유에 해당하는 「고객에게 부당하게 불리한 조항」인지 여부는 그 약관조항에 의하여 고객에게 생길 수 있는 불이익의 내용과 불이익 발생의 개연성, 당사자들 사이의 거래과정에 미치는 영향, 관계법령의 규정 등 모든 사정을 종합하여 판단하여야 한다($\substack{대결 2008. 12. 16, 2007마1328; 대판 2014. 6. 12, 2013다214864; 대판 \\ 2017. 4. 13, 2016다274904; 대판 2022. 5. 12, 2020다278873; 대판 2023. 3. 30, \\ 2018다 \\ 207076}$).

〈판 례〉

약관조항이 고객에게 부당하게 불리한지 여부에 관하여 대법원이 판단한 예를 본다. 대법원은, 한국토지공사가 공급하는 분양용지의 당첨자가 계약을 체결하지 않는경우 공급가액의 10%에 상당하는 분양신청 예약금을 한국토지공사에 귀속시키는 약관조항($\frac{대판 1996. 9. 10,}{96다19758 등}$), 계약의 해제로 인한 고객의 원상회복청구권을 부당하게 포기하도록 하는 약관조항($\frac{대판 1998. 12. 23, 97다40131;}{대판 1999. 3. 26, 98다33260}$), 변제충당에 관한 약관조항이 채권자에게 무제한의 포괄적 충당권을 부여하면서도 그 순서와 방법의 기준 등을 전혀 규정하지 아니하여 채무자 또는 담보제공자가 충당되는 채무를 예측할 수 없는 경우($\frac{대판 1999. 12. 28, 99다25938;}{대판 2002. 7. 12, 99다68652}$), 건축공사에 있어서 예정가격의 100분의 85 미만에 낙찰받은 자는 예정가격과 낙찰금액의 차액을 차액보증금으로서 납부하게 하고 채무불이행시 차액보증금을 발주자에게 귀속시키기로 하면서 차액보증금을 보증서로 납부하고자 하는 경우에는 그 차액의 2배를 납부하게 한 부분과 위와 같은 경우의 차액보증금의 귀속에 관한 부분($\frac{대판 2000. 12. 8,}{99다53483}$), 보증채권자가 주계약에 따라 선금 등을 수령한때에는 10일 이내에 발주자가 확인한 기성내역서 및 대금지급수단에 관한 사항을 건설공제조합에게 통지하도록 정하면서 정당한 사유 없이 이를 게을리한 때에는 보증책임을 지지 아니하는 것으로 정하고 있는 건설공제조합의 보증약관규정($\frac{대판}{2001. 3. 23,}$$_{2000다11560}$), 사업자가 시장상황을 고려하여 필요한 경우 판매대리점의 판매지역 내에 사업자의 판매대리인을 추가로 선정할 수 있다고 한 약관조항과 사업자와 판매대리점중 어느 일방의 당사자가 대리점계약을 해지하고자 할 경우에는 상대방에게 그 뜻을계약해지 예정일로부터 2개월 전에 서면으로 예고하여야 한다고 한 약관조항($\frac{대판 2003. 1. 10,}{2001두1604}$), 건설기계 판매 대리계약에 있어서 대리상에 불과한 판매회사에게 미회수 매매대금에 관한 무조건의 이행담보책임을 지우는 약관조항($\frac{대판 2003. 4. 22,}{2000다55775 · 55782}$), 은행이 상계를 하는 경우 이자나 지연손해금 등의 계산의 종기를 임의로 정할 수 있도록 한 은행여신거래 기본약관 조항($\frac{대판 2003. 7. 8,}{2002다64551}$), 상가건물의 관리 · 운영에 필요한상가관리운영규칙을 임대인이 특별한 기준이나 절차 없이 일방적으로 제정 또는 개정할 수 있도록 한 조항과 임대인이 상가운영상 필요하다고 판단되면 특별한 절차나제한 없이 상가건물 내의 각 층별로 지정된 업종을 변경할 수 있도록 하면서도 임차인에게는 이러한 업종변경으로 인하여 손해가 발생하더라도 이의 제기 등 아무런 조치도 취할 수 없도록 한 조항($\frac{대판 2005. 2. 18,}{2003두3734}$), 업무용 자동차종합보험 계약약관 중「배상책임 있는 피보험자의 피용자로서 산업재해보상보험법에 의한 재해보상을 받을 수있는 사람에 대하여는 보상하지 아니한다」고 하는 면책조항의 괄호 안에「산업재해보상보험법에 의한 보상범위를 넘어서는 손해가 발생한 경우에도 보상하지 않는다」고 규정되어 있는 경우에 괄호 안의 기재부분($\frac{대판(전원) 2005. 3. 17,}{2003다2802}$), 가맹점계약에 있어서 가맹본부가 아무런 제약 없이 언제라도 가맹점의 점포와 동일지역 내에 직영점을개설하거나 가맹점을 둘 수 있도록 하는 조항($\frac{대판 2000. 6. 9, 98다}{45553 · 45560 · 45577}$), 택배회사의 위탁영업

소계약에서 운송수수료율을 사정변경에 따라 택배회사 측이 일방적으로 변경할 수 있도록 한 조항(대판 2008. 2. 14, 2005다47106·47113·47120. 약관규제법 10조 1호에 해당할 수도 있다고 함), 임차인의 월차임 연체에 대하여 월 5%(연 60%)의 연체료를 부담시킨 약관조항 및 임차인의 월차임 연체 등을 이유로 계약을 해지한 경우 임차인에게 임대차보증금의 10%를 위약금으로 지급하도록 한 약관조항(대판 2009. 8. 20, 2009다20475·20482), 위탁자가 신탁이익 전부를 향수하는 신탁에서 위탁자에게 인정되는 해지권을 상당한 이유 없이 배제하는 약관 조항(대판 2012. 7. 12, 2010다1272), 계약해제로 인하여 사업자가 이미 받은 금전을 반환함에 있어 이자의 반환의무를 배제하는 약관조항(대판 2008. 12. 24, 2008다75393), 갑 주식회사가 을 주식회사와 특정 권역 내에서 갑 회사가 제공하는 방송·통신 서비스의 가입 등 영업업무 등을 을 회사에 위탁하기로 하는 업무위탁계약을 체결하면서, 을 회사에 정액으로 지급되는 영업활동비와 실적에 따라 지급되는 실적비례비로 이루어진 「기본수수료」 등을 지급하기로 약정하였는데, 그 후 「기본수수료」 체계를 서비스별 실적건수에 따른 「기본활동비」와 점수 구간에 따라 차등 지급되는 「실적비례비」로 변경하는 내용의 추가계약서를 작성한 사안에서, 기본수수료 지급기준을 변경한 추가계약서 조항(대판 2022. 5. 12, 2020다278873)은 고객에 대하여 부당하게 불리한 조항(일부의 경우에는 약관규제법 6 조 2항 2호 또는 3호도 언급함)으로 추정되어 무효라고 한다.

그에 비하여 가맹점계약에 있어서 가맹점이 일일 송금의무를 위반한 경우 지체배상금을 부과하는 외에 3일 이상 계속 송금하지 아니하는 경우 가맹점계약을 해지할 수 있도록 한 조항(대판 2000. 6. 9, 98다45553·45560·45577), 약관상 매매계약 해제시 매도인을 위한 손해배상액의 예정조항은 있는 반면에 매수인을 위한 손해배상액의 예정조항은 없는 경우의 전자의 조항(대판 2000. 9. 22, 99다53759·53766), 하도급대금 지급채무의 이행기일이 보증기간 안에 있지 아니한 경우 그 해당 채무를 보증범위에서 제외하고 있는 건설공제조합의 보증약관규정(대판 2001. 3. 23, 2000다11560), 국가가 사인과 국유림을 사유림과 교환하는 계약을 체결하면서 환매할 수 있도록 한 조항(대판 2002. 9. 27, 2000다27411), 주택공급계약서에서 예상 건축공정에 따라 계약금 납부일 이후 입주예정일까지 사이의 기간에 대하여 3개월 또는 4개월 단위로 6회에 나누어 정기의 중도금 지급기일을 지정한 조항(대판 2002. 11. 26, 2000다52042), 가맹점계약에 있어서 가맹본부와 가맹점 사업자 사이에 판매촉진 행사에 소요된 비용을 합리적인 방법으로 분담하도록 약정하고 있는 경우에 가맹본부가 판매촉진 행사의 시행과 집행에 관하여 가맹점 사업자와 미리 협의하도록 되어 있는 약관조항(대판 2005. 6. 9, 2003두7484), 형사피의 사건에 관한 위임계약에서 변호사사무실 소재지 지방법원을 전속관할 법원으로 하는 조항(대결 2008. 12. 16, 2007마1328), 하도급대금지급 보증약관에서 건설공제조합의 면책사유로 '건설산업기본법령상 하도급을 금지하는 공사를 하도급받거나, 무자격자가 하도급받은 공사인 때'를 정한 조항(대판 2009. 7. 9, 2008다88221), 주택분양보증약관에서 '입주자모집공고 전에 주택분양계약을 체결한 자가 납부한 입주금'을 보증채무 대상에서 제외하고 있는 조항(대판 2011. 4. 28, 2010다106337: [9]에 인용된 부분도 참조), 리스회사인 갑 주식회사가 고가의 의료기기인 디스크감압치료기를 리스물건으로 공급한 의료기기 판매업자 을과 리스

물건 재매입약정을 체결하면서 둔 '갑 회사와 리스이용자 병 사이에 체결된 리스계약에서 정한 계약해지사유가 발생하면 갑 회사의 요청에 따라 을이 리스물건의 상태 및 존재 유무에 상관없이 리스계약에서 정한 규정손해금을 매입대금으로 하여 무조건 리스물건을 매수하여야 한다'는 내용의 조항(대판 2012. 3. 29, 2010다16199), 한국전력공사가 작성하여 인가받은 기본공급약관 중 주택용 전력에 관하여 두고 있는 누진요금제 자체와 누진요금제의 구간 및 구간별 전기요금(대판 2023. 3. 30, 2018다207076)은 부당하게 불리한 조항(일부의 경우에는 약관규제법 6조 2항 2호 또는 3호도 언급함)이 아니라고 한다.

그리고 대법원은「약관은 사업자가 다수의 고객과 계약을 체결하기 위하여 일방적으로 작성한 것으로서 고객이 그 구체적인 조항내용을 검토하거나 확인할 충분한 기회를 가지지 못한 채 계약의 내용으로 되는 것이므로, 그 약관의 내용이 사적 자치의 영역에 속하는 것이라고 하더라도, 사업자가 상당한 이유 없이 자신이 부담하여야 할 위험을 고객에게 이전하는 내용의 약관조항은 고객의 정당한 이익과 합리적인 기대에 반할 뿐 아니라 사적 자치의 한계를 벗어나는 것으로 무효」라고 한다(종합통장자동대출 방식의 대출에 대한 신용보증관계의 성립에 신용보증서 발급일로부터 60일 이내에 최초 건별 대출의 실행을 요구하는 신용보증기금의 약관조항이 고객에 대하여 부당하게 불리한 것으로 신의성실의 원칙에 반하여 공정을 잃은 조항에 해당하여 약관규제법 제 6 조 제 1 항 · 제 2 항 제 1 호에 의하여 무효라고 한 사례)(대판 2010. 10. 28, 2008다83196).

(나)「고객이 계약의 거래형태 등 관련된 모든 사정에 비추어 예상하기 어려운 조항」(약관규제법 6조 2항 2호) 이러한 조항을 기습조항 또는 의외조항이라고 한다. 고객은 약관이 해당 계약의 종류에 있어서 일반적으로 기대되는 범위 내의 내용을 가지고 있다고 신뢰할 수 있어야 한다. 즉 그는 전혀 예상할 수 없는 약관조항으로부터 보호되어야 한다. 기습조항의 예로는 커피기계를 매매하면서 기계의 매수인으로 하여금 그 매도인으로부터 커피를 구입하도록 한 조항을 들 수 있다. 우리 대법원은 상가 임대분양계약서에 기재된「기부채납에 대한 부가가치세액은 별도」규정은 기습조항에 해당하나(대판 1998. 12. 22, 97다15715), 자동차종합보험 보통약관에 있어서 대인배상에 관한 보험회사의 면책사유로 피해자가「배상책임의무가 있는 피보험자의 피용자로서 근로기준법에 의한 재해보상을 받을 수 있는 사람」또는「피보험자의 사용자의 업무에 종사 중인 다른 피용자로서 근로기준법에 의한 재해보상을 받을 수 있는 사람」을 들고 있는 것은 기습조항이 아니라고 한다(대판 1990. 12. 11, 90다카26553).

(다)「**계약의 목적을 달성할 수 없을 정도로 계약에 따르는 본질적 권리를 제한하는 조항**」($\frac{약관규제법}{6조 2항 3호}$) 예컨대 경비용역회사의 약관에서 경비에 흠이 있는 경우에 책임을 배제하는 경우가 이에 해당한다.

(3) 금지규정의 적용 제한

약관규제법은, 국제적으로 통용되는 약관이나 그 밖에 특별한 사정이 있는 약관으로서 대통령령으로 정하는 경우에는 개별적인 금지규정인 약관규제법 제 7 조부터 제14조까지의 규정을 적용하는 것을 조항별·업종별로 제한할 수 있다고 규정한다($\frac{약관규제}{법 15조}$). 그리고 약관규제법 시행령은 국제적으로 통용되는 운송업·금융업·보험업, 무역보험법에 따른 무역보험의 약관을 그러한 약관으로 규정한다($\frac{같은 법 시}{행령 3조}$). 한편 판례는 약관규제법 제 6 조도 그러한 약관에는 적용되지 않는다고 한다($\frac{대판 1999. 12. 10, 98다9038; 대판 2002. 5. 24,}{2000다52202; 대판 2002. 5. 28, 2000다50299}$). 그 규정이 적용되면 약관규제법 제 15조의 규정취지가 몰각된다는 이유에서이다.

2. 약관조항이 무효인 경우의 법률효과 [16]

계약내용으로 된 약관에 무효조항이 포함되어 있는 경우는 법률행위의 일부가 무효인 때에 해당한다. 따라서 그에 대한 특별규정이 없다면 일부무효의 법리($\frac{137}{조}$)가 적용되어 원칙적으로 전체 계약이 무효로 될 것이다. 그런데 이는 고객보호의 측면에서 바람직하지 않다. 그보다는 무효조항을 제외한 내용으로 계약을 유지하는 것이 고객의 이익에 더 부합한다. 그 때문에 약관규제법은 일부무효의 법리를 규정한 민법 제137조에 대한 특별규정을 두고 있다. 그에 의하면 약관의 전부 또는 일부의 조항이 약관규제법 제 6 조부터 제14조까지의 규정에 따라 무효인 경우에는 원칙적으로 계약은 나머지 부분만으로 유효하게 존속한다($\frac{약관규}{제법 16}$ $\frac{조}{본문}$). 다만, 유효한 부분만으로는 계약의 목적 달성이 불가능하거나 그 유효한 부분이 한쪽 당사자에게 부당하게 불리한 경우에는 그 계약 전체가 무효로 된다($\frac{약관규제법}{16조 단서}$). 이 경우 계약 전체를 무효로 만들려는 자가 유효한 부분만으로는 계약의 목적 달성이 불가능함 또는 유효부분이 한쪽 당사자에게 부당하게 불리함을 주장·증명해야 한다. 한편 계약이 무효부분을 제외한 나머지 부분만으로 유효하게 되는 경우에는 계약에 틈이 생길 수 있다. 그때에 틈은 법률행위의 해석에 의하여 보충되어야 한다. 그리하여 우선 관습에 의하여 보충되고($\frac{106}{조}$), 관습이 없으

면 임의규정에 의하며, 임의규정도 없으면 순수한 보충적 해석이 행하여져야 한
다(민법총칙 [95] 참조. 이은영, 74면도 사견과 같은 취지임).

한편 위의 내용은 약관이 약관규제법 제 3 조 제 4 항에 따라 계약의 내용으
로 되지 못하는 경우에도 같다(약관규제법 16조). 그리하여 가령 설명의무 위반으로 보험약
관의 전부 또는 일부의 조항이 보험계약의 내용으로 되지 못하는 경우 보험계약
은 나머지 부분만으로 유효하게 존속하고, 다만 유효한 부분만으로는 보험계약
의 목적 달성이 불가능하거나 그 유효한 부분이 한쪽 당사자에게 부당하게 불리
한 경우에는 그 보험계약은 전부 무효가 된다(대판 2015. 11. 17, 2014다81542). 그리고 나머지 부분
만으로 보험계약이 유효하게 존속하는 경우에 당해 보험계약의 내용은 나머지
부분의 보험약관에 대한 해석을 통하여 확정되어야 하고, 만일 보험계약자가 이
렇게 하여 확정된 보험계약의 내용과 다른 내용을 보험계약의 내용으로 주장하
려면 보험자와 사이에 그 다른 내용을 보험계약의 내용으로 하기로 하는 합의가
있었다는 사실을 증명하여야 한다(대판 2015. 11. 17, 2014다81542).

〈판 례〉

「약관의 규제에 관한 법률에 의하여 약관조항이 무효인 경우 그것이 유효함을 전
제로 민법 제398조 제 2 항을 적용하여 적당한 한도로 손해배상 예정액을 감액하거
나, 과중한 손해배상의무를 부담시키는 부분을 감액한 나머지 부분만으로 그 효력을
유지시킬 수는 없」다(대판 2009. 8. 20, 2009다20475·20482. 같은 취지: 대판 1996. 9. 10, 96다19758).

Ⅵ. 위반약관의 규제

사업자는 약관규제법 제 6 조부터 제14조까지의 규정에 해당하는 불공정한
약관조항을 계약내용으로 하여서는 안 되며(같은 법 17조), 사업자가 이를 위반한 경우에
는 공정거래위원회가 그 약관조항의 삭제·수정 등 시정에 필요한 조치를 권고하
고(같은 법 17조의 2 1항·18조) 때로는 시정조치를 명할 수 있다(같은 법 17 조의 2 2항).

Ⅶ. 약관규제법의 적용범위

약관규제법은 약관의 규제에 관한 일반법이다. 따라서 특정한 거래분야의
약관에 대하여 다른 법률에 특별한 규정이 있는 경우에는 그 규정이 약관규제법

에 우선하여 적용된다($^{같은 법}_{30조 2항}$). 그리고 약관규제법은 약관이 상법 제 3 편(회사), 근로기준법($^{대판 2022. 6. 30, 2019다}_{246696 · 246702도 참조}$) 또는 그 밖에 대통령령으로 정하는 비영리사업의 분야에 속하는 계약에 관한 것일 때에는 적용되지 않는다($^{같은 법}_{30조 1항}$).

제 4 절 계약의 종류

Ⅰ. 서　설

[17]

계약은 여러 가지 표준에 의하여 종류를 나눌 수 있다. 그 중에서 중요한 것들을 살펴보기로 한다. 주의할 것은, 여기에서 다루는 계약은 채권계약에 한정된다는 점이다.

Ⅱ. 전형계약 · 비전형계약

민법 제 3 편 제 2 장 제 2 절부터 제15절까지 규정되어 있는 15가지의 계약($^{현상광고를 단독행위라}_{고 보면 14가지 계약}$)을 전형계약이라고 하며, 채권계약 가운데 그 외의 계약을 비전형계약이라고 한다. 전형계약은 증여 · 매매 · 임대차 등과 같이 민법전상 이름이 붙여져 있다고 하여 유명계약(有名契約)이라고도 하며($^{이은영, 8면은 「특별법상의}_{전형계약」의 개념도 인정한다}$), 비전형계약은 무명계약(無名契約)이라고도 한다. 비전형계약의 예로는 자동판매기 설치계약 · 은행계약 · 리스(시설대여)계약($^{대판 1986. 8. 19, 84다카503 · 504; 대판 1994. 11. 8, 94다23388. 리}_{스계약은 현재에는 여신전문금융업법과 상법(금융리스업)이 규율하고 있다}$) · 연예인 출연전속계약을 들 수 있다.

비전형계약 중 두 가지 이상의 전형계약의 요소가 섞여 있거나 하나의 전형계약의 요소와 기타의 사항이 섞여 있는 것을 특히 혼합계약이라고 한다. 혼합계약에 대하여 법규적용을 어떻게 할 것인가에 관하여는, i) 가장 가까운 전형계약에 관한 규정을 유추적용하여야 한다는 유추적용설($^{곽윤직,}_{27면}$), ii) 각각의 요소에 관한 법규정을 모두 적용하여야 한다는 결합설($^{김상용,}_{37면}$), iii) 두 경우를 나누어 부수적 급부와 결부된 전형계약의 경우에는 부수적 의무는 전형계약에 흡수되고, 서로 대등한 비중을 가진 여러 개의 계약유형들이 하나의 계약 속에 결합된 경우에는 각 급부에 대하여 해당 계약규범이 적용된다는 이른바 2원설($\binom{김형배,}{82면}$)이 대립하고 있다.

〈판 례〉

「법률행위의 해석… 법리는 비전형의 혼합계약의 해석에도 적용된다고 할 것인데, 비전형의 혼합계약에서는 다수의 전형계약의 요소들이 양립하면서 각자 그에 상응하는 법적 효력이 부여될 수 있으므로, 당사자가 그 표시행위에 부여한 객관적인 의미를 있는 그대로 확정하는 것이 필요하다.」(당사자 사이에 이루어진 거래가 현실적인 물품인도가 없는 형태의 물품공급계약에 수익률보장 또는 재매입보장의 요소가 합쳐진 비전형의 혼합계약으로 볼 여지가 충분히 있고, 이와 같은 거래형태는 계약자유의 원칙상 유효할 뿐만 아니라 그것이 어느 하나의 전형계약의 형태에 해당하지 않는다고 하여 그 계약 성립 자체를 부인할 수는 없으므로, 그 거래내용의 객관적인 의미를 있는 그대로 확정한 다음 그에 따른 법률효과를 부여할지 여부를 판단하여야 하고, 수익률보장이나 재매입보장 약정이 있다는 사정만으로 물품공급계약의 성립 자체를 부정할 수는 없음에도, 위 거래가 물품거래의 형식을 빌린 자금거래에 지나지 않는다는 이유로 물품공급계약의 성립 자체를 부정한 원심판결을 파기한 사례)
$\binom{\text{대판 } 2010. 10. 14,}{2009다67313}$

Ⅲ. 쌍무계약(雙務契約) · 편무계약(片務契約)

(1) 쌍무계약 · 편무계약의 의의

쌍무계약은 계약의 각 당사자가 서로 대가적인 의미를 가지는 채무를 부담하는 계약이다. 여기서 채무가 「대가적 의미」를 갖는다는 것은 A가 채무를 부담하는 것은 B가 채무를 부담하기 때문이고, B가 채무를 부담하는 것은 A가 채무를 부담하기 때문이라는 것과 같이, 당사자들의 채무부담이 서로 의존적임을 뜻하며, 채무의 경제적 가치가 동등할 필요는 없다. 전형계약 중 매매·교환·임대차·고용·도급·여행계약·조합·화해는 쌍무계약이고, 소비대차·위임·임치도 유상인 때에는 쌍무계약에 해당한다.

채권계약 가운데 쌍무계약 이외의 모든 것이 편무계약이다. 그 중에는 당사자 일방만이 채무를 부담하는 경우 외에 당사자 쌍방이 채무를 부담하지만 그 채무들이 서로 대가적인 의미가 없는 경우도 있다($\binom{\text{이를 불완전 쌍무계약이라고 부}}{\text{르기도 하나, 쌍무계약이 아니다}}$). 증여·현상광고는 전자의 예이고, 사용대차는 후자의 예이다. 사용대차에서 대주(貸主)는 목적물의 사용을 허용할 채무가 있고, 차주(借主)는 후에 목적물을 반환할 채무가 있으나, 이 두 채무는 의존관계에 있지 않기 때문이다. 소비대차·위임·임치도 무상인 때에는 사용대차와 마찬가지로 편무계약에 속한다.

(2) 구별실익

쌍무계약에 있어서는 동시이행의 항변권($\frac{536}{조}$)·위험부담($\frac{537조 \cdot}{538조}$)의 문제가 생기나, 편무계약에서는 이들이 문제되지 않는다.

Ⅳ. 유상계약(有償契約)·무상계약(無償契約) [18]

(1) 유상계약·무상계약의 의의

유상계약은 계약의 각 당사자가 서로 대가적인 의미를 가지는 출연(出捐)(출재)을 하는 계약이고, 무상계약은 채권계약 중 그 이외의 것이다. 무상계약에는 당사자 일방만이 출연을 하는 경우도 있고, 당사자 쌍방이 출연을 하지만 대가적인 의미가 없는 경우도 있다. 증여는 무상계약 중 전자의 예이고, 사용대차·무상소비대차는 후자의 예이다.

유상계약·무상계약의 구별은 쌍무계약·편무계약의 구별과 어떻게 다른가? 쌍무계약과 편무계약은 계약의 효과로서 생기는 채권관계만을 관찰하여 당사자들이 서로 대가적인 의미의 채무를 부담하는지를 표준으로 하여 구별하는 데 비하여, 유상계약·무상계약은 계약의 성립에서부터 그 계약의 효과로서 생기는 채권관계의 실현에 이르기까지의 모든 과정을 살펴서 그 안에서 당사자들이 서로 대가적인 출연을 하는지를 표준으로 하여 구별하며, 그럼에 있어서 출연이 계약 성립시에 행하여지느냐 계약의 효과로서 발생한 채권관계에 기하여 행하여지느냐는 묻지 않는다. 여기서 쌍무계약과 유상계약의 관계가 드러나게 된다. 즉 각 당사자들이 서로 대가적인 의미에 있는 채무들을 부담하는 쌍무계약에서는 각 당사자들의 대가적인 재산상의 출연이 반드시 있게 된다. 그러므로 쌍무계약은 모두 유상계약이다. 그리고 편무계약일지라도 후에 채무를 부담하는 당사자의 상대방이 계약성립시에 대가적인 의미의 출연을 하면 역시 유상계약으로 된다. 현상광고를 계약이라고 본다면 현상광고가 그 예이다(이 경우 계약성립 후에는 광고자만이 채무를 부담하나, 계약성립시 응모자가 행한 지정행위의 완료가 대가적인 출연이 된다).

민법상의 전형계약 가운데 매매·교환·임대차·고용·도급·여행계약·조합·화해·현상광고($_{할 경우}^{계약이라고}$)는 유상계약이고, 증여·사용대차는 무상계약이다. 그리고 소비대차·위임·임치·종신정기금은 대가 지급을 하도록 하느냐에 따라 유상계약 또는 무상계약이 된다. 부담부 증여는 수증자도 재산상의 출연을 하지만 증여자의 출연과 대등한 상태가 아니어서 무상계약으로 파악한다($_{나 \, 김상용, \, 39면은}^{통설도 \, 같음. \, 그러}$ $_{급부로서의 \, 성질이 \, 있으면 \, 무상계약이 \, 아니라고 \, 한다}^{부담이 \, 증여의 \, 조건이면 \, 무상계약이지만 \, 부담이 \, 반대}$).

(2) 구별실익

민법은 가장 대표적인 유상계약인 매매에 관하여 자세한 규정을 두고, 그 규정들을 다른 유상계약에 준용하고 있다($_{참조}^{567조}$).

V. 낙성계약(諾成契約)·요물계약(要物契約)

낙성계약은 당사자의 합의만으로 성립하는 계약이고, 요물계약은 당사자의 합의 외에 물건의 인도 기타 급부가 있어야만 성립하는 계약이다. 민법상의 전형계약은 그 대부분이 낙성계약이며, 현상광고($_{고 \, 볼 \, 경우}^{계약이라}$)만이 요물계약에 해당한다. 그리고 전형계약은 아니지만 계약금계약은 요물계약이라고 해석되며($_{참조}^{[84]}$), 대물변제는 채권계약은 아니지만 요물계약이라고 새겨야 한다($_{[239] \, 참조}^{채권법총론}$).

[19] VI. 계속적 계약·일시적 계약

(1) 의   의

계약에 의하여 발생한 채무 가운데에는 급부가 일정한 시간 동안 계속되어야 하는 것이 있다. 그러한 채무를 발생시키는 계약이 계속적 계약이다($_{지: \, 대판}^{같은 \, 취}$ $_{2020다297430}^{2022. \, 3. \, 11,}$). 그에 비하여 급부 실현에 시간적 계속성이 요구되지 않는 채무를 발생시키는 계약은 일시적 계약이다. 이 두 계약의 구별은 계속적 계약에 의하여 생기는 계속적 채권관계가 가지는 특질을 밝히는 데 의미가 있다($_{라는 \, 용어가 \, 많이 \, 쓰인다}^{그리하여 \, 「계속적 \, 채권관계」}$).

채권관계 중에는 즉시 이행되는 것도 있고($_{현실매매}^{예: \, 동산의}$), 계약의 성립과 소멸 사이에 시간 간격이 존재하는 것도 있다($_{문 \, 후 \, 1년 \, 후에 \, 인도하기로 \, 합의한 \, 경우}^{예: \, 동산의 \, 12개월의 \, 할부매매, \, 선박 \, 주}$). 후자의 경우에는 전자보다 채무불이행이 발생할 가능성이 크다($_{하거나 \, 완성된 \, 배의 \, 인도의 \, 불이행}^{가령 \, 1회의 \, 할부대금 \, 지급을 \, 누락}$). 그러나 이러한 경우에는 채무불이행에 관한 법률규정이 충분히 규율할 수 있으며 특별한 취급은 필요하지 않다($^{\text{Medicus,}}_{\text{Schuldrecht I, S. 6}}$). 그에 비하여 어떤 채권관계에서는 시간이 매우 큰 역할을 한다. 즉 거기서는 시간이 제공되어야 하는 급부의 범위를 결정하는 것이다($^{\text{Medicus,}}_{\text{Schuldrecht I, S. 6}}$). 예컨대 임대차에 있어서는 임대차 기간이 길어지면 길어질수록 임대인의 급부가 더 증가된다(물론 차임도 많아짐). 이러한 채권관계를 가리켜 계속적 채권관계라고 한다. 전형계약 가운데 계속적 채권관계를 발생시키는 계약(즉 계속적 계약)에는 소비대차 · 사용대차 · 임대차 · 고용 · 위임 · 임치 · 조합 · 종신정기금이 있다.

(2) 계속적 채권관계의 특질

계속적 채권관계에는 다음과 같이 여러 가지 특질이 있다(이는 구체적인 채권관계에 따라 차이가 있음을 유의할 것).

1) 급부의 실현이 시간적 계속성을 가진다.

2) 시간은 급부의 방법을 정하는 것(예: 할부매매의 경우)이 아니고 급부의 범위를 결정한다.

3) 통설은 기본채권과 지분채권(예: 임대차의 추상적인 차임채권과 매 기간의 차임채권)이 발생한다고 설명한다(대표적으로 곽윤직, 30면. 그러나 사견은 이 구분에 반대하며, 임대차의 경우에는 매기의 차임채권이 있을 뿐이다. 채권법총론 [48]도 참조).

4) 당사자의 상호신뢰성이 강하게 요구되고 신의칙이 중요하게 작용한다.

5) 사정변경의 원칙이 고려되며, 당사자의 해지권이 문제된다.

6) 채권관계의 해소는 장래에 향하여만 효력이 생기고 소급하지 않는다.

(3) 계속적 공급계약

일정한 기간 또는 부정기간(不定期間) 동안에 종류로서 정하여진 물건(예: 맥주 · 석탄)을 일정한 대가를 받고서 계속적으로 공급하기로 하는 계약이 계속적 공급계약이다. 계속적 공급계약은 한편으로는 물건의 급부의무를 발생시키는 점에서 매매계약 또는 제작물공급계약의 성질을 가지고 있으나, 다른 한편으로는 공급되어야 하는 양이 처음부터 확정되어 있지 않고 시간이 경과함에 따라 증가하는 점(예: 맥주의 수요에 따른 공급, 부정기간 동안 매달 10톤의 석탄의 공급)에서 계속적 채권관계로서의 특성도 지니고 있다. 그 결과 계속적 채권관계와 유사한 종류를 이루고 있다고 할 것이다.

우리의 통설(대표적으로 곽윤직, 31면)은 전기 · 수도 · 가스의 공급계약을 계속적 공급계약의 전형적인 경우로 설명한다. 그러나 그러한 계약은 보통의 계속적 공급계약과 차이가 있다. 그 경우에는 공급기업은 소비자가 즉시 이용할 수 있도록 준비를 해 둔다. 소비자가 일부를 사용한 때에는 그 만큼을 다시 보충해 놓기도 한다. 그리하여 공급기업은 소비자의 이용이 전혀 없는 때에도 급부를 하고 있는 것이다$\binom{\text{Medicus,}}{\text{Schuldrecht I, S. 7}}$. 이러한 두 종류의 급부가 요금표에서 기본사용료와 구체적인 사용료의 두 가지로 나뉘어 표현된다. 이러한 점은 전화에 관한 계약에서도 같다.

계속적 공급계약과 구별하여야 할 것으로 분할공급계약과 회귀적 채권관계가 있다. 분할공급계약은 매매의 목적물은 처음부터 확정되어 있고 그 확정된 일정량을 일정시기에 나누어서 공급하기로 하는 계약이다. 석탄 100톤을 매매하면서 석탄을 매월 10톤씩 10개월에 나누어 공급하기로 한 경우가 그 예이다. 이러한 분할공급계약은 하나의 매매계약이고 단지 그 이행방법이 특수할 뿐이다. 그리고 회귀적 채권관계는 회귀적 급부$\binom{\text{매일 아침에 신문을 배달하는 것과 같이}}{\text{일정한 시기에 반복적으로 하는 급부}}$를 내용으로 하는 채권관계이다. 회귀적 채권관계는 묵시적 또는 명시적으로 계약체결이 반복되는 것으로 볼 수도 있으나, 일정한 기간을 기준으로 하여 보면 계속적 공급계약과 차이가 없으므로 계속적 공급계약으로 파악함이 옳다$\binom{\text{같은 취지: 곽윤직,}}{\text{32면; 김형배, 87면}}$.

Ⅶ. 예약 · 본계약

예약은 장차 일정한 계약을 체결할 것을 미리 약정하는 계약이며, 이 예약에 기하여 장차 체결될 계약이 본계약이다. 예약은 본계약을 체결하여야 할 채무를 발생시키는 계약이므로 채권계약이나, 본계약은 채권계약일 수도 있고 물권계약$\binom{\text{예: 저당권}}{\text{설정계약}}$이나 가족법상의 계약$\binom{\text{예:}}{\text{혼인}}$일 수도 있다$\binom{\text{통설도 같음. 그러나 김형배, 299면은}}{\text{채권계약만 본계약일 수 있다고 한다}}$. 예약은 쌍무예약 · 편무예약, 쌍방예약 · 일방예약으로 그 종류를 나눌 수 있는데, 그에 관하여는 「매매」를 다룰 때 기술하기로 한다$\binom{[81]}{\text{참조}}$.

제 5 절   계약의 성립

[20]   ## Ⅰ. 서   설

1. 계약의 성립요건으로서의 합의(合意)

계약은 둘 이상의 계약당사자의 의사표시의 일치에 의하여 성립한다$\binom{\text{낙성계약}}{\text{이 그러하}}$

며, 요물계약에서는 그 외에 물건의 인도 기타 급부가 있어야 한다. 이런 의미에서 볼 때 당사자의 의사표시의 일치는 모든 계약의 성립에 요구되는 최소한도의 요건 즉 일반적 성립요건이라고 할 수 있다. 민법총칙 [81] 참조). 계약을 성립시키는 이러한 의사표시의 일치를 합의라고 한다.

합의는 어떠한 사항에 관하여 행하여져야 하는가? 우선 계약의 본질적인 구성부분($^{계약의 필수 불가결한, 그리고}_{종류를 결정하는 구성부분}$), 예컨대 매매의 경우 매매의 객체와 대금($^{563조}_{참조}$), 임대차의 경우 임차물과 차임($^{618조}_{참조}$)에 관하여 합의가 행하여져야 한다. 그런가 하면 누가 계약당사자가 되어야 하고, 그들이 어떤 역할을 하여야 하는지($^{가령 매도인}_{또는 매수인}$)에 관하여도 합의가 필요하다. 물론 계약체결 당시에 이러한 점에 관하여 구체적으로 확정되어 있어야 할 필요는 없으나, 구체적으로 확정할 수 있는 방법과 기준은 정해져 있어야 한다($^{대판 1996. 4. 26, 94다34432; 대판 2001. 3. 23, 2000다51650;}_{대판 2017. 5. 30, 2015다34437; 대판 2017. 10. 26, 2017다242867}$). 그에 비하여 민법이 각각의 계약유형에 있어서 상세하게 규정하고 있는 사항($^{예:}_{580조}$)이나 모든 계약에 적용되는 일반규정이 규율하는 사항($^{예:}_{390조}$)에 관하여는 당사자가 특별히 합의할 필요가 없다. 다만, 민법이 규정하고 있는 사항일지라도 당사자 일방이 법률규정($^{임의규정}_{에 한함}$)과 다른 합의가 필요함을 표시한 때에는 예외이다($^{같은 취지: 대}_{판 2003. 4. 11,}$ $^{2001다}_{53059}$).

〈판 례〉

㈀「계약이 성립하기 위하여는 당사자 사이에 의사의 합치가 있을 것이 요구되고 이러한 의사의 합치는 당해 계약의 내용을 이루는 모든 사항에 관하여 있어야 하는 것은 아니나 그 본질적 사항이나 중요사항에 관하여는 구체적으로 의사의 합치가 있거나 적어도 장래 구체적으로 특정할 수 있는 기준과 방법 등에 관한 합의는 있어야 하며, 한편 당사자가 의사의 합치가 이루어져야 한다고 표시한 사항에 대하여 합의가 이루어지지 아니한 경우에는 특별한 사정이 없는 한 계약은 성립하지 아니한 것으로 보는 것이 상당하다고 할 것이다.」($^{대판 2001. 3. 23, 2000다51650. 같은 취지: 대판 2017. 5. 30, 2015}_{다34437; 대판 2017. 10. 26, 2017다242867; 대판 2021. 1. 14,}$ $^{2018다}_{223054}$)

㈁「계약이 성립하기 위하여는 당사자의 서로 대립하는 수개의 의사표시의 객관적 합치가 필요하고 객관적 합치가 있다고 하기 위하여는 당사자의 의사표시에 나타나 있는 사항에 관하여는 모두 일치하고 있어야 하는 한편, 계약내용의 '중요한 점' 및 계약의 객관적 요소는 아니더라도 특히 당사자가 그것에 중대한 의의를 두고 계약성립의 요건으로 할 의사를 표시한 때에는 이에 관하여 합치가 있어야 계약이 적법·유효하게 성립하는 것이다.」($^{대판 2003. 4. 11,}_{2001다53059}$)

㈂「당사자 사이에 체결된 계약과 이에 따라 장래 체결할 본계약을 구별하고자 하는 의사가 명확하거나 일정한 형식을 갖춘 본계약 체결이 별도로 요구되는 경우 등의

특별한 사정이 없다면, 매매계약이 성립하였다고 보기에 충분한 합의가 있었음에도 법원이 매매계약 성립을 부정하고 별도의 본계약이 체결되어야 하는 매매예약에 불과하다고 단정할 것은 아니다.」$\binom{\text{대판 2022. 7. 14, 2022}}{\text{다225767 · 225774}}$

(ㄹ)「계약의 성립을 위한 의사표시의 객관적 합치 여부를 판단함에 있어, 처분문서인 계약서가 있는 경우에는 특별한 사정이 없는 한 계약서에 기재된 대로의 의사표시의 존재 및 내용을 인정하여야 하고, 계약을 체결함에 있어 당해 계약으로 인한 법률효과에 관하여 제대로 알지 못하였다 하더라도 이는 계약체결에 관한 의사표시의 착오의 문제가 될 뿐이다.」$\binom{\text{대판 2009. 4. 23.}}{\text{2008다96291 · 96307}}$

(ㅁ)「아파트 등을 분양하기로 하는 계약이 성립하기 위해서는 분양 목적물 외에 분양대금의 액수, 목적물의 인도와 소유권이전등기 시기 등 계약의 중요사항이 정해져 있거나 장래 구체적으로 특정할 수 있는 기준과 방법 등에 관한 합의가 있어야 한다. 아파트의 동 · 호수만을 지정하는 계약$\binom{\text{이하 '동 · 호수 지}}{\text{정계약'이라 한다}}$에 목적물만 특정되어 있을 뿐 그 밖에 분양대금의 액수, 목적물의 인도시기 등 계약의 중요사항이 정해져 있지 않고 나아가 장래에 이를 특정할 수 있는 기준과 방법 등에 관하여 구속력이 있는 합의가 있다고 보기 어려운 경우에는 위 계약을 분양계약이라고 할 수는 없고, 나중에 분양계약을 체결한 경우 동 · 호수만을 확보하는 의미가 있을 뿐이다.」$\binom{\text{대판 2017. 5. 30,}}{\text{2015다34437}}$

합의를 계약당사자의 의사표시의 일치라고 할 때 의사표시의 일치가 당사자의 (내적인) 의사의 일치인지 아니면 (외적인) 표시의 일치인지가 문제된다. 우리 민법상 착오에 대한 법률효과가 취소가능성으로 규정되어 있기 때문에 후자로 새겨야 한다$\binom{\text{그러나 착오의 경우 무효라고 규정하}}{\text{는 법제에서도 동일하게 해석한다}}$. 그러지 않으면 착오의 경우에는 불합의로 되어, 계약의 유효한 성립을 전제로 하는 취소가능성이 무의미해지기 때문이다.

구체적인 경우에 합의가 존재하는지 여부는 의사표시 내지 법률행위의 해석$\binom{\text{민법총칙 [89]}}{\text{이하 참조}}$의 고려 하에서만 판단될 수 있다. 법률행위의 해석$\binom{\text{상대방 있}}{\text{는 경우}}$은 자연적 해석에서 시작하여야 하며, 그것이 불가능한 경우 규범적 해석을 하게 된다. ① 계약의 당사자 쌍방이 그들의 의사표시를 동일한 의미로 이해한 때에는 — 자연적 해석에 의하여 — 그들이 이해한 의미로 효력이 있다. 이는 당사자들의 의사표시가 객관적으로 서로 다른 의미이든 동일하지만 다의적인 경우이든 다의적이 아닌 동일한 하나의 의사표시이든 마찬가지이다$\binom{\text{이러한 경우의 표시를 falsa demonstratio}}{\text{(그릇된 표시)라고 한다}}$. 예컨대 A가 B에게 자신의 그림을 980만원에 매도하려고 하면서 잘못하여 890만원에 매도하겠다고 표시하였는데, B는 A가 그 그림의 대금으로 980만원을 받으려는 것을 알고 980만원에 매수하겠다고 한 경우에는, 980만원을 대금으로 하는 그림의 매매 합의가 존재한다. 이 경우의 합의를 자연적 합의라고 한다. ② 계약의 당사자들이 그들의 의사표시를 동일한 의미로 이해하지 않은 때에는 규범적인 해석이 행하여진다. 그리하여 각각의 의사표시에 관하여 상대방이 적절한 주의를 베푼 경우에 이해했어야 하는 의미가 탐구되어야 하며, 그것들이 일치하게 되면, 그러한 의미로 합의가 인정된다. 이 경우의 합의를 규범적 합의라고 한다. 예컨대 A가 B에게 그의 그림을 980만원에 매각하려고 하면서 편지에 890만원에 매각하겠다고 쓰고, B는 A의 착오를 모르고 890만원에 매수한다고 답한 경우에는, 890만원을 대금으로 하는 매매계약이 성립한다($\binom{\text{A의 착오 문}}{\text{제는 남음}}$).

〈계약서의 작성과 계약성립〉

실제 사회에서 계약을 체결하면서 계약서를 작성하는 경우가 많이 있다. 부동산을 매매하거나 주택을 임대차하는 때가 그 예이다. 이러한 경우에는 계약서가 작성되는 때에 계약이 성립하는지 문제된다.

법률규정상 계약서가 작성되어야 비로소 계약이 성립하는 것으로 해석되는 경우가 있다. 국가가 경쟁입찰의 방법으로 계약을 체결하는 경우가 그 예이다($\binom{\text{「국가를 당사}}{\text{자로 하는 계약}}$에 관한 법률」 11조 참조). 그런데 그러한 법률규정은 매우 드물게만 존재한다. 그리고 그러한 법률규정이 없는 일반적인 경우에는 계약서의 작성은 계약의 성립요건이 아니며, 계약서는 원칙적으로 계약체결의 증거로 될 뿐이다. 다만, 당사자가 계약의 내용에 관하여 어느 정도 결정을 했으면서도 계약서가 작성되는 때에 계약이 성립하는 것으로 합의하였다면, 그리하여 계약서가 작성되기 전에는 계약의 효력이 없는 것으로 해석된다면 계약서가 작성될 때에 계약이 성립한다고 해야 한다($\binom{\text{같은 취지: 곽윤}}{\text{직(신정판), 59면}}$). 이는 결국 계약서를 작성하기로 한 합의(법률행위)의 해석의 문제이다.

2. 불합의(不合意) [21]

(1) 의의 및 종류

불합의는 의사표시의 불일치, 즉 해석에 의하여 확정된 의사표시들의 의미가 일치하지 않는 것이다. 불합의는 여러 가지 표준에 의하여 종류를 나눌 수 있다. 우선 불합의의 존재를 당사자들이 알고 있느냐의 여부에 따라 크게 의식적인 불합의와 무의식적인 불합의로 나누어진다. 그리고 이들 각각은 다시 본질적 구성부분에 관한 불합의와 부수적인 구성부분에 관한 불합의로 세분된다.

(2) 의식적인 불합의

계약당사자 쌍방(또는 일방)이 계약이 체결되지 않았다는 점 또는 합의를 요하는 사항에 관하여 합의가 없음을 의식하고 있는 경우를「의식적인 불합의」또는「안 불합의」라고 한다. 조건을 붙이거나 변경을 가하여 승낙을 한 경우($^{534조}_{참조}$)가 그 예이다.

계약의 본질적인 구성부분에 관하여 의식적인 불합의가 있는 경우에는 계약은 성립하지 않는다($^{이는 명문규정이 없어도 당}_{연하다. 예외: 656조 1항}$). 그에 비하여 계약의 부수적인 구성부분만에 관하여 의식적인 불합의가 있는 경우에 계약이 성립하는지 여부는, 우선 계약의 해석에 의하여 결정하여야 하며, 불분명한 때에는 계약이 성립하지 않는다고 하여야 한다($^{자세한 점은 송덕수, "불합의," 고}_{시연구 1990. 1, 76면 이하 참조}$). 다만, 당사자 쌍방이 의식적인 불합의에도 불구하고 계약의 실행을 시작한 경우와 같이 계약에 구속당하려고 하는 특별한 사정이 있는 때에는 예외이다. 판례도「당사자의 의사의 합치가 이루어져야 한다고 표시한 사항에 대하여 합의가 이루어지지 아니한 경우에는 특별한 사정이 없는 한 계약은 성립하지 아니한 것으로」볼 것이라고 한다($^{대판 2001. 3. 23, 2000다}_{51650; 대판 2017. 5. 30,}$ $^{2015다}_{34437}$).

(3) 무의식적인 불합의

1) 의　　의　　당사자들이 완전히 합의하였다고 믿는 반면에 실제로는 합의가 존재하지 않는 경우를「무의식적인 불합의」또는「숨겨진 불합의」라고 한다.

2) 착오와의 구별　　무의식적인 불합의와 착오 사이의 구별이 문제된다. 무의식적인 불합의의 경우 당사자들은 합의가 있다고 믿는 점에서 넓은 의미로 착오가 존재한다. 그러나 그 착오는 계약의 성립에 관한 것이며, 당사자 일방이 자신의 의사표시 내에서 자신이 행한 표시의 내용에 관하여 착오에 빠지는 경우와는 관념상 명백히 구별된다.

그렇지만 실제에 있어서는 구별이 불분명한 때가 있다. 그때에는 당사자 쌍방의 의사표시를 해석하여 그 의미를 확정한 뒤 이를 비교하여 판단한다. 그리하여 의사표시들의 의미가 일치하지 않는 경우에는 불합의로 되고, 그럼에도 불구하고 당사자들이 계약의 성립을 믿고 있었다면 무의식적 불합의로 될 것이다. 그때에는 계약은 원칙적으로 성립하지 않으며, 당사자에 의한 취소는 필요하지도 않고 객체가 없어서 가능하지도 않다. 그에 비하여 의사표시들의 의미가 일치하는 경우에는 계약은 유효하게 성립한다. 그 경우에 당사자 일방의 의사가 해석된

의사표시의 의미와 다른 때에는 그 당사자의 착오가 문제된다. 예컨대 A가 B에게 그림을 980만원에 매각하려고 생각하면서 890만원에 매각하겠다고 표시하였고, B는 A에게 단순히「그 청약에 동의한다」고 한 경우에는, A·B의 의사표시의 의미는 890만원으로 일치한다. 그 결과 890만원을 대금으로 하는 매매계약이 성립하며, A의 착오만이 문제된다. 그에 비하여 A가 그림을 980만원에 매각하려고 하는 그의 의사를 올바르게 표시하였는데, B가 이를 890만원이라고 잘못 읽고 890만원에 매수할 생각으로 890만원에 매수하겠다고 하였고, 이를 받은 A는 B의 표시를 980만원에 매수하겠다는 뜻으로 이해한 경우에는, A·B의 의사표시의 의미는 일치하지 않으며, 따라서 불합의(무의식적 불합의)로 된다. 그리고 A가 980만원에 팔려고 하면서 890만원에 팔겠다고 표시하였고, B는 890만원에 사겠다고 하려고 했으나 잘못하여 980만원에 사겠다고 한 경우에도, 역시 불합의가 된다. 그런데 이 경우 A·B 모두 의사와 표시가 불일치하나, 착오는 문제되지 않는다. 왜냐하면 착오는 계약이 성립한 뒤에 비로소 문제되는데, 이때는 계약 자체가 성립하지 않기 때문이다.

　3) **무의식적인 불합의의 법률효과**　　　계약의 본질적인 구성부분에 관하여 무의식적인 불합의가 존재하는 경우에는 당연히 계약은 성립하지 않는다.

　불합의가 부수적인 구성부분에 관하여만 존재하는 경우에는 어떤가? 여기에 관하여 학설은 i) 계약이 성립하지 않는다는 견해($^{곽윤직,}_{35면}$)와 ii) 합치된 내용만으로 계약이 성립한다는 견해($^{김형배, 96면;}_{이은영, 89면}$)로 나뉘어 있다. 생각건대 이 경우에는 가능한 한 계약을 유지하는 것이 거래의 안전에 이바지하게 되며 당사자의 이익에도 부합할 것이다. 따라서 원칙적으로는 계약은 성립하지 않지만, 합의되지 않은 사항이 당사자들이 그에 관한 불합의를 알았더라도 계약을 체결하였으리라고 인정될 정도로 본질적이 아닌 때에는 예외적으로 합의가 이루어진 범위에서 계약이 성립한다고 하여야 한다. 예외적으로 계약의 성립이 인정되는 경우의 합의의 틈은 보충적인 계약해석의 방법으로 채워져야 한다($^{민법총칙}_{[95] 참조}$).

　4) **무의식적인 불합의의 경우의 손해배상 문제**　　　계약당사자 일방이 과실로 무의식적인 불합의를 일으키고 그럼으로써 상대방이 손해를 입은 경우에 그 상대방이 손해배상청구를 할 수 있는지가 문제된다. 여기에 관하여 학설은 i) 상대방에게 사기와 같은 위법행위가 없는 한 손해배상청구권은 성립하지 않는다는

견해($^{곽윤직,}_{35면}$)와 ii) 제535조를 유추적용하여 과실있는 자가 상대방에게 신뢰이익을 배상하여야 한다는 견해($^{김형배, 96면;}_{황적인, 63면}$)로 나뉘어 있다. 판례는, 계약이 의사의 불합치로 성립하지 아니한 경우 그로 인하여 손해를 입은 당사자가 상대방에게 부당이득 반환청구 또는 불법행위로 인한 손해배상청구를 할 수 있는지는 별론으로 하고, 상대방이 계약이 성립되지 아니할 수 있다는 것을 알았거나 알 수 있었음을 이유로 제535조를 유추적용하여 계약체결상의 과실로 인한 손해배상청구를 할 수는 없다고 한다($^{대판 2017. 11. 14,}_{2015다10929}$). 생각건대 ii)설은 일종의 계약체결상의 과실책임을 인정하는 것인데, 그러려면 전제가 되는 의무가 존재하여야 한다. 그러나 이 경우에는 그러한 의무, 가령 계약체결의무나 상대방의 착오를 예방하여야 할 의무가 없다. 계약을 체결하는 자는 모두가 계약의 성립에 이르기까지 의사표시들이 모든 점에서 일치하는지를 주의하여야 하는 것이다. 따라서 과실있는 당사자의 손해배상의무는 없다고 할 것이다. 물론 그의 행위가 불법행위의 요건을 갖추는 때는 별문제이다.

3. 계약성립의 모습

계약은 원칙적으로 계약당사자의 청약과 승낙의 일치에 의하여 성립한다. 그런데 민법은 그 외에도 의사실현과 교차청약에 의하여서도 계약이 성립할 수 있음을 규정하고 있다. 그 밖에 학자들 사이에서는 일정한 사실적인 행위에 의하여서 계약관계가 성립할 수 있는지도 논의되고 있다($^{이른바 사실적}_{계약관계의 문제}$).

[22]　## Ⅱ. 청약과 승낙에 의한 계약성립

1. 청　약

(1) 의　의

청약은 그에 대응하는 승낙과 결합하여 계약을 성립시킬 것을 목적으로 하는 일방적 · 확정적 의사표시이다.

1) 청약은 하나의 의사표시이고 법률행위가 아니다. 따라서 그것 자체만으로는 법률효과가 발생하지 않는다.

2) 청약은 상대방 있는 의사표시이다.

3) 청약은 그에 응하는 승낙이 있으면($^{단순 동의}_{만으로도}$) 곧바로 계약을 성립시킬 수 있을 정도로 내용적으로 확정되어 있거나 적어도 확정될 수 있어야 한다($^{이설이 없으며,}_{판례도 같음. 대}$ $^{판 1998. 11. 27, 97누14132;}_{대판 2003. 5. 13, 2000다45273}$). 따라서 계약의 내용을 결정할 수 있을 정도의 사항이 포함되어 있어야 한다($^{대판 2003. 4. 11, 2001다53059; 대판 2005. 12. 8,}_{2003다41463; 대판 2017. 10. 26, 2017다242867}$). 예컨대 매매계약의 체결을 위한 청약은 최소한 매매의 객체와 대금에 관한 사항이 확정되어 있거나 확정될 수 있어야 한다. 실제로 우리의 실무에서 계약 체결 여부가 문제된 경우를 보면, 대법원은, 피고가 원고 등 조각가 4인에게 시안의 작성을 의뢰하면서 시안이 선정된 작가와 조형물 제작·납품 및 설치계약을 체결할 의사를 표명하였다 하더라도 그 의사표시 안에 그 조형물의 제작·납품 및 설치에 필요한 제작대금·제작시기·설치장소를 구체적으로 명시하지 아니하였다면 피고의 원고 등에 대한 시안제작 의뢰는 계약의 청약이라고 할 수 없고, 나아가 원고가 시안을 제작하고 피고가 이를 당선작으로 선정하였다 하더라도 원고와 피고 사이에 구체적으로 위의 계약의 청약과 승낙이 있었다고 보기는 어렵다고 하였다($^{대판 2003. 4. 11,}_{2001다53059}$).

4) 청약은 특정인에 대하여 하는 것이 원칙이나, 불특정 다수인에 대하여서도 할 수 있다. 자동판매기의 설치나 버스가 버스 정류장에 정차하는 것이 그 예이다.

5) 청약은 타인으로 하여금 청약을 하게 하려는 행위인 「청약의 유인」과 구별된다. 청약의 유인은 청약이 아니어서 상대방이 그에 대하여 계약체결을 원하는 의사표시를 하더라도 그것이 비로소 청약으로 되어 유인을 한 자는 그에 대하여 승낙 여부를 자유롭게 결정할 수 있다. 청약의 유인의 예로는 구인광고·물품판매 광고·상품목록의 배부·기차 등의 시간표의 배부를 들 수 있다. 정찰부(正札附) 상품의 진열에 대하여는 i) 청약설($^{김주수,}_{81면}$)과 ii) 청약의 유인설($^{곽윤직, 36면;}_{김학동, 32면}$)이 대립되나, ii)설이 옳다($^{i)설에 의할 경우에는 A가 편지로 매수표시를 한 뒤, A의 편지가}_{도달되기 전에 B가 실제로 와서 매수한 때에 해결이 곤란해진다}$). 그리고 셀프서비스 점포에서의 상품진열은 일반적으로는 청약이겠으나, 계약체결 여부를 결정할 권리를 유보하고 있는 경우($^{예: 한정된 양만 특별조건}_{으로 제공하기로 한 경우}$)에는 청약의 유인이라고 할 것이다($^{그러나 곽윤직, 37면; 김상용, 47면;}_{김학동, 32면은 청약이라고 한다}$). 대법원은 상가분양 광고 및 분양계약 체결시의 설명($^{대판 2001. 5. 29,}_{99다55601·55618}$), 하도급계약을 체결하려는 교섭당사자가 견적서를 제출하는 행위($^{대판 2001. 6. 15,}_{99다40418}$)에 대하여 청약의 유인이라고 판단한 바 있다. 그 밖에 청약인지 청약의 유인인지가 문제되는 것으로 경매와 입찰이 있는데, 그에 대하여는 뒤에 따로 살펴본다($^{[27]}_{참조}$).

〈판 례〉

(ㄱ) 「청약은 이에 대응하는 상대방의 승낙과 결합하여 일정한 내용의 계약을 성립시킬 것을 목적으로 하는 확정적인 의사표시인 반면 청약의 유인은 이와 달리 합의를 구성하는 의사표시가 되지 못하므로 피유인자가 그에 대응하여 의사표시를 하더라도 계약은 성립하지 않고 다시 유인한 자가 승낙의 의사표시를 함으로써 비로소 계약이 성립하는 것으로서 서로 구분되는 것이다. 그리고 위와 같은 구분기준에 따르자면, 상가나 아파트의 분양광고의 내용은 청약의 유인으로서의 성질을 갖는 데 불과한 것이 일반적이라 할 수 있다. 그런데 선분양·후시공의 방식으로 분양되는 대규모 아파트단지의 거래사례에 있어서 분양계약서에는 동·호수·평형·입주예정일·대금지급방법과 시기 정도만이 기재되어 있고 분양계약의 목적물인 아파트 및 그 부대시설(이하 아파트 및 그 부대시설을 포괄하여 '아파트'라고만 한다)의 외형·재질·구조 및 실내장식 등(이하 위 사항들을 포괄하여 '외형·재질 등'이라고만 한다)에 대하여 구체적인 내용이 기재되어 있지 아니한 경우가 있으나, 분양계약의 목적물인 아파트에 관한 외형·재질 등이 제대로 특정되지 아니한 상태에서 체결된 분양계약은 그 자체로서 완결된 것이라고 보기 어렵다 할 것이므로, 비록 분양광고의 내용, 모델하우스의 조건 또는 그 무렵 분양회사가 수분양자에게 행한 설명 등이 비록 청약의 유인에 불과하다 할지라도 그러한 광고 내용이나 조건 또는 설명 중 구체적 거래조건, 즉 아파트의 외형·재질 등에 관한 것으로서 사회통념에 비추어 수분양자가 분양자에게 계약내용으로서 이행을 청구할 수 있다고 보여지는 사항에 관한 한 수분양자들은 이를 신뢰하고 분양계약을 체결하는 것이고 분양자들도 이를 알고 있었다고 보아야 할 것이므로, 분양계약시에 달리 이의를 유보하였다는 등의 특단의 사정이 없는 한, 분양자와 수분양자 사이에 이를 분양계약의 내용으로 하기로 하는 묵시적 합의가 있었다고 봄이 상당하다.」(대판 2007. 6. 1, 2005 다5812·5829·5836)

(ㄴ) 사용자가 계약기간이 만료될 무렵 재계약 대상자 명단을 공고한 것만으로는 재계약의 청약으로 볼 수 없다고 한 사례(대판 1998. 11. 27, 97누14132).

(ㄷ) 「광고는 일반적으로 청약의 유인에 불과하지만 그 내용이 명확하고 확정적이며 광고주가 광고의 내용대로 계약에 구속되려는 의사가 명백한 경우에는 이를 청약으로 볼 수 있다. 나아가 광고가 청약의 유인에 불과하더라도 이후의 거래과정에서 상대방이 광고의 내용을 전제로 청약을 하고 광고주가 이를 승낙하여 계약이 체결된 경우에는 광고의 내용이 계약의 내용으로 된다고 보아야 한다.」(대판 2018. 2. 13, 2017다275447)

[23] **(2) 효 력**

청약에는 기본적으로 그에 대한 승낙을 받아 계약을 성립하게 하는 효력(이를 실질적 효력이라 한다)이 있다. 그리고 민법은 청약의 구속력을 규정하고 있다(527조).

1) 효력 발생시기 청약은 상대방 있는 의사표시이다. 따라서 청약은 상

대방에게 도달한 때에 효력이 생긴다($^{111조}_{1항}$). 그리고 불특정인에 대한 청약($^{예: 자동판}_{매기의 설}$ $^{치, 신문광고}_{에 의한 청약}$)의 경우에는 불특정인이 알 수 있는 상태가 성립한 때에 도달이 인정된다. 청약이 발송된 뒤 상대방에게 도달하기 전에 「청약자」가 사망하거나 제한능력자가 되어도 청약의 효력에는 영향이 없다($^{111조}_{2항}$)($^{이 점은 도달 후 승낙발신 전에도 같으나, 그때}_{는 청약의 구속력이 인정되는 점에 차이가 있다}$). 다만, 청약의 해석상 청약자가 사망하거나 행위능력을 상실할 경우 청약의 효력을 유지하지 않을 것이라고 인정되는 때에는 예외라고 할 것이다($^{독일민법}_{153조 참조}$). 우리 문헌은 당사자의 인격이나 개성이 중요시되는 계약($^{예: 위임 ·}_{조합 · 고용}$)에서는 청약자가 사망하는 경우 그의 상속인이 청약자의 지위를 승계하지는 않으므로 청약은 효력을 잃는다고 한다($^{대표적으로}_{곽윤직, 37면}$).

　　청약이 발송된 뒤 상대방에게 도달하기 전에 「상대방」이 제한능력자로 되면 의사표시의 수령능력의 문제로 되고($^{112조 및 민법총}_{칙 [179] 참조}$), 사망한 때에는 청약은 도달하지 않으나 — 의사표시의 해석에 의하여 — 청약자가 상속인에게도 청약하였으리라고 인정되는 경우($^{Brox, AT, S. 91은 청약자의}_{가정적인 의사를 문제삼는다}$) 청약의 효력을 인정할 수 있다($^{청약이 상대방}_{에게 도달한}$ $^{뒤에 상대방이 사망한 때에도 같다. 그에 비하여 승낙}_{표시의 발신 후 상대방이 사망하면 계약은 성립한다}$).

　2) 실질적 효력(승낙적격)　　청약은 그에 대한 승낙만 있으면 계약을 성립하게 하는 효력 즉 승낙을 받을 수 있는 효력을 가진다. 이를 문헌들은 청약의 실질적 효력 또는 승낙적격(승낙능력)이라고 한다($^{이는 청약의 구속력}_{을 의식한 명칭이다}$). 위와 같은 청약의 효력은 청약에 당연히 전제된 중심적인 효력이다. 그리고 그러한 효력이 승낙에도 인정됨은 물론이다. 또한 청약과 승낙에 모두 인정되는 이러한 효력 가운데 더 의미가 있는 것은 승낙에 있어서이다. 왜냐하면 계약은 청약만으로가 아니고 승낙에 의하여 비로소 성립하게 되기 때문이다($^{그리하여 이 책에서는 이 문제를 승낙에}_{서 자세히 논의하려고 한다. [25] 참조}$).

　　청약의 실질적 효력 내지 승낙적격은 청약이 유효한 동안 인정된다($^{[24]}_{참조}$).

　3) 청약의 구속력(비철회성)　　청약자가 청약을 한 뒤에는 이를 임의로 철회하지 못한다($^{527}_{조}$). 이를 청약의 구속력이라고 한다. 청약에 구속력을 인정한 이유는, 청약자가 청약을 마음대로 철회할 수 있도록 할 경우 신의를 바탕으로 하는 거래의 안전을 유지할 수 없고 상대방에게 부당한 손해를 줄 수 있기 때문이다. 청약에 구속력이 인정됨으로써 상대방은 그에 대하여 승낙 또는 거절을 선택할 수 있는 유리한 법적 지위에 있게 된다.

　　청약의 구속력은 청약의 효력이 발생한 뒤에 문제된다. 따라서 청약이 상대방에게 도달하기 전에는 청약자가 이를 철회할 수 있다(이설). 다만, 철회의 의사표시는 청약의 의사표시가 도달되기 전에 도달하거나 늦어도 청약의 도달과 동시에 상대방에게 도달하여야 한다(독일민법 130조
1항 2문 참조).

청약의 구속력은 ① 청약자가 청약을 하면서 철회할 수 있음을 표시한 경우, ② 승낙이 있기 전에 사정변경으로 구속력을 기대할 수 없는 경우(그러나 이 경우 지체
없이 철회하지 않거
나 청약자가 사정변경을 예견하고 위험을
인수한 때에는 예외적으로 철회할 수 없다)에는 인정되지 않는다. 일부 견해는 불특정인에 대한 청약과 승낙기간을 정하지 않은 대화자 사이의 청약도 구속력이 없다고 하나(곽윤직,
38면 등), 의문이다(같은 취지: 이
은영, 83면). 한편 판례는 사직의 의사표시 또는 명예퇴직의 신청은 특별한 사정이 없는 한 사용자의 승낙이 있기 전(명예퇴직의 합의 후에는 철회가 불가
능하다: 대판 2003. 6. 27, 2003다1632)에는 자유로이 철회할 수 있다고 한다(대판 1992. 4. 10, 91다43138; 대판 1992. 12. 8, 91다43015; 대
판 1993. 7. 27, 92누16942; 대판 2000. 9. 5, 99두8657; 대판
2003. 4. 25,
2002다11458). 이는 고용계약에 있어서 피용자를 보호하기 위한 특별배려로 보아야 할 것이다.

〈판 례〉

(ㄱ)「근로자가 일방적으로 근로계약관계를 종료시키는 해약의 고지방법에 의하여 임의사직하는 경우가 아니라, 근로자가 사직원의 제출방법에 의하여 근로계약관계의 합의해지를 청약하고 이에 대하여 사용자가 승낙함으로써 당해 근로관계를 종료시키게 되는 경우에 있어서는, 근로자는 위 사직원의 제출에 따른 사용자의 승낙의사가 형성되어 확정적으로 근로계약 종료의 효과가 발생하기 전에는 그 사직의 의사표시를 자유로이 철회할 수 있다고 보아야 할 것이며, 다만 근로계약 종료의 효과발생 전이라고 하더라도 근로자의 사직의 의사표시를 철회하는 것이 사용자에게 불측의 손해를 주는 등 신의칙에 반한다고 인정되는 특별한 사정이 있는 경우에 한하여 그 철회가 허용되지 않는다고 해석함이 상당하다 할 것이다.」(대판 1992. 4. 10,
91다43138)

(ㄴ)「법인의 이사를 사임하는 행위는 상대방 있는 단독행위라 할 것이어서 그 의사표시가 상대방에게 도달함과 동시에 그 효력을 발생하고 그 의사표시가 효력을 발생한 후에는 마음대로 이를 철회할 수 없음이 원칙이나, 사임서 제시 당시 즉각적인 철회권유로 사임서 제출을 미루거나, 대표자에게 사표의 처리를 일임하거나, 사임서의 작성일자를 제출일 이후로 기재한 경우 등 사임의사가 즉각적이라고 볼 수 없는 특별한 사정이 있을 경우에는 별도의 사임서 제출이나 대표자의 수리행위 등이 있어야 사임의 효력이 발생하고, 그 이전에 사임의사를 철회할 수 있다 할 것이다.」(대판 2006. 6. 15,
2004다10909)

특별법이「계약체결 후」일정기간 내에 청약을 철회할 수 있음을 규정하고 있는 경우도 있다. 할부계약($^{「할부거래에}_{관한 법률」 8조}$)·방문판매나 전화권유판매 방법에 의한 재화 등의 구매계약($^{「방문판매 등에}_{관한 법률」 8조}$)·다단계 판매의 방법에 의한 재화 등의 구매계약 ($^{「방문판매 등에}_{관한 법률」 17조}$)·통신 판매업자와 체결한 재화 등의 구매계약($^{「전자상거래 등에서의 소비}_{자 보호에 관한 법률」 17조}$)에 있어서 그렇다. 이는 소비자 보호를 위하여 두어진 특별제도이다($^{이른바}_{cooling off제도}$).

청약의 구속력도 실질적 효력과 마찬가지로 청약이 유효한 동안 인정되며 ($^{[24]}_{참조}$), 그 후에는 청약의 효력이 없어서 철회의 문제는 생기지 않는다.

(3) 소멸(청약의 존속기간)

[24]

청약에 대하여 일정한 기간 내에 승낙이 없거나 거절이 있으면 청약은 소멸한다. 그러나 청약자의 사망이나 행위능력 상실은 소멸사유가 아니다($^{[23]}_{참조}$). 이러한 청약의 소멸은 청약자로 하여금 일정한 시간 후에는 청약에 구속당하지 않고 자유로워지게 하기 위하여 인정되는 것이다.

1) 일정한 기간 내에 승낙이 없는 경우 청약을 하면서 청약자는 승낙기간을 지정할 수 있다($^{예: 「10월 20일까지」}_{또는 「앞으로 1주일」}$). 그러한 경우, 청약자가 그 기간 내에 승낙의 통지를 받지 못한 때에는($^{도달이}_{필요함}$), 청약은 효력을 잃는다($^{528조}_{1항}$)($^{대판 1994. 8. 12, 92다23537은}_{청약의 유효기간을 1990. 8. 8.}$ 18:00까지로 정한 경우에는 18:00가 경 과하면 청약이 효력을 상실한다고 한다). 여기에는 약간의 예외가 있으나($^{528조 2}_{항·3항}$), 그에 관하여는 뒤에 자세히 설명한다($^{[25]}_{참조}$).

청약자가 승낙기간을 정하지 않고 청약을 한 경우에는, 청약자가 상당한 기간 내에 승낙의 통지를 받지 못한 때에는 청약은 효력을 잃는다($^{529}_{조}$). 여기의 「상당한 기간」은 청약이 상대방에게 도달하여 상대방이 그것을 받아들일지 여부를 결정하여 회신을 함에 필요한 기간을 가리키는 것으로서, 이는 구체적인 경우에 청약과 승낙의 방법·계약내용의 중요도·거래상의 관행 등 여러 사정을 고려하여 객관적으로 정하여진다($^{이설이 없으며, 판례도 같음.}_{대판 1999. 1. 29, 98다48903}$).

이러한 결과는 대화자 사이의 청약에서도 그대로 인정되어야 한다. 이 점에 관한 한 민법이 격지자와 대화자를 구별하지 않기 때문이다. 따라서 대화자 사이의 청약에서 승낙기간이 정해진 때에는 그 기간 내에 승낙을 받지 못하면 청약은 소멸한다. 그리고 대화자 사이의 청약이 대화관계의 종료로 소멸하는 것이 아니라고 해석되는 경우에는 상당한 기간 동안 유효하다고 할 것이다($^{같은 취지: 김형배,}_{102면; 이은영, 83면}$). 즉 상행위에서와 달리 즉시 승낙하지 않으면 청약이 소멸한다고 새길 것이 아니다($^{상법 51}_{조 참조}$). 그러나 대화자 사이의 청약은 보통은 대화관계의 종료로 소멸한다고 해석될 것이다(예외적으로 대화의 종료 후에도 청약이 유효
한 경우에는 구속력도 인정된다. [23] 참조).

2) 청약이 거절된 경우　　　청약의 상대방이 청약자에 대하여 승낙하지 않는다는 의사표시 즉 거절을 한 경우에는, 승낙기간 또는 상당한 기간이 경과하기 전이라도 청약은 소멸한다. 그리고 승낙자가 청약에 대하여 조건을 붙이거나 변경을 가하여 승낙을 한 때에는 청약을 거절하고 새로이 청약한 것으로 본다(534
조). 따라서 그때에도 청약은 소멸한다(대판 2002. 4. 12,
2000다17834).

[25]　　**2. 승　　낙**

(1) 의　　의

승낙은 청약에 응하여 계약을 성립시킬 것을 목적으로 청약자에 대하여 행하는 의사표시이다.

1) 승낙은 청약과 마찬가지로 상대방 있는 의사표시이다. 그런데 승낙이 그 상대방인 청약자에게 도달한 때 효력이 생기는지는 제531조의 규정 때문에 다투어지고 있다([26]
참조).

2) 승낙방법은 원칙적으로 제한이 없다(대판 1992. 10. 13,
92다29696). 다만, 청약자는 승낙기간 외에 승낙방법(예: 구두로 하도록 하거
나 공증하게 하는 방법)도 지정할 수 있고, 예약에 의하여 승낙방법이 정해져 있을 수도 있는데, 그러한 때에는 정해진 방법으로 승낙하여야 한다.

3) 승낙은 명시적으로뿐만 아니라 묵시적으로도 할 수 있다. 가령 청약받은 주문품을 송부하는 것은 묵시적 승낙에 해당한다.

4) 승낙은 특정한 청약에 대하여 행하여져야 한다. 이를 문헌들은 주관적 합치라고 한다. 승낙자는 승낙에 의하여 청약에 대한 동의를 표시하기 때문이다. 따라서 불특정 다수인에 대한 승낙은 있을 수 없다.

5) 해석에 의하여 확정된 승낙의 의미는 청약과 일치하여야 한다. 이를 문헌들은 객관적 합치라고 한다. 만약 청약과 승낙이 일치하지 않는 때에는 계약은 성립하지 않는다.

6) 청약의 상대방은 승낙 여부의 자유를 가진다(계약의
자유). 다만, 일정한 경우에 법률에 의하여 계약체결이 강제되는 때가 있고([7]
참조), 예약에 의하여 승낙의 의무가 생길 수 있다. 그리고 상인이 상시(常時) 거래관계에 있는 자로부터 그 영업부류에 속한 계약의 청약을 받은 때에는 지체없이 낙부(諾否)의 통지를 발송하여야

하며, 이를 해태한 때에는 승낙한 것으로 본다($\substack{상법 \\ 53조}$). 그러나 이러한 통지의무는 일반적으로는 존재하지 않으며, 그러한 경우에는 설사 청약자가 「미리 정한 기간 내에 이의를 하지 않으면 승낙한 것으로 보겠다」는 뜻을 청약시에 표시하였다고 하더라도 이는 상대방을 구속하지 않는다($\substack{대판 1999. 1. 29, 98다48903. 이 기간은 경우에 따라 단 \\ 지 승낙기간을 정하는 의미를 가질 수 있을 뿐이라고 한다}$).

(2) 효 력

1) 계약을 성립시키는 효력   승낙은 청약과 결합하여 계약을 성립하게 하는 효력이 있다($\substack{물론 요물계약의 경우에는 그 외에 물 \\ 건의 인도 기타 급부가 있어야 한다}$). 이는 청약의 실질적 효력에 대응하는 것이다. 그런데 계약을 성립시키려면 먼저 승낙의 의미가 청약과 일치하여야 한다. 나아가 승낙이 일정한 기간 내에 즉 청약이 유효한 동안에 행하여져야 한다. 뒤의 문제를 자세히 살펴보기로 한다.

2) 승낙기간이 정하여져 있는 경우의 도달 문제   청약에 승낙기간이 정하여져 있는 경우에는, 승낙이 그 기간 내에 청약자에게 도달하여야 계약이 성립한다($\substack{528조 \\ 1항}$). 승낙기간이 경과한 뒤에 승낙이 도달한 때에는 계약이 성립하지 않는다. 그런데 민법은 여기에 하나의 예외를 인정한다. 즉 승낙의 통지가 승낙기간이 경과한 뒤에 도달한 경우에 보통 그 기간 내에 도달할 수 있는 발송인 때에는 청약자는 지체없이 상대방에게 그 연착의 통지($\substack{승낙이 기간 경과 후 \\ 에 도착했다는 통지}$)를 하여야 하며($\substack{528 \\ 조 2}$ 항 본문. 다만 그 도달 전에 지연의 통지, 즉 기간이 경과할 때까지 도착하지 않고 있다는 통지를 발송한 때에는 연착의 통지를 요구하지 않는다(528조 2항 단서)), 청약자가 그 통지를 하지 아니한 때에는 승낙의 통지는 연착되지 않은 것으로 본다($\substack{528조 \\ 3항}$). 그 결과 이때에는 계약이 성립한다. 이는, 보통 승낙기간 내에 도달할 수 있게 승낙을 발송한 자는 계약이 성립했다고 믿고 이행을 준비하거나 다른 계약체결을 단념하는 등의 행위를 할 것이기에, 그러한 승낙자를 배려하기 위하여 두어진 특칙이다. 이러한 예외에 해당하지 않는 경우, 즉 승낙의 발송 자체가 늦은 경우 또는 발송은 늦지 않았으나 연착의 통지($\substack{528조 2항 \\ 본문 참조}$) 또는 지연의 통지($\substack{528조 2항 \\ 단서 참조}$)를 한 경우에는, 계약은 성립하지 않으며, 그때에는 청약자가 연착된 승낙을 새 청약으로 볼 수 있다($\substack{530 \\ 조}$). 따라서 청약자가 그에 대하여 승낙을 하면 계약은 성립하게 된다.

3) 승낙기간이 정하여져 있지 않은 경우의 도달 문제   청약에 승낙기간이 정하여져 있지 않은 경우에는, 승낙이 상당한 기간 내에 청약자에게 도달하여야 계약이 성립한다($\substack{529 \\ 조}$). 그리고 이때는 승낙기간이 정해진 때와 달리 예외가 규정되어 있지 않다. 따라서 상당한 기간이 지난 뒤에 도달한 승낙은 언제나 계약

을 성립시킬 수 없으며, 다만 청약자가 그것을 새 청약으로 볼 수는 있다($\frac{530}{\text{조}}$).

4) 청약의 거절 등　　청약자의 상대방이 청약을 거절한 경우에 계약이 성립할 수 없음은 물론이다. 나아가 승낙자가 청약에 대하여 조건을 붙이거나 변경을 가하여($\frac{\text{예: 대금을 100만원 대신}}{\text{80만원으로 해달라는 것}}$) 승낙한 때에는, 그 청약의 거절과 동시에 새로 청약한 것으로 의제되어($\frac{534}{\text{조}}$), 계약은 역시 불성립으로 된다. 그리고 이때에는 청약이 거절되면서 이전의 청약이 효력을 잃게 되므로($\frac{\text{대판 2002. 4. 12,}}{\text{2000다17834}}$), 이전의 청약에 대하여 동의를 표시하여도 그것만으로 계약은 성립하지 않는다.

[26]　　**(3) 승낙의 효력발생시기**

승낙의 효력발생시기에 관하여 특별규정이 없다면 승낙은 도달주의의 일반원칙($\frac{111조}{1항}$)에 따라서 그것이 청약자에게 도달한 때에 효력이 생긴다고 새겨질 것이다. 그런데 민법은 격지자 사이의 계약 성립시기에 관하여 제531조의 특별규정을 두고 있다. 계약은 승낙이 효력을 발생하여야 성립하는 점에서 이 규정은 승낙의 효력발생시기와 관련이 있게 되며, 그 때문에 승낙의 효력발생시기를 특별히 논의하여야 한다. 이 문제는 특별규정이 있는 격지자 사이의 계약의 경우와 그러한 규정이 없는 대화자 사이의 경우로 나누어 검토하여야 한다.

1) 격지자 사이의 경우　　민법은 상대방이 있는 의사표시는 상대방에게 도달한 때에 그 효력이 생긴다고 하여 도달주의를 원칙으로 채용하고 있다($\frac{111조}{1항}$). 그런데 다른 한편으로 제531조에서 격지자 사이의 계약은 승낙의 통지를 발송한 때에 성립한다고 규정한다. 이는 일반적으로 계약을 빨리 성립시키는 것이 거래계의 요구에 부합하고, 또한 그것이 당사자에게 불이익을 주지도 않는다는 데서 인정한 예외라고 설명된다($\frac{\text{곽윤직,}}{\text{42면}}$). 어쨌든 이에 의하면 청약의 상대방이 승낙의 통지를 발송하면 그것이 청약자에게 도달하지 않더라도 계약이 성립하게 된다. 그런가 하면 민법은 제528조 제 1 항과 제529조에서 승낙의 통지가 승낙기간 또는 상당한 기간 내에 청약자에게 도달할 것을 요구하고 있다. 그 결과 승낙이 일정한 기간 내에 청약자에게 도달하지 않으면 계약은 성립할 수 없게 된다. 여기서 제531조와 제528조 제 1 항·제529조 사이에 생기는 충돌을 어떻게 해소할 것인지가 문제된다.

㈎ 학　　설　　이 문제에 관하여는 i) 승낙의 통지가 기간($\frac{\text{승낙기간 또는}}{\text{상당한 기간}}$) 내에 청약자에게 도달할 것을 정지조건으로 하여 승낙의 통지를 발송한 때에 소급해

서 유효한 계약이 성립한다는 견해($^{김상용, 53면;}_{김형배, 109면}$)와 ii) 계약은 승낙이 효력을 발생하는 때에 성립하므로, 제531조는 승낙의 효력발생시기에 관하여 발신주의를 규정한 것이라고 하면서, 승낙은 부도달(不到達)을 해제조건으로 하여 발신으로 효력이 발생한다는 견해($^{곽윤직, 43면; 김주수, 89면; 김학동,}_{42면; 이은영, 91면; 지원림, 1297면}$)로 나뉘어 있다. i)설은 결국 승낙은 도달한 때에 효력이 생긴다는 견해이다. i)설은 그 근거로, ii)설에 의하면 승낙이 도달하기도 전에 채권·채무가 발생하게 되어 부당하다고 한다. 그리고 ii)설은 발신주의의 특칙을 중요시하는 견해로서 i)설은 제531조가 거래의 신속을 위한 것임을 전혀 고려하지 않은 것이어서 취할 수 없다고 한다.

검토해 보건대, ii)설에 의할 경우 여러 가지 문제가 있음은 사실이다. 승낙을 발송한 때에 채권·채무가 발생하고, 또 그때부터 채권의 소멸시효가 진행하며, 다수의 승낙자 중 먼저 발송된 승낙이 후에 발송된 것보다 나중에 도착하여도 앞의 승낙에 의하여 계약이 성립한다고 하여야 하기 때문이다. 그렇지만 제531조는 그럼에도 불구하고 거래의 신속을 기하고자 승낙이 발송된 때에 계약을 성립시키려는 것이라고 이해된다. 따라서 제531조의 취지를 살리지 못하는 i)설은 취하지 않아야 한다. 그에 비하여 ii)설은 제531조의 취지를 살리는 견해로서 적절하다($^{그러나 입법론상 531조}_{는 재고되어야 한다}$).

⑷ 학설에 따른 차이　　　위에서 본 두 견해 중 어느 것을 취하든 승낙이 도달하지 않은 경우의 불이익은 승낙자가 부담한다. 그러나 증명책임의 면에서는 차이가 있다. i)설에 의하면 승낙자 쪽에서 발송과 도달 모두를 증명하여야 하나 ($^{김형배,}_{109면}$), ii)설에 의하면 승낙자는 발송사실만 증명하면 되고 계약의 불성립을 주장하는 청약자가 기간 내에 승낙이 도달하지 않았음을 증명하여야 한다($^{곽윤직, 43}_{면. 그러나 이}$ $^{은영, 91면은 531조와는 별개로}_{일반원칙에 의할 것이라고 한다}$).

그리고 i)설에 의하면 승낙이 도달할 때까지는 철회할 수 있을 것이나, ii)설에 의하면 승낙이 발송된 후에는 철회할 수 없게 된다.

2) 대화자 사이의 경우　　　대화자 사이의 계약의 성립시기에 관하여는 특별한 규정이 없다. 따라서 거기에는 도달주의의 원칙이 그대로 적용되어, 승낙은 도달한 때에 효력이 발생하고 계약도 그때 성립한다고 해석된다.

[27]   **3. 계약의 경쟁체결**

(1) 서   설

청약과 승낙에 의한 계약성립의 특수한 것으로서 계약의 경쟁체결이 있다. 계약의 경쟁체결이라 함은 계약의 내용에 관하여 다수인으로 하여금 경쟁하게 하여 그 가운데 가장 유리한 내용을 표시하는 자와 계약을 체결하는 것이다. 이러한 경쟁체결은 상대방의 급부를 되도록 크게 하거나($^{예:\ 매매\cdot}_{임대차에서}$) 또는 자신의 급부를 되도록 적게 하기 위한 방법이다($^{예:\ 도}_{급에서}$). 계약의 경쟁체결에는 두 가지의 모습이 있다. 하나는 각 경쟁자가 다른 경쟁자의 표시내용을 알 수 있는 경우이고, 나머지 하나는 다른 경쟁자의 표시내용을 알 수 없는 경우이다. 경매는 전자에 속하고, 입찰은 후자에 해당한다.

경쟁체결에 있어서 핵심적인 문제는 경쟁체결에 부치겠다는 표시가 청약인가 청약의 유인인가이다. 왜냐하면 이들 중 어느 것으로 인정되느냐에 따라 경쟁에 부친 자가 가장 유리한 내용을 표시한 자에 대하여도 계약체결을 거절할 수 있는지 여부가 달라지기 때문이다. 그런데 이에 관하여는 일반적인 기준이 없으므로 개개의 경우에 여러 사정을 종합하여 판단하여야 한다. 경우를 나누어서 보기로 한다.

(2) 경매(사경매, 私競賣)

경매에는 사인 사이에서 행하여지는 경매인 사경매와 국가기관이 법률에 의하여 행하는 경매인 공경매가 있는데($^{좀\ 더\ 자세한\ 점은}_{물권법\ [69]\ 참조}$), 청약·승낙에 의한 계약성립의 특수한 모습으로서의 경매는 사경매만이다. 이러한 사경매에는 값을 올려가는 것과 값을 내려가는 것이 있다.

1) 값을 올려가는 경매   값을 올려가는 경매 중에는 경매자가 스스로 일정한 가격(최저가격)을 제시하지 않는 경우가 있다. 그 경우에는 경매에 응한 자의 일정한 가격의 표시가 청약이고 경매에 부친다는 표시는 청약의 유인이다. 따라서 경매자는 최고가격의 표시에 대하여도 승낙을 거절할 수 있다.

값을 올려가는 경매 중에 경매자가 최저가격을 제시하는 경우가 있다. 그 경우에는 경매자가 그 가격 이상이면 판다는 확정적 의사표시를 한 것으로 보아야 하므로, 경매에 부친다는 표시가 청약이고 최고가격의 제시가 승낙이 된다.

2) 값을 내려가는 경매　　　값을 내려가는 경매에 있어서는 경매자가 일정한 가격을 제시하면서 수락자를 찾는 것인데, 이 경우의 경매자의 가격 제시는 그 값이면 판다는 확정적 의사표시라고 보아야 한다. 따라서 그것이 청약이고 수락이 승낙이 된다.

(3) 입　　찰

입찰은 먼저 입찰에 부치는 자가 입찰에 부친다는 표시를 하고(입찰공고), 이에 따라 경쟁자가 입찰을 하며(입찰), 입찰에 부친 자가 입찰한 것을 개봉하고(개찰, 開札), 이어서 낙찰을 결정하는 과정을 거치게 된다(낙찰). 그리고 계약서를 작성하는 때도 많다.

이러한 입찰에 있어서 입찰공고가 청약인가 청약의 유인인가? 입찰공고가 청약이라고 인정되면 가장 좋은 조건으로 입찰한 자와 반드시 계약을 체결하여야 한다. 그런데 그러한 입찰자가 도저히 계약을 이행할 수 없는 자이거나 대가가 터무니없이 낮은 경우가 있어서 문제이다. 따라서 입찰에 부친다는 표시 즉 입찰공고는 원칙적으로 청약의 유인이라고 새겨야 한다(통설임). 그 결과 입찰이 청약이고 낙찰결정이 승낙이 된다. 그리고 계약은 이때 성립하며, 계약서의 작성은 계약성립의 증거에 지나지 않는다(같은 취지: 곽윤직, 45면; 김주수, 91면; 김형배, 116면. 김상용, 55면은 요식계약의 경우에는 계약서 작성시에 계약이 성립한다고 한다). 이와 같이 입찰이 청약이기 때문에 입찰공고인은 가장 유리한 내용으로 입찰한 자와도 계약을 체결하지 않을 수 있다. 그러나 입찰공고인이 최고가격이나 최저가격을 정하고 그 밖에 계약조건을 구체적으로 표시하고 있는 때에는 입찰공고가 청약으로 인정될 가능성도 크다. 그때에는 개찰을 시작하는 때에 승낙의 효력이 생긴다고 할 것이다(곽윤직, 45면).

국가가 국민과 매매·도급 등의 계약을 체결하는 경우에는 원칙적으로 경쟁입찰에 의하도록 하고 있다(「국가를 당사자로 하는 계약에 관한 법률」 7조 및 같은 법 시행령 10조). 이 입찰은 순수한 사법상의 계약체결방법에 해당하나, 예정가격을 비치하고(같은 법 시행령 7조의 2) 세입이 되는 경쟁입찰에서는 예정가격 이상으로서 최고가격으로 입찰한 자를 낙찰자로 하고(같은 법 시행령 41조) 국고의 부담이 되는 경쟁입찰에서는 예정가격 이하로서 최저가격으로 입찰한 자의 순으로 당해 계약 이행능력을 심사하여 낙찰자를 결정하는 등(같은 법 시행령 42조) 보통의 입찰과는 많은 차이가 있다. 그런가 하면 계약을 체결하고자 할 때는 원칙적으로 계약서를 작성하도록 하고(같은 법 11조), 낙찰자가 계약을 체결하지 않을 경우에는 그 낙찰금액보다 불리하지 않은 범위 안에서 수의계약에 의할 수 있도록 한다(같은 법 시행령 28조). 이러한 점에 비추어 볼 때 이 경우의 입찰공고는 청약이라고 보아야 하며, 따라서 가장 유리한 내용의 입찰이 승낙이 되나, 낙찰결정에 의하여서는 예약만이 성립하고, 본계약은 계약서 작성시에 성립한다고 할 것이다(같은 취지: 김주수, 91면. 반대 견해: 김형배, 116면).

[28] **Ⅲ. 의사실현(意思實現)에 의한 계약성립**

1. 의사실현의 의의와 성질

민법은 제532조에서 「청약자의 의사표시나 관습에 의하여 승낙의 통지가 필요하지 아니한 경우에는 계약은 승낙의 의사표시로 인정되는 사실이 있는 때에 성립한다」고 규정한다. 이를 의사실현에 의한 계약성립이라고 한다. 이는 청약자를 보호하고(긴급시 계약성립 으로 이익을 얻음) 계약성립에 관한 당사자 사이의 다툼을 피하기 위한 취지에서 두어진 제도이다.

제532조에서 말하는 「승낙의 의사표시로 인정되는 사실」이 의사실현이다. 예컨대 매도청약과 함께 보내온 책에 이름을 쓰고 읽어가는 행위, 호텔 방의 예약을 받고 어느 방에 예약표시를 해 두는 행위가 그렇다. 이러한 의사실현이 의사표시(묵시적 의사표시)인지에 관하여는 견해가 대립되고 있다. i) 일부 견해는 의사표시와 같이 일정한 효과의사를 외부에 표시할 목적으로 행하여진 것으로 볼 수 없는 행위이지만 그것으로부터 일정한 효과의사를 추단할 수 있는 행위라고 하여, 의사표시와 구별되는 행위라고 한다(곽윤직, 47면; 이은영, 94면). 그에 비하여 ii) 다른 견해는 의사실현은 추단적 의사표시라고 한다(김상용, 56면; 지원림, 1304면). 생각건대 의사표시는 본질적으로 「자기결정에 기하여 법률관계를 형성하는 행위」이다(민법총칙 [76] 참조). 그런데 의사실현의 경우에는 비록 명시적인 표시행위는 없지만 「자기결정에 의한 법률관계의 형성」은 존재한다. 따라서 그것은 분명한 의사표시이다. 즉 의사실현은 추단적 행위에 의한 묵시적 표시인 것이다(민법총칙 [79] 및 주해 (2), 146면(송덕수) 참조). 그리고 만약 의사실현을 의사표시라고 보지 않으면, 계약의 개념정의(둘 이상의 「의사표시」의 일치에 의하여 성립하는 법률행위)도 그대로 유지할 수 없게 된다. 민법이 의사실현에 의한 계약성립을 청약과 승낙에 의한 계약성립과 교차청약에 의한 계약성립의 사이에서 규율하는 것은 위와 같은 사견의 관점에서 볼 때 적절하다.

의사실현은 의사표시에 해당하기는 하지만 보통의 의사표시에서와 달리 상대방에 대하여 통지를 하지는 않는다는 특수성이 있어서 민법은 의사실현에 의한 계약성립을 특별하게 다루고 있다(같은 취지: 지원림, 1304면).

2. 의사실현에 의하여 계약이 성립하는 경우

의사실현에 의하여 계약이 성립하는 경우로 제532조는 두 가지를 규정하고 있다. ① 하나는 청약자의 의사표시에 의하여 승낙의 통지가 필요하지 않은 경우이다. 가령 매도할 목적으로 청약과 함께 상품을 부치는 때(이른바 현실청약)에는 일반적으로 그러한 의사가 인정될 수 있다. ② 다른 하나는 관습에 의하여 승낙의 통지가 필요하지 않은 경우이다. 이는 긴급의료계약이나 여행 중의 숙박계약 등에서와 같이 긴급을 요하는 때에 인정될 가능성이 크다. 그리고 판례는 예금계약과 관련하여, 예금자가 예금의 의사를 표시하면서 금융기관에 돈을 제공하고 금융기관이 그 의사에 따라서 그 돈을 받아 확인을 하면 그로써 예금계약이 성립한다고 한다(대판 1984. 8. 14, 84도1139; 대판 1996. 1. 26, 95다26919; 대판 2005. 12. 23, 2003다30159).

3. 의사실현에 의하여 계약이 성립하는 시기

의사실현에 의하여 계약이 성립하는 시기는 「승낙의 의사표시로 인정되는 사실」이 발생한 때이며, 청약자가 그 사실을 아는 때가 아니다.

Ⅳ. 교차청약(交叉請約)에 의한 계약성립

1. 교차청약의 의의

교차청약은 당사자들이 우연히 같은 내용을 가지는 청약을 서로 행한 경우이다. 가령 A가 B에게 자신의 시계를 10만원에 사라는 내용의 편지(청약)를 보냈는데, B가 그 편지를 받기 전에 A에게 A의 시계를 자신에게 10만원에 팔라는 내용의 편지(청약)를 보낸 경우가 그 예이다. 교차청약에 있어서 두 의사표시는 청약과 승낙의 관계에 있지 않지만(승낙은 청약에 대하여 행하여지는 것이기 때문이다), 그 의미에 있어서 일치한다. 실질적으로 합의가 존재하는 것이다. 여기서 민법은 교차청약의 경우에 계약이 성립함을 인정하고 있다(533조). 교차청약에 의하여 계약이 성립하게 되어 계약성립을 위한 또 다른 의사표시(승낙)는 필요하지 않게 된다.

2. 계약의 성립시기

교차청약의 경우에는 「양 청약이 상대방에게 도달한 때」에 계약이 성립한다 ($\frac{533}{조}$). 따라서 두 청약이 동시에 도달하는 경우에는 그 도달시에, 그리고 동시에 도달하지 않는 경우에는 늦게 도달하는 청약이 도달하는 때에 성립한다.

[29] V. 사실적 계약관계

1. 서 설

계약은 청약과 승낙에 의하거나 적어도 두 개의 의사표시의 일치($\frac{교차청약}{의 경우}$)에 의하여 성립한다. 그런데 독일의 하우프트(Haupt)에 의하여 처음 주장된 사실적 계약관계에 관한 이론($\frac{사실적 계}{약관계론}$)은 일정한 경우에는 당사자 사이의 합의($\frac{의사표시}{의 일치}$)가 없이도 단지 순수하게 사실적인 행위(Verhalten)만에 의하여 성립할 수 있다고 한다. 가령 전차의 승차, 전기·수도·가스의 이용, 유료주차장의 이용 등의 경우에는 당사자의 의사표시와 관계없이 구체적인 이용행위만으로 계약관계가 성립한다는 것이다.

아래에서 하우프트의 사실적 계약관계론의 내용과 그에 대한 독일에서의 반응을 살펴보고, 이어서 우리나라에서 이 이론을 받아들일 것인지를 검토하기로 한다.

2. 하우프트의 사실적 계약관계론과 독일에서의 반응

(1) 하우프트의 이론

하우프트는 오늘날의 법적 거래에 있어서는 청약과 승낙에 의하지 않고 사실적 과정에 의하여 성립하는 계약관계가 존재한다고 하면서, 그것을 사실적 계약관계라고 한다. 그리고 사실적 계약관계는 성립에서는 계약과 다르지만 그 존속(내지 내용)에서는 원칙적으로 계약과 같으며, 따라서 거기에는 계약법이 직접 적용될 것이라고 한다.

하우프트는 이러한 사실적 계약관계의 예로서 다음 3가지 유형을 들고 있다.

1) **사회적 접촉에 의한 사실적 계약관계**   예컨대 계약체결상의 과실, 호의동승의 경우의 운전자의 책임배제는 사회적 접촉이라는 사실에 기하여 발생하

는 것이라고 한다.

2) 공동체관계에의 가입에 의한 사실적 계약관계(사실적 조합 · 사실적 고용관계)　　조합계약이 처음부터 무효임에도 불구하고 조합이 성립하고 사실상 활동을 계속한 경우에는 조합은 존재하였다고 보아야 하며(사실적
조합), 무효인 고용계약에 기하여 노무가 사실상 제공된 경우에는 고용관계가 성립한다고 한다(사실상
고용관계).

3) 사회적 급부의무에 의한 사실적 계약관계　　전차 · 버스 등의 대중교통기관의 이용, 전기 · 수도 · 가스의 공급, 유료주차장의 이용과 같은 생활필수적인 생존배려의 영역의 대량적 거래에 있어서는 급부의 이용관계의 내용이 미리 약관의 형식으로 확정되어 있고, 따라서 당사자가 합의할 대상이 없으며(급부제공자인 기
업에게는 사회
적 급부의무가 부과
되어 있다고 한다), 그 경우의 급부의 이용관계는 급부제공자인 기업의 사실상의 제공과 급부이용자의 사실상의 이용(예: 전차에의 승차
나 전기의 이용)이라는 사실적 과정에 의하여 성립한다고 주장한다. 그러면서 이 경우에 청약과 승낙에 의하여 계약이 성립한다고 하는 것은 비현실적이라고 한다.

(2) 독일에서의 반응

하우프트의 이론은 독일 민법학계에 커다란 충격을 주었으며, 그에 대하여는 전면적인 거부에서부터 흔연한 찬성에 이르기까지 다양한 반응이 나타났다. 그리고 찬성론자들도 여러 가지 모습을 보였다. 하우프트가 든 세 가지 예 가운데 1)을 인정하는 경우는 없었고, 2) · 3) 중 어느 하나 또는 둘 모두를 인정하였다. 그 후 논의는 전통적인 이론에 의하여 해결하기가 가장 어려운 3)에 집중되었고, 그에 관한 세련된 이론으로 라렌츠(Larenz)의 「사회정형적 행위론」이 있다(이 이론은 1989년 민법
총칙 교과서에서 포기됨).

하우프트의 사실적 계약관계론 내지 라렌츠의 사회정형적 행위론은 독일의 판례로 채용되기도 하였다. 그 대표적인 것이 주차장 사건이다. 이 사건은 함부르크 시민이 함부르크시(市)가 토지를 임대하여 개설된 유료주차장에 주차하면서(6주
간) 자기는 시민으로서 시 소유토지를 이용하는 것이니 주차료 지급을 거절한다고 하였다. 이에 대하여 독일연방대법원은 주차행위만으로 계약관계가 성립하였으며, 따라서 요금표에 따른 주차료를 지급할 의무가 있다고 판시하였다.

그런데 근래에는 대다수의 학자가 이 이론에 반대한다.

(3) 반대론자의 주장

하우프트가 들고 있는 경우들을 반대론자들은 어떻게 해결하는가?

1)의 유형은 종전의 논의가 타당하다는 견지에 있다. 계약체결상의 과실이 문제되고, 호의동승의 경우에는 묵시적인 책임배제의 합의가 인정된다고 한다 $\binom{\text{후자에 대하여는 근래에는}}{\text{다른 견해가 더 많음을 주의}}$.

2)의 유형에 대하여는 학자에 따라서, 입법자가 계속적 채권관계의 특징을 보지 못했다는 이유, 신뢰보호 또는 제한능력자 보호를 이유로 장래에 향하여서 만 계약관계의 해소를 인정한다.

3)의 유형에 대하여는, 먼저 전차에 승차하여 이용하는 경우처럼 생존배려 의 급부관계가 정상적으로 성립하는 때에는 급부의 이용행위 속에 승낙의 의사 표시를 인정하고 그러한 행위에 의하여 계약이 성립한다고 하며, 주차장 사건에 서와 같이 급부이용자가 명시적으로 급부의 대가지급을 거절한 때에는 「행위와 모순되는 이의의 불고려」에 의하여 이의는 무효로 된다고 한다$\binom{\text{근래에는 당사자의 의사}}{\text{를 존중하여 계약의 성립}}$
을 부정하고 대가는 불법행위·부당이득·점유자 소유자의 관계$\Big)$
로 인정할 것이라는 견해도 주장된다. Lange-Köhler, AT, S. 178$\Big/$.

3. 우리 민법에 있어서의 사실적 계약관계론의 인정 여부

(1) 우리의 학설

사실적 계약관계론을 우리 민법에서도 인정할 것인가에 대하여는 i) 긍정설 과 ii) 부정설로 견해가 나뉘어 있다. i) 긍정설은 과거에는 다수설이었으나 근래 에는 소수설로 되었으며$\binom{\text{김주수,}}{\text{79면}}$, ii) 부정설이 현재의 다수설이다$\binom{\text{김대정, 76면; 김학동, 52}}{\text{면; 김형배, 19면; 윤철}}$
홍, 69면; 이은$\Big)$
영, 108면 등 $\Big/$.

(2) 사   견

사실적 계약관계론 내지 사회정형적 행위론은 몇 가지 경우에 대하여 그것 의 특수한 면만을 보고서 그 경우에는 합의에 의하지 않고 계약관계가 성립한다 고 함으로써 근거 없이 민법학의 체계를 크게 훼손하고 있다. 나아가 제한능력을 이유로 그 계약을 취소할 수 없다고 하여 제한능력자 보호 취지를 살리지 못하고 $\binom{\text{Larenz만}}{\text{은 예외임}}$ 또한 무임승차와 같은 경우에도 정상적인 계약의 성립을 인정하는 어리 석음을 범하고 있다. 그런가 하면 전통적인 이론이 문제되는 경우들을 해결하지 못하는 것도 아니다. 그 이론은 오히려 기존의 체계를 유지하면서 적절한 해결책을 찾아내고 있다. 이러한 점에 비추어 볼 때, 우리 민법상 사실적 계약관계론이나 사회정형적 행위론은 인정하지 않아야 한다.

Ⅵ. 계약체결상의 과실 [30]

1. 서　설

(1) 의　의

계약의 준비나 성립과정에서 당사자 일방이 그에게 책임있는 사유로 상대방에게 손해를 준 것을 「계약체결상의 과실」 또는 「체약상의 과실」이라고 한다. 이미 멸실된 가옥에 대하여 매도인이 그 사실을 알면서 매매계약을 체결한 경우가 그 예이다. 체약상의 과실이 인정되는 때에는, 과실있는 당사자는 상대방에 대하여 손해를 배상하여야 한다.

(2) 연　혁

체약상의 과실은 독일 보통법에서 착오·원시적 불능·무권대리·청약의 철회(보통법에서는 청약의 구속력이 인정되지 않았음) 등으로 계약이 무효이거나 불성립으로 된 경우를 둘러싸고 논의되었다. 이들 경우에 처음에는 일반적으로 책임을 부정하였으나, 1861년에 예링(Jhering)이 계약상의 과실 외에 계약체결상의 과실도 인정해야 한다고 주장한 이래 과실자의 신뢰이익 배상을 인정하는 견해가 통설로 되었다. 그 후 독일민법은 이들 경우를 입법적으로 해결하였는데, 그 중 원시적 불능의 경우에는 체약상의 과실을 명문화하였다(같은 법 307조. 착오와 무권대리의 경우에는 무과실책임을 규정하였고 (같은 법 122조·179조), 청약에는 구속력을 부여하였다(같은 법 145조)). 이와 같이 독일민법은 원시적 불능에 대하여만 체약상의 과실을 규정하였는데(전형계약에서의 개별규정도 있기는 함), 독일의 학설과 판례는 그 경우를 넘어서서 일반적으로 체약상의 과실을 인정하였다. 한편 2001년에는 독일민법 중 채권법이 개정되면서 일반적인 모습의 체약상의 과실 규정이 신설되었다(같은 법 311조 2항·3항. 그리고 같은 법 307조는 ― 원시적 불능인 계약을 무효라고 규정한 306조와 함께 ― 삭제되었다. 그 결과 그 경우는 채무불이행문제로 된다).

우리 민법은 개정 전의 독일민법과 마찬가지로 제535조에서 원시적 불능에 관하여만 체약상의 과실을 규정하고 있다(그 밖에 개별적인 전형계약의 규정 속에 체약상의 과실에 관련된 것도 포함되어 있다. 559조·571조 이하·602조·612조·697조 등 참조).

(3) 인정범위

방금 언급한 바와 같이, 민법은 원시적 불능에 관하여서만 체약상의 과실을 명문으로 규정하고 있다. 이러한 상황에서 체약상의 과실을 원시적 불능을 넘어서서 널리 일반적으로 인정할 것인지가 문제된다.

그에 관하여 학설은 i) 일반적 인정설($\binom{곽윤직, 53면; 김상용, 64면; 김주수, 93면;}{김학동, 59면; 김형배, 133면; 윤철홍, 72면}$)과 ii) 한정적 인정설($\binom{양창수, 민법연구}{(1), 381면 이하}$)이 대립하고 있다. ii)설은 우리 민법은 독일민법과 달리 채무불이행과 불법행위에 관하여 포괄적인 내용의 일반조항을 두고 있기 때문에 ($\binom{390조 \cdot}{750조}$) 체약상의 과실이 문제되는 경우들을 그 규정으로 해결할 수 있고, 따라서 명문규정이 있는 원시적 불능을 제외하고는 인정할 필요가 없다고 한다. 그에 비하여 i)설은 체약상의 과실책임이론은 단지 독일민법상의 불법행위 규정($\binom{같은 법}{823조}$)과 사용자책임 규정($\binom{같은 법}{831조}$)의 적용상의 취약성에 기인한 것이 아니라고 하면서 ($\binom{김형배,}{123면}$), 체약상의 과실은 널리 일반적으로 인정되어야 한다고 주장한다. 그런데 i)설은, 계약의 과정에서 타인의 생명 · 신체 · 소유권 등에 손해를 가한 경우에 대하여도 체약상의 과실을 인정할 것인가에 관하여, (a) 긍정설($\binom{곽윤직, 55면; 김상용,}{69면; 김주수, 94면}$)과 (b) 부정설($\binom{김학동, 61면; 김형배,}{127면; 이은영, 133면}$)로 나뉘어 있다.

판례는 체약상의 과실을 문제삼을 수도 있는 경우에 관하여 불법행위책임을 인정한 적이 있으나($\binom{계약교섭을 부당하게 중도에 파기한 경우: 대판 2001. 6. 15, 99다40418; 대판 2003. 4. 11, 2001다}{53059; 대판 2004. 5. 28, 2002다32301. 계약교섭과정에서 상대방의 성과물을 무단으로 이용한}$ 경우: 대판 2021. 6. 30, 2019다268061), 그것만으로 한정적 인정설의 견지에 있다고 단정할 수는 없다.

생각건대 우리의 채무불이행 규정($\binom{390}{조}$)과 불법행위 규정($\binom{750}{조}$)이 일반조항의 형태로 되어 있기는 하지만, 그렇다고 하여 체약상의 과실이 인정되어야 하는 경우를 모두 해결할 것으로 보이지는 않는다($\binom{가령 승용차 매매 교섭 중 시승하고 나갔다가 고장으로 돌}{아오지 못한 경우 불법행위를 위한 위법성이 인정되는가?}$). 설사 불법행위책임이 인정된다고 하더라도 사용자책임에 있어서 사용자가 면책증명($\binom{756조 1}{항 단서}$)을 하여 책임을 면할 수도 있다($\binom{실무에서 면책을 거의 인정하지 않고 있다는 사실}{만으로 법적으로 이 문제가 해결되는 것은 아니다}$). 무엇보다 중요한 것은, 특별한 관계에 있는 자는 일반인들 사이에서와 달리 규율되어야 한다는 점이다. 즉 계약의 준비 내지 교섭을 하고 있는 자들은 여러 면에서 계약당사자와 유사하게 다루어야 한다. 그리고 우리 민법에서와 마찬가지로 포괄적 규정을 가지고 있는 스위스에서도 학설 · 판례가 체약상의 과실을 널리 인정하고 있다는 것도 참고할 만하다($\binom{\text{Guhl/Merz/Kummer, Das Schweizerische Obligationenrecht mit}}{\text{Einschluß des Handels- und Wertpapierrechts, 7. Aufl., S. 92 · 93}}$). 결국 체약상의 과실은 원시적 불능 외에도 일반적으로 인정되어야 한다. 그럼에 있어서 교섭 중에 생명·신체·재산권이 침해되는 경우도 똑같이 다루어야 한다. 이와 같이 체약상의 과실을 일반적으로 인정하는 경우에 규율의 틈은 민법의 개별규정 특히 제535조를 유추하여 채워야 한다.

2. 법적 성질

[31]

(1) 학   설

체약상의 과실책임의 법적 성질에 관하여 학설은 i) 계약책임설(곽윤직, 53면; 김상용, 67면; 김주수, 92면; 김증한, 49면; 윤철홍, 72면; 지원림, 1308면), ii) 불법행위책임설(최식, 신채권법각론, 1961, 52면), iii) 독자적인 법정책임설(김학동, 55면; 김형배, 125면·133면; 이은영, 121면)로 나뉘어 있다.

i)설은, 계약상의 의무는 급부의무가 전부는 아니고 그 밖에 신의칙상의 부수적 의무(「기타의 행위의무」)도 있고, 그러한 의무는 계약의 성립과정에서 이미 존재한다고 한다. 그리고 체약상의 과실책임은 그러한 신의칙상의 의무를 위반한 데 대한 책임이므로 계약책임으로 이론구성할 수 있다고 한다. ii)설은 계약체결에 있어서의 주의의무는 누구에게나 요구되는 신의칙상의 의무이므로 그에 위반한 자는 불법행위책임을 진다고 한다. iii)설은 체약상의 과실책임은 계약체결을 목적으로 접촉을 하고 있는 특정인 사이의 것이므로 계약에 유사한 책임이라고 할 수 있지만 계약이 체결된 적이 없으므로 계약 외적 책임이라고 하거나(김형배, 125면·126면), 의무의 성질·배상범위 등을 볼 때 계약책임도 불법행위책임도 아니라고 한다(이은영, 121면·122면). 그렇지만 iii)설은 체약상의 과실에 주로 계약에 관한 규정을 적용(또는 유추적용)할 것이라고 한다.

(2) 검토 및 사견

사람들이 계약체결을 목적으로 사회적인 접촉을 시작하게 되면, 그들 사이에 계약관계에 유사한 신뢰관계가 생긴다. 이 신뢰관계는 일반인들 사이의 의무보다 더 큰 주의의무(「기타의 행위의무」)가 생기는 특별구속관계이다. 이러한 관계에 있는 자들 중 어느 일방이 그 주의의무를 위반한 것이 체약상의 과실이다. 이와 같이 체약상의 과실은 계약에 유사한 신뢰관계에서의 의무위반이므로, 그에 대한 책임도 계약에 유사한 책임이라고 하여야 한다. 체약상의 과실책임은 계약책임과 구별되나, 넓은 의미에서는 계약책임에 속한다고 할 것이다.

체약상의 과실책임을 계약책임(또는 계약에 유사한 책임)으로 보는 경우에는$\binom{\text{독자}}{\text{적인}}$ $\binom{\text{법정책임설도}}{\text{대체로 같다}}$ 거기에 계약에 관한 규정이 적용된다. 그 결과 보조자의 행위에 대하여도 가해자가 면책되지 않고$\binom{391}{\text{조}}$, 과실 증명을 피해자가 할 필요가 없이 가해자가 반대증명을 하여야 하며, 손해배상청구권은 10년의 시효에 걸리게 된다$\binom{162조}{1항}$. 그에 비하여 불법행위책임이라고 하면, 보조자의 행위에 대하여 면책이 가능하고$\binom{756조 1}{항 단서}$, 과실은 피해자가 증명하여야 하며, 청구권은 3년의 시효$\binom{\text{및 10년}}{\text{의 시효}}$에 걸린다$\binom{766}{\text{조}}$. 따라서 불법행위책임이라고 하는 경우에는 체약상의 과실을 인정하는 의미가 거의 없게 된다.

3. 체약체결상의 과실책임의 요건과 효과

어떤 요건을 갖추어야 체약상의 과실책임이 성립하고 그 효과가 어떠한가에 관하여 우리의 문헌들은 한결같이 개별적인 경우들로 나누어 검토하고 있을 뿐이다. 그러나 체약상의 과실을 일반적으로 인정하는 견지에서 장차 새로이 나타날 수 있는 경우들까지 생각한다면 공통적인 요건과 효과를 정리한 뒤에 개별적인 경우를 살펴보는 것이 좋다$\binom{\text{Brox, AS, S. 42 이하는 공통적}}{\text{인 요건과 효과만을 기술한다}}$.

(1) 요 건

1) 계약체결을 위한 사회적 접촉의 개시   체약상의 과실은 일반인 사이에서 인정되는 것이 아니고, 사회적 접촉이 시작된 자들 사이에 문제된다. 그리고 그 접촉은 계약체결을 목적으로 한 것이어야 한다. 그리하여 가령 비를 피하기 위하여 백화점에 들어간 경우는 아니다. 그러나 정보수집을 목적으로 간 것은 해당한다. 계약체결을 목적으로 한 접촉이 개시되었으면 계약의 상의(相議) 전이라도 무방하다.

2) 「기타의 행위의무」(신의칙상의 의무)의 위반이 있을 것   체약상의 과실은 일정한 주의의무 즉 「기타의 행위의무」의 존재를 전제로 하며, 그 의무를 위반하는 것이다. 따라서 그러한 의무가 인정되지 않는 경우에는 체약상의 과실책임이 생기지 않는다$\binom{\text{불합의에 관}}{\text{한 [21] 참조}}$.

「기타의 행위의무」에는 타인의 생명·신체·재산권을 침해하지 않을 의무인 보호의무, 일정한 사항을 설명해 주어야 할 설명의무 등이 있다.

3) 계약의 성립 전에 의무위반이 있을 것   체약상의 과실은 계약 전에 신뢰관계의 성립시부터 계약의 성립시까지의 사이에 의무위반이 있는 것이다. 「기타의 행위의무」의 위반이 있었을지라도 그것이 계약성립 후의 위반이면 채무

불이행으로서의 「기타의 행위의무」 위반$\binom{\text{이는 통설의 불완전이행에 포함}}{\text{됨. 채권법총론 [84] 이하 참조}}$의 문제로 된다.

　4) 가해자의 고의·과실이 있을 것

　(2) 효　　과

　체약상의 과실책임의 요건이 갖추어지면 배상의무자는 배상의무를 생기게 한 사정이 없었다면 있었을 상태를 만들어 주어야 한다. 즉 그의 행위를 신뢰함으로써 생긴 손해$\binom{\text{신뢰이익. 채권}}{\text{법총론 [86] 참조}}$를 배상하여야 한다$\binom{\text{535조 1항}}{\text{본문의 유추}}$. 다만, 이행이익도 계산될 수 있는 때에는 이행이익의 한도에서 배상하면 된다고 할 것이다$\binom{\text{535조 1항}}{\text{단서 유추}}$.

4. 개별적인 경우들

[32]

(1) 생명·신체·재산권 등이 침해된 경우

　상점에 들어가다가 통로에 놓인 바나나껍질을 밟고 넘어져 다친 경우$\binom{\text{독일의 이}}{\text{른바 바나}}$$\binom{\text{나껍질}}{\text{사건}}$, 상점에서 물건을 고르다가 쌓여 있는 물건이 넘어져 다친 경우가 그 예이다. 이러한 경우에 체약상의 과실을 인정하지 않고 불법행위의 문제로 처리하여야 할 것인가에 관하여 논란이 있으나, 체약상의 과실로 다루는 것이 옳다$\binom{[30]}{\text{참조}}$.

(2) 계약이 유효한 경우

　계약이 유효하지만 체약상의 과실이 문제되는 경우가 있다. 그리고 그러한 경우 중에는 민법이 명문규정으로 규율하는 때도 있으나$\binom{\text{예: 559조 · 571조 이하 · 602조 · 612}}{\text{조 · 688조 · 697조 · 707조 등}}$, 그렇지 않은 때도 있다. 예컨대 고용계약에 있어서 중요한 사실을 알리지 않아 계약이 체결된 경우, 도급계약에서 문의한 사항을 수급인이 제대로 답하지 않은 경우, 운송계약에서 문의한 열차시간표를 잘못 알려준 경우에서 그렇다$\binom{\text{곽윤직, 56면}}{\text{은 매매목적}}$물의 사용방법을 잘못 알린 경우도 들고 있으나, 그때는 계약 성립 후의 의$\big)$무위반이므로 채무불이행으로서의 「기타의 행위의무」 위반의 문제로 된다.

　이 경우에 체약상의 과실책임이 인정되려면 ① 계약이 유효하여야 하고, ② 「기타의 행위의무」$\binom{\text{설명}}{\text{의무}}$의 위반이 있어야 하며, ③ 행위자에게 과실이 있어야 하고, ④ 상대방은 선의·무과실이어야 한다$\binom{\text{535조 2}}{\text{항의 유추}}$.

(3) 계약이 불성립·무효·취소된 경우

　1) 제한능력의 경우　　법률행위자가 제한능력을 이유로 법률행위를 취소한 경우에는 설사 상대방이 능력자라고 믿음으로써 손해를 입었다고 하더라도 체약상의 과실은 인정되지 않는다$\binom{\text{같은 취지: 곽윤직, 57면.}}{\text{반대 견해: 김상용, 74면}}$. 그렇지 않으면 민법의 제한능력자 보호 취지에 어긋나기 때문이다. 그리고 의사무능력을 이유로 법률행위

가 무효로 된 경우에도 마찬가지로 보아야 한다(같은 취지: 윤철홍, 74면.
반대 견해: 곽윤직, 57면).

2) 착오의 경우　　의사표시에 흠이 있는 경우 가운데에는 착오를 이유로 취소한 때에만 체약상의 과실이 문제된다(나머지의 경우에는 상대방의 보호필요성이 없거나 취
소가 불가능하기 때문이다. 107조·108조·110조 참조). 민법은 착오에 관하여 법률행위의 내용의 중요부분에 착오가 있으면 착오자에게 중과실이 없는 한 법률행위를 취소할 수 있다고 규정한다(109조
1항). 따라서 착오자에게 경과실이 있는 경우에 체약상의 과실책임을 인정할 것인지가 문제된다(무과실인
때에는 명문규정이 없는 한 책
임을 지울 수 없다). 여기에 관하여 학설은 i) 체약상의 과실을 인정하는 견해(곽윤직, 58
면; 김상용,
72면; 김학동, 60면; 윤철
홍, 74면; 이은영, 125면)와 ii) 착오자의 배상책임을 부정하는 견해(고상룡, 민법
총칙, 436면)로 나뉘어 있다. 그리고 판례는, 전문건설공제조합이 계약보증서를 발급하면서 수급공사의 실제 도급금액을 확인하지 않은 과실이 있다고 하더라도 제109조가 중과실이 없는 착오자의 취소를 허용하고 있는 이상 위법하다고 할 수 없어 불법행위책임이 생기지 않는다고 한다(대판 1997. 8. 22,
97다13023).

생각건대 제109조가 경과실이 있는 착오자의 취소를 허용한다고 하여 그 자의 배상책임까지 배제하는 것으로 볼 수는 없다. 그리고 경과실 있는 착오자보다는 취소로 무효가 된 법률행위가 유효하다고 믿은 상대방의 신뢰가 더 보호되어야 한다. 따라서 i)설이 타당하다.

착오자에게 배상책임이 인정되려면 ① 착오를 이유로 한 취소가 있어야 하고, ② 표의자에게 경과실이 있어야 하며, ③ 상대방은 선의·무과실이어야 한다. 그리고 그 효과로서 착오자는 이행이익의 한도에서 신뢰이익을 배상하여야 한다.

3) 계약교섭을 중단한 경우 등　　계약체결을 위한 교섭을 하다가 이를 중단하여 계약이 불성립으로 된 경우에도 체약상의 과실책임이 발생하는가? 계약체결을 목적으로 교섭을 시작하였다고 하여 일반적으로 교섭을 계속하여야 할 의무 또는 계약체결을 하여야 할 의무가 있는 것은 아니다. 다만, 교섭 중에 당사자 일방이 계약을 체결할 것이라는 확신을 상대방에게 준 뒤에 상당한 이유 없이 교섭을 파기한 경우에는 문제이다. 이에 관하여 학설은 i) 체약상의 과실책임을 인정하는 견해(김상용, 71면; 김학동, 60면; 김형배, 130면;
지원림, 민사판례연구 25, 179면·180면)와 ii) 불법행위책임을 인정하는 견해(양창수, 민법
연구(1), 389면)로 나뉘어 있다. 그리고 판례는 불법행위책임을 인정한다(대판 2001. 6. 15,
99다40418; 대판
2003. 4. 11, 2001다53059; 대
판 2004. 5. 28, 2002다32301).

생각건대 계약의 당사자는 계약체결의 자유(청약 및 승낙의 자유)를 가지고 있다. 그런데 당사자 일방이 상대방에게 계약체결에 기대를 가지게 했다고 하여 당연히 책임을 지도록 하면 당사자의 그 자유는 중대한 제한을 받게 될 것이다. 따라서 당사자 일방이 상대방에게 법적 의미에서 청약을 하였거나 당사자 사이의 합의로 예약을 하지 않은 한, 당사자는 그에 대하여 책임을 질 필요가 없다고 하여야 한다(Medicus, Schuld-recht Ⅰ, S. 59). 물론 당사자 일방의 행위가 불법행위의 요건을 갖추고 있는 특별한 사정이 있는 때에는 별개이다.

〈판 례〉

(ㄱ)「어느 일방이 교섭단계에서 계약이 확실하게 체결되리라는 정당한 기대 내지 신뢰를 부여하여 상대방이 그 신뢰에 따라 행동하였음에도 상당한 이유 없이 계약의 체결을 거부하여 손해를 입혔다면 이는 신의성실의 원칙에 비추어 볼 때 계약자유 원칙의 한계를 넘는 위법한 행위로서 불법행위를 구성한다고 할 것이다(대법원 2001. 6. 15. 선고 99다40418 판결 참조). 그리고 그러한 불법행위로 인한 손해는 일방이 신의에 반하여 상당한 이유 없이 계약교섭을 파기함으로써 계약체결을 신뢰한 상대방이 입게 된 상당인과관계 있는 손해로서 계약이 유효하게 체결된다고 믿었던 것에 의하여 입었던 손해 즉 신뢰손해에 한정된다고 할 것이고, 이러한 신뢰손해란 예컨대, 그 계약의 성립을 기대하고 지출한 계약준비비용과 같이 그러한 신뢰가 없었더라면 통상 지출하지 아니하였을 비용 상당의 손해라고 할 것이며, 아직 계약체결에 관한 확고한 신뢰가 부여되기 이전 상태에서 계약교섭의 당사자가 계약체결이 좌절되더라도 어쩔 수 없다고 생각하고 지출한 비용, 예컨대 경쟁입찰에 참가하기 위하여 지출한 제안서, 견적서 작성비용 등은 여기에 포함되지 아니한다고 볼 것이다. 한편 그 침해행위와 피해법익의 유형에 따라서는 계약교섭의 파기로 인한 불법행위가 인격적 법익을 침해함으로써 상대방에게 정신적 고통을 초래하였다고 인정되는 경우라면 그러한 정신적 고통에 대한 손해에 대하여는 별도로 배상을 구할 수 있다고 할 것이다.」(대판 2003. 4. 11, 2001다53059. 대판 2004. 5. 28, 2002다32301도 참조)

(ㄴ)「계약체결을 위한 교섭과정에서 어느 일방이 보호가치 있는 기대나 신뢰를 가지게 된 경우에, 그러한 기대나 신뢰를 보호하고 배려해야 할 의무를 부담하게 된 상대방이 오히려 상당한 이유 없이 이를 침해하여 손해를 입혔다면, 신의성실의 원칙에 비추어 볼 때 계약체결의 준비 단계에서 협력관계에 있었던 당사자 사이의 신뢰관계를 해치는 위법한 행위로서 불법행위를 구성할 수 있다고 보아야 한다. 특히 계약체결을 위한 교섭과정에서 상대방의 기대나 신뢰를 보호하고 배려해야 할 의무를 위반하면서 상대방의 성과물을 무단으로 이용한 경우에는 당사자 사이의 신뢰관계를 해칠 뿐만 아니라 상도덕이나 공정한 경쟁질서를 위반한 것으로서 그러한 행위의 위법

성을 좀 더 쉽게 인정할 수 있다.」$\binom{\text{대판 2021. 6. 30, 2019다268061. 전단에 관하}}{\text{여 같은 취지: 대판 2022. 7. 14, 2021다216773}}$

(ㄷ)「계약 교섭 단계에서는 아직 계약이 성립된 것이 아니므로 당사자 중 일방이 계약의 이행행위를 준비하거나 이를 착수하는 것은 이례적인 일로서, 설령 이행에 착수하였다고 하더라도 이는 자기의 위험 판단과 책임에 따른 것이라고 평가할 수 있다. 그러나 만일 이행의 착수가 상대방의 적극적인 요구에 따른 것이고 바로 위와 같은 이행에 들인 비용의 지급에 관하여 이미 계약 교섭이 진행되고 있었다는 등의 특별한 사정이 있다면, 당사자 중 일방이 계약의 성립을 기대하고 이행을 위하여 지출하였거나 지출할 것이 확실한 비용은 계약체결을 신뢰하여 발생한 손해로서 계약 교섭의 부당파기로 인한 손해배상의 범위에 해당할 수 있다.」$\binom{\text{대판 2022. 7. 14,}}{\text{2021다216773}}$

[33]　　**4) 원시적 불능의 경우**　　민법은 제535조에서 원시적 불능으로 계약이 무효로 되는 경우에는 일정한 요건 하에 체약상의 과실책임이 생기는 것으로 규정하고 있다.

〈참　고〉

근래 일부 견해$\binom{\text{양창수, 민법연}}{\text{구(3), 162면 등}}$는 우리 민법이 원시적 불능의 경우에 계약을 무효로 하는 것이 부당하다고 주장한다. 그 경우에는 계약은 유효라고 하되 급부청구권 대신에 손해배상청구권을 발생시키면 된다고 한다. 이러한 견해에 의하면 원시적 불능에 있어서는 체약상의 과실이 아니고 채무불이행이 문제될 것이다. 그런데 우리 민법은 개정 전의 독일민법$\binom{\text{같은 법}}{\text{306조}}$과 달리 원시적 불능을 목적으로 하는 계약을 무효라고 규정하지는 않았지만, 제535조에서 원시적 불능인 계약이 무효라는 것을 전제로 하여 체약상의 과실을 규율하고 있다. 따라서 위의 이론은 입법론으로는 주장될 수 있으나$\binom{\text{김상용, 63면 ·}}{\text{70면 참조}}$, 현행법상의 해석론으로서는 취할 수 없다.

(가) 요　건　　(a) 체결된 계약이 원시적 불능$\binom{\text{민법총칙}}{\text{[115] 참조}}$이어서 그 계약이 무효이어야 한다$\binom{\text{예: 소실된 가}}{\text{옥의 매매계약}}$. 견해에 따라서는 계약이 반사회성으로 인하여 무효인 경우나$\binom{\text{이은영, 123면. 반대}}{\text{견해: 김상용, 72면}}$ 강행법규 위반의 경우에도$\binom{\text{김상용,}}{\text{71면}}$ 체약상의 과실을 인정하자고 하나, 의문이다. 한편, 원시적 일부불능에 대하여는 주의할 점이 있다. 민법은 매매의 목적물의 수량이 부족하거나 물건의 일부가 멸실된 경우$\binom{574}{\text{조}}$와 매매의 목적물에 흠이 있는 경우에도 담보책임을 인정하고$\binom{580}{\text{조}}$, 이를 다른 기타의 유상계약에 준용한다$\binom{567}{\text{조}}$. 그 결과 매매를 비롯한 유상계약에서 원시적「일부불능」이 있는 때에는 제574조 및 제580조에 의한 담보책임만이 발생하고, 제535조에 의한 체약상의 과실책임은 생기지 않는다$\binom{\text{같은 취지: 곽윤직, 58면; 김주수, 94면; 이은영, 123면 · 124면; 대}}{\text{판 2002. 4. 9, 99다47396. 반대 견해: 김상용, 75면; 김형배, 129면}}$.

〈판 례〉

「부동산 매매계약에 있어서 실제면적이 계약면적에 미달하는 경우에는 그 매매가 수량지정매매에 해당할 때에 한하여 민법 제574조, 제572조에 의한 대금감액청구권을 행사함은 별론으로 하고, 그 매매계약이 그 미달 부분만큼 일부무효임을 들어 이와 별도로 일반 부당이득 반환청구를 하거나 그 부분의 원시적 불능을 이유로 민법 제535조가 규정하는 계약체결상의 과실에 따른 책임의 이행을 구할 수 없다.」 $\left(\substack{\text{대판 2002. 4. 9,}\\ \text{99다47396}}\right)$

(b) 무효인 계약이 유효하였다면 급부를 하였을 자가 그 불능을 알았거나 알 수 있었어야 한다$\left(\substack{535조\\1항}\right)$. 일부 문헌은 이 요건의 증명과 관련하여, 급부의무자의 과실이 추정되므로 그가 자신에게 과실이 없음을 증명해야 할 것이라고 하나$\left(\substack{김형\\배,}\right.$ $\left.\substack{134면; 이은\\영, 124면}\right)$, 이는 법문에 반하고 또 타당성도 없다$\left(\substack{\text{여기의 과실은 사실에 관한 것이어서 채무불이}\\ \text{행에서의 과실과 다름도 주의. 같은 취지: 김학}}\right.$ $\left.\substack{동,\\57면}\right)$.

(c) 상대방은 선의·무과실이어야 한다$\left(\substack{535조\\2항}\right)$. 악의이거나 과실있는 자의 신뢰는 보호할 필요가 없기 때문이다.

(ᄂ) **효   과**   위의 요건이 갖추어진 때에는 과실있는 당사자는 상대방에게 그가 계약을 유효하다고 믿었음으로 인하여 받은 손해, 즉 신뢰이익을 배상하여야 한다$\left(\substack{535조 1\\항 본문}\right)\left(\substack{\text{그런데 김형배, 135면·136면은 신뢰이익에 한정}\\ \text{하는 이 규정은 제한해석되어야 한다고 주장한다}}\right)$. 그러나 그 배상액은 계약이 유효함으로 인하여 생길 이익액, 즉 이행이익을 넘지는 못한다$\left(\substack{535조 1\\항 단서}\right)$. 즉 이행이익의 한도 내에서 신뢰이익을 배상하면 된다.

〈판 례〉

(ㄱ) 박물관을 건립한 갑 주식회사가 을 주식회사와, 을 회사가 박물관을 위탁관리하면서 통일전망대와 박물관 입장이 모두 가능한 단일입장권을 발행하여 입장료를 통합 징수한 다음 박물관 입장료에 해당하는 부분에서 박물관 관리운영비를 공제한 나머지를 갑 회사에 지급하기로 하는 내용의 위탁관리계약을 체결한 사안에서, 통일전망대 입장료는 폐기물관리법 등 관계법령에 따라 청소비 명목의 입장료를 징수하는 것이지만 박물관의 입장료는 민간기업이 운영하는 박물관의 입장료로서 법적 성질을 달리하는 점 등에 비추어 통일전망대 입장료를 징수하면서 박물관에 대한 입장료를 통합 징수할 목적으로 단일입장권을 발행하는 것은 계약 당시부터 사실상·법률상 불가능한 상태였으므로 위 계약은 원시적으로 불능이어서 무효이고, 을 회사는 계약 체결 당시 그 불능을 알았거나 알 수 있었다고 보아야 하므로 갑 회사에 민법 제535조 제 1 항에 따라 신뢰이익 상당의 손해를 배상하여야 한다고 본 원심판단을

수긍한 사례(대판 2011. 7. 28,
2010다1203 · 1210).

(ㄴ) 당사자 일방의 채무(국가 소유 임야의
사용권의 부여)가 「원시적으로 이행불능이라면 이 사건 확장 공사계약은 유효하게 성립할 수 없다 할 것이니 그 계약체결에 있어서의 과실을 이유로 하는 신뢰이익의 손해배상을 구할 수 있을지언정 그 계약이 유효하게 성립되었던 것을 전제로 그 계약의 이행불능을 이유로 이행에 대신하는 전보배상을 구할 수 없다 할 것」이다(대판 1975. 2. 10,
74다584).

제 6 절   계약의 효력

[34]   I. 서   설

계약 특히 채권계약의 효력은 채권계약에 의하여 발생하는 법률효과로서 채권 · 채무의 발생이다. 그런데 그 구체적 내용은 각각의 전형계약에 따라 다르다. 따라서 그에 대하여는 전형계약별로 논의하여야 한다. 그리고 계약의 효력은 계약이 성립요건과 유효요건을 모두 갖추는 경우에 발생한다. 그런데 그에 대하여는 민법총칙 부분에서 「법률행위의 요건」의 문제로서 이미 설명하였기 때문에 여기서는 생략한다(민법총칙 [81] · [82].
이하 참조).

한편 민법전은 제 3 편(채권) 제 2 장(계약) 제 1 절(총칙) 제 2 관의 제목을 「계약의 효력」이라고 붙이고, 그 아래에서 동시이행의 항변권(536
조) · 위험부담(537조 ·
538조) · 제 3 자를 위한 계약(539조 내
지 542조)에 관하여 규정하고 있다(이러한 규율 내용은 「계약의
효력」이라는 일반적 · 포괄적
인 제목과 어울
리지는 않는다). 그리고 이들 중 앞의 두 가지는 쌍무계약에 특유한 문제이다. 아래에서는 이 세 가지 제도에 관하여서만 살펴보기로 한다.

II. 쌍무계약(雙務契約)의 효력

1. 쌍무계약의 특질(견련성, 牽連性)

앞서 본 바와 같이(【17】
참조), 쌍무계약은 각 당사자가 서로 대가적인 의미를 가지는 채무를 부담하는 계약이다. 이러한 쌍무계약의 경우에는 당사자 쌍방의 채무

가 대가적인 의미(상대방의 채무부담을 전제 또는 목)가 있기 때문에 그것들은 서로 운명을
같이 하는 의존관계에 있게 되는데, 쌍무계약에 있어서 채무들 상호간의 의존관
계를 채무의 견련성이라고 한다.

쌍무계약상의 채무의 견련성은 채무의 성립 · 이행 · 소멸(존속)의 세 방향에
서 나타난다(김형배, 145면은 청산관계에서의 견련관계도 추가하며(이)
은영, 143면도 유사함), 김상용, 81면은 이에 반대한다).

(1) 성립상의 견련성

이는 당사자 일방의 채무가 불능 · 불법 기타의 이유로 성립하지 않는 경우에
는 상대방의 채무도 성립하지 않는다는 관계이다. 그리하여 가령 이미 불타 버린
건물을 매매한 경우에 매수인의 대금지급채무는 성립하지 않고, 불륜관계를 맺
고 그 대가를 지급하기로 한 경우에 불륜관계를 맺는 데 대한 대가지급채무는 성
립하지 않는다.

(2) 이행상의 견련성

이는 당사자 일방의 채무가 이행될 때까지는 상대방의 채무도 이행되지 않
아도 무방하다는 것이다. 제536조의 동시이행의 항변권은 이행상의 견련성을 입
법화한 제도이다.

(3) 존속상의 견련성

쌍무계약에서는 당사자 일방의 채무가 채무자에게 책임없는 사유로 이행불
능이 되어 소멸한 경우에 상대방의 채무는 어떻게 되느냐가 문제된다. 소멸 내지
존속상의 견련성을 인정한다면 상대방의 채무도 소멸한다고 하게 될 것이고, 이
를 부정한다면 상대방의 채무는 존속한다고 하게 될 것이다. 민법은 제537조 · 제
538조에서 이에 대하여 규정하고 있으며, 그것이 곧 위험부담의 문제이다.

2. 동시이행의 항변권   [35]

(1) 의   의

1) 쌍무계약에 있어서 당사자 일방은 상대방이 채무를 이행하거나 이행의 제
공을 할 때까지 자기 채무의 이행을 거절할 수 있는데(536조), 이를 동시이행의 항
변권이라고 한다. 예컨대 A가 B에게 그의 시계를 3만원에 팔면서 그 시계를 1월
15일에 대금을 받으면서 넘겨주기로 하였는데, 1월 15일에 B가 시계의 대금은
준비하지 않은 채 A에게 시계를 넘겨달라고 하는 경우에, A는 B가 대금을 준비

하여 제공할 때까지 시계의 인도를 거절할 수 있는바, 인도를 거절하는 A의 그 권리가 동시이행의 항변권이다.

쌍무계약의 경우 당사자 쌍방의 채무는 서로 대가적인 의미를 가지고 있다. 따라서 그 계약에서는 어느 일방 당사자가 자기 채무는 이행하지 않으면서 상대 방에 대하여 이행을 청구하는 것은 공평의 원칙과 신의칙에 반한다. 여기서 민법 은 쌍무계약의 당사자 사이의 공평을 꾀하기 위하여 동시이행의 항변권을 인정 하고 있다.

2) 동시이행의 항변권은 쌍무계약에서의 채무들의 이행상의 견련관계를 인 정하려는 제도이다. 이행상의 견련관계를 인정하는 방법(입법주의)에는 ① 상대 방에 대하여 이행청구를 하려면 먼저 자기 채무를 이행하거나 또는 이행의 제공 을 하여야 하는 태도($\binom{스위스채}{무법 82조}$)와 ② 이행청구는 자유롭게 할 수 있지만, 청구를 받 은 당사자는 상대방의 반대급부가 있을 때까지 자기 급부를 거절할 수 있다고 하 는 태도($\binom{독일민법}{320조}$)의 두 가지가 있다. 이들 중 민법은 ②의 태도를 따르고 있다. 그 리하여 우리 민법상 쌍무계약의 당사자는 자기의 채무를 이행하지 않고도 얼마 든지 상대방에 대하여 이행을 청구할 수 있으며($\binom{대판 1994. 10. 28, 94}{다8679도\ 이를\ 인정함}$), 다만 청구를 받 은 자는 청구자가 이행의 제공을 할 때까지 동시이행의 항변권을 행사하여 자신 의 채무이행을 거절할 수 있을 뿐이다.

〈판 례〉

「원래 동시이행의 항변권은 공평의 관념과 신의칙에 입각하여 각 당사자가 부담하 는 채무가 서로 대가적 의미를 가지고 관련되어 있을 때 그 이행에 있어서 견련관계 를 인정하여 당사자 일방은 상대방이 채무를 이행하거나 이행의 제공을 하지 아니한 채 당사자 일방의 채무의 이행을 청구할 때에는 자기의 채무이행을 거절할 수 있도 록 하는 제도인바, 이러한 제도의 취지에서 볼 때 당사자가 부담하는 각 채무가 쌍무 계약에 있어 고유의 대가관계가 있는 채무가 아니라고 하더라도 구체적인 계약관계 에서 각 당사자가 부담하는 채무에 관한 약정내용에 따라 그것이 대가적 의미가 있 어 이행상의 견련관계를 인정하여야 할 사정이 있는 경우에는 동시이행의 항변권을 인정할 수 있을 것이다.」($\binom{대판 1992. 8. 18, 91다30927. 같은 취지: 대판 2004. 8. 30,}{2004다24236 \cdot 24243;\ 대판 2006. 6, 9,\ 2004다24557\ 등}$)

3) 동시이행의 항변권과 비슷한 제도로 유치권이 있다. 그런데 이 두 제도의 비교에 관하여는 물권법 부분에서 자세히 설명하였으므로($\binom{물권법}{[176]\ 참조}$), 여기서는 생

략하기로 한다.

4) 동시이행의 항변권에 관한 제536조는 임의규정이다. 따라서 당사자는 이를 포기할 수 있다($\binom{대판\ 1999.\ 3.\ 12,\ 97다37852\ \cdot\ 37869}{도\ 포기가\ 가능하다는\ 전제에\ 서\ 있다}$).

(2) 법적 성질 [36]

1) 학　　설

⑺ **원용설(援用說)**　　　이 견해는, 동시이행의 항변권은 연기적 항변권으로서 상대방의 청구가 있어야 성립하고, 행사(원용)하지 않으면 효력이 생기지 않으나, 다만 예외적으로 두 경우($\binom{이행지체책임의\ 불}{발생과\ 상계금지}$)에는 그 권리가 존재하는 것만으로 효력이 생긴다고 한다. 이 견해는 과거에는 일치된 학설이었으며, 현재도 다수설이다($\binom{곽윤직,\ 65면;\ 김대정,\ 228면;\ 김상용,\ 83면\ \cdot\ 88면;}{김주수,\ 106면;\ 김준호,\ 70면;\ 김학동,\ 76면\ 등}$).

⑻ **불원용설(不援用說)**　　　이 견해는, 동시이행의 항변권은 쌍무계약상의 채무의 성질에 해당하는 것으로서 원용을 기다리지 않고 계약의 체결과 동시에 그 항변권도 발생한다고 한다($\binom{이은영,\ 148면(스스로\ 성질설이라\ 함).\ 김형배,\ 148면(스}{스로\ 실체권설이라\ 함);\ 윤철홍,\ 87면도\ 결과에서\ 같다}$). 이는 근래에 새로이 주장된 소수설이며, 그에 의하면 동시이행의 항변권은 상대방의 청구 없이 발생하고 그것을 행사(원용)하는 것도 요구되지 않는다.

2) 판　　례

판례는, 동시이행의 항변권은 행사하지 않는 한 고려할 필요가 없다고 하며($\binom{대판\ 1955.\ 4.\ 21,\ 4287민상287;\ 대판\ 1967.\ 9.\ 19,\ 67다1231;\ 대}{판\ 1990.\ 11.\ 27,\ 90다카25222;\ 대판\ 2006.\ 2.\ 23,\ 2005다53187}$), 다만 이행지체책임은 그 권리를 행사하지 않아도 발생하지 않는다고 한다($\binom{대판\ 1997.\ 7.\ 25,\ 97다5541;\ 대판}{1998.\ 3.\ 13,\ 97다54604\ \cdot\ 54611;\ 대}$ 판 1999. 7. 9, 98다13754 · 13761; 대판 2001. 7. 10, 2001다3764; 대판 2024. 2. 29, 2023다289720. 그런데 판례는 536조 가 유추적용되는 경우 중 일정한 때에는 동시이행의 항변권을 행사하여야 지체책임을 면한다고 한다([40] · [41] 참조)). 이는 학설 중 원용설과 같은 태도이다. 불원용설을 취하는 일부 문헌은 이행지체책임에 관한 판례를 불원용설에 접근하는 것이라고 하나($\binom{윤철홍,\ 86면;}{이은영,\ 151면}$), 이행지체책임에 대하여는 원용설도 항변권 행사를 요구하지 않으므로 그러한 주장은 옳지 않다.

3) **검토 및 사견**

불원용설은 동시이행의 항변권이 행사되지 않아도 효과가 인정되는 예외적인 경우를 해결하기 위하여 모든 경우에 대하여 그것이 존재하는 것만으로 효과가 생긴다고 하고, 그것이 본래의 항변권 개념에 어긋나게 되니까 우리 민법에 맞는 독자적인 항변권 개념을 전개하여야 할 것이라고 주장한다($\binom{이은영,}{153면}$). 그러나 동시이행의 항변권의 본질적인 기능은 이행거절에 있다. 그에 비하여 예외적인 경우들은 채무불이행 · 상계와 같은 해당 영역에서의 문제이며,「청구하고 그에 대하여 이행을 거절하는」동시이행의 항변권의 본질과는 거리가 있다. 그리고 그것들은 그 영역들에서 무리없이 해결될 수 있다$\binom{[40]}{\text{참조}}$. 그리하여 동시이행의 항변권의 원용 필요성과 충돌하지 않는다. 나아가 그 예외적인 경우들을 해결하기 위하여 근본을 바꾸는 것은 결코 취할 태도가 아니다. 결국 원용설을 따라야 할 것이다.

동시이행의 항변권의 법적 성질에 관하여 어떤 입장을 취하느냐에 따라, 그 권리의 요건과 효과에서 차이가 있다. 사견은 원용설이므로 아래에서는 그 견지에서 적을 것이다.

[37]   **(3) 성립요건**

뒤에 보는 바와 같이$\binom{[41]}{\text{이하}}$, 때에 따라서는 동일한 쌍무계약에 의하지 않은 채권관계의 당사자에게도 동시이행의 항변권이 인정된다. 그러나 그것은 제536조의 준용 또는 유추적용의 결과이다. 그에 비하여 제536조는 쌍무계약의 당사자에게만 그 권리를 인정한다. 이들 중 여기서는 제536조에서 정하는 요건만을 살펴보기로 한다.

1) 동일한 쌍무계약에 의한 대가적 의미 있는 채무의 존재   동일한 쌍무계약에 의하여 당사자 쌍방이 대가적 의미 있는 채무를 부담하고 있어야 한다.

(가) 당사자 쌍방의 채무가 동일한 쌍무계약이 아니고 별개의 계약에 의하여 생긴 경우에는 동시이행의 특약이 없는 한 동시이행의 항변권은 인정되지 않는다$\binom{\text{대판 1989. 2. 14, 88다카10753;}}{\text{대판 1990. 4. 13, 89다카23794}}$.

(나) 쌍무계약에서 발생하는 당사자 일방의 채무가 여럿인 경우에는 어느 채무가 상대방의 채무와 동시이행의 관계에 있는가? 이는 상대방의 채무의 불이행이 있을 때 이행을 거절할 수 있는 채무의 범위의 문제이기도 하여 중요하다. 원칙적으로는 「본래의 급부의무」$\binom{\text{급부의무의 개념에 대하여는}}{\text{채권법총론 [29] 이하 참조}}$ 가운데 「주된 급부의무」만이 동시이행의 관계에 있고 「부수적 급부의무」는 아니라고 할 것이나, 「부수적 급부의무」일지라도 당사자가 그것을 동시이행하기로 특약하였거나 또는 그것이 당사자 일방에게 중요한 것으로 인정되는 경우에는 그 의무도 동시이행관계에 놓이게 된다$\binom{\text{같은 취지: 곽윤직, 62면; 대판 1976. 10. 12, 73다}}{\text{584. 김형배, 153면은 널리 동시이행관계를 인정한다}}$.

〈판 례〉

(ㄱ) 부동산 매매의 경우 매도인의 소유권이전등기 의무·인도의무와 매수인의 잔대금 지급의무는 동시이행의 관계에 있는 것이 원칙이고$\binom{\text{대판 1980. 7. 8, 80다725; 대판}}{\text{1991. 9. 10, 91다6368; 대판}}$

$\binom{2000.\,11.\,28,}{2000다8533}$), 여기의 소유권이전등기 의무는 제한이나 부담이 없는 소유권이전등기 의무이므로 매매목적 부동산에 근저당권이 설정되어 있거나 가압류등기 또는 가처분등기가 되어 있거나 지상권등기와 함께 가압류등기가 되어 있는 경우에는 근저당설정등기의 말소의무$\binom{대판\ 1962.\ 6.\ 21,\ 62다200;\ 대판\ 1979.\ 11.\ 13,\ 79다1562;}{대판\ 1980.\ 8.\ 26,\ 80다1037;\ 대판\ 1991.\ 11.\ 26,\ 91다23103}$), 가압류등기의 말소의무$\binom{대판\ 2000.\ 11.\ 28,\ 2000다8533;\ 대}{판\ 2001.\ 7.\ 27,\ 2001다27784\cdot27791}$), 가처분등기의 말소의무$\binom{대판\ 1992.\ 2.\ 14,\ 91다12349;\ 대}{판\ 1999.\ 7.\ 9,\ 98다13754\cdot13761}$ 등 참조), 지상권설정등기 및 가압류등기의 말소의무$\binom{대판\ 1991.\ 9.\ 10,}{91다6368}$)도 매수인의 잔대금 지급의무와 동시이행관계에 있다. 토지거래신고구역에서의 매매의 경우에는 신고필증 제공의무도 마찬가지이다$\binom{대판\ 1992.\ 2.\ 14,\ 91다12349;}{대판\ 1993.\ 8.\ 24,\ 92다56490}$).

(ㄴ) 부동산 매매계약시 그 부동산의 양도로 인하여 매도인이 부담할 양도소득세를 매수인이 부담하기로 하는 약정이 있는 경우, 매수인이 양도소득세를 부담하기 위한 이행제공의 형태·방법·시기 등이 매도인의 소유권이전등기 의무와 견련관계에 있는 때에는, 매도인의 소유권이전등기 의무와 매수인의 양도소득세 제공의무는 동시이행관계에 있다$\binom{대판\ 1992.\ 8.\ 18,\ 91다30927;\ 대판\ 1993.\ 8.\ 24,}{92다56490;\ 대판\ 1995.\ 3.\ 10,\ 94다27977}$).

(ㄷ) 위탁운영하고 있는 화물자동차의 매매에 있어서는 매매대금의 지급채무와 자동차의 인도 및 그 위탁명의 변경절차 이행채무는 동시이행의 관계에 있다$\binom{대판\ 1973.\ 6.\ 26,}{73다123}$).

(ㄹ) 수급인이 도급계약에 따른 의무를 제대로 이행하지 못함으로 말미암아 도급인의 신체 또는 재산에 손해가 발생한 경우 … 하자확대손해로 인한 수급인의 손해배상채무와 도급인의 공사대금채무도 동시이행관계에 있는 것으로 보아야 한다 $\binom{대판\ 2005.\ 11.\ 10,\ 2004다}{37676.\ [176]에\ 자세히\ 인용}$).

(ㅁ) 「하나의 계약 혹은 그 계약에 추가된 약정으로 둘 이상의 민법상의 전형계약 내지 민법상의 채권적 권리의무관계$\binom{이하\ '민법상의\ 전형}{계약\ 등'이라\ 한다}$)가 포괄되어 있고, 이에 따른 당사자 사이의 여러 권리의무가 동일한 경제적 목적을 위하여 서로 밀접하게 연관되어 있는 경우에는, 이를 민법상의 전형계약 등에 상응하는 부분으로 서로 분리하여 그 각각의 전형계약 등의 범위 안에서 대가관계에 있는 의무만을 동시이행관계에 있다고 볼 것이 아니고, 당사자 일방의 여러 의무가 포괄하여 상대방의 여러 의무와 사이에 대가관계에 있다고 인정되는 한, 이러한 당사자 일방의 여러 의무와 상대방의 여러 의무는 동시이행의 관계에 있다고 볼 수 있다$\binom{대법원\ 1995.\ 8.\ 22.\ 선고\ 95다1521\ 판결,\ 대법}{원\ 2001.\ 6.\ 26.\ 선고\ 99다47501\ 판결\ 등\ 참조}$).」 (공사도급계약의 도급인이 자신 소유의 토지에 근저당권을 설정하여 수급인으로 하여금 공사에 필요한 자금을 대출받도록 한 사안에서, 수급인의 근저당권 말소의무는 도급인의 공사대금채무에 대하여 공사도급계약상 고유한 대가관계가 있는 의무는 아니지만, 담보제공의 경위와 목적, 대출금의 사용용도 및 그에 따른 공사대금의 실질적 선급과 같은 자금지원 효과와 이로 인하여 도급인이 처하게 될 이중지급의 위험 등 구체적인 계약관계에 비추어 볼 때, 이행상의 견련관계가 인정되므로 양자는 서로 동시이행의 관계에 있고, 나아가 수급인이 근저당권 말소의무를 이행하지 아니한 결과 도급인이 위 대출금 및 연체이자를 대위변제함으로써 수급인이 지게 된 구상금

채무도 근저당권 말소의무의 변형물로서 그 대등액의 범위 내에서 도급인의 공사대금채무와 동시이행의 관계에 있다고 한 사례)(대판 2010. 3. 25, 2007다35152. 같은 취지: 대판 2011. 2. 10, 2010다77385)

(ㅂ) 갑의 대지 위에 갑 명의로 건축허가를 받아 을이 3층 건물을 신축한 뒤 일부 층은 갑, 나머지 층은 을의 소유로 하고 그 비율에 따른 대지지분을 을에게 이전하기로 한 경우, 그로 인한 갑과 을 사이의 여러 권리의무가 전체로서 동시이행관계에 있다고 인정한 사례(대판 1995. 8. 22, 95다1521).

(ㄷ) 동시이행의 항변권은 쌍무계약을 체결한 본래의 당사자에게만 인정되는 것은 아니다. 쌍무계약에 의한 대가적인 의미의 채무가 동일성을 유지하는 한 다른 자와의 사이에서도 인정된다. 그리하여 채권양도·채무인수·상속의 경우에는 그 항변권이 존속한다. 채권이 전부(轉付)(민사집행법 229조 3항 참조)된 경우에도 같다 (대판 1989. 10. 27, 89다카4298: 536조가 유추적용되는 사안임). 채권에 대하여 압류 및 추심명령(민사집행법 229조 2항 참조)이 있는 경우에는 채권이 추심채권자에게 이전되는 것도 아니므로 추심채무자는 당연히 동시이행의 항변권을 상실하지 않는다(대판 2001. 3. 9, 2000다73490). 당사자 일방의 채무가 책임있는 이행불능으로 인하여 손해배상채무로 변한 때에도 동시이행관계는 유지된다 (대판 1997. 4. 25, 96다40677·40684(536조가 유추적용되는 사안); 대판 2000. 2. 25, 97다30066(536조가 준용되는 사안); 대판 2014. 4. 30, 2010다11323). 그에 비하여 경개(更改)와 같이 채권의 동일성이 유지되지 않는 경우에는 동시이행의 항변권은 소멸한다.

〈판 례〉

「임차인의 임차보증금 반환청구채권이 전부된 경우에도 채권의 동일성은 그대로 유지되는 것이어서 동시이행관계도 당연히 그대로 존속한다고 해석할 것이므로 임대차계약이 해지된 후에 임대인이 잔존 임차보증금 반환청구채권을 전부받은 자에게 그 채무를 현실적으로 이행하였거나 그 채무이행을 제공하였음에도 불구하고, 임차인이 목적물을 명도하지 않음으로써 임차목적물 반환채무가 이행지체에 빠지는 등의 사유로 동시이행의 항변권을 상실하게 되었다는 점에 관하여 임대인이 주장·입증을 하지 않은 이상 임차인의 목적물에 대한 점유는 동시이행의 항변권에 기한 것이어서 불법점유라고 볼 수 없다.」(대판 2002. 7. 26, 2001다68839)

(ㄹ) 동시이행의 항변권이 인정되려면 대가적인 의미의 채무가 대립하여 존재하고 있어야 하며, 당사자 일방의 채무가 소멸하여 대립상태가 해소되면 그 권리는 존속하지 않는다. 그리하여 예컨대 당사자 일방의 채무가 채무자의 책임없이 이행불능으로 되면 동시이행의 항변권도 소멸한다. 다만, 상대방에게 대상청구권이 발생한 때에는 예외이다.

(라) 토지임차인이 제643조에 의하여 건물 기타 지상시설의 매수청구를 한 경우에는, 비록 지상시설의 매매계약이 임차인의 일방적 의사표시에 의하여 성립하기는 하지만(매수청구권은 형성
권이라고 해석됨), 그 매매에 의하여 토지임차인의 건물인도 및 소유권이전등기 의무와 토지임대인의 건물대금 지급의무는 서로 대가관계에 있으므로 그 당사자들은 동시이행의 항변권을 가진다(대판 1991. 4. 9, 91다3260;
대판 1998. 5. 8, 98다2389). 따라서 임차인이 임대인에게 매수청구권이 행사된 건물들에 대한 인도(명도)와 소유권이전등기를 마쳐주지 아니하였다면 임대인에게 그 매매대금에 대한 지연손해금을 청구할 수 없다(대판 1998. 5. 8,
98다2389).

(마) 동시이행관계에 있는 쌍무계약상의 확정기한을 당사자의 합의로 연기한 경우에는 다른 의사표시가 없는 한 동시이행관계에 있는 쌍무계약으로 존속한다(대판 1956. 4. 12,
4288민상398).

2) 상대방의 채무가 변제기에 있을 것   [38]

(가) 이는 제536조 제 1 항 단서가 규정한다. 그리하여 증명책임은 상대방에게 전가된다. 여기의 상대방은 「동시이행의 항변권을 가지게 될 자의 상대방」 즉 청구하는 자이다. 그러면 동시이행의 항변권을 가지게 될 자의 채무는 변제기에 있지 않아도 되는가? 그 경우에는 상대방은 청구 자체를 할 수 없고, 따라서 청구받은 자는 동시이행의 항변권을 가질 여지도 없으나(항변권은 청구권의 작용을 저지하는 권리로
서 청구권을 전제로 하는데, 그때는 청구권
이 없으므로 항변
권도 생길 수 없다), 청구받은 자가 아무런 행위를 하지 않아도 이행판결이 선고되지 못한다(그는 곧바로 이행
거절을 하여도 됨). 결국 동시이행의 항변권은 당사자 쌍방의 채무가 모두 변제기에 있는 경우에 성립한다.

이 요건 때문에 상대방의 채무는 변제기에 있지 않고 자기의 채무만이 변제기에 있는 당사자는 동시이행의 항변권을 가지지 못한다. 즉 선이행의무자는 동시이행의 항변권이 없다. 선이행의무는 당사자의 특약(대판 2001. 6. 26,
99다47501 참조)이나 법률규정(예: 633조 ·
665조 · 686조)에 의하여 생긴다.

(나) 선이행의무자에게 동시이행의 항변권이 없다는 원칙에는 예외가 있다.

첫째는 민법이 규정하는 예외로서, 선이행의무자의 「상대방의 이행이 곤란할 현저한 사유가 있는 때」에는 선이행의무자에게 동시이행의 항변권이 인정된다(536조
2항). 이를 불안의 항변권이라고 한다.

〈판 례〉

(ㄱ)「민법 제536조 제 2 항 소정의 선이행의무를 지고 있는 당사자가 상대방의 이행이 곤란할 현저한 사유가 있는 때에 자기의 채무이행을 거절할 수 있는 경우란 선이행의무를 지게 된 채권자가 계약성립 후 채무자의 신용불안이나 재산상태의 악화 등 사정으로 반대급부를 이행받을 수 없는 사정변경이 생기고 이로 인하여 당초의 계약내용에 따른 선이행의무를 이행케 하는 것이 공평과 신의칙에 반하게 되는 경우를 말하는 것이고, 이와 같은 사유는 당사자 쌍방의 사정을 종합하여 판단하여야 할 것」이다(대판 1990. 11. 23, 90다카24335. 같은 취지: 대판 1989. 9. 12, 88다카11756; 대판 2002. 9. 4, 2001다1386; 대판 2002. 11. 26, 2001다833; 대판 2012. 3. 29, 2011다93025; 대판 2021. 10. 28, 2017다224302; 대판 2023. 12. 7, 2023다269139).

(ㄴ) 대법원은, 아파트 건설업자가 수분양자와 분양계약을 체결하고 입주시킨 날로부터 5년여가 경과한 시기에 이르기까지 아파트에 대한 준공검사조차 마치지 못한 경우(대판 1992. 4. 24, 92다3779), 법령상의 제한 때문에 매매목적 토지를 당초에 지정한 용도대로 사용할 수 없어 계약목적 달성이 불가능하고 장래에도 불투명한 경우(대판 1997. 7. 25, 97다5541), 매매목적 부동산인 상가부지에 처분금지 가처분등기 및 예고등기가 기입되어 있어 소유권이전등기 의무 이행이 현저히 불투명한 경우(대판 1999. 7. 9, 98다13754·13761), 구상권자에 대하여 파산이 선고된 후에 사전구상권을 행사하는 경우(대판 2002. 11. 26, 2001다833), 토지매수인·시공회사·신탁회사간에 신탁방식에 의한 오피스텔 신축 및 분양사업에 관한 기본약정을 맺은 후 외환위기로 신탁회사가 사업자금 차입 곤란 등으로 공사선급금 등의 지급확보책을 제시하지 못한 경우(대판 2003. 5. 16, 2002다2423)에 대하여 각각 수분양자, 토지매수인, 상가부지의 매수인, 구상채무의 보증인, 시공회사는 그들의 선이행의무의 이행을 거절할 수 있다고 하였다.

(ㄷ)「계속적 거래관계에 있어서 재화나 용역을 먼저 공급한 후 일정기간마다 거래대금을 정산하여 일정기일 후에 지급받기로 약정한 경우에 공급자가 선이행의 자기 채무를 이행하고 이미 정산이 완료되어 이행기가 지난 전기의 대금을 지급받지 못하였거나 후이행의 상대방의 채무가 아직 이행기가 되지 아니하였지만 이행기의 이행이 현저히 불안한 사유가 있는 경우에는 민법 제536조 제 2 항 및 신의성실의 원칙에 비추어 볼 때 공급자는 이미 이행기가 지난 전기의 대금을 지급받을 때 또는 전기에 대한 상대방의 이행기 미도래채무의 이행불안사유가 해소될 때까지 선이행의무가 있는 다음 기간의 자기 채무의 이행을 거절할 수 있다.」(대판 2002. 9. 4, 2001다1386. 같은 취지: 대판 1995. 2. 28, 93다53887; 대판 2001. 9. 18, 2001다9304)

(ㄹ)「불안의 항변권을 발생시키는 사유에 관하여 신용불안이나 재산상태 악화와 같이 채권자측에 발생한 객관적·일반적 사정만이 이에 해당한다고 제한적으로 해석할 이유는 없다. 특히 상당한 기간에 걸쳐 공사를 수행하는 도급계약에서 일정 기간마다 이미 행하여진 공사부분에 대하여 기성공사금 등의 이름으로 그 대가를 지급하기로 약정되어 있는 경우에는, 수급인의 일회적인 급부가 통상 선이행되어야 하는 일

반적인 도급계약에서와는 달리 위와 같은 공사대금의 축차적인 지급이 수급인의 장래의 원만한 이행을 보장하는 것으로 전제된 측면도 있다고 할 것이어서, 도급인이 계약 체결 후에 위와 같은 약정을 위반하여 정당한 이유 없이 기성공사금을 지급하지 아니하고 이로 인하여 수급인이 공사를 계속해서 진행하더라도 그 공사내용에 따르는 공사금의 상당 부분을 약정대로 지급받을 것을 합리적으로 기대할 수 없게 되어서 수급인으로 하여금 당초의 계약내용에 따른 선이행의무의 이행을 요구하는 것이 공평에 반하게 되었다면, 비록 도급인에게 신용불안 등과 같은 사정이 없다고 하여도 수급인은 민법 제536조 제 2 항에 의하여 계속공사의무의 이행을 거절할 수 있다고 할 것이다(대법원 1995. 2. 28. 선고 93다53887 판결, 대법원 2005. 6. 11. 선고 2003다60136 판결 등 참조)·」(대판 2012. 3. 29, 2011다93025)

(ㅁ)「상대방의 채무가 아직 이행기에 이르지 않았지만 이행기에 이행될 것인지 여부가 현저히 불확실하게 된 경우에는 선이행채무를 지고 있는 당사자라도 상대방의 이행이 확실하게 될 때까지 선이행의무의 이행을 거절할 수 있다(대법원 1997. 7. 25. 선고 97다5541 판결, 대법원 2022. 5. 13. 선고 2019다215791 판결 등 참조)·」(대판 2023. 12. 7, 2023다269139)

둘째는 학설·판례가 인정하는 예외로서, 선이행의무자가 이행하지 않고 있는 동안에 상대방의 채무의 변제기가 된 때에는 종래 선이행의무자였던 자에게 동시이행의 항변권을 인정한다. 동시이행의 항변권의 요건으로서의 변제기의 도래는 항변권을 행사할 때 상대방의 채무가 이행기에 있을 것을 요구하는 것일 뿐이며 처음부터 이행기가 같아야 하는 것이 아니라는 이유에서이다(곽윤직, 63면). 그런데 어떤 범위에서 이를 인정할 것인가에 대하여는 학설이 나뉜다. i) 다수설은 특별한 제한을 두지 않고 일반적으로 항변권을 인정하나(곽윤직, 63면; 김상용, 86면; 김주수, 103면; 윤철홍, 89면), ii) 소수설은 당사자의 의사해석이나 계약의 성질에 비추어 선이행의무가 존속되어야 할 경우 이외에만 항변권을 인정할 것이라고 한다(이은영, 160면). 판례는 얼핏보면 다수설과 같은 것처럼 보이나(대판 1970. 5. 12, 70다344; 대판 1970. 9. 29, 70다1464; 대판 1988. 9. 27, 87다카1029; 대판 2002. 3. 29, 2000다577 등), 많은 판결에서「특별한 사정이 없는 한」동시이행관계에 있다고 하고(대판 2021. 7. 29, 2017다3222·3239 등), 또 구체적인 경우에 선이행을 유지해야 할 특별한 사정이 있다고 인정한 적이 있는 점에 비추어 볼 때(대판 1997. 4. 11, 96다31109), 특별한 사정이 없는 때에만 동시이행의 항변권을 인정하는 견지에 있다고 할 것이다. 생각건대 동시이행관계를 인정하지 않아야 할 특별한 사정이 있는 경우에는 당연히 제외하여야 한다. 따라서 예외를 인정하는 소수설과 판례가 타당하다.

〈판 례〉

㈀「부동산매매계약에 있어 특별한 약정이 없는 한 매수인은 그 부동산에 설정된 근저당권설정등기가 있어 완전한 소유권이전을 받지 못할 우려가 있으면 그 근저당권의 말소등기가 될 때까지 그 등기상의 담보한도금액에 상당한 대금지급을 거절할 수 있다 할 것이고 또한 매수인이 선이행의무 있는 중도금을 이행하지 않았다 하더라도 계약이 해제되지 않은 상태에서 잔대금 지급기일이 도래하여 그때까지 중도금과 잔대금이 지급되지 아니하고 잔대금과 동시이행관계에 있는 매도인의 그 소유권이전등기 소요서류가 제공된 바 없이 그 기일이 도과하였으면 매수인의 위 중도금 및 잔대금의 지급과 매도인의 소유권이전등기 소요서류의 제공은 동시이행관계에 있다 할 것이고 그때부터는 매수인은 위 중도금을 지급하지 아니한 데 대한 이행지체의 책임을 지지 아니한다.」$\binom{\text{대판 1988. 9. 27, 87다카1029. 같은 취지: 대판 1980. 4. 22, 80다268; 대판}}{\text{1989. 10. 27, 88다카33442; 대판 1992. 4. 14, 91다43107; 대판 1998. 3. 13, 97다}}$
54604 · 54611; 대판 1999. 7. 9, 98다13754 · 13761; 대판
2001. 7. 27, 2001다27784 · 27791; 대판 2002. 3. 29, 2000다577)

㈁ 그 밖에 대법원은, 선이행의무인 인도의무가 이행되지 않은 상태에서 잔금 지급기일이 도래한 경우$\binom{\text{대판 1988. 12. 6,}}{\text{87다카2739 · 2740}}$, 선이행의무인 잔대금 지급의무가 이행되지 않은 채로 부동산의 인도의무의 이행기가 된 경우$\binom{\text{대판 1991. 8. 13,}}{\text{91다13144}}$, 매도인이 선이행의무인 소유권이전등기 및 근저당권 말소의무를 이행하지 않던 중 매수인의 잔대금 지급채무의 이행기가 지난 경우$\binom{\text{대판 1992. 7. 24,}}{\text{91다38723 · 38730}}$, 매수인들이 선이행해야 할 중도금 지급의무를 이행하지 않은 상태에서 입주예정일이 도래한 경우$\binom{\text{입주를 가능}}{\text{하게 할 의무}}\binom{\text{대판 1998. 2. 10, 96}}{\text{다7793 · 7809 · 7816}}$, 교환계약의 당사자 일방 A의 대출이자 지급의무는 상대방 B의 소유권이전등기 의무보다 선이행의무이고 B의 소유권이전등기 의무는 A의 대출원금 지급의무보다 선이행의무인 경우에 위의 모든 채무가 이행기에 이행되지 않은 채 이행기를 지난 때$\binom{\text{대판 1998. 7. 24,}}{\text{98다13877}}$, 수분양자가 중도금 지급의무를 지체한 상태에서 입주예정일이 된 경우$\binom{\text{분양자의 입주를}}{\text{가능하게 할 의무}}\binom{\text{대판 1999. 2. 23,}}{\text{97다53588}}$에도 ㈀과 같은 결과를 인정하였다.

㈂「매수인이 선이행하여야 할 중도금지급을 하지 아니한 채 잔대금지급일을 경과한 경우에는 매수인의 중도금 및 이에 대한 지급일 다음날부터 잔대금지급일까지의 지연손해금과 잔대금의 지급채무는 매도인의 소유권이전등기의무와 특별한 사정이 없는 한 동시이행관계에 있」다$\binom{\text{대판 1991. 3. 27,}}{\text{90다19930}}$. 주의할 것은, 이 판례에서「잔대금지급일까지의 지연손해금」은 잔금지급일에 이를 때까지의 지연손해금, 따라서 잔대금지급일 전날까지의 지연손해금을 가리키는 것으로 이해해야 한다$\binom{\text{그런데 지원림, 1320면은}}{\text{잔대금지급일을 포함하}}_{\text{여 이해}}^{}$$_{\text{하고 있다}}$. 왜냐하면 잔대금지급일부터는 동시이행관계에 있으므로, 그 날부터는 이행하지 않는다고 해도 이행지체로 되지 않기 때문이다.

㈃ 위의 경우, 특히 ㈀의 판결에서 대법원은 선이행의무인 중도금 지급의무는 그때부터는 지체책임을 지지 않는다고 한다. 이에 의하면, 그 시간 이후에는 지체책임이 생기지 않을 것이 확실하다. 그런데 상대방 채무의 이행기가 되기 전의 지체에 대한 책임도 면제되는지는 그 판결만으로는 불분명하다. 그런데 ㈂의 판결은 분명히

상대방의 채무의 이행기가 되기 전의 지체에 대한 책임을 인정하고 있다. 생각건대 이 (ㄷ)의 판결이 타당하다. 그리고 그 문제에 관하여는 (ㄷ)의 판결이 현재의 판례의 태도라고 이해하여야 한다. 이에 의하면, 선이행의무자는 이전에 지체된 데 대한 배상도 제공하여야 올바른 이행의 제공을 한 것이 된다.

(ㅁ) 매도인이 매수인으로부터 중도금을 지급받아 원 매도인에게 매매잔대금을 지급하지 아니하고서는 토지의 소유권이전등기 서류를 갖추어 매수인에게 제공하기 어려운 특별한 사정이 있었고, 매수인도 그러한 사정을 알고 매매계약을 체결하였던 경우, 매도인의 소유권이전등기절차 서류의 제공의무는 매수인의 중도금 지급이 선행되었을 때에 매수인의 잔대금의 지급과 동시에 이를 이행하기로 약정한 것이라고 할 것이므로, 매수인의 중도금 지급의무는 당초 계약상의 잔금 지급기일을 도과하였다고 하여도 매도인의 소유권이전등기 서류의 제공과 동시이행의 관계에 있다고 할 수 없다고 한 사례(대판 1997. 4. 11, 96다31109).

3) 상대방이 이행 또는 이행의 제공을 하지 않고서 이행을 청구하였을 것 [39]

(가) 상대방이 채무의 내용에 좇은 이행을 하면 채무의 대립상태는 소멸하고, 따라서 동시이행의 문제는 생기지 않는다.

상대방이 채무의 내용에 좇은 이행의 제공을 한 때에도 동시이행의 항변권은 인정되지 않는다(536조 1항 본문 참조). 이때의 이행제공의 정도는 일반원칙에 따른다(채권법총론 [225] 이하 참조).

(나) 상대방이 일부이행 또는 불완전급부(이는 통설의 불완전이행에 포함됨. 채권법총론 [81] 이하 참조)를 하거나 그 제공만을 한 경우에는 어떤가? 이러한 때에는 원칙적으로 급부를 수령할 필요가 없고, 따라서 자신의 채무도 이행할 필요가 없다. 그러나 특정물채무의 경우에는 목적물의 동일성이 유지되는 한 현상대로 수령하여야 하고(462조), 그러한 한 반대급부의 이행도 거절하지 못한다. 그리고 종류채무의 경우에는 가분인 급부를 수령한 때에는 상응하는 반대급부를 하여야 하나, 부족부분이 경미하면 신의칙상 반대급부 전부를 이행하여야 한다.

(다) 상대방이 이행의 제공을 하였으나 이를 수령하지 않음으로써 수령지체에 빠진 당사자는 그 후 상대방이 이행의 제공을 하지 않고서 이행을 청구한 경우에 동시이행의 항변권을 행사할 수 있는가? 이를 인정하는 것이 통설이며(대표적으로 곽윤직, 65면. 그러나 김상용, 88면은 반대함), 판례도 같다(대판 1966. 9. 20, 66다1174; 대판 1972. 3. 28, 72다163; 대판 1972. 11. 14, 72다1513 · 1514; 대판 1995. 3. 14, 94다26646; 대판 1999. 7. 9, 98다13754 · 13761; 대판 2014. 4. 30, 2010다11323). 이에 의하면 청구자는 무조건의 급부판결이 아니고 상환급부판결만을

받게 된다.

<판 례>

「쌍무계약의 당사자 일방이 먼저 한번 현실의 제공을 하고, 상대방을 수령지체에 빠지게 하였다 하더라도 그 이행의 제공이 계속되지 않는 경우는 과거에 이행의 제공이 있었다는 사실만으로 상대방이 가지는 동시이행의 항변권이 소멸하는 것은 아니므로, 일시적으로 당사자 일방의 의무의 이행제공이 있었으나 곧 그 이행의 제공이 중지되어 더 이상 그 제공이 계속되지 아니하는 기간 동안에는 상대방의 의무가 이행지체 상태에 빠졌다고 할 수는 없다고 할 것이고, 따라서 그 이행의 제공이 중지된 이후에 상대방의 의무가 이행지체되었음을 전제로 하는 손해배상청구도 할 수 없다.」$\binom{\text{대판 1999. 7. 9,}}{\text{98다13754 · 13761}}$

<동시이행의 항변권 행사가 권리남용에 해당하는 경우(판례)>

대법원은 「일반적으로 동시이행의 관계가 인정되는 경우에 그러한 항변권을 행사하는 자의 상대방이 그 동시이행의 의무를 이행하기 위하여 과다한 비용이 소요되거나 또는 그 의무의 이행이 실제적으로 어려운 반면 그 의무의 이행으로 인하여 항변권자가 얻는 이득은 별달리 크지 아니하여 동시이행의 항변권의 행사가 주로 자기 채무의 이행만을 회피하기 위한 수단이라고 보여지는 경우에는 그 항변권의 행사는 권리남용으로서 배척되어야 할 것이다」라고 하며$\binom{\text{대판 2001. 9. 18, 2001다9304. 같은 취지: 대판}}{\text{1992. 4. 28, 91다29972. 그러나 이들 판결 사안}}$에서는 권리남용이라고 판단하지는 않음), 임대차가 종료된 경우에 있어서 임차인이 326,000원이 소요되는 전기시설의 원상회복을 하지 않은 채 건물을 인도하려고 하는데 임대인이 이를 이유로 1억 2천여만원의 잔존 임대차보증금 전액의 반환을 거부하는 것은 공평의 관념에 반하여 부당하고 그와 같은 임대인의 동시이행의 항변은 신의칙에 반하는 것이 되어 허용할 수 없다고 하였다$\binom{\text{대판 1999. 11. 12,}}{\text{99다34697}}$.

[40]   **(4) 효   력**

1) **이행거절 권능**(본질적 효력)   동시이행의 항변권은 상대방이 채무를 이행하거나 이행의 제공을 할 때까지 자기 채무의 이행을 거절할 수 있는 권리이다. 즉 일시적으로 상대방의 청구권의 작용을 저지하는 연기적 항변권이다$\binom{\text{청구권}}{\text{을 소멸 시키지 는 않음}}$.

동시이행의 항변권은 항변권의 일종으로서 재판상 또는 재판 외에서 행사하여야 그 본질적 효력이 생긴다. 만약 이를 행사하지 않으면 청구권은 온전한 효력을 발휘하며, 법원도 그 존재를 고려하지 않는다$\binom{\text{대판 1967. 9. 19,}}{\text{67다1231}}$. 그리하여 원고 승소판결을 하게 된다. 이 항변권을 행사할지 여부는 항변권자가 자유롭게 결정할 수 있고, 행사시기는 제한이 없으므로 청구받은 때 행사하면 된다(동시이행의 항변권을 가지게 될 자의 채무가 이행기에 있지 않으면, 상대방의 청구권이 인정되지 않고, 동시이행의 항변권도 존재하지 않으므로, 동시이행의 항변권을 행사할 여지가 없다. [38] 참조).

소송에서 원고의 청구에 대하여 피고가 적법하게 동시이행의 항변권을 행사한 경우에, 원고가 자기 채무의 이행의 제공을 하고 있음을 증명하지 못한 때에는, 법원은 원고패소판결을 할 것이 아니고 상환급부판결(피고는 원고의 이행과 상환으로 이행하여야 한다는 판결)을 하여야 한다(이설 없음). 그리고 이 상환급부판결에 기하여 강제집행을 하는 경우에 원고가 하는 급부는 집행력 있는 정본 부여의 요건(민사집행법 30조 2항 참조)이 아니고 집행개시의 요건이다(민사집행법 41조 참조)(통설·판례임. 대결 1977. 11. 30, 77마371). 이에 의하면 반대급부의 이행이나 제공 유무를 법원이 아니고 집행관 기타의 집행기관이 심사하게 된다. 이때는 반대급부의 내용이 이미 확정되어 있으므로, 이렇게 하여도 청구자의 상대방을 불이익하게 하지 않는다.

〈판 례〉

「부동산매매계약에서 발생하는 매도인의 소유권이전등기 의무와 매수인의 매매잔대금 지급의무는 동시이행관계에 있고, 동시이행의 항변권은 상대방의 채무이행이 있기까지 자신의 채무이행을 거절할 수 있는 권리이므로, 매수인이 매도인을 상대로 매매목적 부동산 중 일부에 대해서만 소유권이전등기 의무의 이행을 구하고 있는 경우에도 매도인은 특별한 사정이 없는 한 그 매매잔대금 전부에 대하여 동시이행의 항변권을 행사할 수 있다.」(대판 2006. 2. 23, 2005다53187)

2) **부수적 효과**   문헌들은 일치하여 뒤에 기술하는 일정한 경우에는 동시이행의 항변권이 존재하는 것만으로 효과가 생긴다고 한다. 그러면서 원용설에서는 예외라고 하고, 불원용설은 원용설의 그러한 태도를 일관성이 없다고 비판한다(가령 김형배, 160면). 그러나 그 경우들은 동시이행의 항변권의 본질적 효력인 이행거절과 관련이 없고, 이행지체나 상계법에서의 문제이다. 그리고 각기 그 법영역에서 동시이행관계에 있는 때 즉 청구가 있으면 동시이행의 항변권이 생길 수 있는 때(잠재적으로 항변권의 발생이 가능한 상태)에는 특수한 효과가 인정되는 것일 뿐이다. 그러므로 그 효과 발생을 위하여 항변권을 행사하여야 할 필요도 없다. 어떤 방법으로든 그러한 사실이 인정되면 효과가 생기게 된다. 그러한 경우를 구체적으로 살펴보기로 한다.

동시이행관계에 있어서 동시이행의 항변권이 생길 수 있는 동안에는 채무자는 이행지체가 되지 않는다(통설· 판례임). 이행지체의 요건 중 위법성이 없기 때문이다.

이때 동시이행의 항변권을 행사할 필요도 없다(^[36]에 인용된 판례도 같음. 다만, 판례는 기존채무
우와 상품권을 발행한 경우에 관하여, 그 경우에는 채무자로 하여금 2중지급의 위험을 면하게 하려고 동시이행의 항
변권을 인정하는 것이므로, 동시이행의 항변권을 행사하지 않으면 지체책임을 진다고 한다[41a]의 ④ 판결 참조). 따라서 청구자가 이행지체를 이유로 계약을 해제하려면 자기 채무의 이행의 제공을 하여야 한다(같은 취지: 대판 1969. 7. 8, 69다337; 대판 1991. 11. 26, 91다23103; 대판 1992. 7. 24, 91다38723 · 38730; 대판 2004. 12. 9, 2004다49525; 대판 2022. 10. 27, 2022다238053). 한편 채무자가 선이행의무자인 때에는 동시이행의 항변권이 없어서([38]참조) 이행기에 이행을 하지 않으면 이행지체책임을 면하지 못한다. 판례도 같은 취지에서, 금전채권의 채무자가 채권자에게 담보를 제공한 경우 특별한 사정이 없는 한 채권자는 채무자로부터 채무를 모두 변제받은 다음 담보를 반환하면 될 뿐 채무자의 변제의무와 채권자의 담보 반환의무가 동시이행관계에 있다고 볼 수 없으며, 따라서 채권자가 채무자로부터 제공받은 담보를 반환하기 전에도 특별한 사정이 없는 한 채무자는 이행지체책임을 진다고 한다(대판 2019. 10. 31, 2019다247651). ([41b]에 인용된 ①판결도 참조).

동시이행의 항변권이 생길 수 있는 채권을 자동채권으로 상계하지 못한다(통설·판례임. 대판 1975. 10. 21, 75다48). 동시이행의 항변권뿐만 아니라 다른 항변권이 붙어 있는 경우에도 같다(채권법총론 [257] 참조). 이를 허용하면 상대방은 부당하게 동시이행의 항변권의 기능을 잃게 되기 때문이다. 예컨대 B로부터 금전을 빌리고 있는 A가 그의 부동산을 B에게 매도한 경우에, A는 그의 매매대금채권(동시이행의 항변권이 생길 수 있는 채권임)을 자동채권으로 그의 대여금채무와 상계하지 못한다. 그러나 B가 상계하는 것은 허용된다. 이때에 B는 항변권을 스스로 포기하는 것이기 때문이다.

[41] **(5) 제536조의 준용 및 유추적용**

동시이행의 항변권을 인정하는 이유는 쌍무계약에서 발생하는 대가적인 의미의 채무는 동시에 이행되는 것이 공평하고 신의칙에 부합하기 때문이다. 그렇다면 이러한 결과는 당사자 쌍방의 채무가 비록 쌍무계약에 의하여 발생하지는 않았지만 서로 견련적으로 이행하는 것이 공평한 경우에도 인정됨이 마땅하다. 그러한 입장에서 민법과 특별법은 일정한 경우에는 제536조를 준용하고 있다(예: 549조 · 583조, 667조 · 728조, 주택임대차보호법 3조 6항, 가등기담보법 4조 3항 · 5조 5항). 그뿐만 아니라 판례는 제536조를 준용한다는 규정이 없는 경우에도 때에 따라서는 그 규정을 유추적용하여 동시이행의 항변권을 인정하고 있으며, 학설도 이를 지지하고 있다. 이를 좀더 자세히 살펴보기로 한다.

판례는, 「양 채무가 동일한 법률요건으로부터 생겨서 공평의 관점에서 보아 견련적으로 이행시킴이 마땅한 경우」(대판 1992. 10. 9, 92다25656; 대판 1997. 6. 27, 97다3828; 대판 2000. 10. 27, 2000다36118) 또는 「구체적 계약관계에서 당사자 쌍방이 부담하는 채무 사이에 대가적 의미가 있어 이행상 견련관계를 인정하여야 할 사정이 있는 경우」^{(대판 1992. 8. 18, 91다30927([35]에 인용됨); 대판 1993. 2. 12, 92다23193; 대판 1995. 6. 30, 94다55118; 대판 1999. 10. 12, 98다6176; 대판 2001. 3. 27, 2000다43819; 대판 2006. 2. 24, 2005 다58656·58663; 대판 2006. 6. 9, 2004다24557; 대판 2021. 2. 25, 2018다265911)}에는 동시이행의 항변권 ^(대판 2022. 5. 13, 2019다215791은 위 둘째의 경우에 536 조 1항의 항변권뿐만 아니라 그 2항의 항변권도 인정한다)을 인정할 것이라고 한다^{(대판 2018. 7. 24, 2017다 291593; 대판 2019. 7.} ^{10, 2018다242727은, 양 채무가 동일한 법률요건으로부터 생겨서 대가적 의미가 있거나 공평의 관 점에서 보아 견련적으로 이행시킴이 마땅한 경우에는 동시이행의 항변권을 인정할 수 있다고 한다)}. 그런데 쌍무계 약상의 채권채무관계나 그와 유사한 대가관계가 있어서가 아니고 이중지급의 위 험을 방지하기 위하여 공평의 관념과 신의칙상 동시이행관계를 인정한 경우도 있 다^{(대판 1999. 7. 9, 98다47542(원인채무 이행의무와 어음 반환의무 사이); 대판 2007. 9. 20, 2005다63337(상품권 발행인의 손해배상의무와 소지인의 상품권 반환의무 사이); 대판 2015. 1. 29, 2013다100750(예탁금제 골프회원권에 있어서 골프 장 시설업자의 예탁금 반환의무와 회원의 회원증 반납의무 사이. 이 경우에는 대가관계가 있어서가 아니므로 골프장 시 설업자의 예탁금 반환의무에 관하여는 탈퇴 의사표시와 그 반환청구를 받은 때부터 이행지체의 책임을 진다고 함) 등}).

〈제536조의 유추적용과 관련한 판례〉 [41a]

대법원은, ① 쌍무계약이 무효 또는 취소된 경우의 각 당사자의 반환의무^{(무효의 경 우: 대판} ^{1976. 4. 27, 75다1241; 대판 1993. 5. 14, 92다45025; 대판 1993. 8. 13, 93다5871; 대판 1993. 9. 10, 93다16222; 대판 1994. 9. 9, 93다31191(근저당권등기 말소의무와 부당이득 반환의무); 대판 1995. 2. 24, 94다31242; 대판 1996. 6. 14, 95다54693; 대판 2003. 11. 28, 2003도4257; 대판 2007. 12. 28, 2005다38843. 취소의 경우: 대판 2001. 7. 10, 2001다3764)}, ② 경매절차가 무효로 된 때에 있어 서 소유권이전등기 말소의무와 배당금 반환의무^{(대판 1995. 9. 15, 94다55071. 그런데 대판 2006. 9. 22, 2006다24049는, 낙찰자가 부담하는} ^{소유권이전등기 말소의무는 채무자에 대한 것이고 낙찰자의 배당금 반환청구는 수령한 채 권자에 대한 것이어서, 두 의무는 상대방을 달리한 것이므로 동시이행관계에 있지 않다고 한다)}, ③ 임대차가 종료된 경우의 임차인의 목적물반환의무와 임대인의 보증금반환의무^{(대판(전원) 1977. 9. 28, 77다} ^{1241·1242; 대판 1987. 6. 23, 87다카98. 그 밖에 동시이행관계를 전 제로 판단한 판결도 많이 있다. 가령 대판 2002. 2. 26, 2001다77697)}, ④ 기존채무의 이행확보를 위하 여 어음이나 수표를 발행한 경우의 기존채무의 이행과 어음·수표의 반환^{(어음에 대한 판결: 대판} ^{1969. 12. 30, 69다1934; 대판 1970. 10. 23, 70다2042; 대판 1992. 12. 22, 92다8712; 대판 1996. 3. 22, 96다1153(채 권만 양도된 경우임); 대판 1996. 9. 24, 96다23030(어음을 양도한 경우임). 수표에 대한 판결: 대판 1969. 4. 22, 69다 144; 대판 2003. 5. 30, 2003다13512} ^{)그런데 판례는, 기존채무와 어음·수표채무가 병존하는 경우 원인채무의 이행과 어음·수표 의 반환이 동시이행의 관계에 있다 하더라도 채권자가 어음·수표의 반환을 제공을 하지 않} 으면 채무자에게 적법한 이행의 최고를 할 수 없다고 할 수는 없고, 채무자는 원인채무의 이행기를 도과하면 원칙적 으로 이행지체의 책임을 지고, 채권자로부터 어음·수표의 반환을 받지 아니하였다 하더라도 이 어음·수표를 반환하 지 않음을 이유로 위와 같은 항변권을 행사하여 그 지급을 거절하고 있는 것이 아닌 한 이행지체의 책임을 면할 수 없다고 한다. 대판 1993. 11. 9, 93다11203·11210; 대판 1999. 7. 9, 98다47542·47559. 상품권 반환에 관하여 같은 취지: 대판 2007. 9. 20, 2005다63337), ⑤ 차용금채무의 이행확보를 위하여 어음과 수표를 교부한 뒤 이 차용금채무에 대한 대물변제로서 부동산에 대하여 매매계약을 체결한 경우의 대물변 제의 이행과 어음·수표의 반환^(대판 1985. 11. 26, 85다카848), ⑥ 명의수탁재산이 상속재산에 포함 됨으로써 명의수탁자의 상속인이 추가로 부담한 상속세 상당액에 대하여 명의신탁자 가 상환의무를 부담하는 경우에 명의신탁자가 상속인에 대하여 부담하는 상환의무와 상속인이 부담하는 소유권이전등기 의무^(대판 1999. 10. 12, 98다6176), ⑦ 화물자동차의 지입계약 이 종료된 경우 지입회사의 지입차량에 대한 소유권이전 등록절차 이행의무와 지입 차주의 연체된 관리비 등의 지급의무^(대판 2003. 11. 28, 2003다37136,), ⑧ 신탁계약에 있어서 위탁자 또는 수익자가 부담하는 신탁비용 및 신탁보수 지급의무와 신탁종료시에 수탁자가 부담하는 신탁재산을 이전할 의무($^{대판\ 2006.\ 6.\ 9,}_{2004다24557}$)는 각각 동시이행관계에 있다고 한다. 그리고 ⑨「부동산 매매계약에 있어 매수인이 부가가치세를 부담하기로 약정한 경우 부가가치세를 매매대금과 별도로 지급하기로 했다는 등의 특별한 사정이 없는 한 부가가치세를 포함한 매매대금 전부와 부동산의 소유권이전등기 의무가 동시이행의 관계에 있」고($^{대판\ 2006.\ 2.\ 24,}_{2005다58656 \cdot 58663}$), ⑩「부동산 매매계약과 함께 이행인수계약이 이루어진 경우, 매수인이 인수한 채무는 매매대금 지급채무에 갈음한 것으로서 매도인이 매수인의 인수채무 불이행으로 말미암아 또는 임의로 인수채무를 대신 변제하였다면, 그로 인한 손해배상채무 또는 구상채무는 인수채무의 변형으로서 매매대금 지급채무에 갈음한 것의 변형이므로 매수인의 손해배상채무 또는 구상채무와 매도인의 소유권이전등기 의무는 동시이행의 관계에 있다」고 한다($^{대판\ 1993.\ 2.\ 12,\ 92다23193;\ 대판\ 2004.\ 7.\ 9,\ 2004}_{다13083;\ 대판\ 2007.\ 6.\ 14,\ 2007다3285.\ 유사한\ 판}$ $^{결:\ 대판\ 2014.\ 4.\ 30,\ 2010다11323(부동산}_{교환계약에서\ 피담보채무를\ 인수한\ 경우}$). 또한 ⑪ 구분소유적 공유관계가 해소되는 경우 공유지분권자 상호간의 지분이전등기의무는 그 이행상 견련관계에 있으며, 그러한 경우에 있어서 공유지분에 근저당권설정등기 또는 압류·가압류등기가 되어 있는 때에는 쌍방의 지분소유권 이전등기의무와 아울러 그러한 근저당권설정등기 등의 말소의무 또한 동시이행의 관계에 있다고 한다($^{대판\ 2008.\ 6.\ 26,}_{2004다32992}$).

[41b]　　　그에 비하여 ① 채권담보의 목적으로 (근)저당권설정등기($^{대판\ 1969.\ 9.\ 30,\ 69다1173;}_{대판\ 1991.\ 4.\ 12,\ 90다9872}$)· 소유권이전등기($^{대판\ 1981.\ 5.\ 26,\ 80다1629;\ 대판\ 1981.\ 6.\ 23,}_{80다3108;\ 대판\ 1989.\ 10.\ 13,\ 88다카29351}$) 또는 가등기 및 그에 기한 본등기 ($^{대판\ 1982.\ 12.\ 14,\ 82다카1321 \cdot 1322;}_{대판\ 1984.\ 9.\ 11,\ 84다카781}$)를 한 경우에 채무변제는 각 등기의 말소등기에 앞서는 선이행의무이고, ② 제소전 화해조항에 채무원금 지급과 담보가등기 말소를 동시이행하도록 규정하고 있는 경우에는 그 변제기까지 원금을 지급하는 경우에만 그 조항이 적용되고 변제기 이후에는 채무변제와 담보권 말소의 일반원칙으로 돌아가 채무의 이행이 선이행관계에 있으며($^{대판\ 1990.\ 6.\ 8,}_{89다카20481}$), ③ 건물매수인이 소유권을 취득하지 않은 채 매도인의 동의를 얻어 제 3 자에게 임대하였으나 매수인의 채무불이행으로 매매계약이 해제된 경우의 임차인의 건물인도의무와 매수인의 보증금반환의무는 동시이행관계에 있지 않고($^{대판\ 1990.\ 12.\ 7,}_{90다카24939}$), ④ 임대차계약 해제에 따른 임차인의 목적물 반환의무와 임대인이 건물을 사용수익하게 할 의무를 불이행한 데 대하여 손해배상을 하기로 한 각서에 기하여 발생된 약정 지연배상의무는 발생원인을 달리하여 동시이행관계에 있지 않으며($^{대판\ 1990.\ 12.\ 26,}_{90다카25383}$), ⑤ 임대인의 임대차보증금 반환의무는 주택임대차보호법 제 3 조의 3에 의한 임차권등기 말소의무보다 먼저 이행되어야 할 의무라고 한다($^{대판\ 2005.\ 6.\ 9,}_{2005다4529}$). ⑥ 그 외에 대판 2009. 7. 9, 2009다18526도 참조($^{[71]}_{인용}$). ⑦ 그리고 대법원은「기존의 원인채권과 어음채권이 병존하는 경우에 채권자가 원인채권을 행사함에 있어서 채무자는 원칙적으로 어음과 상환으로 지급하겠다고 하는 항변으로 채권자에게 대항할 수 있다. 그러나 채무자가 어음의 반환이 없음을 이유로 원인채무의 변제를 거절할 수 있는 것은 채무자로 하여금 무조건적인 원인채무의 이행으로 인한 이중지급의 위험을 면하게 하려는 데 그 목적이 있고, 기존의 원인채권에

터잡은 이행청구권과 상대방의 어음반환청구권 사이에 민법 제536조에 정하는 쌍무계약상의 채권채무관계나 그와 유사한 대가관계가 있기 때문은 아니다(대법원 1993. 11. 9. 선고 93다 11203, 11210 판결 참조). 따라서 어음상 권리가 시효완성으로 소멸하여 채무자에게 이중지급의 위험이 없고 채무자가 다른 어음상 채무자에 대하여 권리를 행사할 수도 없는 경우에는 채권자의 원인채권 행사에 대하여 채무자에게 어음상환의 동시이행변을 인정할 필요가 없으므로 결국 채무자의 동시이행항변권은 부인된다」고 한다(대판 2010. 7. 29, 2009다69692). ⑧ 대법원은 또한 「임차인의 임차목적물 반환의무는 임대차계약의 종료에 의하여 발생하나, 임대인의 권리금 회수 방해로 인한 손해배상의무는 상가건물 임대차보호법에서 정한 권리금 회수기회 보호의무 위반을 원인으로 하고 있으므로 양 채무는 동일한 법률요건이 아닌 별개의 원인에 기하여 발생한 것일 뿐 아니라 공평의 관점에서 보더라도 그 사이에 이행상 견련관계를 인정하기 어렵다」고 한다(대판 2019. 7. 10, 2018다242727).

3. 위험부담(危險負擔)   [42]

(1) 의   의

위험부담은 쌍무계약의 당사자 일방의 채무가 채무자의 책임없는 사유로 이행불능이 되어 소멸한 경우에 그에 대응하는 상대방의 채무의 운명은 어떻게 되느냐의 문제이다. A와 B 사이에 A의 승용차를 B에게 팔기로 하는 계약을 체결하였는데, 그 계약이 이행되기 전에 승용차가 폭우에 떠내려가 못쓰게 된 경우에, B가 승용차의 대금을 지불하여야 하는가가 그 예이다.

일반적으로 위험이라고 하면 생활이익의 손실을 가리킨다. 그러한 위험 가운데 중요한 것으로는 급부의 위험과 대가(반대급부)의 위험이 있다. 급부의 위험은 급부가 당사자 쌍방의 유책사유 없이 불능으로 된 경우에 채무자가 급부의무를 면할 수 있는가의 문제이고(일부 문헌은 이 문제를 물건의 위험(물건을 상실할 위험)으로 설명하나, 급부의 위험으로 설명하는 것이 더 의미가 있다), 대가(반대급부)의 위험은 당사자 일방의 채무가 채무자에게 책임없는 사유로 이행불능이 되어 소멸한 경우에 대가적인 의미에 있는 채무는 여전히 존재하는지의 문제이다. 특정물채무나 종류채무에서 채권자나 채무자가 위험을 부담한다고 할 때의 위험은 전자이고(채권법총론 [33]·[40] 참조), 위험부담에서 말하는 위험은 후자이다. 그리고 단순히 위험이라고 하면 대가의 위험을 의미하는 때가 많다.

1) 위험부담은 쌍무계약에서 생기는 문제이다. 편무계약에서는 대가적인 의미에 있는 채무들의 대립상태가 없기 때문에 위험부담이 문제될 여지가 없다.

2) 위험부담은 채무의 후발적 불능(이행불능)의 경우에 문제된다. 쌍무계약상

〈법률행위의 목적이 불능인 경우의 법률효과 개관〉

```
┌─ 원시적 불능: 법률행위(계약) 무효 → 불능인 채무 불성립 → 경우에 따라 체약상의 과실
│                                                    이 문제됨(535조)
│                      ※ 쌍무계약의 경우의 대가적 의미의 채무: 불성립
│                        (성립상의 견련성)
└─ 후발적 불능: 법률행위(계약) 유효
            → 채무성립 ┌─ 채무자에게 유책사유가 있는 경우(책임있는 이행불능) →
                    │    채무가 손해배상의무로 변함(해제 가능)
                    │    ※ 쌍무계약의 경우: 상대방 채무는 존속
                    │                (해제하면 다름)
                    └─ 채무자에게 유책사유가 없는 경우(책임없는 이행불능) →
                         채무소멸
                         ※ 쌍무계약의 경우: 상대방 채무의 운명은 위험부담의 문제
                          (존속상의 견련성의 결과)
                          ┌─ 채권자 유책사유 없는 때 – 소멸(537조)
                          └─ 채권자 유책사유 있는 때 – 존속(538조)
```

의 하나의 채무가 원시적으로 불능인 때에 다른 채무의 존립 여부는 성립상의 견련성으로 해결된다.

3) 위험부담은 후발적 불능이 채무자에게 책임없는 사유로 생긴 때에 문제된다. 채무자의 유책사유로 불능이 된 때에는 본래의 채무가 손해배상채무로 변하여 존속하고, 다른 채무에는 영향이 없다. 한편 채무자에게 유책사유가 없는 경우에는 채권자에게 유책사유가 있는 때와 채권자에게도 유책사유가 없는 때가 있는데, 어느 때이든 채무는 소멸하여 위험부담의 문제가 생긴다.

4) 일부 문헌은 채무자·채권자 모두에게 유책사유가 있는 경우 가운데에도 위험부담이 문제되는 때가 있다고 하나(김상용, 95면; 김형배, 173면; 지원림, 1328면), 이는 옳지 않으며, 그에 관하여는 뒤에서 논의하기로 한다([144]참조).

(2) 위험부담에 관한 입법방법

1) 위험부담에 관한 입법방법에는 채무자주의, 채권자주의, 소유자주의가 있다. 이들은 모두 계약당사자 일방에게 위험을 부담시키는 방법이며, 위험을 당사자 쌍방에 분담시키는 경우는 없다.

㈎ **채무자주의**   채무자주의는 이행불능으로 소멸한 채무의 채무자에게

위험을 부담하게 하는 방법이다(쌍무계약의 당사자는 모두 채무자이면서 동시에 채권자인데, 채무자주의·채권자주의라고 할 때의 채무자·채권자는 소멸채무를 기준으로 하는 것이다). 이에 의하면 반대급부의무도 소멸한다. 채무자주의의 이론적 기초는 쌍무계약에서의 채무의 견련성이다.

(내) **채권자주의** 채권자주의는 소멸한 채무의 채권자에게 위험을 부담하게 하는 방법이다. 여기서는 반대급부의무가 소멸하지 않는다.

(대) **소유자주의** 이는 물건의 멸실·훼손 당시의 소유자에게 위험을 부담하게 하는 방법이다. 이 방법은 성질상 「하는 채무」에는 쓸 수 없다.

2) 이러한 입법방법 가운데 쌍무계약에서 발생한 대가적 채무의 존속상의 견련성을 인정하는 채무자주의가 가장 합리적인 것으로 평가된다. 그런데 실제 입법례에서는 어느 하나에 의하지 않고 여러 방법을 병용하는 경우도 많다.

(3) 채무자 위험부담의 원칙

[43]

민법은 제537조에서 채무자주의를 취하고 있다.

1) 제537조에 의하면, 쌍무계약의 당사자 일방의 채무가 당사자 쌍방의 책임 없는 사유(자연력이든 제3자의 행위든 불문함)로 이행할 수 없게 된 경우에는, 채무자는 상대방의 이행을 청구하지 못한다. 그리하여 앞의 승용차매매의 예에서([42]참조) 매도인은 승용차의 소유권이전 및 인도의무를 면하지만, 아울러 대금지급청구권도 상실한다. 이때 매수인이 계약금이나 대금 일부를 이미 지급하였다면 매도인은 부당이득으로 이를 반환하여야 한다(이설 없음. 대판 1975. 8. 29, 75다765; 대판 2009. 5. 28, 2008다98655·98662; 대판 2017. 10. 12, 2016다9643(이미 이행한 급부는 법률상 원인 없는 급부가 되어 부당이득의 법리에 따라 반환청구할 수 있다고 함); 대판 2021. 5. 27, 2017다254228). 매수인이 이행이 불능으로 된 것을 모르고 후에 대금을 지급하면, 그것도 비채변제에 의한 부당이득이 된다(742조 참조).

한편 대법원은, 매매 목적물이 경매절차에서 매각됨으로써 당사자 쌍방의 귀책사유 없이 이행불능에 이르러 매매계약이 종료된 경우에 관하여, 위험부담의 법리에 따라 매도인은 이미 지급받은 계약금을 반환하여야 하고 매수인은 목적물을 점유·사용함으로써 취득한 임료 상당의 부당이득을 반환할 의무가 있다고 하였다(대판 2009. 5. 28, 2008다98655·98662).

2) 급부의 일부가 불능으로 된 경우에는 어떤가? 민법은 임대차에 관하여는 특칙을 두고 있으나(627조. 그 외에 운송계약에 관한 상법 134조 1항 참조), 일반적인 규정(독일민법 326 조 1항 참조)은 두고 있지 않다.

그런 상태에서 학설은 나뉘어 있다. i) 다수설은, 채무자는 불능으로 된 범위에서 채무를 면하고 아울러 이에 대응하는 범위에서 반대급부를 받을 권리도 법률상 당연히 소멸한다고 하면서, 만약 채권자가 부담하는 반대급부가 분할할 수 없는 것이면 불능부분에 대응하는 반대급부 부분을 금전으로 환가하여 부당이득으로서 반환을 청구할 수 있다고 하여야 하고, 일부불능으로 계약의 목적을 달성할 수 없게 된 때에는 전부불능과 마찬가지로 다룰 것이라고 한다(곽윤직, 70면; 김상용, 93면; 김주수, 109면; 김학동, 88면; 지원림, 1331면. 다만 김형배, 169면은 맨 뒤의 경우에는 627조 2항을 유추하여 계약을 해제할 수 있다고 한다). 그런가 하면 ii) 쌍무계약은 유상계약이기도 하므로 담보책임의 법리에 따라 대금감액청구권(당연히 감액 된다고 함) · 계약해제권 · 손해배상청구권이 발생한다는 견해도 있다(이은영, 180면). 그리고 판례는, 담보권 실행경매(구 임 의경매)에 있어서 경락인의 책임없는 사유로 목적물의 일부가 소실되었고 경락인이 나머지 부분만이라도 매수할 의사가 있어서 경락대금의 감액신청을 한 경우에는 민법상의 위험부담 이론을 적용하여 그 감액결정을 허용할 것이라고 한다(대결 1973. 12. 12, 73마912; 대결 1979. 7. 24, 78마248; 대결 2004. 12. 24, 2003마1665).

생각건대 우리의 학설은 모두 일부불능의 경우에는 원칙적으로 나머지 부분으로 존속한다는 전제에 서 있다. 그러나 그러한 명문규정이 없는 상태에서는 오히려 그에 가장 가까운 명시적인 법리인 일부무효의 법리($_{조}^{137}$)를 적용함이 옳다. 그리하여 원칙적으로 전부불능으로 다루어야 하며(그 결과 반대급부의무도 소멸한다. 해제권은 생길 수 없음을 주의할 것), 다만 불능부분이 없더라도 계약을 체결했을 것이라고 인정되는 때에는 나머지 부분으로 존속한다고 하여야 한다(이런 해석은 앞의 i)설과는 실질적인 차이는 없고, 단지 증명책임에서 다르게 될 것이다). 그리고 뒤의 경우에는 당연히 감액이 일어난다고 할 것이다. 위 ii)설은 제574조를 염두에 둔 듯하나, 그것은 원시적 일부불능에 관한 규정임을 유의하여야 한다(그래서 선의의 문제도 생김).

3) 이행불능의 효과로서 대상청구권의 발생을 인정하는 때에는, 제537조가 적용되는 경우 특별한 고려를 하여야 한다(채권법총론 [79] · [80] 참조). 채권자가 대상청구권은 취득하면서 자신의 반대급부의무를 면하게 되는 것은 부당하기 때문이다. 따라서 채권자가 대상청구권을 행사하면 그는 제537조의 규정에도 불구하고 상응하는 비율로 반대급부의무를 부담한다고 새겨야 한다(같은 취지: 대판 1996. 6. 25, 95다6601). 예를 들어 본다. A는 B에게 1,200만원의 가치가 있는 가옥을 800만원에 팔기로 하는 계약을 체결하였다. 그런데 그 가옥에는 보험금 600만원의 화재보험계약이 체결되어 있다. 그 후 계약이 이행되기 전에 그 가옥이 벼락에 맞아 불타 버렸다. 이 경우에 B는 600만원의 보험금청구권(또는 실제 받은 금액)에 대하여 대상청구권을 가진다. 그리고 그는 상응하는 비율로 급부도 하여야 한다. 그 금액은 1,200 : 600 = 800 : X로 계

산되며, 따라서 400만원이 된다. 다만, 대상청구권은 채권자의 권리이지 의무가 아니므로, 채권자(이 예에서는 B)는 제537조에 의하여 자신의 채무를 면할 수도 있고, 또 대상청구권을 행사할 수도 있다.

(4) 채권자의 유책사유로 인한 이행불능(채권자주의)   [44]

1) 쌍무계약의 당사자 일방의 채무가 채권자의 책임있는 사유로 이행할 수 없게 된 때와 채권자의 수령지체 중에 당사자 쌍방의 책임없는 사유로 이행할 수 없게 된 때(채권자지체 중에는 채무자에게 경과실이 있는 경우에도 채무자가 401조에 의하여 면책되는데, 그 경우도 여기에 포함된다. 같은 취지: 양창수, 민법연구(1), 365면 주 43)에는, 채무자는 상대방의 이행을 청구할 수 있다(538조). 즉 이때는 예외적으로 채권자주의가 적용된다(김형배, 170면은, 이는 순수한 위험부담이 아니고 책임귀속의 결과라고 한다).

여기서 「채권자의 책임있는 사유」가 채무불이행에 있어서 채무자의 유책사유와 같은지 문제된다. 학설은 i) 이 둘은 같다고 하면서, 채권자의 고의 · 과실 또는 신의칙상 이와 동시하여야 할 사유라는 견해(김중한, 67면), ii) 둘이 다르다고 하면서, 채권자의 어떤 작위나 부작위가 채무자의 이행의 실현을 방해하고 그 작위나 부작위는 채권자가 이를 피할 수 있었다는 점에서 신의칙상 비난받을 수 있는 경우라는 견해(곽윤직, 70면. 같은 취지: 김상용, 94면; 김형배, 170면; 이은영, 183면), iii) 두 견해가 실제상 큰 차이가 없다는 견해(김주수, 110면)로 나뉘어 있다. 그리고 판례는 ii)설의 견지에 있다(대판 2004. 3. 12, 2001다79013; 대판 2011. 1. 27, 2010다25698; 대판 2014. 11. 27, 2013다94701). 생각건대 채권자는 의무자가 아니므로 그의 유책사유는 의무위반이라고 할 수는 없을 것이다.

2) 예외적으로 채권자가 위험을 부담하는 위의 두 경우에 채무자가 자기의 채무를 면함으로써 이익을 얻은 때에는 이를 채권자에게 상환하여야 한다(538조 2항). 채무자의 여행비, 원료 · 기계가 소모되지 않음으로써 받은 이익, 노동임금(대판 1991. 6. 28, 90다카25277; 대판 1991. 12. 13, 90다18999; 대판 1993. 11. 9, 93다31915; 대판 1996. 4. 23, 94다446)이 그에 해당한다. 그런데 이 이익은 채무를 면한 것과 상당인과관계에 있는 것에 한한다(대판 1991. 5. 14, 91다2656; 대판 1993. 5. 25, 92다31125).

〈판 례〉

㈀「매수인이 매매목적물에 관한 근저당권의 피담보채무에 관하여 그 이행을 인수한 경우, 채권자에 대한 관계에서는 매도인이 여전히 채무를 부담한다고 하더라도, 매도인과 매수인 사이에서는 매수인에게 위 피담보채무를 변제할 책임이 있다고 할 것이므로, 매수인이 그 변제를 게을리하여 근저당권이 실행됨으로써 매도인이 매매목적물에 관한 소유권을 상실하였다면, 특별한 사정이 없는 한, 이는 매수인에게 책

임있는 사유로 인하여 소유권이전등기 의무가 이행불능으로 된 경우에 해당하고, 거기에 매도인의 과실이 있다고 할 수는 없다.」$\binom{대판\ 2008.\ 8.\ 21,}{2007다8464 \cdot 8471}$

(ㄴ)「민법 제538조 제 1 항 …에서 '채권자의 책임있는 사유'라고 함은 채권자의 어떤 작위나 부작위가 채무자의 이행의 실현을 방해하고 그 작위나 부작위는 채권자가 이를 피할 수 있었다는 점에서 신의칙상 비난받을 수 있는 경우를 의미한다 할 것이다.…

민법 제400조 소정의 채권자지체가 성립하기 위해서는 민법 제460조 소정의 채무자의 변제제공이 있어야 하고, 변제제공은 원칙적으로 현실제공으로 하여야 하며 다만, 채권자가 미리 변제받기를 거절하거나 채무의 이행에 채권자의 행위를 요하는 경우에는 구두의 제공으로 하더라도 무방하고, 채권자가 변제를 받지 아니할 의사가 확고한 경우$\binom{이른바,\ 채권자의}{영구적\ 불수령}$에는 구두의 제공을 한다는 것조차 무의미하므로 그러한 경우에는 구두의 제공조차 필요없다고 할 것이지만, 그러한 구두의 제공조차 필요없는 경우라고 하더라도, 이는 그로써 채무자가 채무불이행책임을 면한다는 것에 불과하고, 민법 제538조 제 1 항 제 2 문 소정의 '채권자의 수령지체 중에 당사자 쌍방의 책임없는 사유로 이행할 수 없게 된 때'에 해당하기 위해서는 현실제공이나 구두제공이 필요하다고 할 것」이다$\binom{대판\ 2004.\ 3.\ 12,}{2001다79013}$.

(ㄷ) 부당해고의 경우의 임금에 대한 판례를 정리해 본다. 해고 또는 퇴직처분이 무효이거나 취소된 때에는 근로자가 근로제공을 하지 못한 것이 사용자의 귀책사유로 인한 것이므로 근로자는 제538조 제 1 항에 의하여 계속 근로하였을 경우에 받을 수 있는 임금 전부의 지급을 청구할 수 있다$\binom{대판 1981. 12. 22, 81다626; 대판 1991. 5. 14, 91다2656; 대}{판 1991. 12. 13, 90다18999; 대판 1992. 3. 31, 90다8763; 대}$ 판 1992. 12. 8, 92다39860; 대판 1993. 9. 24, 93다21736; 대판 1995. 11. 21, 94다45753 · 45760; 대판 2002. 5. 31, 2000다18127; 대판 2011. 3. 10, 2010다13282(위장폐업에 의한 부당해고가 불법행위를 구성하는 경우 임금청구 또는 손해배상청구를 선택적으로 할 수 있다고 함); 대판 2012. 2. 9, 2011다 20034; 대판 2012. 9. 27, 2010다79279; 대판 2014. 3. 13, 2011다95519$\right)$. 그리고 근로자가 부당해고로 인하여 지급받지 못한 임금이 연차휴가수당인 경우에도 해당 근로자의 연간 소정 근로일수와 출근일수를 고려하여 근로기준법 제60조 제 1 항의 요건을 충족하면 연차유급휴가가 부여되는 것을 전제로 연차휴가수당을 지급하여야 하고, 이를 산정하기 위한 연간 소정 근로일수와 출근일수를 계산함에 있어서 사용자의 부당해고로 인하여 근로자가 출근하지 못한 기간을 근로자에 대하여 불리하게 고려할 수는 없으므로 그 기간은 연간 소정 근로일수 및 출근일수에 모두 산입되는 것으로 보는 것이 타당하며, 설령 부당해고기간이 연간 총 근로일수 전부를 차지하고 있는 경우에도 마찬가지이다$\binom{대판 2014. 3. 13,}{2011다95519}$. 그러나 해고가 없었다고 하더라도 취업이 사실상 불가능한 상태가 발생한 경우라든가 사용자가 정당한 사유에 의하여 사업을 폐지한 경우에는 사용자의 귀책사유로 근로제공을 못한 것이 아니므로 그 기간 중에는 임금을 청구할 수 없다$\binom{대판 1994. 9. 13, 93다50017(구속기간 동안의 임금청구 부인); 대판 1994. 10. 25, 94다25889(수배 및}{교도소 수감기간 동안); 대판 1995. 1. 24, 94다40987(구속기간 동안); 대판 2012. 9. 27, 2010다79279}$. 그리고 해고가 무효라고 하더라도 만일 해당 근로자가 해고가 없었어도 쟁의행위에 참가하여 근로를 제공하지 않았을 것임이 명백한 경우라면$\binom{그 증명책임은}{사용자에게 있음}$ 이 역시 취업이

사실상 불가능한 상태가 발생한 경우에 준하여 해당 근로자는 그 쟁의행위 기간 중의 임금을 청구할 수 없으나, 다만 해당 근로자에 대한 무효인 해고가 직접적 원인이 되어 쟁의행위가 발생한 경우 등 쟁의행위 기간 중 근로를 제공하지 못한 것 역시 사용자에게 귀책사유가 있다고 볼 수 있는 특별한 사정이 있는 경우에는 여전히 임금 청구를 할 수 있다(대판 2012. 9. 27, 2010다99279). 의료전문인인 근로자들이 해고된 뒤 다른 병원에 취업하거나 독자적으로 개업을 하여 소득을 얻고 있다고 하더라도 이로써 사용자에 대한 근로제공이 사실상 불가능하게 되어 사용자의 귀책사유가 소멸하였다고 단정할 수 없다(대판 1996. 9. 24, 95다21785).

사용자의 귀책사유로 인하여 해고된 근로자가 해고기간 중에 다른 직장에 종사하여 얻은 이익(이른바 중간수입)은 제538조 제 2 항에서 말하는 채무를 면함으로써 얻은 이익에 해당하므로, 사용자는 이 근로자에게 해고기간 중의 임금을 지급함에 있어 그 이익의 금액을 임금액에서 공제할 수 있다(대판 1991. 6. 28, 90다카25277; 대판 1991. 12. 13, 90다18999; 대판 1993. 11. 9, 93다37915; 대판 1996. 4. 23, 94다446). 또한 이러한 공제는 부당해고가 불법행위임을 이유로 손해배상청구를 하는 때에도 행하여져야 한다(대판 1996. 4. 23, 94다446). 그러나 상환하여야 할 이익은 채무를 면한 것과 상당인과관계에 있는 것에 한한다고 할 것이어서(대판 1991. 5. 14, 91다2656; 대판 1993. 5. 25, 92다31125), 일부 해고기간 중에 노동조합 기금으로부터 지급받은 금원(대판 1991. 5. 14, 91다2656)과 해고 전부터 처의 주도로 경영하던 과수원에서 부업으로 얻어온 수입(대판 1993. 5. 25, 92다31125)은 공제하여야 할 이익이 아니다. 나아가 근로기준법 제38조(현행 근로기준법 46조에 해당)가 근로자의 최저생활을 보장하려는 취지에서 사용자의 귀책사유로 인하여 휴업하는 경우에는 사용자는 휴업기간 중 당해 근로자에게 그 평균임금의 100분의 70 이상의 수당을 지급하여야 한다고 규정하고 있고, 이 규정에서의 휴업에는 개개의 근로자가 근로계약에 따라 근로를 제공할 의사가 있음에도 불구하고 그 의사에 반하여 취업이 거부되거나 또는 불가능하게 된 경우도 포함된다고 할 것이므로, 근로자가 사용자의 귀책사유로 인하여 해고된 경우에도 위 휴업수당에 관한 근로기준법이 적용될 수 있으며, 이 경우에 근로자가 지급받을 수 있는 해고기간 중의 임금액 중 위 휴업수당의 한도에서는 이를 중간수입 공제의 대상으로 삼을 수 없고, 그 휴업수당을 초과하는 금액 범위에서만 공제하여야 할 것이다(대판 1991. 12. 13, 90다18999; 대판 1993. 11. 9, 93다37915; 대판 1996. 4. 23, 94다446). 한편 사용자가 부당하게 해고한 근로자를 원직(종전의 일과 다소 다르더라도 원직에 복직시킨 것으로 볼 수 있는 경우를 포함한다)이 아닌 업무에 복직시켜 근로를 제공하게 하였다면 근로자는 사용자에게 원직에서 지급받을 수 있는 임금 상당액을 청구할 수 있지만, 이 경우 근로자가 복직하여 실제 근로를 제공한 이상 휴업하였다고 볼 수는 없으므로 근로자가 원직이 아닌 업무를 수행하여 지급받은 임금은 그 전액을 청구액에서 공제하여야 하지, 근로기준법 제46조를 적용하여 휴업수당을 초과하는 금액의 범위 내에서만 이른바 중간수입을 공제할 것은 아니다(대판 2024. 4. 12, 2023다300559).

(ㄹ)「무효인 부당전직의 경우 근로자가 이에 불응하여 전직명령의 효력을 다투면서 전직발령지에서 근로를 제공하지 아니하는 경우 이는 부당한 전직명령을 한 사용자

의 귀책사유로 말미암은 것이므로, 근로자는 전직명령시부터 원직복귀시까지의 기간 동안 종전 근무지에서 계속 근로하였을 경우에 받을 수 있는 임금의 지급을 청구할 수 있다 할 것이다.」($^{대판\ 2006.\ 9.\ 14,}_{2006다33531}$)

(ㅁ) 아파트 수분양자에게 중도금을 대출한 은행이 수분양자가 그 대출금 이자의 지급 및 후취담보약정의 이행 등을 하지 않자 위 대출채무의 연대보증인인 분양회사로부터 그 회사 명의로 소유권보존등기가 되어 있던 분양아파트에 대하여 근저당권을 설정받아 결국 그 근저당권을 실행함으로써 제 3 자가 그 아파트의 소유권을 취득한 사안에서, 위 근저당권의 실행으로 제 3 자가 분양아파트 소유권을 취득한 결과 분양회사의 소유권이전의무가 이행불능이 된 것은 채권자인 수분양자가 자신의 분양잔금 지급의무, 나아가 위 대출금 및 그 이자의 지급의무를 이행하지 않은 귀책사유로 인한 것이므로, 이는 민법 제538조 제 1 항 제 1 문의 '채권자의 책임있는 사유'로 인하여 채무자의 채무가 이행할 수 없게 된 때에 해당한다고 한 사례($^{대판\ 2011.\ 1.\ 27,}_{2010다25698}$).

(ㅂ) 영상물 제작공급계약상 수급인의 채무가 도급인과 협력하여 그 지시감독을 받으면서 영상물을 제작하여야 하므로 도급인의 협력 없이는 완전한 이행이 불가능한 채무이고, 한편 그 계약의 성질상 수급인이 일정한 기간 내에 채무를 이행하지 아니하면 계약의 목적을 달성할 수 없는 정기행위인 사안에서, 도급인의 영상물제작에 대한 협력의 거부로 수급인이 독자적으로 성의껏 제작하여 납품한 영상물이 도급인의 의도에 부합되지 아니하게 됨으로써 결과적으로 도급인의 의도에 부합하는 영상물을 기한 내에 제작하여 납품하여야 할 수급인의 채무가 이행불능케 된 경우, 이는 계약상의 협력의무의 이행을 거부한 도급인의 귀책사유로 인한 것이므로 수급인은 약정대금 전부의 지급을 청구할 수 있다고 한 사례($^{대판\ 1996.\ 7.\ 9,}_{96다14364}$).

3) 근래 일부 문헌은, 제538조 제 1 항과 제390조의 규정이 채권자 또는 채무자 일방에게 유책사유가 있는 경우만을 전제로 하고 있으므로 양 당사자 모두에게 유책사유가 있는 때에는 적용될 수 없다고 한 뒤, 쌍무계약의 당사자 쌍방에게 유책사유가 있는 경우에는 구체적으로 어느 쪽의 과책이 주된 것이냐에 따라 두 규정 중의 하나를 적용하면서 과실상계의 규정도 함께 적용하는 것이 타당하다고 한다(김형배, 173면. 같은 취지: 김상용, 95면. 이은영, 185면은 원칙적으로는 이행불능으로 다루되, 채권자의 유책사유가 급부불능에 결정적인 영향을 미친 경우에는 채무자를 면책시키고 채권자의 반대급부청구권을 채무자의 과실만큼 감축시키자고 한다). 그러나 민법 제390조는 채무자에게 유책사유가 있는 경우 모두를 규율하려는 것이며(그리하여 396조의 과실상계 규정을 둔 것임), 따라서 당사자 쌍방에 유책사유가 있는 때에도 그 규정과 함께 과실상계 규정($^{396}_{조}$)이 적용되어야 한다.

[45]　**(5) 매매계약에서의 위험이전 문제**

매매의 경우 매도인은 소유권이전의무와 인도의무를 부담한다. 매도인이 이들 의무를 모두 이행한 뒤에 목적물이 멸실되면 위험부담은 문제되지 않는다. 매도인의 의무가 모두 이행되어 소멸하고 없기 때문이다(그러나 매수인의 이행완료는 아직 위험부담을 종료시키지 못한다. 매도인의 급부의무가 불능으로 될 수 있기 때문이다). 그에 비하여 매도인이 그의 의무 가운데 일부를 이행하지 못한 상태에서 목적물이 멸실되면 ─ 특별한 취급이 없는 한 ─ 위험부담의 문제가 지속되고, 그 멸실이 양 당사자에게 유책사유 없이 일어난 때에는 제537조에 의하여 매도인은 대금지급청구권을 잃는다. 그런데 가령 매도인이 인도를 마쳤지만 소유권이전의무를 이행하지 못한 경우나 그 반대의 경우에도 그 결과를 인정하여야 하는가?

민법은 이에 대하여 특별규정을 두고 있지 않다(독일민법 446조는 목적물의 인도시에 위험이 매수인에게 이전된다고 하고, 수령지체는 인도와 마찬가지로 다룬다. 개정 전에는 같은 법 446조 2항이 부동산의 경우에는 등기시에 위험이 이전된다고도 하였다). 그러한 상황에서 i) 동산의 인도 및 부동산의 등기가 행하여지는 때에는 위험이 매도인으로부터 매수인에게 이전된다고 하는 견해(김형배, 165면), ii) 동산은 인도시에 위험이 이전하고, 부동산의 경우에는 소유권이전등기 또는 인도가 있는 때에 위험이 이전한다고 한다(김상용, 92면·185면; 김학동, 231면. 지원림, 1330면도 이와 유사하다). iii) 특정물매매와 종류매매를 나누어 설명하면서, 특정물매매의 경우에는 인도시·채권자지체시에 위험이 이전하고, 특히 부동산 매매거래에 있어서는 원칙적으로 등기시에 이전하지만 예외적으로 등기에 앞서 인도가 이루어져 매수인이 사용수익권을 가지는 때에는 그 인도한 때에 위험이 이전한다는 견해(이은영, 188면·189면)가 주장되고 있다.

생각건대 매매의 목적물이 동산이든 부동산이든 매도인의 채무이행이 완료되기 전이라도 목적물이 인도되면 매수인이 사실상 지배하여 이익을 얻으므로 그때부터는 불이익도 감수하도록 하는 것이 바람직하다(그에 비하여 이전등기시는 아니다). 그러나 이는 제537조에 대하여 예외를 인정하는 것이다. 그런데 명문규정이 없는 상태에서 그러한 해석을 할 수 있는지는 의문이다. 즉 그것은 입법론으로는 몰라도 해석론으로는 취하기 어렵다. 다만, 매도인이 목적물을 인도하고 아울러 소유권이전등기에 필요한 서류를 모두 넘겨주었는데 매수인이 등기신청을 지체하고 있다면 그것은 수령지체라고 할 수 있어서, 그때부터는 제538조 제 1 항 제 2 문에 의하여 채권자가 위험을 부담하게 될 수 있다. 한편 이러한 문제는 동산의 경우에는 거의 문제되지 않는다. 동산의 매도인은 대체로 인도시에 모든 채무이행을 마치기 때문이다.

(6) 제537조 · 제538조의 임의규정성

위험부담에 관한 이 두 민법규정은 임의규정이다. 따라서 당사자는 그와 달리 약정할 수 있다. 다만 약관규제법상 제한이 있다(같은 법 7조).

[46] ### Ⅲ. 제 3 자를 위한 계약

1. 서 론

(1) 의 의

널리 제 3 자를 위한 계약이라고 하면 제 3 자에게 급부하여야 하는 계약 모두를 가리킨다. 그리하여 그 가운데에는 제 3 자가 계약에 기하여 급부청구권을 취득하는 경우가 있는가 하면, 제 3 자는 권리를 취득하지 않고 단지 채무자가 제 3 자에게 급부하여야 할 의무가 있거나 또는 그러한 권한이 있는 경우도 있다. 앞의 것을 「진정한 제 3 자를 위한 계약」이라고 하고, 뒤의 것을 「부진정한 제 3 자를 위한 계약」이라고 한다. 이들 중 뒤의 것에 있어서는 제 3 자는 채무자에 대하여 채권취득을 하지 못하고 단지 채무자가 행한 급부를 수령할 권한만 가진다. 따라서 「부진정한 제 3 자를 위한 계약」은 제539조 이하의 제 3 자를 위한 계약이 아니다. 제539조는 제 3 자가 채권취득을 하는 것을 전제로 하기 때문이다. 민법상의 제 3 자를 위한 계약은 「진정한」 것만을 가리킨다.

(진정한) 제 3 자를 위한 계약은 계약당사자가 아닌 제 3 자로 하여금 직접 계약당사자의 일방에 대하여 채권을 취득하게 하는 것을 목적으로 하는 계약이다. A가 B에게 그의 가옥을 파는 계약을 체결하면서 A의 요청으로 B가 C에 대하여 직접 대금지급채무를 부담하기로 하는 경우, 즉 C가 B에 대하여 대금지급을 청구할 수 있다고 약정한 경우가 그 예이다. 이때 A를 요약자(要約者), B를 낙약자(諾約者)(민법전에는 채무자라고 표현함), C를 수익자(민법전에는 제 3 자라고 표현함)라고 한다.

(2) 유효근거

제 3 자를 위한 계약이 유효한 근거가 무엇인가에 관하여 우리의 통설은 계약당사자의 의사에 기하여 효력이 생긴다고 설명하는 것으로 충분하다고 한다(곽윤직, 71면; 김주수, 112면; 김학동, 95면; 지원림, 1339면).

그러나 제 3 자를 위한 계약이 사적 자치상 당연히 유효하다고 할 수는 없다. 계약당사자들이 행한 타인(제 3 자)의 권리취득 약정은 그들의 사적 자치에는 포함될지 몰라도 제 3 자의 사적 자치에는 반한다. 우리 민법상 채권은 원칙적으로 계약의 당사자 사이에서만 성립할 수 있으나, 이는 특별규정에 의하여 예외가 인정될 수 있다고 하여야 하고, 제539조 제 1 항은 바로 그 특별규정에 해당한다고 해야 한다. 결국 우리 법상 제 3 자를 위한 계약은 제539조 제 1 항에 의하여 인정된다고 해야 한다.

(3) 법적 성질

1) 제 3 자를 위한 계약은 하나의 계약이며, 그 당사자는 요약자와 낙약자이고 수익자는 아니다. 다만, 수익자는 수익의 의사표시를 함으로써 채권을 취득하게 된다.

제 3 자를 위한 계약은 대리와 유사하다. 실제로 계약을 체결하는 자($^{대리인과}_{요약자}$)가 아닌 자($^{본인과}_{제 3 자}$)에게 계약의 법률효과가 직접 귀속되는 점에서 그렇다. 그러나 두 제도는 여러 가지 점에서 차이가 있다. 첫째로 대리인은 본인(제 3 자)의 이름으로 행위를 하는 데 비하여($^{114}_{조}$), 요약자는 자신의 이름으로 계약을 체결한다. 둘째로 대리의 경우에 법률행위의 효과는 모두 본인에게 귀속하며 대리인은 법률행위에 기한 권리·의무를 전혀 취득하지 못하나, 제 3 자를 위한 계약의 경우에는 제 3 자는 채권만을 취득하고 나머지의 권리·의무는 모두 요약자에게 귀속된다. 셋째로 대리의 경우에는 대리인이 제한능력자라도 법률행위를 취소할 수 없는데($^{117}_{조}$), 제 3 자를 위한 계약의 경우에는 요약자가 제한능력자이면 계약을 취소할 수 있다. 넷째로 대리에서는 본인이 특별한 의사표시 없이 권리·의무를 취득하나, 제 3 자를 위한 계약에 있어서 제 3 자는 수익의 의사표시를 하여야 채권을 취득할 수 있다($^{539조}_{2항}$).

2) 방금 적은 바와 같이, 우리 민법상 제 3 자를 위한 계약의 경우 제 3 자는 수익의 의사표시를 하여야만 채권을 취득하게 되지만($^{539조}_{2항}$), 그러한 한 그는 제 3 자를 위한 계약 자체로부터 직접 채권을 취득한다. 제 3 자가 요약자로부터 채권을 양도받는 것이 아니다.

3) 제 3 자를 위한 계약은 독립적인 계약의 한 종류($^{내지 전}_{형계약}$)가 아니다. 보통의 계약($^{예: 매매·운송·보}_{험·임대차·증여}$)이 모두 제 3 자를 위한 계약으로 체결될 수 있다.

[47]   **(4) 사회적 작용**

제 3 자를 위한 계약은 우선 제 3 자에 대한 급양기능(給養機能, Versorgungs-funktion)을 하게 된다. 어떤 자가 자신(요약자)을 피보험자로 하고 그의 자녀(제 3 자)를 보험수익자로 하여 생명보험계약을 체결하거나, 갑(요약자)이 을(정기금채무자)에게 특정 부동산의 소유권을 이전하면서 앞으로 병(제 3 자)이 사망할 때까지 을이 병에게 매월 100만원을 지급하기로 한 경우($\binom{종신정기금}{계약. 725조}$)가 그 예이다.

제 3 자를 위한 계약은 그 밖에 급부과정을 단축시킨다. 가령 병에 대하여 1,000만원의 금전채무를 부담하고 있는 갑이 자신의 부동산을 을에게 매각하여 그 대금 1,000만원으로 병에게 변제하려고 하는 경우에, 갑이 을로부터 1,000만원을 받아서 병에게 지급하는 것보다는 을이 직접 병에게 지급하게 하면 법률관계가 간편하게 결제되어 매우 편리할 것이다.

우리의 문헌들은 한결같이 위의 둘째 기능만을 중요시하고 첫째 기능을 둘째 기능에 관련된 문제쯤으로 파악하고 있으나($\binom{곽윤직,}{74면 등}$), 실제로는 첫째 기능이 더 중요하다. 그런가 하면 역사적으로도 그 기능으로부터 발전해왔다.

(5) 3자 사이의 법률관계 개관

제 3 자를 위한 계약은 관련된 자가 셋이므로 관계자들 사이의 법률관계도 셋이 있게 된다.

1) 낙약자 · 요약자 사이의 관계   이 관계는 기본관계라고 할 수 있다 ($\binom{문헌들은 보상관계라고 하나, 부적절하다. 주해(13), 128면(송덕수) 참조. 판례}{도 최근에는 기본관계라는 표현을 사용한다. 대판 2003. 12. 11, 2003다49771}$). 이 기본관계는 제 3 자를 위한 계약의 법적 성질을 결정하고, 그럼으로써 제 3 자의 채권취득의 유효요건도 결정한다. 그리고 기본관계는 제 3 자 기타 관계자의 권리를 성립시키는 기초이다. 따라서 그것이 무효이면 제 3 자는 채권을 취득하지 못한다. 또한 계약당사자들이 제 3 자의 채권을 다시 소멸시킬 수 있는지도 결정한다. 나아가 낙약자가 제 3 자에 대하여 어떤 항변을 주장할 수 있는지도 결정한다. 즉 낙약자는 기본관계에 기한 모든 항변으로 제 3 자에게 대항할 수 있는 것이다($\binom{542}{조}$).

2) 낙약자 · 제 3 자 사이의 관계   이 관계는 실행관계라고 할 수 있다 ($\binom{급부관계, 제 3 자}{수익관계라고도 함}$). 이 실행관계는 독립한 것이기는 하지만 계약관계는 아니다. 그 주된 내용은 제 3 자의 낙약자에 대한 채권이다. 그러나 단순히 채권만 있는 것은

아니고 「기타의 행위의무」도 존재한다.

3) 요약자 · 제 3 자 사이의 관계 이 관계는 보통 대가관계라고 하나, 제 3 자 수익의 원인관계라고도 한다. 그런데 후자의 표현이 더 낫다. 이 제 3 자 수익의 원인관계는 일반적으로 제 3 자를 위한 계약을 체결한 원인이 된다. 그것의 모습은 다양할 수 있다. 계약(소비대차 · 증여 등)에 기한 채무를 부담하는 것일 수도 있고, 법률상의 부양의무를 부담하는 것일 수도 있다. 그런가 하면 그것은 제 3 자를 위한 계약이 체결되기 전에 존재해 있을 수도 있으나, 계약체결 후에 성립할 수도 있다(이때는 아무리 늦어도 제 3 자의 수익표시와 함께 성립하게 된다).

제 3 자 수익의 원인관계는 제 3 자를 위한 계약 자체와는 무관하다. 따라서 그 관계는 기본관계에 아무런 영향을 미치지 못한다. 그 결과 그것이 존재하지 않더라도 낙약자는 의무를 부담한다. 그리고 그때 낙약자는 제 3 자 수익의 원인관계에 기한 항변을 가지고 제 3 자에게 대항하지도 못한다(542조의 반대해석)(대판 2003. 12. 11, 2003다49771도 같음). 다만, 그 관계는 제 3 자에의 급부의 법적 근거를 형성하는 것이므로, 그러한 관계가 유효하게 존재하지 않는 경우에는, 요약자는 제 3 자에 대하여 부당이득을 이유로 반환을 청구할 수 있다.

〈판 례〉

「제 3 자를 위한 계약의 체결 원인이 된 요약자와 제 3 자(수익자) 사이의 법률관계(이른바 대가관계)의 효력은 제 3 자를 위한 계약 자체는 물론 그에 기한 요약자와 낙약자 사이의 법률관계(이른바 기본관계)의 성립이나 효력에 영향을 미치지 아니한다. 따라서 낙약자는 요약자와 수익자 사이의 법률관계에 기한 항변으로 수익자에게 대항하지 못하고, 요약자도 대가관계의 부존재나 효력의 상실을 이유로 자신이 기본관계에 기하여 낙약자에게 부담하는 채무의 이행을 거부할 수 없다.」(대판 2003. 12. 11, 2003다49771)

2. 제 3 자를 위한 계약의 성립

[48]

(1) 성립요건

1) 제 3 자를 위한 계약이 성립하려면 요약자와 낙약자 사이에 채권계약을 성립시키는 합의가 있어야 한다. 그 성립을 위하여 제 3 자의 의사표시가 필요하지는 않다. 그리고 기본관계에 관하여 요구되는 성립요건과 유효요건을 모두 갖추어야 효력이 발생할 수 있다.

2) 제 3 자를 위한 계약으로 되려면 제 3 자로 하여금 직접 권리를 취득하게

하는 의사표시가 있어야 한다. 그러한 의사표시를 제 3 자조항(제 3 자약관)이라고 한다(제 3 자를 위한 계약의 특질은
제 3 자조항의 존재에 있다). 여기의 제 3 자는 처음부터 확정되어 있을 필요는 없으며, 확정될 수 있으면 충분하다. 그리고 반드시 현존하고 있어야 하는 것도 아니다. 따라서 태아나 아직 성립하지 않은 법인(같은 취지: 대판 1960.
7. 21, 4292민상773)도 제 3 자로 될 수 있다. 그러나 계약이 효력을 발생하여 그 효과가 제 3 자에게 귀속하려면 제 3 자는 현존하고 특정되어야 한다.

(2) 구체적인 경우

어떤 구체적인 계약이 제 3 자를 위한 계약인가를 결정하는 것은 계약해석의 문제이다. 따라서 거기에도 계약의 해석 원칙이 그대로 적용된다. 판례도 같은 견지에서, 「어떤 계약이 제 3 자를 위한 계약에 해당하는지는 당사자의 의사가 그 계약으로 제 3 자에게 직접 권리를 취득하게 하려는 것인지에 관한 의사해석의 문제로서, 계약 체결의 목적, 당사자가 한 행위의 성질, 계약으로 당사자 사이 또는 당사자와 제 3 자 사이에 생기는 이해득실, 거래 관행, 제 3 자를 위한 계약제도가 갖는 사회적 기능 등을 종합하여 계약당사자의 의사를 합리적으로 해석하여 판단해야 한다」고 한다(대판 2022. 1. 14, 2021다271183. 같은 취지: 대판 1996. 1. 26, 94다54481; 대판
1997. 10. 24, 97다28698; 대판 2006. 9. 14, 2004다18804; 대판 2009. 7. 9, 2008다
19034; 대판 2010. 3. 25, 2009다99914; 대판 2018. 7. 12, 2018
다204992; 대판 2021. 8. 19, 2018다244976[핵심판례 308면]). 아래에서 몇 가지 경우에 대하여 제 3 자를 위한 계약인지 여부를 살펴보기로 한다.

타인을 위한 보험계약(상법 639
조 1항), 제 3 자를 수익자로 하는 신탁계약(신탁법
56조), 변제를 위한 공탁(채권법총론
[245] 참조), 가족의 의료행위에 관한 계약은 모두 제 3 자를 위한 계약이라고 하여야 한다.

이행인수(채권법총론
[205] 참조)의 경우에는 인수인이 채무자에 대하여 변제의무를 부담할 뿐 채권자가 인수인에 대하여 채권을 취득하지 않으므로, 그것은 — 부진정한 제 3 자를 위한 계약에 해당하며 — 진정한 제 3 자를 위한 계약은 아니다(이설
없음). 면책적 채무인수(채권법총론
[201] 참조) 가운데 채무자와 인수인이 당사자로 되는 경우에는 제 3 자를 위한 계약인지가 문제되나, 그때에는 채권자에게 새로운 채권을 취득시키는 것이 아니므로 제 3 자를 위한 계약이 아니라고 할 것이다(다수설도 같
은 취지임). 그에 비하여 채무자와 인수인의 계약으로 체결되는 병존적 채무인수(채권법총론
[204] 참조)에 대하여는 제 3 자를 위한 계약이라고 보는 데 다툼이 없으며, 판례도 같다(대판 1989. 4. 25,
87다카2443; 대
판 1995. 5. 9, 94다47469; 대판 1996. 12. 23,
96다33846; 대판 1997. 10. 24, 97다28698).

〈판 례〉

(ㄱ)「채무자와 인수인의 계약으로 체결되는 병존적 채무인수는 채권자로 하여금 인수인에 대하여 새로운 권리를 취득하게 하는 것으로 위 제3자를 위한 계약의 하나로 볼 수 있는바, 이와 비교하여 이행인수는 채무자와 인수인 사이의 계약으로 인수인이 변제 등에 의하여 채무를 소멸케 하여 채무자의 책임을 면하게 할 것을 약정하는 것으로 인수인이 채무자에 대한 관계에서 채무자를 면책케 하는 채무를 부담하게 될 뿐 채권자로 하여금 직접 인수인에 대한 채권을 취득케 하는 것이 아니므로 결국 제3자를 위한 계약과 이행인수의 판별기준은 계약당사자에게 제3자 또는 채권자가 계약당사자 일방 또는 인수인에 대하여 직접 채권을 취득케 할 의사가 있는지 여부에 달려 있다 할 것이고, 구체적으로는 계약 체결의 동기, 경위 및 목적, 계약에 있어서의 당사자의 지위, 당사자 사이 및 당사자와 제3자 사이의 이해관계, 거래관행 등을 종합적으로 고려하여 그 의사를 해석하여야 할 것」이다($\binom{대판\ 1997.\ 10.\ 24,}{97다28698}$).

(ㄴ)「주택분양보증은 구 '주택건설촉진법'($\binom{2003.\ 5.\ 29.\ 법률\ 제6916호\ 주택}{법으로\ 전문\ 개정되기\ 전의\ 것}$) 제33조의 사업계획승인을 얻은 자가 분양계약상의 주택공급의무를 이행할 수 없게 되는 경우 주택사업공제조합($\binom{1999.\ 2.\ 8.\ 법률\ 제5908호로\ 개정된\ '주택건설촉진법'에\ 의하여,\ 대한}{주택보증\ 주식회사로\ 조직\ 변경되었으나,\ 이하\ '공제조합'이라\ 한다}$)이 수분양자가 이미 납부한 계약금 및 중도금의 환급 또는 주택의 분양에 대하여 이행책임을 부담하기로 하는 조건부 제3자를 위한 계약인데($\binom{대법원\ 1997.\ 9.\ 26.\ 선고}{97다10208\ 판결\ 참조}$), 제3자 지위에 있는 수분양자는 수익의 의사표시에 의하여 권리를 취득함과 동시에 의무를 부담할 수 있고, 제3자를 위한 계약의 수익의 의사표시는 명시적으로뿐만 아니라 묵시적으로도 할 수 있다.」($\binom{대판\ 2006.\ 5.\ 25,}{2003다45267}$)

(ㄷ)「주택건설사업을 공동으로 시행하는 주택조합과 등록업자는 단순한 도급인과 수급인의 관계에 그치는 것이 아니라 공동으로 주택건설사업을 시행하기 위하여 민법상 조합에 유사한 단체를 결성한다고 보아야 한다. 따라서 주택건설사업의 공동사업주체들이 공동사업계약을 체결하면서 그 계약체결 이전에 공동사업주체들 중 1인과 제3자 사이에 이루어진 법률행위를 공동사업의 목적을 달성하는 데 필요한 행위로 인정하고, 그 법률행위에 기하여 제3자로부터 취득하게 되는 권리를 그 공동사업에 이용하기로 하는 한편 제3자에 대하여 부담하기로 한 채무를 이행하기로 약정한 경우에는, 이는 그 법률행위에 의하여 제3자에게 부담하고 있는 채무를 민법상 조합에 유사한 단체로서의 공동사업주체들 전원이 병존적으로 인수하기로 하는 내용의 제3자를 위한 계약에 해당한다고 할 것이므로, 그 제3자는 수익의 의사표시를 하고 공동사업주체들 전원에 대하여 그 법률행위에 따른 권리를 행사할 수 있다고 할 것이다.」(지역주택조합이 주택을 건축할 대지를 마련하기 위하여 토지를 매입하면서 매매대금에 대한 대물변제조로 토지 매도인과 신축될 주택에 관한 분양계약을 체결한 경우, 공동사업주체인 시공사에게도 분양계약상의 책임이 있다고 판단한 사례)($\binom{대판\ 2007.\ 12.\ 13,}{2005다52214}$)

[49]   **3. 제 3 자의 지위**

(1) 제 3 자의 채권취득

1) 제539조의 의미   제539조 제 1 항·제 2 항에 관하여 우리의 통설은,
그 제 1 항에서는 근대적인 제 3 자 계약의 법리가 그대로 인정되어 있어서 그것
만을 떼어서 보면 계약당사자가 원하는 데 따라 제 3 자는 아무런 행위를 하지 않
고서도 채권을 취득하는 것과 같이 보이지만, 같은 조 제 2 항에서는 제 3 자의 권
리의 발생이 수익의 의사표시를 하느냐 하지 않느냐에 의하여 좌우되고, 요약
자·낙약자 사이의 계약에 기하여 제 3 자가 곧 채권을 취득하는 법리는 긍정되어
있지 않은 것처럼 보여서, 이들은 적어도 표면상 서로 모순을 보인다고 한다(대표적으로 곽윤직, 75면).

그러나 이러한 설명은 부당하다. 통설은 제539조 제 1 항에서의 「직접」이라
는 표현이 「제 3 자의 승낙이나 기타의 협력 없이」라는 의미도 포함한다고 보는
입장인데, 이 둘은 별개이다. 전자는 제 3 자가 채권을 중간취득자인 요약자로부
터 양도받지 않고 계약으로부터 곧바로(처음부터) 취득하느냐의 문제이고, 후자
는 제 3 자가 채권을 취득하려면 그의 일정한 협력이 필요하느냐의 문제이다. 즉
거기의 「직접」은 「간접」(전래 내지 양도)에 반대되는 용어로서 「곧바로」(처음부터)라는 의
미이고, 그것은 「제 3 자의 협력 없이」라는 의미까지도 포함하는 것은 아니다.
제 3 자의 협력이 필요한지에 관하여는 제539조 제 2 항에서 분명히 규정하고 있
다. 그리고 보면 우리 민법에서는, 제 3 자를 위한 계약의 경우 제 3 자는 수익의
의사표시를 하여야만 채권을 취득하게 되지만(539조 2항), 그가 수익의 의사표시를 하
면 그는 요약자에 의하여 매개됨이 없이 계약으로부터 곧바로 채권을 취득하게
되는 것이다(539조 1항).

2) **수익의 의사표시의 법적 성질**   수익의 의사표시가 없더라도 제 3 자
를 위한 계약은 성립하고 당사자 사이에 효력이 발생한다. 따라서 그것은 제 3 자
를 위한 계약의 성립요건이나 유효요건이 아니고 제 3 자가 채권을 취득하기 위
한 요건이라고 하여야 한다. 우리의 통설도 제 3 자의 권리의 발생요건이라고 하
여 같은 태도를 취하고 있다(곽윤직, 76면; 김상용, 101면; 김주수, 116면; 김학동, 100면. 그러나 김형배, 188면은 539조 2항을 수익거절권에 관한 독일민법 333조와 같은 취지로 해석하려고 한다).

3) 제539조 제 2 항의 강행규정성　　수익의 의사표시가 제 3 자의 채권취득의 절대적 요건인가, 즉 당사자가 제 3 자는 수익의 의사표시에 관계없이 당연히 채권을 취득한다고 약정한 경우에 그것이 유효한가가 문제된다. 여기에 관하여는 i) 강행규정설(절대적 요건설)(김주수, 111면; 지원림, 1342면. 그런데 김학동, 101면은 당사자 사이의 특약만으로 제 3 자에게 당연히 채권을 취득시키는 것은 허용되지 않는다고 하면서도, 539조 2항이 강행규정은 아니라고 한다)과 ii) 임의규정설(상대적 요건설)(곽윤직, 76면; 이은영, 200면)이 대립하고 있다.

생각건대 제 3 자를 위한 계약은 사적 자치에 의하여 당연히 유효한 것이 아니고 법률규정(539조 1항)에 의하여 유효하게 된다. 그런데 제 3 자를 위한 계약의 유효성을 인정하는 경우 법률은 명문으로 제 3 자의 승낙이나 기타의 협력 없이 채권이 제 3 자에게 취득되는 것으로 규정할 수도 있다(독일민법이 그렇다. 같은 법 328조·333조 참조). 그러나 우리 민법은 제 3 자에게 그의 의사에 반하는 권리취득을 강요하지 않기 위해서 제 3 자의 수익의 의사표시를 요구하고 있다. 이러한 우리 민법상 수익의 의사표시가 필요하지 않다는 특약은 유효할 수 없다. 그것의 인정은 539조 2항의 취지에 반하게 되기 때문이다. 다만, 타인을 위한 보험계약(상법 639 조 1항), 제 3 자를 위한 신탁(신탁법 56조)의 경우와 같이 법률이 명문으로 요구하지 않거나, 변제를 위한 공탁의 경우처럼 명문은 없지만 수익의 의사표시가 요구되지 않음이 법률해석상 당연한 때에는 수익의 의사표시가 필요하지 않다. 요컨대 i)설이 옳다.

4) 수익의 의사표시의 방법　　수익의 의사표시는 제 3 자(수익자)가 채무자 즉 낙약자에 대하여 하여야 한다(539조 2항). 그 의사표시는 명시적으로뿐만 아니라 묵시적으로도 행하여질 수 있다. 그리하여 예컨대 제 3 자가 낙약자에게 이행청구를 하거나 이행의 소를 제기한 때(대판 1972. 8. 29, 72다1208)에는 수익의 의사표시가 있는 것으로 볼 수 있다.

(2) 수익의 의사표시 이전의 제 3 자의 지위　　　　　　　　　　　　[50]

1) 제 3 자는 수익의 의사표시가 있기 이전에도 일방적인 의사표시에 의하여 권리를 취득할 수 있는 지위에 있게 되며, 그것은 일종의 형성권이라 할 수 있다. 제 3 자의 이 권리는 당사자의 계약으로 변경·소멸될 수 있다(541조의 반대해석). 그리고 그 권리가 일신전속권인가에 관하여 다수설은 이를 부정하나(곽윤직, 77면; 김주수, 117면), 이는 제 3 자를 위한 계약의 해석의 문제라고 할 것이며, 만약 불분명하다면 다수설처럼 일신전속권으로 보지 않아야 할 것이다(김형배, 189면은 제 3 자가 취득할 권리의 내용에 따라 다르다고 한다). 그 결과 제 3 자의 이 권리는 양도나 상속도 가능하고, 채권자대위권의 목적으로 될 수도

있다.

2) 제 3 자가 수익의 의사표시를 할 수 있는 기간은, ① 당사자가 존속기간을 정하고 있는 경우에는 그 기간이고, ② 존속기간을 정하고 있지 않은 경우에는 10년의 제척기간에 걸린다(통설. 요약자의 낙약자에 대한 채권이 10년의 시효에 걸리는데, 수익자의 이 권리는 형성권이므로).

위 ②의 경우에 제 3 자의 권리가 10년간 존속할 수 있어서 낙약자는 매우 불안정한 지위에 놓인다. 그리하여 민법은, 이 경우에 낙약자는 상당한 기간을 정하여 계약의 이익의 향수 여부의 확답을 제 3 자에게 최고할 수 있고 낙약자가 그 기간 내에 확답을 받지 못한 때에는 제 3 자가 계약의 이익을 받을 것을 거절한 것으로 의제하고 있다(540조).

한편 수익의 의사표시를 하여 발생하는 제 3 자의 「채권」은 그의 수익의 의사표시가 있는 때부터 소멸시효가 진행된다고 새겨야 한다. 일부 견해는 계약성립시부터 시효가 진행된다고 하나(김상용, 106면; 김학동, 103면; 이은영, 202면; 지원림, 1342면), 그렇게 새기면 제 3 자의 채권이 행사될 수 없는 때에도 소멸시효가 진행되어 시효제도의 취지에 반하게 된다.

(3) 수익의 의사표시 후의 제 3 자의 지위

1) 수익의 의사표시가 있으면 제 3 자는 채권을 — 요약자로부터 양도받는 것이 아니고 — 계약으로부터 직접 취득하게 된다. 그리고 수익의 의사표시가 있은 뒤에 낙약자의 채무불이행이 있으면 제 3 자는 손해배상을 청구할 수 있다(물론 계약이 무효이면 채권을 취득할 수 없고, 또 채무불이행을 이유로 한 손해배상청구도 할 수 없다. 대판 1996. 6. 21, 66다674).

〈판 례〉

「제 3 자를 위한 계약에 있어서 수익의 의사표시를 한 수익자는 낙약자에게 직접 그 이행을 청구할 수 있을 뿐만 아니라 요약자가 계약을 해제한 경우에는 낙약자에게 자기가 입은 손해의 배상을 청구할 수 있는 것」이다(대판 1994. 8. 12, 92다41559).

한편 제 3 자의 수익표시가 있으면 계약당사자는 제 3 자의 권리를 변경 또는 소멸시키지 못한다(541조). 그러나 계약당사자가 미리 계약에서 제 3 자의 권리가 발생한 후에도 그것을 변경시키거나 소멸시킬 수 있음을 보류하였거나(대판 1974. 12. 10, 73다1591), 제 3 자의 동의가 있는 때에는 예외이다(대판 2002. 1. 25, 2001다30285; 대판 2022. 1. 14, 2021다271183). 이러한 예외적인 경우가 아닌 때에 계약의 당사자가 제 3 자의 권리를 임의로 변경·소멸시키는 행위를 하면, 그것은 제 3 자에 대하여 효력이 없다(대판 2002. 1. 25, 2001다30285; 대판 2022. 1. 14, 2021다271183).

2) 제 3 자는 계약의 당사자가 아니다. 따라서 그는 해제권(낙약자의 채무불이행을 이유로)이나 해제를 원인으로 한 원상회복청구권을 가지지 못하고(대판 1994. 8. 12, 92다41559), 취소권(요약자의 제한능력이나 착오, 낙약자의 사기·강박 등을 이유로)도 없다. 그리고 법률행위의 상대방의 선의·악의·과실·무과실 등이 문제될 때(126조·129조·135조·570조~580조 등)에는 오직 요약자에 관하여만 그것을 문제삼아야 한다(통설). 또한 의사와 표시의 불일치나 사기·강박의 유무에 관하여도 요약자와 낙약자를 표준으로 하여야 한다.

3) 제 3 자를 위한 계약에 있어서는 요약자와 수익자의 밀접한 관계로 말미암아 제110조 제 2 항에 규정된 사기·강박과 관련하여 특수한 문제가 생긴다. 즉 수익자가 낙약자(표의자)에 대하여 사기·강박을 행하였고 요약자(상대방)가 선의·무과실일 때 낙약자는 계약을 취소할 수 있는가, 그리고 수익자 아닌 제 3 자(제 4 자)가 낙약자(표의자)에 대하여 사기를 행하였고 요약자(상대방)는 이에 대하여 선의·무과실이었으나 수익자가 악의 또는 과실이 있는 때에는 낙약자가 계약을 취소할 수 있는가가 문제이다. 우리 문헌은 대체로 사기의 경우에 관하여만 논의하면서 i) 다수설은 두 경우에 모두 취소를 인정하지 않는다(김상용, 104면·105면; 김주수, 119면 등). 그러나 ii) 취소를 인정하는 소수설도 있다(이영준, 민법총칙, 463면). 생각건대 타당성 면에서는 ii)설도 가치가 있으나, 취소를 인정하는 명문규정(독일민법 123조 2항 2문 참조)이 없는 상황에서 그와 같은 해석이 가능할지는 의문이다. 따라서 두 경우에는 취소가 인정되지 않는다고 할 수밖에 없다(자세한 점은 주해(13), 166면(송덕수) 참조).

4) 수익자는 계약의 당사자는 아니지만 계약으로부터 「직접」 채권을 취득하므로 제 3 자 보호규정(107조 2항·108조 2항·109조 2항·110조 3항·548조 1항 단서)에 있어서의 제 3 자는 아니다.

그런데 판례는, 제 3 자를 위한 계약에서 낙약자와 요약자 사이의 법률관계(기본관계)에 기초하여 수익자가 요약자와 원인관계(대가관계)를 맺음으로써 해제 전에 새로운 이해관계를 갖고 그에 따라 등기·인도 등을 마쳐 권리를 취득하였다면, 수익자는 제548조 제 1 항 단서에서 말하는 계약해제의 소급효가 제한되는 제 3 자에 해당한다고 한다(대판 2021. 8. 19, 2018다244976[핵심판례 308면]). 그러면서 에스티엑스조선(요약자)이 방위사업청(수익자)과 사이에 관급장비를 직접 구매하여 이를 방위사업청에 현물로 변상하기로 하는 내용의 현물변상계약을 체결하고, 또 이 현물변상계약의 이행을 위하여 원고(낙약자)와 함포납품계약을 체결한 경우에 관하여, 방위사업청이 에스티엑스조선과 체결한 이 사건 현물변상계약은 원고와 에스티엑스조선 사이의 이 사건 함포납품계약에 기초하고 있고, 방위사업청이 해제 전에 원고로부터 이 사건 함포를 인도받아 그 소유권을 취득하였으므로, 방위사업청은 제548조 제 1 항 단서에서 말하는 계약해제의 소급효가 제한되는 제 3 자에 해당하며, 따라서 원고가 그 후 에스티엑스조선과의 이 사건 함포납품계약을 해제하였다고 하더라도 원고는 방위사업청에 대하여 소유권에 기한 물권적 청구권을 행사하여 이 사건 함포의 반환을 구할 수 없다고 한다. 그러나 이 사안에서 현물변상계약은 기본관계에 기초한 관계가 아니고, 오히려 기본관계의 원인이 되는 관계일 뿐이다. 이 사안의 경우라면 판례는 부당하다(차라리 원심처럼 해제의 경우 제 3 자의 반환을 부정했어야 함. 사견은 제 3 자의 동의가 있어야 해제할 수 있다는 입장임. [51] 참조).

[51] **4. 요약자의 지위**

(1) 요약자의 이행청구권 · 손해배상청구권 문제

제 3 자를 위한 계약의 경우에 제 3 자가 채권을 취득하는 것과는 별도로 요약자도 낙약자에 대하여 제 3 자에 대한 채무를 이행할 것을 청구할 수 있는가? 이에 대하여 우리의 통설은 긍정한다(그런데 김학동, 108면은 이것은 인정하면서도 그러한 지위를 권리로서 구성할 수는 없다고 한다). 판례도 이를 긍정하면서, 이때 낙약자가 요약자의 이행청구에 응하지 않으면 특별한 사정이 없는 한 요약자는 낙약자에 대하여 제 3 자에게 급부를 이행할 것을 소로써 구할 이익이 있다고 한다(대판 2022. 1. 27, 2018다259565). 생각건대 이는 계약의 해석에 의하여 결정될 문제이나, 불분명한 때에는 요약자에게 제 3 자에의 급부청구권을 인정하여야 한다.

제 3 자의 수익표시 후 낙약자의 채무불이행이 있으면 제 3 자는 물론 손해배상을 청구할 수 있다. 그런데 이 경우에 요약자도 「자기에 대하여」 손해배상을 청구할 수 있는지가 문제된다. 여기에 대하여는 i) 요약자가 제 3 자에의 이행에 특별한 이익이 있을 때에는 독립한 손해배상청구권을 가진다고 하는 긍정설(김주수, 120면; 김학동, 109면; 김형배, 192면; 이은영, 203면)과 ii) 요약자는 제 3 자에게 배상할 것을 청구할 수 있을 뿐이고 자기에게 배상할 것을 청구하지는 못한다고 하는 부정설(곽윤직, 79면)이 대립하고 있다. 생각건대 요약자가 제 3 자에의 이행에 특별한 이익을 가지고 있다고 하더라도 낙약자의 채무불이행으로 그가 입은 손해는 간접적인 ─ 대부분 정신적인 — 것에 지나지 않을 것이므로 그와 같은 손해배상은 인정되지 않아야 한다.

(2) 요약자의 계약상의 지위

제 3 자를 위한 계약에 의하여 요약자가 채무를 부담한 경우에는 물론 그는 이를 이행하여야 한다($^{예:\ 쌍무계약에서}_{의\ 반대급부의무}$). 그리고 제 3 자를 위한 계약이 쌍무계약인 때에는 동시이행의 항변권에 관한 규정($^{536}_{조}$)과 위험부담에 관한 규정($^{537조\cdot}_{538조}$)이 그대로 적용된다.

쌍무계약에 있어서 요약자의 채무불이행이 있으면 낙약자는 제 3 자의 동의 없이 해제할 수 있는가, 그리고 해제가 있으면 수익자는 원상회복의무나 부당이득 반환의무가 있는가가 문제된다. 이에 대하여 판례($^{대판\ 2005.\ 7.\ 22,}_{2005다7566\cdot7573}$)는 해제가 가능하다는 전제에서 제 3 자에게는 원상회복이나 부당이득 반환의무가 없다고 한다. 그리고 이러한 법리를 계약이 무효인 경우에도 그대로 인정한다($^{대판\ 2010.\ 8.}_{19,\ 2010다}$ $^{31860\cdot}_{31877}$). 그런데 타인을 위한 생명보험이나 상해보험의 경우($^{제\ 3\ 자를}_{위한\ 계약임}$)에는, 보험자가 보험계약이 무효이거나 해제되었다는 것을 이유로 보험수익자를 상대로 하여 그가 이미 보험수익자에게 급부한 것의 반환을 구할 수 있다고 한다($^{대판\ 2018.\ 9.\ 13,}_{2016다255125.\ 이}$ $^{판결은\ 보험자의\ 보험수익자에\ 대한\ 급부가\ 보험수익자에\ 대}_{한\ 보험자\ 자신의\ 고유한\ 채무를\ 이행한\ 것이라는\ 이유를\ 든다}$). 생각건대 제541조의 규정상 제 3 자의 동의가 있을 때에만 해제할 수 있고($^{계약의\ 해석에\ 의하여\ 다}_{른\ 점이\ 인정되면\ 다르다}$), 동의를 얻어 해제한 때에는 원상회복 또는 부당이득 반환의무가 있다고 할 것이다. 그리고 계약이 무효인 경우에는 제 3 자의 동의를 불문하고 부당이득 반환의무가 생긴다고 하여야 한다.

〈판 례〉

(ㄱ) 「제 3 자를 위한 계약관계에서 낙약자와 요약자 사이의 법률관계($^{이른바}_{기본관계}$)를 이루는 계약이 해제된 경우 그 계약관계의 청산은 계약의 당사자인 낙약자와 요약자 사이에 이루어져야 하므로, 특별한 사정이 없는 한 낙약자가 이미 제 3 자에게 급부한 것이 있더라도 낙약자는 계약해제에 기한 원상회복 또는 부당이득을 원인으로 제 3 자를 상대로 그 반환을 구할 수 없다.」($^{대판\ 2005.\ 7.\ 22,\ 2005다7566\cdot7573:\ 요약자의}_{채무불이행을\ 이유로\ 낙약자가\ 해제한\ 경우임}$)

(ㄴ) 매도인 갑과 매수인 을이 토지거래허가구역 내 토지의 지분에 관한 매매계약을 체결하면서 매매대금을 병에게 지급하기로 하는 제 3 자를 위한 계약을 체결하고 그 후 매수인 을이 그 매매대금을 병에게 지급하였는데, 토지거래허가를 받지 않아 유동적 무효였던 위 매매계약이 확정적으로 무효가 된 사안에서, 그 계약관계의 청산은 요약자인 갑과 낙약자인 을 사이에 이루어져야 하므로 특별한 사정이 없는 한 을은 병에게 매매대금 상당액의 부당이득 반환을 구할 수 없다고 한 사례($^{대판\ 2010.\ 8.\ 19,}_{2010다31860\cdot31877}$).

낙약자의 채무불이행이 있는 경우에 계약의 해제권은 요약자만이 가진다
$\binom{\text{제 3 자는 계약의 당사자가 아니}}{\text{므로 해제권을 가지지 못한다}}$. 그런데 요약자가 그 권리를 단독으로 행사할 수 있는지가
문제된다. 제 3 자가 수익의 의사표시를 하기 전에는 단독으로 해제할 수 있음은
이론의 여지가 없다. 그런데 수익의 의사표시를 한 경우에 대하여는 학설이 나뉜
다. i) 단독으로 해제할 수 있다는 견해$\binom{\text{곽윤직, 79면;}}{\text{김주수, 120면}}$, ii) 제 3 자의 동의를 얻은 때에
만 해제할 수 있다는 견해$\binom{\text{김학동, 110면; 이은영, 205면. 김형배,}}{\text{193면도 이에 해당하나, 예외를 인정한다}}$가 그것이다. 판례는 i)설과
같다$\binom{\text{대판 1970. 2. 24,}}{\text{69다1410·1411}}$. 생각건대 우선은 계약의 해석으로 결정하여야 하나, 불분명한
때에는 제541조의 규정상 제 3 자의 동의가 있어야 해제할 수 있다고 하여야 한다.

5. 낙약자의 지위

낙약자의 지위는 제 3 자·요약자의 지위의 반대쪽 면을 이룬다. 즉 낙약자는
계약으로부터 직접 제 3 자에 대하여 급부하여야 할 채무를 부담하며, 그러한 채
무는 특별한 사정이 없는 한 요약자에 대하여도 부담한다. 그러나 낙약자가 부담
하는 채무는 모두 기본관계(보상관계)에 근거한 것이므로, 낙약자는 「그 관계에
기하는 항변」으로 제 3 자에게 대항할 수 있다$\binom{542}{\text{조}}$. 여기의 항변은 널리 「이의(異
議)」라고 하는 것과 같으며, 제 3 자의 권리의 존재를 부인하고 그 행사를 막을
수 있는 모든 사실의 주장을 포함한다. 그러므로 고유한 의미에 있어서의 항변권
외에 권리불발생의 항변이나 권리소멸의 항변 등도 포함한다.

〈판 례〉

「제 3 자를 위한 계약에 있어서 낙약자의 제 3 자에 대한 급부의 내용에는 제한이
없어 낙약자가 제 3 자에 대하여 가지는 청구권을 행사하지 않도록 하는 것도 급부에
해당하고, 이 경우 제 3 자는 낙약자의 청구에 대해 청구권 불행사의 합의$\binom{\text{부제소}}{\text{특약}}$가 있
었다는 항변권을 행사할 수 있으며, 제 3 자를 위한 계약에 있어서의 제 3 자는 계약
의 당사자는 아니지만 낙약자가 제 3 자에 대하여 직접 급부의무를 부담하게 되고,
그 급부의무의 기초에는 요약자와 제 3 자 사이의 원인관계$\binom{\text{대가}}{\text{관계}}$가 존재한다는 점에
서 제 3 자의 의사나 사정은 요약자를 통해 계약의 내용에 반영되어 있다고 보아야
할 것이므로 제 3 자를 위한 계약의 내용을 해석할 때에는 제 3 자의 의사나 사정도
고려하여야 할 것」이다$\binom{\text{대판 2006. 1. 12,}}{\text{2004다46922}}$.

6. 그 밖의 문제 [52]

(1) 제 3 자를 위한 처분행위(물권행위·준물권행위)

제 3 자를 위한 물권계약(예: 갑이 을에게 부동산을 매도함에 있어서 그 대금은 을이 직접 병에게 지급하기로 하고, 아울러 병의 을에 대한 대금채권을 확실하게 변제받을 수 있도록 그 부동산에 병의 저당권을 설정하기로 갑과 을이 합의한 경우) 또는 준물권계약(채권양도·채무면제계약 등)도 유효한지 문제된다. 제539조는 채권계약만을 규율하므로 물권계약 등에는 적용되지 않는다. 그런데 유추적용은 허용할 것인지가 문제되는 것이다.

여기에 관하여 압도적 다수설은 유효성을 인정한다(곽윤직, 72면; 김상용, 108면; 김주수, 111면; 김학동, 96면; 이은영, 199면. 김형배, 185면은 다소 다름. 그리고 판례는 제 3 자를 위한 채무면제계약의 유효성을 인정하고 있다(대판 1980. 9. 24, 78다709; 대판 2004. 9. 3, 2002다37405)).

검토해 보건대, 제 3 자를 위한 계약(채권계약)은 법률규정($\frac{539조}{1항}$)에 의하여 유효성이 인정된다. 그러고 보면 이 규정은 예외에 대한 것으로서 당해 경우에만 적용되어야 한다. 그런가 하면 그 규정의 유추적용의 전제가 되는 규율의 틈도 없다. 제 3 자를 위한 물권계약 등의 유효성을 부인하더라도 제 3 자는 필요한 경우 그 효과를 받을 수 있다. 즉 제 3 자가 계약의 효과를 받겠다고 하면, 그것은 곧 무권대리의 추인이 되고($\frac{130}{조}$), 그때에는 계약의 효과가 제 3 자에게 미치게 된다. 결국 제 3 자를 위한 물권계약·준물권계약은 무효라고 하여야 한다. 다만, 이들 경우의 무효는 유동적인 상태에 있어서, 제 3 자가 추인을 하게 되면 무권대리의 추인의 효과로서 물권계약 등의 효력이 제 3 자에게 발생하게 된다.

(2) 제 3 자의 부담을 목적으로 하는 계약

제 3 자의 부담을 목적으로 하는 계약 즉 제 3 자에게 직접 채무를 부담시키기로 하는 계약은 무효이다(주해⒀, 180면(송덕수) 참조. 통설도 결과에서 같음).

제 3 자에 대하여 채권을 취득시키면서 동시에 그 계약으로부터 직접 의무도 부담시키는 계약이 유효한지에 대하여 학설은 i) 유효설(곽윤직, 73면), ii) 무효설(김상용, 109면), iii) 제한적 유효설(제 3 자에 부수적인 부담을 주는 경우는 유효하다고 함. 이은영, 199면)로 나뉘어 있다. 그리고 판례는 유효하다는 견지에 있다(대판 1957. 3. 16, 4288민상536; 대판 1965. 11. 9, 65다1620). 그러나 위의 계약은 제 3 자의 부담을 목적으로 하는 계약에 해당하며, 따라서 무효라고 하여야 한다. 다만, 제 3 자가 사전에 동의하거나 사후에 추인한 경우에는 유효하게 된다.

(3) 제 3 자 보호효력 있는 계약

계약당사자는 아니지만 계약관계에 기한 보호의무의 이행에 직접 이해관계를 가지는 제3자에게는 그 의무의 위반을 이유로 한 손해배상청구권(계약상의 손해배상청구권)을 인정할 필요가 있다. 예컨대 가옥소유자가 지붕수선업자에게 지붕 수리를 맡긴 경우에, 그 지붕수선업자가 지붕을 수선하는 동안에 부주의로 가옥소유자의 처 및 자녀에게 손해를 가한 때에는, 도급계약에 기한 손해배상청구권을 인정하여야 한다. 이러한 경우의 계약을 제3자 보호효력 있는 계약이라고 한다. 이러한 이론은 독일의 판례가 특히 피용자의 과실있는 행위에 의하여 손해를 입은 계약당사자와 가까운 「당사자 이외의 자」를 충분하게 구제하기 위하여 정립한 이론이다. 독일은 그 후 그와 같은 판례를 그들의 민법에 명문화하였다(독일민법 311조 3항 1문).

이 이론의 도입에 관하여 우리나라에서는 찬반논란이 있으나(반대하는 견해는 750조로 해결하자고 한다), 채권자와 가까운 일정한 제3자를 적절하게 보호하기 위하여서는 도입이 필요하다(자세한 점은 주해(13), 184면(송덕수) 참조).

제3자 보호효력 있는 계약에 관하여 우리 판례가 정식으로 문제삼은 적은 없다. 다만, 대법원이, 용역경비업체인 피고 회사와 소외 회사 사이에 용역경비계약을 체결하고 용역경비업무를 제공하여 왔는데 소외 회사의 감사의 집에서 그의 처와 계원 등이 복면 괴한에 의하여 금품을 강취당한 경우에 대하여, 일정범위에서 제3자를 위한 계약으로 인정하고 제3자의 범위를 문제삼은 바 있는데(대판 1993. 8. 27, 92다23339), 이 경우는 제3자를 위한 계약의 문제가 아니고 제3자 보호효력 있는 계약의 문제로 보아야 할 것이다.

제7절 계약의 해제·해지

[53] I. 계약해제 서설

1. 해제의 의의

(1) 계약의 해제란 유효하게 성립하고 있는 계약의 효력을 당사자 일방의 의사표시에 의하여 처음부터 없었던 것과 같은 상태로 되돌아가게 하는 것을 말한다.

계약해제의 의의는 해제의 효과를 어떻게 파악하는지, 특히 해제의 소급효를 인정하는지에 따라 차이를 보인다. 그런데 사견은 해제의 소급효를 인정하는 직접효과설을 따르므로($^{[66]}_{참조}$), 그러한 견지에서 해제의 의의를 기술하였다. 그리고 다른 문제에 관한 앞으로의 설명에서도 그리 할 것이다.

해제는 상대방 있는 단독행위이다. 해제는 법률행위이기는 하지만 타인의 권리·의무에 영향을 미치게 되는 단독행위이므로, 그것을 행할 권리 즉 해제권이 있을 때에만 행하여질 수 있다($^{민법총칙}_{[83] 참조}$).

〈판 례〉

「계약이 일단 성립한 후 그 해제원인의 존부에 대한 다툼이 있는 경우에는 그 계약해제권을 주장하는 자가 이를 증명하여야 하나($^{대법원 1977. 3. 8.}_{선고 76다2461 판결}$), 이미 발생한 계약해제권이 다른 사유로 소멸되었거나 그 행사가 저지되는지 여부에 대해 다툼이 있는 경우에는 이를 주장하는 상대방이 이를 증명하여야 한다.」($^{대판 2009. 7. 9,}_{2006다67602·67619}$)

(2) 우리 민법상 해제권은 당사자 사이의 계약이나 법률규정에 의하여 발생한다($^{543조}_{1항}$). 이 가운데 당사자 사이의 계약에 의하여 발생하는 해제권을 약정해제권이라고 하고, 법률규정에 의하여 발생하는 해제권을 법정해제권이라고 한다. 그리고 약정해제권 중에는 당사자가 명백히 해제권의 발생을 보류(약정)하지 않았는데도 법률이 해제권을 보류한 것으로 다루는 경우가 있다. 매매 기타의 유상계약에서 계약금의 수수가 있는 때가 그렇다($^{565조}_{참조}$). 한편 법정해제권을 발생시키는 법률규정 중에는 모든 계약에 공통한 것이 있는가 하면($^{544조 내지 546조. 이들은 채무}_{불이행을 원인으로 하는 것임}$), 개별적인 계약에 특수한 것($^{예: 556조·557조(증여), 570조 내지 578조·580}_{조·581조(매매), 668조·673조·674조(도급)}$)도 있다. 이렇게 해제권 발생의 경우가 여러 가지로 나누어지는데, 그 가운데 여기서는 일반적인 약정해제와 일반적인 법정해제에 관하여만 살펴보고, 특수한 경우들은 개별적인 계약에서 다루기로 한다.

해제권은 일반적인 의사표시에 의하여 법률관계를 변동시키므로 일종의 형성권이다($^{이설이 없으며, 판례도 같음. 대판 2001. 6. 29, 2001}_{다21441·21458; 대판 2005. 7. 14, 2004다67011}$). 그리고 그 권리는 계약을 소급해서 무효화하므로 계약의 당사자와 그의 지위를 승계한 자만이 가질 수 있으며, 계약상의 채권만을 양수한 자는 해제권이 없다.

[54]   ## 2. 해제와 구별되는 제도

(1) 해제계약(합의해제)

해제계약은 계약의 당사자가 이전에 체결한 계약을 체결하지 않았던 것과 같은 상태로 되돌리려는 내용의 새로운 계약을 말하며, 이는 합의해제라고도 한다. 이러한 해제계약은 계약자유의 원칙상 유효성이 인정된다. 해제계약은 계약을 소급하여 무효로 하는 점에서 해제와 같으나, 하나의 계약이라는 점에서 단독행위인 해제와 본질적으로 다르다. 따라서 해제계약의 효력은 그 내용에 의하여 결정되고 해제에 관한 제543조 이하의 규정은 적용되지 않는다(대판 1979. 10. 30, 79다 1455; 대판 1996. 7. 30, 95다16011(548조 2항이 적용되지 않으므로 당사자 사이에 약정이 없는 이상 합의해제로 인하여 반환할 금전에 그 받은 날로부터의 이자를 가하여야 할 의무가 있는 것은 아니라고 함); 대판 1997. 11. 14, 97다6193).

〈합의해제 및 합의해지에 관한 판례〉

합의해제에 관한 판례를 정리해 본다.

(ㄱ) 계약이 합의해제되기 위하여는 일반적으로 계약이 성립하는 경우와 마찬가지로 계약의 청약과 승낙이라는 서로 대립하는 의사표시가 합치될 것(합의)을 그 요건으로 하고, 이와 같은 합의가 성립하기 위하여는 쌍방 당사자의 표시행위에 나타난 의사의 내용이 객관적으로 일치하여야 한다(대판 1992. 6. 23, 92다4130·4147; 대판 1994. 8. 26, 93다28836; 대판 1994. 9. 13, 94다17093; 대판 1998. 8. 21, 98다17602; 대판 2000. 3. 10, 99다70884; 대판 2011. 2. 10, 2010다77385). 따라서 계약당사자의 일방이 계약해제에 따른 원상회복 및 손해배상의 범위에 관한 조건을 제시한 경우 그 조건에 관한 합의까지 이루어져야 합의해제가 성립된다(대판 1996. 2. 27, 95다43044; 대판 2009. 7. 23, 2008다1477). 그리고 계약을 합의해제할 때에 원상회복에 관하여 반드시 약정을 하여야 하는 것은 아니지만, 매매계약을 합의해제하는 경우에 이미 지급된 계약금, 중도금의 반환 및 손해배상금에 관하여는 아무런 약정도 하지 않은 채 매매계약을 해제하기만 하는 것은 우리의 경험칙에 비추어 이례에 속하는 일이다(대판 1994. 9. 13, 94다17093. 임대차계약의 합의해제에 관하여 같은 취지: 대판 1992. 6. 23, 92다4130·4147).

(ㄴ) 「계약의 합의해제는 명시적으로뿐만 아니라 당사자 쌍방의 묵시적인 합의에 의하여도 할 수 있다고 할 것이나, 묵시적인 합의해제를 한 것으로 인정하려면 매매계약이 체결되어 그 대금의 일부가 지급된 상태에서 당사자 쌍방이 장기간에 걸쳐 잔대금을 지급하지 아니하거나 소유권이전등기 절차를 이행하지 아니함으로써 이를 방치한 것만으로는 부족하고, 당사자 쌍방에게 계약을 실현할 의사가 없거나 계약을 포기할 의사가 있다고 볼 수 있을 정도에 이르렀다고 할 수 있어야 할 것이고, 당사자 쌍방이 계약을 실현할 의사가 있었는지의 여부는 계약이 체결된 후의 여러 가지 사정을 종합적으로 고려하여 판단하여야 할 것이다.」(대판 1996. 6. 25, 95다12682·12699. 같은 취지: 대판 2010. 1. 28, 2009다73011; 대판 2011. 2. 10, 2010다77385)

「계약의 성립 후에 당사자 쌍방의 계약실현 의사의 결여 또는 포기로 인하여 쌍방 모두 이행의 제공이나 최고에 이름이 없이 장기간 이를 방치하였다면, 그 계약은 당사자 쌍방이 계약을 실현하지 아니할 의사가 일치됨으로써 묵시적으로 합의해제되었다고 해석함이 상당하다.」$\binom{\text{대판 2007. 6. 15, 2004다37904 · 37911. 같은 취지: 대판}}{\text{1987. 1. 20, 85다카2197; 대판 1994. 8. 26, 93다28836 등}}$

판례에 의하면, 매도인이 잔대금 지급기일 경과 후 계약해제를 주장하여 이미 지급받은 계약금과 중도금을 반환하는 공탁을 하였을 때, 매수인이 아무런 이의 없이 그 공탁금을 수령한 경우에는 특단의 사정이 없는 한 합의해제된 것으로 본다$\binom{\text{대판 1979. 10. 10, 79다1457. 같은 취지: 대판 1979. 10. 30, 79다}}{\text{1455. 유사한 경우에 대한 대판 2002. 1. 25, 2001다63575도 참조}}$. 그리고 피고의 불법행위로 인한 피고에 대한 치료비 배상책임에 대한 합의가 성립되어 그에 따른 합의금이 지급된 후 원고가 그 합의에 불만을 품고 이를 해제할 목적으로 위 합의금을 반환하자 피고가 이를 이의 없이 수령하였다면 그 합의는 해제되었다고 본다$\binom{\text{대판 1979. 7. 24,}}{\text{79다643}}$. 또한 갑과 을이 4필지의 토지를 둘러싼 그 동안의 분쟁관계를 종식시키기 위하여 그 중 2필지의 토지는 을이 갑에게 증여하고 다른 2필지의 토지는 을의 소유로 확정하기로 하는 화해계약을 체결하고, 갑은 을로부터 그 화해계약의 이행에 필요한 등기권리증과 인감증명서 등을 교부받았음에도 불구하고 그 서류들에 기하여 소유권이전등기를 경료하지 아니한 채 그 화해계약이 성립하기 이전의 종전 주장을 그대로 내세워 화해계약과 양립할 수 없는 소를 제기하였고, 을은 이를 이유로 갑과의 종전 합의를 모두 철회한다는 통고를 하였으며, 그 후 항소심 재판부가 종전의 화해 약정대로 사건을 해결할 것을 권유하였으나 쌍방 모두 이에 불응한 경우에는, 그 화해계약은 당사자 쌍방의 묵시적인 합의에 의하여 해제되었다고 본다$\binom{\text{대판 1998. 1. 20,}}{\text{97다43499}}$.

(ㄷ) 계약의 합의해제에 있어서는 당사자 쌍방이 자기 채무의 이행의 제공이 없이 합의에 의하여 해제할 수 있음은 계약자유의 원칙상 당연하고 이는 묵시적 합의해제의 경우에도 마찬가지이다$\binom{\text{대판 1991. 7. 12,}}{\text{90다8343}}$. 그리고 계약자유의 원칙상 경개계약의 성립 후 그 계약을 합의해제하여 구 채권을 부활시키는 것은 적어도 당사자 사이에서는 가능하다$\binom{\text{대판 2003. 2. 11,}}{\text{2002다62333}}$. 한편 채권에 대한 가압류는 채권의 발생원인인 법률관계에 대한 채무자의 처분까지도 구속하는 효력은 없으므로, 제 3 채무자는 채권에 대한 가압류가 있은 후라고 하더라도 채권의 발생원인인 법률관계를 합의해제하고 이로 인하여 가압류채권이 소멸되었다는 사유를 들어 가압류채권자에 대항할 수 있다$\binom{\text{대판 2001. 6. 1,}}{\text{98다17930}}$. 그러나 토지의 매매계약을 체결하였다가 매수인의 사정으로 매도인이 그 토지를 다시 매수하고 원계약을 해제하기로 약정한 경우 재계약상의 해제합의는 원계약을 소멸$\binom{\text{해}}{\text{제}}$시키는 것으로서 원계약의 소멸$\binom{\text{해}}{\text{제}}$로써 그 효과는 완결되고 합의해제 자체의 이행의 문제는 발생할 여지가 없으므로, 재계약상의 의무를 불이행하였다고 하더라도 그것을 이유로 원계약에 대한 해제합의를 해제할 수는 없다$\binom{\text{대판 1992.}}{\text{8. 18,}}$ $\binom{\text{92다}}{\text{6266}}$.

(ㄹ) 매매계약이 합의해제된 경우에도 — 일방적인 해제에서와 마찬가지로 — 매수인에게 이전되었던 소유권은 당연히 매도인에게 복귀한다$\binom{\text{대판 1982. 7. 27,}}{\text{80다2968}}$. 그리고 경

매신청 기입등기로 인한 압류의 효력은 부동산소유자에 대하여 압류채권자에 대한 관계에 있어서 부동산의 처분을 제한하는 데 그치는 것일 뿐 그 밖의 다른 제 3 자에 대한 관계에 있어서까지 부동산의 처분을 금지하는 것이 아니므로, 부동산 소유자는 경매절차 진행 중에도 경락인이 경락대금을 완납하여 목적부동산의 소유권을 취득하기 전까지는 목적부동산을 취득한 원인이 되는 계약을 그 거래상대방과 사이에 합의 해제할 수 있는 것이고, 그 합의해제로 인하여 그 부동산의 소유권은 등기에 관계없이 당연히 그 거래상대방에게 복귀한다(대판 1995. 1. 12, 94누1234. 이 판결에서는 양도소득세의 부과와 관련하여 경매로 인한 소득의 사실상 귀속자가 누구인지가 쟁점이 되었음).

　계약의 합의해제에 있어서도 계약해제의 경우와 같이 이로써 제 3 자의 권리를 해할 수 없으나(대판 2005. 6. 9, 2005다6341; 대판 2009. 7. 9, 2008다19034), 그 대상 토지를 전득한 매수자라도 완전한 권리를 취득하지 못한 자는 이 제 3 자에 해당하지 않는다(대판 1980. 5. 13, 79다932; 대판 1991. 4. 12, 91다2601). 그리고 계약이 합의해제되면 계약은 소급하여 소멸하게 되어 해약당사자는 각 원상회복의 의무를 부담하게 되나 이 경우 계약해제로 인한 원상회복등기 등이 이루어지기 이전에 해약당사자와 양립되지 아니하는 법률관계를 가지게 되었고 계약해제 사실을 몰랐던 제 3 자에 대하여는 계약해제를 주장할 수 없고, 이 경우 제 3 자가 악의라는 사실의 주장·증명책임은 계약해제를 주장하는 자에게 있다고 할 것이다(대판 2005. 6. 9, 2005다6341). 상속재산 분할협의가 합의해제되면 그 협의에 따른 이행으로 변동이 생겼던 물권은 당연히 그 분할협의가 없었던 원상태로 복귀하지만, 제548조 제 1 항 단서의 규정상 이러한 합의해제를 가지고서는, 그 해제 전의 분할협의로부터 생긴 법률효과를 기초로 하여 새로운 이해관계를 가지게 되고 등기·인도 등으로 완전한 권리를 취득한 제 3 자의 권리를 해하지 못한다(대판 2004. 7. 8, 2002다73203). 한편 계약이 합의에 따라 해제되거나 해지된 경우에는 특별한 사정이 없는 한 채무불이행으로 인한 손해배상을 청구할 수 없으나, 상대방에게 손해배상을 하기로 특약하거나 손해배상청구를 유보하는 의사표시가 있으면 그러한 특약이나 의사에 따라 손해배상을 하여야 하는데, 그와 같은 손해배상의 특약이 있었다거나 손해배상청구를 유보하였다는 점은 이를 주장하는 당사자가 증명할 책임이 있다(대판 2013. 11. 28, 2013다8755; 대판 2021. 3. 25, 2020다285048; 대판 2021. 5. 7, 2017다220416. 해제의 경우 전단과 같은 취지: 대판 1989. 4. 25, 86다카1147·1148). 그리고 그러한 특약이나 의사표시가 있었는지는 합의해제·해지 당시를 기준으로 판단하여야 하는데, 원래의 계약에 있는 위약금이나 손해배상에 관한 약정은 그것이 계약 내용이나 당사자의 의사표시 등에 비추어 합의해제·해지의 경우에도 적용된다고 볼 만한 특별한 사정이 없는 한 합의해제·해지의 경우에까지 적용되지는 않는다(대판 2021. 5. 7, 2017다220416).

　(ㅁ) 「합의해지」에 대한 판례를 본다. 판례에 의하면, 「계약의 합의해지는 계속적 채권채무관계에 있어서 당사자가 이미 체결한 계약의 효력을 장래에 향하여 소멸시킬 것을 내용으로 하는 새로운 계약」이며, 그것은 합의를 요건으로 하고, 또 합의해지는 묵시적으로 이루어질 수도 있으나, 그러려면 계약에 따른 채무의 이행이 시작

된 후에 당사자 쌍방의 계약실현의사의 결여 또는 포기로 인하여 계약을 실현하지 않을 의사가 일치되어야 한다($^{대판\ 2000.\ 3.\ 10,\ 99다70884.\ 같은\ 취지:\ 대판\ 2003.\ 1.\ 24,}_{2000다5336\ \cdot\ 5343;\ 대판\ 2018.\ 12.\ 27,\ 2016다274270\ \cdot\ 274287}$). 그리고 이와 같은 합의가 성립하기 위해서는 쌍방 당사자의 표시행위에 나타난 의사의 내용이 객관적으로 일치하여야 하므로, 계약당사자 일방이 계약해지에 관한 조건을 제시한 경우 그 조건에 관한 합의까지 이루어져야 한다($^{대판\ 2018.\ 12.\ 27,}_{2016다274270\ \cdot\ 274287}$). 한편 당사자 사이에 계약을 종료시킬 의사가 일치되었더라도 계약 종료에 따른 법률관계가 당사자들에게 중요한 관심사가 되고 있는 경우 그러한 법률관계에 관하여 아무런 약정 없이 계약을 종료시키는 합의만 하는 것은 경험칙에 비추어 이례적이고, 이 경우 합의해지가 성립하였다고 보기 어렵다($^{대판\ 2018.\ 12.\ 27,}_{2016다274270\ \cdot\ 274287}$). 합의해지의 효력은 그 합의의 내용에 의하여 결정되고 이에는 해제 · 해지에 관한 제543조 이하의 규정이 적용되지 않고($^{대판\ 1997.\ 11.\ 14,}_{97다6193}$), 그리하여 제548조 제 2 항도 적용되지 않는다($^{대판}_{2003.\ 1.\ 24,}$$_{2000다}$$_{5336\ \cdot\ 5343}$).

(2) 해   지

[55]

해지는 계속적 계약의 효력을 장래에 향하여 소멸하게 하는 단독행위이다($^{[73]\ 이}_{하\ 참조}$). 해지는 계약의 효력을 소멸시키는 점에서 해제와 같으나, 계속적 계약에서만 문제되고, 또 소급효가 없다는 점에서 해제와 다르다.

(3) 취   소

취소는 일단 유효하게 성립한 법률행위의 효력을 제한능력 등을 이유로 소급하여 소멸하게 하는 단독행위이다($^{민법총칙}_{[241]\ 참조}$). 취소는 권리자의 일방적인 의사표시(단독행위)만으로 법률행위의 효력을 소급해서 소멸시키는 점에서 해제와 같다. 그러나 ① 해제는 계약에 특유한 제도인 데 비하여, 취소는 모든 법률행위에 관하여 인정되며, ② 해제권은 법률규정($^{법정}_{해제}$) 외에 당사자의 계약($^{약정}_{해제}$)에 의하여서도 발생할 수 있으나, 취소권은 법률규정($^{원인:\ 제한능력\ \cdot}_{착오\ \cdot\ 사기\ \cdot\ 강박}$)에 의하여서만 발생하고, ③ 해제의 경우에는 제548조 제 1 항에 의하여 원상회복의무가 생기는 데 비하여, 취소의 경우에는 부당이득 반환의무가 생긴다는 점에서 차이가 있다.

(4) 해제조건과 실권약관(失權約款)

1) 계약에 해제조건($^{법률행위의\ 효력의\ 소멸을\ 장래의\ 불확실한\ 사}_{실에\ 의존하게\ 하는\ 조건.\ 민법총칙\ [251]\ 참조}$)이 붙어 있는 경우에 그 조건이 성취되면 계약의 효력은 소멸하는데, 이는 약정해제와 유사하다. 그러나 해제조건의 경우에는 조건의 성취라는 사실에 의하여 법률행위가 당연히 효력을 잃게 되는 데 비하여, 약정해제의 경우에는 약정에 기하여 해제권이 발생하여도

그것이 행사되어야 해제의 효과가 발생하는 점에서 차이가 있다. 그 밖에 해제조건은 소급효가 없으나, 해제는 소급효가 있다.

2) 계약을 체결하면서, 채무불이행이 있으면 채권자의 특별한 의사표시가 없더라도 당연히 계약이 효력을 잃는다고 약정하는 수가 있다. 예컨대 월부판매에 있어서 1회라도 대금지급을 지체하면, 계약은 당연히 효력을 잃고 매수인은 목적물을 매도인에게 반환하여야 한다고 약정하는 경우에 그렇다. 이러한 경우의 계약 실효조항을 실권약관(_{정확하게는 실효조항(Verwirkungsklausel)이라고 하여야 함. 그리고 보통거래약관이 아님을 주의})이라고 한다. 실권약관이 붙은 계약에 있어서는 해제권이 유보되어 있는 것이 아니며, 채무자의 채무불이행을 해제조건으로 하는 조건부 계약이 있는 것으로 해석된다(_{곽윤직, 82면}). 그리하여 채무불이행이 발생하면 계약은 당연히 효력을 잃는다.

그런데 실권약관은 대부분 경제적으로 우위에 있는 자에게 유리하게 정하여진다. 그러므로 경우에 따라서는 실권약관이 사회질서에 반하여 무효로 될 수도 있다. 그리고 실권약관이 보통거래약관으로 되어 있는 때에는 약관규제법에 의하여 무효로 될 수도 있다(_{같은 법 9조 2호}).

〈판 례〉

판례는, 중도금을 약정된 일자에 지급하지 않으면 계약이 해제된 것으로 한다는 실권약관부 매매계약에 있어서는 매수인이 약정의 중도금 지급의무를 이행하지 않으면 그 계약은 그 일자에 자동적으로 해제된 것으로 본다(_{대판 1980. 2. 12, 79다2035; 대판 1988. 12. 20, 88다카132; 대판 1991. 8. 13, 91다13717; 대판 1992. 8. 18, 92다5928; 대판 2019. 6. 27, 2019다216817. 그 밖에 입점하지 않은 경우의 임대차의 자동해지에 관한 판결로 대판 2003. 1. 24, 2000다5336·5343}). 그러나 부동산 매매계약에 있어서 매수인이 잔대금 지급기일까지 그 대금을 지급하지 못하면 그 계약이 자동적으로 해제된다는 취지의 약정이 있더라도 특단의 사정이 없는 한 매수인의 잔대금 지급의무와 매도인의 소유권이전등기 의무는 동시이행의 관계에 있으므로 매도인이 잔대금 지급기일에 소유권이전등기에 필요한 서류를 준비하여 매수인에게 알리는 등 이행의 제공을 하여 매수인으로 하여금 이행지체에 빠지게 하였을 때에 비로소 자동적으로 매매계약이 해제된다고 보아야 하고 매수인이 그 약정기한을 초과하였더라도 이행지체에 빠진 것이 아니라면 대금 미지급으로 계약이 자동해제된다고는 볼 수 없다고 한다(_{대판 1989. 7. 25, 88다카28891; 대판 1992. 7. 24, 91다15614; 대판 1992. 10. 27, 91다32022; 대판 1993. 12. 28, 93다777; 대판 1994. 9. 9, 94다8600; 대판 1998. 6. 12, 98다505; 대판 2022. 11. 30, 2022다255614}). 다만, 매도인이 소유권이전등기에 필요한 서류를 갖추었는지 여부를 묻지 않고 매수인의 지급기일 도과사실 자체만으로 계약을 실효시키기로 특약을 하였다거나, 매수인이 수회에 걸친 채무불이행에 대하여 책임을 느끼고 잔금 지급기일의 연기를 요청하면서 새로운 약정기일까지는 반드시 계약을 이행할 것을 확약하고 불이행 시에는 매매계약이 자동적으로 해제되는 것을 감수하겠다는 내용의 약정을 하였다고 볼 특별한 사정이 있다면, 매수인이 잔금 지급기일까지 잔금을 지급하지 않음으로써 그 매매계약은 자동적으로 실효된다(대판 1992. 10. 27, 91다32022; 대판 2020. 12. 24, 2018다256023; 대판 2022. 11. 30, 2022다255614. 후단에 관하여 같은 취지: 대판 1996. 3. 8, 95다55467). 그런가 하면 대법원은, 갑이 을과 토지매매계약을 체결하면서 매매대금이 지급되지 않을 경우 매매계약을 무효로 하는 내용의 자동실효특약을 두었는데 매매대상 토지들 가운데 일부가 경매되거나 수용되었고, 을이 일부 매매대금의 지급을 위하여 발행·교부한 약속어음이 지급 거절된 사안에서, 을이 일부 토지들에 대한 소유권 취득이 불가능하게 됨에 따라 잔금 지급의무 불이행에 따른 이행지체 책임을 부담하지 않게 되었으므로, 위 특약을 그대로 적용하여 을이 잔금을 지급하지 않았다는 이유만으로 매매계약이 무효가 되는 것은 아니라고 한 적이 있다(대판 2013. 9. 27, 2011다110128). 그리고 당사자들이 계약이 여전히 유효함을 전제로 논의를 계속하면서 해제에 따른 법률효과를 주장하지 아니한 채 계약 내용에 따른 이행을 촉구하거나 온전한 채무의 이행을 받지 못한 상대방이 별다른 이의 없이 급부 중 일부를 수령하였다면, 특별한 사정이 없는 한 계약당사자들 사이에서는 자동해제 약정의 효력을 상실시키고 자동해제된 계약을 부활시키기로 하는 합의가 있었다고 봄이 상당하다. 이러한 경우 채무이행을 받지 못한 상대방은 새로운 이행의 최고 없이 바로 해제권을 행사할 수 없다고 한다(대판 2019. 6. 27, 2019다216817).

그리고 판례는, 부동산 매매계약서상 '매도인이 위약시에는 계약금의 배액을 매수인에게 배상하고 매수인이 위약시에는 계약금을 포기하기로 하여 위 계약은 통지 없이 해약하기로 한다'는 내용이 인쇄되어 있는 경우에 관하여 단순한 예문이라고 본 적이 있으며(대판 1992. 2. 11, 91다21954), 다른 한편으로 유사한 경우에 대하여, 일종의 해제권 유보조항이라고 할 것이고 최고나 통지 없이 해제할 수 있다는 특약이 아니라고 한 적도 있다(대판 1979. 12. 26, 79다1595; 대판 1980. 12. 9, 80다1815; 대판 1982. 4. 27, 80다851).

한편 실권약관(실권특약이라고 표현하기도 함)부 매매계약이 실권약관에 의하여 소급적으로 실효된 경우에도 계약해제에 관한 제548조 제 1 항 단서의 법리가 적용되어, 실권약관에 의하여 계약이 소급적으로 소멸한 뒤에 계약의 실효를 주장하는 자와 양립되지 않는 법률관계를 가지게 되었고 실효사실을 몰랐던 제 3 자에 대하여는 계약 소멸을 주장할 수 없다(대판 1996. 11. 15, 94다35343; 대판 2000. 4. 21, 2000다584).

(5) 철　　회

철회는 법률행위의 효과가 발생하지 않은 법률행위나 의사표시의 효력을 장차 발생하지 않도록 막는 것으로서, 이미 효력이 발생하고 있는 계약의 효력을 소급해서 소멸하게 하는 해제와 구별된다.

[56] ## 3. 해제의 사회적 작용

해제의 사회적 작용은 약정해제와 법정해제에 있어서 다르다. 그런데 해제가 가장 의미있게 작용하는 것은 법정해제, 그 중에서도 이행지체의 경우이다. 예컨대 A가 B에게 그의 가옥을 1억원에 매도하는 계약을 체결하였는데 집값이 8,000만원으로 하락하자 B가 대금을 지급하지 않았다. 이러한 경우에 A는 소로써 B의 이행을 구하고 아울러 손해배상을 청구할 수도 있으나, 그러려면 A 자신이 소유권이전채무 · 인도채무도 이행하여야 하는 번거로움이 따른다. 이때 A가 B와의 계약을 해제하고 손해배상으로 시가와의 차액을 청구하게 되면, A로서는 계약의 구속으로부터 벗어나 자유로워질 수 있으며 손실은 입지 않게 된다. 이와 같이 해제는 당사자 일방이 이행을 지체한 경우에 상대방으로 하여금 계약의 구속으로부터 벗어나게 하는 데 의미가 있다.

약정해제를 하는 이유에는 여러 가지가 있겠지만, 특히 장차 계약의 구속으로부터 벗어날 수 있도록 하는 여지를 남겨놓기 위한 것과 채무불이행에 대비한 수단을 강구해 놓기 위한 것을 생각해 볼 수 있다.

4. 해제할 수 있는 계약의 범위

(1) 법정해제의 경우

법정해제가 채권계약에 인정됨은 의문의 여지가 없다. 그리고 우리 민법에서는 법정해제를 쌍무계약에 한정하지 않고 있기 때문에 편무계약도 법정해제의 대상이 된다(통설임. 그러나 김형배, 210면은 의문을 제기한다).

그에 비하여 물권계약 · 준물권계약에 대하여는 법정해제가 인정되지 않는다(같음). 물권계약 · 준물권계약은 처분행위로서 이행의 문제를 남기지 않고, 따라서 채무불이행이 생길 수 없기 때문이다. 그런데 판례는 — 일종의 준물권계약인 — 경개에 관하여는 법정해제를 부정하나(대판 2003. 2. 11, 2002다62333), 채권양도에 대하여는 이를 인정한다(대판 1961. 10. 26, 4293민상125).

(2) 약정해제의 경우

채권계약에 대하여 약정해제가 인정된다는 점은 명백하다. 그런데 물권계약이나 준물권계약에 대하여는 i) 가능하다는 견해(김학동, 122면; 지원림, 1347면), ii) 이론상으로는 가능하나 실제로는 없다는 견해($\substack{곽윤직, 83면,\\김상용, 120면}$), iii) 물권계약에 대하여 해제권 유보약
정은 무효라는 견해($\substack{이은영,\\221면}$)가 대립하고 있다. 생각건대 제543조는 해제를 채권계
약에 대하여만 인정한 것이며, 그 규정이 물권계약이나 준물권계약에 유추적용
되어야 할 필요성이나 근거는 없다.

〈판 례〉

「유동적 무효의 상태에 있는 거래계약의 당사자는 상대방이 그 거래계약의 효력이
완성되도록 협력할 의무를 이행하지 아니하였음을 들어 일방적으로 유동적 무효의
상태에 있는 거래계약 자체를 해제할 수 없는 것」이다($\substack{대판(전원) 1999. 6. 17, 98다40459. 같\\은 취지: 대판 1995. 1. 24, 93다25875}$).

II. 해제권의 발생 [57]

1. 약정해제권의 발생

계약의 당사자가 당사자 일방 또는 쌍방을 위하여 해제권의 보류($\substack{유보라\\고도 함}$)에 관
하여 특약을 한 경우에는 계약에 의하여 해제권이 발생한다($\substack{543조\\1항}$)($\substack{약정해제권을 유보한 경\\우의 해석방법에 관하여}$
$\substack{대판 2016. 12. 15, 2014\\다14429·14436 참조}$). 이러한 해제권 보류의 특약은 처음의 계약($\substack{즉 해제\\될 계약}$)에서 할 수도
있지만 그 후에 별개의 계약으로 할 수도 있다. 그리고 계약이 이행되기 전에만
해제할 수 있도록 할 수도 있고, 이행된 후에 해제할 수 있도록 하여도 무방하다.
한편 매매 기타의 유상계약에서 계약금이 교부된 경우에는 해제권 보류의 특약
이 있는 것으로 다루어진다($\substack{565조\\참조}$).

〈약정해제의 그 밖의 문제〉

약정해제의 경우에는 해제권의 행사방법이나 해제의 효과에 관하여 특약을 하는
때가 많다. 그때에는 당연히 그 특약에 따라야 한다. 그런데 특약이 없는 때에는 해
제에 관한 민법규정 중 법정해제권의 발생에 관한 규정($\substack{544조~\\546조}$)을 제외한 것이 적용된
다. 그 규정들은 약정해제와 법정해제에 공통하는 것이기 때문이다. 그리하여 뒤에
보는 해제권의 행사, 해제의 효과, 해제권의 소멸에 관한 설명은 대체로 약정해제에
도 그대로 적용된다. 다만, 해제의 효과에 있어서 손해배상청구($\substack{551\\조}$)는 그것이 채무불
이행을 원인으로 하는 것이기 때문에 약정해제에는 인정되지 않으며($\substack{이설이 없으며, 판\\례도 같음. 대판}$
$\substack{1983. 1. 18,\\81다89·90}$), 해제권이 채무불이행자의 이행이나 이행의 제공으로 소멸하는 문제도 생
기지 않는다($\substack{[60]\\참조}$). 한편 판례는, 상대방의 채무불이행 여부와 상관없이 일정한 사유
가 발생하면 계약을 해제할 수 있도록 하는 약정해제권을 유보한 경우($\substack{약정해지권을 유보\\한 경우에도 같음}$)

에 상대방에게 고의 또는 과실이 없을 때에는 배상책임을 지지 않으며, 그것이 자기 책임의 원칙에 부합한다고 한다(대판 2016. 4. 15, 2015다59115).

〈판 례〉

(ㄱ) 「계약서에 명문으로 위약시의 법정해제권의 포기 또는 배제를 규정하지 않은 이상, 계약당사자 중 어느 일방에 대한 약정해제권의 유보 또는 위약벌에 관한 특약 의 유무 등은 채무불이행으로 인한 법정해제권의 성립에 아무런 영향을 미칠 수 없 다.」(대결 1990. 3. 27, 89다카14110)

(ㄴ) 판례는, 약정해제권은 중도금 지급 후에 행사하여도 유효하다고 한다(대판 1979. 9. 25, 79다 832 · 833).

[58] ## 2. 법정해제권의 발생

(1) 서   설

민법이 일반적 법정해제권의 발생원인으로 규정하고 있는 것은 이행지체(544조 · 545조)와 이행불능(546조)의 두 가지이다. 그럼에도 불구하고 문헌들은 일반적 법정 해제권의 발생원인은 넓은 의미의 채무불이행이라고 하면서 채무불이행의 모든 유형 — 그리하여 보통 이행지체 · 이행불능 · 불완전이행 · 채권자지체 — 에 대하 여 해제권의 발생을 논의하고 있다(가령 곽윤직, 85면 이하). 그런가 하면 사정변경의 원칙에 의한 해제권의 발생과 부수적 채무의 불이행의 문제도 다루고 있다.

생각건대 민법이 비록 이행지체 · 이행불능의 두 가지에 대하여만 해제권의 발생을 규정하였지만, 그것이 그 두 경우에만 한정하겠다는 뜻으로 해석되어서 는 안 되며, 널리 채무불이행 일반에 관하여 해제권의 발생이 긍정되어야 한다. 그런데 사견은 채무불이행의 유형으로 이행지체 · 이행불능 · 불완전급부 · 「기타 의 행위의무」 위반의 네 가지를 인정하므로, 그 각각에 대하여 해제권 발생을 기 술하게 될 것이다. 그리고 채권자지체는 채무불이행이 아니라고 하였기 때문에 (채권법총론 [113] 참조) 논의 대상에서 제외함이 마땅하나, 학설의 입장을 정리해주는 것은 필 요할 것 같아서 순서에 넣을 것이다. 그 밖에 사정변경의 원칙과 부수적 채무의 불이행도 논의하는 것이 필요하다. 전자의 경우에는 해제권을 인정하여야 하기 때문이고, 후자는 적극적인 해제권 발생원인은 아니지만 해제권 발생을 막는 의 미에서 소극적으로 해제권 발생과 관련되고 또한 그것은 여러 채무불이행 유형 에 공통적으로 관련되기 때문이다(일부 문헌은 후자를 이행지체에서 논의하고 있으나, 그 문제는 이행불능 · 불완전급부에도 관련된다).

(2) 이행지체의 경우

민법은 제544조에서 이행지체 일반에 관하여 해제권의 발생을 규정하고 있다. 그런데 다른 한편으로 계약이 정기행위인 경우에 대하여는 제545조의 특별규정을 두고 있다. 따라서 이행지체는 계약이 정기행위가 아닌 보통의 이행지체의 경우와 정기행위인 경우로 나누어 살펴보는 것이 좋다.

1) 보통의 이행지체의 경우(계약이 정기행위가 아닌 경우) 제544조에 비추어 볼 때 보통의 이행지체에 있어서 해제권이 발생하려면, ① 채무자의 유책사유에 의한 이행지체($\genfrac{}{}{0pt}{}{채무의 이행기가 도래하기 전에는 이행지체가 있을 수 없음.}{대판 1982. 12. 14, 82다카861; 대판 2021. 7. 8, 2020다290804}$)가 있을 것, ② 채권자가 상당한 기간을 정하여 이행을 최고하였을 것, ③ 최고기간 내에 이행이나 이행의 제공이 없었을 것이라는 세 가지 요건이 갖추어져야 한다.

㈎ 채무자의 유책사유에 의한 이행지체가 있을 것 이 요건과 관련하여 문제되는 것을 살펴보기로 한다.

⒜ 제544조는 채무자가 이행하지 않을 것만 요구할 뿐 그것이 채무자의 유책사유에 의한 것이어야 하는지에 관하여는 명시하지 않고 있다($\genfrac{}{}{0pt}{}{546조와 비}{교해 볼 것}$). 그러한 상황에서 학설은 i) 유책사유가 필요하다는 견해($\genfrac{}{}{0pt}{}{곽윤직, 86면; 김학동, 126면;}{윤철홍, 120면; 지원림, 1354면}$), ii) 유책사유가 필요하지 않다는 견해($\genfrac{}{}{0pt}{}{김형배, 213면·214}{면; 이은영, 229면}$), iii) 이행지체가 짧은 기간인 경우에는 필요하나 이행지체가 장기화됨으로써 채권자에게 부당한 불이익을 줄 염려가 있는 경우에는 필요하지 않다는 견해($\genfrac{}{}{0pt}{}{김주수,}{129면}$)로 나뉘어 있다. i)설은 일반적으로 이행지체에 의한 책임은 채무자의 유책사유를 요건으로 하고 있다는 점을 이유로 들고 있으며, ii)설은 ① 해제가 채권자로 하여금 계약으로부터 벗어나게 하여 새로운 계약을 체결할 수 있는 자유를 주는 제도라는 점($\genfrac{}{}{0pt}{}{김형배,}{212면}$), ② 제544조가 유책사유를 요구하지 않으며 해제와 손해배상은 별개의 제도이므로 요건도 별도로 고찰하여야 한다는 점 등을 들고 있고, iii)설은 ii)설과 같이 일률적으로 채권자에게 해제권을 인정하면 채무자에게 가혹한 결과가 생길 수 있다는 점을 든다.

생각건대 이행지체에 있어서 유책사유가 필요한지에 관하여는 민법의 규정상황이 채무불이행의 경우와 해제권 발생의 경우가 완전히 동일하다. 그럼에도 불구하고 이 두 경우를 분리하여 파악하는 것은 옳지 않다. 특히 민법상 이행지체의 효과로서의 해제권 발생과 손해배상을 별개의 요건으로 규율한 근거를 찾을 수 없다. 그리고 ii)설처럼 새길 경우 유책사유 없는 채무자에게 부당한 결과가 생기게 되는데, 이를 — 입법$\binom{\text{개정된 독일민법은 채무자의 유책사유를 요}}{\text{구하지 않는다. 같은 법 280조·323조 참조}}$이 아니고 — 법률의 해석으로 강요할 수는 없다. 그런가 하면 iii)설은 근거 없이 경우를 나누고 있어서 채용할 수 없다. 결국 i)설이 타당하다.

(b) 이행지체가 되려면 지체를 정당화하는 사유가 없어야 한다. 따라서 쌍무계약의 경우 동시이행의 항변권이 생길 수 있는 때에는, 채권자가 자신의 채무에 관하여 이행의 제공을 하여야만 해제권을 취득할 수 있다$\binom{[40]}{\text{참조}}\binom{\text{이설이 없으며, 판례도 같}}{\text{다. 대판 1984. 7. 24, 82다}}$ 340, 82다카796; 대판 1990. 11. 13, 90다카23882; 대판 2004. 12. 9, 2004다49525; 대판 2022. 10. 27, 2022다238053). 이때 채권자가 어떻게 이행의 제공을 하여야 하는지, 특히 부동산 매도인의 준비정도에 관하여는 채권법총론에서 기술하였다$\binom{\text{채권법총론}}{[227]참조}$. 주의할 것은, 채권자로서는 채무자를 이행지체에 빠지게 하기 위하여 자신이 이행의 제공을 하여야 할 뿐만 아니라, 더 나아가 상당한 기간을 정하여 이행을 최고하는 동안에도 제공을 하여야 한다는 점이다$\binom{[60]}{\text{참조}}$.

(c) 판례는, 부동산 매수인이 매매목적물에 관한 채무$\binom{\text{근저당권의 피담보채무·가압류}}{\text{채무·임대차보증금 반환채무 등}}$를 인수하는 한편 그 채무액을 매매대금액에서 공제하기로 약정한 경우$\binom{\text{근저당권의 피담보채}}{\text{무 등을 인수하는 것}}$ $\binom{\text{으로 매매대금의 지급에}}{\text{갈음하기로 약정한 경우}}$에 관하여, 그 인수는 채무인수가 아니고 이행인수라고 하면서, 그 경우 매수인은 매매대금에서 그 채무액을 공제한 나머지를 지급함으로써 잔금 지급의무를 다하였다고 할 것이므로 설사 매수인이 그 채무를 현실적으로 변제하지 않았다고 하더라도 그러한 사정만으로는 매도인은 매매계약을 해제할 수 없고, 매수인이 인수채무를 이행하지 않음으로써 매매대금의 일부를 지급하지 않은 것과 동일하다고 평가할 수 있는 특별한 사유가 있을 때$\binom{\text{가령 근저당권의 피담보채무의 변제를 게을리하여 담보권 실행경매가}}{\text{개시되고 매도인이 경매절차의 진행을 막기 위하여 피담보채무를 변제}}$ $\binom{\text{한}}{\text{경우}}$ 계약해제권이 발생한다고 한다$\binom{\text{대판 1993. 6. 29, 93다19108; 대판 1995. 8. 11, 94다58599; 대판}}{\text{1998. 7. 24, 98다13877; 대판 1998. 10. 27, 98다25184(매수인이}}$ $\binom{\text{매매대금의 일부 지급에 갈음하여 인수한 피담보채무인 대출금채무의 이자를 지급하지 않았더라도 특별한 사정}}{\text{이 없으면 계약을 해제하지 못한다); 대판 2004. 7. 9, 2004다13083; 대판 2007. 9. 21, 2006다69479·69486}}$).

(d) 채무자가 채무의 일부만을 이행지체한 경우에 계약 전부를 해제할 수 있는지가 문제된다. 학설은 i) 일부불이행에 의하여 계약의 목적을 달성할 수 없는 때에는 계약 전부를 해제할 수 있으나, 그렇지 않은 경우에는 불이행 부분에 관하여서만 해제권이 발생한다고 하는 견해$\binom{\text{곽윤직, 86면; 김상용,}}{\text{123면; 김주수, 130면}}$, ii) 원칙적으로 계약 전부를 해제할 수 있다고 하면서 예외를 인정하는 견해$\binom{\text{이은영, 231면. 같은}}{\text{취지: 윤철홍, 120면}}$로 나뉘어 있다. 그리고 판례는 전부해제를 인정한 적도 있고$\binom{\text{대판 1962. 10. 11, 62다420; 대판 1975.}}{\text{11. 25, 75다1110; 대판 1994. 4. 12, 93다}}$ $\binom{45480·}{45497}$, 불이행 부분만의 실효를 인정한 적도 있어서$\binom{\text{대판 1989. 2. 14, 88다}}{\text{카4819(도급의 경우)}}$ 불분명하다.

생각건대 여기에 관하여 명문의 규정$\binom{\text{예: 개정 독일민}}{\text{법 323조 5항}}$이 없는 한 일부무효의 법리를 적용함이 옳다. 따라서 일부지체의 경우에는 반대급부가 가분인 때라도 원칙적으로 계약 전부를 해제할 수 있다고 하여야 한다. 다만, 지체되지 않은 부분만이라도 계약을 체결했으리라고 인정되는 때에는 지체된 부분만 해제할 수 있다고 할 것이다$\left(\substack{\text{대판 1992. 4. 14,}\\ \text{91다43527 참조}}\right)$. 한편 불이행한 부분이 아주 적은 때에는 신의칙상 그 부분에 관하여도 해제하지 못한다고 새겨야 한다$\left(\substack{\text{이설이 없으며, 판례도 같음. 대판 1966. 5. 31,}\\ \text{66다626; 대판 1971. 3. 31, 71다352·353·354}}\right)$.

〈판 례〉

　　매매계약 중 일부만 무효이고 나머지는 유효인 경우 매도인은 매매계약 전부가 유효한 것으로 알고 있는 매수인에게 이행의 최고를 함에 있어서는 계약의 일부이행이 불능임을 알리고 이행이 가능한 나머지 부분의 이행의 제공을 하여 이행의 최고를 하여야지 이를 부인하거나 무시하고 한 이행의 최고는 적법하다고 할 수 없고, 매수인으로서는 계약의 전부 무효를 주장할 수 있는 경우에는 그 이행을 거부하는 것이 당연하다고 하겠으나, 무효인 부분이 없더라도 계약을 유지하고자 할 경우에는 그에 상응한 자신의 채무는 이행하는 것이 옳고 그렇게 하지 아니하면 이행지체의 책임을 진다고 보는 것이 상당하다$\left(\substack{\text{대판 1992. 4. 14,}\\ \text{91다43527}}\right)$.

(내) **상당한 기간을 정하여 이행을 최고할 것**　　(a) 여기의 「이행의 최고」는 채　　[59]
무자에게 급부를 실현할 것을 요구하는 행위이며, 제387조 제 2 항의 「이행청구」와 같은 성질의 것이다$\left(\substack{\text{의사의}\\ \text{통지임}}\right)$. 따라서 기한이 정하여져 있지 않은 채무에 있어서 채무자를 지체에 빠뜨리기 위하여 이행청구를 한 경우에 해제를 위하여 다시 최고를 할 필요는 없다$\left(\substack{\text{이설}\\ \text{없음}}\right)$.

　　(b) 최고의 방법에 대하여는 제한이 없다. 그렇지만 대체로는 이행하여야 할 채무를 지시하여 일정한 기일 또는 일정한 기간 내에 이행할 것을 요구하면 된다$\left(\substack{\text{대판 2001. 4. 10, 2000다64403은 최고된 채무액수가 정당하면 그 채무액수에 관하여 항소심에 소송계속 중이었다고 하여}\\ \text{최고가 부적법하다고 할 수는 없다고 하며, 대판 2002. 4. 26, 2000다50497은 채권자에게도 단순한 수령 이상의 행위를 하여}\\ \text{야 이행이 완료되는 경우(예: 소유권이전등기 의무)에도 단지 언제까지 이행}}\right)$하여야 한다는 최고만 하였다고 하여 그 최고를 무효로 볼 수는 없다고 한다). 최고를 하면서 지정된 일시에 이행이 없을 경우 해제하겠다는 표시를 덧붙일 필요는 없다. 그렇지만 그러한 표시를 붙인 때에 그것이 유효함은 물론이다. 그런데 판례는 그러한 경우에는 뒤에 보는 정지조건부 해제와 마찬가지로 해제의 의사표시가 없더라도 그 기간의 경과로 계약이 해제된 것으로 본다$\left(\substack{\text{대판 1979. 9. 25,}\\ \text{79다1135·1136}}\right)$. 한편 판례는, 정해진 기간 내에 이행하지 않으면 계약이 당연히 해제된 것으로 한다는 이행청구$\left(\substack{\text{이는 실권약관과 비슷하나,}\\ \text{약관은 합의에 의하여 약정}}\right.$
한 것인 데 비하여 여기의 것은 일방적으로 최고를 하면서 덧붙인 것인
점에서 차이가 있다. 실권약관의 경우의 효과에 관하여는 [55] 참조$\Big)$는 그 이행청구와 동시에 그 기간

내에 이행이 없을 것을 정지조건으로 하여 미리 해제의 의사표시를 한 것으로 보며(대판 1981. 4. 14, 80다2381; 대판 1992. 12. 22, 92다28549), 그 결과 채무이행 없이 그 기간이 경과하면 곧바로(즉 해제의 의사표시 없이) 해제의 효과가 발생하게 된다(대판 1970. 9. 29, 70다1508). 이러한 판례는 채무자에게 특별히 불이익하지 않으므로 인정하여도 무방하다(없음).

(c) 채권자가 최고를 하면서 채무자가 본래 급부하여야 할 양보다 크거나 적게 표시한 경우의 효과가 문제된다.

과대최고를 하였어도 급부할 수량과의 차이가 비교적 적고 채권자가 과대하게 최고한 진의가 본래 급부하여야 할 수량을 청구한 것이라면, 그 최고는 본래 급부하여야 할 수량의 범위 내에서 유효하다고 할 것이나, 과다한 정도가 현저하고 채권자가 청구한 금액을 제공하지 않으면 그것을 수령하지 않을 것이라는 의사가 분명한 경우에는 최고로서의 효력이 없다고 하여야 한다(대판 1988. 12. 13, 87다카3147; 대판 1990. 6. 26, 89다카34022; 대판 1992. 7. 24, 91다38723·38730; 대판 1994. 5. 10, 93다47615; 대판 1994. 10. 11, 94다24565; 대판 1994. 11. 25, 94다35930; 대판 1995. 9. 5, 95다19898; 대판 1995. 9. 15, 94다54894; 대판 2004. 7. 9, 2004다13083).

과소최고는 채무의 동일성이 있으면 최고에 표시된 수량에 관하여서만 효력이 생긴다. 채권자는 일부최고를 할 수 있기 때문이다. 그러나 수량의 차이가 아주 작아서 채무 전부의 최고로 인정할 수 있는 경우에는 그 전부에 관하여 효력이 생긴다고 하여야 한다.

최고가 과대최고로서 무효인 경우에는 그에 따른 법적 효과가 발생하지 않을 뿐이며, 그 최고로 인하여 채무자에게 손해가 생긴다고 할 수는 없다(대판 1999. 12. 10, 99다31407).

(d) 이행의 최고는 「상당한 기간」을 정하여서 하여야 한다. 상당한 기간은 채무자가 이행을 준비하고 이행을 하는 데 필요한 기간이며, 그것은 구체적인 경우에 채무의 성질 기타 객관적 사정을 고려하여 결정한다. 그에 비하여 채무자의 여행·질병 등의 주관적인 사정은 고려되지 않는다(같은 취지: 곽윤직, 87면; 김주수, 133면. 반대 견해: 김상용, 124면; 김형배, 217면). 판례 가운데에는, 200만원의 금전지급의무에 관하여 1일의 유예기간이(대판 1976. 4. 27, 75다739), 그리고 매매잔대금 지급에 관하여 2일이(대판 1979. 7. 24, 78다2496) 상당한 기간으로 볼 수 없다고 한 것이 있는가 하면, 2일 이내에 잔대금을 지급하라는 최고가 적법하다고 한 것도 있다(대판 1980. 1. 15, 79다1859).

채권자가 정한 기간이 「상당한 기간」보다 짧은 경우(예컨대 7일이 상당한데 2일이라고 한 경우)에 최고는 무효인가? 그러한 경우에도 최고는 유효하며, 다만 「상당한 기간」이 경과한 뒤에 해제권이 생긴다고 새겨야 한다(통설이며, 판례도 같음. 대판 1979. 9. 25, 79다1135·1136). 제544조에 의한 해제권의 발생에서 중요한 것은 상당한 기간을 정한 최고가 아니라, 최고를 하여도 상당한 기간 내에 이행하지 않는 사실이며, 또한 이때 최고를 무효라고 하면 채무불이행자를 지나치게 보호하는 결과가 되기 때문이다. 그리고 이러한 견지에 선다면, 유예기간을 전혀 정하지 않고 행한 최고도 유효하고, 다만 최고 후 상당한 기간이 경과한 때에 해제권이 생긴다고 해석할 수 있다(통설·판례임. 대결 1990. 3. 27, 89다카14110; 대판 1994. 11. 25, 94다35930; 대판 2017. 9. 21, 2013다58668). 그런가 하면 판례는, 채권자가 채무자의 급부불이행 사정을 들어 계약을 해제하겠다는 통지를 한 때에는 특별히 그 급부의 수령을 거부하는 취지가 포함되어 있지 않는 한 그로써 이행의 최고가 있었다고 볼 수 있으며, 그로부터 상당한 기간이 경과하도록 이행되지 않았다면 채권자는 계약을 해제할 수 있다고 한다(대판 2017. 9. 21, 2013다58668; 대판 2021. 7. 8, 2020다290804; 대판 2022. 10. 27, 2022다238053).

(e) 채무자가 미리 이행하지 않을 의사를 표시한 경우, 즉 이행거절의 경우(대판 2005. 10. 13, 2005다37949는 이행할 의사가 없음을 확정적·종국적으로 표시했을 것을 요구한다)에는 최고 없이 계약을 해제할 수 있다(544조 단서). 이때 채권자는 자기 채무의 이행의 제공(이행을 준비하였다는 통지도 포함)을 할 필요도 없고(대판 1980. 3. 25, 80다66; 대판 1981. 11. 24, 81다633; 대판 1984. 12. 26, 84다카1763(매도인이 매수인을 상대로 매매잔대금 청구의 소를 제기하자 매수인이 매도인의 소유권이전등기 의무의 이행지체로 매매계약이 해제되었다고 주장하면서 오히려 반소로서 이미 지급한 계약금과 중도금의 반환과 위약금의 지급청구를 한 경우); 대판 1987. 4. 14, 86다카11; 대판 2003. 2. 26, 2000다40995; 대판 2011. 2. 10, 2010다77385; 대판 2021. 7. 15, 2018다214210. 선이행의무자의 선이행의무의 제공도 필요 없다(대판 1990. 3. 9, 89다카29), 또 해제하기 위하여 채무의 이행기를 기다릴 필요도 없다(대판 1993. 6. 25, 93다11821; 대판 2005. 8. 19, 2004다53173; 대판 2021. 7. 15, 2018다214210). 이행하지 않을 의사의 표명 여부는 계약이행에 관한 당사자의 행동과 계약 전후의 구체적 사정 등을 살펴서 판단하여야 한다(대판 1991. 3. 27, 90다8374; 대판 1992. 2. 28, 91다15584; 대판 1995. 3. 3, 93다50024; 대판 1997. 7. 25, 97다15371; 대판 1997. 11. 28, 97다30257; 대판 2005. 8. 19, 2004다53173; 대판 2021. 7. 15, 2018다214210). 그리고 판례는, 매수인이 계약상의 의무 없는 과다한 채무의 이행을 요구하고 있는 경우에는 자신의 채무를 이행할 의사가 없음을 표시한 것으로 보고 매도인은 자기 채무의 이행제공이나 최고 없이도 계약을 해제할 수 있다고 한다(대판 1982. 4. 27, 81다968, 81다카476; 대판 1992. 9. 14, 92다9463). 그런데 판례는 다른 한편으로, 「쌍무계약에 있어서 당사자의 일방이 그 채무를 이행하지 아니하는 경우 그 당사자가 채무의 이행을 거절하여 이를 이행할 의사가 없음이 명백한 경우에는 채권자는 채무자가 채무불이행 후 상당한 기간을 경과한 후에는 그 불이행을 이유로 계약을 해제할 수 있」다고 하여 앞의 판례와 모순을 보인다(대판 1974. 2. 12, 73다618). 이를 주류의 판례와 조화 있게 해석하려면 이 판결이 상당한 기간 전에 해제할 수 없다는 의미가 아니라고 새기는 수밖에 없다.

그 외에 판례는, 당사자의 일방이 이행을 제공하더라도 상대방이 상당한 기간 내에 그 채무를 이행할 수 없음이 객관적으로 명백한 경우에도, 그 일방은 자신의 채무의 이행을 제공함이 없이 상대방의 이행지체를 이유로 계약을 해제할 수 있다고 한다. 그리고 이 경우 당사자의 일방이 이행을 제공하더라도 상대방이 채무를 이행할 수 없음이 명백한지의 여부는 계약해제시를 기준으로 하여 판단할 것이라고 한다(대판 1993. 8. 24, 93다7204).

〈판 례〉

(ㄱ) 대법원이 채무를 이행하지 않을 의사를 표시하였는지에 관하여 판단한 예는 대단히 많다. 그 중에 긍정한 예를 하나만 들면, 매수인이 매도인과 매매계약을 체결하면서 맺은 특약에 대하여 그 존재를 부인하면서 이행하지 않는 경우에는 특약사항의 이행거절이 있는 것으로 보았다(대판 1997. 11. 28, 97다30257). 그에 비하여 ① 잔대금의 최고에도 아무런 회답이 없는 것(대판 1991. 7. 12, 90다8343), ② 매수인이 소유권이전등기 소송을 제기하면서 부동산에 의해 담보되고 있는 채무를 실제보다 훨씬 높여서 주장한 경우(대판 1991. 9. 10, 91다6368), ③ 매수인이 검인계약서 작성에 협조하지 않은 경우(대판 1992. 3. 10, 91다15744), ④ 채무자가 채무의 이행기가 도래하지 않았다고 믿을 만한 상당한 근거가 있어 이행을 거절하였는데 후에 법원 판결에 의해 이행기가 도래한 것으로 판명된 경우(대판 1996. 7. 30, 96다17738)에 관하여 그것만으로는 불이행 표시로 볼 수 없다고 하였다. 그런가 하면 매매대금의 일부가 남아 있는데도 전액 지급되었다면서 소유권이전등기의 이행을 소구하는 경우에 대하여 그것만으로는 불이행 표시가 있다고 할 수 없지만 사정에 따라서는 불이행 표시로 인정될 수 있다고 한다(대판 1993. 8. 24, 92다9159; 대판 1993. 12. 7, 93다32361; 대판 1995. 3. 10, 93다30129·30136; 대판 2000. 11. 24, 2000다49053(상계를 주장한 때임)). 그런데 그와 비슷한 경우에 대하여 원칙적으로 이행거절을 인정할 것이라고 한 예도 있다(대판 1993. 12. 14, 93다26045).

(ㄴ) 대법원은 ① 벌채기간을 계약일로부터 3년으로 정한 입목 매매계약이 체결된 후 18년이 경과하도록 벌채도 안 하고 다른 계약조항도 이행하지 않는 경우(대판 1966. 1. 18, 65다45), ② 매도인이 매매잔대금 청구의 소를 제기하자 매수인이 매도인의 소유권이전등기 의무의 이행지체로 매매계약이 해제되었다고 주장하면서 오히려 반소로써 이미 지급한 계약금과 중도금의 반환과 위약금의 지급청구를 한 경우(대판 1984. 12. 26, 84다카1763)에 관하여, 채무를 이행할 의사가 없음이 명백하다고 하였다. 그러나 매수인이 잔대금 지급의 연기를 수차 요청한 것만으로는 이를 인정할 수 없다고 한다(대판 1990. 11. 13, 90다카23882).

(ㄷ) 「쌍무계약에 있어 상대방이 미리 이행을 하지 아니할 의사를 표시하거나 당사자의 일방이 이행을 제공하더라도 상대방이 그 채무를 이행하지 아니할 것이 객관적으로 명백한 경우는 그 일방이 이행을 제공하지 아니하여도 상대방은 이행지체의 책임을 지고 이를 이유로 계약을 해제할 수 있다고 할 것이고, 당사자의 일방이 이행을

제공하더라도 상대방이 상당한 기간 내에 그 채무를 이행할 수 없음이 객관적으로 명백한 경우에도 그 일방은 자신의 채무의 이행을 제공하지 않더라도 상대방의 이행지체를 이유로 계약을 해제할 수 있다고 보아야 할 것이다.」(대판 1993. 8. 24, 93다7204)

(ㄹ)「쌍무계약에서 발생되는 쌍방 당사자의 채무는 서로 동시이행의 관계에 있다고 할 것이지만, 상대 당사자가 일방 당사자의 채무 이행에 대한 수령을 거절하는 의사를 명백히 표시하고 그 의사를 뒤집을 가능성이 보이지 아니하는 경우에는 일방 당사자는 위 채무를 이행하거나 그 이행을 제공하지 아니하더라도 채무불이행의 책임을 면하며, 동시이행의 항변권은 상실되어 상대 당사자에 대한 자신의 채권을 행사할 수 있다.」(대판 2012. 10. 25, 2010다89050)

(ㅁ)「채무불이행에 의한 계약해제에 있어 미리 이행하지 아니할 의사를 표시한 경우로서 이른바 '이행거절'로 인한 계약해제의 경우에는 상대방의 최고 및 동시이행관계에 있는 자기 채무의 이행제공을 요하지 아니하여(대법원 1992. 9. 14. 선고 92다9463 판결 참조) 이행지체 시의 계약해제와 비교할 때 계약해제의 요건이 완화되어 있는바, 명시적으로 이행거절 의사를 표명하는 경우 외에 계약 당시나 계약 후의 여러 사정을 종합하여 묵시적 이행거절의사를 인정하기 위하여는 그 거절의사가 정황상 분명하게 인정되어야 한다.」(갑이 을로부터 토지와 건물의 소유권을 이전받는 대가로 토지에 설정된 근저당권의 피담보채무 등을 인수하기로 약정을 하였으나, 을이 토지에 관하여 병 명의로 소유권이전등기 청구권 가등기를 경료한 채 위 약정에 따른 소유권이전등기를 지체하자 갑이 토지에 관한 가압류를 신청한 사안에서, 갑과 을 사이에 약정을 해제하기로 하는 합의가 성립하였다거나 갑에게 계약을 실현할 의사가 없거나 계약을 포기할 의사가 있다고 볼 수 없고, 또한 가압류신청 전후의 여러 사정을 감안하면 가압류신청서를 제출한 사실만으로 갑의 이행거절의사가 명백하고 종국적으로 표시되었다고 단정하기도 어려우므로, 위 약정이 합의해제 되었다거나 갑의 이행거절로 해제되었다고 볼 수 없다고 한 사례)(대판 2011. 2. 10, 2010다77385. 같은 취지: 대판 2021. 7. 15, 2018다214210. 그리고 대판 2006. 11. 9, 2004다22971은 묵시적 이행거절의사를 인정함에 있어서는 이행거절의사가 명백하고 종국적으로 표시되어야 할 것이라고 한다)

판례에 의하면, 제544조 단서에 의하여 계약을 최고 없이 해제할 수 있으려면 불이행 의사를 표시한 내용 자체가 계약목적 달성에 필요 불가결한 것이어야 하고 부수적 채무에 관한 것이 아니어야 한다(대판 1987. 5. 26, 85다카914·915).

이행거절의 의사표시는 해제가 있기까지는 철회할 수 있다고 할 것이다(이는 해제시까지 채무자가 이행을 하여 해제권을 소멸시키는 것에 대응한 것이다). 그리고 그러한 철회가 있는 때에는, 채권자는 자신의 채무의 이행을 제공하고서 상당한 기간을 정하여 이행을 최고하여야만 해제할 수 있다(대판 1989. 3. 14, 88다1516·1523, 88다카10029·10036; 대판 1992. 9. 22, 91다25703; 대판 2003. 2. 26, 2000다40995).

[60] **㈐ 최고기간 내에 이행 또는 이행의 제공이 없을 것**   (a) 최고기간 내에 채무자의 이행이나 이행의 제공이 없어야 해제권이 생긴다. 문제는 채무자가 유책사유에 기하여 이행 등을 하지 않았어야 하는지이다. 여기에 관하여 학설은 i) 긍정설(곽윤직, 88면; 윤철홍, 121면)과 ii) 부정설(김상용, 125면; 김학동, 129면; 김형배, 219면)로 나뉘어 있다. 그리고 판례는, 「이행을 지체하게 된 전후 사정, 그 이행에 관한 당사자의 태도, 소송의 경과 등 제반 사정에 비추어 보아 채무자가 최고기간 또는 상당한 기간 내에 이행하지 아니한 데에 정당한 사유가 있다고 여겨질 경우에는 신의칙상 그 최고기간 또는 상당한 기간 내에 이행 또는 이행의 제공이 없다는 이유로 해제권을 행사하는 것이 제한될 수 있다」고 하여(대판 2013. 6. 27, 2013다14880·14897. 같은 취지: 대판 2001. 4. 10, 2000다64403), i)설과 유사하다. 생각건대 ii)설은 책임없는 채무자에게 가혹하므로, i)설을 따라야 할 것이다.

  (b) 쌍무계약에 있어서 당사자 쌍방의 채무가 동시이행의 관계에 있는 때에는, 채권자는 채무자를 이행지체에 빠지게 하기 위하여 자기 채무의 이행의 제공을 하는 것 외에 최고기간에도 이행의 제공을 하여야 한다(이설이 없으며, 판례도 같음. 대판 1969. 7. 8, 69다337; 대판 1980. 7. 8, 80다725; 대판 1985. 11. 26, 85다카1585; 대판 1986. 7. 22, 85다카1904; 대판 1987. 9. 8, 86다카1379; 대판 1988. 11. 22, 87다카2498; 대판 1993. 4. 13, 92다56438). 채권자가 이행의 제공을 하여야 하는 기간은 채무자에 대한 이행청구에 표시된 이행기이며, 그것이 일정한 기간으로 정해져 있으면 그 기간 중에 하여야 하고, 일정한 일시로 정하여져 있으면 그 기일에 이행의 제공을 하면 된다(대판 1981. 4. 14, 80다2381; 대판 1992. 12. 22, 92다28549). 그런데 이때의 제공은 이행지체를 위한 것과 달리 엄격하게 새길 필요가 없다(같은 취지: 대판 1982. 6. 22, 81다카1283·1284; 대판 1996. 11. 26, 96다35590·35606. 이 두 판결은, 「이행기에 한번 이행제공을 하여서 상대방을 이행지체에 빠지게 한 경우 신의성실의 원칙상 이행을 최고하는 일방 당사자로서는 그 채무이행의 제공을 계속할 필요는 없다」고도 하고 있으나, 이러한 표현은 지나친 것으로서 적절하지 않다). 판례도, 부동산 매수인이 현실로 이행제공하였던 잔대금으로 양도성예금증서를 구입하여 보관하고 있으면서 자신의 채무를 이행할 수 있는 준비를 하고 있었던 경우에 관하여 적법한 이행제공이라고 한다(앞의 1996. 11. 26. 판결). 채권자가 최고기간 동안 이행의 제공을 하여 해제권이 발생하면 그 이후에는 해제를 위하여 더 이상 이행의 제공을 할 필요는 없다(이설 없음). 한편 일부 견해(김주수, 135면; 김형배, 220면)는 채무의 이행에 관하여 확정기한이 정하여져 있을 경우에 채권자가 그 기한에 제공하였을 때에는, 채권자가 그 후에 최고를 함에는 다시 제공할 필요가 없다고 하나, 그러한 해석은 타당하지 않다(그 문헌들에 인용된 판결은 조건부 해제에 관한 것으로서 전혀 다른 것임을 주의).

〈판 례〉

「동시이행의 관계에 있는 쌍무계약에 있어서 상대방의 채무불이행을 이유로 계약을 해제하려고 하는 자는 동시이행관계에 있는 자기 채무의 이행을 제공하여야 하고, 그 채무를 이행함에 있어 상대방의 행위를 필요로 할 때에는 언제든지 현실로 이행을 할 수 있는 준비를 완료하고 그 뜻을 상대방에게 통지하여 그 수령을 최고하여야만 상대방으로 하여금 이행지체에 빠지게 할 수 있는 것이며 단순히 이행의 준비태세를 갖추고 있는 것만으로는 안 된다.」$\binom{\text{대판 2009. 3. 26, 2008다94646. 같은 취}}{\text{지: 대판 2008. 4. 24, 2008다3053·3060}}$

(래) **해제권의 발생요건을 경감하는 특약**   이행지체에 의한 법정해제권의 발생요건을 경감하는 특약은 유효하다. 최고 없이 해제할 수 있다는 특약이 그 예이다. 그러한 특약이 있는 경우에는 최고 없이 해제할 수 있게 된다.

(마) **이행지체에 의한 해제권의 발생과 소멸**   (a) 해제권 발생의 요건이 갖추어지면 해제권이 발생하는데, 그 시기는 원칙적으로는 최고기간이 만료하는 때이다. 그러나 여기에는 많은 예외가 있다. 즉 채무자가 채무를 이행하지 않을 의사표시(이행거절)를 한 경우$\binom{\text{이때는 최고가}}{\text{필요하지 않다}}$에는 이행기 전이든 후이든 묻지 않고 그러한 — 확고한 — 의사표시가 있는 때에 발생한다고 하여야 하며$\binom{\text{같은 취지: 이은영, 235}}{\text{면; 대판 1993. 6. 25,}}$ 93다11821; 대판 2005. 8. 19, 2004다53173. 그러나 곽윤직, 89면; 김상용, 126면; 김주수, 136면은 이행기 전에는 이행지체가 있는 때에 발생한다고 한다), 상당하지 않은 기간을 정하여 또는 유예기간을 정함이 없이 최고할 경우에는 최고 후 상당한 기간이 경과한 때에 해제권이 발생하게 되고 당사자 사이에 최고 없이 해제할 수 있다는 특약이 있는 경우에는 이행지체가 있으면 곧바로 해제권이 발생한다. 계약상의 의무 없는 과다한 채무이행을 요구하는 경우에는 이행거절을 한 때와 같고, 당사자의 일방이 이행을 제공하더라도 상대방이 상당한 기간 내에 그 채무를 이행할 수 없음이 객관적으로 명백한 경우에는 그 사실이 명백하게 된 때 해제권이 발생한다고 할 것이다.

(b) 해제권이 발생한 후에도 채권자가 해제권을 행사하기 전에는 채무자는 채무 내용에 좇은 이행의 제공$\binom{\text{지연배}}{\text{상 포함}}$을 하여 해제권을 소멸시킬 수 있다$\binom{\text{이설}}{\text{없음}}$.

(c) 해제권이 발생한 경우 채권자가 이를 반드시 행사하여야 하는 것은 아니다. 즉 그는 해제권을 포기하고 본래의 급부를 청구할 수도 있다. 그 밖에 해제권의 실효도 문제되나, 그에 관하여는 뒤에 기술한다($\frac{[72]}{\text{참조}}$).

2) **계약이 정기행위(定期行爲)인 경우**   [61]

(가) **정기행위의 의의**   정기행위란 계약 가운데 계약의 성질 또는 당사자의 의사표시에 의하여 일정한 시일 또는 일정한 기간 내에 이행하지 않으면 계약의

목적을 달성할 수 없는 것을 말한다($^{545조}_{참조}$). 정기행위에는 계약의 성질에 의한 정기행위($^{예: 초대장의 주문, 교향곡}_{연주에서의 플루트 연주}$) 즉 절대적 정기행위와 당사자의 의사표시에 의한 정기행위($^{예: 결혼식에 입}_{을 양복의 주문}$) 즉 상대적 정기행위의 두 가지가 있다. 이 중에 상대적 정기행위는 계약 내지 급부의 성질에 의하여서가 아니고 당사자의 의사표시에 의하여 정기행위로 된 것인데, 여기의 의사표시는 당사자의 합의의 의미로 새겨야 한다. 그리고 단순히 채무자가 이행기를 지킨다는 것만으로는 그러한 합의로 인정될 수 없으며, 채무자가 일정한 시기에 이행하지 않으면 계약의 목적을 달성할 수 없음을 알고 채권자에게 반드시 이행기를 지키겠다고 약속하였어야 한다($^{같은 취지: 곽윤}_{직, 89면; 김상용,}$ $^{127면; 김주}_{수, 138면}$).

(내) **정기행위의 이행지체에 의한 해제권의 발생**　　(a) 정기행위에 있어서는 ― 그것이 절대적 정기행위이든 상대적 정기행위이든 ― 이행지체가 있으면 곧바로 해제권이 발생하고, 보통의 계약에서와 달리 최고는 요구되지 않는다($^{545}_{조}$). 여기의 이행지체가 채무자의 유책사유 있는 위법한 것이어야 함은 보통의 계약에서와 같다($^{같은 취지: 곽윤직, 90면; 김주수, 138면.}_{반대 견해: 김학동, 131면; 김형배, 223면}$).

(b) 정기행위의 경우에는 이행기에 이행이 없으면 계약의 목적을 달성할 수 없다. 그렇지만 민법은 이행지체가 되었다고 하여 곧바로 해제의 효과를 발생시키지는 않는다. 계약은 채권자가 해제의 의사표시를 한 때에 무효로 되는 것이다($^{상법 68조는 상인간의 확정기매매의 경우에는 즉시}_{이행을 청구하지 않으면 계약이 해제된 것으로 본다}$).

[62]　　　**(3) 이행불능의 경우**

1) 채무자에게 책임있는 사유로 이행이 불능하게 된 때에는 채권자는 계약을 해제할 수 있다($^{546}_{조}$). 해제권 발생의 요건은 채무불이행으로서의 이행불능의 성립으로 충분하고($^{채권법총론 [75] 이하 참조. 판례에 의한 구체}_{적 사례에 관하여는 특히 채권법총론 [76] 참조}$), 보통의 이행지체에서와 달리 최고는 필요하지 않다. 그리고 채무자의 채무가 상대방의 채무와 동시이행관계에 있다고 하더라도 그 이행의 제공을 할 필요도 없다($^{대판 1977. 9. 13, 77다918; 대}_{판 2003. 1. 24, 2000다22850}$).

〈판 례〉

(ㄱ)「채무의 이행이 불능이라는 것은 단순히 절대적·물리적으로 불능인 경우가 아니라 사회생활에 있어서의 경험법칙 또는 거래상의 관념에 비추어 볼 때 채권자가 채무자의 이행의 실현을 기대할 수 없는 경우를 말하는 것인바, 매매목적물에 대하여 가압류 또는 처분금지 가처분 집행이 되어 있다고 하여 매매에 따른 소유권이전

등기가 불가능한 것은 아니며(대법원 1995. 4. 14. 선고 94다6529 판결, 1999. 6. 11. 선고 99다11045 판결 등 참조), 이러한 법리는 가압류 또는 가처분 집행의 대상이 매매목적물 자체가 아니라 매도인이 매매목적물의 원소유자에 대하여 가지는 소유권이전등기 청구권 또는 분양권인 경우에도 마찬가지라고 할 것임은 원심이 설시하고 있는 바와 같다.

그러나 매도인의 소유권이전등기 청구권이 가압류되어 있거나 처분금지 가처분이 있는 경우에는 그 가압류 또는 가처분의 해제를 조건으로 하여서만 소유권이전등기 절차의 이행을 명받을 수 있는 것이어서, 매도인은 그 가압류 또는 가처분을 해제하지 아니하고서는 매도인 명의의 소유권이전등기를 마칠 수 없고, 따라서 매수인 명의의 소유권이전등기도 경료하여 줄 수 없다고 할 것이므로(대법원 1999. 2. 9. 선고 98다42615 판결, 2001. 7. 27. 선고 2001다27784, 27791 판결 등 참조), 매도인이 그 가압류 또는 가처분 집행을 모두 해제할 수 없는 무자력의 상태에 있다고 인정되는 경우에는 매수인이 매도인의 소유권이전등기 의무가 이행불능임을 이유로 매매계약을 해제할 수 있다고 할 것이다(대법원 2003. 1. 24. 선고 2000다22850 판결 참조).」(대판 2006. 6. 16, 2005다39211)

(ㄴ) 뉴타운 도시개발사업을 시행하는 에스에이치(SH)공사를 상대로 이주대책 신청을 한 갑이 이주대책자 확인·결정 전 수분양권을 을에게 매도하였고, 을이 다시 병에게 매도한 사안에서, 을이 병에게 수분양권을 전전 양도할 당시 갑이 수분양권을 취득하지 못할 수 있어 매매계약 이행을 후발적으로 불가능하게 할 수 있는 하자가 존재함에도, 장래 발생할 수분양권을 병이 이상 없이 인수할 수 있도록 약정하였고 그 후 갑이 이주대책자 선정에서 배제됨으로써 수분양권이 발생하지 않는 것으로 확정되었다면 을에게 매매계약 이행이 후발적 불능으로 귀착된 데 대한 귀책사유가 있으므로, 병은 매매계약을 해제할 수 있다고 한 사례(대판 2011. 5. 26, 2010다102991)

2) 채무자에게 책임없는 사유로 이행이 불능하게 된 경우에는, 채권자에게 유책사유가 있든 없든 위험부담의 문제(537조·538조 참조)로 되며, 이행불능을 이유로 한 해제는 인정되지 않는다(대판 1977. 12. 27, 76다1472(쌍방에게 유책사유 없는 경우); 대판 2002. 4. 26, 2000다50497(채권자에게 유책사유 있는 경우)).

〈판 례〉

「이행불능을 이유로 계약을 해제하기 위해서는 그 이행불능이 채무자의 귀책사유에 의한 경우여야만 한다 할 것이므로(민법 제546조), 매도인의 매매목적물에 관한 소유권이전의무가 이행불능이 되었다고 할지라도, 그 이행불능이 매수인의 귀책사유에 의한 경우에는 매수인은 그 이행불능을 이유로 계약을 해제할 수 없다.」(대판 2002. 4. 26, 2000다50497)

3) 일부불능의 경우에 계약 전부를 해제할 수 있는가? 여기에 관하여 학설은 i) 급부가 가분이면 원칙적으로 불능인 부분에 관하여서만 해제할 수 있고 잔존부분만으로는 계약의 목적을 달성할 수 없는 때에는 계약 전부를 해제할 수 있으

나, 급부가 불가분이면 잔존부분만으로는 계약의 목적을 달성할 수 없는 때에는 계약 전부를 해제할 수 있고 잔존부분만으로도 계약의 목적을 달성할 수 있는 때에는 해제는 할 수 없고 불능부분에 관하여 손해배상만을 청구할 수 있다는 견해(김상용, 128면; 김주수, 139면; 김증한, 91면; 김형배, 224면), ii) 원칙적으로 계약 전부를 해제할 수 있다고 하면서 예외를 인정하는 견해(이은영, 236면)로 나뉘어 있다. 그리고 판례는 — 가분급부인 경우에 관하여 — i)설의 견지에 있다(대판 1987. 7. 7, 86다카2943; 대판 1996. 2. 9, 94다57817). 생각건대 이때에는 일부지체에서와 마찬가지로 일부무효의 법리가 적용되어야 한다(^[58]참조). 따라서 반대급부가 가분이든 불가분이든 원칙적으로 계약 전부를 해제할 수 있다고 할 것이다. 다만, 불능으로 되지 않은 부분만으로도 계약을 체결했으리라고 인정되는 때에는 — 반대급부가 가분인 한(반대급부가 불가분이면 해제할 수 없고, 불능부분에 관하여 손해배상만을 청구할 수 있다고 할 것이다) — 불능부분만을 해제할 수 있다. 그리고 불능부분이 아주 작은 때에는 신의칙상 불능부분에 관하여도 해제할 수 없다고 새겨야 한다.

4) 판례는, 채무불이행에 따른 해제의 의사표시 당시에 이미 채무불이행의 대상이 되는 본래 채권이 시효가 완성되어 소멸하였다면, 채무자가 소멸시효의 완성을 주장하는 것이 신의성실의 원칙에 반하여 허용될 수 없다는 등의 특별한 사정이 없는 한, 채권자는 채무불이행 시점이 본래 채권의 시효 완성 전인지 후인지를 불문하고 그 채무불이행을 이유로 한 해제권 및 이에 기한 원상회복청구권을 행사할 수 없다고 한다(대판 2022. 9. 29, 2019다204593. 같은 취지: 대판 2010. 11. 25, 2010다56685).

5) 이행불능에 의하여 해제권이 발생하는 시기는 이행불능이 생긴 때이다. 이행기가 되지 않은 경우에도 이행기를 기다릴 필요가 없다.

[63]　　　**(4) 불완전급부의 경우**

1) 종래 우리의 통설은 채무의 이행으로서 급부는 있었으나 그 급부가 불완전한 경우를 불완전이행이라고 하면서 그 경우에도 해제권이 발생한다고 한다. 그런데 불완전이행 외에 어떤 요건을 더 갖추는 때에 해제권이 발생하는가에 관하여 i) 다수설은 완전이행이 가능한 경우에는 — 이행지체의 규정을 유추하여 — 채권자가 상당한 기간을 정하여 완전이행을 최고하였으나 채무자가 완전이행을 않은 때에 해제권이 발생하고, 완전이행이 불가능한 경우에는 — 이행불능의 규정을 유추하여 — 최고 없이 곧 해제할 수 있다고 하고(곽윤직, 90면; 김상용, 129면; 김주수, 140면. 김형배, 225면도 같은 취지이나, 불완전이행의 정도가 중대하지 않을 경우에는 예외로 한다), ii) 소수설은 원칙적으로 해제권이 발생하지 않으며

그 불이행의 영향력이 계약의 목적달성을 위협할 정도에 이른 경우에 한하여 해제권이 인정된다고 한다($\substack{이은영, \\ 237면}$). 그리고 대법원은, A(위임인)가 B(수임인)에게 C의 토지에 관하여 A를 임차인으로 하는 임대차계약을 체결하라고 위임하였는데 B가 자신을 임차인으로 하는 임대차계약을 체결한 경우에 대하여,「수임인이 위임계약상의 채무를 제대로 이행하지 아니하였다 하여 위임인이 언제나 최고 없이 바로 그 채무불이행을 이유로 하여 위임계약을 해제할 수 있는 것은 아니고, 아직도 수임인이 위임계약상의 채무를 이행하는 것이 가능하다면 위임인은 수임인에 대하여 상당한 기간을 정하여 그 이행을 최고하고, 수임인이 그 기간 내에 이를 이행하지 아니할 때에 한하여 계약을 해제할 수 있다」고 하였다($\substack{대판 1996. 11. \\ 26, 96다27148}$). 이는 완전이행이 가능한 경우에 관하여 이행지체의 규정을 유추적용한 것으로서 통설과 같은 태도이다.

그런데 — 채권법총론에서 설명한 바와 같이($\substack{채권법총론 \\ [60] \cdot [61] 참조}$) — 통설의 불완전이행은「불완전급부」와「기타의 행위의무의 위반」의 두 가지로 나누어 다루는 것이 바람직하다. 이 두 가지는 성질이 전혀 다르고 요건 등에서도 차이가 있기 때문이다. 그리하여 여기서는 이 둘의 각각에 대하여 해제권의 발생을 살펴볼 것이다.

2) 불완전급부는 채무자가 급부의무의 이행행위를 하였으나 그 이행에 하자가 있는 것이다($\substack{채권법총론 \\ [81] 이하 참조}$). 불완전급부의 경우의 해제권의 발생에 관하여는 민법에 규정이 없으나, 그것도 채무불이행의 하나인 만큼 해제권이 발생한다고 하여야 하며 그 경우의 해제권은 — 그와 가장 유사한 제580조를 유추적용하여 — 불완전급부로 인하여 계약의 목적을 달성할 수 없는 때에 한하여 인정된다고 새기는 것이 좋다($\substack{개정된 독일민법 323 \\ 조 5항 2문도 참조}$).

3)「주는 채무」에 있어서 불완전급부에 대하여는 — 인도된 물건이 특정물이든 불특정물이든 — 하자담보책임 규정($\substack{580조 \cdot 581 \\ 조 \cdot 559조}$)이 적용됨을 주의하여야 한다($\substack{채권 \\ 법총}$ 론 [82] 도 참조).

(5)「기타의 행위의무」위반의 경우

급부의무 이외의 행위의무, 즉「기타의 행위의무」($\substack{이를 신의칙상의 \\ 부수의무라고도 함}$)를 위반한 경우($\substack{채권법총론 [84] 참조. 통설은 이 \\ 경우도 불완전이행으로 다룬다}$)에도 해제권이 발생한다고 하여야 한다. 그리고 이 경우에도 불완전급부에서처럼 계약의 목적을 달성할 수 없는 때에만 해제할 수 있다고 새길 것이다.

(6) 채권자지체(수령지체)의 경우

채권자지체의 경우에 해제권이 발생하는지 여부는 채권자지체의 법적 성질($\binom{채권법총론}{[113] \ 참조}$)을 어떻게 파악하느냐에 달려 있다. 채권자에게 일반적으로 수령의무를 인정하거나($\binom{곽윤직,}{91면}$) 매매·도급·임치관계에서 예외적으로 수취의무를 인정하거나($\binom{김형배,}{228면}$) 또는 채권자에게 유책사유가 있는 때에는 채무불이행이라고 하는($\binom{김상용,}{130면}$) 견해는 그 범위에서 해제권이 생긴다고 하게 된다. 그리고 그때에는 채무자가 상당한 기간을 정하여 수령을 최고하고 그 기간 내에 채권자의 수령이 없는 경우에 해제할 수 있다고 새긴다.

그러나 우리 민법상 채권자에게는 당사자의 특약이나 법률의 특별규정이 없는 한 법적 의무로서의 협력의무는 없다고 하여야 하며, 채권자지체책임은 채무불이행책임이 아니고 민법이 정한 책임이라고 할 것이다($\binom{자세한 점은 채권}{법총론 \ [113] \ 참조}$). 따라서 채권자지체의 경우에 채무자에게 해제권이 생기지는 않는다. 최근에 대법원은, 채권자지체가 성립하는 경우 그 효과로서 원칙적으로 계약 해제를 주장할 수는 없으나, 계약 당사자가 명시적·묵시적으로 채권자에게 급부를 수령할 의무 또는 채무자의 급부 이행에 협력할 의무가 있다고 약정한 경우, 또는 구체적 사안에서 신의칙상 채권자에게 위와 같은 수령의무나 협력의무가 있다고 볼 특별한 사정이 있다고 인정되는 경우에는 그러한 의무 위반에 대한 책임이 발생할 수 있고, 이와 같이 채권자에게 계약상 의무로서 수령의무나 협력의무가 인정되는 경우, 그 수령의무나 협력의무가 이행되지 않으면 계약 목적을 달성할 수 없거나 채무자에게 계약의 유지를 더 이상 기대할 수 없다고 볼 수 있는 때에는 채무자는 수령의무나 협력의무 위반을 이유로 계약을 해제할 수 있다고 하였다($\binom{대판 \ 2021. \ 10. \ 28,}{2019다293036[핵심}$ $\binom{판례}{236면]}$).

쌍무계약에 있어서는 수령지체한 채권자는 보통 자신의 채무에 관하여 이행지체에 빠져 있을 것이다. 그때 수령지체 채무의 채무자가 이행지체 채무의 채권자로서 해제할 수 있음은 물론이다.

[64]   ### (7) 사정변경의 원칙에 의한 해제권의 발생

1) 사정변경의 원칙은 법률행위의 기초가 된 사정이 후에 당사자가 예견하지도 못했고 또 예견할 수도 없는 중대한 변경을 받게 되어, 처음의 효과를 그대로 유지하는 것이 부당한 경우에, 법률행위의 내용을 개조하거나 계약을 해제·해지

할 수 있다는 원칙이다.

이 원칙은 중세 카논법(교회법)에 기원을 두고 있는데, 카논법의 그 이론은 독일 보통법 초기에는 많이 논의되었으나, 19세기에는 「계약은 지켜져야 한다」(pacta sunt servanda)는 원칙에 압도되어 잊혀졌었고, 제 1 차 세계대전 후에 다시 논의되었다. 그리고 현재는 여러 나라에서 그 법리가 널리 인정되고 있다. 그 대표적인 것이 독일의 행위기초론인데, 그 이론은 최근에 독일민법전에 명문화되었다($\binom{같은 법}{313조}$). 우리의 이론은 일본이 외국이론의 비교연구를 통하여 새로이 만든 것을 받아들인 것이라고 한다($\binom{곽윤직,}{93면}$).

2) 민법에는 사정변경의 원칙에 입각한 규정은 많이 있으나, 이를 일반적으로 인정하는 규정은 두어져 있지 않다. 그렇지만 학설은 대체로 신의칙의 파생적 원칙으로 이 원칙을 인정하고 있다($\binom{대표적으로 곽윤직, 93면. 그러나 이은영, 240면은 전시 또는}{그에 준하는 위기상황의 경우에만 해제권 발생을 인정한다}$). 그리고 판례는 과거에는 이를 인정하지 않았으나, 근래에는 사정변경으로 인한 계약의 해제뿐만 아니라($\binom{대판 2007. 3. 29,}{2004다31302}$), 계속적 계약관계에서 사정변경을 이유로 한 계약의 해지도 인정하며($\binom{대판(전원) 2013. 9. 26, 2012다13637;}{대판(전원) 2013. 9. 26, 2013다26746}$), 최근에는 그 법리를, 「계약 성립의 기초가 된 사정이 현저히 변경되고 당사자가 계약의 성립 당시 이를 예견할 수 없었으며, 그로 인하여 계약을 그대로 유지하는 것이 당사자의 이해에 중대한 불균형을 초래하거나 계약을 체결한 목적을 달성할 수 없는 경우에는 계약 준수 원칙의 예외로서 사정변경을 이유로 계약을 해제하거나 해지할 수 있다」고 정리하였다($\binom{대판 2017. 6. 8, 2016다249557; 대판 2020. 5. 14, 2016다12175;}{대판 2020. 12. 10, 2020다254846; 대판 2021. 6. 30, 2019다276338}$). 한편 판례는, 여기에서 말하는 사정이라 함은 계약의 기초가 되었던 객관적인 사정을 가리키고, 일방당사자의 주관적 또는 개인적인 사정을 의미하는 것이 아니며($\binom{대판 2007. 3. 29, 2004다31302;}{대판(전원) 2013. 9. 26, 2012다}$ $\binom{13637; 대판(전원)}{2013. 9. 26, 2013다26746}$), 당사자들이 계약의 기초로 삼지 않은 사정이나 어느 일방당사자가 변경에 따른 불이익이나 위험을 떠안기로 한 사정도 포함되지 않는다고 한다($\binom{대판 2017. 6. 8, 2016다249557; 대판 2020. 5. 14,}{2016다12175; 대판 2021. 6. 30, 2019다276338}$). 그리고 계약의 성립에 기초가 되지 아니한 사정이 그 후 변경되어 일방당사자가 계약 당시 의도한 계약목적을 달성할 수 없게 됨으로써 손해를 입게 되었다 하더라도 특별한 사정이 없는 한 그 계약내용의 효력을 그대로 유지하는 것이 신의칙에 반한다고 볼 수 없다고 한다($\binom{대판 2007. 3. 29,}{2004다31302; 대판}$ $\binom{(전원) 2013. 9. 26, 2012다13637; 대}{판(전원) 2013. 9. 26, 2013다26746}$). 그런가 하면, 사정변경에 대한 예견가능성이 있었는지는 추상적·일반적으로 판단할 것이 아니라, 구체적인 사안에서 계약의 유형과

내용, 당사자의 지위, 거래경험과 인식가능성, 사정변경의 위험이 크고 구체적인지 등 여러 사정을 종합적으로 고려하여 개별적으로 판단해야 하며, 이때 합리적인 사람의 입장에서 볼 때 당사자들이 사정변경을 예견했다면 계약을 체결하지 않거나 다른 내용으로 체결했을 것이라고 기대되는 경우 특별한 사정이 없는 한 예견가능성이 없다고 한다($\binom{대판\ 2021.\ 6.\ 30,}{2019다276338}$). 그리고 경제상황 등의 변동으로 당사자에게 손해가 생기더라도 합리적인 사람의 입장에서 사정변경을 예견할 수 있었다면 사정변경을 이유로 계약을 해제할 수 없으며($\binom{대판\ 2017.\ 6.\ 8,\ 2016다249557;\ 대판\ 2020.}{5.\ 14,\ 2016다12175;\ 대판\ 2021.\ 6.\ 30,}$ $\binom{2019다}{276338}$), 특히 계속적 계약에서는 계약의 체결시와 이행시 사이에 간극이 크기 때문에 당사자들이 예상할 수 없었던 사정변경이 발생할 가능성이 높지만, 이러한 경우에도 그 계약을 해지하려면 경제적 상황의 변화로 당사자에게 불이익이 발생했다는 것만으로는 부족하고 사정변경의 원칙에 관한 요건을 충족할 것이 필요하다고 한다($\binom{대판\ 2017.\ 6.\ 8,\ 2016다249557;}{대판\ 2021.\ 6.\ 30,\ 2019다276338}$).

〈판 례〉

지방자치단체로부터 매수한 토지가 공공공지에 편입되어 매수인이 의도한 음식점 등의 건축이 불가능하게 되었더라도 이는 매매계약을 해제할 만한 사정변경에 해당하지 않고, 매수인이 의도한 주관적인 매수목적을 달성할 수 없게 되어 손해를 입었다 하더라도 매매계약을 그대로 유지하는 것이 신의칙에 반한다고 볼 수도 없다고 한 사례($\binom{대판\ 2007.\ 3.\ 29,}{2004다31302}$).

생각건대 사정변경의 원칙은 우리 민법의 정신에 비추어 인정될 수 있고, 또 그것은 법의 한계를 극복하는 것으로서 필요하다고 할 것이다. 그리고 이 원칙은 전시나 위기뿐만 아니라 일반적으로 인정되어야 한다. 전시 등에만 인정하면 혼란만 가중될 것이기에 더욱 그렇다.

3) 사정변경의 원칙에 의하여 해제권이 발생하기 위한 요건은 ① 계약의 기초가 된 사정이 당사자가 예견하지 못했고 또 예견할 수도 없이 중대하게 변경되었을 것, ② 사정의 변경이 해제권을 취득하는 당사자에게 책임없는 사유로 생겼을 것, ③ 계약의 내용을 유지하는 것이 신의칙에 반할 것 등이다. 그리고 최고는 요건이 아니다. 이에 의한 해제의 효과는 보통의 법정해제에서와 같다. 다만, 이 경우는 채무불이행을 이유로 해제하는 것이 아니므로 손해배상의무는 생기지 않는다.

(8) 부수적 채무(정확하게는 부수적 급부의무)의 불이행의 경우

하나의 계약에서 여러 가지 의무가 생기는 때가 많다. 그러한 경우에 어느 하나의 의무에 관하여 채무불이행이 있어도 해제권이 발생하는지가 문제된다. 여기에 대하여 판례는, 채무불이행을 이유로 계약을 해제하려면 당해 채무가 계약의 목적달성에 있어 필요불가결하고 이를 이행하지 않으면 계약의 목적이 달성되지 않아 채권자가 그 계약을 체결하지 않았을 것이라고 여겨질 정도의 주된 채무이어야 하고 그렇지 않은 부수적 채무를 불이행한 데에 지나지 않은 경우에는 계약을 해제할 수 없다고 한다(대결 1997. 4. 7, 97마575; 대판 2001. 11. 13, 2001다20394 · 20400; 대판 2005. 11. 25, 2005다53705 · 53712; 대판 2022. 6. 16, 2022다203804. 같은 취지: 대판 1993. 7. 13, 93다17966 · 17973; 대판 1994. 4. 26, 93다5123; 대판 1994. 12. 22, 93다2766. 그런데 이전의 판례인 대판 1968. 11. 5, 68다1808; 대판 1992. 6. 23, 92다7795는 원칙적으로 해제할 수 없다고 한다). 판례는 더 나아가, 주된 채무와 부수적 채무를 구별함에 있어서는 급부의 독립된 가치와는 관계없이 계약을 체결할 때 표명되었거나 그 당시 상황으로 보아 분명하게 객관적으로 나타난 당사자의 합리적 의사에 의하여 결정하되, 계약의 내용 · 목적 · 불이행의 결과 등의 여러 사정을 고려할 것이라고 한다(대결 1997. 4. 7, 97마575; 대판 2005. 7. 14, 2004다67011; 대판 2005. 11. 25, 2005다53705 · 53712; 대판 2022. 6. 16, 2022다203804).

〈부수적 채무인지에 관한 판례〉

(ㄱ) 상가의 일부 층을 먼저 분양하면서 그 수분양자에게 장차 나머지 상가의 분양에 있어 상가 내 기존 업종과 중복되지 않는 업종을 지정하여 기존 수분양자의 영업권을 보호하겠다고 약정한 경우, 그 약정에 기한 영업권 보호 채무를 분양계약의 주된 채무로 본 사례(대결 1997. 4. 7, 97마575).

(ㄴ) 영상물 제작공급계약의 수급인이 내부적인 문제로 영상물제작 일정에 다소의 차질이 발생하여 예정된 일자에 시사회를 준비하지 못한 경우, 그와 같은 의무불이행은 그 계약의 목적이 된 주된 채무를 이행하는 과정에서의 부수된 절차적인 의무의 불이행에 불과하므로, 도급인은 그와 같은 부수적인 의무의 불이행을 이유로 계약을 해제할 수 없다고 본 원심판결을 수긍한 사례(대판 1996. 7. 9, 96다14364).

(ㄷ) 전대차계약을 체결한 후 중도금 수수 시에 비로소 전차보증금의 반환을 담보하기 위하여 전대인이 그 소유 부동산에 근저당권을 설정하여 주기로 약정한 경우, 근저당권설정약정이 이미 전대차계약이 체결된 후에 이루어진 점에서 전대인의 근저당권설정약정이 없었더라면 전차인이 전대인과 사이에 전대차계약을 체결하지 않았으리라고 보기 어려울 뿐 아니라, 전대인의 근저당권설정등기 의무가 전대차계약의 목적달성에 필요불가결하다거나 그 의무의 이행이 없으면 전대차계약이 목적을 달성할 수 없다고 볼 만한 사정을 찾아볼 수 없으므로 전대인의 근저당권설정등기 의무가 전대차계약에서의 주된 의무라고 보기 어렵고, 따라서 전차인은 전대인이 약정대로

근저당권을 설정하여 주지 않았음을 이유로 전대차계약을 해지할 수 없다고 한 사례
$\binom{\text{대판 2001. 11. 13,}}{\text{2001다20394}}$.

그리고 학설도 부수적 채무의 불이행의 경우에 해제를 인정하지 않는다$\binom{\text{곽윤}}{\text{직, 95}}$
면; 김주수, 131면(이 문헌은 예$\binom{}{}$
외를 인정함); 지원림, 1352면 $\big)$.

생각건대 위의 「부수적 채무」는 사견으로는 「본래의 급부의무」 가운데 「부
수적 급부의무」를 가리키는 것으로 보이는데$\binom{\text{채권법총론}}{[29] \text{ 참조}}$, 그러한 채무의 불이행의
경우에 언제나 해제를 부인하려다보니 여기서만의 새로운 개념으로 변한 듯하다
$\binom{\text{주된 채무와의}}{\text{구별에 있어서}}$. 그런 점에서 판례와 학설은 바람직하지 않다. 계약상의 의무가 여럿
있는데 그 중 일부를 불이행한 경우에는, 계약상의 의무를 전부라고 볼 때 그 일
부에 대하여 지체나 불능이 있는 것이므로, 일부무효의 법리를 적용하여야 한다.
그리하여 원칙적으로 계약 전부를 해제할 수 있되, 나머지 채무만으로도 계약을
체결하였으리라고 인정되는 때에는 불이행한 채무에 관하여서만 해제할 수 있다
고 할 것이다. 객관적으로 사소하게 보이는 채무가 당해 계약에 있어서는 중요한
때가 있기 때문에도 그러한 해석이 필요하다. 그리고 일부 채무의 불이행은 이행
지체 외에 이행불능이나 불완전급부일 수도 있다.

[65] **Ⅲ. 해제권의 행사**

1. 해제권의 행사방법

해제권의 행사는 상대방에 대한 의사표시로 한다$\binom{543조}{1항}$. 여기의 상대방은 해
제되는 계약의 당사자인 상대방 — 또는 그의 법률상의 지위를 승계하고 있는
자 — 이다.

해제의 의사표시의 방식에는 제한이 없다. 따라서 서면에 의할 수도 있고,
구두로 할 수도 있다. 그리고 재판 외에서도 할 수 있고, 재판상 공격·방어의 방
법으로 할 수도 있다$\binom{\text{대판 1969. 1. 28, 68다626은 지급명령을 청구하면서 계약의 존속과 양립할 수 없는 청}}{\text{구를 한 경우에는 지급명령이 상대방에 송달된 때에 해제의 효력이 발생한다고 한다}}$.
판례는 소제기로 해제권을 행사한 후 그 뒤에 소를 취하하였다고 하여도 해제권
은 형성권이므로 그 행사의 효력에 영향이 없다고 한다$\binom{\text{대판 1982. 5. 11,}}{\text{80다916}}$. 한편 약정
해제권에 관하여 당사자가 그 행사방법을 정하고 있는 때에는 그에 따라야 하며,

그에 따르지 않고 한 해제표시는 무효이다.

해제의 의사표시에는 조건이나 기한은 붙이지 못한다. 해제권이 형성권이어서 이를 허용하면 불확정한 법률상태가 생겨 상대방이 불안한 지위에 놓이기 때문이다. 따라서 그럴 염려가 없는 경우에는 조건이나 기한을 붙일 수 있다고 할 것이다. 가령 최고를 하면서 최고기간 내에 이행하지 않으면 당연히 해제된다고 하는 것은 불이행을 정지조건으로 하는 해제의 의사표시인데, 그것은 유효하다고 하여야 한다($\binom{[59]}{참조}$).

해제의 의사표시는 철회하지 못한다($\binom{543조}{2항}$). 그러나 당사자의 합의로 철회하는 것은 허용된다고 할 것이다.

〈압류·가압류와 해제·해지·합의해제(판례)〉

(ㄱ) 소유권이전등기 청구권의 가압류나 압류가 행하여지면 제 3 채무자로서는 채무자에게 등기이전행위를 하여서는 아니 되고, 그와 같은 행위로 채권자에게 대항할 수 없다 할 것이나, 가압류나 압류에 의하여 그 채권의 발생원인인 법률관계에 대한 채무자와 제 3 채무자의 처분까지도 구속되는 것은 아니므로 기본적 계약관계인 매매계약 자체를 해제할 수 있다($\binom{대판 2000. 4. 11,}{99다51685}$).

(ㄴ) 채권이 가압류되면 그 효력으로 채무자가 가압류채권을 처분하더라도 채권자에게 대항할 수 없고, 또 채무자는 가압류채권에 관하여 제 3 채무자로부터 변제를 받을 수 없으므로, 제 3 채무자인 임차인이 가압류채무자인 임대인에게 임차보증금 잔금을 지급한 것은 가압류결정의 효력에 의하여 가압류채권자에게 대항할 수 없으나, 임차인으로서는 임차보증금 잔금채권이 압류되어 있다고 하더라도 그 채권을 발생시킨 기본적 계약관계인 임대차계약 자체를 해지할 수 있고, 따라서 임차인과 임대인 사이의 임대차계약이 해지된 이상 그 임대차계약에 의하여 발생한 임차보증금 잔금채권은 소멸하게 되고, 이를 대상으로 한 압류 및 추심명령 또한 실효될 수밖에 없다($\binom{대판 1997. 4. 25,}{96다10867}$).

(ㄷ) 채권에 대한 가압류는 제 3 채무자에 대하여 채무자에게의 지급 금지를 명하는 것이므로 채권을 소멸 또는 감소시키는 등의 행위는 할 수 없고 그와 같은 행위로 채권자에게 대항할 수 없는 것이지만, 채권의 발생원인인 법률관계에 대한 채무자의 처분까지도 구속하는 효력은 없다 할 것이므로 채무자와 제 3 채무자가 아무런 합리적 이유 없이 채권의 소멸만을 목적으로 계약관계를 합의해제한다는 등의 특별한 경우를 제외하고는, 제 3 채무자는 채권에 대한 가압류가 있은 후라고 하더라도 채권의 발생원인인 법률관계를 합의해제하고 이로 인하여 가압류채권이 소멸되었다는 사유를 들어 가압류채권자에 대항할 수 있다($\binom{대판 2001. 6. 1,}{98다17930}$).

2. 해제권의 불가분성

(1) 당사자의 일방 또는 쌍방이 수인인 경우에는 계약의 해제는 그 전원으로부터 또는 전원에 대하여 하여야 한다($^{547조}_{1항}$). 그리하여 가령 A·B·C가 공동으로 D로부터 건물을 매수하는 계약을 체결한 경우에, D가 중도금을 받으면 곧바로 건물의 소유권이전등기를 해 주기로 약정하였는데도 이를 지키지 않아 A·B·C가 그 계약을 해제하는 때에는 A·B·C가 함께 해제의 의사표시를 해야 하고, A·B·C가 매매대금을 지급하지 않아 D가 그 계약을 해제하는 때에는 D는 A·B·C 모두에게 해제의 의사표시를 하여야 한다. 그리고 매매계약의 일방당사자가 사망하였고 그에게 여러 명의 상속인이 있는 경우에 그 상속인들이 위 계약을 해제하려면 상속인들 전원이 해제의 의사표시를 하여야 한다($^{대판\ 2013.\ 11.\ 28,\ 2013}_{다22812.\ 상대방과\ 사이}$ 에 다른 내용의 특약이 있는 등의 특 별한 사정이 있는 때에는 예외이다).

민법이 이렇게 규정한 것은 복수의 당사자 각각에 대하여 법률관계가 달라지지 않게 하기 위해서이다. 그런데 이 규정은 강행규정이 아니라고 해석되므로 당사자가 특약으로 이를 배제할 수 있다. 해제의 의사표시를 공동으로 동시에 하여야 할 필요는 없다. 그 의사표시를 따로따로 하는 경우에는 가장 늦게 해제표시가 도달하는 때에 해제의 효력이 생긴다.

〈판 례〉

「하나의 부동산을 수인이 공유하는 경우 각 공유자는 각 그 소유의 지분을 자유로이 처분할 수 있는 것이므로, 공유자 전원이 공유물에 대한 각 그 소유지분 전부를 형식상 하나의 매매계약에 의하여 동일한 매수인에게 매도하는 경우라도 당사자들의 의사표시에 의하여 각 지분에 관한 소유권이전의무, 대금지급의무를 불가분으로 하는 특별한 사정이 없는 한 실질상 각 공유지분별로 별개의 매매계약이 성립되었다고 할 것이고, 일부 공유자가 매수인의 매매대금지급의무 불이행을 원인으로 한 그 공유지분에 대한 매매계약을 해제하는 것은 가능하다.」($^{대판\ 1995.\ 3.\ 28,\ 94다59745.\ 그러나\ 당사}_{자들의\ 의사표시에\ 의하여\ 각\ 지분에\ 관한}$ 소유권이전의무, 대금지급의무를 불가분으로 하는 실질상으로도 하나의 매매계약이 되면 매도인 중 한 사람이 그의 지분비율에 상응하는 매매대금 중 일부를 매수인으로부터 지급받지 못하였다 할지라도 이를 이유로 자신의 지분에 관한 매매계약 부분만을 해제할 수는 없다고 함)

(2) 당사자의 일방 또는 쌍방이 수인 있는 경우에 그 중의 1인에 관하여 해제권이 소멸한 때에는 다른 당사자에 대하여도 해제권이 소멸한다($^{547조}_{2항}$).

Ⅳ. 해제의 효과 [66]

1. 서 설

민법은 계약해제의 효과에 관한 규정으로 제548조·제549조·제551조의 세 조항을 두고 있다. 제548조에서는 계약해제의 경우에는 각 당사자에게 원상회복 의무가 있고($\frac{1}{항}$), 반환할 것이 금전인 때에는 그 받은 날로부터 이자를 붙여야 한 다고 규정한다($\frac{2}{항}$). 그리고 제549조는 당사자의 원상회복의무에 대하여 동시이행 의 항변권 규정($\frac{536}{조}$)을 준용한다고 하며, 제551조는 해제가 손해배상청구에 영향 을 미치지 않는다고 한다. 그 결과 민법상 해제의 경우에 계약이 소급하여 효력 을 잃는지, 해제시의 손해배상의 범위가 어떠한지에 대하여는 명시되어 있지 않 다. 이러한 상황에서 계약해제의 효과를 어떻게 이론구성하여 설명할 것인가가 문제이다. 아래에서는 먼저 해제의 효과에 관한 이론을 정리하고, 그것을 바탕으 로 하여 개별적인 효과들을 살펴보기로 한다. 그럼에 있어서 법정해제를 중심으 로 할 것이다.

2. 해제의 효과에 관한 이론과 그에 따른 효과의 개관

(1) 이 론

1) 학 설 과거 해제의 효과에 관한 우리의 학설은 해제의 소급효를 인정하는 직접효과설로 일치되어 있었다. 그런데 독일에서 청산관계설이 유력해 지면서 우리나라에서도 청산관계설(이는 해제효과에 관한 고전적 견해 중 해제의 소급효를 인정 하지 않는 절충설의 일종이거나 그 변형이라고 할 수 있다)이 주장되어 세력을 얻고 있다. 그 결과 현재에는 i) 직접효과설과 ii) 청산관계설이 대립하고 있다.

i) 직접효과설(곽윤직, 99면; 김대정, 304면; 김주수, 148면; 김준호, 107면; 양창수, 민법연구(3), 278면; 윤철홍, 133면; 지원림, 1366면)은 해제에 의하여 계 약은 처음부터 존재하지 않았던 것으로 되고, 계약에 의한 채권관계는 소급적으 로 소멸한다고 한다. 따라서 아직 이행되지 않은 채무는 당연히 소멸하고, 이미 이행한 채무의 경우에는 급부가 법률상 원인을 잃게 되어 목적 소멸에 의한 부당 이득의 반환이 문제된다고 한다. 그러나 그 반환의 범위는 현존이익에 한정하는 것($\frac{748}{조}$)보다는 원상회복을 하는 것이 합리적이라고 한다. 직접효과설 쪽에서는, 그 이론이 우리 민법상 해제시의 손해배상을 설명하는 데 어려움이 있기는 하지만

불가능하지는 않다고 하면서, 제548조 제 1 항을 무시하는 청산관계설보다는 직접효과설이 민법의 해석으로서 더 타당하다고 한다($\frac{곽윤직,}{99면}$). 그런가 하면 어떤 문헌($\frac{양창수, 민법}{연구(3), 278면}$)은 「단순히 해제로 인한 계약의 소급적 소멸은 이미 발생한 손해배상청구권을 해하지 않는 '범위에서'의 소멸이라고 해(解)하면 그만」이라고 하면서, 그것을 설명하려고 다른 성문규정($\frac{548조\ 2항\cdot 551조\cdot}{548조\ 1항\ 단서\ 등}$)을 무시할 수는 없다고 한다.

ii) 청산관계설($\frac{김상용,\ 140면;\ 김학동,\ 149면;\ 김형배,\ 232면;\ 이은영,\ 251면.\ 김}{중한,\ 100면은\ 청산관계설을\ 취하면서\ 해제의\ 소급효를\ 인정한다}$)은 계약이 해제되면 기존의 계약관계는 청산관계로 변경된다고 한다. 그리하여 아직 이행되지 않은 채무는 소멸되고, 이미 이행된 채무의 경우에는 이를 반환해야 할 의무가 발생한다고 한다. 그리고 청산관계는 원래의 채권관계와 동일성을 가지면서 내용상의 변형만 있다고 한다. 청산관계설에서는 그 이론이 해제의 효과를 보다 합리적으로 설명할 수 있다고 한다.

2) 판   례   판례는 해제가 있으면 그 소급효로 인하여 계약의 효력이 소급하여 상실한다고 하여 직접효과설의 견지에 있다($\frac{대판\ 1977.\ 5.\ 24,\ 75다1394;\ 대판}{1982.\ 11.\ 23,\ 81다카1110;\ 대판}$ 1995. 3. 24, 94다10061; 대 판 2002. 9. 27, 2001두5989).

3) **검토 및 사견**   직접효과설과 청산관계설의 가장 큰 차이점은 해제에 의하여 계약이 소급해서 무효가 되는지 여부에 있다. 즉 직접효과설은 이를 긍정하는 데 비하여, 청산관계설은 이를 부정하고 해제가 있으면 기존의 법률관계가 동일성을 유지하면서 청산관계로 변한다고 한다. 이와 같이 청산관계설은 해제의 소급효를 인정하지 않기 때문에, 그에 의할 경우 해제에 의하여 제 3 자가 피해를 입는 일이 생기지 않게 된다. 그런데 민법은 제548조 제 1 항 단서에서 해제에 의하여 제 3 자의 권리를 해하지 못한다고 규정한다. 이는 민법이 해제에 의하여 제 3 자가 해쳐질 수 있다는 견지, 즉 해제의 소급효를 인정하는 직접효과설($\frac{그\ 중에서도\ 물}{권적\ 효과설}$)에 입각하고 있음을 보여준다($\frac{또한\ 청산관계설에\ 의하면\ 549조}{도\ 당연한\ 것을\ 규정한\ 것이\ 된다}$). 그 밖에 청산관계설 쪽에서는 직접효과설이 해제시에 손해배상청구를 인정하고 있는 점을 설명하기 어렵다고 지적하기도 하나, 뒤에 보는 바와 같이($\frac{[71]}{참조}$), 반드시 그렇지도 않다. 그러고 보면 직접효과설이 청산관계설보다 우리 민법에 더 합치하는 이론이라고 하겠다.

(2) 해제의 효과 개관

사견인 직접효과설에 의할 때, 해제의 효과는 크게 ① 계약의 소급적 실효,

② 원상회복의무, ③ 손해배상, ④ 반환의무·손해배상의무의 동시이행 문제의
넷으로 나눌 수 있다.

3. 계약의 소급적 실효 [67]

계약이 해제되면 해제된 계약은 소급하여 무효로 되고, 따라서 계약에 의한
법률효과도 생기지 않았던 것이 된다. 그리고 이러한 계약 소멸의 효과는 채무불
이행을 한 당사자도 주장할 수 있다. 그리하여 계약이 해제로 소멸하였음을 들어
그 계약에 기한 채무의 이행을 거절할 수 있다(대판 2001. 6. 29, 2001다21441·21458).

(1) 소급적 실효의 구체적인 결과

1) 채권·채무의 소멸　　해제가 있으면 계약에 기하여 발생한 채권·채무
가 모두 소급적으로 소멸하게 된다. 따라서 아직 이행하지 않은 채무가 있어도
이행할 필요가 없게 된다(계약의 법적 구속으로부터의 해방).

우리의 학설은 당사자 일방이 채권을 제 3 자에게 양도한 경우에도 양수인의
채권은 해제로 소멸한다고 한다. 그리고 해제에 양수인의 동의는 필요하지 않으
며, 양수인의 불이익은 양도인의 하자담보책임으로 해결하면 된다고 한다(곽윤직, 100면; 김주수, 148면. 같은 취지: 김형배, 229면·238면). 그러나 채권의 양수인이 양도인에게 어떤 담보책임을 물을 수
있는지 의문이고(송덕수, 고시연구 1989. 9, 117면 참조), 양수인은 제 3 자를 위한 계약에서의 수익자와
유사하므로, 양도인(양도인이 해제권자인 경우만이며, 양도인의 상대방이 해제권자인 경우는 다름)은 양수인의 동의를 얻어야만 해
제할 수 있다고 할 것이다(양수인은 548조 1항 단서의 「제 3 자」로 보호되지도 못한다. [68] 참조).

2) 물권 등의 권리가 이전(설정)된 경우　　계약의 이행으로서 권리의 이전
(또는 설정)을 목적으로 하는 물권행위나 준물권행위가 행하여지고, 등기나 인도와 같
은 권리의 이전(또는 설정)에 필요한 요건이 모두 갖추어져 권리의 이전(또는 설정)이 일어난
경우에, 계약이 해제되면 이전(또는 설정)된 권리가 당연 복귀(또는 소멸)하는가? 예컨대 A가
B에게 토지를 매도하고 약정에 따라 소유권이전등기까지 해주었는데, B가 대금
을 지급하지 않아 A에 의하여 계약이 해제된 경우에, B에게 이전되었던 토지의
소유권이 해제로 당연히 되돌아오는지가 문제된다.

여기에 관하여 학설은 i) 채권적 효과설(김기선, 96면; 김주수, 149면; 김증한, 102면; 윤철홍, 134면)과 ii) 물권적 효
과설(곽윤직, 101면; 김대정, 307면; 지원림, 1368면)로 나뉘어 있다. i) 채권적 효과설은 해제에 의하여 당사자
사이에 원상회복의무가 생기지만 이로 인하여 당연히(즉 물권적으로) 원상회복이 되고 이

행행위도 당연히 효력을 잃는 것은 아니라고 한다. 해제가 있더라도 이행행위(물권행위나 준물권행위) 자체는 그대로 효력을 보유하며 이를 전제로 하여 새로이 그 급부를 반환하여 원상회복을 시킬 채권관계가 발생한다고 한다. 그에 비하여 ii) 물권적 효과설은 해제된 계약에 기하여 물권(또는 재산권)의 변동이 있었더라도 원인행위인 채권계약이 해제되면 일단 이전(또는 설정)하였던 권리는 당연히 복귀한다고 한다.

판례는, 계약이 해제되면 그 계약의 이행으로 변동이 생겼던 물권은 당연히 그 계약이 없었던 원상태로 복귀한다고 하여, 물권적 효과설을 취하고 있다(대판 1977. 5. 24, 75다1394; 대판 1982. 11. 23, 81다카1110; 대판 1995. 5. 12, 94다18881 · 18898 · 18904; 대판 2002. 9. 10, 2002다29411(주권 발행 전에 주식이 양도되었으나 해제된 경우); 대판 2021. 8. 19, 2018다244976[핵심판례 308면]).

〈판 례〉

「민법 제548조 제 1 항 본문에 의하면 계약이 해제되면 각 당사자는 상대방을 계약이 없었던 거와 같은 상태에 복귀케 할 의무를 부담한다는 뜻을 규정하고 있는바, 계약에 따른 채무의 이행으로 이미 등기나 인도를 하고 있는 경우에 그 원인행위인 채권계약이 해제됨으로써 원상회복된다고 할 때 그 이론 구성에 관하여 해제가 있더라도 이행행위 그 자체는 그대로 효력을 보유하고 다만 그 급부를 반환하여 원상회복할 채권채무관계가 발생할 뿐이라는 소위 채권적 효과설과 이미 행하여진 이행행위와 등기나 인도로 물권변동이 발생하고 있더라도 원인행위인 채권계약이 해제되면 일단 이전하였던 물권은 당연히 복귀한다는 소위 물권적 효과설이 대립되어 있다. 우리의 법제가 물권행위의 독자성과 무인성을 인정하고 있지 않는 점과 민법 제548조 제 1 항 단서가 거래안정을 위한 특별규정이란 점을 생각할 때 계약이 해제되면 그 계약의 이행으로 변동이 생겼던 물권은 당연히 그 계약이 없었던 원상태로 복귀한다고 봄이 타당하다 할 것이다.」(대판 1977. 5. 24, 75다1394)

학설 · 판례를 검토해본다. 먼저 주의할 것은, 채권적 효과설 · 물권적 효과설의 대립은 해제의 효과에 관하여 직접효과설을 취하고 있을 때에만 생길 수 있다는 점이다(직접효과설 · 청산관계설과 같은 평면에 있지 않음을 유의할 것). 즉 해제에 의하여 계약이 소급하여 무효로 된 경우에 그 이행행위가 유효한지 여부를 문제삼는 것이다. 그 중에 채권적 효과설은 물권행위의 무인성을 인정하는 입장이고, 물권적 효과설은 물권행위의 무인성을 부정하는 입장이다. 이 중에 채권적 효과설을 취하면 계약이 해제되어도 이행행위의 효력은 그대로 유지되어 제 3 자가 피해를 입는 일이 생기지 않게 된다. 그런데 민법은 제548조 제 1 항 단서에서 제 3 자 보호를 규정하고 있다. 이는 민법이 해제에 의하여 제 3 자가 해쳐질 수 있다는 견지에 서 있음을 보여주는 것이며, 따라서 우리 민법에서는 물권적 효과설이 타당하다고 할 것이다(이것은 동시에 유_{도하다}). 이러한 물권적 효과설에 의하면 앞에서 본 토지 매매의 예의 경우에는 A의 해제만으로(말소등기가
있기 전에도) 토지소유권은 A에게 되돌아오게 된다.

청산관계설에 의하면 계약이 해제되면 이미 급부받은 것을 반환할 의무만이 생기므로 반환행위가 있을 때까지는 물권변동이 아무런 영향을 받지 않고 그대로 존속하게 된다.

3) 기   타   ① 주된 계약이 해제되면 그에 부수적인 종된 계약도 실효된다(대판 1991. 9. 24,
91다9756·9763). ② 어떤 계약에 의하여 권리가 소멸한 경우(예: 임대인이 토지를 임
차인에게 매도하여 임차인의 임차권이 혼동으로 소멸한 경우)에 그 계약이 해제되면, 소멸하였던 권리는 되살아난다(청산관계설은
이를 설명하기가 어렵다). ③ 계약에 의한 채권을 수동채권으로 하여 상계한 후에 계약이 해제되면 그 채권은 소급하여 소멸하고 상계도 무효로 되어 상계로 소멸한 채권자의 다른 채권은 다시 살아난다(대판 1980. 8. 26,
79다1257·1258). ④ 계약에 의한 채권을 담보하기 위하여 물적 담보를 설정하였거나 보증을 한 경우에, 그것이 해제시의 원상회복의무 및 손해배상의무도 담보하는지 문제된다. 판례는 보증에 관하여 이를 긍정한다(대판 1972. 5. 9, 71다1474; 대판 1996. 3. 22,
94다54702; 대판 1999. 3. 26, 96다23306). 그리고 일부 견해는 청산관계설의 견지에서, 직접효과설을 취할 경우에는 이를 인정하지 않아야 하지만 청산관계설에서는 해제되어도 채권관계의 동일성이 유지되므로 담보가 존속한다고 새긴다(김상용, 142면;
김형배, 252면). 그러나 이는 담보설정 또는 보증계약의 해석의 문제이다. 그런데 만약 해석에 의하여 확정할 수 없는 때에는 담보로서 존속하지 않는다고 하여야 한다.

(2) 제 3 자의 보호   [68]

1) 서   설   민법은 제548조 제 1 항 단서에서 해제에 의하여「제 3 자의 권리를 해하지 못한다」고 규정하고 있다. 이 규정은, 해제의 소급효를 인정하지 않고 기존의 채권관계가 새로운 반환채무관계로 변경된다는 청산관계설이나 해제의 소급효를 인정하더라도 해제의 효과가 채권적으로만 생긴다는 채권적 효과설에서는 무의미한 것이 된다. 왜냐하면 그러한 견해에 의하면, 해제가 있더라도 이미 일어난 권리변동이 무효로 되지 않아서 제 3 자가 해쳐질 경우가 생길 수 없기 때문이다. 그에 비하여 직접효과설과 함께 물권적 효과설을 취하게 되면, 위의 규정은 대단히 중요한 의미를 가진다. 그 견해에 의하면, 해제에 의하여 권

리변동은 무효로 되고, 따라서 제 3 자는 그 규정에 의하여서만 보호될 수 있기 때문이다(민법이 불필요한 규정을 두지 않았을 것이므로, 이 규정은 물
권적 효과설의 근거로 되는 것이다. 같은 취지: 곽윤직, 102면). 물권적 효과설에서 볼 때 제 548조 제 1 항 단서는 제 3 자 내지 거래의 안전을 보호하기 위하여 해제의 소급 효를 제한하는 특별규정이다.

2) 제 3 자의 범위

(가) 제548조 제 1 항 단서는「해제가 있기 전에」해제된 계약을 기초로 새로 이 이해관계를 맺은 자를「제 3 자」라고 규정한 것으로 보인다. 무엇보다도 선 의·악의를 묻지 않기 때문이다. 계약해제는 채무불이행(법정
해제) 또는 해제권 보류약 정(약정
해제)에 기하여 행하여지는데, 그것들은 계약의 흠이 아닐뿐더러 다른 자가 알 수 있는 것도 아니다. 그에 비하여 해제 후에는 해제사실을 알았는지에 관하여 선의·악의가 있을 수 있다(김상용, 143면은 해제 전에도 선의·
악의가 있을 수 있다고 오해한다). 여기서 동조항이 단순히 「제 3 자」라고만 한 것을 보면「해제 전에」이해관계를 맺은 자를 염두에 둔 것으 로 이해되는 것이다(그것이 원칙적인
경우이기도 하다). 판례도 같은 입장이다(대판 1982. 11. 23, 81다카1110; 대판
2021. 8. 19, 2018다244976[핵심판례
308
면]).

<판　례>

「계약당사자의 일방이 계약을 해제한 경우 그 계약의 해제 전에 그 해제와 양립되 지 아니하는 법률관계를 가진 제 3 자에 대하여는 계약의 해제에 따른 법률효과를 주 장할 수 없고, 이는 제 3 자가 그 계약의 해제 전에 계약이 해제될 가능성이 있다는 것을 알았거나 알 수 있었다 하더라도 달라지지 아니한다.」(대판 2010. 12. 23,
2008다57746)

그러나 제 3 자의 범위는 이에 한정하지 않아야 한다. 만약 그러한 자만을 제 3 자라고 하면「해제 후에 해제가 있었음을 모르고」이해관계를 맺은 자를 보 호하지 못하는 문제가 생긴다. 제 3 자의 입장에서 볼 때 그 자도 보호되어야 한 다. 따라서 제 3 자의 범위는 확장되어야 한다. 그런데 제 3 자 범위의 확장은 예 외의 인정이기 때문에 타당한 범위에 한정하여야 한다. 진정한 권리자의 보호를 희생하면서까지도 보호하여야 할 경우에만 제 3 자로서 보호하여야 한다. 그리하 여 공시방법의 제거가 있기 전에 해제가 있었음을 모르고(선의) 이해관계를 맺은 자만을 제 3 자에 포함시켜야 한다. 즉 부동산의 경우에는 계약의 해제에 의한 말 소등기가 있을 때까지, 동산의 경우에는 인도가 있을 때까지 해제가 있었음을 모 르고 새로이 이해관계를 맺은 자는 제548조 제 1 항 단서의 제 3 자라고 하여야 한다(권리 거래의 경우에도 마찬가지로 다루어야 한다. 곽
윤직, 103면은 부동산에 관하여 같은 취지로 설명한다).

판례는 해제 이전에 새로이 이해관계를 맺은 자를 제 3 자로서 보호하는 외에(대판 1980. 8. 26, 80다660; 대판 1992. 12. 8, 92다21395; 대판 1999. 9. 7, 99다14877; 대판 2003. 1. 24, 2000다22850; 대판 2005. 1. 14, 2003다33004), 「계약해제로 인한 원상회복등기 등이 이루어지기 이전에 계약의 해제를 주장하는 자와 양립되지 아니하는 법률관계를 가지게 되었고 계약해제 사실을 몰랐던 제 3 자」에 대하여 계약해제를 주장할 수 없다고 함으로써(대판 1985. 4. 9, 84다카130 · 131; 대판 1996. 11. 15, 94다35343; 대판 2000. 4. 21, 2000다584; 대판 2005. 6. 9, 2005다6341), 위의 사견과 같은 태도를 취하고 있다. 그리고 판례는 제 3 자 범위의 확장의 경우 제 3 자가 자신이 선의임을 증명할 필요가 없고 해제를 주장하는 자가 제 3 자의 악의를 주장 · 증명할 것이라고 한다(대판 2005. 6. 9, 2005다6341).

(나) 제548조 제 1 항 단서의 「제 3 자」는 완전한 권리를 취득한 자이어야 한다. 따라서 권리취득에 등기나 인도가 요구되는 때에는 그 요건도 갖추어야 한다(이설이 없으며, 판례도 같음. 대판 1971. 12. 14, 71다2014; 대판 1996. 4. 12, 95다49882; 대판 1997. 12. 26, 96다44860; 대판 2000. 4. 11, 99다51685; 대판 2002. 10. 11, 2002다33502; 대판 2003. 1. 24, 2000다22850; 대판 2005. 1. 14, 2003다33004; 대판 2014. 2. 13, 2011다64782; 대판 2014. 12. 11, 2013다14569; 대판 2021. 8. 19, 2018다244976[핵심판례 308면]). 일반적으로, 법률이 제108조 제 2 항에서처럼 「선의의 제 3 자에 대항하지 못한다」고 규정하고 있으면 제 3 자가 계약만 맺고 있어도 보호되도록 해석하나, 여기에서처럼 「제 3 자의 권리를 해하지 못한다」고 규정하고 있는 경우에는 계약만 맺고 있으면 보호되지 못하고 완전한 권리를 취득하고 있어야 보호되는 것으로 해석한다.

(다) 여기의 제 3 자의 예로는 해제된 매매계약의 매수인(또는 교환계약의 당사자)으로부터 목적물을 매수하여 소유권을 취득한 자(대판 1992. 12. 8, 92다21395; 대판 1997. 12. 26, 96다44860; 대판 1999. 9. 7, 99다14877), 그 목적물에 저당권이나 질권을 취득한 자, 매수인과 매매예약을 체결한 후 그에 기한 소유권이전청구권 보전을 위한 가등기를 마친 사람(대판 2010. 12. 23. 선고 2008다57746; 대판 2014. 12. 11, 2013다14569), 해제된 계약에 의하여 채무자의 책임재산이 된 계약의 목적물을 가압류한 자(대판 2000. 1. 14, 99다40937; 대판 2005. 1. 14, 2003다33004(그러나 가압류 집행 전에 그 가압류채무자(현 소유자)의 전 소유자가 처분금지 가처분등기를 하고 해제를 주장하면서 소유권이전등기 말소소송을 제기하여 승소판결을 받았다면 예외임)), 소유권을 취득하였다가 계약해제로 인하여 소유권을 상실하게 된 임대인으로부터 그 계약이 해제되기 전에 주택을 임차하고 주택임대차보호법상의 대항요건을 갖춘 임차인(대판 1996. 8. 20, 96다17653; 대판 2003. 8. 22, 2003다12717), 매매계약의 이행으로 주택을 인도받아 그 임대권한을 명시적 또는 묵시적으로 부여받은 매수인으로부터 매매계약의 해제 전에 그 주택을 임차하여 주택임대차보호법상의 대항요건을 갖춘 임차인(대판 2009. 1. 30, 2008다65617: 아파트 수분양자가 입주 잔금을 지급할 무렵 분양자로부터 아파트 열쇠를 교부받은 경우에 그것의 임대권한을 묵시적으로 부여받았다고 봄)을 들 수 있다. 그에 비하여 계

약상의 채권을 양도받은 양수인(대판 1996. 4. 12, 95다49882; 대판 2000. 8. 22, 2000다23433(양수한 채권을 피보전권리로 하여 처분금지 가처분 결정을 받았어도 같음); 대판 2003. 1. 24, 2000다22850), 건축주 허가명의만을 양수한 자(대판 2007. 4. 26, 2005다19156), 계약상의 채권 자체를 압류 또는 전부한 자(대판 2000. 4. 11, 99다51685)는 여기의 「제 3 자」가 아니다. 새로운 권리를 완전하게 취득하지 않았기 때문이다. 그리고 토지를 매도하였다가 대금 지급을 받지 못하여 그 매매계약을 해제한 경우에 있어서 토지매수인으로부터 그 토지 위에 신축된 건물을 매수한 자도 「제 3 자」가 아니다(대판 1991. 5. 28, 90다카16761). 그는 계약의 목적물에 관하여 권리를 취득하지 않았기 때문이다. 또한 미등기 무허가건물에 관한 매매계약이 해제되기 전에 그 매수인으로부터 해당 무허가건물을 다시 매수하고 무허가건물 관리대장에 소유자로 등재되었다고 하더라도 그는 그 건물에 관하여 완전한 권리를 취득한 것으로 볼 수 없으므로 제548조 제 1 항 단서에서 규정하는 제 3 자에 해당하지 않는다(대판 2014. 2. 13, 2011다64782). 한편 판례는, 매매계약 해제시 원상회복의 방법으로 매도인에게 소유권이전등기를 하기로 하는 약정에 따라 청구권을 보전하기 위한 가등기가 된 경우에 그 가등기 후 본등기 전에 행하여진 제 3 자 명의의 소유권이전등기는 후일 가등기에 기한 본등기가 행하여지면 말소되며, 이는 가등기 후 본등기 전에 이루어진 중간처분은 실효되는 법리에 의한 것이고, 또 매도인의 소유권이전등기 청구권은 계약해제의 소급효 그 자체에 의하여 생긴 것이 아니므로 그 등기청구권의 실현과 계약해제의 소급효 제한에 관한 제548조 제 1 항 단서의 규정과는 직접적으로 관련이 없다고 한다(대판 1982. 11. 23, 81다카1110). (김형배, 241면은 이 판결에 대하여 판례의 물권적 효과설과 모순된다고 한다. 그러나 말소등기를 하여야 하는 때에도 이전등기를 할 수 있는데, 이 판결은 해제한 경우에 있어서 이전등기의 약정이 있는 때에 관하여 548조 1항 대신 가등기의 법리를 적용한 것으로 이해할 수 있다).

[69] **4. 원상회복의무**

계약이 해제되면 각 당사자는 원상회복의무가 있다(548조 1 항 본문).

(1) 성   질

계약해제의 효과에 관하여 직접효과설을 취하게 되면, 원상회복의무는 부당이득 반환의무의 성질을 가진다고 하게 된다(곽윤직, 104면; 윤철홍, 136면). 계약이 해제되면 채무가 성립하지 않았던 것이 되고, 그 결과 이미 급부한 것은 법률상 원인 없는 이익이 되기 때문이다. 그리고 그러한 견지에서 보면, 원상회복의무를 규정한 제548조 제 1 항 본문은 부당이득에 관한 제741조의 특칙으로 이해된다(곽윤직, 104면. 대판 1962. 3. 29, 4294민상

1429; 대판 1997. 12. 9, 96다47586; 대판 1998. 12. 23, 98다43175;
대판 2013. 12. 12, 2013다14675; 대판 2014. 3. 13, 2013다34143). 이는 모두 타당하다.

(2) 내　　용

1) 원상회복의무는 계약의 모든 당사자가 부담한다. 즉 해제의 상대방은 물론이고 해제한 자도 원상회복의무가 있다($\binom{\text{대판 1995. 3. 24,}}{\text{94다10061}}$). 계약상의 채권이 양도된 경우의 양수인도 마찬가지이다($\binom{\text{대판 2003. 1. 24,}}{\text{2000다22850}}$).

<판　례>

「계약이 적법한 대리인에 의하여 체결된 경우에 대리인은 다른 특별한 사정이 없는 한 본인을 위하여 그 계약상 급부를 변제로서 수령할 권한도 가진다고 할 것이다. 그리고 대리인이 그 권한에 기하여 계약상 급부를 수령한 경우에, 그 법률효과는 계약 자체에서와 마찬가지로 직접 본인에게 귀속되고 대리인에게 돌아가지 아니한다. 따라서 계약상 채무의 불이행을 이유로 계약이 상대방 당사자에 의하여 유효하게 해제되었다면, 그 해제로 인한 원상회복의무는 대리인이 아니라 계약의 당사자인 본인이 부담한다($\binom{\text{대법원 1990. 5. 22. 선고}}{\text{89다카1121 판결 등도 참조}}$). 이는 본인이 대리인으로부터 그 수령한 급부를 현실적으로 인도받지 못하였다거나 해제의 원인이 된 계약상 채무의 불이행에 관하여 대리인에게 책임 있는 사유가 있다고 하여도 다른 특별한 사정이 없는 한 마찬가지라고 할 것이다.」($\binom{\text{대판 2011. 8. 18,}}{\text{2011다30871}}$)

2) 원상회복의무의 범위는 제548조의 특칙과 부당이득 반환의무 규정에 의하여 결정된다. 그리하여 우선 제548조에 따라 이익의 현존 여부나 선의·악의를 불문하고 이익 전부를 반환하여야 한다($\binom{\text{대판 1997. 12. 9, 96다47586; 대판 1998. 12. 23, 98다43175; 대}}{\text{판 2013. 12. 12, 2013다14675; 대판 2014. 3. 13, 2013다34143}}$).

(㈎) 급부된 물건이 남아 있으면 그 물건을 반환하여야 한다($\binom{\text{원물반환}}{\text{의 원칙}}$). 해제에 의하여 물건의 소유권 등이 당연히 복귀한 때에는 등기 명의의 회복과 점유이전이 원상회복의 내용이다($\binom{\text{같은 취지: 곽}}{\text{윤직, 104면}}$). 그리고 채권양도($\binom{\text{정확하게는 채권양도의 원인이}}{\text{된 채권의 매매계약·증여계약 등}}$)가 해제된 경우에 양수인의 통지를 요구하는 다수설의 입장에서는($\binom{\text{C-314}}{\text{참조}}$) 원상회복의무로 양수인의 해제통지가 필요하다고 할 것이다. 그러나 그러한 통지는 필요하지 않으며, 그때에는 제452조 제 1 항이 유추적용되어야 한다($\binom{\text{채권법총론 [193] 참조. 원상}}{\text{회복의무의 규정이 없는 취소}}$의 경우와의 균형을 생각하면 다수설은 더욱 옳지 않다).

(㈏) 수령한 물건이 멸실·훼손·소비되어 원물반환이 불가능한 때에는 가액반환을 하여야 한다. 이때의 가액은 해제 당시의 것이다($\binom{\text{통설도 같다. 그러나 이은영, 261면}}{\text{은 반환시의 시가라고 하고, 판례는}}$이행불능으로 해제된 경우에 관하여 이행불능 당시의 가액이라고 한다. 대판 1994. 9. 13, 94다7942·7959; 대판 1998. 5. 12, 96다47913).

물건의 멸실·훼손이 반환의무자의 유책사유 없이 일어난 경우에도 가액반환을 하여야 하는가? 여기에 관하여는 i) 긍정설($^{김기선, 97면; 김형배, 248면;}_{이은영, 261면; 지원림, 1373면}$)과 ii) 부정설(면책설)($^{곽윤직, 105면; 김상용, 146면; 김주수,}_{154면; 김증한, 104면; 윤철홍, 137면}$)이 대립하고 있다. 생각건대 이 문제는 위험부담의 법리가 적용되어야 할 경우와 아닌 경우로 나누어 보아야 한다. 앞의 경우에 있어서 채무자의 이행이 완료되기 전에 물건이 채무자의 유책사유 없이 멸실되었으면, 위험부담 법리에 의하여 위험분담이 정하여지고, 만약 그 멸실이 채무자의 이행이 완료된 후에 일어났으면 위험부담이 이미 종료된 상태이어서 채권자가 손실을 입을 것이다. 그리고 이러한 결과는 해제가 되어도 동일하여야 한다. 그러지 않으면 해제를 한 경우와 해제하지 않은 경우 사이에 불균형이 생기기 때문이다. 나아가 이는 물건이 멸실된 후에 해제되었든 해제가 된 후에 멸실되었든 동일하여야 한다. 즉 위험부담이 문제되는 때에는 해제가 된 후에도 위험부담의 법리가 유추적용되어야 한다. 그리하여 처음의 채권관계를 기준으로 위험이 누구에게 부담되어야 하는지에 따라 대가채무의 존속 여부를 결정하여야 하며, 물건 자체의 가액반환 여부를 문제삼을 것이 아니다. 그리고 채무자의 이행이 완료된 뒤에 멸실되었으면 위험부담 문제가 이미 종료되었으므로 손실은 채권자(수령자)가 입을 수밖에 없고, 채권자는 대가채무를 지급하여야 한다. 그에 비하여 위험부담 법리가 적용되지 않아야 할 경우(즉 편무계약)에는 유책사유가 없는 때에는 가액반환의 의무가 없다고 할 것이다.

[70] ㈐ 원물반환이 처음부터 불가능한 급부, 예컨대 노무 기타의 무형의 것을 급부한 경우에는 그 급부의 가액을 반환하여야 한다. 그 가액의 기준시에 대하여는 i) 급부 당시의 가격이라는 견해($^{김상용, 146면; 김형배, 245면;}_{이은영, 262면; 지원림, 1373면}$)와 ii) 해제 당시의 가격이라는 견해($^{김주수, 155면; 김증한,}_{104면; 윤철홍, 137면}$)가 대립하나, ii)설이 타당하다.

㈑ 채무자가 목적물을 이용한 경우에는 그 사용에 의한 이익을 반환하여야 하나($^{대판 2024. 2. 29,}_{2023다289720}$), 사용으로 인하여 감가 요인이 생겼다고 하여도 감가비는 반환할 필요가 없다($^{대판 1991. 8. 9,}_{91다13267}$). 그리고 판례는, 여기의 사용이익의 반환의무는 부당이득 반환의무에 해당하므로, 특별한 사정이 없는 한 매수인이 점유·사용한 기간 동안 그 재산으로부터 통상 수익할 수 있을 것으로 예상되는 이익, 즉 임료 상당액을 매수인이 반환하여야 할 사용이익으로 보아야 한다고 한다($^{대판 2021. 7. 8,}_{2020다290804; 대판}$ $^{2024. 2. 29,}_{2023다289720}$). 나아가 판례는, 채무자($^{매수}_{인}$)의 영업수완 등 노력으로 인한 운용이익은, 사회통념상 채무자의 행위가 개입되지 않더라도 그 목적물로부터 채권자

가 당연히 취득하였으리라고 생각되는 범위 내의 것이 아닌 한, 매수인이 반환하여야 할 사용이익의 범위에서 공제하여야 한다고 한다($^{대판\ 2006.\ 9.\ 8,}_{2006다26328\ ·\ 26335}$). 이는 부당이득제도에서 운용이익도 통상적인 범위를 넘는 것은 반환의무가 없다는 것과 같은 맥락에 있다($^{[242]에\ 소개}_{된\ 판결\ 참조}$). 그러나 이들은 모두 옳지 않다. 이들은 모두 반환되어야 하는 것이다($^{[242]도}_{참조}$).

〈판 례〉

　계약해제로 인하여 계약당사자가 원상회복의무를 부담함에 있어서 당사자 일방이 목적물을 이용한 경우에는 그 사용에 의한 이익을 상대방에게 반환하여야 하는 것이므로, 양도인은 양수인이 양도 목적물을 인도받은 후 사용하였다 하더라도 양도계약의 해제로 인하여 양수인에게 그 사용에 의한 이익의 반환을 구함은 별론으로 하고, 양도 목적물 등이 양수인에 의하여 사용됨으로 인하여 감가 내지 소모가 되는 요인이 발생하였다 하여도 그것을 훼손으로 볼 수 없는 한 그 감가비 상당은 원상회복의무로서 반환할 성질의 것은 아니다($^{대판\ 2000.\ 2.\ 25,}_{97다30066}$).

　㈒ 판례에 따르면, 아파트 분양계약에서 수분양자의 중도금 대출이자를 분양자가 부담하기로 하는 약정은 분양계약의 존속을 전제로 하는 것이어서 분양계약이 해제되면 위 약정도 소급적으로 효력을 잃는다고 보아야 하므로, 수분양자는 그 원상회복으로서 대납 대출이자 상당액의 돈을 분양자에게 지급하여야 한다($^{대판\ 2022.\ 4.\ 28,\ 2018}_{다290801\ ·\ 290818}$).

　㈓ 채무의 이행으로 금전이 급부된 경우에는 받은 날로부터 이자를 붙여서 반환하여야 한다($^{548조}_{2항}$). 판례는 이자반환의무는 부당이득 반환의 성질을 가지는 것이고 이행지체로 인한 지연손해금이 아니므로($^{대판\ 2013.\ 4.\ 26,\ 2011다50509;}_{대판\ 2016.\ 6.\ 9,\ 2015다222722\ 등}$), 당사자 쌍방의 의무가 동시이행관계에 있는지 여부와 관계없이 그 받은 날로부터 연 5푼의 비율에 의한 법정이자를 부가하여 지급하여야 할 것이라고 한다($^{대판\ 1995.\ 3.\ 24,}_{94다47728;\ 대판}$ 1996. 4. 12, 95다28892; 대판 2000. 6. 9, 2000다9123(약정한 해제권을 행사하는 경우); 대판 2000. 6. 23, 2000다16275 · 16282 (이 이자에「소송촉진 등에 관한 특례법」3조 1항에 의한 이율적용을 부정함. 대판 2024. 2. 29, 2023다289720도 같음); 대판 2003. 7. 22, 2001다76298(2000. 6. 23의 것과 같은취지임)). 다만, 당사자 사이에 그 이자에 관하여 특별한 약정이 있으면 그 약정이율이 적용되고 법정이율이 적용되지 않는다($^{대판\ 2013.\ 4.\ 26,}_{2011다50509}$). 한편 원상회복의무가 이행지체에 빠진 이후의 이자는 부당이득 반환의무로서의 이자가 아니고 반환채무에 대한 지연손해금이므로 거기에는 지연손해금률이 적용되어야 한다. 그리하여 그 지연손해금률에 관하여 당사자 사이에 별도의 약정이 있으

면 그에 따라야 하며, 설사 그것이 법정이율보다 낮다 하더라도 마찬가지이다 $\binom{\text{대판 1995. 10. 12, 95다26797;}}{\text{대판 2013. 4. 26, 2011다50509}}$. 그런데 만약 반환할 금전에 가산할 이자에 관하여만 약정이 있고 지연손해금률에 관하여는 약정이 없는 경우에는, 특별한 사정이 없는 한 이행지체로 인한 지연손해금도 그 약정이율에 의하기로 하였다고 보는 것이 당사자의 의사에 부합한다 $\binom{\text{대판 2008. 4. 24, 2006다14363;}}{\text{대판 2013. 4. 26, 2011다50509}}$. 그렇지만 그 약정이율이 법정이율보다 낮은 경우에는 약정이율에 의하지 않고 법정이율에 의한 지연손해금을 청구할 수 있다고 보아야 한다 $\binom{\text{대판 2013. 4. 26,}}{\text{2011다50509}}$. 계약해제로 인한 원상회복시 반환할 금전에 그 받은 날로부터 가산할 이자의 지급의무를 면제하는 약정이 있는 때에도 그 금전반환의무가 이행지체 상태에 빠진 경우에는 법정이율에 의한 지연손해금을 청구할 수 있는 점과 비교해 볼 때 그렇게 보는 것이 논리와 형평의 원리에 맞기 때문이다 $\binom{\text{대판 2013. 4. 26, 2011다50509. 대판.}}{\text{2009. 12. 24, 2009다85342도 참조}}$.

〈판 례〉

「민법 제548조 제 2 항은 계약해제로 인한 원상회복의무의 이행으로 반환하는 금전에는 그 받은 날로부터 이자를 가산하여야 한다고 하고 있는바, 위 이자의 반환은 원상회복의무의 범위에 속하는 것으로 일종의 부당이득 반환의 성질을 가지는 것이지 반환의무의 이행지체로 인한 손해배상은 아니라고 할 것이고, 소송촉진 등에 관한 특례법 제 3 조 제 1 항은 금전채무의 전부 또는 일부의 이행을 명하는 판결을 선고할 경우에 있어서 금전채무불이행으로 인한 손해배상액 산정의 기준이 되는 법정이율에 관한 특별규정이므로, 위 이자에는 소송촉진 등에 관한 특례법 제 3 조 제 1 항에 의한 이율을 적용할 수 없지만, 원상회복의무의 이행으로 금전의 반환을 구하는 소송이 제기된 경우 채무자는 그 소장을 송달받은 다음날부터 반환의무의 이행지체로 인한 지체책임을 지게 되므로 그와 같이 원상회복의무의 이행으로 금전의 반환을 명하는 판결을 선고할 경우에는 금전채무불이행으로 인한 손해배상액 산정의 기준이 되는 법정이율에 관한 특별규정인 소송촉진 등에 관한 특례법 제 3 조 제 1 항에 의한 이율을 적용하여야 할 것이다.」$\binom{\text{대판 2003. 7. 22,}}{\text{2001다76298}}$

㈐ 매도인으로부터 매매 목적물의 소유권을 이전받은 매수인이 매도인의 계약해제 이전에 제 3 자에게 목적물을 처분하여 계약해제에 따른 원물반환이 불가능하게 된 경우에는 매수인은 원상회복의무로서 가액을 반환하여야 하며, 이때에 반환할 금액은 특별한 사정 $\binom{\text{예: 대금이 시가를 벗}}{\text{어나 정해졌다는 것}}$이 없는 한 그 처분 당시의 목적물의 대가 또는 그 시가 상당액과 처분으로 얻은 이익에 대하여 그 이득일부터의

법정이자를 가산한 금액이다(대판 2013. 12. 12, 2013다14675. 처분 당시의 목적물의 대가라는 점에 대하여 같은 취지: 대판 1995. 5. 12, 94다25551).

3) 판례는, 과실상계는 본래 채무불이행 또는 불법행위로 인한 손해배상책임에 대하여 인정되는 것이고, 매매계약이 해제되어 소급적으로 효력을 잃은 결과 매매당사자에게 당해 계약에 기한 급부가 없었던 것과 동일한 재산상태를 회복시키기 위한 원상회복의무의 이행으로서 이미 지급한 매매대금 기타의 급부의 반환을 구하는 경우에는 적용되지 않는다고 한다(대판 2014. 3. 13, 2013다34143). 그리고 계약의 해제로 인한 원상회복청구권에 대하여 해제자가 그 해제의 원인이 된 채무불이행에 관하여 「원인」의 일부를 제공하였다는 등의 사유를 내세워 신의칙 또는 공평의 원칙에 기하여 일반적으로 손해배상에 있어서의 과실상계에 준하여 그 권리의 내용이 제한될 수도 없다고 한다(대판 2014. 3. 13, 2013다34143).

(3) 소멸시효

해제의 결과 발생하는 원상회복청구권도 소멸시효에 걸린다(대판 1993. 9. 14, 93다21569는 상행위인 계약의 해제로 인한 원상회복청구권은 상사시효의 대상이라고 한다). 그 기간은 민사상의 계약이 해제된 경우에는 10년이라고 할 것이다. 그리고 소멸시효의 기산점은 해제권 발생시가 아니고, 해제시 즉 원상회복청구권이 발생한 때이다(대판 2009. 12. 24, 2009다63267).

5. 해제와 손해배상청구 [71]

민법은 해제를 하면서 동시에 손해배상도 청구할 수 있도록 규정하고 있다(551조). 그런데 이때 손해배상청구권의 성질과 손해배상의 범위가 문제된다.

(1) 손해배상청구권의 성질

직접효과설에 따를 경우 해제가 있으면 채무가 성립하지 않았던 것이 되므로 채무불이행 및 그로 인한 손해배상은 인정될 수 없게 된다. 그러나 이는 단순한 형식논리에 지나지 않는다. 해제(법정해제)의 경우에는 해제 전에 채무불이행에 의하여 손해가 발생하고 그 손해는 해제 후에도 여전히 남아 있게 되며, 민법은 직접효과설에 입각하면서도 이러한 손해 잔존의 현실을 감안하여 정책적으로 손해배상청구를 인정한 것이다(551조는 배상청구를 인정하는 정책적 특별규정이라고 할 수 있다). 요컨대 민법이 인정하는 손해배상청구는 해제 전에 채무불이행으로 인하여 발생하여 해제 후에도 남아 있는 손해, 그리하여 결국 채무불이행으로 인한 손해에 대한 청구이다(같은 취지: 곽윤직, 106면). 판례도 같은 태도이다(대판 1983. 5. 24, 82다카1667; 대판 2016. 4. 15, 2015다59115). 그리고 판례는 여기의 손해배상책임이 채무불이행으로 인한 손해배상책임과 다를 것이 없으므로 상대방에게 고의 또는 과실이 없을 때에는 배상책임을 지지 않는다고 한다$\binom{\text{대판 2016. 4. 15,}}{\text{2015다59115}}$.

(2) 손해배상의 범위

1) 손해배상의 범위에 관하여 학설은 i) 이행이익설$\binom{\text{곽윤직, 106면; 김상용, 147면; 김형배,}}{\text{250면; 이은영, 265면; 지원림, 1375면}}$ 과 ii) 신뢰이익설$\binom{\text{김주수, 155면(이행이}}{\text{익의 상실도 포함함)}}$로 나뉘어 있다. 그리고 판례는 초기에는 이행이익만을 청구할 수 있고 신뢰이익은 청구할 수 없다고 하였으나$\binom{\text{대판 1983. 5. 24,}}{\text{82다카1667}}$, 근래에는 이행이익의 배상을 구하는 것이 원칙이지만 그에 갈음하여 신뢰이익의 배상을 구할 수도 있다고 한다$\binom{\text{대판 2002. 6. 11, 2002다2539;}}{\text{대판 2003. 10. 23, 2001다75295}}$.

〈판 례〉

「채무불이행을 이유로 계약해제와 아울러 손해배상을 청구하는 경우에 그 계약이행으로 인하여 채권자가 얻을 이익 즉 이행이익의 배상을 구하는 것이 원칙이지만, 그에 갈음하여 그 계약이 이행되리라고 믿고 채권자가 지출한 비용 즉 신뢰이익의 배상을 구할 수도 있다고 할 것이고, 그 신뢰이익 중 계약의 체결과 이행을 위하여 통상적으로 지출되는 비용은 통상의 손해로서 상대방이 알았거나 알 수 있었는지의 여부와는 관계없이 그 배상을 구할 수 있고, 이를 초과하여 지출되는 비용은 특별한 사정으로 인한 손해로서 상대방이 이를 알았거나 알 수 있었던 경우에 한하여 그 배상을 구할 수 있다고 할 것이고, 다만 그 신뢰이익은 과잉배상 금지의 원칙에 비추어 이행이익의 범위를 초과할 수 없다.」$\binom{\text{대판 2002. 6. 11,}}{\text{2002다2539}}$

생각건대 여기의 손해배상이 채무불이행으로 인한 것인 만큼 일반 채무불이행의 경우와 마찬가지로 배상범위는 이행이익이라고 하여야 한다. 그리고 신뢰이익의 배상은 인정되지 않는다. 다만, 헛되이 지출한 비용은 이행이익에 갈음하여 그것의 범위 안에서 배상청구를 인정하는 것이 바람직하다$\binom{\text{채권법총론}}{\text{[87] 참조}}$.

2) 해제의 경우에는 당사자 쌍방의 채무가 모두 소멸한다. 따라서 배상의 범위를 정할 때에는 이 점이 고려되어야 한다. 그리하여 이행불능을 이유로 해제한 때에는, 이행에 갈음하는 손해배상$\binom{\text{전보}}{\text{배상}}$액에서 해제자가 채무를 면하거나 급부한 것을 반환받음으로써 얻는 이익을 뺀$\binom{\text{문헌들은 이를 손익상계라고 하나, 이것은 「채무불이행으로 인하}}{\text{여」 얻은 이익이 아니므로 엄격하게는 손익상계라고 할 수 없다}}$ 나머지 금액이 배상액이 되고, 이행지체를 이유로 해제한 때에는, 지연배상을 전보배상으로 변경하고 그것으로부터 해제자가 채무를 면하거나 급부한 것을 반환받음으로써 얻는 이익을 뺀 나머지 금액이 배상액이다.

3) 목적물의 가격이 이행시·해제시·손해배상시에 차이가 있는 경우에는 해

제시를 기준으로 하자는 것이 통설이다(곽윤직, 107면; 김상용, 148면; 김주수, 157면; 김형배, 251면; 윤철홍, 140면). 그러나 이행 지체를 이유로 해제한 때에는 해제시에 급부청구권이 전보배상청구권으로 변하 기 때문에 해제시가 적당하나, 이행불능을 이유로 해제한 때에는 불능시를 기준 으로 하여야 한다(대판 1980. 3. 11, 80다78은 타인의 권리매매에 관하 여 같은 태도를 취한다. 채권법총론 [98] 이하도 참조). 한편 해제에 의한 손해배 상청구권은 지급을 최고한 때부터 지연이자가 발생한다(이설 없음).

4) 손해배상액의 예정이 되어 있는 경우에 관하여 학설은 일치하여 계약이 해제되어도 그것이 유효하다고 한다(김상용, 148면은 직접효과설에서는 인정하지 않아야 한다고 주장한다). 그러나 이것은 배 상액예정 특약의 해석의 문제이다. 그리하여 해석상 해제 후의 손해배상에 대하 여도 적용되는지가 검토되어야 한다. 불분명한 때에는 긍정하여야 한다. 본래 예 정한 것이 채무불이행으로 인한 손해에 대한 것이고, 해제시의 손해배상도 마찬 가지이기 때문이다. 판례는, 계약당사자가 채무불이행으로 인한 전보배상에 관하 여 손해배상액을 예정한 경우에 채권자가 채무불이행을 이유로 계약을 해제하거 나 해지하더라도 원칙적으로 손해배상액의 예정은 실효되지 않고, 전보배상에 관하여 특별한 사정이 없는 한 손해배상액의 예정에 따라 배상액을 정해야 하며, 다만 위와 같은 손해배상액의 예정이 계약의 유지를 전제로 정해진 약정이라는 등의 사정이 있는 경우에 채무불이행을 이유로 계약을 해제하거나 해지하면 손 해배상액의 예정도 실효될 수 있다고 한다(대판 2022. 4. 14, 2019 다292736 · 292743).

6. 해제와 동시이행

계약해제시에 부담하는 당사자 쌍방의 원상회복의무에 대하여는 동시이행 의 항변권 규정(536조)이 준용된다(549조). 그런데 원상회복의무뿐만 아니라 손해배상 의무도 동시이행관계에 있다고 새겨야 한다(대판 1996. 7. 26, 95다25138 · 25145; 대판 2024. 2. 29, 2023다289720). 한편 대법 원은, 매매계약(구체적으로는 건물 일부분의 분양계약)상의 채권 일부(미수금채권)를 양도받은 자가 그 채 권의 변제를 받은 뒤에 매수인이 매도인의 소유권이전등기 의무의 이행불능을 이유로 계약을 해제한 경우에, 채권 일부의 양수인의 금전반환의무는 매수인의 목적물인도의무와 동시이행관계에 있지 않고 매수인의 그 의무보다 먼저 이행되 어야 할 것이라고 한다(대판 2003. 1. 24, 2000다22850). 그러나 제549조에서 규정하고 있는 동시이 행관계는 채권이 양도된 경우에도 인정되어야 하고, 또한 그것은 채권의 일부만 양도되었다고 해도 마찬가지라고 해야 하므로, 위의 판례는 옳지 않으며, 동시이행관계를 인정해야 한다($^{같은 취지: 양창수, 민}_{법연구(7), 368면 이하}$).

〈판 례〉

「부동산에 관한 매매계약을 체결한 후 매수인 앞으로 소유권이전등기를 마치기 전에 매수인으로부터 그 부동산을 다시 매수한 제 3 자의 처분금지 가처분 신청으로 매매목적부동산에 관하여 가처분등기가 이루어진 상태에서 매도인과 매수인 사이의 매매계약이 해제된 경우, 매도인만이 가처분이의 등을 신청할 수 있을 뿐 매수인은 가처분의 당사자가 아니어서 가처분이의 등에 의하여 가처분등기를 말소할 수 있는 법률상의 지위에 있지 않고, 제 3 자가 한 가처분을 매도인의 매수인에 대한 소유권이전등기의무의 일부이행으로 평가할 수 없어 그 가처분등기를 말소하는 것이 매매계약 해제에 따른 매수인의 원상회복의무에 포함된다고 보기도 어려우므로, 위와 같은 가처분등기의 말소와 매도인의 대금반환의무는 동시이행의 관계에 있다고 할 수 없다.」(매도인인 피고는 위 가처분등기로 인하여 현실적으로 입은 손해의 배상을 구할 수 있을 뿐, 위 가처분등기의 말소와 상환으로 위 매매계약 해제에 따른 대금반환의무를 이행할 것을 주장할 수는 없다고 함)($^{대판 2009. 7. 9,}_{2009다18526}$)

[72] **V. 해제권의 소멸**

해제권은 하나의 권리($^{형성}_{권}$)로서 권리 일반의 소멸원인 또는 해제권에 특유한 소멸원인에 의하여 소멸한다.

(1) 권리 일반에 공통하는 소멸원인(특기사항)

1) 해제권은 형성권이므로 10년의 제척기간에 걸린다고 할 것이다. 그런데 통설은 본래의 계약상의 채권이 시효로 소멸한 후에는 해제권을 행사할 수 없다고 한다($^{곽윤직, 108면;}_{김형배, 256면 등}$). 그러나 해제권($^{법정해}_{제권}$)은 채무불이행에 대한 구제책으로 인정되는 것이므로 손해배상청구권이 존속하는 동안 행사할 수 있어야 하고, 손해배상청구권은 채무불이행시부터 새로이 시효기간이 진행한다고 보아야 하므로($^{민법}_{총칙}$ $^{[269]}_{참조}$), 통설의 설명은 옳지 않다.

2) 해제권은 포기할 수 있다. 그리고 포기의 의사표시는 묵시적으로도 할 수 있다. 그리하여 예컨대 해제권이 발생한 후 해제의 의사표시를 하지 않고 그 잔대금과 약정연체료까지 지급받으면서 소유권이전등기 절차를 이행할 뜻을 통고한 경우에는 해제권을 포기한 것으로 보아야 한다($^{대판 1991. 5. 14,}_{91다8005}$).

〈판 례〉

판례는, 계약이 해제된 후에 당사자 일방이 그 계약목적물을 받은 경우에는 특별한 사정이 없는 한 당사자 사이에 해제된 계약을 부활시키는 약정이 있었다고 해석함이 상당하고($\binom{대판 1963. 3. 7, 62다684;}{대판 1980. 7. 8, 80다1077}$), 이러한 때에는 새로운 이행의 최고 없이 바로 해제권을 행사할 수 없다고 한다($\binom{대판 1992. 10. 27,}{91다483}$).

3) 해제권의 행사가 실효의 원칙($\binom{민법총칙}{[54] 참조}$)상 인정되지 못할 수도 있다($\binom{이설}{없음}$). 판례도 같은 태도를 취한다($\binom{대판 1990. 4. 27, 89다카14080 · 14097; 대판 1995. 5. 26, 93다50130은 실효의 용어}{는 쓰지 않으나 같은 결과를 취하고, 대판 1992. 2. 28, 91다28221은 실효의 법리는}$ 인정하면서 구체적인 경우에 대하여 실효는 부정하며, 대판 1994. 11. 25, $\binom{}{94다12234는 실효의 법리를 인정하고 아울러 해제권 행사도 부인한다}$).

(2) 해제권에 특유한 소멸원인

1) 해제권 행사의 기간이 정해져 있지 않은 경우에는, 상대방은 상당한 기간을 정하여 해제권 행사 여부의 확답을 해제권자에게 최고할 수 있고($\binom{552조}{1항}$), 그 기간 내에 해제의 통지를 받지 못한 때에는 해제권은 소멸한다($\binom{552조}{2항}$). 그러나 이에 의한 해제권의 소멸은 그 후 새로운 사유에 의하여 발생한 해제권에는 영향이 없다($\binom{대판 2005. 12. 8,}{2003다41463}$).

2) 해제권자의 고의나 과실로 인하여 계약의 목적물이 현저히 훼손되거나 반환할 수 없게 된 때 또는 가공이나 개조로 인하여 다른 종류의 물건으로 변경된 때에는 해제권은 소멸한다($\binom{553}{조}$).

3) 당사자의 일방 또는 쌍방이 수인인 경우에 당사자 1인에 관하여 해제권이 소멸하면 다른 당사자에 대하여도 소멸한다($\binom{547조 2항. 해제}{권의 불가분성}$).

Ⅵ. 계약의 해지(解止) [73]

1. 해지의 의의

해지는 계속적 계약의 효력을 장래에 향하여 소멸하게 하는 단독행위이다.

(1) 해지는 계속적 채권관계를 발생시키는 계약인 계속적 계약($\binom{소비대차 · 사용대}{차 · 임대차 · 고용 ·}$ $\binom{위임 · 임치 · 조}{합 · 종신정기금 등}$)에서만 문제된다. 계속적 계약이 일단 실행이 된 경우에는 해제는 할 수 없고 해지나 기타의 것만 가능하다고 하여야 한다($\binom{같은 취지: 대판 1962. 8. 2, 4294민상}{1606(조합); 대판 1994. 5. 13, 94다}$ 7157(조합); 대판 1994. 11. 22, 93다61321(임대차); 대판 2022. 3. 11, $\binom{}{2020다297430(미국 비숙련 취업이민을 위한 알선업무계약)}$). 주의할 것은, 계속적 계약의 경우에도 이행이 있기 전에 채무불이행을 이유로 계약이 해소될 수 있는데, 그것은

해지가 아니고 해제라는 점이다(같은 취지: 곽윤직, 109면). 즉 계속적 계약이 언제나 해지만 가능한 것은 아니다.

(2) 해지는 「장래에 향하여」 효력을 발생한다. 이 점에서 해지는 계약의 효력을 소급적으로 소멸시키는 해제와 구별된다(직접효과설의 입장).

(3) 해지는 상대방 있는 단독행위이다. 따라서 그것은 상대방에게 도달한 때에 효력이 생긴다(111조 1항. 그러나 해지기간이 있는 때에는 다르다).

2. 해지권의 발생

(1) 해지할 수 있는 권리가 해지권이다. 해지권은 해제권과 마찬가지로 형성권이다(대판 2000. 1. 28, 99다50712).

(2) 해지권도 해제권처럼 법률의 규정 또는 당사자의 계약에 의하여 발생한다(543조 1항). 법률의 규정에 의하여 발생한 해지권을 법정해지권이라 하고, 계약에 의하여 발생한 해지권을 약정해지권이라 한다.

1) 법정해지권　　　민법은 각각의 전형계약에 관하여 개별적으로 해지권을 규정하고 있다(610조 3항·613조 2항·614조·625조·627조·629조·635조·636조·637조·639조·640조·641조·657조·658조·659조·660조·661조·662조·663조·689조·698조·699조·716조·720조 등). 그 원인은 존속기간의 약정이 없는 것, 채무불이행, 신의칙 위반 등이다.

민법은 해제와 달리 일반적인 법정해지권 규정을 두고 있지 않다. 여기서 일반적으로 해지권의 발생을 인정할 수 없는지가 문제된다. 문헌에서는 이를 일반적 법정해제권의 발생규정인 제544조 내지 제546조를 계속적 계약에도 적용(유추적용)할 것인가의 문제로 논의하고 있다. 학설은 i) 부정설(김증한, 116면; 이은영, 270면), ii) 긍정설(곽윤직, 110면; 김주수, 165면), iii) 제한적 긍정설(김상용, 153면; 김학동, 180면; 김형배, 266면)로 나뉘어 있다. i) 부정설은 ① 민법이 해제와 해지를 구별하고 있다는 점, ② 그 규정들이 준용될 만한 경우는 개별적으로 규정되어 있다는 점, ③ 해제와 해지는 성격이 다르다는 점, ④ 해지사유는 각 계약의 특성에 맞게 정해져야 한다는 점 등을 이유로 든다. 그에 비하여 ii) 긍정설은 ① 민법의 해지권 발생규정이 법정해지권을 인정해야 할 경우를 망라하고 있지 않다는 점, ② 사정변경의 원칙에 의한 해지권 발생을 인정하여야 한다는 점을 이유로 든다. 그리고 iii) 제한적 긍정설은 급부장애가 계속되거나 중대한 시점에 이행을 게을리하여 채권관계의 유지를 무의미하게 할 정도로 신뢰관계를 해칠 때에는 해지권이 인정되어야 할 것이라고 한다. 한편 판례는 계속적「계약의 존속 중에 당사자의 일방이 그 계약상의 의무를 위반함으로써 그로 인하여 계약의 기초가 되는 신뢰관계가 파괴되어 계약관계를 그대로 유지하기 어려운 정도에 이르게 된 경우」에는 곧바로 해지할 수 있다고 하고(대판 1995. 3. 24, 94다17826; 대판 2002. 11. 26, 2002두5948. 같은 취지: 대판 2010. 10. 14, 2010다48165; 대판 2013. 4. 11, 2011다59629), 계속적 보증계약에 관하여 신뢰파괴·현저한 사정변경 등을 이유로 한 해지를 인정하며(채권법총론 [182] 참조. 특히 대판 2002. 5. 31, 2002다1673; 대판 2003. 1. 24, 2000다37937 참조), 근래에는 계속적 계약관계에서 사정변경을 이유로 계약의 해지를 주장하는 경우에도 사정변경을 이유로 한 계약해제의 법리가 적용된다고 한다(대판(전원) 2013. 9. 26, 2012다13637; 대판(전원) 2013. 9. 26, 2013다26746). 생각건대 우리 민법의 입법자는 계속적 채권관계의 특징을 충분히 파악하지 못하고 있었다. 그리고 민법상 해지를 인정하여야 할 모든 경우에 관하여 해지권이 규정되어 있지도 않다. 따라서 민법에서 규율되지 못한 틈은 해석으로 보충되어야 한다. 그러나 보충은 제544조 내지 제546조에 의하여 할 것은 아니다. 해제와 해지는 너무도 다르기 때문이다. 오히려 개별적인 해지규정들로부터 일반적인 법리를 추출하여 규정이 없는 계약에 적용할 수 있도록 하여야 한다. 그러한 점에서「신뢰파괴」를 이유로 해지를 인정한 판례는 고무적이라고 할 수 있다. 그런가 하면 사정변경으로 인한 계약해지도 일반적으로 인정되어야 한다.

〈판 례〉

갑이 주택건설사업을 위한 견본주택 건설을 목적으로 임대인 을과 토지에 관하여 임대차계약을 체결하면서 임대차계약서에 특약사항으로 위 목적을 명시하였는데, 지방자치단체장으로부터 가설건축물 축조신고 반려통보 등을 받고 위 토지에 견본주택을 건축할 수 없게 되자, 갑이 을을 상대로 임대차계약의 해지 및 임차보증금 반환을 구한 사안에서, 견본주택 건축은 위 임대차계약 성립의 기초가 된 사정인데, 견본주택을 건축할 수 없어 갑이 임대차계약을 체결한 목적을 달성할 수 없게 되었고, 위 임대차계약을 그대로 유지하는 것은 갑과 을 사이에 중대한 불균형을 초래하는 경우에 해당하므로, 위 임대차계약은 갑의 해지통보로 적법하게 해지되었고, 을이 갑에게 임대차보증금을 반환할 의무가 있다고 한 사례(대판 2020. 12. 10, 2020다254846).

2) **약정해지권**　계속적 계약을 체결하면서 당사자 일방이나 쌍방을 위하여 해지권을 보류하는 특약을 할 수도 있다(위와 같은 해지가 인정되는 것은 계속적 채권관계를 발생시키는 계약에 한한다. 대판 2015. 5. 29, 2012다87751). 민법은 636조에서 임대차에 관하여 이를 규정하고 있으나, 그러한 규정이

없더라도 특약은 가능하다. 그리고 그때에는 그 특약에 의하여 해지권(약정해지권)이 발생한다.

[74]   ### 3. 해지권의 행사

해지권의 행사는 상대방$\binom{\text{생명보험계약에서 보험금 수익자는 상대}}{\text{방이 아니다. 대판 1989. 2. 14, 87다카2973}}$에 대한 일방적 의사표시로써 한다$\binom{543조}{1항}$. 그것은 재판 외에서도 할 수 있고 재판상으로도 할 수 있다$\binom{\text{해지의 의사표시를 담은 소장 부본을 피고에게 송달하는 방법으로 해지권을 재판상 행사하는 경}}{\text{우에는, 그 소장 부본이 제척기간 내에 피고에게 송달되어야 한다. 대판 2000. 1. 28, 99다50712}}$. 해지의 의사표시는 철회하지 못하고$\binom{543조}{2항}$, 해지권도 해제권처럼 불가분성이 있다$\binom{547}{조}$. 따라서 여러 사람이 공동임대인으로서 임차인과 하나의 임대차계약을 체결한 경우에는 제547조 제 1 항의 적용을 배제하는 특약이 있다는 등의 특별한 사정이 없는 한 공동임대인 전원의 해지의 의사표시에 따라 임대차계약 전부를 해지하여야 하며, 이러한 법리는 임대차계약의 체결 당시부터 공동임대인이었던 경우뿐만 아니라 임대차목적물 중 일부가 양도되어 그에 관한 임대인의 지위가 승계됨으로써 공동임대인으로 되는 경우에도 마찬가지로 적용된다$\binom{\text{대판 2015. 10. 29,}}{\text{2012다5537}}$.

4. 해지의 효과

(1) 해지의 비소급효

해지가 있으면 계약은 장래에 대하여 그 효력을 잃으며$\binom{550}{조}$, 소급하여 무효로 되지 않는다.

〈판 례〉

판례는, 매매계약과 임대차계약이 혼합된 계약에서 매도인의 귀책사유로 이행불능이 되어 매수인이 계약을 해제한 경우에는, 그 계약으로 생긴 법률효과가 모두 소급적으로 소멸하는 것이 아니고 그 계약 중 임대차계약의 성질을 가진 부분은 이행불능으로 해지된 것으로서 장래에 향해서만 계약관계가 종료된다고 한다$\binom{\text{대판 1996. 7. 26,}}{\text{96다14616}}$.

(2) 해지기간

민법은 계약의 존속기간을 정하지 않거나 기타 일정한 경우에는 해지를 하더라도 일정한 유예기간이 경과한 뒤에 비로소 해지의 효력이 발생하도록 하고 있다$\binom{\text{예: 635조 · 637조 ·}}{\text{660조 · 662조}}$. 이러한 경우에 해지가 있은 후 해지의 효력이 생길 때까지 사이의 기간을 해지기간이라고 한다$\binom{\text{해지기간이 해지할 수 있는 기간이 아님을 주의하}}{\text{라. 이 때문에 해지기간이라는 용어는 부적당하다}}$. 해지기간이 붙어 있는 경우에는 민법은「해지할 수 있다」고 하지 않고「해지의 통고를 할 수 있다」고 규정한다$\binom{\text{가령 }640조와}{\text{비교해 보라}}$.

(3) 이미 성립한 채무의 효력

해지가 있기 이전에 성립한 채무$\binom{\text{예: 연체된 차임}}{\text{채무나 이자채무}}$는 해지가 있더라도 소멸하지 않고 그대로 존속한다. 따라서 그 채무는 이행하여야 한다$\binom{\text{같은 취지: 대판 1996. 9. 6,}}{94다54641(연체 차임채무)}$.

(4) 청산의무

계속적 계약이 해지되면 계약관계의 청산의무가 존재한다. 임대차에 있어서 임차인의 목적물반환의무가 그 예이다. 민법은 이를 원상회복이라고 표현하고 있으나$\binom{615조 \cdot 654}{\text{조 참조}}$, 여기의 원상회복은 해제의 경우와는 전혀 다르다.

(5) 손해배상의 청구

손해가 있으면 계약을 해지하면서 동시에 손해배상도 청구할 수 있다$\binom{551}{조}$. 한편 판례는, 상대방의 채무불이행 여부와 상관없이 일정한 사유가 발생하면 계약을 해지할 수 있도록 하는 약정해지권을 유보한 경우$\binom{\text{약정해제권을 유보}}{\text{한 경우에도 같음}}$에 상대방에게 고의 또는 과실이 없을 때에는 배상책임을 지지 않으며, 그것이 자기책임의 원칙에 부합한다고 한다$\binom{\text{대판 2016. 4. 15,}}{2015다59115}$.

제3장 계약각론

제1절 증 여

Ⅰ. 증여의 의의 및 성질 [75]

(1) 의 의

증여는 당사자 일방(증여자)이 무상으로 재산을 상대방(수증자)에게 수여하는 의사를 표시하고 상대방이 이를 승낙함으로써 성립하는 계약이다($\frac{554}{조}$). 보통 사회에서 증여라고 하면 증여하는 행위를 가리키나 민법에서는 증여계약을 의미한다.

<판 례>

(ㄱ) 「기부채납이란 지방자치단체 외의 자가 부동산 등의 소유권을 무상으로 지방자치단체에 이전하여 지방자치단체가 이를 취득하는 것으로서, 기부자가 재산을 지방자치단체의 공유재산으로 증여하는 의사표시를 하고 지방자치단체가 이를 승낙하는 채납의 의사표시를 함으로써 성립하는 증여계약에 해당한다.」($\frac{대판\ 2022.\ 4.\ 28,\ 2019다}{272053.\ 같은\ 취지:\ 대판}$ 1992. 12. 8, 92다4031; 대 판 1996. 11. 8, 96다20581).

(ㄴ) 「기독교의 신도가 그가 적을 두고 있는 교회에 대하여 특정된 재산을 "연보"하였다거나 그 신앙의 대상이 되는 신인 "하나님"께 바쳤다고 한다면 그 재산권의 사용권만을 교회에 제공하는 것이라는 명확한 표시가 없는 이상 그 재산 자체를 증여한 것이라고 보는 것이 상당하다.」($\frac{대판\ 1975.\ 7.\ 30,}{74다1844}$)

(ㄷ) 「증여자와 수증자의 관계가 피상속인과 상속인의 관계에 있다 하여 이를 특별한 사정이 없는 한 유증 내지는 사인증여의 의미로 보아야 한다고 할 수는 없다.」 ($\frac{대판\ 1991.\ 8.\ 13,}{90다6729}$)

(ㄹ) 「부모가 생전에 자신이 일군 재산을 자식에게 물려준 때에는, 그 후에도 자식의 협조 내지 승낙 하에 부모가 여전히 당해 재산에 대한 관리·처분권을 행사하는 경우가 흔히 있을 수 있는 모습이므로, 부모가 자식에게 재산의 명의를 이전하여 준 이후에도 그 재산에 대한 관리·처분권을 계속 행사하였다고 해서 곧바로 이를 증여가 아닌 명의신탁이라고 단정할 수는 없다.」($\frac{대판\ 2010.\ 12.\ 23,}{2007다22859}$)

(ㅁ) 「다른 사람의 예금계좌에 금전을 이체하는 등으로 송금하는 경우에 그 송금은

다양한 법적 원인에 기하여 행하여질 수 있는 것으로서, 과세 당국 등의 추적을 피하기 위하여 일정한 인적 관계에 있는 사람이 그 소유의 금전을 자신의 예금계좌로 송금한다는 사실을 알면서 그에게 자신의 예금계좌로 송금할 것을 승낙 또는 양해하였다거나 그러한 목적으로 자신의 예금계좌를 사실상 지배하도록 용인하였다는 것만으로는 다른 특별한 사정이 없는 한 객관적으로 송금인과 계좌명의인 사이에 그 송금액을 계좌명의인에게 위와 같이 무상 공여한다는 의사의 합치가 있었다고 추단된다고 쉽사리 말할 수 없다. 이는 금융실명제 아래에서 실명확인절차를 거쳐 개설된 예금계좌의 경우에 특별한 사정이 없는 한 그 명의인이 예금계약의 당사자로서 예금반환청구권을 가진다고 하여도(대법원 2009. 3. 19. 선고 2008다45828 전원합의체 판결 등 참조), 이는 그 계좌가 개설된 금융기관에 대한 관계에 관한 것으로서 그 점을 들어 곧바로 송금인과 계좌명의인 사이의 법률관계를 달리 볼 것이 아니다.」(대판 2012. 7. 26, 2012다30861. 같은 취지: 대판 2018. 12. 27, 2017다290057)

(2) 법적 성질

증여는 낙성·편무·무상·불요식의 계약이다(554조).

1) 증여는 증여자의 단독행위가 아니고 증여자와 수증자 사이의 계약이다. 따라서 증여가 성립하려면 이들 두 당사자의 의사표시의 일치가 있어야 한다. 청약은 증여자가 하는 것이 보통이나, 수증자가 청약을 하여도 무방하다(이설 없음. 554조는 보통의 경우를 염두에 둔 규정일 뿐이다). 그리고 태아(대판 1982. 2. 9, 81다534)나 아직 형성되지 않은 종중 또는 친족공동체(대판 1992. 2. 25, 91다28344)는 권리능력이 없어서(태아의 수증능력을 인정하는 특별규정이 없다. 민법총칙 [295]도 참조) 승낙의 의사표시를 할 수 없고, 그 결과 증여자의 의사표시만으로는 아무런 효력도 생기지 않는다.

증여는 계약이기 때문에, 어떤 자가 타인에게 재산을 무상으로 주는 행위라도 그것이 단독행위에 해당하면 증여가 아니다. 유증이나 채무면제가 그 예이다.

2) 증여는 증여자만이 채무를 부담하는 편무계약이다.

3) 증여는 대가(반대급부) 없이 재산출연을 하는 대표적인 무상계약이다. 수증자가 부담을 지더라도 그것이 급부의 대가로 인정되지 않으면 증여로 된다. 무상인지 여부, 즉 대가성이 있는지 여부는 당해 계약만을 관찰하고 당사자의 의사에 의하여 판단하여야 한다(다수설도 같음).

증여자의 출연은 권리(물권·채권·지식재산권 등)의 양도, 용익물권(지상권·지역권 등)의 설정, 무상으로 하는 노무의 제공일 수도 있다. 다만, 무상으로 물건을 사용하게 하는 것은 제외된다. 민법이 사용대차·소비대차(무이자의 경우)를 별도의 전형계약으로 규정하고 있기 때문이다.

증여의 목적이 되는 재산은 반드시 증여자에 속하고 있어야 하는가? 증여는 채권계약이고, 증여자는 재산을 급여할 의무만을 부담하는 것이므로, 타인의 재산도 증여의 목적으로 될 수 있다(통설도). 그런데 이 경우에는 증여자는 그 타인의 재산을 취득하여 수증자에게 급부하여야 한다(569조도).

4) 증여는 낙성계약이다. 따라서 목적물의 인도 기타 출연행위가 없더라도 당사자의 합의만으로 증여는 성립한다. 그런데 실제에 있어서는 동산의 증여의 경우 계약과 동시에 목적물이 인도되는 때가 많다. 부의금(대판 1992. 8. 18, 92다2998은 증여라고 한다), 결혼축의금, 교회헌금을 주는 경우가 그 예이다. 이러한 증여를 「현실증여」라고 한다. 현실증여가 채권계약인지 물권계약인지 문제되나, 그 경우에는 채권행위·물권행위가 합해져서 행하여진 것으로 이해된다(통설도).

5) 증여는 불요식계약이다. 다만, 증여의사가 서면으로 표시되지 않은 경우에는 증여를 해제할 수 있으나(555조), 그렇다고 하여 증여가 요식계약으로 되는 것은 아니다.

Ⅱ. 증여의 효력　　　　　　　　　　　　　　　　　　　　　　　　　　[76]

1. 증여자의 의무

증여자는 증여계약에 의하여 발생한 채무를 이행하여야 한다. 이 채무는 보통의 것과 마찬가지이므로, 수증자는 이를 강제로 실현할 수 있다. 그리고 채무불이행이 있으면 손해배상도 청구할 수 있다.

증여의 객체가 특정물인 경우에 증여자는 증여계약이 성립한 때부터 선량한 관리자의 주의로 보존하여야 하는지가 문제된다(374조참조). 학설은 i) 선관주의로 보존하여야 한다는 견해(김상용, 163면; 주해(H), 32면(고영한))와 ii) 자기 재산과 동일한 주의로 보관하면 된다는 견해(김형배, 401면; 윤철홍, 154면; 이은영, 281면; 지원림, 1383면)로 나뉘어 있다. ii)설은 증여가 무상계약이라는 이유에서 제695조(무상수치인의 주의의무)를 유추적용하는 입장이다. 생각건대 유추적용은 입법자(내지법률)가 판단을 하지 않아 규율의 틈이 있는 때에만 고려되어야 한다. 그런데 무상임치의 경우에 관하여 특별규정을 두면서 같은 무상계약인 증여를 의식하지 않은 것으로 보기는 어렵다. 결국 특별규정이 없는 한 원칙(374조)에 따라 선관주의 보존의무가 있다고 할 것이다.

2. 증여자의 담보책임

(1) 증여자는 증여의 목적인 물건 또는 권리에 하자나 흠결이 있어도 원칙적으로 담보책임을 지지 않는다($^{559조 1}_{항 본문}$). 그러나 증여자가 그 하자나 흠결을 알고 수증자에게 고지하지 않은 때에는 예외적으로 담보책임을 진다($^{559조 1}_{항 단서}$). 민법에 명문의 규정은 없지만 이 담보책임은 수증자가 악의인 때에는 생기지 않는다고 하여야 한다($^{이설}_{없음}$). 담보책임의 내용은 수증자가 하자나 흠결이 없다고 오신하였기 때문에 입은 손해(신뢰이익)의 배상이라고 새기는 데 학설이 일치되어 있다. 담보책임을 물을 수 있는 권리는 매매의 규정($^{575조}_{3항}$)을 유추적용하여 1년의 제척기간에 걸린다고 할 것이다.

제559조가 특정물의 증여에 대하여만 적용되고 불특정물의 경우에는 하자 없는 물건을 구해서 급부하여야 한다는 견해($^{김형배, 404면; 지}_{원림, 1383면 참조}$)가 있다. 그러나 증여의 목적물이 특정물이든 불특정물이든 같은 결과가 인정되어야 한다($^{증여에 관하여}_{581조와 같은 규}$ $^{정이 없는 한 특히 증여가 무상계약임을}_{고려하여 이와 같이 해석하여야 한다}$)($^{결과에서 같은 취지: 김주수, 177}_{면; 윤철홍, 154면; 이은영, 280면}$).

(2) 증여가 부담부인 경우에는 증여자는 그 부담의 한도에서 매도인과 같은 담보책임을 진다($^{559조}_{2항}$).

(3) 제559조는 강행규정이 아니다. 따라서 당사자가 특약으로 담보책임을 지기로 할 수도 있다.

[77] ## 3. 증여의 해제

민법은 다음 세 가지 경우에는 증여계약을 해제할 수 있도록 하고 있다.

(1) 증여의 의사가 서면으로 표시되지 않은 경우

1) 증여의사가 서면으로 표시되지 않은 경우($^{구두의 증여계약이 있다고 하여 증여자가 이를}_{서면으로 작성할 의무는 없다. 대판 1963. 5. 30,}$ $^{63다}_{123}$)에는 각 당사자는 증여계약을 해제할 수 있다($^{555}_{조}$)($^{이 경우를 문헌과 판례는 555조의 제목에}_{따라 「서면에 의한 증여」라고 하여 설명하}$ $^{고, 특히 판례는 그러한 증여의 의미를 논}_{하고 있는데, 이는 매우 바람직하지 않다}$). 민법이 이러한 규정을 둔 취지는, 증여자가 경솔하게 증여하는 것을 방지함과 동시에 증여자의 의사를 명확하게 하여 뒤에 분쟁이 생기는 것을 피하게 하려는 데 있다($^{대판 1988. 9. 27, 86다카2634;}_{대판 1993. 3. 9, 92다18481}$).

증여의사가 서면으로 표시된 경우에는 증여계약을 해제할 수 없는데, 그러기 위하여 반드시 증여계약서가 작성되어 있을 필요는 없으며, 당해 서면의 작성에 이르게 된 경위도 함께 고려할 때 그 서면이 증여의사($^{증여자가 자기의 재산을 상대}_{방에게 무상으로 준다는 의사}$)를 표시한 서면이라고 인정될 수 있으면 충분하다(대판 1991. 9. 10, 91다6160; 대판 1996. 3. 8, 95다54006; 대판 1998. 9. 25, 98다22543; 대판 2003. 4. 11, 2003다1755). 그러나 증여의 의사표시는 수증자에 대하여 서면으로 표시되어야 한다(대판 1996. 3. 8, 95다54006; 대판 1998. 9. 25, 98다22543). 따라서 증여자가 단순히 제 3 자에 대한 관계(예: 증여의사를 강제집행의 방법으로 실현하기 위하여 스스로 선임료를 지급하고 소송대리인을 선임하여 수증자 명의로 부동산에 가압류 신청을 한 경우. 대판 1996. 3. 8, 95다54006) 또는 자신의 내부관계(예: 일기장에 증여의사를 기재한 경우)에서 증여의사가 있음을 인정할 수 있는 것만으로는 부족하다. 한편 이 서면은 증여계약 체결시에 작성될 수도 있으나, 그 후에도 계약이 존속하는 동안에는 작성될 수 있으며, 그러한 경우에는 서면 작성시부터는 당사자가 임의로 해제할 수 없게 된다(대판 1989. 5. 9, 88다카2271; 대판 1992. 9. 14, 92다4192). 그리고 부동산의 증여에 있어서는 등기신청을 위하여 반드시 계약서를 작성하고 그것에 시장 등의 검인을 받아야 하는데(부등특조법 3조), 이 계약서도 여기의 서면에 해당한다(같은 취지: 곽윤직, 118면).

〈판 례〉

(ㄱ)「비록 서면 자체는 매매계약서, 매도증서로 되어 있어 매매를 가장하여 증여의 증서를 작성한 것이라고 하더라도 증여에 이른 경위를 아울러 고려할 때 그 서면이 바로 증여의사를 표시한 서면이라고 인정되면 이는 민법 제555조에서 말하는 서면에 해당한다.」(대판 1991. 9. 10, 91다6160)

(ㄴ) 갑, 을, 병 사이에서 갑이 을과 그 태생 자녀들에게 일정 재산을 분배하여 주고 나머지 재산에 대한 일체의 상속권은 포기하기로 하는 내용의 조정이 성립된 후 잔여 재산에 속하는 토지를 병과의 사이에서 출생한 정에게 증여한 경우, 정이 참가하지 아니한 위의 조정절차에서 갑의 증여의 의사표시가 정에게 서면으로 표시된 것으로 볼 수 없다고 한 사례(대판 1998. 9. 25, 98다22543).

증여의사가 서면으로 표시되지 않은 경우에 해제할 수 있는 자는 증여자와 수증자 모두이다(555조). 해제의 상대방은 증여계약의 상대 당사자이며, 증여목적물의 전득자는 상대방이 될 수 없다(대판 1977. 2. 8, 76다2423). 그리고 판례는, 여기의 해제는 일종의 특수한 철회이고 본래의 의미의 해제와는 다르므로 형성권의 제척기간(10년의 제척기간)의 적용을 받지 않는다고 한다(대판 2003. 4. 11, 2003다1755).

2) 이 경우의 해제는 이미 이행한 부분에 대하여는 영향을 미치지 않는다(558조). 그리하여 동산의 증여에 있어서는 인도(현실의 인도 외에 간이인도·점유개정·목적물반환청구권의 양도도 포함한다)가 있으면 해제할 수 없다. 그리고 부동산의 증여에 있어서는 본래 소유권의 이전등기와 인도 모두가 완료되어야 이행한 것으로 된다. 그러나 등기를 위하여 계약서가 작성되면 그때부터는 해제할 수가 없고(555조), 그 이전이라도 인도가 있으면 일부이

행이 있으므로 해제할 수 없다고 새겨야 할 것이다(결과에서 같은 취
지: 곽윤직, 119면). 그런데 판례는 소유권이전등기가 있으면 해제할 수 없다는 입장이다(대판 1991. 8. 13, 90다6729;
대판 2005. 5. 12, 2004다63484). 한편 판례는, 증여자의 의사에 기하지 않은 원인무효의 등기가 경료된 경우에는 증여계약의 적법한 이행이 있다고 볼 수 없으므로, 서면에 의하지 아니한 증여자의 증여계약의 해제에 대해 수증자가 실체관계에 부합한다는 주장으로 대항할 수 없다고 한다(대판 2009. 9. 24,
2009다37831).

〈판 례〉

(ㄱ) 판례는, 물권변동에 관하여 성립요건주의(형식
주의)를 채택하고 있는 현행민법의 해석으로는 부동산 증여에 있어서 이행이 되었다고 함은 그 부동산의 인도만으로는 부족하고 이에 대한 소유권이전등기 절차까지 마친 것을 의미한다고 한다(대판 1977.
12. 27,
77다
834). 그런데 다른 한편으로「부동산의 증여에 있어서는 그에 대한 소유권이전등기 절차를 마침으로써 그 이행이 종료되어 수증자는 그로써 확정적으로 그 소유권을 취득하는 법리이므로, 목적부동산을 인도하기 전에는 아직 증여가 이행되지 않은 것이라는 소론 논지는 그 독자적 견해에 불과하여 채용할 수 없」고 한다(대판 1981. 10. 13,
81다649). 그리고 토지의 증여에 관하여 역시 소유권이전등기가 행하여짐으로써 이행이 완료되므로 증여자가 그 이행 후 증여계약을 해제하였다고 하더라도 증여계약이나 그에 의한 소유권이전등기의 효력에 아무런 영향이 없다고 한다(대판 1991. 8. 13, 90다6729;
대판 2005. 5. 12, 2004다63484). 그런가 하면 부동산을 증여한 자가 생전에 소유권이전등기에 필요한 서류를 제공하고 그가 사망한 후에 그 등기가 행하여진 경우에는 증여자의 상속인이 증여계약을 해제하여도 아무런 영향이 없다고 한다(대판 1981. 7. 28, 80다2338;
대판 2001. 9. 18, 2001다29643). 그 밖에 증여자가 서면에 의하지 않고 소유권이전등기가 되지 않은 매수 토지를 증여하였으나 위 토지에 관한 소유권이전등기 청구권을 수증자에게 양도하고 매도인에게 양도통지까지 마친 경우에도, 상속인들의 해제는 아무런 영향도 미치지 않는다고 한다(대판 1998. 9. 25,
98다22543).

(ㄴ)「민법 제47조 제 1 항에 의하여 생전처분으로 재단법인을 설립하는 때에 준용되는 민법 제555조는 "증여의 의사가 서면으로 표시되지 아니한 경우에는 각 당사자는 이를 해제할 수 있다"고 함으로써 서면에 의한 증여(출
연)의 해제를 제한하고 있으나, 그 해제는 민법총칙상의 취소와는 요건과 효과가 다르므로 서면에 의한 출연이더라도 민법총칙 규정에 따라 출연자가 착오에 기한 의사표시라는 이유로 출연의 의사표시를 취소할 수 있고, 상대방 없는 단독행위인 재단법인에 대한 출연행위라고 하여 달리 볼 것은 아니다.」(대판 1999. 7. 9,
98다9045)

(2) 망은행위(忘恩行爲)가 있는 경우

민법은 수증자의 일정한 망은행위가 있는 때에는 증여자가 증여계약을 해제

할 수 있다고 한다($\frac{556}{조}$). ① 증여자 또는 그 배우자나 직계혈족에 대하여 범죄행위
가 있는 때($\frac{556조}{1항 1호}$)와 ② 증여자에 대하여 부양의무가 있는 경우에 이를 이행하지
않은 때($\frac{556조}{1항 2호}$)에 그렇다. 판례는, 위 ①에서「범죄행위」는, 수증자가 증여자에게
감사의 마음을 가져야 함에도 불구하고 증여자가 배은망덕하다고 느낄 정도로
둘 사이의 신뢰관계를 중대하게 침해하여 수증자에게 증여의 효과를 그대로 유
지시키는 것이 사회통념상 허용되지 아니할 정도의 범죄를 저지르는 것을 말한
다고 하며, 이때 이러한 범죄행위에 해당하는지 여부는 수증자가 범죄행위에 이
르게 된 동기 및 경위, 수증자의 범죄행위로 증여자가 받은 피해의 정도, 침해되
는 법익의 유형, 증여자와 수증자의 관계 및 친밀도, 증여행위의 동기와 목적 등
을 종합적으로 고려하여 판단하여야 하고, 반드시 수증자가 그 범죄행위로 형사
처벌을 받을 필요는 없다고 한다($\frac{대판 2022. 3. 11, 2017}{다207475 \cdot 207482}$). 그리고 위 ②에서「부양의무」
는 제974조에 규정되어 있는 직계혈족 및 그 배우자 또는 생계를 같이하는 친족
간의 부양의무를 가리키며, 친족간이 아닌 당사자 사이의 약정에 의한 부양의무
는 이에 해당하지 않는다고 한다($\frac{대판 1996. 1. 26,}{95다43358}$). 한편 견해($\frac{곽윤직,}{119면}$)에 따라서는, 수
증자가 증여의 사실을 알고 그러한 행위를 했을 것을 요구하나, 증여 후에 했으
면 되고 증여사실을 알았을 필요는 없다고 하여야 한다.

　망은행위에 의한 해제권은 망은행위가 있었음을 안 날로부터 6개월이 경과
하거나 증여자가 수증자에 대하여 용서의 의사를 표시한 때에는 소멸한다($\frac{556조}{2항}$).
그리고 망은행위를 이유로 해제하더라도 이미 이행한 부분에 대하여는 영향이
없다($\frac{558}{조}$).

(3) 증여자의 재산상태가 악화된 경우

　증여계약 후 증여자의 재산상태가 현저히 변경되고 그 이행으로 인하여 생
계에 중대한 영향을 미칠 경우에는, 증여자는 증여계약을 해제할 수 있다($\frac{557}{조}$). 이
는 사정변경의 원칙을 입법화한 것이다. 그리고 이 경우의 해제도 이미 이행한
부분에 대하여는 영향이 없다($\frac{558}{조}$).

[78] **Ⅲ. 특수한 증여**

1. 부담부 증여

부담부 증여(민법은 「상대부담
있는 증여」라고 함)는 수증자가 증여를 받으면서 일정한 급부를 하기로 하는 증여이다. 가령 토지소유자가 토지를 증여하면서 후에 나이가 들어 자신의 거동이 불편하면 수증자가 증여자 부부를 부양하고 그의 선조의 제사를 지내주기로 약속한 경우(대판 1996. 1. 26,
95다43358 참조)가 그에 해당한다. 부담부 증여의 경우에는 수증자가 급부의무를 지기는 하나 그것이 증여자의 의무와 대가관계에 있지는 않으므로 그것은 편무·무상계약이다(같은 취지: 곽윤직, 120면; 김주수, 180면. 그러나 김상용, 162면 · 167
면; 김형배, 410면은 대가관계가 성립하는 경우가 있다고 한다).

〈판 례〉

「증여에 상대부담(민법 제
561조) 등의 부관이 붙어 있는지 또는 증여와 관련하여 상대방이 별도의 의무를 부담하는 약정을 하였는지 여부는 당사자 사이에 어떠한 법률효과의 발생을 원하는 대립하는 의사가 있고 그것이 말 또는 행동 등에 의하여 명시적 또는 묵시적으로 외부에 표시되어 합치가 이루어졌는가를 확정하는 것으로서 사실인정의 문제에 해당하므로, 이는 그 존재를 주장하는 자가 증명하여야 하는 것이다.」(대판 2010. 5. 27,
2010다5878)

부담부 증여의 경우에는 증여자는 그의 부담의 한도에서 매도인과 같은 담보책임이 있다(559조
2항). 그리고 부담부 증여에 대하여는 증여의 규정 외에 쌍무계약에 관한 규정(특히 536
조·537조)이 준용된다(561조. 그 규정은 「적용」이라고
하나 「준용」이라고 해야 한다). 그 결과 부담부 증여에 있어서 부담의무 있는 상대방이 자신의 의무를 이행하지 않은 때에는 비록 증여계약이 이행되어 있더라도 그 계약을 해제할 수 있고(대판 1996. 1. 26,
95다43358), 그 경우 민법 제555조와 제558조는 적용되지 않는다(대판 1997. 7. 8,
97다2177).

부담부 증여에도 증여에 관한 일반 조항들이 그대로 적용되므로, 증여의 의사가 서면으로 표시되지 않은 경우 각 당사자는 원칙적으로 제555조에 따라 부담부 증여계약을 해제할 수 있다. 그러나 부담부 증여계약에서 증여자의 증여 이행이 완료되지 않았더라도 수증자가 부담의 이행을 완료한 경우(부담부 증여에서는 이미
이행한 부담 역시 558조에서의 「이미 이행한 부분」에 포함된다고 보아야 함)에는, 그러한 부담이 의례적·명목적인 것에 그치거나 그 이행에 특별한 노력과 비용이 필요하지 않는 등 실질적으로는 부담 없는 증여가 이루어지는 것과 마찬가지라고 볼 만한 특별한 사정이 없는 한, 각 당사자가 서면에 의하지 않은 증여임을 이유로 증여계약의 전부 또는 일부를 해제할 수는 없다$\binom{\text{대판 2022. 9. 29, 2021다299976 · 299983. 증여자가 마을회관 부지를 증여}}{\text{하면서 마을회가 증여자의 숙모에게 300만 원을 지급하기로 약정한 사안임}}$.

2. 정기증여

정기증여는 정기적으로 무상으로 재산을 주는 증여이며$\binom{\text{예: 매월 말에 50만원}}{\text{씩 주기로 한 경우}}$, 계속적 채권관계로서의 성질을 가진다. 정기증여는 증여자 또는 수증자가 사망한 때에는 효력을 잃는다$\binom{560}{\text{조}}$. 문제는 이 결과가 정기증여의 기간이 약정된 경우에도 인정되는지이다. 그것은 계약의 해석의 문제이나, 불분명한 때에는 긍정하는 것이 타당하다$\binom{\text{우리의 학설은 모두 해}}{\text{석의 문제임을 간과한다}}$.

3. 사인증여(死因贈與)

사인증여는 증여자의 사망으로 인하여 효력이 생기는 증여이다$\binom{\text{로마법에서는 증여}}{\text{자가 수증자보다는}}$ 자신이 가지기를 원하고 또 자신의 상속인보다는 수증자가$\binom{\text{가지기를 원하는 경우에 사인증여가 행하여졌다고 한다}}{}$. 이는 증여자가 죽음을 염두에 두고 계약의 형태로 사실상 유증을 하는 것이라고 할 수 있다. 따라서 사인증여에는 유증에 관한 규정을 준용한다$\binom{562}{\text{조}}$. 그 주요한 것으로는 유증의 효력에 관한 규정$\binom{1073조}{\text{이하}}$이다. 그러나 능력$\binom{1061조-}{1063조}$ · 방식$\binom{\text{1065조 이하. 이 규정들은 유증이 단독행위임을 전제로 한 것이기 때}}{\text{문이다(대판 1996. 4. 12, 94다37714 · 37721; 대판 2001. 9. 14, 2000다}}$ $\binom{66430 ·}{66447}$ · 승인과 포기$\binom{1074조-}{1077조}\binom{\text{따라서 사인증여는 포기할}}{\text{수 없다. 1074조 1항 참조}}$ 등에 관한 규정은 준용되지 않는다. 판례는 포괄적 유증을 받은 자의 권리 · 의무규정$\binom{1078}{\text{조}}$도 준용되지 않는다고 한다$\binom{\text{대판 1996. 4. 12,}}{\text{94다37714 · 37721}}$. 방식을 위배한 포괄적 유증은 대부분 사인증여로 보여질 것인데, 포괄적 사인증여에 — 포괄적 유증을 받은 자는 상속인과 동일한 권리의무가 있다고 규정하고 있는 — 제1078조가 준용되면 양자의 효과가 같게 되어 결과적으로 포괄적 유증을 엄격한 방식을 요하는 요식행위로 규정한 조항들이 무의미하게 된다는 이유에서이다. 그리고 우리의 학설은 사인증여가 계약이라는 이유로 유증의 철회$\binom{1108조}{\text{이하}}$에 관한 규정의 준용을 허용하지 않으나$\binom{\text{가령 곽윤직, 122}}{\text{면; 김/김(친족상속}}$ $\binom{\text{법),}}{\text{708면}}$, 사인증여가 실질적으로 유증의 기능을 한다는 점을 고려할 때 준용을 허용하는 것이 타당하다$\binom{\text{같은 결과: 곽윤직(상속법), 248}}{\text{면; 이경희(친족상속법), 501면}}$. 판례도 특별한 사정이 없는 한 유증의 철회에 관한 제1108조 제1항은 사인증여에 준용된다고 한다$\binom{\text{대판 2022. 7. 28,}}{\text{2017다245330}}$.

〈판 례〉

「민법 제562조는 사인증여에 관하여는 유증에 관한 규정을 준용하도록 규정하고 있지만 유증의 방식에 관한 민법 제1065조 내지 제1072조는 그것이 단독행위임을 전제로 하는 것이어서 계약인 사인증여에는 적용되지 아니한다」$\left(\substack{\text{대판 1996. 4. 12,}\\\text{94다37714 · 37721}}\right)$.

제 2 절 매 매

제 1 관 서 설

[79] **Ⅰ. 매매의 의의**

(1) 매매는 당사자 일방(매도인)이 재산권을 상대방(매수인)에게 이전할 것을 약정하고, 상대방이 그 대금을 지급할 것을 약정함으로써 성립하는 계약이다$\left(\substack{563\\조}\right)$. 그 당사자는 매도인과 매수인이다.

(2) 매매는 자본주의 경제조직에서 유통과 거래의 중심을 이루는 대동맥으로서 기능하고 있다. 매매는 또한 법적으로도 대단히 중요한 제도이다.

Ⅱ. 매매의 법적 성질

1. 매매는 낙성 · 쌍무 · 유상 · 불요식의 전형계약이다.

(1) 매매는 당사자의 의사표시의 일치만으로 성립하는 낙성계약이다.

(2) 매매계약에 의하여 발생하는 매도인의 재산권이전의무와 매수인의 대금지급의무는 서로 대가적인 의미에 있으므로, 매매는 쌍무계약이다.

(3) 매매는 쌍무계약인 만큼 대가적인 의미의 재산출연도 있게 되는 유상계약이다. 민법은 매매가 가장 대표적인 유상계약이어서 그에 관하여 자세한 규정을 두고, 그 규정들을 — 성질이 허용하는 한 — 다른 유상계약에 준용하고 있다$\left(\substack{567\\조}\right)$ $\left(\substack{\text{대판 1987. 7. 7, 86다카2943은 매도인의 담보책임 규정은 그 성질이 허용하는 한 다른 유상계약에 준용된다고}\\\text{하며, 대판 1993. 6. 25, 93다13131은 매도인의 담보책임 규정을 임차보증금 반환채권의 양도에 준용하고 있다}}\right)$.

(4) 매매는 불요식계약이다.

2. 물건을 매매하면서 계약체결과 동시에 당사자 쌍방이 이행을 하는 경우가 있다. 이러한 경우를 현실매매라고 한다. 학자들은 일치하여 현실매매도 매매

에 해당하고, 단지 채권행위와 물권행위가 하나로 합체되어 행하여지는 것으로
이해한다.

제 2 관 매매의 성립

Ⅰ. 서   설 [80]

매매의 성립의 문제로는 우선 매매의 성립요건을 살펴보아야 한다. 그 밖에
민법이 매매계약의 성립과 관련하여 제564조 내지 제566조의 특별규정을 두고
있으므로 그것들에 대하여도 여기서 설명할 필요가 있다. 이 규정들은 567조에
의하여 다른 유상계약에도 준용된다.

Ⅱ. 매매의 성립요건

매매는 낙성계약이므로 당사자 쌍방의 의사표시의 일치 즉 합의만 있으면
성립한다($^{[20]}_{참조}$). 그 합의는 구두의 것이어도 무방하므로, 반드시 서면으로 행할 필
요는 없다.

매매를 성립시키기 위한 합의는 우선 매매의 본질적 구성부분인 목적재산권
과 대금에 대하여 이루어져야 한다($^{563조 참조. 대판 1986. 2. 11, 84다카}_{2454 및 그 후속판결도 같은 취지임}$). 그에 비하여 매매
계약 비용·채무의 이행시기 및 이행장소·담보책임 등 부수적인 구성부분에 대
하여는 합의가 없어도 상관없다($^{합의가 필요하다고}_{표시한 때는 예외임}$)($^{같은 취지: 대판 2023.}_{9. 14, 2023다227500}$). 그것들에 대하여
합의가 없는 때에는 법률규정이나 해석에 의하여 보충된다.

매매의 목적인 재산권은 보통 매도인에게 속하고 있을 것이나, 타인에게 속
하고 있어도 매매는 유효하다($^{569조가 이러한 매매도 유효함을 전제로 함. 대판 1982. 10. 26, 80다}_{557은 매각되지 않은 귀속재산의 매매를 무효라고 할 수 없다고 한다}$). 매
매의 목적이 된 권리가 매도인과 타인의 공유라고 해도 마찬가지이다($^{대판}_{2021. 6. 24,}$
$^{2021다}_{220666}$). 그리고 매매 목적 재산권은 물권에 한하지 않고 채권·지식재산권 등도 포
함하며, 장래에 성립할 재산권($^{예: 제작}_{중인 물건}$)도 매매의 목적이 될 수 있다.

매매의 목적물과 대금은 보통 계약체결 당시에 특정되나, 반드시 그래야 하
는 것은 아니고, 사후에라도 구체적으로 특정할 수 있는 방법과 기준이 정해져

있으면 충분하다(대판 1986. 2. 11, 84다카2454; 대판 1993. 6. 8, 92다49447; 대판 1996. 4. 26, 94다34432; 대판 1997. 1. 24, 96다26176; 대판 2009. 3. 16, 2008다1842; 대판 2020. 4. 9, 2017다20371; 대판 2023. 9. 14, 2023다227500. 그리고 대판 2002. 7. 12, 2001다7940; 대판 2023. 9. 14, 2023다227500은 이 경우 대금액 산정에 다툼이 있으면 법원이 정할 수밖에 없다고 한다)(그런데 매매계약 체결 당시에 적어도 매매계약의 당사자인 매도인과 매수인이 누구인지는 구체적으로 특정되어 있어야만 매매계약이 성립할 수 있다. 대판 2021. 1. 14, 2018다223054). 그러므로 매매대금 액수를 일정기간 후 시가에 의하여 정하기로 하였다는 사유만을 들어 매매계약이 아닌 매매예약이라고 단정할 것은 아니다(대판 1978. 6. 27, 78다551·552; 대판 2023. 9. 14, 2023다227500). 그에 비하여 이행기까지 특정할 수 없으면 매매계약은 무효로 된다(불성립이 아님). 한편 대법원은, 당사자 사이에 계약을 체결하면서 일정한 사항에 관하여 장래의 합의를 유보한 경우에 당사자에게 계약에 구속되려는 의사가 있고 계약 내용을 나중에라도 구체적으로 특정할 수 있는 방법과 기준이 있다면 계약 체결 경위, 당사자의 인식, 조리, 경험칙 등에 비추어 당사자의 의사를 탐구하여 계약 내용을 정해야 하며, 매매대금의 확정을 장래에 유보하고 매매계약을 체결한 경우에도 이러한 법리가 적용된다고 한다(대판 2020. 4. 9, 2017다20371).

〈매매목적 토지의 경계에 관한 판례〉

(ㄱ) 판례에 의하면, 토지에 대한 매매는 매매당사자가 지적공부에 의하여 소유권의 범위가 확정된 토지를 매매할 의사가 아니고 사실상의 경계대로의 토지를 매매할 의사를 가지고 매매한 사실이 인정되는 등 특별한 사정이 없으면, 현실의 경계와 관계 없이 지적공부상의 경계와 지적에 의하여 확정된 토지를 매매의 대상으로 하는 것으로 보아야 할 것이라고 하며(대판 1987. 2. 24, 86다카2261; 대판 2005. 3. 24, 2004다71522·71539), 이 법리는 ① 지적도상의 경계표시가 분할측량의 잘못 등으로 사실상의 경계와 다르게 표시된 경우(대판 1992. 1. 21, 91다32961·32978; 대판 1993. 5. 11, 92다48918·48925)나 ② 1필의 토지 위에 여러 동의 건물을 짓고 건물의 경계에 담장을 설치하여 각 건물의 부지로 사실상 구획지워 어림잡아 매도한 후 그 분필등기를 하였기 때문에 그 경계와 지적이 실제의 것과 일치하지 않은 경우(대판 1997. 2. 28, 96다49339·49346)에도 인정한다. 그리고 ③ 매매당사자가 토지의 실제 경계가 지적공부상의 경계와 상이한 것을 모르는 상태에서 실제의 경계를 대지의 경계로 알고 매매하였다고 하여 매매당사자들이 지적공부상의 경계를 떠나 현실의 경계에 따라 매매목적물을 특정하여 매매한 것이라고 볼 수 없다고 한다(대판 1993. 5. 11, 92다48918·48925; 대판 2005. 3. 24, 2004다71522·71539. 대판 1985. 11. 12, 84다카2344; 대판 1986. 12. 23, 86다카1380도 참조).

그러나 ④ 지적도를 작성함에 있어서 그 기점을 잘못 선택하는 등 기술적인 착오로 말미암아 지적도상의 경계선이 진실한 경계선과 다르게 작성된 때에는 실제의 경계대로 매매한 것으로 인정한다(대판 1993. 11. 9, 93다22845; 대판 1998. 6. 26, 97다42823. 그러나 대판 1996. 7. 9, 95다55597·55603은 그와 동시에 해당 토지가 전전매도되면서 당사자들이 실제의 경계대로 거래되었을 것을 요구한다. 그런데 이 경우는 본래 실제의 경계가 토지소유권의 경계가 된다는 것이 판례이다. 대판 1993. 4. 13, 92다52887; 대판 2000. 5. 26, 98다15446 등 참조). 그런가 하면 ⑤ 위 ④의 경우에 있어서 그 토지들이 전전매도되면서 당사자들이 실제의 경계대로 매매할 의사를 가지고 거래를 한 것과 같이 특별한 사정이 있는 때에도 실제의 경계에 의하여 매매한 것으로 본다(대판 1986. 10. 14, 84다카490; 대판 1991. 2. 22, 90다12977. 그런데 대판 1975. 11. 11, 75다1080 · 1081은 ④의 경우에는 추가적인 요건을 묻지 않고 같은 결과를 인정한다).

그 밖에 ⑥ 매매목적 토지의 범위가 지적공부상의 경계에 의하여 확정된다는 법리는 어디까지나 토지가 지적공부에 1필지로서 등록되어 있음을 전제로 한 것일 뿐이므로, 1필의 토지 중 일부만을 매매의 목적물로 삼은 경우에는 이 법리가 적용되지 않으며, 그러한 경우에는 구체적인 증거에 터잡아 그 목적물의 범위를 확정할 것이라고 한다(대판 1992. 5. 22, 91다44193; 대판 1996. 7. 30, 94다30324).

(ㄴ) 「부동산을 매수하려는 사람은 통상 매매계약을 체결하기 전에 그 등기부등본이나 지적공부 등에 의하여 소유관계 및 면적 등을 확인한 다음 매매계약을 체결하므로, 매매대상 대지의 면적이 등기부상의 면적을 상당히 초과하는 경우에는 특별한 사정이 없는 한 계약당사자들이 이러한 사실을 알고 있었다고 보는 것이 상당하며, 그러한 경우에는 매도인이 그 초과부분에 대한 소유권을 취득하여 이전하여 주기로 약정하는 등의 특별한 사정이 없는 한, 그 초과부분은 단순한 점용권의 매매로 보아야 하고 따라서 그 점유는 권원의 성질상 타주점유에 해당한다고 할 것이다.」(대판 1998. 11. 10, 98다32878. 같은 취지: 대판 1997. 1. 24, 96다41335; 대판 1999. 5. 25, 98다62046; 대판 1999. 6. 25, 99다5866 · 5873; 대판 2000. 4. 25, 2000다348; 대판 2004. 5. 14, 2003다61054(증여의 경우에도 같다고 함))

〈판 례〉

(ㄱ) 「집합건물의 소유 및 관리에 관한 법률 제 1 조의 2는 1동의 상가건물이 일정한 요건을 갖추어 이용상 구분된 구분점포를 소유권의 목적으로 할 수 있도록 하고 있는데, 구분점포의 번호, 종류, 구조, 위치, 면적은 특별한 사정이 없는 한 건축물대장의 등록 및 그에 근거한 등기에 의해 특정된다. 따라서 구분점포의 매매당사자가 집합건축물대장 등에 의하여 구조, 위치, 면적이 특정된 구분점포를 매매할 의사가 아니라고 인정되는 등의 특별한 사정이 없다면, 점포로서의 실제 이용현황과 관계없이 집합건축물대장 등 공부에 의해 구조, 위치, 면적에 의하여 확정된 구분점포를 매매의 대상으로 하는 것으로 보아야 하고, 매매당사자가 매매계약 당시 그 구분점포의 실제 이용현황이 집합건축물대장 등 공부와 상이한 것을 모르는 상태에서 점포로서의 이용현황대로의 위치 및 면적을 매매목적물의 그것으로 알고 매매하였다고 해서 매매당사자들이 건축물대장 등 공부상의 위치와 면적을 떠나 이용현황대로 매매목적물을 특정하여 매매한 것이라고 볼 수 없고(대법원 1993. 5. 11. 선고 92다48918, 48925 판결 등 참조), 이러한 법리는 교환계약의 목적물 특정에 있어서도 마찬가지로 적용된다 할 것이다.」(대판 2012. 5. 24, 2012다105)

(ㄴ) 「상가집합건물의 구분점포에 대한 매매는 원칙적으로 실제 이용현황과 관계없이 집합건축물대장 등 공부에 따라 구조, 위치, 면적이 확정된 구분점포를 매매의 대상으로 삼았다고 보아야 할 것이다. 그러나 1동의 상가집합건물의 점포들이 구분소유등기가 되어 있기는 하나 실제로는 위 상가건물의 각 점포들에 관한 집합건축물대장

등 공부상 호수와 구조, 위치 및 면적이 실제 이용현황과 일치하지 아니할 뿐만 아니라 그 복원조차 용이하지 아니하여 단지 공부가 위 상가건물에서 각 점포들이 차지하는 면적비율에 관하여 공유지분을 표시하는 정도의 역할만을 하고 있고, 위 점포들이 전전매도되면서 매매당사자들이 실제 이용현황대로의 점포를 매매할 의사를 가지고 거래한 경우 등과 같이 특별한 사정이 있는 경우에는 그 점포의 구조, 위치, 면적은 실제 이용현황에 의할 수밖에 없을 것이다.」(대판 2021. 6. 24, 2021다220666)

[81] **Ⅲ. 매매의 예약**

매매계약을 체결할 것인지는 당사자의 자유이다. 그러나 여기에는 예외가 있다. 법률이 체약의무를 부과하는 경우(283조·285조·316조·644조·646조·647조 등)와 매매의 예약이 있는 경우에 그렇다.

1. 매매예약의 종류

(1) 예약은 장차 본계약을 체결할 것을 약속하는 계약이다. 예약의 종류는 크게 두 그룹으로 나누어지고, 그 각각의 그룹이 또 둘로 나누어진다.

1) 편무예약·쌍무예약 이들은 예약상의 권리자가 본계약 체결을 원하여 청약을 하면 상대방이 승낙하여야 할 채무를 부담하기로 약정하는 계약이며, 그 중에 당사자 일방만이 예약상의 권리를 가지고 상대방이 승낙의무를 부담하는 경우가 편무예약이고, 당사자 쌍방이 예약상의 권리를 가지는 경우가 쌍무예약이다.

2) 일방예약·쌍방예약 이들은 예약상의 권리자가 상대방에 대하여 본계약을 성립시킨다는 의사표시(예약완결의 의사표시)를 하면 상대방의 승낙을 기다리지 않고 본계약이 성립하는 경우의 예약이며, 그 중에 예약완결의 의사표시를 할 수 있는 권리를 당사자 일방만이 가지는 것이 일방예약이고, 당사자 쌍방이 그러한 권리를 가지는 것이 쌍방예약이다.

(2) 본계약이 요물계약인 때에는 예약이 편무예약·쌍무예약일 수밖에 없다. 왜냐하면 예약상의 권리자의 의사표시만으로 요물계약인 본계약이 성립할 수는 없기 때문이다. 그에 비하여 낙성계약의 예약으로는 위의 네 가지가 모두 가능하다. 그러나 상대방에의 계약체결 강제라는 예약의 목적에 비추어 볼 때 의무자의

승낙이 필요하고 승낙이 없으면 의사표시에 갈음하는 판결을 얻어야 하는$\binom{389조\ 2}{항\ 참조}$ 편무예약·쌍무예약보다는 일방예약·쌍방예약이 더 합리적이다$\binom{전자의\ 경우는\ 어차피}{본계약\ 체결이\ 가능한}$ $\binom{데\ 번거로운\ 우회절}{차를\ 거치게\ 된다}$. 그 가운데서도 당사자 일방만이 권리를 가지는 것이 보통일 것이다$\binom{체약강제는\ 일방이\ 더욱\ 원}{하는\ 경우가\ 일반적이다}$. 결국 합리적으로 생각한다면 낙성계약의 예약은 일방예약이어야 한다.

〈판 례〉

「공사도급계약의 도급인이 될 자가 수급인을 선정하기 위해 입찰절차를 거쳐 낙찰자를 결정한 경우 입찰을 실시한 자와 낙찰자 사이에는 도급계약의 본계약체결의무를 내용으로 하는 예약의 계약관계가 성립하고, 어느 일방이 정당한 이유 없이 본계약의 체결을 거절하는 경우 상대방은 예약채무불이행을 이유로 한 손해배상을 청구할 수 있다.」$\binom{대판\ 2011.\ 11.\ 10,}{2011다41659}$

(3) 민법은 매매의 일방예약에 관하여만 규정하고 있다$\binom{564}{조}$. 그렇지만 계약자유의 원칙상 위의 네 가지 예약이 모두 인정된다. 당사자가 예약을 한 경우에 네 가지 중 어느 것에 해당하느냐는 당해 예약의 해석에 의하여 결정된다. 그런데 불분명한 때에는 일방예약으로 해석하여야 한다$\binom{이설}{없음}$. 제564조는 추정규정은 아니나, 낙성계약인 매매의 예약으로는 일방예약이 합리적이므로 그와 같이 새겨야 하는 것이다.

2. 매매예약의 작용

매매예약은 본래에는 현재 매매계약을 체결하기 어려운 사정이 있지만 장래에는 그 계약을 체결하고 싶은 경우에 상대방이 그때 가서 계약체결을 거절하지 않도록 묶어두는 제도이다. 그런데 근래에는 매매예약이 그러한 목적으로는 거의 이용되지 않으며, 주로 채권담보의 수단으로 이용되고 있다. 즉 금전을 빌려주면서 그 채권을 담보하기 위하여 채무자의 부동산을 장차 일정한 금액으로 매수하기로 하는 예약(매매예약)을 체결하고 그 예약에 기하여 장차 가질 수 있는 소유권이전청구권을 보전하기 위한 가등기를 해 둔다$\binom{이\ 경우는\ 가등기}{담보에\ 속한다}$. 그리고 채무자의 변제가 없으면, 예약상의 권리를 행사하여 부동산의 소유권을 취득하게 된다. 이러한 경우에는 채권자가 폭리를 취할 가능성이 있다. 그리하여 그에 대하여는 「가등기담보 등에 관한 법률」이 규제하고 있다$\binom{물권법\ [253]}{이하\ 참조}$.

[82]   # 3. 매매의 일방예약

(1) 일방예약의 추정

앞에서 언급한 바와 같이, 매매의 예약은 일방예약으로 추정된다.

(2) 성립요건

매매의 일방예약도 보통의 낙성계약처럼 당사자의 합의만 있으면 성립한다. 그리고 통설·판례는, 매매의 일방예약은 매매를 완결할 의사표시를 한 때에 매매의 효력이 생기는 것이므로 그것이 성립하려면 그 예약에 기하여 체결될 본계약의 요소가 되는 내용이 확정되어 있거나 적어도 확정될 수 있어야 한다고 한다 $\left(\begin{smallmatrix}\text{대판 1988. 2. 23, 86다카2768; 대판 1993. 5. 27, 93다4908·4915·4922. 뒤의 판결은 목적물·가액 외에 이}\\ \text{전방법·대금지급방법 등도 확정할 수 있어야 한다고 하나, 본질적 구성부분의 확정가능성만으로 충분하다}\end{smallmatrix}\right)$. 그러나 이는 일방예약의 성립요건이 아니고 유효요건의 문제이다.

(3) 법적 성질

매매의 일방예약$\left(\begin{smallmatrix}\text{쌍방예약}\\ \text{도 같다}\end{smallmatrix}\right)$의 법적 성질에 관하여는 i) 예약권리자의 완결의 의사표시를 조건으로 하는 정지조건부 매매라는 견해$\left(\begin{smallmatrix}\text{김형배, 302면;}\\ \text{이은영, 300면}\end{smallmatrix}\right)$와 ii) 예약의 일종이며, 다만 정지조건부 매매에 있어서와 같은 효과가 생기는 특수한 예약에 지나지 않는다는 견해$\left(\begin{smallmatrix}\text{곽윤직, 128면; 김상용, 177면;}\\ \text{김주수, 188면; 지원림, 1389면}\end{smallmatrix}\right)$가 대립하고 있다. 생각건대 i)설에 의하면 예약시에 매매가 성립하는 결과로 되어 부당하며$\left(\begin{smallmatrix}\text{이은영, 300면은 ii)설처럼 해석하면 가등기}\\ \text{될 청구권이 없게 되어 부당하다고 하나, 장}\end{smallmatrix}\right.$래에 확정될 청구권도 가등기 될 수 있다. 부등법 88조 참조.$\Big)$, 따라서 ii)설을 따라야 한다.

<본계약이 요식행위인 경우의 예약의 방식>

본계약이 요식행위인 경우에 예약도 동일한 방식을 갖추어야 하는지 문제된다. 여기에 관하여 우리의 통설$\left(\begin{smallmatrix}\text{곽윤직, 127면; 김상용,}\\ \text{176면; 김학동, 210면 등}\end{smallmatrix}\right)$은 방식을 요구하는 이유에 따라 다르게 판단한다. 방식을 요구하는 것이 당사자로 하여금 신중하게 하려는 데 그 이유가 있어서, 일정한 방식을 따르지 않는 때에는 당사자를 구속하지 않는다는 취지의 것이면, 예약도 본계약과 같은 방식에 따라야 할 것이라고 한다. 그리하여 가령 서면에 의하지 않은 증여의 예약은 서면에 의하지 않은 증여에서와 마찬가지로 해제할 수 있다고 한다$\left(\begin{smallmatrix}\text{555조}\\ \text{참조}\end{smallmatrix}\right)$. 그에 비하여 방식을 요구하는 것이 의사표시가 있었음을 명확하게 하여 증거의 방법으로 삼으려는 데 그 이유가 있는 경우에는, 예약 자체는 그 방식에 따르지 않아도 유효하다고 한다. 그리하여 가령 어음행위의 예약은 어음행위의 방식을 따르지 않아도 유효하다고 한다. 이러한 통설은 타당하다.

(4) 예약완결권

[83]

1) 예약완결권이란 매매의 일방예약($\substack{\text{또는 쌍} \\ \text{방예약}}$)에 기하여 예약상의 권리자가 예약의무자($\substack{\text{564조는 이를} \\ \text{「예약자」라 함}}$)에 대하여 매매완결의 의사표시를 할 수 있는 권리이다. 이 권리는 일방적인 의사표시에 의하여 본계약인 매매를 성립하게 하는 것이므로 일종의 형성권이다($\substack{\text{통설 · 판례도 같음. 대판 1992. 7. 28, 91다44766 · 44773; 대판 2000. 10. 13, 99} \\ \text{다18725; 대판 2017. 1. 25, 2016다42077; 대판 2018. 11. 29, 2017다247190 등}}$)($\substack{\text{편무예약 · 쌍} \\ \text{무예약상의} \\ \text{권리는 채}}$ $\substack{\text{권리이다}}$). 부동산물권을 이전하여야 할 본계약의 예약완결권은 가등기할 수 있으며($\substack{\text{부동법} \\ \text{88조}}$), 그때에는 그 예약완결권을 가지고 제 3 자에게 대항할 수 있다.

2) 예약완결권은 양도할 수 있으며, 그때에는 예약의무자의 승낙은 필요하지 않으나, 채권양도처럼 양도인의 통지 또는 의무자의 승낙이 있어야 대항할 수 있다($\substack{\text{이설 없음.} \\ \text{450조 참조}}$). 그리고 예약완결권이 가등기되어 있는 때에는 가등기의 이전등기($\substack{\text{가등기 이전} \\ \text{의 부기등기}}$)만으로 대항할 수 있다($\substack{\text{물권법} \\ \text{[37] 참조}}$).

3) 예약완결권은 권리자가 예약의무자에 대하여 행사하여야 한다. 완결권이 양도된 경우에는 양수인이 행사한다. 예약완결권이 가등기된 경우에 목적부동산이 제 3 자에게 양도된 때에 완결권자가 누구에게 완결권 행사를 하여야 하는지에 관하여는, i) 예약의무자라는 견해($\substack{\text{김상용, 178면; 김주수,} \\ \text{190면; 김형배, 303면}}$), ii) 부동산 양수인이라는 견해($\substack{\text{곽윤직, 129면. 제 3 자가 예약의무자의 지} \\ \text{위를 승계한다고 하여야 한다는 이유임}}$), iii) 부동산의 양수인이 예약상대방의 지위를 양수받은 경우라면 그 양수인이라는 견해($\substack{\text{이은영,} \\ \text{302면}}$)가 대립하고 있다. 생각건대 예약의무자 또는 그의 포괄승계인이 상대방이라고 하여야 한다. 그리고 그때 가등기에 기한 본등기의 절차는 일반적인 가등기의 경우와 같다($\substack{\text{물권법} \\ \text{[47] 참조}}$).

〈판 례〉

「수인의 채권자가 각기 그 채권을 담보하기 위하여 채무자와 채무자 소유의 부동산에 관하여 수인의 채권자를 공동매수인으로 하는 1개의 매매예약을 체결하고 그에 따라 수인의 채권자 공동명의로 그 부동산에 가등기를 마친 경우, 수인의 채권자가 공동으로 매매예약완결권을 가지는 관계인지 아니면 채권자 각자의 지분별로 별개의 독립적인 매매예약완결권을 가지는 관계인지는 매매예약의 내용에 따라야 하고, 매매예약에서 그러한 내용을 명시적으로 정하지 않은 경우에는 수인의 채권자가 공동으로 매매예약을 체결하게 된 동기 및 경위, 그 매매예약에 의하여 달성하려는 담보의 목적, 담보 관련 권리를 공동 행사하려는 의사의 유무, 채권자별 구체적인 지분권의 표시 여부 및 그 지분권 비율과 피담보채권 비율의 일치 여부, 가등기담보권 설정의 관행 등을 종합적으로 고려하여 판단하여야 한다.

이와 달리 1인의 채무자에 대한 수인의 채권자의 채권을 담보하기 위하여 그 수인의 채권자와 채무자가 채무자 소유의 부동산에 관하여 수인의 채권자를 권리자로 하는 1개의 매매예약을 체결하고 그에 따른 가등기를 마친 경우에, 매매예약의 내용이나 매매예약완결권 행사와 관련한 당사자의 의사와 관계없이 언제나 수인의 채권자가 공동으로 매매예약완결권을 가진다고 보고, 매매예약완결의 의사표시도 수인의 채권자 전원이 공동으로 행사하여야 한다는 취지의 대법원 1984. 6. 12. 선고 83다카2282 판결, 대법원 1985. 5. 28. 선고 84다카2188 판결, 대법원 1985. 10. 8. 선고 85다카604 판결, 대법원 1987. 5. 26. 선고 85다카2203 판결 등은 이 판결의 견해와 저촉되는 한도에서 변경하기로 한다.」$\binom{\text{대판(전원) 2012. 2. 16,}}{\text{2010다82530}}$

4) 매매완결의 의사표시를 하면 그때 본계약인 매매가 성립하고, 효력이 발생한다$\binom{564조}{1항}$. 그런데 매매예약이 성립한 이후 상대방의 매매예약 완결의 의사표시 전에 목적물이 멸실 기타의 사유로 이전할 수 없게 되어 예약 완결권의 행사가 이행불능이 된 경우에는 예약 완결권을 행사할 수 없고, 이행불능 이후에 상대방이 매매예약 완결의 의사표시를 하여도 매매의 효력이 생기지 않는다$\binom{\text{대판 2015. 8. 27,}}{\text{2013다28247}}$.

5) 예약완결권은 ① 당사자 사이에 그 행사기간을 정한 때에는 그 기간 내에 행사하여야 하고$\binom{\text{판례는 당사자 사이에 약정하는 예약완결권의 행사기간에 특별한 제한은 없다고 한다. 대판 2017.}}{\text{1. 25, 2016다42077: 예약 후 30년 가까이까지 행사하기로 한 경우에 예약완결권이 10년의 제척기}}$ $\binom{\text{간의 경과로 소멸했다}}{\text{고 한 원심을 파기함}}$, ② 당사자가 행사기간을 정하지 않은 때에는 예약이 성립한 때로부터 10년의 기간$\binom{\text{제척}}{\text{기간}}$ 내에 행사하여야 한다$\binom{\text{대판 1992. 7. 28, 91다44766 · 44773; 대판 2003. 1.}}{\text{10, 2000다26425; 대판 2017. 1. 25, 2016다42077;}}$ $\binom{\text{대판 2018. 11. 29,}}{\text{2017다247190 등}}$. 판례에 의하면, 이 10년의 제척기간의 기산점은 특별한 사정이 없는 한 원칙적으로 권리가 발생한 때(즉 예약성립시)이고, 당사자 사이에 예약완결권을 행사할 수 있는 시기$\binom{\text{여기의「시기」는 예약완결권을 처음 행사할 수 있는 시점}}{\text{을 가리키며, 행사기간의 의미가 아님을 주의: 저자 주}}$를 특별히 약정한 경우에도 그 제척기간은 당초 권리의 발생일로부터 10년의 기간이 경과하면 만료된다$\binom{\text{대판 1995. 11. 10,}}{\text{94다22682 · 22699}}$. 그리고 그 기간이 지나면 상대방이 목적물을 인도받은 경우에도 권리가 소멸한다$\binom{\text{대판 1992. 7. 28, 91다44766 · 44773;}}{\text{대판 1997. 7. 25, 96다47494 · 47500}}$. 예약완결권은 재판상이든 재판 외이든 그 기간 내에 행사하면 되는데, 예약완결권자가 예약완결권 행사의 의사표시를 담은 소장 부본을 상대방에게 송달함으로써 재판상 행사하는 경우에는 예약완결권 행사의 의사표시가 담긴 소장 부본이 제척기간 내에 상대방에게 송달되어야만 예약완결권자가 제척기간 내에 적법하게 예약완결권을 행사하였

다고 볼 수 있다$\binom{\text{대판 2019. 7. 25,}}{\text{2019다227817}}$. 예약완결권의 제척기간이 지났는지 여부는 직권조사사항이다$\binom{\text{대판 2000. 10. 13,}}{\text{99다18725}}$. 한편 당사자가 권리행사기간을 정하지 않은 때에는, 10년이 경과되기 전이라도, 예약의무자는 상당한 기간을 정하여 매매완결 여부의 확답을 상대방에게 최고할 수 있고$\binom{564조}{2항}$, 만약 예약의무자가 그 기간 내에 확답을 받지 못한 경우에는 예약은 효력을 잃는다$\binom{564조}{3항}$.

〈참 고〉

위에서 언급한 바와 같이, 판례는, 매매예약완결권의 10년의 제척기간은 당사자 사이에 예약완결권을 행사할 수 있는 시기를 특별히 약정한 경우에도 당초 권리의 발생일부터 10년의 기간이 경과하면 만료되는 것이지, 그 기간을 넘어서 그 약정에 따라 권리를 행사할 수 있는 때부터 10년이 되는 날까지로 연장되지 않는다고 한다 $\binom{\text{대판 1995. 11. 10,}}{\text{94다22682·22699}}$. 이러한 판례에 대하여 반대하는 견해가 주장되고 있다$\binom{\text{양창수, 민법}}{\text{연구(4), 257}}$ $\binom{\text{면}}{\text{이하}}$. 이 견해는 당사자가 권리를 행사할 수 있는 시기를 약정한 경우에는 제척기간이 그 시기부터 기산한다고 해석할 것이라고 한다. 생각건대 만약 판례처럼 해석하게 되면 합리적인 이유 없이 예약완결권을 행사할 수 있는 기간이 줄어들어 결과적으로 채권자에게 불이익을 강요하게 된다. 따라서 위의 견해와 같이 새기는 것이 타당하다.

Ⅳ. 계 약 금 [84]

1. 계약금의 의의

계약금은 계약의 체결시에$\binom{\text{계약성립 후에 주}}{\text{고받아도 무방함}}$ 당사자 일방이 상대방에 대하여 교부하는 금전 기타의 유가물이다. 계약금은 매매$\binom{\text{부동산 매매는 거}}{\text{의 예외가 없음}}$·임대차·도급 등 많은 계약에서 교부되며, 민법은 매매에 관하여 규정$\binom{565}{조}$을 두고 이를 다른 유상계약에 준용하고 있다$\binom{567}{조}$. 매매의 경우 계약금은 보통 매수인이 매도인에게 교부한다.

계약금의 교부도 하나의 계약이며$\binom{\text{양 당사자의 합의에}}{\text{의하여 수수되므로}}$, 그것은 금전 기타 유가물의 교부를 요건으로 하므로 요물계약이고$\binom{\text{실제로 교부되지 않았어도 형식상 매도인이 계약금을 받아}}{\text{서 이를 다시 매수인에게 보관한 것으로 하여 매수인이 현}}$ 금보관증을 작성 교부하였으면 계약금계약은 유효하게 성립한다. 대판 1991. 5. 28, 91다9251; 대판 1999. 10. 26, 99다48160), 매매 기타의 계약에 부수하여 행하여지므로「종된 계약」이다$\binom{\text{통설도}}{\text{같음}}$. 이와 같이 계약금계약이 종된 계약이므로, 주된 계약이 무효·취소되거나 채무불이행을 이유로 해제된 때에는, 계약금계약도 무효로 되고 계약금은 부당이득으로서 반환하여야 한다. 당사자 일방의 채무가 쌍방의 책임없는 사유로 이행불능으로 되어 소멸한 때($\binom{537조}{참조}$)에도 같다($\binom{대판\ 1975.\ 8.\ 29,}{75다765}$).

〈판 례〉

(ㄱ)「계약이 일단 성립한 후에는 당사자의 일방이 이를 마음대로 해제할 수 없는 것이 원칙이고, 다만 주된 계약과 더불어 계약금계약을 한 경우에는 민법 제565조 제 1 항의 규정에 따라 임의해제를 할 수 있기는 하나, 계약금계약은 금전 기타 유가물의 교부를 요건으로 하므로 단지 계약금을 지급하기로 약정만 한 단계에서는 아직 계약금으로서의 효력, 즉 위 민법 규정에 의해 계약해제를 할 수 있는 권리는 발생하지 않는다고 할 것이다. 따라서 당사자가 계약금의 일부만을 먼저 지급하고 잔액은 나중에 지급하기로 약정하거나 계약금 전부를 나중에 지급하기로 약정한 경우, 교부자가 계약금의 잔금이나 전부를 약정대로 지급하지 않으면 상대방은 계약금 지급의무의 이행을 청구하거나 채무불이행을 이유로 계약금약정을 해제할 수 있고, 나아가 위 약정이 없었더라면 주계약을 체결하지 않았을 것이라는 사정이 인정된다면 주계약도 해제할 수도 있을 것이나, 교부자가 계약금의 잔금 또는 전부를 지급하지 아니하는 한 계약금계약은 성립하지 아니하므로 당사자가 임의로 주계약을 해제할 수는 없다 할 것이다.」($\binom{대판\ 2008.\ 3.\ 13,}{2007다73611}$)

(ㄴ) 매도인이 '계약금 일부만 지급된 경우 지급받은 금원의 배액을 상환하고 매매계약을 해제할 수 있다'고 주장한 사안에서, '실제 교부받은 계약금'의 배액만을 상환하여 매매계약을 해제할 수 있다면 이는 당사자가 일정한 금액을 계약금으로 정한 의사에 반하게 될 뿐 아니라, 교부받은 금원이 소액일 경우에는 사실상 계약을 자유로이 해제할 수 있어 계약의 구속력이 약화되는 결과가 되어 부당하기 때문에, 계약금 일부만 지급된 경우 수령자가 매매계약을 해제할 수 있다고 하더라도 해약금의 기준이 되는 금원은 '실제 교부받은 계약금'이 아니라 '약정 계약금'이라고 봄이 타당하므로, 매도인이 계약금의 일부로서 지급받은 금원의 배액을 상환하는 것으로는 매매계약을 해제할 수 없다고 한 사례($\binom{대판\ 2015.\ 4.\ 23,}{2014다231378}$).

계약금계약은 종된 계약이기는 하지만 주된 계약과 동시에 성립할 필요는 없으며($\binom{통설도}{같음}$), 주된 계약이 성립한 후의 계약금의 수수도 유효하다($\binom{대판\ 1955.\ 3.\ 10,}{4287민상388}$).

[85] ## 2. 계약금의 종류

(1) 증약금(증약계약금)

이는 계약체결의 증거로서의 의미를 가지는 계약금이다. 계약금이 교부되어 있는 경우에는 그것이 언제나 계약체결의 증거가 되므로, 모든 계약금은 적어도 증약금으로서의 성질을 가진다.

(2) 위약계약금$\binom{398조\ 4항의\ 위약금과\ 구별해야\ 하기\ 때}{문에\ 이를\ 「위약금」이라고\ 하지는\ 못함}$

이는 위약 즉 채무불이행이 있는 경우에 의미를 가지는 계약금이다. 위약계약금에는 위약벌의 성질을 가지는 것과 손해배상액의 예정의 성질을 가지는 것이 있다.

전자는 교부자의 채무불이행이 있을 때 벌로서 몰수하는 계약금이다. 계약금이 위약벌인 경우에 교부자의 상대방에게 손해가 발생하면 그는 계약금과 별도로 손해배상도 청구할 수 있다$\binom{대판\ 1979.\ 9.\ 11,\ 79다1270은\ 채무불이행으로\ 인한}{계약금의\ 귀속에\ 손해발생은\ 필요하지\ 않다고\ 한다}$. 그리고 위약벌은 손해배상액의 예정과 다르므로 부당하다는 이유로 감액할 수도 없다$\binom{398}{조\ 2}$항 참조$\binom{대판\ 1968.\ 6.\ 4,}{68다491}$.

후자 즉 손해배상액의 예정의 성질을 가지는 것은 채무불이행의 경우 계약금의 교부자는 그것을 몰수당하고 교부받은 자는 그 배액을 상환하여야 하는 계약금이다. 이는 손해배상액의 예정으로 추정되는 위약금과 실질적으로 같으나, 이미 교부되어 있는 점에서 단순히 약정만 하고 있는 위약금과는 차이가 있다. 이 계약금은 손해배상액의 예정으로서 부당히 과다한 경우에는 법원이 적당히 감액할 수 있다$\binom{대판\ 1981.\ 7.\ 28,\ 80다2499;}{대판\ 1996.\ 10.\ 25,\ 95다33726}$.

계약금이 위약계약금으로 되려면 반드시 특약이 있어야 한다$\binom{판례도\ 손해배상액의}{예정의\ 성질을\ 가지는}$ 계약금에 관하여 같은 입장이다. 대판 1979. 4. 24, 79다217; 대판 1981. 7. 28, 80다2499; 대판 1987. 2. 24, 86누438; 대판 1992. 11. 27, 92다23209). 그러므로 유상계약을 체결하면서 계약금이 수수된 경우에 위약금으로 하기로 하는 특약이 없는 한 계약이 당사자 일방의 유책사유(귀책사유)로 인하여 해제되었다 하더라도 상대방은 계약불이행으로 입은 실제 손해만을 배상받을 수 있을 뿐 계약금이 위약금으로서 상대방에게 당연히 귀속되지 않는다$\binom{대판\ 1992.\ 11.\ 27,\ 92다23209;\ 대판\ 1996.\ 6.\ 14,}{95다54693;\ 대판\ 2010.\ 4.\ 29,\ 2007다24930}$. 한편 위약계약금의 특약이 있는데 위약벌의 성격인지 손해배상액 예정의 성격인지 불분명할 때에는 후자로 추정하여야 한다$\binom{같은\ 취지:\ 김}{형배,\ 306면}$. 그것이 당사자의 의사에 부합하고 또 위약금 규정과도 일치하기 때문이다.

〈판 례〉

외국산 옥수수 공급계약에 있어 공급자가 제공한 계약이행보증금이 공급자에게 계약이행을 강제하기 위하여 공급자가 계약을 이행하지 않는 경우 이를 몰수하고 계약이 이행된 경우 이를 반환하는 것이어서 위약벌 또는 제재금의 성질을 가진다고 본 사례$\left(\substack{대판 1991. 4. 26,\\90다6880}\right)$.

(3) 해약금(해약계약금)

이는 계약의 해제권을 보류하는 작용을 하는 계약금이다. 그리하여 이 해약금이 교부된 경우에는 계약금의 교부자는 그것을 포기하면서 계약을 해제할 수 있고, 교부받은 자는 그 배액을 상환하면서 계약을 해제할 수 있다$\left(\substack{\text{해약금의 이러한 표}\\\text{현은 위의 「손해배상}}\right.$ 액의 예정의 성질을 가지는 위약계약금」과 유사하다. 그 둘은 계약금만큼 손실을 입게 되는 점에서 같으나, 전자는 채무불이행과는 관계없이 그만큼 손실을 입으면서 해제할 수 있게 하는 것이고, 후자는 채무불이행이 있을 때 계약금만큼 배상받거나 배상하는 $\left.\substack{\text{것이다}}\right)$. 계약금이 해약금인 경우에는 양 당사자가 채무불이행에 관계없이 계약을 해제할 수 있어 계약의 효력은 약해진다.

〈판 례〉

(ㄱ) 「유상계약을 체결함에 있어서 계약금 등 금원이 수수되었다고 하더라도 이를 위약금으로 하기로 하는 특약이 있는 경우에 한하여 민법 제398조 제 4 항에 의하여 손해배상액의 예정으로서의 성질을 가진 것으로 볼 수 있을 뿐이고, 그와 같은 특약이 없는 경우에는 그 계약금 등을 손해배상액의 예정으로 볼 수 없」다$\left(\substack{대판 1996. 6. 14,\\95다11429}\right)$.

(ㄴ) '대금불입 불이행시 계약은 자동 무효가 되고 이미 불입된 금액은 일체 반환하지 않는다'고 되어 있는 매매계약에 기하여 계약금이 지급되었으나, 매수인이 중도금을 지급기일에 지급하지 아니한 채 이미 지급한 계약금 중 과다한 손해배상의 예정으로 감액되어야 할 부분을 제외한 나머지 금액을 포기하고 해약금으로서의 성질에 기하여 계약을 해제한다는 의사표시를 하면서 감액되어야 할 금액에 해당하는 금원의 반환을 구한 경우, 그 계약금은 해약금으로서의 성질과 손해배상 예정으로서의 성질을 겸하고 있고, 매수인의 주장취지에는 매수인의 채무불이행을 이유로 매도인이 몰취한 계약금은 손해배상 예정액으로서는 부당히 과다하므로 감액되어야 하고 그 감액 부분은 부당이득으로서 반환하여야 한다는 취지도 포함되어 있다고 해석함이 상당하며 계약금이 손해배상 예정액으로서 과다하다면 감액 부분은 반환되어야 한다는 이유로, 계약금이 해약금으로서의 성질과 손해배상 예정으로서의 성질을 겸하고 있더라도 해약금에 기한 해제권 주장시에는 계약불이행에 따른 손해배상이 논의될 여지가 없어 손해배상 예정액의 감액이 불가능하다고 본 원심판결을 파기한 사례$\left(\substack{대판 1996. 10. 25,\\95다33726}\right)$.

[86] ### 3. 해약금(解約金)의 추정

계약금이 어떤 성질의 것인지는 계약금계약의 해석에 의하여 결정된다. 그런데 불분명한 때에는 해약금으로 추정된다$\left(\substack{565조\\1항}\right)$. 그러나 제565조의 해약권은 당사자 간에 다른 약정이 없는 경우에 한하여 인정되는 것이고, 만일 당사자가 위 조항의 해약권을 배제하기로 하는 약정을 하였다면 더 이상 그 해제권을 행사할 수 없다(대판 2009. 4. 23,/2008다50615). 그리고 판례는 손해배상액의 예정의 성질을 가지는 위약계 약금의 특약이 있는 경우에는 특별한 사정이 없는 한 그 성질 외에 해약금의 성 질도 가진다고 한다(대판 1992. 5. 12,/91다2151).

　실제 거래에 있어서 당사자는 관행적으로(부동산거래의 경우에는 중개업소/의 계약서 서식에 인쇄되어 있음) 위약계약금 (손해배상/액 예정)의 약정을 한다. 그리고 민법은 계약금을 해약금으로 추정한다. 또한 판례는 위약계약금 특약만 있어도 해약금의 성질도 같이 가지는 것으로 인정한다. 그 결과 계약금이 교부되어 있으면 이행에 착수하였든 안 하였든 그만큼만 손실을 입으면서 계약을 파기할 가능성이 무척 커지게 된다. 실제로 부동산가격이 폭등하거나 폭락한 경우에는 계약이 지켜지지 않는 일이 비일비재하다. 이는 바람직하지 않다. 입법론으 로는 해약금으로 추정하는 대신 증약금으로 추정하는 것이 타당하며(독일민법 336조 1항,/스위스채무법 158조 1/항 참조), 계약서 서식에 위약계약금 특약조항을 인쇄해 두어 자신의 의사에 관계없이 특 약한 것으로 인정되는 일이 없도록 하여야 한다.

〈가계약금(假契約金)에 관한 판례〉

　판례는, 가계약금에 관하여 해약금 약정이 있었다고 인정하기 위해서는 약정의 내 용, 계약이 이루어지게 된 동기 및 경위, 당사자가 계약에 의하여 달성하려고 하는 목 적과 진정한 의사, 거래의 관행 등에 비추어 정식으로 계약을 체결하기 전까지 교부 자는 이를 포기하고, 수령자는 그 배액을 상환하여 계약을 체결하지 않기로 약정하였 음이 명백하게 인정되어야 한다고 한다(대판 2022. 9. 29,/2022다247187). 그리고 당사자 사이에 가계약 금을 해약금으로 하는 약정이 있었음이 명백히 인정되지 않는 한 교부자가 스스로 계약 체결을 포기하더라도 가계약금이 수령자에게 몰취되는 것으로 볼 수는 없다고 한다.

4. 해약금의 효력

(1) 해약금에 기한 해제

　계약금이 해약금인 경우에는 당사자의 일방이 이행에 착수할 때까지 계약금 교부자는 이를 포기하면서, 수령자는 그 배액을 상환하면서 매매계약을 해제할 수 있다(565조/1항).

　1) 계약금의 교부자는 계약금을 포기하면서 계약을 해제할 수 있는데, 그가 해제와 별도로 계약금 포기의 의사표시를 할 필요는 없다.

　2) 계약금의 수령자는 계약금의 배액을 상환하면서 계약을 해제할 수 있다.

이때에는 해제의 의사표시만으로는 부족하고 그 배액의 제공이 있어야 해제의 효과가 생긴다($\binom{\text{대판 1966. 7. 5, 66다736; 대판 1973. 1. 30,}}{\text{72다2243; 대판 1992. 7. 28, 91다33612}}$). 배액의 제공만 있으면 충분하고, 상대방이 이를 수령하지 않는다고 하여 공탁까지 할 필요는 없다($\binom{\text{대판 1981. 10. 27,}}{\text{80다2784; 대판}}$ $\binom{\text{1992. 5. 12,}}{\text{91다2151}}$). 그리고 배액의 제공이 적법하지 못한 경우에는 해제권을 보유하고 있는 기간 안에 적법한 제공을 한 때에 계약이 해제된다고 볼 것이고($\binom{\text{대판 1997. 6. 27,}}{\text{97다9369}}$), 또 매도인이 계약을 해제하기 위하여 계약금의 배액을 공탁하는 경우에는 공탁원인사실에 계약해제의 의사가 포함되어 있다고 할 것이므로, 상대방에게 공탁통지가 도달한 때에 계약해제의 의사표시가 있었다고 보아야 한다($\binom{\text{대판 1993. 1. 19,}}{\text{92다31323}}$).

3) 해약금에 기하여 해제할 수 있는 시기는 「당사자의 일방이 이행에 착수할 때까지」이다. 해제권 행사의 시기를 이와 같이 제한한 것은, 당사자의 일방이 이행에 착수한 때에는 그 당사자는 그에 필요한 비용을 지출하였을 것이고, 또 그 당사자는 계약이 이행될 것으로 기대하고 있는데 만일 그러한 단계에서 상대방에 의하여 계약이 해제되면 그는 예측하지 못한 손해를 입게 될 우려가 있어서 이를 방지하려는 데에 그 이유가 있다($\binom{\text{대판 1993. 1. 19, 92다31323; 대판 1997. 6. 27,}}{\text{97다9369; 대판 2006. 2. 10, 2004다11599}}$).

여기서 「이행에 착수」한다는 것은 객관적으로 외부에서 인식할 수 있는 정도로 채무의 이행행위의 일부를 하거나($\substack{\text{예: 중도}\\\text{금 지급}}$) 또는 이행을 하기 위하여 필요한 전제행위를 하는 경우를 말하며, 단순히 이행의 준비를 하는 것만으로는 부족하다($\binom{\text{대판 1993. 5. 25, 93다1114; 대판 1994. 5. 13, 93다56954; 대판 1997. 6. 27,}}{\text{97다9369; 대판 2002. 11. 26, 2002다46492; 대판 2024. 1. 4, 2022다256624}}$). 그런데 그 행위가 반드시 계약내용에 맞는 이행제공의 정도까지 이르러야 하는 것은 아니다($\substack{\text{바로 앞의}\\\text{인용 판결들}}$). 그렇지만 가령 매도인이 매수인에 대하여 매매계약의 이행을 최고하고 매매 잔대금의 지급을 구하는 소송을 제기한 것만으로는 이행에 착수하였다고 볼 수 없다($\binom{\text{대판 2008. 10. 23,}}{\text{2007다72274 · 72281}}$). 그리고 이행기의 약정이 있는 경우라도 당사자가 채무의 이행기 전에는 착수하지 않기로 하는 특약을 하는 등 특별한 사정이 없는 한 이행기 전에 이행에 착수할 수도 있다($\binom{\text{대판 1993. 1. 19, 92다31323; 대판 2002. 11. 26, 2002다46492; 대판 2006. 2. 10,}}{\text{2004다11599(매매계약체결 후 시가 상승이 예상되자 매도인이 증액요청을 하였}}$ 고 매수인은 이에 확답하지 않은 상태에서 중도금을 이행기 전에 제공한 경우에 매도인의 해제를 허용하지 않음); 대판 2024. 1. 4, 2022다256624. 다만 맨 앞의 판결에서는, 매도인이 해약금에 기한 해제표시를 하고 일정한 기한까지 수령을 최고하며 기한을 넘기면 공탁하겠다고 통지한 경우에는, 매수인이 이행기 전 에 이행에 착수할 수 없는 특별한 사정이 있는 경우에 해당한다고 한다). 한편 대법원은, 부동산 매매계약에서 중도금 또는 잔금 지급기일은 일반적으로 계약금에 의한 해제권의 유보 기간의 의미를 가진다고 이해되고 있으므로, 계약에서 정한 매매대금의 이행기가 매도인을 위해서도 기한의 이익을 부여하는 것이라고 볼 수 있다면, 채무자가 이행기 전에 이행에 착수할 수 없는 특별한 사정이 있는 경우에 해당한다고 하였다($\binom{대판\ 2024.\ 1.\ 4,}{2022다256624}$).

〈이행착수에 관한 판례〉

(ㄱ) 판례에 의하면, 매수인에 의한 중도금의 지급이나 매도인에 의한 매매목적물의 인도($\binom{대판\ 1994.\ 11.\ 11,}{94다17659}$), 중도금 및 잔금의 변제공탁($\binom{대판\ 1991.\ 10.\ 11,}{91다25369}$)은 물론, 매수인이 묘목 매매계약의 잔대금 지급 전이라도 매수 묘목을 이식 인도받을 수 있기로 한 특약에 따라 묘목의 이식작업을 완료한 것($\binom{대판\ 1983.\ 6.\ 28,}{83도1132}$), 잔대금 지급을 위하여 금융기관에서 금전을 찾아 가지고 매도인의 딸에게 이전등기서류의 준비 여부를 문의하였으나 그녀가 계약을 이행할 의사가 없는 것이 아닌가 하는 의심스러운 행동을 하여 그 날 목적토지에 대하여 처분금지 가처분 신청을 한 경우($\binom{대판\ 1993.\ 5.\ 25,}{93다1114}$), 매수인이 잔금 지급기일에 잔금을 지참하고 매도인에게 찾아가 이를 지급하려고 하였으나 매도인이 그때까지 목적토지에 경료된 근저당권등기의 말소에 필요한 서류 및 소유권이전등기에 필요한 서류 등을 준비하지 않은 것을 알고 매도인에게 잔금 중 일부만 지급하고 나머지는 등기서류가 준비되면 그것을 교부받으면서 지급하겠다고 제의하였으나 매도인이 이를 거절하자 매수인이 잔금을 지급하지 않고 돌아간 경우($\binom{대판\ 1993.\ 7.\ 27,}{93다11968}$), 매매계약 체결시 매도인이 중도금 지급기일에 그 소유의 다른 부동산에 대하여 매수인 앞으로 근저당권을 설정하여 주고 중도금을 지급받기로 약속하여, 매수인의 대리인이 약정된 중도금 지급기일에 그 지급을 위하여 중도금을 마련하여 가지고 매도인의 처를 만나 근저당권 설정을 요구하였으나 매도인의 처가 우여곡절 끝에 결국 이에 응하지 않을 뜻을 밝히면서 중도금 지급만을 요구하자 중도금을 지급하지 않은 채 돌아온 경우($\binom{대판\ 1994.\ 5.\ 13,}{93다56954}$), 매수인이 매도인의 동의 하에 매매계약의 계약금 및 중도금 지급을 위하여 은행도어음을 교부한 경우($\binom{대판\ 2002.\ 11.\ 26,}{2002다46492}$)는 이행에 착수한 것이라고 한다.

그에 비하여 이행기가 되기 전에 잔대금 수령을 최고한 행위($\binom{대판\ 1979.\ 11.\ 27,}{79다1663}$), 유동적 무효 상태인 매매계약에 있어서 매수인이 토지거래허가 협력의무 이행의 소를 제기한 행위($\binom{대판\ 1997.\ 6.\ 27,}{97다9369}$), 토지거래 허가 신청을 하여 허가를 받은 경우($\binom{대판\ 2009.\ 4.\ 23,}{2008다62427}$)는 이행에 착수한 것으로 볼 수 없다고 한다.

(ㄴ) 판례는, 중도금 지급기일에 매도인이 우편에 의하여 해제의 의사표시를 보냈으나 그것이 매수인에게 도달하기 전에 매수인이 온라인으로 중도금을 송금한 경우에는 해제의 의사표시는 해제의 요건을 갖추지 못하여 부적법하다고 한다($\binom{대판\ 1992.\ 2.\ 11,}{91다22322}$).

(ㄷ) 「주권발행 전 주식의 매매에 있어서는 매수인은 스스로 이행에 착수하거나, 매도인이 회사에 대하여 주식의 양도사실을 통지하거나 통지하기 위하여 필요한 전제행위를 하기 전까지는 계약금을 포기하고 매매계약을 해제할 수 있다고 보아야 한

다.」$\binom{대판\ 2008.\ 10.\ 23,}{2007다72274\cdot72281}$

「당사자 일방이 이행에 착수」한 경우에는 이행에 착수한 자의 상대방뿐만 아니라 이행에 착수한 자 자신도 해제할 수 없다$\binom{통설\cdot판례도\ 같음.\ 대판\ 1970.\ 4.\ 18,\ 70다105;}{대판\ 1994.\ 11.\ 11,\ 94다17659;\ 대판\ 2000.\ 2.\ 11,}$ $\binom{99다}{62074}$. 제565조 제 1 항이 착수한 자의 상대방에 한정하지 않고 있고, 또 스스로 이행에 착수하는 것은 해제권의 포기를 전제로 하는 것으로 해석할 수 있기 때문이다.

〈판 례〉

판례는, 구 국토이용관리법$\binom{「국토의\ 계획\ 및\ 이용}{에\ 관한\ 법률」로\ 대체됨}$상의 토지거래허가를 받지 않아 유동적 무효 상태인 매매계약에 있어서도 매도인은 계약금의 배액을 상환하고 계약을 해제할 수 있다고 한다$\binom{대판\ 1997.\ 6.\ 27,}{97다9369}$. 그리고 매도인이 제 1 심에서 패소한 후 항소심에서 비로소 해제권을 행사한 것이 신의칙에 반하지 않는다고 한다$\binom{대판\ 2004.\ 12.\ 9,}{2004다51054}$.

(2) 해제의 효과

해약금에 기한 해제가 있으면 계약$\binom{주된}{계약}$은 소급하여 무효로 된다. 그러나 원상회복의무는 생기지 않는다. 이행의 착수가 있기 전에만 해제될 수 있기 때문이다. 그리고 여기의 해제는 채무불이행을 원인으로 한 것이 아니어서 손해배상청구권도 생기지 않는다. 제565조 2항이 이를 규정하나, 그것은 당연한 사항을 규정한 것이다.

계약금이 교부되어 있어도 채무불이행이 발생하면 채무불이행을 이유로 해제할 수도 있다. 그 경우에는 원상회복청구나 손해배상청구도 인정된다. 그런데 손해배상액의 예정의 성질을 갖는 위약계약금의 약정이 있으면 손해배상청구액은 계약금액만큼으로 된다.

[87] **5. 기타의 문제**

(1) 계약이 이행된 경우의 계약금의 반환

계약이 이행되면 계약금은 교부자에게 반환되어야 한다. 이 반환청구권의 성질은 부당이득 반환청구권이 아니고 계약금계약상의 권리라고 하여야 하며, 따라서 이익의 현존 여부를 불문하고 받은 것과 같은 금액을 반환하여야 한다$\binom{곽윤직,}{133면}$. 그러나 교부된 것이 금전이고, 매매계약이 이행된 때에는, 매매대금의 일부에 충당되는 것이 보통이다.

(2) 선 급 금

계약금과 비슷하면서도 다른 것으로 선급금이 있다. 선급금(전도금)이란 금전채무(예: 매매대금채무·도
급인의 보수지급의무)에 있어서 일부의 변제로서 지급하는 것을 말한다. 이는 본질적으로 대금채무 등의 일부변제에 지나지 않으며, 그것은 증약금으로서 기능할 수는 있겠으나, 해약금으로 작용하지는 못한다. 선급금과 계약금은 관념상으로는 구별되지만, 실제에서는 구별하기 어려운 때도 많다. 그러한 때에는 계약의 취지·거래의 성질·거래관행 등을 고려하여 어느 것인지 판단하여야 한다.

V. 매매계약 비용의 부담

(1) 매매계약에 관한 비용이란 매매계약을 체결함에 있어서 일반적으로 필요로 하는 비용이며, 이행비용(473조: 특약이 없는
한 채무자가 부담)이나 이행의 수령에 필요한 비용(원칙적으
로 채권
자부담)은 그에 해당하지 않는다. 그리하여 목적물의 측량비·평가비·계약서 작성비 등이 그에 해당한다. 그러나 부동산 매매에 있어서의 등기비용은 매매계약 비용이 아니다(등기는 공동신청으로 하여야 하므로 그 비용은 당사자가 균
분하여 부담하여야 하나, 매수인이 부담하는 것이 관행이다).

(2) 매매계약에 관한 비용은 당사자 쌍방이 균분하여 부담한다(566
조). 그러나 당사자가 다른 특약을 한 때에는 그에 의한다(566조는 임
의규정임).

제 3 관 매매의 효력

I. 개   관   [88]

매매계약이 성립하면 그로부터 매도인의 재산권 이전의무와 매수인의 대금지급의무가 생긴다(568조
1항). 그 외에 민법은 매매의 목적인 재산권이나 목적물에 흠이 있는 경우에 매도인에게 일정한 담보책임을 지우고 있다(570조
이하). 매매의 효력의 문제로 살펴보아야 할 것은 이 세 가지이다.

Ⅱ. 매도인의 재산권 이전의무

1. 재산권 이전의무

매도인은 매수인에게 매매의 목적이 된 재산권을 이전하여야 할 의무가 있다($\binom{568조}{1항}$).

매도인은 목적재산권 자체를 이전하여야 한다. 따라서 권리 이전에 필요한 요건을 모두 갖추어 주어야 한다($\binom{부동산-등기, 동산-}{인도, 채권-대항요건}$). 그리고 재산권은 다른 특약이나 특별한 사정이 없는 한 아무런 부담이 없는 완전한 것이어야 한다. 그러므로 가령 목적부동산에 근저당권등기·지상권등기·가압류등기·가처분등기가 있는 경우($\binom{그러나 가등기 후 본등기가 된 뒤에는 그 이전의 중간처분의 등기는 매도인이 매}{수인에게 말소해 주어야 할 등기상의 부담이 아니다. 대판 1991. 8. 13, 91다13144}$)에는 그러한 등기를 말소하고 이전등기를 해주어야 한다($\binom{자세한 판결에 대}{하여는 [37] 참조}$). 타인의 재산권을 매도한 때에는, 매도인은 이를 취득하여 매수인에게 이전하여야 한다($\binom{569}{조}$). 목적재산권에 종된 권리가 있는 때($\binom{예: 타인 소유의 토지 위에 건물을 소유하고 있는 자가}{건물을 매도하는 경우의 매도인의 지상권 또는 임차권}$)에는 그 권리도 이전하여야 한다.

〈판 례〉

「수분양권을 매매목적물로 하는 매매계약의 주목적은 매수인으로 하여금 수분양권에 기한 목적물의 소유권을 취득하게 하는 데 있으므로, 수분양권을 매도한 자는 매수인으로 하여금 그 수분양권에 근거한 목적물의 소유권을 취득할 수 있도록 하여 줄 의무가 있다 할 것인데, 이때 분양자측에서 수분양권자 명의변경을 허용하여 매수인 앞으로 수분양권자 명의변경을 함으로써 매매계약의 목적을 달성할 수 있는 경우에는, 매도인으로서는 수분양권자의 명의변경 절차를 이행하면 그 의무를 다한 것이 되고, 나아가 그 수분양권에 근거하여 목적물에 관한 소유권을 취득한 다음 매수인 앞으로 소유권이전등기를 마쳐 줄 의무까지는 없으나, 매수인 앞으로 수분양권자 명의변경이 이루어지지 않고 있는 사이에 매도인이 스스로 분양권을 행사하여 목적물에 관한 소유권을 취득한 경우에는 매수인 앞으로 목적물에 관한 소유권이전등기를 넘겨주는 방법 외에는 매매목적을 달성하는 방법이 없으므로, 그 분양대금의 청산관계가 남아 있음은 별론으로 하고 매수인에게 목적물에 관한 소유권이전등기를 이행할 의무가 있다($\binom{대법원 1996. 2. 13. 선고}{95다36671 판결 등 참조}$).」(분양권 매매계약에서 수분양자 명의변경이 불가능한 사정이 있는 경우, 매도인이 매수인에게 수분양자 명의변경에 필요한 서류를 교부하였다 하더라도 매수인은 자신 앞으로의 명의변경이 가능할 때까지 잔금지급의 이행을 거절할 수 있으므로, 매도인은 매수인의 잔금 지급채무의 이행지체를

이유로 분양권 매매계약을 해제할 수 없다고 한 사례)(대판 2006. 11. 23, 2006다44401)

목적재산권이 부동산의 점유를 내용으로 하는 경우(예: 토지소유권·지상권·전세권)에는 등기 외에 그 부동산의 점유도 이전(인도)하여야 한다. 이 매도인의 인도의무가 민법에 따로 규정되어 있지 않으나, 그 의무는 당연히 인정되어야 하므로「재산권 이전의무」에 포함되어 있다고 새길 것이다(그러나 따로 명문규정을 두어야 한다. 독일민법 433조 1항 참조).

매도인의 재산권 이전의무 및 인도의무와 매수인의 대금지급의무는 원칙적으로 동시이행관계에 있다(같은 취지: 김상용, 186면; 김주수, 197면; 김형배, 312면; 이은영, 294면; 지원림, 1397면. 반대: 곽윤직, 135면(목적물의 인도는 동시이행관계에 서지 않는다고 함)). 판례도 같다(대판 1980. 7. 8, 80다725; 대판 1991. 9. 10, 91다6368; 대판 2000. 11. 28, 2000다8533. 대판 1976. 4. 27, 76다297·298 하나만은 예외이나, 판례가 이미 변경된 것으로 보아야 한다).

2. 과실의 귀속

물건으로부터 생기는 과실은 그것을 수취할 권리자에게 귀속하는 것이 원칙이다(102조). 그런데 민법은 매매의 경우에는 과실과 이자의 복잡한 법률관계를 정리하기 위하여 목적물을 인도하기 전에는 그것으로부터 생긴 과실이 매도인에게 속한다고 규정한다(587조). 이는 수취권이 누구에게 있는지를 묻지 않는다는 의미이다. 그 결과 매도인은 그가 목적물의 인도를 지체하고 있을지라도 매매대금을 완전히 지급받고 있지 않는 한 목적물을 인도할 때까지의 과실(법정과실 포함)을 수취할 수 있다(대판 1992. 4. 28, 91다32527; 대판 2004. 4. 23, 2004다8210). 그러나 매매목적물이 인도되기 전이라도 매수인이 매매대금을 모두 지급한 때에는 그 이후의 과실은 매수인에게 속한다고 새겨야 한다(통설·판례도 같음. 대판 1993. 11. 9, 93다28928; 대판 2021. 6. 24, 2021다220666). 만약 이때에도 매도인에게 과실수취권을 인정하면 매도인은 2중의 이득(대금의 이자와 과실)을 얻게 되기 때문이다.

한편 여기의 과실은 대금의 이자에 대응한 것으로 관념되는 것이므로, 매도인이 목적물을 인도하지 않았으면 매수인이 대금지급을 지체하여도 인도가 되기 이전 기간 동안의 목적물의 관리보존비의 상환이나 매매대금의 이자 상당액의 손해배상청구를 할 수 없고(대판 1981. 5. 26, 80다211; 대판 1995. 6. 30, 95다14190. 대판 1993. 5. 14, 92다45025도 참조(쌍무계약이 취소된 경우에 선의의 매도인의 운용이익 내지 법정이자 반환을 부인함)), 매수인이 대금을 완전히 지급하지 않은 때에는 매도인의 이행지체가 있더라도 매수인은 인도의무의 지체로 인한 손해배상을 청구할 수 없다(대판 2004. 4. 23, 2004다8210).

〈판 례〉

쌍무계약이 취소된 경우 선의의 매수인에게 민법 제201조가 적용되어 과실취득권이 인정되는 이상 선의의 매도인에게도 민법 제587조의 유추적용에 의하여 대금의 운용이익 내지 법정이자의 반환을 부정함이 형평에 맞다(대판 1993. 5. 14, 92다45025).

[89] **Ⅲ. 매도인의 담보책임**

1. 매도인의 담보책임의 의의와 법적 성질

(1) 의   의

매도인의 담보책임이란 매매의 목적인「재산권」또는 그 재산권의 객체인 「물건」에 하자(흠)가 있는 경우에 매도인이 매수인에 대하여 지는 책임을 통틀어 서 일컫는 말이다. 민법은 제570조 내지 제584조에서 매도인의 담보책임을 규정 하고 있다.

(2) 법적 성질

1) 매도인의 담보책임의 법적 성질에 관하여는 우선 과거의 전통적인 학설인 i) 매매계약의 유상성에 기하여 법률에 의하여 인정된 무과실책임이라는 견해가 있다(김기선, 132면·133면; 김증한, 146면; 이태재, 173면). 그런가 하면 ii) 결과에서는 i)설과 같으나 본질을 다르 게 이해하는 견해, 즉 본질에 있어서는 채무불이행 내지 불완전이행에 대한 책임 이며 연혁적 이유로 법정책임으로 된 것이라는 견해도 있다(곽윤직, 137면; 김상용, 190면·194면). 이 견 해도 담보책임은 무과실책임이라고 한다.

그에 비하여 근래에 iii) 담보책임을 채무불이행책임이라고 하는 견해가 주 장되어 세력을 많이 얻고 있다(김주수, 199면; 김형배, 318면; 윤철홍, 185면; 이은영, 307면; 지원림, 1400면; 황적인, 232면 이하). 이 견해는 담보 책임에 관한 민법규정을 채무불이행에 관한 규정의 특칙으로 이해한다. 그리하 여 담보책임에 규정되지 않은 사항에 대하여는 채무불이행책임의 일반원칙이 적 용되어야 한다고 한다. 이 견해는 대체로 매도인의 담보책임은 무과실책임이 아 니고 과실책임이라고 한다(김주수, 199면; 황적인, 232면. 그러나 이은영, 305면은 무과실책임으로 설명한다). 그 결과 이 견해에 의하 면 매도인에게 과실이 있는 경우에만 담보책임이 성립할 수 있게 된다. 다만, 학 자에 따라서는 숨은 하자(물건의 하자를 가리키는 듯함)가 있는 경우에는 과실이 인정된다고 하거나 (황적인, 232면) 또는 해제권은 과실없이도 발생한다고 한다(김주수, 203면). 그리고 일부 학자는 「담보책임 규정이 채무불이행책임 규정의 특칙」이라는 점과 관련하여, 매도인에 게 유책사유가 있는 경우에는 채무불이행책임(390조 393조)이 발생하고, 매도인에게 유책사유가 없는 경우에는 담보책임 규정이 적용된다고 한다($^{김형배,}_{322면}$).

생각건대 매도인의 담보책임은, 재산권에 하자가 있든 목적물에 하자가 있든, 매도인의 완전물급부의무를 위반한 경우에 관한 책임이다. 따라서 본질적으로는 채무불이행책임이라고 할 수 있다. 그렇지만 보통의 채무불이행책임으로 파악할 수 없게 하는 특징이 매우 많다. 예를 들면 매도인의 유책사유를 요구하지 않는다는 점, 매수인이 악의인 경우에는 매도인에게 유책사유가 있더라도 원칙적으로 손해배상청구를 할 수 없다는 점 등이 그것이다. 그리고 담보책임의 이러한 특수한 모습은 로마법 이래의 연혁에 기인한다. 결국 매도인의 담보책임은 본질적으로는 채무불이행책임이지만 연혁상의 이유로 법정책임으로 된 것으로 보아야 한다.

〈참 고〉

논리적으로 볼 때, 매도인의 담보책임을 채무불이행책임이라고 하면 그것은 과실책임이라고 해야 한다. 그런데 민법은 담보책임을 무과실책임으로 규정하였고, 또 매매의 유상성을 생각한다면 민법의 그러한 입장이 타당하다. 여기서 담보책임을 물으려면 매도인에게 과실이 있어야 한다는 것이 부당함을 알 수 있다. 그리하여 매도인의 과실을 요구하지 않으려면, 담보책임 규정을 채무불이행 규정의 특칙이라고 해야 한다. 그런데 그리하면 특별법우선의 원칙에 의하여 채무불이행 규정이 적용되지 않는다고 해야 한다. 그러나 이는 옳지 않다. 예컨대 제570조 단서에 의하면 악의의 매수인은 손해배상을 청구할 수 없는데, 과실있는 매도인에게까지도 책임을 물을 수 없다고 해서는 안 될 것이다. 책임을 물을 수 없다고 한다면 매수인이 무상계약인 증여계약의 수증자($^{수증자는 당연히 채무불}_{이행책임을 물을 수 있음}$)보다도 보호되지 못하게 되기 때문이다. 그리고 위의 iii)설 중 유책사유 유무에 따라 민법규정이 달리 적용된다는 견해는 결과에서는 타당하나 논리적으로는 옳지 않다. 담보책임을 채무불이행책임이라고 하는 한, 두 책임이 경우에 따라 병존할 수는 없기 때문이다. 또한 그 견해는 담보책임을 묻는 경우에는 이행이익이 아니고 신뢰이익의 배상을 청구할 수 있다고 하는데($^{김형배,}_{327면}$), 이것도 논리적으로 조화되기 어렵다. 따라서 매도인의 담보책임은 채무불이행책임이라고 해서는 안 된다.

2) 위에서 논의한 바를 바탕으로 하여 매도인의 담보책임의 법적 성질을 정리해 본다.

㈎ 매도인의 담보책임은 본질에 있어서는 채무불이행책임이나 연혁적인 이유로 법정책임으로 된 것이며, 결국 법정책임이다.

(나) 매도인의 담보책임은 매도인의 고의·과실을 문제삼지 않는 무과실책임 이다(법정책임설은 모두 이렇게 파악한다. 그리고 채무불이행책임설에서는 대체로 과실책임이라고 하나, 무과실책임이라고 하는 견해도 있다. 예: 이은영, 305면).

(다) 매도인에게 유책사유(고의·과실)가 있는 경우에 채무불이행책임을 묻는 것이 배제되지 않는다. 담보책임 규정은 매매계약이 유상계약인 점을 고려하여 매수인 보호를 위하여 매도인에게 유책사유가 없는 경우에도 일정한 범위에서 매도인에게 책임을 지우는 특별규정일 뿐이며, 매매목적 재산권이나 목적물에 흠이 있는 경우 전부를 배타적으로 규율하려는 것이 아니다. 따라서 매수인은 담 보책임의 요건이 구비되어 있는 때에는 담보책임을 물을 수도 있고, 채무불이행 책임의 요건이 갖추어져 있는 때에는 그 요건을 증명하여 채무불이행책임을 물 을 수도 있다. 판례도 같은 태도이다(대판 1993. 11. 23, 93다37328(권리의 하자의 경우); 대판 2004. 7. 22, 2002다51586(물건의 하자의 경우)).

[90]   ## 2. 매도인의 담보책임의 내용 개관

(1) 담보책임의 발생원인

우리 민법상 매도인이 담보책임을 지는 경우를 정리하면 다음과 같다.

1) 권리(매매의 목적인 재산권)**에 하자가 있는 경우**

(가) 권리의 전부가 타인에게 속하는 경우($\frac{569조-}{571조}$)

(나) 권리의 일부가 타인에게 속하는 경우($\frac{572조\cdot}{573조}$)

(다) 권리의 일부가 전혀 존재하지 않는 경우($\frac{574}{조}$)

(라) 권리가 타인의 권리에 의하여 제한받고 있는 경우($\frac{575조-}{577조}$)

2) 물건(매매의 목적물)**에 하자가 있는 경우**

(가) 특정물매매의 경우($\frac{580조\cdot}{582조}$)

(나) 불특정물매매의 경우($\frac{581조\cdot}{582조}$)

3) 채권매매의 경우($\frac{579}{조}$)

4) 경매의 경우($\frac{578}{조}$)

(2) 담보책임의 개괄적 내용

매도인이 지는 담보책임의 내용은 개별적인 경우에 따라 다르나, 매수인은 일정한 요건 하에 계약해제권·대금감액청구권($\frac{대금감액은 실질적으로는}{계약의 일부해제에 해당함}$)·손해배상청구 권·완전물급부청구권 가운데 일부를 행사할 수 있다.

매도인이 담보책임으로서 손해배상책임을 지는 경우에 그 범위가 어떤지가

문제된다. 학설은 i) 신뢰이익설(곽윤직, 140면(타인의 권리매매에 대하여는 예외를 인정하며, 또 이행이익을 한도로 함); 김형배, 327면), ii) 이행이익설(김주수, 200면; 이은영, 317면), iii) 매도인에게 과실이 있는 경우에는 이행이익을 배상하여야 하고, 과실이 없는 경우에는 신뢰이익을 배상하면 된다는 견해(김상용, 196면)로 나뉘어 있다. 그리고 판례는 타인의 권리매매에 관하여 과거 신뢰이익설을 취하다가 이행이익설로 변경되었다(대판(전원) 1967. 5. 18, 66다2618; 대판 1979. 4. 24, 77다2290). 생각건대 매도인의 담보책임은 무과실책임이라는 점, 담보책임을 지는 경우 중에는 원시적 일부불능도 있는데 민법이 원시적 전부불능시 매도인에게 과실이 있어도 신뢰이익을 배상하도록 하고 있는 것(535조 1항)과 균형을 맞출 필요가 있다는 점을 고려할 때, 하자가 없다고 믿음으로써 입은 손해 즉 신뢰이익을 배상하도록 하여야 한다. 그리고 그것도 하자 없는 물건이 급부되었으면 받았을 이익 즉 이행이익을 넘지 못한다고 하여야 한다. 이 원칙은 타인의 권리가 매매된 경우를 포함하여 널리 적용되어야 한다. 한편 매수인이, 매도인에게 유책사유가 있는 경우에 채무불이행책임의 요건을 증명하여 채무불이행책임을 묻는 것은 별문제이며, 그때에는 당연히 이행이익의 배상을 청구하게 된다.

3. 권리의 하자에 대한 담보책임　　　　　　　　　　　　　　[91]

(1) 권리의 전부가 타인에게 속하는 경우

1) 요　　　건　　　매매의 목적이 된 권리의 전부가 타인에게 속하는 경우 즉 타인의 권리를 매매한 경우에도 계약은 유효하다(대판 1993. 8. 24, 93다24445; 대판 1993. 9. 10, 93다20283(원시적 불능으로 무효가 아니라고 함)). 그리고 그때에는 매도인이 그 권리를 취득하여 매수인에게 이전하여야 한다(569조)(대판 1994. 8. 26, 93다20191; 대판 2001. 9. 25, 99다19698은 타인의 권리를 처분한 뒤 처분자가 사망하고 그 타인이 처분자를 상속한 경우에는, 신의칙에 반할 만한 특별한 사정이 없는 한 상속인은 의무이행을 거절할 수 있다고 한다). 만약 매도인이 그 권리를 취득하여 매수인에게 이전할 수 없는 때에는 일정한 담보책임을 지게 된다(570조).

(개) 여기의 담보책임이 생기려면 매매의 목적물은 현존하고 있어야 하며, 목적물이 처음부터 존재하지 않았거나 존재하였으나 멸실된 때에는 담보책임이 문제되지 않는다. 목적물이 처음부터 부존재한 경우는 체약상의 과실이, 후에 멸실된 경우는 채무불이행이나 채권 소멸 및 위험부담이 문제된다.

(내) 여기서 「이전할 수 없다는 것」 즉 이전불능은 채무불이행에 있어서와 같은 정도로 엄격하게 해석할 필요는 없고, 사회통념상 매수인에게 해제권을 행사

하게 하는 것이 타당하다고 할 정도의 이행장애가 있으면 족하고, 반드시 객관적 불능에 한하는 엄격한 개념은 아니라고 해야 한다(통설·판례도 같음. 대판 1982. 12. 28, 80다2750).

(대) 이전불능이 이행기 전에 생겼는가 그 후에 생겼는가는 묻지 않는다. 그리고 소유권이전등기 후 등기가 말소된 때에도 담보책임이 생긴다.

(라) 매도인이 부동산을 매수한 뒤 자신의 명의로 등기하지 않은 채 이를 다시 제 3 자에게 매도한 경우(미등기 전매)도 타인의 권리매매라고 보아야 한다(통설도 같음). 그런데 판례는 타인의 권리매매가 아니라고 한다(대판 1972. 11. 28, 72다982; 대판 1996. 4. 12, 95다55245. 참고로 말하면, 대판 1982. 1. 26, 81다528은 — 앞의 판결 사안에서와 달리 — 매도인에게 매도한 자에게 부동산소유권이 있지 않았던 경우에 대하여 타인의 권리매매라고 한다). 판례는 그 이유로, 매도인이 부동산을 사실상 처분할 수 있을 뿐 아니라 법률상으로도 처분할 수 있는 권원에 의하여 매도한 것이라는 점을 든다. 그리고 판례는, 명의신탁(여기의 명의신탁은 종중 부동산의 명의신탁과 같이 명의신탁이 유효한 경우만을 가리키는 것으로 보아야 함: 저자 주)한 부동산을 신탁자가 매도하는 경우에 매도인은 그 부동산을 사실상 처분할 수 있을 뿐 아니라 법률상으로도 처분할 수 있는 권원에 의하여 매도한 것이므로, 그것은 타인의 권리 매매가 아니라고 한다(대판 1996. 8. 20, 96다18656). 한편 타인의 대리인으로서 매도하는 때에는 타인의 권리매매가 아니다(대판 1982. 5. 25, 81다1349, 81다카1209도 같은 취지이다). 그러나 타인의 권리를 자기의 이름으로 또는 자기의 권리로 처분한 경우는 타인의 권리매매이다(대판 1981. 1. 13, 79다2151은 이때 본인이 그 처분을 인정하면 무권대리의 추인의 경우처럼 그 처분은 본인에게 효력이 생긴다고 한다).

(마) 매도인의 이전불능이 오직 매수인의 유책사유로 인한 것인 때에는 매도인은 담보책임을 지지 않는다고 새겨야 한다(이설이 없으며, 판례도 같다. 대판 1979. 6. 26, 79다564).

[92]   **2) 책임의 내용**

(가) 매수인은 계약을 해제할 수 있다(570조 본문). 매도인의 유책사유는 묻지 않는다. 그리고 악의의 매수인도 해제할 수 있다. 해제의 경우 원상회복의 범위에 대하여는 특별한 규정이 없으므로 제548조 제 2 항이 적용된다고 할 것이다(대판 1974. 3. 26, 73다1442; 대판 1974. 5. 14, 73다1564).

(나) 매수인이 선의인 때에는 해제를 하면서 동시에 손해배상도 청구할 수 있다(570조 단서). 이 경우 손해배상의 범위는 신뢰이익이다(매도인에게 유책사유가 있는 경우에 채무불이행책임을 물을 때에만 이행이익 배상이다). 그런데 판례는 이행이익을 배상할 것이라고 한다(대판(전원) 1967. 5. 18, 66다2618; 대판 1979. 4. 24, 77다2290). 그리고 배상액의 산정은 불능 당시의 시가에 의할 것이라고 한다(대판(전원) 1967. 5. 18, 66다2618; 대판 1975. 6. 24, 75다456; 대판 1979. 4. 24, 77다2290; 대판 1980. 3. 11, 80다78). 그리하여 매도인에 대하여 소유권이전등기 말소소송이 제기되어 매도인의 패소로 확정된 경우에는 패소 확정시가 기준으로 된다고 한다

$\binom{\text{대판 1975. 5. 13, 75다21; 대판 1981. 6. 9, 80다417(등기 말소시가}}{\text{아니라고 함); 대판 1981. 7. 7, 80다3122; 대판 1993. 4. 9, 92다25946}}$.

악의의 매수인은 제570조에 의하여 담보책임으로서 손해배상청구를 할 수는 없다. 그러나 매도인에게 유책사유가 있는 경우에 채무불이행책임을 물을 수는 있다$\binom{\text{대판 1993. 11. 23,}}{\text{93다37328}}$$\binom{\text{이때 채무자의 유책사유의 증명은 보통의 채무불이행에서처럼 매도인이}}{\text{반대증명을 하여야 한다. 그러나 대판 1970. 12. 29, 70다2449는 반대임}}$. 그리고 이는 매수인이 선의인 때에도 마찬가지라고 하여야 한다.

〈판 례〉

「타인의 권리를 매매의 목적으로 한 경우에 있어서 그 권리를 취득하여 매수인에게 이전하여야 할 매도인의 의무가 매도인의 귀책사유로 인하여 이행불능이 되었다면 매수인이 매도인의 담보책임에 관한 민법 제570조 단서의 규정에 의해 손해배상을 청구할 수 없다 하더라도 채무불이행 일반의 규정$\binom{\text{민법 제546}}{\text{조, 제390조}}$에 좇아서 계약을 해제하고 손해배상을 청구할 수 있다고 할 것이다$\binom{\text{당원 1970. 12. 29. 선}}{\text{고 70다2449 판결 참조}}$·」$\binom{\text{대판 1993. 11. 23,}}{\text{93다37328}}$

매수인이 선의인 데에 과실이 있는 때에는 매도인의 배상금액을 산정함에 있어서 이를 참작하여야 한다$\binom{\text{대판 1971. 12. 21,}}{\text{71다218}}$.

(대) 판례는, 타인의 권리매매에 있어서 매도인의 기망에 의하여 타인의 물건을 매도인의 것으로 알고 매수의 의사표시를 한 경우에는 제110조에 의하여 사기를 이유로 취소할 수도 있다고 한다$\binom{\text{대판 1973. 10. 23,}}{\text{73다268}}$. 생각건대 사기에 의한 의사표시의 경우에는 착오$\binom{[102]}{\text{참조}}$와는 다르게 다루는 것이 마땅하므로, 이러한 판례는 타당하다$\binom{\text{민법총칙}}{[176]\text{도 참조}}$.

(라) 제570조의 해제권과 손해배상청구권의 행사기간에 대하여는 제한을 두지 않고 있다. 이는 권리를 오래 존속시키려는 입법자의 의사가 반영된 것으로 보인다. 따라서 그 권리는 10년간 존속한다고 할 것이다$\binom{\text{여기에 대하여는 573조를 유추적용하여 1년}}{\text{간 행사할 수 있도록 하자는 견해가 있다. 김}}$
주수, 204면;
김형배, 333면).

3) 선의의 매도인의 해제권 민법은 선의의 매도인을 보호하기 위하여 제571조의 특칙을 두고 있다$\binom{\text{이는 매도인의 담}}{\text{보책임이 아님}}$. 그에 의하면, 매도인이 계약 당시에 매매의 목적이 된 권리가 자기에게 속하지 않음을 알지 못한 경우에, 그 권리를 취득하여 매수인에게 이전할 수 없는 때에는, 매도인은 손해를 배상하고$\binom{\text{대판 1977.}}{\text{9. 13, 76다}}$
1699는 타인의 권리매매에서 당사자 쌍방이 모두 선의인 경우 위약금의 약정은 타인의
권리매매에서의 담보책임까지 예상하여 그 배상액을 예정한 것이라고 볼 수 없다고 한다) 계약을 해제할 수 있다$\binom{571조}{1항}$. 매도인이 선의이기만 하면 선의인 데 과실이 있어도 이 권리가 인정된다. 나아가 매도인에게 과실이 없어도 손해배상의무가 없어지지는 않는다. 그리

고 매수인이 선의라도 마찬가지이다. 그런데 만약 매수인이 계약 당시 그 권리가 매도인에게 속하지 않음을 안 때(즉 악의인 때)에는, 매도인은 매수인에 대하여 손해배상을 하지 않고 단지 그 권리를 이전할 수 없음을 통지하고 계약을 해제할 수 있다($\frac{571조}{2항}$).

여기의 해제의 효과에 대하여 특별한 규정이 없으나, 일반적인 해제와 달리 해석할 이유가 없으므로, 매도인은 매수인에게 손해배상의무를 부담하는 반면에 매수인은 매도인에게 목적물을 반환하고 목적물을 사용하였으면 사용이익을 반환할 의무가 있다($\frac{대판\ 1993.\ 4.\ 9,}{92다25946}$). 그리고 이 경우의 양 당사자의 의무는 동시이행관계에 있다.

〈판 례〉

「민법 제571조 제 1 항 …은 선의의 매도인이 매매의 목적인 권리의 전부를 이전할 수 없는 경우에 적용될 뿐 매매의 목적인 권리의 일부를 이전할 수 없는 경우에는 적용될 수 없고, 마찬가지로 수개의 권리를 일괄하여 매매의 목적으로 정하였으나 그 중 일부의 권리를 이전할 수 없는 경우에도 위 조항은 적용될 수 없다.」($\frac{대판\ 2004.\ 12.\ 9,}{2002다33557}$)

[93] (2) 권리의 일부가 타인에게 속하는 경우

1) 요 건 매매의 목적이 된 권리의 일부가 타인에게 속함으로 인하여 매도인이 그 권리를 취득하여 매수인에게 이전할 수 없는 경우이다($\frac{572}{조}$). 여기의「이전불능」개념도 — 타인의 권리매매의 경우처럼 — 채무불이행에서와 같은 정도의 엄격한 개념이 아니며 사회관념상 매수인에게 해제권을 행사하게 하는 것이 타당하다고 인정될 정도의 이행장애가 있는 경우를 의미한다($\frac{대판\ 1977.\ 10.\ 11,}{77다1283;\ 대판}$ $\frac{1981.\ 5.\ 26,}{80다2508}$). 그리고 판례는 수개의 권리를 일괄하여 매매의 목적으로 정한 경우에 일부를 이전할 수 없는 때에도, 비율에 따른 대금산출이 불가능하다는 것과 같은 특별한 사정이 없는 한 제572조를 적용할 것이라고 한다($\frac{대판\ 1989.\ 11.\ 14,}{88다카13547}$).

〈판 례〉

「매매계약에서 건물과 그 대지가 계약의 목적물인데 건물의 일부가 경계를 침범하여 이웃 토지 위에 건립되어 있는 경우에 매도인이 그 경계 침범의 건물부분에 관한 대지부분을 취득하여 매수인에게 이전하지 못하는 때에는 매수인은 매도인에 대하여 민법 제572조를 유추적용하여 담보책임을 물을 수 있다고 할 것이다. 그리고 그 경우에 이웃 토지의 소유자가 소유권에 기하여 그와 같은 방해상태의 배제를 구하는 소를 제기하여 승소의 확정판결을 받았으면, 이제 다른 특별한 사정이 없는 한 매도인은 그 대지부분을 취득하여 매수인에게 이전할 수 없게 되었다고 봄이 상당하다. …

한편 민법 제575조 제 2 항은 매매의 목적인 부동산을 위하여 존재할 지역권이 없는 경우 매도인의 담보책임에 대하여 규정하나, 이는 목적물 용익의 편의에 관한 권리가 없는 경우에 관한 것으로서 위와 같이 건물의 존립을 위한 권리가 없는 경우에 유추적용할 것이 못 된다. 또한 원심이 이 사건에 적용한 민법 제580조는 매매목적물의 물질적 성상에 흠이 있는 경우에 관한 것으로서 이 사건에서와 같이 매매목적물의 권리상태에 흠이 있는 경우에 쉽사리 적용될 수 없다.」$\left(\begin{smallmatrix}대판\ 2009.\ 7.\ 23,\\2009다33570\end{smallmatrix}\right)$

2) 책임의 내용

⑺ 대금감액청구권　매수인은, 그가 선의이든 악의이든, 이전받을 수 없는 부분의 비율로 대금의 감액을 청구할 수 있다$\left(\begin{smallmatrix}572조\\1항\end{smallmatrix}\right)$. 가령 100㎡의 토지를 1,000만원에 매매한 경우에, 그 중 20㎡가 타인에게 속하여 이전해 줄 수 없는 때에는, 매수인은 1,000만원의 매매대금을 800만원으로 감액하라고 청구할 수 있다. 이 대금감액청구권은 형성권이고, 대금감액청구는 계약의 일부해제에 해당한다.

⑻ 해 제 권　선의의 매수인은 잔존부분만이면 매수하지 않았을 때에는 계약 전부를 해제할 수 있다$\left(\begin{smallmatrix}572조\\2항\end{smallmatrix}\right)$. 매수하지 않았을지 여부는 계약과 관련된 계약체결 당시의 모든 사정을 고려하여 매수인의 입장에서 판단하여야 한다. 이 경우 매수인의 구체적인 실제의 의사가 표준이 되는 것이 아니며, 그렇다고 순객관적으로 결정할 것도 아니다. 그런데 통설은 객관적으로 판단할 것이라고 한다.

⑼ 손해배상청구권　선의의 매수인은 감액청구 또는 계약해제 외에 손해배상도 청구할 수 있다$\left(\begin{smallmatrix}572조\\3항\end{smallmatrix}\right)$. 여기의 배상범위도 신뢰이익이라고 해야 하는데, 판례는 이행이익$\left(\begin{smallmatrix}이전불능으로\\된\ 때의\ 시가\end{smallmatrix}\right)$이라고 한다$\left(\begin{smallmatrix}대판\ 1993.\ 1.\ 19,\\92다37727\end{smallmatrix}\right)$.

〈판 례〉

「매매의 목적이 된 권리의 일부가 타인에게 속함으로 인하여 매도인이 그 권리를 취득하여 매수인에게 이전할 수 없게 된 때에는 선의의 매수인은 매도인에게 담보책임을 물어 이로 인한 손해배상을 청구할 수 있는바, 이 경우에 매도인이 매수인에 대하여 배상하여야 할 손해액은 원칙적으로 매도인이 매매의 목적이 된 권리의 일부를 취득하여 매수인에게 이전할 수 없게 된 때의 이행불능이 된 권리의 시가, 즉 이행이익 상당액이라고 할 것이어서, 불법등기에 대한 불법행위책임을 물어 손해배상청구를 할 경우의 손해의 범위와 같이 볼 수 없는 것이다.」$\left(\begin{smallmatrix}대판\ 1993.\ 1.\ 19,\\92다37727\end{smallmatrix}\right)$.

㈐ **제척기간** 매수인의 위의 세 권리는 매수인이 선의인 경우에는 사실을 안 날로부터, 악의인 경우에는 계약한 날로부터 1년 내에 행사하여야 한다($^{573}_{조}$). 여기서 선의인 경우 「사실을 안 날」은 단순히 권리의 일부가 타인에게 속한 사실을 안 날이 아니라, 그 때문에 매도인이 이를 취득하여 매수인에게 이전할 수 없게 되었음이 확실하게 된 사실을 안 날을 가리킨다($^{대판\ 1990.\ 3.\ 27,\ 89다카17676;\ 대}_{판\ 1991.\ 12.\ 10,\ 91다27396;\ 대판}$ $^{1997.\ 6.\ 13,\ 96다15596;\ 대}_{판\ 2002.\ 11.\ 8,\ 99다58136}$). 그리고 1년의 기간은 제척기간이다. 그 기간 안에 반드시 소제기가 있어야 하는지는 논란이 있으나, 그럴 필요는 없다고 해야 한다($^{민법총칙}_{[263]\ 참조}$).

[94]   **(3) 권리의 일부가 존재하지 않는 경우**(목적물의 수량부족 · 일부멸실)

1) 요   건   당사자가 수량을 지정해서 매매한 경우에 그 목적물의 수량이 부족한 때이거나 매매목적물의 일부가 계약 당시에 이미 멸실된 경우이어야 한다($^{574}_{조}$).

㈎ 「수량을 지정한 매매」란 매매의 목적물인 「특정물」이 일정한 수량을 가지고 있다는 데 중점을 두고 대금도 그 수량을 기준으로 하여 정한 경우를 말한다($^{곽윤직,\ 143면;\ 대판\ 1991.\ 4.\ 9,}_{90다15433\ 이래의\ 많은\ 판결}$). 토지를 매매함에 있어서는 등기부에 기재된 바에 따라 토지의 면적을 계약서 등에 표시하는 때가 많으나, 그것만으로 수량 지정 매매라고 할 수는 없다. 면적의 표시가 매매목적물을 특정하기 위한 것에 지나지 않은 경우($^{예:\ 대판\ 1977.\ 6.\ 28,\ 77}_{다579(공매\ 입찰의\ 경우)}$) 또는 면적을 기초로 대금을 산정하기는 하였지만 지정된 구획(대상토지)을 전체로서 평가하고 면적에 따른 계산은 대금을 결정하기 위한 방편에 지나지 않은 경우($^{대판\ 1991.\ 4.\ 9,\ 90다15433;\ 대판\ 1992.\ 9.\ 14,\ 92다9463;\ 대판\ 1993.\ 6.\ 25,\ 92다56674;}_{대판\ 1998.\ 6.\ 26,\ 98다13914(그\ 사안도\ 참조);\ 대판\ 2003.\ 1.\ 24,\ 2002다65189}$)는 「수량 지정 매매」가 아니다. 그에 비하여 매수인이 일정한 면적이 있는 것으로 믿고 매도인도 그 면적이 있는 것을 명시적 또는 묵시적으로 표시하고, 나아가 당사자들이 면적을 가격 결정요소 중 가장 중요한 것으로 파악하고 그 객관적인 수치를 기준으로 가격을 정한 경우는 「수량 지정 매매」이다($^{대판\ 1998.\ 6.\ 26,\ 98다}_{13914;\ 대판\ 2001.\ 4.\ 10,}$ $^{2001다12256.\ 대판\ 1986.\ 12.\ 23,\ 86다카1380은\ 매매목적물들별로}_{매매대금을\ 정하지\ 않고\ 포괄적으로\ 정하였더라도\ 이를\ 인정한다}$). 매매계약서에 면적당 가격을 기재하지 않았더라도 마찬가지이다($^{대판\ 1996.\ 4.\ 9,\ 95다48780;}_{대판\ 2001.\ 4.\ 10,\ 2001다12256}$). 그리고 아파트 분양계약은 목적물이 일정한 면적을 가지고 있다는 데 중점을 두고 대금도 면적을 기준으로 하여 정하여지므로 「수량 지정 매매」에 해당한다($^{대판\ 2002.\ 11.\ 8,\ 99다58136.\ 그런데\ 대판}_{1991.\ 3.\ 27,\ 90다13888에서는\ 분양\ 아파트의\ 실}$ $^{제면적이\ 계약서에\ 표시된\ 것보다\ 넓은\ 경우에\ 대하}_{여\ 수량\ 지정\ 매매가\ 아니고\ 특정물매매라고\ 한다}$).

〈판 례〉

「일반적으로 담보권 실행을 위한 임의경매에 있어 경매법원이 경매목적인 토지의 등기부상 면적을 표시하는 것은 단지 토지를 특정하여 표시하기 위한 방법에 지나지 아니한 것이고, 그 최저 경매가격을 결정함에 있어 감정인이 단위면적당 가액에 공부상의 면적을 곱하여 산정한 가격을 기준으로 삼았다 하여도 이는 당해 토지 전체의 가격을 결정하기 위한 방편에 불과하다 할 것이어서, 특별한 사정이 없는 한 이를 민법 제574조 소정의 '수량을 지정한 매매'라고 할 수 없다.」$\binom{대판\ 2003.\ 1.\ 24,}{2002다65189}$

「수량 지정 매매」는 특정물매매에서만 인정되며$\binom{통설도\ 같음.\ 이견:}{이은영,\ 326면}$, 불특정물매매에서 급부된 물건이 부족한 때에는 채무불이행으로 될 뿐이다. 아파트 분양계약에 있어서 공유대지지분이 부족한 경우는 종류채무의 경우와 유사하나, 그것은 아파트에 부수하는 것이므로 동일하지 않다$\binom{따라서\ 그\ 경우에도\ 담보책임이\ 문제된다(대}{판\ 2002.\ 11.\ 8,\ 99다58136).\ 그런데\ 대판}$ 1996. 12. 10, 94다56098은 아파트 대지의 일부를 분양계약 후에 기부채납하여 계약보다 적은 공유지분을 이전등기한 때에는 574조의 담보책임을 물을 수 없고, 일부불능으로 된다고 한다).

(나) 매매의 목적물의 일부가 「계약 당시」에 이미 멸실된 경우에도 담보책임이 생긴다$\binom{대판\ 2001.\ 6.\ 12,\ 99다34673은\ 경매절차\ 진행\ 중에\ 자수기의}{중요부품이\ 분리·반출된\ 경우에\ 여기의\ 책임을\ 인정하였다}$. 즉 원시적 일부불능의 경우이다. 원시적 불능에 대하여는 제535조가 두어져 있다. 그러나 제535조는 일반규정이고 제574조는 특별규정이므로, 제574조가 적용되는 범위에서는 제535조는 적용되지 않는다고 할 것이다$\binom{같은\ 취지:\ 대판\ 2002.\ 4.\ 9,}{99다47396.\ [33]도\ 참조}$.

2) 책임의 내용　　제574조는 권리의 일부가 타인에게 속하는 경우에 관한 규정$\binom{572조·}{573조}$을 「매수인이 그 부족 또는 멸실을 알지 못한 때」 즉 선의인 때에 한하여 준용한다. 그 결과 악의의 매수인은 담보책임을 묻지 못하며$\binom{김형배,\ 336면은\ 악}{의의\ 경우에도\ 인정}$ 하고, 대판 2002. 11. 8, 99다58136은 악의의 경우에 대하여도 권리 행사기간을 설시하고 있으나(쟁점은 아님), 이들은 민법에 반한다), 선의의 매수인은 대금감액청구권·계약해제권$\binom{일정한}{경우}$·손해배상청구권을 가진다$\binom{574조·}{572조}$. 그리고 매수인의 이 권리들은 1년의 제척기간에 걸린다$\binom{574조·}{573조}$.

〈판 례〉

판례에 의하면, 건물 일부의 임대차계약을 체결함에 있어서 건물 면적을 기초로 한 경우는 수량을 지정한 임대차이고, 그 경우 면적이 부족한 때에는 그에 해당하는 임료를 지급할 의무가 없다고 한다$\binom{대판\ 1995.\ 7.\ 14,}{94다38342}$. 그리고 제574조의 취지는 매매로 인한 채무의 일부를 원시적으로 이행할 수 없는 경우에 대가적인 계약관계를 조정하여 그 등가성을 유지하려는 데 있는바, 매매계약을 체결함에 있어서 토지의 면적을 기초로 대금을 산정하였는데 그 토지의 일부가 매매계약 당시에 이미 도로부지에 편입되어 있었고 매수인이 그 사실을 알지 못하고 계약을 체결한 것이라면, 매수인은 제574조에 따라 목적토지 중 도로부지로 편입된 부분의 비율로 대금의 감액을 청구할 수 있다고 봄이 위 규정의 취지에 부합한다고 한다(대판 1992. 12. 22, 92다30580). 그런가 하면 매매목적물의 일부가 부족하여 매수인이 대금감액을 청구할 수 있는 경우라면 매도인이 매수인의 감액요구를 거절하고 대금 전액의 지급만을 요구하면서 그 불이행을 이유로 한 계약해제는 부적법하다고 한다(대판 1980. 3. 11, 79다1948; 대판 1989. 9. 26, 89다카10767. [59]도 참조).

〈참 고〉

대법원은「수량을 지정한 매매」의 경우에 제574조에 의하여 준용되는 제573조를 해석하면서 — 제572조의 경우와 마찬가지로(대판 1991. 12. 10, 91다27396; 대판 1997. 6. 13, 96다15596) — 선의의 매수인이「사실을 안 날」이라 함은 단순히 목적물이 부족되는 사실을 안 날이 아니라 매도인이 그 부족분을 취득하여 매수인에게 이전할 수 없는 것이 확실하게 된 사실을 안 날을 말하는 것이라고 한다(대판 1990. 3. 27, 89다카17676; 대판 2002. 11. 8, 99다58136). 이러한 판례(그 가운데 대판 1990. 3. 27, 89다카17676)에 대하여, 제574조의 경우는 매도인이 권리이전의무가 원시적으로 일부불능이어서 매도인이 권리자로부터 권리를 취득하여 매수인에게 이전하는 것이 가능한 제572조의 경우와 현저히 다르며, 따라서 제574조에 의하여 준용되는 제573조에 관하여는「사실을 안 날」을 매매목적물의 수량이 부족한 것(또는 목적물이 일부 멸실된 것)을 안 날이라고 해석해야 한다는 견해가 주장되고 있다(양창수, 민법연구(2), 280면 이하). 생각건대 수량 지정 매매의 경우에는 매도인이 처음부터 부족분을 취득할 여지가 없으므로 제척기간의 기산점을 제572조의 경우에서와 동일하게 새기는 것은 옳지 않다. 그런데 — 매도인의 취득 가능성이 없으므로 — 어떻게 해석하든 적어도 이론상으로는 결과에서 차이가 생기지 않을 것이다(대판 1990. 3. 27, 89다카17676은 다르게 판단하였으나, 그 사안은 수량 지정 매매가 아님을 유의할 것. 이 점에서 같은 취지: 양창수, 민법연구(2), 283면 이하).

[95] **(4) 재산권이 타인의 권리에 의하여 제한받고 있는 경우**

1) 용익적 권리에 의하여 제한받고 있는 경우

㈎ 요 건 (a) 먼저 다음 세 경우 중 하나이어야 한다. ① 매매의 목적물이 지상권·지역권·전세권·질권·유치권 또는 주택임대차보호법이나「상가건물 임대차보호법」에 의하여 대항력을 가지는 임차권이나 채권적 전세의 목적이 되어 있는 경우(575조 1항, 주택임대차보호법 3조 5항,「상가건물 임대차보호법」 3조 3항), ② 매매목적 부동산을 위하여 존재할 지역권이 없는 경우(575조 2항), ③ 매매목적 부동산에 등기된 임대차계약이 있는 경우(575조 2항). 그런데 ③의「등기된 임대차계약」은「제3자에 대항할 수 있는 임차권」의 의미이므로, 거기에는 건물의 소유를 목적으로 하는 토지임대차에 있어서

임차인이 그 지상건물만을 등기한 경우($^{622조}_{참조}$)도 포함시켜야 한다.

이들 세 경우에 매도인에게 담보책임을 지도록 한 이유는, ①③의 경우에는 매수인의 목적물 사용·수익이 제한을 받기 때문이고, ②의 경우에는 목적부동산의 사용가치가 감소하기 때문이다.

(b) 매수인은 선의이어야 한다($^{575조 1}_{항·2항}$).

(ㄴ) 책임의 내용　매수인($^{선}_{의}$)이 용익적 권리로 인하여 계약의 목적을 달성할 수 없는 때에는 계약해제와 함께 손해배상을 청구할 수 있고, 그렇지 않은 때에는 손해배상만을 청구할 수 있다($^{575조}_{1항}$). 여기의 손해배상범위도 신뢰이익인데, 해제를 할 수 없는 때에는 가치감소분에 대한 배상도 포함되어야 한다. 이 경우에는 대금감액이 인정되지 않기 때문이다.

매수인의 위의 권리는 매수인이 용익권의 존재 또는 지역권의 부존재를 안 날로부터 1년($^{제척}_{기간}$) 내에 행사하여야 한다($^{575조}_{3항}$).

2) 저당권·전세권에 의하여 제한받고 있는 경우　　　　　　　[96]

(가) 요　건　① 매매의 목적이 된 부동산에 설정된 저당권 또는 전세권의 행사로 인하여 매수인이 그 소유권을 취득할 수 없거나($^{매매계약 후 소유권 취}_{득 전에 경매된 경우}$), ② 취득한 소유권을 잃거나($^{소유권 취득 후}_{에 경매된 경우}$) 또는 ③ 매수인이 출재하여 소유권을 보존한 때이어야 한다($^{576조 1}_{항·2항}$).

저당권은 점유할 권리를 수반하지 않으므로 저당권이 설정되어 있더라도 매수인의 용익은 방해받지 않는다. 따라서 민법은 저당권이 존재하는 것만으로 담보책임을 지우지는 않는다. 그에 비하여 전세권은 용익물권이므로 그것이 설정되어 있는 것만으로 담보책임을 발생시킨다($^{575}_{조}$). 그런데 전세권자에게는 우선변제권·경매청구권이 있어서 그 권리들이 행사되면 저당권이 실행되는 것과 같은 결과가 된다. 그리하여 여기에서 추가로 담보책임을 규정하고 있다.

위 ③과 관련하여 언급할 점이 있다. 매수인이 피담보채무를 변제하면 제576조에 의하지 않아도 출재한 것의 상환청구를 할 수 있다($^{변제에 의한}_{대위. 481조}$). 그런데 제576조에 의하면 손해배상도 청구할 수 있는 점에서 차이가 있다.

매매 당사자 사이에 매수인의 출재 특약이 있는 경우에는 여기의 담보책임이 생기지 않는다($^{대판 2002. 9. 4, 2002다11151은 매수인이 피담보채무를 일부 인수한 경우에 매도인이 자신의}_{채무를 모두 이행한 때에는 매수인이 소유권을 잃더라도 576조의 담보책임이 없다고 한다}$). 그리고 가령 저당권으로 담보된 채무를 매매대금에서 공제하고 대금을 정한 때에는 채무인수 내지 이행인수의 특약이 있다고 새길 것이다(판례는 이 경우에는 특별한 사정이 없는 한 채무인수가 아니고 이행인수가 인정된다고 한다. 채권법총론 [205]에 인용된 판결들 참조).

제576조는 저당권·전세권만 규정하고 있으나, 그 규정은 가등기담보의 경우에도 유추적용되어야 한다. 한편 판례는, 가등기의 목적이 된 부동산을 매수한 사람이 그 뒤 가등기에 기한 본등기가 경료됨으로써 그 부동산의 소유권을 상실하게 된 때에는 매매의 목적부동산에 설정된 저당권 또는 전세권의 행사로 인하여 매수인이 취득한 소유권을 상실한 경우와 유사하므로, 이와 같은 경우 제576조의 규정이 준용된다고 보아 같은 조 소정의 담보책임을 진다고 보는 것이 상당하고 제570조에 의한 담보책임을 진다고 할 수 없다고 한다(대판 1992. 10. 27, 92다21784. 그 밖에 아래에 인용한 대결 1997. 11. 11, 96그64도 참조).

〈판 례〉

(ㄱ) 「임대차계약에 기한 임차권(임대차보증금 반환청구권을 포함한다. 이하 같다)을 그 목적물로 한 매매계약이 성립한 경우, 매도인이 임대인의 임대차계약상의 의무이행을 담보한다는 특별한 약정(민법 제579조 참조)을 하지 아니한 이상, 임차권 매매계약 당시 임대차 목적물에 이미 설정되어 있던 근저당권이 임차권 매매계약 이후에 실행되어 낙찰인이 임대차 목적물의 소유권을 취득함으로써 임대인의 목적물을 사용·수익하게 할 의무가 이행불능으로 되었다거나, 임대인의 무자력으로 인하여 임대차보증금 반환의무가 사실상 이행되지 않고 있다고 하더라도, 임차권 매도인에게 민법 제576조에 따른 담보책임이 있다고 할 수 없다. 이러한 법리는 임차권을 교환계약의 목적물로 한 경우에도 마찬가지라 할 것이다.」(대판 2007. 4. 26, 2005다34018·34025)

(ㄴ) 「소유권에 관한 가등기의 목적이 된 부동산을 낙찰받아 낙찰대금까지 납부하여 그 소유권을 취득한 낙찰인이 그 뒤 가등기에 기한 본등기가 경료됨으로써 일단 취득한 소유권을 상실하게 된 때에는 매각으로 인하여 소유권의 이전이 불가능하였던 것이 아니므로, 민사소송법 제613조(현행 민사집행법 96조에 해당: 저자 주)에 따라 집행법원으로부터 그 경매절차의 취소결정을 받아 납부한 낙찰대금을 반환받을 수는 없다고 할 것이나, 이는 매매의 목적부동산에 설정된 저당권 또는 전세권의 행사로 인하여 매수인이 취득한 소유권을 상실한 경우와 유사하므로, 민법 제578조, 제576조를 유추적용하여 담보책임을 추급할 수는 있다고 할 것이다. 그리고 이러한 담보책임은 낙찰인이 경매절차 밖에서 별소에 의하여 채무자 또는 채권자를 상대로 추급하는 것이 원칙이라고 할 것이나, 아직 배당이 실시되기 전이라면, 이러한 때에도 낙찰인으로 하여금 배당이 실시되는 것을 기다렸다가 경매절차 밖에서 별소에 의하여 그 담보책임을 추급하게 하는 것은 가혹하므로, 이 경우 낙찰인은 민사소송법 제613조를 유추적용하여 집

행법원에 대하여 경매에 의한 매매계약을 해제하고 납부한 낙찰대금의 반환을 청구하는 방법으로 위 담보책임을 추급할 수 있다.」$\binom{대결\ 1997.\ 11.\ 11,}{96ㄱ64}$

(나) 담보책임의 내용　　매수인은, 선의이든 악의이든$\binom{즉\ 저당권 \cdot 전세권의}{존재를\ 몰랐든\ 알았든}$, 위 ① ②의 경우에는 계약을 해제하면서 동시에 손해배상을 청구할 수 있고$\binom{576조\ 1}{항 \cdot 3항}$, ③의 경우에는 출재한 것의 상환을 청구할 수 있고$\binom{대판\ 1996.\ 4.\ 12,\ 95다55245는\ 악의의\ 매수}{인도\ 출재의\ 상환을\ 청구할\ 수\ 있다고\ 한다}$ 아울러 손해배상도 청구할 수 있다$\binom{576조\ 2}{항 \cdot 3항}$.

〈판　례〉

「부동산의 매수인이 소유권을 보존하기 위하여 자신의 출재로 피담보채권을 변제함으로써 그 부동산에 설정된 저당권을 소멸시킨 경우에는, 매수인이 그 부동산 매수 시 저당권이 설정되었는지의 여부를 알았든 몰랐든 간에 이와 관계없이 민법 제576조 제 2 항에 의하여 매도인에게 그 출재의 상환을 청구할 수 있다.」$\binom{대판\ 1996.\ 4.\ 12,}{95다55245}$

매수인의 이들 권리에 대하여는 행사기간 제한 규정이 없다$\binom{김주수,\ 212면은\ 1년의}{기간\ 내에\ 행사하도록}$ 할 것을 주장한다$\big)$.

3) 저당권의 목적인 지상권 · 전세권의 매매의 경우　　부동산 위에 설정된 지상권 · 전세권에도 저당권이 설정될 수 있는데$\binom{371조}{참조}$, 그러한 지상권 · 전세권이 매매의 목적이 된 경우에는, 제576조가 적용되는 경우와 유사하게 된다. 그리하여 민법은 저당권의 목적으로 되어 있는 지상권이나 전세권이 매매의 목적인 경우에 제576조를 준용하고 있다$\binom{577}{조}$.

4. 물건의 하자에 대한 담보책임(하자담보책임)　　　　　　　　　　[97]

(1) 의　　의

민법은 매매의 목적이 된 재산권에 하자가 있는 경우뿐만 아니라 매매의 목적물에 하자가 있는 경우에도 매도인에게 담보책임을 지우고 있다. 이와 같이 매매의 목적물$\binom{물}{건}$에 하자가 있는 경우에 대한 매도인의 담보책임을 보통 하자담보책임이라고 한다$\binom{그에\ 비하여\ 권리에\ 하자가\ 있는\ 경우는\ 추탈담보책임이}{라고도\ 하나,\ 근래에는\ 그\ 용어는\ 별로\ 사용하지\ 않는다}$. 매도인의 하자담보책임은 특정물매매에서뿐만 아니라$\binom{580}{조}$ 불특정물매매에서도$\binom{581}{조}$ 인정되는데, 두 경우를 함께 살펴보기로 한다.

(2) 요   건

1) 매매의 목적물에 하자가 있을 것

(개) 하자 개념   무엇이 하자인가에 관하여 학설은 i) 객관설, ii) 주관설, iii) 병존설로 나뉘어 있다. i) 객관설은 일반적으로 그 종류의 물건이 보통 가지고 있는 성질이 없는 경우가 하자라고 한다(곽윤직, 148면; 김주수, 213면). ii) 주관설은 당사자 사이에 합의된 성질이 없으면 하자가 존재하나, 당사자의 의사가 불분명한 때에는 객관설처럼 판단할 것이라고 한다(김형배, 351·352면; 이은영, 335면. 이 두 문헌은 실질적으로 동일한 견해이다). iii) 병존설은 물건이 본래 가지고 있어야 할 객관적 성질이 없는 경우와 매매 당사자가 합의한 성질이 없는 경우가 모두 하자라고 한다(김상용, 203면). 그리고 문헌들은 모두 견본이나 광고에 의하여 목적물이 특수한 품질이나 성능을 가지고 있음을 표시한 때에는, 그 품질과 성능을 표준으로 하여 결정할 것이라고 한다. 판례는「매매의 목적물이 거래통념상 기대되는 객관적 성질·성능을 결여하거나, 당사자가 예정 또는 보증한 성질을 결여한 경우」에 매도인이 하자담보책임을 진다고 하여(대판 2000. 1. 18, 98다18506; 대판 2021. 4. 8, 2017다202050. 같은 취지: 대판 2001. 6. 26, 2000다44928·44935; 대판 2010. 4. 29, 2007다9139) iii)설과 유사한 것처럼 보인다. 그러나 다른 한편으로 물건이 통상의 품질이나 성능을 갖추고 있는 경우에도 당사자의 다른 합의가 있으면 예외가 인정된다고 하고 있어서(대판 1997. 5. 7, 96다39455; 대판 2000. 10. 27, 2000다30554·30561; 대판 2002. 4. 12, 2000다17834), 오히려 주관적 표준을 우선시키는 ii)설에 가깝다고 할 것이다(다만 주관설을 원칙으로 하지 않고 객관설에 대한 예외 인정의 형식으로 하는 점에서 ii)설과는 차이가 있다).

〈판   례〉

(ㄱ)「아파트 분양계약에서의 분양자의 채무불이행책임이나 하자담보책임은 분양된 아파트가 당사자의 특약에 의하여 보유하여야 하거나 주택법상의 주택건설기준 등 거래상 통상 갖추어야 할 품질이나 성질을 갖추지 못한 경우에 인정된다(대법원 2001. 6. 26. 선고 2000다44928, 44935 판결, 대법원 2008. 8. 21. 선고 2008다9358, 9365 판결 등 참조).

… 분양계약을 체결하는 과정에서 일조나 조망, 사생활의 노출 차단 등에 관한 상황에 대하여 일정한 기준에 이르도록 하기로 약정이 이루어졌다거나, 수분양자가 일조나 조망, 사생활의 노출 차단 등이 일정한 기준에 미치지 아니하는 사정을 알았더라면 그 분양계약을 체결하지 않았을 것임이 경험칙상 명백하여 분양자가 신의성실의 원칙상 사전에 수분양자에게 그와 같은 사정을 설명하거나 고지할 의무가 있음에도 이를 설명·고지하지 아니함에 따라 일조나 조망, 사생활의 노출 차단 등이 일정한 기준에 이를 것이라는 신뢰를 부여하였다고 인정할 만한 특별한 사정이 없는 한, 기

본적인 건축 계획에 의하여 결정되는 일조나 조망, 사생활의 노출 등에 관한 상황에
대하여 수분양자가 이를 예상하고 받아들여 분양계약에 이르렀다고 봄이 상당하다.

따라서, 분양된 아파트가 위와 같은 건축관계법령 및 주택법상의 주택건설기준 등
에 적합할 뿐만 아니라, 분양계약 체결 당시 수분양자에게 알려진 기본적인 건축 계
획대로 건축된 경우에는 아파트 각 동·세대의 방위나 높이, 구조 또는 다른 동과의
인접 거리 등으로 인하여 일정 시간 이상의 일조가 확보되지 아니하고 조망이 가려
지며 사생활이 노출된다고 하더라도, 위에서 본 바와 같은 특별한 사정이 있지 않는
한, 이를 가지고 위 아파트가 그 분양계약 당시 수분양자에게 제공된 기본적인 건축
계획에 관한 정보에 의하여 예상할 수 있었던 범위를 벗어나 분양계약의 목적물로서
거래상 통상 갖추어야 하거나 당사자의 특약에 의하여 보유하여야 할 품질이나 성질
을 갖추지 못한 경우에 해당된다고 할 수 없다.」$\binom{\text{대판 2010. 4. 29,}}{\text{2007다9139}}$

(ㄴ) 「신축건물이나 신축한 지 얼마 되지 않아 그와 다름없는 건물을 매도하는 매도
인이 매수인에 대하여 매도건물에 하자가 있을 때에는 책임지고 그에 대한 보수를
해 주기로 약정한 경우 특별한 사정이 없는 한 매도인은 하자 없는 완전한 건물을 매
매한 것을 보증하였다고 할 것이므로 매도인은 계약당시 또는 매수인이 인도받은 후
에 용이하게 발견할 수 있는 하자 뿐만 아니라 건물의 본체부분의 구조상의 하자 특
히 품질이 떨어지는 재료를 사용하는 등 날림공사로 인한 하자 등 바로 발견할 수 없
는 하자는 물론 당초의 하자로부터 확산된 하자에 대하여도 책임을 져야 한다고 보
아야 할 것이며, 다만 확대된 하자에 관하여는 매수인 스스로가 용이하게 당초의 하
자를 발견하여 이를 보수하고 그 비용을 매도인에게 청구할 수 있음에도 불구하고
이를 방치하여 하자가 확산되는 등의 사정이 있어 하자의 확대에 대하여 매수인에게
과실이 있는 경우라면 매도인의 하자보수의무 불이행으로 인한 손해배상액을 정함에
있어서 매수인의 이러한 과실을 참작할 수 있을 뿐이라 할 것이다.」$\binom{\text{대판 1993. 11. 23,}}{\text{92다38980}}$

(ㄷ) 갑이 국가로부터 토지를 매수하여 건물을 신축하기 위해 건축허가를 받고 지목
을 '전(田)'에서 '대지'로 변경하였는데, 위 토지에서 굴착공사를 하다가 약 1~2m 깊
이에서 폐합성수지와 폐콘크리트 등 약 331t의 폐기물이 매립되어 있는 것을 발견하
였고, 이를 처리하기 위한 비용을 지출한 사안에서, 매립된 폐기물의 내용, 수량, 위
치와 처리비용 등을 고려하면 토지에 위와 같은 폐기물이 매립되어 있는 것은 매매
목적물이 통상 갖출 것으로 기대되는 품질이나 상태를 갖추지 못한 하자에 해당하고,
토지의 지목을 '전'에서 '대지'로 변경하였다는 사정으로 폐기물이 매립되어 있는 객
관적 상태를 달리 평가할 수 없으므로, 국가는 갑에게 하자담보책임으로 인한 손해배
상으로 폐기물 처리비용을 지급할 의무가 있다고 본 원심판결이 정당하다고 한 사례
$\binom{\text{대판 2021. 4. 8,}}{\text{2017다202050}}$.

생각건대 객관설은 물건의 사용목적에 관한 당사자의 합의와 관념을 무시하

는 단점이 있다. 그리고 병존설은 물건에 객관적으로는 흠이 없으나 당사자가 합의한 성질은 없는 경우 또는 반대로 당사자가 합의한 성질은 있으나 객관적으로는 흠이 있는 경우 모두에 대하여 하자를 인정하게 될 것이나, 뒤의 경우에는 하자가 없다고 하여야 한다. 그에 비하여 주관설은 적절하다고 할 수 있다. 왜냐하면 물건이 가지고 있어야 할 성질을 가지고 있지 못한 경우에 하자가 있는 것인데,「가지고 있어야 할 성질」은 우선 그에 관한 당사자의 합의에 의하여 판단하는 것이 옳기 때문이다. 주관설의 입장인 사견을 정리해 본다. 하자는「계약체결 당시 당사자에 의하여 전제된 성질이 없는 경우」에 인정된다. 그러므로 먼저 당사자가 정한 목적물의 사용목적이 1차적인 표준이 된다($\frac{주관적}{표준}$). 그 결과 가령 피아노 운반을 위한 상자 매매에서 그 상자가 보통상자로서의 흠은 없지만 피아노 운반에 적당한 견고성이 없으면 하자가 있게 된다. 그런데 매매계약을 체결할 때 언제나 당사자가 목적물의 사용목적을 정하지는 않는다. 그때에는 당사자들은 그 종류의 물건이 일반적으로 가지는 성질을 생각할 것이다. 따라서 주관적 표준에 의하여 하자를 판단할 수 없을 때에는「그 종류의 물건이 일반적으로 가지고 있는 성질이 없는 경우」에 하자가 있다고 하여야 한다($\frac{객관적}{표준}$). 이와 같이 하자 유무는 주관적 및 객관적 표준에 의하여 판단되어야 한다(독일의 개정민법은 이 주관설을 입법화하였다. 같은 법 434조 참조). 그런데 이 두 표준은 병렬적이 아니며, 주관적 표준이 우선하고 그 표준에 의하여 판단할 수 없을 때 보충적으로 객관적 표준이 작용하게 됨을 유의하여야 한다.

한 가지 덧붙일 것은,「전제된 성질이 없는 경우」가운데 그 성질이 없어서 매수인에게 더 유리한 때는 하자가 없다고 하여야 한다는 점이다. 예컨대 금도금된 반지를 매매했는데 순금반지가 급부된 때에 그렇다. 하자담보책임은 계약해소의 수단으로 이용되지 않아야 하기 때문이다.

매도인이 견본이나 광고 등에서 일정한 성질을 가지는 것으로 표시한 경우는 당사자가 일정한 성질을 전제한 경우에 해당할 것이어서 — 특히 주관설을 취할 때에는 — 따로 설명할 필요가 없다(대판 2000. 10. 27, 2000다30554 · 30561는 기계의 카탈로그와 검사성적표를 제시하였다면 품질과 성능을 보증한 것이므로 그러한 품질과 성능을 갖추지 못한 경우) 에는 그 기계에 하자가 있다고 한다)·

[98]　　　　(나) **다른 종류의 물건을 급부한 경우**　　　목적물로 정해진 물건이 아닌 물건 또는 다른 종류의 물건을 급부한 것도 하자 있는 급부인지가 문제된다. 여기에 대하여는 당사자가 전제한 성질이 없는 경우는 모두 하자가 있다고 주장할 수도 있

다($\substack{\text{극단적인 주} \\ \text{관적 관점}}$). 그러나 그렇게 되면 다른 물건을 급부한 경우를 채무불이행이 아니고 하자담보책임 문제로 다루어 매도인을 두텁게 보호해 주는 결과가 되어 부당하다($\substack{\text{특히 매수인의 단기} \\ \text{의 권리행사기간}}$). 위의 견해에 의하면, 예컨대 코끼리를 매매했는데 매도인이 말을 인도한 경우에는,「말」=「하자 있는 코끼리」이어서 매도인의 채무이행은 있었고, 따라서 매수인은 채무불이행책임이 아니고 하자담보책임만을 물을 수 있게 된다. 결국 다른 물건을 급부한 것은 하자 있는 급부를 한 것이 아니고, 급부가 없었다고 보아야 한다.

(대) **법률적 장애** 매매의 목적물에 물질적인 흠은 없으나 법률적인 장애로 인하여 원하는 목적으로 사용할 수 없는 경우도 물건의 하자인지가 문제된다. 건축을 목적으로 토지를 매수하였는데 건축허가가 나오지 않는 지역인 경우($\substack{\text{대판 2000. 1. 18,} \\ \text{98다18506}}$)나 트럭을 매매하여 즉시 운행하려 하였는데 매도인이 불법운행하여 150일간 운행정지 처분된 트럭이었던 경우($\substack{\text{대판 1985. 4. 9,} \\ \text{84다카2525}}$)가 그 예이다. 여기에 관하여는 i) 하나의 견해는 권리의 하자라고 하나($\substack{\text{곽윤직, 148면; 김상용, 203면;} \\ \text{김주수, 213면; 김형배, 353면}}$), ii) 물건의 하자라고 하는 견해도 있다($\substack{\text{김기선, 144면; 김학동, 270면;} \\ \text{이은영, 338면; 지원림, 1414면}}$). i)설은 법률적 장애를 물건의 하자라고 보면 경매의 경우에는 매도인이 담보책임을 지지 않게 되므로($\substack{\text{580조 2} \\ \text{항 참조}}$) 매수인(경락인)이 불이익하게 되어 부당하다고 한다. ii)설은 제575조의 소유권의 제한과 법률적 장애는 성질이 다르다고 한다($\substack{\text{i)설이 법률적 장애가 있는 경우 575조를} \\ \text{적용하여야 한다는 데에 대한 비판임}}$). 그리고 판례는 ii)설처럼 물건의 하자로 본다($\substack{\text{위의} \\ \text{판결}}$). 생각건대 물건에 있어서 법률관계는 엄연한 성질이다($\substack{\text{착오의 경우도} \\ \text{그렇게 다룸}}$). 그럼에도 불구하고 매수인에게 불리한 규정의 적용을 피하기 위하여 성질이 아니라고 해서는 안 된다. 결국 ii)설과 판례가 옳다.

(라) **하자결정의 기준시기** 하자담보책임은 특정물매매에서뿐만 아니라 불특정물매매에서도 인정된다($\substack{\text{민법이 의용민법과 달리 581조를 신설} \\ \text{하여 이 문제는 논란의 대상이 아니다}}$). 문제는 하자를 어느 시점을 기준으로 하여 판단하여야 하는가이다. 여기에 관하여 학설은 i) 특정물매매에 있어서는 계약체결시, 종류매매에 있어서는 특정시라고 보는 견해($\substack{\text{김기선,} \\ \text{144면}}$)와 ii) 위험이 이전하는 목적물 인도시라는 견해($\substack{\text{김형배, 353면; 이은영, 338면; 지원림, 1413면. 이 문} \\ \text{헌들은 모두 담보책임을 채무불이행책임으로 보는 입} \\ \text{장에 있다}}$)가 대립하고 있다. 그리고 판례는 특정물매매에 관하여 계약성립시가 기준이 된다고 한다($\substack{\text{대판 2000. 1. 18,} \\ \text{98다18506}}$). 생각건대 매도인의 담보책임은 무과실책임이므로 ii)설처럼 해석하면 계약체결시 또는 특정시 이후에 매도인의 유책사유 없이 물건에 생긴 하자에 대하여도 매도인이 책임을 지게 되어 부당하다. 따라서 i)설을 취

하여야 한다. 그렇게 되면 그 기준시 이후의 변경은 매도인에게 과실이 있는 경우에만 그가 책임을 지게 될 것이다($^{374조}_{참조}$).

2) 매수인의 선의 · 무과실 매수인이 하자 있는 것을 알았거나($^{대판\ 2003.}_{6.\ 27,\ 2003다}$ 20190은 표고버섯 종균의 매매에 있어서 그 종균에 하자가 있다는 사실을 알았다고 하려면, 종균이 정상적으로 발아하지 않은 사실을 알았다는 것만으로는 부족하고, 그 원인이 바로 종균에 존재하는 하자로 인한 것임을 알았어야 한다고 한다) 과실($^{대판\ 1979.\ 4.\ 24,\ 79다827은\ 대지의\ 매매에\ 있어서\ 30평의\ 대지\ 중\ 10}_{평이나\ 도로로\ 사용되고\ 있는\ 사실을\ 간과하였다면\ 과실이\ 있다고\ 한다}$)로 인하여 알지 못한 때에는, 매도인은 담보책임을 지지 않는다($^{580조\ 1항\ 단}_{서\ ·\ 581조\ 1항}$). 그러므로 담보책임을 물으려면 매수인이 선의이고 선의인 데 과실이 없어야 한다.

이 요건은 매수인이 그의 선의 · 무과실을 증명할 필요가 없고, 담보책임을 면하려는 매도인이 매수인의 악의 또는 과실있음을 증명하여야 한다($^{이설}_{없음}$).

[99] **(3) 책임의 내용**

담보책임의 내용을 특정물매매와 불특정물매매를 같이 기술하고, 어느 하나에 특별한 사항은 따로 언급하기로 한다.

1) 목적물의 하자로 인하여 계약의 목적을 달성할 수 없는 때에는, 매수인은 계약을 해제함과 동시에 손해배상을 청구할 수 있다($^{580조\ 1항\ 본문\ ·\ 581조}_{1항\ ·\ 575조\ 1항\ 1문}$).

여기서 목적물의 하자로 인하여 계약의 목적을 달성할 수 없다는 것은 그 하자가 중대하고 보수가 불가능하거나 가능하더라도 장기간을 요하는 등 계약해제권을 행사하는 것이 정당하다고 인정되는 경우를 의미한다($^{대판\ 2023.\ 4.\ 13,}_{2022다296776}$). 그리고 계약의 목적을 달성할 수 있는지 여부는 계약체결 당시의 모든 사정을 고려하여 매수인의 입장에서 판단하여야 한다. 이 경우 매수인의 구체적인 실제의 의사가 표준이 되는 것이 아니며, 그렇다고 순객관적으로 결정할 것도 아니다. 드러난 사정들을 기초로 매수인의 입장에서 객관적으로 판단하여야 한다($^{대판\ 2023.\ 4.\ 13,}_{2022다296776}$ $^{도유}_{사함}$).

통설은 쉽고도 값싸게 보수(補修)할 수 있는 경우에는 계약을 해제하지 못하고 그 보수에 필요한 비용을 손해배상의 일부로 청구할 수 있을 뿐이라고 한다($^{대표적으로}_{곽윤직,\ 149면}$). 그러나 이는 해제권의 행사가 신의칙에 반한 경우에만 인정될 수 있는 것이며, 적극적으로 인정할 것도 아니다.

하자가 목적물의 일부에만 존재하고 또 그 부분이 분리될 수 있는 경우에는, 일부무효의 법리($^{137조}_{참조}$)에 따라, 원칙적으로 전부해제를 할 수 있지만 나머지 부분으로 계약의 목적을 달성할 수 있는 때에는 예외적으로 그 부분에 대하여만 해제할 수 있다고 하여야 한다.

계약이 해제되면 이행하지 않은 채무는 소멸하고 이미 이행한 급부는 서로 반환하여 원상으로 회복하여야 한다. 그리고 매수인은 손해배상을 청구할 수 있는데, 손해배상의 범위는 신뢰이익이다.

2) 목적물의 하자가 계약의 목적을 달성할 수 없을 정도로 중대하지 않는 때에는, 매수인은 계약을 해제하지는 못하고 손해배상만 청구할 수 있다($\binom{580조 1항 본}{문 \cdot 581조 1}$ $\binom{항 \cdot 575조}{1항 2문}$). 이때의 손해배상도 신뢰이익의 배상인데, 거기에는 하자로 인한 가치감소분도 포함되어야 한다. 하자담보책임의 경우에는 대금감액청구가 인정되지 않기 때문이다.

3) 불특정물매매(종류매매)에 있어서는 매수인은 계약의 해제 또는(및) 손해배상을 청구하지 않고서 하자 없는 물건 즉 완전물의 급부를 청구할 수 있다($\binom{581조}{2항}$). 이 완전물급부청구권을 행사하면서는 손해배상은 청구하지 못한다($\binom{다만 매도인에게 유}{책사유가 있는 때에}$ $\binom{는 채무불이행을 이유로 손해배상을 청구할 수}{있다고 할 것이다. 같은 취지: 이은영, 340면}$). 한편 판례는, 매매목적물의 하자가 경미하여 수선 등의 방법으로도 계약의 목적을 달성하는 데 별다른 지장이 없는 반면 매도인에게 하자 없는 물건의 급부의무를 지우면 다른 구제방법에 비하여 지나치게 큰 불이익이 매도인에게 발생되는 경우와 같이 하자담보의무의 이행이 오히려 공평의 원칙에 반하는 경우에는, 완전물급부청구권의 행사를 제한함이 타당하다고 한다($\binom{대판 2014. 5. 16, 2012다72582: 자동차를 매수하여 인도받은 지 5일 만에 계기판의 속도계가 작동하지 않는 하}{자가 발생하였음을 이유로 신차 교환을 구한 사안에서, 완전물급부청구권 행사가 허용되지 않는다고 한 사례}$).

4) 경매의 경우에는 매도인의 하자담보책임이 생기지 않는다($\binom{580조}{2항}$).

5) 매도인이 담보책임을 지는 경우에 매수인이 하자의 발생 및 그 확대에 영향을 미친 때에는 법원은 손해배상의 범위를 정함에 있어서 이를 참작하여야 하며, 이 경우 배상의무자의 항변이 없더라도 소송에 나타난 자료에 의하여 그 과실이 인정되면 법원은 직권으로 이를 심리·판단하여야 한다($\binom{대판 1995. 6. 30,}{94다23920}$).

6) 매수인이 매도인에 대하여 가지는 계약해제권·손해배상청구권·완전물급부청구권은 매수인이 목적물에 하자가 있다는 사실을 안 날로부터 6개월 내에 행사하여야 한다($\binom{582}{조}$). 판례는 이 기간은 재판상 또는 재판 외의 권리행사기간이고 재판상 청구를 위한 출소기간은 아니라고 한다($\binom{대판 1985. 11. 12, 84다카2344;}{대판 2003. 6. 27, 2003다20190}$). 이 6개월의 기간은 제척기간인데, 제척기간은 출소기간의 의미로 새길 것이 아니므로 ($\binom{민법총칙}{[263] 참조}$), 위의 판례는 타당하다. 그런가 하면 판례는, 매도인에 대한 하자담보에

기한 손해배상청구권에 대하여는 제582조의 제척기간과 함께 제162조 제 1 항의 채권 소멸시효의 규정이 적용되고, 이때 다른 특별한 사정이 없는 한 무엇보다도 매수인이 매매 목적물을 인도받은 때부터 소멸시효가 진행한다고 해석한다(대판 2011. 10. 13, 2011다10266[핵심판례 336면]. 대판 2020. 5. 28, 2017다265389도 참조). 이에 의하면 그 손해배상청구권은 매수인이 선의이어서 제척기간이 진행하기 전이라도 시효로 소멸할 수 있게 된다.

〈판 례〉

「매도인에 대한 하자담보에 기한 손해배상청구권에 대하여는 민법 제582조의 제척기간이 적용되고, 이는 법률관계의 조속한 안정을 도모하고자 하는 데에 그 취지가 있다. 그런데 하자담보에 기한 매수인의 손해배상청구권은 그 권리의 내용·성질 및 취지에 비추어 민법 제162조 제 1 항의 채권 소멸시효의 규정이 적용된다고 할 것이고, 민법 제582조의 제척기간 규정으로 인하여 위 소멸시효 규정의 적용이 배제된다고 볼 수 없으며, 이때 다른 특별한 사정이 없는 한 무엇보다도 매수인이 매매의 목적물을 인도받은 때부터 그 소멸시효가 진행한다고 해석함이 상당하다.」(갑이 을 등에게서 부동산을 매수하여 소유권이전등기를 마쳤는데 위 부동산을 순차 매수한 병이 부동산 지하에 매립되어 있는 폐기물을 처리한 후 갑을 상대로 처리비용 상당의 손해배상청구 소송을 제기하였고, 갑이 병에게 위 판결에 따라 손해배상금을 지급한 후 을 등을 상대로 하자담보책임에 기한 손해배상으로서 병에게 이미 지급한 돈의 배상을 구한 사안에서, 갑의 하자담보에 기한 손해배상청구권은 갑이 을 등에게서 부동산을 인도받았을 것으로 보이는 소유권이전등기일로부터 소멸시효가 진행하는데, 갑이 그로부터 10년이 경과한 후 소를 제기하였으므로, 갑의 하자담보책임에 기한 손해배상청구권은 이미 소멸시효 완성으로 소멸되었다고 한 사례)(대판 2011. 10. 13, 2011다10266[핵심판례 336면])

7) 목적물에 하자가 있는 경우에는 매도인은 하자담보책임만 지는가? 여기에 관하여는 불완전급부(이는 통설의 불완전이행에 속한다)책임이 보충적인 성격이 있다는 견지에서 확대손해에 대하여만 불완전급부책임이 인정된다는 견해가 있을 수 있다. 그러나 하자담보책임이 무과실책임이고 거기에서의 손해배상범위가 신뢰이익이므로, 매도인에게 유책사유가 있는 때에는 확대손해가 없는 때에도 그 요건을 증명하여 불완전급부책임을 물을 수 있다고 하여야 한다(채무 일반에 대하여 설명한 채권법총론 [82]도 참조). 판례는 과거에, 확대손해에 대하여 배상책임을 지우려면 채무의 내용으로 된 하자 없는 목적물을 인도하지 못한 의무위반 사실 외에 매도인에게 유책사유가 있어야 한다고 하고(대판 1997. 5. 7, 96다39455; 대판 2003. 7. 22, 2002다35676), 토지의 매도인이 성토작업을 기화로 다량의 폐기

물을 토지에 매립하고 그 위에 토사를 덮은 다음 토지를 매도한 경우에 불완전이행책임과 하자담보책임의 경합을 인정한 적이 있다($\frac{대판\ 2004.\ 7.\ 22,\ 2002다}{51586[핵심판례\ 338면]}$). 그리고 최근에는, 매매의 목적물에 하자가 있는 경우 매도인의 하자담보책임과 채무불이행책임은 별개의 권원에 의하여 경합적으로 인정되며, 이 경우 특별한 사정이 없는 한 하자를 보수하기 위한 비용은 매도인의 하자담보책임과 채무불이행책임에서 말하는 손해에 해당하고, 따라서 매매 목적물인 토지에 폐기물이 매립되어 있고 매수인이 폐기물을 처리하기 위해 비용이 발생한다면 매수인은 그 비용을 제390조에 따라 채무불이행으로 인한 손해배상으로 청구할 수도 있고, 제580조 제1항에 따라 하자담보책임으로 인한 손해배상으로 청구할 수도 있다고 하여($\frac{대판\ 2021.\ 4.\ 8,}{2017다202050}$), 사견처럼 명백하게 경합을 인정하였다.

〈판 례〉

판례는, 감자종자가 잎말림병에 감염된 것이어서 수확량이 현저하게 줄은 경우 매수인이 입은 손해는 감자를 경작하여 정상적으로 얻을 수 있었던 평균수입금에서 실제로 소득한 금액을 제한 나머지가 되어야 하고, 매수인이 실제로 들인 비용에서 소득한 금액을 공제한 금액을 기준으로 하여 손해액을 산정할 것이 아니라고 한다($\frac{대판\ 1989.\ 11.\ 14,\ 89다카15298.\ 다만\ 피해자가}{후자의\ 방식으로\ 청구하는\ 때에는\ 예외라고\ 함}$). 그리고 매수한 채소종자가 30퍼센트만 발아된 경우에 관하여, 채소종자처럼 그 일부가 불량한 때에 그것을 양호한 것과 분류할 수 없는 상태로 혼합되어 있는 물건의 거래에 있어서는 특별한 사유가 없는 한 매수인의 손해를 일률적으로 불량한 부분에 대한 비율에 상당한 채소종자의 가격이라 할 수 없고 그 전량이 불량성을 갖게 된다고 봄이 상당하다고 한다($\frac{대판\ 1977.\ 4.\ 12,}{76다3056}$).

8) 상사매매에 관하여는 상법에 특칙이 두어져 있다($\frac{상법}{69조}$). 그에 의하면, 매수인은 목적물을 수령한 때에는 지체없이 이를 검사하여야 하고, 하자 또는 수량의 부족을 발견한 경우에는 즉시 매도인에게 그 통지를 발송하여야 하며, 그러지 않으면 이로 인한 계약해제·대금감액·손해배상을 청구할 수 없다.

5. 채권의 매도인의 담보책임($\frac{자세한\ 사항은\ 송덕수,\ 고시연}{구\ 1989.\ 9,\ 113면\ 이하\ 참조}$) [100]

(1) 서 설

채권의 매매에 있어서 그 채권에 권리의 하자가 있는 때에는 제570조 내지 제576조의 규정에 의하여 매도인은 담보책임을 진다($\frac{유추}{적용}$).

(2) 채무자의 자력에 대한 담보책임

채무자에게 변제자력이 없는 것은 채권의 물질적인 하자라고 할 수 있다. 그러나 채무자에게 변제자력이 없는 경우에는 제580조는 유추적용되지 않는다고 하여야 한다. 제579조가 채권의 매도인이 채무자의 자력을 담보한 때에 한하여 그에게 책임을 지우고 있기 때문이다(579조의 반대해석). 다만, 매매의 목적인 채권에 어떤 담보권이나 보증이 있다고 해서 매매하였는데 그것이 없는 경우에는 제580조의 유추적용이 문제된다. 여기에 관하여, 일부 견해는 그것이 법률적 장애에 해당하는 만큼 권리의 하자로 보아야 하므로 제575조가 유추적용된다고 하나(곽윤직, 151면; 김주수, 217면), 그것은 물질적 하자이므로 제580조를 유추적용하여야 한다(같은 취지: 김형배, 345면).

(3) 채무자의 자력을 담보하는 특약이 있는 경우

위에서 본 바와 같이, 채권매도인은 채권의 존재나 채권액에 대하여는 책임을 지나, 채무자의 변제자력에 대하여는 책임이 없다. 다만, 매도인이 매수인에 대하여 채무자의 자력을 담보한다는 특약(무자력으로 변제받지 못하면 배상한다는 특약)을 한 경우에는 책임을 져야 한다. 문제는 그러한 특약이 있는 경우에는 어느 시기를 표준으로 하여 매도인이 채무자의 자력을 담보한 것인지이다. 이는 특약의 해석의 문제인데, 불분명한 때를 위한 해석규정으로 제579조를 두고 있다.

1) 제579조에 의하면, 「변제기가 이미 도래한 채권」(변제기의 약정이 없는 채권을 포함한다)의 매도인이 채무자의 자력을 담보한 때에는 매매계약 당시의 자력을 담보한 것으로 추정한다(579조 1항). 제579조 제 1 항은 단순히 「채권의 매도인이」라고 하고 있으나, 동조 제 2 항이 「변제기가 도래하지 않은 채권」에 대하여 따로 규정하고 있기 때문에 그 경우를 제외하고 위와 같이 해석하여야 한다(더 자세한 사항은 송덕수, 고시연구 1989. 9, 123면 이하 참조. 같은 취지: 김형배, 347면). 그리고 여기서 「매매계약 당시」라고 하였으나, 매매계약시와 채권 이전 시기가 다른 경우에는 후자를 표준으로 하여야 한다(같은 취지: 김형배, 348면; 이은영, 333면). 매수인이 채권 행사를 할 수 없는 시기의 자력을 담보하는 것은 의미가 없기 때문이다.

2) 「변제기가 도래하지 않은 채권」의 매도인이 채무자의 자력을 담보한 때에는 변제기의 자력을 담보한 것으로 추정한다(579조 2항).

〈참 고〉

일부 문헌은 변제기가 이미 된 채권과 변제기의 약정 없는 채권에 관하여 채권의 매도인이 채무자의 「장래의 자력」을 담보한 경우에 대하여는 민법에 규정이 없어서 문제이나 당사자의 특약으로부터 일정한 시기를 판단할 수 없으면 실제로 변제될 때까지 담보책임이 존속한다고 새긴다(곽윤직, 151면;
김주수, 217면). 그러나 이 경우는 시기에 대하여 추가로 약정을 한 경우이거나(그때에는 추정규정
은 적용되지 않음) 또는 제579조 제 1 항이 적용될 경우이다(김형배, 348면 ·
349면도 참조).

3) 담보책임의 내용은 채무자가 변제자력이 없는 경우에 매도인이 그 손해를 배상하는 것이다. 손해배상의 범위는 담보한 시기의 채권액·그 시기 이후의 이자·효과 없는 소송비용 등이다.

6. 경매에 있어서의 담보책임   [101]

(1) 서   설

민법은 경매에 있어서의 담보책임에 관하여 특별규정(578조 · 580
조 2항)을 두고 있다. 그런데 여기의 경매는 공경매(통상의 강제경매 · 담보권 실행
경매 · 국세징수법에 의한 공매)만을 가리킨다(대판 2016. 8. 24,
2014다80839도 같은 입
장임)(578조 3
항 참조)(사경매에는 일반
규정이 적용된다). 공경매의 경우에는 여러 가지의 특수성이 있기 때문이다(특히 소유자의 의사에 의하지 않고 매각되며, 매
각대금으로부터 채권자 등이 우선변제를 받는다). 이들 특별규정에 의하면, 권리의 하자에 대한 책임만 인정하고(578
조) 물건의 하자에 대한 책임은 인정하지 않는다(580조 2항. 다만
물건의 흠결을 안 경우에는 578조 3항에 의하
여 손해배상의무가 발생한다). 그리고 판례는 경매절차 자체가 무효인 경우에는 경매에 있어서의 채무자나 채권자의 담보책임은 인정될 여지가 없다고 한다(대판 1991. 10. 11, 91
다21640(강제경매);
대판 1993. 5. 25, 92다15574(담보권 실행경매); 대판 2004. 6. 24, 2003다59259)(이 경우 경락인은 채권자에게 부당
이득 반환청구를 할 수 있을 것이다). 또한 판례는, 농지법상 농지에 관한 공매절차에서 매수인이 농지취득자격 증명을 발급받지 못하여 소유권을 취득하지 못하던 중 원소유자에 대한 가압류채권에 근거한 민사집행절차에서 농지를 매수한 매수인이 농지취득자격 증명을 발급받고 대금을 완납한 때에는 그가 적법하게 농지의 소유권을 취득하고 공매절차의 매수인은 소유권을 취득할 수 없게 되는데, 이러한 결론은 공매절차의 매수인이 가압류의 처분금지적 효력에 의하여 민사집행절차의 매수인에게 대항할 수 없어 발생하는 것이 아니라 국세체납절차와 민사집행절차가 별개의 절차로 진행된 결과일 뿐이므로, 이러한 경우에까지 제578조 · 제576조가 준용된다고 볼 수는 없다고 한다(대판 2014. 2. 13,
2012다45207).

〈참   고〉

문헌(양창수, 민법연구
(8), 353면 이하)에 따라서는, 위의 대판 2004. 6. 24, 2003다59259에 대하여, 그 판결은 제578조 · 제570조의 명문에 반하고 또한 종전의 판례에도 어긋나므로 찬성할 수 없다고 한다. 즉 그 판결 사안은 경매의 목적물이 채무자 아닌 타인에게 속한 경우로서 채무자가 이를 취득하여 경락인에게 이전할 수 없는 때에 해당하며, 종전의 판례(대판 1991. 10. 11, 91다21640; 대판 1993. 5. 25, 92다15574)는 경매목적물이 채무자 아닌 제 3 자에게 속하는 경우에 대하여 판단한 것이 아니라고 한다(종전 판례는 오히려 경매목적물이 채무자 아닌 제 3 자에게 속하는 경우에는 578조의 담보책임이 인정된다는 태도를 밝힌 것이라고 이해한다). 그러므로 위의 판결 사안의 경우에는 제578조 · 제570조의 담보책임이 문제되어야 한다고 주장한다. 그렇게 되면 경락인은 제578조에 따라 1차적으로 채무자에게(578조 1항), 2차적으로 배당받은 채권자에게(578조 2항) 책임을 묻게 될 것이다. 이러한 주장은 일리가 있다. 판례처럼 해석하면 제578조 · 제570조가 적용될 경우가 있을지도 의문이어서 더욱 그렇다.

(2) 권리에 하자가 있는 경우

경매에 있어서 권리에 하자가 있는 경우에는 제570조 내지 제577조에 의하여 제 1 차적으로는 「채무자」가, 제 2 차적으로는 「대금의 배당을 받은 채권자」가 경락인에 대하여 담보책임을 진다(578조). 우리 문헌은 제576조 · 제577조가 적용될 일이 없다고 하나, 전세권이 소멸하지 않는 경우가 있고(민사집행법 91조 3항), 또 유추적용되어야 할 경우도 있으므로(대결 1997. 11. 11, 96그64: 가등기에 기한 본등기에 의하여 소유권을 잃은 경우에 578조 · 576조의 유추적용 인정), 제외시키지 않아야 한다.

1) **제 1 차의 책임자**　　경락인은 제 1 차적으로 「채무자」에 대하여 계약을 해제하거나 대금감액을 청구할 수 있다(578조 1항). 채무자는 매매에서는 매도인에 해당하는 자이다. 채무자가 소유자가 아니고 목적물이 물상보증인의 소유라면 어떻게 해야 하는가? 여기에 관하여 학설은 i) 물상보증인이 제 1 차의 책임자라고 하는 견해(곽윤직, 152면; 양창수, 민법연구(2), 246면; 이은영, 331면; 지원림, 1419면)와 ii) 그 경우에도 채무자가 제 1 차의 책임자라고 하는 견해(김상용, 207면; 김주수, 219면; 김증한, 161면; 김형배, 343면)로 나뉘어 있다. 그 이유로 i)설은 물상보증인이 권리를 이전하여야 할 지위에 있다는 점을 들고, ii)설은 물상보증인은 물적 유한책임을 지는 자라는 점을 든다. 판례는, 여기의 채무자에 물상보증인이 포함되는 것이라고 보아야 하므로, 경락인이 그에 대하여 적법하게 계약해제권을 행사했을 때에는 물상보증인은 경락인에 대하여 원상회복의 의무를 진다고 하여, i)설과 같다(대판 1988. 4. 12, 87다카2641)(한편 대판 2020. 1. 16, 2019다247385는 제 3 취득자 소유의 부동산이 경매된 경우에 유치권의 부존재 확인을 구하는 사안에서, 채무자가 아닌 소유자는 위 각 규정에 의한 담보책임을 부담하지 않으므로 유치권의 부존재 확인을 구할 법률상 이익이 없다고 한다. 그런데 이것이 ii)설을 취한 것인지는 불분명하다). 생각건대 i)설에 의하면 물상보증인에게 가혹하므로 ii)설을 따라야 할 것이다.

2) 제 2 차의 책임자   채무자가 무자력인 때에는 「대금의 배당을 받은 채권자」가 제 2 차적으로 책임을 진다. 그리하여 경락인은 그 채권자에 대하여 그 받은 대금의 전부나 일부의 반환을 청구할 수 있다($\frac{578조}{2항}$). 경락인은 채무자의 무자력을 증명하여야 하며, 반환청구는 배당받은 금액의 한도 내에서만 할 수 있다.

3) 손해배상의무   경매의 경우에는 권리의 하자가 있더라도 손해배상책임은 원칙적으로 생기지 않는다. 본래 경매가 채무자의 의사에 의하지 않은 매매이기 때문이다. 그러나 「채무자가 물건 또는 권리의 흠결을 알고 고지하지 않은 때」($\binom{\text{예: 선순위 근저당권의 존재로 후순위 임차권이 소멸하는 것으로 알고 부동산을 낙찰받았는데, 그 후 채무자가 후순}}{\text{위 임차권의 대항력을 존속시키려고 선순위 근저당권의 피담보채무를 변제하여 그 근저당권을 소멸시키고도 낙찰자}}$에게 아무런 고지도 하지 않아 낙찰자가 임차권의 존속을 모른채 낙찰대금을 지급한 경우(대판 2003. 4. 25, 2002다70075))와 「채권자가 이를 알고 경매를 청구한 때」에는 예외적으로 채무자나 채권자가 손해배상책임을 진다($\frac{578조}{3항}$)($\binom{\text{판례에 의하면, 소유}}{\text{권이전청구권 가등기}}$가 경료된 부동산을 경락받았으나 가등기에 기한 본등기가 경료되지 않은 경우에는 아직 경락인이 부동산의 소유권을 상실한 것이 아니므로 578조의 손해배상책임이 성립하지 않는다고 한다. 대판 1999. 9. 17, 97다54024). 이 경우 채무자·채권자에게 모두 과실이 있는 때에는 통설은 그 둘이 연대책임을 진다고 한다($\binom{\text{그러나 김증한, 162면은 그때에도 1차로 채}}{\text{무자가, 2차로 채권자가 책임을 진다고 한다}}$).

7. 담보책임과 동시이행   [102]

매수인이 담보책임을 이유로 계약을 해제하는 때에는, 그가 지급하였던 대금의 전부나 일부의 반환 또는 손해금의 지급을 청구하면서 아울러 그가 수령한 것이 있으면 그것도 반환하여야 한다($\frac{원상}{회복}$). 그런데 당사자 쌍방의 이러한 의무는 하나의 쌍무계약에서 발생한 것은 아니지만 동일한 생활관계에서 발생한 것으로서 서로 밀접한 관계에 있으므로, 그 이행에 있어서 견련관계를 인정하는 것이 공평의 원칙에 부합한다($\binom{\text{대판 1993. 4. 9,}}{\text{92다25946}}$). 그리하여 민법은 제572조 내지 제575조·제580조·제581조의 경우에 동시이행의 항변권에 관한 규정을 준용한다($\frac{583}{조}$).

8. 담보책임에 관한 특약

매도인의 담보책임에 관한 규정은 임의규정이다. 따라서 담보책임을 배제하거나 경감 또는 가중($\binom{\text{예: 채권매매에 있어서}}{\text{채무자의 자력 담보 특약}}$)하는 특약은 원칙적으로 유효하다. 그러나 책임면제의 특약은 일정한 경우에는 효력이 없다. 즉 담보책임 발생의 요건이 되는 사실을 매도인이 알고 고지하지 않은 데 대하여 또는 담보책임 발생의 요건이 되는 권리를 매도인이 제 3 자에게 설정해 주거나 양도한 행위에 대하여 책임을 지지 않는다는 특약은 무효이다($^{584}_{조}$).

9. 담보책임과 착오의 관계

매매계약에 있어서 권리 또는 물건의 하자의 존재가 담보책임의 요건과 착오취소의 요건을 모두 충족할 수 있는가? 이는 동기의 착오에 대하여 어떤 태도를 취하느냐에 따라 차이가 있다. 사견처럼 동기의 착오의 경우에 제109조에 의한 취소를 인정하지 않는 때에는($^{민법총칙}_{[154]\ 참조}$), 하나의 사실이 담보책임과 착오취소의 요건을 충족시키는 일이 생기지 않는다. 그에 비하여 동기의 착오에 대하여 — 일반적으로나 제한적으로 — 취소를 인정하면 그 범위에서 양자의 요건이 충족되는 경우가 생길 수 있다. 그리고 경합이 문제되는 담보책임은 물건의 하자에 대한 것에 한하지 않고 권리의 하자에 대한 것도 포함된다($^{가령\ 권리의\ 일부가\ 타인에게\ 속하지}_{않는다고\ 믿었기\ 때문에\ 매수한\ 경우}$). 즉 동기의 착오($^{성질의\ 착오에}_{한하지\ 않음}$)와 매도인의 모든 담보책임 사이에 경합이 문제될 수 있는 것이다.

이 문제에 관하여 우리의 학설은 i) 담보책임 규정만이 적용된다는 견해($^{곽윤직,}_{155면}$)와 ii) 양자의 경합을 인정하는 견해($^{김상용,\ 210면;}_{김주수,\ 222면}$)로 나뉘어 있다($^{다른\ 문헌에\ 대하}_{여는\ 민법총칙}$ $^{[167]}_{참조}$). i)설은 ① 착오취소권은 오래 존속하여 그것을 인정하면 오랫동안 불확정한 상태에 있게 된다는 점, ② 매도인의 담보책임은 무거운 것이어서 그것만으로도 매수인을 충분히 보호한다는 점, ③ 담보책임 규정은 구체적인데 착오규정은 추상적이어서 판단하기가 곤란하다는 점을 그 이유로 든다. 그리고 ii)설은 매수인을 두텁게 보호하기 위해서라고 한다. 그리고 판례는 매매계약 내용의 중요부분에 착오가 있는 경우 매수인은 매도인의 하자담보책임이 성립하는지와 상관없이 착오를 이유로 그 매매계약을 취소할 수 있다고 하여, ii)설과 같다($^{대판\ 2018.}_{9.\ 13,}$ $^{2015다}_{78703}$). 착오로 인한 취소 제도와 매도인의 하자담보책임 제도는 그 취지가 서로 다르고, 그 요건과 효과도 구별된다는 이유에서이다. 생각건대 위에서 언급한 바와 같이, 사견의 입장에서는 양자의 경합이 문제되지 않으나, 경합이 문제된다면 i)설에 따라야 할 것이다.

Ⅳ. 매수인의 의무

[103]

1. 대금지급의무

매수인은 대금지급의무를 부담한다($^{568조}_{1항}$). 대금의 지급시기나 장소 등은 당사자의 특약에 의하여 정하여지는 것이 보통인데, 특약이 없는 경우를 위하여 민법은 보충규정을 두고 있다. 그 결과 다른 특약이 있으면 그것이 우선한다.

(1) 대금지급시기

매매의 당사자 일방에 대한 의무이행의 기한이 있는 때에는 상대방의 의무이행에 대하여도 동일한 기한이 있는 것으로 추정한다($^{585}_{조}$). 따라서 재산권 이전의무와 대금지급의무 중 어느 하나에 관하여 기한이 정해져 있는 경우에는 다른 의무의 이행시기도 동일한 것으로 추정된다.

(2) 대금지급장소

특정물채무가 아닌 채무는 채권자의 주소지에서 변제하는 것이 원칙이다($^{467}_{조 2}$ $^{항: 지참채}_{무의 원칙}$). 그런데 민법은 매매의 목적물의 인도와 동시에 대금을 지급할 경우에는 그 인도장소에서 이를 지급하여야 한다는 특별규정을 두고 있다($^{586}_{조}$). 이 규정은 인도가 완료된 후에는 적용되지 않는다($^{이설}_{없음}$).

(3) 대금의 이자

제587조는 매매의 경우에 관하여 특별히 과실의 취득과 대금이자의 지급을 연계하여 규정하고 있다. 그에 의하면 매수인은 목적물의 인도가 없는 한 이자를 지급할 필요가 없고($^{이는 매도인과 매수인의 의무가 동시이행관}_{계에 있음을 전제로 한다. 587조 단서 참조}$), 목적물의 인도를 받은 날로부터 이자를 지급하면 된다($^{587조}_{2문}$). 이는 목적물의 인도시까지 매도인이 목적물로부터 생긴 과실을 취득하게 한 것($^{587조}_{1문}$)에 대응하는 것이다($^{과실취득에 관하}_{여는 [88] 참조}$). 그러나 대금의 지급에 관하여 기한이 정해져 있고 그 기한이 인도를 받은 때보다 후인 경우에는 그 기한이 될 때까지는 이자를 지급할 필요가 없다($^{587조}_{단서}$). 대금지급의무가 목적물 인도의무보다 선이행의무로 되어 있는 경우에는 인도 전이라도 기한이 된 때부터 이자를 지급하여야 한다($^{같은 취지: 김}_{상용, 213면}$).

한편 매수인의 대금지급의무와 매도인의 소유권이전등기 의무가($^{대판}_{2013. 6. 27,}$ $^{2011다}_{98129}$), 또는 매수인의 대금지급의무와 매도인의 근저당권설정등기 내지 가압류등기 말소의무($^{대판 2018. 9. 28,}_{2016다246800}$)가 동시이행관계에 있는 등으로 매수인이 대금지급을 거절할 정당한 사유가 있는 경우에는, 매매목적물을 미리 인도받았다 하더라도 제587조 제 2 문에 의한 이자를 지급할 의무는 없다고 해야 한다(대판 2013. 6. 27, 2011 다98129; 대판 2018. 9. 28, 2016다246800. 같은 취지: 대판 1996. 5. 10, 96다6554).

[104]　　　**(4) 대금지급거절권**

매수인은 — 그에게 동시이행의 항변권이 있는 경우에 그 권리를 행사하여 대금지급을 거절할 수 있는 외에 — 일정한 요건이 갖추어진 때에는 제588조에 의하여 대금지급을 거절할 수 있다. 제588조가 정한 대금지급거절권의 요건과 효과를 정리한다.

1) 요　　건

(개) 매매의 목적물에 관하여 권리를 주장하는 자가 있어야 한다. 여기의 「권리」는 소유권에 한정되지 않으며 용익권(용익물권 및 등기 있는 임차권 등)도 포함한다. 저당권과 같은 담보권도 포함되는가에 대하여는 i) 긍정설(곽윤직, 157면; 김상용, 214면; 김주수, 227면)과 ii) 부정설(김형배, 315면 주4) 이 대립하고 있다. ii)설은 그때에는 매수인이 제536조의 동시이행의 항변권을 행사할 수 있다고 한다. 판례는 긍정하는 입장이나(대판 1955. 4. 21, 4287민상287; 대판 1996. 5. 10, 96다6554), 다른 한편으로 매도인의 근저당권의 말소의무와 매수인의 잔대금 지급의무가 동시이행 관계에 있다고 한다(대판 1962. 6. 21, 62 다200 등. [37] 참조). 생각건대 매수인은 동시이행의 항변권을 행사할 수도 있으나, 대금지급거절권의 요건도 갖춘다고 볼 것이고, 따라서 매수인이 어떤 권리를 행사하든 그의 자유라고 할 것이다.

〈판　례〉

판례는 수용결정이 있는 경우(대판 1981. 7. 28, 80다2400), 매매계약이 체결된 후에야 등기부상 매매목적물이 매도인의 소유가 아닌 것이 발견된 경우(대판 1974. 6. 11, 73다1632), 매매부동산에 대하여 매도인의 세금체납으로 인한 압류등기가 되어 있는 경우(대판 1967. 7. 11, 67다813), 매도인이 등기되어 있다고 말한 매매목적물의 대부분에 해당하는 임야가 등기부상 등재되어 있지 않은 것을 매수인이 계약 후에 알았고 또 매도인인 종중이 종중결의서도 제시하지 않은 경우(대판 1973. 10. 23, 73다292)에도 대금지급거절권을 인정한다.

(내) 매수한 권리의 전부나 일부를 잃을 염려가 있어야 한다. 제 3 자의 권리가 확정적으로 존재하거나 또는 현재 그러한 권리가 행사되고 있을 필요는 없으며, 객관적·일반적으로 보아서 권리의 전부 또는 일부를 잃을 위험성이 있으면 된다.

2) 효　　과　　위의 요건이 갖추어지면 매수인은 「그 위험의 한도에서」

대금의 지급을 거절할 수 있다($\substack{588조\\본문}$). 대금은 잔금에 한하지 않으며 선이행하기로 되어 있는 중도금일 수도 있다($\substack{대판\ 1973.\ 10.\ 23,\ 73다292;\\대판\ 1974.\ 6.\ 11,\ 73다1632}$).

〈판 례〉

「매매목적물에 대하여 권리를 주장하는 자가 있어 매수인이 매수한 권리의 전부 또는 일부를 잃을 염려가 있는 때에는 매수인은 민법 제588조에 의하여 그 위험의 한도에서 대금의 전부나 일부의 지급을 거절할 수 있고, 여기에는 매매목적물에 저당권과 같은 담보권이 설정되어 있는 경우도 포함되는 것이므로, 매도인이 말소할 의무를 부담하고 있는 매매목적물상의 저당권을 말소하지 못하고 있다면 매수인은 그 위험의 한도에서 매매대금의 지급을 거절할 수 있고, 그 결과 민법 제587조 단서에 의하여 매수인이 매매목적물을 인도받았다고 하더라도 미지급 대금에 대한 인도일 이후의 이자를 지급할 의무가 없다고 할 것이나, 이 경우 지급을 거절할 수 있는 매매대금이 어느 경우에나 근저당권의 채권최고액에 상당하는 금액인 것은 아니고, 매수인이 근저당권의 피담보채무액을 확인하여 이를 알고 있는 경우와 같은 특별한 사정이 있는 경우에는 지급을 거절할 수 있는 매매대금은 위 확인된 피담보채무액에 한정된다고 보아야 할 것이다.」($\substack{대판\ 1996.\ 5.\ 10,\\96다6554}$)

그러나 매도인이 상당한 담보($\substack{이는\ 담보물권의\ 설정\ 또는\ 보증계약의\ 체결을\ 말하며,\\이들의\ 청약만으로는\ 부족하다.\ 대판\ 1963.\ 2.\ 7,\ 62다826}$)를 제공한 때에는, 매수인은 대금지급을 거절하지 못한다($\substack{588조\\단서}$). 그리고 매수인에게 대금지급거절권이 있는 경우에 매도인은 매수인에 대하여 대금의 공탁을 청구할 수 있다($\substack{589\\조}$).

2. 매수인의 목적물 수령의무 등의 존재 여부

매수인에게 목적물 수령의무가 있는가? i) 채권자지체를 채무불이행책임이라고 하는 견해는 수령의무를 인정하나($\substack{곽윤직,\ 158면;\\김주수,\ 228면}$), ii) 채권자지체를 법정책임이라고 하는 견해는 수령의무를 부정하고 단지 매수인이 일정한 불이익을 받게 되는 간접의무만 있다고 한다($\substack{이은영,\ 297면.\ 같은\\취지:\ 김상용,\ 214면}$). iii) 그 밖에 매매에서는 도급·임치에서처럼 매수인의 수취의무가 있다는 견해($\substack{김형배,\\316면}$)도 주장된다. 사견은 ii)설과 같다($\substack{채권법총론\\[113]\ 참조}$).

판례에 따르면, 토지매매에서 특별한 사정이 없는 한 매수인에게 측량을 하거나 지적도와 대조하는 등의 방법으로 매매목적물이 지적도상의 그것과 정확히 일치하는지 여부를 미리 확인하여야 할 주의의무가 있다고 볼 수 없다($\substack{대판\ 1985.\\11.\ 12,\ 84다카}$

2344; 대판 2020. 3.
26, 2019다288232).

[105] **V. 환매**(還買)

1. 환매의 의의 및 작용

(1) 의　　의

환매란 매도인이 매매계약과 동시에 매수인과의 특약에 의하여 환매하는 권리(즉 환매권)를 보류한 경우에 그 환매권을 행사하여 매매의 목적물을 다시 사오는 것을 말한다($\frac{590}{조}$). 이러한 환매는 매매계약과 동시에 환매권 보류의 특약이 있는 때에만 행하여질 수 있는데(원래의 매도인이 우연히 다시 사오는 경우는 단순한 매매이며, 민법상의 환매가 아니다. 같은 취지: 김상용, 215면), 그러한 매매를 환매특약부 매매라고 한다. 그리고 이 매매(원매매)를 한 뒤 환매권을 행사하여 다시 사오는 매매가 환매이다.

환매의 법적 성질에 대하여는 i) 매매계약의 해제라는 견해($\frac{김증한,}{172면}$), ii) 재매매의 예약이라는 견해(곽윤직(신정판), 264면; 김상용, 218면; 김주수, 241면; 이은영, 346면), iii) 환매권의 행사를 정지조건으로 하는 정지조건부 환매라는 견해($\frac{김형배,}{386면}$)가 대립하고 있다. 생각건대 i)설은 환매($\frac{買戾}{(매려)}$)의 경우에는 「매매의 해제를 할 수 있다」고 규정하고 있던 의용민법 하에서 주장되던 견해로서 단순히 「환매할 수 있다」고 규정한 우리 민법에는 적절하지 않다. 그리고 iii)설은 처음의 매매계약시에 이미 정지조건부로 환매가 성립되어 있는 것으로 해석되어서 옳지 않다. 결국 ii)설처럼 이해하여야 할 것이다.

환매를 할 수 있는 권리가 환매권이다. 환매권의 법적 성질에 대하여 학설은 i) 해제권설($\frac{김학동,}{304면}$)과 ii) 예약완결권설(곽윤직(신정판), 271면; 김상용, 220면; 김주수, 241면; 김형배, 386면; 이은영, 345면; 지원림, 1425면)로 나뉘며, 어느 입장을 취하든 그 권리는 형성권이라고 한다. 사견은 환매를 재매매의 예약으로 파악하기 때문에 환매권은 예약완결권이라는 견지에 있다.

〈법률에 의한 환매〉

환매권이 법률에 의하여 발생하는 경우가 있다. 「공익사업을 위한 토지 등의 취득 및 보상에 관한 법률」 제91조, 「징발재산 정리에 관한 특별조치법」 제20조가 그 예이다. 이들 경우에는 그 법률들이 환매에 대하여 특별히 규정을 하고 있기 때문에, 그 환매권에 의한 환매는 민법상의 환매가 아니라고 하여야 한다. 판례도 징발재산 정리법상의 환매에 대하여 그것은 환매권자와 국가와의 사법상의 매매이고 민법상의 환매와 같이 볼 수 없다고 한다(대판 1989. 12. 12, 89다카9675). 또한 판례는 특별법상의 환매권(폐지된「공공용지의 취득 및 손실보상에 관한 특례법」9조)은 제 3 자에게 양도할 수 없다고 한다(대판 2001. 5. 29, 2001다11567).

(2) 작 용

[106]

환매특약부 매매를 하는 경우는 크게 두 가지이다. ① 하나는 장차 다시 매수하여야 할 필요성이 생길 가능성이 있어서 그에 대비하기 위한 경우이고(예: 공장용지로 분양받은 것을 매수인이 다른 목적으로 전용하는 것을 막기 위해서 또는 이민갔다가 적응을 하지 못하고 되돌아왔을 때 필요할 수가 있어서), ② 다른 하나는 금전대차를 하면서 채권담보를 위한 경우이다. 민법은 이 중에 ①의 경우를 생각하였거나 적어도 그 목적이 무엇인지를 도외시하고서 환매에 관한 규정을 두었다. 그런데 실제에 있어서는 — ①의 경우가 없는 것은 아니지만(판결례: 대판 1994. 10. 25, 94다35527; 대판 2002. 9. 27, 2000다27411) — 그보다는 ②의 경우가 더 이용된 것으로 보인다(요즈음에는 환매특약부 매매보다는 대물변제예약이 더 많이 이용된다). ②의 경우는 민법제도가 다른 목적으로 전용된 한 예라고 할 수 있다.

채권담보의 목적으로 환매특약부 매매를 하는 경우를 좀더 부연한다. 예컨대 1,000만원이 필요한 A가 B로부터 금전을 빌리는 경우에, A는 그 담보제공의 방법으로 자신의 토지를 1,000만원에 B에게 파는 것으로 하고 5년 이내에 그 금액으로 다시 사올 수 있도록 약정을 하면(1,000만원의 이자는 B가 토지를 이용하는 것으로 대신하도록 한다. 그러나 이용을 A가 하면서 이자를 지급하는 것으로 할 수도 있다), 채무자인 A가 변제하지 못하는 때에 B가 토지의 소유권을 취득하는 방법으로 우선변제를 받게 된다. 그리하여 채권담보의 기능을 하는 것이다(이때 담보기능을 하는 것은 매매에 의한 소유권이전등기이고 환매권의 등기가 아님을 유의하여야 한다. 환매권의 등기는 원 매도인 즉 채무자 보호를 위한 것이다). 이는 후술하는 재매매의 예약([109] 참조)도 마찬가지이다. 그리고 이 두 제도가 담보목적으로 행하여진 경우를 매도담보라고 한다.

(3) 법적 규율

환매특약부 매매에는 본래 의미의 것과 채권담보를 위한 것의 두 가지가 있으나, 그 둘의 법적 규율은 다르다. 본래의 것에 대하여는 제590조 이하의 규정만이 적용된다. 그런데 채권담보를 위한 것에 대하여는 매도담보(이는 넓은 의미의 양도담보에 포함된다. 물권법 [263] 이하 참조)에 대하여 적용되는 법률규정 및 이론이 적용된다. 그 결과 당해 환매특약부 매매(재매매의 예약도 같음)의 경우에 당사자 사이에 어떤 담보권이 설정되었는가, 그리고 채무자(매도인)가 채무를 변제하지 못하여 환매권(또는 재매매의 예약완결권)을 행사할 수 없을 때에 당사자 사이에 어떻게 청산되는가는 「가등기담보 등에 관한 법률」(이하「가등기담보법」이라 한다)에 의하여 규율되고(그런데 부동산 가액이 차용액 및 이자의 합산액에 미달하는 경우에는 매도담보 이론에 의한다. 물권법 [264] 참조), 채무자(매도인)가 매매대금을 제공하여 환매권(또는 재매매의 예약완결권)을 행사하는 문제에 관하여는($^{요건과}_{행사}$) 제590조 이하의 규정이 적용된다.

〈여기에 적용되는 가등기담보법의 주요내용〉

가등기담보법에 의하면, 매도담보의 경우 소유권이전등기가 되어 있을지라도 소유권은 이전하지 않으며 청산금을 지급하여야 채권자가 비로소 소유권을 취득하게 된다($^{같은 법}_{4조 2항}$). 그리고 채무자는 청산금이 있는 때에는 청산기간이 경과한 후 청산금이 지급될 때까지 변제하고 가등기담보를 소멸시킬 수 있다. 다만, 채무의 변제기가 지난 때부터 10년이 지나거나 선의의 제 3 자가 소유권을 취득한 경우에는 예외이다 ($^{같은 법}_{11조}$).

[107] **2. 환매의 요건**

매매계약과 동시에 환매권을 보류하는 특약을 하면 환매권이 성립한다.

(1) 목적물은 제한이 없다. 따라서 부동산·동산뿐만 아니라 재산권($^{채권·지식}_{재산권 등}$)에 대하여도 환매의 특약을 할 수 있다.

(2) 환매의 특약은 매매계약과 동시에 하여야 한다($^{590조}_{1항}$). 매매계약 후에 행한 특약은 환매로서는 효력이 없다($^{그러나 재매매의 예약으로}_{서는 효력이 있을 수 있다}$). 특약은 매매계약과 동시에 하였으면 그 후에 내용을 변경하여도 무방하다. 그리고 환매의 특약은 매매계약에 종된 계약이므로 매매계약이 무효·취소되면 환매의 특약도 무효로 된다.

부동산의 매매에 있어서 환매의 특약을 한 경우에는 매매등기와 동시에 환매권의 보류를 등기할 수 있으며, 그 등기를 한 때에는 제 3 자에 대하여도 효력이 있다($^{592}_{조}$). 환매권의 등기는 매매에 의한 이전등기에 부기등기의 형식으로 하며($^{부동법}_{52조 6호}$), 따라서 환매권의 이전등기도 이전의 부기등기에 의하게 된다.

(3) 환매대금은 당사자 사이의 특약으로 정할 수 있으나($^{590조}_{2항}$), 특약이 없으면 처음의 매매대금과 매수인이 부담한 매매비용이 환매대금으로 된다($^{590조}_{1항}$). 당사자의 특약으로 환매대금을 정하는 경우에 그 대금이 처음의 매매대금과 매매비용의 합산액을 초과하거나 미달하여도 무방하다.

환매할 때까지의 목적물의 과실과 대금의 이자는 상계한 것으로 본다($^{590조}_{3항}$). 그러나 당사자가 다른 특약을 하면 예외이다. 그리고 그 특약은 매도인(환매권자)이 목적물을 용익하는 내용을 포함하여도 유효하다.

(4) 환매기간은 부동산은 5년, 동산은 3년을 넘지 못한다($^{591조}_{1항 1문}$). 약정한 환매

기간이 이를 넘는 때에는 부동산은 5년, 동산은 3년으로 단축된다$\binom{591조}{1항 2문}$. 그리고 환매기간을 정한 때에는 다시 이를 연장하지 못한다$\binom{591조}{2항}$. 한편 환매기간을 정하지 않은 때에는 그 기간은 부동산은 5년, 동산은 3년으로 되며$\binom{591조}{3항}$, 당사자가 후에 다시 정하지 못한다$\binom{\text{다시 정하여도 무}}{\text{효이다. 이설 없음}}$.

〈판 례〉

환매기간을 제한하는 환매특약이 등기부에 기재되어 있는 때에는 반증이 없는 한 등기부 기재와 같은 환매특약이 진정하게 성립된 것으로 추정함이 상당하다$\binom{\text{대판 1991.}}{\substack{10. 11, \\ 91다 \\ 13700}}$.

3. 환매의 실행

[108]

(1) 환매권의 행사방법

1) 환매는 환매기간 내에 하여야 한다$\binom{594조}{1항}$.

2) 환매의 의사표시는 환매권자가 환매의무자에 대하여 하여야 한다. 환매권이 양도된 때에는 양수인이 환매권을 행사한다. 환매권 보류의 등기가 되어 있는 경우에 목적물이 양도된 때에는, 전득자에 대하여 환매권을 행사한다$\binom{592조 \cdot 594}{\text{조 2항 참조}}$.

3) 환매권자는 환매대금을 상대방에게 제공하여야 한다$\binom{594조}{1항}$.

(2) 환매권의 대위행사의 경우의 매수인 보호

환매권은 양도성이 있고 또 일신전속권이 아니어서 매도인(환매권자)의 채권자는 이를 대위행사할 수 있다$\binom{404}{조}$. 그런데 민법은 그 경우에 매수인을 보호하기 위한 특칙을 두고 있다. 그에 의하면, 매도인의 채권자가 매도인을 대위하여 환매하고자 하는 때에는, 매수인은 법원이 선정한 감정인의 평가액에서 매도인이 반환할 금액을 공제한 잔액으로 매도인의 채무를 변제하고 잉여액이 있으면 이를 매도인에게 지급하여 환매권을 소멸시킬 수 있다$\binom{593}{조}$.

(3) 환매의 효과

이는 환매 내지 환매권의 성질을 어떻게 이해하느냐에 따라 차이가 있다. 사견은 환매를 재매매의 예약의 일종으로 본다. 그에 의하면, 환매권(재매매예약의 예약완결권)이 행사되면 두 번째의 매매 즉 환매가 성립한다. 그리하여 두 번째의 매매에 의한 권리·의무가 발생하고, 그것이 이행되면 환매권자는 소유권을 취득한다. 목적물이 부동산인 경우에는 이행으로서 등기를 하여야 하며, 그때의 등기는 말소등기가 아니고 이전등기이다(같은 취지: 곽윤직(신정판), 277면; 대판 1990. 12. 26, 90다카16914). 그리고 환매특약의 등기는 말소하여야 한다(부동규칙 114조).

매수인이나 전득자가 목적물에 대하여 비용을 지출한 때에는 매도인은 제 203조의 규정에 의하여 이를 상환하여야 한다(594조 2 항 본문). 그러나 유익비에 대하여는 법원은 매도인의 청구에 의하여 상당한 상환기간을 허여할 수 있다(594조 2 항 단서).

〈판 례〉

(ㄱ)「부동산에 관하여 매매등기와 아울러 환매특약의 등기가 경료된 이후 그 부동산 매수인으로부터 그 부동산을 전득한 제 3 자가 환매권자의 환매권 행사에 대항할 수 없음은 소론과 같으나, 환매특약의 등기가 부동산의 매수인의 처분권을 금지하는 효력을 가지는 것은 아니므로 그 매수인은 환매특약의 등기 이후 부동산을 전득한 제 3 자에 대하여 여전히 소유권이전등기 절차의 이행의무를 부담한다고 할 것이고, 나아가 환매권자가 환매권을 행사하지 아니한 이상 매수인이 전득자인 제 3 자에 대하여 부담하는 위 소유권이전등기 절차의 이행의무는 이행불능 상태에 이르렀다고 할 수 없으므로, 부동산의 매수인은 전득자인 제 3 자에 대하여 환매특약의 등기사실만으로 제 3 자의 소유권이전등기 청구를 거절할 수는 없는 것이다.」(대판 1994. 10. 25, 94다35527)

(ㄴ)「부동산의 매매계약에 있어 당사자 사이의 환매특약에 따라 소유권이전등기와 함께 민법 제592조에 따른 환매등기가 마쳐진 경우 매도인이 환매기간 내에 적법하게 환매권을 행사하면 환매등기 후에 마쳐진 제 3 자의 근저당권 등 제한물권은 소멸하는 것이므로, 환매권 행사 후 근저당권자가 파산선고를 받았다고 하더라도 매도인이 파산자에 대하여 갖는 근저당권설정등기 등의 말소등기청구권은 파산법 제14조에 규정된 파산채권에 해당하지 아니하며, 매도인은 파산법 제79조(현행 「채무자회생 및 파산에 관한 법률」407조에 해당: 저자 주) 소정의 환취권 규정에 따라 파산절차에 의하지 아니하고 직접 파산관재인에게 말소등기 절차의 이행을 청구할 수 있다고 할 것이다.」(대판 2002. 9. 27, 2000다27411)

(ㄷ)「부동산등기법 제64조의 2(현행 부동산등기규칙 114조에 해당: 저자 주)에 의하면 환매특약의 등기는 매수인의 권리취득의 등기에 부기하고, 이 등기는 환매에 의한 권리취득의 등기를 한 때에는 이를 말소하도록 되어 있으며, 환매에 의한 권리취득의 등기는 이전등기의 방법으로 하여야 할 것인바, 설사 원고가 환매기간 내인 1983. 11. 16. 소외인에게 환매의 의사표시를 한 바 있다고 하여도 그 환매에 의한 권리취득의 등기를 함이 없이 (기록에는 환매에 의한 권리취득의 등기가 안 된 것으로 되어 있다) 위의 가압류집행을 한 피고들에 대하여 이를 주장할 수 없다고 보아야 할 것」이다(대판 1990. 12. 26, 90다카16914).

(4) 공유지분의 환매

공유자의 1인이 환매할 권리를 보류하고 그 지분을 매도한 후 그 목적물의 분할이나 경매가 있는 때에는, 매도인은 매수인이 받은 또는 받을 부분$\binom{\text{현물분할}}{\text{의 경우}}$
또는 대금$\binom{\text{대금분할}}{\text{의 경우}}$에 대하여 환매권을 행사할 수 있다$\binom{595조}{\text{본문}}$. 그러나 매도인에게
통지하지 않은 매수인은 그 분할이나 경매로써 매도인에게 대항하지 못한다
$\binom{595조}{\text{단서}}$. 그리하여 그때에는 환매권자는 분할이나 경매가 없었던 것처럼 공유지분
을 환매할 수 있다. 그런데 제 3 자에 대하여도 분할이나 경매의 무효를 주장하려
면 환매권의 등기가 있어야 한다$\binom{\text{같은 취지: 김형배, 393면;}}{\text{이은영, 349면}}$.

4. 재매매의 예약

[109]

(1) 의   의

재매매의 예약은 어떤 물건 또는 권리를 타인에게 매각하면서$\binom{\text{또는 매각}}{\text{한 후에}}$ 장차
그 물건이나 권리를 다시 매수하기로 하는 예약이다. 민법은 이에 대하여 명문의
규정을 두고 있지 않다. 그렇지만 계약자유의 원칙상 그러한 계약도 유효하다.

재매매의 예약은 일종의 매매예약이며, 따라서 거기에는 일방예약에 관한
규정$\binom{564}{조}$이 적용된다. 그 결과 재매매의 예약은 일방예약$\binom{\text{예약완결권을 최초}}{\text{의 매도인이 가지는}}$으로 추정
된다.

재매매의 예약의 작용은 환매의 경우와 같다. 그리하여 재매매예약부 매매
가 채권담보의 목적으로 행하여진 경우에는 매도담보가 되어 그에 대한 규정과
이론이 적용된다.

(2) 환매와의 차이

1) 목적물의 범위   목적물에는 차이가 없다.

2) 계약의 동시성   환매의 특약은 매매계약과 동시에 하여야 하나, 재매
매의 예약에는 그러한 제한이 없다.

3) 대금의 동액성   환매대금은 특약이 없으면 일정한 범위에 한정되나
$\binom{590조}{1항}$, 재매매의 예약에는 처음부터 제한이 없다.

4) 존속기간의 제한   환매기간은 제한이 있으나$\binom{591}{조}$, 재매매의 예약에는
제한이 없다.

5) 등기제도   환매의 경우에는 환매권의 보류를 등기할 수 있으나$\binom{592}{조}$,
재매매의 예약의 경우에는 특별규정이 없어서 일반적인 청구권 보전의 가등기를
할 수 있을 뿐이다.

[110]   **Ⅵ. 특수한 매매**

1. 할부매매

일반적으로 할부매매라 하면 매매대금을 분할하여 일정기간마다 계속해서 지급하기로 하는 특약이 붙은 매매를 말한다. 우리나라는 보수를 매월 지급하므로 할부매매는 대부분 월부(月賦)이다. 이러한 할부매매는 목돈을 지출하기 어려운 봉급생활자에게는 상품구입의 기회를 주고, 상품을 생산하는 기업에게는 판매량을 늘릴 수 있도록 해준다. 그러나 다른 한편으로 소비자는 충동구매를 할 가능성이 크고, 기업은 대금채권을 확보하기 위하여 소유권유보, 실권약관이 포함된 보통거래약관을 이용하여 계약을 체결함으로써 매수인을 압박한다. 여기서 경제적 약자인 매수인을 보호하고 합리적인 거래질서를 확립하기 위하여「할부거래에 관한 법률」(이하「할부거래법」이라 함)이 제정·시행되고 있다. 할부거래법은 1991년 처음 제정된 뒤 여러 차례 개정되었으나, 2010년에 크게 개정되었다. 그 개정에서는 무엇보다도 상조업과 같은 선불식 할부거래를 그 법에서 규율하기 시작하였고, 신용카드 사용의 급증으로 할부거래유형이 직접할부에서 간접할부로 변화됨에 따라 이에 대한 법조항을 신설·보완하였다. 아래에서 할부거래법의 주요내용을 — 선불식 할부거래는 제외하고 — 정리하기로 한다.

(1) 할부계약의 의의

할부거래법상 할부계약은 계약의 명칭·형식이 어떠하든 재화나 용역(일정한 시설을 이용하거나 용역을 제공받을 수 있는 권리를 포함한다)(이하「재화 등」이라 한다)에 관한 다음 각 계약(2호에 따른 선불식 할부계약에 해당하는 경우는 제외)을 말한다(같은 법 2조 1호). ① 소비자(여기의「소비자」의 뜻은 같은 법 2조 5호 참조)가 사업자에게 재화의 대금(代金)이나 용역의 대가(이하「재화 등의 대금」이라 한다)를 2개월 이상의 기간에 걸쳐 3회 이상 나누어 지급하고, 재화 등의 대금을 완납하기 전에 재화의 공급이나 용역의 제공(이하「재화 등의 공급」이라 한다)을 받기로 하는 계약(이하「직접할부 계약」이라 한다)(같은 법 2조 1호 가목), ② 소비자가 신용제공자(여기의「신용제공자」의 뜻은 같은 법 2조 6호 참조)에게 재화 등의 대금을 2개월 이상의 기간에 걸쳐 3회 이상 나누어 지급하고, 재화 등의 대금을 완납하기 전에 사업자로부터 재화 등의 공급을 받기로 하는 계약(이하「간접 할부계약」이라 한다)(같은 법 2조 1호 나목).

그런데 이 법은 사업자가 상행위(商行爲)를 위하여 재화 등의 공급을 받는 거래에는 적용되지 않는다(같은 법 3조 1호 본문). 다만, 사업자가 사실상 소비자와 같은 지위에서 다른 소비자와 같은 거래조건으로 거래하는 경우는 적용된다($_{1호 단서}^{같은 법 3조}$). 또한 이 법은 성질상 이 법을 적용하는 것이 적합하지 않은 것으로서 대통령령으로 정하는 재화 등의 거래에도 적용되지 않는다($_{3조 2호}^{같은 법}$).

〈선불식 할부계약〉

할부거래법은 선불식 할부계약을 일반적인 할부계약에서 빼내어 별도로 자세하게 규율하고 있다($_{18조 이하}^{같은 법}$). 그 법에 따르면 선불식 할부계약이란 계약의 명칭·형식이 어떠하든 소비자가 사업자로부터 다음 중 어느 하나에 해당하는 재화 등의 대금을 2개월 이상의 기간에 걸쳐 2회 이상 나누어 지급하고 재화 등의 공급은 대금의 전부 또는 일부를 지급한 후에 받기로 하는 계약을 말한다($_{2조 2호}^{같은 법}$). ① 장례 또는 혼례를 위한 용역($_{경우는 제외한다}^{제공시기가 확정된}$) 및 이에 부수한 재화, ② 위 ①에 준하는 소비자피해가 발생하는 재화 등으로서 소비자의 피해를 방지하기 위하여 대통령령으로 정하는 재화 등.

(2) 할부거래업자의 정보제공과 할부계약의 서면주의(書面主義)

할부거래업자($_{의공급을 업으로 하는 자를 말한다. 같은 법 2조 3호}^{여기서 「할부거래업자」란 할부계약에 의한 재화 등}$)는 할부계약을 체결하기 전에 소비자가 할부계약의 내용을 이해할 수 있도록 일정한 사항을 표시하여야 한다($_{5조}^{같은 법}$).

할부거래업자는 일정한 사항을 적은 서면($_{1호에 따른 전자문서를 포함한다}^{「전자문서 및 전자거래 기본법」 2조}$)으로 할부계약을 체결하여야 하고($_{1항 본문}^{같은 법 6조}$), 그가 할부계약을 체결할 경우에는 제 1 항에 따른 계약서를 소비자에게 발급하여야 한다($_{2항 본문}^{같은 법 6조}$)($_{비자에게 발급하여야 한다. 같은 법 6조 3항}^{신용제공자는 일정한 사항을 적은 서면을 소}$)· 할부계약이 할부거래법 제 6 조 제 1 항 각 호의 요건을 갖추지 못하거나 그 내용이 불확실한 경우에는 소비자와 할부거래업자 간의 특약이 없으면 그 계약내용은 어떠한 경우에도 소비자에게 불리하게 해석되어서는 안 된다($_{6조 4항}^{같은 법}$).

〈판 례〉

「할부거래법 제 4 조 제 1 항($_{1항에 해당: 저자 주}^{현행 할부거래법 6조}$)에서 할부계약의 주요 내용을 서면으로 하도록 한 취지는 할부거래에 있어서는 대금의 지급이 장기간에 걸쳐 계속되기 때문에 계약내용이 복잡하고 소비자의 충동구매가 이루어지는 경우가 많은 현실을 감안하여, 주로 매수인이 할부계약의 내용을 이해할 수 있도록 함과 동시에 계약체결의 신중성을 기하여 매수인을 부당하게 불리한 특약으로부터 보호하고, 분쟁을 사전에 예방하고자 한 데에 있을 뿐이고, 그와 같은 서면 기재를 신용제공자에 대한 지급거절권의 행사요건으로 규정한 것은 아니라고 볼 것」이다($_{2004다54633}^{대판 2006. 7. 28,}$).

[111]　　　**(3) 소비자의 철회권**

1) 철회기간　　　소비자는 다음 각 기간($\substack{\text{거래당사자가 그보다 긴 기간을 약}\\\text{정한 경우에는 그 기간을 말한다}}$) 이내에 할부계약에 관한 청약을 철회할 수 있다($\substack{\text{같은 법}\\\text{8조 1항}}$). ① 같은 법 제 6 조 제 1 항에 따른 계약서를 받은 날부터 7일($\substack{\text{다만, 그 계약서를 받은 날보다 재화 등의 공급이 늦게}\\\text{이루어진 경우에는 재화 등을 공급받은 날부터 7일}}$)($\substack{\text{같은 법 8조}\\\text{1항 1호}}$), ② 같은 법 제 6 조 제 1 항에 따른 계약서를 받지 않은 경우, 할부거래업자의 주소 등이 적혀 있지 않은 계약서를 받은 경우, 할부거래업자의 주소 변경 등의 사유로 제 1 호의 기간 이내에 청약을 철회할 수 없는 경우에는, 그 주소를 안 날 또는 알 수 있었던 날 등 청약을 철회할 수 있는 날부터 7일($\substack{\text{같은 법 8조}\\\text{1항 2호}}$), ③ 같은 법 제 6 조 제 1 항에 따른 계약서에 청약의 철회에 관한 사항이 적혀 있지 않은 경우에는 청약을 철회할 수 있음을 안 날 또는 알 수 있었던 날부터 7일($\substack{\text{같은 법 8조}\\\text{1항 3호}}$), ④ 할부거래업자가 청약의 철회를 방해한 경우에는 그 방해행위가 종료한 날부터 7일($\substack{\text{같은 법 8조}\\\text{1항 4호}}$).

2) 철회할 수 없는 경우　　　소비자는 ① 소비자에게 책임있는 사유로 재화 등이 멸실되거나 훼손된 경우($\substack{\text{다만, 재화 등의 내용을 확인하기 위하}\\\text{여 포장 등을 훼손한 경우는 제외한다}}$)($\substack{\text{같은 법 8조}\\\text{2항 1호}}$), ② 사용 또는 소비에 의하여 그 가치가 현저히 낮아질 우려가 있는 것으로서 대통령령으로 정하는 재화 등을 사용 또는 소비한 경우($\substack{\text{같은 법 8조}\\\text{2항 2호}}$), ③ 시간이 지남으로써 다시 판매하기 어려울 정도로 재화 등의 가치가 현저히 낮아진 경우($\substack{\text{같은 법 8조}\\\text{2항 3호}}$), ④ 복제할 수 있는 재화 등의 포장을 훼손한 경우($\substack{\text{같은 법 8조}\\\text{2항 4호}}$), ⑤ 그 밖에 거래의 안전을 위하여 대통령령으로 정하는 경우($\substack{\text{같은 법 8조}\\\text{2항 5호}}$)에는 청약의 철회를 할 수 없다($\substack{\text{같은 법 8조}\\\text{2항 본문}}$). 다만, 할부거래업자가 청약의 철회를 승낙하거나 같은 법 제 8 조 제 6 항에 따른 조치를 하지 않은 경우에는 제 2 호부터 제 4 호까지에 해당하는 경우에도 청약을 철회할 수 있다($\substack{\text{같은 법 8조}\\\text{2항 단서}}$).

할부거래업자는 같은 법 제 8 조 제 2 항 제 2 호부터 제 4 호까지의 규정에 따라 청약을 철회할 수 없는 재화 등에 대하여는 그 사실을 재화 등의 포장이나 그 밖에 소비자가 쉽게 알 수 있는 곳에 분명하게 표시하거나 시용(試用) 상품을 제공하는 등의 방법으로 소비자가 청약을 철회하는 것이 방해받지 않도록 조치하여야 한다($\substack{\text{같은 법}\\\text{8조 6항}}$).

3) 철회의 방법 및 효력발생시기 등　　　소비자가 같은 법 제 8 조 제 1 항에 따라 청약을 철회할 경우 제 1 항에 따른 기간 이내에 할부거래업자에게 청약을 철회하는 의사표시가 적힌 서면을 발송하여야 한다($\substack{\text{같은 법}\\\text{8조 3항}}$). 그리고 청약의 철회는

서면을 발송한 날에 그 효력이 발생한다($\substack{같은 \ 법 \\ 8조 \ 4항}$). 한편 계약서의 발급사실과 그 시기, 재화 등의 공급사실과 그 시기 및 같은 법 제 8 조 제 2 항 각 호 중 어느 하나에 해당하는지 여부에 관하여 다툼이 있는 경우에는 할부거래업자가 이를 입증(증명)하여야 한다($\substack{같은 \ 법 \\ 8조 \ 5항}$).

4) 간접할부계약에 관한 청약을 철회한 경우 소비자가 할부거래업자에게 간접할부계약에 관한 청약을 철회한 경우 같은 법 제 8 조 제 1 항에 따른 기간 이내에 신용제공자에게 청약을 철회하는 의사표시가 적힌 서면을 발송하여야 한다($\substack{같은 \ 법 \\ 9조 \ 1항}$). 만일 소비자가 신용제공자에게 제 1 항에 따른 서면을 발송하지 않은 경우에는 신용제공자의 할부금지급청구를 거절할 수 없다($\substack{같은 \ 법 \ 9조 \\ 2항 \ 본문}$). 다만, ① 신용제공자가 같은 법 제 8 조 제 1 항의 기간 이내에 할부거래업자에게 재화 등의 대금을 지급한 경우($\substack{같은 \ 법 \ 9조 \\ 2항 \ 1호}$)나 ② 신용제공자가 할부거래업자로부터 같은 법 제 10조 제 4 항에 따른 할부금청구의 중지 또는 취소를 요청받은 경우($\substack{같은 \ 법 \ 9조 \\ 2항 \ 2호}$)에는 소비자가 그 서면을 발송하지 않은 때라도 신용제공자의 할부금지급청구를 거절할 수 있다($\substack{같은 \ 법 \ 9조 \\ 2항 \ 단서}$).

5) 청약철회의 효과 소비자가 청약을 철회한 경우 소비자는 이미 공급받은 재화 등을 반환하여야 하고($\substack{같은 \ 법 \\ 10조 \ 1항}$), 할부거래업자($\substack{소비자로부터 \ 재화 \ 등의 \ 계약금 \ 또는 \\ 할부금을 \ 지급받은 \ 자 \ 또는 \ 소비자와 \\ 할부계약을 \ 체결한 \\ 자를 \ 포함한다}$)는 일정한 영업일 이내에 이미 지급받은 계약금 및 할부금을 환급하여야 하며, 이 경우 할부거래업자가 소비자에게 재화 등의 계약금 및 할부금의 환급을 지연한 때에는 그 지연기간에 따라 이자제한법에서 정한 이자의 최고한도의 범위에서 대통령령으로 정하는 이율을 곱하여 산정한 지연이자를 함께 환급하여야 한다($\substack{같은 \ 법 \\ 10조 \ 2항}$).

청약이 철회된 경우에 이미 재화 등이 사용되었거나 일부 소비된 때에는 할부거래업자는 그 재화 등을 사용하거나 일부 소비하여 소비자가 얻은 이익 또는 그 재화 등의 공급에 든 비용에 상당하는 금액으로서 대통령령으로 정하는 범위의 금액을 초과하여 소비자에게 청구할 수 없다($\substack{같은 \ 법 \\ 10조 \ 9항}$). 그리고 청약이 철회된 경우 공급받은 재화 등의 반환에 필요한 비용은 할부거래업자가 부담하며, 그는 소비자에게 청약의 철회를 이유로 위약금 또는 손해배상을 청구할 수 없다($\substack{같은 \ 법 \\ 10조 \ 10항}$).

그 밖에도 철회의 효과와 관련하여 여러 가지가 규정되어 있으나, 설명을 생략한다($\substack{같은 \ 법 \ 10조 \ 3항 \\ 내지 \ 8항 \ 참조}$).

[112]   **(4) 할부거래업자의 할부계약 해제**

소비자가 할부금지급의무를 이행하지 않으면 할부거래업자는 할부계약을 해제할 수 있다(같은 법 11 조 1항 1문). 이 경우 할부거래업자는 그 계약을 해제하기 전에 14일 이상의 기간을 정하여 소비자에게 이행할 것을 서면으로 최고(催告)하여야 한다(같은 법 11 조 1항 2문).

할부계약이 해제된 경우에는 할부거래업자 또는 소비자는 상대방에게 원상회복하여 줄 의무를 지며, 이 경우 상대방이 원상회복할 때까지 자기의 의무이행을 거절할 수 있다(같은 법 11조 2항). 한편 재화 등의 소유권이 할부거래업자에게 유보된 경우 할부거래업자는 할부계약을 해제하지 않고서는 재화 등의 반환을 청구할 수 없다(같은 법 11조 3항).

(5) 기   타

할부거래법은 그 외에도 여러 가지를 규정하고 있다.

우선 할부거래업자나 신용제공자는 소비자에 대하여 일정한 한도 내에서만 손해배상을 청구할 수 있다고 한다(같은 법 12조).

그리고 소비자는 기한이 되기 전이라도 나머지 할부금을 한꺼번에 지급할 수 있다고 하며(같은 법 14조. 한꺼번에 지급할 금액은 나머지 할부금에서 나머지 기간에 대한 할부수수료를 공제한 금액임), 일정한 경우에는 할부금의 지급에 대한 기한의 이익을 상실한다고 하고(같은 법 13조), 일정한 경우에는 할부거래업자에게 그 할부금의 지급을 거절할 수 있는 항변권이 있다고 한다(같은 법 16조).

그런가 하면 — 계약서에 적어야 할 — 할부수수료의 실제연간요율의 계산방법과 최고한도는 이자제한법에서 정한 이자의 최고한도의 범위에서 대통령령으로 정한다고 한다(같은 법 7조). 한편 할부계약에 의한 할부대금채권의 소멸시효기간을 3년으로 규정한다(같은 법 15조).

할부거래법은 일정한 규정(같은 법 6조-13조 · 15조 · 16조 · 23조-26조)을 위반한 약정으로서 소비자에게 불리한 것은 효력이 없다고 하여(같은 법 43조), 그 규정들을 강행규정화하고 있다. 나아가 이 법은 벌칙과 과태료에 관한 규정도 두고 있다(같은 법 48조 이하 참조).

(6) 다른 법률과의 관계

할부거래(및 선불식 할부거래)에서의 소비자보호와 관련하여 할부거래법과 다른 법률이 경합하여 적용되는 경우에는 할부거래법을 우선하여 적용한다(같은 법 4조 본문). 다만, 다른 법률을 적용하는 것이 소비자에게 유리한 경우에는 그 법률을 적용한다(같은 법 4조 단서).

〈소유권유보부(所有權留保附) 매매〉

매매계약을 체결하면서 매도인이 목적물을 매수인에게 인도하지만 대금을 모두 받을 때까지는 소유권이 매도인에게 보류된다는 특약을 하는 때가 있다. 그러한 특약은 할부매매에 있어서는 거의 언제나 있으며, 그 외의 경우도 있을 수 있다. 이러한 특약이 붙어 있는 매매계약을 소유권유보부 매매라고 한다. 소유권유보부 매매(동산의 경우)의 성질에 관하여 학설은 i) 대금의 완급을 정지조건으로 하는 소유권 양도라고 하는 견해(곽윤직, 163면)와 ii) 매도인은 소유권이 아니고 담보물권(일종의 양 도담보권)을 갖는다는 견해(김형배, 374면; 이은영, 357면)로 나뉘어 있다. 그리고 판례는 i)설과 같다(대판 1996. 6. 28, 96다14807; 대판 1999. 9. 7, 99다30534; 대판 2010. 2. 11, 2009다93671). i)설에 찬성한다.

위 i)설에 의하면, 매매계약만으로는 소유권이 이전하지 않으므로 목적물이 인도되었다고 하더라도 특별한 사정이 없는 한 매도인은 대금이 모두 지급될 때까지 매수인뿐만 아니라 제 3 자에 대하여도 유보된 목적물의 소유권을 주장할 수 있고, 대금이 모두 지급되었을 때에는 정지조건이 완성되어 별도의 의사표시 없이 목적물의 소유권이 매수인에게 이전된다(대판 1996. 6. 28, 96다14807; 대판 2010. 2. 11, 2009다93671). 그리고 이러한 법리는 소유권유보의 특약을 한 매매계약이 매수인의 목적물 판매를 예정하고 있고, 그 매매계약에서 소유권유보의 특약을 제 3 자에 대하여 공시한 바 없고, 또한 그 매매계약이 종류물을 목적물로 하고 있더라도 다를 바 없다(대판 1999. 9. 7, 99다30534).

2. 방문판매 · 전화권유판매 · 다단계판매 · 통신판매 [113]

오늘날 물건 등을 영업소에서의 대면거래가 아닌 특수한 방법으로 판매하는 경우들이 자주 있다. 방문판매 · 전화권유판매 · 다단계판매 · 통신판매 등이 그 예이다. 이들 특수한 모습의 판매에 있어서는 속임수나 강매를 비롯한 많은 문제가 있다. 이들 중 앞의 셋은 「방문판매 등에 관한 법률」(이하 「방문판매법」이라 함)이, 통신판매는 「전자상거래 등에서의 소비자 보호에 관한 법률」(이하 「전자상거래법」이라 함)이 규제하고 있다.

(1) 방문판매 · 전화권유판매

방문판매란 재화 또는 용역의 판매업자가 방문의 방법으로 사업장 외의 장소에서 소비자에게 권유하여 계약의 청약을 받거나 계약을 체결하여 재화 또는 용역(이하 「재화 등」이라 함)을 판매하는 것이다(방문판매법 2조 1호). 그리고 전화권유판매란 전화를 이용하여 소비자에게 권유하거나 전화회신을 유도하는 방법으로 재화 등을 판매하는 것이다(같은 법 2조 3호).

방문판매자 또는 전화권유판매자(이하 「방문판매자 등」이라 함)는 계약을 체결하기 전에 방문판매자 등의 성명을 포함한 일정한 사항을 미리 설명하여야 하고(같은 법 7조 1항), 계약을 체결할 때에는 일정사항을 기재한 계약서를 소비자에게 교부하여야 한다(같은 법 7조 2항). 그리고 방문판매 등의 방법으로 계약을 맺은 소비자는 일정한 기간 내에 계약의 청약을 철회할 수 있다(같은 법 8조 1항·3항. 예외: 8조 2항). 그 밖에 방문판매법은 청약철회 등의 효과 (같은 법 9조), 손해배상청구 금액의 제한(같은 법 10조), 금지행위(같은 법 11조) 등도 규정하고 있다.

(2) 다단계판매

다단계판매란 방문판매법 제 2 조 제 5 호 가-다목의 요건을 모두 충족하는 판매조직(다단계판매조직)을 통하여 재화 등을 판매하는 것이다(방문판매법 2조 5호). 방문판매법은 방문판매에 관한 같은 법 제 7 조 · 제 8 조 · 제10조 등을 다단계판매에 준용하며(같은 법 16조·17조·19조), 그 밖에도 금지행위(같은 법 23조) 및 기타에 관하여 자세한 규정을 두고 있다.

(3) 통신판매

통신판매란 우편 · 전기통신 그 밖에 총리령으로 정하는 방법으로 재화 등의 판매에 관한 정보를 제공하고 소비자의 청약을 받아 재화 등을 판매하는 것이다 (전자상거래법 2조 2호). 통신판매의 경우에도 계약체결 전에 일정사항을 표시 · 광고 또는 고지하고, 계약이 체결되면 계약자에게 일정사항이 기재된 서면을 교부하여야 한다 (같은 법 13조 2항). 또한 통신판매업자는 소비자로부터 청약을 받으면 청약의 의사표시의 수신확인 및 판매 가능 여부에 관한 정보를 소비자에게 신속하게 알려야 하며, 소비자가 청약의 내용을 확인하고 정정 또는 취소할 수 있도록 적절한 절차를 갖추어야 한다(같은 법 14조). 그리고 소비자는 일정한 기간 내에 계약의 청약을 철회할 수 있고(같은 법 17조), 소비자의 손해배상청구 금액은 일정한 한도를 넘지 못한다(같은 법 19조).

(4) 다른 법률과의 관계

방문판매법 및 전자상거래법이 다른 법률의 규정과 경합하는 경우에는 방문판매법 등을 우선 적용한다. 다만, 다른 법률을 적용하는 것이 소비자에게 유리한 경우에는 그 법을 적용한다(방문판매법 4조, 전자상거래법 4조).

3. 견본매매 · 시험매매(試驗賣買)(시미매매, 試味賣買)

(1) 견본매매는 견본에 의하여 목적물의 품질 · 속성을 미리 정해 두는 매매이다. 견본매매의 경우에 견본과 같은 물건이 급부되지 않은 때에는 하자담보책임이 생긴다. 그리고 때에 따라서는 불완전급부(불완전이행에 포함됨)가 문제될 수도 있다.

(2) 시험매매(시미매매)는 매수인이 실제로 물건을 시험해 본 뒤에 마음에 들면 사겠다는 정지조건부 매매이다($\begin{smallmatrix}경우에\ 따라서는\ 일\\방예약일\ 수도\ 있다\end{smallmatrix}$). 시험매매에 있어서는 매도인은 매수인으로 하여금 시험해 볼 수 있도록 하여야 하며, 그 결과 매수인이 매수하지 않아도 특약이 없는 한 시험한 대가를 청구하지는 못한다.

제 3 절 교 환

I. 의의 및 성질

[114]

교환은 당사자 쌍방이 금전 이외의 재산권을 서로 이전할 것을 약정함으로써 성립하는 계약이다($\begin{smallmatrix}596\\조\end{smallmatrix}$). 교환은 낙성·쌍무·유상·불요식의 계약이다. 교환에는 매매에 관한 규정이 준용된다($\begin{smallmatrix}567\\조\end{smallmatrix}$).

II. 성립 및 효력

1. 성 립

교환은 낙성계약이므로 당사자 사이에 교환의 합의만 있으면 성립하고, 서면의 작성을 필요로 하지도 않는다. 그리고 교환을 성립시키는 합의는 원칙적으로 청약과 승낙에 의한 것이며, 그에 대한 일반이론이 여기에도 그대로 적용된다($\begin{smallmatrix}[22]\ 이\\하\ 참조\end{smallmatrix}$). 그 결과 청약은 그에 대한 승낙만 있으면 곧 계약이 성립될 수 있을 정도로 구체적이어야 하고, 승낙은 구체적인 청약에 대한 것이어야 하며, 승낙의 의사표시는 명시적으로뿐만 아니라 묵시적으로도 할 수 있다($\begin{smallmatrix}대판\ 1992.\ 10.\ 13,\\92다29696\end{smallmatrix}$).

당사자 쌍방이 금전 이외의 재산권을 서로 이전할 것을 약정하면서 재산권들의 가치가 같지 않아서 일방 당사자가 일정금액을 보충하여 지급하기로 하는 경우가 있다($\begin{smallmatrix}보충금\\의\ 지급\end{smallmatrix}$). 민법은 그러한 경우도 교환으로 보고 특별규정을 두고 있다($\begin{smallmatrix}597\\조\end{smallmatrix}$).

2. 효   력

교환은 유상계약이므로 매매에 관한 규정이 준용된다($\frac{567}{조}$). 그럼에 있어서 매도인의 담보책임 규정은 교환의 각 당사자를 매도인으로 보고 이를 준용하여야 한다. 한편 보충금 지급의 특약이 있는 교환의 경우, 보충금에 관하여는 매매대금에 관한 규정을 준용한다($\frac{597}{조}$).

〈판 례〉

판례에 의하면, 교환계약에서 당사자 일방이 보충금 지급에 갈음하여 상대방으로부터 이전받을 목적물에 관한 근저당권의 피담보채무를 인수하기로 약정한 경우에는 특별한 사정이 없는 한 채무를 인수한 당사자는 보충금을 제외한 나머지 재산권을 상대방에게 이전해 주면 교환계약상의 의무를 다한 것이 된다고 한다. 그런데 피담보채무를 인수한 당사자가 그 채무의 변제를 게을리하여 임의경매절차가 개시되었거나 개시될 염려가 있어 상대방이 이를 막기 위하여 부득이 피담보채무를 변제한 경우와 같은 특별한 사정이 있는 때에는, 상대방은 그 당사자에 대하여 동액 상당의 손해배상채권 또는 구상채권을 갖게 되고, 또한 그러한 사정이 있다는 이유로 교환계약을 해제할 수도 있다고 한다. 그리고 피담보채무를 인수한 당사자의 대출금 원리금 지급의무와 상대방의 소유권이전등기 의무가 모두 각각 이행기에 이행되지 않고 계약이 해제되지도 않은 채 이행기가 지났다면 이 두 당사자의 의무는 동시이행의 관계에 있다고 한다($\frac{대판 1998. 7. 24,}{98다13877}$,).

제4절   소비대차

[115]   I. 서   설

1. 소비대차의 의의 및 사회적 작용

(1) 의   의

소비대차는 당사자 일방(대주, 貸主)이 금전 기타의 대체물의 소유권을 상대방(차주, 借主)에게 이전할 것을 약정하고, 상대방은 그와 같은 종류(동종)·품질(동질)·수량(동량)으로 반환할 것을 약정함으로써 성립하는 계약이다($\frac{598}{조}$). 소비대차에서는 차주가 빌린 물건 자체를 반환하지 않고 동종·동질·동량의 다른 물건을 반환하는 점에서 다른 대차인 임대차·사용대차와 차이가 있다.

(2) 사회적 작용

소비대차는 생활에 궁핍한 자가 궁핍을 면하기 위하여 이용하기도 하나, 기업 등이 생산자금을 마련하기 위하여 금전소비대차를 하기도 한다(이때 자본가는 대여금의 이자로 소득을 올린다). 그리고 소비대차는 차주의 이익을 위하여 무이자로 행하여지기도 하지만, 오늘날에는 이자를 지급하기로 하는 경우가 대부분이다.

소비대차 가운데 궁핍을 면하기 위한 소비대차에 있어서는, 차주가 대차 당시의 절박한 사정 때문에 고율의 이자지급에 동의하는 때가 많다. 그때 약정된 이자를 모두 그대로 지급하게 한다면, 차주는 파탄에 이르게 되고, 반면에 대주는 폭리를 취하게 될 가능성이 있다. 여기서 차주를 보호하고 대주의 폭리취득을 막아야 할 필요성이 생긴다. 이를 위한 법으로 이자제한법과 「대부업 등의 등록 및 금융이용자 보호에 관한 법률」이 있다(채권법총론 [49] 이하 참조).

2. 소비대차의 법적 성질

(1) 소비대차는 당사자의 합의만 있으면 성립하는 낙성계약이다(598조. 프랑스 민법에서는 요물계약임).

(2) 제598조의 규정상(이자 지급의 언급이 없으므로) 소비대차는 무상계약을 원칙으로 하나(무이자 소비대차의 경우), 유상계약으로 될 수도 있다(이자부 소비대차의 경우). 그런데 상인간의 금전소비대차는 이자부가 원칙이다(상법 55조). 소비대차가 유상계약인 경우에는 매매에 관한 규정이 준용된다(567조).

(3) 소비대차는 편무계약인가 쌍무계약인가? 이자부 소비대차가 쌍무계약이라는 데 대하여는 학설·판례(대판 1966. 1. 25, 65다2337)가 일치한다. 이때는 대주의 목적물을 이용하게 할 채무와 차주의 이자채무가 대가적 의미가 있기 때문이다. 그런데 무이자 소비대차에 대하여는 학설이 i) 편무계약(불완전 쌍무계약)이라는 견해(곽윤직, 173면; 김주수, 253면; 김학동, 337면; 지원림, 1443면)와 ii) 대주의 목적물 공여의무와 차주의 대체물 반환의무가 대가적·쌍무적 관계에 서지는 않으나, 양 당사자가 모두 채무를 부담하는 점에서 양면적 관계에 있다고 하면서, 증여의 경우와 달리 순수한 편무계약이 아니라는 견해(김상용, 248면; 김형배, 534면(그런데 416면·674면·697면에서는 이와 유사한 사용대차·무상위임·무상임치에 대하여 그냥 편무계약이라고 함))로 나뉘어 있다. 생각건대 편무·쌍무계약의 구별실익은 무엇보다도 제536조 내지 제538조의 적용 여부에 있는바, ii)설처럼 해

석한다고 하여 무이자 소비대차가 쌍무계약으로 되는 것도 아니고 또 i)설이 그러한 결과를 부인하는 것도 아니므로, ii)설과 같은 설명은 필요하지 않다.

(4) 소비대차는 불요식계약이다.

[116] **Ⅱ. 소비대차의 성립**

1. 소비대차의 성립요건

(1) 소비대차는 낙성계약이므로 당사자의 일정한 합의만 있으면 성립한다. 그 합의는 적어도 ① 대주가 금전 기타 대체물을 차주에게 이전하여 일정기간 동안 이용하게 할 것과 ② 반환하여야 할 시기에 차주가 그가 빌려 쓴 것과 동종·동질·동량의 물건을 반환할 것에 대하여 이루어져야 한다. 그 밖의 사항(예: 채무이
행의 시기·
장소·방법)은 약정을 하지 않아도 무방하다(그때는 민법규
정에 의한다). 따라서 이자나 변제기의 약정이 없다고 하여 소비대차가 불성립으로 되는 것은 아니다(대판 1992. 10. 9,
92다13790). 그리고 소비대차는 낙성계약이므로, 차주가 실제로 금전 등을 수수하거나 현실의 수수가 있은 것과 같은 경제적 이익을 취득하여야만 성립하는 것도 아니다(대판
1991. 4. 9, 90다
14652; 대판 2018.
12. 27, 2015다73098). 그런가 하면 당사자 일방이 상대방에게 현실로 금전 기타 대체물의 소유권을 상대방에게 이전하였다고 하더라도 상대방이 같은 종류, 품질 및 수량으로 반환할 것을 약정한 경우가 아니라면 이들 사이의 법률행위를 소비대차라 할 수 없다(대판 2018. 12. 27,
2015다73098).

(2) 소비대차의 목적물은 「금전 기타의 대체물」이다(비대체물에 관하여는 소비
대차가 성립하지 않는다). 그런데 오늘날 소비대차는 대부분 금전에 관하여 행하여진다.

금전대차의 경우에 대주가 금전에 갈음하여 약속어음·국채·예금통장과 인장 등의 유가증권 기타의 물건을 인도하는 경우가 있다. 그러한 경우는 「대물대차(代物貸借)」라고 하는데, 이러한 대물대차의 경우에는 그 물건의 인도시의 가액을 차용액으로 한다($\frac{606}{조}$). 이는 유가증권 기타의 물건의 가액이 변동하는 상황에서 차용액 결정의 시기에 관한 당사자의 다툼을 방지하고, 대주가 차용금액보다 훨씬 작은 가치의 유가증권 등을 교부하여 폭리를 취하지 못하도록 하기 위한 조치이다. 그리고 이 규정($\frac{606}{조}$)은 강행규정이며, 그에 위반한 당사자의 약정으로서 차주에게 불리한 것은 어떠한 명목이라도 효력이 없다($\substack{608 \\ 조}$).

2. 소비대차의 실효와 해제에 관한 특칙

(1) 대주가 목적물을 차주에게 인도하기 전에 당사자 일방이 파산선고를 받은 때에는 소비대차는 그 효력을 잃는다($\substack{599 \\ 조}$). 이는 대주가 파산선고를 받으면 대주의 재산이 파산재단에 속하게 되어 소비대차가 그대로 실현되기가 어려워지고, 차주가 파산선고를 받으면 차주의 완전한 반환을 기대하기 어렵기 때문에 둔 규정이다($\substack{대판 2021. 10. 28, 2017다224302 \\ 는 사정변경의 취지로 이해한다}$).

일부 견해는 차주의 재산상태가 아주 악화된 경우에는 청약(또는 승낙)의 철회권이나 이행의 거절권을 인정하는 것이 신의칙에 부합할 것이라고 한다($\substack{곽윤직, \\ 176면; 김}$ 주수, 255면; 김형배, 538면; 이은영, 368면). 그러나 사정변경의 원칙에 기하여 해제권을 인정할 수는 있겠지만($\substack{곽윤직, 176면; \\ 김형배, 538면}$), 법적 근거 없이 다른 권리를 인정할 수는 없다. 입법론으로는 독일민법 제490조처럼 일정한 경우에 인도 후에도 해지할 수 있도록 하는 것이 바람직하다. 우리 판례는, 민법 제 2 조 제 1 항, 제536조 제 2 항, 제599조의 내용과 그 입법취지에 비추어 보면, 금전소비대차계약이 성립된 이후에 차주의 신용불안이나 재산상태의 현저한 변경이 생겨 장차 대주의 대여금반환청구권 행사가 위태롭게 되는 등 사정변경이 생기고 이로 인하여 당초의 계약내용에 따른 대여의무를 이행케 하는 것이 공평과 신의칙에 반하게 되는 경우에 대주는 대여의무의 이행을 거절할 수 있다고 한다($\substack{대판 2021. 10. 28, \\ 2017다224302}$).

(2) 이자 없는 소비대차의 당사자는 목적물의 인도 전에는 언제든지 계약을 해제할 수 있다($\substack{601조 \\ 본문}$). 무이자 소비대차는 차주의 이익만을 위한 것이기 때문에 이와 같이 규정하고 있다. 다만, 무이자 소비대차라고 할지라도 대주의 해제에 의하여 차주가 손해를 입어서는 안 되므로, 민법은 차주에게 손해가 생긴 때에는 대주가 손해를 배상하여야 한다고 규정한다($\substack{601조 \\ 단서}$).

[117] **Ⅲ. 소비대차의 효력**

1. 대주의 의무

(1) 목적물의 소유권을 이전하여 이용하게 할 채무

대주는 차주에게 목적물의 소유권을 이전하여 소비의 방법으로 그것을 이용할 수 있게 할 채무를 부담한다. 제598조는 소유권이전의무만 규정하나, 소비대차가 대차형 계약이므로 이와 같이 설명하여야 한다. 그리고 소유권을 이전하여야 하므로, 목적물인 금전이나 다른 대체물이 동산인 때에는 인도를 하여야 하고, 금전대차의 경우에 유가증권을 인도할 때($^{606조}_{참조}$)에는 교부를 하여야 한다.

(2) 담보책임

1) 이자부 소비대차의 경우 이자 있는 소비대차의 목적물에 하자가 있는 때에는 제580조 내지 제582조의 규정을 준용한다($^{602조}_{1항}$). 따라서 담보책임이 생기려면, 먼저 목적물에 하자가 있어야 하고, 차주는 선의·무과실이어야 한다($^{602조\ 1항·580조\ 1}_{항\ 단서·581조\ 1항}$). 담보책임의 내용은 ① 하자로 인하여 계약의 목적을 달성할 수 없는 경우에는 계약을 해제하면서 손해배상을 청구할 수 있고($^{통설도\ 같음.\ 그러나\ 김형배}_{541면은\ 이때도\ 완전물급부}$ $^{청구권만}_{있다고\ 한다}$), ② 기타의 경우에는 손해배상을 청구할 수 있으며($^{602조\ 1항·580조\ 1항\ 본}_{문·581조\ 1항·575조\ 1항}$), ③ 계약해제 또는(및) 손해배상청구를 하지 않고 하자 없는 물건(완전물)의 교부를 청구할 수 있다($^{602조\ 1항·}_{581조\ 2항}$). 그리고 이러한 차주의 권리는 6개월의 제척기간에 걸린다($^{602조\ 1항·}_{582조}$).

2) 무이자 소비대차의 경우 이 경우에는 대주가 목적물에 하자가 있음을 알면서 차주에게 고지(告知)하지 않은 때에만 대주의 담보책임이 생긴다($^{602}_{조2}$ $^{항}_{단서}$). 담보책임의 내용은 이자부 소비대차에 있어서와 같다.

[118] ### 2. 차주의 의무

(1) 목적물반환의무

차주는 그가 빌려 쓴 금전 기타의 대체물을 반환시기가 도래하면 반환하여야 할 의무가 있다. 이 반환의무는 대주로부터 목적물의 인도를 받은 때에 성립한다고 할 것이다($^{같은\ 취지:\ 김증한,}_{187면;\ 김형배,\ 542면}$).

1) 반환할 물건 차주는 원칙적으로 대주로부터 받은 것과 동종·동질·

동량의 물건으로 반환하여야 하나($^{598}_{조}$), 여기에는 예외가 있다.

(가) **대물대차의 경우**　　　이 경우에는 금전에 갈음하여 인도되는 물건의 인도 시의 가액을 차용액으로 하는데($^{606}_{조}$), 반환도 그 차용액만큼 하면 된다($^{이설}_{없음}$).

(나) **대물변제예약의 경우**

(a) 개　　　설　　　채권의 당사자 사이에 본래의 급부에 갈음하여 다른 급 부를 하기로 예약하는 경우가 있다. 이를 대물변제예약이라고 한다. 이 대물변제 예약은 채무이행의 대용이라는 본래의 목적으로보다는, 특히 금전소비대차에 있 어서 채권담보의 목적으로 많이 이용되어 왔다. 즉 금전소비대차를 하면서 차주 의 채무불이행이 있으면 특정한 물건($^{부동}_{산 등}$)의 소유권을 이전하기로 하는 예약을 체결하는 것이다. 그때 장차 대주가 취득할 소유권이전청구권 보전의 가등기를 해 두는 것이 일반적이다.

이러한 대물변제예약이 행하여지는 경우에는 대주가 폭리를 취하는 수가 많 다. 그 때문에 민법은 제607조에서 대물변제예약의 경우에는 「그 재산의 예약 당 시의 가액이 차용액 및 이에 붙인 이자의 합산액을 넘지 못한다」고 하고, 제608 조에서 그에 「위반한 당사자의 약정으로서 차주에 불리한 것은 환매 기타 여하한 명목이라도 그 효력이 없다」고 규정한다. 그런가 하면 이들 규정만으로 불충분하 다고 하여 대물변제예약과 함께 가등기(또는 가등록)를 한 때($^{그 외에 양도담}_{보도 규율함}$)에 엄격한 청산절차를 거치도록 하는 내용의 가등기담보법을 제정·시행하고 있다.

(b) 법적 규제　　　대물변제예약은 여러 가지 모습의 것이 있다. 우선 채권 담보의 목적에 의한 것이 있는가 하면, 채무이행을 대신하기 위한 것도 있다. 그 리고 대물변제예약과 함께 소유권 등의 이전청구권 보전의 가등기(또는 가등록)를 한 경우가 있는가 하면($^{이는 부동산·일부 동산·일부}_{권리가 목적인 때에 할 수 있다}$), 그렇지 않은 경우도 있다. 또한 목 적물의 예약 당시의 가액이 차용액 및 이에 붙인 이자의 합산액을 넘는 때가 있 는가 하면, 그에 미달하는 때도 있다.

이들 가운데 대물변제예약이 채권담보의 목적으로 행하여지고, 가등기(또는 가등록)가 되어 있으며, 예약 당시의 가액이 차용액 및 이에 붙인 이자의 합산액 을 넘는 때에는, 제607조·제608조에 의하여 그 예약은 무효로 되고($^{판}_{례}$) 거기에는 가등기담보법이 적용된다. 그에 비하여 대물변제예약이 채권담보의 목적으로 행 하여지지 않았거나, 설사 목적물이 부동산일지라도 소유권이전청구권 보전의 가등기(또는 가등록)를 하지 않은 경우($^{대판1999. 2. 9,}_{98다51220}$), 또는 예약 당시의 가액이 차용액 및 그 이자의 합산액에 미달하는 경우에는($^{물권법}_{[254] 참조}$), 가등기담보법이 적용되지 않으며, 오직 제607조·제608조에 의하여서만 법률관계가 결정된다.

(c) 제607조·제608조의 내용　　대물변제예약이 있는 경우의 법률관계 가운데 가등기담보법이 적용되는 때에 있어서의 구체적인 내용은 물권법 부분에서 자세히 살펴보았다($^{물권법}_{[252] 이하}$). 그리하여 여기서는 그 외의 내용 가운데 주요한 것만을 정리하기로 한다.

판례는, 제607조·제608조는 소비대차계약 또는 준소비대차계약에 의하여 차주가 반환할 차용물에 관하여 대물변제의 예약이 있는 경우에만 적용되고 ($^{대판 1962. 5. 24, 62다67; 대판 1964. 9. 22, 64다548; 대판 1967. 10. 31,}_{67다1990; 대판 1992. 10. 9, 92다13790; 대판 1997. 3. 11, 96다50797}$), 널리 유상행위에 수반하여 예약이 있는 경우에 적용되는 것이 아니라고 한다($^{대판 1965. 9. 21,}_{65다1302}$). 구체적으로 대물변제($^{대판 1968. 1. 31, 67다2227;}_{대판 1992. 2. 28, 91다25574}$), 계(契)의 청산관계로 부담하게 된 채무를 변제하기 위하여 대물변제예약이 이루어진 경우($^{대판 1968. 11. 26,}_{68다1468 · 1469}$), 경매($^{대결 1980. 3. 21,}_{80마77}$)에는 제607조·제608조가 적용되지 않는다고 한다($^{판례는 이런 태도를 가등기담보법에서}_{도 유지하고 있다. 물권법 [254] 참조}$).

또한 판례는, 채무자가 채권자에 대하여 소비대차 등으로 인한 채무를 부담하고 이를 담보하기 위하여 대물변제의 예약을 한 후에 다시 같은 채권자로부터 추가로 채무를 지게 되는 경우에는, 그 추가채무에 관하여 별도의 담보제공이 있었거나 반대의 특약이 있다는 등의 특별한 사정이 없는 한, 추가되는 채무 역시 기왕에 한 대물변제예약의 대상이 되는 채무 범위에 포함된다고 볼 것이라고 한다($^{대판 1989. 4. 11, 87다카992; 대판 2010. 4. 29, 2009다16896.}_{매매예약에 관하여 같은 취지: 대판 1985. 12. 24, 85다카1362}$).

제607조에 있어서 목적물의 가액이 차용액과 그 이자의 합산액을 넘는지 여부는 예약 당시를 기준으로 하여야 하며, 소유권이전 당시를 기준으로 할 것이 아니다($^{대판 1996. 4. 26,}_{95다34781}$). 그리고 여기의 이자는 변제기까지의 것이고 그 후의 지연손해금은 포함되지 않는다($^{대판 1966. 5. 31,}_{66다638}$).

대물변제예약에 있어서 대신 급부하기로 한 목적물에는 제한이 없다. 따라서 부동산·동산뿐만 아니라 기타의 권리($^{재산}_{권}$)도 목적이 될 수 있다($^{채권이 목적인 예:}_{대판 2002. 7. 9,}$ $^{2001다}_{46761}$).

대물변제예약이 제607조에 위반하는 때에는 효력이 없게 된다($^{608}_{조}$). 그런데 그 자세한 의미가 무엇인지 문제된다. 여기에 관하여 현재의 판례는, 예약이 효력이 없는 경우라도 특별한 사정이 없으면 당사자 사이에 정산절차를 밟아야 하는 약한 의미의 양도담보계약(소유권이 대외적으로만 이전하는 양도담보)을 함께 맺은 취지로 보아야 할 것이라고 한다(물권법[217] 참조). 생각건대 여기서 효력이 없다는 것은 전면적인 무효가 아니고 초과부분을 채무자에게 반환하여 청산하여야 한다는 의미라고 새겨야 한다(같은 취지: 곽윤직(신정판), 316면; 김형배, 547면. 학설과 사견의 자세한 점은 물권법 [217] 참조). 그래야 가등기담보와도 균형을 이룰 수 있기 때문이다(가등기담보는 청산을 하여야 함).

　청산 내지 정산을 하는 경우에 그 방법에는 귀속(취득)정산(채권자가 재산권을 취득하고 초과가치를 반환하는 방법)과 처분정산(채권자가 제3자에게 매각하여 잉여가치를 반환하는 방법)의 두 가지가 있는데, 당사자 사이에 특별한 약정이 없으면 — 가등기담보법의 적용이 없는 양도담보에서처럼(물권법[272] 참조) — 채권자는 어느 방법이든 자유롭게 선택할 수 있다고 할 것이다(그러나 곽윤직(신정판), 316면은 처분정산이, 김형배, 549면은 귀속정산이 타당하다고 한다).

〈판 례〉

　(ㄱ)「대물변제의 예약이나 분양계약 등은 낙성계약이므로 그 계약서의 작성일자가 불분명하다거나 소급하여 작성되었다고 하여 그 계약의 성립 자체가 부정되어야만 하는 것은 아니다.」(대판 2010. 4. 29, 2009다16896)

　(ㄴ)「민법 제607조, 제608조에 위반된 대물변제의 약정은 대물변제의 예약으로서는 무효가 되지만 약한 의미의 양도담보를 설정하기로 하는 약정으로서는 유효하되, 다만 그에 기한 소유권이전등기를 미처 경료하지 아니한 경우에는 아직 양도담보가 설정되기 이전의 단계이므로 가등기담보 등에 관한 법률 제3조 소정의 담보권 실행에 관한 규정이 적용될 여지가 없는 한편, 채권자는 양도담보의 약정을 원인으로 하여 담보목적물에 관하여 소유권이전등기 절차의 이행을 청구할 수 있다.」(대판 1999. 2. 9, 98다51220)

　(ㄷ)「채무자가 채권자 앞으로 차용물 아닌 다른 재산권을 이전한 경우에 있어 그 권리의 이전이 채무의 이행을 담보하기 위한 것이 아니고 그 채무에 갈음하여 상대방에게 완전히 그 권리를 이전하는 경우 즉 대물변제의 경우에는 가사 그 시가가 그 채무의 원리금을 초과한다고 하더라도 민법 제607조, 제608조가 적용되지 아니」한다(대판 1992. 2. 28, 91다25574).

　(ㄹ)「민법 제607조의 규정취지는 대주(貸主)가 차주(借主)로부터 채권의 원리금 합산액(이하 채권액이라고 한다)을 상회하는 가액의 재산을 대물반환받음으로써 채권액을 초과하여 이득을 보는 것을 허용치 않으려는 데에 있으므로 위 법조에서 말하는 재산의 가액은 대주의 이득으로 귀속될 것이 명백한 가액을 뜻한다고 볼 것이다. 그러므로 이 사건에서와 같이 차주의 재산에 제3자 앞으로 선순위 근저당권이 설정되어 있는 경우

에는 위 재산가액 중 근저당권자의 우선변제권 있는 현존 피담보채무액 상당부분은 대주의 이득으로 귀속될 것이 명백하다고 할 수 없으므로, 차주가 그 피담보채무를 인수한 여부에 관계없이 위 피담보채무액을 공제한 가액을 민법 제607조에서 말하는 재산가액으로 보는 것이 타당하다.」(대판 1991. 2. 26,
90다카24526)

[119]　　(대) **하자 있는 물건을 받은 경우**　　　민법은 무이자 소비대차의 경우에 관하여, 차주가 하자 있는 물건을 받은 때에는 같은 품질의 물건을 반환하여도 좋지만 하자 있는 물건의 가액(이행지 및 이
행기의 가액)으로 반환할 수 있다고 규정한다(602조 2항 본문. 하자 있
는 물건을 구하기 어려울 것을 염려하여 일종의 임의채권(채권법
총론 [57]·[58] 참조)을 인정한 것이다). 그러나 이는 이자부 소비대차의 경우에도 ─ 차주가 완전물급부청구권을 행사하지 않는 한 ─ 인정되어야 한다(이설
없음).

　　(래) **반환불능의 경우**　　　차주가 대주로부터 받은 물건과 동종·동질·동량의 물건을 반환할 수 없는 때에는, 그는 불능으로 된 때의 시가(市價)로 반환하여야 한다(604조
본문). 그러나 특정한 종류의 통화 또는 외화로 반환하여야 하는 경우에 그 종류의 통화가 강제통용력을 잃은 때에는 차주는 다른 통화로 반환하여야 하며, 그 종류의 통화의 시가로 반환할 수 없다(604조 단서·376
조·377조 2항).

　　2) 반환시기

　　(가) **반환시기의 약정이 있는 경우**　　　당사자가 반환시기를 약정하고 있는 경우에는, 차주는 약정시기에 반환하여야 한다(603조
1항). 반환시기가 정하여져 있는 경우에도 일정한 사유(채권법총론
[68] 참조)가 있는 때에는 차주는 기한의 이익을 상실하며, 대주는 즉시 이행을 청구할 수 있다(388
조). 그리고 기한의 이익은 상대방의 이익을 해하지 않는 범위 안에서 포기할 수 있다(153조
2항). 따라서 무이자 소비대차의 차주는 언제든지 반환할 수 있고, 이자부 소비대차에 있어서는 기한의 이익이 차주에게만 있으면 변제시까지의 이자만을 붙여서 반환하면 되나, 기한의 이익이 대주에게도 있는 때에는 이행기(변제시
가 아님)까지의 이자를 붙여서 기한 전에 반환할 수 있다.

　　(나) **반환시기의 약정이 없는 경우**　　　이 경우에는 대주는 상당한 기간을 정하여 반환을 최고(이는 소장의 송달로도 할 수 있다. 대판 1963.
5. 9, 63다131; 대판 1969. 1. 28, 68다2313)하여야 한다(603조 2
항 본문). 그리고 그 기간이 경과하여야 지체책임을 물을 수 있다(채권법총론
[67] 참조). 그러나 차주는 언제든지 반환할 수 있다(603조 2
항 단서). 그리하여 이자부 소비대차의 차주도 언제라도 그때까지의 이자를 붙여 반환할 수 있다.

(2) 이자지급의무(이자부 소비대차의 경우)

소비대차를 하면서 이자를 지급하기로 약정한 경우($^{이자부}_{소비대차}$)에는 차주는 이자를 지급하여야 한다. 이율은 이자제한법($^{및 대부}_{업법}$)의 제한을 넘지 않는 범위 내에서 자유롭게 정할 수 있으며($^{이자의 제한에 대하여는}_{채권법총론 [49] 이하 참조}$), 이자지급 약정만 하고 이율을 정하지 않은 때에는 법정이율에 의한다($^{민사상 연 5푼(379조), 상}_{사상 연 6푼(상법 54조)}$).

이자는 차주가 목적물의 인도를 받은 때($^{자기앞수표는 현금과 같이 취급되므로, 그것이 교}_{부된 때부터 이자가 발생한다. 대판 2003. 5. 16,}$ $^{2002다}_{65745}$)로부터 계산하여야 하나, 차주가 그의 책임있는 사유로 수령을 지체할 때에는 대주가 이행을 제공한 때로부터 이자를 계산하여야 한다($^{600}_{조}$).

(3) 담보제공의무

소비대차를 하면서 대주가 그의 반환채권($^{원본 및}_{이자}$)을 확보하기 위하여 차주에게 담보($^{물적 담보 ·}_{인적 담보}$)를 제공하도록 하는 경우가 있다. 그러한 경우에는 차주는 담보제공의무를 이행하여야 한다.

Ⅳ. 준소비대차(準消費貸借)   [120]

1. 의   의

계약당사자 쌍방이 소비대차에 의하지 않고 금전 기타의 대체물을 지급할 의무가 있는 경우에 당사자가 그 목적물을 소비대차의 목적으로 할 것을 약정한 때에는 소비대차의 효력이 있다($^{605}_{조}$). 이를 준소비대차라고 한다. 매매계약의 당사자가 매매대금채무를 소비대차로 하기로 합의한 때가 그 예이다. 준소비대차는 기존채무를 소멸시키고 신채무를 성립시키는 계약인 점에서 경개와 같지만, 두 채무 사이에 동일성이 있는 점에서 경개와 차이가 있다($^{준소비대차와 경개의 구별에 관}_{하여 대판 2003. 9. 26, 2002다}$ $^{31803 · 31810; 대판 2006. 12. 22,}_{2004다37669도 참조}$).

〈판 례〉

「준소비대차는 기존채무를 소멸하게 하고 신채무를 성립시키는 계약인 점에 있어서는 경개와 동일하지만 경개에 있어서는 기존채무와 신채무 사이에 동일성이 없는 반면, 준소비대차에 있어서는 원칙적으로 동일성이 인정된다는 점에서 차이가 있는 것인바, 이때 신채무와 기존채무의 소멸은 서로 조건을 이루어, 기존채무가 부존재하거나 무효인 경우에는 신채무는 성립하지 않고 신채무가 무효이거나 취소된 때에는 기존채무는 소멸하지 않았던 것이 되는 것이고, 기존채무와 신채무의 동일성이란 기존채무에 동반한 담보권, 항변권 등이 당사자의 의사나 그 계약의 성질에 반하지 않는 한 신채무에도 그대로 존속한다는 의미라고 할 것이다.

그렇다면 앞서 본 바와 같은 소외 회사들과 피고 사이의 준소비대차 약정에 의하여 일반분양대금 정산채무(이하 '기존채무'라 한다)는 10억원의 범위에서 소멸하고 대여금채무(이하 '신채무'라 한다)가 성립되었다고 할 것인데, 그에 앞서 원고가 기존채무에 대하여 채권가압류를 마친 이 사건에서 위 준소비대차 약정은 가압류된 채권을 소멸하게 하는 것으로서 원고의 채권가압류의 효력에 반한다고 할 것이므로, 가압류의 처분제한의 효력에 따라 소외 조합들과 피고는 위 준소비대차의 성립을 가압류채권자인 원고에게 주장할 수는 없고, 다만 소외 조합들과 피고 사이에서는 유효하다고 볼 수 있을 따름이라고 할 것이다.」(대판 2007. 1. 11, 2005다47175)

2. 성립요건

(1) 준소비대차가 성립하려면 당사자 사이에 금전 기타의 대체물의 급부를 목적으로 하는 채무가 존재하고 있어야 한다(대판 2024. 4. 25, 2022다254024). 그 채무가 소비대차에 의하여 생긴 것이라도 무방하다(통설·판례도 같음. 대판 1994. 5. 13, 94다8440)(605조가 「소비대차에 의하지 아니하고」라고 한 것은 보통의 경우를 규정한 것이라고 이해하여야 한다). 기존채무가 부존재이거나 무효이면 준소비대차는 성립하지 않는다(대판 1962. 1. 18, 4294민상493(신채무가 불성립이라고 함); 대판 2024. 4. 25, 2022다254024). 그리고 준소비대차계약의 채무자가 기존 채무의 부존재를 주장하는 이상 채권자로서는 기존 채무의 존재를 증명할 책임이 있다(대판 2024. 4. 25, 2022다254024).

(2) 「기존채무의 당사자가」(대판 2002. 12. 6, 2001다2846) 그 채무의 목적물을 소비대차의 목적으로 한다는 합의를 하여야 한다.

〈판 례〉

「현실적인 자금의 수수 없이 형식적으로만 신규대출을 하여 기존채무를 변제하는 이른바 대환은 특별한 사정이 없는 한 형식적으로는 별도의 대출에 해당하나, 실질적으로는 기존채무의 변제기 연장에 불과하므로, 그 법률적 성질은 기존채무가 여전히 동일성을 유지한 채 존속하는 준소비대차로 보아야 하고, 이러한 경우 채권자와 보증인 사이에 사전에 신규 대출 형식에 의한 대환을 하는 경우 보증책임을 면하기로 약정하는 등의 특별한 사정이 없는 한 기존채무에 대한 보증책임이 존속된다.」(대판 2002. 10. 11, 2001다7445; 대판 2012. 2. 23, 2011다76426)

3. 효   력

준소비대차는 소비대차의 효력이 생긴다($^{605}_{조}$). 그리하여 기존채무는 소멸하고 소비대차에 의하여 신채무가 성립한다. 그리고 기존채무와 신채무는 원칙적으로 동일성이 있으므로($^{대판\ 1989.\ 6.\ 27,\ 89다카2957;\ 대판\ 2003.\ 9.\ 26,}_{2002다31803\cdot31810;\ 대판\ 2007.\ 1.\ 11,\ 2005다47175}$), 기존채무에 관하여 존재하는 담보권($^{대판\ 1994.\ 5.\ 13,}_{94다8440}$)·보증($^{대판\ 2002.\ 10.\ 11,\ 2001}_{다7445:\ 대환의\ 경우}$)과 동시이행의 항변권은 그대로 존속한다고 할 것이다($^{다른\ 특약이\ 있을}_{경우에는\ 다름}$). 그러나 소멸시효는 언제나 신채무를 기준으로 한다. 따라서 신채권을 행사할 수 있을 때($^{가령\ 신채무}_{의\ 변제기}$)부터 진행하고, 그 기간은 신채무의 객관적 성질에 의하여 결정된다($^{예:\ 대판\ 1981.\ 12.\ 22,}_{80다1363}$).

제 5 절 사용대차

I. 사용대차의 의의 및 법적 성질 [121]

1. 의   의

사용대차는 당사자 일방(대주)이 상대방(차주)에게 무상으로 사용·수익하게 하기 위하여 목적물을 인도할 것을 약정하고, 상대방은 이를 사용·수익한 후 그 물건을 반환할 것을 약정함으로써 성립하는 계약이다($^{609}_{조}$). 그런데 사용대차가 반드시 사용·수익을 하게 하는 것인가에 관하여는, 사용대차의 경우에는 통상적으로는 사용만이 인정되는 것이고 수익까지 인정되려면 오히려 별도의 특약이 있어야만 하지 않을까라는 의견($^{양창수,\ 민법연}_{구(8),\ 123면}$)이 있다. 일리 있는 견해라고 생각된다.

사용대차는 무상이라는 점에서 임대차와 다르고, 차용물 자체를 그대로 반환하는 점에서 임대차와 같고 소비대차와 다르다. 오늘날 사용대차의 의미는 별로 없다.

2. 법적 성질

사용대차는 낙성·편무($^{불완전}_{쌍무}$)·무상계약이다.

Ⅱ. 사용대차의 성립

사용대차는 낙성계약이어서 대주와 차주가 — 위 의의에서 언급한 사항에 관하여 — 합의하면 곧바로 성립한다. 그 목적물은 물건이면 되고$\binom{권리는}{아님}\binom{반대 견해: 김}{상용, 268면}$, 동산인지 부동산인지$\binom{다만 농지의 사용대차는 원칙}{적으로 금지된다. 농지법 23조}$, 대체물인지 부대체물인지는 묻지 않는다. 그리고 대주의 소유에 속하는 경우는 물론 제 3 자 또는 차주의 소유에 속하여도 무방하다. 사용대차는 무상이나, 부담$\binom{예: 공조(公租)\cdot}{공과(公課)의 부담}$을 지울 수는 있다.

사용대차의 당사자는 대주가 목적물을 인도하기 전에는 언제든지 계약을 해제할 수 있다. 그러나 상대방에게 손해가 생긴 때에는 이를 배상하여야 한다$\binom{612조\cdot}{601조}$.

[122] ## Ⅲ. 사용대차의 효력

1. 대주의 의무

(1) 사용·수익 허용의무

대주는 차주에게 목적물을 인도하여 사용·수익을 하게 할 의무가 있다. 대주의 이 의무(용익 허용의무)는 임대차에서처럼 사용·수익에 적합한 상태를 마련해 주어야 할 적극적 의무가 아니고 정당한 용익을 방해하지 않을 소극적 의무에 지나지 않는다$\binom{611조 1}{항 참조}$. 사용대차는 무상이기 때문이다.

(2) 담보책임

대주의 담보책임에 관하여는 제559조$\binom{증여자의}{담보책임}$가 준용된다$\binom{612조.}{[76] 참조}$.

2. 차주의 권리·의무

(1) 목적물의 사용·수익권

차주는 계약 또는 차용물의 성질에 의하여 정하여진 용법으로 그 물건을 사용·수익할 권리$\binom{그 성질은}{채권임}$가 있다$\binom{610조}{1항}$. 그리고 차주는 대주의 승낙이 없으면 제 3 자에게 차용물을 사용·수익하게 하지 못한다$\binom{610조}{2항}$. 만약 차주가 이들을 위반한 때에는 대주는 계약을 해지할 수 있고$\binom{610조}{3항}$, 손해가 있으면 그 배상을 청구할 수 있다$\binom{617}{조}$. 이 손해배상청구권은 대주가 목적물을 반환받은 날로부터 6개월 내에 행사하여야 한다$\binom{617}{조}$. 그리고 판례에 따르면, 사용대차의 차주가 대주의 승낙이 없이 제 3 자에게 차용물을 사용·수익하게 한 때에는 대주는 계약을 해지하지 않고서도 제 3 자에 대하여 그 목적물의 인도를 청구할 수 있고, 사용대차에서 차주의 권리를 양도받은 자는 그 양도에 관한 대주의 승낙이 없으면 대주에게 대항할 수 없다고 한다(대판 2021. 2. 4, 2019다202795·202801. 같은 취지: 대판 1999. 5. 11, 98다61746).

〈판 례〉

「사용대차계약에 따라 사용차주는 목적물을 사용·수익할 권리를 취득하고 이를 위하여 사용대주에게 목적물의 인도를 구할 권리를 가진다고 할 것이지만, 나아가 사용차주에게 자신의 사용·수익을 위하여 소유자인 사용대주가 목적물을 처분하는 것까지 금지시킬 권능이 있다고 할 수는 없다.

위와 같은 법리 및 기록에 비추어 살펴보면, 사용대주인 피고에 대하여 원고의 사용차권의 존속기간 동안 이 사건 사용대차 건물부분의 처분금지를 구하는 원고의 이 부분 부작위청구를 배척한 원심의 판단은 정당」하다(대판 2007. 1. 26, 2006다60526).

(2) 차용물보관의무

차주는 선량한 관리자의 주의로 차용물을 보관하여야 한다($\frac{374}{조}$). 그리고 차주는 차용물의 통상의 필요비를 부담한다($\frac{611조}{1항}$). 그 밖의 비용에 대하여는 제594조 제 2 항(환매의 경우 의 비용상환)이 준용된다($\frac{611조}{2항}$)($\frac{[108]}{참조}$).

〈판 례〉

「사용대차에서 차주는 민법 제611조 제 2 항, 제594조 제 2 항, 민법 제203조 제 2 항에 따라 유익비상환을 청구할 수 있다. 그러나 종중이 종중원에게 종중 소유 토지를 무상으로 사용하도록 하는 사용대차계약이 묵시적으로 성립했다고 볼 수 있는 … 경우에는 사용·수익에 충분한 기간이 지나면 종중의 반환 요청을 받은 종중원이 유익비를 지출하였더라도 그 상환을 청구하지 않고 토지를 그대로 반환한다는 묵시적 약정이 포함되어 있다고 보는 것이 당사자의 진정한 의사에 부합한다.」(대판 2018. 3. 27, 2015다 3914·3921·3938)

(3) 차용물반환의무

사용대차가 종료하면 차주는 차용물 자체를 반환하여야 한다. 그때 차주는 원상에 회복하여야 하는데, 부속시킨 물건은 철거할 수 있다($\frac{615}{조}$).

(4) 공동차주의 연대의무

수인이 공동으로 물건을 차용한 때에는 연대하여 그 의무를 부담한다($\frac{616}{조}$).

Ⅳ. 사용대차의 종료

1. 존속기간의 만료

당사자가 계약의 존속기간을 정한 경우에는, 그 기간이 만료된 때에 사용대차는 종료하고, 차주는 그때 차용물을 반환하여야 한다($^{613조}_{1항}$). 당사자가 존속기간을 정하지 않은 경우에는, 계약 또는 차용물의 성질에 의한 사용·수익이 종료한 때에 사용대차는 종료하고, 차주는 그때 반환하여야 한다($^{613조 2}_{항 본문}$).

2. 대주 또는 차주의 해지

차주가 차용물을 정하여진 용법으로 사용·수익하지 않거나 대주의 승낙 없이 제 3 자에게 사용·수익하게 한 때에는 대주는 계약을 해지할 수 있다($^{610조}_{3항}$). 그리고 존속기간을 정하지 않은 사용대차에 있어서 사용·수익에 충분한 기간이 경과한 때에는 대주는 언제든지 계약을 해지할 수 있다($^{613조 2}_{항 단서}$). 이때는 현실로 사용·수익이 종료하였을 것이 필요하지 않다($^{대판 1978. 11. 28,}_{78사13}$). 여기서 사용·수익에 충분한 기간이 경과하였는지 여부는 제반사정을 종합적으로 고려하여 공평의 입장에서 대주에게 해지권을 인정하는 것이 타당한가의 여부에 의하여 판단하여야 한다($^{대판 1993. 11. 26, 93다36806; 대판 1995. 3. 14,}_{94다56371; 대판 2001. 7. 24, 2001다23669}$). 한편 차주가 사망하거나($^{대판 1993. 11. 26, 93다}_{36806은 건물의 소유를}$ 목적으로 하는 토지의 사용대차에 있어서는 대주가 차주의 사망사실을 사유로 들어 사용대차를 해지할 수 없다고 한다) 파산선고를 받은 때에는 대주는 계약을 해지할 수 있다($^{614}_{조}$).

차주는 다른 특약이 없으면 언제든지 계약을 해지할 수 있다($^{153조}_{참조}$).

3. 계약의 해제

앞에서 언급한 바와 같이, 목적물이 인도되기 전에는 당사자 모두 계약을 해제할 수 있다($^{[121]}_{참조}$).

제 6 절 임 대 차

I. 서   설

1. 임대차의 의의 및 성질

(1) 의의 및 사회적 작용

임대차는 당사자 일방(임대인)이 상대방(임차인)에게 목적물(임대물)을 사용·수익하게 할 것을 약정하고, 상대방이 이에 대하여 차임을 지급할 것을 약정함으로써 성립하는 계약이다($^{618}_{조}$). 임대차는 임차물 자체를 반환하여야 하는 점에서 소비대차와 다르고 사용대차와 같으며, 사용·수익의 대가를 지급하는 점에서 사용대차와 다르다.

임대차는 오늘날 물건을 소유하고 있지 않은 자가 타인의 물건($^{부동산·}_{동산}$)을 이용하는 가장 대표적인 수단이 되고 있으며, 따라서 그것은 매매와 함께 가장 중요한 전형계약이라고 할 수 있다.

(2) 법적 성질

임대차는 낙성·쌍무·유상·불요식의 계약이다.

2. 부동산임차권의 강화(물권화)

(1) 토지·건물과 같은 부동산은 공급이 무한할 수 없다. 그 결과 필요한 부동산을 소유하지 못한 자는 타인의 부동산을 사용하는 수밖에 없다. 이때 쓸 수 있는 방법에는 용익물권과 임대차의 두 가지가 있다. 이 가운데 용익물권의 경우에는 이용자의 권리($^{물}_{권}$)가 강하여 큰 걱정이 없다. 그에 비하여 임대차의 경우에는 그의 지위가 약하여($^{채}_{권}$) 문제이다. 특히 부동산의 공급은 적고 수요는 많을 때에는 소유자에게 유리한 내용으로 임대차계약이 체결될 가능성이 크다. 그런데 부동산의 임차인은 대체로 빌린 토지나 건물을 기반으로 하여 생활을 영위하고 있기 때문에, 그의 열악한 지위를 그대로 방치해서는 안 된다. 여기서 많은 나라들이 부동산임차인을 보호하는 규정을 민법이나 특별법에 두게 되었다. 그 내용은 — 모두는 아니지만 — 대부분이 물권에 대하여 인정되는 것들이다. 그리하여 학자들은 이를 가리켜 「부동산임차권의 물권화」 또는 「부동산임차권의 강화」라

고 한다.

부동산임차권 강화의 내용에는 여러 가지가 있으나, 보통 ① 대항력 강화 $\binom{\text{임차권을 가지고 제 3 자에}}{\text{게대항할 수 있도록 하는 것}}$, ② 침해배제$\binom{\text{제 3 자의 침해시}}{\text{침해배제 인정}}$, ③ 임차권의 자유처분 허용, ④ 존속기간의 보장을 든다.

(2) 우리나라에서도 부동산임차인을 보호하여야 할 필요성은 크다. 그리하여 민법은 의용민법에는 없던 규정들을 신설하면서까지 부동산임차인의 보호를 강화하였다$\binom{\text{예:}}{622조}$. 그러나 민법상의 부동산임차인 보호는 충분하지 않다$\binom{\text{대항력 강화만}}{\text{이 다소의 의미}}$ $\binom{\text{가 있을 뿐이다.}}{621조 · 622조 참조}$. 특히 주택난이 심각한 대도시에서의 주택임차인 보호는 대단히 미흡하다. 그 때문에 우리나라에서는 특별법으로「주택임대차보호법」을 제정하여, 주택임차인을 보호하고 있다. 그런가 하면 상가건물의 임차인을 보호하기 위하여「상가건물 임대차보호법」을 제정 · 시행하고 있다. 이 두 법의 내용에 대하여는 뒤에 자세히 설명한다$\binom{[148]\ \text{이하와}}{[163]\ \text{이하 참조}}$.

[124] ## Ⅱ. 임대차의 성립

1. 성립요건

임대차는 낙성계약이므로 임대인과 임차인 사이에 일정한 합의만 있으면 성립한다. 그 합의는 적어도 본질적인 구성부분인 목적물과 차임에 관하여는 반드시 있어야 한다.

2. 목 적 물

임대차의 목적물은 물건이며, 권리는 포함되지 않는다$\binom{\text{같은 취지: 곽윤직, 187면; 김주}}{\text{수, 276면. 반대 견해: 김상용,}}$ $\binom{290면; 김형배, 425}{\text{면; 이은영, 414면}}$. 권리가 객체인 경우에는 임대차와 유사한 무명계약이 성립한다고 할 것이다. 그리고 임대차에 있어서는 목적물 자체를 반환하여야 하기 때문에 물건 중「관리할 수 있는 자연력」$\binom{98조}{참조}$은 임대차의 목적물이 되지 못한다. 그러나 물건 자체를 반환할 수 있는 한 대체물 · 소비물이라도 목적물이 될 수 있다. 전시의 목적으로 금전을 유상으로 빌린 경우가 그 예이다.

부동산도 임대차의 목적물이 되나, 농지에 관하여는 특별법상 제한이 있다. 즉 농지법은 농지의 임대차를 원칙적으로 금지하고 일정한 경우에만 예외를 인정한다(같은 법 23조. 같은 법은 계약방법(서면계약을 원칙으로 함. 24조)·3년의 최단기간(24조의 2)·묵시적 갱신(25조)·임대인의 지위승계(26조)·편면적 강행규정(26조의 2) 등도 규정한다).

임대차에 있어서 소비대차와 달리 임대인은 목적물의 소유권을 임차인에게 이전할 의무가 없다. 임대차의 경우에는 임차인이 소비의 방법으로 사용하지 않기 때문이다. 따라서 임대인이 목적물에 대한 소유권이나 기타 그것을 처분할 권한을 반드시 가져야 하는 것이 아니다(통설·판례도 같음. 대판 1991. 3. 27, 88다카30702; 대판 1994. 5. 10, 93다37977; 대판 1996. 3. 8, 95다15087; 대판 1996. 9. 6, 94다54641).

〈리스(시설대여)계약〉

동산임대차의 특수한 것으로 「리스(lease)계약」이 있다. 리스계약은 미국에서 생겨나 우리나라를 포함하여 세계 여러 나라에서 많이 이용되고 있는 것으로서, 의료기기·사무기기와 같은 동산·설비를 비교적 장기로 대차하는 방법이다. 리스계약에 대하여는 과거에는 시설대여산업육성법(1973년. 이는 1991년에 시설대여업법으로 바뀜), 시설대여업법으로 규율하였으나, 지금은 그 법을 폐지(1997년)하고 「여신전문금융업법」에서 규율하고 있다. 그 법에서는 「리스」를 시설대여라고 표현한다(같은 법 2조 10호). 그런데 그 법은 대부분 공법적인 내용을 담고 있다. 그에 비하여 사법적인 내용은 최근에 개정된 상법이 정하고 있다. 2010. 5. 14. 상법 개정시에 신설된 상법 제 2 편(상행위) 제12장 「금융리스업」의 규정(상법 168조의 2-168조의 5)이 바로 그것이다.

리스계약은 형식에 있어서는 임대차이나 실질은 물적 금융이고 임대차와는 다른 여러 가지 특질이 있어 임대차에 관한 규정이 바로 적용되지는 않는다(대판 1986. 8. 19, 84다카503·504; 대판 1987. 11. 24, 86다카2799·2800; 대판 1994. 11. 8, 94다23388; 대판 1996. 8. 23, 95다51915). 한편 대법원은 구체적인 경우에, 시설대여계약은 법적 성격이 비전형계약으로서 민법의 임대차에 관한 규정이 적용되지 아니하는 점 및 시설대여 제도의 본질적 요청(금융적 성격) 등에 비추어, 시설대여회사의 하자담보책임을 제한하는 약정조항은 「약관의 규제에 관한 법률」 제 7 조 제 2 호·제 3 호에 해당하지 않아 무효가 아니라고 한 바 있다(대판 1996. 8. 23, 95다51915).

Ⅲ. 임대차의 존속기간 [125]

1. 계약으로 기간을 정한 경우

(1) 계약으로 정한 기간

임대차의 당사자가 그 존속기간을 계약으로 정한 경우에는 그 기간이 존속기간이 된다. 그 기간에 대하여는 제한이 없다(개정 전 651조 1항은 일정한 경우를 제외하고는 임대차의 최장기간을 20년으로 제한하였음). 그러나 그 기간을 「영구무한」으로 정할 수는 없다고 하여야 한다. 그런데 그러한 약정을 한 경우에 존속기간을 어떻게 해석하여야 하는지 문제이다. 그 경우에는 존속기간을 정하지 않은 것으로 이해할 수밖에 없을 것이다($\binom{그리하여\ 635조}{를\ 적용해야\ 함}$). 그에 비하여 판례는, 당사자들이 자유로운 의사에 따라 임대차기간을 영구로 정한 약정은 이를 무효로 볼 만한 특별한 사정이 없는 한 계약자유의 원칙에 의하여 허용된다고 한다($\binom{대판\ 2023.\ 6.\ 1,}{2023다209045}$). 그러면서 영구임대라는 임대차기간의 보장은 임대인에게는 의무가 되나 임차인에게는 권리의 성격을 갖는 것이므로 임차인으로서는 언제라도 그 권리를 포기할 수 있고, 그렇게 되면 임대차계약은 임차인에게 기간의 정함이 없는 임대차가 된다고 한다($\binom{대판\ 2023.\ 6.\ 1,}{2023다209045}$).

〈제651조 제 1 항의 위헌 결정과 제651조의 삭제〉

민법은 제정시부터 제651조 제 1 항에서 대부분의 임대차에 관하여 최장기간의 제한을 두고 있었다. 즉 석조·석회조·연와조 또는 이와 유사한 견고한 건물 기타 공작물의 소유를 목적으로 하는 토지임대차나 식목·채염(소금 채취)을 목적으로 하는 토지임대차의 경우를 제외하고는 임대차의 존속기간은 20년을 넘지 못하도록 하였으며($\binom{651조}{1항\ 1문}$), 당사자의 약정기간이 20년을 넘는 때에는 20년으로 단축하도록 하였다($\binom{651조}{1항\ 2문}$).

그런데 이 규정이 최근에 헌법재판소에서 위헌결정을 받았다($\binom{헌재\ 2013.\ 12.\ 26,}{2011헌바234}$). 이는 민법의 재산법에 관하여 내린 최초의 위헌결정이다. 헌법재판소는 그 결정에서, 제651조 제 1 항은 입법취지가 불명확하고, 대법원이 해석하는 바와 같이 사회경제적 효율성 측면에서 일정한 목적의 정당성이 인정된다 하더라도 과잉금지원칙을 위반하여 계약의 자유를 침해한다고 하였다. 이 결정에는 — 임대인의 계약자유를 침해하지 않는다는 — 3인의 재판관의 반대의견이 있다. 헌법재판소의 이 결정에는 의문이 있다. 계약의 자유에 대하여 과연 이런 정도로 세부적인 사항에 대하여도 그렇게 쉽게 위헌 결정을 하는 것이 옳은지, 설사 그렇다고 하여도 위의 규정이 위헌이라고 할 만한지 등에서 그렇다.

아무튼 법률조항에 위헌결정이 내려지면 그 조항은 결정이 내려진 날부터 효력을 상실하므로($\binom{헌법재판소법}{47조\ 2항\ 본문}$), 제651조 제 1 항은 2013. 12. 26.부터 효력을 잃게 되었다. 그 결과 이제 민법상 임대차계약은 어떤 것이든 최장기한의 제한이 없다.

한편 제651조 제 1 항에 대한 헌법재판소의 위헌 결정의 영향으로 민법이 개정되어 제651조 전체가 삭제되었다($\binom{2016.\ 1.\ 6.}{공포·시행}$). 제651조 제 1 항에 대하여만 위헌 결정이 내려졌지만, 그 규정을 삭제하여 임대차 존속기간의 제한을 폐지하는 경우에는 임대차 존속기간의 갱신 및 갱신기간의 상한을 규정한 제651조 제 2 항을 별도로 두는 것이 의미가 없어서 그 규정까지 삭제하게 되었다.

(2) 임대차의 갱신(기간의 연장)

민법은 존속기간을 계약으로 정한 임대차에 대하여 갱신을 인정하고 있는데, 민법이 정하는 갱신에는 계약에 의한 것과 법률에 의한 것($^{묵시의\ 갱신\ 또}_{는\ 법정갱신}$)의 두 가지가 있다.

1) 계약에 의한 갱신

㈎ **보통의 경우**　　당사자가 계약으로 정한 임대차의 존속기간은 갱신할 수 있다. 여기에 관하여는 명문규정이 없으나($^{개정\ 전\ 651조}_{2항\ 1문\ 참조}$), 계약자유의 원칙상 당연하다. 그리고 갱신된 임대차의 존속기간은 제한이 없으며($^{개정\ 전\ 651조\ 2항\ 2문은\ 10}_{년을\ 넘지\ 못한다고\ 하였음}$), 갱신 횟수에도 제한이 없다.

㈏ **일정한 목적의 토지임대차에 있어서의 계약갱신청구권과 지상시설의 매수청구권**

(a) 건물 기타 공작물의 소유 또는 식목 · 채염 · 목축을 목적으로 한 토지임대차의 기간이 만료한 경우에, 건물 · 수목 기타 지상시설이 현존한 때에는, 임차인은 계약의 갱신을 청구할 수 있다($^{643조 · 283}_{조\ 1항}$).

갱신청구권을 행사할 수 있으려면 임대차 기간이 만료하고 그때 건물 · 수목 기타의 지상시설이 현존하고 있어야만 한다($^{임차인의\ 채무불이행\ 등의\ 사유로\ 임대차계약이\ 해지된}_{경우에는\ 계약갱신청구권이\ 없다.\ 대판\ 1972.\ 12.\ 26,}$ $^{72다}_{2013}$). 임차인의 갱신청구권은 형성권이 아니고 청구권이다. 따라서 갱신청구에 의하여 갱신의 효과가 생기지는 않으며, 임대인이 그에 응하여 갱신계약을 체결하여야 갱신의 효과가 생긴다. 그리고 민법규정상 임차인이 그 권리를 행사하여도 임대인은 이를 거절할 수 있다($^{643조 · 283}_{조\ 2항\ 참조}$). 다만, 임대인이 거절하면 임차인은 다음에 설명하는 지상시설의 매수청구권을 행사할 수 있다($^{그\ 권리는}_{형성권이다}$).

(b) 임대인이 계약의 갱신을 원하지 않는 때에는 위 (a)의 토지임차인은 상당 　[126] 한 가액으로 건물 · 수목 기타 지상시설의 매수를 청구할 수 있다($^{643조 · 283}_{조\ 2항}$).

a) 민법규정상 이 매수청구권($^{지상시설\ 매수청구권\ 내}_{지\ 지상물\ 매수청구권}$)을 행사할 수 있는 것은 당사자가 정한 임대차의 기간이 만료되고 지상시설이 현존하는 경우에 한한다. 그런데 판례는 기간의 정함이 없는 임대차에 있어서 임대인의 해지통고에 의하여 임차권이 소멸한 경우에도 매수청구권을 인정한다($^{대판\ 1977.\ 6.\ 7,\ 76다2324;\ 대판\ 1995.\ 2.\ 3,\ 94}_{다51178 · 51185;\ 대판(전원)\ 1995.\ 7.\ 11,\ 94다}$ $^{34265;\ 대판\ 1995.\ 12.}_{26,\ 95다42195}$). 그리고 이때 임차인이 계약갱신청구를 했는지도 묻지 않는다($^{대판\ 2009.\ 11.\ 26,}_{2009다70012}$). 그에 비하여 토지임차인의 차임연체 등 채무불이행을 이유로 임대차계약이 해지된 경우에는 매수청구권이 없다($^{대판\ 1962.\ 10.\ 11,\ 62다496;\ 대판\ 1972.\ 12.\ 26,}_{72다2013;\ 대판\ 1997.\ 4.\ 8,\ 96다54249 · 54256;}$

대판 2003. 4. 22,
2003다7685 등).

b) 건물 등의 지상시설이 객관적으로 경제적 가치가 있는지 또는 임대인에게 소용이 있는지는 묻지 않는다(대판 2002. 5. 31, 2001다42080). 그리고 매수청구권의 대상이 되는 건물은 그것이 토지의 임대목적에 반하여 축조되고 임대인이 예상할 수 없을 정도의 고가의 것이라는 특별한 사정이 없는 한 임대차기간 중에 축조되었다고 하더라도 그 만료시에 그 가치가 잔존하고 있으면 그 범위에 포함되는 것이고, 반드시 임대차계약 당시의 기존건물이거나 임대인의 동의를 얻어 신축한 것에 한정되지 않는다(대판 1993. 11. 12, 93다34589). 또한 행정관청의 허가를 받은 적법한 건물이 아니라도 무방하다(대판 1997. 12. 23, 97다37753; 대판 2013. 11. 28, 2013다48364). 그런가 하면 종전 임차인으로부터 미등기 무허가건물을 매수하여 점유하고 있는 임차인은 특별한 사정이 없는 한 비록 소유자로서의 등기명의가 없어 소유권을 취득하지 못하였다 하더라도 임대인에 대하여 지상물매수청구권을 행사할 수 있는 지위에 있다(대판 2013. 11. 28, 2013다48364).

판례는, 제643조가 규정하는 매수청구의 대상이 되는 건물에는 임차인이 임차토지상에 그 건물을 소유하면서 그 필요에 따라 설치한 것으로서 건물로부터 용이하게 분리될 수 없고 그 건물을 사용하는 데 객관적인 편익을 주는 부속물이나 부속시설 등이 포함되는 것이지만, 이와 달리 임차인이 자신의 특수한 용도나 사업을 위하여 설치한 물건이나 시설은 이에 해당하지 않는다고 한다(대판 2002. 11. 13, 2002다 46003 · 46027 · 46010).

c) 지상시설이 건물 기타 공작물인 경우에는 토지임대차가 그것들의 소유를 목적으로 하였어야 한다. 따라서 노점상의 간이천막을 설치하기 위하여 토지를 임차한 경우에는 매수청구권이 없다(대판 1994. 4. 12, 93다37649). 화초의 판매용지로 임차한 자가 그 위에 비닐하우스를 설치한 때에도 같다(대판 1997. 2. 14, 96다46668 참조).

d) 건물에 저당권(또는 근 저당권)이 설정되어 있더라도 매수청구권을 행사할 수 있다(대판 1972. 5. 23, 72다341; 대판 2008. 5. 29, 2007다4356. 첫째의 판결은 대판(전원) 1995. 7. 11, 94다 34265 및 대판(전원) 1996. 3. 21, 93다42634에 의하여 변경되었으나, 이 부분에 대하여는 그렇지 않다). 그리고 판례는, 이러한 경우에도 그 건물의 매수가격은 건물 자체의 가격 외에 건물의 위치, 주변 토지의 여러 사정 등을 종합적으로 고려하여 매수청구권 행사 당시 건물이 현재하는 대로의 상태에서 평가된 시가 상당액을 의미하고, 여기에서 근저당권의 채권최고액이나 피담보채무액을 공제한 금액을 매수가격으로 정할 것은 아니며, 다만 매수청구권을 행사한 지상건물 소유자가 위와 같은 근저당권을 말소

하지 않는 경우 토지소유자는 제588조에 의하여 위 근저당권의 말소등기가 될 때까지 그 채권최고액에 상당한 대금의 지급을 거절할 수 있다고 한다($\overset{\text{대판 2008. 5. 29,}}{\text{2007다4356}}$).

e) 임차인 소유 건물이 임대인이 임대한 토지 외에 임차인 또는 제 3 자 소유의 토지 위에 걸쳐서 건립되어 있는 경우에 어떤 범위에서 매수청구를 할 수 있는가? 여기에 관하여 판례는 과거에는, 특별한 사정이 없는 한 매수청구를 할 수 없다는 것($\overset{\text{대판 1972. 5. 23,}}{\text{72다341}}$)과 인접한 임차인 소유 대지 위에 건립된 건물부분이 효용가치가 극히 적은 경우에 있어서 건물 전체에 대한 매수청구권을 인정한 것($\overset{\text{대판 1991. 3. 27,}}{\text{90다카20357}}$)이 있어서 통일되어 있지 않았다. 그런데 그 후 전원합의체 판결에 의하여 이들 판결을 모두 폐기하고, 그러한 경우에는「임차지 상에 서 있는 건물부분 중 구분소유의 객체가 될 수 있는 부분에 한하여 임차인에게 매수청구가 허용된다」고 하였다($\overset{\text{대판(전원) 1996. 3.}}{\text{21, 93다42634}}$).

f) 이 매수청구권은 지상시설의 소유자만이 행사할 수 있고, 따라서 건물을 신축한 토지임차인이 그 건물을 타인에게 양도한 경우에는 그 임차인은 매수청구권을 행사할 수 없다($\overset{\text{대판 1993. 7. 27,}}{\text{93다6386}}$). 그리고 매수청구권의 상대방은 원칙적으로 기간만료($\overset{\text{또는 해}}{\text{지통고}}$)로 인하여 임차권이 소멸할 당시의 토지소유자인 임대인이지만, 임대인이 제 3 자에게 토지를 양도하는 등으로 토지 소유권이 이전된 경우에는 임대인의 지위가 승계되거나 임차인이 토지소유자에게 임차권을 대항할 수 있다면($\overset{\text{건물에 관하여 보존등기가}}{\text{되어 있는 경우. 622조 참조}}$) 새로운 토지소유자를 상대로 위 매수청구권을 행사할 수 있다($\overset{\text{대판 2017. 4. 26, 2014다72449 · 72456. 같은 취지: 대}}{\text{판 1977. 4. 26, 75다348; 대판 1996. 6. 14, 96다14517}}$)($\overset{\text{대판 1994. 7. 29, 93다59717 · 59724는 임대인이 임차권 소}}{\text{멸 당시에 토지소유권을 상실한 경우에는「그에게」매수청구}}_{\text{권을 행사할}}$
$_{\text{수 없다고 한다}}$). 한편 토지소유자가 아닌 제 3 자가 토지 임대행위를 한 경우에는 제 3 자가 토지 소유자를 적법하게 대리하거나 토지 소유자가 제 3 자의 무권대리 행위를 추인하는 등으로 임대차계약의 효과가 토지 소유자에게 귀속되었다면 토지 소유자가 임대인으로서 지상물매수청구권의 상대방이 된다($\overset{\text{대판 2017. 4. 26,}}{\text{2014다72449 · 72456}}$). 그러나 제 3 자가 임대차계약의 당사자로서 토지를 임대하였다면, 토지소유자가 임대인의 지위를 승계하였다는 등의 특별한 사정이 없는 한 임대인이 아닌 토지소유자가 직접 지상물매수청구권의 상대방이 될 수는 없다($\overset{\text{대판 2017. 4. 26,}}{\text{2014다72449 · 72456}}$). 그리고 토지소유자가 아닌 제 3 자가 토지를 임대한 경우에 임대인은 특별한 사정이 없는 한 지상물매수청구권의 상대방이 될 수 없다($\overset{\text{대판 2022. 4. 14, 2020}}{\text{다254228 · 254235}}$).

g) 이 매수청구권은 그 행사에 특정한 방식이 요구되지 않는 것으로서 재판

상으로뿐만 아니라 재판 외에서도 행사할 수 있고, 그 행사시기에 대하여도 제한이 없으므로 임차인이 건물 매수청구권을 제 1 심에서 행사하였다가 철회한 후 항소심에서 다시 행사하여도 무방하다(대판 2002. 5. 31, 2001다42080). 그리고 판례는, 토지임차인이 건물의 매수청구권을 행사할 수 있음에도 불구하고 이를 행사하지 않은 채 토지의 임대인이 제기한 토지인도 및 건물철거소송에서 패소하여 그 패소판결이 확정되었다고 하더라도, 그 확정판결에 의하여 건물철거가 집행되지 않은 이상, 토지의 임차인은 건물 매수청구권을 행사하여 별소로써 임대인에 대하여 건물 매매대금의 지급을 구할 수 있다고 한다(대판 1995. 12. 26, 95다42195). 또한 임차인의 건물매수청구권이 인정되는 경우에는, 임대인의 건물철거 및 대지인도청구는 건물 매매대금의 지급과 상환으로 구하지 않으면 기각될 수밖에 없다고 한다(대판 2009. 11. 26, 2009다70012. 같은 취지: 대판 1995. 2. 3, 94다51178·51185).

h) 지상시설 매수청구권은 형성권이어서 그 권리가 행사되면 임대인과 임차인 사이에 지상시설에 관하여 매수청구권 행사 당시의 건물 시가를 대금으로 하는 매매가 성립하며, 임대인은 매수를 거절하지 못한다(통설·판례도 같음. 대판(전원) 1995. 7. 11, 94다34265; 대판 2024. 4. 12, 2023다309020·309037). 건물 매수청구권을 행사한 경우에 그 건물의 매수가격은 건물 자체의 가격 외에 건물의 위치·주변토지의 여러 사정 등을 종합적으로 고려하여 매수청구권의 행사 당시 건물이 현존하는 대로의 상태에서 평가된 시가이다(대판 1987. 6. 23, 87다카390; 대판 2002. 11. 13, 2002다46003; 대판 2024. 4. 12, 2023다309020·309037). 시가를 산정함에 있어서 그 건물에서 임차인이 영업을 하면서 얻고 있었던 수익까지 고려할 것은 아니다(대판 1997. 12. 23, 97다37753). 그리고 건물의 매수청구가 있으면 건물시가를 대금으로 하는 매매계약이 체결된 것과 같은 효과가 생길 뿐이므로, 임차인이 기존건물을 철거하고 새건물을 신축하기 위하여 지출한 비용을 임대인이 보상할 의무는 없다(대판 2002. 11. 13, 2002다46003). 한편 지상물 매수청구의 대상이 된 건물의 매수가격에 관하여 당사자 사이에 의사합치가 이루어지지 않았다면, 법원은 여러 사정을 종합적으로 고려하여 인정된 매수청구권 행사 당시의 건물 시가를 매매대금으로 하는 매매계약이 성립하였음을 인정할 수 있을 뿐, 그와 같이 인정된 시가를 임의로 증감하여 직권으로 매매대금을 정할 수는 없다(대판 2024. 4. 12, 2023다309020·309037. 매수청구권의 행사로써 곧바로 행사 당시의 건물 시가를 대금으로 하는 매매계약이 체결된 것과 같은 효과가 발생하므로).

토지임차인의 매수청구권 행사로 지상건물에 대하여 매매가 성립한 경우에, 토지임차인의 건물인도의무 및 그 소유권이전등기 의무와 토지임대인의 건물 대금지급의무는 서로 대가관계에 있는 채무이므로, 임차인은 임대인의 건물인도청구에 대하여 대금지급과의 동시이행을 주장할 수 있다($\frac{대판\ 1991.\ 4.\ 9,}{91다3260}$). 그리고 임차인이 그 의무를 모두 이행하지 않았다면 임대인에게 그 매매대금에 대한 지연손해금을 청구할 수 없다($\frac{대판\ 1998.\ 5.\ 8,}{98다2389}$).

〈판 례〉

(ㄱ) 대법원은 토지임대인이 임차인에 대하여 건물철거와 그 부지의 인도를 청구하자 임차인이 지상시설 매수청구권을 행사한 경우에 관하여, 「원고의 건물철거와 그 부지인도청구에는 건물 매수대금 지급과 동시에 건물명도를 구하는 청구가 포함되어 있다고 볼 수는 없다고 함이 당원의 견해」라고 한 뒤, 그러한 경우에 「법원으로서는 임대인이 종전의 청구를 계속 유지할 것인지, 아니면 대금지급과 상환으로 지상물의 명도를 청구할 의사가 있는 것인지($\frac{예비적으}{로라도}$)를 석명하고 임대인이 그 석명에 응하여 소를 변경한 때에는 지상물 명도의 판결을 함으로써 분쟁의 1회적 해결을 꾀하여야 한다」고 하였다($\frac{대판(전원)\ 1995.\ 7.\ 11,}{94다34265}$).

(ㄴ) 「건물 기타 공작물의 소유를 목적으로 한 토지임대차에 있어서 임차인이 그 지상건물 등에 대하여 민법 제643조 소정의 매수청구권을 행사한 후에 그 임대인인 토지의 소유자로부터 매수대금을 지급받을 때까지 그 지상건물 등의 인도를 거부할 수 있다고 하여도, 지상건물 등의 점유·사용을 통하여 그 부지를 계속하여 점유·사용하는 한 그로 인한 부당이득으로서 부지의 임료 상당액을 반환하여야 할 의무가 있다.」($\frac{대판\ 1997.\ 3.\ 14,\ 95다15728.\ 같은}{취지:\ 대판\ 2001.\ 6.\ 1,\ 99다60535}$)

(ㄷ) 「토지임대인과 토지임차인 사이에 임대차기간 만료시에 임차인이 지상건물을 양도하거나 이를 철거하기로 하는 약정은 특별한 사정이 없는 한, 민법 제643조 소정의 임차인의 지상물매수청구권을 배제하기로 하는 약정으로서 임차인에게 불리한 것이므로 민법 제652조의 규정에 의하여 무효라고 보아야 한다.」($\frac{대판\ 1998.\ 5.\ 8,}{98다2389}$)

(c) 계약의 갱신청구권과 지상시설의 매수청구권을 규정한 제643조는 강행규정이며, 그에 위반하는 약정으로서 임차인에게 불리한 것은 효력이 없다($\frac{즉\ 편면}{적\ 강행}$$\frac{규정}{이다}$)($\frac{652}{조}$). 여기서 임차인($\frac{또는}{전차인}$)에게 불리한 약정인지는, 우선 당해 계약의 조건 자체에 의하여 가려져야 하지만, 계약체결 경위와 제반사정 등을 종합적으로 고려하여 실질적으로 임차인 등에게 불리하다고 볼 수 없는 특별한 사정을 인정할 수 있을 때에는 강행규정에 저촉되지 않는 것으로 보아야 한다($\frac{대판\ 2011.\ 5.\ 26,}{2011다1231}$).

〈판 례〉

(ㄱ) 토지 임대인과 임차인 사이에 임대차기간 만료 후 임차인이 지상건물을 철거하

여 토지를 인도하고 만약 지상건물을 철거하지 아니할 경우에는 그 소유권을 임대인에게 이전하기로 한 약정은 민법 제643조 소정의 임차인의 지상물매수청구권을 배제키로 하는 약정으로서 임차인에게 불리한 것이므로 민법 제652조의 규정에 의하여 무효이다(대판 1991. 4. 23, 90다19695. 같은)(취지: 대판 1998. 5. 8, 98다2389).

(ㄴ) 「건물의 소유를 목적으로 한 토지의 임차인이 임대차가 종료하기 전에 임대인과 간에 건물 기타 지상시설 일체를 포기하기로 약정을 하였다고 하더라도 임대차계약의 조건이나 계약이 체결된 경위 등 제반사정을 종합적으로 고려하여 실질적으로 임차인에게 불리하다고 볼 수 없는 특별한 사정이 인정되지 아니하는 한 위와 같은 약정은 임차인에게 불리한 것으로서 민법 제652조에 의하여 효력이 없는 것」이다(대판 2002. 5. 31, 2001다42080. 같은)(취지: 대판 1993. 6. 22, 93다16130).

[127]   **2) 묵시의 갱신(법정갱신)**

(가) 임대차기간이 만료한 후 임차인이 임차물의 사용·수익을 계속하는 경우에, 임대인이 상당한 기간 내에 이의를 하지 않는 때(임대인이 소로써 임대건물의 철거와 대지의 인도를 청구하고 있으면 특별한 사정이 없는 한 그 후부터는 묵시의 갱신을 인정할 수 없다. 대판 1967. 1. 24, 66다2202)에는, 전 임대차와 동일한 조건으로 다시 임대차한 것으로 본다(639조 1항 본문). 다만, 존속기간은 약정이 없는 것으로 다루어져서 당사자는 언제든지 계약해지의 통고를 할 수 있고, 일정한 기간이 경과하면 해지의 효력이 생긴다(639조 1항 단서·635조). 이를 묵시의 갱신 또는 법정갱신이라고 한다.

(나) 묵시의 갱신이 되는 경우에는, 전 임대차에 대하여 제3자가 제공한 담보(여기의 담보는 질권·저당권·보증 등을 가리키고, 건물의 임차보증금채권이 양도되었을 경우까지도 포함되는 개념은 아니다. 대판 1977. 6. 7, 76다951)는 전 임대차기간이 만료된 때에 법률상 당연히 소멸한다(639조 2항)(639조 2항은 당사자들의 합의에 의하여 임대차기간이 연장된 경우에는 적용되지 않는다. 대판 2005. 4. 14, 2004다63293). 이 때 소멸하는 담보는 제3자가 제공한 것만이며, 당사자가 제공한 것은 소멸하지 않는다.

(다) 제639조는 제652조에 강행규정으로 열거되어 있지 않으나, 그 규정이 의용민법(같은 법 619조 참조)에서와 달리 의제규정으로 개정된 점을 고려할 때 강행규정이라고 새겨야 한다(같은 취지: 대판 1964. 12. 8, 64누62; 김형배, 505면;)(이은영, 430면. 반대 견해: 곽윤직, 197면).

[128]   **2. 계약으로 기간을 정하지 않은 경우**

(1) 임대차(위토경작계약은 임대차와 성질이 다르므로 거기에 635조는 적용되지 않으며(대판 1964. 7. 22, 63다1124), 경작자가 분묘수호 또는 제수준비의무를 불이행한 경우에 한하여 일반 계약해제 규정에 따라 해제할 수 있다(대판 1964. 5. 26, 63다984))의 당사자가 그 존속기간을 계약으로 정하지 않은 때는, 당사자(임대인·임차인 모두)는 언제든지 계약해지의 통고를 할 수 있고(635조 1항), 그 경우 해지의 효력은

상대방이 해지통고$\binom{\text{임대인의 건물철거소송의 제기 자체도 해지의 통고에 해당한}}{\text{다. 대판 1983. 9. 13, 83다카856; 대판 1984. 3. 27, 83다카841}}$를 받은 날로부터 일정한 기간이 경과한 후에 생긴다$\binom{635조}{2항}$. 그 기간을 해지기간이라고 하는데$\binom{[74]}{참조}$, 해지기간은 토지·건물 기타 공작물에 대하여는 임대인이 해지를 통고한 경우에는 6개월이고, 임차인이 해지를 통고한 경우에는 1개월이며, 동산에 대하여는 누가 해지통고를 하든 5일이다$\binom{635조\ 2항}{1호·2호}$.

(2) 당사자가 존속기간을 정하였을지라도 당사자 일방 또는 쌍방이 그 기간 내에 해지할 권리를 보류한 때에는 제635조가 준용된다$\binom{636}{조}$.

(3) 제635조는 편면적 강행규정이다$\binom{652}{조}$.

(4) 임대차계약이 해지의 통고로 종료된 경우에, 이전에 그 임대물이 적법하게 전대$\binom{[138]\ 이}{하\ 참조}$되었을 때에는, 임대인은 전차인에 대하여 그 사유를 통지하지 않으면 해지로써 전차인에게 대항하지 못한다$\binom{638조}{1항}$. 전차인이 임대인의 통지를 받은 때에는 제635조 제 2 항이 준용되어 통지를 받은 날로부터 일정기간이 경과한 후에 해지의 효력이 생긴다$\binom{638조}{2항}$. 이 규정도 강행규정이다$\binom{652}{조}$.

3. 단기임대차의 존속기간 [129]

(1) 임대차는 처분행위가 아니고 관리행위이어서 처분의 능력이나 권한이 없는 자도 이를 할 수 있다. 그러나 지나치게 장기로 임대차를 하는 것은 실질적으로는 처분행위와 같아지므로, 민법은 처분의 능력 또는 권한 없는 자에 대하여는 일정한 기간을 넘는 임대차를 금지하고 있다. 즉 그러한 자가 행한 임대차는, 식목·채염 또는 석조·석회조·연와조 및 이와 유사한 건축을 목적으로 한 토지의 임대차의 경우에는 10년$\binom{619조}{1호}$, 기타의 토지의 임대차의 경우에는 5년$\binom{619조}{2호}$, 건물 기타 공작물의 임대차의 경우에는 3년$\binom{619조}{3호}$, 동산의 임대차의 경우에는 6개월 $\binom{619조}{4호}$을 넘지 못한다. 이를 보통 「단기임대차」라고 한다.

(2) 「처분의 능력 또는 권한 없는 자」는 「관리능력은 있어도 처분능력은 없는 자」와 「관리권한은 있어도 처분권한은 없는 자」를 가리키는데, 민법상 전자에 해당하는 자는 없으며$\binom{\text{입법상의}}{\text{잘못이다}}$, 후자에 해당하는 자에는 부재자의 재산관리인$\binom{25}{조}$·권한이 정해져 있지 않은 대리인$\binom{118}{조}$·후견인$\binom{950조\cdot}{946조}$·상속재산관리인$\binom{1023}{조\ 2}$$_{\text{항·1047조 2항·}}$$_{\text{1053조 2항}}$) 등이 있다.

(3) 단기임대차의 기간은 계약으로 갱신할 수 있으나$\binom{620조}{본문}$, 그러려면 존속기

간이 만료될 때까지의 기간이 토지에 대하여는 1년, 건물 기타 공작물에 대하여는 3개월, 동산에 대하여는 1개월 이내에 있어야 하며, 그 이전에 갱신하지 못한다($^{620조}_{단서}$). 그리고 갱신되는 기간은 제619조가 정하는 것을 넘지 못한다.

(4) 처분권한 없는 자가 제619조가 정한 기간을 넘는 임대차를 한 경우의 효과는 권한을 정하는 법률규정에 따라 해석되어야 하나, 보통은 무권대리가 될 것이다. 그때 그 계약이 전부무효($^{130조}_{참조}$)로 될 것인가가 문제이나, 통설은 일부무효의 법리($^{137}_{조}$)를 적용하여 만일에 그러한 단기라면 임차인 쪽에서 계약을 하지 않았으리라고 인정될 만한 사정이 없는 한 제619조의 기간으로 단축된다고 해석한다($^{곽윤직, 198면;}_{김주수, 331면 등}$). 그러나 거기에는 제126조가 적용되어야 할 것이다($^{민법총칙 [219]}_{이하 참조}$).

[130] ## Ⅳ. 임대차의 효력

1. 서 설

임대차가 성립하면 그에 기하여 임대인과 임차인의 권리·의무가 생기게 된다. 그런데 두 당사자의 권리와 의무는 보통 서로 대응하여 있는바, 아래에서는 임대차의 효력을 주로 의무의 측면에서 살펴보려고 하며, 필요한 때에만 권리에 대하여 설명할 것이다. 그리고 임차권의 양도와 임차물의 전대는 임차인의 권리·의무에 포함시켜 논할 수도 있으나, 특수한 점도 있어서 따로 떼어서 기술하려고 한다.

2. 임대인의 의무

(1) 목적물을 사용·수익하게 할 의무

임대인은 임대차계약이 존속하는 동안 임차인이 목적물을 사용·수익할 수 있게 할 「적극적 의무」를 부담한다. 그리고 이 의무에 의하여, 임대인은 우선 목적물을 임차인에게 인도하여야 하고, 계약이 존속하는 동안 그 사용·수익에 필요한 상태를 유지하여야 한다($^{623}_{조}$). 구체적으로 다음과 같은 의무가 있다.

1) **목적물인도의무**   임대인은 임차인이 사용할 수 있도록 목적물을 임차인에게 인도하여야 한다($^{623}_{조}$). 그리하여 만약 임대인이 임차인에게 인도하기 전에 목적물을 제 3 자에게 양도하거나 임대하였다면, 임대인의 사용·수익하게 할

의무는 이행불능으로 된다. 그리고 임대차계약이 성립한 후 그 존속기간 중에 임대인이 목적물에 대한 소유권을 상실한 경우에는, 그 사실만으로 임대인의 의무가 이행불능으로 되어 임대차가 종료하지는 않으나, 임차인이 진정한 소유자로부터 목적물의 반환청구와 차임 내지 그 해당액의 지급요구를 받아 사용·수익이 불가능해지거나 또는 임대인이 목적물을 제 3 자에게 양도하고 그 제 3 자가 임차인에게 목적물의 인도를 요구하여 이를 인도한 때에는, 임대인의 사용·수익하게 할 의무는 이행불능으로 된다(대판 1978. 9. 12, 78다1103; 대판 1994. 5. 10, 93다37977; 대판 1996. 3. 8, 95다15087; 대판 1996. 9. 6, 94다54641). 그러나 임대인이 목적물을 제 3 자에게 양도하였더라도 임차인이 임차권을 가지고 그 제 3 자에게 대항할 수 있고, 그가 대항력을 행사하여 사용·수익을 계속하고 있으면, 임대인의 책임은 생기지 않는다(같은 취지: 곽윤직, 200면).

2) 방해제거의무　　임대인은 제 3 자가 점유침탈 등의 방법으로 임차인의 사용·수익을 방해하는 경우에는 그 방해를 제거할 의무가 있다. 임차인이 점유보호청구권이나 방해배제청구권을 가지고 있어도 같다.

〈판　례〉

「임대인은 일반적으로 임차인에 대하여 임대차목적물을 임차인에게 인도하고 계약이 존속하는 동안 그 사용·수익에 필요한 상태를 유지하게 할 의무를 부담한다(민법 제623조). 그리고 건물부분의 임대차에서 별도의 약정이 있는 경우에는 거기서 더 나아가 임대인은 그 소유 건물의 다른 부분에서 제 3 자가 임차인이 임대차목적물에서 행하는 영업 등 수익활동을 해할 우려가 있는 영업 기타 행위를 하지 아니하도록 할 의무를 임차인에 대하여 부담할 수 있음은 물론이다. 그러한 약정은 다른 계약의 경우와 마찬가지로 반드시 계약서면의 한 조항 등을 통하여 명시적으로 행하여질 필요는 없고, 임대차계약의 목적, 목적물 이용의 구체적 내용, 임대차계약관계의 존속기간 및 그 사이의 경과, 당사자 사이의 인적 관계, 목적물의 구조 등에 비추어 위와 같은 내용의 약정이 인정될 수도 있다.」(대판 2010. 6. 10, 2009다64307)

3) 수선의무(修繕義務)　　임대인이 임차인에 대하여 「사용·수익에 필요한 상태를 유지하게 할 의무」를 부담하는 결과로(623조 참조), 임대인은 사용·수익에 필요한 수선의무를 진다.　　　　　　　　　　　　　　　　　　　　　　　　　[131]

㈎ 수선의무는 목적물이 인도된 뒤에 목적물에 파손이나 장해가 생긴 경우뿐만 아니라 임대인이 목적물을 인도할 당시에 목적물에 하자가 있었던 경우에도 인정된다. 임차인이 계약에 의하여 정하여진 목적에 따라 사용·수익하는 데

하자가 있는 목적물인 경우 임대인은 하자를 제거한 다음 임차인에게 하자 없는 목적물을 인도할 의무가 있으며, 임대인이 임차인에게 그와 같은 하자를 제거하지 않고 목적물을 인도하였다면 사후에라도 그 하자를 제거하여 임차인이 목적물을 사용·수익하는 데 아무런 장해가 없도록 해야만 하는 것이다(대판 2021. 4. 29, 2021다202309).

(나) 목적물에 파손 또는 장해가 생겼더라도 임차인이 큰 비용을 들이지 않고도 손쉽게 고칠 수 있을 정도의 사소한 것이어서 임차인의 사용·수익을 방해할 정도의 것이 아니라면 임대인은 수선의무를 부담하지 않으며, 그것을 수선하지 않으면 임차인이 계약에 의하여 정해진 목적에 따라 사용·수익할 수 없는 상태로 될 정도의 것인 때에 수선의무를 부담한다(대판 1984. 1. 24, 81도615; 대판 1994. 12. 9, 94다34692·34708; 대판 2000. 3. 23, 98두18053; 대판 2004. 6. 10, 2004다2151·2168; 대판 2010. 4. 29, 2009다96984; 대판 2012. 3. 29, 2011다107405(이 판결은 임대인의 수선의무를 발생시키는 사용·수익의 방해에 해당하는지 여부에 대한 판단기준도 제시한다); 대판 2012. 6. 14, 2010다89876·89883). 그리고 계약 당시에 임대차의 목적을 특별한 용도(예: 단란주점)로 정하지 않은 경우에는, 그 목적물에 대하여 통상의 사용·수익에 필요한 상태를 유지하여 주면 족하고, 임차인의 특별한 용도에 적합한 구조나 기타의 상태를 유지하게 할 의무까지는 없다(대판 1996. 11. 26, 96다28172).

(다) 수선의무는 수선이 가능한 때에만 인정되며, 수선이 불가능한 때에는 임대물의 전부 또는 일부의 멸실에 의한 이행불능이 문제된다.

(라) 수선의무는 임대물이 천재 기타 불가항력으로 인하여 파손된 경우에도 인정된다(이설 없음). 판례도, 임대인의 임차목적물의 사용·수익상태 유지의무(수선의무)는 임대인 자신에게 유책사유(귀책사유)가 있어 하자가 발생한 경우는 물론, 자신에게 유책사유가 없이 하자가 발생한 경우에도 면해지지 않으며(대판 2010. 4. 29, 2009다96984; 대판 2021. 4. 29, 2021다202309), 임대인이 그와 같은 하자 발생 사실을 몰랐다거나 반대로 임차인이 이를 알거나 알 수 있었다고 하더라도 마찬가지라고 하는 점(대판 2021. 4. 29, 2021다202309)에 비추어 볼 때, 같은 입장이라고 생각된다.

임차인의 유책사유로 임대물이 파손된 경우에도 임대인에게 수선의무가 있는가? 여기에 관하여 학설은 i) 긍정설(김상용, 298면; 지원림, 1458면)과 ii) 부정설(김주수, 289면; 김학동, 380면; 김형배, 446면)로 나뉘어 있다. i)설은 그 경우에는 수선은 임대인이 하고 수선한 임대인은 임차인에 대하여 임대물의 보관의무 위반 또는 불법행위를 이유로 손해배상을 청구할 수 있다고 한다. 그에 비하여 ii)설은 그 경우에는 신의칙상 수선의무를 부정해야 한다고 한다. 그러면서 그러한 경우에는 임차인이 스스로 수선하든지 임대인이 수선한 데 대하여 그 비용을 상환할 것이라고 한다. i)설에 찬성한다.

(ⅲ) 임대인의 수선의무가 특약으로 면제될 수 있는가에 관하여 학설은 i) 긍정설($\substack{곽윤직,\\200면}$), ii) 부정설($\substack{김상용,\\298면}$), iii) 긍정하되 대수선을 임차인에게 부담시키는 것은 허용하지 않는 견해($\substack{김주수, 288면;\\김형배, 447면}$)로 나뉘어 있다. 그리고 판례는, 특약에 의하여 수선의무를 면제하거나 임차인의 부담으로 돌릴 수 있으나, 그러한 특약에서 수선의무의 범위를 명시하고 있는 등의 특별한 사정이 없는 한, 그것은 통상 생길 수 있는 파손의 수선 등 소규모의 수선에 한하고, 대파손의 수리, 건물의 주요 구성부분에 대한 대수선, 기본적 설비부분의 교체 등과 같은 대규모의 수선은 이에 포함되지 않고 여전히 임대인이 그 수선의무를 부담한다고 한다($\substack{대판 1994. 12. 9,\\94다34692 · 34708}$). 생각건대 임차인의 약한 지위를 생각해 볼 때 무제한으로 면할 수 있도록 하는 것은 바람직하지 않다. 그러므로 임대인의 수선의무를 특약으로 면제할 수 있다고 하되, 대규모의 수선에 대하여는 원칙적으로 면제할 수 없다고 할 것이다. 다만, 대규모의 수선이라도 임차인이 부담할 수선의무의 범위를 구체적으로 명시하는 것과 같은 특별한 사정이 있으면 이를 허용하는 것이 바람직하다. 결국 판례가 타당하다.

(ⅳ) 임대인의 수선의무 불이행이 있으면 임차인은 손해배상청구권($\substack{390\\조}$)과 계약해지권($\substack{544조\\참조}$)뿐만 아니라 차임지급거절권 또는 감액청구권도 가지게 된다. 즉 임차인이 목적물을 전혀 사용할 수 없는 경우에는 차임 전부의 지급을 거절할 수 있고, 사용·수익이 부분적으로 지장을 받고 있는 경우에는 그 지장의 한도 내에서 차임의 지급을 거절할 수 있다($\substack{대판 1989. 6. 13, 88다카13332 · 13349; 대판 1997. 4. 25, 96다44778 ·\\44785. 앞부분에 관하여 같은 취지: 대판 2009. 9. 24, 2009다41069}$). 그리고 차임을 후급으로 지급하기로 한 때에 용익에 지장이 있었던 경우에는 차임의 감액을 청구할 수 있다($\substack{627조의\\유추적용}$).

(ⅴ) 임대인이 임대물의 보존에 필요한 수선을 하려고 하는 때에는, 임차인은 이를 거절하지 못한다($\substack{624\\조}$). 그런데 임대인이 임차인의 의사에 반하여 보존행위를 하고, 임차인이 이로 인하여 임차의 목적을 달성할 수 없는 때에는, 임차인은 계약을 해지할 수 있다($\substack{625\\조}$).

(2) 비용상환의무

[132]

1) 임차인이 임차물에 필요비·유익비 등의 비용을 지출한 경우에는, 임대인은 이를 상환하여야 한다.

(가) **필 요 비**　　　　임차인이 임차물의 보존에 관한 필요비를 지출한 때에는, 임차인은 임대인에 대하여 그 상환을 청구할 수 있다($\binom{626조}{1항}$).「임차물의 보존을 위하여 지출한 비용」($\binom{\text{대판 1980. 10. 14, 80다1851 · 1852;}}{\text{대판 2019. 11. 14, 2016다227694}}$)인 필요비는 임대인의 사용 · 수익하게 할 의무의 내용으로서 마땅히 임대인이 부담하여야 한다. 임차인이 필요비를 지출한 경우에는 유익비와 달리 지출 후 즉시 상환청구를 할 수 있다.

(나) **유 익 비**　　　　임차인이 유익비를 지출한 경우에는, 임대인은 임대차 종료시에 그 가액의 증가가 현존한 때에 한하여, 임차인이 지출한 금액이나 그 증가액을 상환하여야 한다($\binom{626조}{2항 1문}$)($\binom{\text{상환액에 대하여는 임대인(채무자)에게 선택권이 주어}}{\text{지는 일종의 선택채권이다. 채권법총론 [54] 이하 참조}}$). 이 경우에 법원은 임대인의 청구에 의하여 상당한 상환기간을 허여할 수 있다($\binom{626조}{2항 2문}$). 여기서 유익비란 임차인이 임차물의 객관적 가치를 증가시키기 위하여 투입한 비용을 말한다($\binom{\text{대판 1980. 10. 14, 80다1851 · 1852; 대}}{\text{판 1991. 8. 27, 91다15591 · 15607 등}}$). 대법원은 영업을 위한 건물의 임대차에 있어서 음식점 영업을 위한 내부공사비($\binom{\text{대판 1991. 8. 27,}}{\text{91다15591 · 15607}}$), 카페 영업을 위한 내부시설공사비($\binom{\text{대판 1991. 10. 8,}}{\text{91다8029}}$), 간이음식점 영업을 위한 간판설치비($\binom{\text{대판 1994. 9. 30,}}{\text{94다20389 · 20396}}$)는 유익비가 아니라고 한다. 임차인이 유익비의 상환을 청구하는 경우에는 지출한 금액은 물론 증가액에 대하여도 임차인에게 증명책임이 있다($\binom{\text{대판 1962. 10. 18,}}{\text{62다437}}$). 주의할 것은, 유익비 상환청구권은 임차인이 그의 비용으로 부가한 물건이 독립한 존재를 가지지 않는 경우에만 인정된다는 점이다. 부가한 것이 독립한 존재로 되는 때에는, 임차인이 그것의 소유권을 취득하게 되어($\binom{256조}{단서}$) 그의 철거권과 부속물 매수청구권이 문제될 뿐이다($\binom{[134] \cdot [135]}{참조}$).

2) 임차인의 비용상환청구권에 관한 규정은 임의규정이다. 따라서 이를 포기하는 당사자의 약정도 유효하다($\binom{\text{대판 1996. 8. 20, 94다}}{\text{44705 · 44712 등 참조}}$)($\binom{\text{다만 필요비의 경우에는 제한된 범위}}{\text{에서 포기가 인정된다고 할 것이다}}$). 실제에 있어서 건물임대차의 경우에 증 · 개축한 부분에 대하여 원상회복의무를 면하는 대신 유익비 상환청구권을 포기하는 약정을 하는 일이 자주 있다($\binom{\text{대판 1981. 11. 24,}}{\text{80다320 · 321; 대}}$
판 1996. 8. 20, 94다44705 · 44712; 대판 1998. 5. 29,
98다6497; 대판 2002. 11. 22, 2002다38828 참조). 그리고 판례는, 임차인에게 임차건물의 개축 · 변조를 허용하면서 목적물 반환시에는 임차인이 일체의 비용을 부담하여 원상복구를 하기로 약정한 경우에 관하여, 그 약정은 유익비 상환청구권을 미리 포기하는 취지의 특약으로 이해한다($\binom{\text{대판 1994. 9. 30, 94다20389 · 20396;}}{\text{대판 1995. 6. 30, 95다12927}}$).

3) 임차인의 필요비 · 유익비의 상환청구권은 임대인이 목적물을 반환받은 날로부터 6개월 내에 행사하여야 한다($\binom{654조 \cdot}{617조}$). 즉 6개월의 제척기간에 걸린다

(같은 취지: 곽윤직, 202면; 김주수, 291면; 지원림, 1459면.
소멸시효기간이라는 견해: 김상용, 300면; 김형배, 450면). 그 기간의 기산점은 임대인이 목적물을 반환받은 때이나, 유익비에 관하여 법원이 기간을 허여한 때에는 그 기간이 된 때부터이다(같은 취지: 곽
윤직, 202면). 그리고 필요비의 경우에는 이 제척기간과 별도로 지출시부터 보통의 소멸시효가 진행한다.

임차인은 비용상환청구권에 관하여 유치권을 가진다. 다만, 필요비·유익비의 상환청구권을 포기하거나(대판 1975. 4. 22,
73다2010) 유익비에 관하여 기간을 허락받은 경우, 그리고 임대차가 종료한 후에 점유하는 경우(320조 2
항 참조)에는 유치권이 생기지 않는다(물권법 [179]
도 참조).

4) 판례는, 임차인의 유익비상환채권은 임대차계약이 종료한 때에 비로소 발생한다고 보아야 하고, 따라서 임대차 존속 중 임대인의 구상금채권의 소멸시효가 완성된 경우에는 위 구상금채권과 임차인의 유익비상환채권이 상계할 수 있는 상태에 있었다고 할 수 없으므로, 그 이후에 임대인이 이미 소멸시효가 완성된 구상금채권을 자동채권으로 삼아 임차인의 유익비상환채권과 상계하는 것은 민법 제495조에 의하더라도 인정될 수 없다고 한다(대판 2021. 2. 10,
2017다258787).

(3) 임대인의 담보책임

임대차는 유상계약이어서 매매에 관한 규정이 준용된다(567
조). 그 결과 임대인은 매도인과 같은 담보책임을 진다(구체적인 예로 [94]에 인용된 대
판 1995. 7. 14, 94다38342도 참조). 임대인의 담보책임은 임대인에게 수선의무가 있다고 하여 면제되는 것은 아니다(이설
없음).

[133]

〈판 례〉

판례에 의하면, 타인 소유의 부동산을 임대한 것이 임대차계약을 해지할 사유는 될 수 없고, 「임대인이 임대하는 물건이 자기의 것이 아님에도 불구하고 자기의 소유인 양 가칭하고, 또한 그 임대차계약에서 그 목적물이 반드시 임대인의 소유일 것을 특히 계약의 내용으로 삼았다면 임차인은 이것을 이유로 하여 법률행위의 내용의 중요부분에 착오가 있다 하여 취소할 수 있을 뿐이다.」(대판 1975. 1. 28,
74다2069)

(4) 「기타의 행위의무」

임대인은 임대차에 있어서 급부의무 이외의 행위의무 즉 「기타의 행위의무」(채권법총론
[29] 참조)도 부담하며, 구체적인 의무내용은 경우에 따라 다르다. 판례에 의하면, 통상의 임대차관계에서는 임차인의 안전을 배려하여 주거나 도난을 방지하는 등의 보호의무까지는 없다고 하면서도(대판 1999. 7. 9,
99다10004), 일시사용을 위한 임대차에 해당하는 숙박계약에 있어서는 숙박업자에게 고객의 안전을 배려해야 할 보호의무가 있다고 한다(대판 1994. 1. 28, 93다43590; 대판 1997. 10. 10, 96다47302; 대판 2000. 11. 24, 2000다38718·38725; 대판 2023. 11. 2, 2023다244895. 채권법총론 [84]도 참조).

(5) 임대인의 지위의 양도

임대인의 지위의 양도는 계약인수에 해당하므로 그 방법에 의하여야 한다(채권법총론 [206] 참조)(주택임대차보호법 3조 4항은 이에 대한 특별규정이다). 그런데 판례는 임대인의 지위의 양도를 보다 완화하여 인정한다(대결 1998. 9. 2, 98마100).

〈판 례〉

「임대차계약에 있어 임대인의 지위의 양도는 임대인의 의무의 이전을 수반하는 것이지만 임대인의 의무는 임대인이 누구인가에 의하여 이행방법이 특별히 달라지는 것은 아니고, 목적물의 소유자의 지위에서 거의 완전히 이행할 수 있으며, 임차인의 입장에서 보아도 신 소유자에게 그 의무의 승계를 인정하는 것이 오히려 임차인에게 훨씬 유리할 수도 있으므로 임대인과 신소유자와의 계약만으로써 그 지위의 양도를 할 수 있다 할 것이나, 이 경우에 임차인이 원하지 아니하면 임대차의 승계를 임차인에게 강요할 수는 없는 것이어서 스스로 임대차를 종료시킬 수 있어야 한다는 공평의 원칙 및 신의성실의 원칙에 따라 임차인이 곧 이의를 제기함으로써 승계되는 임대차관계의 구속을 면할 수 있고, 임대인과의 임대차관계도 해지할 수 있다.」(대결 1998. 9. 2, 98마100)

[134] ## 3. 임차인의 권리·의무

(1) 임 차 권

1) **의의 및 성질**   임대차에 기하여 임차인은 임대인에게 임차물을 사용·수익하게 할 것을 요구할 수 있는 권리가 있다. 이것이 임차인의 임차권이다. 임차권은 하나의 채권이며, 다만 부동산임차권은 물권의 특성도 어느 정도 지니고 있는 점에서 특수할 뿐이다(통설도 같음).

2) **임차권(사용·수익)의 범위**   임차인은 계약 또는 그 목적물의 성질에 의하여 정하여진 용법으로 이를 사용·수익(사용과 수익 중 어느 하나라도 무방하다)하여야 한다(654조·610조 1항). 그리고 임차인은 임대인의 승낙 없이 임차물을 타인에게 사용·수익하게 하지 못한다(629조. 자세한 사항은 [139] 참조). 만약 임차인이 이들을 위반한 경우에는, 임대인은 계약을 해지할 수 있고(임차인이 정해진 용법에 위반하여 사용·수익한 경우에 관하여는 명문의 규정은 없으나 채무불이행을 이유로 해지를 인정하는 데 다툼이 없으며, 임차인이 임대인의 승낙 없이 임차물을 타인에게 사용·수익하게 한 경우에는 629조 2항에 의하여 해지할 수 있다), 손해배상을 청구할 수도 있다(654조·617조).

3) 임차권의 대항력

(?) 임차권이 채권으로 규율되고 있는 법제에서는, 임차인이 임차권을 가지고 목적물의 양수인 기타의 제 3 자에게 대항하지 못한다. 즉 「매매는 임대차를 깨뜨린다」. 그런데 이를 끝까지 관철하게 되면 특히 부동산임차인에게 매우 불리하게 된다. 여기서 우리 민법은 부동산임차권에 관하여 일정한 경우에 예외적으로 대항력을 인정하고 있다($^{621조 \cdot}_{622조}$).

(?) 부동산임차인은 당사자간에 반대약정이 없으면 임대인에 대하여 그의 임대차등기 절차에 협력할 것을 청구할 수 있고($^{621조}_{1항}$), 부동산임대차를 등기한 때에는 그때부터 제 3 자에 대하여 효력이 생긴다($^{621조}_{2항}$).

(?) 건물의 소유를 목적으로 하는 토지임대차($^{판례는, 건물 및 대지의 임차인이 후에 건물을}_{강제경매절차에서 경락받아 이전등기를 한 경우}$는 건물 소유 목적의 토지임대차가 아니라고 한다. 대판 1994. 11. 22, 94다5458)는 이를 등기하지 않은 경우에도, 임차인이 그 지상건물을 등기한 때에는($^{건물등기의 지번이 토지등기의 지번과 다르더라도 그 지상건물이 등기부상의 건물표시와 동}_{일성이 있고 쉽게 경정등기를 할 수 있는 경우에는 대항력이 인정된다. 대판 1986. 11. 25, 86}$다카1119), 제 3 자에 대하여 임대차의 효력이 생긴다($^{622조}_{1항}$). 예컨대 건축을 목적으로 토지를 임차한 자가 토지임차권 등기는 안 한 채 건물을 지은 뒤에 건물에 관하여 보존등기를 하는 경우에 그렇다. 전 임차인으로부터 토지의 임차권과 지상건물을 양수하여 건물의 이전등기($^{이은영, 416면은 이 경우를 인정하면서도 보존등기를}_{하여야 한다고 주장한다. 부등특조법 2조 5항도 참조}$)를 한 때에도 같다($^{통설 \cdot 판례}_{도 같음}$). 그런데 이때에는 임차권의 양도가 적법하여야 하므로 임차권의 양도에 구 토지소유자(임대인)의 동의가 있어야 하며($^{대판 1966. 9. 27, 66다1224; 대판 1993. 4. 13,}_{92다24950; 대판 1996. 2. 27, 95다29345}$), 건물을 양수한 것($^{건물의 소유}_{권이전등기}$)만으로는 부족하다($^{대판 1968. 7. 31,}_{67다2126}$).

토지임차인이 대항력을 갖추기 전에 토지가 양도되어 양수인이 토지에 관하여 소유권이전등기를 마친 때에는 그 후에 지상건물을 등기하더라도 양수인에 대하여 임대차의 효력이 생기지 않는다($^{대판 1965. 12. 21, 65다1655; 대판}_{2003. 2. 28, 2000다65802 \cdot 65819}$).

건물 등기 있는 경우의 토지임대차의 대항력은 임대차가 존속하고 또 건물이 존재하는 동안에만 인정된다. 따라서 건물이 임대차기간 만료 전에 멸실 또는 후폐($^{朽廢: 썩어서}_{소용없게 됨}$)한 때에는, 토지임대차는 대항력을 잃는다($^{622조}_{2항}$).

(?) 일부 견해는 동산의 임차인은 그의 임차권을 가지고 제 3 자에게 대항할 수 있다고 하나($^{김주수, 297면;}_{김형배, 464면}$), 명문규정($^{예: 독일민법}_{986조 2항}$)이 없는 한 부정하여야 한다($^{같은}_{취지:}$ 곽윤직(신정판), 361면).

(?) 제621조 · 제622조에 의하여 대항력을 갖게 된 부동산임대차 · 토지임대차

의 경우에, 부동산·토지의 양수인($^{경락인}_{토 같음}$)과 임차인이 어떠한 관계에 있게 되는 가? 민법은「제 3 자에 대하여 효력이 생긴다」($^{621조}_{2항}$),「제 3 자에 대하여 임대차의 효력이 있다」($^{622조}_{1항}$)고만 하고 있다. 그런데 이는 임대차가 임차인과 부동산의 양 수인($^{경락인을 포함하는 새}_{로운 소유자의 의미임}$) 사이에 그대로 존속한다는 의미이다($^{통설도 같음. 곽윤직, 204면;}_{김학동, 386면; 김형배, 462면}$). 주택임대차보호법은 이 점을 명백히 하기 위하여「임차주택의 양수인($^{그 밖에 임대할}_{권리를 승계한}$ $^{자를 포}_{함한다}$)은 임대인의 지위를 승계한 것으로 본다」($^{같은 법}_{3조 4항}$)고 규정하고 있으나, 그러 한 규정이 없어도 같은 결과를 인정하여야 한다. 결국 임차인은 새로운 소유자에 게 임대차계약상의 모든 권리·의무를 가지게 되고, 임대인은 임대차관계에서 벗 어난다고 할 것이다($^{같은 취지: 김}_{학동, 387면}$). 그리하여 임차인은 보증금의 반환도 임대인이 아 니고 새로운 소유자에게 청구하여야 한다($^{임차보증금은 등기되어 있}_{어야 함. 부등법 74조 참조}$). 다만, 연체차임채권 은 특약이 없는 한 새로운 소유자에게 이전되지 않으며, 종래의 소유자와 임차인 사이에 있었던 임대차에 부수하는 특약 중 등기하여야 할 사항($^{차임지급시기, 존속기간,}_{임차보증금, 임차권의 양}$ $^{도 또는 임차물의 전대에 대한 임}_{대인의 동의. 부등법 74조 참조}$)은 등기가 되어 있을 때에만 새로운 소유자에게 대항할 수 있다.

(2) 철 거 권

임차인이 임차물에 부가한 물건이 독립한 존재로 인정되는 경우에는, 그 부 분은 임대인의 소유권에 흡수되지 않고 임차인의 소유에 속한다($^{256조}_{단서}$). 그러한 경 우 임차인은 그 물건을 철거할 수 있다($^{654조·}_{615조}$). 철거시기는 보통은 임차물을 반환 할 때이나, 그 이전이라도 무방하다고 하여야 한다($^{같은 취지: 김}_{형배, 467면}$). 한편 경우에 따라 서는 임차인이 철거권과 함께 지상시설(지상물) 매수청구권($^{643조·}_{283조}$)이나 부속물 매 수청구권($^{646}_{조}$)을 가질 수도 있으며, 그때 철거권을 행사하지 않고서 매수청구권을 행사할 수도 있다.

[135]　### (3) 부속물 매수청구권

1) 건물 기타 공작물의 임차인이 그 사용의 편익을 위하여 임대인의 동의를 얻어 이에 부속시킨 물건이 있거나 또는 임대인으로부터 매수한 부속물이 있는 때에는, 임차인은 임대차의 종료시에 임대인에 대하여 그 부속물의 매수를 청구 할 수 있다($^{646}_{조}$). 이것이 임차인의 부속물 매수청구권이다.

부속물 매수청구권($^{646조·}_{647조}$)은 비용상환청구권($^{626}_{조}$)·철거권($^{654조·}_{615조}$)·지상시설 매수청구권$\binom{643조 \cdot 644}{조 \cdot 645조}$과 더불어 임차인이 투하자본을 회수하는 수단이 된다.

㈎ 여기서 매수청구의 대상이 되는 부속물은 건물 기타의 공작물에 부속된 물건으로서 임차인의 소유에 속하고 건물의 구성부분이 되지 않은 것$\binom{\text{건물의 구성부분}}{\text{이 된 때에는 비}}$ $\binom{\text{용상환청구의}}{\text{문제가 된다}}$으로서 건물의 사용에 객관적인 편익을 가져오는 물건이고, 따라서 부속된 물건이 오로지 임차인의 특수목적$\binom{\text{예: 카페 영업} \cdot}{\text{삼계탕집 영업}}$에 사용하기 위하여 부속된 것은 이에 해당하지 않으며$\binom{\text{대판 1977. 6. 7, 77다50} \cdot 51; \text{대판 1991. 10. 8, 91다8029; 대판}}{\text{1993. 2. 26, 92다41627; 대판 1993. 10. 8, 93다25738} \cdot 25745}$$\binom{\text{643조의 매수청구권}}{\text{에 관한 판례도 이와}}$같은 맥락에 있다. 대판 2002. 11. 13, 2002다46003 · 46027 · 46010. [126] 참조$)$, 기존건물과 분리되어 독립한 소유권의 객체가 될 수 없는 증축부분이나 임대인의 소유에 속하기로 한 부속물은 매수청구의 대상이 될 수 없다$\binom{\text{대판 1982. 1. 19, 81다1001;}}{\text{대판 1983. 2. 22, 80다589}}$. 부속물의 예로는 차양 · 출입문 · 샤시 · 전기 수도 시설을 들 수 있다.

〈판 례〉

「민법 제646조가 규정하는 매수청구의 대상이 되는 부속물이란 건물에 부속된 물건으로서 임차인의 소유에 속하고, 건물의 구성부분으로는 되지 아니한 것으로서 건물의 사용에 객관적인 편익을 가져오게 하는 물건이라 할 것이므로, 부속된 물건이 오로지 임차인의 특수목적에 사용하기 위하여 부속된 것일 때에는 이에 해당하지 않는다고 할 것이고, 당해 건물의 객관적인 사용목적은 그 건물 자체의 구조와 임대차 계약 당시 당사자 사이에 합의된 사용목적, 기타 건물의 위치, 주위환경 등 제반사정을 참작하여 정하여지는 것이다.」$\binom{\text{대판 1993. 10. 8,}}{\text{93다25738} \cdot 25745}$

㈏ 부속물은 임대인의 동의를 얻어 부속시켰거나$\binom{646조}{1항}$ 또는 임대인으로부터 매수하였어야 한다$\binom{646조}{2항}$. 여기의 동의는 임차인이 건물 기타의 공작물에 부속물을 부속시키는 데 대한 승인이며, 일종의 관념의 통지이다. 그리고 부속의 경우 임차인 자신이 부속시켰어야 하는 것은 아니다. 한편 임대인으로부터 매수한 경우에는 건물사용의 편익$\binom{\text{이용가치}}{\text{증가}}$을 위한 것인가는 중요하지 않다$\binom{\text{같은 취지: 곽}}{\text{윤직, 214면}}$.

㈐ 청구권자는「건물 기타 공작물」의 임차인이며, 임차인의 지위가 승계된 때에는 현 임차인이 권리자이다$\binom{\text{대판 1995. 6. 30,}}{\text{95다12927}}$. 상대방은 원칙적으로 임대인이나, 임차권을 가지고 제 3 자에게 대항할 수 있는 경우 또는 임대인의 지위가 승계된 경우에는 제 3 자$\binom{\text{예: 임대물}}{\text{의 양수인}}$나 새로운 임대인이 상대방이 된다$\binom{\text{김형배, 466면은 건물 양수인}}{\text{도 언제나 상대방이 된다고 한}}$ 다. 이은영, 447면은 반대$)$.

〈판 례〉

점포의 최초 임차인이 임대인측의 묵시적 동의 하에 유리 출입문, 새시 등 영업에 필요한 시설을 부속시킨 후, 그 점포의 소유권이 임차보증금 반환채무와 함께 현 임대인에게 이전되고 점포의 임차권도 임대인과의 사이에 시설비 지급 여부 또는 임차인의 원상회복의무에 관한 아무런 논의 없이 현 임차인에게 전전승계되어 왔다면, 그 시설 대금이 이미 임차인측에 지급되었다거나 임차인의 지위가 승계될 당시 유리 출입문 등의 시설은 양도대상에서 특히 제외하기로 약정하였다는 등의 특별한 사정이 인정되지 않는 한, 종전 임차인의 지위를 승계한 현 임차인으로서는 임차기간의 만료로 임대차가 종료됨에 있어 임대인에 대하여 부속물매수청구권을 행사할 수 있다($^{대판\ 1995.\ 6.\ 30,}_{95다12927}$).

(라) 부속물 매수청구권이 생기는 것은 임대차가 종료한 때이며, 종료의 원인은 묻지 않는다($^{646조\ 1}_{항\ 참조}$). 따라서 임차인의 채무불이행을 이유로 해지된 때에도 임차인은 매수청구를 할 수 있다($^{통설도}_{같음}$). 그러나 판례는 매수청구권을 부인한다($^{대판\ 1990.\ 1.\ 23,}_{88다카7245 \cdot 7252}$).

부속물 매수청구권의 행사기간은 — 필요비 · 유익비의 상환청구권($^{654조 \cdot}_{617조}$)과 달리 — 제한이 없다.

(마) 제646조는 편면적 강행규정이다($^{652}_{조}$). 주의할 것은 임차인이 부속물 매수청구권을 포기하는 약정을 하였다고 하여 그 약정이 언제나 무효가 되지는 않는다는 점이다. 가령 임차보증금과 차임을 저렴하게 해 주거나($^{대판\ 1982.\ 1.\ 19,\ 81다1001;\ 대판}_{1992.\ 9.\ 8,\ 92다24998 \cdot 25007}$) 원상회복의무를 면하여 주는($^{대판\ 1996.\ 8.\ 20,}_{94다44705 \cdot 44712}$) 사정이 있는 때에는 임차인에게 불리하지 않아서 무효로 되지 않을 수 있다. 한편 제646조는 일시사용을 위한 임대차에는 적용되지 않는다($^{653}_{조}$).

2) 임차인의 부속물 매수청구권은 형성권이다. 따라서 그 권리가 행사되면 임대인과 임차인 사이에 매매가 성립하게 된다. 매매대금은 매수청구권을 행사할 때의 시가라고 하여야 한다.

[136]   **(4) 차임지급의무**

1) 서   설   임대차에 기하여 임차인은 차임을 지급할 의무가 있다($^{618}_{조}$). 이 의무는 임차인의 의무 가운데 핵심적인 것이다. 임차인의 차임지급의무는 임대인의 사용 · 수익하게 하는 의무에 대응하는 것이며, 따라서 임대인이 이 의무를 불이행하여 목적물의 사용 · 수익에 지장이 있으면 임차인은 지장이 있는

한도에서 차임의 지급을 거절할 수 있다(대판 2019. 11. 14, 2016다227694,). 그리고 판례는, 임대인의 필요비 상환의무도 특별한 사정이 없는 한 임차인의 차임지급의무와 서로 대응하는 관계에 있으므로(^[132] 도 참조), 임차인은 지출한 필요비 금액의 한도에서 차임의 지급을 거절할 수 있다고 한다(대판 2019. 11. 14, 2016다227694,). 한편 차임은 금전에 한정되지 않는다는 것이 통설이다.

2) 차임의 증감청구　　　민법은 일정한 경우에 차임의 감액 또는 증감을 청구할 수 있도록 하고 있다.

(가) 제627조의 차임감액청구권　　　임차물의 일부가 임차인의 과실없이 멸실 기타 사유로 인하여 사용·수익할 수 없는 때에는, 임차인은 그 부분의 비율에 의한 차임의 감액을 청구할 수 있다(627조 1항). 그 경우에 잔존부분으로 임차의 목적을 달성할 수 없는 때에는 임차인은 계약을 해지할 수 있다(627조 2항). 임차인의 이 권리는 형성권이다. 그리고 제627조는 편면적 강행규정이다(652조).

　　　이 규정은 임차물의 일부를 용익할 수 없는 경우에 관한 것이어서 그 전부를 용익할 수 없는 경우에는 적용되지 않는다. 학설은 뒤의 경우에는, 용익불능이 불가항력에 의하여 생겼든 당사자 일방에 의하여 생겼든 임대차는 언제나 종료하고, 당사자 일방에게 유책사유가 있는 때에는 손해배상의 문제만 남는다고 새긴다(곽윤직, 216면; 김형배, 313면;). 용익불능의 경우의 차임지급거절에 관하여는 앞에서 설명하였다(^[131] 참조).

(나) 제628조의 차임증감청구권　　　임대물에 대한 공과부담(公課負擔)의 증감 기타 경제사정의 변동(예: 부동산 가격의 등락)으로 인하여 약정한 차임이 상당하지 않게 된 때에는, 당사자는 장래에 대한 차임의 증감을 청구할 수 있다(628조). 이는 사정변경의 원칙을 구체화한 규정이다. 증액청구권은 차임을 증액하지 않는다는 특약이 있는 경우에는 인정되지 않는다(감액하지 않는다는 특약은 628조가 강행규정이어서 무효이다(652조)). 그런데 판례는,「차임 불증액의 특약이 있더라도 그 약정 후 그 특약을 그대로 유지시키는 것이 신의칙에 반한다고 인정될 정도의 사정변경이 있다고 보여지는 경우에는 형평의 원칙상 임대인에게 차임증액 청구를 인정하여 주어야 할 것」이라고 한다(대판 1996. 11. 12, 96다34061,). 한편 이 규정은 일시사용을 위한 임대차에는 적용되지 않는다(653조).

　　　이 차임증감청구권은 형성권이며(통설·판례도 같음. 곽윤직, 217면; 김주수, 314면; 김형배, 455면; 이은영, 421면; 대판 1968. 11. 19, 68다1882·1883(이 판결은 이어서 법원에 형성판결을 구할 수 있는 권리가 아니라고 한다). 청구권설: 김상용, 310면), 그 권리는 재판상뿐만 아니라 재판 외에서도 행사할 수 있다($\substack{대판 1974. 8. 30, \\ 74다1124}$). 그 효력은 재판시가 아니고 청구시($\substack{정확하게는 청구의 의사표 \\ 시가 상대방에게 도달한 때}$)
에 발생하며($\substack{대판 1974. 8. 30, \\ 74다1124}$,), 특별한 사정이 없는 한 증액된 차임에 대하여는 법원
결정시가 아니라 증액청구의 의사표시가 상대방에게 도달한 때가 그 이행기로
된다($\substack{대판 2018. 3. 15, 2015 \\ 다239508 · 239515}$). 차임이 상당한지에 관하여 당사자 사이에 다툼이 생기면
법원에서 확정하게 될 것이다($\substack{판결이 확정되면 청구시에 소급 \\ 한다. 같은 취지: 이은영, 422면}$).

〈판 례〉

　「임대차계약을 할 때에 임대인이 임대 후 일정 기간이 경과할 때마다 물가상승 등
경제사정의 변경을 이유로 임차인과의 협의에 의하여 그 차임을 조정할 수 있도록 약
정하였다면, 그 취지는 임대인에게 일정 기간이 지날 때마다 물가상승 등을 고려하여
상호 합의에 의하여 차임을 증액할 수 있는 권리를 부여하되 차임 인상요인이 생겼는
데도 임차인이 그 인상을 거부하여 협의가 성립하지 않는 경우에는 법원이 물가상승
등 여러 요인을 고려하여 정한 적정한 액수의 차임에 따르기로 한 것으로 보아야 한
다($\substack{대법원 1993. 3. 23. 선고 92 \\ 다39334, 39341 판결 등 참조}$)·」($\substack{대판 2018. 3. 15, 2015 \\ 다239508 · 239515}$)

3) 차임의 지급시기　　차임의 지급시기는 당사자가 계약으로 자유롭게
정할 수 있다. 그러한 특약이 없고, 또한 다른 관습이 없으면($\substack{106조 \\ 참조}$), 동산·건물·
대지에 관하여는 매월 말에, 대지가 아닌 토지에 대하여는 매년 말에 지급하여야
한다($\substack{633조 \\ 본문}$). 그러나 수확기 있는 임차물에 대하여는 그 수확 후 지체없이 지급하
여야 한다($\substack{633조 \\ 단서}$). 당사자가 차임지급시기를 정한 경우에 차임채권의 소멸시효는
특별한 사정($\substack{가령 임대차 존속 중 차임을 연체하더라도 임대차 종료 후 목적물 인도 시 \\ 에 임대차보증금에서 일괄 공제하는 방식에 의하여 정산하기로 약정한 것}$)이 없는 한 임대차
계약에서 정한 지급기일부터 진행한다($\substack{대판 2016. 11. 25, \\ 2016다211309}$,).

4) 부동산임대인의 법정담보물권　　민법은 임대인의 차임채권 기타의 채
권을 보호하기 위하여 일정한 경우에 법률상 당연히 질권 또는 저당권이 성립하
도록 하고 있다. ①「토지임대인이」임대차에 관한 채권에 의하여 임차지에 부속
또는 그 사용의 편익에 공용(供用)한 임차인의 소유동산 및 그 토지의 과실(果實)
을 압류한 때에는, 질권과 동일한 효력이 있다($\substack{648 \\ 조}$). ②「토지임대인이」변제기를
경과한 후 최후 2년의 차임채권에 의하여 그 지상에 있는 임차인 소유의 건물을
압류한 때에는, 저당권과 동일한 효력이 있다($\substack{649 \\ 조}$). ③「건물 기타 공작물의 임대
인이」임대차에 관한 채권에 의하여 그 건물 기타 공작물에 부속한 임차인 소유
의 동산을 압류한 때에는, 질권과 동일한 효력이 있다($\substack{650 \\ 조}$). ④ 위 ①③은 일시사

용을 위한 임대차에는 적용되지 않는다($_조^{653}$).

5) **공동임차인의 연대의무**   수인이 공동으로 임차한 때에는, 그들은 연대하여 의무를 부담한다($_{616조}^{654조 \cdot}$).

6) **차임지급의 연체와 해지**

㉮ 「건물 기타 공작물의 임대차」에 있어서는 임차인의 차임연체액이 2기의 차임액에 달하는 때에는, 임대인은 계약을 해지할 수 있다($_조^{640}$). 여기의 2기는 연속할 필요가 없으며 연체한 차임의 합산액이 2기분에 달하면 된다. 그리하여 띄엄띄엄 차임의 일부씩 연체한 것이 모두 2기분이어도 그에 해당한다. 여기의 해지를 위하여 최고를 할 필요는 없다($_{1962. 10. 11, 62다496}^{통설 \cdot 판례도 같음. 대판}$).

제640조는 주택임대차보호법의 적용을 받는 주택임대차에도 적용된다($_{정이 신}^{특별규}$ $_{판례: 대판 2014. 7. 24, 2012다28486}^{설되기 전의 상가건물 임대차에 관한}$). 「상가건물 임대차보호법」에는 특별규정이 있으나, 주임법에는 특별규정이 없기 때문이다($_{에 대한 특례가 아님}^{주임법 6조 3항은 640조}$). 따라서 주택의 임대인이라도 임차인의 차임연체액이 2기의 차임액에 이르는 때에는 임대차계약을 해지할 수 있다.

㉯ 건물 기타 공작물의 소유 또는 식목ㆍ채염ㆍ목축을 목적으로 한 「토지임대차」의 경우에도 위와 같다($_조^{641}$). 다만, 그 경우에 그 지상에 있는 건물 기타 공작물이 담보물권의 목적으로 되어 있는 때에는, 그 저당권자에게 통지한 후 상당한 기간이 경과하여야 해지의 효력이 생긴다($_{288조 \cdot}^{642조 \cdot}$).

㉰ 제640조ㆍ제641조는 강행규정이다($_조^{652}$).

(5) **임차물보관의무**

1) 임차인은 임차물을 임대인에게 반환할 때까지($_{때까지가 아님}^{임대차가 종료할}$) 선량한 관리자의 주의를 가지고 보관할 의무가 있다($_조^{374}$). 임차인이 이 의무를 위반하여 목적물이 멸실ㆍ훼손되면 채무불이행책임을 진다($_{별적인 해지규정들을 유추하여}^{해지(544조 \cdot 546조를 유추적용하거나 사건처럼 개}$와 손해배상(390조)). 임차물이 훼손된 경우의 손해배상의 범위는 수리나 원상복구가 불가능하면 훼손당시의 임차물의 교환가치이고, 수리나 원상복구가 가능하다면 그 수리비나 원상복구비일 것이나, 그것이 임차물의 교환가치 감소분을 현저하게 넘는 때에는 임차물의 교환가치 감소분으로 제한되어야 한다($_{대판 1999. 12. 21, 97다15104}^{대판 1994. 10. 14, 94다3964;}$). 임차인의 보관의무 위반이 있는 경우에 임대인이 임차인이 의무를 위반하였음을 증명할 필요가 없고 임차인이 의무위반이 없었음을 증명하여야 한다($_{91다22605 \cdot 22612}^{대판 1991. 10. 25,}$).

2) 임차물이 수리를 요하거나 임차물에 대하여 권리를 주장하는 자가 있는 때에는, 임차인은 지체없이 임대인에게 이를 통지하여야 한다(634조 본문). 그러나 임대인이 이미 이를 안 때에는 통지의무가 없다(634조 단서). 통설은 임차인이 이 의무를 위반한 경우에는 임대인은 해지는 할 수 없고 손해배상만 청구할 수 있다고 하나(곽윤직, 219면; 김상용, 333면; 김주수, 318면; 이은영, 425면), 때에 따라서는 해지도 인정되어야 한다(이는 통지의무 위반 자체 때문이 아니고 그 결과로 생긴 손해발생 등을 이유로 함)(결과에서 같은 취지: 김형배, 458면).

[137] **(6) 임차물반환의무**

임차인은 임대차가 종료한 때에 임차물을 반환할 의무가 있다(임대인이 소유자인 때에는 그는 계약에 기한 이 반환청구권 외에 소유물반환청구권도 가진다). 반환의 상대방은 임대인이고, 다만 임차권이 제 3 자에게도 효력을 가지거나 임대인의 지위가 승계된 때에는 임차물의 양수인이 상대방이 된다(대판 2001. 6. 29, 2000다68290은 특별한 사정이 없으면 임대인에게 반환할 것이라고 한다. 그리고 김형배, 459면은 양수인에게 반환하면 그 의무를 다한 것으로 본다).

임차인의 임차물반환의무가 이행불능이 된 경우에 임차인이 그 이행불능으로 인한 손해배상책임을 면하려면 그 이행불능이 임차인의 유책사유에 의하지 않은 것임을 증명하여야 하며, 임차물이 화재로 소실된 경우에 그 화재발생원인이 불명인 때에도 임차인이 그 책임을 면하려면 그 임차건물의 보존에 관하여 선량한 관리자의 주의의무를 다하였음을 증명하여야 한다(대판 1969. 3. 18, 61다56; 대판 1994. 2. 8, 93다22227; 대판 2001. 1. 19, 2000다57351; 대판 2006. 1. 13, 2005다51013·51020; 대판(전원) 2017. 5. 18, 2012다86895·86901; 대판 2023. 11. 2, 2023다244895 외 다수의 판결). 그리고 이러한 법리는 임대차의 종료 당시 임차목적물 반환채무가 이행불능 상태는 아니지만 반환된 임차건물이 화재로 인하여 훼손되었음을 이유로 손해배상을 구하는 경우에도 동일하게 적용되고(대판 2010. 4. 29, 2009다96984; 대판(전원) 2017. 5. 18, 2012다86895·86901; 대판 2023. 11. 2, 2023다244895)(이는 임대차 목적물이 훼손되었고, 훼손의 구체적인 발생원인이 밝혀지지 않은 때에도 마찬가지임: 대판 2019. 4. 11, 2018다291347), 나아가 그 임대차계약이 임대인의 수선의무 지체로 해지된 경우라도 마찬가지이다(대판 2010. 4. 29, 2009다96984)(이는 임대인이 훼손된 임대차 목적물에 관하여 수선의무를 부담하더라도 동일하게 적용됨: 대판 2019. 4. 11, 2018다291347). 그러나 임대인은 목적물을 임차인에게 인도하고 임대차계약 존속 중에 그 사용, 수익에 필요한 상태를 유지하게 할 의무를 부담하므로(623조), 임대차계약 존속 중에 발생한 화재가 임대인이 지배·관리하는 영역에 존재하는 하자로 인하여 발생한 것으로 추단된다면, 그 하자를 보수·제거하는 것은 임대차 목적물을 사용·수익하기에 필요한 상태로 유지하여야 하는 임대인의 의무에 속하며, 임차인이 그 하자를 미리 알았거나 알 수 있었다는 등의 특별한 사정이 없는 한, 임대인은 그 화재로 인한 목적물 반환의무의 이행불능 등에 관한 손해배상책임을 임차인에게 물을 수 없다(대판(전원) 2017. 5. 18, 2012다86895 · 86901. 같은 취지:)(이는 — 화재가 아니고 — 훼손이 임대인이 지
(대판 2000. 7. 4, 99다64384; 대판 2009. 5. 28, 2009다13170)(배 · 관리하는 영역에 존재하는 하자로 발생한
것으로 추단된 경우에도 같음:). 한편 대법원은 전원합의체 판결로, 임차인이 임대인 소유
대판 2019. 4. 11, 2018다291347

건물의 일부를 임차하여 사용 · 수익하던 중 임차 건물 부분에서 화재가 발생하여
임차 건물 부분이 아닌 건물 부분(임차 외)까지 불에 타 그로 인해 임대인에게 재
(건물 부분)
산상 손해가 발생한 경우에, 임차인이 보존 · 관리의무를 위반하여 화재가 발생한
원인을 제공하는 등 화재 발생과 관련된 임차인의 계약상 의무 위반이 있었음이
증명되고, 그러한 의무 위반과 임차 외 건물 부분의 손해 사이에 상당인과관계가
있으며, 임차 외 건물 부분의 손해가 그러한 의무 위반에 따른 통상의 손해에 해
당하거나, 임차인이 그 사정을 알았거나 알 수 있었을 특별한 사정으로 인한 손
해에 해당한다고 볼 수 있는 경우라면, 임차인은 임차 외 건물 부분의 손해에 대
해서도 제390조 · 제393조에 따라 임대인에게 손해배상책임을 부담하게 된다고
하면서, 위와 같은 임대인의 주장 · 증명이 없는 경우에도 임차인이 임차 건물의
보존에 관하여 선량한 관리자의 주의의무를 다하였음을 증명하지 못하는 이상
임차 외 건물 부분에 대해서까지 채무불이행에 따른 손해배상책임을 지게 된다
고 한 종래의 판례(대판 1986. 10. 28, 86다카1066; 대판 1997. 12. 23,)를 변경하였다(대판(전원))
(97다41509; 대판 2004. 2. 27, 2002다39456 등   )   (2017. 5. 18, 2012다)
86895 · 86901. 이러한 다수의견에 대하여).
두 개의 별개의견과 하나의 반대의견이 있음

〈숙박계약에서 이행불능이 발생한 경우(판례)〉

대법원은 숙박계약을 「일종의 일시 사용을 위한 임대차계약」이라고 하면서도
(대판 1994. 1. 28, 93다43590; 대판 2000. 11. 24, 2000), 숙박계약이 통상의 임대차계약과는 다른 여
(다38718 · 38725; 대판 2023. 11. 2, 2023다244895)
러 가지 요소들도 포함하고 있으므로, 숙박계약에 대한 임대차 관련 법리의 적용 여
부와 범위는 이러한 숙박계약의 특수성을 고려하여 개별적으로 판단할 것이라고 한
다(대판 2023. 11. 2,). 그리고 보통의 임대차의 경우 임차인은 목적물을 인도받아 이를 사
(2023다244895)
용 · 수익하는 동안 그 목적물을 직접 지배한다고 추단되는 데 비하여, 숙박계약의 경
우 객실을 비롯한 숙박시설은 특별한 사정이 없는 한 숙박기간 중에도 고객이 아닌
숙박업자의 지배 아래 놓여 있다고 보아야 하고(대판 2000. 11. 24, 2000다38718 · 38725;), 그렇
(대판 2023. 11. 2, 2023다244895   )
다면 임차인이 임대차기간 중 목적물을 직접 지배함을 전제로 한 임대차 목적물 반환
의무 이행불능에 관한 법리는 이와 전제를 달리하는 숙박계약에 그대로 적용될 수 없
으며, 고객이 숙박계약에 따라 객실을 사용 · 수익하던 중 발생 원인이 밝혀지지 않은
화재로 인하여 객실에 발생한 손해는 특별한 사정이 없는 한 숙박업자의 부담으로 귀
속된다고 한다(대판 2023. 11. 2,).
(2023다244895)

임차인이 임차물을 반환할 때에는 이를 원상에 회복하여야 한다$\binom{654조 \cdot 615}{조 1문}$. 원상회복은 특별한 사정$\binom{이것의 인정은 임대차계약의 체결 경위와 내용, 임대 당시 목적물의 상태, 임차인에 의}{한 현상 변경 유무 등을 심리하여 구체적 \cdot 개별적으로 이루어져야 함. 대판 2023. 11.}$ $\binom{2, 2023}{다249661}$이 없는 한 임차인이 임차물을 인도받았을 때의 상태로 회복시키면 된다 $\binom{대판 1990. 10. 30, 90다카12035; 대판 2023. 11. 2, 2023다249661}{은 전 임차인이 설치한 것까지 원상회복할 의무가 없다고 한다}$. 임차인의 원상회복의무는 임대차가 종료한 경우이면, 설사 임대인의 유책사유로 중도에 해지된 때에도 인정된다 $\binom{대판 2002. 12. 6,}{2002다42278}$. 임차인이 원상회복의무를 이행하지 않는 경우에는 임대인에게 손해를 배상하여야 하는데, 원상회복을 하는 데 필요한 비용$\binom{예: 철거비용. 대판 1995.}{4. 28, 94다33989}$과 그 동안 이용하지 못한 데 따른 손해가 그 내용이다. 이 중 후자의 배상범위는 이행지체일로부터 임대인이 실제로 자신의 비용으로 원상회복을 완료한 날까지의 임대료 상당액이 아니고 임대인 스스로 원상회복을 할 수 있었던 기간까지의 임대료 상당액이다$\binom{대판 1990. 10. 30, 90다카12035; 대판 1999. 12. 21,}{97다15104; 대판 2001. 10. 26, 2001다47757}$. 한편 임차인은 일정한 경우에는 철거권을 가지는데$\binom{654조 \cdot 615}{조 2문}$, 그에 관하여는 앞에서 설명하였다$\binom{[134]}{참조}$.

〈판 례〉

㈀「임차인이 임차목적물을 수리하거나 변경한 때에는 원칙적으로 수리·변경 부분을 철거하여 임대 당시의 상태로 사용할 수 있도록 해야 한다. 다만 원상회복의무의 내용과 범위는 임대차계약의 체결 경위와 내용, 임대 당시 목적물의 상태, 임차인이 수리하거나 변경한 내용 등을 고려하여 구체적·개별적으로 정해야 한다.」$\binom{대판}{2019. 8.}$ 30, 2017다268142: 전 임차인으로부터 커피전문점을 양수하여 영업을 한 임 차인에 대해 전 임차인이 설치한 인테리어시설 등의 철거의무를 인정한 사례)

㈁ 임대차종료로 인한 임차인의 원상회복의무에는 임차인이 사용하고 있던 부동산의 점유를 임대인에게 이전하는 것은 물론 임대인이 임대 당시의 부동산 용도에 맞게 다시 사용할 수 있도록 협력할 의무도 포함한다. 따라서 임대인 또는 그 승낙을 받은 제 3 자가 임차건물 부분에서 다시 영업허가를 받는 데 방해가 되지 않도록 임차인은 임차건물 부분에서의 영업허가에 대하여 폐업신고절차를 이행할 의무가 있다 $\binom{대판 2008. 10. 9,}{2008다34903}$.

㈂「임대차계약이 중도에 해지되어 종료하면 임차인은 목적물을 원상으로 회복하여 반환하여야 하는 것이고, 임대인의 귀책사유로 임대차계약이 해지되었다고 하더라도 임차인은 그로 인한 손해배상을 청구할 수 있음은 별론으로 하고 원상회복의무를 부담하지 않는다고 할 수는 없다.」$\binom{대판 2002. 12. 6,}{2002다42278}$

4. 임차권의 양도와 임차물의 전대(轉貸) [138]

(1) 의의 및 성질

1) 의   의

(개) **임차권의 양도**   임차권 양도의 의의와 성질에 관하여는 견해가 나뉘고 있다. i) 종래의 통설은, 「임차권을 그 동일성을 유지하면서 이전하는 계약」이 임차권의 양도이고, 그것은 지명채권의 양도, 그리하여 준물권계약의 성질을 가진다고 한다(곽윤직, 205면;
김주수, 298면). 그에 비하여 ii) 근래 새롭게 주장되는 견해에 의하면, 임차권의 양도는 단순한 채권양도가 아니고 임차인의 임대차계약상의 권리 · 의무를 양수인에게 승계이전시키는 일종의 계약양도(계약인수)라고 한다(이은영, 441면.
같은 취지: 김상용, 302면; 김형배, 470면(이 문헌
은 두 경우를 나눔); 지원림, 1463면). 생각건대 실제에 있어서 임차권의 양도는 대부분 임차인의 지위를 이전하는 것이다. 그렇지만 제629조가 계약인수를 염두에 두고 규정한 것으로 보이지는 않는다. 그것은 지명채권 가운데 성질상 양도가 허용되지 않는 임차권에 대하여 임대인의 동의가 있는 때에는 예외적으로 양도를 허용하는 규정으로 보아야 한다. 그때 양도인과 양수인이 그의 지위를 이전하는 합의를 할 수 있고 또 그것에 임대인이 동의하면 그것이 임대인에게도 효력이 있게 되는 것이다. 그리고 ii)설을 취하면 이미 발생한 채무(연체차임채무 ·
손해배상채무)와 보증금반환채권도 승계되어야 하고, 임대인의 동의 없는 양도는 당사자 사이에서도 효력이 없게 되어 문제이다. 결국 i)설처럼 새겨야 한다. 그 결과 임차권의 양도는 지명채권의 양도이지만 임차인의 지위 이전이 약정된 때에는 임차인으로서의 의무도 수반하게 되며, 본래의 임차인은 임대차관계에서 벗어나게 된다.

(내) **임차물의 전대**   이는 임차인이 자신이 임대인(또는 사용대주)이 되어서 그의 임차물을 다시 제 3 자에게 사용 · 수익하게 하는 계약이다. 전대에서는 임차인이 종전의 계약상의 지위를 유지한다. 임차인(전대인)과 전차인 사이의 관계는 보통 임대차이나 사용대차라도 무방하다(그러나 대부분 임대차이므
로 그 관점에서 설명한다). 그리고 임차물의 일부만의 전대도 가능하다.

2) 임차권의 양도 · 임차물의 전대에 대한 민법의 태도 [139]

(개) 민법은 원칙적으로 임차권의 양도와 임차물의 전대를 금지하고, 임대인의 동의가 있을 때에만 양도 · 전대를 허용한다(629조
1항). 임차인이 임대인의 동의 없이 임차권을 양도하거나 임차물을 전대한 때에는, 임대인은 계약을 해지할 수 있

다($^{629조}_{2항}$). 다만, 건물의 임차인이 그 건물의 소부분을 타인에게 사용하게 한 경우에는 예외이다($^{632}_{조}$). 한편 대법원은, 과거에는 임대인의 동의 없이 전대한 경우에 관하여 임차인의 배신행위라는 특단의 사정이 없어도 임대인은 그 계약을 해지할 수 있다고 하였는데($^{대판 1972. 1. 31,}_{71다2400}$), 근래에는 임대인으로부터 별도의 승낙을 얻은 바 없이 제 3 자에게 임차물을 사용·수익하도록 한 경우($^{주로 임차권의 양도를}_{의미하나 전대도 포함함}$)에 있어서도 임차인의 당해 행위가 임대인에 대한 배신적 행위라고 인정할 수 없는 특별한 사정이 있는 경우에는 제629조에 의한 해지권은 발생하지 않는다고 한다 ($^{대판 1993. 4. 13, 92다24950; 대판 1993. 4. 27, 92다45308; 대판 2007. 11. 29,}_{2005다64255(전대의 경우); 대판 2010. 6. 10, 2009다101275(전대의 경우)}$). 따라서 임대인은 자신의 동의 없이 양도나 전대차가 이루어졌다는 것만을 이유로 임대차계약을 해지할 수 없으며, 임차권 양수인이나 전차인은 임차권의 양수나 전대차 및 그에 따른 사용·수익을 임대인에게 주장할 수 있다고 한다. 그러면서 임차권의 양수인이 임차인과 부부로서 임차건물에 동거하면서 함께 가구점을 경영하고 있는 경우에 관하여 해지권을 인정하지 않으며($^{위의 1993.}_{4. 27. 판결}$), 아파트의 임차인이 임대차 종료 후 임대인($^{주택건}_{설회사}$)의 부도로 임차보증금을 반환받지 못한 채 수년 간 그 곳에서 거주해 오던 중 다른 지역에서 음식점을 운영하기 위하여 이사를 가야 했고, 그리하여 임대인에게 보증금반환을 내용증명우편으로 요청하였음에도 그 회답조차 받지 못하자, 그 아파트를 타인에게 전대하고 자신은 퇴거하는 한편, 그 전차인이 이를 인도받아 거주하면서 그 곳에 주민등록을 마친 경우에 관하여, 이 전대는 실질적으로 임대인의 인적 신뢰나 경제적 이익을 침해한다거나 그와의 신뢰관계를 파괴하는 배신적 행위라고는 할 수 없는 특별한 사정이 있는 경우에 해당한다고 볼 소지가 충분히 있다고 하였다($^{위의 2007.}_{11. 29. 판결}$).

〈판 례〉

「민법 제629조는 임차인은 임대인의 동의 없이 그 권리를 양도하거나 전대하지 못하고($^{제 1}_{항}$), 임차인이 이에 위반한 때에는 임대인은 계약을 해지할 수 있다($^{제 2}_{항}$)고 규정하고 있는바 이는 민법상의 임대차계약은 원래 당사자의 개인적 신뢰를 기초로 하는 계속적 법률관계임을 고려하여 임대인의 인적 신뢰나 경제적 이익을 보호하여 이를 해치지 않게 하고자 함에 있으며, 임차인이 임대인의 승낙 없이 제 3 자에게 임차물을 사용·수익시키는 것은 임대인에게 임대차관계를 계속시키기 어려운 배신적 행위가 될 수 있는 것이기 때문에 임대인에게 일방적으로 임대차관계를 종지(終止)시킬 수 있도록 하고자 함에 있다고 할 것이다.

　따라서, 임차인이 임대인으로부터 별도의 승낙을 얻은 바 없이 제 3 자에게 임차물을 사용·수익하도록 한 경우에 있어서도 임차인의 당해 행위가 임대인에 대한 배신적 행위라고 인정할 수 없는 특별한 사정이 있는 경우에는 위의 법조에 의한 해지권은 발생하지 않는다고 해석함이 상당하다.」$\binom{대판\ 1993.\ 4.\ 27,}{92다45308}$

　(ㄴ) 제629조는 강행규정이 아니므로, 임대인의 동의를 요하지 않는다는 특약도 유효하다. 물론 당사자 사이의 특약으로 임차권의 양도를 금지할 수도 있다$\binom{449조\ 2}{항\ 참조}$. 한편 대법원은, 임대차계약의 당사자 사이에 「임차인은 임대인의 동의 없이는 임차권을 양도 또는 담보제공 하지 못한다」는 약정을 하였다면, 그 약정의 취지는 임차권의 양도를 금지한 것으로 볼 것이지 임대차계약에 기한 임대보증금 반환채권의 양도를 금지하는 것으로 볼 수는 없다고 하였다$\binom{대판\ 2013.\ 2.\ 28,\ 2012}{다104366\cdot104373}$.

3) 임차권 양도와 임차물 전대의 법적 성질

　(ㄱ) 임차권의 양도는 양도인(임차인)과 양수인 사이의 낙성·불요식의 계약이며, 임대인은 당사자가 아니다$\binom{채권양도설의\ 입장임.\ 계약인수설에서는\ 3\ 당사자의\ 합의가\ 있어야\ 효}{력이\ 발생하고,\ 그리하여\ 임대인의\ 동의는\ 성립요건\ 또는\ 효력요건이라고\ 한다}$. 따라서 임차권의 양도는 양도인과 양수인 사이의 양도계약만으로 언제나 유효하게 성립한다. 다만, 양수인이 임대인 기타 제 3 자에 대한 관계에서 임차권을 유효하게 취득하려면 임대인의 동의가 필요하다$\binom{대판\ 1985.\ 2.\ 8,\ 84다카188;\ 대판}{1986.\ 2.\ 25,\ 85다카1812도\ 같음}$.

　(ㄴ) 임차물의 전대는 전대인과 전차인 사이의 낙성·불요식의 계약이며, 이 경우에도 임대인은 당사자가 아니다. 따라서 전대인과 전차인 사이의 계약으로 전대차는 유효하게 성립하고, 다만 임대인 기타 제 3 자에 대한 관계에서도 임차권을 취득하려면 임대인의 동의가 필요하다$\binom{대판\ 1959.\ 9.\ 24,}{4291민상788도\ 같음}$.

　(ㄷ) 임차권의 양도인과 임차물의 전대인은 임대인의 동의를 받아주어야 할 의무가 있다$\binom{대판\ 1986.\ 2.\ 25,\ 85다}{카1812(양도의\ 경우)}$. 그리고 임대인의 동의가 없는 경우 양도인 또는 전대인은 타인의 물건을 양도하거나 임대(또는 사용대차)한 경우에서와 같은 담보책임을 진다.

(2) 임대인의 동의

　임대인의 동의의 성질은 임차권의 승계적 이전($\substack{양도의\\경우}$) 또는 설정적 이전($\substack{전대의\\경우}$)을 가능하게 하는 권능을 임차인($\substack{양도인\cdot\\전대인}$)에게 주는 의사표시이다$\binom{채권양도설의\ 입}{장임.\ 양도를\ 계}$약인수라고 보는 견해는 양도의 경우에는 동의가 인수계약의 성립요건(김형배, 474면), 효력발생요건(이은영, 441면) 또는 계약인수의 의사표시(김상용, 303면)라고 한다). 따라서 임대인의 동의가 없어도 양도나 전대는 유효하고 단지 임대인에게 대항할 수 없을 뿐이다

$\binom{\text{대판 1955. 7. 7, 4288민상50;}}{\text{대판 1959. 9. 24, 4291민상788}}$·

　　동의는 양도·전대가 있기 전에는 물론 사후에도 할 수 있다. 그리고 임대인이 일단 동의를 한 후에는 철회할 수 없다고 하여야 한다$\binom{\text{같은 취지: 곽윤직, 207면; 김주수,}}{\text{301면; 이은영, 435면. 그러나 김상}}$용, 303면은 철회를 인정한다$\Big)$.

[140]　　**(3) 임대인의 동의 없는 양도·전대의 법률관계**

　　1) 양도의 경우

　　㈎ **양도인·양수인 사이**　　동의가 없어도 양도계약은 양도인·양수인 사이에서는 유효하여 양수인은 임차권을 취득하고, 임차인은 임대인의 동의를 얻을 의무를 부담한다$\binom{\text{판례도 같음. 대판}}{\text{1986. 2. 25, 85다카1812}}\binom{\text{계약인수설에 의하면 양도의 효력이 생기지 않고 임차인의 지위의 승계}}{\text{가 없게 되며, 그것은 당사자 사이에서도 마찬가지라고 하나(김상용,}}$ 303면; 이은영, 442면), 김형배, 475면은 당사자 사이에 채권계약으로서 유효하다고 한다(이는 의문임)$\Big)$. 임대인의 동의가 없는 경우 임차인은 담보책임을 진다$\binom{\text{매매규정 준용.}}{\text{567조 참조}}$.

　　㈏ **임대인·양수인 사이**　　양수인의 점유는 임대인에게는 불법점유이고, 따라서 양수인은 임대인에게 방해하지 않을 의무를 부담한다. 그런데 임대인은 임대차를 해지하지 않는 한 직접 자기에게 반환할 것을 청구하지는 못하고 임차인에게 반환하라고 청구할 수 있을 뿐이다$\binom{\text{물론 임차인이 반환받지 않으면 자기에게 반환}}{\text{할 것을 청구할 수 있다. 207조 2항 후단 참조}}$. 그리고 양수인은 임차권을 가지고 임대인에게 대항할 수 없으므로 임대인의 권리를 대위행사하지도 못한다$\binom{\text{대판 1985. 2. 8,}}{\text{84다카188}}$.

　　㈐ **임대인·임차인 사이**　　임대인은 해지권을 가진다$\binom{629\text{조}}{2\text{항}}\binom{\text{김주수, 301면; 김형배,}}{477\text{면; 이은영, 442면}}$은 계약이 있는 것만으로는 해지할 수 없고 용익이 있어야 한다고 주장하나, 이는 629조 2항에 어긋나는 해석이다$\Big)$. 그러나 해지를 하지 않는 한 계약은 그대로 존속한다. 그리고 양수인은 임대인에 대한 관계에서는 임차인의 이행보조자이므로 양수인의 행위로 임대인에게 손해가 생기면 임차인은 제391조에 의하여 책임을 진다. 이때 양수인은 임대인에 대하여 채무불이행책임은 지지 않는다$\binom{\text{불법행위책}}{\text{임은 별개임}}$.

　　2) 전대의 경우

　　㈎ **전대인**(임차인)·**전차인 사이**　　전대차계약은 전대인·전차인 사이에서는 유효하다$\binom{\text{대판 1959. 9. 24,}}{\text{4291민상788도 같음}}$. 그리하여 전차인은 전대인에 대한 관계에서는 임차권을 취득하고, 전대인의 차임청구권도 인정된다. 그리고 전대인은 임대인의 동의를 얻을 의무를 부담한다.

　　㈏ **임대인·전차인 사이**　　전차인은 그의 임차권을 가지고 임대인에게는

대항하지 못한다. 임대인은 소유물반환청구권을 행사하여 전차인에게 목적물의 반환을 청구할 수 있다(통설도 같으나, 이은 영, 438면은 반대함). 그러나 임대차를 해지하지 않는 한 원칙적으로 전대인에게 반환하라고 하여야 한다.

㈐ **임대인·임차인(전대인) 사이**   전대가 있더라도 임대차관계에는 영향이 없다. 따라서 임대인은 임차인에 대하여 여전히 차임청구권도 가진다. 그런데 임대인은 임대차를 해지할 수 있다(629조 2항). 다만, 해지할 수 있으려면, 전차인이 목적물의 전부 또는 일부에 관하여 독립한 용익자로서의 지위를 취득하는 정도의 것이어야 하고(가족·사용인·친족· 친구의 동거는 아님), 또 건물임차인이 건물의 소부분을 전대한 것이 아니어야 한다(632조 참조).

전차인의 과실로 임대인에게 손해가 생긴 경우에 임차인이 책임을 지는가? 이에 대하여는 논란이 있으나, 전차인은 일종의 이행대행자로 보아야 하고, 무단 전대의 경우에는 전대 자체가 의무위반이므로 임차인은 전차인의 과실을 불문하고 책임을 져야 한다(자세한 사항은 채권 법총론 [71] 참조).

〈판 례〉
「임차인이 임대인의 동의를 받지 않고 제 3 자에게 임차권을 양도하거나 전대하는 등의 방법으로 임차물을 사용·수익하게 하더라도, 임대인이 이를 이유로 임대차계약을 해지하거나 그 밖의 다른 사유로 임대차계약이 적법하게 종료되지 않는 한 임대인은 임차인에 대하여 여전히 차임청구권을 가지므로, 임대차계약이 존속하는 한도 내에서는 제 3 자에게 불법점유를 이유로 한 차임 상당 손해배상청구나 부당이득반환청구를 할 수 없다(대법원 2008. 2. 28. 선고 2006다10323 판결 등 참조). 그러나 임대차계약이 종료된 이후에는 임차물을 소유하고 있는 임대인은 제 3 자를 상대로 위와 같은 손해배상청구나 부당이득 반환청구를 할 수 있다.」(대판 2023. 3. 30, 2022다296165)

(4) 임대인의 동의 있는 양도·전대의 법률관계   [141]

1) 양도의 경우   이때에는 임차권은 동일성을 유지하면서 양수인에게 이전된다. 그리고 양도인은 임대차관계에서 벗어난다. 장래의 차임지급의무는 양수인에게 이전된다고 할 것이다(계약해석 에 의하여). 그러나 연체된 차임지급의무나 손해배상의무, 임대차 보증금반환채권은 특약이 없는 한 이전되지 않는다(판례도 같음. 대판 1998. 7. 14, 96다 17202(보증금반환채권은 양도 승낙시에 이행기가 된다고 한다)).

2) 전대의 경우

(개) 전대인(임차인) · 전차인 사이　　이들 사이의 관계는 전대차계약의 내용에 의하여 정해진다($^{임대차 또는}_{사용대차}$). 그리고 전차인은 임대인에게 직접 의무를 부담하게 되지만, 그렇더라도 전차인과 전대인의 관계는 유지된다. 다만, 전차인이 임대인에게 차임을 지급하면 그 한도에서 전대인에 대하여는 의무를 면하고, 임대차 · 전대차가 동시에 종료하여 전차인이 목적물을 임대인에게 반환하면 전대인에 대한 반환의무를 면한다($^{대판 1995. 12. 12,}_{95다23996}$). 또한 임대인이 임대차가 종료된 뒤 전차인에 대하여 목적물반환과 차임 상당 손해배상을 청구한 때에는, 그 청구 이후에는 전차인은 전대인에게 차임 상당의 부당이득을 반환할 의무가 없다($^{대판}_{2005. 5. 26,}$ $^{2005다}_{4048 · 4055}$).

〈판 례〉

「임차인이 임차물을 전대하여 그 임대차 기간 및 전대차 기간이 모두 만료된 경우에는 그 전대차가 임대인의 동의를 얻은 여부와 상관없이 임대인으로서는 전차인에 대하여 소유권에 기한 반환청구권에 터잡아 목적물을 자신에게 직접 반환해 줄 것을 요구할 수 있고, 전차인으로서도 목적물을 임대인에게 직접 명도함으로써 임차인(전대인)에 대한 목적물 명도의무를 면한다고 보아야」 한다($^{대판 1995. 12. 12,}_{95다23996}$).

(내) 임대인 · 임차인(전대인) 사이　　전대차가 성립하여도 이들의 관계에는 영향이 없다($^{대판 2017. 12. 28, 2017다265266; 대판}_{2018. 7. 11, 2018다200518. 630조 2항도 참조}$). 따라서 전대차에 의하여 임대인이 전차인에게 권리를 행사할 수는 있지만, 임대인은 임차인에게도 권리를 행사할 수 있다($^{630조}_{2항}$).

전차인의 과실로 목적물이 손상된 경우에 임차인이 책임을 지는지 문제된다. 여기에 관하여 학설은 i) 임차인은 선임 · 감독에 과실이 있는 때에만 책임을 진다는 견해($^{곽윤직, 210면; 김상용, 306면;}_{김주수, 305면; 김형배, 484면}$)와 ii) 전차인은 임차인의 이행보조자이므로 임차인의 과실과 같이 다루어져서 임차인도 그에 대하여 채무불이행책임을 진다는 견해($^{391조}_{적용}$)($^{이은영, 438면;}_{지원림, 1467면}$)로 나뉘어 있다. 생각건대 전차인은 일종의 이행대행자인데 임대인의 동의가 있는 때에는 대행자의 사용이 허락된 경우이다. 따라서 이때에는 임차인에게 선임 · 감독에 과실이 있는 경우에만 책임을 진다고 하여야 한다($^{121조와 같은 명문}_{규정의 유추적용}$). 우리의 학설은 전차인이 이행보조자인가에 초점을 맞추어 임차인의 책임을 긍정 또는 부정하나, 이는 부적당한 논리이다.

(다) **임대인·전차인 사이**   전차인의 임차권(또는 사용차권)은 임대인에 대하여도 적법한 것이다. 그러나 임대인과 전차인 사이에 임대차관계가 성립하지는 않으므로(같은 취지: 곽윤직, 210면; 김주수, 305면; 대판 2017. 12. 28, 2017다265266; 대판 2018. 7. 11, 2018다200518. 반대 견해: 김상용, 307면; 이은영, 436면), 그 결과 전차인은 임대인에게는 권리(가령 전차물에 대한 수선 청구권, 비용상환청구권)를 갖지 않게 된다(반대설은 임대인도 수선의무·방해 배제의무(및 목적물 제공의무)를 부담한다고 한다).

전차인은 임대인에 대하여 직접 의무를 부담한다(630조 1항 1문). 그 의무의 내용은 전대차계약에 의하여 정하여지나, 임대차계약에 의하여 제한을 받는다. 그리하여 전차인은 전대차에서 정한 것 이상으로 임대인에게 의무를 부담하지 않고, 또 임대차계약상 임차인이 부담하는 것 이상으로 부담하지도 않는다(대판 2018. 7. 11, 2018다200518). 한편 전대인과 전차인은 계약자유의 원칙에 따라 전대차계약의 내용을 변경할 수 있으며, 그로 인하여 제630조 제 1 항에 따라 전차인이 임대인에 대하여 직접 부담하는 의무의 범위가 변경되더라도, 전대차계약의 내용 변경이 전대차에 동의한 임대인 보호를 목적으로 한 제630조 제 1 항의 취지에 반하여 이루어진 것이라고 볼 특별한 사정이 없는 한 전차인은 변경된 전대차계약의 내용을 임대인에게 주장할 수 있다(대판 2018. 7. 11, 2018다200518). 그리고 이는 전대인과 전차인이 전대차계약상의 차임을 감액한 경우도 마찬가지이다(대판 2018. 7. 11, 2018다200518). 또한 그 경우, 임대차종료 후 전차인이 임대인에게 반환하여야 할 차임 상당 부당이득액을 산정함에 있어서도, 부당이득 당시의 실제 차임액수를 심리하여 이를 기준으로 삼지 않고 약정차임을 기준으로 삼는 경우라면, 전차인이 임대인에 대하여 직접 의무를 부담하는 차임인 변경된 차임을 기준으로 할 것이지, 변경 전 전대차계약상의 차임을 기준으로 할 것은 아니다(대판 2018. 7. 11, 2018다200518).

차임지급의무에 관하여 보면, 차임지급의무는 전대차상의 차임과 임대차상의 차임 가운데 적은 것만큼 부담하고, 임대인의 차임청구시기는 전대인·전차인의 차임채무의 변제기가 모두 도래한 때이며, 전차인이 임대인과 전대인 중 어느 하나에게 이행하면 다른 자에게는 의무를 면한다. 다만, 전대인에 대한 차임의 지급으로 임대인에게 대항하지 못한다(630조 1 항 2문). 그러므로 전차인이 차임을 전대인에게 지급한 후에 임대인의 청구가 있으면 전차인은 임대인에게 다시 지급하여야 한다(이때 전차인은 전대인에게 부당이득 반환청구를 할 수 있다). 그런데 여기서 전차인이 임대인에게 대항할 수 없는 차임의 범위는 전대차계약상의 차임지급시기를 기준으로 하여 그 전에 전대인에게 지급한 차임에 한정되며, 그 이후에 지급한 차임으로는 임대인에게 대항할 수 있다$\left(\substack{\text{대판 2008. 3. 27, 2006다45459; 대판 2017. 12. 28,} \\ \text{2017다265266; 대판 2018. 7. 11, 2018다200518}}\right)$. 또한 전대차계약상의 차임지급시기 전에 전대인에게 지급한 차임이라도, 임대인의 차임청구 전에 그 차임지급시기가 도래한 경우에는 그 지급으로 임대인에게 대항할 수 있다$\left(\substack{\text{대판 2018. 7. 11,} \\ \text{2018다200518}}\right)$.

〈판 례〉

전대차계약 종료와 전대차 목적물의 반환 당시 전차인의 연체차임은 전대차보증금에서 당연히 공제되어 소멸하며, 이는 전대차계약상의 차임지급시기 이후 발생한 채무소멸사유이므로 전차인은 이로써 임대인에게 대항할 수 있다고 본 사례$\left(\substack{\text{대판 2008. 3. 27,} \\ \text{2006다45459}}\right)$.

전차인의 전차권은 전대인의 임차권을 기초로 한 것이다. 따라서 전대인의 임차권이 기간만료, 채무불이행을 이유로 한 해지 등으로 소멸하면 전차권도 소멸한다$\left(\substack{\text{대판 1990. 12. 7, 90다카24939: 건물매수인이 매} \\ \text{도인의 동의를 얻어 제 3 자에게 임대한 경우임}}\right)$. 여기서 민법은 전차인 보호를 위하여 특별규정을 두고 있다. 그에 의하면, 임대인과 임차인이 합의로 계약을 종료하게 한 때에도 전차인의 권리는 소멸하지 않는다$\left(\substack{631 \\ 조}\right)$. 이는 강행규정이다$\left(\substack{652 \\ 조}\right)$. 그리고 임차인이 임차권을 포기한 경우도 똑같이 다루어야 한다. 한편 이러한 경우에 임대차는 전대차를 유지하는 범위에서만 존속하며, 임대차에 따른 관리의무는 소멸한다고 새겨야 한다$\left(\substack{\text{같은 취지: 곽} \\ \text{윤직, 212면}}\right)$.

㈐ **전차인 보호를 위한 특별규정**　　　민법은 적법하게 전대된 경우의 전차인 보호를 위하여 몇 개의 특별규정을 두고 있다.

① 임대차계약이 해지의 통고로 인하여 종료된 경우에는 임대인은 전차인에 대하여 그 사유를 통지하지 않으면 해지로써 전차인에게 대항하지 못하며$\left(\substack{638조 \\ 1항}\right)$, 전차인이 전항의 통지를 받은 때에는 전차인에 대하여는 일정기간이 경과한 후에 해지의 효력이 생긴다$\left(\substack{638조 2항· \\ 635조 2항}\right)$. 그러나 제640조에 터 잡아 임차인의 차임연체액이 2기의 차임액에 달함에 따라 임대인이 임대차계약을 해지하는 경우에는, 전차인에 대하여 그 사유를 통지하지 않더라도 해지로써 전차인에게 대항할 수 있고, 그 해지의 의사표시가 임차인에게 도달하는 즉시 임대차관계는 해지로 종료된다$\left(\substack{\text{대판 2012. 10. 11,} \\ \text{2012다55860}}\right)$.

② 건물 기타 공작물의 소유 또는 식목·채염·목축을 목적으로 한 토지임차

인이 적법하게 그 토지를 전대한 경우에, 임대차 및 전대차의 기간이 동시에 만료되고 건물·수목 기타 지상시설이 현존한 때에는, 전차인은 임대인에 대하여 전 전대차와 동일한 조건으로 임대할 것을 청구할 수 있고($\frac{644조}{1항}$), 이때 임대인이 임대할 것을 원하지 않는 때에는, 전차인($\frac{지상시설의 소유자에 한함.}{대판 1993. 7. 27, 93다6386}$)은 임대인에 대하여 상당한 가액으로 지상시설을 매수할 것을 청구할 수 있다($\frac{644조 2항 \cdot}{283조 2항}$)($\frac{전차인의 임대청구}{권과 매수청구권은}$ 적법하게 전대가 된 경우에만 인정된다. 대판 1969. 1. 28, 68다2113; 대판 1993. 7. 27, 93다6386). 그리고 이 규정은 지상권자가 그 토지를 임대한 경우에 준용한다($\frac{645}{조}$).

③ 건물 기타 공작물의 임차인이 적법하게 전대한 경우에, 전차인이 그 사용의 편익을 위하여 임대인의 동의를 얻어 이에 부속한 물건이 있는 때에는, 전대차의 종료시에 임대인에 대하여 그 부속물의 매수를 청구할 수 있으며($\frac{647조}{1항}$)($\frac{임차인}{이 임대}$ 인의 동의를 얻어 전대한 경우에 전차인은 임대인을 대위하여 명도청구를 하는 임대인의 채권자에 대하여도 부속물 매수대금 지급시까지의 연기적 항변권을 주장할 수 있다: 대판 1981. 11. 10, 81다378), 임대인으로부터 매수하였거나 그 동의를 얻어 임차인으로부터 매수한 부속물에 대하여도 같다($\frac{647조}{2항}$).

④ 제638조·제644조·제645조·제647조는 모두 편면적 강행규정이고($\frac{652}{조}$), 제638조·제647조는 일시사용을 위한 전대차에는 적용되지 않는다($\frac{653}{조}$).

(5) 전대에 관한 제629조·제630조·제631조는 건물의 임차인이 건물의 소부분을 타인에게 사용하게 하는 경우에는 적용되지 않는다($\frac{632}{조}$).

V. 보증금 및 권리금 [142]

1. 서 설

부동산의 임대차 특히 건물의 임대차에 있어서는 임대인의 차임채권과 장차 생길지도 모를 건물의 손상에 따른 손해배상채권을 담보하는 것이 필요하게 된다. 그리하여 실제에 있어서 많은 경우에 그러한 목적으로 이른바 보증금이 수수되고 있다. 그런가 하면 임차물의 가치 외에 장소적 이익($\frac{교통관계 \cdot 고객관}{계 등에 따른 이익}$)도 존재한다고 생각하여 그 대가로서 권리금을 수수하는 일도 자주 있다. 그런데 이들 문제에 관하여 민법은 전혀 규율한 바가 없으며, 특별법($\frac{주택임대차보호법, 「상}{가건물 임대차보호법}$)에 약간의 규정이 두어져 있을 뿐이다. 따라서 그 문제는 대부분 학설·판례에 맡겨져 있다.

2. 보 증 금

(1) 의의 및 성질

보증금은 부동산임대차 특히 건물임대차에 있어서 임대인의 채권$\binom{\text{차임채권·손}}{\text{해배상채권 등}}$을 담보하기 위하여 임차인이나 제 3 자가 임대인에게 교부하는 금전 기타의 유가물이다.

보증금의 성질에 관하여는 논란이 있다. 이 문제는 보증금반환채무의 발생시기, 증명책임 등과도 관련된다. 학설은 i) 임대차 종료 후 임차인이 목적물을 인도한 때에 임차인의 채무불이행이 없었을 것을 정지조건으로 하는 정지조건부 반환채무를 수반하는 금전소유권의 이전이라는 견해$\binom{\text{곽윤직, 221면; 김주수, 319면;}}{\text{김증한, 278면; 지원림, 1478면}}$와 ii) 임대차보증금은 임대차 종료시에 임대인의 반대채권의 존재를 해제조건으로 하여 반환된다고 하는 견해$\binom{\text{이은영,}}{\text{464면}}$로 나뉘어 있다. 그리고 판례는 보증금반환청구권의 발생시기에 관하여 처음에는 임대차 종료시라고 하였으나$\binom{\text{대판 1969. 12. 26,}}{\text{69다853}}$, 지금은 건물 인도시라고 한다$\binom{\text{대판 1976. 8. 24, 76다1032; 대판 1987. 6. 9, 87다68; 대판}}{\text{1988. 1. 19, 87다카1315; 대판 2005. 9. 28, 2005다8323·8330}}$$\binom{\text{대판 2016. 11.}}{25, 2016다}$211309; 대판 2017. 3. 15, 2015다252501은 임대인의 임대차보증금반환채무가 임대차계약의 종료시점에 이행기에 도달한다고 한다. 그런데 이들은 상계와 관련하여 판시한 것이고, 또 참조판결로 인용한 대판 2002. 12. 10, 2002다52657은 목적물을 반환하는 때에 이행기에 있다는 입장으로 생각된다$\big)$. 그리고 보증금에서 채무 등을 공제하려면 임대인이 공제 주장을 하여야 하고$\binom{\text{나아가 임대인이 보증금에서 공제될 차임채권·관리비채}}{\text{권 등의 발생원인에 관하여 주장·증명하여야 한다고 함}}$, 다만 그 발생한 채권이 소멸하였는지는 임차인이 주장·증명할 것이라고 한다$\binom{\text{대판 1995. 7. 25, 95다14664·14671; 대}}{\text{판 2005. 9. 28, 2005다8323·8330. 대판}}$$\binom{2005. 1. 13, 2004}{\text{다19647도 참조}}$.

이들을 검토해 본다. i)설과 판례에 의하면 보증금반환청구권은 목적물 반환시에 공제한 잔액에 대하여 발생하게 되고, ii)설에 의하면 임대차 종료시에 발생하고 보증금 반환시에 종료 후의 것도 공제하게 된다. 그런데 본래 보증금은 임차인이 임차물 인도시까지 부담하는 모든 채무로부터 임대인을 보호하기 위하여 수수되는 것이다. 따라서 엄격하게 말하면 보증금반환청구권은 임차물이 반환된 후에 임차인의 채무를 제한 나머지에 관하여 발생한다고 하여야 한다. 그러나 임차인의 보증금반환청구권 확보를 위하여 부득이 임차물 반환시에 생기고 임차물 반환의무와 동시이행관계에 있다고 새겨야 하는 것이다. 그리고 증명책임은 판례의 태도가 옳다. 요컨대 보증금은 임차물을 반환할 때에 임차인의 채무를 제한 나머지에 관하여 반환하기로 하고 교부한 것이며, 따라서 보증금반환청구권은 임차물 반환시에 잔액에 관하여만 생기고$\binom{\text{같은 취지: 대판 1987. 6. 9, 87다68; 대판 1988. 1. 19,}}{\text{87다카1315; 대판 2005. 9. 28, 2005다8323·8330}}$,

잔액을 확정하는 때의 증명은 판례의 방법에 의하여야 한다. 그리하여 임대인이 그 피담보채무인 연체차임 · 연체관리비 등을 임대차보증금에서 공제하여야 한다는 주장을 하고 나아가 그 임대차보증금에서 공제될 차임채권 · 관리비채권 등의 발생원인에 관하여 주장 · 증명을 하여야 하며, 다만 그 발생한 채권이 변제 등의 이유로 소멸하였는지에 관하여는 임차인이 주장 · 증명을 하여야 한다(^{같은 취지: 대}_{판 2005. 9. 28,} _{2005다}_{8323 · 8330}).

(2) 보증금계약

보증금은 보증금계약에 의하여 수수된다. 보증금계약은 임대차에 종된 계약인데, 보통 임대차계약시에 함께 행하여진다. 그러나 반드시 그래야 하는 것은 아니다. 그리고 보증금계약은 계약금계약과 달리 낙성계약이다(^{문헌들은 보통 요물계약으}_{로 행하여진다고 하나, 그렇}_{지 않}_다). 보증금계약의 당사자는 보통 임대인과 임차인이나, 임차인 대신 제 3 자가 당사자로 될 수도 있다(^{판례는, 임차인이 그의 채무를 담보하기 위하여 임대인 · 임차인 · 채권자 3자의 합의로}_{임대차계약상의 임차인 명의를 채권자로 변경한 경우에는, 특별한 사정이 없는 한 임대}_{인은 임대차 종료시에 임차인의 채권자에게 보증금을 지급할 의무가 있}_{다고 한다(그러나 채무 소멸시에는 아님. 대판 1994. 8. 23, 94다18966)}).

(3) 보증금의 효력

보증금은 차임채권(^{임대차 종료시까지뿐만 아니라 그 후 임차}_{물 반환시까지의 차임 상당액을 포함한다}), 임차물의 멸실 · 훼손 기타의 원인에 의한 손해배상채권 등 임대인의 모든 채권을 담보한다(^{판례도 같음. 대판}_{2016. 7. 27, 2015다}_{230020; 대판 2017. 3. 15,}_{2015다252501 등}). 따라서 임대차가 종료되어 목적물을 반환받을 때, 명백하고도 명시적인 반대약정이 없는 한, 임대인의 모든 채권액이 별도의 의사표시 없이 보증금으로부터 당연히 공제된다(^{대판 1987. 6. 23, 86다카2865(차임 연체시 인도청구를 할 수 있었는데 이를}_{하지 않았더라도 같다); 대판 1999. 12. 7, 99다50729; 대판 2005. 9. 28, 2005}_{다8323 · 8330; 대판 2008. 3. 27, 2006다}_{45459; 대판 2016. 7. 27, 2015다230020}). 보증금이 수수된 임대차계약에서 차임채권이 양도되었다고 하더라도, 임차인은 그 임대차계약이 종료되어 목적물을 반환할 때까지 연체한 차임 상당액을 보증금에서 공제할 것을 주장할 수 있다(^{대판 2015. 3. 26,}_{2013다77225}). 그리고 보증금이 수수된 저당부동산에 관한 임대차계약이 저당부동산에 대한 경매로 종료되었는데, 저당권자가 차임채권 등에 대하여는 민사집행법 제273조에 따른 채권집행의 방법으로 별개로 저당권을 실행하지 아니한 경우에 저당부동산에 대한 압류의 전후와 관계없이 임차인이 연체한 차임 등의 상당액이 임차인이 배당받을 보증금에서 당연히 공제됨은 물론, 저당권자가 차임채권 등에 대하여 위와 같은 방법으로 별개로 저당권을 실행한 경우에도 그 채권집행 절차에서 임차인이 실제로 그 차임 등을 지급하거나 공탁하지 아니하였다면 잔존하는 차임채권

[143]

등의 상당액은 임차인이 배당받을 보증금에서 당연히 공제된다($^{대판\ 2016.\ 7.\ 27,}_{2015다230020}$). 그러나 임대차보증금이 임대인에게 교부되어 있더라도 임대인은 임대차관계가 계속되고 있는 동안에는 그 임대차보증금에서 연체차임을 충당할 것인지 여부를 자유로이 선택할 수 있으므로, 임대차계약 종료 전에는 연체차임이 공제 등의 별도의 의사표시 없이 임대차보증금에서 당연히 공제되는 것은 아니고($^{대판\ 2013.\ 2.\ 28,}_{2011다49608 \cdot}$
49615(그리고 임대인이 차임채권을 양도하는 등의 사정으로 인하여 차임채권을 가지고 있지 않은 경우에는 특별한 사정이 없는 한 임대차계약의 종료 전에 임대차보증금에서 공제한다는 의사표시를 할 수 있는 권한이 있다고 할 수도 없다); 대판
$^{2016.\ 11.\ 25,}_{2016다211309}$), 임차인도 임대차보증금의 존재를 이유로 차임의 지급을 거절할 수 없다($^{대판\ 2016.\ 11.\ 25,}_{2016다211309}$). 한편 판례는, 임대인으로서는 임대차보증금 없이도 부동산 임대차계약을 유지할 수 있으므로, 임대차계약이 존속 중이라도 임대차보증금 반환채무에 관한 기한의 이익을 포기하고 임차인의 임대차보증금 반환채권을 수동채권으로 하여 상계할 수 있고, 임대차 존속 중에 그와 같은 상계의 의사표시를 한 경우에는 임대차보증금 반환채무에 관한 기한의 이익을 포기한 것으로 볼 수 있다고 한다($^{대판\ 2017.\ 3.\ 15,}_{2015다252501}$). 그리고 임대차 존속 중 차임채권의 소멸시효가 완성된 경우에는 그 소멸시효 완성 전에 임대인이 임대차보증금 반환채무에 관한 기한의 이익을 실제로 포기하였다는 등의 특별한 사정이 없는 한 양 채권이 상계할 수 있는 상태에 있었다고 할 수 없고, 따라서 그 이후에 임대인이 이미 소멸시효가 완성된 차임채권을 자동채권으로 삼아 임대차보증금 반환채무와 상계하는 것은 제495조에 의하더라도 인정될 수 없다고 보아야 할 것이지만, 임대차 존속 중 차임이 연체되고 있음에도 임대차보증금에서 연체차임을 충당하지 않고 있었던 임대인의 신뢰와 차임연체 상태에서 임대차관계를 지속해 온 임차인의 묵시적 의사를 감안하면 그 연체차임은 제495조의 유추적용에 의하여 임대차보증금에서 공제할 수는 있다고 한다($^{대판\ 2016.\ 11.\ 25,}_{2016다211309}$).

〈판 례〉

(ㄱ)「임대차계약에 있어 임대차보증금은 임대차계약 종료 후 목적물을 임대인에게 명도할 때까지 발생하는, 임대차에 따른 임차인의 모든 채무를 담보하는 것으로서, 그 피담보채무 상당액은 임대차관계의 종료 후 목적물이 반환될 때에, 특별한 사정이 없는 한, 별도의 의사표시 없이 보증금에서 당연히 공제되는 것이므로, 임대인은 임대차보증금에서 그 피담보채무를 공제한 나머지만을 임차인에게 반환할 의무가 있다고 할 것이다($^{대법원\ 2004.\ 12.\ 23.\ 선고}_{2004다56554\ 판결\ 등\ 참조}$). 그러나 이 경우 임대차보증금에서 그 피담보채무 등을 공제하려면 임대인으로서는 그 피담보채무인 연체차임, 연체관리비 등을 임

대차보증금에서 공제하여야 한다는 주장을 하여야 하고 나아가 그 임대차보증금에서 공제될 차임채권, 관리비채권 등의 발생원인에 관하여 주장·입증을 하여야 하는 것이며, 다만 그 발생한 채권이 변제 등의 이유로 소멸하였는지에 관하여는 임차인이 주장·입증책임을 부담한다고 할 것이다.」$\binom{\text{대판 2005. 9. 28,}}{\text{2005다8323·8330}}$

(ㄴ) 「임대차계약에서 보증금을 지급하였다는 입증책임은 보증금의 반환을 구하는 임차인이 부담하고, 임대차계약이 성립하였다면 임대인에게 임대차계약에 기한 임료채권이 발생하였다 할 것이므로 임료를 지급하였다는 입증책임도 임차인이 부담한다.」$\binom{\text{대판 2005. 1. 13,}}{\text{2004다19647}}$

(ㄷ) 판례에 의하면, 원상복구에 필요한 비용$\binom{\text{대판 2002. 12. 10, 2002다52657. 그러나 원상복}}{\text{구를 하지 않고 그대로 이용하려고 하는 때는}}$예외이다), 임차인이 임대인 명의로 사용한 전기·전화요금을 납부하지 않아 전기의 동력선이 끊기고 임대인 명의의 전화가입권이 말소됨으로 인하여 생긴 손해$\binom{\text{대판 1991.}}{\text{10. 25,}}$$\binom{\text{91다}}{\text{22605·22612}}$도 공제될 것이라고 한다. 그리고 차임채권에 압류 및 추심명령이 있었다고 하더라도 임차물이 반환될 때까지 추심되지 않은 차임채권 상당액도 당연히 공제되고$\binom{\text{대판 2004. 12. 23,}}{\text{2004다56554 등}}$, 임차보증금 채권을 피전부채권으로 하여 전부명령이 있는 경우에도 제 3 채무자인 임대인은 임차인에게 대항할 수 있으므로 임대인의 채권을 공제한 잔액에 대하여는 전부명령이 유효하다고 한다$\binom{\text{대판 1987. 6. 9, 87다68; 대}}{\text{판 1988. 1. 19, 87다카1315}}$·

(ㄹ) 「부동산임대차에 있어서 임차인이 임대인에게 지급하는 임대차보증금은 임대차관계가 종료되어 목적물을 반환하는 때까지 그 임대차관계에서 발생하는 임차인의 모든 채무를 담보하는 것으로서, 임대인의 임대차보증금 반환의무는 임대차관계가 종료되는 경우에 그 임대차보증금 중에서 목적물을 반환받을 때까지 생긴 연체차임 등 임차인의 모든 채무를 공제한 나머지 금액에 관하여서만 비로소 이행기에 도달하는 것이므로$\binom{\text{대법원 1987. 6. 23. 선}}{\text{고 87다카98 판결 참조}}$, 그 임대차보증금 반환채권을 양도함에 있어서 임대인이 아무런 이의를 보류하지 아니한 채 채권양도를 승낙하였어도 임차 목적물을 개축하는 등 하여 임차인이 부담할 원상복구비용 상당의 손해배상액은 반환할 임대차보증금에서 당연히 공제할 수 있다 할 것이나, 임대인과 임차인 사이에서 장래 임대목적물 반환시 위 원상복구비용의 보증금 명목으로 지급하기로 약정한 금액은, 임대차관계에서 당연히 발생하는 임차인의 채무가 아니라 임대인과 임차인 사이의 약정에 기하여 비로소 발생하는 채무에 불과하므로, 반환할 임대차보증금에서 당연히 공제할 수 있는 것은 아니라 할 것이어서, 임대차보증금 반환채권을 양도하기 전에 임차인과 사이에 이와 같은 약정을 한 임대인이 이와 같은 약정에 기한 원상복구비용의 보증금 청구 채권이 존재한다는 이의를 보류하지 아니한 채 채권양도를 승낙하였다면 민법 제451조 제 1 항이 적용되어 그 원상복구비용의 보증금 청구 채권으로 채권양수인에게 대항할 수 없다.」$\binom{\text{대판 2002. 12. 10,}}{\text{2002다52657}}$

(ㅁ) 「부동산임대차에 있어서 임차인이 임대인에게 지급하는 임대차보증금은 임대차관계가 종료되어 목적물을 반환하는 때까지 그 임대차관계에서 발생하는 임차인의

모든 채무를 담보하는 것으로서, 임대인이 임차인을 상대로 차임연체로 인한 임대차계약의 해지를 원인으로 임대차목적물인 부동산의 인도 및 연체차임의 지급을 구하는 소송비용은 임차인이 부담할 원상복구비용 및 차임지급의무 불이행으로 인한 것이어서 임대차관계에서 발생하는 임차인의 채무에 해당하므로 이를 반환할 임대차보증금에서 당연히 공제할 수 있고, 한편 임대인의 임대차보증금 반환의무는 임대차관계가 종료되는 경우에 그 임대차보증금 중에서 목적물을 반환받을 때까지 생긴 임차인의 모든 채무를 공제한 나머지 금액에 관하여서만 비로소 이행기에 도달하는 것이므로, 임차인이 다른 사람에게 그 임대차보증금 반환채권을 양도하고, 임대인에게 양도통지를 하였어도 임차인이 임대차목적물을 인도하기 전까지는 임대인이 위 소송비용을 임대차보증금에서 당연히 공제할 수 있다(대법원 2002. 12. 10. 선고 2002다52657 판결 등 참조)·ㅗ(대판 2012. 9. 27, 2012다49490).

보증금이 공제되어야 할 채무액에 부족한 때에는, 일단 보증금으로 법정충당의 규정에 의하여 충당되고(대판 2007. 8. 23, 2007다21856·21863), 나머지의 채무는 존속한다. 한편 임대차계약의 존속 중에 임차인이 차임지급을 지체하거나 건물을 훼손한 경우에, 임대인이 보증금에서 충당할 수 있는가? 이는 계약의 해석의 문제이나, 불분명한 때에는 임대인은 보증금에서 충당할 수도 있고 임차인에게 청구할 수도 있다고 하여야 한다([143]에서 설명한 바와 같이 판례도 같은 견지에 있다. 대판 2013. 2. 28, 2011다49608·49615; 대판 2016. 11. 25, 2016다211309). 그리고 전자의 경우에는 다시 임차인에게 보증금의 보충을 청구할 수도 있다고 새겨야 한다(다른 견해: 이은영, 462면). 일반적으로 보증금은 그 이자가 차임의 기능도 담당하고 있기 때문이다. 나아가 후자의 경우 즉 임대인이 임차인에게 청구를 하는 경우에, 임차인은 보증금의 존재를 이유로 차임의 지급을 거절할 수 없고(대판 1994. 9. 9, 94다4417; 대판 2016. 11. 25, 2016다211309) 또 그 연체에 따른 채무불이행책임을 면할 수도 없다(대판 1994. 9. 9, 94다4417). 임대차계약이 종료된 때에도 임차물이 반환되지 않는 한 역시 연체차임의 지급을 거절할 수 없다(대판 1999. 7. 27, 99다24881; 대판 2007. 8. 23, 2007다21856·21863).

임대차의 묵시의 갱신이 있는 경우에 보증금은 제 3 자가 제공한 것도 소멸하지 않고 존속한다. 왜냐하면 보증금은 제639조 제 2 항의 「담보」에 포함되지 않기 때문이다(대판 1977. 6. 7, 76다951). 그런데, 판례에 의하면 임대차의 존속 중에 보증금반환채권이 양도되고 임대인에게 양도통지가 된 경우에는, 그 후 당사자 사이에 임대차의 갱신에 관한 명시적 또는 묵시적 합의가 있었다고 하여도 그 합의의 효과는 보증금반환채권의 양수인에게는 미치지 않는다(대판 1989. 4. 25, 88다카4253·4260). 그리하여 임대차는 더 이상 갱신되지 않고 본래의 기간 만료시에 종료된다.

〈참 고〉

대법원은 방금 언급한 판결($\binom{대판 1989. 4. 25,}{88다카4253 · 4260}$)에서, 처음의 묵시적 갱신에 의하여 임대차기간이 전 임대차와 동일하게 1년이 된다고 하고, 갱신된 1년의 기간 중에 임차보증금 반환청구권이 양도되고 임대인에게 양도통지가 되었으므로, 그 후에 당사자 사이에 임대차계약의 갱신이나 계약기간의 연장에 관하여 명시적 또는 묵시적 합의가 있었다고 해도 그 합의의 효과가 계약보증금 반환채권의 양수인에게 미칠 수 없다고 하였다. 그런데 이 판결이 묵시적 갱신의 경우에 임대차기간을 전 임대차와 동일한 것으로 판단한 것은 잘못이다. 묵시적 갱신의 경우에 임대차의 존속기간은 약정하지 않은 것으로 다루어져서 당사자는 언제든지 계약해지의 통고를 할 수 있기 때문이다($\binom{639조 1}{항 단서}\binom{같은 취지: 양창수}{민법연구(2), 308면}$).

(4) 부동산소유권의 이전과 보증금의 승계

[144]

부동산임대차가 등기되어 있거나($\frac{621}{조}$) 건물소유를 목적으로 한 토지임차인이 그 지상건물을 등기한 때($\frac{622}{조}$)에는, 임차인은 임차한 부동산 또는 토지의 양수인에 대하여도 임차권을 가지고 대항할 수 있다. 그 경우에 보증금에 대한 권리·의무도 신 소유자에게 당연히 이전된다($\binom{3면계약으로 다른 특약}{을 한 때에는 예외이다}\binom{김형배, 496면은 양수인이 채무}{를 중첩적으로 인수한다고 한다}$). 다만, 구 소유자(전 임대인)에게 보증금으로 담보된 채권이 있는 때에는, 그것이 공제된 나머지만 승계된다.

(5) 보증금반환청구권

임차인의 보증금반환청구권이 임차물 반환시에 채무를 공제한 잔액에 관하여 발생한다는 것은 앞에서 설명하였다($\binom{[142]}{참조}$). 그리고 임대인의 보증금반환의무는 임차인의 임차물반환의무와 동시이행관계에 있다($\binom{보증금의 개념상 후자가 선이행의무이나,}{임차인 보호를 위하여 그렇게 새긴다}$) ($\binom{통설·판례도 같은 견지에 있다. 대판(전원) 1977. 9. 28, 77다}{1241 · 1242; 대판 2002. 2. 26, 2001다77697 등 다수의 판결}$). 따라서 임대인이 임대차보증금의 반환의무를 이행하거나 적법하게 이행제공을 하는 등으로 임차인의 동시이행항변권을 상실시키지 않은 이상, 임대차계약 종료 후 임차인이 목적물을 계속 점유하더라도 그 점유를 불법점유라고 할 수 없고 임차인은 이에 대한 손해배상의무를 지지 않는다($\binom{대판 2020. 5. 14,}{2019다252042}$). 그러나 임차인이 그러한 동시이행항변권을 상실하였는데도 목적물의 반환을 계속 거부하면서 점유하고 있다면, 달리 점유에 관한 적법한 권원이 인정될 수 있는 특별한 사정이 없는 한 이러한 점유는 적어도 과실에 의한 점유로서 불법행위를 구성한다($\binom{대판 2020. 5. 14,}{2019다252042}$).

〈판 례〉

(ㄱ) 판례는 임차인이 동시이행의 항변권에 기하여 임차목적물을 점유하고 사용수익한 경우 그 점유는 불법점유라 할 수 없어 그로 인한 손해배상책임을 지지 않지만, 사용수익으로 인하여 실질적으로 얻은 이익이 있으면 부당이득으로 반환할 것이라고 한다(대판 1981. 1. 13, 80다1201; 대판 1989. 2. 28, 87다카2114 · 2115 · 2116; 대판 1998. 7. 10, 98다15545 등 다수의 판결). 이때 부당이득은 차임 상당액이다(대판 2001. 6. 1, 99다60535; 대판 2002. 11. 13, 2002다46003 · 46027 · 46010). 그러나 임차인이 점유한 경우에도 그것이 단지 보증금반환채권을 확보하기 위한 것이어서 임차인이 본래의 용도대로 사용수익하지 않은 때에는 실질적 이익을 얻고 있다고 할 수 없으므로 부당이득 반환채무가 생기지 않는다고 한다(대판 1989. 10. 27, 89다카4298; 대판 1990. 12. 21, 90다카24076; 대판 1992. 4. 14, 91다45202 · 45219; 대판 2003. 4. 11, 2002다59481; 대판 2006. 10. 12, 2004재다818 등 다수의 판결). 그리고 이는 임차인의 사정으로 인하여 임차물을 사용 · 수익하지 못하였거나 임차인이 자신의 시설물을 반출하지 않았더라도 마찬가지라고 한다(대판 1998. 7. 10, 98다8554; 대판 2006. 10. 12, 2004재다818).

(ㄴ) 판례는, 임차인이 불이행한 원상회복의무가 사소한 부분이고, 그로 인한 손해배상액 역시 근소한 금액(326,000원)인 경우에 임대인이 이를 이유로 거액의 잔존 보증금 전액(125,226,670원)에 대하여 반환을 거부하는 것은 공평의 관념에 반하여 부당하다고 한다(대판 1999. 11. 12, 99다34697).

(ㄷ)「임대차가 종료된 경우 임대목적물이 타인 소유라고 하더라도 그 타인이 목적물의 반환청구나 임료 내지 그 해당액의 지급을 요구하는 등 특별한 사정이 없는 한 임차인은 임대인에게 그 부동산을 명도하고 임대차 종료일까지의 연체차임을 지급할 의무가 있음은 물론, 임대차 종료일 이후부터 부동산 명도 완료일까지 그 부동산을 점유 · 사용함에 따른 차임 상당의 부당이득금을 반환할 의무도 있다고 할 것인바(대법원 1996. 9. 6. 선고 94다54641 판결, 2000. 11. 24. 선고 2000다3777, 37784 판결 등 참조), 이와 같은 법리는 임차인이 임차물을 전대하였다가 임대차 및 전대차가 모두 종료된 경우의 전차인에 대하여도 특별한 사정이 없는 한 그대로 적용된다고 할 것이다.」(대판 2001. 6. 29, 2000다68290. 같은 취지: 대판 2007. 8. 23, 2007다21856 · 21863)

(ㄹ)「임대차관계가 종료된 후 임차인이 목적물을 임대인에게 반환하였으면 임대인은 보증금을 무조건으로 반환하여야 하고, 임차인으로부터 목적물의 인도를 받는 것과의 상환이행을 주장할 수 없다. 그리고 이는 종전의 임차인이 임대인으로부터 새로 목적물을 임차한 사람에게 그 목적물을 임대인의 동의 아래 직접 넘긴 경우에도 다를 바 없다. 그 경우 임차인의 그 행위는 임대인이 임차인으로부터 목적물을 인도받아 이를 새로운 임차인에게 다시 인도하는 것을 사실적인 실행의 면에서 간략하게 한 것으로서, 법적으로는 두 번의 인도가 행하여진 것으로 보아야 하므로, 역시 임대차관계 종료로 인한 임차인의 임대인에 대한 목적물반환의무는 이로써 제대로 이행되었다고 할 것이기 때문이다.」(대판 2009. 6. 25, 2008다55634)

(ㅁ) 임차인이 임차건물을 명도할 의무와 임대인이 임대보증금 중 미지급 월임료 등을 공제한 나머지 보증금을 반환할 의무가 동시이행관계에 있는 이상, 임대인이 임차인에게 위 보증금반환의무를 이행하였다거나 그 현실적인 이행의 제공을 하여 임

차인의 건물명도의무가 지체에 빠졌다는 사실이 인정되지 않는다면 임차인은 임대차 기간 만료 후 명도를 지연할 경우 지급키로 한 약정지연손해금을 지급할 의무가 없다(대판 1988. 4. 12, / 86다카2476).

3. 권 리 금

[145]

권리금은 주로 도시에서 토지 또는 건물(특히 / 점포)의 임대차에 부수하여 임차물이 가지는 장소적 이익의 대가로서 임차인이 임대인에게(또는 임차권의 양수 / 인이 양도인에게) 지급하는 금전이다. 임대차가 종료하더라도 임차인은 임대인에게 권리금의 반환을 청구하지 못하나(그리고 상가 개발업자에게 지급한 권리금은 임대인인 상가소유주 / 에게는 효력이 미치지 않는다. 대판 1989. 2. 28, 87다카823·824), 임대인의 사정으로 임대차계약이 중도에 해지되는 것과 같은 특별한 사정이 있는 때에는 권리금 중 잔존기간에 대응하는 금액은 반환청구를 할 수 있다(대판 2000. 9. 22, 2000다26326; 대판 2001. 4. 10, / 2000다59050; 대판 2002. 7. 26, 2002다25013; 대판 2008. 4. 10, 2007 / 다76986·75993). 한편 실제에 있어서 임차인은 임차권을 타인에게 양도하거나 임차물을 전대하면서 양수인이나 전차인으로부터 권리금을 받고 있다. 그리고 이는 판례도 인정한다(대판 2000. 4. 11, 2000다4517· / 4524 및 위에 인용된 판결). 나아가 판례는 전대차계약이 그 기간 중에 해지된 경우에는 전대인은 잔존기간에 대응하는 권리금을 반환할 의무가 있다고 한다(대판 2001. 11. 13, / 2001다20394·20400). 그런데 임차권의 양도나 임차물의 전대는 임대인의 동의가 없으면 적법하게 행하여질 수가 없어서 문제이다(임대차를 해지하면 권 / 리금은 사라질 것이다). 그 때문에 문헌 중에는 임대인이 고액의 권리금을 받은 경우에는 임차권을 양도할 권능을 임차인에게 준 것으로 새기기도 한다(곽윤직, 244면; / 김주수, 325면).

「상가건물 임대차보호법」은 상가건물에 관하여 권리금을 인정하고 보호하는 규정을 신설하였다(같은 법 10조 / 의 3 이하)([165] / 참조). 그 결과 전술한 이론은 그 법이 적용되지 않는 범위에서만 적용될 수 있다(동법의 규정은 / 강행규정임).

〈판 례〉

「권리금은 상가건물의 영업시설·비품 등 유형물이나 거래처, 신용, 영업상의 노하우(know-how) 혹은 점포 위치에 따른 영업상의 이점 등 무형의 재산적 가치의 양도 또는 일정 기간 동안의 이용대가이다. 임차권양도계약에 수반되어 체결되는 권리금계약은 임차권양도계약과는 별개의 계약이지만 위 두 계약의 체결 경위와 계약내용 등에 비추어 볼 때, 권리금계약이 임차권양도계약과 결합하여 전체가 경제적·사실적으로 일체로 행하여진 것으로서, 어느 하나의 존재 없이는 당사자가 다른 하나를 의욕하지 않았을 것으로 보이는 경우에는 그 계약 전부가 하나의 계약인 것과 같은 불가분의 관계에 있다고 보아야 한다($\binom{\text{대법원 2013. 5. 9. 선고}}{\text{2012다115120 판결 참조}}$)·ᆡ($\binom{\text{대판 2017. 7. 11,}}{\text{2016다261175}}$)

[146]　## Ⅵ. 임대차의 종료

(1) 임대차의 종료원인

1) 존속기간의 만료　　임대차에 존속기간이 정해져 있는 경우에는, 기간 이 만료되면 사전 최고나 해지를 할 필요 없이 임대차는 종료한다($\binom{\text{대판 1969. 1. 28,}}{\text{68다1537}}$).

2) 해지의 통고　　① 임대차의 존속기간을 약정하지 않은 때에는 당사자 는 언제든지 계약해지의 통고를 할 수 있고, 상대방이 그 통고를 받은 날로부터 일정한 기간이 경과하면 임대차는 종료한다($\frac{635}{조}$). ② 임대차의 존속기간이 약정된 경우에도, 당사자 일방 또는 쌍방에게 해지권이 보류된 때에는, 제635조가 준용 된다($\frac{636}{조}$). ③ 임차인이 파산선고를 받은 경우에는 임대차의 존속기간에 관한 약 정이 있는 때에도 임대인 또는 파산관재인은 제635조의 규정에 의하여 계약해지 의 통고를 할 수 있고($\binom{\text{일정기간이 경과하}}{\text{면 임대차는 종료함}}$), 그 경우에 각 당사자는 상대방에 대하여 계 약해지로 인하여 생긴 손해의 배상을 청구하지 못한다($\frac{637}{조}$).

3) 해　　지　　일정한 경우에는 존속기간의 약정 유무를 묻지 않고 해지 할 수 있도록 하고 있으며, 그때에는 즉시 해지의 효력이 생긴다. ① 임대인이 임 차인의 의사에 반하여 보존행위를 하고 그로 인하여 임차의 목적을 달성할 수 없 을 때($\frac{625}{조}$), ② 임차물의 일부가 임차인의 과실없이 멸실 기타의 사유로 사용·수 익할 수 없는 경우에 잔존부분만으로 임차의 목적을 달성할 수 없는 때($\binom{\text{627조}}{\text{2항}}$), ③ 임차인이 임대인의 동의 없이 임차권을 양도하거나 임차물을 전대한 경우($\binom{\text{629조}}{\text{2항}}$), ④ 임차인의 차임연체액이 2기의 차임액에 달하는 때($\binom{\text{640조·}}{\text{641조}}$), ⑤ 그 밖에 당사자 일방의 채무불이행이 있는 때($\binom{\text{544조·}}{\text{546조}}$)에 그렇다.

(2) 임대차 종료의 효과

존속기간 만료의 경우에는 물론이고 해지통고나 해지에 의하여 임대차가 소 멸하는 때에도, 임대차는 장래에 향하여 소멸한다. 즉 소급효가 없다($\binom{\text{550조}}{\text{참조}}$). 그리 고 해지의 경우 당사자 일방에 과실이 있으면 손해배상도 청구할 수 있다($\binom{\text{551조}}{\text{참조}}$). 한편 임대차가 종료하면 임차인은 원상회복의무·임차물의 반환의무를 지고, 그 반면에 일정한 경우 비용상환청구권·지상시설 또는 부속물 매수청구권·철거권 등을 가지는데, 그에 관하여는 앞에서 모두 살펴보았다.

〈판 례〉

(ㄱ) 원고 등이 본건 대지를 망 부친으로부터 상속에 의하여 취득한 것이 아니고 그 사망 전에 증여에 의하여 소유권을 취득한 것이라 하더라도 피고 주장과 같이 본건 토지를 원고 등의 망부로부터 임차하고 있는 것이라면 원고 등은 그 부친의 사망으로 그의 피고에 대한 위 토지의 임대인으로서의 의무도 승계하였다고 보아야 할 것이고 따라서 피고는 원고 등의 망부에 대한 본건 토지의 임차권을 원고 등에게도 주장할 수 있는 것이다(대판 1966. 9. 20, 66다1238).

(ㄴ) 「등기된 임차권에는 용익권적 권능 외에 임차보증금 반환채권에 대한 담보권적 권능이 있고, 임대차기간이 종료되면 용익권적 권능은 임차권등기의 말소등기 없이도 곧바로 소멸하나 담보권적 권능은 곧바로 소멸하지 않는다고 할 것이어서, 임차권자는 임대차기간이 종료한 후에도 임차보증금을 반환받기까지는 임대인이나 그 승계인에 대하여 임차권등기의 말소를 거부할 수 있다고 할 것이고, 따라서 임차권등기가 원인 없이 말소된 때에는 그 방해를 배제하기 위한 청구를 할 수 있다.」 (대판 2002. 2. 26, 99다67079)

(ㄷ) 「임대인의 방해행위로 임차인의 임대차 목적물에 대한 임차권에 기한 사용·수익이 사회통념상 불가능하게 됨으로써 임대인의 귀책사유에 의하여 임대인으로서의 의무가 이행불능되어 임대차계약이 종료되었다고 하는 경우에도, 임대인이나 제 3 자의 귀책사유로 그 임대차계약의 목적물이 멸실되어 임대인의 이행불능 등으로 임대차계약이 종료되는 경우와 마찬가지로, 임차인으로서는 임대인에 대하여 그 임대차보증금 반환청구권을 행사할 수 있고 그 이후의 차임지급의무를 면하는 한편 다른 특별한 사정이 없는 한 그 임대차 목적물을 대신할 다른 목적물을 마련하기 위하여 합리적으로 필요한 기간 동안 그 목적물을 이용하여 영업을 계속하였더라면 얻을 수 있었던 이익, 즉 휴업손해를 그에 대한 증명이 가능한 한 통상의 손해로서 배상을 받을 수 있을 뿐이며(그 밖에 다른 대체 건물로 이전하는 데에 필요한 부동산중개료, 이사비용 등은 별론으로 한다.), 더 나아가 장래 그 목적물의 임대차기간 만료시까지 계속해서 그 목적물을 사용·수익할 수 없음으로 인한 일실수입 손해는 이를 별도의 손해로서 그 배상을 청구할 수 없다고 할 것이다.」 (대판 2006. 1. 27, 2005다16591·16607)

(ㄹ) 갑이 자신의 비용으로 을 명의의 건물을 신축하고 그 건물의 일부를 일정기간 임차하여 전대함으로써 얻은 수익금으로 공사비 등을 회수하기로 하는 약정에 따라 이를 임차·사용하다가 차임을 연체하여 임대차계약이 해지된 사안에서, 갑이 지출한 공사비를 계약기간 중 지불할 차임 총액 중 일부를 선지급한 것으로 보아, 을은 갑에게 위 공사비에서 갑이 건물을 실제 사용·수익한 기간의 총 계약기간에 대한 비

율에 해당하는 금액을 공제한 금액을 반환해야 한다고 판단한 사례(대판 2008. 3. 27, 2007다80183).

[147]　**Ⅶ. 특수한 임대차**

1. 전　세

우리나라에서는 해방 전부터 「전세」라는 것이 건물(특히 주택) 대차의 방법으로 많이 이용되었다. 이 전세는 빌리는 자가 일시에 고액(건물 시가의 반 정도)의 금전(전세금)을 건물소유자(대주)에게 지급하고 이를 전세계약이 종료하는 때에 돌려받기로 하며, 건물을 빌려쓰는 대가(차임)는 따로 지급하지 않고 전세금의 이자로 그것을 대신하는 방법이다. 관행에 의한 이러한 전세제도는 민법 제정시에 전세권이라는 물권으로 규정되었고 채권적 전세로는 전혀 규율되지 않았다. 그런데 실제 사회에서는 이용자의 권리가 강한 전세권제도는 거의 이용되지 않고, 채권적 전세는 널리 이용되었다. 그리하여 채권적 전세의 규율, 즉 채권적 전세권자의 보호가 절실하였다. 그러나 그에 대한 입법은 쉽게 이루어지지 않았으며, 1983년 주택임대차보호법이 개정되면서 채권적 전세에 그 법이 준용된다는 내용의 규정 하나가 마련되었을 뿐이다(같은 법 12조). 채권적 전세에는 주택임대차보호법이 준용되므로, 그에 대하여는 주택임대차의 내용을 참고하면 될 것이다. 따라서 여기서는 자세한 설명은 생략하고, 단지 그에 특유한 몇 가지 사항만 간략히 적을 것이다.

채권적 전세제도는 임대차와 이자부 소비대차가 결합되어 있는 혼합계약이다. 즉 임대차를 하면서 이자와 차임을 상계하는 것이다. 그런데 그 중에서 보다 중요한 것은 임대차이므로 특수한 임대차라고 할 것이다(같은 취지: 대판 1955. 1. 27, 4287민상236). 전세의 경우 채권적 전세권자는 전세물인 건물(가옥)을 선량한 관리자의 주의로써 보관할 의무가 있고 계약이 해지되면 전세물을 반환하여야 하므로, 전세권자의 실화로 건물이 소실되어 반환의무를 이행할 수 없게 된 때에는, 한편으로는 과실로 인하여 전세물에 대한 소유권을 침해한 것으로서 불법행위가 되는 동시에, 다른 한편으로는 채무불이행이 된다(대판 1967. 12. 5, 67다2251). 그리고 전세금은 임대차에 있어서의 보증금과 마찬가지로 채권적 전세권자의 고의·과실에 의하여 목적물에 손해가 생긴 경우에 전세설정자의 손해배상채권을 담보하는 기능을 한다(대판 1968. 7. 24, 68다895). 또한 전세설정자의 전세금반환의무와 전세권자의 전세물반환의무는 특별한 사정이 없는 한 동시이행의 관계에 있으므로, 전세계약기간 종료 후 전세금을 반환하지 않고 있는 동안 전세물을 점유하는 것을 불법점유라 할 수 없고, 점유사용에 따른 임료 상당액과 전세금에 대한 이자 상당액은 서로 대가관계에 있다$\binom{\text{대판 1976. 10. 26, 76다1184. 그리고 그 판시에는 부}}{\text{당이득이 되지 않는다는 뜻도 포함되어 있다고 한다}}$.

2. 주택임대차 [148]

주택의 임차인$\binom{\text{및 채권적}}{\text{전세권자}}$을 보호하기 위한 특별법으로 주택임대차보호법$\binom{\text{이하에}}{\text{서는}}$ 「주임법」 또는 「같은 법」이라 함$\big)$이 있다. 이 법은 주거용 건물의 임대차에 관하여 민법에 대한 특례를 규정한 것이다$\binom{\text{같은 법}}{\text{1조}}$. 주임법의 주요내용을 살펴본다.

(1) 적용범위

1) 주임법은 주거용 건물$\binom{\text{이하에서는 「주}}{\text{택」이라 함}}$의 전부 또는 일부의 임대차에 적용되며, 그 임차주택의 일부가 주거 외의 목적으로 사용되는 경우에도 같다$\binom{\text{같은 법}}{\text{2조}}$.

〈판 례〉

① 주임법은 실제 주택을 사용·수익하는 임차인을 보호하기 위한 것이므로, 실제 주택을 사용·수익할 목적이 없이 단지 소액임차인으로서 보호받기 위하여 거주하거나$\binom{\text{대판 2001. 5. 8,}}{\text{2001다14733}}$ 또는 주택임대차로서 우선변제권을 취득할 목적으로 외관을 만든 데 지나지 않는 경우$\binom{\text{대판 2002. 3. 12, 2000다24184·24191(임대차가 통정허위}}{\text{표시로서 무효라고 함); 대판 2003. 7. 22, 2003다21445}}$에는 주임법이 적용되지 않는다$\binom{\text{임대차계약 당사자가 기존 채권을 임대차보증금으로 전환하여 임대차계약을 체결하였다는}}{\text{사정만으로 임차인이 대항력을 갖지 못한다고 볼 수는 없다. 대판 2002. 1. 8, 2001다47535}}$.

② 이 법은 자연인을 보호하려는 것이므로 법인은 법인의 직원이 주민등록을 하였더라도 이 법에 의하여 보호되지 않는다$\binom{\text{대판 1997. 7. 11, 96다7236. 대판}}{\text{2003. 7. 25, 2003다2918도 참조}}$.

③ 주거용 건물에 해당하는지 여부는 공부상의 표시만을 기준으로 할 것이 아니고 그 실지용도에 따라서 정하여야 하고$\binom{\text{대판 1988. 12. 27, 87다카2024; 대판 1995. 3. 10,}}{\text{94다52522; 대판 1996. 3. 12, 95다51953}}$, 건물의 일부가 임대차의 목적이 되어 주거용과 비주거용으로 겸용되는 경우에는, 구체적인 경우에 따라 그 임대차의 목적, 전체 건물과 임대차 목적물의 구조와 형태 및 임차인의 임대차 목적물의 이용관계, 그리고 임차인이 그 곳에서 일상생활을 영위하는지 여부 등을 아울러 고려하여 합목적적으로 결정하여야 한다.

④ 이 법이 적용되려면 임대차계약 체결 당시에 건물이 구조상 주거용 또는 그와 겸용할 정도의 형태를 실질적으로 갖추고 있어야 하고, 만일 그 당시에는 주거용 건물부분이 없었는데 그 후 임의로 주거용으로 개조하였다면, 임대인이 그 개조를 승낙하였다는 등의 특별사정이 없는 한 이 법은 적용되지 않는다$\binom{\text{대판 1986. 1. 21,}}{\text{85다카1367}}$.

⑤ 주임법 제 2 조 제 2 문의 규정$\binom{\text{「임차주택의 일부가 주거 외의 목적으}}{\text{로 사용되는 경우」에 적용한다는 것}}$은 반드시 주된 목적이 주거용에 있는 주거용 건물의 일부가 주거 이외의 목적으로 사용되는 경우만을

대상으로 하는 것은 아니다(대판 1988. 12. 27, 87다카2024).

⑥ 이 법은 비주거용 건물의 일부가 주거용으로 사용되는 경우에는 적용되지 않는다(대판 1987. 4. 28, 86다카2407(여인숙을 경영할 목적으로 방 10개를 임차하여 현관 앞의 방 하나를 내실로 사용한 경우에 관하여 주거용 건물이 아니라고 함); 대판 1996. 3. 12, 95다51953(다방의 임차인이 다방에 딸린 방을 주거목적으로 사용한 경우에 관하여 비주거용 건물의 일부가 주거목적으로 사용된 것일 뿐이라고 함)).

⑦ 주임법의 적용대상으로 규정하고 있는 「주거용 건물」의 임대차라 함은 임차목적물 중 건물의 용도가 점포나 사무실 등이 아닌 주거용인 경우의 임대차를 뜻하는 것일 뿐이지, 같은 법의 적용대상을 대지를 제외한 건물에만 한정하는 취지는 아니다(대판 1996. 6. 14, 96다7595). 따라서 주임법 제 3 조의 2 제 1 항의 「임차주택」(즉 경매대상인 임차주택)에는 건물뿐만 아니라 그 부지도 포함되고(대결 2000. 3. 15, 99마4499), 주택의 대지 및 건물에 관하여 경매가 신청되었다가 그 중 건물에 대한 신청이 취하되어 대지부분만 낙찰되었더라도 그 주택의 소액임차인은 대지의 낙찰대금 중에서 소액보증금을 담보물권자보다 우선하여 변제받을 수 있다(대판 1996. 6. 14, 96다7595).

⑧ 어느 건물이 국민의 주거생활의 용도로 사용되는 주택에 해당하는 이상 비록 그 건물에 관하여 아직 등기를 마치지 아니하였거나 등기가 이루어질 수 없는 사정이 있다고 하더라도 다른 특별한 규정이 없는 한 같은 법의 적용대상이 된다(대판(전원) 2007. 6. 21, 2004다26133).

⑨ 점포 및 사무실로 사용되던 건물에 근저당권이 설정된 후 그 건물이 주거용 건물로 용도 변경되어 이를 임차한 소액임차인도 특별한 사정이 없는 한 주임법 제 8 조에 의하여 보증금 중 일정액을 근저당권자보다 우선하여 변제받을 권리가 있다(대판 2009. 8. 20, 2009다26879).

2) 주임법은 일시사용하기 위한 임대차임이 명백한 경우에는 적용되지 않는다(같은 법 11조).

3) 주임법은 「주택의 등기를 하지 아니한 전세계약」 즉 채권적 전세(미등기 전세)에 준용된다. 이 경우 「전세금」은 「임대차의 보증금」으로 본다(같은 법 12조).

4) 주임법에 의한 임차인의 보호는 법인인 임차인에게는 인정되지 않는데 (대판 1997. 7. 11, 96다7236), 주임법을 두 차례 개정하여(2007. 8. 3, 2013. 8. 13) ① 국민주택기금을 재원으로 하여 저소득층 무주택자에게 주거생활 안정을 목적으로 전세임대주택을 지원하는 법인이 주택을 임차한 경우(같은 법 3조 2항)와 ② 중소기업기본법 제 2 조에 따른 중소기업에 해당하는 법인이 소속 직원의 주거용으로 주택을 임차한 경우(같은 법 3조 3항)에 대항력과 우선변제권을 부여하였으며, 그 결과 그러한 법인들은 보증금을 확보할 수 있게 되었다.

〈주택임대차계약의 신고제도〉

임대차계약 당사자는, 대통령령으로 정하는 지역(특별자치시·특별자치도·시·군(광역시 및 경기도의 관할구역에 있는 군으로 한정한다)·구(자치구를 말한다)를 말한다. 같은 법 시행령 4조의 3 2항)에서는(「부동산거래 신고 등에 관한 법률」 6조의 2 2항), 주택(주임법 2조에 따른 주택을 말하며, 주택을 취득할 수 있는 권리를 포함함)에 대하여 대통령령으로 정하는 금액을 초과하는 임대차계약(보증금이 6천만원을 초과하거나 월 차임이 30만원을 초과하는 주택임대차 계약을 말하며, 계약을 갱신하는 경우로서 보증금 및 차임의 증감 없이 임대차 기간만 연장하는 계약은 제외한다. 같은 법 시행령 4조의 3 1항)을 체결한 경우 그 보증금 또는 차임 등 국토교통부령으로 정하는 사항을 임대차계약의 체결일부터 30일 이내에 주택 소재지를 관할하는 신고관청에 공동으로 신고하여야 한다(같은 법 6조의 2 1항 본문). 만약 임대차계약 당사자 중 일방이 신고를 거부하는 경우에는 국토교통부령으로 정하는 바에 따라 단독으로 신고할 수 있다(같은 법 6조의 2 3항). 그리고 신고를 받은 신고관청은 그 신고 내용을 확인한 후 신고인에게 신고필증을 지체 없이 발급하여야 한다(같은 법 6조의 2 4항). 한편 임대차계약 당사자는 같은 법 제 6 조의 2에 따라 신고한 후 해당 주택임대차계약의 보증금, 차임 등 임대차 가격이 변경되거나 임대차계약이 해제된 때에는 변경 또는 해제가 확정된 날부터 30일 이내에 해당 신고관청에 공동으로 신고하여야 한다(같은 법 6조의 3 1항). 그런데 임차인이 주민등록법에 따라 전입신고를 하는 경우 이 법에 따른 주택임대차계약의 신고를 한 것으로 본다(같은 법 6조의 5 1항. 그 밖에 같은 조 2항의 의제도 참조). 그리고 같은 법 제 6 조의 2, 제 6 조의 3에 따른 신고의 접수를 완료한 때에는 주임법 제 3 조의 6 제 1 항에 따른 확정일자를 부여한 것으로 본다(임대차계약서가 제출된 경우로 한정한다)(같은 법 6조의 3 3항).

(2) 임대인의 정보 제시 의무(2023. 4. 18. 신설)

임대차계약을 체결할 때 임대인은 다음 사항들을 임차인에게 제시하여야 한다(같은 법 3조의 7 3항 본문). ① 주임법 제 3 조의 6 제 3 항에 따른 해당 주택의 확정일자 부여일, 차임 및 보증금 등 정보. 다만, 임대인이 임대차계약을 체결하기 전에 제 3 조의 6 제 4 항에 따라 동의함으로써 이를 갈음할 수 있다(같은 법 3조의 7 1호). ② 국세징수법 제108조에 따른 납세증명서 및 지방세징수법 제 5 조 제 2 항에 따른 납세증명서. 다만, 임대인이 임대차계약을 체결하기 전에 국세징수법 제109조 제 1 항에 따른 미납국세와 체납액의 열람 및 지방세징수법 제 6 조 제 1 항에 따른 미납지방세의 열람에 각각 동의함으로써 이를 갈음할 수 있다(같은 법 3조의 7 2호).

(3) 대 항 력

[149]

1) 요 건   주택임대차는 그 등기가 없는 경우에도 임차인이 주택을 인도받고 주민등록을 마친 때에는 그 다음 날부터 제 3 자에 대하여 효력이 생긴다(같은 법 3조 1항 1문). 이 경우 전입신고를 한 때 주민등록이 된 것으로 본다(같은 법 3조 1항 2문). 특기할 사항은 다음과 같다.

㈎ 주택임차인이 임차권을 가지고 제 3 자에게 대항할 수 있으려면 그 당연한 전제로서 주임법에 의하여 보호되는 임차권을 유효하게 취득하여야 한다. 따라서 임대차가 주임법의 적용을 받지 않는 경우(참조[148])에는 대항력을 가질 수 없다. 주의할 것은, 주임법이 적용되는 임대차가 반드시 주택의 소유자가 임대한 것만에 한정되지 않는다는 점이다. 주택의 소유자는 아니지만 적법하게 임대차계약을 체결할 수 있는 권한(적법한 임대권한)을 가진 임대인이 임대한 경우도 주임법의 적용을 받는다(대판 1995. 10. 12, 95다22283; 대판 1999. 4. 23, 98다49753; 대판 2008. 4. 10, 2007다38908·38915; 대판 2012. 7. 26, 2012다45689; 대판 2014. 2. 27, 2012다93794(갑이 임의경매절차에서 최고가매수 신고인의 지위에 있던 을과 주택임대차계약을 체결한 후 주택을 인도받아 전입신고를 마치고 임대차계약서에 확정일자를 받았는데, 다음날 을이 매각대금을 완납하고 병 주식회사에 근저당권설정등기를 마쳐준 사안에서, 을이 최고가 매수신고인이라는 것 외에는 적법한 임대권한이 있었음을 인정할 자료가 없어, 갑이 주임법 3조의 2항에서 정한 우선변제권을 취득하였다고 볼 수 없다고 한 사례); 대판 2019. 3. 28, 2018다44879·44886). 따라서 명의신탁자로부터 임차한 주택임차인은 등기부상 주택의 소유자인 명의수탁자에 대하여도 적법한 임대차임을 주장할 수 있다(대판 1995. 10. 12, 95다22283; 대판 1999. 4. 23, 98다49753). 그리고 주택에 관한 부동산 담보신탁계약을 체결한 경우 임대권한은 특별한 약정이 없는한 수탁자에게 있는 것이 일반적이지만, 위탁자가 수탁자의 동의 없이 임대차계약을 체결한 후 수탁자로부터 소유권을 회복한 때에는 위 임대차계약에 대하여 주임법 제 3 조 제 1 항이 적용될 수 있다(대판 2019. 3. 28, 2018다44879·44886). 또한 매매계약의 이행으로 매매목적물을 인도받은 매수인도 그 물건을 사용·수익할 수 있는 지위에서 그 물건을 타인에게 적법하게 임대할 수 있으며, 이러한 지위에 있는 매수인으로부터 매매계약이 해제되기 전에 매매목적물인 주택을 임차받아 대항요건을 갖춘 임차인은 민법 제548조 제 1 항 단서의 규정에 따라 계약해제로 인하여 권리를 침해받지 않는 제 3 자에 해당하므로 임대인의 임대권원의 바탕이 되는 계약의 해제에도 불구하고 자신의 임차권을 새로운 소유자에게 대항할 수 있다(대판 2008. 4. 10, 2007다38908·38915). 매매계약에 의하여 소유권을 취득하였다가 계약해제로 인하여 소유권을 상실하게 된 임대인으로부터 그 계약이 해제되기 전에 대항요건을 갖춘 임차인도 같다(대판 1996. 8. 20, 96다17653; 대판 2003. 8. 22, 2003다12717). 그에 비하여 매도인으로부터 매매계약의 해제를 해제조건부로 전세권한을 부여받은 매수인이 주택을 임대한 후 매도인과 매수인 사이의 매매계약이 해제됨으로써 해제조건이 성취되어 그때부터 매수인이 주택을 전세놓을 권한을 상실하게 된 경우에는, 임차인은 매도인에 대하여 임차권을 주장할 수 없다(대판 1995. 12. 12, 95다32037). 한편, 매도인이 악의인 계약명의신탁에서 명의수탁자로부터 명의신탁의 목적물인 주택을 임차하여 주택 인도와 주민등록을

마침으로써 주임법 제3조 제1항에 의한 대항요건을 갖춘 임차인은 부동산실명법 제4조 제3항의 규정에 따라 명의신탁약정 및 그에 따른 물권변동의 무효를 대항할 수 없는 제3자에 해당하므로 명의수탁자의 소유권이전등기가 말소됨으로써 등기명의를 회복하게 된 매도인 및 매도인으로부터 다시 소유권이전등기를 마친 명의신탁자에 대해 자신의 임차권을 대항할 수 있고, 이 경우 소유권이전등기를 마친 명의신탁자는 주임법 제3조 제4항에 따라 임대인의 지위를 승계한다$\binom{\text{대판 2022. 3. 17,}}{\text{2021다210720}}$.

〈판 례〉

「소유권을 취득하였다가 계약해제로 인하여 소유권을 상실하게 된 임대인으로부터 그 계약이 해제되기 전에 주택을 임차받아 주택의 인도와 주민등록을 마침으로써 주택임대차보호법 제3조 제1항에 의한 대항요건을 갖춘 임차인은 민법 제548조 제1항 단서의 규정에 따라 계약해제로 인하여 권리를 침해받지 않는 제3자에 해당하므로 임대인의 임대권원의 바탕이 되는 계약의 해제에도 불구하고 자신의 임차권을 새로운 소유자에게 대항할 수 있고$\binom{\text{대법원 1996. 8. 20. 선고}}{\text{96다17653 판결 참조}}$, 이 경우 계약해제로 소유권을 회복한 제3자는 주택임대차보호법 제3조 제2항$\binom{\text{현행 주임법 3조 4}}{\text{항에 해당: 저자 주}}$에 따라 임대인의 지위를 승계한다.」$\binom{\text{대판 2003. 8. 22,}}{\text{2003다12717}}$

(나) 여기의 「주택의 인도」는 임차목적물인 주택에 대한 점유의 이전을 말한다. 이때 점유는 사회통념상 어떤 사람의 사실적 지배에 있다고 할 수 있는 객관적 관계를 가리키는 것으로서, 사실상의 지배가 있다고 하기 위해서는 반드시 물건을 물리적·현실적으로 지배할 필요는 없고, 물건과 사람의 시간적·공간적 관계, 본권관계, 타인의 간섭가능성 등을 고려해서 사회통념에 따라 합목적적으로 판단하여야 한다$\binom{\text{대판 2005. 9. 30, 2005다24677;}}{\text{대판 2017. 8. 29, 2017다212194}}$. 그리고 임대주택을 인도하는 경우에는 임대인이 임차인에게 현관이나 대문의 열쇠를 넘겨주었는지, 자동문 비밀번호를 알려주었는지, 이사를 할 수 있는지 등도 고려하여야 한다$\binom{\text{대판 2017. 8. 29,}}{\text{2017다212194}}$.

(다) 주택의 인도와 더불어 대항력의 요건으로 규정되어 있는 「주민등록」은 거래의 안전을 위하여 임차권의 존재를 제3자가 명백하게 인식할 수 있게 하는 공시방법으로서 마련된 것이라고 볼 것이므로, 주민등록이 어떤 임대차를 공시하는 효력이 있는지 여부는 일반 사회통념상 그 주민등록으로 당해 임대차 건물에 임차인이 주소 또는 거소를 가진 자로 등록되어 있다고 인식할 수 있는지 여

부에 따라 결정되어야 한다(대판 1987. 11. 10, 87다카1573 이래 무수한 판결). 한편 외국인 또는 외국국적동포가 출입국관리법이나 재외동포법에 따라서 한 외국인등록이나 체류지변경신고(출입국관리법 88조의 2 2항 참조) 또는 국내거소신고나 거소이전신고(재외동포법 10조 4항, 출입국관리법 88조의 2 2항 참조)도 여기의 주민등록과 동일한 법적 효과가 인정된다고 보아야 한다(대판 2016. 10. 13, 2014다218030·218047; 대판 2019. 4. 11, 2015다254507). 그리고 재외국민(대한민국의 국민으로서 외국의 영주권을 취득한 자 또는 영주할 목적으로 외국에 거주하고 있는 자. 재외동포법 2조 1호)의 국내거소신고에도 여기의 주민등록과 같은 법적 효과가 인정되어야 하고(명문규정은 없지만 출입국관리법 88조의 2 2항을 유추적용함), 이 경우 거소이전신고를 한 때에 전입신고가 된 것으로 보아야 한다(대판 2019. 4. 11, 2015다254507).

그러면 「주민등록」은 언제 행하여진 것으로 보아야 하는가? 여기에 관하여 판례는 전입신고가 수리된 때라고 한다. 즉 판례는 「주민등록은 단순히 주민의 거주관계를 파악하고 인구의 동태를 명확히 하는 것 외에도 주민등록에 따라 공법관계상의 여러 가지 법률상 효과가 나타나게 되는 것으로서, 주민등록의 신고는 행정청에 도달하기만 하면 신고로서의 효력이 발생하는 것이 아니라 행정청이 수리한 경우에 비로소 신고의 효력이 발생한다 할 것이고, 따라서 주민등록 신고서를 행정청에 제출하였다가 행정청이 이를 수리하기 전에 신고서의 내용을 수정하여 위와 같이 수정된 전입신고서가 수리되었다면 수정된 사항에 따라서 주민등록 신고가 이루어진 것으로 보는 것이 타당하다」고 하고, 정확한 지번과 동, 호수로 주민등록 전입신고서를 작성·제출하였는데 담당공무원이 착오로 수정을 요구하여, 잘못된 지번으로 수정하고 동, 호수 기재를 삭제한 주민등록 전입신고서를 다시 작성·제출하여 그대로 주민등록이 된 경우에 관하여, 그 주민등록은 임대차의 공시방법으로서 유효하지 않고 그것이 담당공무원의 요구에 기인한 것이라 하더라도 마찬가지라고 한다(대판 2009. 1. 30, 2006다17850).

[150]　　　　　　　　　　　　　　　　　〈판 례〉

대법원이 구체적인 주민등록에 관하여 공시방법으로서 유효한지 여부를 판단한 예를 정리해 보기로 한다.

(ㄱ) **건물 대지의 지번을 잘못 기재한 경우**　　　주민등록이 유효하게 되려면 무엇보다도 주택이 서있는 토지의 지번을 올바르게 기재하여야 한다. 따라서 예컨대 실제의 건물지번이 「97의 40」인데 「90의 7」에 주민등록을 한 경우(대판 1987. 11. 10, 87다카1573), 「260의 3」과 「260의 5」의 두 토지 위에 건축된 주택을 임차한 자가 전출신고를 할 당시에는 「260의 3」으로 기재하였으나 전입신고시에는 새주소를 「206의 3」이라고 신고하여 「206의 3」으로 주민등록이 된 경우(대판 1997. 7. 11, 97다10024. 「206의 3」은 실재하는 지번으로서 타인의 주민등록이 되어 있었음), 주택

의 실제 지번인 「산 53의 6」이나 등기부상의 지번인 「산 53」과 일치하지 않는 「53의 6」에 주민등록을 한 경우($^{대판\ 2000.\ 6.\ 9,}_{2000다8069}$), 임차주택의 지번은 「313의 1」이고 그 토지는 주차장으로 사용되고 있는 「312의 2」·「313의 24」와 인접하여 있고 이 세 토지가 같은 담장 안에 있으며 그 지상에 다른 건물이 없는 상황에서 임차인이 「312의 2」로 주민등록을 한 경우($^{대판\ 2001.\ 4.\ 24,}_{2000다44799}$)에는 주민등록이 유효한 공시방법이 아니다. 임차건물의 토지($^{지번:\ 「166}_{의\ 16」}$)가 본래 A토지($^{지번:}_{「166의\ 1」}$)로부터 B토지($^{지번:}_{「166의\ 6」}$)를 거쳐 분할되어 나왔더라도 해당 토지에만 건물이 서 있다는 등의 특별한 사정이 없는 한 A토지의 지번($^{「166}_{의\ 1」}$)으로 행한 주민등록은 공시방법으로서 유효하지 않다($^{대판\ 1989.\ 6.\ 27,}_{89다카3370}$). 주택을 임차하여 적법하게 전입신고($^{지번:\ 「2007}_{의\ 10」}$)를 한 후 그 대지가 분할되어($^{지번\ 「2007의\ 10」}_{과\ 「2007의\ 47」로}$) 주택의 지번이 변경되자 갱신된 임대차계약서에는 새로운 지번을 기재하였으나 주민등록상 주소는 그대로 둔 경우($^{주민등록된\ 지번\ 「2007의\ 10」}_{에는\ 다른\ 2층\ 주택이\ 있음}$)도 같다($^{대판\ 2000.\ 4.\ 21,}_{2000다1549·1556}$). 그런데 대법원은 다른 한편으로, 주민등록이 임대차를 공시하는 효력이 있는지의 판단은 「임차인이 전입신고를 할 당시의 지번을 기준으로 일반 사회통념에 따라서 하여야 할 것」이라고 하면서, 지번 「37의 86」($^{대\ 397}_{평방미터}$)의 지상에 다세대주택($^{하나빌}_{라\ A동}$)과 다가구주택($^{하나빌}_{라\ B동}$)이 건축되고 임차인이 하나빌라 B동 301호를 임차하고 「37의 86 하나빌라 B동 301호」로 전입신고를 마쳤는데, 그 후 대지 소유자가 건축업자에게 「37의 86」 중 하나빌라 B동 부지(103m²)를 분할하여($^{분할된\ 토지의\ 지}_{번:\ 「37의\ 175」}$) 그 건축업자 명의로 소유권이전등기를 해주고, 건축업자는 하나빌라 B동 건물의 소재지를 지번 「37의 175」로 하여 소유권보존등기를 하고 이어서 두 개의 근저당권이 설정된 경우에 관하여, 임차인이 전입신고를 할 당시를 기준으로 하여 보면 건축물관리대장 및 등기부가 작성되기 전이지만 전입신고 내용이 실제 건물의 소재지 지번과 정확히 일치하여 일반 사회통념상 그 주민등록으로 당해 임대차건물에 임차인이 주소 또는 거소를 가진 자로 등록되어 있다는 것을 충분히 인식할 수 있으므로 그 무렵 임차인은 대항력을 취득하였다고 할 것이고, 그 이후 토지분할 등의 사정으로 지번이 변경되었다고 하여 이미 취득한 대항력을 상실하지 않는다고 한다($^{대판\ 1999.\ 12.\ 7,}_{99다44762·44779}$). 이 경우는 토지분할 후에도 혼동의 여지가 없어서 그와 같이 판단한 것으로 보인다.

그러나 임차인이 전입신고를 올바르게($^{즉\ 임차건물\ 소재지}_{의\ 지번\ 「545의\ 5」로}$) 하였는데 담당공무원의 착오로 주민등록표상에 신거주지 지번이 다소 틀리게 기재된 경우($^{「545}_{의\ 2」}$)에는, 주민등록은 유효하고, 따라서 대항력을 가지는 데 지장이 없다($^{대판\ 1991.\ 8.\ 13,}_{91다18118}$).

(ㄴ) **동·호수를 잘못 기재하거나 누락한 경우**   주민등록이 임대차를 공시하는 것인 만큼 임차인의 거주 주택의 동·호수도 정확하게 기재하여야 한다. 동·호수가 잘못 기재되는 예는 신축 중인 건물을 임차하였는데 후에 동이름이나 호수가 달라진 경우와 연립주택·다세대주택에서 지하층을 등기부의 기재($^{지}_{층}$)와 달리 1층이라고 부르고 그렇게 표시하는 경우에 자주 발생한다.

판례의 구체적인 예를 보면, 임차인이 신축 중인 건물을 임차하여 「204의 1 아파트 5호」로 전입신고를 하였는데 건축주가 건물표시를 「204의 1 아파트 1호」로 하여 보존등기를 한 경우(대판 1990. 5. 22, 89다카18648), 임차인이 신축된 다세대주택(다세대주택은 다가구주택과 달리 구분소유가 인정되는 집합)「라」동의 한 세대를 임차하여 「라동 101호」로 주민등록을 이전하였는데 그 다세대주택에 건축물관리대장이 작성되면서 「라」동이 「가」동으로 표시되어 등재되고 이에 따라 등기부에도 「가동 101호」로 보존등기가 된 경우(대판 1994. 11. 22, 94다13176), 등기부상 동·호수 표시인 「디동 103호」와 불일치한 「라동 103호」로 주민등록이 된 경우(대판 1999. 4. 13, 99다4207), 임차인이 신축 중인 연립주택을 임차하고 주민등록을 이전하면서 그 주소지를 현관에 부착된 호수의 표시대로 「1층 201호」로 기재하여 전입신고를 하였는데 그 연립주택에 건축물관리대장이 작성되면서 해당 임차주택이 「1층 101호」로 표시되어 등재되고 등기부에도 「1층 101호」로 보존등기가 된 경우(대판 1995. 8. 11, 95다177), 등기부상 표시는 「2층 202호」인데 계약서에 현관문에 부착된 호수의 표시대로 「302호」로 표시하고 임차인도 「302호」로 전입신고를 한 경우(대판 1996. 4. 12, 95다55474), 임차인이 「에이스텔 404호」로 전입신고를 하였는데 그 후 건축물관리대장과 등기부에는 「에이스텔 4층 304호」로 기재된 경우(대판 2008. 2. 14, 2007다33224)에는 주민등록은 공시방법으로서 유효하지 않다.

그러나 ① 등기부상 건물의 표제부에 「에이(A)동」이라고 기재되어 있는 연립주택의 임차인이 전입신고를 하면서 주소지를 「가동」으로 신고하였으나, 주소지의 대지 위에는 2개동의 연립주택만 있고, 그 2개동도 크기가 달라 혼동의 여지가 없으며, 실제로 건물의 외벽에는 「가동」, 「나동」으로 표기되어 사회생활상 그렇게 호칭되어 온 경우(또 경매기록에서 경매목적물의 표시가 「에이동」과 「가동」으로 병기되어 있었음)(대판 2003. 6. 10, 2002다59351), ② 임차인이 집합건축물대장이 작성되거나 소유권보존등기가 되기 전에 다세대주택(지층과 위에 4층이 있던 건물)의 1층 101호를 임차하여 현관문상의 표시대로 호수를 「101호」로 전입신고를 하였고, 그 후에 작성된 집합건축물대장상에도 역시 호수가 현황대로 「101호」로 기재되었으며, 등기부에는 「제1층」의 기재가 추가되어 「제1층 101호」로 등재된 경우(지하 1층은 현관에는 「B01」로, 집합건축물대장에는 「B101」로, 등기부에는 「제지하층 제101호」로 기재됨)(대판 2002. 5. 10, 2002다1796), ③ 다세대주택(지번: 「140-11」)의 지하층 1호 부분의 임차인이 「140-11, 101 나나빌라 라-별층」으로 전입신고를 하였는데, 이 부분의 등기부상의 표시는 「140-11 지하층 01호」로 되어 있고, 집합건축물대장에는 「140-11 나나빌라 라동 B 01호」로 표시되어 있는 경우에, 140-11의 토지 위에 「라동」 건물만 존재하고 각층이 1개의 구분소유부분으로 이루어져 있는 때(대판 2002. 6. 14, 2002다15467. 이때 주민등록 주소는 「140-11, 나나빌라 별층 101호」로 해석된다고 함)에는 주민등록이 그 임대차를 유효하게 공시한다.

판례에 의하면, 집합주택의 임차인이 동·호수를 누락한 때에는 주민등록이 공시방법으로서 유효하지 않다고 한다. 예컨대 연립주택 가동 중 1층 102호에 거주하는 미등기 전세권자가 연립주택의 동·호수 등의 표시 없이 그 지번만을 신고하여 주민등록이 된 경우(대판 1995. 4. 28, 94다27427), 임차인들이 다세대주택의 동·호수의 표시 없이 그 부지 중 일부 지번으로만 주민등록을 한 경우(대판 1996. 2. 23, 95다48421; 대판 1996. 3. 12, 95다46104), 지번「164의 1」

지상에 건축 중인 연립주택 4층 402호를 임차하여 전입신고를 하면서 주소는 「164의 1(6/4)」로만 기재한 경우($\frac{대판 2000. 4. 7,}{99다66212}$)에 그렇다.

(ㄷ) 주민등록은 등기부상의 주택의 표시와 일치하여야 한다. 판례에 의하면, 「소유 [151] 권보존등기가 경료되기 전에 마친 임차인의 주민등록상의 주소기재가 그 당시의 주택의 현황과 일치한다 하더라도 그 후 사정변경으로 등기부상의 주택의 표시가 달라 졌다면, 주민등록상의 주소가 주민등록법 시행령 제5조 제5항에 따라 건축물관리 대장의 기재에 근거하여 된 것이라는 등의 특별한 사정이 없는 한($\frac{대법원 1999. 5. 25. 선}{고 99다8322 판결 참조}$), 달라진 주택의 표시를 전제로 등기부상 이해관계를 가지게 된 제3자로서는 당초의 주민등록에 의하여 당해 주택에 임차인이 주소 또는 거소를 가진 자로 등록되어 있 다고 인식하기 어렵다 할 것이므로 그 주민등록은 그 제3자에 대한 관계에서 유효 한 공시방법이 될 수 없다.」($\frac{대판 1999. 9. 3,}{99다15597}$) 예컨대 임차주택이 포함되어 있는 「1197의 9」지상의 지하 1층·지상 3층의 주택은 원래 다가구용 단독주택으로 허가를 받았다 가 다세대주택으로 용도변경되어 다세대주택으로 각 층·호마다 구분하여 소유권보 존등기가 되었는데, 임차인은 건축허가 당시의 주택현황을 기초로 「1197의 9」로만 전입신고를 마쳤다가 채권자의 근저당권설정등기가 된 뒤에 비로소 정정한 경우에 는, 보존등기 전에 마친 「1197의 9」라는 당초의 주민등록상의 주소기재는 공시방법 으로서 유효하지 않다($\frac{대판 1999. 9. 3,}{99다15597}$). 그리고 위의 법리는 입찰절차에서의 이해관계인 등이 잘못된 임차인의 주민등록상의 주소가 건축물관리대장 및 등기부상의 주소를 지칭하는 것을 알고 있었다고 하더라도 마찬가지로 인정된다($\frac{대판 2003. 5. 16,}{2003다10940}$).

(ㄹ) 판례에 의하면, 「주민등록이 대항력의 요건을 충족시킬 수 있는 공시방법이 되 려면 단순히 형식적으로 주민등록이 되어 있다는 것만으로는 부족하고, 주민등록에 의하여 표상되는 점유관계가 임차권을 매개로 하는 점유임을 제3자가 인식할 수 있 는 정도는 되어야 한다」($\frac{대판 1999. 4. 23,}{98다32939}$). 따라서 아파트 소유자가 등기와 전입신고를 하고 거주하다가, 아파트를 타인에게 매도하고 그로부터 다시 임차하되 매매잔금 지 급기일부터 매도인이 임차인의 자격으로 거주하는 것으로 약정하고 현재까지 거주해 왔으나, 매수인이 나중에야 소유권이전등기를 한 경우에는, 매수인 명의의 등기가 되 기 전까지는 주민등록이 유효한 공시방법이 될 수 없다($\frac{대판 1999. 4. 23,}{98다32939}$). 그리고 A가 주택에 관하여 소유권이전등기를 하고 주민등록까지 마친 다음 처와 함께 거주하다 가, B에게 매도함과 동시에 그로부터 이를 다시 임차하여 계속 거주하기로 약정하고, 임차인을 A의 처로 하는 임대차계약을 체결하였고, 그 한참 후에 B가 소유권이전등 기를 하고 같은 날 근저당권설정등기를 해 준 경우에는, A의 처의 주민등록은 B 명 의의 소유권이전등기가 되기 전에는 적법한 공시방법으로서의 효력이 없고, 그 날에 야 유효한 공시방법이 되며, A의 처는 「B 명의의 등기가 된 다음 날부터」 임차인으 로서 대항력을 갖는다($\frac{대판 2000. 2. 11,}{99다59306}$). 또한 갑이 병 회사 소유의 임대아파트의 임차 인인 을로부터 아파트를 임차하여 전입신고를 마치고 거주하던 중, 을이 병으로부터

그 아파트를 분양받아 자기 명의로 소유권이전등기를 한 후 근저당권을 설정한 경우에, 이 주민등록은 갑이 전입신고를 마친 날부터 임대차를 공시하는 기능을 수행하고 있었다고 할 것이고, 갑은 을 명의의 「등기가 경료되는 즉시」 대항력을 취득한다(그 결과 임차인은 근저당권에 기한 낙찰인에 대항할 수 있게 됨)(대판 2001. 1. 30, 2000다58026 · 58033. 이 판결은, 위의 2000. 2. 11.의 판결은 주택소유자가 임차인으로 된 경우에 임차인의 주민등록은 매수인 명의로 등기가 된 날에야 임대차를 공시하는 것이 되고, 따라서 그 다음 날부터 임차인으로 대항력을 갖는다는 것으로서, 이 판결 사안과 다르다고 한다). 나아가 임차인이 임차주택의 원래의 소유자로부터 그 주택을 임차하여 거주하고 있으나 그의 전입신고는 근저당권 설정등기가 된 후에 행하여졌는데, 그 후 그 근저당권이 실행되어 그 주택의 경매가 개시되었고, 그 경매절차에서 신 소유자(소유자의 장모)가 낙찰받아 대금을 완납하고 그 다음 날 소유권이전등기를 하였으며 이어서 근저당권설정등기를 해 준 경우에는(임차주택의 신 소유자와 임차인 사이에 묵시적으로 새로운 임대차계약이 체결된 것으로 볼 수 있는 특별한 사정이 있는 경우임), 임차인의 주민등록은 신 소유자의 소유권취득 이전부터 신 소유자와 임차인 사이의 임대차관계를 공시하는 기능을 수행하고 있었다고 할 것이고, 따라서 임차인은 신 소유자가 낙찰대금을 완납하여 「소유권을 취득하는 즉시」 임차권의 대항력을 취득하였다고 할 것이다(그리하여 나중의 근저당권등기는 임차인의 대항력 취득 후에 되었으므로, 임차인은 그 낙찰인 및 승계인에게 대항할 수 있다. 대판 2002. 11. 8, 2002다38361 · 38378).

[152]　　　(ㅁ) 「주택의 인도와 주민등록이라는 임대차의 공시방법은 어디까지나 등기라는 원칙적인 공시방법에 갈음하여 마련된 것이고, 제3자는 주택의 표시에 관한 사항과 주택에 관한 권리관계에 관한 사항을 통상 등기부에 의존하여 파악하고 있으므로, 임대차 공시방법으로서의 주민등록이 등기부상의 주택의 현황과 일치하지 않는다면 원칙적으로 유효한 공시방법이라고 할 수 없으나, 다만 주택의 소유권보존등기가 이루어진 후 토지의 분할 등으로 인하여 지적도, 토지대장, 건축물대장 등의 주택의 지번 표시가 분할 후의 지번으로 등재되어 있으나 등기부에는 여전히 분할 전의 지번으로 등재되어 있는 경우, 임차인이 주민등록을 함에 있어 토지대장 및 건축물대장에 일치하게 주택의 지번과 동호수를 표시하였다면 설사 그것이 등기부의 기재와 다르다고 하여도 일반의 사회통념상 원고가 그 지번에 주소를 가진 것으로 제3자가 인식할 수 있다고 봄이 상당하므로 유효한 임대차의 공시방법이 된다고 보아야 할 것이다.」(대판 2001. 12. 27, 2001다63216. 소유권보존등기 당시 지번이 「산 33」이었는데 그 토지가 「산 33」과 「산 33-2」로 분할되어 등기부상 지번은 「산 33-2」로 변경되어 현재까지 등재되어 있으나, 임야대장상으로는 「산 33」이 「산 33」과 「산 33-2」로 분할됨과 동시에 「산 33-2」는 「100-1」로 등록전환되어 「산 33-2」는 말소되었고 건축물관리대장에도 「100-1」로 기재되어 있는 상황에서 임차인이 「100-1 소라아파트 비이동 105호」로 주민등록을 한 경우에 유효하다고 인정하였음)

　　　(ㅂ) 주택임차인의 의사에 의하지 않고 주민등록법령에 따라 시장 등에 의하여 직권조치로 주민등록이 말소된 경우에도 원칙적으로 그 대항력은 상실된다고 할 것이지만, 주민등록법상의 직권말소제도와 주임법에서 주민등록을 대항력의 요건으로 규정하고 있는 것은 그 취지가 다르므로, 직권말소 후 같은 법 소정의 이의절차에 따라 그 말소된 주민등록이 회복되거나 같은 법 시행령에 의하여 재등록이 이루어짐으로써 주택임차인에게 주민등록을 유지할 의사가 있었다는 것이 명백히 드러난 경우에는 소급하여 그 대항력이 유지된다고 할 것이고, 다만 그 직권말소가 이의절차에 의

하여 회복된 것이 아닌 경우에는 직권말소 후 재등록이 이루어지기 이전에 주민등록이 없는 것으로 믿고 임차주택에 관하여 새로운 이해관계를 맺은 선의의 제 3 자에 대하여는 임차인은 대항력의 유지를 주장할 수 없다(대판 2002. 10. 11, 2002다20957).

(ㅅ) **다가구용 단독주택(다가구주택)의 경우**　　　원래 단독주택으로 건축허가를 받아 건축되고 건축물관리대장에도 구분소유가 불가능한 건물로 등재된 이른바 다가구용 단독주택은 건축법이나 주택건설촉진법상 이를 공동주택으로 볼 근거가 없어 단독주택으로 보는 이상, 임차인이 전입신고를 하는 경우 지번만 기재하는 것으로 충분하고, 건물 거주자의 편의상 구분하여 놓은 호수까지 기재할 의무나 필요는 없다(등기부의 갑구란의 각 지분 표시 뒤에 각 그 호수가 기재되어 있으나 이는 소유자들의 편의를 위하여 등기공무원이 임의로 기재하는 것에 불과함)(대판 1997. 11. 14, 97다29530; 대판 1998. 1. 23, 97다47828). 그리하여 예컨대 임차인이 건물소유자와 거주자 등이 부르는 대로 「지층 1호」를 「1층 1호」로 잘못 알고 전입신고를 「연립-101」로 하였더라도 주민등록은 공시방법으로서 유효하며(대판 1997. 11. 14, 97다29530), 임차인이 건물 중 종전에 임차하고 있던 부분(「101호」)에서 다른 부분(「지층」)으로 옮기면서 그 옮긴 부분으로 다시 전입신고를 하였더라도 같다(대판 1998. 1. 23, 97다47828).

「다가구용 단독주택에 관하여 나중에 집합건물의 소유 및 관리에 관한 법률에 의하여 구분건물로의 구분등기가 경료되었음에도 불구하고, 소관청이 종전에 단독주택으로 등록한 일반건축물관리대장을 그대로 둔 채 집합건축물관리대장을 작성하지 않은 경우」에도, 임차인은 지번만 기재하면 충분하다(대판 1999. 5. 25, 99다8322; 대판 2002. 3. 15, 2001다80204). 그러나 「하나의 대지 위에 단독주택과 다세대주택이 함께 건립되어 있고, 등기부상으로 단독주택과 다세대주택의 각 구분소유 부분에 대하여 지번은 동일하나 그 동·호수가 달리 표시되어 있으며, 나아가 위 단독주택에 대하여 위 등기부와 같은 지번과 동·호수로 표시된 집합건축물관리대장까지 작성된 경우라면, 위 단독주택의 임차인은 그 지번 외에 등기부와 집합건축물관리대장상의 동·호수까지 전입신고를 마쳐야만 그 임대차의 유효한 공시방법을 갖추었다고 할 것이다.」(대판 2002. 3. 15, 2001다80204)

판례에 의하면, 처음에 다가구용 단독주택으로 소유권보존등기가 된 건물의 일부를 임차한 임차인은 이를 인도받고 임차 건물의 지번을 정확히 기재하여 전입신고를 하면 주택임대차보호법 소정의 대항력을 적법하게 취득하고, 나중에 다가구용 단독주택이 다세대 주택으로 변경되었다는 사정만으로 임차인이 이미 취득한 대항력을 상실하게 되는 것은 아니다(대판 2007. 2. 8, 2006다70516).

여기의 「주민등록」은 임차인 본인뿐만 아니라 그 배우자나 자녀 등 가족의 주민등록을 포함하고(대판 1987. 10. 26, 87다카14; 대판 1988. 6. 14, 87다카3093·3094; 대결 1995. 6. 5, 94마2134; 대판 1996. 1. 26, 95다30338; 대판 2016. 10. 13, 2014다218030·218047), 이러한 법리는 재외동포법에 의한 재외국민이 임차인인 경우에도 마찬가지로 적용된다고 보아야 한다(대판 2016. 10. 13, 2014다218030·218047). 따라서 임차인 자신의 주민등록을 하지 않 [153]

앉어도 가족의 주민등록을 하였으면 이 요건을 갖추는 것이 된다. 그리고 임차인이 그 가족과 함께 그 주택에 대한 점유를 계속하고 있으면서 그 가족의 주민등록은 그대로 둔 채 임차인만 주민등록을 다른 곳으로 옮긴 경우에는, 전체적으로나 종국적으로 주민등록의 이탈이라고 볼 수 없어서 임차인은 대항력을 잃지 않는다(대판 1989. 1. 17, 88다카143; 대판 1996. 1. 26, 95다30338).

주택의 인도 및 주민등록이라는 대항요건은 대항력 취득시에만 구비하면 족한 것이 아니고 그 대항력을 유지하기 위하여서도 계속 존속하고 있어야 한다(대판 1987. 2. 24, 86다카1695; 대판 1989. 1. 17, 88다카143; 대판 1998. 1. 23, 97다43468; 대판 2000. 9. 29, 2000다37012; 대판 2002. 10. 11, 2002다20957; 대판 2003. 7. 25, 2003다25461). 따라서 임차인이 전입신고를 마치고 입주함으로써 임차권의 대항력을 취득한 후 임시적으로라도 다른 곳으로 주민등록을 이전하였다면 전출 당시에 대항요건을 상실함으로써 대항력은 소멸하고, 그 후 임차인이 다시 그 주택의 소재지로 주민등록을 이전하였다면 대항력이 당초에 소급하여 회복되는 것이 아니고 재전입한 때로부터 새로운 대항력이 다시 발생한다(대판 1998. 1. 23, 97다43468(가족의 주민등록도 하였는데 가족의 주민등록도 함께 옮긴 경우임); 대판 1988. 12. 11, 98다34584(이때 확정일자는 다시 받을 필요가 없다고 함)).

〈판 례〉

(ㄱ)「주택임차인이 그 지위를 강화하고자 별도로 전세권설정등기를 마쳤더라도 주택임차인이 주택임대차보호법 제3조 제1항의 대항요건을 상실하면 이미 취득한 주택임대차보호법상의 대항력 및 우선변제권을 상실한다.」(대판 2007. 6. 28, 2004다69741)

(ㄴ) 주민등록이 주택임차인의 의사에 의하지 않고 제3자에 의하여 임의로 이전되었고 그와 같이 주민등록이 잘못 이전된 데 대하여 주택임차인에게 책임을 물을 만한 사유도 없는 경우, 주택임차인이 이미 취득한 대항력은 주민등록의 이전에도 불구하고 그대로 유지된다고 본 사례(대판 2000. 9. 29, 2000다37012).

(라) 판례에 의하면,「대항력을 갖춘 주택임차인이 임대인의 동의를 얻어 적법하게 임차권을 양도하거나 전대한 경우에 있어서 양수인이나 전차인이 임차인의 주민등록 퇴거일로부터 주민등록법상의 전입신고 기간 내에 전입신고를 마치고 주택을 인도받아 점유를 계속하고 있다면 비록 위 임차권의 양도나 전대에 의하여 임차권의 공시방법인 점유와 주민등록이 변경되었다 하더라도 원래의 임차인이 갖는 임차권의 대항력은 소멸되지 아니하고 동일성을 유지한 채로 존속한다」(대판 1988. 4. 25, 87다카2509; 대판 2010. 6. 10, 2009다101275). 그리고 이러한 경우 임차권 양도에 의하여 임차권은 동일

성을 유지하면서 양수인에게 이전되고 원래의 임차인은 임대차관계에서 탈퇴하므로 임차권 양수인은 원래의 임차인이 주임법 제 3 조의 2 제 2 항(확정일자를 갖춘 임차인의 경우) 및 같은 법 제 8 조 제 1 항(소액임차인 의 경우)에 의하여 가지는 우선변제권을 행사할 수 있고, 전차인은 원래의 임차인이 주임법 제 3 조의 2 제 2 항 및 같은 법 제 8 조 제 1 항에 의하여 가지는 우선변제권을 대위행사할 수 있다고 한다(대판 2010. 6. 10, 2009다101275). 그런가 하면 주택임차인이 임차주택에 직접점유하여 거주하지 않고 간접점유하여 자신의 주민등록을 이전하지 않은 경우라 하더라도, 임대인의 승낙을 받아 임차주택을 전대하고 그 전차인이 주택을 인도받아 자신의 주민등록을 마친 때에는, 그때로부터 임차인은 제 3 자에 대하여 대항력을 취득한다(대판 1994. 6. 24, 94다3155; 대결 1995. 6. 5, 94마2134; 대판 2007. 11. 29, 2005다64255). 이 경우 그 주택에 실제로 거주하지 않는 간접점유자인 임차인은 주민등록의 대상이 되는「당해 주택에 주소 또는 거소를 가진 자」(주민등록법 6조 1항)가 아니어서 그 자의 주민등록은 적법한 주민등록이라고 할 수 없고, 따라서 간접점유자에 불과한 그의 주민등록으로는 대항요건을 적법하게 갖추었다고 할 수 없으며, 임차인과의 점유매개관계에 기하여 당해 주택에 실제로 거주하는 직접점유자가 주민등록을 하였어야 한다(대판 2001. 1. 19, 2000다55645. 대판 2007. 11. 29, 2005다64255도 참조).

2) 대항력의 내용 [154]

㈎ 주택의 임차인이 주택의 인도와 주민등록을 마친 때에는, 그 다음 날부터 (즉 다음 날 오전 영시부터. 대판 1999. 5. 25, 99다9981) 제 3 자에 대하여 효력이 생긴다(같은 법 3조 1항 본문). 그리하여 대항력이 생긴 이후에 이해관계를 맺은 자가 인도를 요구하여도 임차인은 그것을 거절하고 사용·수익을 계속할 수 있다. 그에 비하여 대항력이 생기기 전에 이해관계를 맺은 자에 대하여는 대항하지 못한다. 즉 임차주택에 저당권설정등기(대판 2000. 2. 11, 99다59306) 또는 가압류등기(대판 1983. 4. 26, 83다카116)가 행하여진 뒤에 그 주택을 임차한 자는 저당권 실행 또는 가압류사건의 본안판결의 집행으로 그 부동산을 취득한 경락인에게 임대차의 효력을 주장할 수 없다. 저당권이 여러 개 존재하는 경우에는 최우선순위의 저당권과 임차권을 비교하여 판단한다. 그리하여 선순위 저당권이 성립한 후 임차인이 대항요건을 갖추었고 그 뒤 후순위 저당권이 성립한 경우에 후순위 저당권이 실행되어도 임차인은 경락인에게 임차권을 주장하지 못한다(이때는 모든 저당권과 임차권이 소멸한다)(대판 1987. 2. 24, 86다카1936; 대결 1990. 1. 23, 89다카33043; 대판 1999. 4. 23, 98다32939)(다만 낙찰대금 지급기일 이전에 선순위 근저당권이 다른 사유로 소멸한 경우에는 대항력이 소멸하지 않는다. 대결 1998. 8. 24, 98마1031; 대판 2003. 4. 25, 2002다70075). 선순위 저당권 성립 후 임차인이 대항력을 갖추고 다른 자

가 강제경매를 신청한 때에도 같다($^{대판\ 1987.\ 3.\ 10,}_{86다카1718}$). 나아가 임차주택이 양도담보가 된 뒤에 대항요건을 갖춘 때에도 임차인은 그 담보권에 기하여 그 주택의 소유권을 취득하는 자에게 대항하지 못한다($^{대판\ 2001.\ 1.\ 5,}_{2000다47682}$).

〈판 례〉

(ㄱ) 판례에 의하면, 채권적 전세권자인 A가 대항력을 갖춘 후에 임차주택에 B 명의의 근저당권설정등기가 있었고 그 뒤 A의 전세권설정등기를 하였는데 B의 경매신청으로 C가 경락을 받은 경우에 관하여, A가 전세권설정등기를 한 이유가 대항력을 갖추었지만 그의 지위를 강화시키기 위한 것이었다면, A 명의의 전세권설정등기가 선순위 근저당권의 실행에 따른 경락으로 인하여 말소된다 하더라도 그 때문에 A가 확보한 대항력마저 상실하게 되는 것은 아니다($^{대판\ 1993.\ 11.\ 23,\ 93다10552\ \cdot\ 10569.}_{같은\ 취지:\ 대판\ 1993.\ 12.\ 24,\ 93다39676.}$).

(ㄴ) 대항력을 갖춘 임차인이 타인의 저당권설정등기 후($^{대판\ 1990.\ 8.\ 14,\ 90다카11377;}_{대판\ 2010.\ 5.\ 13,\ 2010다12753}$) 또는 담보목적의 가등기 후($^{대판\ 1986.\ 9.\ 9,}_{86다카757}$)에 임대인과 임차보증금을 증액하기로 합의한 경우에는, 그 합의는 저당권자나 가등기권리자에게 대항하지 못하고, 따라서 임차인은 증액한 임차보증금을 경락인이나 가등기에 기한 본등기 명의인에게 주장하지 못한다. 그리고 이러한 법리는 대항력을 갖춘 임차인이 체납처분에 의한 압류등기 이후에 임대인과 보증금을 증액하기로 합의한 경우에도 마찬가지로 적용된다($^{대판}_{2010.\ 5.\ 13,}$ $^{2010다}_{12753}$).

(ㄷ)「민사집행법 제91조 제 3 항은 "전세권은 저당권 · 압류채권 · 가압류채권에 대항할 수 없는 경우에는 매각으로 소멸된다"라고 규정하고, 같은 조 제 4 항은 "제 3 항의 경우 외의 전세권은 매수인이 인수한다. 다만, 전세권자가 배당요구를 하면 매각으로 소멸된다"라고 규정하고 있고, 이는 저당권 등에 대항할 수 없는 전세권과 달리 최선순위의 전세권은 오로지 전세권자의 배당요구에 의하여만 소멸되고, 전세권자가 배당요구를 하지 않는 한 매수인에게 인수되며, 반대로 배당요구를 하면 존속기간에 상관없이 소멸한다는 취지라고 할 것인 점, 주택임차인이 그 지위를 강화하고자 별도로 전세권설정등기를 마치더라도 주택임대차보호법상 임차인으로서 우선변제를 받을 수 있는 권리와 전세권자로서 우선변제를 받을 수 있는 권리는 근거규정 및 성립요건을 달리하는 별개의 권리라고 할 것인 점($^{대법원\ 1993.\ 12.\ 24.\ 선}_{고\ 93다39676\ 판결\ 참조}$) 등에 비추어 보면, 주택임대차보호법상 임차인으로서의 지위와 전세권자로서의 지위를 함께 가지고 있는 자가 그 중 임차인으로서의 지위에 기하여 경매법원에 배당요구를 하였다면 배당요구를 하지 아니한 전세권에 관하여는 배당요구가 있는 것으로 볼 수 없다.」(주임법상 임차인으로서의 지위와 최선순위 전세권자로서의 지위를 함께 가지고 있는 자가 임차인으로서의 지위에 기하여 배당요구를 하였으나 집행법원이 매각물건명세서를 작성하면서 '등기된 부동산에 관한 권리 또는 가처분으로 매각허가에 의하여 그 효력이 소멸하지 아니하는 것'란에 아무런 기재를 하지 않고 경매를 진행한 사안에

서, 위 최선순위 전세권은 경매절차에서의 매각으로 소멸되지 않고 매수인에게 인수되는 것이므로 매각물건명세서를 작성함에 있어서 위 전세권이 인수된다는 취지의 기재를 하였어야 할 것임에도 위와 같은 매각물건명세서의 잘못된 기재로 인하여 위 전세권이 매수인에게 인수되지 않은 것으로 오인한 상태에서 매수신고가격을 결정하고 매각대상 부동산을 매수하였다가 위 전세권을 인수하여 그 전세금을 반환하여야 하는 손해를 입은 매수인에 대하여 경매담당 공무원 등의 직무집행상의 과실로 인한 국가배상책임을 인정한 사례)$\binom{\text{대판 2010. 6. 24,}}{\text{2009다40790}}$

(ㄹ)「주택에 관하여 최선순위로 전세권설정등기를 마치고 등기부상 새로운 이해관계인이 없는 상태에서 전세권설정계약과 계약당사자, 계약목적물 및 보증금$\binom{\text{전세}}{\text{금액}}$ 등에 있어서 동일성이 인정되는 임대차계약을 체결하여 주택임대차보호법상 대항요건을 갖추었다면, 전세권자로서의 지위와 주택임대차보호법상 대항력을 갖춘 임차인으로서의 지위를 함께 가지게 된다. 이러한 경우 전세권과 더불어 주택임대차보호법상의 대항력을 갖추는 것은 자신의 지위를 강화하기 위한 것이지 원래 가졌던 권리를 포기하고 다른 권리로 대체하려는 것은 아니라는 점, 자신의 지위를 강화하기 위하여 설정한 전세권으로 인하여 오히려 주택임대차보호법상의 대항력이 소멸된다는 것은 부당하다는 점, 동일인이 같은 주택에 대하여 전세권과 대항력을 함께 가지므로 대항력으로 인하여 전세권 설정 당시 확보한 담보가치가 훼손되는 문제는 발생하지 않는다는 점 등을 고려하면, 최선순위 전세권자로서 배당요구를 하여 전세권이 매각으로 소멸되었다 하더라도 변제받지 못한 나머지 보증금에 기하여 대항력을 행사할 수 있고, 그 범위 내에서 임차주택의 매수인은 임대인의 지위를 승계한 것으로 보아야 할 것이다.」$\binom{\text{대결 2010. 7. 26,}}{\text{2010마900}}$

(ㄴ) 임차인이 대항력을 가지는 경우, 임차주택이 양도된 때에는, 임차주택의 양수인$\binom{\text{그 밖에 임대할 권리를}}{\text{승계한 자를 포함한다}}$은 임대인의 지위를 승계한 것으로 본다$\binom{\text{같은 법}}{\text{3조 4항}}$. 이는 주택이 양도되는 경우에 임차인을 보호하기 위하여 법률이 임대인의 지위승계를 의제한 것이다. 따라서 임대인의 지위승계에 임차인의 동의는 필요하지 않다$\binom{\text{대판 1996. 2. 27, 95다35616(선}}{\text{순위 저당권이 있는 경우도 같다)}}$. 그리고 여기의 「양수인」이려면 주택을 임대할 권리나 이를 수반하는 권리를 종국적·확정적으로 이전받았어야 한다$\binom{\text{대판 2002. 4. 12,}}{\text{2000다70460}}$. 매매·증여·경매$\binom{\text{공경매임. 강제경매에 의한 경락인을 양수인으로}}{\text{인정하는 대판 1992. 7. 14, 92다12827도 참조}}\binom{\text{그런데 경매는 임차권이 소멸하지 않은 때에}}{\text{만 의미가 있을 것임. 같은 법 3조의 5 참조}}$·상속·공용징수 등에 의하여 임차주택의 소유권을 취득한 자가 그에 해당한다$\binom{\text{대판 1993. 11. 23,}}{\text{93다4083}}$. 나아가 판례는 명의신탁자로부터 임차한 경우의 명의수탁자$\binom{\text{대판 1999. 4. 23,}}{\text{98다49753}}$, 미등기 건물을 전 소유자로부터 임차한 경우의 그 건물의 양수인$\binom{\text{등기하지}}{\text{않은 때}}\binom{\text{대판 1987. 3. 24,}}{\text{86다카164}}$, 매도인이 악의인 계약명의신탁에서 명의수탁자로부터 명

[155]

의신탁의 목적물인 주택을 임차한 경우에 그 주택의 소유권이전등기를 마친 명의신탁자(대판 2022. 3. 17, 2021다210720. [149] 참조)도 여기의 양수인으로 인정한다(주임법 시행 전에 양수계약을 체결하고 그 법 시행 후에 등기를 한 자도 포함함. 대판 1987. 6. 23, 86다카2408). 그리고 임차인이 임차주택의 소유권을 취득한 때에는 그도 양수인이 된다(이때는 임차인의 보증금반환채권은 혼동으로 소멸함)(대판 1996. 11. 22, 96다38216). 그에 비하여 주택의 양도담보권자는 여기의 양수인이 아니다(대판 1993. 11. 23, 93다4083. 이 판결은, 주택의 양도담보의 경우는 채권담보를 위하여 신탁적으로 양도담보권자에게 주택의 소유권이 이전될 뿐이어서, 특별한 사정이 없는 한, 양도담보권자가 주택의 사용수익권을 갖게 되는 것이 아니고 또 주택의 소유권이 양도담보권자에게 확정적·종국적으로 이전되는 것도 아니기 때문에 그렇다고 한다). 그리고 임차권에 우선하는 저당권에 기하여 경락을 받은 자(대판 1987. 2. 24, 86다카1936), 주임법의 적용을 받지 않는 경우의 권리취득자(대판 2003. 7. 25, 2003다2918 및 대판 2024. 6. 13, 2024다215542(임차인이 법인인 경우. 이때는 임대인의 임대차보증금 반환채무를 양수인이 면책적으로 인수하였다는 등의 특별한 사정이 없는 한 임대인의 보증금반환의무는 소멸하지 않음); 대판 1988. 12. 13, 87다카3097(주거용 건물이 아닌 경우. 이때 임차인의 점유사실을 알고 근저당권을 취득하였더라도 근저당권자가 임대인의 지위를 승계하지 않음))는 여기의 양수인이 아니다.

그런데 판례는, 임차주택의 양수인에게 대항할 수 있는 임차권자라도 스스로 임대차관계의 승계를 원하지 않을 때에는 승계되는 임대차관계의 구속을 면할 수 있다고 보아야 하므로, 임대차기간의 만료 전에 일방적인 해지에 의하여(대판 2018. 12. 27, 2016다265689. 임대차기간이 만료되기 전에 경매된 경우에 관하여 같은 취지: 대판 1996. 7. 12, 94다37646([156]에 직접 인용함)) 또는 임대인과 합의에 의하여(대판 2018. 12. 27, 2016다265689) 임대차계약을 해지하고 임대인으로부터 임대차보증금을 반환받을 수 있으며, 이러한 경우 임차주택의 양수인은 임대인의 지위를 승계하지 않는다고 한다(대판 2018. 12. 27, 2016다265689). 그런가 하면 다른 판례에서, 임차인이 임대인의 지위승계를 원하지 않는 경우에는 임차인이 임차주택의 양도사실을 안 때로부터 상당한 기간 내에 이의를 제기함으로써 승계되는 임대차관계의 구속으로부터 벗어날 수 있다고 봄이 상당하고, 그와 같은 경우에는 양도인의 임차인에 대한 보증금 반환채무는 소멸하지 않는다고 한다(대판 2002. 9. 4, 2001다64615).

[156]   임차주택의 양수인이 임대인의 지위를 승계하는 경우에는, 임대차 보증금반환채무도 부동산의 소유권과 함께 일체로서 이전하며, 양도인의 임대인으로서의 지위나 보증금반환채무는 소멸한다(대판 1987. 3. 10, 86다카1114; 대판 1989. 10. 24, 88다카13172; 대판 1993. 7. 16, 93다17324; 대판 1994. 3. 11, 93다29648; 대판 1995. 5. 23, 93다47318; 대판 1996. 2. 27, 95다35616(중첩적 채무인수가 아니라고 함); 대판(전원) 2013. 1. 17, 2011다49523; 대판 2018. 6. 19, 2018다201610)(이는 임차인이 임대차 보증금반환채권에 질권을 설정하고 임대인이 그 질권 설정을 승낙한 후에 임대주택이 양도된 경우에도 마찬가지이고, 따라서 이 경우에도 임대인은 임대차관계에서 탈퇴하고 임차인에 대한 임대차 보증금반환채무를 면하게 된다. 대판 2018. 6. 19, 2018다201610). 바꾸어 말하면 임차주택의 양수인은 임대차 보증금반환채무를 면책적으로 인수하고, 양도인은 임대차관계에서 탈퇴하여 임차인에 대한 임대차 보증금반환채무를 면하게 된다(대판 2018. 12. 27, 2016다265689). 따라서 주택의 양수인이 임차인에게 임대차 보증금을 반환하였

다 하더라도, 그것은 자신의 채무를 변제한 것에 불과할 뿐, 양도인의 채무를 대위변제한 것이라거나, 양도인이 위 금액 상당의 반환채무를 면함으로써 법률상 원인 없이 이익을 얻고 양수인이 그로 인하여 위 금액 상당의 손해를 입었다고 할 수 없다(그 결과 양수인은 양도인에게 부 $\binom{대판\ 1993.\ 7.\ 16,}{93다17324}$). 그리고 임대인의 지위가 승계되어 양수인이 보증금반환의무를 부담하게 된 때에는, 그 후에 임차인이 주민등록을 다른 곳으로 옮겼더라도 이미 발생한 보증금반환채무가 소멸하지는 않는다$\binom{대판\ 1993.\ 12.\ 7,}{93다36615}$.

판례는, 주택의 공동임차인 중 1인이라도 주임법 제 3 조 제 1 항에서 정한 대항력 요건을 갖추게 되면 그 대항력은 임대차 전체에 미치므로, 임차건물이 양도되는 경우 특별한 사정이 없는 한 공동임차인에 대한 보증금반환채무 전부가 임대인 지위를 승계한 양수인에게 이전되고 양도인의 채무는 소멸한다고 한다$\binom{대판\ 2021.\ 10.\ 28,}{2021다238650}$. 그리고 이러한 법리는 계약당사자 사이에 공동임차인의 임대차보증금 지분을 별도로 정한 경우에도 마찬가지라고 한다$\binom{대판\ 2021.\ 10.\ 28,}{2021다238650}$.

판례는, 임차인에 대하여 임대차 보증금반환채무를 부담하는 임대인임을 당연한 전제로 하여 그 임대차 보증금반환채무의 지급금지를 명령받은 제 3 채무자의 지위는 임대인의 지위와 분리될 수 있는 것이 아니므로, 임대주택의 양도로 임대인의 지위가 일체로 양수인에게 이전된다면 채권가압류의 제 3 채무자의 지위도 임대인의 지위와 함께 이전된다고 한다$\binom{대판(전원)\ 2013.\ 1.\ 17,}{2011다49523}$. 그러므로 임차인의 임대차 보증금반환채권이 가압류된 상태에서 임대주택이 양도되면 양수인이 채권가압류의 제 3 채무자의 지위도 승계하고, 가압류권자 또한 임대주택의 양도인이 아니라 양수인에 대하여만 위 가압류의 효력을 주장할 수 있다고 한다($^{대판}_{(전원)}$

2013. 1. 17, 2011다49523. 이러한 다수의견에 대하여 소수의견은, 우리의 민사집행법은 금전채권에 대한 집행에서 당사자의 처분행위에 의한 제 3 채무자 지위의 승계라는 관념을 알지 못한다는 등의 이유로, 주택양수·도로 인한 임대차 보증금반환채무의 이전의 경우 이미 집행된 가압류의

제 3 채무자 지위는 승계되지 않는다고 한다). 그리고 「임대차 보증금반환채권에 대한 압류 및 전부명령이 확정되어 임차인의 임대차 보증금반환채권이 집행채권자에게 이전된 경우 제 3 채무자인 임대인으로서는 임차인에 대하여 부담하고 있던 채무를 집행채권자에 대하여 부담하게 될 뿐 그가 임대차목적물인 주택의 소유자로서 이를 제 3 자에게 매도할 권능은 그대로 보유하는 것이며, 위와 같이 소유자인 임대인이 당해 주택을 매도한 경우 주택임대차보호법 제 3 조 제 2 항$\binom{현행\ 주임법\ 3조\ 4}{항에\ 해당:\ 저자\ 주}$에 따라 전부채권자에 대한 보증금지급의무를 면하게 되므로, 결국 임대인인 피

고는 전부금지급의무를 부담하지 않는다」고 한다(대판 2005. 9. 9,
2005다23773).

〈판 례〉

(ㄱ) 주택의 임차인이 주택을 전대한 이후에도 그의 임차권의 대항력이 소멸되지 않고 그대로 존속하고 있다면 임차인은 그의 임차권의 대항력을 취득한 후에 경료된 근저당권의 실행으로 소유권을 취득하게 된 자에 대하여 임대보증금 반환청구권에 기한 동시이행의 항변권을 행사하여 그 반환을 받을 때까지는 위 주택을 적법하게 점유할 권리를 갖게 되는 것이고, 따라서 그로부터 위 주택을 전차한 자도 그의 동시이행항변권을 원용하여 임차인이 보증금의 반환을 받을 때까지 위 주택을 적법하게 점유·사용할 권리를 갖게 된다(대판 1988. 4. 25,
87다카2509).

(ㄴ) 경매의 목적물에 대항력 있는 임대차가 존재하는 경우에 경락인은 담보책임만 물을 수 있을 뿐(개정 전 주임법 3조 3항(현행 주임법),
3조 5항), 민법 575조 1항·578조), 계약을 해제함이 없이 채무자나 경락대금을 배당받은 채권자들을 상대로 부당이득 반환을 청구할 수는 없다(대판 1996. 7. 12,
96다7106).

(ㄷ) 「양수인에게 대항할 수 있는 임차권자라도 스스로 임대차관계의 승계를 원하지 아니할 때에는 승계되는 임대차관계의 구속을 면할 수 있다고 보아야 하므로 임차주택이 임대차기간의 만료 전에 경매되는 경우 임대차계약을 해지함으로써 종료시키고 우선변제를 청구할 수 있다고 할 것이다. 위의 경우 임차인에게 인정되는 해지권은 임차인의 사전 동의 없이 임대차목적물인 주택이 경락으로 양도됨에 따라 임차인이 임대차의 승계를 원하지 아니할 경우에는 스스로 임대차를 종료시킬 수 있어야 한다는 공평의 원칙 및 신의성실의 원칙에 근거한 것이므로, 해지통고 즉시 그 효력이 생긴다고 보아야 할 것이다.

그리고 임대차의 목적물인 주택이 경매되는 경우에 대항력을 갖춘 임차인이 임대차기간이 종료되지 아니하였음에도 경매법원에 배당요구를 하는 것은 스스로 더 이상 임대차관계의 존속을 원하지 아니함을 명백히 표명하는 것이어서 다른 특별한 사정이 없는 한 이를 임대차해지의 의사표시로 볼 수 있고, 한편 민사소송법 제606조 제 1 항은 배당요구 사실을 경매법원이 채무자에게 통지하도록 규정하고 있고 제728조가 담보권실행을 위한 경매에도 준용하고 있으므로, 경매법원이 위 법조에 정한 바에 따라 임대인에게 배당요구 사실의 통지를 하면 결국 임차인의 해지의사가 경매법원을 통하여 임대인에게 전달되어 이때 해지통지가 임대인에게 도달된 것으로 볼 것이니, 임대차관계는 위 배당요구 통지의 임대인에 대한 도달 즉시 해지로 종료된다고 할 것이다.

따라서 임차주택이 임대차기간의 만료 전에 경매되는 경우에 대항력 있는 임차인이 배당요구를 하고 그 배당요구의 통지가 임대인에게 도달하였다면 임대차관계는 이로써 종료되어 법 제 3 조의 2 제 1 항 단서에 해당하지 아니하게 되므로 임차인에게 같은 법조 제 1 항 본문 또는 제 8 조 제 1 항에 의한 우선변제권을 인정하여야 할

것이다.」($\binom{대판 1996. 7. 12,}{94다37646}$)

3) 일정한 법인이 임차인인 경우

⑺ 국민주택기금을 재원으로 하여 저소득층 무주택자에게 주거생활 안정을 목적으로 전세임대주택을 지원하는 법인이 주택을 임차한 후 지방자치단체의 장 또는 그 법인이 선정한 입주자가 그 주택을 인도받고 주민등록을 마친 때에는, 그 다음 날부터 제 3 자에 대하여 효력이 생기며, 이 경우 전입신고를 한 때에 주민등록이 된 것으로 본다($\binom{같은 법}{3조 2항}$). 한편 이 경우 대항력이 인정되는 법인은 대통령령으로 정하는데($\binom{같은 법 3조}{2항 2문}$), 대통령령에 의하면 ① 한국토지주택공사법에 따른 한국토지주택공사와 ② 지방공기업법 제49조에 따라 주택사업을 목적으로 설립된 지방공사가 그에 해당한다($\binom{주임법 시행}{령 2조 2호}$).

⑻ 중소기업기본법 제 2 조에 따른 중소기업에 해당하는 법인이 소속 직원의 주거용으로 주택을 임차한 후 그 법인이 선정한 직원($\binom{판례는, 여기의 「직원」은 해당 법인이 주식}{회사라면 그 법인에서 근무하는 사람 중 법}$인등기사항증명서에 대표이사 또는 사내이사로 등기된 사람을 제외한 사람을 의미하며, 그 밖에 업무관련성, 임대료의 액수, 지리적 근접성 등 다른 사정을 고려하여 그 요건을 갖추었는지를 판단할 것은 아니라고 함. 대판 2023. 12. 14, 2023다226866) 이 해당주택을 인도받고 주민등록을 마쳤을 때에도, 그 다음 날부터 제 3 자에 대하여 효력이 생기며, 이 경우 전입신고를 한 때에 주민등록이 된 것으로 본다($\binom{같은}{법 3}$ 조 3항 1문). 그런데 임대차가 끝나기 전에 그 직원이 변경된 경우에는, 그 법인이 선정한 새로운 직원이 주택을 인도받고 주민등록을 마친 다음 날부터 제 3 자에 대하여 효력이 생긴다($\binom{같은 법 3조}{3항 2문}$).

(4) 존속의 보호

[157]

1) 주택임대차에 있어서 당사자가 그 존속기간을 정하지 않았거나 2년 미만으로 정한 때에는, 존속기간은 2년으로 의제된다($\binom{같은 법 4조}{1항 본문}$). 다만, 임차인은 2년 미만으로 정한 기간이 유효함을 주장할 수 있다($\binom{같은 법 4조}{1항 단서}$). 이 단서는 과거에 판례에 의하여 인정되던 것을 1999년 개정시에 신설한 것이다($\binom{대판 1995. 5. 26, 95다13258;}{대판 2001. 9. 25, 2000다24078}$ 등 참조).

2) 임대차기간이 끝난 경우에도 임차인이 보증금을 반환받을 때까지는 임대차관계가 존속되는 것으로 본다($\binom{같은 법}{4조 2항}$). 임차인의 보증금반환채권을 보호하기 위하여 둔 특칙이다.

3) 주임법은 묵시의 갱신에 관한 특별규정을 두고 있다. 그에 의하면, 임대인

이 임대차기간이 끝나기 6개월 전부터 2개월 전까지의 기간에 임차인에게 갱신 거절의 통지를 하지 않거나 계약조건을 변경하지 않으면 갱신하지 않는다는 뜻 의 통지를 하지 않은 경우에는, 그 기간이 끝난 때에 전 임대차와 동일한 조건으 로 다시 임대차한 것으로 본다(같은 법 6조 1항 1문). 임차인이 임대차기간이 끝나기 2개월 전까지 통지하지 않은 경우에도 또한 같다(같은 법 6조 1항 2문). 이 경우 임대차의 존속기간 은 2년으로 본다(같은 법 6조 2항). 그러나 임차인은 언제든지 임대인에 대하여 계약해지를 통지(이는 통고라 고 해야 함)할 수 있고(같은 법 6조 의 2 1항), 이 해지는 임대인이 그 통지를 받은 날부터 3 개월이 지나면 그 효력이 발생한다(같은 법 6조 의 2 2항). 이 경우 임대인이 해지통고를 할 수 는 없다(같은 취지: 김형배, 516면. 반대 견해: 이은영, 479면).

묵시의 갱신은 임차인이 2기의 차임액에 달하도록 차임을 연체하거나 그 밖 에 임차인으로서의 의무를 현저히 위반한 때에는 인정되지 않는다(같은 법 6조 3항). 그리 고 임대주택법의 적용을 받는 임대주택에 있어서는 일정한 사유가 없는 한 임대 인은 계약의 갱신을 거절하지 못한다(대판 2005. 4. 29, 2005다8002).

4) 주임법에는 최근(2020. 7. 31)에 임차인의 갱신요구권 제도가 신설되었다.

그에 따르면, 주임법 제 6 조에도 불구하고 임대인은 임차인이 같은 법 제 6 조 제 1 항 전단의 기간 이내에 계약갱신을 요구할 경우 정당한 사유 없이 거 절하지 못한다(같은 법 6조 의 3 1항 본문). 그런데 여기에는 예외가 있다(같은 법 6조 의 3 1항 단서). 임차인이 2기 의 차임액에 해당하는 금액에 이르도록 차임을 연체한 사실이 있는 경우(같은 항 1호) (대판 2021. 5. 13, 2020다255429[157 참조]에 비추어 보면, 임대차기간 중 어느 때라도 차임이 2기분에 달하도록 연체된 사실이 있다면 ─ 설사 임차인이 계약갱신요구권을 행사할 당시에 2기분에 이르는 차임이 연체되어 있지 않더라도 ─ 임대 인은 계약갱신 요구를 거절할 수 있을 것이다), 임차인이 거짓이나 그 밖의 부정한 방법으로 임차한 경우(같은 항 2호), 서로 합의하여 임대인이 임차인에게 상당한 보상을 제공한 경우(같은 항 3호), 임차인 이 임대인의 동의 없이 목적 주택의 전부 또는 일부를 전대한 경우(같은 항 4호), 임차 인이 임차한 주택의 전부 또는 일부를 고의나 중대한 과실로 파손한 경우(같은 항 5호), 임차한 주택의 전부 또는 일부가 멸실되어 임대차의 목적을 달성하지 못할 경우 (같은 항 6호), 임대인이 괄호 안의 어느 하나(임대차계약 체결 당시 공사시기 및 소요기간 등을 포함한 철거 또는 재건축 계획을 임차인에게 구체적으로 고지하고 그 계획에 따르는 경우, 건물이 노후·훼손 또는 일부 멸실되는 등 안전사고의 우 려가 있는 경우, 다른 법령에 따라 철거 또는 재건축이 이루어지는 경우)에 해당하는 사유로 목적 주택의 전부 또는 대부분을 철거하거나 재건축하기 위하여 목적 주택의 점유를 회복할 필요가 있는 경우(같은 항 7호), 임대인(임대인의 직계존속· 직계비속을 포함한다)이 목적 주택에 실제 거주하려는 경우(같은 항 8호)(이 경우에 해당한다는 점에 대한 증명책임은 임대인에게 있으며, 「실제 거주하려는 의사」의 존재는 임대 인이 단순히 그러한 의사를 표명하였다는 사정이 있다고 하여 곧바로 인정될 수는 없지만, 임대인의 의사가 가공된 것이 아니라 진정하다는 것을 통상적으로 수긍할 수 있을 정도의 사정이 인정된다면 그러 한 의사의 존재를 추인할 수 있다. 대판 2023. 12. 7, 2022다279795; 대판 2023. 12. 21, 2023다263551), 그 밖에 임차 인이 임차인으로서의 의무를 현저히 위반하거나 임대차를 계속하기 어려운 중대 한 사유가 있는 경우($^{같은 항}_{9호}$)에 그렇다. 한편 판례는, 임차인이 주임법 제 6 조의 3 제 1 항 본문에 따라 계약갱신을 요구하였더라도, 임대인으로서는 특별한 사정이 없는 한 같은 법 제 6 조 제 1 항 전단에서 정한 기간 내라면 제 6 조의 3 제 1 항 단서 제 8 호에 따라 임대인이 목적 주택에 실제 거주하려고 한다는 사유를 들어 임차인의 계약갱신 요구를 거절할 수 있고, 같은 법 제 3 조 제 4 항에 의하여 임 대인의 지위를 승계한 임차주택의 양수인도 그 주택에 실제 거주하려는 경우 위 갱신거절 기간 내에 위 제 8 호에 따른 갱신거절 사유를 주장할 수 있다고 한다 ($^{대판 2022. 12. 1,}_{2021다266631}$).

임차인은 이 계약갱신요구권을 1회에 한하여 행사할 수 있고, 이 경우 갱신 되는 임대차의 존속기간은 2년으로 본다($^{같은 법 6}_{조의 3 2항}$). 그리고 갱신되는 임대차는 전 임대차와 동일한 조건으로 다시 계약된 것으로 본다($^{같은 법 6조}_{의 3 3항 본문}$). 다만, 차임과 보 증금은 주임법 제 7 조의 범위에서 증감할 수 있다($^{같은 법 6조}_{의 3 3항 단서}$). 한편 제 1 항에 따 라 갱신되는 임대차의 해지에 관하여는 제 6 조의 2를 준용한다($^{같은 법 6}_{조의 3 4항}$). 임차인 의 갱신요구와 해지통지의 효력발생시기에 관하여 판례는 다음과 같이 해석한 다. 임차인이 주임법 제 6 조의 3 제 1 항에 따라 임대차계약의 갱신을 요구하면 임대인에게 갱신거절 사유가 존재하지 않는 한 임대인에게 갱신요구가 도달한 때 갱신의 효력이 발생한다고 한다($^{대판 2024. 1. 11,}_{2023다258672}$). 그리고 갱신요구에 따라 임대차 계약에 갱신의 효력이 발생한 경우 임차인은 제 6 조의 2 제 1 항에 따라 언제든 지 계약의 해지통지를 할 수 있고, 해지통지 후 3개월이 지나면 그 효력이 발생하 며, 이는 계약해지의 통지가 갱신된 임대차계약 기간이 개시되기 전에 임대인에 게 도달하였더라도 마찬가지라고 한다($^{대판 2024. 1. 11,}_{2023다258672}$). 그런데 「갱신」은 계약기간 이 만료될 때 일어난다고 보아야 하며, 따라서 판례는 전체적으로 옳지 않다.

임대인이 같은 조 제 1 항 제 8 호의 사유로 갱신을 거절하였음에도 불구하고 갱신요구가 거절되지 않았더라면 갱신되었을 기간이 만료되기 전에 정당한 사유 없이 제 3 자에게 목적 주택을 임대한 경우 임대인은 갱신거절로 인하여 임차인 이 입은 손해를 배상하여야 한다($^{같은 법 6}_{조의 3 5항}$). 그리고 이 제 5 항에 따른 손해배상액 은 거절 당시 당사자 간에 손해배상액의 예정에 관한 합의가 이루어지지 않는 한

괄호 안의 금액(갱신거절 당시 월차임(차임 외에 보증금이 있는 경우에는 그 보증금을 7조의 2 각 호 중 낮은 비율
에 따라 월 단위의 차임으로 전환한 금액을 포함한다. 이하 "환산월차임"이라 한다)의 3개월분에 해
당하는 금액, 임대인이 제 3 자에게 임대하여 얻은 환산월차임과 갱신거절 당시 환산월차임 간
차액의 2년분에 해당하는 금액, 1항 8호의 사유로 인한 갱신거절로 인하여 임차인이 입은 손해액) 중 큰 금액으로
한다($\substack{같은 법 6 \\ 조의 3 6항}$).

(5) 차임 등의 증감청구권

약정한 차임이나 보증금이 임차주택에 관한 조세, 공과금, 그 밖의 부담의
증감이나 경제사정의 변동으로 인하여 적절하지 않게 된 때에는, 당사자는 장래
에 대하여 그 증감을 청구할 수 있다($\substack{같은 법 7조 \\ 1항 1문}$). 이 경우 증액청구는 임대차계약
또는 약정한 차임이나 보증금의 증액이 있은 후 1년 이내에는 하지 못한다($\substack{같은 법 \\ 7조 1 \\ 항 \\ 2문}$). 그리고 제 1 항에 따른 증액청구는 약정한 차임이나 보증금의 20분의 1의 금
액을 초과하지 못한다($\substack{같은 법 7조 \\ 2항 본문}$). 다만, 특별시·광역시·특별자치시·도 및 특별
자치도는 관할 구역 내의 지역별 임대차 시장 여건 등을 고려하여 본문의 범위에
서 증액청구의 상한을 조례로 달리 정할 수 있다($\substack{같은 법 7조 \\ 2항 단서}$). 한편 임차인이 증액
비율을 초과하여 차임 또는 보증금을 지급한 경우에는, 초과 지급된 차임 또는
보증금 상당금액의 반환을 청구할 수 있다($\substack{같은 법 \\ 10조의 2}$).

주임법 제 7 조는 임대차계약의 존속 중 당사자 일방이 약정한 차임 등의 증
감을 청구한 때에 한하여 적용되고, 임대차계약이 종료된 후 재계약을 하거나 또
는 임대차계약 종료 전이라도 당사자의 합의로 차임 등이 증액된 경우에는 적용
되지 않는다($\substack{대판 1993. 12. 7, 93다30532; \\ 대판 2002. 6. 28, 2002다23482}$).

[158]　### (6) 보증금의 효력

1) 보증금의 우선변제
주택임차인($\substack{같은 법 3조 2항·3항 \\ 의 법인을 포함한다}$)이 대항력을 위한 요
건($\substack{같은 법 3조 1항의 요건인 주택인도와 주 \\ 민등록 또는 같은 법 3조 2항·3항의 요건}$)을 갖추고 임대차계약증서($\substack{같은 법 3조 2항·3항의 경우에 \\ 는 법인과 임대인 사이의 임대차 \\ 계약 \\ 증서}$)에 확정일자를 받은 경우에는, 민사집행법에 따른 경매 또는 국세징수법에
따른 공매를 할 때에 임차주택($\substack{대지를 \\ 포함한다}$)의 환가대금에서 후순위권리자나 그 밖의
채권자보다 우선하여 보증금을 변제받을 권리가 있다($\substack{같은 법 3조 \\ 의 2 2항}$). 이는 그와 같은
주택임차인에게 부동산 담보권에 유사한 권리를 인정한다는 취지이고($\substack{대판 1992. \\ 10. 13, \\ 92다 \\ 30597}$), 따라서 대항요건과 확정일자를 갖춘 임차인들 상호간에는 대항요건과 확
정일자를 최종적으로 갖춘 순서대로 우선변제받을 순위를 정하게 된다($\substack{대판 2007. \\ 11. 15, \\ 2007다 \\ 45562}$). 한편 과거에는, 임차인이 당해 주택의 양수인에게 대항할 수 있는 경우에
는 임대차가 종료된 후가 아니면 보증금의 우선변제를 청구하지 못한다고 규정

하고 있었다(^{1999. 1. 21.에 개정되기 전
주임법 3조의 2 1항 단서}). 그런데 그 규정이 지금은 삭제되어 그러한 제한을 받지 않는다.

주택의 인도와 주민등록이라는 우선변제의 요건은 우선변제권 취득 시에만 구비하면 족한가? 여기에 관하여 판례는 배당요구의 종기까지 계속 존속할 것을 요구한다(대판 2007. 6. 14, 2007다17475. 2002년에 민사소송법이 개정되기 전에는 배당요구의 종기가 경락기일이었으나(당시의 민소 605조 1항), 현재는 집행법원이 첫 매각기일 이전으로 배당요구의 종기를 정하도록 되어 있다(민사집행법 84조 1항). 민사소송법 개정 전의 판례로서, 우선변제의 요건이 배당요구의 종기인 경락기일까지 계속 존속하고 있어야 한다는 대판 1997. 10. 10, 95다44597; 대판 2002. 8. 13, 2000다61466도 참조). 이는 — 뒤에 설명하는 — 소액임차인이 보증금 중 일정액을 우선변제 받는 경우에도 같다(^{방금 인용한 판결들은 모
두 소액임차인에 관한 것임}).

확정일자는 주택 소재지의 읍 · 면사무소, 동 주민센터 또는 시(^{특별시 · 광역시 · 특
별자치시는 제외하}_{고, 특별자치
도도 포함한다}) · 군 · 구(^{자치구를}_{말한다})의 출장소, 지방법원 및 그 지원과 등기소 또는 공증인법에 따른 공증인(^{이하 이 조에서는 「확정일}_{자 부여기관」이라 한다})이 부여한다(^{같은 법 3조}_{의 6 1항})(^{그리고 「부동산거래 신고 등에 관}_{한 법률」에 따라 주택임대차계약 신}_{고의 접수를 완료한 때에는 주임법 3조의 6 1항에 따
른 확정일자를 부여한 것으로 봄. 같은 법 6조의 3 3항}). 그런데 확정일자 부여기관은 해당 주택의 소재지, 확정일자 부여일, 차임 및 보증금 등을 기재한 확정일자부를 작성하여야 하며, 이 경우 전산처리정보조직을 이용할 수 있다(^{같은 법 3}_{조의 6 2항}). 그리고 주택의 임대차에 이해관계가 있는 자는 확정일자 부여기관에 해당 주택의 확정일자 부여일, 차임 및 보증금 등 정보의 제공을 요청할 수 있고, 이 경우 요청을 받은 확정일자 부여기관은 정당한 사유 없이 이를 거부할 수 없다(^{같은 법 3조}_{의 6 3항}). 그런가 하면 임대차계약을 체결하려는 자는 임대인의 동의를 받아 확정일자 부여기관에 제 3 항에 따른 정보제공을 요청할 수 있다(^{같은 법 3조}_{의 6 4항}). 제 1 항 · 제 3 항 · 제 4 항에 따라 확정일자를 부여받거나 정보를 제공받으려는 자는 수수료를 내야 한다(^{같은 법 3조}_{의 6 5항}). 한편 확정일자부에 기재해야 할 사항, 주택의 임대차에 이해관계가 있는 자의 범위, 확정일자 부여기관에 요청할 수 있는 정보의 범위 및 수수료, 그 밖에 확정일자 부여사무와 정보제공 등에 필요한 사항은 대통령령 또는 대법원규칙으로 정한다(^{같은 법 3조}_{의 6 6항}).

주임법은 임차인에게 우선변제권이 인정되기 위하여 대항요건과 임대차계약증서상의 확정일자를 갖추는 것 외에 계약 당시 임차보증금이 전액 지급되어 있을 것을 요구하지는 않는다. 따라서 임차인이 임대인에게 임차보증금의 일부만을 지급하고 주임법 제 3 조 제 1 항에서 정한 대항요건과 임대차계약증서상의 확정일자를 갖춘 다음 나머지 보증금을 나중에 지급하였다고 하더라도 특별한 사정이 없는 한 대항요건과 확정일자를 갖춘 때를 기준으로 임차보증금 전액에 대해서 후순위권리자나 그 밖의 채권자보다 우선하여 변제를 받을 권리를 갖는 다(대판 2017. 8. 29, 2017다212194).

판례(대판(전원) 2007. 6. 21, 2004다26133; 대판 2012. 7. 26, 2012다45689)에 따르면, 대항요건 및 확정일자를 갖춘 임차인(이 점 등에서는 소액임차인의 경우에도 같다)은 임차주택과 그 대지가 함께 경매될 경우뿐만 아니라 임차주택과 별도로 그 대지만이 경매될 경우에도 그 대지의 환가대금에 대하여 우선변제권을 행사할 수 있고, 이와 같은 우선변제권은 이른바 법정담보물권의 성격을 갖는 것으로서 임대차 성립시의 임차 목적물인 임차주택 및 대지의 가액을 기초로 임차인을 보호하고자 인정되는 것이므로, 임대차 성립 당시 임대인의 소유였던 대지가 타인에게 양도되어 임차주택과 대지의 소유자가 서로 달라지게 된 경우에도 마찬가지이다. 그리고 이러한 법리는 임차주택이 미등기인 경우에도 그대로 적용된다(대판(전원) 2007. 6. 21, 2004다26133). 또한 여러 필지의 임차주택 대지 중 일부가 타인에게 양도되어 일부 대지만이 경매되는 경우도 마찬가지이다(대판 2012. 7. 26, 2012다45689). 다만, 대지의 환가대금에서 우선변제를 받는 것은 대지에 관한 저당권 설정 당시에 이미 그 지상 건물이 존재하는 경우에만 인정되며, 저당권 설정 후에 비로소 건물이 신축된 경우에까지 인정되는 것은 아니다(대판 2010. 6. 10, 2009다101275). 따라서 대지에 관한 저당권 설정 후에 비로소 건물이 신축되고 그 신축건물에 대하여 다시 저당권이 설정된 후 대지와 건물이 일괄경매된 경우, 확정일자를 갖춘 임차인은 대지의 환가대금에서는 우선하여 변제를 받을 권리가 없다고 하겠다. 그러나 신축건물의 환가대금에서는 확정일자를 갖춘 임차인이 신축건물에 대한 후순위권리자보다 우선하여 변제받을 권리가 있다(대판 2010. 6. 10, 2009다101275).

확정일자를 갖춘 임차인에게 우선변제적 효력이 생기는 정확한 시기는, 확정일자를 입주 및 주민등록일과 같은 날 또는 그 이전에 갖춘 경우에는, 대항력과 마찬가지로 인도와 주민등록을 마친 다음 날부터이고(대판 1997. 12. 12, 97다22393; 대판 1998. 9. 8, 98다26002; 대판 1999. 3. 23, 98다46938), 대항력의 요건이 구비된 뒤에 확정일자를 받은 경우에는, 확정일자를 받은 즉시라고 할 것이다(대판 1992. 10. 13, 92다30597도 참조).

임차인이 대항력과 확정일자를 갖춘 후에 임대차계약이 갱신되더라도 대항력과 확정일자를 갖춘 때를 기준으로 종전 임대차의 내용에 따른 우선변제권을 행사할 수 있다(대판 2012. 7. 12, 2010다42990; 대판 2012. 7. 26, 2012다45689. 대판 1990. 8. 14, 90다카11377도 참조).

임차인이 임차주택에 대하여 보증금반환청구 소송의 확정판결이나 그 밖에 이에 준하는 집행권원에 따라서 경매를 신청하는 경우에는, 민사집행법 제41조에도 불구하고 반대의무의 이행이나 이행의 제공을 집행개시의 요건으로 하지 않는다(같은 법 3조). 그러나 임차인은 임차주택을 양수인에게 인도하지 않으면 보증금을 받을 수 없다(같은 법 3조). 이 규정은 경매 또는 공매 절차에서 임차인이 보증금을 받기 위해서는 임차주택을 인도(판례는 명도라고 함)한 증명을 해야 한다는 의미이고, 임차인의 주택인도(명도)의무가 보증금반환의무보다 선이행되어야 한다는 것이 아니다(대판 1994. 2. 22, 93다55241: [159]에 직접 인용함. ㉠판결 참조).

임차주택에 대하여 민사집행법에 따른 경매가 행하여진 경우에는, 임차권은 임차주택의 경락에 따라 소멸한다(같은 법 3조의 5 본문). 다만, 보증금이 전부 변제되지 않은, 대항력이 있는 임차권은 소멸하지 않는다(같은 법 3조의 5 단서). 그 결과 임대차기간이 끝난 경우에도 임차인이 보증금 전액을 반환받을 때까지 임대차관계는 존속하고(같은 법 4조 2항), 경락인이 임대인의 지위를 승계하게 된다(같은 법 3조 4항).

주임법에 의하여 우선변제의 효력이 인정되는 임대차 보증금반환채권은 당연히 배당을 받을 수 있는 채권(가압류채권자·저당권자·전세권자 등의 채권)이 아니고 배당요구가 필요한 배당요구채권이어서(민사집행법 148조 참조), 임차인이 배당요구의 종기(집행법원이 첫 매각기일 이전으로 정함. 과거에는 경락기일이 종기였음)까지 배당요구를 한 경우에 한하여 비로소 배당을 받을 수 있다(그가 적법한 배당요구를 하지 않아서 그가 받을 수 있었던 금액이 후순위 채권자에게 배당되었다고 하여 이를 부당이득이라고 할 수 없다. 대판 1998. 10. 13, 98다12379). 그런데 주임법상의 대항력과 우선변제권을 모두 가지고 있는 임차인이 보증금을 반환받기 위하여 보증금반환청구 소송의 확정판결 등 집행권원을 얻어 임차주택에 대하여 스스로 강제경매를 신청하였다면 특별한 사정이 없는 한 대항력과 우선변제권 중 우선변제권을 선택하여 행사한 것으로 보아야 하고, 이 경우 우선변제권을 인정받기 위하여 배당요구의 종기까지 별도로 배당요구를 하여야 하는 것은 아니다(대판 2013. 11. 14, 2013다27831). 그리고 이와 같이 우선변제권이 있는 임차인이 집행권원을 얻어 스스로 강제경매를 신청하는 방법으로 우선변제권을 행사하고, 그 경매절차에서 집행관의 현황조사 등을 통하여 경매신청 채권자인 임차인의 우선변제권이 확인되고 그러한 내용이 현황조사보고서, 매각물건명세서 등에 기재된 상태에서 경매절차가 진행되어 매각이 이루어졌다면, 특별한 사정이 없는 한 경매신청 채권자인 임차인은 배당절차에서 후순위권리자나 일반채권자보다 우선하여 배당받을 수 있다(대판 2013. 11. 14,

$\left(\begin{smallmatrix}2013\text{다}\\27831\end{smallmatrix}\right)$.

판례$\left(\begin{smallmatrix}\text{대판 2010. 5. 27,}\\\text{2010다10276}\end{smallmatrix}\right)$에 따르면, 어떤 자가 우선변제권을 행사할 수 있는 주택임차인으로부터 임차보증금 반환채권을 양수하였다고 하더라도, 임차권과 분리된 임차보증금 반환채권만을 양수하였으면, 그 채권양수인은 주임법상의 우선변제권을 행사할 수 있는 임차인에 해당하지 않는다. 따라서 그 채권양수인은 임차주택에 대한 경매절차에서 주임법상의 임차보증금 우선변제권자의 지위에서 배당요구를 할 수 없고, 그 점은 채권양수인이 주택임차인으로부터 다른 채권에 대한 담보목적으로 임차보증금 반환채권을 양수한 경우에도 마찬가지이다. 다만, 그러한 경우에도 채권양수인이 일반 금전채권자로서의 요건을 갖추어 배당요구를 할 수 있음은 물론이다.

그런데 근래에$\left(\begin{smallmatrix}2013.\\8. 13\end{smallmatrix}\right)$ 개정된 주임법에 의하면, 같은 법 제 3 조의 2 제 7 항이 규정한 금융기관 등이 제 3 조의 2 제 2 항$\left(\begin{smallmatrix}\text{확정일자}\\\text{갖춘 경우}\end{smallmatrix}\right)$, 제 3 조의 3 제 5 항$\left(\begin{smallmatrix}\text{임차권등기명령}\\\text{을 신청하여 임}\end{smallmatrix}\right)$차권등기를 마친 경우 $\bigr)$, 제 3 조의 4 제 1 항$\left(\begin{smallmatrix}\text{민법 621조에 따라 주택}\\\text{임대차등기를 마친 경우}\end{smallmatrix}\right)$에 따른 우선변제권을 취득한 임차인의 보증금반환채권을 계약으로 양수한 경우에는, 양수한 금액의 범위에서 우선변제권을 승계한다$\left(\begin{smallmatrix}\text{같은 법 3조}\\\text{의 2 7항}\end{smallmatrix}\right)$. 다만, 우선변제권을 승계한 금융기관 등은, 임차인이 주임법 제 3 조 제 1 항·제 2 항·제 3 항의 대항요건을 상실한 경우, 주임법 제 3 조의 3 제 5 항에 따른 임차권등기가 말소된 경우, 또는 민법 제621조에 따른 임대차등기가 말소된 경우에는, 우선변제권을 행사할 수 없다$\left(\begin{smallmatrix}\text{같은 법 3조}\\\text{의 2 8항}\end{smallmatrix}\right)$. 그리고 금융기관 등은 우선변제권을 행사하기 위하여 임차인을 대리하거나 대위하여 임대차를 해지할 수 없다$\left(\begin{smallmatrix}\text{같은 법 3조}\\\text{의 2 9항}\end{smallmatrix}\right)$.

국세기본법은 주임법 제 8 조$\left(\begin{smallmatrix}\text{또는 「상가건물 임대}\\\text{차보호법」 제14조}\end{smallmatrix}\right)$에 따라 임차인이 우선변제를 받을 수 있는 소액보증금채권$\left(\begin{smallmatrix}\text{같은 법 35}\\\text{조 1항 4호}\end{smallmatrix}\right)$과 법정기일 전에 주임법 제 3 조의 2 제 2 항$\left(\begin{smallmatrix}\text{또는 「상가건물 임대차}\\\text{보호법」 제 5 조 제 2 항}\end{smallmatrix}\right)$에 따른 대항요건과 확정일자를 갖춘 보증금채권$\left(\begin{smallmatrix}\text{같은 법 35}\\\text{조 1항 3호}\end{smallmatrix}\right)$을 국세 우선징수에 대한 예외로 규정하고 있다$\left(\begin{smallmatrix}\text{다만 그 재산에 대하여 부과된 증여세·상속}\\\text{세·종합부동산세는 제외함. 같은 법 35조 3항}\end{smallmatrix}\right)$. 그 결과 이들 채권은 국세에 우선한다. 그러한 취지의 규정은 지방세기본법에도 두어져 있다$\left(\begin{smallmatrix}\text{같은 법 71조}\\\text{1항 3호·4호}\end{smallmatrix}\right)$.

[159]
〈판 례〉

(ㄱ) 「임차인의 보호를 위한 주택임대차보호법의 취지에 비추어 볼 때 우선변제권이 있는 임차인은 임차주택의 가액으로부터 다른 채권자보다 우선하여 보증금을 변제받

음과 동시에 임차목적물을 명도할 수 있는 권리가 있다 할 것이다.

따라서 주택임대차보호법 제 3 조의 2 제 2 항(현행법 3조의/2 3항: 저자 주)에서 임차인은 임차주택을 양수인에게 인도하지 아니하면 경매 또는 공매시 임차주택의 환가대금에서 보증금을 수령할 수 없다고 한 것은 경매 또는 공매 절차에서 임차인이 보증금을 수령하기 위하여는 임차주택을 명도한 증명을 하여야 한다는 것을 의미하는 것이고, 임차인의 주택 명도의무가 보증금반환의무보다 선이행되어야 하는 것은 아니라 할 것이다.」(대판 1994. 2. 22,/93다55241)

(ㄴ)「주택임대차보호법 제 3 조의 2 제 1 항은 대항요건(주택인도와 주민/등록 전입신고)과 임대차계약 증서상의 확정일자를 갖춘 주택임차인은 후순위권리자 기타 일반채권자보다 우선하여 보증금을 변제받을 권리가 있음을 규정하고 있다.

이는 임대차계약증서에 확정일자를 갖춘 경우에는 부동산 담보권에 유사한 권리를 인정한다는 취지이므로, 부동산 담보권자보다 선순위의 가압류채권자가 있는 경우에 그 담보권자가 선순위의 가압류채권자와 채권액에 비례한 평등배당을 받을 수 있는 것과 마찬가지로(당원 1992. 3. 27. 선고 91다44407 판결;/1987. 6. 9. 선고 86다카2570 판결 등 참조), 위 주택임대차보호법 제 3 조의 2의 규정에 의하여 대항요건을 갖추고 증서상에 확정일자까지 부여받음으로써 우선변제권을 갖게 되는 임차보증금채권자도 선순위의 가압류채권자와는 평등배당의 관계에 있게 된다고 할 것이며, 이때 가압류채권자가 주택임차인보다 선순위인지 여부는, 위 법문상 임차인이 확정일자 부여에 의하여 비로소 우선변제권을 가지는 것으로 규정하고 있음에 비추어, 임대차계약증서상의 확정일자 부여일을 기준으로 삼는 것으로 해석함이 타당하다 할 것이어서, 가령 대항요건을 미리 갖추었다고 하더라도 확정일자를 부여받은 날짜가 가압류일자보다 늦은 이 사건의 경우에는 가압류채권자가 선순위라고 볼 수밖에 없다 할 것이므로, 원고(선순위 가압류채권자/에 해당함: 저자 주)의 가압류채권과 피고의 임차보증금채권은 각 채권액에 비례하여 평등하게 배당되어야 할 것이다.」(대판 1992. 10. 13,/92다30597)

(ㄷ)「주택임대차보호법상의 대항력과 우선변제권의 두 가지 권리를 함께 가지고 있는 임차인이 우선변제권을 선택하여 제 1 경매절차에서 보증금 전액에 대하여 배당요구를 하였으나 보증금 전액을 배당받을 수 없었던 때에는 경락인에게 대항하여 이를 반환받을 때까지 임대차관계의 존속을 주장할 수 있을 뿐이고, 임차인의 우선변제권은 경락으로 인하여 소멸하는 것이므로 제 2 경매절차에서 우선변제권에 의한 배당을 받을 수 없다(대법원 1998. 6. 26. 선고 98다2754 판결;/2001. 3. 27. 선고 98다4552 판결 등 참조). 이는 이 사건 원고와 같이 근저당권자가 신청한 1차 임의경매절차에서 확정일자 있는 임대차계약서를 첨부하거나 임차권등기명령을 받아 임차권등기를 하였음을 근거로 하여 배당요구를 하는 방법으로 우선변제권을 행사한 것이 아니라, 임대인을 상대로 보증금반환청구 소송을 제기하여 승소판결을 받은 뒤 그 확정판결에 기하여 1차로 강제경매를 신청한 경우에도 마찬가지이다.

원고는 1999. 1. 21. 법률 제5641호로 주택임대차보호법이 개정되면서 제 3 조의 5 (경매에 의한 임차권의 소멸)의 "임차권은 임차주택에 대하여 민사소송법에 의한 경매가 행하여진 경우에는 그 임차주택의 경락에 의하여 소멸한다. 다만, 보증금이 전액 변제되지 아니한 대항력이 있는 임차권은 그러하지 아니하다"는 규정이 신설된 것과 관련하여, 위 소멸하지 아니하는 임차권의 내용에는 대항력뿐만 아니라 우선변제권도 포함되고, 따라서 일부라도 보증금을 변제받지 못하는 경우의 임차인은 보증금을 전액 반환받을 때까지 완전한 임차권을 보유한다는 것을 상고이유로 내세우고 있다.

그러나 보증금이 전액 변제되지 아니한 대항력 있는 임차권은 소멸하지 아니한다는 내용의 위 단서를 신설한 입법취지가 위 법 제 4 조 제 2 항의 해석에 관한 종전의 대법원판례(대법원 1997. 8. 22. 선고 96다53628 판결 등)를 명문화하는 데에 있는 점 등으로 보아, "임대차가 종료된 경우에도 임차인이 보증금을 반환받을 때까지 임대차관계는 존속하는 것으로 본다"라고 규정한 같은 법 제 4 조 제 2 항과 동일한 취지를 경락에 의한 임차권 소멸의 경우와 관련하여 주의적·보완적으로 다시 규정한 것으로 보아야 한다. 그러므로 위 소멸하지 아니하는 임차권의 내용에 대항력뿐만 아니라 우선변제권도 당연히 포함되는 것으로 볼 수는 없다.」(대판 2006. 2. 10, 2005다21166)

㈃「주택임차인은 주택임대차보호법 제 3 조 제 1 항에서 정한 주택의 인도와 주민등록을 구비하면 대항력을 취득하고 대항요건이 존속되는 한 대항력은 계속 유지된다. 한편 주택임대차보호법에 정한 대항력과 우선변제권 두 가지 권리를 겸유하고 있는 임차인이 먼저 우선변제권을 선택하여 임차주택에 대하여 진행되고 있는 경매절차에서 배당요구를 하였으나 보증금 전액을 배당받지 못한 경우 임차인은 여전히 대항요건을 유지함으로써 임대차관계의 존속을 주장할 수 있으므로, 임차인이 대항력을 구비한 후 임차주택을 양수한 자는 그와 같이 존속되는 임대차의 임대인 지위를 당연히 승계한다.

이는 주택임대차보호법 제 3 조의 2 제 7 항에서 정한 금융기관이 임차인으로부터 보증금반환채권을 계약으로 양수함으로써 양수한 금액의 범위에서 우선변제권을 승계한 다음 경매절차에서 배당요구를 하여 보증금 중 일부를 배당받은 경우에도 마찬가지이다. 따라서 주택임대차의 대항요건이 존속되는 한 임차인은 보증금반환채권을 양수한 금융기관이 보증금 잔액을 반환받을 때까지 임차주택의 양수인을 상대로 임대차관계의 존속을 주장할 수 있다.」(대판 2023. 2. 2, 2022다255126[핵심판례 356면])

㈄「주택에 관하여 임대차계약을 체결한 임차인이 자신의 지위를 강화하기 위한 방편으로 따로 전세권설정계약서를 작성하고 전세권설정등기를 한 경우에, 따로 작성된 전세권설정계약서가 원래의 임대차계약서와 계약일자가 다르다고 하여도 계약당사자, 계약목적물 및 보증금액(전세금액) 등에 비추어 동일성을 인정할 수 있다면 그 전세권설정계약서 또한 원래의 임대차계약에 관한 증서로 볼 수 있고, 등기필증에 찍힌 등기관의 접수인은 첨부된 등기원인계약서에 대하여 민법 부칙 제 3 조

제 4 항 후단에 의한 확정일자에 해당한다고 할 것이므로, 위와 같은 전세권설정계약서가 첨부된 등기필증에 등기관의 접수인이 찍혀 있다면 그 원래의 임대차에 관한 계약증서에 확정일자가 있는 것으로 보아야 할 것이고, 이 경우 원래의 임대차는 대지 및 건물 전부에 관한 것이나 사정에 의하여 전세권설정계약서는 건물에 관하여만 작성되고 전세권등기도 건물에 관하여만 마쳐졌다고 하더라도 전세금액이 임대차보증금액과 동일한 금액으로 기재된 이상 대지 및 건물 전부에 관한 임대차의 계약증서에 확정일자가 있는 것으로 봄이 상당하다.」($\binom{대판\ 2002.\ 11.\ 8,}{2001다51725}$)

(ㅂ) 「주택임대차보호법 제 3 조의 5 … 의 입법취지와 규정내용에 비추어 보면, 주택임대차보호법상의 대항력과 우선변제권의 두 권리를 겸유하고 있는 임차인이 우선변제권을 선택하여 임차주택에 대하여 진행되고 있는 경매절차에서 보증금에 대한 배당요구를 하여 보증금 전액을 배당받을 수 있는 경우에는, 특별한 사정이 없는 한 임차인이 그 배당금을 지급받을 수 있는 때, 즉 임차인에 대한 배당표가 확정될 때까지는 임차권이 소멸하지 않는다고 해석함이 상당하다 할 것이므로, 경락인이 낙찰대금을 납부하여 임차주택에 대한 소유권을 취득한 이후에 임차인이 임차주택을 계속 점유하여 사용·수익하였다고 하더라도 임차인에 대한 배당표가 확정될 때까지의 사용·수익은 소멸하지 아니한 임차권에 기한 것이어서 경락인에 대한 관계에서 부당이득이 성립되지 아니한다고 보아야 한다.」($\binom{대판\ 2004.\ 8.\ 30,}{2003다23885}$)

2) 임차권등기명령   임대차가 종료되더라도 보증금을 반환받지 못하면   [160] 임차인은 대항력과 우선변제권을 잃을 염려 때문에 이사를 해야 할 사정이 있어도 하지 못하게 된다. 주임법은 이러한 임차인을 보호하기 위하여 임차권등기명령 제도를 마련하고 있다.

(ㄱ) 임대차가 끝난 후 보증금이 반환되지 않은 경우 임차인은 신청서에 일정 사항($\binom{같은\ 법\ 3조}{의\ 3\ 2항\ 참조}$)을 적어 임차주택의 소재지를 관할하는 법원에 임차권등기명령을 신청할 수 있다($\binom{같은\ 법\ 3}{조의\ 3\ 1항}$)($\binom{임차인은\ 명령신청과\ 등기\ 관련\ 비용을\ 임대}{인에게\ 청구할\ 수\ 있다(같은\ 법\ 3조의\ 3\ 8항)}$). 그리고 임차권등기명령이 집행되어 임차권등기가 있게 되면, 임차인은 대항력 및 우선변제권을 취득한다($\binom{같은\ 법\ 3조의}{3\ 5항\ 본문}$). 다만, 임차인이 임차권등기 이전에 이미 대항력이나 우선변제권을 취득한 경우에는 그 대항력이나 우선변제권은 그대로 유지되며, 임차권등기 이후에는 대항요건($\binom{같은\ 법\ 3조\ 1항의\ 대항요건인\ 주택인도와}{주민등록\ 또는\ 같은\ 법\ 3조\ 2항의\ 대항요건}$)을 상실하더라도 이미 취득한 대항력이나 우선변제권을 상실하지 않는다($\binom{같은\ 법\ 3조}{의\ 3\ 5항\ 단서}$). 그리고 판례는, 임차권등기명령에 의하여 임차권등기를 한 임차인은, 그 임차권등기가 첫 경매개시결정등기 전에 등기된 경우, 별도로 배당요구를 하지 않아도 당연히 배당받을 채권자에 속

한다고 한다(대판 2005. 9. 15, 2005다33039.
민사집행법 148조 4호 참조). 한편 이와 같이 임차권등기가 된 주택(임대차의
목적이 주택의 일부분인 경우에는
해당부분으로 한정한다)을 그 이후에 임차한 임차인은 소액보증금의 우선변제권을 가질 수 없다(같은 법 3조
의 3 6항). 그러나 — 그가 요건을 갖추었으면 — 대항력과 우선변제권은 인정할 수 있다(대판 2023. 9. 27, 2022
다246610 · 246627).

(ㄴ) 주임법 제3조의 2 제7항이 규정한 일정한 금융기관 등은 임차인을 대위하여 임차권등기명령을 신청할 수 있다(같은 법 3조
의 3 9항 1문).

(ㄷ) 임차권등기명령에 의한 등기의 경우의 효력은 제621조에 의한 임차권등기가 있는 때에도 그대로 인정된다(같은 법 3조
의 4 1항). 따라서 임차인은 임차권등기명령에 의하지 않고 임대인의 협력을 얻어 제621조에 의한 등기를 할 수도 있다.

(ㄹ) 임대인의 임차보증금 반환의무는 임차권등기명령에 의한 임차권등기의 말소의무보다 먼저 이행되어야 할 의무이다(대판 2005. 6. 9,
2005다4529).

(ㅁ) 판례는, 임차권등기명령에 따른 임차권등기에는 소멸시효 중단사유인 압류 또는 가압류, 가처분에 준하는 효력이 없다고 한다(대판 2019. 5. 16,
2017다226629).

[161]   3) **보증금 중 일정액의 보호**   임차인은 보증금 중 일정액을 다른 담보물권자보다 우선하여 변제받을 권리가 있다(같은 법 8조
1항 1문). 이 경우 임차인 즉 소액임차인은 주택에 대한 경매신청의 등기 전에 주임법 제3조 제1항의 요건(주택의 인도
와 주민등록)을 갖추어야 한다(같은 법 8조
1항 2문). 임대차계약서에 확정일자까지 받을 필요는 없다. 그리고 이에 따라 우선변제를 받을 임차인 및 보증금 중 일정액의 범위와 기준은 주임법 제8조의 2에 따른 주택임대차위원회(우선변제를 받을 임차인 및 보증금 중 일정액
의 범위와 기준을 심의하기 위하여 법무부에
법무부차관을 위원장으로 하는 주택임
대차위원회를 둔다. 같은 법 8조의 2)의 심의를 거쳐 대통령령으로 정한다(같은 법 8조
3항 본문). 다만, 보증금 중 일정액의 범위와 기준은 주택가액(대지의 가액
을 포함한다)의 2분의 1을 넘지 못한다(같은 법 8
조3항 단서).

판례에 의하면, 소액임차인이 임차주택의 환가대금으로부터 우선변제를 받는 문제는 대항요건 및 확정일자를 갖춘 임차인의 경우([158]
참조)와 거의 같다. 그리하여 소액임차인은 임차주택과 그 대지가 함께 경매될 경우뿐만 아니라 임차주택과 별도로 그 대지만이 경매될 경우에도 그 대지의 환가대금에 대하여 우선변제권을 행사할 수 있고, 이러한 우선변제권은 임대차 성립 당시 임대인의 소유였던 대지가 타인에게 양도되어 임차주택과 대지의 소유자가 서로 달라지게 된 경우에도 인정된다(대판(전원) 2007. 6. 21,
2004다26133). 그리고 이 법리는 임차주택이 미등기인 경우에도 그대로 적용된다(대판(전원) 2007. 6. 21, 2004다26133은 주임법 8조 1항 2문이 미등기 주택의 경우에 소액임차인의 대지에 관한 우선변제권을 배제하는 규정에 해당하지 않는다고 한다). 그러나 대지에 관한 저당권 설정 당시에 이미 그 지상 건물이 존재하는 경우에만 소액임차인이 대지의 환가대금에서 우선변제를 받을 수 있으며, 저당권 설정 후에 비로소 건물이 신축된 경우에까지 공시방법이 불완전한 소액임차인에게 우선변제권을 인정한다면 저당권자가 예측할 수 없는 손해를 입게 되는 범위가 지나치게 확대되어 부당하므로, 이러한 경우에는 대지의 환가대금에 대하여 우선변제를 받을 수 없다(대판 1999. 7. 23, 99다25532; 대판 2010. 6. 10, 2009다101275). 따라서 대지에 관한 저당권 설정 후에 비로소 건물이 신축되고 그 신축건물에 대하여 다시 저당권이 설정된 후 대지와 건물이 일괄경매된 경우, 소액임차인은 대지의 환가대금에서는 우선하여 변제를 받을 권리가 없다(대판 2010. 6. 10, 2009다101275). 그러나 신축건물의 환가대금에서는 우선변제권이 있다고 해야 한다(확정일자를 갖춘 임차인이 신축건물에 대한 후순위권리자보다 우선하여 변제받을 권리가 있다고 한 대판 2010. 6. 10, 2009다101275도 참조). 그리고 소액임차인의 경우 주임법 시행령 부칙의 「소액보증금의 범위변경에 따른 경과조치」를 적용함에 있어서는 신축건물에 대하여 담보물권을 취득한 때를 기준으로 소액임차인 및 소액보증금의 범위를 정하여야 한다(대판 2010. 6. 10, 2009다101275).

소액임차인이 동시에 확정일자를 갖춘 경우에는, 소액임차인으로서의 권리와 확정일자를 갖춘 임차인으로서의 권리를 모두 가진다. 따라서 먼저 소액임차인으로서 소액보증금의 우선변제를 받고, 소액보증금을 초과하는 보증금에 대하여는 확정일자를 갖춘 임차인으로서 그 순위에 따라 환가대금에서 후순위권리자나 그 밖의 채권자보다 우선하여 보증금을 변제받을 수 있다(대판 2007. 11. 15, 2007다45562).

주임법 시행령에 의하면, 우선변제를 받을 수 있는 보증금 중 일정액의 범위는, 서울특별시에서는 보증금 1억 6,500만원 이하인 경우에 한하여 5,500만원까지이고, 수도권정비계획법에 따른 과밀억제권역(서울특별시는 제외한다)·세종특별자치시·용인시·화성시·김포시에서는 보증금 1억 4,500만원 이하인 경우에 한하여 4,800만원까지이고, 광역시(수도권정비계획법에 따른 과밀억제권역에 포함된 지역과 군지역은 제외한다)·안산시·광주시·파주시·이천시·평택시에서는 보증금 8,500만원 이하인 경우에 한하여 2,800만원까지이고, 그 밖의 지역에서는 보증금 7,500만원 이하인 경우에 한하여 2,500만원까지이다(같은 법 시행령 10조·11조). 그리고 하나의 주택에 임차인이 2명 이상이고, 그 각 보증금 중 일정액을 모두 합한 금액이 주택 가액의 2분의 1을 초과하는 경우에는, 그 각 보증금 중 일정액을 모두 합한 금액에 대한 각 임차인의 보증금 중 일정액의 비율로 그 주택가액의 2분의 1에 해당하는 금액을 분할한 금액을 각 임차인의 보증금 중 일정액으로 본다(같은 법 시행령 10조 3항). 또, 하나의 주택에 임차인이 2명 이상이고 이들이 그 주택에서 가정공동생활을 하는 경우에는, 이들을 1명의 임차인으로 보아 이들의 각 보증금을 합산한다(같은 법 시행령 10조 4항).

[162] 〈판 례〉

(ㄱ) 임대차계약의 주된 목적이 주택을 사용·수익하려는 것에 있지 않고 소액임차인으로 보호받아 선순위 담보권자에 우선하여 채권을 회수하려는 것에 주된 목적이 있었던 경우에는, 그러한 임차인을 주임법상 소액임차인으로 보호할 수 없다(대판 2001. 5. 8, 2001다14733; 대판 2008. 5. 15, 2007다23203).

(ㄴ) 주임법 제 8 조 소정의 우선변제권의 한도가 되는 주택가액의 2분의 1에서「주택가액」이라 함은 낙찰대금에다가 입찰보증금에 대한 배당기일까지의 이자, 몰수된 입찰보증금 등을 포함한 금액에서 집행비용을 공제한 실제 배당할 금액이다(대판 2001. 4. 27, 2001다8974).

(ㄷ) 대법원은, 다가구용 단독주택의 대지 및 건물에 관한 근저당권자가 그 대지 및 건물에 관한 경매를 신청하였다가 그 중 건물에 대한 경매신청만을 취하하여 대지부분만이 낙찰되었다고 하더라도, 그 주택의 소액임차인은 그 대지에 관한 낙찰대금 중에서 소액보증금을 담보물권자보다 우선하여 변제받을 수 있다고 하였다(대판 1996. 6. 14, 96다7595).

(ㄹ) 소액임차인의 소액보증금 반환채권은 배당요구가 필요한 배당요구채권에 해당한다(대판 2002. 1. 22, 2001다70702).

(ㅁ) 소액보증금 반환청구권은 임차목적 주택에 대하여 저당권에 의하여 담보된 채권, 조세 등에 우선하여 변제받을 수 있는 법정담보물권으로서, 주택임차인이 대지와 건물 모두로부터 배당을 받는 경우에는 마치 그 대지와 건물 전부에 대한 공동저당권자와 유사한 지위에 서게 되므로 대지와 건물이 동시에 매각되어 주택임차인에게 그 경매대가를 동시에 배당하는 때에는 민법 제368조 제 1 항을 유추적용하여 대지와 건물의 경매대가에 비례하여 그 채권의 분담을 정하여야 한다(대판 2003. 9. 5, 2001다66291).

(ㅂ) 주임법 소정의 소액임차보증금의 임차인이라 할지라도 당해 목적물의 경매절차에서 보증금의 지급을 받지 못한 이상 그 임차주택의 경락인에 대하여 보증금의 우선변제를 요구할 수는 없다(대판 1988. 4. 12, 87다카844).

(ㅅ) 실제 임대차계약의 주된 목적이 주택을 사용·수익하려는 것인 이상, 처음 임대차계약을 체결할 당시에는 보증금액이 많아 주택임대차보호법상 소액임차인에 해당하지 않았지만 그 후 새로운 임대차계약에 의하여 정당하게 보증금을 감액하여 소액임차인에 해당하게 되었다면, 그 임대차계약이 통정허위표시에 의한 계약이어서 무효라는 등의 특별한 사정이 없는 한, 그러한 임차인은 같은 법상 소액임차인으로

보호받을 수 있다($^{대판 2008. 5. 15,}_{2007다23203}$).

　(ㅇ) 갑이 아파트를 소유하고 있음에도 공인중개사인 남편의 중개에 따라 근저당권
채권최고액의 합계가 시세를 초과하고 경매가 곧 개시될 것으로 예상되는 아파트를
소액임차인 요건에 맞도록 시세보다 현저히 낮은 임차보증금으로 임차한 다음 당초
임대차계약상 잔금지급기일과 목적물인도기일보다 앞당겨 보증금 잔액을 지급하고
전입신고 후 확정일자를 받았는데, 그 직후 개시된 경매절차에서 배당을 받지 못하
자 배당이의를 한 사안($^{갑이 아파트}_{를 낙찰받음}$)에서, 갑은 소액임차인을 보호하기 위하여 경매개시
결정 전에만 대항요건을 갖추면 우선변제권을 인정하는 주택임대차보호법을 악용하
여 부당한 이득을 취하고자 임대차계약을 체결한 것이므로 주임법의 보호대상인 소
액임차인에 해당하지 않는다고 본 원심판단을 수긍한 사례($^{대판 2013. 12. 12,}_{2013다62223}$).

(7) 임차인의 사망과 주택임차권의 승계

　임차인이 상속인 없이 사망한 경우에는, 그 주택에서 가정공동생활을 하던
사실상의 혼인관계에 있는 자가 임차인의 권리와 의무를 승계한다($^{같은 법}_{9조 1항}$). 이때
임대차관계에서 이미 생긴 채권·채무는 임차인의 권리의무를 승계한 자에게 귀
속된다($^{같은 법}_{9조 4항}$). 그러나 임차인이 사망한 후 1개월 이내에 임대인에게 승계대상자
가 반대의사를 표시한 경우에는, 임차인의 권리의무가 승계되지 않는다($^{같은 법}_{9조 3항}$).

　임차인이 사망한 때에 사망 당시 상속인이 그 주택에서 가정공동생활을 하
고 있지 않은 경우에는, 그 주택에서 가정공동생활을 하던 사실상의 혼인관계에
있는 자와 2촌 이내의 친족이 공동으로 임차인의 권리와 의무를 승계한다($^{같은}_{법 9조 2항}$). 그리고 이때에도 임대차관계에서 이미 생긴 채권·채무는 임차인의 권리의
무를 승계한 자에게 귀속된다($^{같은 법}_{9조 4항}$). 또 임차인이 사망한 후 1개월 이내에 임대
인에게 승계대상자가 반대의사를 표시하면 승계가 되지 않는다($^{같은 법}_{9조 3항}$).

(8) 월차임 전환시 산정률의 제한

　보증금의 전부 또는 일부를 월 단위의 차임으로 전환하는 경우에는, 그 전
환되는 금액에 다음 둘 중 낮은 비율을 곱한 월차임의 범위를 초과할 수 없다
($^{같은 법}_{7조의2}$). ① 은행법에 따른 은행에서 적용하는 대출금리와 해당 지역의 경제여
건 등을 고려하여 대통령령으로 정하는 비율($^{연 1할임. 같은 법}_{시행령 9조 1항}$)($^{같은 법 7조}_{의 2 1호}$), ② 한국은
행에서 공시한 기준금리에 대통령령으로 정하는 비율($^{연 2퍼센트임. 같은}_{법 시행령 9조 2항}$)을 더한 비
율($^{같은 법 7조}_{의 2 2호}$).

　임차인이 주임법 제 7 조의 2에 다른 월차임 산정률을 초과하여 차임을 지급

한 경우에는, 초과 지급된 차임 또는 보증금 상당금액의 반환을 청구할 수 있다$\binom{주임법}{10조의 2}$.

(9) 강행규정

주임법에 위반된 약정으로서 임차인에게 불리한 것은 그 효력이 없다$\binom{같은 법}{10조}$.

(10) 주택임대차 분쟁조정위원회(조정위원회)

주임법의 적용을 받는 주택임대차와 관련된 분쟁을 심의·조정하기 위하여 대통령령으로 정하는 바에 따라 법률구조법 제8조에 따른 대한법률구조공단의 지부 또는 다른 곳에 주택임대차 분쟁조정위원회$\binom{조정위}{원회}$를 둔다$\binom{같은 법 14}{조 1항 1문}$. 특별시·광역시·특별자치시·도 및 특별자치도는 그 지방자치단체의 실정을 고려하여 조정위원회를 둘 수 있다$\binom{같은 법 14}{조 1항 2문}$. 주임법은 조정위원회 및 조정에 관하여 제14조 내지 제29조에서 자세히 규정하고 있다.

(11) 주택임대차 표준계약서의 사용

주택임대차계약을 서면으로 체결할 때에는 법무부장관이 국토교통부장관과 협의하여 정하는 주택임대차 표준계약서를 우선적으로 사용해야 한다$\binom{같은 법}{30조 본문}$. 다만, 당사자가 다른 서식을 사용하기로 합의한 경우에는 그렇지 않다$\binom{같은 법}{30조 단서}$.

〈「전세사기 피해자 지원 및 주거안정에 관한 특별법」〉

2022년 무렵에 많이 발생한 전세사기 피해자를 지원하고 주거안정을 도모하기 위하여 한시적인 특별법으로 「전세사기 피해자 지원 및 주거안정에 관한 특별법」이 제정·시행되고 있다$\binom{2023. 6. 1. 제정·시}{행, 2024. 9. 10. 개정}$. 이 법은 전세사기 피해자에 대하여 경매·공매절차, 조세 징수 등에 관하여 여러 특례를 부여하고 있는데, 시행 후 2년이 경과하는 날까지만 효력을 가진다$\binom{같은 법}{부칙 2조}$.

[163] ## 3. 상가건물임대차

상가건물 임차인을 보호하기 위한 특별법으로 「상가건물 임대차보호법」이 있다$\binom{2001. 12. 29. 제정,}{2003. 11. 1. 시행}$. 이 법은 상가건물임대차에 관하여 민법에 대한 특례를 규정한 것이다$\binom{같은 법}{1조}$. 이 법의 주요내용은 다음과 같다.

(1) 적용범위

「상가건물 임대차보호법」은 상가건물$\binom{3조 1항에 따른 사업자등록의}{대상이 되는 건물을 말한다}$의 임대차$\binom{임대차목적}{물의 주된}$ $\binom{부분을 영업용으로 사용}{하는 경우를 포함한다}$에 대하여 적용된다$\binom{같은 법 2조}{1항 본문}$. 다만, 같은 법 제14조의 2에 따른 상가건물임대차 위원회의 심의를 거쳐 대통령령으로 정하는 보증금액(같은 법 시행령 2조 1항에 따르면, 차임이 있을 경우에는 월 단위 차임에 100을 곱한 액을 보증금과 합하여(같은 법 시행령 2조 2항·3항), 서울특별시에서는 9억원, 수도권정비계획법에 따른 과밀억제권역(서울특별시는 제외한다) 및 부산광역시에서는 6억 9천만원, 광역시(수도권정비계획법에 따른 과밀억제권역에 포함된 지역과 군지역, 부산광역시는 제외한다)·세종특별자치시·파주시·화성시·안산시·용인시·김포시·광주시에서는 5억 4천만원, 그 밖의 지역에서는 3억 7천만원임)을 초과하는 임대차에 대하여는 적용되지 않는다(같은 법 2조 1항 단서). 그런데 같은 법 제 2 조 제 1 항 단서에도 불구하고 같은 법 제 3 조, 제10조 제 1 항·제 2 항·제 3 항 본문, 제10조의 2부터 제10조의 9, 제11조의 2 및 제19조는 제 1 항 단서에 따른 보증금액을 초과하는 임대차에 대하여도 적용한다(같은 법 2조 3항). 그리고 그 법은 일시사용을 위한 임대차임이 명백한 경우에는 적용되지 않는다(같은 법 16조).

〈판 례〉

(ㄱ)「상가건물 임대차보호법의 목적과 위 규정에 비추어 보면, 상가건물 임대차보호법이 적용되는 상가건물의 임대차는 사업자등록의 대상이 되는 건물로서 임대차 목적물인 건물을 영리를 목적으로 하는 영업용으로 사용하는 임대차를 가리킨다고 볼 것이다. 그리고 상가건물 임대차보호법이 적용되는 상가건물에 해당하는지 여부는 공부상의 표시가 아닌 건물의 현황·용도 등에 비추어 영업용으로 사용하느냐에 따라 실질적으로 판단하여야 하고, 단순히 상품의 보관·제조·가공 등 사실행위만이 이루어지는 공장·창고 등은 영업용으로 사용하는 경우라고 할 수 없으나 그곳에서 그러한 사실행위와 더불어 영리를 목적으로 하는 활동이 함께 이루어진다면 상가건물 임대차보호법의 적용대상인 상가건물에 해당한다고 할 것이다.」(임차인이 상가건물의 일부를 임차하여 도금작업을 하면서 임차부분에 인접한 컨테이너 박스에서 도금작업의 주문을 받고 완성된 도금제품을 고객에 인도하여 수수료를 받는 등 영업활동을 해 온 사안에서, 임차부분과 이에 인접한 컨테이너 박스는 일체로서 도금작업과 더불어 영업활동을 하는 하나의 사업장이므로 위 임차부분은 상가건물 임대차보호법이 적용되는 상가건물에 해당한다고 보아야 하는데도, 그와 같은 사정은 고려하지 않고 임차의 주된 부분이 영업용이 아닌 사실행위가 이루어지는 공장으로서 상가건물 임대차보호법의 적용대상이 아니라고 본 원심판단에는 법리오해의 위법이 있다고 한 사례)(대판 2011. 7. 28, 2009다40967)

(ㄴ)「부칙(「상가건물 임대차보호법」의 2013. 8. 13. 개정법률: 저자 주) 제 2 조의 '이 법 시행 후 최초로 체결되거나 갱신되는 임대차'는 위 개정 상가임대차법이 시행되는 2013. 8. 13. 이후 처음으로 체결된 임대차 또는 2013. 8. 13. 이전에 체결되었지만 2013. 8. 13. 이후 갱신되는 임대차를 가리킨다고 보아야 한다. 따라서 개정 법률 시행 후에 임대차가 갱신되지 않고 기간 만료 등으로 종료된 경우는 이에 포함되지 않는다.」(대판 2017. 12. 5, 2017다9657)

(2) 대 항 력

상가건물임대차($\substack{\text{이하 여기서는} \\ \text{임대차라 함}}$)는 그 등기가 없는 경우에도, 임차인이 건물의 인도와 부가가치세법 제 8 조, 소득세법 제168조 또는 법인세법 제111조에 따른 사업자등록을 신청하면 그 다음 날부터 제 3 자에 대하여 효력이 생긴다($\substack{\text{같은 법} \\ \text{3조 1항}}$). 그리고 임차인이 대항력을 가지는 경우, 임차건물의 양수인($\substack{\text{그 밖에 임대할 권리를} \\ \text{승계한 자를 포함한다}}$)은 임대인의 지위를 승계한 것으로 본다($\substack{\text{같은 법} \\ \text{3조 2항}}$). 법률에서는 「양수인」이라고 하고 있으나, 소유권 변동의 원인이 매매 등 법률행위인가 상속·경매 등 법률의 규정인가를 묻지 않으며, 따라서 임대를 한 상가건물을 여러 사람이 공유하고 있다가 이를 분할하기 위한 경매절차에서 건물의 소유자가 바뀐 경우에도 양수인이 임대인의 지위를 승계한다($\substack{\text{대판 2017. 3. 22,} \\ \text{2016다218874}}$). 또한 상속에 따라 임차건물의 소유권을 취득한 자도 위 조항에서 말하는 임차건물의 양수인에 해당한다($\substack{\text{대판 2021. 1. 28,} \\ \text{2015다59801}}$). 그리고 판례는, 이 규정에 따라 임차건물의 양수인이 임대인의 지위를 승계하면, 양수인은 임차인에게 임대보증금 반환의무를 부담하고 임차인은 양수인에게 차임지급의무를 부담하나, 임차건물의 소유권이 이전되기 전에 이미 발생한 연체차임이나 관리비 등은 별도의 채권양도절차가 없는 한 원칙적으로 양수인에게 이전되지 않고 임대인만이 임차인에게 청구할 수 있다고 한다($\substack{\text{대판 2017. 3. 22,} \\ \text{2016다218874}}$). 차임이나 관리비 등은 임차건물을 사용한 대가로서 임차인에게 임차건물을 사용하도록 할 당시의 소유자 등 처분권한 있는 자에게 귀속된다고 볼 수 있다는 이유에서이다. 한편 판례는, 임차건물의 양수인이 건물 소유권을 취득한 후 임대차관계가 종료되어 임차인에게 임대차보증금을 반환해야 하는 경우에 임대인의 지위를 승계하기 전까지 발생한 연체차임이나 관리비 등이 있으면 특별한 사정이 없는 한 임대차보증금에서 당연히 공제될 것이라고 한다($\substack{\text{대판 2017. 3. 22,} \\ \text{2016다218874}}$). 일반적으로 임차건물의 양도 시에 연체차임이나 관리비 등이 남아있더라도 나중에 임대차관계가 종료되는 경우 임대차보증금에서 이를 공제하겠다는 것이 당사자들의 의사나 거래관념에 부합하기 때문이라는 것이 그 이유이다.

임차권의 대항 등을 받는 새로운 소유자라고 할지라도 임차인과의 계약에 기하여 그들 사이의 법률관계를 그들의 의사에 좇아 자유롭게 형성할 수 있고, 따라서 새로운 소유자와 임차인이 동일한 목적물에 관하여 종전 임대차계약의 효력을 소멸시키려는 의사로 그와는 별개의 임대차계약을 새로이 체결하여 그들 사이의 법률관계가 이 새로운 계약에 의하여 규율되는 것으로 정할 수 있다(대판 2013. 12. 12, 2013다211919). 그리고 그 경우에는 종전의 임대차계약은 그와 같은 합의의 결과로 그 효력을 상실하게 되므로, 다른 특별한 사정이 없는 한 이제 종전의 임대차계약을 기초로 발생하였던 대항력 또는 우선변제권 등도 종전 임대차계약과 함께 소멸하여 이를 새로운 소유자 등에게 주장할 수 없다(대판 2013. 12. 12, 2013다211919).

(3) 보증금의 효력

[164]

1) 보증금의 우선변제   제 3 조 제 1 항의 대항요건을 갖추고, 관할 세무서장으로부터 임대차계약서상의 확정일자를 받은 임차인은 민사집행법에 따른 경매 또는 국세징수법에 따른 공매시 임차건물(임대인 소유의 대지를 포함한다)의 환가대금에서 후순위권리자나 그 밖의 채권자보다 우선하여 보증금을 변제받을 권리가 있다(같은 법 5조 2항).

〈판 례〉

상가건물에 근저당권설정등기가 마쳐지기 전 최초로 임대차계약을 체결하여 사업자등록을 마치고 확정일자를 받아 계속 갱신해 온 임차인 갑 등이 위 건물에 관한 임의경매절차에서 '근저당권설정등기 후 다시 임대차계약을 체결하여 확정일자를 받은 최후 임대차계약서'에 기한 배당요구를 하였다가 배당요구 종기 후 최초 임대차계약서에 기한 확정일자를 주장한 사안에서, 갑 등의 주장은 배당요구 종기 후 배당순위의 변동을 초래하여 매수인이 인수할 부담에 변동을 가져오는 것으로서 특별한 사정이 없는 한 허용될 수 없다고 한 사례(대판 2014. 4. 30, 2013다58057).

임차인이 임차건물에 대하여 보증금반환청구 소송의 확정판결, 그 밖에 이에 준하는 집행권원에 의하여 경매를 신청하는 경우에는, 민사집행법 제41조에도 불구하고 반대의무의 이행이나 이행의 제공을 집행개시의 요건으로 하지 않는다(같은 법 5조 1항). 그러나 임차인은 임차건물을 양수인에게 인도하지 않으면 보증금을 받을 수 없다(같은 법 5조 3항).

같은 법 제 5 조 제 7 항이 규정한 일정한 금융기관 등이 같은 법 제 5 조 제 2 항(확정일자를 갖춘 경우), 제 6 조 제 5 항(임차권등기명령의 집행에 따른 임차권등기를 마친 경우), 제 7 조 제 1 항(민법 621조에 따라 건물임대차등기를 마친 경우)에 따른 우선변제권을 취득한 임차인의 보증금반환채권을 계약으로 양수한 경우에는, 양수한 금액의 범위에서 우선변제권을 승계한다(같은 법 5조 7항). 다만, 우선변제권을 승계한 금융기관 등은, 임차인이 같은 법 제 3 조 제 1 항의 대항요건을 상실한 경우, 같은 법 제 6 조 제 5 항에 따른 임차권등기가 말소된 경우, 또는 민법

제621조에 따른 임대차등기가 말소된 경우에는, 우선변제권을 행사할 수 없다($^{같은 법}_{5조 8항}$). 그리고 금융기관 등은 우선변제권을 행사하기 위하여 임차인을 대리하거나 대위하여 임대차를 해지할 수 없다($^{같은 법}_{5조 9항}$).

임차권은 임차건물에 대하여 민사집행법에 따른 경매가 실시된 경우에는 그 임차건물이 매각되면 소멸한다($^{같은 법}_{8조 본문}$). 다만, 보증금이 전액 변제되지 않은, 대항력이 있는 임차권은 소멸하지 않는다($^{같은 법}_{8조 단서}$).

2) 임차권등기명령　　임대차가 종료된 후 보증금이 반환되지 않은 경우 임차인은 신청서에 일정사항($^{같은 법}_{6조 2항}$)을 적어 임차건물의 소재지를 관할하는 법원에 임차권등기명령을 신청할 수 있다($^{같은 법}_{6조 1항}$). 임차권등기명령의 집행에 따른 임차권등기를 마치면, 임차인은 대항력과 우선변제권을 취득한다($^{같은 법 6조}_{5항 본문}$). 다만, 임차인이 임차권등기 이전에 이미 대항력 또는 우선변제권을 취득한 경우에는 그 대항력 또는 우선변제권이 그대로 유지되며, 임차권등기 이후에는 대항요건을 상실하더라도 이미 취득한 대항력 또는 우선변제권을 상실하지 않는다($^{같은 법 6조}_{5항 단서}$). 한편 임차권등기명령의 집행에 따른 임차권등기를 마친 건물($^{임대차의 목적이 건물의 일부}_{분인 경우에는 그 부분으로 한정한다}$)을 그 이후에 임차한 임차인은 같은 법 제14조에 따른 우선변제를 받을 권리 즉 소액보증금의 우선변제권이 없다($^{같은 법}_{6조 6항}$).

같은 법 제 5 조 제 7 항이 규정한 일정한 금융기관 등은 임차인을 대위하여 임차권등기명령을 신청할 수 있다($^{같은 법 6조}_{9항 1문}$).

3) 보증금 중 일정액의 보호　　임차인은 보증금 중 일정액을 다른 담보물권자보다 우선하여 변제받을 권리가 있다($^{같은 법 14}_{조 1항 1문}$). 이 경우 임차인은 건물에 대한 경매신청의 등기 전에 같은 법 제 3 조 제 1 항의 요건을 갖추어야 한다($^{같은 법}_{14조 1항 2문}$). 그리고 이에 따라 우선변제를 받을 임차인 및 보증금 중 일정액의 범위와 기준은 임대건물 가액($^{임대인 소유의 대}_{지 가액을 포함한다}$)의 2분의 1 범위에서 해당 지역의 경제여건, 보증금 및 차임 등을 고려하여 같은 법 제14조의 2에 따른 상가건물임대차 위원회($^{우선변제를 받을 임차인 및 보증금 중 일정액의 범위와 기준 등을 심의하기 위하여 법무}_{부에 법무부차관을 위원장으로 하는 상가건물임대차 위원회를 둔다. 같은 법 14조의 2}$)의 심의를 거쳐 대통령령으로 정한다($^{같은 법}_{14조 3항}$)($^{임차인과 임대인 사이에 구분점포 각각에 대하여 별도의 임대차관계가 성립한 것이 아니라}_{일괄하여 단일한 임대차관계가 성립한 것으로 볼 수 있는 때에는, 비록 구분점포 각각에 대하}$여 별개의 임대차계약서가 작성되어 있더라도 그 구분점포 전부에 관하여 위 법 2조 2항의 규정에 따라 환산한 보증금액의 합산액을 기준으로 위 법 14조에 의하여 우선변제를 받을 임차인의 범위를 판단해야 한다. 대판 2015. 10. 29, 2013다27152). 그리고 대통령령에 의하면 상가건물 가액의 2분의 1에 해당하는 금액까지만 우선변제권이 있다($^{같은 법 시행령}_{7조 2항 · 3항}$).

같은 법 시행령에 의하면, 우선변제를 받을 보증금의 범위는 서울특별시에서는 보증금(보증금과 차임이 있는 경우에는 같은 법 2조 2항에 의하여 환산한 금액의 합계. 환산금액은 현재는 월 단위 차임에 100을 곱한 액임(동법 시행령 2조 2항·3항))이 6,500만원 이하인 경우에 한하여 2,200만원까지이고, 수도권정비계획법에 따른 과밀억제권역(서울특별시는 제외한다)에서는 5,500만원 이하인 경우에 한하여 1,900만원까지이고, 광역시(수도권정비계획법에 따른 과밀억제권역에 포함된 지역과 군지역은제외한다) · 안산시 · 용인시 · 김포시 · 광주시에서는 3,800만원 이하인 경우에 한하여 1,300만원까지이고, 그 밖의 지역에서는 3,000만원 이하인 경우에 한하여 1,000만원까지이다(같은 법 시행령 6조 · 7조).

(4) 존속의 보호

[165]

당사자가 임대차의 존속기간을 정하지 않았거나 기간을 1년 미만으로 정한 경우에는, 그 기간을 1년으로 본다(같은 법 9조 1항 본문). 다만, 임차인은 1년 미만으로 정한 기간이 유효함을 주장할 수 있다(같은 법 9조 1항 단서).

임대차가 종료한 경우에도 임차인이 보증금을 돌려받을 때까지는 임대차관계는 존속하는 것으로 본다(같은 법 9조 2항).

〈판 례〉

「상가임대차법 제 9 조 제 2 항의 입법 취지, 상가건물 임대차 종료 후 의제되는 임대차관계의 법적 성격 등을 종합하면, 상가임대차법이 적용되는 임대차가 기간만료나 당사자의 합의, 해지 등으로 종료된 경우 보증금을 반환받을 때까지 임차 목적물을 계속 점유하면서 사용 · 수익한 임차인은 종전 임대차계약에서 정한 차임을 지급할 의무를 부담할 뿐이고, 시가에 따른 차임에 상응하는 부당이득금을 지급할 의무를 부담하는 것은 아니다.」(대판 2023. 11. 9, 2023다257600)

같은 법은 임차인의 계약갱신요구권과 묵시의 갱신을 규정하고 있다. ① 임대인은 임차인이 임대차기간이 만료되기 6개월 전부터 1개월 전까지 사이에 계약갱신을 요구할 경우 정당한 사유 없이 거절하지 못한다(같은 법 10조 1항 본문. 1항 단서에 8가지의 예외사유가 규정됨). 그런데 대통령령으로 정한 보증금액을 초과하는 임대차에는 「상가건물 임대차보호법」이 적용되지 않으므로(같은 법 2조 1항 단서), 그러한 임대차로서 기간을 정하지 않은 경우에는 민법 제635조 제 1 항 · 제 2 항 제 1 호에 따라 임대인이 언제든지 해지를 통고할 수 있고 임차인이 그 통고를 받은 날로부터 6개월이 지남으로써 효력이 생기며, 임대차기간이 정해져 있음을 전제로 그 기간 만료 6개월 전부터 1개월 전까지 사이에 행사하도록 규정된 임차인의 계약갱신요구권(같은 법 10조 1항)은 발생할 여지가 없다$\binom{\text{대판 2021. 12. 30,}}{\text{2021다233730}}$. 한편 임차인의 계약갱신요구권은 최초의 임대차기간을 포함한 전체 임대차기간이 10년을 초과하지 않는 범위에서만 행사할 수 있다 $\binom{\text{같은 법}}{\text{10조 2항}}\binom{\text{의무임대차기간을 5년에서 10년으로 연장한 개정규정은 그 법 시행 후 최초로 체결되거나 갱신되는 임대차에 적}}{\text{용되는데(부칙 2조), 그 임대차는 개정 상가임대차법이 시행되는 2018. 10. 16. 이후 처음으로 체결된 임대차 또}}$는 2018. 10. 16. 이전에 체결되었지만 2018. 10. 16. 이후 그 이전에 인정되던 계약 갱신 사유에 따라 갱신되는 임대차를 가리킨다고 보아야 하며, 개정 법률 시행 후에 개정 전 법률에 따른 의무임대차기간이 경과하여 임대차가 갱신되지 않고 기간만 료 등으로 종료된 경우는 이에 포함되지 않는다. 대판 2020. 11. 5, 2020다241017 $\big)$. 이 경우 갱신되는 임대차는 전 임대차와 동일한 조건으로 다시 계약된 것으로 본다. 다만, 차임과 보증금은 같은 법 제11조의 규정에 따른 범위에서 증감할 수 있다$\binom{\text{같은 법}}{\text{10조 3항}}$. ② 임대인이 같은 법 제10조 제 1 항의 기간 이내에 임차인에게 갱신거절의 통지 또는 조건변경의 통지를 하지 않은 경우에는, 그 기간이 만료된 때에 전 임대차와 동일한 조건으로 다시 임대차한 것으로 본다$\binom{\text{같은 법 10}}{\text{조 4항 1문}}$. 이 경우에 임대차의 존속기간은 1년으로 본다$\binom{\text{같은 법 10}}{\text{조 4항 2문}}$. 이것이 묵시의 갱신이다. 그런데 이 경우 임차인은 언제든지 임대인에게 계약해지의 통고를 할 수 있고, 임대인이 통고를 받은 날부터 3개월이 지나면 효력이 발생한다$\binom{\text{같은 법}}{\text{10조 5항}}$. 주의할 것은, 같은 법 제10조 제 4 항의 묵시의 갱신에는 — 임차인의 갱신요구권에 관하여 전체 임대차기간을 10년으로 제한하는 — 제10조 제 2 항의 규정이 적용되지 않는다는 점이다$\binom{\text{대판 2010. 6. 10,}}{\text{2009다64307}}$. 같은 법 제10조 제 1 항이 정하는 임차인의 계약갱신요구권은 임차인의 주도로 임대차계약의 갱신을 달성하려는 것이고, 같은 법 제10조 제 4 항이 정하는 묵시의 갱신은 임대인의 적극적인 조치를 요구하는 것으로서, 이들 두 임대차갱신제도는 그 취지와 내용을 달리하는 것이므로, 임차인의 갱신요구권$\binom{\text{같은 법}}{\text{10조 1항}}$에 적용하도록 규정되어 있는 같은 법 제10조 제 2 항은 묵시의 갱신에는 적용하지 않아야 하는 것이다. 그 결과 묵시의 갱신은 10년의 기간 제한을 받지 않게 된다. 한편 같은 법 제10조 제 4 항에 따른 임대인의 갱신거절의 통지에 같은 법 제10조 제 1 항 제 1 호 내지 제 8 호에서 정한 정당한 사유가 없는 한 그와 같은 임대인의 갱신거절의 통지의 선후와 관계없이 임차인은 같은 법 제10조 제 1 항에 따른 계약갱신요구권을 행사할 수 있고, 이러한 임차인의 계약갱신요구권의 행사로 인하여 종전 임대차는 같은 법 제10조 제 3 항에 따라 갱신된다고 할 것이다$\binom{\text{대판 2014. 4. 30,}}{\text{2013다35115}}$. 나아가 위와 같이 임차인이 계약갱신요구권을 행사한 이후 임차인과 임대인이 종전 임대차기간이 만료할 무렵 신규 임대차계약의 형식을 취한 경우에도 그것이 임차인의 계약갱신요구권 행사에 따른 갱신의 실질을 갖는다고 평가되는 한 이를 두고 종전 임대차에 관한 재계약으로 볼 것은 아니다($^{대판 2014. 4. 30,}_{2013다35115}$). ③ 판례는, 상가의 임차인이 임대차기간 만료 1개월 전부터 만료일 사이에 갱신거절의 통지를 한 경우 해당 임대차계약은 묵시적 갱신이 인정되지 않고 임대차기간의 만료일에 종료한다고 한다($^{대판 2024. 6. 27, 2023다307024. 「상가건물 임대차보호법」 10조 4항이 주임법 6조 1항}_{후문과 달리 상가의 임차인에 대하여는 기간의 제한을 두지 않았다는 이유 등을 든다}$).

〈판 례〉

「상가건물 임대차보호법($^{이하 '상가임대차}_{법'이라고 한다}$) 제10조의 8은 임대인이 차임연체를 이유로 계약을 해지할 수 있는 요건을 '차임연체액이 3기의 차임액에 달하는 때'라고 규정하였다. 반면 임대인이 임대차기간 만료를 앞두고 임차인의 계약갱신 요구를 거부할 수 있는 사유에 관해서는 '3기의 차임액에 해당하는 금액에 이르도록 차임을 연체한 사실이 있는 경우'라고 문언을 달리하여 규정하고 있다($^{상가임대차법 제10}_{조 제 1 항 제 1 호}$). 그 취지는, 임대차계약 관계는 당사자 사이의 신뢰를 기초로 하므로, 종전 임대차기간에 차임을 3기분에 달하도록 연체한 사실이 있는 경우에까지 임차인의 일방적 의사에 의하여 계약관계가 연장되는 것을 허용하지 아니한다는 것이다($^{대법원 2014. 7. 24. 선고}_{2012다58975 판결 참조}$).

위 규정들의 문언과 취지에 비추어 보면, 임대차기간 중 어느 때라도 차임이 3기분에 달하도록 연체된 사실이 있다면 그 임차인과의 계약관계 연장을 받아들여야 할 만큼의 신뢰가 깨어졌으므로 임대인은 계약갱신요구를 거절할 수 있고, 반드시 임차인이 계약갱신요구권을 행사할 당시에 3기분에 이르는 차임이 연체되어 있어야 하는 것은 아니다.」($^{대판 2021. 5. 13,}_{2020다255429}$)

같은 법 제 2 조 제 1 항 단서에 따른 보증금액을 초과하는 임대차의 계약갱신의 경우에는, 당사자는 상가건물에 관한 조세, 공과금, 주변 상가건물의 차임 및 보증금, 그 밖의 부담이나 경제사정의 변동 등을 고려하여 차임과 보증금의 증감을 청구할 수 있다($^{같은 법}_{10조의 2}$).

(5) 권리금의 인정과 보호

이 법은 종래 법적으로 인정받지 못하고 있었던 권리금을 인정하고 그것의 회수를 돕는 규정을 신설하였다. 동법의 규정내용은 다음과 같다.

권리금이란 임대차 목적물인 상가건물($^{같은 법의 적용을 받는 상가건물이어야 하나, 그 중에서}_{도 일정한 상가건물의 경우는 적용되지 않음. 같은 법}$ $^{10조}_{의 5}$)에서 영업을 하는 자 또는 영업을 하려는 자가 영업시설·비품, 거래처, 신용, 영업상의 노하우, 상가건물의 위치에 따른 영업상의 이점 등 유형·무형의 재산적 가치의 양도 또는 이용대가로서 임대인, 임차인에게 보증금과 차임 이외에 지급하는 금전 등의 대가를 말한다($^{같은 법 10}_{조의 3 1항}$). 그리고 권리금 계약이란 신규임차인이 되려는 자가 임차인에게 권리금을 지급하기로 하는 계약을 말한다(같은 법 10 조의 3 2항).

임대인은 임대차기간이 끝나기 6개월 전부터 임대차 종료 시까지 일정한 행위(신규임차인에게 권리금을 요구하는 등 같은 법 10조의 4 1항 1호-4호가 정하는 행위. 그리고 같은 조 1항 4호와 관련된 같은 조 2항의 1호-4호도 참조)를 함으로써 권리금 계약에 따라 임차인이 주선한 신규임차인이 되려는 자로부터 권리금을 지급받는 것을 방해하여서는 안 된다(같은 법 10조의 4 1항 본문)(이때 권리금 회수 방해를 인정하기 위하여 반드시 임차인과 신규임차인이 되려는 자 사이에 권리금 계약이 미리 체결되어 있어야 하는 것은 아님: 대판 2019. 7. 10, 2018다239608). 다만, 같은 법 제10조 제 1 항 각 호의 어느 하나에 해당하는 사유가 있는 경우에는 그렇지 않다(같은 법 10조의 4 1항 단서). 그런데 대법원은, 구 동법 제10조 제 2 항에 따라 최초의 임대차기간을 포함한 전체 임대차기간이 5년(현재는 10년임)을 초과하여 임차인이 계약갱신요구권을 행사할 수 없는 경우에도 임대인은 같은 법 제10조의 4 제 1 항에 따른 권리금 회수기회 보호의무를 부담한다고 한다(대판 2019. 5. 16, 2017다 225312·225329). 그리고 임대인이 같은 조 제 1 항을 위반하여 임차인에게 손해를 발생하게 한 때에는 그 손해를 배상할 책임이 있으며(대법원은, 임차인의 임차목적물 반환의무와 임대인의 권리금 회수 방해로 인한 손해배상 의무 사이에 이행상 견련관계를 인정하기 어렵다고 함: 대판 2019. 7. 10, 2018다242727), 이 경우 그 손해배상액은 신규임차인이 임차인에게 지급하기로 한 권리금과 임대차 종료 당시의 권리금 중 낮은 금액을 넘지 못한다(같은 법 10조의 4 3항). 또한 같은 조 제 3 항에 따라 임대인에게 손해배상을 청구할 권리는 임대차가 종료한 날부터 3년 이내에 행사하지 않으면 시효의 완성으로 소멸한다(같은 법 10조의 4 4항). 한편 임차인은 임대인에게 임차인이 주선한 신규임차인이 되려는 자의 보증금 및 차임을 지급할 자력 또는 그 밖에 임차인으로서의 의무를 이행할 의사 및 능력에 관하여 자신이 알고 있는 정보를 제공하여야 한다(같은 법 10조의 4 5항).

〈판 례〉

㈀「상가임대차법 관련 규정의 내용과 입법취지에 비추어 보면, 임차인이 임대인에게 권리금 회수 방해로 인한 손해배상을 구하기 위해서는 원칙적으로 임차인이 신규임차인이 되려는 자를 주선하였어야 한다. 그러나 임대인이 정당한 사유 없이 임차인이 신규임차인이 되려는 자를 주선하더라도 그와 임대차계약을 체결하지 않겠다는 의사를 확정적으로 표시하였다면 이러한 경우에까지 임차인에게 신규임차인을 주선하도록 요구하는 것은 불필요한 행위를 강요하는 결과가 되어 부당하다. 이와 같은 특별한 사정이 있다면 임차인이 실제로 신규임차인을 주선하지 않았더라도 임대인의 위와 같은 거절행위는 상가임대차법 제10조의 4 제 1 항 제 4 호에서 정한 거절행위에 해당한다고 보아야 한다. 따라서 임차인은 같은 조 제 3 항에 따라 임대인에게 권리금 회수 방해로 인한 손해배상을 청구할 수 있다.

임대인이 위와 같이 정당한 사유 없이 임차인이 주선할 신규임차인이 되려는 자와 임대차계약을 체결할 의사가 없음을 확정적으로 표시하였는지 여부는 임대차계약이 종료될 무렵 신규임차인의 주선과 관련해서 임대인과 임차인이 보인 언행과 태도, 이를 둘러싼 구체적인 사정 등을 종합적으로 살펴서 판단하여야 한다.」$\binom{\text{대판 2019. 7. 4, 2018}}{\text{다284226. 같은 취}}$ 지: 대판 2022. 8. 11, 2022다202498)

(ㄴ)「건물 내구연한 등에 따른 철거·재건축의 필요성이 객관적으로 인정되지 않거나 그 계획·단계가 구체화되지 않았음에도 임대인이 신규 임차인이 되려는 사람에게 짧은 임대 가능기간만 확정적으로 제시·고수하는 경우 또는 임대인이 신규 임차인이 되려는 사람에게 고지한 내용과 모순되는 정황이 드러나는 등의 특별한 사정이 없는 한, 임대인이 신규 임차인이 되려는 사람과 임대차계약 체결을 위한 협의 과정에서 철거·재건축 계획 및 그 시점을 고지하였다는 사정만으로는 상가임대차법 제10조의4 제 1 항 제 4 호에서 정한 '권리금 회수 방해행위'에 해당한다고 볼 수 없다. 임대차계약의 갱신에 관한 상가임대차법 제10조 제 1 항과 권리금의 회수에 관한 상가임대차법 제10조의 3, 제10조의 4의 각 규정의 내용·취지가 같지 아니한 이상, 후자의 규정이 적용되는 임대인의 고지 내용에 상가임대차법 제10조 제 1 항 제 7 호 각 목의 요건이 충족되지 않더라도 마찬가지이다.」$\binom{\text{대판 2022. 8. 11,}}{\text{2022다202498}}$

(ㄷ)「구 상가임대차법$\binom{2018. 10. 16. \text{ 개정되}}{\text{기 전의 것: 저자 주}}$ 제10조의 4 제 2 항 제 3 호$\binom{\text{이하 '이 사건}}{\text{조항'이라 한다}}$에서 정하는 "임대차 목적물인 상가건물을 1년 6개월 이상 영리목적으로 사용하지 아니한 경우"는 임대인이 임대차 종료 후 임대차 목적물인 상가건물을 1년 6개월 이상 영리목적으로 사용하지 아니하는 경우를 의미하고, 이 사건 조항에 따른 정당한 사유가 있다고 보기 위해서는 임대인이 임대차 종료 시 그러한 사유를 들어 임차인이 주선한 자와 신규 임대차계약 체결을 거절하고, 실제로도 1년 6개월 동안 상가건물을 영리목적으로 사용하지 않아야 한다. 그렇지 않고 임대인이 다른 사유로 신규 임대차계약 체결을 거절한 후 사후적으로 1년 6개월 동안 상가건물을 영리목적으로 사용하지 않았다는 사정만으로는 이 사건 조항에 따른 정당한 사유로 인정할 수 없다.」$\binom{\text{대판 2021. 11. 25,}}{\text{2019다285257}}$

(ㄹ)「이때$\binom{\text{위 (ㄷ)판결 제 1 문의 경}}{\text{우를 가리킴: 저자 주}}$ 종전 소유자인 임대인이 임대차 종료 후 상가건물을 영리목적으로 사용하지 아니한 기간이 1년 6개월에 미치지 못하는 사이에 상가건물의 소유권이 변동되었더라도, 임대인이 상가건물을 영리목적으로 사용하지 않는 상태가 새로운 소유자의 소유기간에도 계속하여 그대로 유지될 것을 전제로 처분하고, 실제 새로운 소유자가 그 기간 중에 상가건물을 영리목적으로 사용하지 않으며, 임대인과 새로운 소유자의 비영리 사용기간을 합쳐서 1년 6개월 이상이 되는 경우라면, 임대인에게 임차인의 권리금을 가로챌 의도가 있었다고 보기 어려우므로, 그러한 임대인에 대하여는 이 사건 조항에 의한 정당한 사유를 인정할 수 있다.」$\binom{\text{대판 2022. 1. 14,}}{\text{2021다272346}}$

(ㅁ)「임대인의 권리금 회수기회 방해로 인한 손해배상책임은 상가임대차법이 그

요건, 배상범위 및 소멸시효를 특별히 규정한 법정책임이고, 그 손해배상채무는 임대차가 종료한 날에 이행기가 도래하여 그다음 날부터 지체책임이 발생하는 것으로 보아야 한다.」($\binom{대판\ 2023.\ 2.\ 2,}{2022다260586}$)

(6) 차임지급의 연체와 해제

임차인의 차임연체액이 3기의 차임액에 달하는 때에는 임대인은 계약을 해지할 수 있다($\binom{같은\ 법}{10조의\ 8}$)($\binom{상가건물의\ 임차인이\ 갱신\ 전부터\ 차임을\ 연체하기\ 시작하여\ 갱신\ 후에\ 차임연체액이\ 3기의}{차임액에\ 이른\ 경우에도\ 임대차계약의\ 해지사유인\ 「차임연체액이\ 3기의\ 차임액에\ 달하는}$때」에 해당함. 대판 2014. 7. 24, 2012다28486). 이는 민법 제640조와 유사한 규정을 신설한 것이다.

〈계약 갱신요구 등에 관한 임시 특례 규정〉

동법은 임시 특례규정으로, 2020. 9. 29. 개정법률의 시행일부터 6개월까지의 기간 동안 연체한 차임액은 같은 법 제10조 제 1 항 제 1 호, 제10조의 4 제 1 항 단서 및 제10조의 8의 적용에 있어서는 차임연체액으로 보지 않으며, 이 경우 연체한 차임액에 대한 임대인의 그 밖의 권리는 영향을 받지 않는다는 규정을 두었다($\binom{같은\ 법}{10조의\ 9}$). 한편 판례는 이 특례기간 차임의 변제충당과 관련하여, 임차인의 변제제공이 특례기간을 포함하여 그 전후의 연체 차임액 전부에 미치지 못하는 경우에는, 합의충당이나 임차인의 지정변제충당($\binom{476조}{1항}$) 등의 특별한 사정이 없는 이상 변제기가 도래하지 않은 차임에 먼저 충당된다고 볼 수 없으므로, 제477조의 법정변제충당이 적용된다고 한 뒤, 따라서 변제제공 시점에 이미 이행기가 도래한 연체 차임의 변제에 먼저 충당되고($\binom{477조}{1호}$), 그중 「특례기간의 연체 차임」은 상대적으로 변제이익이 적은 경우에 해당되므로, 이행기가 도래한 다른 연체 차임보다 후순위로 충당된다($\binom{477조}{2호}$)고 한다($\binom{대판}{2023.\ 4.}$13, 2022 다309337).

(7) 차임 등의 증감청구권

약정한 차임 또는 보증금이 임차건물에 관한 조세, 공과금, 그 밖의 부담의 증감이나 「감염병의 예방 및 관리에 관한 법률」 제 2 조 제 2 호에 따른 제 1 급감염병 등에 의한 경제사정의 변동으로 인하여 상당하지 않게 된 때에는 당사자는 장래의 차임 또는 보증금에 대하여 증감을 청구할 수 있다($\binom{같은\ 법\ 11조}{1항\ 본문}$). 그러나 차임 또는 보증금의 증액청구는 청구 당시의 차임 또는 보증금의 100분의 5의 금액을 초과하지 못하고($\binom{같은\ 법\ 11조\ 1항\ 단서,}{같은\ 법\ 시행령\ 4조}$), 임대차계약 또는 약정한 차임 등의 증액이 있은 후 1년 이내에는 하지 못한다($\binom{같은\ 법}{11조\ 2항}$). 그리고 「감염병의 예방 및 관리에 관한 법률」 제 2 조 제 2 호에 따른 제 1 급감염병에 의한 경제사정의 변동으로 차임 등이 감액된 후 임대인이 제 1 항에 따라 증액을 청구하는 경우에는 증액된 차임 등이 감액 전 차임 등의 금액에 달할 때까지는 같은 항 단서를 적용하지 않는다 ($\substack{같은 법 \\ 11조 3항}$). 그런데 같은 법 제11조는 임대차계약의 존속 중 당사자 일방이 약정한 차임 등의 증감을 청구한 경우에 한하여 적용되고, 임대차계약이 종료한 후 재계약을 하거나 임대차계약 종료 전이라도 당사자의 합의로 차임 등을 증액하는 경우에는 적용되지 않는다($\substack{대판 2014. 2. 13, 2013다80481; \\ 대판 2014. 4. 30, 2013다35115}$). 이러한 해석은 주택임대차의 경우에도 동일하게 하고 있다($\substack{[157] \\ 참조}$).

(8) 폐업으로 인한 임차인의 해지권

임차인은「감염병의 예방 및 관리에 관한 법률」제49조 제 1 항 제 2 호에 따른 집합제한 또는 금지조치($\substack{같은 항 2호의 2에 따라 운영 \\ 시간을 제한한 조치를 포함함}$)를 총 3개월 이상 받음으로써 발생한 경제사정의 중대한 변동으로 폐업한 경우에는 임대차계약을 해지할 수 있다($\substack{같은 법 11 \\ 조의 2 1항}$). 그리고 제 1 항에 따른 해지는 임대인이 계약해지의 통고를 받은 날부터 3개월이 지나면 효력이 발생한다($\substack{같은 법 11 \\ 조의 2 2항}$).

(9) 상가건물임대차 분쟁조정위원회

이 법의 적용을 받는 상가건물임대차와 관련된 분쟁을 심의·조정하기 위하여 대통령령으로 정하는 바에 따라 법률구조법 제 8 조에 따른 대한법률구조공단의 지부 또는 다른 곳에 상가건물임대차 분쟁조정위원회($\substack{조정위 \\ 원회}$)를 두며, 특별시·광역시·특별자치시·도 및 특별자치도는 그 지방자치단체의 실정을 고려하여 조정위원회를 둘 수 있다($\substack{동법 20 \\ 조 1항}$). 조정위원회에 대하여는 이 법에 규정한 사항 외에는 주택임대차 분쟁조정위원회에 관한 주임법 제14조부터 제29조까지의 규정을 준용한다($\substack{동법 \\ 21조}$).

〈판 례〉

㈀「상가건물 임대차보호법」제 3 조 제 1 항에서 건물의 인도와 더불어 대항력의 요건으로 규정하고 있는 사업자등록은 거래의 안전을 위하여 임차권의 존재를 제 3 자가 명백히 인식할 수 있게 하는 공시방법으로 마련된 것이다. 따라서 사업자등록이 어떤 임대차를 공시하는 효력이 있는지 여부는 일반 사회통념상 그 사업자등록으로 당해 임대차건물에 사업장을 임차한 사업자가 존재하고 있다고 인식할 수 있는지 여부에 따라 판단하여야 한다.

한편「상가건물 임대차보호법」제 4 조와 그 시행령 제 3 조 및「부가가치세법」제 5 조와 그 시행령 제 7 조($\substack{소득세법 및 법인세법상 \\ 의 사업자등록에 준용}$)에 의하면, 사업자가 상가건물의 일부분을 임차하는 경우에는 사업자등록신청서에 해당 부분의 도면을 첨부하여야 하고,

이해관계인은 임대차의 목적이 건물의 일부분인 경우 그 부분 도면의 열람 또는 제공을 요청할 수 있도록 하고 있으므로, 건물의 일부분을 임차한 경우 그 사업자등록이 제 3 자에 대한 관계에서 유효한 임대차의 공시방법이 되기 위해서는 특별한 사정이 없는 한 사업자등록신청시 그 임차 부분을 표시한 도면을 첨부하여야 할 것이다(대법원 2008. 9. 25. 선고 2008다44238 판결 참조).

다만 앞서 본 사업자등록이 상가건물 임대차에 있어서 공시방법으로 마련된 취지에 비추어 볼 때, 상가건물의 일부분을 임차한 사업자가 사업자등록시 임차 부분을 표시한 도면을 첨부하지는 않았지만, 예컨대 상가건물의 특정 층 전부 또는 명확하게 구분되어 있는 특정 호실 전부를 임차한 후 이를 제 3 자가 명백히 인식할 수 있을 정도로 사업자등록사항에 표시한 경우, 또는 그 현황이나 위치, 용도 등의 기재로 말미암아 도면이 첨부된 경우에 준할 정도로 임차 부분이 명백히 구분됨으로써 당해 사업자의 임차 부분이 어디인지를 객관적으로 명백히 인식할 수 있을 정도로 표시한 경우와 같이 일반 사회통념상 그 사업자등록이 도면 없이도 제 3 자가 해당 임차인이 임차한 부분을 구분하여 인식할 수 있을 정도로 특정이 되어 있다고 볼 수 있는 경우에는 그 사업자등록을 제 3 자에 대한 관계에서 유효한 임대차의 공시방법으로 볼 수 있다고 할 것이다.」(대판 2011. 11. 24, 2010다56678. 첫째 단락에 대하여 같은 취지: 대판 2016. 6. 9, 2013다215676)

(ㄴ) 「사업자등록신청서에 첨부한 임대차계약서와 등록사항현황서(이하 '등록사항현황서 등'이라 한다)에 기재되어 공시된 임대차보증금 및 차임에 따라 환산된 보증금액이 구 상가임대차법의 적용대상이 되기 위한 보증금액 한도를 초과하는 경우에는, 실제 임대차계약의 내용에 따라 환산된 보증금액이 위와 같은 기준을 충족하는 것이더라도, 임차인은 구 상가임대차법에 따른 대항력을 주장할 수 없다고 할 것이다.

이러한 법리는 임대차계약이 변경되거나 갱신되었는데 임차인이 사업자등록정정신고를 하지 아니하여 등록사항현황서 등에 기재되어 공시된 내용과 실제 임대차계약의 내용이 불일치하게 된 경우에도 마찬가지로 적용된다.」(대판 2016. 6. 9, 2013다215676)

(ㄷ) 「상가건물의 임차인이 임대차 보증금반환채권에 대하여 상가건물 임대차보호법 제 3 조 제 1 항 소정의 대항력 또는 같은 법 제 5 조 제 2 항 소정의 우선변제권을 가지려면 임대차의 목적인 상가건물의 인도 및 부가가치세법 등에 의한 사업자등록을 구비하고, 관할세무서장으로부터 확정일자를 받아야 하며, 그 중 사업자등록은 대항력 또는 우선변제권의 취득요건일 뿐만 아니라 존속요건이기도 하므로, 배당요구의 종기까지 존속하고 있어야 한다.

그런데 신규로 사업을 개시한 자가 휴업 또는 폐업하거나 사업개시일 전에 등록한 자가 사실상 사업을 개시하지 아니하게 되는 때에는 지체없이 관할세무서장에게 신고하여야 하고, 사업자가 폐업하거나 사업개시일 전에 등록한 자 그 후 사실상 사업을 개시하지 아니하게 되는 때에는 사업장 관할세무서장은 지체없이 그 등록을 말소하여야 한다고 규정하고 있는 부가가치세법 제 5 조 제 4 항, 제 5 항의 규정 취지에 비추어 보면, 상가건물을 임차하고 사업자등록을 마친 사업자가 임차 건물의 전대차 등으로 당해 사업을 개시하지 않거나 사실상 폐업한 경우에는 그 사업자등록은 부가 가치세법 및 상가건물 임대차보호법이 상가임대차의 공시방법으로 요구하는 적법한 사업자등록이라고 볼 수 없고, 이 경우 임차인이 상가건물 임대차보호법상의 대항력 및 우선변제권을 유지하기 위해서는 건물을 직접점유하면서 사업을 운영하는 전차인 이 그 명의로 사업자등록을 하여야 할 것이다.」$\binom{\text{대판 2006. 1. 13,}}{2005다64002}$

(ㄹ)「소유권이전등기 청구권을 보전하기 위하여 가등기를 경료한 자가 그 가등기에 기하여 본등기를 경료한 경우에 가등기의 순위보전의 효력에 의하여 중간처분이 실 효되는 효과를 가져오므로, 가등기가 경료된 후 비로소 상가건물 임대차보호법 소정 의 대항력을 취득한 상가건물의 임차인으로서는 그 가등기에 기하여 본등기를 경료 한 자에 대하여 임대차의 효력으로써 대항할 수 없다.」$\binom{\text{대판 2007. 6. 28,}}{2007다25599}$

제 7 절 고 용

I. 서 설 [166]

1. 의의·법적 성질

(1) 의 의

고용은 당사자 일방(노무자)이 상대방(사용자)에 대하여 노무를 제공할 것을 약정하고, 상대방이 이에 대하여 보수를 지급할 것을 약정함으로써 성립하는 계 약이다($\frac{655}{\text{조}}$). 고용은 사람의 노동력의 이용을 목적으로 하는 계약(노무공급계약)에 속하는데, 그러한 계약에는 고용 외에도 도급·현상광고·위임·임치가 있다. 그 런데 도급은 일의 완성($\frac{\text{건축·}}{\text{수리 등}}$)을 목적으로 하는 점에서, 현상광고는 광고자의 광 고에 응하여 스스로의 판단과 위험 하에 지정행위를 완료하는 점에서, 위임은 위 임인이 신뢰를 바탕으로 맡긴 사무($\frac{\text{소송사건의 처리·환자의}}{\text{치료·특정 재산의 관리 등}}$)를 자주적으로 처리하는 점 에서, 임치는 타인의 물건을 보관한다는 특수한 노무를 목적으로 하는 점에서 각 기 특성이 있으며, 이들은 모두 노무의 공급 그 자체를 목적으로 하는 고용과는 구별된다. 그러나 어떤 구체적인 경우가 위임·도급·고용 중 어느 것인지 구별 하기 어려운 때도 있다.

판례에 의하면 사립학교 교원의 임용을 위한 계약은 고용계약이라고 한다
$\left(\begin{smallmatrix}\text{대판 1994. 8. 26, 94다15479; 대판1996. 7. 30, 95다11689;}\\\text{대판 1997. 12. 23, 97다25477; 대판 2000. 12. 22, 99다55571}\end{smallmatrix}\right)$.

(2) 사회적 작용

사람이 생존하려면 재화나 용역을 구입하여야 하고, 그러기 위하여서는 금전이 필요하게 된다. 고용은 이러한 금전 마련을 할 수 있게 하는 대표적인 법적 수단이다. 그런 점에서 고용은 커다란 작용을 하는 것이나, 오늘날에는 노동법의 등장으로 민법의 고용에 관한 규정은 그 적용범위가 한정되어 있어서 의미가 크지 않다.

(3) 법적 성질

고용은 낙성·쌍무·유상·불요식의 계약이다$\left(\begin{smallmatrix}655\\\text{조}\end{smallmatrix}\right)$.

[167]　## 2. 고용과 근로계약

(1) 근대민법에서의 고용

사적 자치를 기본원리로 하는 근대민법은 노무제공관계를 하나의 채권관계로 규율하면서 그 내용을 각자가 자유롭게 정할 수 있도록 하였다. 그것이 바로 고용계약이다. 이러한 점은 우리 민법에서도 같다.

(2) 노동법의 등장·발달과 근로계약

산업혁명 이래 경제가 크게 발전하면서 고용계약의 당사자인 노무자와 사용자(기업)는 경제력에 있어서 비교할 수 없을 정도로 차이를 보이게 되었다. 그리고 기계에 의한 대량생산이 이루어지면서 무수한 실업자가 생겨났다. 그 결과 고용계약의 당사자에게 보장된 계약의 자유는 생존의 위협 앞에서 의미를 잃었으며, 계약내용은 사용자가 일방적으로 결정하기에 이르렀다. 그러자 노동력을 착취당하던 노동자들은 폭동 등을 일으켰고, 그 뒤에는 합리적인 노동운동을 전개하였다. 이에 대하여 근대국가들은 초기에는 이를 금지하려고 하였다. 그러나 그것이 자칫 자본주의 자체를 붕괴시킬 우려가 있고, 또 모든 사람이 사람답게 생존하여야 한다는 사상이 주장되면서 노동자의 권익을 증진하는 쪽으로 방향을 잡았다. 그리하여 노동자들의 단체활동을 허용·권장하고, 고용계약을 체결함에 있어서 사용자의 자유를 부분적으로 제한하였다. 이러한 내용의 입법을 통틀어 노동법이라고 한다. 그리고 노동법에서 노동법 원리에 의하여 규율하는 노무이

용계약을 근로계약이라고 한다. 이 근로계약은 민법상의 고용계약의 특수한 것이다.

우리나라는 경제발달과정이 서양과는 다르지만 입법상황은 유사하다. 즉 민법상의 고용은 근대민법의 수준에 머물러 있으며, 노동법규들이 제정되어 있다. 근로기준법·최저임금법·「기간제 및 단시간 근로자 보호 등에 관한 법률」·「근로자퇴직급여 보장법」·「노동조합 및 노동관계조정법」·「근로자 참여 및 협력증진에 관한 법률」 등이 그 예이다.

(3) 고용과 근로계약의 관계

민법이 규율하는 고용계약과 노동법이 규율하는 근로계약이 본질에 있어서 동일한가에 관하여는 다툼이 있다. 그러나 이들은 모두 노무제공자(노무자·근로자)가 종속적인 지위에서 노무를 제공한다는 점에서 본질상 동일하다고 할 것이다(같은 취지: 곽윤직, 238면; 이은영, 498면. 그러나 김형배, 563면은 근로계약은 종속상태에서 노무를 제공하는 것이지만 고용은 제한이 없다고 한다. 이는 위임을 무상으로 규정하는 독일법 하의 이론의 영향인 것으로 보인다). 이와 같이 근로계약은 본질상 고용계약과 같으나, 노동법에 의하여 규율되고 있는 것이다. 특히 근로기준법은 해고 등의 제한(같은 법 23조·24조)·퇴직급여제도(같은 법 34조. 「근로자퇴직급여 보장법」도 참조)·임금(같은 법 43조 이하)·근로시간과 휴식(같은 법 50조 이하) 등 근로계약의 주요내용에 관하여 규정을 두고, 거기에서 정한 기준에 미치지 못하는 근로조건을 정한 근로계약은 그 부분에 한하여 무효라고 하고(같은 법 15조 1항), 무효로 된 부분은 그 법에 정한 기준에 의한다고 한다(같은 법 15조 2항). 그리고 최근에 제정된(2006. 12. 21. 공포, 2007. 7. 1. 시행) 「기간제 및 단시간 근로자 보호 등에 관한 법률」은, 사용자는 원칙적으로 2년을 초과하지 않는 범위 안에서 기간제근로자를 사용할 수 있도록 하고(같은 법 4조 1항), 2년을 초과하여 기간제근로자를 사용하는 경우에는 그 기간제근로자는 기간의 정함이 없는 근로계약을 체결한 것으로 본다(같은 법 4조 2항). 사적 자치가 인정되는 고용계약과 현저하게 다른 점들이다. 이러한 근로계약에 대하여는 근로기준법과 같은 노동법이 우선적으로 적용된다. 따라서 민법의 고용에 관한 규정은 노동법에 규정이 없는 사항에 대하여만 보충적으로 적용될 뿐이다. 한편 근로기준법은 그 법의 적용범위를 제한하고 있다. 그 법은 「상시(常時) 5명 이상의 근로자를 사용하는 모든 사업 또는 사업장」에 적용하되, 동거의 친족만을 사용하는 사업 또는 사업장과 가사사용인에 대하여는 적용하지 않는다(같은 법 11조 1항). 그리고 「상시(常時) 4명 이하의 근로자를 사용하는 사업 또는 사업장」에 대하여는 대통령령이 정하는 바에 따라 그 법의 일부규정을 적용할 수 있다(같은 법 11조 2항,
같은 법 시행령 7조). 이들을 종합하여 보면, 동거의 친족만을 사용하는 사업 또는 사업장과 가사사용인(예: 가정부··
별장지기)에 대하여는 민법의 고용에 관한 규정만이 적용되고, 상시 4명 이하의 근로자를 사용하는 사업 또는 사업장에 대하여는 근로기준법의 일부규정만 적용되어 그 외에서만 민법이 적용되고 (판례도 같은 입장에서, 상시 4인 이하의 근로자를 사용하는 사업 또는 사업장의 사용자가 근로자와 기간을 정함이 없는 근
로계약을 체결한 경우에는 근기법 30조 1항이 적용되지 않고 민법 660조 1항이 적용되며, 민법의 그 규정은 임의규정이므
로 당사자가 해고제한의 특약을 하였으면 그 특약에
따를 것이라고 한다. 대판 2008. 3. 14, 2007다1418), 상시 5명 이상의 근로자를 사용하는 사업 또는 사업장에 대하여는 근로기준법이 모두 적용되어 민법은 규정이 없는 사항에 대하여만 보충적으로 적용된다.

[168] ## Ⅱ. 고용의 성립

1. 성립요건

고용은 낙성계약이므로 당사자의 합의만 있으면 성립한다. 그 합의는 적어도 노무자의 노무제공과 사용자의 보수지급에 관하여 행하여져야 한다. 다만, 보수지급(고용의 본질적
구성부분임)에 관하여는 약정이 없어도 민법이 이를 보충하여 준다(656
조). 이 점은 다른 전형계약과 다른 점이다.

(1) 노무의 종류에는 제한이 없다. 따라서 육체적인 것 외에 정신적인 것이라도 무방하다. 그리고 노무는 노무자가 직접 제공하여야 한다. 타인으로 하여금 제공하게 하는 것은 고용이 아니다. 또한 노무자는 종속적인 지위에 있어야 한다 (같은 취지: 곽윤직, 239면.
반대 견해: 김형배, 558면).

(2) 보수지급에 관한 합의는 반드시 명시적으로 할 필요가 없고 묵시적으로도 할 수 있다. 그리고 관행이나 사회통념에 비추어 노무의 제공에 보수를 수반하는 것이 보통인 경우에는 당사자 사이에 보수에 관한 묵시적 합의가 있었다고 보아야 하며, 그때에는 보수의 종류와 범위 등은 관행 등에 의하여 결정하여야 할 것이다(대판 1999. 7. 9,
97다58767).

보수의 종류에 관하여는 민법상 제한이 없다(근로계약의 경우는 통화로
지급해야 함. 근기법 43조). 따라서 금전에 한하지 않으며 그 밖의 물건의 급부나 기술의 전수라도 무방하다. 또한 제 3 자로부터 팁을 받을 수 있는 기회를 주는 것도 상관없다. 그런가 하면 보수를 정하는 기준에 대하여도 민법에는 제한이 없다(근로계약은 최저임금
법의 제한을 받는다).

(3) 고용의 당사자의 최저연령이나 자격에 대하여 민법에는 제한이 없다. 그러나 근로계약의 경우에는 제한이 있다(근기법 64조·65조·67조 등 참조).

2. 고용이 무효·취소된 경우 소급효 제한

고용계약에 있어서 노무가 제공된 후에 계약이 무효임이 드러나거나 취소된 경우에는, 계약관계는 장래에 향하여서만 효력을 잃는다고 하여야 한다(근로계약 취소의 경우에 관하여 같은 취지: 대판 2017. 12. 22, 2013다25194·25200). 민법의 입법자가 계속적 채권관계의 특징을 충분하게 파악하지 못하고 규율하였고 또 소급하여 무효로 된다고 하면 제한능력자를 보호할 수도 없기 때문이다. 그렇다고 하여 이러한 결과를 굳이 사실적 계약관계(참조[29])를 인정하는 방법으로 도출할 필요는 없다(반대 견해: 곽윤직, 241면).

Ⅲ. 고용의 효력

[169]

1. 노무자의 의무

(1) 노무제공의무

노무자는 계약에서 정한 대로(약정하지 않은 때에는 관습에 의하여 정해짐. 106조 참조) 노무를 제공하여야 한다. 노무자는 약정된 노무를 제공하면 되므로, 사용자가 노무자에 대하여 약정하지 않은 노무의 제공을 요구한 때에는, 노무자는 계약을 해지할 수 있다(658조1항). 한편 약정한 노무가 특수한 기능을 요하는 경우에, 노무자가 그 기능이 없는 때에는, 사용자는 계약을 해지할 수 있다(658조2항).

노무자는 원칙적으로 자신이 노무를 급부하여야 한다(노무제공의무의 일신전속성). 따라서 노무자는 사용자의 동의 없이 제 3 자로 하여금 자기에 갈음하여 노무를 제공하게 하지 못하며(657조2항), 노무자가 이를 위반한 때에는 사용자는 계약을 해지할 수 있다(657조3항). 그리고 사용자도 노무자의 동의 없이 그의 노무청구권을 제 3 자에게 양도하지 못하며(657조1항), 사용자가 이를 위반한 때에는 노무자는 계약을 해지할 수 있다(657조3항).

고용의 경우에 노무자가 제공하는 노무를 어떤 목적으로 어떻게 이용할 것인지는 사용자의 자유이다. 따라서 노무자는 자주성이 없이 종속적 지위에 놓이게 되며, 사용자는 지휘·명령권을 갖는다. 노무자는 사용자의 지시에 따라 노무

를 제공하여야 하며(지휘·명령이 사회질서에 반하거나 공법적), 노무자가 이를 어긴 때에는
채무불이행책임과 — 특약이 있는 경우에는 — 징계처분을 받게 된다.

　　노무자는 특약이 없더라도「선량한 관리자의 주의」를 가지고 노무를 제공하
여야 한다.

〈판 례〉

　　「기업이 경력 있는 전문 인력을 채용하기 위한 방법으로 근로계약 등을 체결하면
서 일회성의 인센티브 명목으로 지급하는 이른바 사이닝보너스(singing bonus)가 이
직에 따른 보상이나 근로계약 등의 체결에 대한 대가로서의 성격만 가지는지, 더 나
아가 의무근무기간 동안의 이직금지 내지 전속근무 약속에 대한 대가 및 임금 선급
으로서의 성격도 함께 가지는지는 해당 계약이 체결된 동기 및 경위, 당사자가 계약
에 의하여 달성하려고 하는 목적과 진정한 의사, 계약서에 특정 기간 동안의 전속근
무를 조건으로 사이닝보너스를 지급한다거나 그 기간의 중간에 퇴직하거나 이직할
경우 이를 반환한다는 등의 문언이 기재되어 있는지 및 거래의 관행 등을 종합적으
로 고려하여 판단하여야 할 것이다. 만약 해당 사이닝보너스가 이직에 따른 보상이
나 근로계약 등의 체결에 대한 대가로서의 성격에 그칠 뿐이라면 계약 당사자 사이
에 근로계약 등이 실제로 체결된 이상 근로자 등이 약정근무기간을 준수하지 아니하
였더라도 사이닝보너스가 예정하는 대가적 관계에 있는 반대급부는 이행된 것으로
볼 수 있을 것이다.」(대판 2015. 6. 11, 2012다55518)

(2) 성실의무(충실의무)

　　신의칙에 기하여 노무자는 노무제공의무를 비롯하여 그가 부담하는 여러 의
무를 성실하게 이행하여야 하며, 그 결과로 사용자에게 불이익을 주지 않아야 할
의무(예: 업무상 비밀준수, 각종 물자나 전기)가 있다(통설도 같음. 곽윤직, 244면; 김상용, 339면; 김주수, 359면. 김형배, 587면도 참조). 이는「기타
의 행위의무」(채권법총론 [29] 참조)에 해당하는 것이다.

2. 사용자의 의무

(1) 보수지급의무

　　사용자는 보수지급의무가 있다. 보수의 종류와 액수는 당사자의 계약으로
정하여지나, 약정이 없으면 관습으로 정하여진다(656조 1항). 보수액의 산출방법(시간제·도급제, 주급·월급·연급 등)도 제한이 없다.

　　보수는 약정한 시기에 지급하여야 하며, 약정이 없으면 관습에 의하고, 관습

이 없으면 약정한 노무를 종료한 후 지체없이 지급하여야 한다($\frac{656조}{2항}$). 그리하여 특약이나 관습이 없으면 후급(後給)으로 된다.

(2) 안전배려의무

신의칙에 기하여 노무자가 사용자에 대하여 성실의무를 부담하는 데 대응하여, 사용자는 노무자가 노무를 제공하는 과정에서 노무자의 생명·신체·건강의 안전을 배려할 의무가 있다. 통설($\binom{김상용, 343면; 김형배, 596면; 이은영, 503면. 곽윤직, 245면; 김주수,}{368면은 이를 보호의무라고 표현하나, 안전배려의무와 보호의무는 구별}$ 된다. 채권법 총론 [84] 참조)·판례($\binom{대판 1997. 4. 25, 96다53086; 대판1998. 2. 10, 95다39533; 대판 1999. 2. 23, 97다12082;}{대판 2000. 5. 16, 99다47129; 대판 2001. 7. 27, 99다56734. 판례도 보호의무라고 한다}$)도 같다. 이 의무 역시 「기타의 행위의무」에 속한다.

Ⅳ. 고용의 종료 [170]

고용은 계약기간의 만료, 당사자의 합의, 계약종료의 일반적인 원인 등으로 종료되나, 민법은 그 밖에 일정한 경우에 해지통고나 해지를 할 수 있도록 하고 있다. 몇 가지 종료원인을 살펴보기로 한다.

1. 고용기간의 만료

당사자가 고용기간을 정한 경우에는, 그 기간의 만료로 고용은 종료한다. 그러나 고용기간이 만료한 후 노무자가 계속하여 그 노무를 제공하는 경우에, 사용자가 상당한 기간 내에 이의를 하지 않은 때($\binom{대판 1998. 11. 27, 97누14132는 사용자가 2개월간}{이의하지 않은 경우에 묵시의 갱신을 인정하였다}$)에는, 전 고용과 동일한 조건으로 다시 고용한 것으로 본다($\frac{662조 1}{항 본문}$). 다만, 고용기간은 정하지 않은 것으로 되며($\binom{그러나 대판 1986. 2. 25, 85다카2096은 연장계약기간도 이전의 계약에서와 같}{이 되었다고 보아야 하며, 이에 반하는 주장을 하는 경우 그 주장자에게 증명책}{임이 있다}$고 한다), 당사자는 제660조에 의하여 해지의 통고를 할 수 있다($\frac{662조 1}{항 단서}$). 이러한 묵시의 갱신이 있는 경우에는 전 고용에 대하여 제 3 자가 제공한 담보는 기간의 만료로 인하여 소멸한다($\frac{662조}{2항}$).

2. 해지의 통고

고용기간의 약정이 없는 때에는, 당사자는 언제든지 계약해지의 통고를 할 수 있다($\frac{660조}{1항}$). 이 해지통고가 있으면 상대방이 해지의 통고를 받은 날로부터 1개월이 경과한 때에 해지의 효력이 생긴다($\frac{660조}{2항}$). 그러나 기간으로 보수를 정한 경우에는 상대방이 해지의 통고를 받은 당기 후의 1기를 경과한 때에 해지의 효력이 생긴다$\binom{660조}{3항}$.

고용의 약정기간이 3년을 넘거나 당사자의 일방 또는 제 3 자의 종신까지로 된 때에는, 각 당사자는 3년을 경과한 후 언제든지 계약해지의 통고를 할 수 있다$\binom{659조}{1항}$. 이 경우에는 상대방이 해지의 통고를 받은 날로부터 3개월이 경과한 때에 해지의 효력이 생긴다$\binom{659조}{2항}$.

3. 해　지

고용기간의 약정이 있는 경우에도 부득이한 사유가 있는 때에는, 각 당사자는 계약을 해지할 수 있다$\binom{661조}{본문}$. 그러나 그 사유가 당사자 일방의 과실로 인하여 생긴 때에는, 상대방에 대하여 손해를 배상하여야 한다$\binom{661조}{단서}$.

〈판　례〉

「민법 제661조 소정의 '부득이한 사유'라 함은 고용계약을 계속하여 존속시켜 그 이행을 강제하는 것이 사회통념상 불가능한 경우를 말하고, 고용은 계속적 계약으로 당사자 사이의 특별한 신뢰관계를 전제로 하므로 고용관계를 계속하여 유지하는 데 필요한 신뢰관계를 파괴하거나 해치는 사실도 부득이한 사유에 포함되며, 따라서 고용계약상 의무의 중대한 위반이 있는 경우에도 부득이한 사유에 포함된다.」 $\binom{대판\ 2004.\ 2.\ 27,}{2003다51675}$

사용자가 파산선고를 받은 경우에는, 고용기간의 약정이 있는 때에도, 노무자 또는 파산관재인은 계약을 해지할 수 있다$\binom{663조}{1항}$. 이 경우에는 각 당사자는 계약해지로 인한 손해의 배상을 청구하지 못한다$\binom{663조}{2항}$.

제657조 · 제658조에 의하여 사용자나 노무자가 계약을 해지할 수 있는데, 그에 관하여는 앞에서 설명하였다$\binom{[169]}{참조}$.

4. 노무자의 사망

노무자가 사망하면 고용은 종료한다. 그러나 사용자가 사망하면 원칙적으로 고용은 종료하지 않는다. 다만, 사용자의 개성에 중점이 두어져 있는 경우$\binom{예:\ 사용}{자를\ 간호}$ $\binom{하는\ 내용}{의\ 고용}$에는 예외이다.

제 8 절 도   급

I. 서   설

1. 도급의 의의 및 사회적 작용

도급은 당사자 일방(수급인)이 어떤 일을 완성할 것을 약정하고, 상대방(도급인)이 그 일의 결과에 대하여 보수를 지급할 것을 약정함으로써 성립하는 계약이다($\frac{664}{조}$). 도급도 고용처럼 노무공급계약에 해당하나 「일의 완성」을 목적으로 하는 데에 특색이 있다.

오늘날 도급은 각종의 건설공사나 선박의 건조 등에 많이 이용될 뿐만 아니라 운송·출판·연구의뢰 등에도 이용되고 있다.

2. 도급의 법적 성질

(1) 일반적인 도급의 경우

도급은 낙성·쌍무·유상·불요식의 계약이다. 건설산업기본법은 건설공사의 도급계약의 당사자는 계약의 체결에 있어서 일정한 사항을 서면으로 명시하도록 하고 있다($\frac{같은 법}{22조 2항}$). 그러나 이는 중요한 사항에 관하여 이를 명백히 하여 당사자 사이의 다툼을 예방하려는 취지의 것이며, 도급계약을 요식행위로 하려는 것은 아니다($\frac{이설}{없음}$). 따라서 서면에 의하지 않은 건설공사의 도급계약도 유효하다.

(2) 제작물 공급계약

제작물 공급계약은 당사자 일방(제작자)이 상대방(주문자)의 주문에 따라서 전적으로 또는 주로 자기의 재료를 사용하여 제작한 물건을 공급하기로 하고, 이에 대하여 상대방이 보수를 지급하기로 하는 계약이다. 주문을 받아 가구, 특정인에 맞는 양복, 특별한 설계에 따른 기계를 제작해주는 경우가 그 예이다. 제작물 공급계약에는 「물건의 제작」($\frac{도급에서의 일의}{완성에 해당함}$)과 「제작된 물건의 공급」($\frac{매매의}{성질}$)의 요소가 있기 때문에 그 성질에 관하여 논란이 되고 있다. 학설은 i) 제작물이 대체물인 때에는 매매이고, 부대체물인 때에는 도급이라는 견해($\frac{곽윤직, 253면;}{김상용, 365면}$), ii) 언제나 도급이라는 견해($\frac{소유권은 주문자에}{계 귀속한다고 함}$)($\frac{김주수,}{382면}$), iii) 제작물이 대체물인 때에는 제작물

공급계약이 아니고 주문판매계약(실질에서 매매라고 함)이라고 하면서(김형배, 663면; 이은영, 510면. 반대 견해: 곽윤직, 251면; 김상용, 364면; 김주수, 381면), 제작물 공급계약(즉 제작물이 부 대체물인 경우)은 도급과 매매의 성질을 함께 가지고 있는 혼합계약이라는 견해(김형배, 664면; 이은영, 511면;)로 나뉘어 있다. 그리고 판례는 i)설과 같다(대판 1987. 7. 21, 86다카2446; 대판 1990. 3. 9, 88다카31866; 대판 1996. 6. 28, 94다42976; 대판 2006. 10. 13, 2004다21862; 대판 2010. 11. 25, 2010다56685). 그리하여 판례는 제작물이 대체물인 경우에는 매매에 관한 규정이 적용되나, 부대체물인 경우에는 매매에 관한 규정(예: 580조 1항 단서)이 당연히 적용된다고 할 수 없다고 한다. 사견은 i)설에 찬성한다.

〈판 례〉

「당사자의 일방이 상대방의 주문에 따라서 자기의 소유에 속하는 재료를 사용하여 만든 물건을 공급할 것을 약정하고 이에 대하여 상대방이 대가를 지급하기로 약정하는 이른바 제작물 공급계약은 그 제작의 측면에서는 도급의 성질이 있고 공급의 측면에서는 매매의 성질이 있다. 이러한 계약은 대체로 매매와 도급의 성질을 함께 가지고 있는 것으로서 이를 어떤 법에 따라 규율할 것인가에 관하여는 민법 등에 특별한 규정이 없는바, 계약에 의하여 제작 공급하여야 할 물건이 대체물인 경우에는 매매로 보아서 매매에 관한 규정이 적용된다고 하여도 무방할 것이나, 이와는 달리 그 물건이 특정의 주문자의 수요를 만족시키기 위한 부대체물인 경우에는 당해 물건의 공급과 함께 그 제작이 계약의 주목적이 되어 도급의 성질을 강하게 띠고 있다 할 것이므로 이 경우에도 매매에 관한 규정이 당연히 적용된다고 할 수는 없을 것이다.」(대판 1987. 7. 21, 86다카2446)

Ⅱ. 도급의 성립

(1) 도급은 낙성계약이므로 당사자의 합의만 있으면 성립한다(664조). 그 합의는 적어도 「일의 완성」과 「보수의 지급」에 대하여 이루어져야 한다.

여기서 「일」이란 노무에 의하는 결과인데, 거기에는 건물의 건축ㆍ선박의 건조ㆍ가옥의 수리와 같은 유형적 결과뿐만 아니라 사람의 운송ㆍ병의 치료ㆍ소송사건의 처리ㆍ음악의 연주ㆍ강연과 같은 무형적인 결과도 포함된다. 일의 「완성」은 노무에 의하여 일정한 결과가 발생하게 하는 것이다.

도급이 무형적인 결과의 완성을 목적으로 하는 때에는 특히 위임과의 구별이 문제되나, 구체적인 결과의 발생을 목적으로 하는지 아니면 단순히 사무처리를 맡긴 것인지에 따라, 전자인 때에는 도급이 되고 후자인 때에는 위임이 된다. 예컨대 병의 치료나 소송사건의 처리를 목적으로 하는 계약의 경우, 병의 완치나 승소를 목적으로 한 것이면 도급계약이고, 단순히 병의 치료나 소송사건의 수행 이라는 사무의 처리를 맡긴 것이면 위임으로 된다.

　　(2) 판례는 많은 예에서 건축공사계약을 도급계약이라고 하는 외에 세차의뢰 $\binom{대판 1976. 10. 26,}{76다517}$, 차량의 엔진오일 교환의뢰$\binom{대판 1987. 7. 7,}{87다카449}$, 물품$\binom{모래 ·}{자갈 등}$ 운송계약 $\binom{대판 1983. 4. 26,}{82누92}$, 토석 채취허가를 받은 자와의 계약에 의하여 허가 명의자의 비용 과 책임 하에 토석을 채취하고 그 채취된 토석을 허가 명의자가 소유하되 그 가 액을 나누기로 한 경우$\binom{대판 1983. 8. 23,}{82다카1596}$는 모두 도급계약이라고 한다. 그리고 공사도 급계약은 대금의 지급방식에 따라 크게 총액계약과 단가계약으로 나눌 수 있으 며, 그중에 어느 것인지는 계약의 해석으로 결정할 문제라고 한다$\binom{대판 2022. 4. 14,}{2017다3024}$.

Ⅲ. 도급의 효력　　　　　　　　　　　　　　　　　　　　　[172]

1. 수급인의 의무

(1) 일을 완성할 의무

　　수급인은 적당한 시기에 일에 착수하여 이를 완성할 의무가 있다. 수급인이 이 의무를 게을리하는 경우에는 제544조·제545조에 의하여 계약을 해제할 수 있다. 그리하여 이행지체를 이유로 해제하려면 다른 계약에서처럼 상당한 기간을 정하여 이행을 최고하여야 한다$\binom{대판 1971. 11. 30, 71다1634; 대판 1993. 6. 25, 93다15991; 대판 1994. 4. 12, 93다}{45480 · 45497; 대판 1996. 10. 25, 96다21393 · 21409(이 판결은 공사기한부터 상당한}$ 기간 내에 완공할 것을 최고 하여야 한다고 판시한다$)$.

〈판 례〉

「공사도급계약에 있어서 수급인의 공사중단이나 공사지연으로 인하여 약정된 공 사기한 내의 공사완공이 불가능하다는 것이 명백하여진 경우에는 도급인은 그 공사 기한이 도래하기 전이라도 계약을 해제할 수 있다 할 것이지만, 다만 그에 앞서 수급 인에 대하여 위 공사기한으로부터 상당한 기간 내에 완공할 것을 최고하여야 할 것 이고, 예외적으로 수급인이 미리 이행하지 아니할 의사를 표시한 때에는 위와 같은 최고 없이도 계약을 해제할 수 있다.」$\binom{대판 1996. 10. 25,}{96다21393 · 21409}$

　　수급인은 도급인으로부터 독립한 지위에서 일을 하게 되나, 도급인은 수급인에게 큰 부담을 주지 않는 범위 내에서 적당한 지시나 감독을 할 수 있다($\frac{669조}{참조}$). 그리고 일의 완성은, 일의 성질상 또는 당사자의 특약에 의하여 수급인이 직접 하여야 하는 경우가 아니면, 제 3 자로 하여금 하게 하여도 무방하다($\frac{통설\cdot판례}{도\ 같음.}$ 대판 2002. 4. 12, 2001다82545·82552). 이때 제 3 자는 단순한 보조자일 수도 있으나 독립해서 일의 전부나 일부를 완성하는 자일 수도 있다. 앞의 제 3 자는 이행보조자이고, 뒤의 제 3 자는 이행대행자인데, 수급인은 이들의 고의·과실에 대하여도 책임을 지게 된다($\frac{채권법총론}{[70]\ 이하\ 참조}$). 한편 수급인이 제 3 자를 이행대행자로 사용하는 경우는 하도급(下都給)이라고 한다($\frac{하도급\ 관련\ 특별법으로「하도급거래\ 공정화에\ 관}{한\ 법률」,\ 건설산업기본법(22조\ 이하)\ 등이\ 있다}$).

　판례는, 도급계약에서 목적물의 주요 구조부분이 약정된 대로 시공되어 사회통념상 일반적으로 요구되는 성능을 갖추었고 당초 예정된 최후의 공정까지 마쳤다면 일이 완성되었다고 보아야 하며, 개별 사건에서 예정된 최후의 공정을 마쳤는지는 당사자의 주장에 구애받지 않고 계약의 구체적 내용과 신의성실의 원칙에 비추어 객관적으로 판단할 것이라고 한다($\frac{대판\ 2019.\ 9.\ 10,\ 2017다272486\cdot272493.\ 같은}{취지:\ 대판\ 2006.\ 10.\ 13,\ 2004다21862([172]\ 맨\ 끝에\ 직접\ 인용함)}$).

〈지체상금(遲滯償金)〉

　특히 건설공사 도급계약에 있어서는 당사자가 지체상금($\frac{계약당사자가\ 미리\ 계약에\ 의하여}{정한\ 이행지체시에\ 채무자가\ 지급하}{여야\ 할\ 손해배상액}$)에 관하여 약정하는 경우가 많다. 지체상금의 구체적인 모습에는 배상액 총액을 일시금으로 정하는 것($\frac{대판\ 1986.\ 2.\ 25,\ 85다카2025\cdot2026은\ 특단의\ 사정이}{없는\ 일시금으로\ 정하는\ 것은\ 경험칙에\ 반한다고\ 함}$)과 배상액을 지연기간에 비례하여 일정금액 또는 계약금에 대한 일정비율로 정하는 것이 있는데, 뒤의 것이 많이 이용된다. 지체상금은 성질상 손해배상액의 예정인 것과 위약벌의 두 가지가 있으며, 그 중에 어느 것에 해당하는지는 계약의 해석으로 판정된다.

　판례에 의하면, 지체상금은 손해배상액의 예정으로 인정되며, 따라서 그것이 부당하게 과다한 때에는 감액($\frac{연대보증인이\ 부담하는\ 지체상금의\ 과다\ 여부는\ 주채무자인\ 공사수급}{인을\ 기준으로\ 판단할\ 것이라고\ 한다.\ 대판\ 2005.\ 8.\ 19,\ 2002다59764}$)도 할 수 있다($\frac{대판\ 1996.\ 4.\ 26,\ 95다11436;\ 대판\ 1996.\ 5.\ 14,\ 95다24975;\ 대}{판\ 2002.\ 9.\ 4,\ 2001다1386;\ 대판\ 2018.\ 10.\ 12,\ 2015다256794\ 등}$). 이때 감액사유에 대한 사실인정이나 그 비율을 정하는 것은 형평의 원칙에 비추어 현저히 불합리하다고 인정되지 않는 한 사실심 법원의 전권에 속하는 사항이다($\frac{대판\ 2018.\ 10.}{12,\ 2015다256794}$). 지체상금에 관하여 약정이 있는 경우에는, 수급인이 약정된 기간 내에 그 일을 완성하여 도급인에게 인도하지 않는 한 특별한 사정이 있는 경우를 제외하고는 지체상금을 지급할 의무가 있고, 이는 약정된 기일 이전에 그 공사의 일부만을 완료한 후 공사가 중단된 상태에서 약정기일을 넘기고 그 후에 도급인이 계약을 해제함으로써 일을 완성하지 못한 경우에도 적용된다($\frac{대판\ 1989.\ 7.\ 25,\ 88다카6273\cdot6280;\ 대판\ 1995.\ 9.\ 5,\ 95다18376;\ 대판\ 1999.}{1.\ 26,\ 96다6158.\ 반대의\ 판례:\ 대판\ 1989.\ 9.\ 12,\ 88다카15901\cdot15918}$).

지체상금을 청구하려면 수급인에게 유책사유가 있어야 하며, 수급인에게 유책사유가 없이 공사가 지연된 경우에는 그 기간만큼 공제된다(대판 1995. 9. 5, 95다18376; 대판 1999. 3. 26, 96다23306; 대판 2005. 11. 25, 2003다60136; 대판 2006. 4. 28, 2004다39511; 대판 2010. 1. 28, 2009다41137·41144). 판례에 따르면, 도급계약의 보수 일부를 선급하기로 하는 특약이 있는 경우에 도급인이 수급인에 대하여 약정한 선급금의 지급을 지체하였다는 사정은 일의 완성이 지연된 데 대하여 수급인이 책임질 수 없는 사유에 해당한다(대판 2016. 12. 15, 2014다14429·14436). 그리고 천재지변이나 이에 준하는 경제사정의 급격한 변동 등 불가항력으로 인하여 목적물의 준공이 지연된 경우에는 수급인은 지체상금을 지급할 의무가 없다고 할 것이지만, 이른바 IMF사태 및 그로 인한 자재 수급의 차질 등은 그와 같은 불가항력적인 사정이라고 볼 수 없고, 일반적으로 수급인이 공사도급계약상 공사기간 등을 약정함에 있어서는 통상 비가 와서 정상적으로 작업을 하지 못하는 것까지 감안하고 이를 계약에 반영하는 점에 비추어 볼 때 천재지변에 속하는 이례적인 강우가 아니라면 지체상금의 면책사유로 삼을 수 없다(대판 2002. 9. 4, 2001다1386).

지체상금의 발생의 시기(始期)는 특별한 사정이 없는 한 약정된 준공기일의 다음날이고, 종기는 수급인이 공사를 중단하거나 기타 해제사유가 있어 실제로 해제한 때가 아니고 이를 해제할 수 있었을 때부터 도급인이 다른 업자에게 의뢰하여 건물을 완성할 수 있었던 기간이 경과하기까지의 시점이다(대판 1998. 2. 24, 95다38066·38073; 대판 1999. 3. 26, 96다23306; 대판 1999. 10. 12, 99다14846; 대판 2000. 12. 8, 2000다19410; 대판 2001. 1. 30, 2000다56112. 대판 1989. 7. 25, 88다카6273·6280; 대판 1995. 9. 5, 95다18376은 시기를 준공일이라 한다). 한편 판례는 공사도급계약상 도급인의 지체상금채권과 수급인의 공사대금채권은 특별한 사정이 없는 한 동시이행의 관계에 있지 않다고 한다(대판 2015. 8. 27, 2013다81224).

〈판 례〉

공사도급계약을 체결하면서 건설교통부 고시 '민간건설공사 표준도급계약 일반조건'을 계약의 일부로 편입하기로 합의하였고, 위 일반조건에서 지체상금에 관한 규정과 별도로 계약의 해제·해지로 인한 손해배상청구에 관한 규정을 두고 있는 경우, 채무불이행에 관한 손해배상액의 예정은 당사자의 합의로 행하여지는 것으로서, 그 내용이 어떠한가, 특히 어떠한 유형의 채무불이행에 관한 손해배상을 예정한 것인가는 무엇보다도 당해 약정의 해석에 의하여 정하여지는바, 위 일반조건의 지체상금약정은 수급인이 공사완성의 기한 내에 공사를 완성하지 못한 경우에 완공의 지체로 인한 손해배상책임에 관하여 손해배상액을 예정하였다고 해석할 것이고, 수급인이 완공의 지체가 아니라 그 공사를 부실하게 한 것과 같은 불완전급부 등으로 인하여 발생한 손해는 그것이 그 부실공사 등과 상당인과관계가 있는 완공의 지체로 인하여 발생한 것이 아닌 한 위 지체상금약정에 의하여 처리되지 아니하고 도급인은 위 일반조건의 손해배상약정에 기하여 별도로 그 배상을 청구할 수 있다. 이 경우 손해배상의 범위는 민법 제393조 등과 같은 그 범위획정에 관한 일반법리에 의하여 정하여지고, 그것이 위 지체상금약정에 기하여 산정되는 지체상금액에 제한되어 이를 넘지 못한다고 볼 것이 아니다$\binom{대판\ 2010.\ 1.\ 28,}{2009다41137 \cdot 41144}$.

(2) 목적물인도의무

도급의 목적이 가옥지붕의 수리 · 병의 치료와 같은 경우에는 수급인은 수리나 치료의 완료로 그의 의무를 다한 것이 된다. 그런데 제작물 공급계약 등의 경우에는 완성한 목적물을 도급인에게 인도할 의무가 있다. 이 목적물인도의무는 「일을 완성할 의무」의 한 내용으로 보아야 한다$\binom{같은\ 취지:\ 곽윤직,\ 254면;\ 김형배,\ 616면.\ 반}{대\ 견해:\ 김주수,\ 387면(별개의\ 의무라고\ 함)}$. 그리고 도급인은 보수를 목적물의 인도와 동시에 지급하여야 하므로$\binom{665조\ 1}{항\ 본문}$, 목적물인도의무와 보수지급의무는 동시이행의 관계에 있게 된다$\binom{대판\ 1964.\ 10.\ 28,}{64다291}$. 또한 목적물이 도급인의 소유인 경우에는 수급인은 그의 채권을 변제받을 때까지 목적물을 유치할 권리가 있다$\binom{대판\ 1995.\ 9.\ 15,\ 95다16202 \cdot 16219.\ 대판\ 1993.\ 3.\ 26,\ 91다14116}{도\ 참조(수급인\ 소유의\ 경우는\ 유치권이\ 인정될\ 여지가\ 없다고\ 함)}$.

여기의 인도는 단순한 직접점유의 이전에 그치지 않으며, 도급인에 의하여 일의 완성 여부가 검사되면서 직접점유를 받는 것 즉 검수(檢收)를 의미한다$\binom{이설}{이\ 없으}$며, 판례도 같다. 대판 2006. 10. 13, 2004다21862; 대판 2019. 9. 10, 2017다272486 · 272493; 대판 2023. 3. 30, 2022다289174). 한편 완성된 목적물의 소유권이 수급인에게 속하는 경우에는, 수급인은 목적물의 소유권도 이전해 주어야 한다.

〈판 례〉

「제작물 공급계약에서 보수의 지급시기에 관하여 당사자 사이의 특약이나 관습이 없으면 도급인은 완성된 목적물을 인도받음과 동시에 수급인에게 보수를 지급하는 것이 원칙이고, 이때 목적물의 인도는 완성된 목적물에 대한 단순한 점유의 이전만을 의미하는 것이 아니라 도급인이 목적물을 검사한 후 그 목적물이 계약내용대로 완성되었음을 명시적 또는 묵시적으로 시인하는 것까지 포함하는 의미라고 보아야 한다. … 그리고 도급계약에 있어 일의 완성에 관한 주장 · 입증책임은 일의 결과에 대한 보수의 지급을 구하는 수급인에게 있고$\binom{대법원\ 1994.\ 11.\ 22.\ 선고}{94다26684,\ 26691\ 판결\ 참조}$, 제작물공급계약에서 일이 완성되었다고 하려면 당초 예정된 최후의 공정까지 일응 종료하였다는 점만으로는 부족하고 목적물의 주요 구조부분이 약정된 대로 시공되어 사회통념상 일반적으로 요구되는 성능을 갖추고 있어야 하며, 개별적 사건에 있어서 예정된 최후의 공정이 일응 종료하였는지 여부는 수급인의 주장에 구애됨이 없이 당해 제작물공급계약의 구체적 내용과 신의성실의 원칙에 비추어 객관적으로 판단할 수밖에 없으므로, 제작물공급에 대한 보수의 지급을 청구하는 수급인으로서는 그 목적물 제작에 관하여 계약에서 정해진 최후 공정을 일응 종료하였다는 점뿐만 아니라 그 목적물의 주요구조 부분이 약정된 대로 시공되어 사회통념상 일반적으로 요구되는 성능을 갖추고 있다는 점까지 주장 · 입증하여야 한다.」$\binom{대판\ 2006.\ 10.\ 13,}{2004다21862}$

(3) 완성물의 소유권귀속 문제 [173]

도급에 있어서 언제나 재료를 사용하는 것은 아니나, 보통은 재료를 사용한다. 그럴 경우 재료의 공급자는 당사자 사이의 계약으로 정하여진다. 그런데 이와 같이 도급인 또는 수급인이 재료를 공급하여 완성된 것이 독립한 존재를 가지게 되면 그 물건의 소유권의 귀속이 문제된다.

1) 도급인이 재료의 전부 또는 주요부분을 공급하는 경우에는, 완성된 물건의 소유권은 그것이 동산이든 부동산이든 모두 원시적으로 도급인에게 귀속하며, 여기에는 가공에 관한 제259조가 적용되지 않는다. 그것이 당사자의 의사에 부합하기 때문이다. 학설·판례($^{대판 1962. 7. 6,}_{4292민상876}$)도 같다.

2) 수급인이 재료의 전부 또는 주요부분을 제공한 경우에 대하여는 다툼이 있다. 우선 당사자 사이에 명시적 또는 묵시적 특약이 있는 때에는 그 특약에 의하여 정하여지며, 이에 대하여는 학설($^{곽윤직,}_{256면 등}$)·판례($^{대판 1962. 7. 6, 4292민상876; 대판 1979. 6. 12,}_{78다1992; 대판 1985. 5. 28, 84다카2234}$)가 일치한다($^{소유권 귀속에 관한 이 합의는 완성물이 건물과 같은 부동산인 경우에는 독립성이 갖추기}_{전에 행해졌어야 한다. 독립성을 갖춘 뒤에는 소유권 이전에 등기가 필요하기 때문이다}$). 당사자 사이에 특약이 없는 때에 관하여 학설은 i) 완성물이 동산이든 부동산이든 수급인에게 귀속한다는 견해($^{김기선,}_{259면}$)와 ii) 완성물이 동산인 경우에는 수급인에게 속하나, 부동산인 경우에는 원시적으로 도급인에게 속한다는 견해($^{곽윤직, 257면; 김상용, 353}_{면; 김주수, 390면; 김형배,}$ $^{621면; 이은영, 534}_{면; 지원림, 1525면}$)로 나뉜다. i)설은 과거에는 다수설이었으나 지금은 소수설이다. 그리고 ii)설은 그 이유로 ① i)설은 민법의 물권변동 이론에 맞지 않는다는 점, ② 실제에 있어서 도급인 명의로 보존등기를 하고 또 일반적으로 완성된 건물은 도급인의 소유라고 생각한다는 점, ③ 수급인의 보수청구권 확보는 유치권·동시이행의 항변권·저당권($^{666조}_{참조}$)으로 달성될 수 있다는 점 등을 든다. 한편 판례는 i)설과 같이 —특약이 없는 한— 수급인에게 귀속된다고 한다($^{대판 1963. 1. 17, 62다743; 대판}_{1973. 1. 30, 72다2204; 대판 1980. 7. 8, 80}$ $^{다1014; 대판 1984. 11. 27, 80다177; 대판 1988. 12. 27, 87다카1138 · 1139; 대판 1990. 2. 13,}_{89다카11401; 대판 1999. 2. 9, 98두16675; 대판 2011. 8. 25, 2009다67443 · 67450}$). 그리고 —원시적으로 수급인에게 귀속한다고 하는— i)설과 판례는 목적물을 인도할 때에 소유권이 도급인에게 이전한다고 한다($^{김기선, 260면; 대판 1980. 7. 8, 80다1014; 대판 1985. 5. 28,}_{84다카2234; 대판 1988. 12. 27, 87다카1138 · 1139}$). 생각건대 i)설과 판례는 완성물이 부동산인 경우에는 물권변동 이론에 맞지 않고($^{우리 민법}_{이 성립요}$ $^{건주의를 취하고 있기 때문에 부동산의 경우}_{인도로 소유권이 이전될 수 없기 때문이다}$), 수급인에게 의미 있는 것은 보수청구권인데 그것은 유치권 등에 의하여 확보될 수 있다는 점에서, ii)설을 따라야 한다.

〈판 례〉

(ㄱ) 수급인이 자기의 재료와 노력으로 건물을 건축한 경우에 관하여 판례는 특약(일부 판결은 특별한 사정도 언급함)이 없으면 수급인의 소유에 속한다고 하면서, 넓은 범위에서 특약의 존재를 인정한다. 즉 도급인과 수급인 사이에 도급인 명의로 건축허가를 받아 소유권보존등기를 하기로 하는 경우에는 건물의 소유권을 도급인에게 귀속시키기로 합의한 것으로 보며(대판 1990. 4. 24, 89다카18884; 대판 1992. 3. 27, 91다34790; 대판 1992. 8. 18, 91다25505; 대판 1996. 9. 20, 96다24804; 대판 1997. 5. 30, 97다8601; 대판(전원) 2003. 12. 18, 98다43601; 대판 2005. 11. 25, 2004다36352; 대판 2010. 1. 28, 2009다66990), 공사대금 지불은 공사 후 기성고에 의하여 도급인이 검수 후에 하기로 하였고, 기성고에 따라 부분불을 하고 도급인이 인도를 받은 부분에 대한 위험부담은 공사가 완성되어 전부인도를 받을 때까지 수급인이 지기로 약정하였으며, 도급인은 기성고에 맞추어 수급인에게 공사대금의 95퍼센트에 이르는 금액을 이미 지급한 경우(대결 1994. 12. 9, 94마2089)와 다가구용 단독주택의 신축공사 도급계약을 체결함에 있어서 공사대금은 평당 150만원으로 하되 계약 당일에 계약금 300만원을 지급하고 공사착수일에 1,500만원을 지급하며 나머지 공사대금은 공사완료 후 도급인이 주택의 각 가구를 전세놓아 그 전세금으로 지급하기로 약정하고, 주택의 신축공사에 있어서 그 건축허가 명의도 도급인으로 되어 있는 경우(대판 1996. 9. 20, 96다24804)에 관하여 건축물의 소유권을 원시적으로 도급인에게 귀속시키기로 하는 묵시적 합의가 있었다고 한다. 그리고 수급인이 건물 건축자재 일체를 부담하고 공사를 완료한 후 도급인이 그 건물을 타인에게 매도함에 있어 매매계약서에 입회인으로 기명날인한 경우에는 도급인에게 소유권을 귀속케 하였다고 볼 수도 있다고 한다(대판 1962. 6. 7, 4294민상1538). 그런데 판례는 다른 한편으로, 건축허가는 일정한 건축행위를 하여도 좋다는 자유를 회복시켜 주는 행정처분일 뿐 수허가자에게 어떤 새로운 권리나 능력을 부여하는 것이 아니고, 건축허가서는 허가된 건물에 관한 실체적 권리의 득실변경의 공시방법이 아니며 추정력도 없으므로 건축허가서에 건축주로 기재된 자가 건물의 소유권을 취득하는 것이 아니므로, 자기 비용과 노력으로 건물을 신축한 자는 그 건축허가가 타인의 명의로 된 여부에 관계없이 그 소유권을 원시취득한다고 한다(대판 2002. 4. 26, 2000다16350).

그리고 판례는, 위에서 언급한 바와 같이, 도급인과 수급인 사이에 도급인 명의로 건축허가를 받아 소유권보존등기를 하기로 하는 등 완성된 건물의 소유권을 도급인에게 귀속시키기로 합의한 경우에는 그 건물의 소유권은 도급인에게 원시적으로 귀속된다고 하는데, 이때 신축건물이 집합건물로서 여러 사람이 공동으로 건축주가 되어 도급계약을 체결한 것이라면, 그 집합건물의 각 전유부분 소유권이 누구에게 원시적으로 귀속되느냐는 공동 건축주들 사이의 약정에 따라야 할 것이라고 한다(대판 2005. 11. 25, 2004다36352; 대판 2010. 1. 28, 2009다66990).

(ㄴ) 대법원은 예전에는, 담보의 목적으로 건축 명의를 담보권자로 하여 건물을 건축하면 대외적으로는 건축 완성과 동시에 동 건물의 대외적인 소유권은 그 건축허가 명의자인 담보권자에게 그 담보의 목적에서 원시적으로 귀속된다고 하였다(대판 1979. 7. 24, 79

다769; 대판
1987. 6. 23, 86다카60). 그러나 근래에는, 단지 채무의 담보를 위하여 채무자가 자기 비용
과 노력으로 신축하는 건물의 건축허가 명의를 채권자 명의로 하였다면 이는 완성될
건물을 담보로 제공키로 하는 합의로서 법률행위에 의한 담보물권의 설정에 다름 아
니므로, 완성된 건물의 소유권은 일단 이를 건축한 채무자가 원시적으로 취득한 후
채권자 명의로 소유권보존등기를 마침으로써 담보목적의 범위 내에서 채권자에게 그
소유권이 이전된다고 보아야 할 것이며, 이와 달리 채권자가 완성될 건물의 소유권
을 원시적으로 취득한다고 볼 것이 아니라고 한다(대판 1990. 4. 24, 89다카18884; 대판 1992. 8. 18, 91다25505; 대판 1997. 5. 30, 97다8601; 대판 2001. 3. 13, 2000다48517·48524·48531; 대판 2001. 6. 26, 99다47501). 그리고 건축업자가 타인의 대지를 매수하여 그
대금을 전혀 지급하지 않은 채 그 위에 자기의 노력과 재료를 들여 건물을 건축하면
서 그 건축허가 명의를 대지소유자로 한 경우에는, 부동산등기법 제131조(현행 부동법 65조에 해당)
의 규정에 의하여 특단의 사정이 없는 한 건축허가 명의인 앞으로 소유권보존등기를
할 수밖에 없는 점에 비추어 볼 때, 그 목적이 대지대금채무를 담보하기 위한 경우가
일반적이라고 한다(대판 1997. 4. 11, 97다1976; 대판 2002. 4. 26, 2000다16350). 주의할 것은, 여기의 판결(ㄴ의 판결)들은 전혀
도급계약이 존재하지 않는 경우이거나 적어도 허가명의자의 도급계약이 존재하지 않
는 경우에 대한 것이라는 점이다.

(ㄷ) 판례에 의하면, 건축주의 사정으로 건축공사가 중단되었던 미완성의 건물을 인
도받아 나머지 공사를 마치고 완공하였다 하더라도 공사가 중단된 시점에서 사회통
념상 독립한 건물이라고 볼 수 있는 형태와 구조를 갖추고 있었다면 원래의 건축주가
이를 원시취득한다(대판 1993. 4. 23, 93다1527·1534; 대판 1997. 5. 9, 96다54867; 대판 1998. 9. 22, 98다26194; 대판 2002. 3. 12, 2000다24184·24191; 대판 2002. 4. 26, 2000다16350 등). 그
에 비하여 그 공사의 중단 시점에 사회통념상 독립한 건물이라고 볼 수 있는 정도의
형태와 구조를 갖추지 못한 때에는 이를 인도받아 자기의 비용과 노력으로 완공한
자가 그 건물의 원시취득자가 된다(대판 2006. 5. 12, 2005다68783. 대판 2011. 8. 25, 2009다67443·67450도 같은 결과를 인정한다). 그리고 건
물이 설계도상 처음부터 여러 층으로 건축할 것으로 예정되어 있어 이에 따라 같은
내용으로 건축허가를 받아 건축공사를 진행하던 중에 건축주의 사정으로 공사가 중
단되었고 그와 같이 중단될 당시까지 이미 일부 층의 기둥과 지붕 그리고 둘레 벽이
완성되어 있어 그 구조물을 토지의 부합물로 볼 수 없는 상태에 이른 경우에는, 인도
받아 건물을 완공한 자가 그 건물 전체의 소유권을 원시취득하고, 건축공사가 중단
될 당시까지 기둥과 지붕 그리고 둘레 벽이 완성되어 있던 층만을 분리해 내어 이 부
분만의 소유권을 종전 건축주가 원시취득하는 것이 아니다(대판 2006. 11. 9, 2004다67691).

(4) 담보책임 [174]

1) **법적 성질**   수급인이 「완성된 일」의 하자에 대하여 지는 책임이 수
급인의 담보책임이다(하자담보책임). 도급은 유상계약이기 때문에 거기에는 매도
인의 담보책임에 관한 규정이 준용된다(567조 참조). 그런데 민법은 수급인의 담보책임

에 관하여 특별규정을 두고 있다($^{667조-}_{672조}$). 민법이 특별규정을 둔 이유는 도급에 있어서는 완성된 「일」의 하자가 재료의 하자에 의하여뿐만 아니라 수급인이 「일」을 완성하는 과정상의 잘못에 의하여 생길 수도 있다는 데 있다($^{통}_{설}$).

제667조가 정하고 있는 수급인의 하자담보책임은 무과실책임이다($^{통설·판례도}_{같다. 대판}$ 1980. 11. 11, 80다923·924; 대판 1990. 3. 9, 88다카31866. 그러나 김주수, 396면은 손해배상은 과실책임이라고 한다). 따라서 수급인의 담보책임이 발생하기 위하여 하자가 수급인의 유책사유로 생겼을 필요는 없다.

하자가 수급인의 유책사유로 생긴 경우에 수급인은 불완전이행 내지 불완전급부($^{채권법총론 [81] 이하 참조. 이}_{는 통설의 불완전이행에 속함}$)의 책임을 지는가? 여기에 관하여 학설은 i) 불완전이행이 배제된다는 견해($^{김주수,}_{307면}$)와 ii) 수급인의 하자담보책임에 의하여 도급인의 손해가 충분히 전보되지 않는 범위에서 수급인의 불완전이행책임을 인정하여야 한다는 견해($^{곽윤직, 259면; 김상용,}_{355면; 이은영, 519면}$)로 나뉘어 있다. 그리고 판례는 도급계약에 따라 완성된 목적물에 하자가 있는 경우에 수급인의 하자담보책임과 채무불이행책임은 별개의 권원에 의하여 경합적으로 인정된다고 하고($^{대판 2020. 1. 30, 2019다268252;}_{대판 2020. 6. 11, 2020다201156}$), 목적물의 하자를 보수하기 위한 비용은 수급인의 하자담보책임과 채무불이행책임에서 말하는 손해에 해당하므로, 도급인은 하자보수비용을 제667조 제 2 항에 따라 하자담보책임으로 인한 손해배상으로 청구할 수도 있고, 제390조에 따라 채무불이행으로 인한 손해배상으로 청구할 수도 있다고 하면서, 하자보수를 갈음하는 손해배상에 관해서는 제667조 제 2 항에 따른 하자담보책임만이 성립하고 제390조에 따른 채무불이행책임이 성립하지 않는다고 볼 이유가 없다고 한다($^{대판 2020.}_{6. 11,}$ 2020다201156). 또 완성물의 하자에 의해 확대손해가 발생한 경우에 수급인의 손해배상책임을 인정하여($^{대판 2004. 8. 20, 2001다70337(저장탱크에 균열이 발생한 경우의 액젓변질로 인한 손해);}_{대판 2005. 11. 10, 2004다37676(미끄럼 방지 공사의 잘못으로 교통사고가 발생한 경우)}$) 아래의 사견과 같은 견지에 있다($^{후자의 판결은 수급인이 유책사유 없음을 증}_{명하지 못하면 손해배상책임이 있다고 한다}$). 생각건대 수급인의 담보책임은 도급계약의 유상성을 고려하여 도급인 보호를 위하여 유책사유가 없는 경우에도 수급인에게 일정한 책임을 지우는 것일 뿐이며, 「일」에 하자가 있는 경우를 배타적으로 규율하려는 것은 아니다. 따라서 도급인은 채무불이행(불완전급부)의 요건이 갖추어진 경우에는 그 책임을 물을 수도 있다고 하여야 한다($^{매매}_{에 관}$ 한 [89] 도 참조).

2) 요   건   수급인의 담보책임이 생기려면 「완성된 목적물 또는 완성 전의 성취된 부분에 하자」가 있어야 한다($^{667조·}_{668조}$). 판례는, 목적물이 완성되었다

면 목적물의 하자는 하자담보책임에 관한 민법규정에 따라 처리하도록 하는 것이 당사자의 의사와 법률의 취지에 부합하는 해석이라고 한다(대판 2019. 9. 10, 2017 다272486·272493). 그리고 여기서「완성 전의 성취된 부분」이라 함은 도급계약에 따른 일이 전부 완성되지는 않았지만 하자가 발생한 부분의 작업이 완료된 상태를 말한다(대판 2001. 9. 18, 2001다 9304).「하자」는 우선 계약체결 당시에 당사자들에 의하여 전제된 성질이 없는 경우(설계도에 따르기로 하였는데 따르지 않은 경우도 이에 해당한다. 대판 1996. 9. 20, 96다4442도 참조)에 인정되나, 당사자들이 특별히 어떤 성질을 전제로 하지 않은 때에는 그 종류의 물건이 일반적으로 가지고 있는 성질이 없는 경우에 하자가 있게 된다(매매에 관하여는 [97] 이하 참조). 이러한 하자는 유형적인 일(예: 건물)뿐만 아니라 무형적인 일(예: 병 의 치료)에도 있을 수 있다. 하자의 원인은 재료의 하자에 있을 수도 있고 시공상의 잘못이나 기타의 것일 수도 있다(대판 1987. 11. 10, 87다카876은 수급인에 게 하자담보책임을 물으려면 하자의 원인 과 하자의 범위를 확정 할 것이 필요하다고 한다).

〈판 례〉

「건축물의 하자라고 함은 일반적으로 완성된 건축물에 공사계약에서 정한 내용과 다른 구조적·기능적 결함이 있거나, 거래관념상 통상 갖추어야 할 품질을 제대로 갖추고 있지 아니한 것을 말하는 것으로, 하자 여부는 당사자 사이의 계약 내용, 해당 건축물이 설계도대로 건축되었는지 여부, 건축 관련 법령에서 정한 기준에 적합한지 여부 등 여러 사정을 종합적으로 고려하여 판단되어야 한다(대법원 2010. 12. 9. 선고 2008다16851 판결 등 참조). 사업주체가 아파트 분양계약 당시 사업승인도면이나 착공도면에 기재된 특정한 시공내역과 시공방법대로 시공할 것을 수분양자에게 제시·설명하였다거나 분양안내서 등 분양광고나 견본주택 등을 통해 그러한 내용을 별도로 표시하여 분양계약의 내용으로 편입되었다고 볼 수 있는 특별한 사정이 없는 한 하자가 발생하였는지 여부는 준공도면을 기준으로 판단하여야 하므로, 사업승인도면이나 착공도면과 다르게 시공되었다고 하더라도 준공도면에 따라 시공되었다면 이를 하자라고 볼 수 없지만(대법 원 2014. 10. 15. 선고 2012 다18762 판결 등 참조), 이러한 법리는 위 각 도면 사이에 해당 시공내역의 기재에 관하여 차이·모순이 존재하는 경우에 원칙적으로 준공도면을 기준으로 하여야 한다는 것일 뿐, 이를 구체적·명시적으로 기재한 도면·시방서와 모순된 다른 도면·시방서가 존재하지 않거나, 그 차이·모순에 관한 증명이 없는 경우에도 그대로 적용될 것은 아니다.」(대판 2023. 1. 12, 2019다278228)

〈공사 도급계약에 있어 공사의 미완성과 공사를 완성하였으나 하자가 있는 데 불과한 경우의 구별기준에 관한 판례〉

「공사가 도중에 중단되어 예정된 최후의 공정을 종료하지 못한 경우에는 공사가 미완성된 것으로 볼 것이지만, 공사가 당초 예정된 최후의 공정까지 일응 종료되고 그 주요 구조부분이 약정된 대로 시공되어 사회통념상 일이 완성되었고 다만 그것이 불완전하여 보수를 하여야 할 경우에는 공사가 완성되었으나 목적물에 하자가 있는 것에 지나지 아니한다고 해석함이 상당하고, 예정된 최후의 공정을 종료하였는지 여부는 수급인의 주장이나 도급인이 실시하는 준공검사 여부에 구애됨이 없이 당해 공사 도급계약의 구체적 내용과 신의성실의 원칙에 비추어 객관적으로 판단할 수밖에 없고, 이와 같은 기준은 공사 도급계약의 수급인이 공사의 준공이라는 일의 완성을 지체한 데 대한 손해배상액의 예정으로서의 성질을 가지는 지체상금에 관한 약정에 있어서도 그대로 적용된다. 다만 당사자 사이에 건축공사의 완공 후 부실공사와 하자보수를 둘러싼 분쟁이 일어날 소지가 많음이 예상됨에 따라 그러한 분쟁을 사전에 방지할 의도로 통상의 건축공사 도급계약과는 달리 도급인의 준공검사 통과를 대금지급의 요건으로 삼음과 동시에 하자보수 공사 후 다시 합격을 받을 때까지 지체상금까지 부담하게 함으로써 공사의 완전한 이행을 담보하기 위해 지체상금의 종기를 도급인의 준공검사 통과일로 정하였다고 볼 만한 특별한 사정이 있다면 그에 따라야 할 것이다.」(대판 2010. 1. 14, 2009다7212·7229. 이것의 전부 또는 일부에 관하여 같은 취지: 대판 1994. 9. 30, 94다32986; 대판 1996. 2. 23, 94다42822·42839; 대판 1997. 10. 10, 97다23150; 대판 1997. 12. 23, 97다44768; 대판 2006. 4. 28, 2004다39511)

[175] **3) 책임의 내용**　　수급인의 담보책임의 요건이 갖추어진 경우에는 도급인은 하자보수청구권·손해배상청구권·계약해제권을 가진다.

⑷ 하자보수청구권　　도급인은 수급인에 대하여 상당한 기간을 정하여 그 하자의 보수(補修)를 청구할 수 있다(667조 1항 본문). 그러나 하자가 중요하지 않은 경우(대판 1996. 5. 14, 95다24975는 수급인이 약정과 달리 다른 회사의 승강기를 설치하였고 그 후 그 승강기 생산회사가 도산한 경우는 하자가 중요하다고 한다)에 그 보수에 과다한 비용을 요할 때에는 보수(補修)를 청구하지 못한다(667조 1항 단서). 이때에는 — 하자보수에 갈음하는 손해배상도 청구할 수 없고(667조2항 참조) — 그 하자로 인하여 입은 손해의 배상만을 청구할 수 있을 뿐이다(같은 취지: 대판 1997. 2. 25, 96다45436; 대판 1998. 3. 13, 95다30345; 대판 1998. 3. 13, 97다54376([176]에 인용함). 그러나 곽윤직, 259면은, 도급인은 보수에 갈음하여 손해배상을 청구할 수 있을 뿐이라고 하면서, 근거규정으로 667조 2항을 인용한다). 그에 비하여 하자가 중요한 경우에는 비록 보수에 과다한 비용이 필요하더라도 그 보수에 갈음하는 비용, 즉 실제로 보수에 필요한 비용이 모두 손해배상에 포함된다(대판 2016. 8. 18, 2014다31691). 나아가 완성된 건물 기타 토지의 공작물에 중대한 하자가 있고 이로 인하여 그 건물 등이 무너질 위험성이 있어서 보수가 불가능하고 다시 건축할 수밖에 없는 경우에는, 특별한 사정이 없는 한 건물 등을 철거하고 다시 건축하는 데 드는 비용 상당액을 하자로 인한 손해배상으로 청구할 수 있다(대판 2016. 8. 18, 2014다31691).

⒜ 도급인이 상당한 기간을 정하여 하자보수를 청구한 경우에는, 그 기간이 경과할 때까지는 도급인은 하자보수에 갈음하는 손해배상을 청구하지 못한다(통설). 민법이 보수청구권(補修請求權)과 보수(補修)에 갈음하는 손해배상청구권을 선택적으로 행사할 수 있도록 규정하고 있기 때문이다($\binom{667조\ 1항\ \cdot}{2항\ 참조}$). 그리고 통설은 수급인이 기간 내에 보수하지 않는 경우에도 도급인은 보수청구권을 잃지 않는다고 한다($\binom{김형배,\ 625면은\ 수급인의\ 보수를\ 거}{절하겠다는\ 통지를\ 할\ 수\ 있다고\ 한다}$). 이때 도급인이 제544조에 의하여 해제할 수 있는가? 제668조의 취지를 이유로 이에 반대하는 견해가 있으나($\binom{김주수\cdot}{398면}$), 담보책임에 의한 해제와 채무불이행에 의한 해제는 구별해야 하므로, 하자보수의무의 불이행을 이유로 해제할 수 있다고 하여야 한다($\binom{그렇지\ 않다면\ 기간을\ 정한}{최고는\ 의미가\ 없게\ 된다}$).

⒝ 수급인의 하자보수의무 및 손해배상의무는 도급인의 보수지급의무(報酬支給義務)와 동시이행의 관계에 있다($\binom{이설이\ 없으며,\ 판례도\ 같음.\ 대판\ 1989.\ 12.\ 12,\ 88다카18788;\ 대}{판\ 1991.\ 12.\ 10,\ 91다33056;\ 대판\ 1996.\ 7.\ 12,\ 96다7250\cdot7267;\ 대}$
$\binom{판\ 2001.\ 6.\ 15,\ 2001다21632\cdot21649;}{대판\ 2007.\ 10.\ 11,\ 2007다31914}$). 따라서 도급인이 하자보수청구권을 행사하는 경우에는, 도급인의 보수지급의무는 이행지체에 빠지지 않는다($\binom{그리고\ 판례는,\ 이와\ 같은\ 관계는\ 동}{일한\ 도급계약에서\ 보수채권을\ 보유}$하고 행사하는 수급인이 도급인에게 부담하는 손해배상채무에 대한 이행지체책임의 발생 여부에 관하여도 마찬가지로 적용된다고 한다(대판 2007. 8. 23, 2007다26455·26462). 한편 판례는 도급인이 하자보수나 손해배상채권을 자동채권으로 하고 수급인의 공사잔대금채권을 수동채권으로 하여 상계의 의사표시를 한 다음날 비로소 이행지체에 빠진다고 한다. 앞의 1989. 12. 12. 판결 및 1996. 7. 12. 판결). 그러나 도급인이 목적물에 하자가 있다는 이유만으로 하자의 보수나 손해배상을 청구하지 않고 막바로 보수(報酬)의 지급을 거절할 수는 없다($\binom{이설이\ 없으며,\ 판례도\ 같음.\ 대판\ 1965.\ 4.\ 6,}{64다1802;\ 대판\ 1991.\ 12.\ 10,\ 91다33056}$). 도급인이 동시이행을 이유로 지급을 거절할 수 있는 보수의 범위는 공사대금에 비하여 하자보수비가 극히 소액인 것과 같은 특별한 사정이 없는 한 보수 전부라고 하여야 한다($\binom{같은\ 취지:\ 대판\ 2001.\ 9.\ 18,\ 2001다9304.\ 그러나\ 김형배,\ 625면;\ 이}{은영,\ 523면;\ 지원림,\ 1529면은\ 하자에\ 상응하는\ 금액에\ 한정한다}$). 그렇지 않으면 수급인으로서는 손해가 없게 되어 하자보수가 불투명해지기 때문이다($\binom{손해배상청구시와는}{구별해야\ 함}$).

〈판 례〉

㈀「이 사건과 같이 기성고에 따라 공사대금을 분할하여 지급하기로 약정한 경우라도, 특별한 사정이 없는 한 하자보수의무와 동시이행관계에 있는 공사대금지급채무는 당해 하자가 발생한 부분의 기성공사대금에 한정되는 것은 아니라고 할 것이다. 왜냐하면 이와 달리 본다면 도급인이 하자발생사실을 모른 채 하자가 발생한 부분에 해당하는 기성공사의 대금을 지급하고 난 후 뒤늦게 하자를 발견한 경우에는 동시이행의 항변권을 행사하지 못하게 되어 공평에 반하기 때문이다.」(미지급 공사대금에 비해 하자보수비 등이 매우 적은 편이고 하자보수공사가 완성되어도 공사대금이 지급될지 여부가 불확실한 경우, 도급인이 하자보수청구권을 행사하여 동시이

행의 항변을 할 수 있는 기성공사대금의 범위는 하자 및 손해에 상응하는 금액으로 한정하는 것이 공평과 신의칙에 부합한다고 한 사례. 즉 특별한 사정이 있어서 예외를 인정한 경우임)($\substack{대판 2001. 9. 18, \\ 2001다9304}$)

(ㄴ)「도급계약에 있어서 완성된 목적물에 하자가 있는 때에는 도급인은 수급인에 대하여 하자의 보수를 청구할 수 있고 그 하자의 보수에 갈음하여 또는 보수와 함께 손해배상을 청구할 수 있는바, 이들 청구권은 특별한 사정이 없는 한 수급인의 공사대금채권과 동시이행관계에 있는 것이므로, 수급인의 하수급인에 대한 하도급 공사대금채무를 인수한 도급인은 특별한 사정이 없는 한 수급인이 하수급인과 사이의 하도급계약상 동시이행의 관계에 있는 수급인의 하수급인에 대한 하자보수청구권 내지 하자에 갈음한 손해배상채권 등에 기한 동시이행의 항변으로서 하수급인에게 대항할 수 있다.」($\substack{대판 2007. 10. 11, \\ 2007다31914}$)

(c) 수급인의 담보책임은 도급인이 목적물을 인도받은 경우 또는 그것을 제 3 자에게 양도한 경우에도 존속한다.

(d) 판례는 도급인의 하자보수청구권의 변제기는 도급인이 그 권리를 행사한 때라고 한다($\substack{대판 1989. 12. 12, \\ 88다카18788}$).

[176]   (ㄷ) **손해배상청구권**   도급인은 하자보수가 가능하더라도 하자보수를 청구하지 않고 그것에 갈음하여 손해배상을 청구할 수 있고 또 하자보수와 함께 손해배상을 청구할 수 있다($\substack{667조 \\ 2항}$). 또한 하자가 중요하지 않은 경우에 보수에 과다한 비용을 요할 때에도 손해배상을 청구하게 된다($\substack{667조 1 \\ 항 단서}$).

(a) 여기의 손해배상의 범위에 관하여 학설은 i) 신뢰이익이며, 수급인에게 유책사유가 있는 때에는 불완전이행을 이유로 이행이익의 배상을 청구할 수 있다는 견해($\substack{곽윤직, 259면; \\ 김상용, 355면}$), ii) 이행이익이라는 견해($\substack{김주수, 397면(과실요) \\ 구설); 이은영, 524면}$), iii) 하자손해 내지 신뢰이익 외에 그 하자와 밀접한 관련이 있는 하자결과손해까지 포함된다는 견해($\substack{김형배, \\ 629면}$)로 나뉘는데, 사견은 i)설과 같다.

(b) 수급인의 손해배상의무와 도급인의 보수지급의무는 동시이행관계에 있다($\substack{667조 \\ 3항}$)($\substack{하자에 의한 확대손해의 배상의무도 도급인의 보수지급의무와 동 \\ 시이행관계에 있다고 할 것이다. 대판 2005. 11. 10, 2004다37676}$). 따라서 도급인이 하자의 보수에 갈음하여 손해배상을 청구하는 경우 도급인은 그 손해배상의 제공을 받을 때까지 보수의 지급을 거절할 수 있는데, 이때 거절범위(동시이행관계의 범위)는 배상액에 상당하는 보수액만이라고 하여야 한다($\substack{판례도 같음. 대판 1990. 5. 22, 90다카230; 대 \\ 판 1994. 10. 11, 94다26011; 대판 1996. 6. 11,}$ $\substack{95다 \\ 12798}$).

(c) 판례는, 제667조가 정하는 수급인의 하자보수에 갈음하는 손해배상채무는 이행의 기한이 없는 채무로서 이행청구를 받은 때부터 지체책임이 있다고 한다($\binom{대판\ 2009.\ 2.\ 26,}{2007다83908}$).

〈판 례〉

(ㄱ) 「민법 제667조 제 2 항의 하자보수에 갈음한 손해배상청구권은 보수청구권과 병존하여 처음부터 도급인에게 존재하는 권리이고, 일반적으로 손해배상청구권은 사회통념에 비추어 객관적이고 합리적으로 판단하여 현실적으로 손해가 발생한 때에 성립하는 것이므로($\binom{대법원\ 1998.\ 4.\ 24.\ 선고}{97다28568\ 판결\ 참조}$), 하자보수에 갈음한 손해배상청구권은 하자가 발생하여 보수가 필요하게 된 시점에서 성립된다고 봄이 상당하다.」($\binom{대판\ 2000.\ 3.\ 10,}{99다55632}$)

(ㄴ) 「도급계약에 있어서 완성된 목적물에 하자가 있을 경우에 도급인은 수급인에게 그 하자의 보수나 하자의 보수에 갈음한 손해배상을 청구할 수 있으나 다만 그 하자가 중요하지 아니하면서 동시에 그 보수에 과다한 비용을 요할 때에는 하자의 보수나 하자의 보수에 갈음하는 손해배상을 청구할 수는 없고 그 하자로 인하여 입은 손해의 배상만을 청구할 수 있다고 할 것이고, 이러한 경우 그 하자로 인하여 입은 통상의 손해는 특별한 사정이 없는 한 도급인($\binom{이는\ 수급인의\ 오}{기로\ 보임:\ 저자\ 주}$)이 하자 없이 시공하였을 경우의 목적물의 교환가치와 하자가 있는 현재의 상태대로의 교환가치와의 차액이 된다.」($\binom{대판\ 1998.\ 3.\ 13,\ 97다54376.\ 같은\ 취지:\ 대판\ 1997.\ 2.\ 25,\ 96다45436(그\ 하자\ 있는\ 목적물을\ 사용함으로\ 인}{하여\ 발생하는\ 정신적\ 고통으로\ 인한\ 손해는\ 수급인이\ 그러한\ 사정을\ 알았거나\ 알\ 수\ 있었을\ 경우에\ 한하여}$ 특별손해로서 배상받을 수 있다); 대판 1998. 3. 13, 95다30345)

(ㄷ) 「수급인은 목적물이 하자로 인하여 훼손된 경우 그 훼손된 부분을 철거하고 재시공하는 등 복구하는 데 드는 비용 상당액의 손해를 배상할 의무가 있는 것이고, 이 사건과 같이 공사도급계약의 목적물인 건물에 하자가 있어 이로부터 화재가 발생한 경우 그 화재 진압시 사용한 물이 유입됨으로써 훼손된 부분을 복구하는 데 드는 비용 상당액도 위 하자와 상당한 인과관계가 있는 손해에 해당한다.」($\binom{대판\ 1996.\ 9.\ 20,}{96다4442}$)

(ㄹ) 「위의 법리($\binom{불법행위\ 손해배상에서\ 동일하게\ 인정한}{법리이며,\ [324]에\ 직접\ 인용함:\ 저자\ 주}$)는 도급에 있어서, 수급인의 도급공사상 하자로 인하여 도급인이 수급인을 상대로 하자보수를 갈음하는 손해배상청구를 하는 경우도 마찬가지여서 원칙적으로 도급인이 하자보수공사에 소요되는 부가가치세까지 부담하여야 한다면 그 배상을 청구할 수 있다.

그러나 도급인이 부가가치세 과세사업자로서 그 하자보수에 소요되는 부가가치세를 자기의 매출세액에서 공제하거나 환급받을 수 있는 때에는 그 부가가치세는 실질적으로 도급인의 부담으로 돌아가지 않게 되므로, 특별한 사정이 없는 한 도급인이 수급인에게 위 부가가치세 상당의 손해배상을 청구할 수 없다.

도급인이 부가가치세 면세사업자로서 그 하자보수에 소요되는 부가가치세가 부가가치세법 제39조 제 1 항 제 7 호에서 규정한 '면세사업과 관련된 매입세액' 등에 해당하여 이를 자기의 매출세액에서 공제하거나 환급받을 수 없는 때에는 그 부가가치세는 실질적으로 도급인의 부담이 되므로, 위의 원칙으로 돌아가 도급인은 수급인에게 그 부가가치세 상당의 손해배상을 청구할 수 있다. 또한 위와 같이 도급인이 수급인에 대하여 청구할 수 있는 하자보수를 갈음하는 손해배상액에서 부가가치세액 상당을 공제하도록 하는 취지는 도급인이 하자 발생 및 그에 대한 보수 또는 배상으로 인하여 그 이전보다 더 유리하게 되는 불합리를 방지하고자 하는 데 있는 것이므로 현실적으로 도급인이 부가가치세액을 매출세액에서 공제하거나 환급받은 경우뿐만 아니라 그러한 가능성이 있는 경우까지도 포함한다고 할 것이지만, 도급인에게 책임지울 수 없는 사유로 부가가치세액의 공제나 환급이 사실상 불가능하게 된 때에는 하자보수를 갈음하는 손해배상액에서 이를 공제할 것은 아니다.」($\binom{대판\ 2021.\ 8.\ 12,}{2021다210195}$)

㈅ 「일반적으로 건물신축 도급계약에 있어서 수급인이 신축한 건물에 하자가 있는 경우에, 이로 인하여 도급인이 받은 정신적 고통은 하자가 보수되거나 하자보수에 갈음한 손해배상이 이루어짐으로써 회복된다고 봄이 상당하고, 도급인이 하자의 보수나 손해배상만으로는 회복될 수 없는 정신적 고통을 입었다면 이는 특별한 사정으로 인한 손해로서 수급인이 이와 같은 사정을 알았거나 알 수 있었을 경우에 한하여 정신적 고통에 대한 위자료를 인정할 수 있다.」($\binom{대판\ 1996.\ 6.\ 11,\ 95다12798.\ 같은}{취지:\ 대판\ 1993.\ 11.\ 9,\ 93다19115}$)

㈇ 「완성된 목적물에 하자가 있어 도급인이 수급인에 대하여 하자보수에 갈음한 손해배상을 청구하는 경우 그 손해배상의 액에 상응하는 보수의 액에 관하여는 그 지급을 거절할 수 있고, 이 경우 그 손해배상의 액수 즉 하자보수비는 목적물의 완성시가 아니라 손해배상청구시를 기준으로 산정함이 상당하다.」($\binom{대판\ 1994.\ 10.\ 11,\ 94다}{26011.\ 같은\ 취지:\ 대판\ 1980.}$)
11. 11, 80다923 · 924; 대
판 1998. 3. 13, 95다30345

㈈ 「수급인의 하자담보책임은 법이 특별히 인정한 무과실책임으로서 여기에 민법 제396조의 과실상계 규정이 준용될 수는 없다 하더라도 담보책임이 민법의 지도이념인 공평의 원칙에 입각한 것인 이상 하자발생 및 그 확대에 가공한 도급인의 잘못을 참작할 수 있다.」($\binom{대판\ 2004.\ 8.\ 20,\ 2001다70337.\ 같은\ 취지:\ 대판\ 1980.\ 11.\ 11,\ 80다923\ ·}{924;\ 대판\ 1990.\ 3.\ 9,\ 88다카31866;\ 대판\ 1999.\ 7.\ 13,\ 99다12888}$)

㈉ 공사도급계약에 의하여 도급인이 수급인으로부터 하자보증금을 보관하였다면 특단의 사정이 없는 한 공사준공검사 후에 하자가 발견되어 이를 수리한 도급인은 보관하고 있는 하자보증금 중에서 수리비를 지출하여야 하고 하자보증금과 별도로 수리비 상당의 금원을 청구할 수 없는 것이다($\binom{대판\ 1974.\ 6.\ 25,\ 73다1986.\ 그리고\ 대판\ 1998.\ 1.}{23,\ 97다38329는\ 건설회사가\ 지방자치단체와\ 체결한}$
공사도급계약에서 약정한 하자보수 보증금
은 위약벌 내지 제재금에 해당한다고 한다).

㈊ 「수급인이 도급계약에 따른 의무를 제대로 이행하지 못함으로 말미암아 도급인의 신체 또는 재산에 손해가 발생한 경우 수급인에게 귀책사유가 없었다는 점을 스스로 입증하지 못하는 한 도급인에게 그 손해를 배상할 의무가 있다고 보아야 할 것이고, 원래 동시이행의 항변권은 공평의 관념과 신의칙에 입각하여 각 당사자가 부담하는 채무가 서로 대가적 의미를 가지고 관련되어 있을 때 그 이행과정에서의 견련관계를 인정하여 당사자 일방은 상대방이 채무를 이행하거나 이행의 제공을 하지

아니한 채 당사자 일방의 채무의 이행을 청구할 때에는 자기의 채무이행을 거절할 수 있도록 하는 제도인데, 이러한 제도의 취지로 볼 때 비록 당사자가 부담하는 각 채무가 쌍무계약관계에서 고유의 대가관계가 있는 채무는 아니라고 하더라도 구체적인 계약관계에서 각 당사자가 부담하는 채무에 관한 약정내용 등에 따라 그것이 대가적 의미가 있어 이행상의 견련관계를 인정하여야 할 사정이 있는 경우에는 동시이행의 항변권이 인정되어야 하는 점, 민법 제667조 제 3 항에 의하여 민법 제536조가 준용되는 결과 도급인이 수급인에 대하여 하자보수와 함께 청구할 수 있는 손해배상채권과 수급인의 공사대금채권은 서로 동시이행관계에 있는 점 등에 비추어 보면, 하자확대손해로 인한 수급인의 손해배상채무와 도급인의 공사대금채무도 동시이행관계에 있는 것으로 보아야 할 것이다.」($\binom{대판\ 2005.\ 11.\ 10,}{2004다37676}$)

(ㅊ)「공사도급계약서 또는 그 계약내용에 편입된 약관에 수급인이 하자담보책임 기간 중 도급인으로부터 하자보수요구를 받고 이에 불응한 경우 하자보수보증금은 도급인에게 귀속한다는 조항이 있을 때 이 하자보수보증금은 특별한 사정이 없는 한 손해배상액의 예정으로 볼 것이고($\binom{대법원\ 2001.\ 9.\ 28.\ 선고}{2001다14689\ 판결\ 참조}$), 다만 하자보수보증금의 특성상 실손해가 하자보수보증금을 초과하는 경우에는 그 초과액의 손해배상을 구할 수 있다는 명시 규정이 없다고 하더라도 도급인은 수급인의 하자보수의무 불이행을 이유로 하자보수보증금의 몰취 외에 그 실손해액을 입증하여 수급인으로부터 그 초과액 상당의 손해배상을 받을 수도 있는 특수한 손해배상액의 예정으로 봄이 상당하다.」($\binom{대판\ 2002.\ 7.\ 12,}{2000다17810}$)

(ㅋ)「도급인이 그가 분양한 아파트의 하자와 관련하여 구분소유자들로부터 손해배상청구를 당하여 그 하자에 대한 손해배상금 및 이에 대한 지연손해금을 지급한 경우, 그 지연손해금은 도급인이 자신의 채무의 이행을 지체함에 따라 발생한 것에 불과하므로 특별한 사정이 없는 한 수급인의 도급계약상의 채무불이행과 상당인과관계가 있는 손해라고 볼 수는 없다. 이러한 경우 도급인으로서는 구분소유자들의 손해배상청구와 상관없이 수급인을 상대로 위 하자에 대한 손해배상금(원금)의 지급을 청구하여 그 이행지체에 따른 지연손해금을 청구할 수 있을 뿐이다.」($\binom{대판\ 2013.\ 11.\ 28,}{2011다67323}$)

(ㅌ)「수급인의 공사대금채권이 도급인의 하자보수청구권 내지 하자보수에 갈음한 손해배상채권 등과 동시이행의 관계에 있는 점 및 피담보채권의 변제기 도래를 유치권의 성립요건으로 규정한 취지 등에 비추어 보면, 건물신축 도급계약에서 수급인이 공사를 완성하였다고 하더라도, 신축된 건물에 하자가 있고 그 하자 및 손해에 상응하는 금액이 공사잔대금액 이상이어서, 도급인이 수급인에 대한 하자보수청구권 내지 하자보수에 갈음한 손해배상채권 등에 기하여 수급인의 공사잔대금 채권 전부에 대하여 동시이행의 항변을 한 때에는, 공사잔대금 채권의 변제기가 도래하지 아니한 경우와 마찬가지로 수급인은 도급인에 대하여 하자보수의무나 하자보수에 갈음한 손해배상의무 등에 관한 이행의 제공을 하지 아니한 이상 공사잔대금 채권에 기한 유

치권을 행사할 수 없다고 보아야 한다.」$\binom{\text{대판 2014. 1. 16,}}{2013\text{다}30653}$

[177]　　(다) **계약해제권**　　도급인이 완성된 목적물의 하자로 인하여 계약의 목적을 달성할 수 없는 때에는, 계약을 해제할 수 있다$\binom{668조}{본문}$. 이때 해제하려면 상당한 기간을 정하여 최고를 하여야 하는가? 여기에 관하여 학설은 i) 필요설$\binom{\text{곽윤직, 260면; 김}}{\text{상용, 356면(예외}}$를 인정함); 김주수, 400면; 김$)과 ii) 불필요설$\binom{\text{이은영,}}{525\text{면}}$로 나뉘어 있다. 생각건대 여기의 해제는 이행지체에 의한 해제와 다르며, 최고를 인정할 근거가 없다. 따라서 최고는 필요하지 않다고 할 것이다. 한편 이 경우 해제를 하면서 손해배상도 청구할 수 있다고 하여야 한다$\binom{\text{통설도 같음. 반대}}{\text{견해: 김형배, 633면}}$.

건물 기타 토지의 공작물에 관하여는 그것이 완성된 경우 하자가 중대하여도 계약을 해제할 수는 없다$\binom{668조 단서. 이것}{은 강행규정이다}$. 따라서 도급인은 손해배상만을 청구할 수 있을 뿐이다. 그러나 토지의 공작물이 완성되기 전에는 채무불이행의 일반원칙에 따라서 해제할 수 있다$\binom{\text{통설·판례도 같음. 대판 1996. 10. 25, 96}}{\text{다21393·21409. 반대 견해: 김형배, 634면}}$.

4) 책임의 감면에 관한 특칙

(가) 목적물의 하자가 도급인이 제공한 재료의 성질 또는 도급인의 지시$\binom{\text{수급인}}{\text{이 설계}}$도면대로 시공한 경우는 도급인의 지시에 따른 것과 같음. 대판 1996. 5. 14, 95다24975$)에 기인한 때에는, 수급인의 담보책임은 생기지 않는다$\binom{669조}{본문}$. 그러나 수급인이 그 재료 또는 지시의 부적당함을 알고 도급인에게 고지하지 않은 때에는 담보책임이 생긴다$\binom{669조}{단서}\binom{\text{대판 1995. 10. 13, 94다31747·31754;}}{\text{대판 2016. 8. 18, 2014다31691}}$. 주의할 것은, 제669조 본문은 수급인의 하자담보책임에만 적용되며 제390조에 따른 채무불이행책임에는 적용되지 않는다는 점이다$\binom{\text{대판 2020. 1. 30,}}{2019\text{다}268252}$. 따라서 목적물의 하자가 도급인의 지시에 기인한 경우에도 채무불이행책임까지 면제되지는 않는다.

(나) 당사자가 수급인의 담보책임을 면제 또는 경감하는 특약을 한 경우에 그 특약은 원칙적으로 유효하다. 그러나 책임을 면제하는 특약이 있어도 수급인이 알고 고지하지 않은 사실에 대하여는 면책되지 않는다$\binom{672}{조}$. 그리고 이 규정은 담보책임기간을 단축하는 것과 같이 담보책임을 제한 내지 경감하는 경우에도 유추적용되어야 한다$\binom{\text{같은 취지: 대판 1999.}}{9. 21, 99\text{다}19032}$.

5) 책임의 존속기간

(가) 도급인은 원칙적으로 목적물의 인도를 받은 날로부터 1년 내에 권리$\binom{\text{하자보}}{\text{수청구}}$권·손해배상청구권·계약해제권$)를 행사하여야 하며, 목적물의 인도를 요하지 않는 경우에는 일이 종

료한 날로부터 1년 내에 행사하여야 한다$\binom{670}{조}$$\binom{\text{기계를 설치한 후 시운전을 하여 성능검사가 끝난 때}}{\text{에 잔금을 지급받기로 한 경우에는, 성능검사가 끝난}}$ 날이 기산점이다. 대판 1994. $\bigg)$. 12. 22, 93다60632·60649

(나) 토지, 건물 기타 공작물의 수급인은 목적물 또는 지반공사의 하자에 대하여 인도 후 5년간 담보책임이 있다$\binom{671조 1}{항 본문}$. 그러나 목적물이 석조·석회조·연와조·금속 기타 이와 유사한 재료로 조성된 것인 때에는, 그 기간은 10년으로 한다$\binom{671조 1}{항 단서}$. 그리고 하자로 인하여 목적물이 멸실 또는 훼손된 때에는, 도급인은 멸실 또는 훼손된 날로부터 1년 내에 담보책임을 물어야 한다$\binom{671조}{2항}$.

(다) 위의 각 기간은 모두 제척기간이다$\binom{\text{통설·판}}{\text{례도 같음}}$$\binom{\text{그리고 출소기간이 아니다. 대판 1990. 3. 9,}}{\text{88다카31866; 대판 2000. 6. 9, 2000다15371;}}$ 대판 2004. 1. 27, 2001다24891; $\bigg)$. 한편 판례는, 채권양도의 통지는 그 양도인이 채권이 대판(전원) 2012. 3. 22, 2010다28840 양도되었다는 사실을 채무자에게 알리는 것에 그치는 행위이므로, 그것만으로 제척기간의 준수에 필요한 권리의 재판 외 행사에 해당한다고 할 수 없다고 한다 $\binom{\text{대판(전원) 2012. 3. 22,}}{\text{2010다28840}}$.

〈판 례〉

「수급인의 담보책임에 기한 하자보수에 갈음하는 손해배상청구권에 대하여는 민법 제670조 또는 제671조의 제척기간이 적용되고, 이는 법률관계의 조속한 안정을 도모하고자 하는 데에 그 취지가 있다. 그런데 이러한 도급인의 손해배상청구권에 대하여는 그 권리의 내용·성질 및 취지에 비추어 민법 제162조 제 1 항의 채권 소멸시효의 규정 또는 그 도급계약이 상행위에 해당하는 경우에는 상법 제64조의 상사시효의 규정이 적용된다고 할 것이고, 민법 제670조 또는 제671조의 제척기간 규정으로 인하여 위 각 소멸시효 규정의 적용이 배제된다고 볼 수 없다$\binom{\text{대법원 2011. 10. 13. 선고}}{\text{2011다10266 판결, 대법원}}$ 2011. 12. 8. 선고 2009$\bigg)$ $\binom{\text{대판 2012. 11. 15,}}{}$」 다25111 판결 등 참조 2011다56491

2. 도급인의 의무(보수지급의무) [178]

도급인은 수급인에게 보수를 지급할 의무가 있다.

(1) 보수의 종류 및 결정방법

보수의 종류에는 제한이 없으나, 보통은 금전으로 지급한다. 보수를 금전으로 지급하는 경우에 그 결정방법으로는 정액도급$\binom{\text{일의 완성에 필요한 비용에 적당한}}{\text{이윤을 붙여 보수를 산출하는 방법}}$, 개산도급$\binom{槪算都給}{}$$\binom{\text{개괄적인 금액만을 정해두고 작업 진행에}}{\text{따라 또는 종료 후에 확정하기로 하는 방법}}$, 처음에는 정하지 않고 후에 결정하기로 하는 방법 등이 있다. 이 중 마지막 방법의 경우에는 거래관행에 비추어 실제로 소요된 비용에 적정한 이윤을 포함한 금액을 보수액으로 하여야 한다

$\binom{\text{대판 1965. 11. 16,}}{\text{65다1176}}$.

(2) 보수의 지급시기

보수의 지급시기는 당사자 사이에 특약이 있으면 그에 의하고, 특약이 없으면 관습에 의하며, 관습도 없으면 목적물의 인도와 동시에 지급하여야 한다$\binom{665조}{1항 \cdot 2}$ 항, 656)$\binom{\text{따라서 건물건축공사 도급계약의 수급인은 공사대금을 변제받을 때까지 목적물인 건물 및 그 대지에 대하여 동시}}{\text{이행의 항변권에 기하여 인도를 거절할 수 있으나, 완공 후에도 그것들을 무상으로 사용 \cdot 수익할 수 있는 권능이}}$ 있는 것은 아니다. 대판 1992. 12. 24, 92다22114 참조. 이 판결 사안에서는 건물소유 권이 수급인에게 귀속되었다고 하여 건물 사용에 대한 부당이득은 문제되지 않았다$\big)$. 그러나 목적물의 인도를 요하지 않는 경우에는 그 일을 완성한 후$\binom{\text{일의 완성에 관한 주장 \cdot 증명책임은 수급인에}}{\text{게 있다. 대판 1994. 11. 22, 94다26684 \cdot 26691}}$ 지체 없이 지급하여야 한다$\binom{665조 1}{\text{항 단서}}\binom{\text{판례(대판 2016. 10. 27, 2014다72210)도 같은 입장이다. 그런데 대판 2017. 4. 7,}}{\text{2016다35451은 공사도급계약에서 소멸시효의 기산점이 되는 보수청구권의 지급}}$ 시기는, 당사자 사이에 특약이 있으면 그에 따르고, 특약이 없으면 관습에 의하며, 특약이나 관습이 없으면 공사를 마친 때라고 한다$\big)$. 그리하여 특약 \cdot 관습이 없으면 후급으로 된다. 그런데 실제에서는 분할급으로 약정하는 때도 많다.

수급인의 보수청구권은 후급인 경우에도 계약과 동시에 성립하며, 따라서 수급인의 채권자는 일이 완성되기 전이라도 보수청구권을 압류할 수 있다.

〈판 례〉

㈀ 수급인의 채무불이행을 이유로 도급인이 계약을 해제한 경우의 법률관계에 관하여 대법원은 일련의 판결을 내놓고 있다. 주요 판결을 인용한다.

「건축공사 도급계약에 있어서는 공사 도중에 계약이 해제되어 미완성 부분이 있는 경우라도 그 공사가 상당한 정도로 진척되어 원상회복이 중대한 사회적 \cdot 경제적 손실을 초래하게 되고 완성된 부분이 도급인에게 이익이 되는 때에는 도급계약은 미완성 부분에 대해서만 실효되어 수급인은 해제된 상태 그대로 그 건물을 도급인에게 인도하고 도급인은 그 건물의 기성고 등을 참작하여 인도받은 건물에 대하여 상당한 보수를 지급하여야 할 의무가 있게 되는 것이다.」$\binom{\text{대판 1997. 2. 25, 96다43454. 대판 1986. 9. 9,}}{\text{85다카1751 이래 다수의 같은 취지의 판결이 있}}$ 음. 대판 1992. 12. 22, 92다30160은 구체적 $\big)$ 인 사안에서 계약 전부의 해제를 인정하였음

「수급인이 공사를 완성하지 못한 채 공사도급계약이 해제되어 기성고에 따른 공사비를 정산하여야 할 경우에 특별한 다른 사정이 없는 한 그 공사비는 약정 총공사비에서 막바로 미시공 부분의 완성에 실제로 소요될 공사비를 공제하여 산정할 것이 아니라 기성부분과 미시공 부분에 실제로 소요되거나 소요될 공사비를 기초로 산출한 기성고 비율을 약정공사비에 적용하여 산정하여야 하고, 기성고 비율은 이미 완성된 부분에 소요된 공사비에다가 미시공 부분을 완성하는 데 소요될 공사비를 합친 전체 공사비 가운데 이미 완성된 부분에 소요된 비용이 차지하는 비율이라 할 것이다.」$\binom{\text{대판 1995. 6. 9, 94다29300 \cdot 29317. 같은 취지: 대판 1986. 9. 9, 85다카2517; 대판 1992. 3. 31, 91다42630(수급}}{\text{인이 실제로 지출한 비용을 기준으로 할 것은 아님); 대판(전원) 2019. 12. 19, 2016다24284(다만 당사자 사이}}$ 에 기성고 비율 산정에 관하여 특약이 있는 등 특별한 사정이 인정되는 경우라면 그와 달리 산정할 수 있음); 대판 2003. 2. 26, 2000다40995 등 다수의 판결. 그리고 이 법리는 당사자가 기성고 비율에 따라 공사대금을 지급하기로 한 경우에도 인정된다(대판 1996. $\big)$ 1. 23, 94다31631 \cdot 31648)

「만약 공사도급계약에서 설계 및 사양의 변경이 있는 때에는 그 설계 및 사양의 변경에 따라 공사대금이 변경되는 것으로 특약하고, 그 변경된 설계 및 사양에 따라 공사가 진행되다가 중단되었다면 설계 및 사양의 변경에 따라 변경된 공사대금에 기성고 비율을 적용하는 방법으로 기성고에 따른 공사비를 산정하여야 한다.」$\binom{대판\ 2003.}{2.\ 26,}$ $\binom{2000다}{40995}$

「건축공사도급계약이 수급인의 채무불이행을 이유로 해제된 경우에 해제될 당시 공사가 상당한 정도로 진척되어 이를 원상회복하는 것이 중대한 사회적·경제적 손실을 초래하고 완성된 부분이 도급인에게 이익이 되는 경우에 도급계약은 미완성부분에 대하여만 실효되고 수급인은 해제한 상태 그대로 그 건물을 도급인에게 인도하며, 도급인은 특별한 사정이 없는 한 인도받은 미완성 건물에 대한 보수를 지급하여야 하는 권리의무관계가 성립한다$\binom{대법원\ 1992.\ 3.\ 31.\ 선고}{91다42630\ 판결\ 등\ 참조}$. 건축공사도급계약이 중도해제된 경우 도급인이 지급하여야 할 보수는 특별한 사정이 없는 한 당사자 사이에 약정한 총 공사비에 기성고 비율을 적용한 금액이 되는 것이지 수급인이 실제로 지출한 비용을 기준으로 할 것은 아니다$\binom{대법원\ 1992.\ 3.\ 31.\ 선고\ 91다42630\ 판결,\ 대법}{원\ 1993.\ 11.\ 23.\ 선고\ 93다25080\ 판결\ 등\ 참조}$. 그 기성고 비율은 공사대금 지급의무가 발생한 시점, 즉 수급인이 공사를 중단할 당시를 기준으로 이미 완성된 부분에 들어간 공사비에다 미시공 부분을 완성하는 데 들어갈 공사비를 합친 전체 공사비 가운데 완성된 부분에 들어간 비용이 차지하는 비율을 산정하여 확정하여야 한다$\binom{대법원\ 1989.\ 12.\ 26.\ 선고\ 88다카32470,\ 32487\ 판결,\ 대}{법원\ 1996.\ 1.\ 23.\ 선고\ 94다31631,\ 31648\ 판결\ 등\ 참조}$. 그러나 이러한 공사 기성고 비율과 그 대금에 관하여 분쟁이 있는 경우에 당사자들이 공사규모, 기성고 등을 참작하여 약정으로 그 비율과 대금을 정산할 수 있다고 보아야 한다.」$\binom{대판\ 2017.\ 1.\ 12,\ 2014}{다11574\cdot11581}$

판례는, 수급인의 유책사유로 계약이 해제되어 도급인이 그 당시까지의 기성고에 대한 공사금 상당액을 지급하여야 할 경우에, 이에 대한 지연손해금은 계약이 해제된 다음 날부터 발생한다고 한다$\binom{대판\ 1991.\ 7.\ 9,}{91다11490}$.

판례에 의하면, 수급인의 공사대금채권이 남아있는 경우에는 설사 그 도급계약의 일부가 해제되었다 하더라도 그에 부수된 공사대금채권 양도금지 특약은 실효되지 않는다$\binom{대판\ 1994.\ 11.\ 4,}{94다18584}$.

(ㄴ) 「일반적으로 당사자 일방이 어느 일을 완성할 것을 약정하고 상대방이 그 일의 결과에 대하여 보수를 지급할 것을 약정하는 도급계약에 있어서 수급인의 보수는 통상 그 완성된 목적물의 인도와 동시에 지급하면 족하다 할 것이나 당사자 사이에 일의 진행(辰/눈) 정도에 따라 보수를 일정액씩 분할 지급하기로 특약을 한 경우에는 수급인이 상당정도의 공사를 시행한 후 그 이후의 공정의 공사시행을 포기함으로써 잔여부분의 도급공사가 중단되었다 하여도 이미 시행한 공사분에 대한 약정보수채권은 위 도급계약 자체가 해제되었거나 기왕의 보수채권을 포기하는 등 특별한 사정이 없는 한 그 일의 전체가 완성되지 못하였다는 사유만으로 당연히 소멸된다고는 할 수 없고 도급인이 공사의 현장을 인도받아 잔여공사를 완성하였다 하여 기히 발생한 보

수지급의무를 당연히 면하는 것이 아니」다$\binom{\text{대판 1985. 5. 28, 84다카856. 대}}{\text{판 1994. 8. 12, 93다42320도 참조}}$.

(ㄷ)「공사도급계약에 있어서 수수되는 이른바 선급금은 구체적인 기성고와 관련하여 지급된 공사대금이 아니라 전체 공사와 관련하여 지급된 공사대금이고, 이러한 점에 비추어 선급금을 지급한 후 계약이 해제 또는 해지되는 등의 사유로 수급인이 도중에 선급금을 반환하여야 할 사유가 발생하였다면, 특별한 사정이 없는 한 별도의 상계 의사표시 없이도 그때까지의 기성고에 해당하는 공사대금 중 미지급액은 선급금으로 충당되고 도급인은 나머지 공사대금이 있는 경우 그 금액에 한하여 지급할 의무를 부담하게 되나$\binom{\text{대법원 1999. 12. 7. 선고}}{\text{99다55519 판결 등 참조}}$, 이때 선급금의 충당 대상이 되는 기성공사대금의 내역을 어떻게 정할 것인지는 하도급계약 당사자$\binom{\text{여기의 「하도급계약 당사자」는 「도}}{\text{급계약 당사자」의 오기로 보임. 대}}$ $\binom{\text{판 2004. 11. 26, 2002다68362는}}{\text{「도급계약 당사자」라고 함: 저자 주}}$의 약정에 따라야 한다$\binom{\text{대법원 2004. 11. 26. 선고}}{\text{2002다68362 판결 참조}}$. 그리고 그와 같이 정산하고 남은 선급금을 공사의 수급인이 도급인에게 반환하여야 할 채무는 선급금 그 자체와는 성질을 달리하는 것이다.」$\binom{\text{대판 2010. 7. 8, 2010다9597. 같은 취지: 대판}}{\text{2010. 5. 1, 2007다31211. 대판 2017. 1. 12, 2014다}}$ 11574 · 11581도 대 부분 같은 취지임$)$

(ㄹ)「도급계약에서 수급인의 보수는 완성된 목적물의 인도와 동시에 지급하여야 하고, 인도를 요하지 않는 경우 일을 완성한 후 지체 없이 지급하여야 하며, 도급인은 완성된 목적물의 인도의 제공이나 일의 완성이 있을 때까지 그 보수 지급을 거절할 수 있으므로, 도급계약에서 정한 일의 완성 이전에 계약이 해제된 경우 수급인으로서는 도급인에게 보수를 청구할 수 없음이 원칙이다.

다만 당해 도급계약에 따라 수급인이 일부 미완성한 부분이 있더라도 계약해제를 이유로 이를 전부 원상회복하는 것이 신의성실의 원칙 등에 비추어 공평 · 타당하지 않다고 평가되는 특별한 경우라면 예외적으로 이미 완성된 부분에 대한 수급인의 보수청구권이 인정될 수 있고, 그와 같은 경우에 해당하는지 여부는 도급인과 수급인의 관계, 당해 도급계약의 목적 · 유형 · 내용 및 성질, 수급인이 도급계약을 이행함에 있어 도급인의 관여 여부, 수급인이 도급계약에 따라 이행한 결과의 정도 및 그로 인해 도급인이 얻을 수 있는 실질적인 이익의 존부, 계약해제에 따른 원상회복 시 사회적 · 경제적 손실의 발생 여부 등을 종합적으로 고려하여 판단하여야 한다.」$\binom{\text{대판 2023.}}{\text{3. 30,}}$ 2022다 289174$)$

(3) 부동산수급인의 저당권설정청구권

부동산공사의 수급인은 그의 보수에 관한 채권을 담보하기 위하여 목적부동산에 저당권을 설정할 것을 도급인에게 청구할 수 있다$\binom{666}{\text{조}}$. 이 저당권설정청구권은 순수한 청구권이어서, 저당권은 도급인과의 저당권설정의 합의와 등기가 있어야 성립한다$\binom{\text{이설}}{\text{없음}}$. 판례는, 제666조의 취지에 비추어, 건물신축공사에 관한 도급계약에서 수급인이 자기의 노력과 출재로 건물을 완성하여 그 소유권이 수급인에게 귀속된 경우에는 수급인으로부터 건물신축공사 중 일부를 도급받은 하수급인도 수급인에 대하여 제666조에 따른 저당권설정청구권을 가진다고 한다(대판 2016. 10. 27, 2014다211978). 그리고 판례는, 건축공사의 도급인이 제666조가 정한 수급인의 저당권설정청구권 행사에 따라 공사대금채무의 담보로 건물에 저당권을 설정하는 행위는 특별한 사정이 없는 한 사해행위에 해당하지 않는다고 한다(대판 2008. 3. 27, 2007다78616; 대판 2018. 11. 29, 2015다19827; 대판 2021. 5. 27, 2017다225268).

3. 도급에 있어서 위험부담

[179]

도급은 쌍무계약이므로 위험부담에 관한 제537조·제538조의 적용을 받는다. 그런데 수급인의 이행불능의 의미를 분명하게 할 필요가 있다. 도급에는 「일」의 성질상 목적물의 인도가 필요한 경우와 인도가 문제되지 않는 경우가 있다. 수급인의 이행불능은, 전자에 있어서는 수급인이 목적물을 완성하여 도급인에게 인도(정확하게는 도급인에 의한 검수(檢收). 같은 취지: 김형배, 650면)하기 전에 이미 성취한 일이 멸실 또는 훼손되어 계약대로 일을 다시 할 수 없게 되는 것이고(대판 1993. 3. 26, 91다14116은 수급인이 기성부분의 수령을 최고하였는데 도급인이 수령을 거절하던 중 도급인이 대지를 제3자에게 매도하여 매수인이 기성부분을 철거한 경우에 도급인의 공사대금 지급채무가 존속한다고 한다. 그 밖에 대판 1996. 7. 9, 96다14364·14371(도급인의 유책사유로 인한 경우)도 참조), 후자에 있어서는 일을 완성하기 전에(김형배, 850면은 이때에도 도급인의 검수시까지라고 한다) 어떤 사정으로 이제는 완성할 수 없게 되는 것이다.

Ⅳ. 도급의 종료

민법은 도급에 특유한 종료원인으로 도급인에 의한 해제와 도급인이 파산한 경우의 수급인 또는 파산관재인에 의한 해제를 규정하고 있다.

1. 도급인의 해제

수급인이 일을 완성하기 전에는 도급인은 손해를 배상하고 계약을 해제할 수 있다(673조). 이는 도급이 도급인에게 불필요하게 된 경우에 손해를 배상하고 계약을 종료시킬 수 있게 한 것이다.

해제(김형배, 655면; 김상용, 362면은 여기의 해제는 해지라고 하며, 이은영, 531면은 해제와 해지가 합성된 것이라고 한다)는 일이 완성되기 전에만 할 수 있으며, 완성된 후에는 인도 전이라도 해제할 수 없다(통설·판례도 같음. 대판 1995. 8. 22, 95다1521). 해제하려면 손해배상을 제공하여야 하는가에 관하여는 견해가 나뉜다. i) 통설은 손해액 산정의 어려움을 이유로 제공이 필요하지 않다고 하나($\binom{곽윤직, 265면; 김상용,}{363면; 김주수, 407면}$), ii) 소수설은 도급인의 해제권 행사의 남용을 막고 수급인을 보호하기 위하여 손해배상의 제공이 필요하다고 한다($\binom{김형배,}{656면}$). 수급인 보호방안이 없는 점을 고려할 때 ii)설이 타당하다. 한편 해제사유에는 제한이 없다($\binom{통설도 같음. 반대 견해: 이은영, 529면}{(부득이한 사유가 있는 때에만 허용)}$).

해제의 경우 도급인은 수급인에게 손해를 배상하여야 하는데, 그 범위는 수급인이 이미 지출한 비용과 장차 얻었을 이익을 합한 것이다. 그리고 판례에 의하면, 여기의 해제의 경우에는, 손해배상에 있어서 과실상계나 손해배상 예정액의 감액을 주장할 수는 없으나, 손익상계는 할 것이라고 한다($\binom{대판 2002. 5. 10,}{2000다37296 · 37302}$).

한편 판례는, 도급인이 수급인의 채무불이행을 이유로 도급계약 해제의 의사표시를 하였으나 실제로는 채무불이행의 요건을 갖추지 못한 것으로 밝혀진 경우, 도급계약의 당사자 사이에 분쟁이 있었다고 하여 그러한 사정만으로 위 의사표시에 제673조에 따른 임의해제의 의사가 포함되어 있다고 볼 수는 없다고 한다($\binom{대판 2022. 10. 14,}{2022다246757}$).

2. 도급인의 파산

도급인이 파산선고를 받은 때에는, 수급인 또는 파산관재인은 계약을 해제할 수 있다($\binom{674조}{1항 1문}$)($\binom{도급인이 파산한 경우에는 구 파산법 50조(채무자회생법 335조에}{해당)는 적용되지 않는다는 대판 2002. 8. 27, 2001다13624도 참조}$). 이때에는 수급인은 일의 완성된 부분에 대한 보수 및 보수에 포함되지 않은 비용에 대하여 파산재단의 배당에 가입할 수 있다($\binom{674조}{1항 2문}$). 그리고 이에 의한 해제의 경우에는 각 당사자는 상대방에 대하여 계약해제로 인한 손해의 배상을 청구하지 못한다($\binom{674조}{2항}$).

수급인이 파산한 경우에는 「채무자회생 및 파산에 관한 법률」제335조($\binom{구 파산}{법 50조}$ $\binom{에}{해당}$) · 제337조와 특히 같은 법 제341조가 적용된다($\binom{구 파산법 50조의 적용을 인정하는 대판}{2001. 10. 9, 2001다24174 · 24181도 참조}$).

제 9 절 여행계약

I. 서 설

(1) 여행계약의 의의

여행계약은 당사자 한쪽(여행주최자)이 상대방(여행자)에게 운송, 숙박, 관광 또는 그 밖의 여행 관련 용역을 결합하여 제공하기로 약정하고 상대방이 그 대금을 지급하기로 약정함으로써 성립하는 계약이다($^{674조}_{의 2}$). 여행계약의 당사자는 여행주최자와 여행자이다($^{그에 관하여는 뒤에}_{자세히 살펴본다}$).

근래 국민소득이 증가하면서 국내외 여행이 크게 늘어났다. 그리고 그 여행 중에는 여행(특히 해외여행)을 주관하는 사업자가 운송·숙박 등 여행에 필요한 사항 모두를 제공하기로 한 뒤 희망자를 모집하여 여행을 하게 하는 총괄단체여행(이른바 패키지여행)도 많았다. 그리고 그러한 여행을 둘러싸고 분쟁도 적지 않게 발생하였다. 그리하여 그와 같은 총괄단체여행의 경우에 중요한 법률문제를 분명히 하고 여행자를 소비자로서 보호해야 할 법률규정을 둘 필요가 있었다($^{종래}_{에는}$ $^{관광진흥법에 약간의 규정만}_{있었다. 동법 12조-14조 참조}$). 그러한 필요성에 응하여 2015년에 민법을 개정하여 여행계약에 관한 규정($^{민법 제3편 제2장}_{제9절의 2}$)을 신설하였다($^{2015. 2. 3. 신설,}_{2016. 2. 4. 시행}$). 그 결과 여행계약이 민법 제정 후 최초로 전형계약으로 새로 추가되었다.

(2) 여행계약의 법적 성질

1) 여행계약은 낙성·쌍무·유상·불요식계약이다. ① 여행계약은 당사자의 합의만 있으면 성립하는 낙성계약이다. 그리하여 가령 계약금이 교부되어야 성립하는 것이 아니다. ② 여행계약에서 여행주최자의 여행용역의 제공의무와 여행자의 대금지급의무는 서로 대가적인 의미에 있으므로 쌍무계약이다. ③ 여행계약은 쌍무계약이므로 또한 유상계약이다. ④ 여행계약은 특별한 방식을 요하지 않는 불요식계약이다. 그러므로 반드시 서면으로 작성해야 하는 것도 아니다. 그런데 실제에 있어서는 계약의 성립과 내용을 분명히 하기 위하여 계약서를 작성하고 있다.

2) 여행계약에 관한 민법규정이 신설되기 전에 그것의 법적 성질에 관하여 논의가 있었다. 구체적으로는 도급계약이라는 견해, 도급계약과 유사하지만 독립

한 계약이라는 견해, 독자적 성질을 가지는 혼합계약(위임·매매·임대차·도급계약의 요소가 혼합되어 있다고 함)이라는 견해가 대립되었다. 이러한 논의는 여행계약 규정이 신설된 현재에는 큰 의미가 없다. 그렇지만 여행계약이 전형계약 중에는 도급계약에 가장 가까운 것임은 부정할 수 없다. 그리하여 여행계약에 관한 규정을 민법전의 도급 다음에 둔 것이다. 그렇다고 도급에 해당하는 것은 아니다.

[179-2] ## Ⅱ. 여행계약의 성립

1. 당 사 자

전술한 바와 같이, 여행계약의 당사자는 여행주최자와 여행자이다.

(1) 여행주최자

여행주최자는 운송·숙박 등 여행 관련 용역을 결합하여 제공하기로 약정한 자이다. 여행주최자는 여행 관련 용역을 「자신의 급부」로서 제공하여야 하는 자이며 타인의 급부로서 하는 자는 그에 해당하지 않는다. 여행주최자가 되기 위해서 반드시 상인이거나 영리를 추구해야 하는 것은 아니며, 따라서 여행을 제공하는 스포츠클럽도 여행주최자일 수 있다(Fikentscher/Heinemann, Schuldrecht, 10. Aufl., Rn. 1230).

여행자와 여행주최자 사이에 여행계약을 중개하는 여행모집인(또는 여행사)은 여행주최자가 아니다. 여행자와 여행모집인 사이의 계약은 중개계약일 뿐이다. 그리고 여행주최자와 체결한 계약에 기초하여 여행과 관련한 개별적인 용역(예: 운송·숙박)을 제공하는 자(개별급부자)도 여행주최자가 아니다.

⟨여행자가 개별급부자에게 급부를 청구할 수 있는가?⟩

가령 여행주최자 A와의 계약에 기초하여 운송을 해주기로 한 운송회사 B가 A로부터 대가를 받지 못하여 여행자 C의 운송을 거부하는 경우에, C가 B에게 운송을 청구할 수 있는지 문제된다. 이 경우에 독일의 판례는 C의 권리를 인정하기 위하여 A와 B 사이에 제 3 자(C)를 위한 계약이 체결되었고, 그러면서 독일민법 제334조(우리 민법 제542조)는 배제된다고 한다(BGHZ 93, 271). 개별급부자의 실질(개별급부자는 여행주최자로부터 경제적으로 독립해 있음)에 입각해서 보면 독일 판례처럼 해석하기가 어려우나, 여행자보호를 생각한다면 — 그리고 운송회사의 위험문제는 여행주최자와의 사이에서 해결되어야 할 문제이므로 — 독일의 판례를 따르는 것이 바람직할 것이다(결과에서 같은 취지: 김형배, 859면).

(2) 여 행 자

여행자는 여행주최자와 계약을 체결한 자이다.

2. 여행계약의 성립요건

(1) 여행계약은 낙성계약이므로 여행주최자와 여행자 사이의 합의만 있으면 성립한다.

그 합의는 우선 여행계약의 본질적 구성부분인「운송, 숙박, 관광 또는 그 밖의 여행 관련 용역을 결합하여 제공하는 것」에 관하여 존재해야 한다. 여행계약에 관한 민법규정은 운송, 숙박, 관광 등 여행 관련 용역 중에 어느 하나만을 제공하기로 하는 경우에는 적용되지 않는다(그 경우에는 개별 용역계약에 관한 규정과 이론이 적용될 뿐이다). 제674조의 2가「여행 관련 용역을 결합하여 제공하기로 약정」할 것을 요구하고 있기 때문이다(이러한 점 때문에 독일에서는 여행계약이라고 하지 말고 여행주최계약이라고 하자는 주장이 있었다). 그렇다고 하여 반드시 여행 관련 용역 전부를 제공하기로 해야 하는 것은 아니다. 그 용역 가운데 운송 및 숙박이나 숙박 및 식사와 같이 중요한 두 가지만 함께 제공하기로 해도 충분하다. 여행 관련 용역으로는 제674조의 2가 열거하고 있는 운송 · 숙박 · 관광 외에도 식사 · 현지체험 등 여러 가지가 있을 수 있다.

다음에 합의는 여행대금에 관하여도 이루어져야 한다. 그런데 여기의 여행대금은 여행주최자가 제공하는 모든 용역에 대한 대가이다. 그러므로 여행자는 여행주최자와 합의된 여행대금 외에 개별적인 용역에 대하여 별도로 대금을 지급할 필요는 없다(Brox, BS, Rn. 289a).

(2) 여행계약을 체결할 때 여행주최자는 거의 언제나 보통거래약관(여행약관)을 사용한다. 그러한 경우에 약관규제법이 적용됨은 물론이다.

Ⅲ. 여행계약의 효력

[179-3]

1. 여행주최자의 의무

(1) 여행 관련 용역 제공의무

여행주최자는 우선 여행자와의 계약에 의하여 약정된 내용대로 여행을 실행할 의무가 있다. 그리고 여행의 내용은 계약서에 명시된 것은 물론이고, 여행계약의 유인을 위한 여행계획서·여행안내책자 등에서 여행의 내용으로 표시된 사항도 포함된다.

운송 등을 담당하는 개별급부자를 여행주최자의 이행보조자라고 하는 견해도 있으나, 이행대행자로 보는 것이 타당하다(여행주최자와 개별급부자 사이에 제 3 자를 위한 계약이 체결되었다고 하면서 다른 한편으로 개별급부자를 여행주최자의 이행대행자로 볼 수 있는지 주저되나, 긍정할 수 있으리라고 본다). 따라서 제391조의 적용 여부에 대하여는 이행대행자에 대한 이론에 따라야 한다.

(2) 「기타의 행위의무」

여행주최자는 여행 관련 용역 제공의무 외에 「기타의 행위의무」도 부담한다. 구체적으로는 여행지에 관하여 사전에 충분히 조사하여 여권·입국사증(비자)·건강정책(가령 예방접종 필요 유무) 등 여행에 관련된 정보를 제공해야 한다. 그리고 여행자의 생명·신체·재산 등에 침해가 없도록 주의해야 할 의무도 진다. 우리 대법원은 여행계약 규정이 신설되기 전에, 여행주최자(여행업자라고 함)에게 합리적 조치를 취할 신의칙상의 주의의무가 있다고 하였다(대판 1998. 11. 14, 98다25061; 대판 2007. 5. 10, 2007다3377; 대판 2011. 5. 26, 2011다1330; 대판 2014. 9. 25, 2014다213387; 대판 2017. 12. 13, 2016다6293).

〈판 례〉

판례에 의하면, 여행업자는 기획여행계약의 상대방인 여행자에 대하여 기획여행계약상의 부수의무로서, 여행자의 생명·신체·재산 등의 안전을 확보하기 위하여, 여행목적지·여행일정·여행행정·여행서비스기관의 선택 등에 관하여 미리 충분히 조사·검토하여 전문업자로서의 합리적인 판단을 하고, 또한 그 계약 내용의 실시에 관하여 조우할지 모르는 위험을 미리 제거할 수단을 강구하거나 또는 여행자에게 그 뜻을 고지하여 여행자 스스로 그 위험을 수용할지 여부에 관하여 선택의 기회를 주는 등의 합리적 조치를 취할 신의칙상의 주의의무를 지며(대판 1998. 11. 24, 98다25061; 대판 2011. 5. 26, 2011다1330), 여행업자의 이러한 안전배려의무의 정도는 당해 기획여행계약의 내용에 따라 개별적으로 판단하여야 하고(대판 2007. 5. 10, 2007다3377), 기획여행업자가 사용한 여행약관에서 그 여행업자의 여행자에 대한 책임의 내용 및 범위 등에 관하여 규정하고 있다면 이는 위와 같은 안전배려의무를 구체적으로 명시한 것으로 보아야 한다(대판 2011. 5. 26, 2011다1330).

그리고 여행 실시 도중 위와 같은 안전배려의무 위반을 이유로 기획여행업자에게 손해배상책임을 인정하기 위해서는, 문제가 된 사고와 기획여행업자의 여행계약상 채무이행 사이에 직접 또는 간접적으로 관련성이 있고, 그 사고 위험이 여행과 관련 없이 일상생활에서 발생할 수 있는 것이 아니어야 하며, 기획여행업자가 그 사고 발생을 예견하였거나 예견할 수 있었음에도 그러한 사고 위험을 미리 제거하기 위하여 필요한 조치를 다하지 못하였다고 평가할 수 있어야 한다(대판 2017. 12. 13, 2016다6293). 이 경우 기획여행업자가 취할 조치는 여행일정에서 상정할 수 있는 모든 추상적 위험을 예방할 수 있을 정도일 필요는 없고, 개별적·구체적 상황에서 여행자의 생명·신체·재산 등의 안전을 확보하기 위하여 통상적으로 필요한 조치이면 된다($\binom{대판\ 2017.\ 12.\ 13,}{2016다6293}$).

(3) 담보책임

[179-4]

1) 법적 성질　　여행주최자는 여행($\binom{여기의\ 여행은\ 여행주최자가\ 제공하기}{로\ 한\ 여행\ 관련\ 용역\ 전체를\ 가리킴}$)에 하자가 있는 경우에는 일정한 내용의 담보책임을 진다($\binom{674조의\ 6\ \cdot}{674조의\ 7}$). 여행계약은 유상계약이기 때문에 매도인의 담보책임에 관한 규정이 여행계약에도 준용된다($\binom{567조}{참조}$). 그런데 민법은 그것과 별도로 여행주최자의 담보책임에 관하여 특별규정을 두고 있는 것이다.

여행주최자의 담보책임은 무과실책임이다. 따라서 여행의 하자가 여행주최자의 유책사유로 발생했는지를 묻지 않는다.

하자가 여행주최자의 유책사유로 발생한 경우에 여행자가 담보책임과 별도로 채무불이행책임 특히 불완전급부($\binom{내지\ 불완}{전이행}$)책임을 물을 수 있는지 문제된다. 2003년 독일민법 개정 전에 독일의 판례와 통설은 여행계약의 경우 여행의 하자와 채무불이행($\binom{특히\ 일}{부불능}$)의 구별이 어렵다는 등의 이유로 담보책임만 물을 수 있다고 하였다($\binom{그런데\ 독일의\ 개정민법}{은\ 이를\ 수용하지\ 않음}$). 생각건대 여기에 관하여 특별규정이 없는 한 채무불이행책임도 물을 수 있다고 해야 한다($\binom{물론\ 채무불이행의}{요건은\ 갖추어야\ 함}$).

2) 요　　건　　여행주최자의 담보책임이 생기려면 여행에 하자가 있어야 한다($\binom{674조의\ 6}{1항\ 본문}$). 무엇이 하자인지는 매매의 경우처럼 판단하면 된다($\binom{[97]}{참조}$). 따라서 1차적으로는 당사자가 약정한 여행의 내용과 품질이 판단기준이 된다. 그리고 당사자가 정한 것이 없는 부분은 보충적으로 그 종류의 여행이 일반적으로 갖추고 있는 내용과 품질을 기준으로 하여 판단해야 한다. 한편 여행주최자가 여행광고나 안내문에서 제시한 것이 있으면 그 내용은 여행주최자가 보증한 것으로서 당사자가 약정한 것과 마찬가지로 다루어져야 한다.

하자의 예로는 호텔등급이 약정된 등급보다 낮은 경우, 침실이 지저분한 경우, 주변의 건축으로 인하여 소음이 심하여 수면을 취하기 어려운 경우, 부패한 음식을 제공한 경우, 관광코스의 일부를 생략한 경우 등을 들 수 있다. 가령 항공권 예약이 초과되어 공항에서 아예 출발하지 못하여 여행 전체가 좌절된 경우도 하자로 다루어야 할 것이다($\binom{Brox,\ BS,}{Rn.\ 289c}$).

3) 책임의 내용   여행주최자의 담보책임의 요건이 갖추어진 경우에는
여행자는 시정청구권·대금감액청구권·손해배상청구권·계약해지권을 가진다.

(가) **시정청구권**   여행에 하자가 있는 경우에는 여행자는 여행주최자에게
하자의 시정을 청구할 수 있다($^{674조의\ 6}_{1항\ 본문}$). 그리하여 여행자는 적어도 원래의 급부
와 동등한 가치가 있고 흠이 없는 급부를 청구할 수 있다. 물론 그에 대하여 여행
자가 추가비용을 부담하지도 않아야 한다. 그런데 일정한 경우에는 예외적으로
시정청구권을 행사할 수 없다. 시정에 지나치게 많은 비용이 들거나 그 밖에 시
정을 합리적으로 기대할 수 없는 경우에 그렇다($^{674조의\ 6}_{1항\ 단서}$).

여행자가 시정청구를 할 때에는 상당한 기간을 정해서 해야 한다($^{674조의\ 6}_{2항\ 본문}$).
다만, 즉시 시정할 필요가 있는 경우에는 상당한 기간을 정해서 할 필요가 없다
($^{674조의\ 6}_{2항\ 단서}$). 그리고 민법에 규정이 없지만 여행주최자가 시정을 거절한 경우에도
기간설정이 필요하지 않다고 할 것이다($^{독일민법\ 651조}_{의c\ 3항\ 2문\ 참조}$).

(나) **대금감액청구권**   여행에 하자가 있는 경우에는 여행자는 여행주최자
에게 대금의 감액을 청구할 수 있다($^{674조의\ 6}_{1항\ 본문}$). 이 대금감액청구권은 시정청구권과
경합하여 인정된다. 따라서 여행자는 두 권리 가운데 선택적으로 행사할 수 있
다. 여행자가 대금감액청구권을 행사할 때에는 상당한 기간을 정해서 할 필요는
없다.

얼마만큼의 대금이 감액되어야 하는지는 여행 전체를 표준으로 하여 판단해
야 한다. 구체적으로는 계약체결 당시에 여행이 가지는 가치에서 실제 여행의 가
치를 뺀 부분의 비율만큼 감액해야 하며, 하자 있는 개별적인 급부만을 대상으로
하여 가치를 평가할 것이 아니다.

대금감액청구권은 계약의 일부해제에 해당하는 것으로서 형성권에 속한다.
따라서 감액청구의 의사표시가 여행주최자에게 도달하면 감액의 효과가 생긴다.
한편 여행주최자가 여행대금 전부를 미리 받은 경우에는 감액부분만큼 여행자에
게 반환해야 한다. 그리고 거기에는 해제에 관한 제548조 제 2 항이 유추적용된
다고 할 것이다. 따라서 받은 날부터 이자를 지급해야 한다.

(다) **손해배상청구권**   여행에 하자가 있는 경우에 여행자는 시정청구·대
금감액청구를 갈음하여 손해배상을 청구할 수도 있고, 시정청구·대금감액청구
와 함께 손해배상을 청구할 수도 있다($^{674조의}_{6\ 3항}$). 이 중에 앞의 손해배상은 시정청구

내지 대금감액에 해당하는 것이다. 그에 비하여 뒤의 손해배상은 시정청구·대금 감액 외에 추가적인 것이다. 이 뒤의 손해배상이 신뢰이익의 배상인지 이행이익의 배상인지 문제되나, 사견은 ― 다른 담보책임에서와 마찬가지로 ― 신뢰이익이라고 보아야 하며, 여행주최자에게 유책사유가 있는 때에는 채무불이행을 이유로 이행이익의 배상을 청구할 수 있다는 입장이다($\substack{\text{도급에 관하여}\\ \text{[176] 참조}}$). 그리고 여기의 손해배상에 위자료가 포함되는지($\substack{\text{또는 위자료만}\\ \text{을 의미하는지}}$) 논란이 있을 수 있는데, 여기의 손해배상을 신뢰이익의 배상이라고 보는 한 위자료가 포함될 수는 없다. 그러나 채무불이행으로 인한 손해배상을 청구하는 경우에는 거기에 위자료가 포함될 수 있을 것이다($\substack{\text{이는 채무불이행의 경우의 위자료 인정의 문제이나, 가령 여행}\\ \text{의 하자로 휴가를 망쳐버린 때에는 위자료를 인정해야 할 것이다}}$).

㈐ **계약해지권**　　여행에 「중대한 하자」가 있는 경우에 그 시정이 이루어지지 않거나 계약의 내용에 따른 이행을 기대할 수 없는 경우에는, 여행자는 계약을 해지할 수 있다($\substack{674조의\\7\,1항}$). 이 계약해지권은 여행에 단순한 하자가 있는 경우에는 인정되지 않고, 중대한 하자가 있어야 인정된다. 나아가 중대한 하자의 시정이 이루어지지 않거나 계약의 내용에 따른 이행을 기대할 수 없어야 인정된다. 여행계약이 해지되면 계약이 소멸하기 때문에 해지는 강화된 요건 하에서만 인정한 것이다. 그리고 여행계약은 계속적 계약의 성질을 가지기 때문에 이행이 시작된 후에는 해제를 인정하는 것이 부적당하다. 그리하여 해제 대신 해지를 규정하고 있다.

계약이 해지된 경우에는 여행주최자는 대금청구권을 상실한다($\substack{674조의 7\\2항 본문}$). 따라서 대금을 이미 받은 경우에는 그것을 여행자에게 반환해야 한다. 다만, 여행자가 실행된 계약으로 이익을 얻은 경우에는, 그 이익을 여행주최자에게 상환해야 한다($\substack{674조의 7\\2항 단서}$).

계약이 해지되면 계약관계를 청산해야 한다. 여행계약의 경우에도 마찬가지이다. 그 중에 특히 중요한 것이 여행으로 주소지에서 멀리 떠나 있는 여행자를 주소지로 운송하는 일이다. 여기에 관하여 민법은 여행주최자는 계약의 해지로 인하여 필요하게 된 조치를 할 의무를 지며, 계약상 귀환운송의무가 있으면 여행자를 귀환운송하여야 한다고 규정한다($\substack{674조의 7\\3항 1문}$). 여행자의 귀환운송의무를 항상 여행주최자에게 지우지 않고 계약상 귀환운송의무가 있는 경우에만 그리하고 있다. 계약 외의 의무를 부과할 이유가 없기 때문이다. 그리고 ― 계약상 귀환운송

의무가 있는 경우에 — 계약이 해지되었음에도 불구하고 귀환운송의무를 여행주
최자에게 지운 이유는 계약해지가 여행의 중대한 하자로 인하여 행해지고 또한
여행주최자는 운송에 관하여 정보나 능력 면에서 여행자보다 월등하게 뛰어나기
때문이다.

여행자의 귀환운송비용$\binom{\text{여기의 비용에는 운송 자체의 비용 외에 증가된}}{\text{숙식비용도 포함시켜야 한다. 674조의 4 3항 참조}}$은 여행주최자가
부담한다$\binom{\text{674조의 7 3항 본문이 귀환운송의무를}}{\text{여행주최자에게 부담시키고 있기 때문임}}$. 그런데 상당한 이유가 있는 때에는 여행주
최자는 여행자에게 그 비용의 일부를 청구할 수 있다$\binom{\text{674조의 7}}{\text{3항 2문}}$.

4) 책임의 존속기간 여행자의 시정청구권·대금감액청구권·손해배상
청구권·계약해지권은 여행기간 중에도 행사할 수 있으며, 계약에서 정한 여행종
료일부터 6개월 내에 행사해야 한다$\binom{\text{674조}}{\text{의 8}}$. 여기의 6개월의 기간은 제척기간이다
$\binom{\text{출소기간은 아}}{\text{니라고 해야 함}}$. 한편 민법은 6개월의 기산일을 계약에서 정한 여행종료일이라고 규
정하고 있으나, 실제의 여행종료일이 계약상의 종료일보다 뒤일 경우에는 여행
자보호를 위하여 전자를 기산일로 규정했어야 한다.

5) 강행규정 제674조의 6·제674조의 7·제674조의 8을 위반하는 약
정으로서 여행자에게 불리한 것은 효력이 없다$\binom{\text{674조}}{\text{의 9}}$. 즉 그 규정들은 편면적 강
행규정이다. 보통거래약관이 그 규정들을 위반하는 경우에도 마찬가지이다.

2. 여행자의 의무(대금지급의무)

여행자는 계약에서 정한 여행대금을 지급할 의무가 있다$\binom{\text{674조의}}{\text{2 후단}}$. 여행자가
대금을 지급할 시기에 관하여는 민법이 명문으로 규정하고 있다. 그에 따르면,
여행자는 1차적으로 약정한 시기에 대금을 지급해야 하며, 대금지급시기의 약정
이 없으면 관습에 따라 지급해야 하고, 관습이 없으면 여행의 종료 후에 지체없
이 지급해야 한다$\binom{\text{674조}}{\text{의 5}}$.

[179-5] ## Ⅳ. 여행계약의 종료

여행계약은 여행이 계약대로 완전하게 실행이 된 경우, 당사자 사이에 계약
을 종료시키기로 합의한 경우 등에도 종료한다. 그런데 민법은 여행개시 전의 해
제와 부득이한 사유로 인한 해지를 규정하고 있다. 이 둘을 살펴본다.

1. 여행개시 전의 해제

여행자는 여행이 개시되기 전에는 언제든지 계약을 해제할 수 있다$\binom{674조의}{3 \, 본문}$. 여행계약이 계속적 계약이지만 여행이 개시되기 전이어서 해제를 인정한다. 해제를 하기 위하여 특별한 원인이 필요하지는 않다. 다만, 해제를 한 경우에 여행자는 상대방에게 발생한 손해를 배상해야 한다$\binom{674조의}{3 \, 단서}$. 이 손해배상에 제390조·제393조가 적용되는지 문제되나, 동조는 거기에 적용되지 않고 무과실책임이라고 새겨야 한다. 그리고 그 손해배상은 신뢰이익의 배상인데, 그것의 배상은 여행대금의 한도에서 인정되어야 한다$\binom{독일민법 651}{조의 i도 \, 참조}$. 거래의 실제에서는 이 손해배상을 약관으로 정하고 있다.

제674조의 3을 위반하는 약정으로서 여행자에게 불리한 것은 효력이 없다$\binom{674조}{의 9}$.

2. 부득이한 사유로 인한 해지

부득이한 사유가 있는 경우에는 각 당사자는 계약을 해지할 수 있다$\binom{674조의 4}{1항 \, 본문}$. 이 계약해지는 여행이 시작된 후에 하는 것이며, 부득이한 사유가 있는 한 당사자 쌍방 모두 할 수 있다. 「부득이한 사유」의 예로는 당사자 부모의 사망과 같은 가정 사정, 질병, 천재지변 등을 들 수 있다. 부득이한 사유는 당사자의 유책사유에 의한 것일 수도 있다. 따라서 무과실의 경우를 가리키는 「불가항력」과 다르다.

부득이한 사유로 계약을 해지한 경우에 그 사유가 당사자 한쪽의 과실로 인하여 생긴 때에는, 그 당사자는 상대방에게 손해를 배상해야 한다$\binom{674조의 4}{1항 \, 단서}$. 여기의 해지가 있는 경우에 여행주최자가 대금청구권을 가지는가? 그에 관하여는 제674조의 7 제 2 항과 같은 규정을 두었어야 한다. 그런데 그러한 규정이 없는 상태에서는 해지의 일반론에 따라 해결해야 할 것이다$\binom{담보책임에 대한 규정을 명문의 규정(독일민}{법 651조의 j 2항 \, 참조) \, 없이 \, 유추적용할 수 \\ 는 \, 없다}$. 그 결과 여행주최자는 해지 당시까지의 대금청구권만 가지게 되며, 그 이후의 것은 상실한다. 다만, 여행주최자가 귀환운송의무를 부담하는 경우에는 여행자의 대금 중 해당하는 부분을 청구할 수 있다고 해야 한다$\binom{674조의 4 \, 3항은 「추가}{비용」만을 규정하고 있다}$.

부득이한 사유로 계약이 해지된 경우에도 계약을 청산해야 한다. 그 중에 여행자의 귀환운송이 특히 문제이다. 그에 관하여 민법은 그 경우에도 계약상 귀환운송의무가 여행주최자에게 있으면 그가 여행자를 귀환운송할 의무가 있다고 규정한다($^{674조의}_{4\ 2항}$).

부득이한 사유로 계약을 해지한 경우에는 대체로 해지로 인하여 추가비용이 발생하게 된다. 가령 원래 예약된 항공편을 취소하고 다른 정기항공편을 이용함으로써 증가된 귀환운송비용과 증가된 숙박비용 및 식사비용 등이 그 예이다. 민법은 이러한 추가비용은 해지사유가 어느 당사자의 사정에 속하는 경우에는 그 당사자가 부담하고, 누구의 사정에도 속하지 않는 경우에는 각 당사자가 절반씩 부담하도록 하고 있다($^{674조의}_{4\ 3항}$).

제674조의 4를 위반하는 약정으로서 여행자에게 불리한 것은 효력이 없다($^{674조}_{의\ 9}$).

제10절 현상광고(懸賞廣告)

[180] ## Ⅰ. 서 설

1. 의의 및 사회적 작용

(1) 현상광고($^{675}_{조}$)의 의의는 그것의 법적 성질을 어떻게 이해하느냐에 따라 다르다. i) 현상광고를 계약이라고 하는 견해에 의하면, 「현상광고는 광고자가 어느 행위를 한 자에게 일정한 보수를 지급할 의사를 표시하고, 이에 응한 자가 그 광고에 정한 행위를 완료함으로써 효력이 생기는($^{또는\ 성}_{립하는}$) 계약」이라고 하나($^{이은영,}_{553}$ $_{면\ 등}$), ii) 단독행위라고 하는 견해에 의하면, 「지정행위를 완료한 자에게 보수를 지급한다는 불특정 다수인에 대한 광고자의 일방적 의사표시」라고 한다($^{곽윤직,}_{266면\ 등}$). 뒤에 보는 바와 같이 사견은 현상광고를 단독행위라고 이해하므로 의의는 ii)설에서와 같다.

(2) 현상광고제도는 종래 여러 가지 목적($^{예:\ 사람을\ 찾거나\ 범죄자\ 적발,\ 우수\ 예술작}_{품\cdot건축\ 설계작품\cdot학술\ 연구논문의\ 발굴}$)으로 많이 이용되어 왔다. 그러나 그것은 사회적·경제적으로 별로 큰 작용을 하는 것은 아니어서 법적으로도 의미가 적다.

2. 법적 성질

(1) 현상광고의 법적 성질에 관하여 학설은 i) 계약설$\binom{\text{김형배, 724면; 이은영,}}{\text{555면; 지원림, 1539면}}$과 ii) 단독행위설$\binom{\text{곽윤직, 268면; 김상용,}}{\text{370면; 김주수, 412면}}$로 나뉘어 있다. i)설은 그 이유로 ① 민법이 현상광고를 전형계약의 하나로 규정하고 있다는 점, ② 제675조의 문언, ③ 법률에 특별한 규정이 없는 한 단독행위에 의하여 채권이 발생하지 않는다는 점 등을 들고, ii)설은 ① 민법 채권편의 「계약」의 장(章)은 널리 주요한 채권발생원인을 정한 것이라고 보아야 한다는 점, ② 제677조가 광고가 있었음을 모르고 지정행위를 한 자에게도 보수청구권을 인정하는 점$\binom{\text{이때는 계약의 성립}}{\text{이 인정될 수 없음}}$, ③ 제679조가 현상광고의 철회를 인정하고 있는 점$\binom{\text{계약설에서는 청약}}{\text{의 철회는 금지됨}}$ 등을 든다.

생각건대 우리 민법의 기초자는 현상광고를 계약으로 규율하려고 했던 것으로 보인다. 그러나 현상광고를 계약이라고 하면 특히 광고가 있었음을 모르고 지정행위를 완료한 경우를 설명하기 어렵다. 일부 견해$\binom{\text{김형배,}}{\text{723면}}$는 그때에는 법률규정에 의하여 법정채권관계가 성립한다고 하는데, 그 경우에 법률행위$\binom{\text{계약이든 단}}{\text{독행위이든}}$가 아니고 법률규정에 의하여 채권관계가 성립한다고 하는 점을 이해하기 어렵고, 또한 이와 같이 새기면$\binom{\text{이은영, 558면은 그 경우를 준현상광고}}{\text{라고 하는데, 그렇게 새기는 때도 같다}}$ 동일한 현상광고에 있어서 상대방의 사정에 따라 계약에 의한 채권관계와 법정채권관계로 나누어지는 불합리가 발생한다. 나아가 지정행위의 완료자에게는 행위능력을 요구하지 않는 것이 타당하다$\binom{\text{김형배, 724면은 제한능력자}}{\text{의 경우 677조를 적용한다}}$. 이러한 점에서 볼 때, 현상광고는 단독행위라고 보아야 한다.

(2) 계약설에 의하면 현상광고는 편무·유상·요물계약이다.

Ⅱ. 성립과 효력 [181]

1. 광 고

현상광고는 단독행위이므로 일정한 광고만 있으면 성립한다$\binom{\text{계약설에서는 지정행}}{\text{위의 완료까지 있어}}$$\binom{\text{야 성}}{\text{립함}}$. 여기의 광고는 어떤 지정된 행위를 한 자에게 일정한 보수를 지급한다는 내용의 불특정 다수인에 대한 의사표시이다. 광고의 방법$\binom{\text{예: 신문·잡지·게시판 게}}{\text{시·라디오·TV·구두광고}}$, 지정행위의 종류, 보수의 종류$\binom{\text{예: 금전급부·여}}{\text{행·연구기회 제공}}$는 제한이 없다. 지정행위의 완료에는 조

건이나 기한을 붙일 수 있다(대판 2000. 8. 22, 2000다3675. 이 판결에서는 탈옥수를 수배하면서「제보로 검
거되었을 때에 신고자 또는 제보자에게 현상금을 지급한다」고 현상광고를 한 경
우, 지정행위는 신고 내지 제보이고
「검거되었을 때」는 조건이라고 한다).

2. 지정행위의 완료

상대방은 지정행위를 완료하여야 보수를 청구할 수 있다(675조 참조). 이 지정행위의 완료는 계약설에서는 승낙에 해당하나, 단독행위설에서는 정지조건의 성취라고 이해한다(어느 견해에 의하든 보수청구권은 지정행위 완료시에 생긴다. 그러나
김형배, 726면은 단독행위설에서는 행위시에 채권이 생긴다고 오해한다).

지정행위의 완료는 광고가 있음을 알지 못하고 하여도 상관없다(677조). 그리고 지정행위를 하는 자가 행위능력자일 필요도 없다. 계약설에서는 이 경우를 준현상광고라고 하거나(이은영, 558면) 법정채권관계가 성립한다고 한다(김형배, 723면).

3. 현상광고의 철회

민법은 현상광고의 철회에 관하여 규정하고 있다. 그에 의하면, 광고에서 그 지정행위의 완료기간을 정한 때에는, 그 기간만료 전에는 광고를 철회하지 못한다(679조 1항). 그러나 광고에서 지정행위의 완료기간을 정하지 않은 때에는, 그 행위를 완료한 자가 있기 전에는, 그 광고와 동일한 방법으로 광고를 철회할 수 있다(679조 2항). 그리고 전 광고와 동일한 방법으로 철회할 수 없는 때에는, 그와 유사한 방법으로 철회할 수 있되, 그 철회는 철회한 것을 안 자에 대하여만 효력이 있다(679조 3항).

4. 광고자의 보수지급의무

지정행위를 완료한 자는 광고에서 정한 보수를 청구할 수 있다(675조 참조). 광고가 있기 전에 지정행위를 하였거나 광고를 모르고 하였어도 무방하다(677조 참조). 보수청구권은 지정행위의 완료시에 생기며(지정행위의 완료에 정지조건이 붙어 있는 경우에는 조건의
성취도 있어야 한다. 대판 2000. 8. 22, 2000다3675도 참조), 광고자가 지정행위 완료사실을 알았을 필요는 없다(따라서 광고자에 대한 사전 또는
사후의 통지는 필요하지 않다)(같은 취지: 곽
윤직, 270면;
김상용, 372면; 김주수, 414면. 반대
견해: 김형배, 727면; 이은영, 559면).

지정행위를 완료한 자가 수인인 경우에는, 먼저 그 행위를 완료한 자가 보수청구권을 취득한다(676조 1항). 그리고 수인이 동시에 지정행위를 완료한 경우에는, 각각 균등한 비율로 보수를 받을 권리가 있다(676조 2 항 본문). 그러나 보수가 그 성질상 분할할 수 없거나 광고에 1인만이 보수를 받을 것으로 정한 때에는 추첨에 의하여 보수청구권자를 결정한다(676조 2 항 단서). 수인이 공동으로 지정행위를 완료한 경우에 대하여는 규정이 없으나, 보수가 가분이면 분할채권으로 되고(408조 참조), 보수가 불가분이면 불가분채권으로 된다고 할 것이다(409조 참조).

Ⅲ. 우수현상광고

[182]

1. 의 의

우수현상광고란 광고에서 정한 행위를 완료한 자 가운데 우수한 자에게만 보수를 지급하기로 한 현상광고이다(678조 1 항 참조). 우수현상광고는 응모기간을 정한 경우에만 유효하다(678조 1항). 따라서 이 광고는 기간만료 전에는 철회하지 못한다(679 조 1 항 참조).

2. 응 모

우수현상광고에서는 응모가 있게 된다. 응모는 광고자에 대하여 지정행위를 완료했음(현상경기의 경우 에는 완료하겠음)을 통지하는 행위이다. 그래서 그것은 일종의 관념의 통지이다(계약설에서는 승낙의 의사표시라고 하거나(김형배, 730면), 우수현 상광고가 청약의 유인이고 응모는 청약이라고 한다(이은영, 560면)).

3. 판 정

판정은 응모자가 행한 지정행위의 결과의 우열을 판단하는 행위이다. 판정은 광고에서 정한 자가 하고, 광고 중에 판정자를 정하지 않은 때에는 광고자가 한다(678조 2항). 광고에서 정한 판정자가 판정을 할 수 없거나 판정을 하지 않는 때에는 광고자가 판정할 수 있다고 새겨야 한다(이설 없음). 그리고 광고 중에 다른 의사표시가 있거나 광고의 성질상 판정의 표준이 정해져 있는 경우를 제외하고는, 우수한 자가 없다는 판정을 할 수 없다(678조 3항). 또한 응모자는 판정에 이의를 제기하지 못한다(678조 4항). 한편 수인의 행위가 동등하다고 판정된 때에는, 보수가 가분이면 균등한 비율로 나누어진 분할채권으로 되고, 불가분이면 추첨으로 보수청구권자를 결정한다(678조 5항·676조 2항).

제11절 위 임

[183] ## I. 서 설

1. 의 의

(1) 위임은 당사자 일방(위임인)이 상대방(수임인)에 대하여 사무의 처리를 위탁하고, 상대방이 이를 승낙함으로써 성립하는 계약이다($^{680}_{조}$). 위임도 노무공급계약에 해당하나, 위임인이 신뢰를 바탕으로 맡긴 사무를 수임인이 자주적으로 처리하는 점에 특색이 있다.

(2) 위임의 경우에는 보통 대리권이 수여된다. 그렇지만 대리권 수여행위(수권행위)와 위임과 같이 기초적 내부관계를 발생시키는 행위는 별개의 것이다($^{통설 \cdot}_{판례}$ $^{도\ 같다.\ 대판\ 1962.\ 5.\ 24,}_{4294민상251 \cdot 252}$)($^{자세한\ 점은\ 민법}_{총칙\ [185]\ 참조}$).

(3) 민법은 타인의 사무처리에 관한 법률관계가 위임에 의하지 않고 생긴 많은 경우에 관하여 위임에 관한 규정을 준용하고 있다($^{701조 \cdot 707조 \cdot 919조 \cdot 956조 \cdot 959조 \cdot}_{1103조 \cdot 1104조\ 등.\ 상법\ 382조 \cdot 415조}$$^{도}_{같다}$). 이는 민법이 위임에 관한 규정을 타인의 사무처리에 관하여 일반적으로 적용되어야 하는 원칙규정으로 이해하고 있는 것으로 볼 수 있다. 그렇다면 타인의 사무처리에 관하여는 준용한다는 규정이 없어도 위임에 관한 규정을 유추적용함이 좋을 것이다($^{같은\ 취지:\ 김}_{주수,\ 423면}$).

2. 사회적 작용

위임은 친구 · 친족 · 이웃 사이에 사소한 업무처리를 위하여 행하여지기도 하나($^{이들\ 사이에는\ 법적\ 구속의사가\ 없는}_{호의관계가\ 성립하는\ 때도\ 많을\ 것이다}$), 각 분야의 전문가에게 복잡하고 전문적인 사무처리를 위탁하기 위하여 행하여지는 일이 많다($^{예:\ 부동산의\ 매매알선,\ 의사에의\ 치료위탁,\ 변}_{호사에의\ 소송위탁,\ 법무사에의\ 등기절차\ 위탁}$). 전자에서는 무상인 때도 많으나, 후자에서는 거의 예외없이 유상이다. 이들 가운데 오늘날 중요한 것은 후자의 경우이다.

3. 법적 성질

위임은 원칙적으로 편무 · 무상계약이다($^{686조\ 1}_{항\ 참조}$). 그러나 보수지급의 특약을 하는 경우에는 쌍무 · 유상계약이 된다. 그리고 위임은 유상이든 무상이든 언제나

낙성·불요식의 계약이다. 실제에 있어서는 제 3 자에 대하여 수임인의 권한을 표시하기 위한 서면인 위임장을 교부하는 때가 많으나, 그것은 단순한 증거방법에 지나지 않는다.

Ⅱ. 위임의 성립 [184]

1. 위임의 성립요건

위임은 낙성계약이므로 당사자의 합의만 있으면 성립한다. 그 합의는 적어도 「사무처리의 위탁」에 관하여 이루어져야 한다($\binom{680조}{참조}$). 보수의 지급에 관하여 합의하는 때도 많으나, 그것은 요건이 아니며, 특약이 없으면 무상으로 된다.

여기의 「사무」는 법률상 또는 사실상의 모든 행위로서 법률행위·준법률행위·사실행위를 포함한다. 그러나 성질상 본인 스스로 의사결정을 하는 행위는 위임의 목적이 되지 못한다($\binom{예: 혼인·}{입양·이혼}$). 그리고 「사무」는 위임인이나 제 3 자의 것이어야 하며 수임인 자신의 것이어서는 안 된다.

2. 위임인지에 관한 판례

판례는 일반인이 법무사에게 등기의 신청대리를 의뢰하고 법무사가 이를 승낙하는 법률관계($\binom{대판 2003. 1. 10,}{2000다61671}$), 부동산 중개업자와 중개의뢰인과의 법률관계($\binom{대판 1992. 2. 11, 91다36239; 대판 1993. 5. 11,}{92다55350; 대판 2015. 1. 29, 2012다74342}$), 관광회사가 관광단지 조성을 위한 용지의 매수업무를 군(郡)에게 위탁한 경우($\binom{대판 1987. 10. 13,}{87다카1345}$), 이른바 지입제($\binom{실질적으로 자동차를 소유하고 있는 차주가 외부적으로 자동차를 화물자동차 운송사업면허를 가진 운송사업자 명의로 등록하여 운송사업자에게 귀속시키고 내부적으로는 각 차주들이 독립된 관리 및 계산으로 영업을 하며 운송사업자에 대하여는 지입료를 지불하는 운송사업형태}{}$)의 계약($\binom{대판 1987. 10. 13, 85다카1080;}{대판 2000. 10. 13, 2000다20069}$), 보증의뢰인과 보증인 사이의 은행보증서 발행을 위한 보증의뢰계약($\binom{대판 1994. 12. 9,}{93다43873}$), 사채알선업자와 사채업자와의 법률관계($\binom{대판 1996. 5. 14,}{95다45767}$), 아파트 입주자 대표회의와 아파트 관리회사 사이의 법률관계($\binom{대판 1997. 11. 28,}{96다22365}$), 공사감리계약($\binom{대판 2000. 8. 22, 2000다19342; 대판 2001. 5. 29,}{2000다40001; 대판 2003. 1. 10, 2002다11236}$), 신축상가의 분양계약에서 분양대금과 별도로 상가개발비 항목을 두어 수분양자에게 지급의무를 부담시키고 분양자에게는 상가홍보 등 상가 활성화 등의 의무를 부담시킨 경우에 상가개발비 약정($\binom{대판 2013. 10. 24,}{2010다22415}$), 세무사와 조세 신고의 대리업무를 맡긴 납세자 사이의 법률관계($\binom{대판 2018. 9. 13,}{2015다48412}$), 관세사 또는 관세사 법인과 그에게 통관업무를 맡긴 수입업자 사이의 법률관계($\frac{대판 2005. 10. 7,}{2005다38294}$)는 위임이라고 한다. 그리고 운송주선계약($\frac{상법}{114조}$)은 위임의 일종이라고 한다($\frac{대판 1987. 10. 13, 85다카1080. 중개계약(상법 93}{조) \cdot 위탁매매계약(상법 101조)도 위임에 해당한다}$). 그러나 콘도미니엄 시설의 공유제 회원과 콘도미니엄 시설 전체를 관리 운영하는 시설경영기업 사이의 시설이용계약은 민법상의 위임계약에 해당하지 않는다고 한다($\frac{대판 2005. 1. 13,}{2003다63043}$). 그리고 채용을 원하는 후보자가 인재소개업체에게 구인기업에의 지원 의사를 밝히는 경우에는, 다른 특별한 사정이 없는 한 인재소개업체와 후보자 사이에서 위임 등의 계약관계가 성립되었다고 할 수는 없다고 한다($\frac{대판 2007. 10. 26,}{2005다21302}$). 또한 경찰관이 응급의 구호를 요하는 자를 보건의료기관에 긴급구조요청을 하고 보건의료기관이 이에 따라 치료행위를 한 경우에는, 국가와 보건의료기관 사이에 치료위임계약이 체결된 것으로 볼 수 없다고 한다($\frac{대판 1994. 2. 22,}{93다4472}$). 그 외에 연예인의 구체적인 전속매니지먼트계약에 대해 민법상 전형적인 위임계약으로 볼 수 없고 위임과 비슷한 무명계약에 해당한다고 한 판결이 있다($\frac{대판 2019. 9. 10, 2017다258237: 계}{약해지에 대해 위임과 다르게 해석함}$).

[185] **Ⅲ. 위임의 효력**

1. 수임인의 의무

(1) 위임사무 처리의무

수임인은 「위임의 본지(本旨)에 따라 선량한 관리자의 주의로써」 위임사무를 처리할 의무가 있다($\frac{681}{조}$). 여기서 위임의 본지에 따른다는 것은 위임계약의 목적과 그 사무의 성질에 따른다는 의미이다.

1) 위임은 위임인의 신뢰를 바탕으로 하기 때문에 수임인은 어느 정도 재량을 가지고 독립적으로 사무를 처리하게 된다. 그렇지만 사무의 처리에 관하여 위임인의 지시가 있으면 그에 따라야 한다. 그런데 위임인의 지시에 따르는 것이 위임의 취지에 적합하지 않거나 위임인에게 불이익한 때에는, 수임인은 그 사실을 위임인에게 통지하고 지시의 변경을 요청하여야 한다($\frac{통설 \cdot 판례도 같음. 대판 2003. 1.}{10, 2000다61671(법무사에게 등기신}$청을 의뢰한 경우); 대판 2005. 10. 7, 2005다38294(관세사에게 통관업무를 맡긴 경우)). 그리고 만약 사정이 급박하여 그럴 여유가 없는 경우에는 적절한 임시조치를 취하여야 한다.

2) 수임인은 「선량한 관리자의 주의」, 즉 선관주의를 가지고 사무를 처리하여야 한다. 그리고 이 주의의무는 위임이 무상인 경우에도 동일하다($\frac{같은 취지: 곽윤}{직, 276면; 김주}$

수, 426면; 대판 2002. 2. 5, 2001 다71484(무상의 중개행위의 경우)), 위임이 당사자 사이의 신뢰를 기초로 하는 계약이기 때문이다. 일부 견해는 무상위임의 경우에는 무상수치인의 주의의무에 관한 제695조를 유추적용하자고 하나(김형배, 680면(무상위임이고 위임인의 생명·신체·재산에 커다란 영향을 미치지 않는 경우); 이은영, 575면), 이러한 해석은 위임이 신뢰를 바탕으로 하는 점을 간과한 것이고 또 법적 근거도 없다.

수임인이 위임의 본지에 좇아 선관주의로 사무처리를 하지 않은 경우에는, 그는 위임인에게 채무불이행을 이유로 손해배상을 하여야 한다.

〈판 례〉

㈀ 판례는, 소송수행의 사무처리를 위임받은 변호사가 구두변론기일에 2회 불출석하여 공소취하로 간주되고 위임인의 패소판결이 확정된 경우(대판 1959. 11. 26, 4292민상271), 변호사가 위임인에게 상고제기기간을 잘못 고지하여 상고의 기회를 잃은 경우(대판 1997. 5. 28, 97다1822), 변호사가 판결문을 제대로 검토하지 않아 그 패소부분에 계산상의 오류가 있음을 발견하지 못하고 위임인에게 그 판결의 내용과 상소하는 때의 승소가능성에 대하여 설명하고 조언하지 않은 경우(대판 2004. 5. 14, 2004다7354), 부동산 중개업자가 중개대상 물건에 설정된 근저당에 있어서 실제의 피담보채무액에 관한 그릇된 정보를 제대로 확인하지도 않은 채 마치 그것이 진실인 것처럼 의뢰인에게 그대로 전달한 경우(대판 1999. 5. 14, 98다30667)(공인중개사는 자기가 조사·확인하여 설명할 의무가 없는 사항이라도 중개의뢰인이 계약을 맺을겠다는 데 중요한 것이라면 그에 관해 그릇된 정보를 제공해서는 안 되고, 그 정보가 진실인 것처럼 그대로 전달하여 중개의뢰인이 이를 믿고 계약을 체결하도록 했다면 선량한 관리자의 주의로 신의를 지켜 성실하게 중개해야 할 의무를 위반한 것이 된다. 대판 2022. 6. 30, 2022다212594), 신용보증기금으로부터 대출보증 및 이에 수반되는 신용조사업무를 위탁받은 은행이 제출받은 주민등록표 초본과 인감증명서를 통하여 주민등록번호의 정정사실을 쉽게 알 수 있었음에도 불구하고 이를 발견해 내지 못하여 정정 전의 주민등록번호로 신용조회를 하지 못한 경우(대판 2005. 6. 10, 2005다886), 관세사가 의뢰인으로부터 위임받은 수입물들의 통관업무를 처리하면서 관세청장에 대한 사전회시 등 수입물들의 관세물품 품목분류번호(세번)를 확정하는 데 필요한 조치를 취하지 않은 채 의뢰인의 요구에 따라 잘못된 세번과 세율로 수입신고함으로써 의뢰인으로 하여금 가산세를 무는 손해를 입게 한 경우(대판 2005. 10. 7, 2005다38294)에는 선관주의의무를 위반하였다고 한다. 그러나 피사취수표와 관련된 본안소송을 위임받은 변호사가 사고신고 담보금에 대한 권리보전조치의 위임을 별도로 받은 바 없다면 적극적으로 사고신고 담보금에 대한 권리보전조치로서 지급은행에 소송계속 중임을 증명하는 서면을 제출할 의무는 없다고 한다(대판 2002. 11. 22, 2002다9479).

㈁ 금융기관이 보험감독원으로부터 계열사에 대한 담보대출에 관하여 추가 담보가 필요하다는 감사지적을 받고 오히려 그 담보대출을 신용대출로 전환하면서 계열사의 담보제공능력 및 대출금 상환능력의 유무, 신용대출 전환이 보험감독원의 감사지적사항을 시정하는 통상의 합리적인 방법인지 여부, 신용대출 규정 및 기업체 종합평가표 작성기준 등에 비추어 계열사에 대한 기업평가가 적정한지 여부 등을 객관

적인 자료 등을 통해 실질적으로 확인하지 않은 경우, 위 신용대출 전환에 관여한 금융기관의 임원들이 선관의무 또는 충실의무를 해태하지 않았다고 단정할 수 없다고 한 사례($\binom{대판\ 2006.\ 7.\ 6,}{2004다8272}$,).

(ㄷ) 「위임계약에 있어서 수임인이 위임의 본지에 좇은 업무처리를 하지 아니한 까닭에 만약 수임인이 위임의 본지에 좇은 업무처리를 하였더라면 지출하지 아니하여도 될 비용을 위임인이 지출한 경우에 수임인의 채무불이행으로 인하여 위임인이 입게 된 손해액은 그 지출한 비용이라 할 것이다($\binom{당원\ 1987.\ 10.\ 13.\ 선고}{87다카1345\ 판결\ 참조}$). …

일반적으로 위임계약에 있어서 수임인의 채무불이행으로 인하여 위임의 목적을 달성할 수 없게 되어 손해가 발생한 경우, 이로 인하여 위임인이 받은 정신적인 고통은 그 재산적 손해에 대한 배상이 이루어짐으로써 회복된다고 보아야 할 것이고, 위임인이 재산적 손해에 대한 배상만으로는 회복될 수 없는 정신적 고통을 입었다는 특별한 사정이 있고, 수임인이 그와 같은 사정을 알았거나 알 수 있었을 경우에 한하여 정신적 고통에 대한 위자료를 인정할 수 있다.」($\binom{대판\ 1996.\ 12.\ 10,}{96다36289}$)

3) 위임은 당사자의 신임관계를 기초로 하므로 수임인은 원칙적으로 스스로 위임사무를 처리하여야 한다. 이것이 이른바 자기(자신)복무의 원칙이다. 그런데 민법은 제682조에서 일정한 범위에서 복위임(復委任)을 인정하고 있다.

그에 의하면 수임인은 ① 위임인의 승낙이 있는 때와 ② 부득이한 사유($\binom{예:\ 수임인}{의\ 질병\ \cdot\ 여행}$)가 있는 때에 한하여 복위임을 할 수 있다($\binom{682조}{1항}$). 이러한 사유가 있어 수임인이 제 3 자(복수임인)에게 위임사무를 처리하게 한 경우에, 복수임인의 행위에 의하여 위임인에게 손해가 생긴 때에는, 수임인은 그 복수임인의 선임 또는 감독에 과실이 있는 때에만 책임을 지며($\binom{682조\ 2항\ \cdot}{121조\ 1항}$), 그러한 때라도 수임인이 위임인의 지명에 의하여 복수임인을 선임하였다면 복수임인의 부적임(不適任) 또는 불성실(不誠實)을 알고 위임인에게 통지나 해임하는 것을 태만한 경우에만 책임을 진다($\binom{682조\ 2항\ \cdot}{121조\ 2항}$). 한편 복위임의 경우 복수임인과 위임인 사이의 관계에 대하여는 제123조를 준용한다($\binom{682조}{2항}$). 그러나 제123조 제 1 항은 준용될 여지가 없고($\binom{이설}{없음}$), 제123조 제 2 항이 준용되는 결과 복수임인과 위임인 사이에는 위임인과 수임인 사이에서와 같은 권리의무관계가 생긴다. 그런데 이 권리의무관계는 위임인과 수임인 사이의 본래의 관계의 범위와 복위임계약에서 정해진 범위에 한정된다. 그리고 위임인과 복수임인 사이에 직접적인 관계가 있어도 위임인 · 수임인 사이의 위임계약의 효력은 그대로 유지된다.

(2) 그 밖의 의무

[186]

1) 보고의무　수임인은 위임인의 청구가 있는 때에는 위임사무의 처리 상황을 보고하고, 위임이 종료한 때에는 지체없이 그 전말을 보고하여야 한다$\binom{683}{조}$.

2) 취득물 인도의무　수임인은 위임사무의 처리로 인하여 받은 금전 기타의 물건 및 그 수취한 과실을 위임인에게 인도하여야 한다$\binom{684조}{1항}$. 이때 수임인이 위임인에게 인도한 목적물은 그것이 대체물이더라도 당사자 간에 있어서는 특정된 물건과 같은 것으로 보아야 한다$\binom{대판 1962. 12. 16,}{67다1525}$. 그리고 인도시기는 당사자 간에 특약이 있거나 위임의 본뜻에 반하는 경우 등과 같은 특별한 사정이 있지 않는 한 위임계약이 종료한 때이므로, 수임인이 반환할 금전의 범위도 위임종료시를 기준으로 정해진다$\binom{대판 2007. 2. 8,}{2004다64432}$. 한편 판례는, 수임인의 위임인에 대한 취득물 인도의무나 수임인의 위임사무 처리비용 상환방법 등에 관하여 위임계약에서 특별히 약정하였다는 등의 특별한 사정이 없는 한, 위임계약이 종료된 때에 수임인이 위임사무의 처리로 인하여 얻은 총 수익에서 위임계약의 취지에 따라 위임사무의 처리를 위하여 지출한 총 비용 등을 공제하고 남아 있는 수익이 있는 경우, 수임인은 위임인에게 이를 반환할 의무가 있다고 한다$\binom{대판 2016. 6. 28,}{2016다11295}$. 그러면서 이 경우 위임사무의 처리를 위하여 지출한 비용 등의 액수와 그 비용 등을 위임계약의 취지에 따라 정당한 용도로 지출하였다는 점에 대한 증명책임은 수임인에게 있다고 한다$\binom{대판 2016. 6. 28,}{2016다11295}$.

〈판 례〉

「민법 제684조 제 1 항 … 에서 말하는 "위임사무의 처리로 인하여 받은 금전 기타 물건"에는 수임인이 위임사무의 처리와 관련하여 취득한 금전 기타 물건으로서 이를 수임인에게 그대로 보유하게 하는 것이 위임의 신임관계를 해한다고 사회통념상 생각할 수 있는 것도 포함된다.」(토지의 실소유자로부터 신탁받은 토지의 매도를 위임받은 수임인이 1, 2차 매매계약을 체결하고 주택조합에 소유권이전등기를 해 주었으나, 그 후 용도변경이 부결될 경우 매매계약을 무효로 하기로 한 약정에 따라 위 매매계약의 무효를 주장하여 주택조합과 매매대금을 증액하기로 하는 3차 매매계약을 체결하고 그 추가 매매대금을 지급받으면서 아파트 사업승인과 관련하여 어떠한 이의도 제기하지 않겠다는 취지의 확약서 및 가처분 해제 신청서를 작성해 준 사안에서, 수임인은 위 추가 매매대금 중 토지의 '정당한 시가'에 상응하는 금원을 민법 제

684조 제 1 항에 따라 위임인에게 반환하여야 한다고 한 사례)(대판 2010. 5. 27, 2010다4561)

3) 취득권리 이전의무　　수임인은 위임인을 위하여 자기의 명의로 취득한 권리를 위임인에게 이전하여야 한다(684조 2항). 권리의 이전시기는 당사자 간에 특약이 있거나 위임의 본뜻에 반하는 경우 등과 같은 특별한 사정이 없는 한 위임계약이 종료된 때이고, 따라서 위임사무로 수임인 명의로 취득한 권리에 관한 위임인의 이전청구권의 소멸시효는 위임계약이 종료된 때부터 진행하게 된다(대판 2022. 9. 7, 2022다217117). 한편 수임인이 대리권을 가지는 경우에는, 권리가 처음부터 위임인(본인)에게 귀속되므로 이 규정은 적용되지 않는다.

4) 금전소비의 책임　　수임인이 위임인에게 인도할 금전 또는 위임인의 이익을 위하여 사용할 금전을 자기를 위하여 소비한 때에는, 소비한 날 이후의 이자를 지급하여야 하며, 그 외에 손해가 있다면 배상하여야 한다(685조)(김상용, 386면; 김형배, 682면은 손해배상은 수임인의 고의·과실이 있을 때에만 인정하나, 의문이다).

5) 「기타의 행위의무」(신의칙상의 의무)　　수임인은 신의칙에 기하여 「기타의 행위의무」도 부담한다. 그러한 의무로는 보호의무, 통지의무, 설명·조언의무, 정보제공의무, 비밀유지의무 등 여러 가지가 있다.

〈판 례〉

판례에 의하면, 병원은 입원환자의 휴대품 등의 도난을 방지함에 필요한 적절한 조치를 강구하여 줄 보호의무가 있다(대판 2003. 4. 11, 2002다63275). 그리고 구분건물의 수분양자로부터 소유권이전등기 신청절차를 위임받은 법무사가 그 절차를 마치기 전에 건축주로부터 등기권리증의 반환을 요구받은 경우에 수분양자가 의무이행을 완료한 사실을 알고 있었고 건축주가 등기권리증을 이용하여 구분건물을 담보로 제공하고 금원을 차용하려 한다는 것을 예상할 수 있는 때에는 건축주의 요청을 거부하거나 최소한 그 사실을 위임인에게 알려주고 권리보호를 위하여 적당한 조치를 취할 기회를 부여할 위임계약상의 의무가 있으며(대판 2001. 2. 27, 2000다39629), 피사취수표와 관련된 본안소송을 위임받은 변호사는 사고신고 담보금에 대한 권리보전조치의 위임을 별도로 받은 바가 없더라도 사고신고 담보금이 예치된 사실을 알게 되었다면, 수표 소지인이 당해 수표에 관한 소송이 계속 중임을 증명하는 서면을 지급은행에게 제출하고 수익의 의사표시를 하면 나중에 확정판결 등을 통하여 정당한 소지인임을 증명함으로써 사고신고 담보금에 대한 직접청구권이 생기므로, 법률전문가의 입장에서 승소판결금을 회수하는 데 있어 매우 실효성이 있는 이와 같은 방안을 위임인에게 설명하고 필요한 정보를 제공하여 위임인이 그 회수를 위하여 필요한 수단을 구체적으로 강구할 것인지를 결정하도록 하기 위한 법률적인 조언을 하여야 할 보호의무가 있다(대판 2002. 11. 22, 2002다9479. [185]에 인용된 부분도 참조). 관세사는 의뢰받은 사무와 밀접하게 연관되는 범위 안에서는 비록 별도의 위임이 없다 하여도 의뢰인이 이익을 도모하고 손해를 방지하기 위하여 필요한 조치를 취하도록 의뢰인에게 설명하고 조언하여야 하며, 의뢰인의 구체적인 지시가 있어도 그에 따르는 것이 위임의 본지에 적합하지 않거나 또는 의뢰인에게 불이익한 때에는 관세사는 그러한 내용을 의뢰인에게 설명하고 그 지시를 변경하도록 조언할 의무가 있다(대판 2005. 10. 7, 2005다38294). 또한 세무사는 공공성을 지닌 세무전문가로서 납세자의 권익을 보호하고 납세의무의 성실한 이행에 이바지함을 사명으로 하므로, 의뢰받은 사무와 밀접하게 연관되는 범위 안에서, 의뢰인이 의뢰한 사무의 처리에 필요한 자료를 제출하지 못하는 경우이거나 비록 의뢰인의 구체적인 지시가 있어도 그에 따르는 것이 위임의 본지에 적합하지 않거나 또는 의뢰인에게 불이익한 경우라는 등의 특별한 사정이 있는 때에는, 별도의 위임이 없다 하여도 의뢰인으로 하여금 이익을 도모하고 손해를 방지하기 위하여 필요한 조치를 취하도록 의뢰인에게 설명하고 조언할 의무가 있다(대판 2018. 9. 13, 2015다48412. 납세자가 위임사무의 처리에 필요한 자료를 제대로 제출하지 못하는 경우에 관한 대판 2005. 1. 14, 2003다63968도 참조). 그런가 하면 「법무사는 등기사무에 관한 한 전문적인 식견을 가진 사람으로서, 일반인이 등기업무를 법무사에게 위임하는 것은 그러한 전문가인 법무사에 대한 기대와 신뢰를 바탕으로 하는 것이므로, 비록 등기업무와 관련된 법무사의 주된 직무내용이 서류의 작성과 신청대리에 있다 하여도, 그 직무를 수행하는 과정에서 의뢰인의 지시에 따르는 것이 위임의 취지에 적합하지 않거나 오히려 의뢰인에게 불이익한 결과가 되는 것이 드러난 경우에는, 법무사법에 정한 직무의 처리와 관련되는 범위 안에서 그러한 내용을 의뢰인에게 알리고 의뢰인의 진정한 의사를 확인함과 아울러 적절한 방법으로 의뢰인이 진정으로 의도하는 등기가 적정하게 되도록 설명 내지 조언을 할 의무가 있다고 할 것이다.」(대판 2006. 9. 28, 2004다55162) 그리고 「중개의뢰를 받은 중개업자는 선량한 관리자의 주의로 중개대상물의 권리관계 등을 조사·확인하여 중개의뢰인에게 설명할 의무가 있고, 이는 부동산중개업자나 그 중개보조원이 구 부동산중개업법에서 정한 중개대상물의 범위 외의 물건이나 권리 또는 지위를 중개하는 경우에도 다르지 않다.」(대판 2015. 1. 29, 2012다74342)

2. 위임인의 의무   [187]

(1) 비용선급의무

위임사무의 처리에 비용이 필요한 경우에는 수임인의 청구가 있으면 위임인은 이를 선급하여야 한다($\frac{687}{조}$).

(2) 필요비상환의무

수임인이 위임사무의 처리에 관하여 필요비(대판 1999. 10. 12, 98다6176은 명의신탁이 탈세의 목적으로 이루어진 경우에 명의수탁자의 상속인이 납부한 상속세 상당액은 필요비에 해당한다고 한다)를 지출한 때에는, 위임인은 그 비용과 지출한 날 이후의 이자를 상환하여야 할 의무가 있다(688조 1항). 이와 관련하여 판례는, 이 규정에 따라 수임인이 상환을 청구할 수 있는 필요비는 선량한 관리자의 주의를 가지고 수임인이 필요하다고 판단하여 지출한 비용으로서 위임인에게 실익이 생기는지 여부 또는 위임인이 소기의 목적을 달성하였는지 여부는 불문한다고 한다(대판 2024. 2. 29, 2023다294470·294487). 그리고 수임인이 위임사무를 처리하는 과정에서 선관주의의무를 위반한 사실이 있다 하더라도, 그 이후 수임인이 위임사무 처리를 위해 비용을 지출하였고, 해당 비용의 지출 과정에서 수임인이 선량한 관리자로서의 주의를 다하였다면, 수임인은 선행 선관주의의무 위반과 상당인과관계 있는 비용 증가에 대하여 손해배상의무를 부담하는 것은 별론으로 하고 위임인에 대하여 필요비의 상환을 청구할 수 있다고 한다(대판 2024. 2. 29, 2023다294470·294487: 위수탁계약의 설계 과정에 선관주의 위반이 있었으나, 그 후에는 잘못이 없었던 경우임).

(3) 채무대변제의무(債務代辨濟義務)

수임인이 위임사무의 처리에 필요한 채무를 부담한 때(예: 주식회사의 이사가 회사의 공장매수대금의 일부를 마련하기 위하여 금융기관으로부터 대출금채무를 부담하는 경우(대판 2002. 1. 25, 2001다52506))에는, 그는 위임인에게 자기에 갈음하여 이를 변제하게 할 수 있고(대변제 청구권), 그 채무가 변제기에 있지 않은 때에는 상당한 담보를 제공하게 할 수 있다(688조 2항). 수임인의 대변제청구권(代辨濟請求權)은 수임인에게 대리권이 없는 경우에만 인정된다. 수임인에게 대리권이 있으면 수임인의 사무처리에 의하여 생기는 채무는 처음부터 위임인에게 귀속하기 때문이다. 그리고 수임인에게 대변제청구권이 있다고 하여 비용선급청구권(687조)이 없어지는 것은 아니다. 수임인은 두 권리를 선택적으로 행사할 수 있다(이설 없음).

〈판 례〉

「수임인이 위임사무 처리와 관련하여 선관주의의무를 다하여 자기의 이름으로 위임인을 위해 필요한 계약을 체결하였다고 하더라도, 이후 그에 따른 채무를 이행하지도 않고 위임인에 대하여 필요한 보고 등의 조치도 취하지 않으면서 방치하여 두거나 계약 상대방의 소제기에 제대로 대응하지 않음으로써 수임인 자신이 계약 상대방에 대하여 부담하여야 할 채무액이 확대된 경우에는, 그 범위가 확대된 부분까지도 당연히 '위임사무의 처리에 필요한 채무'로서 '위임인에게 대신 변제하게 할 수 있는 채무'의 범위에 포함된다고 보기는 어렵다. 이러한 경우 법원으로서는 수임인이 보고의무 등을 다하지 못하거나 계약 상대방이 제기한 소송에 제대로 대응하지 못하여 채무액이 확대된 것인지 등을 심리하여 수임인이 위임인에게 대신 변제하게 할 수 있는 채무의 범위를 정하여야 한다.」($\binom{대판\ 2018.\ 11.\ 29,}{2016다48808}$)

(4) 손해배상의무

수임인이 위임사무의 처리를 위하여 과실없이 손해를 받은 때에는, 위임인은 그 배상책임이 있다($\binom{688조}{3항}$). 민법은 위임인의 무과실 손해배상책임을 모든 위임에 적용하는 형태로 규정하고 있다. 그러나 그 규정은 위임이 무상임을 전제로 한 것으로 보아야 한다($\binom{686조\ 1항\ 및\ 무상인\ 사무관리자의\ 무과}{실\ 손해보상청구권에\ 관한\ 740조\ 참조}$). 따라서 위임인의 손해배상책임은 무상위임의 경우에만 인정되어야 한다($\binom{같은\ 취지:\ 김상용,\ 388면;\ 김}{주수,\ 432면;\ 김형배,\ 687면}$)($\binom{민법의\ 위임규정\ 가운데}{유상위임에\ 적합하지\ 않}$ 은 규정은 손질을 필요로 한다).

(5) 보수지급의무

1) 민법상 위임은 무상이 원칙이어서 위임인의 보수지급의무는 보수지급에 관한 특약이 있는 때에만 인정된다($\binom{686조}{1항}$). 그런데 실제에 있어서는 명시적 또는 묵시적으로 보수지급을 약정하는 것이 보통이다. 그리고 유상이 일반적인 경우($\binom{특히\ 변호사·세무사같이\ 전문적인\ 지}{식을\ 바탕으로\ 영리행위를\ 하는\ 경우}$)에는 명시적인 약정을 하지 않았더라도 무보수로 한다는 특약이 없는 한 보수지급의 특약이 있는 것으로 새겨야 할 것이다($\binom{같은\ 취지:\ 곽윤}{직,\ 279면;\ 김상}$ 용, 389면; 김주수, 432 면; 김형배, 683면). 판례도 소송위임에 따른 변호사의 보수에 관하여 같은 견지에 있다($\binom{대판\ 1982.\ 9.\ 14,\ 82다125,\ 82다카284;\ 대판\ 1993.\ 2.\ 12,\ 92다42941;\ 대판\ 1993.\ 11.\ 12,\ 93다36882;\ 대판\ 1995.\ 12.}{5,\ 94다50229(보수액\ 산정시\ 고려사항도\ 제시함);\ 대결\ 2023.\ 11.\ 9,\ 2023마6427;\ 대판\ 2024.\ 4.\ 4,\ 2023다298670}$).

〈판 례〉

「민사사건의 소송대리 사무를 위임받은 변호사가 소송제기 전에 상대방에 채무이행을 최고하고 형사고소를 제기하는 등의 사무를 처리함으로써 사건위임인과 상대방 사이에 재판 외 화해가 성립되어 결과적으로 소송제기를 할 필요가 없게 된 경우에, 사건 본인과 변호사 사이에 위와 같은 소제기에 의하지 아니한 사무처리에 관하여 명시적인 보수의 약정을 한 바 없다고 하여도 특단의 사정이 없는 한 사건 위임인은 변호사에게 위 사무처리에 들인 노력에 상당한 보수를 지급할 의무가 있다」다($\binom{대판\ 1982.\ 9.\ 14,\ 82}{다125,\ 82다카284}$).

2) 보수의 종류($\binom{금전}{기타}$)나 보수액에 대하여는 제한이 없다. 따라서 당사자가 자유롭게 정할 수 있다($\binom{그런데\ 판례는\ 변호사의\ 보수가\ 부당히\ 과다한\ 경우에는\ 계약이\ 무효라고\ 하거나(대판}{1972.\ 2.\ 29,\ 71다2722),\ 상당하다고\ 인정되는\ 범위\ 내의\ 보수액만을\ 청구할\ 수\ 있다고\ 한다}$ ($\binom{대판\ 1995.\ 4.\ 25,\ 94다57626;}{대판\ 2002.\ 4.\ 12,\ 2000다50190}$)). 사무처리가 일정한 효과를 거둔 때(즉 성공한 때)에 추가로 성공보수를 지급하기로 하여도 무방하다($\binom{대판\ 1970.\ 12.\ 22,\ 70다2312는\ 성공보수를\ 약정한\ 경우에\ 소}{송사건이\ 쌍불로\ 취하\ 간주된\ 때도\ 승소한\ 때에\ 준한다고\ 해}$

석한다. 그리고 대판 1982. 9. 14, 82다125, 82다카284는 변호사가 받은 착수금은 일반적으로 위임사무의 처리비용 외에 보수금 일부(이 경우의 보수금은 성공과 관계없이 지급되는 것이 보통임)의 선급금조로 지급받는 성질의 금원이라고 한다). 다만, 판례에 따르면 형사사건에서의 성공보수약정은 사회질서에 반하여 무효라고 한다$\binom{\text{대판(전원) 2015. 7.}}{\text{23, 2015다200111}}$).

　보수의 지급시기는 당사자가 특약으로 자유롭게 정할 수 있으나, 특약이 없으면 후급이 된다. 즉 수임인은 위임사무를 완료한 후에 보수를 청구할 수 있고 $\binom{\text{686조 2}}{\text{항 본문}}$, 기간으로 보수를 정한 때에는 그 기간이 경과한 후에 청구할 수 있다$\binom{\text{686}}{\text{조 2}}_{\text{단서}}^{\text{항}}$. 판례에 의하면, 항소심 사건의 소송대리인인 변호사 등의 위임사무는 특별한 약정이 없는 한 항소심판결이 송달된 때에 종료되므로, 변호사 등은 항소심판결이 송달되어 위임사무가 종료되면 원칙적으로 그에 따른 보수를 청구할 수 있다고 한다$\binom{\text{대판 2016. 7. 7,}}{\text{2014다1447}}$. 그러나 항소심판결이 상고심에서 파기되고 사건이 환송되는 경우에는 사건을 환송받은 항소심법원이 환송 전의 절차를 속행하여야 하고 환송 전 항소심에서의 소송대리인인 변호사 등의 소송대리권이 부활하므로, 환송 후 사건을 위임사무의 범위에서 제외하기로 약정하였다는 등의 특별한 사정이 없는 한 변호사 등은 환송 후 항소심 사건의 소송사무까지 처리하여야만 비로소 위임사무의 종료에 따른 보수를 청구할 수 있다고 한다$\binom{\text{대판 2016. 7. 7,}}{\text{2014다1447}}$. 그런가 하면 의사의 진료채무는 결과채무가 아니고 수단채무이므로 적절한 진료조치를 다하였으면 그 결과 질병이 치료되지 않았다고 하더라도 치료비는 청구할 수 있고, 그 채권은 특약이 없는 한 그 개개의 진료가 종료될 때마다 이행기가 도래한다고 한다$\binom{\text{대판 2001. 11. 9, 2001다52568. 대판 1988. 12. 13,}}{\text{85다카1491; 대판 1993. 7. 27, 92다15031도 참조}}$.

　3) 수임인이 위임사무를 처리하는 중에 수임인의 책임없는 사유로 위임이 종료된 때$\binom{\text{689조 · 690}}{\text{조 참조}}$에는 수임인은 이미 처리한 사무의 비율에 따른 보수를 청구할 수 있다$\binom{\text{686조}}{\text{3항}}$. 그리고 이는 기간으로 보수가 정해진 경우뿐만 아니라 후불의 일시불 보수약정을 한 경우에도 인정되어야 한다$\binom{\text{대판 2000. 8. 22, 2000다19342; 대판 2001. 5. 29,}}{\text{2000다40001; 대판 2006. 11. 23, 2004다3925는 공}}^{\text{사감리계약에 관하}}_{\text{여 이를 인정한다}}$. 한편 위임이 수임인의 유책사유로 종료된 때에는, 비율에 의한 보수도 청구하지 못하나$\binom{\text{이때 부당이득 반환청구는 할 수 있을 것이}}{\text{다. 같은 취지: 김상용, 390면; 김형배, 685면}}$, 보수가 정기 분할급인 경우에는 그 사유가 발생할 때까지의 사무처리에 대하여서는 보수를 지급하여야 할 것이다$\binom{\text{같은 취지: 곽윤직, 279면; 김상용, 390}}{\text{면; 김주수, 434면; 김형배, 685면}}$.

〈판 례〉

대법원은, 소송위임계약 당시 수임인에게 착수금을 선불로 지급하면서 그 착수금에 대해서는 어떠한 사유가 발생하더라도 반환을 청구할 수 없는 것으로 약정하였고, 수임인이 소송위임계약에 따라 위임인(회사)으로부터 위임받은 소송사무를 처리하던 중 위임인을 퇴직한 근로자들로부터 소송을 위임받아 위임인을 상대로 한 퇴직금 청구소송을 제기하였으며, 그러자 위임인이 수임인의 위임인에 대한 소송제기로 인한 신임관계 위배를 이유로 수임인에게 소송위임계약을 해제한 경우에 관하여, 소송위임계약과 관련하여 위임사무 처리 도중에 수임인의 귀책사유로 계약이 종료되었다 하더라도, 위임인은, 수임인이 계약종료 당시까지 이행한 사무처리 부분에 관해서 수임인이 처리한 사무의 정도와 난이도, 사무처리를 위하여 수임인이 기울인 노력의 정도, 처리된 사무에 대하여 가지는 위임인의 이익 등 제반사정을 참작하여 상당하다고 인정되는 보수 금액 및 상당하다고 인정되는 사무처리 비용을 착수금 중에서 공제하고 그 나머지 착수금만을 수임인으로부터 반환받을 수 있다고 한 바 있다($\frac{대판\ 2008.\ 12.\ 11,}{2006다32460}$).

Ⅳ. 위임의 종료 [188]

1. 종료원인

위임은 위임사무의 종료, 채무불이행으로 인한 해제, 종기의 도래 등에 의하여 종료된다. 그런데 민법은 위임의 특별한 종료원인으로 ① 당사자에 의한 해지, ② 당사자 일방의 사망, ③ 당사자 일방의 파산, ④ 수임인이 성년후견개시의 심판을 받은 경우를 규정하고 있다.

(1) 해 지

위임계약은 각 당사자가 언제든지 해지할 수 있다($\frac{689조}{1항}$). 민법은 위임이 신뢰관계를 기초로 하기 때문에 그것이 유상이든 무상이든 정당한 이유 없이도 각 당사자로 하여금 언제든지 해지할 수 있도록 한 것이다(통설·판례(대판 1991. 4. 9, 90다18968; 대판 2000. 6. 9, 98다64202; 대판 2005. 11. 24, 2005다39136)도 같다. 김상용, 391면은 상대방에 불리한 때에는 신의칙상 해지할 수 없다고 해석하고, 김주수, 436면은 유상위임의 경우에는 해지를 제한하나(반대 이은영, 579면), 이들은 옳지 않다). 그리고 해지로 말미암아 상대방이 손해를 입어도 원칙적으로 손해배상책임도 생기지 않는다. 그러나 상대방이 불리한 시기(예: 위임인의 질병 중)에 해지한 때에는 손해를 배상하여야 한다($\frac{689조}{2항}$). 다만, 부득이한 사유(예: 수임인의 질병)로 그 시기에 해지한 경우에는 배상책임은 생기지 않는다($\frac{689조}{2항}$). 손해배상을 하여야 하는 경우에 배상의 범위는 위임이 해지되었다는 사실로부터 생기는 손해가 아니라 적당한 시기에 해지되었더라면 입지 않았을 손해에 한정된다(대판 1991. 4. 9, 90다18968; 대판 2000. 6. 9, 98다64202; 대판 2015. 12. 23, 2012다71411).

판례에 따르면, 위임계약의 일방 당사자가 타방 당사자의 채무불이행을 이유로 위임계약을 해지한다는 의사표시를 하였으나 실제로는 채무불이행을 이유로 한 계약 해지의 요건을 갖추지 못한 경우라도, 특별한 사정이 없는 한 위 의사표시에는 제689조 제 1 항에 기한 임의해지로서의 효력이 인정된다고 한다(대판 2015. 12. 23, 2012다71411).

위임계약의 당사자가 제689조 제 1 항·제 2 항과 다르게 약정한 경우에 관하여 대법원은 다음과 같이 판시하였다.「민법 제689조 제 1 항, 제 2 항은 임의규정에 불과하므로 당사자의 약정에 의하여 위 규정의 적용을 배제하거나 그 내용을 달리 정할 수 있다. 그리고 당사자가 위임계약의 해지사유 및 절차, 손해배상책임 등에 관하여 민법 제689조 제 1 항, 제 2 항과 다른 내용으로 약정을 체결한 경우, 이러한 약정은 당사자에게 효력을 미치면서 당사자 간의 법률관계를 명확히 함과 동시에 거래의 안전과 이에 대한 각자의 신뢰를 보호하기 위한 취지라고 볼 수 있으므로, 이를 단순히 주의적인 성격의 것이라고 쉽게 단정해서는 아니 된다. 따라서 당사자가 위임계약을 체결하면서 민법 제689조 제 1 항, 제 2 항에 규정된 바와 다른 내용으로 해지사유 및 절차, 손해배상책임 등을 정하였다면, 민법 제689조 제 1 항, 제 2 항이 이러한 약정과는 별개 독립적으로 적용된다고 볼 만한 특별한 사정이 없는 한, 위 약정에서 정한 해지사유 및 절차에 의하지 않고는 계약을 해지할 수 없고, 손해배상책임에 관한 당사자 간 법률관계도 위 약정이 정한 바에 의하여 규율된다고 봄이 타당하다.」(대판 2019. 5. 30, 2017다53265).

〈판 례〉

(ㄱ) 판례는 건물임대 중개(대판 1991. 4. 9, 90다18968)나 부가가치세 환급을 위한 세무업무 대행(대판 2000. 6. 9, 98다64202)의 경우에 관하여,「사무처리의 완료를 조건으로 하여 보수를 지급받기로 하는 내용의 계약과 같은 유상위임계약에 있어서는, 시기 여하에 불문하고 사무처리 완료 이전에 계약이 해지되면 당연히 그에 대한 보수청구권을 상실하는 것으로 계약 당시에 예정되어 있어 특별한 사정이 없는 한 해지에 있어서의 불리한 시기란 있을 수 없다 할 것이므로, 수임인의 사무 처리 완료 전에 위임계약을 해지한 것만으로 수임인에게 불리한 시기에 해지한 것이라고 볼 수는 없다」고 한다(대판 2000. 6. 9, 98다64202. 같은 취지: 대판 1991. 4. 9, 90다18968(중개료 상당의 손해배상청구 부인)).

(ㄴ) 「이 사건 계약과 같이 수임인이 재임 중에 기본급, 주택수당 및 자녀학비 등을 지급받고 퇴임시에는 퇴직금까지 지급받기로 하는 유상위임인 데다가, 수임인의 지위를 보장하기 위하여 계약기간 중 처음 2년간은 위임인이 해지권을 행사하지 않기로 하는 특약까지 되어 있어 위임인의 이익과 함께 수임인의 이익도 목적으로 하고 있는 위임의 경우에는 위임인의 해지 자유가 제한되어 위임인으로서는 해지 자체는 정당한 이유 유무에 관계없이 할 수 있다 하더라도 정당한 이유 없이 해지한 경우에는 상대방인 수임인에게 그로 인한 손해를 배상할 책임이 있다.」($\substack{\text{대판 2000. 4. 25,}\\ \text{98다47108}}$)

(ㄷ) 「수임인이 위임계약상의 채무를 제대로 이행하지 아니하였다 하여 위임인이 언제나 최고 없이 바로 그 채무불이행을 이유로 하여 위임계약을 해제할 수 있는 것은 아니고, 아직도 수임인이 위임계약상의 채무를 이행하는 것이 가능하다면 위임인은 수임인에 대하여 상당한 기간을 정하여 그 이행을 최고하고, 수임인이 그 기간 내에 이를 이행하지 아니할 때에 한하여 계약을 해제할 수 있다.」($\substack{\text{대판 1996. 11. 26,}\\ \text{96다27148}}$)

(ㄹ) 「등기권리자와 등기의무자 쌍방으로부터 등기절차의 위촉을 받고 그 절차에 필요한 서류를 교부받은 사법서사는 절차가 끝나기 전에 등기의무자로부터 등기신청을 보류해 달라는 요청이 있었다 해도 등기권리자에 대한 관계에 있어서는 그 사람의 동의가 있는 등 특별한 사정이 없는 한 그 요청을 거부해야할 위임계약상의 의무가 있는 것이다. 그러므로 이와 같은 경우에는 등기의무자와 사법서사와의 간의 위임계약은 계약의 성질상 민법 제689조 제 1 항의 규정에 관계없이 등기권리자의 동의 등 특별한 사정이 없는 한 해제할 수가 없다.」($\substack{\text{대판 1987. 6. 23,}\\ \text{85다카2239}}$)

(2) 기타의 종료원인

1) 당사자 일방의 사망($\substack{690\\조}$)　　그러나 위임사무가 상속인에게 승계될 성질의 것일 때에는 종료하지 않는다($\substack{\text{이설}\\\text{없음}}$).

2) 당사자 일방의 파산($\substack{690\\조}$)($\substack{\text{김형배, 693면은 수임인의 파산}\\\text{은 제외하나, 민법상 옳지 않다}}$)

3) 수임인이 성년후견개시의 심판을 받은 경우($\substack{690\\조}$)($\substack{\text{김상용, 392면; 김형배, 693면은 위임인}\\\text{이 성년후견개시의 심판을 받은 경우(금}}$

$\substack{\text{치산선고)도 위임인에게 행위능력이 필요한 경우}\\\text{에는 종료원인이라고 하나, 이것도 민법에 반한다}}$)

〈판 례〉

판례는, 건축공사 감리계약은 위임이기는 하지만 특수성이 있어서 거기에는 제690조가 그대로 적용되지는 않으며($\substack{\text{대판 2003. 1. 10, 2002다11236(사}\\\text{업주체의 파산시 종료하지 않음)}}$), 위임의 당사자 일방이 파산한 경우에는 제690조에 의하여 위임계약이 당연히 종료되고 구 파산법 제50조 제 1 항($\substack{\text{현행 채무자회생법}\\\text{335조 1항에 해당}}$)이 적용될 여지가 없다고 한다($\substack{\text{대판 2002. 8. 27,}\\\text{2001다13624}}$). 그리고 매매에 관한 위임에 있어서 인감증명서의 유효기간이 경과하였다는 사실만으로 위 위임계약이 당연히 실효되었다고 볼 수 없다고 한다($\substack{\text{대판1991. 10. 11,}\\\text{91다12707}}$).

[189]　**2. 위임종료시의 특별조치**

(1) 수임인 측의 긴급처리의무

위임종료의 경우에 급박한 사정이 있는 때에는 수임인·그의 상속인($^{수임인의}_{사망으로}$

$^{종료}_{된 때}$) 또는 법정대리인($^{수임인이 성년후견개시의}_{심판을 받아 종료된 때}$)은 위임인·그의 상속인($^{위임인의 사망}_{으로 종료된 때}$) 또는

법정대리인이 위임사무를 처리할 수 있을 때까지 그 사무의 처리를 계속하여야

한다($^{691조}_{1문}$). 그 경우에는 위임의 존속과 동일한 효력이 있다($^{691조}_{2문}$).

이러한 긴급처리의무는 위임이 위임인의 해지로 인하여 종료하는 경우에는

인정하지 않아야 한다($^{같은 취지: 김상용, 393면; 김형배, 694면.}_{김주수, 438면은 예외적으로 인정한다}$).

(2) 위임종료의 대항요건

위임종료의 사유는 이를 상대방에게 통지하거나 상대방이 이를 안 때가 아

니면 이로써 상대방에게 대항하지 못한다($^{692}_{조}$).

〈연명치료 중단에 관한 이론과 판례〉

(ㄱ) **의료계약**

(a) **의의 및 성질**　　의료계약이란 당사자 일방(환자측)이 상대방(의사측)에게

진단 및 치료를 의뢰하고 상대방이 그것을 승낙함으로써 성립하는 계약이다($^{김천수, "진료계}_{}$

약," 민사법학 15호, 149면은 「진료계약이란 의사측 당사자에게는 진단 및 치료의 의무를 발생시키고 환자측 당사자

에게는 보수지급의무를 발생시키는 계약을 말한다」고 한다. 그리고 대판(전원) 2009. 5. 21, 2009다17417은 「환자가

의사 또는 의료기관(이하 '의료인'이라 한다)에게 진료를 의뢰하고, 의료인이 그 요청에 응

하여 치료행위를 개시하는 경우에 의료인과 환자 사이에는 의료계약이 성립한다」고 한다).

의료계약은 위임계약이라고 하는 견해도 있으나, 위임과 다른 성질을 많이 지니고

있어서 위임과 구별하는 것이 타당하며, 따라서 위임에 유사한 무명계약이라고 하여

야 한다. 그리고 의료계약은 원칙적으로 무상·편무계약이라고 할 수 있다($^{이설}_{있음}$). 그

러나 대부분의 경우에는 묵시적으로 환자측이 진단·치료의 대가를 지급하기로 약정

하며, 그 경우에는 유상·쌍무계약이 된다. 나아가 의료계약은 당사자의 합의만으로

성립하므로 낙성계약이고, 방식의 제한이 없는 불요식계약이다.

(b) **계약의 당사자**　　의료계약의 당사자는 의사측과 환자측이다. 구체적으로는

의사측 당사자는 의사($^{개인병원}_{인 경우}$) 또는 병원($^{법인인}_{경우}$)이다. 그리고 환자측 당사자는 원칙적

으로 환자가 당사자라고 하여야 한다. 제 3 자가 환자를 병원에 데리고 온 때에도 마

찬가지이다. 그러나 당사자의 의사표시나 기타 사정에 의하여 그 제 3 자가 당사자로

되는 경우도 있을 수 있다. 그 경우에는 제 3 자를 위한 계약이 성립하며, 환자는 수

익자로 된다. 한편 응급환자를 제 3 자가 병원으로 옮긴 때에는, 특별한 사정이 없는

한, 그 제 3 자가 환자 또는 환자의 부양의무자를 대리하여($^{무권}_{대리}$) 의료계약을 체결하

고, 후에 환자나 그 부양의무자가 명시적 또는 묵시적으로 추인한 것으로 새겨야 한

다. 이러한 때는 환자가 의식불명이 된 뒤 의식이 깨어나지 못하고 사망한 경우에는

부양의무자를 대리하고, 나머지의 경우에는 환자를 대리한다고 하는 것이 적절하다.

판례는, 계약의 당사자가 누구인지는 그 계약에 관여한 당사자의 의사해석의 문제에 해당하고, 이는 의료계약의 당사자가 누구인지를 판단할 때에도 마찬가지라고 한 뒤, 따라서 환자가 아닌 자가 의료인에게 의식불명 또는 의사무능력 상태에 있는 환자의 진료를 의뢰한 경우 진료 의뢰자와 환자의 관계, 진료를 의뢰하게 된 경위, 진료 의뢰자에게 환자의 진료로 인한 비용을 부담할 의사가 있었는지 여부, 환자의 의식상태, 환자의 치료과정 등 제반사정을 종합적으로 고찰하여 진료 의뢰자와 의료인 사이에 환자의 진료를 위한 의료계약이 성립하였는지 여부를 판단할 것이라고 한다 $\binom{\text{대판 2015. 8. 27,}}{\text{2012다118396}}$.

(c) 계약의 종료 의료계약은 진료의 목적이 달성된 경우, 그 목적달성의 불능이 확정된 경우, 또는 의료계약이 해지된 경우에 종료한다.

의료계약이 해지된 경우에 관하여 좀더 살펴본다. 의사측이 의료계약을 해지하는 것은 진료거부에 해당하는데, 의사측은 진료요청을 받으면 정당한 사유 없이 거부하지 못한다$\binom{\text{의료법}}{\text{15조 1항}}$. 그에 비하여 환자측은 원칙적으로 제한 없이 해지할 수 있다. 환자는 자기결정권 및 신뢰관계를 기초로 하는 의료계약의 본질상 무제한의 해지권을 갖는다고 하여야 하기 때문이다. 한편 환자가 연명치료를 받고 있는 경우에는, 치료 중단이 환자의 사망을 가져오기 때문에, 의료계약의 해지에 관하여 따로 논의되어야 한다.

(ㄴ) 연명치료 중단 요청의 의미와 요건

(a) 연명치료 중단의 법적 의미 인공호흡기 등과 같은 의료기술에 의하여 인위적으로 생명을 연장하는 치료를 연명치료라고 할 수 있다$\binom{\text{대판(전원) 2009. 5. 21, 2009다}}{\text{17417은「원칙적으로 환자가 의식}}$의 회복가능성이 없고 생명과 관련된 중요한 생체기능의 상실을 회복할 수 없으며 환자의 신체상태에 비추어 짧은 시간 내에 사망에 이를 수 있음이 명백한 경우(이하 '회복 불가능한 사망의 단계'라 한다)에 이루어지는 진료행위」라고 정의 한다).

오늘날 무의미한 생명연장 환자들이 증가하여 여러 가지 법적·사회적 문제를 야기하고 있다. 무의미한 생명연장은 인간의 존엄과 가치, 국가의 국민생명 보호범위, 의료비 증가 등 여러 가지 문제와 관련되어 있다. 법적으로는 무엇보다도 환자가 인간의 존엄과 가치에 근거하여 의료행위에 있어서 자기결정권을 가지는가$\binom{\text{인간의 존}}{\text{엄과 가치}}$, 아니면 의료인에게 생명유지의무가 부여되어 있어서 회생불능의 경우에도 강제적으로 연명치료를 하여야 하는가$\binom{\text{생명}}{\text{권}}$가 문제된다.

연명치료의 중단$\binom{\text{이를 소극적 안}}{\text{락사라고도 함}}$이라는 표현은 의료인측의 입장을 반영한 것이며, 환자측에서는 무의미한 연명치료를 거부할 수 있는 권리라고 표현되어야 한다.

연명치료의 중단 또는 무의미한 연명치료의 거부의 법적 성질은 진료계약의 해지$\binom{\text{일방적}}{\text{행위}}$라고 할 수 있다. 연명치료의 중단은 사망시기를 앞당기게 되기 때문에 쉽게 허용되어서는 안 된다. 판례는, 자기결정권 및 신뢰관계를 기초로 하는 의료계약의 본질에 비추어 강제진료를 받아야 하는 등의 특별한 사정이 없는 한 환자는 자유로

이 의료계약을 해지할 수 있으나($\binom{689조}{1항}$), 인간의 생명은 고귀하고 생명권은 헌법에 규정된 모든 기본권의 전제로서 기능하는 기본권 중의 기본권이라 할 것이므로, 환자의 생명과 직결되는 진료행위를 중단할 것인지 여부는 극히 제한적으로 신중하게 판단하여야 한다고 한다($\binom{대판(전원)\ 2009.}{5.\ 21,\ 2009다17417}$).

(b) 연명치료 중단의 요건　　연명치료 중단 또는 거부가 허용되기 위한 요건은 크게 실체적 요건과 절차적 요건으로 나눌 수 있고, 실체적 요건은 다시 객관적 요건과 주관적 요건으로 세분된다.

aa) 실체적 요건　　판례($\binom{이하\ 여기서\ 판례라고\ 하면,\ 2009.\ 5.\ 21.}{의\ 전원합의체\ 판결을\ 가리킨다}$)는 객관적 요건으로, 환자가 회복 불가능한 사망의 단계에 이르렀을 것을 요구한다. 그러나 사견으로는 의학적 판단으로서 회생불가능 외에 치료중단 허용 여부의 법적 판단을 위하여 의학적 무의미성도 추가하는 것이 타당하다고 생각한다($\binom{같은\ 취지:\ 김천수,}{앞의\ 논문,\ 435면}$).

판례는 주관적 요건으로, 환자가 미리 의료인에게 자신의 연명치료 거부 내지 중단에 관하여 의사를 밝혔거나(사전 의료지시) 연명치료 중단에 관한 환자의 의사를 추정할 수 있어야 한다고 한다.

bb) 절차적 요건　　판례는, 「환자측이 직접 법원에 소를 제기한 경우가 아니라면, 환자가 회복 불가능한 사망의 단계에 이르렀는지 여부에 관하여는 전문의사 등으로 구성된 위원회 등의 판단을 거치는 것이 바람직하다」고 한다. 이는 절차적 「요건」은 아니지만, 연명치료 중단의 정당성을 보다 잘 확보해 줄 수 있는 작용을 하게 될 것이다. 그리고 장차 여기에 관하여 입법 내지 규범이 만들어질 때는 절차적 요건이 규정될 것으로 생각된다.

(c) 연명치료 중단의 근거　　연명치료 중단이 인정된다면 그 근거는 환자의 자기결정권에 있다. 그리고 그 자기결정권은 헌법 제10조의 행복추구권에 포함되어 있다.

(ㄷ) **연명치료 중단에 관한 대법원 전원합의체 판결**

「다. 회복불가능한 사망 단계에 진입한 환자에 대한 진료중단의 허용 요건

(1) 의학적으로 환자가 의식의 회복가능성이 없고 생명과 관련된 중요한 생체기능의 상실을 회복할 수 없으며 환자의 신체상태에 비추어 짧은 시간 내에 사망에 이를 수 있음이 명백한 경우($\binom{이하\ '회복불가능한}{사망의\ 단계'라\ 한다}$)에 이루어지는 진료행위($\binom{이하\ '연명치}{료'라\ 한다}$)는 원인이 되는 질병의 호전을 목적으로 하는 것이 아니라 질병의 호전을 사실상 포기한 상태에서 오로지 현 상태를 유지하기 위하여 이루어지는 치료에 불과하므로, 그에 이르지 아니한 경우와는 다른 기준으로 진료중단 허용 가능성을 판단하여야 한다. …

회복불가능한 사망의 단계에 이른 후에 환자가 인간으로서의 존엄과 가치 및 행복추구권에 기초하여 자기결정권을 행사하는 것으로 인정되는 경우에는 특별한 사정이 없는한 연명치료의 중단이 허용될 수 있다.

(2) 환자가 회복불가능한 사망의 단계에 이르렀을 경우에 대비하여 미리 의료인에게 자신의 연명치료 거부 내지 중단에 관한 의사를 밝힌 경우($\binom{이하\ '사전의료}{지시'라\ 한다}$)에는 비록

진료 중단 시점에서 자기결정권을 행사한 것은 아니지만 사전의료지시를 한 후 환자의 의사가 바뀌었다고 볼 만한 특별한 사정이 없는 한 사전의료지시에 의하여 자기결정권을 행사한 것으로 인정할 수 있다.

다만, 이러한 사전의료지시는 진정한 자기결정권 행사로 볼 수 있을 정도의 요건을 갖추어야 한다. 따라서 의사결정능력이 있는 환자가 의료인으로부터 직접 충분한 의학적 정보를 제공받은 후 그 의학적 정보를 바탕으로 자신의 고유한 가치관에 따라 진지하게 구체적인 진료행위에 관한 의사를 결정하여야 하며, 이와 같은 의사결정 과정이 환자 자신이 직접 의료인을 상대방으로 하여 작성한 서면이나 의료인이 환자를 진료하는 과정에서 위와 같은 의사결정 내용을 기재한 진료기록 등에 의하여 진료 중단 시점에서 명확하게 입증될 수 있어야 비로소 사전의료지시로서의 효력을 인정할 수 있다.

환자 본인의 의사에 따라 작성된 문서라는 점이 인정된다고 하더라도, 의료인을 직접 상대방으로 하여 작성하거나 의료인이 참여한 가운데 작성된 것이 아니라면, 환자의 의사결정능력, 충분한 의학적 정보의 제공, 진지한 의사에 따른 의사표시 등의 요건을 갖추어 작성된 서면이라는 점이 문서 자체에 의하여 객관적으로 확인되지 않으므로 위 사전의료지시와 같은 구속력을 인정할 수 없고, 아래에서 보는 바와 같이 환자의 의사를 추정할 수 있는 객관적인 자료의 하나로 취급할 수 있을 뿐이다.

(3) 한편, 환자의 사전의료지시가 없는 상태에서 회복불가능한 사망의 단계에 진입한 경우에는 환자에게 의식의 회복가능성이 없으므로 더 이상 환자 자신이 자기결정권을 행사하여 진료행위의 내용 변경이나 중단을 요구하는 의사를 표시할 것을 기대할 수 없다. 그러나 환자의 평소 가치관이나 신념 등에 비추어 연명치료를 중단하는 것이 객관적으로 환자의 최선의 이익에 부합한다고 인정되어 환자에게 자기결정권을 행사할 수 있는 기회가 주어지더라도 연명치료의 중단을 선택하였을 것이라고 볼 수 있는 경우에는 그 연명치료 중단에 관한 환자의 의사를 추정할 수 있다고 인정하는 것이 합리적이고 사회상규에 부합된다.

이러한 환자의 의사 추정은 객관적으로 이루어져야 한다. 따라서 환자의 의사를 확인할 수 있는 객관적인 자료가 있는 경우에는 반드시 이를 참고하여야 하고, 환자가 평소 일상생활을 통하여 가족, 친구 등에 대하여 한 의사표현, 타인에 대한 치료를 보고 환자가 보인 반응, 환자의 종교, 평소의 생활 태도 등을 환자의 나이, 치료의 부작용, 환자가 고통을 겪을 가능성, 회복불가능한 사망의 단계에 이르기까지의 치료 과정, 질병의 정도, 현재의 환자 상태 등 객관적인 사정과 종합하여 환자가 현재의 신체상태에서 의학적으로 충분한 정보를 제공받는 경우 연명치료 중단을 선택하였을 것이라고 인정되는 경우라야 그 의사를 추정할 수 있을 것이다.

(4) 환자측이 직접 법원에 소를 제기한 경우가 아니라면, 환자가 회복불가능한 사망의 단계에 이르렀는지 여부에 관하여는 전문의사 등으로 구성된 위원회 등의 판단

을 거치는 것이 바람직하다.」$\binom{\text{대판(전원) 2009. 5. 21, }}{2009다17417}$

(ㄹ)「환자가 의료인과 사이에 의료계약을 체결하고 진료를 받다가 미리 의료인에게 자신의 연명치료 거부 내지 중단에 관한 의사$\binom{\text{이하 '사전의}}{\text{료지시'라 함}}$를 밝히지 아니한 상태에서 회복불가능한 사망의 단계에 진입을 하였고, 환자 측이 직접 법원에 연명치료 중단을 구하는 소를 제기한 경우에는, 특별한 사정이 없는 한, 연명치료 중단을 명하는 판결이 확정됨으로써 그 판결의 주문에서 중단을 명한 연명치료는 더 이상 허용되지 아니하지만, 환자와 의료인 사이의 기존 의료계약은 판결 주문에서 중단을 명한 연명치료를 제외한 나머지 범위 내에서는 유효하게 존속한다.」$\binom{\text{대판 2016. 1. 28, }}{2015다9769}$

(ㅁ) **연명치료에 관한 입법**

(a) 서　　설　　연명치료와 관련된 법으로「호스피스·완화의료 및 임종과정에 있는 환자의 연명의료 결정에 관한 법률」$\binom{\text{연명의료결정법. 이하}}{\text{인용시「법」이라고 함}}$이 제정되었다$\binom{2016.}{2.3}$. 이 법은 ① 연명의료 중단 등 결정의 관리체계, ② 연명의료 중단 등 결정의 이행, ③ 호스피스·완화의료에 관하여 규정하고 있다$\binom{\text{이 중 ①·②는 2018. 2. 4.부터,}}{\text{③은 2017. 8. 4.부터 시행됨}}$. 연명치료 중단 등 결정을 중심으로 이 법의 내용을 요약해서 설명하기로 한다.

(b) 연명의료계획서와 사전연명의료의향서　　연명의료 중단 등 결정에 중요한 의미를 가지는 것으로 연명의료계획서와 사전연명의료의향서가 있다. 전자는 말기환자 등의 의사에 따라 담당의사$\binom{\text{의료법에 따른 의사로서 말기환자 등}}{\text{을 직접 진료하는 의사. 법 2조 7호}}$가 환자에 대한 연명의료 중단 등 결정 및 호스피스에 관한 사항을 계획하여 문서로 작성한 것을 말하며$\binom{\text{법 2조}}{8호}$, 후자는 19세 이상인 사람이 자신의 연명의료 중단 등 결정 및 호스피스에 관한 의사를 직접 문서로 작성한 것을 말한다$\binom{\text{법 2조}}{9호}$.

연명의료계획서는 말기환자 등이 의료기관에서 담당의사에게 요청하여 담당의사가 일정사항$\binom{\text{법 10조}}{\text{4항 참조}}$이 포함된 내용으로 작성한다$\binom{\text{법}}{10조}$. 환자는 그 계획서 작성 후 언제든지 변경 또는 철회를 요청할 수 있다$\binom{\text{법 10조}}{5항}$. 그 계획서는 해당 의료기관의 장이 등록·보관한다$\binom{\text{법 10조}}{6항}$. 사전연명의료의향서는 지정된 의향서 등록기관의 설명·확인을 받고 작성자가 직접 일정사항$\binom{\text{법 12조}}{3항}$이 포함된 내용으로 작성해야 한다$\binom{\text{법}}{12조}$. 이 의향서 작성자도 언제든지 그 의사를 변경하거나 철회할 수 있다$\binom{\text{법 12조}}{6항}$. 이 의향서는 등록기관의 장이 등록·보관한다$\binom{\text{법 12조}}{4항}$.

(c) 연명의료 중단 등 결정의 이행　　이 법은「임종과정$\binom{\text{회생의 가능성이 없고, 치료에}}{\text{도 불구하고 회복되지 않으며,}}$ $\binom{\text{급속도로 증상이 악화되어 사}}{\text{망에 임박한 상태. 법 2조 1호}}$에 있는 환자」$\binom{\text{법 2조}}{2호}$와「말기환자」$\binom{\text{법 2조}}{3호}$를 구별하고, 전자에 대해서만 연명의료 중단 등 결정을 할 수 있도록 하고 있다$\binom{\text{법 15조}}{\text{본문 참조}}$.

담당의사는 임종과정에 있는 환자가 다음 ①·② 중 어느 하나에 해당하는 경우에만 연명의료 중단 등 결정을 이행할 수 있다$\binom{\text{법 15조}}{\text{본문 참조}}$. ① 이 법 제17조에 따라 연명의료계획서, 사전연명의료의향서 또는 환자가족의 진술을 통하여 환자의 의사로 보는 의사가 연명의료 중단 등 결정을 원하는 것이고, 임종과정에 있는 환자의 의사에도 반하지 않는 경우$\binom{\text{법 15조}}{1호}$, ② 이 법 제18조에 따라 연명의료 중단 등 결정이 있는 것으로 보는 경우($^{법\ 15조)}_{2호}$).

이 법 제15조 제 1 호의 경우에 연명의료 중단 등 결정을 원하는 환자의 의사는 다음 셋 중 하나의 방법으로 확인한다($^{법\ 17}_{조\ 1항}$). ① 의료기관에서 작성된 연명의료계획서가 있는 경우 이를 환자의 의사로 본다($^{법\ 17조}_{1항\ 1호}$). ② 담당의사가 사전연명의료의향서의 내용을 환자에게 확인하는 경우 이를 환자의 의사로 보며, 또한 담당의사 및 해당 분야의 전문의 1명이 일정사항($^{환자가\ 사전연명의료의향서의\ 내용을\ 확인하기에\ 충분한\ 의사능력이\ 없다는}_{의학적\ 판단과\ 사전연명의료의향서가\ 제\ 2\ 조\ 제\ 4\ 호의\ 범위에서\ 제12조에\ 따}_{라\ 작성되었\ 다는\ 사실}$)을 모두 확인한 경우에도 같다($^{법\ 17조}_{1항\ 2호}$). ③ 제 1 호 또는 제 2 호에 해당하지 않고 19세 이상의 환자가 의사를 표현할 수 없는 의학적 상태인 경우 환자의 연명의료 중단 등 결정에 관한 의사로 보기에 충분한 기간 동안 일관하여 표시된 연명의료 중단 등에 관한 의사에 대하여 환자가족($^{19세\ 이상인\ 자로서\ 배우자\cdot직계비속\cdot직}_{계존속.\ 이들이\ 없는\ 경우에는\ 형제자매}$) 2명 이상의 일치하는 진술($^{환자가족이\ 1명인\ 경}_{우에는\ 그\ 1명의\ 진술}$)이 있으면 담당의사와 해당 분야의 전문의 1명의 확인을 거쳐 이를 환자의 의사로 보며, 다만 그 진술과 배치되는 내용의 다른 환자가족의 진술 또는 보건복지부령으로 정하는 객관적인 증거가 있는 경우에는 그렇지 않다($^{법\ 17조}_{1항\ 3호}$).

이 법 제15조 제 2 호의 경우, 즉 이 법 제17조에 해당하지 않아 환자의 의사를 확인할 수 없고 환자가 의사표현을 할 수 없는 의학적 상태인 경우에 다음 ①·② 중 어느 하나에 해당할 때에는 해당 환자를 위한 연명의료 중단 등 결정이 있는 것으로 본다($^{법\ 18조}_{1항\ 본문}$). 다만, 담당의사 또는 해당 분야 전문의 1명이 환자가 연명의료 중단 등 결정을 원하지 않았다는 사실을 확인한 경우는 제외한다($^{법\ 18조}_{1항\ 단서}$). ① 미성년자인 환자의 법정대리인($^{친권자에}_{한정함}$)이 연명의료 중단 등 결정의 의사표시를 하고 담당의사와 해당 분야 전문의 1명이 확인한 경우($^{법\ 18조}_{1항\ 1호}$), ② 환자가족 중 배우자와 1촌 이내의 직계 존속·비속($^{배우자,\ 1촌\ 이내의\ 직계\ 존속\cdot비속에\ 해당하는\ 사람이\ 없는\ 경우\ 2촌\ 이내의\ 직계\ 존속\cdot비속.}_{배우자,\ 1촌\ 이내의\ 직계\ 존속\cdot비속,\ 2촌\ 이내의\ 직계\ 존속\cdot비속에\ 해당하는\ 사람이\ 없는\ 경우}_{형제)(19세\ 이상인\ 사람에\ 한정하며,\ 행방불명자\ 등\ 대통}_{자매)(령령으로\ 정하는\ 사유에\ 해당하는\ 사람은\ 제외한다}$) 전원의 합의로 연명의료 중단 등 결정의 의사표시를 하고 담당의사와 해당 분야 전문의 1명이 확인한 경우($^{법\ 18조}_{1항\ 2호}$).

담당의사는 제15조 제 1 호·제 2 호의 어느 하나에 해당하는 환자에 대하여 즉시 연명의료 중단 등 결정을 이행하여야 한다($^{법\ 19조}_{1항}$). 그런데 연명의료 중단 등 결정 이행 시 통증 완화를 위한 의료행위와 영양분 공급, 물 공급, 산소의 단순 공급은 시행하지 않거나 중단되어서는 안 된다($^{법\ 19조}_{2항}$). 이 법은 이와 같은 일반연명의료는 연명의료라고 보지 않으며($^{법\ 2조}_{4호}$), 연명의료 중단의 경우에도 그것은 중단대상에 포함시키지 않는다.

제12절 임   치

[190] ## I. 서   설

1. 의   의

임치는 당사자 일방(임치인)이 상대방(수치인)에 대하여 금전이나 유가증권 기타 물건의 보관을 위탁하고, 상대방이 이를 승낙함으로써 성립하는 계약이다($^{693}_조$). 임치도 노무공급계약에 해당하나, 타인의 물건 등을 보관한다는 특수한 노무를 목적으로 하는 점에서 특색이 있다.

2. 사회적 작용

우리의 사회생활에서 물건의 보관을 위탁하는 예는 대단히 많다. ① 창고업자에게 동산을 맡기는 경우, ② 여관·목욕탕 등에서 소지품을 맡기는 경우, ③ 은행이나 증권회사에 주권 기타의 유가증권을 맡기는 경우, ④ 은행에 예금으로서 금전을 맡기는 경우, ⑤ 자동차를 보관의 목적으로 주차장에 맡기는 경우($^{단순}_{히 주}$ $^{차장소만 제공받}_{은 경우는 아님}$), ⑥ 운송인이 컨테이너 전용장치장에 운송화물을 입고시키는 경우($^{대판\ 1996.\ 3.\ 12,}_{94다55057}$), ⑦ 친지에게 물건을 맡기는 경우 등이 그렇다. 그런데 이들 경우 모두에 대하여 민법의 임치규정이 적용되는 것은 아니다. ①의 경우는 창고업이라 하여 상법에서 자세히 규율하고 있고($^{같은 법 155}_{조-168조}$), ②에 대하여도 상법에 규정이 두어져 있으며($^{같은 법 151}_{조-154조}$), ③의 대부분의 경우나 ④는 소비임치로서 소비대차에 관한 규정이 준용되고($^{702}_조$), ⑤에 대하여는 주차장법이라는 특별법이 있으며, 그 밖의 경우라도 보관자가 상인인 때에는 상법이 우선적용된다($^{가령 상}_{법 62조}$). 그리고 ⑦ 중에는 호의관계에 해당하는 때도 많다. 여기서 민법의 임치규정이 적용될 기회가 극히 적음을 알 수 있다. 결국 임치의 사회적 작용은 미미하다고 할 것이다.

〈판 례〉

「상법 제152조 제 1 항의 규정에 의한 임치가 성립하려면 우선 공중접객업자와 객 사이에 공중접객업자가 자기의 지배영역 내에서 목적물 보관의 채무를 부담하기로 하는 명시적 또는 묵시적 합의가 있음을 필요로 하는바, 여관 부설주차장에 시정장치가 된 출입문이 설치되어 있거나 출입을 통제하는 관리인이 배치되어 있거나 기타 여관 측에서 그 주차장에의 출입과 주차사실을 통제하거나 확인할 수 있는 조치가 되어 있다면, 그러한 주차장에 여관 투숙객이 주차한 차량에 관하여는 명시적인 위탁의 의사표시가 없어도 여관업자와 투숙객 사이에 임치의 합의가 있은 것으로 볼 수 있으나, 위와 같은 주차장 출입과 주차사실을 통제하거나 확인하는 시설이나 조치가 되어 있지 않은 채 단지 주차의 장소만을 제공하는 데에 불과하여 그 주차장 출입과 주차사실을 여관 측에서 통제하거나 확인하지 않고 있는 상황이라면, 부설주차장 관리자로서의 주의의무 위배 여부는 별론으로 하고 그러한 주차장에 주차한 것만으로 여관업자와 투숙객 사이에 임치의 합의가 있은 것으로 볼 수 없고, 투숙객이 여관 측에 주차사실을 고지하거나 차량열쇠를 맡겨 차량의 보관을 위탁한 경우에만 임치의 성립을 인정할 수 있을 것이다.」($\binom{대판 1992. 2. 11,}{91다21800}$)

3. 법적 성질

민법은 보수가 없는 임치를 원칙적인 것으로 정하고 있다($\binom{701조·}{686조}$)($\binom{상법상의 임치는}{유상이 원칙이다.}$ 같은 법 $^{61)}$ 조 참조). 그러한 임치는 무상·편무계약이다. 그러나 특약으로 보수를 지급하는 것으로 약정할 수 있으며, 그때에는 유상·쌍무계약이 된다. 그리고 임치는 그것이 무상이든 유상이든 낙성·불요식의 계약이다($\binom{693조}{참조}$).

Ⅱ. 임치의 성립

1. 임치의 성립요건

임치는 낙성계약이므로 당사자의 합의만으로 성립한다. 그 합의는 적어도 금전·유가증권 기타 물건의 보관에 관하여 이루어져야 한다. 그 외에 목적물의 수령과 보수의 지급은 임치의 성립요건이 아니다.

2. 임치의 목적물

임치의 목적물은 금전이나 유가증권 기타의 물건이다. 그러나 금전은 그것이 특정물로서 임치되지 않는 한 소비임치가 된다. 민법은 임치의 목적물을 동산에 한정시키지 않아서 부동산도 목적물이 될 수 있다. 그렇지만 그러한 예는 거의 없으며, 있다고 하여도 부동산의 보관에는 관리($\binom{118조}{참조}$) 기타의 노무의 제공이 따르게 되어 있어 고용이나 위임 또는 도급이 될 것이다($\binom{곽윤직, 284면;}{김주수, 443면}$). 목적물이 임치인의 소유에 속할 필요는 없다.

3. 보 관

임치에서「보관」이란 임치의 목적물을 자기의 지배 아래 두어 그 원상(原狀)을 유지하는 것이다. 보통은 보관을 위하여 수치인이 자기의 시설이나 장소를 사용하나, 장소 제공이 필수요건은 아니다. 부동산의 임치가 그 예이다. 그리고 장소를 제공하는 경우에도 보관이 목적이 아니고 단순히 장소를 제공하는 때에는 임치가 아니다. 그때에는 임대차 또는 사용대차가 성립할 것이다.

〈판 례〉

「항공화물이 통관을 위하여 보세창고에 입고된 경우에는 운송인과 보세창고업자 사이에 항공화물에 관하여 묵시적 임치계약이 성립한다고 볼 것이고, 따라서 보세창고업자는 운송인과의 임치계약에 따라 운송인 또는 그가 지정하는 자에게 화물을 인도할 의무가 있고, 한편 운송인은 항공화물 운송장상의 수하인이나 그가 지정하는 자에게 화물을 인도할 의무가 있으므로, 보세창고업자로서는 운송인의 이행보조자로서 항공운송의 정당한 수령인인 수하인 또는 수하인이 지정하는 자에게 화물을 인도할 의무를 부담한다고 할 것이다.

그러므로 보세창고업자가 화물을 인도함에 있어서 운송인의 지시 없이 수하인이 아닌 사람에게 인도함으로써 수하인의 화물인도청구권을 침해한 경우에는 그로 인한 손해를 배상할 책임이 있다.」$\binom{\text{대판 2004. 1. 27, 2000다63639. 같은 취지: 대판}}{\text{2006. 12. 21, 2003다47362(해상운송화물의 경우)}}$

[191] ## Ⅲ. 임치의 효력

1. 수치인의 의무

(1) 임치물보관의무

1) 이 의무는 수치인이 목적물을 인도받은 때부터 생기고 반환할 때까지 존속한다.

2) 수치인이 목적물을 보관하는 데 베풀어야 하는 주의의 정도는 임치가 유상인가 무상인가에 따라 다르다. 무상의 수치인은 임치물을「자기 재산과 동일한 주의」로 보관하면 된다$\binom{\text{695조. 상법 62조는 무상수치인}}{\text{의 선관주의의무를 규정한다}}\binom{\text{구체적 경과실에}}{\text{대하여 책임짐}}$. 그러나 유상의 수치인은 선량한 관리자의 주의로 보관하여야 한다$\binom{\text{374조}}{\text{참조}}$.

3) 수치인은 임치인의 동의 없이 임치물을 사용하지 못한다$\binom{694}{조}$.

4) 수치인은 원칙적으로 자신이 보관하여야 하나, 임치인의 승낙이나 부득이한 사유가 있는 때에는 제 3 자$\binom{복수치인(復受置}{人)\cdot 제3보관자}$에게 보관하게 할 수 있다$\binom{701조\cdot 682}{조 1항}$. 제 3 자에게 보관하게 하는 경우$\binom{복임치}{(復任置)}$에 수치인의 책임과 복수치인의 지위는 복위임의 경우와 같다$\binom{701조\cdot 682조 2}{항. [185] 참조}$.

(2) 보관에 따르는 부수적 의무

1) 임치물에 대한 권리를 주장하는 제 3 자가 수치인에 대하여 소를 제기하거나 압류한 때에는, 수치인은 지체없이 임치인에게 이를 통지하여야 한다$\binom{696}{조}$. 임치인이 방어조치를 취할 수 있는 기회를 잃지 않도록 하기 위하여서이다.

2) 수치인은 수치물의 보관으로 인하여 받은 금전 기타의 물건 및 그 수취한 과실을 임치인에게 인도하여야 하고, 자기 명의로 취득한 권리가 있으면 이를 임치인에게 이전하여야 한다$\binom{701조\cdot 684조.}{[186]\ 참조}$. 그리고 수치인이 임치인의 금전을 자기를 위하여 소비한 때에는, 소비한 날 이후의 이자를 지급하여야 하며, 그 외에 손해가 있으면 배상하여야 한다$\binom{701조\cdot 685조.}{[186]\ 참조}$.

(3) 임치물반환의무

임치가 종료한 때에는 수치인은 임치물을 반환하여야 한다.

1) 반환할 상대방은 임치인 또는 그가 지정한 자이다.

2) 반환의 목적물은 수치인이 받은 물건이나 금전 또는 유가증권 그 자체이다. 이는 받은 목적물이 대체물인 때에도 마찬가지여서 동종·동질·동량의 다른 물건으로 반환할 것이 아니다$\binom{대판 1967.\ 4.\ 25,\ 67다2;}{대판 1976.\ 11.\ 9,\ 76다1932}$.

3) 반환의 장소는 특약이 있으면 그에 의하나, 특약이 없으면 보관한 장소에서 반환하여야 한다$\binom{700조}{본문}$. 그러나 수치인이 정당한 사유로 인하여 임치물을 전치(轉置)$\binom{옮겨서}{놓음}$한 때에는 현존(現存)하는 장소에서 반환할 수 있다$\binom{700조}{단서}$.

4) 유상임치의 경우 수치인의 반환의무는 임치인의 보수지급의무와 동시이행관계에 있다. 그리고 수치인은 보관료에 관하여 임치물에 유치권을 가진다.

5) 판례는, 임치인의 임치물반환청구권$\binom{기한을 정하지}{않은 경우임}$의 소멸시효는 특별한 사정이 없는 한 임치계약이 성립하여 임치물이 수치인에게 인도된 때부터 진행하는 것이지, 임치인이 임치계약을 해지한 때부터 진행하는 것이 아니라고 한다$\binom{대판}{2022.\ 8.\ 19,\ 2020다}{220140[핵심판례\ 62면]}$. 그러나 임치계약의 해지 시를 기산점으로 보는 것이 옳다.

[192]   **2. 임치인의 의무**

(1) 임치물인도의무

임치는 낙성계약이기 때문에 임치가 성립하기 위하여 임치물이 인도되어야 하는 것은 아니다. 그렇지만 임치물이 인도되어야 임치의 목적인 보관이 행하여질 수 있다. 여기서 임치인에게 임치물인도의무가 있는지가 문제된다. 여기에 관하여 학설은 i) 유상임치이든 무상임치이든 임치인에게 인도의무가 없다는 견해(김형배, 705면; 이은영, 583면)와 ii) 무상임치의 경우에는 인도의무가 없으나, 유상임치의 경우에는 인도의무가 있다는 견해(곽윤직, 287면; 김주수, 450면)로 나뉘어 있다. ii)설은 유상임치의 경우에는 수치인 보호를 위하여 인도의무를 인정하는 것이다. 그런데 그때에도 수치인은 보수만 받을 수 있으면 충분히 보호되며, 임치인이 원하지 않는 목적물의 인도를 강제이행하도록 하는 것은 적절하지 않다(그리고 그때는 538조 1항 1문에 의하여 보수청구권이 인정된다). 따라서 i)설이 옳다.

〈참 고〉

임치물인도의무를 인정하는 견해와 인정하지 않는 견해의 결과에 있어서의 차이를 간략하게 적기로 한다. 임치물인도의무를 인정하게 되면, 임치인이 그 의무를 이행하지 않는 경우에는 수치인은 강제이행, 채무불이행을 이유로 한 임치계약의 해제 또는/및 손해배상의 청구를 할 수 있게 된다. 그리고 여기의 손해배상청구가 보수청구의 기능을 하게 된다. 그에 비하여 그 의무를 인정하지 않게 되면, 인정설에 의한 위의 효과는 모두 인정되지 않고, 다만 유상임치의 경우라면 제538조 제 1 항 제 1 문에 의하여 보수청구권은 가지게 된다.

(2) 비용선급의무ㆍ필요비상환의무ㆍ채무대변제(債務代辨濟) 및 담보제공의 의무

임치인은 위임인과 마찬가지로 이들 의무가 있다(701조ㆍ687조ㆍ688조. [187] 참조).

(3) 손해배상의무

임치인은 임치물의 성질 또는 하자로 인하여 생긴 손해를 수치인에게 배상하여야 한다(697조 본문). 임치인에게 과실이 있는지는 묻지 않는다. 그러나 수치인이 그 성질 또는 하자를 안 때에는 배상책임이 없다(697조 단서). 우리의 통설은 수치인이 그러한 성질이나 하자를 과실로 알지 못한 때에는, 무상임치의 경우에는 구체적 경과실로, 유상임치의 경우에는 추상적 경과실로 수치인이 그러한 성질이나 하자를 알지 못한 때에 임치인이 책임을 면한다고 하나($\substack{곽윤직, 287면; 김상용, \\ 403면; 김형배, 707면}$), 그러한 해석은 법문에 반하는 것으로서 인정될 수 없다($\substack{같은 취지: 김 \\ 주수, 450면}$).

(4) 보수지급의무

임치인의 보수지급의무는 특약이 있는 경우에만 인정되며($\substack{대판 1968. 4. 16, \\ 68다285}$), 보수의 지급시기는 특약이 없으면 원칙적으로 후급(後給)으로 되고, 수치인의 책임 없는 사유로 임치가 종료된 때에는 이미 행한 보관의 비율에 따른 보수를 지급하여야 한다($\substack{701조 · \\ 686조}$).

Ⅳ. 임치의 종료 [193]

1. 종료원인

임치는 기간만료·목적물의 멸실 등에 의하여 종료하나, 민법은 그 밖에 임치에 특유한 종료원인으로 당사자에 의한 해지를 규정하고 있다.

민법은 위임과 달리 당사자의 사망·파산·성년후견개시를 임치의 종료원인으로 규정하지 않고 있다($\substack{690조 \\ 참조}$). 그런데 통설은 무상임치의 경우에는 수치인의 사망으로 임치가 종료하고, 유상임치의 경우에는 임치인이 파산하면 기간의 약정이 있는 때에도 수치인은 임치를 해지할 수 있다고 한다($\substack{곽윤직, 288면; 김형배, 709 \\ 면. 반대 견해: 김주수, 451면}$).

2. 당사자의 해지

임치인은 임치기간의 약정이 있든 없든 언제든지 임치를 해지할 수 있다($\substack{698조 단 \\ 서·699조}$). 그리고 수치인은 기간의 약정이 없는 때에는 언제든지 해지할 수 있으나($\substack{699 \\ 조}$), 기간의 약정이 있는 때에는 부득이한 사유가 없이는 기간만료 전에 계약을 해지하지 못한다($\substack{698조 \\ 본문}$).

Ⅴ. 특수한 임치

1. 혼장임치(混藏任置)

대체물($\substack{예: 곡물· \\ 기름·술}$)의 임치에 있어서 수치인이 임치된 물건을 동종·동질의 다른 임치물과 혼합하여 보관하다가 반환할 때에는 임치된 것과 동량을 반환하기로 하는 임치를 혼장임치라고 한다. 혼장임치의 경우에는 수치인이 목적물의 소유권을 취득하지 않고, 따라서 소비할 수도 없으며, 이 점에서 소비임치와 다르다$\binom{\text{임치물의 소유권은 임치인이 지분을}}{\text{가지고 공유하는 것으로 해석된다}}$. 혼장임치에서는 임치인이 재고채권(제한종류채권)을 가지게 된다. 한편 임치물의 일부가 멸실 또는 손상되어 마지막으로 반환을 청구한 임치인에게 반환할 수량이 부족하거나 손상된 것만 남아 있는 때에는, 수치인은 채무불이행책임을 지게 된다. 그 밖에 통설은 그 경우 피해자인 임치인이 다른 임치인에게 부당이득 반환청구를 할 수 있다고 한다$\binom{\text{곽윤직, 290면; 김주수,}}{\text{455면; 김형배, 713면}}$.

2. 소비임치

소비임치는 임치를 함에 있어서 목적물$\binom{\text{대체물}}{\text{에 한함}}$의 소유권을 수치인에게 이전하기로 하고 수치인은 그것과 동종·동질·동량의 것을 반환하기로 약정하는 경우를 가리킨다. 소비임치는 목적물의 소유권이 수치인에게 이전되고 수치인은 동종·동질·동량의 물건으로 반환하게 되는 점에서 소비대차와 같다$\binom{598조}{\text{참조}}$. 따라서 민법은 소비임치의 경우에는 소비대차에 관한 규정을 준용한다$\binom{702조}{\text{본문}}$. 그러나 소비대차는 차주의 이익을 위하여 목적물을 이용하게 하는 것인 데 비하여, 소비임치는 임치인을 위하여 임치물을 보관하게 하는 점에서 차이가 있다$\binom{\text{임치인이 언제든}}{\text{지 반환청구를}}$ $\binom{\text{할 수 있다는 점에}}{\text{서 볼 때 그렇다}}$. 그 때문에 소비임치에 있어서의 반환시기에 관하여는 소비대차에서와 달리 특별규정을 두고 있다. 그에 의하면, 반환시기는 특약이 있으면 그에 의하되, 특약이 없으면 임치인은 언제든지 그 반환을 청구할 수 있다$\binom{702조}{\text{단서}}$.

[194] 〈예금계약〉

(ㄱ) **의의 및 법적 성질** 예금계약은 예금자가 은행 기타 금융기관에 금전의 보관을 위탁하고 금융기관은 예입금의 소유권을 취득하여 소비한 후 반환시기에 같은 금액$\binom{\text{이자부인 경우는}}{\text{이자와 함께}}$을 반환할 것을 내용으로 하는 계약이다.

예금계약의 성질에 관하여는 논란이 있다. 학설은 대체로 i) 소비임치라고 하나$\binom{\text{곽윤직, 290면;}}{\text{김형배, 714면}}$, ii) 소비임치에 가까운 독자적 계약유형이라는 견해$\binom{\text{이은영, 589면. 기본적으}}{\text{로는 소비임치이지만 예}}$ $\binom{\text{금의 종류에 따라서 특수성이 있다는 김상}}{\text{용, 406면도 이에 해당하는 것으로 보인다}}$도 있다. 그리고 판례는 i)설과 같다$\binom{\text{대판 1985. 12. 24, 85}}{\text{카880; 대판 2023. 6. 29,}}$ $\binom{\text{2023다}}{\text{218353}}$.

예금계약이 요물계약인가? 여기에 관하여는 학설이 대립되나, 근래에는 긍정설이 우세하다$\binom{\text{김상용, 407면;}}{\text{이은영, 591면}}$. 그리고 판례도 요물계약설의 견지에 있다$\binom{\text{대판 1984. 8. 14, 84도}}{\text{1139; 대판 1996. 1. 26, 95}}$

다26919; 대판 2005. 12.
23, 2003다30159).

(ㄴ) **성립시기**　　예금계약의 성립시기에 관하여 판례는, 「일반적으로 예금계약
은 예금자가 예금의 의사를 표시하면서 금융기관에 돈을 제공하고 금융기관이 그 의
사에 따라서 그 돈을 받아 확인을 하면 그로써 성립하며 금융기관의 직원이 그 받은
돈을 금융기관에 입금하지 아니하고 이를 횡령하였다고 할지라도 예금계약의 성립에
는 아무 소장이 없다」고 하며(대판 1984. 8. 14, 84도1139. 같은 취지: 대판 1987. 12. 22, 87도 2168; 대판 1996. 1. 26, 95다26919; 대판 2005. 12. 23, 2003다30159), 「다
만 수표나 어음에 의하여 예금을 하는 경우에는 예금계약의 성립시기에 관하여 다소
의 차이가 있을 수 있으나 특단의 경우가 아닌 한 일반적으로 이때에도 수표어음의
수수와 동시에(자기앞수표 또는 지급인이 당해 금융기관으로 된 수표어음으로 즉시 입금기장을 하는 경우) 또는 정지조건부 수표어음의 수수
와 동시에(예금잔고를 확인하고 입금기장을 하는 경우) 각 성립하는 것」이라고 한다(대판 1984. 8. 14, 84도1139).

한편 판례(대판 2009. 3. 12, 2007다52942)는, 양도성예금증서는 유가증권의 일종으로 볼 수 있지만,
양도성예금증서가 표창하고 있는 권리는 위와 같이 거치식 예금계약에 기하여 발생
하는 것이므로 그 권리의 발생에 양도성예금증서의 발행이 필요한 것은 아니라고 한
다. 그러면서 「무기명식 양도성예금증서를 발행받고자 하는 고객은 금융기관과 사이
에 고객의 입금액, 만기일, 이자율, 만기지급금액 등 양도성예금증서의 발행조건에
관하여 합의한 다음, 금융기관에 소정의 금원을 입금하여 담당직원의 확인을 받음으
로써 거치식 예금계약이 성립하게」 된다고 한다. 그리고 「금융기관의 직원이 위와
같은 과정에서 고객으로부터 수령한 금원을 관련 계좌에 입금하지 않고 횡령하거나
고객에게 양도성예금증서를 발행할 의무를 이행하지 아니하였다 하더라도 그와 같은
사정은 일단 성립한 거치식 예금계약의 효력에 영향을 미칠 수 없으며, 이러한 경우
고객으로서는 거치식 예금계약에 기한 예금반환청구권을 계속 보유·행사하거나, 그
예금반환청구권을 표창하는 양도성예금증서를 금융기관으로부터 발행받지 못하였음
을 이유로 그 예금계약을 해제할 수 있다」고 한다. 나아가 「예금거래기본약관 및 거
치식예금약관이 적용되는 양도성예금증서를 발행받고자 하는 고객이 금융기관의 어
느 지점(이하 '입금지점'이라고 한다)에서 예금의 의사로 입금을 함에 있어서, 아직 양도성예금증서
발행계좌가 개설되어 있지 아니한 관계로 그 금융기관의 다른 지점에 개설된 자신의
예금계좌에서 전금의 방식으로 입금지점에 자금이체를 하고 그 입금지점의 담당직원
이 그러한 입금사실을 확인한 때에는 그때 거치식 예금계약이 성립된다」고 한다.

(ㄷ) **예금주의 결정**　　기명식예금의 경우의 예금주의 결정에 관한 판례는
1993. 8. 12. 의 「금융실명거래 및 비밀보장에 관한 긴급재정경제명령」(이는 1997. 12. 29. 에 「금융실명거래 및 비밀보장에 관한 법률」로 대체입법이 되면서 폐지되었다)에 의한 금융실명제 실시 이전과 이후가 다르다. 그리고 대판
(전원) 2009. 3. 19, 2008다45858에서는 다시 변화되었다.

금융실명제 전에는, 명의 여하를 불문하고 또 금융기관이 누구를 예금주라고 믿었
는가에 관계없이 예금을 실질적으로 지배하고 있는 자를 예금주라고 하였다
(대판 1987. 10. 28, 87다카946 이래 대판 1996. 6. 14, 94다57084까지의 다수의 판결).

그런데 금융실명제 이후에는, 금융기관에 예금을 하고자 하는 자는 원칙적으로 직접 주민등록증과 인감을 지참하고 금융기관에 나가 자기 이름으로 예금을 하여야 하고, 대리인이 주민등록증과 인감을 가지고 가서 본인의 이름으로 예금하는 것이 허용된다고 하더라도, 이 경우 금융기관으로서는 특별한 사정이 없는 한 「주민등록증을 통하여 실명확인을 한 예금명의자」를 긴급명령 소정의 거래자로 보아 그와 예금계약을 체결할 의도라고 보아야 할 것이라고 하였다(대판 1998. 1. 23, 97다35658; 대판 1998. 6. 12, 97다18455. 뒤의 판결에 대한 비평으로 송덕수, 법학논집(이화여대 법학연구소) 4권 1·2호, 229면 이하도 참조)(판례는 공동명의 예금계약의 경우에도 공동명의자 전부를 거래자로 보아 예금계약을 체결할 의도라고 보아야 할 것이므로 공동명의자 중 일부만이 출연을 하였더라도 출연자만이 예금주라고 할 수는 없다고 한다. 대판 2001. 6. 12, 2000다70989). 다만, 특별한 사정으로서 출연자와 금융기관 사이에 예금명의인이 아닌 출연자에게 예금반환채권을 귀속시키기로 하는 명시적 또는 묵시적 약정이 있는 경우에는 출연자를 예금자로 보았다(대판 1998. 11. 13, 97다53359; 대판 2000. 3. 10, 99다67031; 대판 2002. 2. 26, 99다68096; 대판 2002. 5. 14, 2001다75660; 대판 2005. 6. 24, 2005다17877(가족 명의로 한 특수한 경우)). 그리고 이러한 법리는 긴급명령 시행 전에 개설된 금융거래계좌에 관하여 그 명령 시행 후에 실질적으로 지배하는 자가 변경된 경우에도 마찬가지라고 한다(대판 2002. 2. 26, 99다68096).

그 뒤 대법원은 전원합의체 판결로써 예금주 결정에 관한 기존의 입장을 다음과 같이 변경하였다. 즉 금융실명거래 및 비밀보장에 관한 법률에 따라 실명확인 절차를 거쳐 예금계약을 체결하고 그 실명확인 사실이 예금계약서 등에 명확히 기재되어 있는 경우에는, 일반적으로 그 예금계약서에 예금주로 기재된 예금명의자나 그를 대리한 행위자 및 금융기관의 의사는 예금명의자를 예금계약의 당사자로 보려는 것이라고 해석하는 것이 경험법칙에 합당하고, 예금계약의 당사자에 관한 법률관계를 명확히 할 수 있어 합리적이며, 따라서 본인인 예금명의자의 의사에 따라 예금명의자의 실명확인 절차가 이루어지고 예금명의자를 예금주로 하여 예금계약서를 작성하였음에도 불구하고, 예금명의자가 아닌 출연자 등을 예금계약의 당사자라고 볼 수 있으려면, 금융기관과 출연자 등과 사이에서 실명확인 절차를 거쳐 서면으로 이루어진 예금명의자와의 예금계약을 부정하여 예금명의자의 예금반환청구권을 배제하고 출연자 등과 예금계약을 체결하여 출연자 등에게 예금반환청구권을 귀속시키겠다는 명확한 의사의 합치가 있는 극히 예외적인 경우로 제한되어야 한다고 한다(대판(전원) 2009. 3. 19, 2008다45828. 같은 취지: 대판 2011. 9. 29, 2011다47169). 이는 대법원이 타인 명의로 예금계약을 체결한 경우에는 무엇보다도 금융실명제 관련규정의 취지를 고려하여 타인의 명의를 사용하여 행한 법률행위에 관한 대법원의 일반적인 법리(민법총칙 [205] 참조)에 관하여 예외를 인정한 것으로 이해된다.

(ㄹ) 기　　　타　　　판례에 의하면, 위의 긴급명령이나 법률의 규제는 비실명 금융거래계약의 사법상의 효력에는 영향이 없다고 한다(대판 2001. 12. 28, 2001다17565). 그리고 긴급명령 「제 3 조 제 3 항은 단속규정일 뿐 효력규정이 아니라는 점에 비추어 볼 때, 출연자와 예금주인 명의인 사이의 명의신탁약정상 명의인은 출연자의 요구가 있을 경우에는 금융기관에 대한 예금반환채권을 출연자에게 양도할 의무가 있다고 보아야 할 것이

어서 출연자는 명의신탁을 해지하면서 명의인에 대하여 금융기관에 대한 예금채권의 양도를 청구하고 아울러 금융기관에 대한 양도통지를 할 것을 청구할 수 있다」고 한다(대판 2001. 1. 5, 2000다49091).

〈예금주 결정에 관한 판례〉

㈀「라. 결국, 위에서 본 처분문서에 표시된 의사표시의 해석에 관한 일반적인 법리와 아울러 투명한 금융거래를 추구하는 금융실명제 관련 법령의 규정과 입법 취지, 예금계약 관련 기본약관, 금융실무의 관행, 예금거래의 특수성, 예금명의자와 금융기관의 의사 및 신뢰보호의 필요성 등을 종합하여 보면, 금융실명법에 따라 실명확인 절차를 거쳐 예금계약을 체결하고 그 실명확인 사실이 예금계약서 등에 명확히 기재되어 있는 경우에는, 일반적으로 그 예금계약서에 예금주로 기재된 예금명의자나 그를 대리한 행위자 및 금융기관의 의사는 예금명의자를 예금계약의 당사자로 보려는 것이라고 해석하는 것이 경험법칙에 합당하고, 예금계약의 당사자에 관한 법률관계를 명확히 할 수 있어 합리적이라 할 것이다. 그리고 이와 같은 예금계약 당사자의 해석에 관한 법리는, 예금명의자 본인이 금융기관에 출석하여 예금계약을 체결한 경우나 예금명의자의 위임에 의하여 자금 출연자 등의 제 3 자(이하 '출연자 등'이라 한다)가 대리인으로서 예금계약을 체결한 경우 모두 마찬가지로 적용된다고 보아야 한다.

마. 따라서 본인인 예금명의자의 의사에 따라 예금명의자의 실명확인 절차가 이루어지고 예금명의자를 예금주로 하여 예금계약서를 작성하였음에도 불구하고, 위에서 본 바와 달리 예금명의자가 아닌 출연자 등을 예금계약의 당사자라고 볼 수 있으려면, 금융기관과 출연자 등과 사이에서 실명확인 절차를 거쳐 서면으로 이루어진 예금명의자와의 예금계약을 부정하여 예금명의자의 예금반환청구권을 배제하고, 출연자 등과 예금계약을 체결하여 출연자 등에게 예금반환청구권을 귀속시키겠다는 명확한 의사의 합치가 있는 극히 예외적인 경우로 제한되어야 할 것이고, 이러한 의사의 합치는 금융실명법에 따라 실명확인 절차를 거쳐 작성된 예금계약서 등의 증명력을 번복하기에 충분할 정도의 명확한 증명력을 가진 구체적이고 객관적인 증거에 의하여 매우 엄격하게 인정하여야 한다.」(갑이 배우자인 을을 대리하여 금융기관과 을의 실명확인 절차를 거쳐 을 명의의 예금계약을 체결한 사안에서, 갑과 을의 내부적 법률관계에 불과한 자금 출연경위, 거래인감 및 비밀번호의 등록·관리, 예금의 인출 상황 등의 사정만으로, 금융기관과 갑 사이에 예금명의자 을이 아닌 출연자 갑을 예금계약의 당사자로 하기로 하는 묵시적 약정이 체결되었다고 보아 갑을 예금계약의 당사자라고 판단한 원심판결을 파기한 사례)(대판(전원) 2009. 3. 19, 2008다45828)

㈁「금융실명제 하에서의 위와 같은 예금주 확정 원칙에 비추어 보면, 금융기관은 예금명의자와 출연자 등 사이에 예금반환청구권의 귀속을 둘러싼 분쟁이 발생한 경우에 있어서 그들 사이의 내부적 법률관계를 알았는지 여부에 관계없이 일단 예금명

의자를 예금주로 전제하여 예금거래를 처리하면 되고, 이러한 금융기관의 행위는 특별한 사정이 없는 한 적법한 것으로서 보호되어야 할 것이다.」$\binom{대판\ 2013.\ 9.\ 26,}{2013다2504}$

[195]   〈계좌이체에 관한 판례〉

㈀「계좌이체는 은행 간 및 은행점포 간의 송금절차를 통하여 저렴한 비용으로 안전하고 신속하게 자금을 이동시키는 수단이고, 다수인 사이에 다액의 자금이동을 원활하게 처리하기 위하여, 그 중개 역할을 하는 은행이 각 자금이동의 원인인 법률관계의 존부, 내용 등에 관여함이 없이 이를 수행하는 체제로 되어 있다.

따라서 현금으로 계좌송금 또는 계좌이체가 된 경우에는 예금원장에 입금의 기록이 된 때에 예금이 된다고 예금거래기본약관에 정하여져 있을 뿐이고, 수취인과 은행 사이의 예금계약의 성립 여부를 송금의뢰인과 수취인 사이에 계좌이체의 원인인 법률관계가 존재하는지 여부에 의하여 좌우되도록 한다고 별도로 약정하였다는 등의 특별한 사정이 없는 경우에는, 송금의뢰인이 수취인의 예금구좌에 계좌이체를 한 때에는, 송금의뢰인과 수취인 사이에 계좌이체의 원인인 법률관계가 존재하는지 여부에 관계없이 수취인과 수취은행 사이에는 계좌이체 금액 상당의 예금계약이 성립하고, 수취인이 수취은행에 대하여 위 금액 상당의 예금채권을 취득한다고 해석하여야 한다($\binom{대법원\ 2006.\ 3.\ 24.\ 선고}{2005다59673\ 판결\ 참조}$). 이때, 송금의뢰인과 수취인 사이에 계좌이체의 원인이 되는 법률관계가 존재하지 않음에도 불구하고, 계좌이체에 의하여 수취인이 계좌이체 금액 상당의 예금채권을 취득한 경우에는, 송금의뢰인은 수취인에 대하여 위 금액 상당의 부당이득 반환청구권을 가지게 되지만, 수취은행은 이익을 얻은 것이 없으므로 수취은행에 대하여는 부당이득 반환청구권을 취득하지 아니하는 것이다.」
$\binom{대판\ 2007.\ 11.\ 29,\ 2007다51239.\ 같은\ 취지:}{대판\ 2010.\ 11.\ 11,\ 2010다41263\cdot41270}$

㈁「예금거래기본약관에 따라 송금의뢰인이 수취인의 예금계좌에 자금이체를 하여 예금원장에 입금의 기록이 된 때에는 특별한 사정이 없는 한 송금의뢰인과 수취인 사이에 자금이체의 원인인 법률관계가 존재하는지 여부에 관계없이 수취인과 수취은행 사이에는 위 입금액 상당의 예금계약이 성립하고, 수취인이 수취은행에 대하여 위 입금액 상당의 예금채권을 취득하고, 수취은행은 원칙적으로 수취인의 계좌에 입금된 금원이 송금의뢰인의 착오로 자금이체의 원인관계 없이 입금된 것인지 여부에 관하여 조사할 의무가 없으며, 수취은행이 수취인에 대한 대출채권 등을 자동채권으로 하여 수취인의 계좌에 입금된 금원 상당의 예금채권과 상계하는 것은 신의칙 위반이나 권리남용에 해당한다는 등의 특별한 사정이 없는 한 유효하다.」$\binom{대판\ 2010.\ 5.\ 27,}{2010다4561.\ 같은}$ 취지: 대판 2010. 5. 27, $\binom{}{}$ 2007다66088

㈂「이와 같은 법리($\binom{위\ ㈁\ 판결\ 전단\ 부}{분의\ 법리:\ 저자\ 주}$)는 출금계좌의 예금주가 수취인 앞으로의 계좌이체에 대하여 지급지시를 하거나 수취인의 추심이체에 관하여 출금 동의 등을 한 바가 없는데도, 은행이 그와 같은 지급지시나 출금 동의가 있는 것으로 착오를 일으

켜 그 출금계좌에서 예금을 인출한 다음 이를 수취인의 예금계좌에 입금하여 그 기록이 완료된 때에도 동일하게 적용된다고 봄이 상당하므로, 수취인은 이러한 은행의 착오에 의한 자금이체의 경우에도 그 입금액 상당의 예금채권을 취득한다.」 $\binom{\text{대판 2012. 10. 25,}}{2010\text{다}47117}$

「이때$\binom{\text{앞 단락의 경}}{\text{우: 저자 주}}$ 착오로 입금이 이루어진 수취인의 예금계좌가 그 은행에 개설되어 있는 경우 은행은 입금기록의 완료와 동시에 수취인에 대하여 취득한 입금액 상당의 부당이득 반환청구권을 자동채권으로 하여 수취인의 예금채권과 상계할 수 있다. 그리고 은행은 위와 같은 상계로써 수취인의 예금채권에 관하여 이미 이해관계를 가지게 된 제 3 자 등에게 대항할 수 없다는 등의 특별한 사정이 없는 한, 착오로 인한 자금이체에 의하여 발생한 채권채무관계를 정리하기 위하여 수취인의 예금계좌에 대한 입금기록을 정정하여 그 자금이체를 취소시키는 방법으로 은행의 수취인에 대한 부당이득 반환채권과 수취인의 은행에 대한 예금채권을 모두 소멸시킬 수 있다(대법원 2012. 10. 25. 선고 2010) $\binom{\text{대법}}{\text{원}}$ 다47117 판결 참조 $\binom{\text{대판 2022. 10. 27,}}{2018\text{다}258609}$.」

(ㄹ)「송금의뢰인이 착오송금임을 이유로 거래은행을 통하여 혹은 수취은행에 직접 송금액의 반환을 요청하고, 수취인도 송금의뢰인의 착오송금에 의하여 수취인의 계좌에 금원이 입금된 사실을 인정하여 수취은행에 그 반환을 승낙하고 있는 경우, 수취은행이 수취인에 대한 대출채권 등을 자동채권으로 하여 수취인의 계좌에 착오로 입금된 금원 상당의 예금채권과 상계하는 것은 수취은행이 선의인 상태에서 수취인의 예금채권을 담보로 대출을 하여 그 자동채권을 취득한 것이라거나 그 예금채권이 이미 제 3 자에 의하여 압류되었다는 등의 특별한 사정이 없는 한, 공공성을 지닌 자금이체시스템의 운영자가 그 이용자인 송금의뢰인의 실수를 기화로 그의 희생 하에 당초 기대하지 않았던 채권회수의 이익을 취하는 행위로서 상계제도의 목적이나 기능을 일탈하고 법적으로 보호받을 만한 가치가 없으므로, 송금의뢰인에 대한 관계에서 신의칙에 반하거나 상계에 관한 권리를 남용하는 것이다(대법원 2010. 5. 27. 선고 2007다 66088 판결, 대법원 2013. 12. 12. 선고 2012다72612 판결 등 참조). 수취인의 계좌에 착오로 입금된 금원 상당의 예금채권이 이미 제 3 자에 의하여 압류되었다는 특별한 사정이 있어 수취은행이 수취인에 대한 대출채권 등을 자동채권으로 하여 수취인의 그 예금채권과 상계하는 것이 허용되더라도 이는 피압류채권액의 범위 내에서만 가능하고, 그 범위를 벗어나는 상계는 신의칙에 반하거나 권리를 남용하는 것으로서 허용되지 않는다.」 $\binom{\text{대판 2022. 7. 14,}}{2020\text{다}212958}$

「일반적으로 수취인의 계좌에 입금된 금원이 착오송금에 의한 것인지 조사·확인하여야 할 수취은행의 의무는 없으므로, 송금의뢰인이 착오송금을 주장하더라도 수취인이 착오송금 사실을 인정하거나 수취은행에 그 반환을 승낙하였다고 볼 수 없는 경우에는, 수취은행의 상계는 이에 해당하지 않아 원칙적으로 허용된다.」 $\binom{\text{대판}}{2022.\ 8.\ 31,}$ 2021다 256481)

(ㅁ)「종합통장자동대출에서는 은행이 대출약정에서 정하여진 한도로 채무자의 약

정계좌로 신용을 공여한 후 채무자가 잔고를 초과하여 약정계좌에서 금원을 인출하는 경우 잔고를 초과한 금원 부분에 한하여 자동적으로 대출이 실행되고 그 약정계좌에 다시 금원을 입금하는 경우 그만큼 대출채무가 감소하게 된다. 종합통장자동대출의 약정계좌가 예금거래기본약관의 적용을 받는 예금계좌인 경우에 그 예금계좌로 송금의뢰인이 자금이체를 한 때에는 특별한 사정이 없는 한 송금의뢰인과 수취인 사이에 자금이체의 원인인 법률관계가 존재하는지 여부에 관계없이 수취인이 수취은행에 대하여 위 이체금액 상당의 예금채권을 취득한다.

다만 약정계좌의 잔고가 마이너스로 유지되는 상태, 즉 대출채무가 있는 상태에서 약정계좌로 자금이 이체되면, 그 금원에 대해 수취인의 예금채권이 성립됨과 동시에 수취인과 수취은행 사이의 대출약정에 따라 수취은행의 대출채권과 상계가 이루어지게 된다. 그 결과 수취인은 대출채무가 감소하는 이익을 얻게 되므로, 설령 송금의뢰인과 수취인 사이에 자금이체의 원인인 법률관계가 없더라도, 송금의뢰인은 수취인에 대하여 이체금액 상당의 부당이득 반환청구권을 가지게 될 뿐이고, 수취인과의 적법한 대출거래약정에 따라 대출채권의 만족을 얻은 수취은행에 대하여는 부당이득 반환청구권을 취득한다고 할 수 없다.」(대판 2022. 6. 30, 2016다237974)

(ㅂ)「예금거래기본약관에서 '계좌이체'에 의한 예금의 성립시기를 '예금원장에 입금의 기록이 된 때'라고 규정하고 있다고 하더라도 이는 거래처의 신청에 따라 은행이 특정 계좌에서 자금을 출금하여 다른 계좌로 자금을 이체하는 경우에 그러하다는 것이므로, 동일 금융기관의 지점 간에 계좌이체가 아닌 '전금'의 방식으로 자금을 이체하는 경우에는 위와 같은 약관 규정이 그대로 적용된다고 보기 어렵다. 예금거래기본약관 및 거치식예금약관이 적용되는 양도성예금증서를 발행받고자 하는 고객이 금융기관의 어느 지점(이하 '입금지점'이라고 한다)에서 예금의 의사로 입금을 함에 있어서, 아직 양도성예금증서 발행계좌가 개설되어 있지 아니한 관계로 그 금융기관의 다른 지점에 개설된 자신의 예금계좌에서 전금의 방식으로 입금지점에 자금이체를 하고 그 입금지점의 담당직원이 그러한 입금사실을 확인한 때에는 그때 거치식 예금계약이 성립된다고 보아야 하고, 담당직원이 위와 같이 입금사실을 확인하고 그에 따라 발생한 예금반환청구권을 표창하는 양도성예금증서를 발행한 후 그에 맞추어 양도성예금증서 발행계좌를 개설하고 그 원장에 입금기록을 하였을 때 비로소 거치식 예금계약이 성립된다고 볼 것은 아니다.」(대판 2009. 3. 12, 2007다52942)

〈금전신탁과 예금의 구별에 관한 판례〉

「금전신탁은 신탁행위에 의하여 위탁자로부터 금전을 수탁받은 신탁회사가 이를 대출, 유가증권, 기타 유동성 자산 등에 운용한 후 신탁기간 종료시에 수익자에게 금전의 형태로 교부하는 신탁의 일종으로서, 신탁된 금전은 금융기관의 고유재산이 아닌 신탁재산에 속하게 되고 신탁행위 또는 관계 법령에서 정한 바에 따라 자금운용이 이루어져야 하며, 실적배당주의가 적용되어 원칙적으로 원본과 이익이 보장되지 아니할 수 있다는 점 등에서, 예금된 금원이 금융기관의 고유재산에 속하게 되고 예금에 관한 금융기관의 자금운용방법에 원칙적으로 제한이 없으며, 원금 및 약정이율에 따른 이자의 지급이 보장되는 금전의 소비임치계약인 예금과 차이가 있다.」 $\binom{\text{대판 2007. 11. 29,}}{\text{2005다64552}}$

〈공동명의 예금채권에 관한 판례〉

「은행에 공동명의로 예금을 하고 은행에 대하여 그 권리를 함께 행사하기로 한 경우에 만일 동업자금을 공동명의로 예금한 경우라면 채권의 준합유관계에 있다고 볼 것이나, 공동명의 예금채권자들 각자가 분담하여 출연한 돈을 동업 이외의 특정 목적을 위하여 공동명의로 예치해 둠으로써 그 목적이 달성되기 전에는 공동명의 예금채권자가 단독으로 예금을 인출할 수 없도록 방지·감시하고자 하는 목적으로 공동명의로 예금을 개설한 경우라면, 하나의 예금채권이 분량적으로 분할되어 각 공동명의 예금채권자들에게 공동으로 귀속되고, 각 공동명의 예금채권자들이 예금채권에 대하여 갖는 각자의 지분에 대한 관리처분권은 각자에게 귀속된다 할 것이므로$\binom{\text{대법}}{\text{원}}$ 1994. 4. 26. 선고 93 다31825 판결 참조$)$, 공동명의 예금채권자 중 1인에 대한 별개의 대출금채권을 가지는 은행으로서는 그 대출금채권을 자동채권으로 하여 그의 지분에 상응하는 예금반환채권에 대하여 상계할 수 있다 할 것이고, 다만 공동명의 예금채권자 중 1인이 다른 공동명의 예금채권자의 지분을 양수하였음을 이유로 그 지분에 대한 은행의 상계주장에 대항하기 위해서는 공동명의 예금채권자들과 은행 사이에 예금반환채권의 귀속에 관한 별도의 합의가 있거나 채권양도의 대항요건을 갖추어야 할 것이다.」$\binom{\text{대판 2004.}}{\text{10. 14, 2002다}}$ 55908: 공동명의 예금채권자들과 은행 사이에 예금반환채권의 귀속관계에 관하여 명시적·묵시적인 약정이 있었으므로 은행이 이미 예금반환채권을 상실한 공동명의 예금채권자 1인에 대한 별개의 대출금채권을 자동채권으로 하여 상계주장을 할 수 없다고 한 사례. 대 판 2008. 10. 9, 2005다72430도 참조$)$

제13절 조　　합

Ⅰ. 서　　설 [196]

1. 조합의 의의 및 사회적 작용

(1) 조합의 의의

조합은 2인 이상의 특정인이 서로 출자하여 공동사업을 경영할 목적으로 결합한 단체이다.

1) 사람의 결합체인 단체에는 사단과 조합의 두 가지가 있다. 그 중 사단의 경우에는 그 구성원(사원)이 단체에 매몰되어 그 개성이 표면에 나타나지 않는 데 비하여, 조합의 경우에는 그 구성원(조합원)의 개성이 강하게 나타난다. 구체적으로 사단과 조합은 통일적 조직과 기관의 유무(사단: 있음, 조합: 없음), 단체의 행위자(사단: 기관, 조합: 조합원 또는 그로부터 대리권이 주어진 자), 법률효과의 귀속자(사단: 단체 자체, 조합: 각 조합원), 의사결정방법(사단: 총회에서의 다수결, 조합: 직접 운영 또는 업무집행자 선임, 다수결 또는 전원 일치(합수성)의 원리), 재산의 소유형태(사단: 법인의 단독소유 또는 총유, 조합: 조합원의 합유), 법인격 유무(사단: 원칙적으로 법인격 가짐, 조합: 법인격 없음) 등에서 차이를 보인다.

판례는, 민법상의 조합과 법인격은 없지만 사단성이 인정되는 비법인 사단을 구별함에 있어서는 일반적으로 그 단체성의 강약을 기준으로 판단할 것이라고 한다(대판 1974. 9. 24, 74다573; 대판 1992. 7. 10, 92다2431; 대판 1999. 4. 23, 99다4504). 이때 조합이라는 명칭을 사용하는지는 중요하지 않다(대판 1999. 7. 27, 98도4200 참조). 비법인 사단에는 사단법인에 관한 규정이 유추적용된다.

2) 민법상의 조합과 구별하여야 할 제도가 있다.

⑺ 노동조합(「노동조합 및 노동관계조정법」 6조에 의하여 등기하면 법인격을 취득한다) · 농업협동조합(농업협동조합법 4조) · 수산업협동조합(수산업협동조합법 4조) 등은 명칭은 조합이지만 특수한 법인이며 민법상의 조합이 아니다.

⑻ 익명조합(당사자의 일방이 상대방의 영업을 위하여 출자하고 상대방은 그 영업으로 인한 이익을 분배할 것을 약정하는 계약관계. 상법 78조)은 조합의 실질을 갖추지 못한 특수한 기업형태이다.

⑼ 「내적 조합(內的 組合)」은 여러 사람이 공동사업을 경영함에도 불구하고 그 중 1인의 이름으로 법률행위를 하고 재산도 그 자의 단독소유로 되는 것으로서 민법상의 조합과 차이가 있다(대판 2000. 7. 7, 98다44666은 내적 조합이라는 특수한 조합이 되려면 내부관계에서는 조합관계가 있어야 하고, 그러려면 서로 출자하여 공동사업을 경영할 것을 약정하여야 하며, 영리사업을 목적으로 하면서 당사자 중의 일방만이 이익을 분배받는 경우에는 조합관계(동업관계)라고 할 수 없다고 한다).

⑽ 상법상의 합명회사(같은 법 178조 이하)는 조합의 실질을 갖추고 있으나, 상법이 주로 적용되고 민법의 조합에 관한 규정은 합명회사의 내부관계에 관하여 정관 또는 상법규정이 없는 경우에 준용될 뿐이다(상법 195조).

⑾ 상법상의 합자조합은 조합의 업무집행자로서 조합의 채무에 대하여 무한책임을 지는 조합원과 출자가액을 한도로 하여 유한책임을 지는 조합원이 상호출자하여 공동사업을 경영할 것을 약정함으로써 성립하는 상법상의 특수한 조합계약이다(상법 86조의 2. 2011. 4. 14. 상법 개정시 신설)(민법상의 조합원은 모두 무한책임을 짐). 합자조합에 대해서는 상법이 여러 규정을 두고 있으며(상법 86조의 2 이하), 민법은 상법 또는 조합계약에 다른 규정이 없는 경우에

만 준용된다($^{상법\ 86조}_{의\ 8\ 4항}$).

3) 민법상 조합의 대표적인 경우는 몇 사람이 출자하여 공동으로 영업 또는 기업을 경영하기로 하는 동업관계이다. 그리고 사단법인 또는 사단인 회사($^{주식회}_{사 등}$)의 설립을 목적으로 하는 설립자 또는 발기인 조합도 민법상의 조합이다($^{민법총칙}_{[334]도\ 참조}$).

(2) 조합의 사회적 작용

단체 중에서 조합은 사단보다 쉽게 성립할 수가 있고 또 조합에 관한 민법규정은 대부분 임의규정이어서($^{대판\ 1988.\ 3.\ 8,}_{87다카1448}$) 사람들은 부담없이 원하는 모습으로 조합제도를 이용하고 있다. 그 점에서 조합은 어느 정도 사회적 작용을 하고 있다고 말할 수 있다.

2. 조합계약의 의의 및 법적 성질   [197]

(1) 조합계약의 의의

조합계약은 2인 이상이 상호 출자하여 공동사업을 경영할 것을 약정함으로써 성립하는 계약이다($^{703조}_{1항}$). 이는 조합이라는 단체를 성립·발생시키는 원인이 되는 것이다. 그런데 조합계약은 조합을 성립시키는 합의만을 가리키는 것이 아니고, 그 조합의 구성이나 운영에 관한 합의도 포함한다($^{이설}_{없음}$).

(2) 조합계약의 법적 성질

1) 조합의 창설을 목적으로 하는 합의($^{여기서는\ 편의상\ 이를\ 조합}_{계약이라고\ 표현하기로\ 함}$)가 계약인지에 관하여 학설은 i) 계약설($^{김주수,\ 462면;\ 김형배,}_{736면;\ 이은영,\ 599면}$)과 ii) 합동행위로서의 성질과 계약으로서의 성질을 모두 가지는 특수한 법률행위라는 견해($^{곽윤직,\ 296면;}_{김상용,\ 413면}$)로 나뉘어 있다. 법률행위의 종류로서 합동행위를 인정하지 않으면 ii)설을 취할 수 없음은 물론이다($^{위의\ i)설\ 주장자로\ 인용된\ 문헌}_{중\ 뒤의\ 둘은\ 그러한\ 견지에\ 있다}$). 생각건대 조합계약에 있어서는 당사자들의 의사표시 방향이 공동사업의 경영이라는 점에서 일치하며, 따라서 합동행위로서의 성질을 가지고 있다. 그런가 하면 단일한 단체로 성립하지 못하고 계약관계로 존속한다. 여기서 조합계약은 합동행위 및 계약의 성질을 같이 가지고 있는 특수한 법률행위라고 할 수 있다.

2) 조합계약이 쌍무계약인가에 관하여 학설은 i) 본래의 쌍무계약이 아니라는 견해($^{곽윤직,\ 297면.\ 김상용,\ 414면은\ 쌍}_{무계약도\ 편무계약도\ 아니라고\ 한다}$)와 ii) 쌍무계약이라는 견해($^{김주수,}_{462면}$)로 나뉜다. 생각건대 조합계약에 있어서 각 조합원의 급부는 다른 조합원의 출자에 대한 대가

(반대급부)가 아니고 공동의 목적달성을 위한 전제조건에 지나지 않는다($^{곽윤직,}_{297면}$).
따라서 조합계약은 본래의 의미의 쌍무계약은 아니라고 할 것이다.

조합계약에는 제536조($^{동시이행}_{의 항변권}$)가 원칙적으로 적용되지 않는다. 다만, 조합원
이 2인인 경우에는 적용하는 것이 타당하다($^{같은 취지: 이은영, 601면. 곽윤직, 298면은 업무집행조}_{합원이 아닌 조합원이 출자요구를 하는 경우에도 적용하}$
$^{며, 김상용, 414면은 언제나 적용하지 않는다. 그리고 김형배, 737면은 적용을 부}_{정하면서, 2인 조합의 경우는 엄격한 의미의 동시이행의 항변권이 아니라고 한다}$)·

조합계약에 제537조·제538조($^{위험}_{부담}$)가 적용되는가에 관하여는 i) 부정설($^{곽윤직,}_{298면;}$
$^{김상용, 414면;}_{김형배, 738면}$), ii) 긍정설($^{김주수,}_{461면}$), iii) 2인 조합의 경우에는 적용하고 3인 이상의 조
합의 경우에는 부정하는 견해($^{이은영,}_{601면}$)가 주장되고 있으나, 적용을 부정하고 조합
의 이론에 따라 해결하여야 한다. 그리하여 출자가 불능하게 된 자는 조합원이
되지 못하거나 탈퇴하게 될 뿐이다. 그리고 불능으로 된 급부가 조합의 목적달성
에 중요한 것일 때에는 조합을 해산할 수밖에 없다($^{곽윤직,}_{298면}$).

3) 조합계약에 대하여는 계약의 해제·해지에 관한 규정($^{543조-}_{553조}$)이 적용되지
않으며, 제명·탈퇴·해산 등으로 처리하는 것이 적당하다. 통설($^{곽윤직, 298면; 김상용,}_{415면; 김주수, 461면;}$
$^{김형배, 738면;}_{이은영, 602면}$)·판례($^{대판 1962. 8. 2, 4294민상1606; 대판 1969. 11. 25, 64다1057; 대판 1987. 5. 12, 86도2566;}_{대판 1994. 5. 13, 94다7157; 대판 2007. 4. 26, 2005다62006: 모두 해제에 관한 것임}$) 도
같은 입장이다.

〈판 례〉

「동업계약과 같은 조합계약에 있어서는 조합의 해산청구를 하거나 조합으로부터
탈퇴를 하거나 또는 다른 조합원을 제명할 수 있을 뿐이지 일반계약에 있어서처럼
조합계약을 해제하고 상대방에게 그로 인한 원상회복의 의무를 부담지울 수는 없는
것이다($^{대법원 1994. 5. 13. 선}_{고 94다7157 판결 참조}$)·」($^{대판 2007. 4. 26,}_{2005다62006}$)

4) 조합계약이 유상계약인가는 조합계약에 매매에 관한 규정($^{특히 매도인의 담보}_{책임에 관한 규정}$)
이 준용되는가의 문제로 논의되고 있다. 학설은 i) 인정설($^{이은영,}_{602면}$)과 ii) 부정설($^{곽윤}_{직,}$
$^{299면; 김상용, 414}_{면; 김형배, 738면}$)로 나뉘어 있다. i)설은 그 이유로 조합에 관한 규정에 현물출자시
의 담보책임에 관한 규정이 없음을 들고, ii)설은 유상계약의 본질인 당사자의 대
가적 출연은 각 당사자가 공동의 목적을 위하여 출연하는 것을 포함하지 않는다
는 것을 든다. 생각건대 ii)설의 주장도 일리가 있으나, 준용이 필요한 경우가 전
혀 없다고 하기 어려우므로 i)설을 따라야 할 것이다.

5) 조합계약이 낙성·불요식의 계약이라는 데 대하여는 다툼이 없다.

판례는, 조합계약에도 계약자유의 원칙이 적용되므로 그 구성원들은 자유로운 의사에 따라 조합계약의 내용을 정할 수 있으며, 조합의 구성원들 사이에 내부적인 법률관계를 규율하기 위한 약정이 있는 경우에 한쪽 당사자가 그 약정에 따른 의무를 이행하지 않아 상대방이 도급인에 대한 의무를 이행하기 위하여 손해가 발생하였다면 그 상대방에게 채무불이행에 기한 손해배상책임을 진다고 한다$\binom{\text{대판 2017. 1. 12,}}{\text{2014다11574 · 11581}}$.

Ⅱ. 조합의 성립 [198]

1. 조합의 성립요건

조합은 2인 이상이 서로 출자하여 공동사업을 경영할 것을 약정함으로써 성립한다$\binom{703조}{1항}$.

(1) 조합이 성립하려면 2인 이상의 당사자가 있어야 한다. 당사자 수의 상한선은 없으나, 그 수가 너무 많으면 사단으로 될 가능성이 크다.

(2)「공동사업의 경영」을 약정하여야 한다$\binom{\text{대판 2007. 6. 14,}}{\text{2005다5140}}$. 사업의 종류나 성질에는 제한이 없다. 따라서 사회질서 및 강행법규에 반하지 않으면 자유롭게 정할 수 있으며, 비영리적인 것이나 일시적인 것이라도 무방하다. 사업은 공동의 것이어야 하며, 따라서 일부의 조합원만이 이익분배를 받는 경우는 조합이 아니다$\binom{\text{대판 2000. 7. 7, 98다}}{\text{44666도 같은 취지}}$.

〈판 례〉

「민법상 조합계약은 2인 이상이 상호 출자하여 공동으로 사업을 경영할 것을 약정하는 계약으로서$\binom{\text{민법 제}}{\text{703조}}$, 특정한 사업을 공동경영하는 약정에 한하여 이를 조합계약이라 할 수 있고, 공동의 목적 달성이라는 정도만으로는 조합의 성립요건을 갖추었다고 할 수 없다.」$\binom{\text{대판 2007. 6. 14, 2005다5140: 부동산의 공동매수인들이 전매차익을 얻으려는 '공동의 목적 달성'을 위해 상호 협력한 것에 불과하고 이를 넘어 '공동사업을 경영할 목적'이 있었다고 인정되지 않는 경우, 이들 사이의 법률관계는 공유관계에 불과할 뿐 민법상 조합이 아니라고 한 사례. 같은 취지: 대판 2010. 2. 11, 2009다79729; 대판 2012. 8. 30, 2010다39918}}{}$

(3) 모든 당사자가 출자의무를 부담하여야 한다. 당사자 중 일부가 출자의무를 부담하지 않으면 조합이 아니다. 출자의 종류나 성질에는 제한이 없다. 따라서 금전뿐만 아니라 물건, 물권·지식재산권·채권 등의 재산권, 노무·상호·신용도 출자의 목적물이 된다$\binom{703조}{2항}$. 부작위$\binom{\text{예: 경업(競業)을}}{\text{하지 않는 것}}$도 출자의 목적이 될 수 있

다고 보는 것이 일반적이다. 그리고 각 당사자의 출자의 종류나 내용이 동일할
필요도 없다.

〈판 례〉

(ㄱ) 판례에 의하면, 공동이행방식의 공동수급체($\binom{공동으로 도급}{을 받은 결합체}$)는 기본적으로 민법상의
조합의 성질을 가지는 것이라고 한다($\binom{대판 2000. 12. 12, 99다49620; 대판 2006. 8. 25, 2005다16959;}{대판(전원) 2012. 5. 17, 2009다105406; 대판 2017. 1. 12, 2014다}$
$\binom{11574 \cdot}{11581}$).

(ㄴ) 「공동이행방식의 공동수급체는 민법상 조합의 성질을 가지는데, 조합의 채무는
조합원의 채무로서 특별한 사정이 없는 한 조합채권자는 각 조합원에 대하여 지분의
비율에 따라 또는 균일적으로 그 권리를 행사할 수 있지만, 조합채무가 조합원 전원
을 위하여 상행위가 되는 행위로 인하여 부담하게 된 것이라면 상법 제57조 제 1 항
을 적용하여 조합원들의 연대책임을 인정함이 상당하므로($\binom{대법원 1992. 11. 27. 선고}{92다30405 판결 등 참조}$), 공동
수급체의 구성원들이 상인인 경우 공사도급계약에 따라 도급인에게 하자보수를 이행
할 의무는 그 구성원 전원의 상행위에 의하여 부담한 채무로서 공동수급체의 구성원
들은 연대하여 도급인에게 하자보수를 이행할 의무가 있다($\binom{대법원 2013. 5. 23. 선고}{2012다57590 판결 등 참조}$)·」
$\binom{대판 2013. 5. 23,}{2012다57590}$

(ㄷ) 「1) 당사자들이 자금을 출자하여 공동으로 주식회사를 설립하여 운영하고 그에
따르는 비용의 부담과 이익의 분배를 지분 비율에 따라 할 것을 내용으로 하는 동업
약정은 주식회사 주식의 매매계약과 주식회사의 공동경영과 이익분배에 관한 주주
사이의 계약이 혼합된 계약의 성격을 가지고, 특별한 사정이 없는 한 공동사업을 위
하여 민법상 조합을 결성할 것을 목적으로 한다고 볼 수 없다. 이러한 동업약정은 당
사자들의 공동사업을 주식회사의 명의로 하고 대외관계 및 대내관계에서 주식회사의
법리에 따름을 당연한 전제로 하므로, 위와 같은 동업약정에 따라 주식회사가 설립되
어 그 실체가 갖추어진 이상, 주식회사의 청산에 관한 상법의 규정에 따라 청산절차
가 이루어지지 않는 한 일방 당사자가 잔여재산을 분배받을 수 없다. 이러한 법리는
동업약정에 따라 주식회사가 설립된 후 당사자 일방이 동업관계에서 탈퇴하였다고
주장하며 정산을 구하는 경우에도 그대로 적용된다($\binom{대법원 2002. 10. 11. 선고 2001다84381 판결,}{대법원 2022. 10. 27. 선고 2018다273530 판}$
$\binom{결 등}{참조}$).

2) 이와 같이 동업약정 당사자들의 공동사업이 주식회사 명의로 운영되고 대내관
계 및 대외관계에서 주식회사의 법리에 따르기 위해서는 동업약정 당사자들이 출자
한 자금으로 주식회사의 주식을 인수하여 주식회사의 주주가 되는 것이 전제되어야
한다. 당사자 일부는 주식회사 주식을 취득하였지만 다른 일부가 주식을 취득하지 않
아 당사자들 모두가 주주가 되지는 않은 동업약정의 경우, 주주가 되지 않은 동업약
정 당사자들의 자금이 주식회사에 투자되었다고 하더라도 이러한 동업약정의 당사자
들이 공동으로 주식회사를 설립하거나 운영한다고 볼 수 없고, 주식회사 주식이나 주

식회사 소유의 재산도 동업약정의 재산이 될 수 없다.」(대판 2024. 6. 27,
2022다302022)

2. 조합계약의 하자와 소급효 제한

(1) 조합이 활동을 시작하기 전에는 제한능력 또는 의사표시의 흠을 이유로 계약이 무효 또는 취소되어도 문제가 없다. 다만, 당사자가 3인 이상인 경우에 그 중 1인이 제한능력자이거나 의사표시의 흠으로 무효 또는 취소되는 때에는, 일부무효의 법리(137조
참조)가 적용되어야 한다. 그 결과 나머지 당사자들에 관하여 그 무효부분이 없더라도 계약을 하였으리라고 인정되는 경우에는 유효한 부분에서 조합계약은 존속하나, 그 외의 경우에는 계약 전체가 무효로 된다.

(2) 조합이 이미 활동을 시작한 뒤에 제한능력 또는 의사표시의 흠으로 인하여 무효임이 드러나거나 취소된 때에는, 계약관계는 장래에 향하여서만 효력을 잃는다고 하여야 한다(같은 취지: 김상용, 417면;
대판 1972. 4. 25, 71다1833). 그리고 이러한 결과를 사실적 계약관계(29)
(이하)를 인정하는 방법으로 도출할 이유는 없다(반대 견해: 곽윤직, 301면; 김주수, 467면
(제한능력의 경우에만 소급효를 제한함)).

Ⅲ. 조합의 업무집행 [199]

조합의 업무집행에는 대내적인 것(이것이 본래의
업무집행임)과 대외적인 것이 있다. 이 중에 대외적인 것은 조합대표 또는 조합대리(대리의 방식에 의
한다는 의미에서)라고도 한다.

1. 조합의 대내관계(협의의 업무집행)

민법에 명문의 규정은 없지만 조합의 경우에는 사단과 달리 각 조합원이 업무집행에 참여할 권리(업무집행권)를 갖는다. 그렇지만 모든 조합원이 업무집행을 하지 않고 일부 조합원이나 제 3 자에게 업무집행을 맡길 수도 있다.

(1) 모든 조합원이 업무를 집행하는 경우

1) 모든 조합원이 업무를 집행하는 경우에 의견이 일치되지 않는 때에는 조합원의 과반수로써 결정한다(706조
2항 1문). 여기의 과반수는 조합원의 모든 인원수이고 출석인원수나 출자액수가 아니다. 다만, 출자액에 의한다는 특약이 있으면 그에 의한다.

2) 이 다수결의 원칙에는 예외가 있다. 즉 조합의 통상사무는 각 조합원이

전행(專行)할 수 있다$\binom{706조\ 3}{항\ 본문}\binom{대판\ 1997.\ 5.\ 30,\ 95다4957은\ 조합재산(건물의\ 공유지분)이\ 조합원\ 1인에게\ 명}{의신탁된\ 경우에\ 명의신탁의\ 해지는\ 조합재산의\ 관리방법의\ 변경에\ 해당되는\ 것}$으로서 단순한 보존행위라고 볼 수 없으므로 다른 1인의 조합원이 단독으로 이를 할 수 없다고 한다). 그러나 그 사무의 완료 전에 다른 조합원의 이의가 있는 때에는 즉시 중지하여야 한다$\binom{706조\ 3}{항\ 단서}$.

3) 어떤 조합원이 조합업무를 집행하는 경우에는 위임에 관한 제681조 내지 제688조를 준용한다$\binom{707}{조}$. 그 결과 조합원은 선관주의의무를 지고$\binom{681조}{참조}$, 다른 조합원의 업무집행을 감시할 수도 있다$\binom{683조}{참조}$. 그런데 민법은 그것과 별도로 조합원이 언제든지 조합의 업무 및 재산상태를 검사할 수 있다는 규정도 두었다$\binom{710}{조}$. 그리고 판례에 따르면, 조합원의 검사권에는 업무와 재산상태를 검사하기 위하여 필요한 범위에서 장부나 그 밖의 서류의 열람·등사를 청구할 권한이 포함된다고 한다$\binom{대판\ 2021.\ 1.\ 14,}{2020다222580}$.

(2) 일부의 조합원을 업무집행자로 한 경우

1) 조합원들은 조합계약에서 일부의 조합원을 업무집행자로 정할 수 있다. 그렇지 않았더라도 언제든지 조합원의 3분의 2 이상의 찬성으로 업무집행자를 선임할 수 있다$\binom{706조}{1항}$.

2) 업무집행자가 수인인 때에는 업무집행은 그 과반수로써 결정한다$\binom{706조}{2항\ 2문}$. 다만, 조합의 통상사무는 각 업무집행자가 전행(專行)할 수 있되$\binom{706조\ 3}{항\ 본문}$, 그 사무의 완료 전에 다른 업무집행자의 이의가 있는 경우에는 즉시 중지하여야 한다$\binom{706조}{3항\ 단서}$. 그리고 업무집행자인 조합원에 대하여는 위임에 관한 일부규정$\binom{681조-}{688조}$이 준용된다$\binom{707}{조}$. 한편 업무집행자가 있으면 다른 조합원은 통상사무도 집행할 수 없다. 그러나 언제든지 조합의 업무 및 재산상태를 검사할 수는 있다$\binom{710}{조}$. 조합원의 검사권에 관련 서류의 열람·등사를 청구할 권한이 포함된다고 한 판례$\binom{대판}{2021.\ 1.\ 14,}$ $\binom{2020다}{222580}$가 여기에도 해당함은 물론이다.

3) 위 1)과 2)에서 설명한 제706조 제 1 항·제 2 항의 「조합원」은 조합원의 출자가액이나 지분이 아닌 조합원의 인원수를 뜻한다$\binom{대판\ 2009.\ 4.\ 23,}{2008다4247}$. 다만, 위의 규정은 임의규정이므로, 당사자 사이의 약정으로 업무집행자의 선임이나 업무집행방법의 결정을 조합원의 인원수가 아닌 그 출자가액 내지 지분의 비율에 의하도록 하는 것과 같이 그 내용을 달리 정할 수 있고, 그와 같은 약정이 있는 경우에는 그 정한 바에 따라 업무집행자를 선임하거나 업무집행방법을 결정하여야만 유효하다$\binom{대판\ 2009.\ 4.\ 23,}{2008다4247}$.

4) 업무집행자인 조합원은 정당한 이유 없이 사임하지 못하고, 해임당하지도 않으며, 정당한 이유가 있어 해임하려면 다른 조합원의 의견이 일치되어야 한다($\frac{708}{조}$).

(3) 제 3 자에게 업무집행을 위임한 경우

이때에는 조합과 그 제 3 자 사이에 순수한 위임계약이 있게 되므로 위임의 규정에 의하게 된다(다만 제 3 자인 업무집행자가 수인 있는 경우 / 에는 학설은 706조 2항·3항을 유추적용한다).

2. 조합의 대외관계(조합대표 또는 조합대리) [200]

(1) 조합대리

1) 조합은 법인격이 없음은 물론 단체성도 약해서($\frac{대표기관}{도 없음}$) 대외관계에서 조합 자신의 명의로 행위를 할 수 없으며, 조합원 전원의 이름으로 하여야 한다(이때 조합 을 구성하 / 고 있음이 표시되어야 하며, 그렇 / 지 않으면 분할채권 관계가 된다). 그런데 이는 매우 번잡하여 실제에서는 대리의 방법을 이용하고 있다. 즉 어느 조합원이 한편으로는 다른 조합원을 대리하고 다른 한편으로는 자기 자신의 자격으로 제 3 자와 법률행위를 하는 것이다. 이와 같이 조합의 대외활동이 보통 대리의 형식에 의하고 있기 때문에 조합의 대외관계를 「조합대리」라고도 한다(그러나 조합원 전원이 할 수도 있고 또 대리의 경우에도 한편으 / 로는 자신의 자격으로 하는 점에서 둘이 동의어일 수는 없다).

2) 이 대리권은 내부적인 업무집행권한과는 관념상 별개의 것으로서 대리권 수여행위(수권행위)에 의하여 발생한다. 그러나 실제에 있어서는 조합계약 속에 합해져서 행하여지는 것이 보통이다.

민법은 조합의 업무를 집행하는 조합원은 그 업무집행의 대리권이 있는 것으로 추정한다($\frac{709}{조}$). 따라서 업무집행자가 정해지지 않은 때에는 각 조합원이, 업무집행자가 정해진 때에는 업무집행자로 된 조합원이 이 추정을 받는다. 그리고 이는 추정이기 때문에 당사자들은 특약으로 조합원 전원의 동의를 요하도록 하는 등 그 내용을 달리 정할 수 있고, 조합의 구성원이 이러한 약정의 존재를 주장·증명하면 추정은 깨어진다(대판 2002. 1. 25, 99다62838. 이때 상대방이 법률행위의 효력을 주장 / 하려면 조합원 전원의 동의가 있었다는 점을 주장·증명하여야 한다). 한편 학설은 일부의 조합원 또는 업무집행조합원이 통상사무가 아닌 사항을 과반수에 의한 결정을 거치지 않고 대리한 때에는($\frac{706조 2항·}{3항 참조}$), 그 대리행위가 당연히 무효로 되는 것은 아니고 제126조의 표현대리가 된다고 한다(곽윤직, 305면; 김상용, 422 / 면; 김주수, 472면. 김형배, / 751면은 조합원의 경우는 125조, 업무집행 조합원의 / 경우는 126조 또는 125조의 표현대리가 된다고 한다).

3) 대리에는 「현명(顯名)」이 필요하므로($^{114조}_{참조}$), 대리행위자는 모든 조합원의 명의로 법률행위를 하여야 한다($^{조합은\ 법인격이\ 없어서}_{「본인」이\ 될\ 수\ 없음}$). 그러나 보통의 대리에서도 대리행위임을 알 수 있으면 되므로($^{115조}_{단서}$), 조합대리에서도 상대방이 조합원을 대리하는 것을 알 정도로 표시하면 충분하고($^{예:\ 조합의\ 대표자\ A}_{또는\ 업무집행자\ A\ 등}$) 반드시 조합원 전원을 표시할 필요는 없다고 할 것이다($^{대판\ 1970.\ 8.\ 31,\ 70다1360도\ 조합}_{의\ 어음행위에\ 관하여\ 같은\ 취지임}$).

〈판 례〉

「민법 제114조 제 1 항은 "대리인이 그 권한 내에서 본인을 위한 것임을 표시한 의사표시는 직접 본인에게 대하여 효력이 생긴다"라고 규정하고 있으므로, 원칙적으로 대리행위는 본인을 위한 것임을 표시하여야 직접 본인에 대하여 효력이 생기는 것이고, 한편 민법상 조합의 경우 법인격이 없어 조합 자체가 본인이 될 수 없으므로, 이른바 조합대리에 있어서는 본인에 해당하는 모든 조합원을 위한 것임을 표시하여야 하나, 반드시 조합원 전원의 성명을 제시할 필요는 없고, 상대방이 알 수 있을 정도로 조합을 표시하는 것으로 충분하다고 할 것이다. 그리고 상법 제48조는 "상행위의 대리인이 본인을 위한 것임을 표시하지 아니하여도 그 행위는 본인에 대하여 효력이 있다. 그러나 상대방이 본인을 위한 것임을 알지 못한 때에는 대리인에 대하여도 이행의 청구를 할 수 있다"고 규정하고 있으므로, 조합대리에 있어서도 그 법률행위가 조합에게 상행위가 되는 경우에는 조합을 위한 것임을 표시하지 않았다고 하더라도 그 법률행위의 효력은 본인인 조합원 전원에게 미친다고 보아야 할 것이다.」(갑이 금전을 출자하면 을이 골재 현장에서 골재를 생산하여 그 이익금을 50:50으로 나누어 분배하기로 하는 내용의 동업계약에서, 을은 민법상 조합의 업무집행조합원에 해당한다고 볼 수 있고, 을이 위 골재 현장의 터파기 및 부지 평탄작업에 투입될 중장비 등에 사용할 목적으로 유류를 공급받는 행위는 골재생산업을 영위하는 상인인 갑과 을을 조합원으로 한 조합이 그 영업을 위하여 하는 행위로서 상법 제47조 제 1 항에 정한 보조적 상행위에 해당한다고 볼 여지가 충분하므로, 을이 위 골재현장에 필요한 유류를 공급받으면서 그 상대방에게 조합을 위한 것임을 표시하지 아니하였다 하더라도 상법 제48조에 따라 그 유류공급계약의 효력은 본인인 조합원 전원에게 미친다고 한 사례)($^{대판\ 2009.\ 1.\ 30,}_{2008다79340}$)

(2) 조합의 당사자능력과 소송대리

1) **조합의 당사자능력**　　　민사소송법 제52조는 법인 아닌 사단이나 재단에 대하여 대표자나 관리인이 있는 경우에 소송당사자능력을 인정하고 있다. 그러나 조합은 사단·재단과 전혀 다른 만큼 그 규정은 조합에 적용 또는 유추적용될 수 없으며, 따라서 조합은 소송당사자능력이 없다. 통설($^{곽윤직,\ 306면;\ 김상용,\ 423면;}_{김형배,\ 753면;\ 이은영,\ 606면.}$

반대 견해: 김주수, 473면) · 판례($\substack{대판 1991. 6. 25, \\ 88다카6358}$)도 같은 입장이다. 그 결과 조합은 조합원 전원이 공동소송인으로 당사자가 되어야 한다(필수적 공동소송). 이것이 번거로우면 선정당사자제도($\substack{민소 \\ 53조}$)를 이용할 수 있을 것이다($\substack{그리고 판례는, 조합 업무를 집행할 권한을 수여받은 업무집 \\ 행 조합원은 조합재산에 관하여 조합원으로부터 임의적 소}$송신탁을 받아 자기 이름으로 소송을 수행할 수 있다고 한다.). 대판 1997. 11. 28, 95다35302; 대판 2001. 2. 23, 2000다68924).

2) 조합원에 의한 소송대리   업무집행조합원이 정해지지 않은 경우에 각 조합원이 재판상의 행위(소송행위)에 대하여도 대리권이 있는지가 문제된다. 여기에 관하여 학설은 i) 긍정설($\substack{김주수, \\ 474면}$), ii) 일반의 법률행위에 관한 대리권이 있다는 사실로부터 당연히 소송대리권이 있다고 할 수 없다는 부정설($\substack{곽윤직, 306면; 김 \\ 상용, 423면; 김형}$$\substack{배, \\ 753면}$)이 있으나, 소송대리권은 서면으로 증명되어야 한다는 점($\substack{민소 \\ 89조}$)에 비추어 볼 때 ii)설이 타당하다. 그에 비하여 업무집행조합원으로 정해진 자는 소송대리권도 가진다고 할 수 있다($\substack{그러나 변호사가 아닌 한 소송활동에 제약을 \\ 받으므로 큰 의미가 없다. 민소 88조 참조}$)($\substack{통설도 같으나, 이은영, 607면은 예외적 \\ 으로만 이를 긍정하는 것으로 보인다}$).

Ⅳ. 조합의 재산관계   [201]

1. 조합재산

(1) 조합재산의 특수성

조합은 단체성이 약하기는 하지만 단체로서 독자적으로 경제활동을 한다. 따라서 조합은 조합 자신의 재산, 즉 조합재산을 가진다. 민법도 조합재산을 인정한다($\substack{704조 \\ 참조}$). 이 조합재산은 조합의 구성원인 조합원의 개인재산과 분리 · 독립된 조합 자신의 고유한 재산이다. 그런데 조합에는 법인격(권리능력)이 인정되지 않아서 조합재산이 조합 자체에 귀속될 수는 없으며, 그것은 모든 조합원에게 속할 수밖에 없다. 그러면 조합재산이 모든 조합원에게 어떤 모습으로 귀속하는가? 민법은 이를 조합원의 「합유」로 규정하고 있다($\substack{704조, 271 \\ 조-274조}$).

(2) 조합재산의 내용

조합재산은 조합원이 출자한 재산($\substack{동산 · 부동산 · \\ 특허권 등}$), 출자청구권($\substack{출자를 약속한 조합원에 \\ 대하여 다른 조합원이 그}$이행을 청구할 수 있는 권리), 조합의 업무집행으로 취득한 재산($\substack{인도받은 물건 외 \\ 에 채권도 포함}$), 조합재산에서 생긴 재산($\substack{조합재산의 과실, 수용의 대가, \\ 제 3 자에 대한 손해배상청구권 등}$), 조합의 채무($\substack{소극 \\ 재산}$) 등으로 구성된다($\substack{704조 \\ 참조}$). 한편 금전을 출자하기로 한 조합원이 출자를 게을리한 때에는 지연이자 외에 손해를 배상하여야 한다($\substack{705조. 보통의 금전채무의 경우보 \\ 다 책임을 가중함(397조 참조)}$). 금전 이외의 것의 출자를 목적으로 하는 때

에는 채무불이행의 일반원칙에 의한다.

조합원이 출자하기로 한 권리가 조합재산으로 되려면 권리이전 절차가 완료되어 야 하며, 그러기 전에는 그 권리를 조합재산이라고 주장할 수 없다(대판 1996. 2. 27, 94다 27083·27090(토석채취 권을 출자 한 경우)). 특히 부동산소유권을 출자하기로 한 경우에는 그 부동산에 관하여 조합원 의 합유로 등기되어 있지 않는 한 그 부동산이 조합원의 합유에 속한다고 할 근거가 없으며(조합에 소유권을 이 전할 의무만 있음), 따라서 부동산소유자는 조합원이 아닌 제 3 자에 대하여는 여 전히 소유자로서 그의 소유권을 행사할 수 있다(대판 1991. 7. 12, 90다13161; 대판 2002. 6. 14, 2000다30622). 조합이 부동 산을 매수한 경우에도 합유등기를 하여야 소유권을 취득하며(이는 187조에 의한 물권변동과 관련이 없으며, 186조에 의한 물 권변동 이다), 만약 그 경우에 합유등기를 하지 않고 조합원들 명의로 각 지분에 관하여 공 유등기를 한 때에는 그 조합이 조합원들에게 각 지분에 관하여 명의신탁을 한 것으 로 보게 된다(매도인이 악의이면 그 공유등기는 부동 산실명법 4조 2항에 의하여 무효로 된다)(대판 2002. 6. 14, 2000다30622). 또한 그 경우에 합유등기 를 하지 않고 조합원 중 1인 명의로 소유권이전등기를 한 때에도 조합체가 조합원에 게 명의신탁한 것으로 보아야 한다(대판 2006. 4. 13, 2003다25256; 대판 2019. 6. 13, 2017다246180). 그 결과 그 부동산의 소 유권은 부동산실명법 제 4 조에 의해 물권변동이 무효인 경우에는 매도인에게, 유효 인 경우에는 명의수탁자에게 귀속되며, 이 경우 조합재산은 소유권이전등기 청구권 또는 부당이득 반환채권이고, 신탁부동산 자체는 조합재산이 될 수 없다(대판 2019. 6. 13, 2017다 246180).

[202]

2. 조합재산의 합유관계

민법은 제271조 제 1 항에서 「법률의 규정 또는 계약에 의하여 수인이 조합 체로서 물건을 소유하는 때에는 합유로 한다」고 하여, 조합체가 물건을 소유하는 경우에는 그 조합체의 성립원인을 묻지 않고 언제나 합유라고 규정하고 있다. 그 리고 제272조 내지 제274조에서 합유의 구체적인 법률관계를 정하고 있다. 이들 규정이 조합계약에 의한 조합이 물건을 소유하는 경우에도 적용됨은 물론이다. 그런데 민법은 다른 한편으로 제704조에서 조합재산은 조합원의 합유라고 규정 하고, 별개의 특별규정(706조·714 조·715조)도 두고 있다. 이들 중 제704조는 없어도 무방하 지만 있다고 하여 문제가 생기지는 않는다. 그러나 일부의 특별규정(706 조)은 합유 관계규정(272 조)과 내용상 충돌이 되어 문제이다. 합유관계와 충돌의 해결문제, 기 타 특별규정들을 살펴보기로 한다.

(1) 합유관계

1) 물건의 합유   조합재산을 이루는 물건(동산; 부동산)은 모든 조합원의 합유로

된다. 그 결과 지분의 처분이 제한되고 분할이 금지된다.

우선 지분의 처분이 제한된다. 조합원의 지분에는 조합재산을 구성하는 개개의 물건에 대한 것과 전체 조합재산에 대한 것의 두 가지가 있다. 이들 중 앞의 지분의 처분금지에 대하여는 명문의 규정이 있다($^{273조}_{1항}$). 그런데 그에 의하면 합유자 전원의 동의가 있을 경우 합유물의 지분을 처분할 수 있다고 한다. 이에 대하여 학설은 대체로 합유의 성질에 위배되는 것이어서 적용이 없다고 한다($^{곽윤직, 309}_{면; 김주수,}$ $^{478면; 김형배, 757면. 반}_{대 견해: 이은영, 609면}$). 그런가 하면 뒤의 지분에 대하여는 명문규정은 없지만 처분하지 못한다고 새긴다. 이 지분은 조합원의 지위에 수반하는 것으로서 그것과 분리하여 처분할 성질의 것이 아니기 때문이다($^{대판 1960. 11. 10,}_{4292민상837}$). 모든 조합원의 동의가 있는 경우에 처분할 수 있는가에 대하여는 i) 부정설($^{곽윤직, 309면: 가입 · 탈퇴}_{절차에 의하여야 한다고 함}$)과 ii) 긍정설($^{김주수, 478면; 김형배,}_{757면; 이은영, 609면}$)이 대립되나, 이는 허용해도 무방할 것이다. 판례는 다른 조합원 전원의 동의가 있으면 그 지분을 처분할 수 있으나 조합원으로서의 자격과 분리하여 그 지분권만을 처분할 수는 없다고 한다($^{대판 2009. 3. 12,}_{2006다28454}$). 한편 판례에 따르면, 조합계약에 「동업지분은 제 3 자에게 양도할 수 있다」는 약정이 있는 경우 조합원은 다른 조합원 전원의 동의가 없더라도 자신의 지분 전부를 일체로서 제 3 자에게 양도할 수 있으나, 그 약정에 의하여 그 지분의 일부를 제 3 자에게 양도하는 것까지 당연히 허용되는 것은 아니라고 한다($^{대판 2009. 4. 23,}_{2008다4247}$).

〈판 례〉

(ㄱ)「조합원은 다른 조합원 전원의 동의가 있으면 그 지분을 처분할 수 있으나 조합의 목적과 단체성에 비추어 조합원으로서의 자격과 분리하여 그 지분권만을 처분할 수는 없다고 할 것이므로, 조합원이 지분을 양도하면 그로써 조합원의 지위를 상실하게 되며 이와 같은 조합원 지위의 변동은 조합지분의 양도양수에 관한 약정으로써 바로 효력이 생긴다.」($^{대판 2009. 3. 12,}_{2006다28454}$)

(ㄴ)「이 사건 조합은 앞서 본 바와 같이 그 조합계약에 '동업지분은 제 3 자에게 양도할 수 있다'는 약정($^{이하 '이 사건 약}_{정'이라 한다}$)을 두고 있는데, 이와 같이 조합계약에서 개괄적으로 조합원 지분의 양도를 인정하고 있는 경우 조합원은 다른 조합원 전원의 동의가 없더라도 자신의 지분 전부를 일체로써 제 3 자에게 양도할 수 있으나, 그 지분의 일부를 제 3 자에게 양도하는 경우까지 이 사건 약정에 의하여 당연히 허용되는 것은 아니다. 왜냐하면, 민법 제706조에 따라 조합원 수의 다수결로 업무집행자를 선임하고 업무집행방법을 결정하게 되어 있는 이 사건 조합에 있어서는 조합원 지분의 일부가 제 3 자에게 양도되면 조합원 수가 증가하게 되어 당초의 조합원 수를 전제로

한 조합의 의사결정구조에 변경이 생기고 나아가 소수의 조합원이 그 지분을 다수의 제 3 자들에게 분할·양도함으로써 의도적으로 그 의사결정구조에 왜곡을 가져올 가능성도 있으므로, 조합원 지분의 일부 양도를 명시적으로 허용한 것이 아니라 단지 조합원 지분의 양도가능성을 개괄적으로 인정하고 있을 뿐인 이 사건 약정만으로 조합계약 당시 조합원들이 위와 같은 의사결정구조의 변경 또는 왜곡의 가능성을 충분히 인식하고 이를 용인할 의사로써 그 지분 일부의 양도까지 허용하였다고 볼 수는 없기 때문이다. 따라서 이 사건 조합의 조합원은 다른 조합원 전원의 동의가 있는 등 특별한 사정이 있어야만 그 지분의 일부를 제 3 자에게 유효하게 양도할 수 있다고 보아야 하고, 이와 같이 조합원 지분의 일부가 적법하게 양도된 경우에 한하여 양수인은 그 양도비율에 따른 자익권(이익분배청구권, 잔여재산 분배청구권 등) 외에 양도인이 보유하는 공익권과 별개의 완전한 공익권(업무집행자 선임권, 업무집행방법 결정권, 통상사무 전행권, 업무·재산상태 검사권 등)도 취득하게 된다.」(대판 2009. 4. 23, 2008다4247)

합유자는 합유물의 분할을 청구하지 못한다(273조 2항). 전체로서의 조합재산의 분할도, 개개의 합유물의 분할도 청구하지 못한다. 그러나 전원의 합의로 합유물을 분할할 수는 있으며, 조합이 해산되어 청산절차가 끝난 후에 잔여재산에 대하여 분할을 청구할 수는 있다. 분할을 하는 때에는 공유물의 분할에 관한 규정(269조·270조)을 준용한다(274조 2항).

[203] **2) 소유권 이외의 재산권의 준합유** 조합재산에 속하는 소유권 이외의 재산권(예: 지상권·지역권·전세권·저당권 등의 물권, 주식·광업권·어업권·특허권, 채권)은 모든 조합원의 준합유로 된다(278조 참조)(손해배상청구권(대판 1997. 2. 11, 96다1733; 대판 1999. 6. 8, 98다60484)·소유권이전등기 청구권(대판 1994. 10. 25, 93다54064)도 포함된다). 그리고 이 재산권에 대한 지분처분과 분할에 대하여는 물건의 합유에 대한 설명이 그대로 적용된다. 한편 조합이 부담하는 채무도 모든 조합원이 준합유하게 된다. 이와 같이 채권·채무가 조합원에게 합유적으로 귀속하기 때문에, 특별한 사정이 없는 한, 채권이 가분급부를 목적으로 하더라도 조합원 중 1인이 임의로 청구할 수 없고(대판 1963. 9. 5, 63다330; 대판 1997. 8. 26, 97다4410; 대판 1997. 11. 28, 95다35302; 대판 1999. 6. 8, 98다60484. 공동수급체에 관하여 같은 취지: 대판(전원) 2012. 5. 17, 2009다105406), 조합원들이 공동으로 하여야 하며(대판 2009. 4. 23, 2007다87214; 대판 2021. 7. 8, 2020다290804. 필수적 공동소송임(대판 1994. 10. 25, 93다54064)), 추심한 것도 합유재산으로 된다. 그리고 조합원 중 1인에 대한 채권으로써 그 조합원 개인을 집행채무자로 하여 조합의 채권에 대하여 강제집행을 할 수 없다(대판 1997. 8. 26, 97다4401; 대판 2001. 2. 23, 2000다68924. 공동수급체에 관하여 같은 취지: 대판(전원) 2012. 5. 17, 2009다105406). 그러나 조합과 상대방 사이에 채권이 조합원 각자에게 그 지분비율에 따라 귀속하도록 하는 약정을 할 수 있으며, 그러한 약정은 명시적으로는 물론 묵

시적으로도 이루어질 수 있다$\binom{\text{공동수급체에 관하여 같은 취지: 대}}{\text{판(전원) 2012. 5. 17, 2009다105406}}$. 이러한 점은 조합원 1인이 채권자이고 다른 조합원 1인이 채무자인 경우에도 같다.

〈판 례〉

(ㄱ)「일부 조합원이 동업계약에 따라 동업자금을 출자하였는데 업무집행 조합원이 본연의 임무에 위배되거나 혹은 권한을 넘어선 행위를 자행함으로써 끝내 동업체의 동업 목적을 달성할 수 없게끔 만들고, 조합원이 출자한 동업자금을 모두 허비한 경우에 그로 인하여 손해를 입은 주체는 동업자금을 상실하여버린 조합, 즉 조합원들로 구성된 동업체라 할 것이고, 이로 인하여 결과적으로 동업자금을 출자한 조합원에게 손해가 발생하였다 하더라도 이는 조합과 무관하게 개인으로서 입은 손해가 아니고, 조합체를 구성하는 조합원의 지위에서 입은 손해에 지나지 아니하는 것이므로, 결국 피해자인 조합원으로서는 조합관계를 벗어난 개인의 지위에서 그 손해의 배상을 구할 수는 없다.」$\binom{\text{대판 1999. 6. 8,}}{\text{98다60484}}$

(ㄴ)「업무집행 조합원의 배임행위로 조합이 손해를 입은 경우 그로 인하여 손해를 입은 주체는 조합이라 할 것이므로 그로 인하여 조합의 목적을 달성할 수 없게 되었다고 하더라도 조합원으로서는 조합관계를 벗어난 개인의 지위에서 그 손해의 배상을 구할 수는 없는 것이 원칙이고$\binom{\text{대법원 1999. 6. 8. 선고}}{\text{98다60484 판결 참조}}$, 다만 배임행위로 인하여 조합관계가 종료되고 달리 조합의 잔여업무가 남아 있지 아니한 상황에서 조합의 유일한 재산이 배임행위를 한 조합원에 대한 손해배상채권의 형식으로 잔존하고 있는 경우라면, 다른 조합원은 배임행위를 한 조합원에게 그 손해배상채권액 중 자신의 출자가액 비율에 의한 몫에 해당하는 돈을 잔여재산분배금으로 청구할 수 있을 뿐이라고 할 것이다.」$\binom{\text{대법원 1992. 4. 24. 선}}{\text{고 92다2509 판결 참조}}\cdot\binom{\text{대판 2005. 12. 8,}}{\text{2004다30682}}$

(ㄷ)「조합원이 조합재산을 횡령하는 행위로 인하여 손해를 입은 주체는 조합재산을 상실한 조합이므로, 이로 인하여 조합원이 조합재산에 대한 합유지분을 상실하였다고 하더라도 이는 조합원의 지위에서 입은 손해에 지나지 않는다. 따라서 조합원으로서는 조합관계를 벗어난 개인의 지위에서 손해배상을 구할 수는 없고$\binom{\text{대법원 1997. 11. 28.}}{\text{선고 95다35302 판}}$결, 대법원 2005. 12. 8. 선고$\atop{\text{2004다30682 판결 등 참조}}$, 그 손해배상채권은 조합원 전원의 준합유에 속하므로 원칙적으로 전 조합원이 고유필수적 공동소송에 의하여만 구할 수 있다$\binom{\text{대법원 2011. 2. 10. 선}}{\text{고 2010다82639 판결}}$등$\atop{\text{참조}}\cdot\binom{\text{대판 2022. 12. 29,}}{\text{2022다263448}}$

(ㄹ)「조합의 채권은 조합원 전원에게 합유적으로 귀속하는 것이어서, 특별한 사정이 없는 한 조합원 중 1인이 임의로 조합의 채무자에 대하여 출자지분의 비율에 따른 급부를 청구할 수 없는 것이므로, 조합원 중 1인의 채권자가 그 조합원 개인을 집행채무자로 하여 조합의 채권에 대하여 강제집행하는 경우, 다른 조합원으로서는 보존행위로서 제 3 자 이의의 소를 제기하여 그 강제집행의 불허를 구할 수 있다고 할 것이다.」$\binom{\text{대판 1997. 8. 26,}}{\text{97다4401}}$

㈃ 체납처분으로서 압류의 요건을 규정하는 국세징수법 제24조 각 항의 규정을 보면, 어느 경우에나 압류의 대상을 납세자의 재산에 국한하고 있으므로, 납세자가 아닌 제3자의 재산을 대상으로 한 압류처분은 그 처분의 내용이 법률상 실현될 수 없는 것이어서 당연무효이다.

민법상 조합의 채권은 조합원 전원에게 합유적으로 귀속하는 것이어서 특별한 사정이 없는 한 조합원 중 1인에 대한 채권으로써 그 조합원 개인을 집행채무자로 하여 조합의 채권에 대하여 강제집행을 할 수 없고, 조합 업무를 집행할 권한을 수여받은 업무집행 조합원은 조합재산에 관하여 조합원으로부터 임의적 소송신탁을 받아 자기 이름으로 소송을 수행할 수 있다(수급인인 6개 회사가 공동협정서에 터잡아 상호 출자하여 신축공사 관련사업을 공동으로 시행하기로 하는 내용을 약정한 경우 그들 사이에는 민법상 조합이 성립하므로, 세무서장이 조합의 구성원인 1개 회사의 부가가치세 체납을 이유로 6개 회사의 조합재산인 공사대금 채권에 대하여 압류처분을 한 것은 체납자 아닌 제3자 소유의 재산을 대상으로 한 것으로서 당연무효라고 본 사례)($\binom{대판\ 2001.\ 2.\ 23,}{2000다68924}$).

㈇ 「공동이행방식의 공동수급체와 도급인이 공사도급계약에서 발생한 채권과 관련하여 공동수급체가 아닌 개별 구성원으로 하여금 그 지분비율에 따라 직접 도급인에 대하여 권리를 취득하게 하는 약정을 하는 경우와 같이 공사도급계약의 내용에 따라서는 공사도급계약과 관련하여 도급인에 대하여 가지는 채권이 공동수급체의 구성원 각자에게 그 지분비율에 따라 구분하여 귀속될 수도 있고($\binom{대법원\ 2002.\ 1.\ 11.\ 선고}{2001다75332\ 판결\ 참조}$), 위와 같은 약정은 명시적으로는 물론 묵시적으로도 이루어질 수 있다.

공동이행방식의 공동수급체의 구성원들이 기성대가 등을 공동수급체의 구성원별로 직접 지급받기로 하는 공동수급협정은 특별한 사정이 없는 한 도급인에 대한 관계에서 공사대금채권을 공동수급체의 구성원 각자가 그 출자지분의 비율에 따라 구분하여 취득하기로 하는 구성원 상호 간의 합의라고 보는 것이 타당하고, 나아가 공동수급체의 대표자가 개정된 공동도급계약 운용요령 제11조에 따라 공동수급체 구성원 각자에게 공사대금채권을 지급할 것을 예정하고 있는 도급인에게 위와 같은 공사대금채권의 구분 귀속에 관한 공동수급체 구성원들의 합의가 담긴 공동수급협정서를 입찰 참가 신청서류와 함께 제출하고 도급인이 별다른 이의를 유보하지 않은 채 이를 수령한 다음 공동도급계약을 체결하게 되면 공동수급체와 도급인 사이에서 공동수급체의 개별 구성원으로 하여금 공사대금채권에 관하여 그 출자지분의 비율에 따라 직접 도급인에 대하여 권리를 취득하게 하는 묵시적인 약정이 이루어졌다고 보는 것이 타당하다. 이는 공동도급계약 운용요령과 공동수급협정서에서 공동이행방식의 공동수급체 대표자가 부도 등의 부득이한 사유로 신청서를 제출할 수 없는 경우 공동수급체의 다른 모든 구성원의 연명으로 이를 제출하게 할 수 있다고 규정하고 있거나, 공동수급체 구성원들의 각 출자비율과 실제의 시공비율이 일치하지 않더라도 달리 볼 것이 아니다.」$\binom{\text{대판(전원) 2012. 5. 17, 2009다105406. 이}}{\text{판결에는 이유를 달리하는 별개의견이 있음}}$

(ㅅ)「공동이행방식의 공동수급체와 도급인 사이의 공사도급계약에서 공동수급체의 개별 구성원으로 하여금 공사대금채권에 관하여 지분비율에 따라 직접 도급인에 대하여 권리를 취득하게 하는 약정이 이루어진 경우, 공사도급계약 자체에서 개별 구성원의 실제 공사 수행 여부나 정도를 지분비율에 의한 공사대금채권 취득의 조건으로 약정하거나 일부 구성원의 공사 미이행을 이유로 공동수급체로부터 탈퇴·제명하도록 하여 그 구성원으로서의 자격이 아예 상실되는 것으로 약정하는 등의 특별한 사정이 없는 한, 개별 구성원들은 실제 공사를 누가 어느 정도 수행하였는지에 상관없이 도급인에 대한 관계에서 공사대금채권 중 각자의 지분비율에 해당하는 부분을 취득하고, 공사도급계약의 이행에 있어서의 실질적 기여비율에 따른 공사대금의 최종적 귀속 여부는 도급인과는 무관한 공동수급체 구성원들 내부의 정산문제일 뿐이라고 할 것이다.

따라서 공동이행방식의 공동수급체와 도급인 사이에서 공동수급체의 개별 구성원으로 하여금 공사대금채권에 관하여 지분비율에 따라 직접 도급인에 대하여 권리를 취득하게 하는 약정이 이루어진 경우에 있어서는 일부 구성원만이 실제로 공사를 수행하거나 일부 구성원이 그 공사대금채권에 관한 자신의 지분비율을 넘어서 수행하였다고 하더라도 이를 이유로 도급인에 대한 공사대금채권 자체가 그 실제의 공사비율에 따라 그에게 귀속한다고 할 수는 없다.」$\binom{\text{대판 2013. 2. 28,}}{\text{2012다107532}}$

(ㅇ)「민법상 조합에서 조합의 채권자가 조합재산에 대하여 강제집행을 하려면 조합원 전원에 대한 집행권원을 필요로 하고, 조합재산에 대한 강제집행의 보전을 위한 가압류의 경우에도 마찬가지로 조합원 전원에 대한 가압류명령이 있어야 할 것이므로, 조합원 중 1인만을 가압류채무자로 한 가압류명령으로써 조합재산에 가압류집행을 할 수는 없다.」$\binom{\text{대판 2015. 10. 29,}}{\text{2012다21560}}$

(ㅈ)「조합채무는 모든 조합원에게 합유적으로 귀속되므로, 조합원 중 1인이 조합채무를 면책시킨 경우 그 조합원은 다른 조합원에 대하여 민법 제425조 제 1 항에 따라 구상권을 행사할 수 있다. 이러한 구상권은 조합의 해산이나 청산 시에 손실을 부담하는 것과 별개의 문제이므로 반드시 잔여재산분배 절차에서 행사해야 하는 것은 아니다.」$\binom{\text{대판 2022. 5. 26,}}{\text{2022다211416}}$

(2) 합유물의 처분·변경에 적용되는 규정   [204]

제272조에 의하면, 합유물의 보존행위는 합유자(조합원) 각자가 단독으로 할 수 있으나($\substack{\text{단}\\\text{서}}$), 합유물의 처분·변경에는 합유자(조합원) 전원의 동의가 있어야 한다. 그런데 다른 한편으로 조합의 업무집행방법을 규정하는 제706조에 의하면, 업무집행자가 따로 없는 경우에는 조합업무의 집행은 조합원의 과반수로써 결정

하고($^{2항}_{1문}$), 업무집행자가 있고 그 수가 2인 이상인 때에는 그들의 과반수로써 결정하고($^{2항}_{2문}$), 조합의 통상사무는 각 조합원 또는 각 업무집행자가 단독으로 할 수 있다($^{3항}_{본문}$). 여기서 합유물의 처분·변경이 조합의 통상사무가 아니고 특별사무라면 거기에는 서로 충돌하는 두 규정($^{전원의 동의를 요하는 272조 본문}_{과 과반수로 결정하는 706조 2항}$)이 적용되게 되어 문제이다($^{이는 입법상 잘}_{못에 기인한다}$).

이에 대하여 학설은 i) 업무집행조합원이 선임되어 있든 선임되어 있지 않든 언제나 조합원 전원의 동의가 있어야 한다는 견해($^{김상용, 426면;}_{김학동, 605면}$), ii) 합유물의 처분에는 제272조가 적용되고 제706조는 조합업무의 내부적 수임관계 및 대리권 수여관계를 규율하여 양자는 규율대상이 다르다고 하면서, 합유물의 처분에는 합유자 전원의 처분의 의사표시가 있어야 한다는 견해($^{이은영,}_{611면}$), iii) 제272조는 합유 일반에 관한 일반규정이고 제706조는 조합에만 국한된 특별규정이어서 제706조가 우선 적용되어야 하고, 그 결과 조합업무의 내용이 조합재산을 구성하는 물건의 처분 또는 변경인 때에는 조합원의 과반수로 결정하게 된다는 견해($^{김증한,}_{361면}$), iv) 제272조는 업무집행조합원이 없는 경우에 관한 특별규정으로 보아야 하므로, 업무집행조합원이 따로 없는 경우에 합유물의 처분·변경은 제272조 본문에 의하여 조합원 전원의 합의를 필요로 하나, 업무집행조합원이 있는 경우에는 제706조 제 2 항 후단에 따라서 과반수로써 결정할 수 있다는 견해($^{곽윤직, 311면;}_{김주수, 483면}$), v) 조합재산의 처분·변경이 조합 자체의 기본적 사항에 관련된 것인 경우 또는 조합의 사업목적을 벗어난 행위인 경우에는 제272조 본문이 적용되고, 그 밖의 것으로서 조합의 특별사무에 속하는 것인 경우에는 제706조 제 2 항이 적용된다는 견해($^{김형배,}_{765면}$)로 나뉘어 있다.

그리고 판례는 이전에는 — 준합유와 관련되는 — 조합채권의 양도($^{대판 1990.}_{2. 27, 88}$ $^{다카}_{11534}$)와 면허권의 양도($^{대결 1991. 5. 15,}_{91마186}$)가 다른 조합원($^{또는 합유}_{자 전원}$)의 동의 없이 이루어진 경우에 무효라고 하여($^{이 판결들은 모두 조합원이}_{2인인 경우에 관한 것임}$) 적어도 외견상으로는 제272조를 적용하는 것으로 보았다. 그러나 근래에는 조합재산의 처분·변경에 관한 행위는 다른 특별한 사정이 없는 한 조합의 특별사무에 해당하며, 이에 대하여는 특별한 사정이 없는 한 제706조 제 2 항이 제272조에 우선하여 적용된다고 할 것이므로, 업무집행자가 없는 경우에는 원칙적으로 조합원의 과반수로써 결정하고($^{대판}_{1998. 3. 13,}$ $^{95다30345(공)}_{사대금 증액}$), 업무집행조합원이 수인 있는 경우에는 업무집행조합원의 과반수로써 결정하며($\substack{대판\ 2000.\ 10.\ 10,\ 2000다\\28506\cdot28513(채권양도)}$), 업무집행자가 1인만 있는 경우에는 그 업무집행자가 단독으로 결정한다고 한다($\substack{대판\ 2010.\ 4.\ 29,\ 2007다\\18911(분양승계계약의\ 체결)}$).

〈판 례〉

(ㄱ)「업무집행자가 없는 경우에도 조합의 업무집행에 조합원 전원의 동의는 필요하지 않다고 하여야 할 것이고, 한편 조합재산의 처분·변경도 조합의 업무집행의 범위에 포함된다고 할 것이므로, 결국 업무집행자 없는 경우에는 조합의 통상사무의 범위에 속하지 아니하는 특별사무에 관한 업무집행은 원칙적으로 조합원의 과반수로써 결정하는 것이고, 조합재산의 처분·변경에 관한 행위는 다른 특별한 사정이 없는 한 조합의 특별사무에 해당하는 업무집행이라고 보아야 할 것이다.

다만, 조합의 업무집행 방법에 관한 위와 같은 민법규정은 임의규정이라고 할 것이므로 당사자 사이의 약정에 의하여 조합의 업무집행에 관하여 조합원 전원의 동의를 요하도록 하는 등 그 내용을 달리 정할 수 있고, 그와 같은 약정이 있는 경우에는 조합의 업무집행은 조합원 전원의 동의가 있는 때에만 유효하다.」($\substack{대판\ 1998.\ 3.\ 13,\\95다30345}$)

(ㄴ)「민법 제272조에 따르면 합유물을 처분 또는 변경함에는 합유자 전원의 동의가 있어야 하나, 합유물 가운데서도 조합재산의 경우 그 처분·변경에 관한 행위는 조합의 특별사무에 해당하는 업무집행으로서, 이에 대하여는 특별한 사정이 없는 한 민법 제706조 제 2 항이 민법 제272조에 우선하여 적용된다고 할 것이므로, 조합재산의 처분·변경은 업무집행자가 없는 경우에는 조합원의 과반수로 결정하고, 업무집행자가 수인 있는 경우에는 그 업무집행자의 과반수로써 결정하며, 업무집행자가 1인만 있는 경우에는 그 업무집행자가 단독으로 결정한다고 할 것이다($\substack{대법원\ 1998.\ 3.\ 13.\ 선고\\95다30345\ 판결,\ 대법원\\2000.\ 10.\ 10.\ 선고\ 2000다\\28506,\ 28513\ 판결\ 등\ 참조}$).」($\substack{대판\ 2010.\ 4.\ 29,\\2007다18911}$)

생각건대 합유에 관한 제271조 이하의 규정은 조합계약의 경우에만 적용되지 않고 발생원인이 무엇이든 조합체의 합유에 널리 적용된다. 따라서 그 규정은 일반규정이라고 할 수 있다. 그에 비하여 조합계약에 관한 규정은 특별규정이다($\substack{272조도\ 임의규정이고(같은\ 취지:\ 곽윤직,\ 311면),\ 706조도\ 임의규정이다(대판\\1998.\ 3.\ 13,\ 95다30345).\ 그러므로\ 그것과\ 다르게\ 약정할\ 수\ 있음은\ 물론이다}$). 그리고 합유물의 처분·변경은 조합의 특별사무라고 보아야 한다. 그러한 점에서 볼 때, 합유물의 처분·변경에는 제706조가 우선적용된다고 새겨야 한다. 결국 iii)설과 현재의 판례가 옳다.

(3) 조합재산과 관련된 특별규정

조합원의 지분에 대한 압류는 그 조합원의 장래의 이익배당 및 지분의 반환을 받을 권리에 대하여 효력이 있다($\substack{714\\조}$). 그리고 조합의 채무자는 그가 부담하는 채무와 조합원에 대한 채권을 상계하지 못한다($\substack{715\\조}$). 예컨대 A·B·C 3인의 조합원으로 구성된 조합에 대하여 30만원의 채무를 부담하는 D는, 그가 A에 대하여 20만원의 채권을 가지고 있는 경우에, 20만원에 관하여 상계할 수도 없고 또 조합 채권 30만원 중 A의 지분비율에 따른 10만원에 관하여도 상계하지 못한다(대판 1998. 3. 13, 97다6919는 조합으로부터 부동산을 매수하여 잔대금 채무를 지고 있는 자가 조합원 중의 1인에 대하여 개인 채권을 가지고 있다고 하더라도 그 채권과 조합과의 매매계약으로 인한 잔대금 채무를 서로 대등액에서 상계할 수는 없다고 한다).

[205]   **3. 조합채무에 대한 책임**

조합의 채무도 각 조합원의 채무와는 구별되어 모든 조합원에게 합유적으로 귀속된다(준합유). 그리고 그에 대하여 조합재산이 책임을 지게 된다(통설도 같음. 그러나 이은영, 612면은 조합원 개인의 채무만 인정한다). 그런가 하면 각 조합원도 그에 대하여 책임을 져야 한다. 학설은 이 두 책임은 어느 하나가 우선하지 않고 병존적이라고 한다(곽윤직, 313면 등). 따라서 채권자는 처음부터 각 조합원에게 청구할 수 있다고 한다.

(1) 조합재산에 의한 공동책임

조합의 채권자는 채권 전액에 관하여 「조합재산」으로부터 변제를 청구할 권리가 있다. 채권자가 조합원 중 1인인 때에도 같다. 조합원이 제 3 자의 조합에 대한 채권을 양수한 경우에 혼동이 일어나지도 않는다.

(2) 조합원의 개인재산에 의한 책임

「각 조합원」은 조합채무에 관하여 분할채무를 부담한다(판례는 조합채무가 조합원 전원을 위하여 상행위가 되는 행위로 인하여 부담하게 된 경우에는 상법 57조 1항을 적용하여 연대책임을 인정한다. 대판 1998. 3. 13, 97다6919; 대판 2018. 4. 12, 2016다39897 등). 즉 손실부담의 비율이 미리 조합계약에서 정해져 있었으면 그에 따라서 채무를 부담하고, 그 비율이 정해지지 않은 때에는 같은 비율로 채무를 부담한다(대판 1975. 5. 27, 75다169; 대판 1992. 11. 27, 92다30405; 대판 1996. 10. 25, 96다32201 등). 비율 특약이 있었더라도 채권 발생 당시에 조합채권자가 그 비율을 알지 못한 때에는, 그는 각 조합원에게 균분하여 이행을 청구할 수 있다(712조). 그리고 조합원 중에 변제자력이 없는 자가 있는 때에는, 그 변제할 수 없는 부분은 다른 조합원이 균분하여 변제할 책임이 있다(713조)(판례는 711조 내지 713조는 민법상의 조합이 아닌 특수한 조합에는 적용되지 않는다고 한다. 대판 1983. 5. 10, 81다650; 대판 1988. 10. 25, 86다카175; 대판 1997. 9. 26, 96다14838·14845).

〈판 례〉

(ㄱ)「조합채무는 조합원들이 조합재산에 의하여 합유적으로 부담하는 채무이고, 두 사람으로 이루어진 조합관계에 있어 그 중 1인이 탈퇴하면 탈퇴자와의 사이에 조합

관계는 종료된다 할 것이나 특별한 사정이 없는 한 조합은 해산되지 아니하고, 조합 원들의 합유에 속한 조합재산은 남은 조합원에게 귀속하게 되므로, 이 경우 조합채 권자는 잔존 조합원에게 여전히 그 조합채무 전부에 대한 이행을 청구할 수 있다.」 (대판 1999. 5. 11, 99다1284)

(ㄴ) 「조합의 채권자가 조합원에 대하여 조합재산에 의한 공동책임을 묻는 것이 아 니라 각 조합원의 개인적 책임에 기하여 당해 채권을 행사하는 경우에는 조합원 각 자를 상대로 하여 그 이행의 소를 제기할 수 있고, 한편 그 조합채무가 특히 조합원 전원을 위하여 상행위가 되는 행위로 인하여 부담하게 된 것이라면 그 채무에 관하 여 조합원들에 대하여 상법 제57조 제 1 항을 적용하여 연대책임을 인정함이 마땅하 다고 볼 것이다.」(대판 1991. 11. 22, 91다30705)

(ㄷ) 「공동이행방식의 공동수급체는 민법상 조합의 성질을 가지는데, 조합의 채무는 조합원의 채무로서 특별한 사정이 없는 한 조합채권자는 각 조합원에 대하여 지분의 비율에 따라 또는 균일적으로 그 권리를 행사할 수 있지만, 조합채무가 조합원 전원 을 위하여 상행위가 되는 행위로 인하여 부담하게 된 것이라면 상법 제57조 제 1 항 을 적용하여 조합원들의 연대책임을 인정함이 상당하므로(대법원 1992. 11. 27. 선고 92다30405 판결 등 참조), 공동 수급체의 구성원들이 상인인 경우 탈퇴한 조합원에 대하여 잔존 조합원들이 탈퇴 당 시의 조합 재산상태에 따라 탈퇴 조합원의 지분을 환급할 의무는 그 구성원 전원의 상행위에 의하여 부담한 채무로서 공동수급체의 구성원들인 잔존 조합원들은 연대하 여 탈퇴한 조합원에게 지분환급의무를 이행할 책임이 있다.」(대판 2016. 7. 14, 2015다233098)

4. 손익분배

조합의 사업으로 생긴 이익과 손실은 각 조합원에게 귀속한다. 그런데 어떤 비율로 언제 분배할 것인지가 문제이다.

(1) 손익분배의 비율

손익분배의 비율은 조합계약에서 정할 수 있다. 그 비율을 어떻게 정할 것인 지는 자유이다(그러나 비율을 조합원의 다수결 로 정한다는 약정은 무효이다). 이익은 모든 조합원에게 분배되어야 하나, 손실은 일부의 조합원에게만 귀속되어도 무방하다.

민법은 손익분배비율을 약정하지 않은 경우를 위하여 특별규정을 두고 있 다. 우선 이익분배와 손실부담 중 어느 하나에 관하여 비율을 정한 때에는, 그 비 율은 둘 모두에 공통하는 것으로 추정한다(711조 2항). 그리고 둘 모두에 대하여 비율 을 정하지 않은 때에는, 각 조합원의 출자가액에 비례하여 이를 정한다(711조 1항).

(2) 손익분배의 시기

이는 조합계약에서 정하는 것이 보통이나(조합이 분기별로 이익금을 정산하여 조합원들에게 분배하기로 약정하였더라도, 조합원이 자신에게 불리한 연도별 이익배당을 청구하는 것이 허용된다. 대판 2016. 8. 30, 2014다19790), 정해진 바가 없으면, ① 영리목적의 조합의 경우에는 업무집행규정에 따라서 분배하여야 하고, ② 비영리를 목적으로 하는 경우에는 전 조합원의 합의에 의하여 또는 청산할 때에 분배하여야 한다.

〈판　례〉

「당사자들이 공동이행방식의 공동수급체를 구성하여 도급인으로부터 공사를 수급받는 경우 공동수급체는 원칙적으로 민법상 조합에 해당한다. 건설공동수급체 구성원은 공동수급체에 출자의무를 지는 반면 공동수급체에 대한 이익분배청구권을 가지는데, 이익분배청구권과 출자의무는 별개의 권리·의무이다. 따라서 공동수급체의 구성원이 출자의무를 이행하지 않더라도, 공동수급체가 출자의무의 불이행을 이유로 이익분배 자체를 거부할 수도 없고, 그 구성원에게 지급할 이익분배금에서 출자금이나 그 연체이자를 당연히 공제할 수도 없다. 다만 구성원에 대한 공동수급체의 출자금 채권과 공동수급체에 대한 구성원의 이익분배청구권이 상계적상에 있으면 상계에 관한 민법 규정에 따라 두 채권을 대등액에서 상계할 수 있을 따름이다.」(대판 2018. 1. 24, 2015다69990)

[206]　## V. 조합원의 변동(탈퇴 및 가입)

조합의 구성원의 탈퇴 또는 가입으로 조합원이 변동된 경우에 조합의 동일성을 인정할 것인가 해산하게 할 것인가는 입법정책의 문제이다(같은 취지: 곽윤직, 316면. 김형배, 772면은 입법정책의 문제가 아니고 조합원들의 의사에 의하여 결정할 문제라고 하나, 민법이 조합의 존속을 인정하지 않는 경우에는 그러한 의사가 있어도 존속될 수 없을 것이므로, 그러한 주장은 옳지 않다). 민법은 조합원의 가입에 관하여는 규정한 바가 없고 탈퇴에 관하여만 규정하면서, 그 경우에 조합의 동일성이 유지된다는 견지에 서 있다. 이는 조합이 어느 정도 단체성을 가지고 있음을 전제로 한 것이다.

1. 조합원의 탈퇴

(1) 임의탈퇴(자신의 의사에 의한 탈퇴)

1) 민법은 조합원의 임의탈퇴를 인정한다. 그런데 언제 탈퇴할 수 있는가는 조합의 존속기간이 정해져 있는 경우와 그렇지 않은 경우가 다르다.

조합계약으로 조합의 존속기간을 정하고 있지 않거나 조합원의 종신까지 존속하는 것으로 정하고 있는 때에는 각 조합원은 언제든지 탈퇴할 수 있다($\binom{716조 1}{항 본문}$). 그러나 부득이한 사유 없이 조합에 불리한 시기에 탈퇴하지 못한다($\binom{716조 1}{항 단서}$). 그에 위반한 탈퇴에 대하여는 i) 탈퇴의 효력이 생기지 않는다는 견해($\binom{곽윤직, 317면;}{김주수, 486면}$)와 ii) 탈퇴는 유효하되 손해배상책임이 있다는 견해($\binom{김형배,}{774면}$)가 대립되나, ii)설은 명문규정($\binom{예: 독일민법}{723조 2항}$)이 없는 한 인정될 수 없다. 한편 「부득이한 사유」가 있는지에 관하여 판례는 조합원의 일신상의 주관적인 사유 및 조합원 개개인의 이익뿐만 아니라 단체로서의 조합의 성격과 조합원 전체의 이익 등을 종합적으로 고려하여 판단할 것이라고 한다($\binom{대판 1997. 1. 24, 96다26305. 학설은 다소}{다름. 곽윤직, 317면; 김형배, 774면 등 참조}$).

조합의 존속기간을 정하고 있는 때에는, 부득이한 사유가 있는 때에만 탈퇴할 수 있다($\binom{716조}{2항}$).

2) 임의탈퇴는 다른 조합원 전원에 대한 의사표시로 하여야 한다($\binom{이설이 없으며,}{판례도 같음. 대}$ $\binom{판 1997. 9. 9,}{96다16896}$ $\binom{그 의사표시가 반드시 명시적이어야 하는 것은 아니고 묵시}{적으로도 할 수 있다. 대판 2017. 7. 18, 2015다30206·30213}$). 이는 업무집행자가 정하여져 있어도 마찬가지이다($\binom{탈퇴는 조합계약의 해지이므로 그것}{의 수령은 조합의 업무집행이 아니다}$). 그러나 조합계약에서 탈퇴의사의 표시방법을 따로 정하는 특약은 유효하다($\binom{대판 1997. 9. 9,}{96다16896}$).

3) 제716조는 부득이한 사유가 있으면 탈퇴할 수 있다는 점만이 강행규정이다. 따라서 임의탈퇴의 요건을 가중하는 것은 무방하나, 탈퇴를 금지하는 특약은 무효이다.

(2) 비임의탈퇴(非任意脫退)($\binom{자신의 의사에 의}{하지 않은 탈퇴}$)

그 사유는 사망($\binom{조합원이 사망하면 당연히 탈퇴하고 조합원의 지위가 상속인에게 승계되지 않는다(대판}{1981. 7. 28, 81다145; 대판 1987. 6. 23, 86다카2951; 대판 1994. 2. 25, 93다39225). 그러나}$ $\binom{조합계약에서 상속인이 승계하기로 특약을 한}{경우 그 특약은 유효하다(앞의 판결들 참조)}$)·파산($\binom{파산시 탈퇴금지약정은 원칙적으로 무효이나, 파산한 조합원의}{잔류가 그 조합원의 채권자들에게 불리하지 아니하여 그들의 동}$ $\binom{의를 얻어 파산관재인이 조합에 잔류할 것을 선택한 경우까지 탈퇴금}{지약정이 무효라고 할 것은 아니다. 대판 2004. 9. 13, 2003다26020}$)·성년후견의 개시($\binom{조합계약에서의 다}{른 약정은 유효함}$)·제명의 네 가지이다($\binom{717}{조}$). 이 가운데 제명은 정당한 사유가 있는 때에 한하여 다른 조합원의 일치로써 결정한다($\binom{718조}{1항}$). 여기서 「정당한 사유가 있는 때」란 특정 조합원이 동업계약에서 정한 의무를 이행하지 않거나($\binom{조합원이 출자의무를 이행하지 않는 것은 여기}{의 정당한 사유에 해당하고, 그와 같은 출자의무}$ $\binom{의 불이행을 이유로 조합원을 제명함에 있어 출자의무의 이행을 지체하고 있는 당해 조합원에게 다시}{상당한 기간을 정하여 출자의무의 이행을 최고하여야 하는 것은 아니다. 대판 1997. 7. 25, 96다29816}$) 조합 업무를 집행하면서 부정행위를 한 경우와 같이 특정 조합원에게 명백한 귀책사유(유책사유)가 있는 경우는 물론이고, 이에 이르지 않더라도 특정 조합원으로 말미암아 조합원들 사이에 반목·불화로 대립이 발생하고 신뢰관계가 근본적으로 훼손되어 특정 조합원이 계속 조합원의 지위를 유지하도록 한다면 조합의 원만한 공동운영을 기대할 수 없는 경우도 포함한다(대판 2021. 10. 28, 2017다
200702[핵심판례 366면]). 한편 이 제명결정은 제명된 조합원에게 통지하지 않으면 그 조합원에게 대항하지 못한다(718조
2항).

[207]   **(3) 탈퇴의 효과**

탈퇴 조합원은 탈퇴에 의하여 조합원으로서의 지위를 상실한다(그 결과 탈퇴 후의
조합채무에 대하여
는 책임을 지지 않으나, 탈퇴 전의 조합
채무에 대하여는 여전히 책임을 진다). 그런데 조합 자체는 그대로 존속하기 때문에(탈퇴는 잔존
조합원이 동
업사업을 계속 유지·존속함을 전제로 함. 대판 2007. 11. 15,
2007다48370·48387; 대판 2018. 12. 13, 2015다72385), 조합은 탈퇴 조합원과의 사이에 재산관계를 청산하여야 한다. 민법에 의하면, 탈퇴한 조합원과 다른 조합원 사이의 지분의 계산은 탈퇴 당시의 조합재산상태(영업권을 갖는 사업체의 경우에는 그 영업권도 포함하여 평가해
야 한다. 대판 1997. 2. 14, 96다44839; 대판 2017. 7. 18, 2016다
254740(조합원들이 약정으로 지분의 평가방법을 정하면서 영업권을 그 평가에
포함하지 않기로 정할 수 있지만, 그 증명책임은 이를 주장하는 사람에게 있다))에 의하여 하여야 한다(719조
1항)(조합원이 지분의 정산을 장기간 거부하였거나 금전으로 정산하겠다
는 의사표시를 뒤늦게 하였어도 같다. 대판 1998. 10. 27, 98다15170). 그러나 탈퇴 당시에 완결되지 않은 사항에 대하여는 완결 후에 계산할 수 있다(719조
3항). 그리고 탈퇴한 조합원의 지분은 그 출자의 종류가 무엇이든 금전으로 반환할 수 있다(719조
2항).

탈퇴의 경우 조합의 재산은 다른 조합원의 합유로 된다(잔존 합유자가 1인인 경우에는
그의 단독소유로 된다. 대판
1994. 2. 25, 93다
39225 등 참조)(환급채무도 잔존 조
합원의 합유로 된다). 그 결과 지분이 당연히 확대된다. 그러나 부동산의 경우에는 잔존 조합원의 명의로 합유의 등기를 하여야 지분이 확대된다(186조
참조).

〈판 례〉

「조합에서 조합원이 탈퇴하는 경우, 탈퇴자와 잔존자 사이의 탈퇴로 인한 계산은 특별한 사정이 없는 한 민법 제719조 제1항, 제2항에 따라 '탈퇴 당시의 조합재산상태'를 기준으로 평가한 조합재산 중 탈퇴자의 지분에 해당하는 금액을 금전으로 반환하여야 하고, 조합원의 지분비율은 '조합 내부의 손익분배비율'을 기준으로 계산하여야 하나, 당사자가 손익분배의 비율을 정하지 아니한 때에는 민법 제711조에 따라 각 조합원의 출자가액에 비례하여 이를 정하여야 한다. 그리고 탈퇴한 조합원이 조합재산에서 그 출자가액에 비례하여 산정한 지분비율에 따라 계산한 금액을 반환받은 경우, 그 출자가액 중 일부가 기망행위에 의해 교부한 것이 드러났다고 하여 출자가액 중 기망행위로 인한 부분 전액에 대한 배상이 명해진다면 탈퇴자에게 2중으로 변제되는 부분이 생기게 되므로, 기망행위로 인하여 배상하여야 할 손해액을 산정함에 있어서는 그 출자가액 중 기망행위로 인한 부분(ㄱ)에서 다음 금액, 즉 탈퇴자가 조합재산에서 실제로 반환받은 금액(ㄴ)과 기망행위로 인한 출자부분이 없었을 경우의 지분비율에 따라 계산한 경우 탈퇴자가 반환받을 금액(ㄷ)의 차액을 공제하여야 한다[=ㄱ-(ㄴ-ㄷ)].」(대판 2008. 9. 25,
2008다41529)

〈2인 조합에 관한 판례〉

(ㄱ) 판례는, 2인으로 된 조합에 있어서 그 중 1인이 탈퇴하면 조합관계는 종료되나 특별한 사정이 없는 한 조합은 해산되지 않고 따라서 청산이 뒤따르지 않으며, 다만 조합원의 합유에 속한 조합재산은 남은 조합원의 단독소유에 속하여 탈퇴자와 남은 자 사이에는 탈퇴로 인한 계산을 하는 데 불과하다고 한다(대판 1972. 12. 12, 72다1651; 대판 1987. 11. 24, 86다가2484; 대판 1988. 6. 14, 86다카617; 대판 1996. 9. 6, 96다19208; 대판 1997. 10. 14, 95다22511 · 22528; 대판 1999. 3. 12, 98 다54458; 대판 2006. 3. 9, 2004다49693 · 49709; 대판 2018. 12. 13, 2015다72385; 대판 2021. 7. 29, 2019다207851)(그 외에 조합채권자가 잔존 조합원에게 채무 전부에 대하여 이행을 청구할 수 있다는 대판 1999. 5. 11, 99다1284도 참조). 그리고 이러한 법리는 부동산 사용권을 출자한 경우에도 적용된다고 하면서, 조합원이 부동산 사용권을 존속기한을 정하지 않고 출자하였다가 탈퇴한 경우 특별한 사정이 없는 한 탈퇴시 조합재산인 부동산 사용권이 소멸한다고 볼 수는 없고, 그러한 사용권은 공동사업을 유지할 수 있도록 일정한 기간 동안 존속한다고 보아야 하며, 이때 탈퇴 조합원이 남은 조합원으로 하여금 부동산을 사용 · 수익할 수 있도록 할 의무를 이행하지 않음으로써 남은 조합원에게 손해가 발생하였다면 탈퇴 조합원은 그 손해를 배상할 책임이 있다고 한다(대판 2018. 12. 13, 2015다72385).

그리하여 판례는 2인 조합에서 1인의 탈퇴를 인정하고, 그것은 원칙적으로 해산사유가 아니라고 한다. 그러나 2인 조합에서 1인이 조합재산인 토지의 분할청구를 하는 것을 해산사유라고 한 적이 있고(대판 1978. 11. 28, 78다1827), 동업자 중 1인이 약정에 따른 출자금을 출자한 후 당사자간의 불화대립으로 곧바로 동업관계가 결렬되어 그 이후 이 출자의무를 이행한 조합원이 동업관계에서 전적으로 배제된 채 나머지 조합원에 의하여 업무가 처리되어 온 경우에 관하여 부득이한 사유로 인한 해산청구가 가능하며 출자의무를 이행한 조합원은 탈퇴로 인한 계산으로서 자기가 출자한 금원의 반환을 구할 수도 있다고 하였다(대판 1999. 3. 12, 98다54458).

(ㄴ) 「2인 조합에서 조합원 1인이 탈퇴하면 조합관계는 종료되지만 특별한 사정이 없는 한 조합이 해산되지 아니하고, 조합원의 합유에 속하였던 재산은 남은 조합원의 단독소유에 속하게 되어 기존의 공동사업은 청산절차를 거치지 않고 잔존자가 계속 유지할 수 있는 것임은 원심이 판시한 바와 같다(대법원 1999. 3. 12. 선고 98다54458 판결, 1999. 5. 11. 선고 99다1284 판결 등 참조).

그런데 이때 탈퇴자와 잔존자 사이에 탈퇴로 인한 계산을 함에 있어서는 특단의 사정이 없는 한 민법 제719조 제1항, 제2항의 규정에 따라 '탈퇴 당시의 조합재산 상태'를 기준으로 평가한 조합재산 중 탈퇴자의 지분에 해당하는 금액을 금전으로 반환하여야 할 것이고(대법원 1996. 9. 6. 선고 96다19208 판결, 1998. 10. 27. 선고 98다15170 판결 등 참조), 이러한 계산은 사업의 계속을 전제로 하는 것이므로 조합재산의 가액은 단순한 매매가격이 아닌 '영업권의 가치를 포함하는 영업가격'에 의하여 평가하되(대법원 1997. 2. 14. 선고 96다44839 판결 참조), 당해 조합원의 지분 비율은 조합청산의 경우에 실제 출자한 자산가액의 비율에 의하는 것과는 달리 '조합내부의 손익분배 비율'을 기준으로 계산하여야 하는 것이 원칙이다.」(대판 2006. 3. 9, 2004다49693 · 49709: 2인 조합에서 조합원 1인이 탈퇴하는 경우, 조합의 탈퇴자에 대한 채권은 잔존자에게 귀속되므로 잔존자는 이를 자동채권으로 하여 탈퇴자에 대한 지분 상당의 조합재산 반환채무와 상계할 수 있다고 한 사례. 후단에 관하여 같은 취지: 대판 2023. 10. 12, 2022다285523 · 285530(이 판결은 ─ 사안은 2인 조) 합인데 ─ 그 법리를 2인 조합에 한정하지 않고 일반화하여 표현함)

(ㄷ) 「탈퇴한 조합원은 탈퇴 당시의 조합재산을 계산한 결과 조합의 재산상태가 적자가 아닌 경우에 지분을 환급받을 수 있다. 따라서 탈퇴 조합원의 지분을 계산할 때 지분을 계산하는 방법에 관해서 별도 약정이 있다는 등 특별한 사정이 없는 한 지분의 환급을 주장하는 사람에게 조합재산의 상태를 증명할 책임이 있다.」($\binom{대판 2021. 7. 29,}{2019다207851}$)

2. 새 조합원의 가입

민법은 이에 대하여 규정하고 있지 않으나, 학설은 새로 가입하려는 자와 조합원 전원과의 가입계약에 의하여 가입할 수 있다고 한다($\binom{업무집행자가}{할 수는 없다}$). 가입이 있으면 가입자는 조합재산에 대하여 합유지분을 취득하게 되고, 그 결과 종래의 조합원의 합유지분은 당연히 감소한다. 그리고 가입자는 가입 전의 조합의 채무에 대하여 개인재산으로 책임을 지지는 않으나, 그의 합유지분으로써는 책임을 진다($\binom{이설}{없음}$).

3. 조합원의 지위의 양도

민법은 이에 관하여도 규정을 두고 있지 않으나, 학설은 조합계약에서 그 양도를 인정하는 때($\binom{그 요건이 정해지지 않은 때에도 일방적 양}{도 모두가 인정될 수 있는지는 의문이다}$) 또는 조합원 전원의 동의가 있는 때에는 조합원으로서의 지위를 양도할 수 있다고 한다($\binom{곽윤직, 322면; 김상용, 435면;}{김주수, 491면; 김형배, 781면}$). 그리고 판례는, 조합원 지분의 양도는 원칙적으로 다른 조합원 전원의 동의가 있어야 하지만, 다른 조합원의 동의 없이 각자 지분을 자유로이 양도할 수 있도록 조합원 상호 간에 약정하거나 사후적으로 지분 양도를 인정하는 합의를 하는 것은 유효하다고 한다($\binom{대판 2016. 8. 30,}{2014다19790}$). 조합원의 지위의 양도가 있으면 양도인은 조합원으로서 지위를 상실하고 양수인은 양도인의 지위에 들어서게 된다.

〈판 례〉

「공동수급체는 기본적으로 민법상의 조합의 성질을 가진다 할 것이고, 공동수급체의 구성원 사이에서 구성원 지위를 제 3 자에게 양도할 수 있기로 약정하지 아니한 이상, 공동수급체의 구성원 지위는 상속이 되지 않고 다른 구성원들의 동의가 없으면 이전이 허용되지 않는 귀속상의 일신전속적인 권리의무에 해당하므로($\binom{대법원 1981.}{7. 28. 선고 81}$ 다145 판 결 참조), 공동수급체의 구성원 지위는 원칙적으로 회사의 분할합병으로 인한 포괄승계의 대상이 되지 아니한다고 봄이 상당하다.」($\binom{대판 2011. 8. 25,}{2010다44002}$)

Ⅵ. 조합의 해산 및 청산 [208]

1. 해 산

(1) 서 설

조합이 종료한 경우에는 조합재산을 정리하여야 할 필요가 있다. 그리하여 민법은 조합에 대하여도 법인에 있어서처럼 해산제도를 두고 있다. 그리고 민법에 명문의 규정($^{81조}_{참조}$)은 없으나, 조합은 해산된 후에도 청산이 종료할 때까지 존속한다고 하여야 하며, 조합재산은 그것이 청산절차를 거쳐 조합원에게 분배되지 않는 한 계속하여 조합원의 합유에 속한다고 할 것이다($^{대판 1992. 10. 9, 92다28075: 그리하}_{여 조합원 1인이 다른 조합원의 동의}$ $^{없이 조합채권을 양도}_{한 행위는 무효이다}$).

(2) 해산사유

조합은 존속기간의 만료 기타 조합계약에서 정한 사유의 발생($^{해산사유에 관한 규}_{정(720조)은 임의규}$ $^{정이어서 그와 다른 내용의 특약도 유}_{효하다. 대판 1985. 2. 26, 84다카1921}$), 조합원 전원의 합의, 조합의 목적인 사업의 성공 또는 성공불능 등으로 해산하게 된다($^{대판 1997. 5. 30, 95다4957; 대}_{판 1998. 12. 8, 97다31472 참조}$).

(3) 해산청구

민법은 부득이한 사유가 있는 때에는 각 조합원이 조합의 해산을 청구할 수 있다고 한다($^{720}_{조}$)($^{이 해산청구권이 일종의 해지권인지(김주수, 492면; 김형배, 783}_{면)}$ $^{}_{채권적 청구권인지(김상용, 436면)에 관하여는 논란이 있다}$). 판례에 의하면, 「부득이한 사유」란 경제계의 사정변경에 따른 조합재산상태의 악화나 영업부진 등으로 조합의 목적달성이 매우 곤란하다고 인정되는 객관적 사정이 있는 경우 외에 조합당사자 사이의 불화·대립으로 인하여 신뢰관계가 파괴됨으로써 조합의 원만한 운영을 기대할 수 없는 경우도 포함된다($^{대판 1991. 2. 22, 90다카26300; 대판 1993. 2. 9,}_{92다21098; 대판 1997. 5. 30, 95다4957. 대판}$ $^{1996. 3. 26, 94다46268(형사소추되어 유죄판결을 받은}_{경우); 대판 1999. 3. 12, 98다54458(불화의 경우)도 참조}$). 그리고 해산청구권은 신뢰관계의 파괴에 책임이 있는 당사자에게도 인정된다($^{앞의 1991. 2. 22. 및}_{1993. 2. 9. 의 판결}$). 한편 해산청구는 다른 조합원 전원에 대한 의사표시로 하여야 한다.

2. 청 산

(1) 의 의

청산은 해산한 조합의 재산관계를 정리하는 것이다. 이는 조합채권자의 보호를 위한 것이 아니고($^{조합원은 청산이 끝난 뒤에도 조합채무에 대하}_{여 그의 개인재산으로 책임을 지기 때문이다}$), 오직 조합원 사이의 재산관계의 공평한 처리를 목적으로 하는 것이다. 따라서 가령 조합재산이 없거나 처리되어야 할 조합의 잔무(殘務)가 없는 경우에는 청산절차를 밟을 필요가 없다(대판 1991. 2. 22, 90다카26300; 대판 1993. 3. 23, 92다42620; 대판 1995. 2. 24, 94다13749; 대판 1998. 12. 8, 97다31472; 대판 2000. 4. 21, 99다35713). 물론 특별한 사정이 없는 경우에는 원칙적으로 청산절차를 밟아야 한다(앞의 1993. 3. 23. 및 1995. 2. 24.의 판결: 조합원들에게 분배할 잔여재산과 그 가액이 청산절차가 종료될 때에 확정되기 때문이다). 한편 청산에 관한 규정은 임의규정이므로(대판 1985. 2. 26, 84다카1921) 당사자 전원의 합의로 민법이 정하는 청산이라는 절차를 밟지 않고 적당한 방법으로 조합재산을 처분할 수 있다.

〈판 례〉

(ㄱ) 「조합의 목적달성으로 인하여 조합이 해산되었으나 조합의 잔무로서 처리할 일이 없고 다만 잔여재산의 분배만이 남아 있을 때에는 따로 청산절차를 밟을 필요가 없이 각 조합원은 자신의 잔여재산의 분배비율의 범위 내에서 그 분배비율을 초과하여 잔여재산을 보유하고 있는 조합원에 대하여 바로 잔여재산의 분배를 청구할 수 있고(대법원 1995. 2. 24. 선고 94다13749 판결, 1998. 12. 8. 선고 97다31472 판결 등 참조), 이 경우의 잔여재산 분배청구권은 조합원 상호간의 내부관계에서 발생하는 것으로서 각 조합원이 분배비율을 초과하여 잔여재산을 보유하고 있는 조합원을 상대로 개별적으로 행사하면 족한 것이지 반드시 조합원들이 공동으로 행사하거나 조합원 전원을 상대로 행사하여야 하는 것은 아니라고 할 것이다.」(대판 2000. 4. 21, 99다35713)

(ㄴ) 「조합의 목적달성 등으로 인하여 조합이 해산된 경우 별도로 처리할 조합의 잔무가 없고, 다만 잔여재산을 분배하는 일만이 남아 있을 때에는 따로 청산절차를 밟을 필요 없이 각 조합원은 자신의 잔여재산의 분배비율의 범위 내에서 그 분배비율을 초과하여 잔여재산을 보유하고 있는 조합원에 대하여 바로 잔여재산의 분배를 청구할 수 있는 것이나(대법원 1998. 12. 8. 선고 97다31472 판결 참조), 이때 조합에 합유적으로 귀속된 채권의 추심이나 채무의 변제 등의 사무가 완료되지 아니한 상황이라면, 그 채권의 추심이나 채무의 변제는 원칙으로 조합원 전원이 공동으로 하여야 하는 것이니 만큼 그 추심이나 변제 등이 완료되지 않은 상태에서도 조합원들 사이에서 공평한 잔여재산의 분배가 가능하다는 특별한 사정이 인정되지 아니하는 한 조합이 처리하여야 할 잔무에 해당한다고 보아야 하고, 따라서 이러한 경우 청산절차를 거치지 아니하고 바로 잔여재산의 분배를 구할 수는 없다고 할 것이다.

나아가 조합 해산시에 어느 조합원이 다른 조합원을 상대로 청산절차를 거치지 않고 곧바로 하는 위와 같은 잔여재산의 분배청구는 청구의 상대방인 조합원이 그의 분배비율을 초과하여 잔여재산을 보유하고 있는 경우에 한하여 그 분배비율을 초과하는 부분의 범위 내에서만 허용되는 것이므로, 그러한 분배청구가 가능하기 위하여는 조합의 전체 잔여재산의 내역과 그 정당한 분배비율 및 조합원 각자의 현재의 잔여재산 보유내역 등이 먼저 정확하게 확정될 수 있어야 할 것이다$\binom{\text{대법원 2000. 4. 21. 선}}{\text{고 99다35713 판결 참조}}$·」$\binom{\text{대판 2005. 12. 8,}}{\text{2004다30682}}$

㈐「조합관계가 종료된 경우 당사자 사이에 별도의 약정이 없는 이상 청산절차를 밟는 것이 통례이나, 조합의 잔무로서 처리할 일이 없고, 다만 잔여재산의 분배만이 남아 있을 때에는 따로 청산절차를 밟을 필요가 없으며, 잔여재산은 조합원 사이에 별도의 특약이 없는 이상 각 조합원의 출자가액에 비례하여 분배하도록 되어 있으므로, 비록 조합채무의 변제 사무가 완료되지 아니한 사정이 있더라도 그 채권자가 조합원인 경우에는 동업체 자산을 보유하는 자가 동업체 자산에서 채권자 조합원에 대한 조합채무를 공제하여 분배대상 잔여재산액을 산출한 다음, 다른 조합원들에게 잔여재산 중 각 조합원의 출자가액에 비례한 몫을 반환함과 아울러 채권자 조합원에게 조합채무를 이행함으로써 별도의 청산절차를 거침이 없이 간이한 방법으로 공평한 잔여재산의 분배가 가능하다$\binom{\text{대법원 2007. 11. 15. 선고 2007}}{\text{다48370, 48387 판결 등 참조}}$.

위와 같이 별도로 청산절차를 거치지 않고 간이한 방법에 의하여 잔여재산을 분배하는 것은, 2인으로 구성된 조합의 조합원 중 1인을 채무자로 하는 조합채권의 추심 사무가 완료되지 아니하는 등의 경우에도 일정 요건 하에 허용될 수 있다.

가령 2인으로 구성된 조합의 조합원 중 1인이 선량한 관리자의 주의의무 위반 또는 불법행위 등으로 인하여 조합에 대하여 손해배상책임을 지게 되고 또한 그로 인하여 조합관계마저 그 목적 달성이 불가능하게 되어 종료되고 달리 조합의 잔여업무가 남아 있지 않은 상황에서 조합재산의 분배라는 청산절차만이 남게 된 경우에, 다른 조합원은 조합에 손해를 가한 조합원을 상대로 선량한 관리자의 주의의무 위반 또는 불법행위에 따른 손해배상채권액 중 자신의 출자가액 비율에 의한 몫에 해당하는 돈을 청구하는 형식으로 조합관계의 종료로 인한 잔여재산의 분배를 청구할 수 있다$\binom{\text{대법원 1992.}}{\text{4. 24. 선고 92다2509 판결, 대법원 2018. 8. 30. 선고 2016다46338, 46345 판결 등 참조}}$.

나아가 2인으로 구성된 조합의 조합원 중 1인에 대한 조합채권 이외에 다른 동업체 자산이 존재하는 경우에도, 전체 잔여재산의 내역과 그 정당한 분배비율 및 조합원 각자의 현재의 잔여재산 보유내역 등이 정확하게 확정됨으로써 조합원들 사이에서 공평한 잔여재산의 분배가 가능하다면, 동업체 자산을 보유하는 자로서는 채무자 조합원 등에 대한 조합채권을 포함하여 분배대상 잔여재산액을 산출한 다음 잔여재산 중 각 조합원의 출자가액에 비례한 몫을 채무자 조합원을 포함한 다른 조합원들에게 반환함과 아울러, 채무자 조합원으로부터 조합채권을 이행받는 방법으로 별도의 청산절차를 거침이 없이 간이하게 잔여재산을 분배할 수 있다. 이 과정에서 채무자인 조합원과의 관계에서 분배할 잔여재산액과 지급받을 조합채권을 상계하거나 공제하는 것도 조합계약 내지 당사자 간의 별도 약정에서 이를 제한하기로 정하였다는 등의 특별한 사정이 없는 한 허용되고, 2인으로 구성된 조합의 조합원 중 1인으로부터 잔여재산 분배청구권을 양수받은 자가 조합채권의 채무자인 경우에도 이와 마찬가지라고 봄이 타당하다.」($^{대판\ 2019.\ 7.\ 25,\ 2019}_{다205206\cdot205213}$).

㈃ 「조합의 일부 조합원이 당초 약정한 출자의무를 이행하고 있지 않은 상태에서 조합의 해산사유가 발생하여 해산이 이루어진 경우 그 잔여업무가 남아 있지 않고 다만 잔여재산의 분배 절차만이 남아 있을 때에는 조합원 사이에 별도의 약정이 없는 이상, 그 이행되지 아니한 출자금 채권을 추심하거나 청산절차를 거치지 않고도 각 조합원은 자신이 실제로 출자한 가액 비율의 범위 내에서 그 출자가액 비율을 초과하여 잔여재산을 보유하고 있는 조합원에 대하여 잔여재산의 분배 절차를 진행할 수 있다($^{대법원\ 2018.\ 8.\ 30.\ 선고\ 2016다46338,\ 46345\ 판결,\ 대법}_{원\ 2019.\ 7.\ 25.\ 선고\ 2019다205206,\ 205213\ 판결\ 등\ 참조}$). 이때 잔여재산은 특별한 사정이 없는 한 각 조합원이 실제로 출자한 가액에 비례하여 이를 분배하여야 할 것인데($^{대법}_{원}$ $^{1980.\ 8.\ 12.\ 선고\ 79다1315\ 판결,\ 대법원}_{1992.\ 4.\ 24.\ 선고\ 92다2509\ 판결\ 등\ 참조}$), 일부 이행되지 아니한 출자금이 있더라도 이를 고려하지 않고 잔여재산의 범위를 확정한 다음 각 조합원이 실제로 출자한 가액에 비례하여 이를 분배함이 타당하다. 그리고 이러한 기준에 따라 잔여재산분배 절차를 진행하는 이상 다른 조합원들은 출자의무를 이행하지 아니한 조합원에게 더 이상 출자의무의 이행을 청구할 수 없다.」($^{대판\ 2022.\ 2.\ 17,\ 2016}_{다278579\cdot278586}$)

(2) 청산절차

청산사무는 모든 조합원이 청산인이 되어 공동으로 집행하거나 조합원의 과반수로 선임한($^{721조}_{2항}$) 청산인($^{이는\ 조합원이\ 아}_{니어도\ 무방함}$)이 집행한다($^{721조}_{1항}$). 청산인이 수인인 경우의 사무집행은 그 과반수로써 결정한다($^{722조\cdot706}_{조\ 2항\ 2문}$). 그리고 조합원 중에서 청산인으로 선임된 자는 정당한 사유 없이 사임하지 못하며, 다른 조합원 전원의 합의가 없는 한 해임당하지도 않는다($^{723조\cdot}_{708조}$).

청산인의 직무는 현존사무의 종결·채권의 추심·채무의 변제·잔여재산의 인도 등이고($^{724조\ 1항\cdot}_{87조\ 1항}$), 그는 그러한 직무를 행하기 위하여 필요한 모든 행위를 할 수 있다($^{724조\ 1항\cdot}_{87조\ 2항}$). 그리고 잔여재산($^{조합재산으로\ 조합채}_{무를\ 변제한\ 나머지}$)($^{잔여재산의\ 평가는\ 사실심\ 변론종결\ 당시}_{의\ 시가에\ 의한다.\ 대판\ 1979.\ 9.\ 25,\ 79다}$ $^{1320;\ 대판\ 1981.}_{1.\ 13,\ 80다1672}$)은 각 조합원의 출자가액에 비례하여 분배한다($^{724조}_{2항}$).

〈계(契)〉

역사적으로 오래 전부터($^{문헌상\ 고려시대}_{에\ 처음\ 나타남}$) 행하여 오던 관습적인 제도로서 계(契)가 있다. 계는 과거에는 매우 다양한 목적으로 행하여졌으나, 해방 이후에는 친목을 목적으로 하는 것(친목계)과 금융을 목적으로 하는 것(금융계)만이 주로 이용되고 있다. 이 가운데 법적으로 문제가 되는 것은 금융계이다. 금융계의 대표적인 것으로 순번계와 낙찰계가 있다. 순번계는 다수의 계원이 정기적으로 일정한 계금을 내고 예정된 순서에 따라서 계금을 지급하는 금융계이고, 낙찰계는 계원 전원이 동일액의 계금을 내고 그 총액을 입찰에 부쳐 포기금을 가장 많이 써 낸 자에게 포기금을 제외한 금액을 지급하고 포기금은 나머지 계원이 분할하여 가지는 방식의 금융계이다.

순번계의 법적 성질에 관하여 학설은 i) 다수의 자가 금융·저축이라는 공동사업을 달성하려는 것이므로 조합의 일종(특수한 조합)이라는 견해($\substack{곽윤직, 326면;\\김주수, 496면}$), ii) 계에서는 각자가 목돈을 마련하려는 개인적인 이해관계가 공통되어 있을 뿐이고 하나의 공동목표가 존재하는 것은 아니므로 조합에 유사한 비전형계약이라고 새겨야 한다는 견해($\substack{김형배,\\788면}$), iii) 소비대차 및 소비임치의 성격이 강한 독자적 계약유형이라는 견해($\substack{이은영,\\619면}$)로 나뉘어 있다. 그리고 낙찰계에 대하여 계주의 개인사업이라는 견해가 있다($\substack{김형배,\\789면}$). 한편 판례는 순번계에 관하여 일종의 조합계약이라고 한다($\substack{대판 1958. 2. 13,\\4290민상502; 대판}$ 1962. 7. 26, 62다265; 대판 1965. 12. 21, 65다1886). 그런데 다른 한편으로「계는 다같이 금전을 급부물로 하는 것이라 할지라도 그것을 조직한 목적과 방법, 급부물의 급여방법과 급부 전 또는 그 후의 계금 지급방법, 계주의 유무 및 계주와 계 또는 계원과의 관계나 계원 상호간의 관계의 여하와, 기타의 점에 관한 태양의 여하에 따라 그 법률적 성질을 달리하는 것이니만큼 특정의 계가 조합적 성질을 띤 것인가, 소비대차적 성질을 지닌 것인가 또는 무명계약적인 성질의 것인가는 이와 같은 여러 가지 점을 종합고찰함으로써 이를 판단하여야 하는 것」이라고 하면서($\substack{대판 1982. 9. 28, 82다286. 같은 취지: 대판 1967. 7. 18, 67다1052;\\대판 1982. 6. 22, 81다카1257; 대판 1983. 3. 22, 82다카1686; 대판}$ 1994. 10. 11, 93다55456; 대판 1998. 3. 13, 97다57191), 낙찰계는 민법상의 조합계약의 성질을 띠는 것이 아니고 계주의 개인사업으로서 계를 조직운용하는 것으로서 상호신용금고법($\substack{현재 명칭: 상\\호저축은행법}$) 제 2 조 소정의 상호신용계에 유사한 무명계약의 하나라고 한다($\substack{대판 1982. 9. 28, 82다286; 대판\\1983. 3. 22, 82다카1686; 대판}$ 1993. 9. 10, 93다21705; 대판 1994. 10. 11, 93다55456). 그리고 계가 계주와 계원간의 종적인 관계에서 가입·운영되고 횡적인 친분이나 신용관계가 전혀 없는 경우에도 상호신용계에 유사한 무명계약이라고 한다($\substack{대판 1979. 12. 26,\\79다1750}$).

제14절 종신정기금

Ⅰ. 종신정기금의 의의 및 법적 성질 [209]

1. 의 의

종신정기금계약은 당사자 일방(정기금채무자)이 자기·상대방 또는 제 3 자의 종신(終身)($\substack{사망\\시}$)까지 정기로 금전 기타의 물건을 상대방 또는 제 3 자에게 지급할 것을 약정함으로써 성립하는 계약이다($\substack{725\\조}$). A가 그의 부하였던 B에게 매년 100

만원씩 급부하기로 한 경우, C가 D에게 부동산소유권을 이전하면서 D로 하여금 자신의 아들인 E에게 E의 사망시까지 매월 50만원씩 급부하도록 한 경우가 그 예이다.

2. 사회적 작용

종신정기금제도는 과거 서양에서 노후의 생활보장제도로 많이 이용되었다고 한다. 그러나 우리나라에서는 이 제도가 거의 이용되지 않았으며, 장래에도 이용될 가능성은 크지 않다. 근래에는 연금이나 보험에서 이와 유사한 제도가 운용되고 있으나, 그에 대하여는 특별법이나 보통거래약관이 우선적용되어 민법규정이 적용될 여지는 거의 없다.

3. 법적 성질

(1) 종신정기금계약은 낙성·불요식의 계약이다.

(2) 정기금채무자가 대가를 받기로 하였는지에 따라 유상계약 또는 무상계약이 된다. 처음부터 대가를 받지 않기로 한 경우에는 무상계약이며, 이는 결국 정기급부를 목적으로 하는 증여가 된다($\frac{560}{조}$). 따라서 그 경우에는 증여에 관한 규정이 적용된다(서면에 의하지 않은 경우에 해제할 수 있다는 555조 등). 정기금채무자가 상대방으로부터 금전을 대차하거나 물건을 매수하는 대가로 채무를 부담하는 경우에는 유상계약으로 되고, 거기에는 소비대차·매매 등의 규정이 적용된다.

(3) 종신정기금계약은 증여·매매·소비대차 등의 원인행위의 효력에 직접 영향을 받는 유인행위이다.

(4) 정기금채무자는 계약의 일방 당사자이나, 채권자는 상대방에 한정되지 않으며 제 3 자라도 무방하다. 이때는 제 3 자를 위한 계약이 성립한다.

(5) 종신정기금채권은 계약 외에 유증에 의하여서도 발생할 수 있다. 그 경우에는 유언의 방식에 따라야 하며, 발생한 채권에는 종신정기금에 관한 규정이 준용된다($\frac{730}{조}$).

Ⅱ. 종신정기금의 효력

1. 종신정기금채권의 발생

종신정기금계약이 성립하면 종신정기금채권이 발생한다. 종신정기금채권에 관하여 학설은 한결같이 — 이자채권에서와 같이 — 기본권과 지분적 채권의 두 가지가 있다고 하나, 그 채권은 일정한 시기에 정기금을 청구할 수 있는 하나의 채권일 뿐이다($\substack{채권법총론\\[48] 참조}$). 이 채권의 발생시기는 특약이 있으면 그에 의하여 정하여지나, 특약이 없는 때에는 제726조를 고려할 때($\substack{즉 선급을 하면 사망시기가 문제되는 자가 기간\\중간에 사망한 경우의 반환문제가 생기게 됨}$) 매 기간의 경과 후라고 하여야 한다($\substack{결과에서 같은 취지: 곽윤직, 330면; 김주수, 502면. 반대 견\\해(선급설): 김상용, 444면; 김형배, 794면(생활보장적 취지)}$). 즉 후급이 된다. 그리고 종신이 문제되는 자가 기간의 도중에 사망한 때에는 종신정기금은 일수(日數)로 계산한다($\substack{726\\조}$).

2. 정기금채무자의 불이행

정기금채무자의 불이행이 있는 때에는 채무불이행의 일반규정이 적용된다. 그 밖에 민법은 일정한 경우에 관하여 특별규정을 두고 있다. 즉 정기금채무자가 정기금채무의 원본을 받은 경우에 그 정기금채무의 지급을 해태하거나 기타 의무를 이행하지 않은 때에는, 정기금채권자는 원본의 반환을 청구할 수 있다($\substack{727\\조 1\\항\\본문}$). 그러나 이미 지급받은 채무액에서 그 원본의 이자를 공제한 잔액을 정기금채무자에게 반환하여야 한다($\substack{727조 1\\항 단서}$). 이는 즉시해제를 인정하면서 결제를 간편하게 하는 조치를 취하고 있는 것이다. 그리고 채권자가 손해를 입은 경우에는 그 배상도 청구할 수 있다($\substack{727조\\2항}$). 한편 당사자 쌍방의 반환의무는 동시이행관계에 있다($\substack{728조·\\536조}$).

3. 특정인의 사망과 종신정기금채권

종신정기금채권은 계약에서 정해진 특정인($\substack{자기·상대방\\또는 제 3 자}$)($\substack{여기의 제 3 자는 제 3 자를 위한 계\\약의 제 3 수익자에 한정된다는 견해}$($\substack{이은영, 626면)가 있으나,\\그렇게 새길 필요는 없다}$)이 사망하면 발생하지 않는다. 그러나 사망이 정기금채무자의 책임있는 사유로 생긴 때에는, 법원은 정기금채권자 또는 그 상속인의 청구에 의하여 상당한 기간 채권의 존속을 선고할 수 있다($\substack{729조\\1항}$). 여기의 상당한 기간은 그 특정인이 생존하였을 기간을 의미한다. 그리고 이 경우($\substack{즉 729조 1\\항의 경우}$)에 제727조가 적용될 수 있는 때(정기금채무자가 원본을 받)에는 그 규정에 의하여 해제도 할 수 있다(729조).
그 결과 그 경우에는 채권자 또는 상속인은 제729조 제 1 항에 의한 권리와 제
727조에 의한 권리를 선택적으로 행사할 수 있다.

제15절 화   해

[211] **Ⅰ. 화해의 의의 및 법적 성질**

1. 의의 및 사회적 작용

화해는 당사자가 서로 양보하여 그들 사이의 분쟁을 종지(終止)할 것을 약정
함으로써 성립하는 계약이다(731조). A가 B에게 800만원의 채권이 있다고 주장하고
B는 600만원의 채무만 있다고 주장하는 경우에, A와 B가 서로 양보하여 700만원
의 채권이 있는 것으로 약정하는 것이 그 예이다.

화해는 재판과 달리 다툼을 원만하게 해결하는 장점이 있어서 많이 이용되
고 있다. 그런가 하면 오늘날의 재판제도에서도 그러한 방법을 사용하기도 한다
(재판상 화해,
조정 등).

2. 법적 성질

화해의 법적 성질에 관하여 학설은 i) 유상(서로 양보함으로써 결국
손실을 입는다는 이유로) · 쌍무(서로 양보하
여 합의한 것
을 실현할 채무를
부담한다는 이유로) · 낙성 · 불요식의 계약이라는 견해(곽윤직, 333면;
김상용, 446면), ii) 쌍무 · 유상계약
일 수도 있고 편무 · 무상계약(증여계약의 내용에
대한 분쟁의 화해)일 수도 있다는 견해(이은영,
628면), iii) 기존
의 다툼이 있는 법률관계를 확정적으로 변경시키는 계약이라는 견해(김형배,
799면)로 나
뉘어 있다. 생각건대 화해는 분쟁을 해결하기 위한 계약으로서 급부를 중심으로
하는 보통의 계약과는 다르다. 그런 점에서 볼 때 i)설과 ii)설은 화해의 성질 규
명에 크게 도움이 되지 않는다. 그에 비하여 iii)설은 받아들일 수 있을 것으로 보
인다.

〈참 고〉

전통적인 견지에서 보면 화해는 언제나 유상계약이나(항상 서로 양보 하고 있으므로), 화해에 의하여 양 당사자가 대가적인 의미의 채무를 부담하는지에 따라 쌍무계약일 수도 있고 편무계약일 수도 있다. 그리고 낙성·불요식의 계약이다.

Ⅱ. 화해의 성립

화해가 성립하려면 ① 당사자 사이에 분쟁이 있어야 하고, ② 당사자가 서로 양보하여야 하며, ③ 분쟁을 끝내는 합의가 있어야 한다(같은 취지: 대판 2021. 9. 9, 2016다203933).

1. 분쟁의 존재

화해는 당사자 사이에 분쟁이 있을 것을 전제로 한다. 따라서 당사자가 단지 불확실한 법률관계를 확정하기 위하여 계약을 맺은 경우는 화해가 아니고 그와 유사한 무명계약이다(같은 취지: 곽윤직, 331면; 김주수, 506면. 반대 견해: 김형배, 799면; 이은영, 634면)(대판 1984. 3. 13, 83다358은 채권자와 채무자 간의 잔존 채무액의 계산행위는 채무자가 채권자에게 지급할 채무액을 새로이 확정하는 화해계약이 아니라고 한다). 분쟁이 있는 법률관계의 종류에는 제한이 없다. 그러나 당사자가 임의로 처분할 수 없는 법률관계, 가령 일정한 친족관계의 존부에 관하여는 화해를 하여도 효력이 없다(대판 1968. 2. 27, 67므34 참조).

2. 당사자의 상호양보

화해는 당사자가 서로 양보해서 하여야 하며, 어느 일방만이 양보하는 것은 화해가 아니다.

3. 분쟁을 끝내는 합의

이는 나중에 사실과 다르다는 것이 드러나도 구속된다는 뜻의 합의이다. 이 합의가 유효하려면 당사자는 처분의 능력 또는 권한을 가지고 있어야 한다.

한편 판례는 묵시적 화해계약과 관련하여, 화해계약이 성립한 이후에는 그 목적이 된 사항에 관하여 나중에 다시 이행을 구하는 등으로 다툴 수 없는 것이 원칙이므로, 당사자가 한 행위나 의사표시의 해석을 통하여 묵시적으로 그와 같은 의사의 합치가 있었다고 인정하기 위해서는 그 당시의 여러 사정을 종합적으로 참작하여 이를 엄격하게 해석하여야 하고, 따라서 당사자들이 분쟁을 인식하지 못한 상태에서 일방 당사자가 이행해야 할 채무액에 관하여 협의하였다거나 일방 당사자의 채무이행에 대해 상대방 당사자가 이의를 제기하지 않았다는 사정만으로는 묵시적 화해계약이 성립하였다고 보기 어렵다고 한다(대판 2021. 9. 9, 2016다203933).

[212]　**Ⅲ. 화해의 효력**

1. 법률관계를 확정하는 효력

화해계약이 성립하면 당사자 사이에 다투어졌던 법률관계는 화해계약의 내용에 따라서 확정된다. 그러나 확정되는 것은 다툼의 대상이 되어 합의한 사항에 한하며, 당사자가 다투지 않았던 사항이나 화해의 전제로서 서로 양해하고 있던 사항은 그렇지 않다.

2. 화해의 창설적 효력

화해에 의하여 법률관계를 확정하는 것은 창설적이다(통설 · 판례도 같음. 대판 1989. 9. 12, 88다카10050; 대판 1992. 9. 22, 92다25335; 대판 2004. 8. 20, 2002다20353; 대판 2018. 5. 30, 2017다21411; 대판 2020. 10. 15, 2020다227523 · 227530; 대판 2021. 9. 9, 2016다203933. 그러나 김형배, 801면은 화해의 내용이 진실한 권리관계와 다른 부분은 창설적이고, 일치하는 한도 내에서는 인정적이라고 한다). 즉 종래의 법률관계가 어떠했는가를 묻지 않고 화해에 의하여 새로운 권리의 취득 · 상실이 있게 된다. 민법도 화해의 창설적 효력을 규정하고 있다(732조). 다만, 이 규정은 임의규정이어서(이설 없음) 당사자가 다른 특약을 하면 그 특약이 유효하다. 그 결과 인정적 효력으로 할 수도 있다.

〈판 례〉

「금융기관들 사이에 채무자인 기업에 부실징후가 발생할 경우 법원이 관여하는 법정 회생절차에 들어가는 대신 주채권은행 주도 하에 기업개선작업에 착수하여 당해 기업에 대한 채권금융기관들로 구성된 협의회를 소집하여 채권액 기준 3/4 이상의 채권을 보유한 채권금융기관의 찬성으로 채권재조정 등을 내용으로 하는 기업개선작업안을 의결하고 나아가 주채권은행이 협의회 소속 다른 채권금융기관들의 대리인 겸 본인으로서 당해 기업과 사이에 위와 같이 확정된 의결 내용을 이행하기 위한 기업개선작업약정을 체결하는 방식의 일종의 사적 정리에 관한 사전합의(이하 '기업구조조정 협약'이라고 만 한다)가 이루어진 상태에서, 채무자인 특정 기업에 대하여 부실징후가 발생하여 주채권은행이 사전합의된 바에 따라 관련된 채권금융기관들의 협의회를 소집하여 기업개선작업안을 의결하고 이어 주채권은행과 당해 기업과 사이에 그 의결 사항의 이행을 위한 기업개선작업약정이 체결되었다면, 이는 위와 같은 사전합의에 따른 것이어서 달리 무효로 볼 만한 특별한 사정이 없는 한 그 약정에 따른 채권재조정 등 권리변경의 효력은 채권금융기관협의회의 구성원으로서 결의에 참여하여 기업개선작업안에 반대한 채권금융기관에도 당연히 미친다고 할 것이다. 그리고 위와 같은 사적 정리절차에 따른 기업개선작업약정은 민법상 화해계약에 유사한 성질을 갖는 것이어서 채권금융기관들이 양보한 권리는 기업개선작업약정의 효력이 발생한 시점에 소멸하고 당해 기업 등은 그에 갈음하여 그 약정에 따른 새로운 권리를 취득하게 되는 것이므로, 보통 채권금융기관들이 기업개선작업의 성공을 기대하면서 양보를 하기 마련이라고 하더라도 채권금융기관들과 당해 기업 사이에 기업개선작업의 중단이 기존 양보한 권리에 미치는 효과에 관하여 달리 특별한 합의를 하였던 경우를 제외하고는 기업개선작업이 중단되었다는 사정만으로 채권금융기관들이 종전에 양보한 권리가 당연히 되살아난다고 할 수는 없고, 이처럼 양보한 권리가 되살아나지 아니하여 채권금융기관들이 그만큼 손해를 보게 되어 채권금융기관협의회의 구성원이 아닌 다른 채권자들과의 사이에 불균형이 발생한다고 하더라도 이는 법원이 관여하는 법정 정리절차 대신 사적 정리절차를 선택할 때에 이미 감수하기로 한 위험이 현실화된 것에 불과하여 결론을 달리할 만한 사정이 되지 못한다.」$\left(\substack{\text{대판 2007. 4. 27,}\\\text{2004다41996}}\right)$

3. 화해와 착오취소의 관계

[213]

화해계약은 착오를 이유로 취소하지 못한다$\left(\substack{733조\\본문}\right)$. 그러나 「화해 당사자의 자격」 또는 「화해의 목적인 분쟁 이외의 사항」에 착오가 있는 때에는 취소할 수 있다$\left(\substack{733조\\단서}\right)$. 이를 좀더 살펴보기로 한다.

민법은 착오가 다툼의 대상인 법률관계 자체에 있는 경우에는 취소를 인정하지 않는다$\left(\substack{\text{대판 1989. 8. 8, 88다카15413; 대판 1989. 9. 12, 88다카10050; 대판 1992. 9. 22, 92다25335;}\\\text{대판 1995. 10. 12, 94다42846; 대판 2004. 8. 20, 2002다20353; 대판 2018. 5. 30, 2017다21411}}\right)$. 예컨대 동업계약을 체결한 조합원의 상속인이 동업재산 중 지분의 환급범위에 관하여 분쟁하던 중 지분비율을 확정하여 그에 대한 환급지분액을 일정금액으로 합의 정산하기로 한 경우에$\left(\substack{화해\\계약}\right)$ 지분비율의 산정에 착오가 있는 때$\left(\substack{\text{대판 1989. 9. 12,}\\\text{88다카10050}}\right)$, 의사가 수술 후 발생한 새로운 증세에 대하여 그 책임소재와 손해의 전보를 둘러싸고 분쟁이 있어 오다가 합의를 한 경우에 환자의 수술 후의 증세가 의사의 수술행위로 인한 것이 아니거나 의사에게 유책사유가 없는 때$\left(\substack{\text{대판 1995. 10. 12,}\\\text{94다42846}}\right)$, 퇴직금 지급률을 인하조정하는 퇴직금지급규정의 개정에 대하여 노사 간에 다툼이 있어 그 판단을 계속 중인 소송의 확정판결에 따르기로 합의한 경우에 신 규정이 근로자 집단의 집단 의사결정방법에 의한 동의를 얻어 유효한지에 관하여 잘못

안 때($^{대판 1995. 12. 12,}_{94다22453}$), 동업하는 사업의 이익금과 개발부담금을 둘러싼 정산관계에 관해서 다툼이 있다가 그 사업의 손익 배분에 관한 분쟁을 종결하기로 하는 화해계약을 체결한 경우($^{대판 2018. 5. 30,}_{2017다21411}$)에 그렇다.

그에 비하여 「당사자의 자격」에 착오가 있거나($^{대판 1994. 9. 30,}_{94다11217}$) 「화해의 목적인 분쟁 이외의 사항」에 착오가 있는 때에는 착오를 이유로 취소할 수 있다($^{733조 단서}_{의 문언에}$ 주의하여야 한다. 사실 전자는 후자의 일종으로 보아야 한다). 판례는 「화해의 목적인 분쟁 이외의 사항」이란 「분쟁의 대상이 아니라 분쟁의 전제 또는 기초가 된 사항으로서 쌍방 당사자가 예정한 것이어서 상호양보의 내용으로 되지 않고 다툼이 없는 사실로 양해된 사항」이라고 한다($^{대판 2005. 8. 19, 2004다53173; 대판 2020. 10. 15, 2020다227523·}_{227530. 같은 취지: 대판 1989. 8. 8, 88다카15413 이래 다수의 판결}$). 예컨대 퇴직금 등이 5,000만원이 넘음에도 불구하고 213만원 내임을 전제로 하여 화해계약을 맺은 경우($^{대판 1989. 8. 8,}_{88다카15413}$), 환자가 의료과실로 사망한 것으로 잘못 알고 화해가 이루어졌으나 그 후 환자의 사인이 치료행위와는 무관한 것으로 판명된 경우($^{대판 1990. 11. 9, 90다카}_{22674; 대판 1991. 1. 25,}$ $^{90다12526; 대판 2001.}_{10. 12, 2001다49326}$), 교통사고에 있어서 가해자의 과실이 경합되어 있는데도 오직 피해자의 과실로 인하여 사고가 발생한 것으로 착각하고 합의한 경우($^{대판 1992.}_{7. 14, 91다}$ $^{47208; 대판 1997. 4. 11, 95다48414. 그런데 대판}_{1992. 3. 10, 92다589는 유사한 경우에 취소를 부인한다}$)가 그에 해당한다. 주의할 것은, 제733조 단서에 해당한다고 하여 바로 취소할 수 있는 것은 아니고 제109조의 요건을 갖추어야 한다는 점이다. 그리고 이 두 규정상의 요건은 취소를 주장하는 자가 증명하여야 한다($^{대판 2004. 8. 20,}_{2002다20353}$). 한편 표시의 착오의 경우에는 취소를 인정하여야 한다는 견해가 있으나($^{김형배, 805면;}_{이은영, 632면}$), 의문이다.

한편 화해계약이 사기로 인하여 이루어진 경우에는, 화해의 목적인 분쟁에 관한 사항에 착오가 있는 때에도, 제110조에 따라 이를 취소할 수 있다($^{대판}_{2008. 9. 11,}$ $^{2008다}_{15278}$).

〈판 례〉

(ㄱ) 「화해계약이 성립되면 특별한 사정이 없는 한, 그 창설적 효력에 의하여 종전의 법률관계를 바탕으로 한 권리의무관계는 소멸되고 계약당사자 간에는 종전의 법률관계가 어떠하였느냐를 묻지 않고 화해계약에 의하여 새로운 법률관계가 생기는 것이므로, 화해계약의 의사표시에 착오가 있더라도 이것이 당사자의 자격이나 목적인 분쟁 이외의 사항에 관한 것이 아니고 분쟁의 대상인 법률관계 자체에 관한 것일 때에는 이를 취소할 수 없다 할 것이고, 화해계약의 의사표시에 있어 중요부분에 관한 착오의 존재 및 이것이 당사자의 자격이나 목적인 분쟁 이외의 사항에 관한 것이

라는 점은 착오를 이유로 화해계약의 취소를 주장하는 자가 입증하여야 할 것이다.」$\binom{\text{대판 2004. 8. 20,}}{\text{2002다20353}}$

(ㄴ)「민법상의 화해계약을 체결한 경우 당사자는 착오를 이유로 이를 취소하지 못하고, 다만 화해당사자의 자격 또는 화해의 목적인 분쟁 이외의 사항에 착오가 있는 때에 한하여 취소할 수 있으며, 여기서 '화해의 목적인 분쟁 이외의 사항'이라 함은 분쟁의 대상이 아니라 분쟁의 전제 또는 기초가 된 사항으로서 쌍방 당사자가 예정한 것이어서 상호양보의 내용으로 되지 않고 다툼이 없는 사실로 양해된 사항을 말」한다$\binom{\text{대판 2005. 8. 19,}}{\text{2004다53173}}$.

〈판례의 검토〉

위에서 본 바와 같이, 판례는 화해기초의 착오만이 「분쟁 이외의 사항」에 관한 착오라는 견지에 있다. 그러나 분쟁 이외의 사항에 관한 착오에는 화해기초의 착오가 아닌 것도 있을 수 있다. 화해당사자에 관한 착오도 그 예이다.

그리고 판례는 화해기초의 착오는 당사자 쌍방이 일치하여 동기의 착오에 빠진 경우인지 일방적 착오인지를 불문하고 제109조를 적용한다. 그러나 동기의 착오는 제109조에 의하여서는 고려되지 못한다고 하여야 하며$\binom{\text{민법총칙}}{\text{[154] 참조}}$, 설사 판례처럼 동기의 착오가 제109조에 의하여 고려될지라도 화해기초에 관한 공통의 동기의 착오의 경우에는 제109조가 아니고 주관적 행위기초론을 적용하여야 한다$\binom{\text{민법총칙}}{\text{[168] 참조}}$. 그 결과 그 착오에 의하여 불이익하게 계약을 체결한 당사자에게는 화해계약으로부터 벗어날 권리 즉 탈퇴권이 부여되어야 한다. 이 탈퇴권은 원칙적으로 해제권이나, 계속적 채권관계에 있어서는 해지권이다.

4. 화해와 후발손해(後發損害)의 관계   [214]

(1) 교통사고의 피해자가 후유증이 없는 것으로 생각하고 일정금액을 받으면서 나머지의 손해배상청구권을 포기하는 합의를 하였는데 그 후에 후유증이 생겨서 오래 치료를 받고 그래도 완치되지 않아 불구자가 된 경우, 즉 후발손해가 생긴 경우에 피해자는 더 이상 손해배상청구를 할 수 없는지가 문제된다. 이러한 경우의 합의의 성질은 — 제731조에 충실하려면 — 서로 양보하고 있는지의 유무에 따라서 민법상의 화해이거나 그것에 비슷한 무명계약이라고 하여야 한다$\binom{\text{같은}}{\text{취지:}}$ 곽윤직, 333면. 이은영, 638면은 언제나 화해계약이라고 한다).

(2) 이에 대하여 판례는 엇갈리고 있고 학설도 대립한다.

1) 판례는 적은 예외가 있기는 하나, 많은 판결에서 합의의 해석에 의하여 피해자를 구제하고 있다. 그 가운데에는 손해배상청구를 포기하는 합의는 합의

당시에 예상할 수 없었던 적극적 치료비나 후유증으로 인한 손해배상청구권까지 포기하는 취지로 볼 수 없다고 한 경우가 많다(한정적
해석)(대판 1970. 8. 31, 70다1284; 대판
1988. 4. 27, 87다카74 등 다수의 판결). 1980년대 후반에는「모든 손해가 확실하게 파악되지 않는 상황 아래에서 조급하게 적은 금액을 받고 위와 같은 합의가 이루어진 경우」에만 위와 같은 결과를 인정하는 판결도 나왔다(대판 1988. 4. 27, 87다카74; 대판 1989. 7. 25,
89다카968; 대판 1997. 8. 29, 96다46903). 그런가 하면 다른 한편으로「그 합의가 손해발생의 원인인 사고 후 얼마 지나지 아니하여 손해의 범위를 정확히 확인하기 어려운 상황에서 이루어진 것이고 후발손해가 합의 당시의 사정으로 보아 예상이 불가능한 것으로서 당사자가 후발손해를 예상하였더라면 사회통념상 그 합의금액으로는 화해하지 않았을 것이라고 보는 것이 상당할 만큼 그 손해가 중대한 것일 때에는 당사자의 의사가 이러한 손해에 대해서까지 그 배상청구권을 포기한 것이라고 볼 수 없」다고 하는 기준을 제시하기도 한다(대판 1991. 4. 9, 90다16078; 대판 1997. 4. 11, 97다423; 대판 2000. 1. 14, 99다39418;
대판 2000. 3. 23, 99다63176; 대판 2001. 9. 4, 2001다9496; 대판 2001. 9. 14, 99다42797). 그리고 마지막의 것이 현재의 주류의 판례이다.

판례는 합의서의 권리포기 문구가 단순한 예문에 불과하다고 한 적이 있고(대판 1999. 3. 23,
98다64301), 권리포기에 관한 합의의 성립을 부정한 적도 있다(대판 1977. 9. 28, 77다
1071; 대판 1982. 4. 27,
80다
2961 등).

그 밖에 신체침해가 발생한 경우에 있어서 피해자가 장래에 들 치료기간·치료비·후유증 등을 예상하지 못하고 합의한 경우에 관하여 여러 번 착오를 이유로 합의의 취소를 인정하였다(대판 1971. 4. 30, 71다399; 대
판 1981. 4. 14, 80다2452 등).

〈판 례〉

　㈀「불법행위로 인한 손해배상에 관하여 가해자와 피해당사자 간에 피해자가 일정한 금액을 지급받고 그 나머지의 청구를 포기하기로 약정한 때에는 그 후에는 그 이상의 손해가 사후에 발생했다는 이유로 위에서 본 합의금액을 넘는 손해배상청구를 하는 것을 인용해 줄 수는 없다고 보는 것이 마땅하다 하겠으나 모든 손해가 확실하게 파악되지 않는 상황 하에서 조급하게 적은 금액을 받고 위와 같은 합의가 이루어진 경우에는 그 합의 당시 피해자가 포기한 손해배상청구권은 그 당시에 예측이 가능했던 손해에 대한 것뿐이라고 해석해야 할 것이지 당시에 예상할 수 없었던 적극적 치료비나 후유증이 그 후에 생긴 경우의 그 손해에 대하여서까지 배상청구권을 포기했다고 해석할 것이 아니」다(대판 1988. 4. 27, 87다카74. 같은 취지: 대판 1989.
7. 25, 89다카968; 대판 1997. 8. 29, 96다46903).

　㈁「불법행위로 인한 손해배상에 관하여 가해자와 피해자 사이에 피해자가 일정한

금액을 지급받고 그 나머지 청구를 포기하기로 합의가 이루어진 때에는 그 후 그 이상의 손해가 발생하였다 하여 다시 그 배상을 청구할 수 없는 것이나, 다만 그 합의가 손해발생의 원인인 사고 후 얼마 지나지 아니하여 손해의 범위를 정확히 확인하기 어려운 상황에서 이루어진 것이고 후발손해가 합의 당시의 사정으로 보아 예상이 불가능한 것으로서 당사자가 후발손해를 예상하였더라면 사회통념상 그 합의금액으로는 화해하지 않았을 것이라고 보는 것이 상당할 만큼 그 손해가 중대한 것일 때에는 당사자의 의사가 이러한 손해에 대해서까지 그 배상청구권을 포기한 것이라고 볼 수 없으므로 다시 그 배상을 청구할 수 있다고 보아야 할 것이다.」$\binom{\text{대판 1991. 4. 9, 90다}}{\text{16078. 같은 취지: 대판}}$
1997. 4. 11, 97다423; 대판 2001. 9.
14, 99다42797 등 다수의 판결

2) 학설은 후발손해에 대하여 추가청구를 하지 못함이 원칙이라는 데 대하여는 다툼이 없다$\binom{\text{이는 근래의}}{\text{판례도 같음}}$. 그러나 후발손해의 배상청구를 인정하여야 하는 경우의 이론구성에 대하여는 견해가 대립한다. 학설 가운데에는 i) 합의의 한정적 해석으로 해결하는 견해가 있는가 하면$\binom{\text{곽윤직, 334면(1988. 4. 27.의 판결과 같음); 이은영, 640면(3가}}{\text{지 요건을 제시하며, 그 내용은 1991. 4. 9.의 판결과 유사함)}}$, ii) 당사자가 예상하지 못했던 손해에 대하여는 판례와 같이 처리하고 당사자가 예상하였던 손해에 대하여도 신의칙상 손해배상청구권을 인정하여야 할 경우가 있을 것이라는 견해$\binom{\text{김주수,}}{\text{509면}}$, iii) 신의칙에 의하여 해결하여야 한다는 견해$\binom{\text{김상용,}}{\text{455면; 김}}$ 형배, 807면) 등도 있다.

3) 판례·학설을 검토해 본다. 우선 판례는 다양한 방법으로 피해자를 구제하고 있다. 그런데 각각의 구제방법의 타당성 여부는 별론으로 하고 유사한 경우가 각기 다른 이론에 의하여 판단되고 있어 문제이다. 이는 구제방법들이 동일평면 위에 놓여 있지 않고 단계적인 구조를 지니고 있기 때문에 더욱 그러하다. 특히 착오는 합의의 성립이 인정되고 해석이 행하여진 뒤에 비로소 문제되는데, 판례는 합의를 한정적으로 해석하고 있는 사안과 매우 흡사한데도 착오를 이유로 취소를 인정하기도 한다$\binom{\text{판례는 한 가지로}}{\text{모아져야 한다}}$. 그리고 예문해석이 부당함은 이미 지적한 바 있다$\binom{\text{민법총칙}}{\text{[94] 참조}}$.

이와 같은 경우에는, 먼저 합의를 해석하여 그 내용을 확정한 뒤, 해석에 의하여 피해자가 구제되지 못하면 다른 구제방법을 찾아야 한다$\binom{\text{단계적}}{\text{구조}}$. 그런데 한정적 해석을 하는 판례와 학설은 의사표시의 명문(明文)에 반할 뿐더러, 기준을 획일적으로 정할 수 없고, 또한 보호가 필요한 모든 피해자를 구제해 줄 수 없다

(무리한 판결
사안이 있음). 따라서 그에 의하면 다른 이론이나 제도의 원용이 불가피하다.

사견은 먼저 법률행위 해석의 일반이론을 그대로 적용하여 피해자 구제를 모색해 보고, 그것이 불충분한 때에는 다른 구제방법을 찾아야 한다는 견지에 있다. 그리하여 일단은 합의를 그 문언(文言)에 따라 해석하되, 예외적으로 다른 의사(예: 한정된 범위에서만 청 구권을 포기한다는 의사)를 확정할 수 있으면 그 의미로 인정하여야 한다(자연적 해석). 그리고 만약 당사자의 의사가 불분명한 경우에는 합의의 내용은 그 문언에 따라 확정되고, 그때의 피해자 구제는 다른 방법에 의하여야 한다. 그 방법으로는 신의칙을 적용하는 것이 가장 바람직하다. 즉 피해자를 합의에 구속시키는 것이 신의칙에 반할 때에는 권리남용으로 보아 이를 인정하지 않아야 한다. 이 경우 권리남용인지 여부를 판단함에 있어서는 합의금과 후발손해와의 불균형의 정도, 합의에 이른 과정, 당사자의 대화내용, 당사자의 거래경험이나 지식·직업, 경제적인 궁핍의 정도, 담당의사의 진술, 합의가 이루어진 시기 등 여러 사정을 고려하여야 한다.

제 4 장 사무관리

Ⅰ. 사무관리의 의의 및 성질 [215]

1. 의 의

사무관리는 의무($^{계약 \, 또는 \, 법률}_{에 \, 의한 \, 의무}$) 없이 타인을 위하여 그의 사무를 처리하는 행위이다($^{734조}_{1항}$). 폭풍우로 파손된 이웃집의 지붕을 수선해 주는 행위가 그 예이다. 사무관리가 있으면 민법상 비용상환청구권·손해배상청구권·관리계속의무 기타의 의무가 발생한다($^{보수청구권은 \, 생기지 \, 않음. \, 그러나 \, 유실물법 \, 4조, \, 「수상에서의 \, 수색 \, \cdot}_{구조 \, 등에 \, 관한 \, 법률」 \, 39조, \, 상법 \, 883조 \, 등은 \, 보수청구권을 \, 인정한다}$). 따라서 이는 법정 채권발생원인의 하나이다.

사무관리는 실제 사회에서 어느 정도 행하여지고 있으나, 법적인 의의는 크지 않다.

2. 인정근거

사무관리제도의 인정근거에 관하여 학설은 i) 사회공동생활에 있어서 각 개인은 남의 일에 간섭하지 않아야 하지만, 사정에 따라서는 각자가 서로 의지하고 서로 도와서 타인의 손해를 막고 타인의 이익을 더하여 나가는 것이 필요하고 바람직하며, 그것은 그 타인뿐만 아니라 사회 전체의 복리가 되기 때문이라는 견해($^{곽윤직, \, 335면; \, 김주수,}_{514면; \, 김형배, \, 7면}$), ii) 타인 사무의 관리의 결과 야기되는 「관리인과 본인 사이의 재산관계」를 정의에 맞게 조정할 목적으로 만들어졌다는 견해($^{이은영, \, 649면. \, 같은}_{취지: \, 김상용, \, 492면}$)로 나뉘어 있다. 생각건대 ii)설은 인정근거를 민법규정의 내용을 바탕으로 설명하고 있으며, 따라서 진정한 의미의 인정근거라고 할 수 없다. i)설에 찬성한다.

3. 법적 성질

(1) 사무관리는 적법행위이다. 그러나 의사표시를 요소로 하는 법률행위가 아니고 준법률행위, 그 중에서도 사실행위(혼합 사실행위)이다.

(2) 사무관리의 내용이 되는 행위는 사실행위일 수도 있고 법률행위일 수도 있다. 사무관리자가 이웃집 지붕을 직접 수선하는 경우는 전자의 예이고, 사무관리자가 제 3 자에게 지붕수선을 맡긴 경우는 후자의 예이다. 그런데 후자의 경우에도 법률행위 자체가 사무관리가 아니고 그 법률행위는 전체적인 사무관리의 수단일 뿐이다.

(3) 사무관리는 법률행위가 아니므로 의사표시 내지 법률행위에 관한 총칙편의 규정은 사무관리에 적용되지 않는다. 그러나 사무관리에서는 사무관리자에게 본인을 위하여 하는 의사, 즉 관리의사가 필요하므로 그는 의사능력을 가져야 한다. 그 외에 행위능력도 필요한가에 관하여는 다툼이 있다. 이것이 문제되는 것은 사무관리가 성립하면 관리자가 비용을 받을 수 있는 등으로 그에게 유리한 면이 있지만, 다른 한편으로 관리계속의무·손해배상의무 등의 무거운 책임도 지기 때문이다.

학설은 i) 제한능력자의 사무관리를 인정하지 않는 견해(김주수, 518면. 곽윤직, 337면도 이에 속하는 듯하다), ii) 제한능력자의 사무관리의 성립을 인정하여 비용상환청구권은 인정하되, 그의 책임에 관하여는 제135조 제 2 항을 유추적용하는 견해(김상용, 498면. 김형배, 35면도 같으나, 이 견해는 제한능력자에게는 관리상의 의무는 없고 부당이득 또는 불법행위책임을 진다고 한다), iii) 사무관리의 성립에 행위능력은 필요하지 않으며, 다만 무능력자(제한능력자) 보호제도의 취지상 무능력자(제한능력자)의 채무부담을 경감시켜 주어야 한다는 견해(753조-755조의 유추적용, 135조 2항 후단 적용, 141조의 유추적용)(이은영, 663면; 지원림, 1586면)로 나뉘어 있다.

생각건대 준법률행위에는 성질이 허용하는 한 법률행위 규정이 준용될 수 있다. 그리고 사무관리의 경우에는 제한능력자 보호를 위하여 행위능력을 요구할 필요가 있다. 그런데 민법은 제한능력자 보호의 방법으로 취소만을 인정할 뿐 제한능력자에 유리한 것을 모두 골라 가질 수 있도록 하고 있지 않다. 따라서 사무관리에 있어서 행위능력을 요구하는 때에도 제한능력자는 취소에 의하여 사무관리의 효과를 전적으로 받지 않든지 아니면 그대로 유지하든지 둘 중에 하나만을 선택할 수 있다고 하여야 한다. 즉 제한능력자의 사무관리도 성립할 수 있되, 법정대리인이나 제한능력자 본인은 취소에 의하여 사무관리의 효과를 받지 않을 수 있다고 할 것이다.

Ⅱ. 사무관리의 성립요건 [216]

1. 타인의 사무의 관리가 있을 것

(1) 「사무」는 사람의 생활상의 이익에 영향을 미치는 모든 일을 가리키며, 사실적 행위인지 법률적 행위인지, 계속적인 것인지 일시적인 것인지, 정신적인 것인지 기계적인 것인지 등은 묻지 않는다.

(2) 사무는 「타인의 것」이어야 한다. 여기에 관하여 i) 통설은 사무는 성질상 ① 객관적으로 타인의 사무인 것($^{예: 타인의}_{집의 수리}$), ② 객관적으로 자기의 사무인 것($^{예: 자}_{기 집}$$^{의}_{수리}$), ③ 중성이어서 특정인과 관계가 없는 것($^{예: 약품}_{의 구입}$)의 세 가지로 나누어지고, 그 중 ①에 대하여는 사무관리가 성립하고, ②에 대하여는 관리자가 그것을 타인의 사무라고 잘못 믿었어도 사무관리가 성립하지 않으며, ③에 대하여는 관리자의 의사에 의하여 주관적으로 결정된다고 한다($^{곽윤직, 337면; 김주수, 523면. 김상용, 495면; 김형}_{배, 22면은 ②는 제외하고 있으나 마찬가지 견해이다}$). 그에 비하여 ii) 소수설은 타인의 사무처리 여부는 일관성 있게 객관적으로 판단되어야 한다고 주장한다($^{이은영,}_{666면}$). 생각건대 사무관리의 성립에 관리자의 관리의사도 요구하는 만큼 이 요건에 관하여만 순객관적으로 판단하여야 할 필요는 없다.

사무가 타인의 것이어야 하므로, 어떤 자가 비용을 지출하였더라도 그 비용지출과 무관한 자에 대하여는 사무관리가 성립하지 않는다. 예컨대 A가 B의 혼인 외 출생자라고 주장하는 C를 양육·교육하면서 비용을 지출하였더라도, B가 C를 인지하거나 B가 C의 부모로서 혼인하여 C가 그 혼인 중의 출생자로 간주되지 않는 한, A가 B의 사무를 관리하였다고 볼 수 없다($^{대판 1981. 5. 26,}_{80다2515}$).

한편 타인의 사무가 국가의 사무인 경우에는, 원칙적으로 사인이 법령상의 근거 없이 국가의 사무를 수행할 수 없다는 점을 고려하면, 사인이 처리한 국가의 사무가 사인이 국가를 대신하여 처리할 수 있는 성질의 것으로서, 사무 처리의 긴급성 등 국가의 사무에 대한 사인의 개입이 정당화되는 경우에 한하여 사무관리가 성립하고, 사인은 그 범위 내에서 국가에 대하여 국가의 사무를 처리하면서 지출된 필요비 내지 유익비의 상환을 청구할 수 있다($^{대판 2014. 12. 11, 2012다15602: 갑}_{주식회사 소유의 유조선에서 원유가}$ 유출되는 사고가 발생하자 을 주식회사가 피해 방지를 위해 해양경찰의 직접적인 지휘를 받아 방제작 업을 보조한 사안에서, 을 회사는 사무관리에 근거하여 국가에 방제비용을 청구할 수 있다고 한 사례).

(3) 여기의 「관리」는 보존·개량을 내용으로 하는 관리행위뿐만 아니라 처분행위도 포함된다. 판례도 몰수할 수 있는 압수물에 대한 수사기관의 환가처분은

사무관리에 준하는 행위라고 하여(대판 1957. 7. 25, 4290민상290; 대판 2000. 1. 21, 97다58507), 같은 견지에 있다.

2. 타인을 위하여 하는 의사(관리의사)가 있을 것

(1) 사무관리가 성립하려면 관리자에게 타인을 위하여 하는 의사 즉 관리의사가 있어야 한다(사무관리의 인정근거에 관하여 사회부조설을 취하는 사견에서는 관리의사가 요건이 된다)·통설(곽윤직, 337면; 김상용, 496면; 김주수, 524면; 김형배, 25면; 지원림, 1587면. 반대 견해: 이은영, 665면)·판례(대판 1994. 12. 22, 94다41072·41089; 대판 1995. 9. 15, 94다59943; 대판 1997. 10. 10, 97다26326; 대판 2010. 2. 11, 2009다71558)도 같다. 민법은 이를 「타인을 위하여」라고 표현하고 있다(734조 1항). 이 관리의사는 관리의 사실상의 이익(법률상의 이익이 아님)을 타인에게 귀속시키려는 의사이다. 판례도 동일하게 해석한다(대판 2013. 8. 22, 2013다30882).

판례는, 관리자가 처리한 사무의 내용이 관리자와 제 3 자 사이에 체결된 계약상의 급부와 그 성질이 동일하다고 하더라도, 관리자가 위 계약상 약정된 급부를 모두 이행한 후 본인과의 사이에 별도의 계약이 체결될 것을 기대하고 사무를 처리한 경우에 관하여 사무관리의사가 있다고 한다(대판 2010. 1. 14, 2007다55477).

(2) 관리의사는 관리자 자신의 이익을 위한 의사와 병존하여도 무방하다(예: 공유자 1인이 공유물 전부에 대하여 비용을 지출한 경우)(대판 2010. 2. 11, 2009다71558; 대판 2013. 8. 22, 2013다30882). 그리고 외부에 표시될 필요가 없고(대판 2013. 8. 22, 2013다30882), 그 타인이 관리 당시에 확정되어 있을 필요도 없으며(대판 2010. 2. 11, 2009다71558; 대판 2013. 8. 22, 2013다30882), 본인에 관하여 착오가 있더라도 지장이 없다(이때에는 진정한 본인에 대하여 사무관리가 성립한다).

〈판 례〉

(ㄱ) 판례에 의하면, 보험회사가 A의 불법행위로 인하여 자동차사고가 발생한 경우에 보험약관상 면책규정에 해당하여 보험금지급의무가 없다는 것을 알지 못하고 보험자로서 피해자에게 보험금을 지급한 때에는, 보험회사는 자신의 채무를 이행한다는 의사 내지는 피보험자를 위한 사무관리를 한다는 의사로 보험금을 지급하였다고 할 것이고, 따라서 보험회사의 보험금지급으로 A와의 관계에서 사무관리가 성립할 여지는 없다고 한다(대판 1995. 3. 3, 93다36332).

(ㄴ) A 조합이 B 조합의 해산 후 별도의 절차에 따라 새로 설립되었으나 B 조합과 조합업무 위임계약 및 조합업무대행 수수료 지급약정을 체결한 갑이 실제로 B 조합에 이어 A 조합의 업무를 상당 부분 대행해 왔고, A 조합도 그 법률적 효과와 경제적 이익을 누려왔다면, 갑은 A 조합이 B 조합과 실체가 동일하여 B 조합과 갑 사이에 체결된 위 약정을 승계한 것으로 생각하였거나, 적어도 A 조합과 새로운 조합업무 위임계약이 체결될 것을 기대하고 보수를 지급받을 목적으로 법률상 의무 없이 A 조합을 위하여 A 조합의 사무를 처리해 온 것임을 인정할 수 있으므로, A 조합과 갑 사

이에 사무관리에 의한 법정채권관계가 성립하였다고 본 사례(대판 2010. 6. 10, 2009다98669).

　(ㄷ)「채무자가 다른 상속인과 공동으로 부동산을 상속받은 경우에는 채무자의 상속지분에 관하여서만 상속등기를 하는 것이 허용되지 아니하고 공동상속인 전원에 대하여 상속으로 인한 소유권이전등기를 신청하여야 한다(부동산등기규칙 제52조 제 7 호, 대위상속등기에 관한 1994. 11. 5.자 등기선례 제4-274호 참조). 그리고 채권자가 자신의 채권을 보전하기 위하여 채무자가 다른 상속인과 공동으로 상속받은 부동산에 관하여 위와 같이 공동상속등기를 대위신청하여 그 등기가 행하여지는 것과 같이 채권자에 의한 채무자 권리의 대위행사의 직접적인 내용이 제 3 자의 법적 지위를 보전·유지하는 것이 되는 경우에는, 채권자는 자신의 채무자가 아닌 제 3 자에 대하여도 다른 특별한 사정이 없는 한 사무관리에 기하여 그 등기에 소요된 비용의 상환을 청구할 수 있다고 할 것이다. 이와 같은 경우에 채권자가 채권자대위권에 관한 민법 제404조 제 1 항에서 정하는 대로 '자기의 채권을 보전하기 위하여' 채무자의 권리를 행사한다는 점은 그것만으로 그 권리 행사의 결과로 행하여지는 위와 같은 공동상속등기에 의한 이익을 공동상속인들에게 귀속시킨다는 채권자의 통상적·일반적 의사를 부인할 만한 사정이 되지 못하는 것이다.」(대판 2013. 8. 22, 2013다30882)

3. 법률상의 의무가 없을 것 　　　　　　　　　　　　　　　　　　　　[217]

　(1) 관리자가 계약(위임·고용·도급 등) 또는 법률규정(친권이나 후견)에 의하여 본인에 대하여 그 사무를 관리할 의무를 부담하는 경우에는 사무관리가 성립하지 않는다(사용자가 근로자의 업무상 부상에 대하여 치료비를 지급하는 것은 근로기준법에 따라 부담하는 사용자 자신의 채무를 이행하는 것이고, 타인의 사무처리가 아니다: 대판 1998. 5. 12, 97다54222).

　(2) 관리자가 계약상의 의무를 이행하는 급부를 하였으나 그 계약이 무효·취소·해제된 경우에는 사무관리가 되지 않고 부당이득만이 문제된다고 하여야 한다(같은 취지: 김상용, 499면; 김형배, 18면; 이은영, 667면. 반대 견해: 곽윤직, 338면; 김주수, 526면. 대판 1981. 10. 24, 81다563은 유사한 경우에 관리의사의 결여를 이유로 사무관리의 성립을 부정한다). 계약상의 의무의 범위를 넘어서 급부를 한 경우나 의무가 없는데도 있다고 잘못 믿고 급부한 경우에도 같다(반대 견해: 곽윤직(신정판), 590면; 지원림, 1588면).

　(3) 관리자가 본인에 대하여는 의무가 없지만 제 3 자에 대한 관계에서는 사무를 관리할 의무가 있는 경우에는, 그 의무의 내용이 본인의 사무를 처리하는 것이더라도 사무관리는 성립하지 않는다. 즉 제 3 자와의 약정에 따라 타인의 사무를 처리한 경우에도 의무 없이 타인의 사무를 처리한 것이 아니므로 원칙적으로 그 타인과의 관계에서는 사무관리가 되지 않는다(대판 2013. 9. 26, 2012다43539). 가령 A가 B의 위임에 의하여 C의 집을 수리한 경우에 그렇다. 그러나 이때 B가 C와의 사이에 아무런 의무 없이 A에게 그러한 사무를 위임하였다면 B와 C 사이에 사무관리가

성립한다(같은 취지: 곽
윤직, 338면).

4. 본인에게 불이익한 것 또는 본인의 의사에 반한다는 것이 명백하지 않을 것(737조 단서
참조)

이것이 사무관리의 요건인가에 대하여는 i) 긍정설이 다수설(곽윤직, 338면; 김상용,
500면; 김주수, 527면; 김형배,
30면) 및 판례(대판 1994. 12. 22, 94다41072 · 41089; 대판 1997. 10. 10, 97다26326;
대판 2010. 2. 11, 2009다71558; 대판 2013. 8. 22, 2013다30882)이나, ii) 요건이 아니라는 부정설도 있다(이은영,
669면). 생각건대 민법상 사무관리가 본인에게 불리함 또는 본인의 의사에 반함이 명백한 때에는 사무관리를 중지하여야 하는 점(737조
단서)에 비추어 볼 때, 그러한 경우에는 처음부터 사무관리가 성립하지 않는다고 새겨야 할 것이다. 그러나 본인이 사무관리를 원하지 않는 의사가 강행법규 또는 사회질서에 반하는 경우에는, 설사 본인의 의사에 반하는 것이 명백하여도 사무관리가 성립한다. 가령 자살하려는 자를 살리기 위하여 의사를 부르는 경우, 세금을 내지 않으려는 자를 위하여 세금을 납부하는 경우에 그렇다.

[218]   ## Ⅲ. 사무관리의 효과

1. 일반적 효과

(1) 위법성의 조각

사무관리는 적법행위로서 위법성을 조각한다. 따라서 사무관리를 위하여 타인의 가옥에 들어가더라도 불법행위가 되지 않는다.

(2) 사무관리를 추인하는 경우

사무관리자가 사무처리를 시작한 후에 본인이 사무관리를 추인한 경우에는 사무관리에 하자가 있더라도(예: 본인의 의사에
반한 사무관리) 하자가 치유된다. 그러나 추인만에 의하여 사무관리가 위임으로 전환되는 것은 아니다.

(3) 사무관리와 대리관계

사무관리자가 사무관리를 위하여 제 3 자와 행한 법률행위의 효과는 관리자에게 생기고 본인에게는 생기지 않는다. 사무관리가 대리권을 발생시키는 것은 아니기 때문이다. 다만, 관리자가 본인의 명의로 법률행위를 한 경우에는 무권대리가 된다(같은 취지: 곽윤직, 339면; 김주수, 523면.
반대 견해(유권대리설): 이은영, 654면). 그리하여 후에 본인이 추인을 하면 그 효과가 본인에게 귀속한다.

2. 사무관리자의 의무

(1) 관리계속의무

사무관리자가 일단 사무관리를 시작한 때에는 본인·그의 상속인 또는 법정대리인이 그 사무를 관리할 수 있을 때까지 관리를 계속하여야 한다($\frac{737조}{본문}$). 마음대로 중단하면 본인에게 손해가 생길 수 있기 때문이다. 그러나 관리의 계속이 본인의 의사에 반하거나 본인에게 불리함이 명백한 때에는 관리를 중지하여야 한다($\frac{737조}{단서}$). 한편 본인 자신이 직접 관리하겠다는 의사가 외부적으로 명백히 표현된 경우에는($\frac{종료의 의사표시는}{필요하지 않다}$) 사무관리는 더 이상 성립할 수 없다($\frac{대판 1975. 4. 8,}{75다254}$).

(2) 관리의 방법

사무관리는 그 사무의 성질에 좇아 가장 본인에게 이익이 되는 방법으로 하여야 하나($\frac{734조}{1항}$), 만약 관리자가 본인의 의사를 알거나 알 수 있는 때에는 그 의사에 적합하도록 하여야 한다($\frac{734조}{2항}$).

관리자가 위와 같은 관리방법에 위반하여 사무를 관리한 결과 본인에게 손해가 발생하면, 관리자는 그에게 과실이 없는 때에도 손해를 배상하여야 한다($\frac{734}{조 3항 본문}$)($\frac{대판 1995. 9. 29, 94다13008은 레스토랑 주방장으로 일하던 자가 레스토랑에 들렀다가 손님이 들어와서 식사가 되느냐고 묻자 주방에 들어가 가스렌지에 불을 켜놓았다가, 손님이 음료수만 주문하여 가스렌지의 불이 불필요하게 되었음에도 그 불을 끄지 않고 나가는 바람에 화재가 발생한 경우에, 사무관리자로서의 손해배상책임을 인정하였다}{}$). 즉 부적합한 관리에 의하여 손해가 생겼으면 관리수행에 따로 과실이 없어도 책임을 진다($\frac{같은 취지:}{김형배, 40면}$). 그러나 관리방법에 위반하여 관리를 하였더라도 그 관리행위가 공공의 이익에 적합한 때에는 중대한 과실이 있는 경우에만 책임을 진다($\frac{734조 3}{항 단서}$).

한편 관리자가 타인의 생명·신체·명예 또는 재산에 대한 급박한 위해를 면하게 하기 위하여 그 사무를 관리한 때에는(긴급 사무관리), 고의나 중대한 과실이 없으면 이로 인한 손해를 배상할 책임이 없다($\frac{735}{조}$).

(3) 관리자의 통지의무

관리자가 관리를 개시한 때에는 지체없이 본인에게 통지하여야 한다($\frac{736조}{본문}$). 그러나 본인이 이미 이를 알고 있는 때에는 통지의무가 없다($\frac{736조}{단서}$).

(4) 보고의무 등

사무관리에 위임에 관한 제683조 내지 제685조의 규정이 준용되는 결과($\frac{738}{조}$),

관리자는 보고의무$\binom{683}{조}$ · 취득물 인도의무$\binom{684조}{1항}$ · 취득권리 이전의무$\binom{684조}{2항}$ · 소비한
금전의 이자지급 및 손해배상의무$\binom{685}{조}$가 있다$\binom{[186]}{참조}$.

3. 본인의 의무

(1) 비용상환의무

민법은 관리자가 비용을 지출한 경우에 관하여 관리자의 보호를 위하여 특
별규정을 두고 있다.

1) 관리자가 본인을 위하여 필요비 또는 유익비를 지출한 때에는, 본인에 대
하여 그 상환을 청구할 수 있다$\binom{739조}{1항}$. 그리고 관리자가 본인을 위하여 필요 또는
유익한 채무를 부담한 때에는, 관리자는 본인에게 자기에 갈음하여 그 채무를 변
제하게 할 수 있고(대변제청구권, 代辨濟請求權) 그 채무가 변제기에 있지 않은 때
에는 상당한 담보를 제공하게 할 수 있다$\binom{739조\ 2항 \cdot}{688조\ 2항}$.

민법은 사무관리자가 사무관리 본인에 대하여 보수를 청구할 수 있는지에
관하여는 명시적으로 규정하고 있지 않다. 그런데 판례는, 직업 또는 영업에 의
하여 유상으로 타인을 위하여 일하는 사람이 향후 계약이 체결될 것을 예정하여
그 직업 또는 영업의 범위 내에서 타인을 위한 행위를 하였으나 그 후 계약이 체
결되지 않음에 따라 타인을 위한 사무를 관리한 것으로 인정되는 경우에 상법 제
61조는 「상인이 그 영업범위 내에서 타인을 위하여 행위를 한 때에는 이에 대하
여 상당한 보수를 청구할 수 있다」고 규정하고 있어 직업 또는 영업의 일환으로
제공한 용역은 그 자체로 유상행위로서 보수 상당의 가치를 가진다고 할 수 있으
므로 그 관리자는 통상의 보수를 받을 것을 기대하고 사무관리를 하는 것으로 보
는 것이 일반적인 거래 관념에 부합하고, 그 관리자가 사무관리를 위하여 다른
사람을 고용하였을 경우 지급하는 보수는 사무관리 비용으로 취급되어 본인에게
반환을 구할 수 있는 것과 마찬가지로, 다른 사람을 고용하지 않고 자신이 직접
사무를 처리한 것도 통상의 보수 상당의 재산적 가치를 가지는 관리자의 용역이
제공된 것으로서 사무관리 의사에 기한 자율적 재산희생으로서의 비용이 지출된
것이라 할 수 있으므로 그 통상의 보수에 상응하는 금액을 필요비 내지 유익비로
청구할 수 있다고 하여$\binom{대판\ 2010.\ 1.\ 14,}{2007다55477}$, 일정한 경우에 사실상 보수청구를 인정하고
있다.

2) 관리자가 본인의 의사에 반하여 관리한 때(본인의 의사에 반하는 것이 명백한 경우에는 사무관리가 성립하지 않으므로, 여기서 문제가 되는 것은 본인의 의사에 반하는지 여부가 명백하지는 않으나 본인의 의사에 반하는 경우에 한한다)에는 관리자는 본인의 현존이익의 한도에서 위의 권리들을 행사할 수 있을 뿐이다($\frac{739조}{3항}$)(대판 2000. 1. 21, 97다58507은 압수물에 대하여 수사기관이 환가처분한 경우에는, 이때에 준하여 환가처분을 함으로써 압수물 소유자가 지출하지 않아도 되게 된 그 물건의 매각비용(현존이익)의 한도에서 환가처분 비용의 상환을 청구할 수 있다고 한다). 이때의 본인의 반환범위는 부당이득에 있어서 선의의 수익자의 반환범위와 같다($\frac{748조 1}{항 참조}$).

(2) 손해배상의무

관리자가 사무관리를 함에 있어서 과실없이 손해를 받은 때에는, 본인의 현존이익의 한도에서 그 손해의 보상(배상)을 청구할 수 있다($\frac{740}{조}$).

Ⅳ. 준사무관리(準事務管理)

[219]

(1) 타인의 사무를 그 타인을 위하여가 아니고(즉 관리의사가 없이) 자신을 위하여 행하는 경우가 있다. 타인의 물건을 자기 물건인 양 타인에게 비싸게 매각한 경우, 타인의 주택을 소유자의 허락 없이 임대하여 고액의 차임을 받는 경우가 그 예이다. 그 가운데에는 그 사무를 자신의 사무라고 잘못 알고 행하는 때(오신 사무관리)가 있는가 하면, 타인의 사무임을 알면서 자기의 사무로서 행하는 때(불법관리 내지 무단 사무관리)도 있다. 이들 중 전자의 경우에는 사무관리가 되지 않고 부당이득의 문제로 되나(같은 취지: 김상용, 505면; 김형배, 53면. 사무관리 인정설: 곽윤직, 338면; 김주수, 526면; 이은영, 657면), 그에 비하여 후자에 대하여는 종래부터「준사무관리」내지「부진정 사무관리」라는 개념을 사용하여 특별한 효과를 인정할 것인지에 관하여 논의가 되고 있다.

(2) 불법관리가 특별히 문제되는 이유는 관리자가 불법관리에 의하여 통상의 수익을 넘는 이득을 얻은 경우에 초과이익이 관리자에게 돌아가게 하는 것이 부적당하다는 점 때문이다. 적법한 사무관리에 있어서는 관리자는 그가 얻은 이익 전부를 본인에게 인도하여야 한다($\frac{738조}{684조}$). 그런데 불법관리는 사무관리가 아니기 때문에 특별한 고려가 없으면 — 종래의 판례·통설에 의할 경우(부당이득에 관한 사건은 다름. [242]참조) — 관리자는 부당이득 또는 불법행위 규정에 의하여 본인의 손실 또는 손해의 범위에서만 책임을 지면 충분하게 된다. 이와 같이 불법관리자가 적법관리자보다 더욱 보호받는 결과가 되는데, 이에 대하여 논란이 있는 것이다(독일민법은 687조 2항에서 사무관리에서와 같은 효과를 명문으로 규정하고 있다).

(3) 여기에 관하여 학설은 i) 준사무관리 부정설($^{곽윤직, 343면; 김상용,}_{506면; 지원림, 1588면}$), ii) 준사무관리 인정설($^{김주수, 541면;}_{김형배, 56면}$), iii) 사무관리설($^{이은영,}_{659면}$)로 나뉘어 있다. i)설은 본인 보호는 부당이득·불법행위책임으로 충분하고 또 불법한 행위를 근거 없이 적법한 행위로 다루는 것도 마땅치 않다고 한다. ii)설은 불법관리자에게 특별한 이득을 귀속시키는 것은 부당하다고 한다. 그리고 iii)설은 사무관리의 성립에 관리의사를 요구하지 않는 입장이어서 불법관리도 사무관리에 포함시켜서 본인을 보호하는 견해이다.

(4) 생각건대 불법관리의 경우 본인은 불법행위를 이유로 손해배상을 청구할 수도 있고, 부당이득을 이유로 반환청구를 할 수도 있다. 그런데 불법행위를 이유로 하는 때에는 손해를 한도로 하여 배상청구를 할 수밖에 없다. 그러나 부당이득을 이유로 하는 때에는, 사견에 의하면, 불법관리자의 초과이익도 반환청구를 할 수 있다. 부당이득의 반환의 경우 수익자가 받은 이익이 손실자의 손실보다 큰 경우에 손실에 구애될 것이 아니고 이익 모두를 반환하여야 한다고 새기는 것이 옳기 때문이다($^{[242] 이}_{하 참조}$). 이렇게 해석하는 한 준사무관리라는 특별한 개념을 인정할 필요는 없다.

제 5 장 부당이득

I. 서   설 [220]

1. 부당이득의 의의 및 성질

(1) 의   의

부당이득이란 법률상 원인 없이 타인의 재산 또는 노무로 인하여 얻은 이익을 가리킨다($_{참조}^{741조}$). 예컨대 채무자가 그의 채무를 변제하였는데 그 사실을 잊어버리고 다시 변제한 경우에 두 번째의 급부가 그에 해당한다. 민법은 부당이득이 생긴 때에는 이득자가 손실자에게 그 이득을 반환하여야 하는 것으로 규정하고 있다($_{조}^{741}$). 그 결과 부당이득은 사무관리·불법행위와 더불어 법정 채권발생원인의 하나가 되고 있다.

(2) 부당이득제도의 기초(존재이유)

민법은 로마법에서와 달리($_{이득 반환청구 소권을 인정하였다}^{로마법에서는 개별적인 경우에 부당}$) 부당이득을 일반적·통일적인 제도로 규율하고 있다. 이와 같이 민법이 부당이득을 일반적인 제도로 규율하는 이유는 어디에 있는가?

이에 관하여 종래의 문헌은 부당이득이 통일적인 제도로 되어 있음을 중시하여 그 이유를 하나로 설명하여 왔다. 이것이 통일설이다. i) 통일설은 현재에도 우리의 다수설이며, 그 견해는 모두 공평설을 취하고 있다($_{346면 등}^{곽윤직,}$). 그에 의하면, 특정의 당사자 사이에 재산적 가치의 변동이 생긴 경우에, 그것은 제 3 자에 대한 관계에서 고찰하면 거래의 안전을 위하여 그대로 인정되어야 하지만 당사자 사이에서만 고찰한다면 공평의 요구에 반하여 부인되어야 하는 모순이 있는 때에, 재산적 가치의 반환을 명함으로써 위의 모순을 해결하려는 것이 부당이득제도이고, 따라서 부당이득에 있어서의「정당한 이유」내지「법률상의 원인」이라는 것은 재산적 가치의 변동이 그 당사자들 사이의 관계에 있어서도 정당한 것으로서 유지되어야 한다는 공평의 이념에 바탕을 둔 실질적·상대적 이유라고 한다

$\left(\begin{smallmatrix} 곽윤직, \\ 346면 \end{smallmatrix}\right)$.

그런데 근래에는 ii) 모든 부당이득에 대하여 통일적으로 설명하는 것이 부적당하다는 견지에서 부당이득을 여러 유형으로 나누고 그 각각에 대하여 인정이유나 요건을 살펴보아야 한다는 견해가 주장되어 세력을 얻어가고 있다. 이것이 비통일설(유형론)이다. 비통일설은 부당이득의 유형을 급부 부당이득 · 침해 부당이득 · 비용 부당이득의 셋으로 나누기도 하고$\left(\begin{smallmatrix} 이은영, 686 \\ 면 이하 등 \end{smallmatrix}\right)$, 거기에 구상 부당이득을 추가하여 넷으로 나누기도 한다$\left(\begin{smallmatrix} 김상용, 517면 이하; \\ 김형배, 82면 이하 \end{smallmatrix}\right)$.

한편 판례는 대체로 i)설과 같으나$\left(\begin{smallmatrix} 대판 2003. 6. 13, 2003다8862; 대판(전원) 2015. 6. 25, 2014다 \\ 5531; 대판 2016. 12. 29, 2016다242273; 대판 2017. 6. 29, 2017 \end{smallmatrix}\right.$ 다213838; 대판 2024. 6. 27, 2024다216187$\Big)$, 근래에 침해 부당이득 · 급부 부당이득 등의 표현을 쓰기도 한다 $\left(\begin{smallmatrix} 대판 2008. 9. 11, 2006다46278; 대 \\ 판 2018. 1. 24, 2017다37324 등 참조 \end{smallmatrix}\right)$.

생각건대 부당이득의 모습의 다양성을 생각할 때 부당이득제도의 인정이유를 하나로 설명하는 것은 쉽지 않다. 그렇지만 민법이 부당이득을 일반적인 제도로 규율하고 있음을 결코 가볍게 보아서는 안 된다. 즉 입법자는 통일적인 이해가 가능하다는 전제에서 그와 같이 규정하였기 때문이다. 따라서 어려움이 있어도 통일적인 이유를 찾으려고 노력하여야 한다. 사견으로는 부당이득은 당사자사이의 관계에서 경제관계상 어떤 자에게 속하지 않아야 할 이익이 존재하는 경우에 그것이 귀속되어야 마땅한 자에게 반환하도록 하는 것으로서 당사자 사이의 재산적인 정의를 실현하는 제도라고 규정하고 싶다(재산적 정의 실현설). 그런데 이러한 설명은 매우 막연하기 때문에 개별적인 유형별로 그 요건 등을 살펴볼필요가 있다. 그러나 그렇다고 하여 이것이 비통일설과 실질적으로 같은 것은 아니다. 통일설은 항상 염두에 두는 공통적인 이념이 있다는 점에서 그것이 없는비통일설과는 차이가 있기 때문이다.

(3) 부당이득의 법적 성질

부당이득이 있으면 부당이득 반환청구권이라는 채권이 발생한다. 따라서 부당이득은 하나의 법률사실이면서 동시에 법률요건이다. 부당이득은 법률사실 중에서 사건이라고 이해된다$\left(\begin{smallmatrix} 같은 취지: 곽윤직, 346면; 김주수, 554면. 그러나 김상용, 515면은 비급부 \\ 부당이득은 사건이나, 급부 부당이득은 사건이라고 단정할 수 없다고 한다 \end{smallmatrix}\right)$. 그것은 법률행위에 기하여 이득이 생긴 때에도 마찬가지이다. 부당이득에 있어서채권(부당이득의 반환청구권)발생이라는 법률효과는 그 이득이 법률행위에 의하여생겼을지라도 당사자의 행위나 의사와는 관계없이 오직 그 이득이 생겼다는 사실에 기하여 주어지기 때문이다.

2. 부당이득 반환청구권과 다른 청구권의 관계

[221]

정당한 이유 없이 이득을 얻고 있는 자가 있는 경우에 손실자에게 계약에 기한 청구권, 물권적 청구권 또는 불법행위로 인한 손해배상청구권이 인정되는 때가 있다. 그때 그러한 청구권 외에 부당이득 반환청구권도 성립하는지가 문제된다. 이는 개별적인 경우에 대하여 따로따로 판단하여야 하나, 원칙적으로는 다른 제도에 의하여 완전하게 규율되어 있는 때에는 부당이득 반환청구권이 인정되지 않는다고 할 수 있다(통설도같음). 이것이 부당이득 반환청구권의 보충성이다.

(1) 계약상의 채무이행청구권과의 관계

채무자가 이행기에 채무를 이행하지 않고 있는 때에는, 형식적으로는 채무자가 부당하게 이득을 얻고 있는 것처럼 보이지만 법상 급부의무가 면제되는 것은 아니기 때문에, 부당이득은 문제되지 않고 채무불이행이 문제될 뿐이다. 통설·판례(대판 1978. 10. 10, 78다1685; 대판 2017. 12. 5, 2017 다225978·225985; 대판 2018. 2. 28, 2016다45779)도 같다.

〈판 례〉

(ㄱ) 「상계의 원인되는 자동채권이 존재하지 않는 것으로 확정되어 상계의 효력이 없다면 수동채권은 여전히 존재하는 것이어서 단순히 그 채무를 이행하지 않고 있다는 점만으로 법률상 원인 없이 이득을 얻었다 할 수 없는 것이고, 가사 수동채권이 시효로 소멸하게 되었다 하더라도 달리 볼 것은 아닌 것」이다(대판 1992. 5. 12, 91다28979).

(ㄴ) 「상계계약은 당사자 사이에 서로 대립하는 채권이 유효하게 존재하는 것을 전제로 서로 채무를 대등액 또는 대등의 평가액에 관하여 면제시키는 것을 내용으로 하는 계약이다. 두 채권의 소멸은 서로 인과관계가 있으므로 한쪽 당사자의 채권이 불성립 또는 무효이어서 그 면제가 무효가 되면 상대방의 채무면제도 당연히 무효가 된다. 이때 상대방의 채권이 유효하게 존재하였던 경우라면, 그 채권은 여전히 존재하는 것이 되므로 채무자는 그 채무를 이행할 의무를 부담한다. 채무자가 이를 이행하지 않았다고 하더라도 그가 법률상 원인 없이 채무를 면하는 이익을 얻었다고 볼 수 없다(대법원 2005. 4. 28. 선고 2005다3113 판결 등 참조. 대판 2005. 4. 28, 2005다3113은 이에 덧붙여, 가사 그 채권이 시효로 소멸하게 되었다 하더라도 달리 볼 것은 아니라고 한다: 이 문장은 저자가 붙인 것임). 그리고 상대방의 채권도 불성립 또는 무효이어서 존재하지 않았던 경우라면, 그 채무자는 부존재하는 채무에 관하여 무효인 채무면제를 받은 것에 지나지 않으므로 채무를 이행할 의무도 없고 채무를 면하는 이익을 얻은 것도 아니다.」(대판 2017. 12. 5, 2017 다225978·225985)

(ㄷ) 「어떠한 계약상의 채무를 채무자가 이행하지 않았다고 하더라도 채권자는 여전히 해당 계약에서 정한 채권을 보유하고 있으므로, 특별한 사정이 없는 한 채무자가

그 채무를 이행하지 않고 있다고 하여 채무자가 법률상 원인 없이 이득을 얻었다고 할 수는 없고, 설령 그 채권이 시효로 소멸하게 되었다 하더라도 달리 볼 수 없다.」 $\binom{\text{대판 2018. 2. 28,}}{\text{2016다45779}}$

(2) 계약종료 후의 목적물반환청구권과의 관계

임대차나 사용대차가 종료한 후에는 임대인 또는 사용대주는 목적물반환청구권을 가진다. 그 경우 임차인이나 사용차주가 반환을 하지 않고 계속 사용·수익을 하는 때에는, 임차인 등이 반환을 하지 않는 것 자체는 부당이득이 아니나 $\binom{\text{그들은 목적물반환의무가 있고 그}}{\text{것의 채무불이행책임을 지므로}}$, 목적물을 계속 사용·수익하여 이득을 얻은 것은 부당이득이 된다. 그런데 이때 임차인 등은 채무불이행책임을 지게 되고, 그 손해배상의 내용은 부당이득 반환범위와 같게 된다. 그리고 이 두 권리는 경합을 인정하여도 무방하다$\binom{\text{통설도}}{\text{같음}}$.

[222]
(3) 물권적 청구권과의 관계

1) 손실자가 이득자에 대하여 물권적 청구권$\binom{\text{소유권 기타 본권에}}{\text{기한 반환청구권}}$을 가지는 경우에 부당이득 반환청구권과의 관계가 문제된다.

2) 이 두 권리의 경합이 문제되는 범위는 물권행위의 무인성을 인정하는지 여부에 따라 다르다. 무인론에서는 채권행위가 실효되어도 물권행위에 영향이 없으므로 원칙적으로는 물권적 청구권이 생기지 않고, 예외적으로만$\binom{\text{무효·취소의 원인}}{\text{이 채권행위·물권}}$ $\binom{\text{행위에 공통한 경우, 유}}{\text{인으로 특약한 경우 등}}$ 물권적 청구권이 발생하여 경합이 문제된다. 그러나 유인론에서는 원인행위인 채권행위가 실효되면 물권행위도 효력을 잃게 되므로 물권적 청구권과의 경합이 원칙적으로 문제되게 된다$\binom{\text{가령 채권행위가 실효하여도 물권행위의 효력은 유지된}}{\text{다는 특약이 있을 경우에는, 소유권이 이전되어 경합이}}$ $\binom{\text{생기지}}{\text{않는다}}$. 그리고 가령 도둑이 물건을 훔쳐서 점유하는 때에는 유인·무인에 관계없이 경합이 문제된다.

다른 한편으로 이득자가 소유권 기타의 본권을 취득할 때에 비로소 이득이 성립한다고 새기면, 손실자에게 물권적 청구권이 있는 한 부당이득 반환청구권은 인정되지 않게 된다. 그러나 우리나라에서 이러한 견해를 취하는 학자는 없으며, 모두가 본권을 취득하지 않았다 하더라도 점유를 갖는 이상 이득이 있는 것으로 해석한다$\binom{\text{점유권과 그에 의한}}{\text{법률효과를 받으므로}}$.

3) 부당이득 반환청구권과 물권적 청구권의 경합이 문제될 수 있는 경우에

두 권리의 경합을 인정할 것인가?

여기에 관하여 i) 통설은 이득자가 단순히 점유만을 취득하고, 따라서 손실자가 물권적 청구권을 가지는 경우에도 그들 사이의 관계는 부당이득 반환의 관계라고 보고, 민법이 규정하는 점유자와 본권자 사이의 관계에 관한 규정(201조 내지 203조)은 바로 이러한 특수한 부당이득 반환의 내용을 규정한 것이라고 새긴다(곽윤직, 350면; 김상용, 515면; 김주수, 557면). 물권적 청구권을 부당이득과는 별개의 관계라고 한다면 이득자가 소유권 기타의 본권을 취득하는 경우(이때에는 손실자는 부당이득 반환청구권만 가지게 되고, 그 반환범위는 748조 1항에 의하여 정해짐)보다도 소유권을 취득하지 않는 경우(이때에는 손실자는 부당이득 반환청구권뿐만 아니라 물권적 청구권도 가지게 되고, 물권적 청구권을 행사할 경우 그 반환범위는 201조 내지 203조에 의하여 정해짐)의 반환의무의 범위가 더 가볍게 되어(특히 소유권을 취득하지 않는 경우에는 선의의 점유자가 과실을 수취할 수 있기 때문이다) 균형을 잃게 된다는 이유에서이다. 이 견해는 이득자와 손실자 사이의 가치의 이동을 조절하는 것이 부당이득제도이지만, 그 조절이 현물의 반환의 형식으로 행하여지는 한도에서는 — 소유권이 이전되었든 안 되었든 — 물권적 청구권이라는 특수한 제도에 의하고(201조 내지 203조), 그 조절이 가격반환의 형식으로 행하여지는 경우에는 부당이득의 일반원칙(747조· 748조)에 따를 것이라고 한다. 그런가 하면 ii) 계약관계의 청산에 따른 물건반환은 부당이득 반환청구권으로 해야 하고, 점유침탈로 인한 물건반환은 물권적 청구권으로 해야 하며, 따라서 청구권은 하나만 발생한다는 견해도 있다(이은영, 683면).

판례는 선의의 점유자에 대하여 제748조 제 1 항에 우선하여 제201조 제 1 항을 적용하고 있어서 i)설에 가까우나(대판 1976. 7. 27, 76다661; 대판 1978. 5. 23, 77다2169 등. 악의의 점유자에 대한 대판 2003. 11. 14, 2001다61869도 참조), i)설을 취하는지는 분명치 않다.

생각건대 두 권리가 경합하는 것은 엄연한 사실이며, 따라서 ii)설은 취할 수 없다. 그리고 i)설과 같이 해석하지 않으면 동일한 경우에 있어서 물권적 청구권을 행사하는 때와 부당이득 반환청구권을 행사하는 때에 차이가 있어 문제이다. 따라서 i)설을 따라야 한다. 그리고 거기서 한 걸음 더 나아가 예외적으로 이득자가 소유권을 취득하는 경우에도(그 경우에는 손실자는 물권적 청구권을 갖지 못한다) 불균형을 시정하기 위하여 부당이득 반환은 물권적 청구권의 규정(201조 내지 203조)을 유추적용하여야 한다(같은 취지: 곽윤직, 373면). 그리하여 부당이득의 반환으로 현물반환을 하는 때에는 언제나 물권적 청구권의 규정에 의하여야 한다(201조 내지 203조가 적용될 수 있는 경우이어야 함은 물론이다. 물권법 [95] 참조).

(4) 불법행위에 의한 손해배상청구권과의 관계

불법행위와 부당이득은 직접적인 목적이 다르고$\binom{\text{전자: 손해전보, 후자: 재}}{\text{산적 가치 귀속의 조정}}$, 따라서 그 요건과 효과에 있어서도 차이가 있으므로, 두 청구권의 경합을 인정함이 옳다. 통설·판례$\binom{\text{대판 1993. 4. 27,}}{\text{92다56087}}$도 같다.

한편 판례는, 부당이득 반환청구권과 불법행위로 인한 손해배상청구권은 서로 실체법상 별개의 청구권으로 존재하고 그 각 청구권에 기초하여 이행을 구하는 소는 소송법적으로도 소송물을 달리하므로, 채권자로서는 어느 하나의 청구권에 관한 소를 제기하여 승소 확정판결을 받았다고 하더라도 아직 채권의 만족을 얻지 못한 경우에는 다른 나머지 청구권에 관한 이행판결을 얻기 위하여 그에 관한 이행의 소를 제기할 수 있다고 한다$\binom{\text{대판 2013. 9. 13,}}{\text{2013다45457}}$. 그리고 채권자가 먼저 부당이득 반환청구의 소를 제기하였을 경우 특별한 사정이 없는 한 손해 전부에 대하여 승소판결을 얻을 수 있었을 것임에도, 우연히 손해배상청구의 소를 먼저 제기하는 바람에 과실상계 또는 공평의 원칙에 기한 책임제한 등의 법리에 따라 그 승소액이 제한된 때에는, 그 제한된 금액에 대한 부당이득 반환청구권의 행사가 허용된다고 한다$\binom{\text{대판 2013. 9. 13,}}{\text{2013다45457}}$.

〈판 례〉

「구 국유재산법 … 에 의한 변상금 부과·징수권은 민사상 부당이득 반환청구권과 법적 성질을 달리하므로, 국가는 무단점유자를 상대로 변상금 부과·징수권의 행사와 별도로 국유재산의 소유자로서 민사상 부당이득반환청구의 소를 제기할 수 있다. 그리고 이러한 법리는 구 국유재산법 … 에 의하여 국유재산 중 잡종재산(현행 국유재산법상의 일반재산에 해당한다)의 관리·처분에 관한 사무를 위탁받은 원고의 경우에도 마찬가지로 적용된다. 따라서 원고는 무단점유자를 상대로 변상금 부과·징수권의 행사와 별도로 민사상 부당이득반환청구의 소를 제기할 수 있다.」$\binom{\text{이러한 다수의}}{\text{견에 대하여,}}$ 변상금 부과·징수권과 민사상 부당이득 반환 (대판(전원) 2014. 7. 16, 2011다76402(잡종재산의 무단점유자가 반환 청구권은 그 본질이 같다는 소수의견이 있음) (하여야 할 부당이득은 특별한 사정이 없는 한 국유재산 관련 법령에서 정한 대부료 상당액이고, 대부료는 조정대부료가 아니라 구 국유재산법이 정한 방법에 따라 산출되는 대부료라고 함). 같은 취지: 대판 2014. 9. 4, 2013다3576)

[223] Ⅱ. 부당이득의 일반적 성립요건

1. 서   설

부당이득의 일반적 성립요건은 제741조에 규정되어 있다. 그에 의하면 부당이득이 성립하기 위하여서는 ① 타인의 재산 또는 노무에 의하여 이익을 얻었을 것(수익), ② 그러한 이익을 얻음으로 인하여 타인에게 손해를 가했을 것(손실), ③ 수익과 손실 사이에 인과관계가 있을 것, ④ 법률상의 원인이 없을 것이라는 네 가지 요건이 필요하다.

부당이득의 존재이유를 통일적으로 설명하지 않는 이른바 비통일설은 부당이득의 요건을 각 유형별로 제시하고 있다. 그러나 그러한 태도는 부당이득을 일반적·통일적으로 규율하려는 민법의 의도에 반할 뿐만 아니라 그 유형들이 망라적인 것이 아니어서 불완전한 요건론밖에 될 수 없다는 점에서 바람직하지 않다. 부당이득의 요건은 민법에 맞게 통일적으로 살펴보아야 하며, 필요하다면 각각의 요건의 내부에서 유형을 나누어 추가적으로 검토하는 것이 좋다.

2. 수 익

(1) 부당이득은 어떤 자에게 수익이 생긴 경우에 그것이 다른 자와의 상대적 관계에서 귀속의 정당성이 인정되지 않는 때(즉 그대로 두는 것이 정의 내지 공평에 반할 때) 반환을 인정하는 제도이다(그 결과 부당이득의 요건은 「수익」과 「법률상 원인이 없을 것」이 중심이 된다). 따라서 부당이득은 수익이 존재하는 때에 비로소 문제된다.

(2) 수익에는 여러 가지 모습이 있다. 소유권·제한물권과 같은 물권의 취득뿐만 아니라 채권의 취득(대판 1984. 2. 14, 83다카1645; 대판 1995. 12. 5, 95다22061; 대판 1996. 11. 22, 96다34009)(아직 그 채권을 현실적으로 추심하지 못한 경우에는 부당이득 반환청구에 있어서 부당이득한 채권의 양도와 그 채권양도의 통지를 청구하여야 하며, 채권가액에 해당하는 금전반환을 청구할 수는 없다. 대판 1995. 12. 5, 95다22061; 대판 2001. 3. 13, 99다26948; 대결 2013. 4. 26, 2009마1932), 특허권과 같은 지식재산권의 취득(대판 2004. 1. 16, 2003다47218), 점유의 취득, 무효인 등기의 취득도 수익에 해당한다(수익에는 경제적인 평가가 어려운 것도 있으므로 곽윤직, 315면처럼 재산총액의 증가가 수익이라고 하는 것은 적절하지 않다). 또한 자기의 재산으로부터 지출하였어야 할 비용의 지출을 면하게 된 것도 수익이다. 가령 타인이 자기의 물건을 보관해 준 경우, 본래 부담하였어야 할 채무를 부담하지 않게 된 경우, 이미 부담하고 있던 채무를 면하게 된 경우(대판 2017. 12. 5, 2017다225978·225985; 대판 2024. 3. 28, 2023다308911), 자기의 소유물 위에 설정되어야 할 제한물권의 설정을 면한 경우(대판 1981. 1. 13, 80다979는 타인의 토지를 담보물로 이용하였다 하더라도 그것은 가치권의 이용만으로서 현실적 이익이 없다고 하나, 이는 옳지 않다)에 그렇다.

(3) 판례는 부당이득에 있어서 이득이란 실질적인 이득을 가리키는 것이므로 법률상 원인 없이 건물을 점유하고 있다고 하여도 이를 사용·수익하지 못하였다면 실질적인 이득을 얻었다고 볼 수 없다고 한다(대판 1979. 3. 13, 78다2500·2501; 대판 1981. 11. 10, 81다378; 대판 1984. 5. 15, 84다카

108; 대판 1986. 3. 25, 85다422, 85다카1796; 대판 1990. 12. 21, 90다24076; 대판 1992. 11. 24, 92다25830·25847). 그리하여 임차인이 본래의 용도대로 사용·수익하지 않은 때에는 실질적인 이득이 없으므로 부당이득 반환의무가 생기지 않으나, 임차인이 계속 사용·수익을 한 때에는 반환의무가 있다고 한다(이때의 부당이득은 차임 상당액이다)(판례는 [144] 참조). 그리고 임차인이 임대차계약관계가 소멸한 다음에도 임대차목적물(그 사안에서는 동산)을 계속 점유하기는 하였지만 이를 본래의 임대차계약상 목적에 따라 사용·수익하지 않아 이익을 얻은 적이 없는 경우에는 그로 말미암아 임대인에게 손해가 발생하였더라도 임차인의 부당이득 반환의무는 성립하지 않는다고 한다(대판 2019. 4. 11, 2018다291347). 또한 법률상 원인 없이 타인의 차량을 점유하고 있지만 이를 사용·수익하지 않은 때에도 실질적 이득이 없어 부당이득이 성립하지 않는다고 한다(대판 1991. 10. 8, 91다22018·22025). 이러한 판례의 실질적 이득 개념은 부당이득이 귀속이 정당하지 않은 이익의 위치를 바로잡는 제도라는 점에 비추어 볼 때 수긍할 수 있을 것으로 생각된다. 부당이득은 불법행위와 달리 객관적인 가치의 침해보다는 취득한 실제의 이득을 문제삼아야 하기 때문이다. 그러나 일반적으로는 통상적인 이득이 인정되어야 하며, 특별한 사정이 있는 때에 한하여 실질적 이득이 고려되어야 한다. 그리고 여기의 「특별한 사정」의 예로는 부동산의 임대차계약이 종료된 뒤에 임차인이 임차부동산을 반환하지 않고 점유하고 있는 경우에 그에게 유치권이나 동시이행의 항변권이 있는 때를 들 수 있다(양창수, 민법연구(2), 342면 이하도 참조). 한편 이와 같은 실질적 이득을 고려하게 되면, 실질적 이득이 통상의 이득보다 많든 적든 그것을 기준으로 반환범위를 정하게 된다. 그런데 판례는 실질적 이득을 고려하여 한편으로는 임차인의 반환의무를 부정하면서, 다른 한편으로는 부동산을 사용하여 영위한 영업이 적자인 경우에도 임료 상당의 이익을 받은 것으로 인정하였는데(대판 1997. 12. 9, 96다47586), 이는 논리적으로 일관성이 없다.

또한 판례는 이득자에게 실질적으로 이득이 귀속된 바 없다면 그 반환의무를 부담시킬 수 없다고 한다(대판 2016. 12. 29, 2016다242273; 대판 2017. 6. 29, 2017다213838).

(4) 수익의 방법에는 제한이 없다. 그리하여 수익이 손실자와 수익자 사이의 행위에 의하든 이들 중 하나와 제 3 자 사이의 행위에 의하든 묻지 않으며, 그 행위가 법률행위인가 사실행위인가, 자연적 사실(예: 홍수로 다른 양어장의 물고기가 들어온 경우)에 의한 것인가도 중요하지 않다.

(5) 수익은 타인의 재산 또는 노무를 원인으로 하는 것이어야 하는데, 여기

의「타인의 재산」은 이미 현실적으로 타인의 재산에 귀속되어 있는 것만이 아니고 당연히 그 타인에게 귀속되어야 할 재산을 포함하는 의미이다(대판 1981. 1. 13, 80다380). 예컨대 2번 근저당권에 기한 경매대가로부터 국가와 1번 근저당권자가 각각 조세채권과 저당채권을 변제받고 나서 2번 근저당권자가 일부만을 변제받은 뒤 조세부과처분의 취소가 확정된 경우에는, 국가는 2번 근저당권자에게 귀속되어야 할 재산으로 이익을 얻은 것이 된다(위의 판결 사안임).

〈판 례〉

(ㄱ)「타인의 토지를 권원 없이 점유하고 있는 자가 그 토지의 소유자에게 반환하여야 할 부당이득액을 산정하기 위한 토지의 기초가격은 점유자가 점유를 개시할 당시의 현실적 이용상태를 기준으로 평가되어야 하는 것이다.」(대판 2006. 5. 12, 2005다31736)

(ㄴ)「국가 또는 지방자치단체가 도로로 점유·사용하고 있는 토지에 대한 임료 상당의 부당이득액을 산정하기 위한 토지의 기초가격은, 국가 또는 지방자치단체가 종전부터 일반 공중의 교통에 사실상 공용되던 토지에 필요한 공사를 하여 도로로서의 형태를 갖춘 다음 사실상 지배주체로서 도로를 점유하게 된 경우에는 도로로 제한된 상태 즉 도로인 현황대로 감정평가를 하여야 한다.」(대판 2008. 2. 1, 2007다8914)

(ㄷ) 공탁금의 대리수령에 있어서 공탁금 수령권자인 본인이 대리인으로 칭하는 자에게 공탁금 수령권한을 부여한 바 없다 하더라도 공탁수락과 출급의 권한을 부여한 것과 같은 외관을 발생시켜 민법 제126조 내지 제127조(여기의 127조는 129조의 오기로 보임: 저자 주)의 표현대리가 인정되는 경우에는 이러한 표현수령권자의 공탁금 수령은 본인에게도 그 효과가 발생한다고 보아야 할 것인바, 갑이 공탁금 수령권자인 을에게 돈을 빌리는 데 필요하다고 말하여 그로부터 받아둔 인감도장과 이 사건 공탁금관계에 필요하다고 말하여 을이 직접 발급받아 건네어 준 공탁금회수용 인감증명 1통을 가지고 공탁금의 출급신청을 하였고 공탁공무원이 정당한 수령권자인 외관을 갖는 갑에게 공탁금을 지급하였다면 을은 비록 그 공탁금을 현실로 수령하여 이득을 본 바 없다 하더라도 표현대리의 본인의 지위에서 그 공탁금을 수령한 셈이 된다 할 것이다. 그러므로 원심이 같은 취지에서 이 사건 부당이득 반환청구의 상대방을 을로 본 것은 정당하고 거기에 지적하는 바와 같은 법리의 오해나 채증법칙 위배, 심리미진의 위법이 없다(대판 1990. 5. 22, 89다카1121).

위의 판결에 대하여는, 그 결과는 대법원이 견지해 온 '부당이득에서 이득이란 실질적 이익'이라는 법리로는 설명될 수가 없고, 급부의 원인관계에 관하여 적용되는 법리, 즉 여기서는 표현수령(表見受領)의 법리가 부당이득관계에 영향을 미친 것이라고 설명될 수 있다고 하면서, 환영할 만한 것이라는 견해가 주장된다(양창수, 민법연구(3), 405면 이하).

[224] 〈장래의 부당이득의 반환청구〉

장래의 부당이득을 반환청구할 수 있는지가 문제된다. 실체법상으로 보면 장래의 부당이득에 대하여는 채권은 있지만 청구권이 없어서 반환청구를 할 수 없다고 할 것이나, 민사소송법에서 미리 청구할 필요가 있을 때에는 장래에 이행할 것을 청구하는 소도 제기할 수 있도록 하고 있어서($\frac{같은 법}{251조}$) 요건이 구비된 때에는 장래의 부당이득을 청구할 수 있다고 하겠다. 판례도 처음에는 이를 부정하였으나($\frac{대판 1960. 10. 6,}{4293민상260}$), 그 후 판례를 변경하여 장래의 부당이득도 그 이행기에 지급을 기대할 수 없어 미리 청구할 필요가 있으면 미리 청구할 수 있다고 한다($\frac{대판(전원) 1975. 4.}{22, 74다1184}$). 그리고 구체적인 사안에서 장래의 부당이득까지 미리 청구할 필요가 있다고 한 적도 있고($\frac{대판 1993. 3.}{9, 91다46717;}$ 대판 1993. 7. 27, 92다13332; 대판 1994. 9. 30, 94다32085), 이를 부인한 적도 있다($\frac{대판 1991. 10. 8, 91다17139(청}{구기간이 불확실한 경우임)}$). 아래에서 대판(전원) 1975. 4. 22, 74다1184를 인용하기로 한다.

「피고 소송대리인 …의 상고이유 제1점의 요지는,

원심은 피고가 원고 소유의 본건 토지를 불법점거하였으므로 그 임대료 상당의 부당이득금을 원고에게 지급하라고 명함에 있어서 원심 결심 당시까지의 이미 발생한 부분뿐만 아니라 피고가 동 토지를 원고에게 명도 완료할 때까지 즉, 장래에 발생할 부당이득 상당금액까지를 지급하라는 판결을 하였다.

그러나 부당이득의 성질상 장래에 발생할 임대료 상당의 손해를 미리 청구할 수 없는 것인데도 불구하고($\frac{\text{또 이와 동 취지의 본원 1960. 10. 6. 선}}{\text{고 4293민상260 사건의 판례에 반하여}}$) 피고가 그 악의의 점거자라는 판시도 없이 이를 인정하였으니 원심은 부당이득의 법리를 오해한 위법을 범하였다는 데 귀착한다.

그러나 원래 장래의 이행을 청구하는 소는 미리 그 청구할 필요가 있는 경우에 한하여 제기할 수 있다고 우리 민사소송법 229조($\frac{\text{현행 민사소송법 251}}{\text{조에 해당: 저자 주}}$)가 규정하고 있는데 그 입법취지는 가령 현재($\frac{\text{즉 사실심의 변}}{\text{론종결 당시에}}$) 조건부 또는 기한부 권리관계 등이 존재하고 단지 그 이행기가 도래 않고 있는 데 불과한 때에 만일 그 채무의 이행기가 도래하였다 하여도 채무자가 그 채무를 자진하여 이행하지 않을 것이 명백히 예상되는 경우에도 채권자는 속수무책격으로 아무 대책도 강구 못하고 그 이행기가 도래하였을 때까지 기다렸다가 비로소 그 이행기가 도래한 부분에 한하여 현재의 급부의 소만을 제기하여야 한다면 채권자의 보호가 충분치 못하므로($\frac{\text{특히 원금과 그 지급완료시까지의 이식,}}{\text{손해금의 지급청구 및 월부금의 지급 본건}}$과 같은 부동산 명도 완료시까지의 임료 또는 손해금 등 계속적으로 발생하는 채무의 경우를 상기하여 보면) 그 이행기 도래 전에 미리 장래에 이행할 채무의 이행기에 있어서의 이행을 청구하는 확정판결을 얻어서 두었다가 그 이행기가 도래하면 즉시 강제집행을 할 수 있게 하기 위하여 이행기에 즉시 이행을 기대할 수 없다고 인정할 때에는 언제나 소위 위 규정에 의한 장래의 이행의 소를 청구할 수 있는 방도를 법제적으로 규정하여 두자는 데 있다. 그러므로 이 규정은 이와 같은 의미의 필요성이 인정되는 한 모든 장래의 이행청구권에 널리 이용할 수 있도록 특별한 제한을 두고 있지 않은 것이다. 한편 본건에 있어서 피고가 현재 원심 변론종결 당시까지 본건 원고소유 토지를 불법으로 점거하면서 임대료 상당의 부당이득금의 지급 의무가 없다는 이유로 그 지급을 않고 있는 사실을 원심이 적법히 인정하였다. 나아가서 원심은 피고는 원고에게 대하여 위 불법점거에 인하여 그 임대료 상당의 부당이득금을 지급할 의무가 있으며 또 피고는 현재 그 이행기에 있는 부당이득 부분도 원고에게 지급 않고 있으므로 그 장래에 이행기가 올 부분도 그 이행기가 장래에 정작 왔다 하여도 그 지급을 기대할 수 없으므로 미리 청구할 필요가 있다는 전제 하에 이 두(2) 부분을 모두 인용하였음을 엿볼 수 있다. 이와 같은 원심의 판단은 위에서 설시한 위 규정의 입법취지로 보나 경험칙상으로 보나 타당하다고 인정한다. 또 우리의 누차의 판례에 의하면 본건과 같은 경우에 피고의 불법행위에 의한 손해배상채무와 악의의 점유에 의한 부당이득을 원인으로 한 임료 상당의 부당이득금을 지급할 채무는 서로 경합하여 발생한다고 판결하여 왔고 전자에 있어서는 그 명도시까지 임대료 상당의 손해를 지급하라고 판결하여 왔다.

그런데 유독 부당이득 상당금의 지급채무에 있어서만 그 성질상 장래 발생할 채무의 지급을 명하여서는 안 된다고 할 아무 합리적 이유도 없다고 할 것이다 $\binom{\text{민법 741조,}}{\text{747조, 748조}}$ 가 「얻은 이익」 「받은 목적물」은 「반환한다」라고 규정한 점에 현혹되어서 위 민사소송법 229조의 입법취지를 몰각하는 반대해석을 하여서는 안 될 것이다).

그러므로 이 점에 있어서 전시 본원 판결은 이를 유지할 아무 근거가 없으므로 이 판결로서 폐기하기로 한다.

그리고 원심은 당사자변론의 전 취지에 의하여 피고가 시초부터 소위 악의의 점유자라는 점은 당사자간에 다툼 없는 사실로 적법히 인정하고 이를 전제로 하여 판단하였음이 기록과 원판결에 의하여 명백하므로 이 점에 관한 소론도 이유 없다.」$\binom{\text{대판(전}}{\text{원) 1975. 4.}}$
22, 74다1184)

3. 손 실 [225]

(1) 부당이득이 성립하려면 손실을 입은 자가 있어야 한다. 가령 어떤 토지의 부근이 개발되어 그 토지의 가치가 증가하였더라도 손실을 입은 자가 없어서 부당이득은 존재하지 않는다. 손실은 손실자의 급부에 의하여 일어날 수도 있으나, 다른 자의 불법점유로 사용의 기회를 잃는 것도 그에 해당한다.

(2) 손실과 이득은 서로 대응하나, 그 둘이 범위에 있어서 같아야 하는 것은 아니며 $\binom{\text{곽윤직,}}{\text{353면}}$, 둘 사이에 인과관계만 있으면 충분하다.

〈판 례〉

㈀ 토지소유자가 일단의 택지를 조성, 분양하면서 개설한 도로를 행정청이 확장하고 포장하였다고 하더라도 토지소유자에게 어떤 손실이 생겼다고 할 수 없다 $\binom{\text{대판 1985. 8. 13, 85다카421. 같은}}{\text{취지: 대판 1989. 2. 28, 88다카4482}}$.

(ㄴ) 토지소유자가 토지를 주민의 통행로로 스스로 제공하거나 주민의 통행을 용인하여 소유자로서의 배타적 사용수익권을 포기 또는 상실한 사실이 있다면 지방자치단체의 점유로 인하여 토지소유자에게 어떤 손실이 생긴다고도 할 수 없다(대판 1991. 7. 9, 91다11889. 같은 취지: 1991. 7. 12, 91다1110; 대판 2001. 4. 13, 2001다8493(제 3 자가 불법점유한 경우); 대판(전원) 2019. 1. 24, 2016다264556(토지소유자가 그 소유의 토지를 도로, 수도시설의 매설 부지 등 일반 공중을 위한 용도로 제공한 경우에 타인[사인뿐만 아니라 국가, 지방자치단체도 포함함]이 그 토지를 점유·사용하는 때)).

(ㄷ) 토지의 원소유자가 토지의 일부를 도로부지로 무상제공하여 주민들이 그 토지를 무상으로 통행하게 된 이후에 그 토지의 소유권을 경매·매매·대물변제 등에 의하여 특정승계한 자는 그와 같은 사용·수익의 제한이라는 부담이 있다는 사정을 용인하거나 적어도 그러한 사정이 있음을 알고서 그 토지의 소유권을 취득하였다고 봄이 상당하므로 지방자치단체가 그 토지의 일부를 도로로서 점유·관리하고 있다고 하더라도 어떠한 손해가 생긴다고 할 수 없다(대판 1998. 5. 8, 97다52844 등).

(ㄹ) 부산시가 준용하천구역으로 지정된 토지(지정이 되면 사용수익에 관한 사권의 행사는 제한됨)에 대하여 하천의 현상은 그대로 둔 채 복개만 하여 이를 점유하고 있다고 해서 그 소유자에게 어떤 손해가 발생하였다고 할 수 없다(대판 1990. 6. 8, 89다카18990).

(ㅁ) 「불법점유를 당한 부동산의 소유자로서는 불법점유자에 대하여 그로 인한 임료 상당 손해의 배상이나 부당이득의 반환을 구할 수 있을 것이나, 불법점유라는 사실이 발생한 바 없었다고 하더라도 부동산소유자에게 임료 상당 이익이나 기타 소득이 발생할 여지가 없는 특별한 사정이 있는 때에는 손해배상이나 부당이득 반환을 청구할 수 없다.」(대판 2002. 12. 6, 2000다57375(농업용 수로로 사용되던 개인 소유의 구거(溝渠)를 지방자치단체가 복개하여 인근 주민들의 통행로와 주차장소 등으로 제공한 경우임). 같은 취지: 대판 1988. 4. 25, 87다카1073)

(ㅂ) 토지소유자가 송전선이 설치된 토지를 농지로만 이용하여 왔다고 하더라도, 그 소유권을 행사함에 있어 아무런 장애를 받지 않았다고 할 수 없고 그 송전선의 가설로 인하여 그 토지 상공에 대한 구분지상권에 상응하는 임료 상당의 손해를 입었다고 할 것이다(대판 1996. 5. 14, 94다54283).

(ㅅ) 「물건의 소유자가 물건에 관한 어떠한 이익을 상대방이 권원 없이 취득하고 있다고 주장하여 그 이익을 부당이득으로 반환청구하는 경우 상대방은 그러한 이익을 보유할 권원이 있음을 주장·증명하지 않는 한 소유자에게 이를 부당이득으로 반환할 의무가 있다. 이때 해당 토지의 현황이나 지목이 '도로'라는 이유만으로 부당이득의 성립이 부정되지 않으며, 도로로 이용되고 있는 사정을 감안하여 부당이득의 액수를 산정하면 된다.」(대판 2020. 10. 29, 2018다228868)

[226]   ## 4. 수익과 손실 사이의 인과관계

수익과 손실 사이에 인과관계가 있어야 한다. 여기의 인과관계는 동일한 사실이 한편으로는 손실을 발생시키고 다른 한편으로는 이득을 생기게 할 필요는

없으며($^{즉\ 직접적\ 인과관}_{계일\ 필요가\ 없음}$), 사회관념상 그 연락을 인정할 수 있는 것이면 충분하다($^{곽윤}_{직,}$ $^{354면.\ 반대\ 견해:}_{김형배,\ 303면}$). 판례도 채무자가 피해자로부터 횡령한 금전을 그대로 채권자에 대한 채무변제에 사용하거나($^{대판\ 2003.\ 6.\ 13,\ 2003다8862;\ 대판\ 2012.\ 1.\ 12,\ 2011다74246;}_{대판\ 2023.\ 8.\ 31,\ 2023다232557;\ 대판\ 2024.\ 6.\ 27,\ 2024다216187}$) 제 3 자에게 증여한 경우($^{대판\ 2012.\ 1.\ 12,}_{2011다74246}$)와 자신의 채권자의 다른 채권자에 대한 채무를 대신 변제한 경우($^{대판\ 2008.\ 3.\ 13,\ 2006다53733·53740(경리업무\ 담당자가\ 회사자금의\ 횡령사실을\ 은폐할\ 목적으로\ 권한}_{없이\ 회사\ 명의로\ 은행과\ 대출계약을\ 체결하여\ 그\ 대출금을\ 편취한\ 후\ 이를\ 회사\ 또는\ 그\ 회사의\ 채권자}$ $^{인\ 거래처의\ 예금계좌에\ 송금하여\ 횡령금\ 상당액을}_{변제한\ 사례);\ 대판\ 2016.\ 6.\ 28,\ 2012다44358·44365}$)에 피해자의 손실과 채권자의 이득 사이에 인과관계가 있다고 함으로써 위와 같은 견지에 있다($^{대판\ 1966.\ 10.\ 4,}_{66다1441도\ 참조}$). 주의할 것은, 위의 판례는, 그 각각의 경우에 인과관계는 인정하면서도, 다른 한편으로 금전을 수령한 채권자(또는 수증자)가 변제를 수령하면서 그 금전이 횡령한 것이라는 사실에 대하여 악의 또는 중대한 과실이 없는 한 채권자(또는 수증자)의 금전취득은 피해자에 대한 관계에서 법률상 원인이 있는 것이어서 부당이득이 아니라고 한다는 점이다($^{위의\ 판결}_{들\ 참조}$). 생각건대 판례와 같이 악의·중과실 유무로 따질 것이 아니고, 오히려 채무관계의 존재 유무에 따라 결정해야 한다. 한편 판례는, 여기서 「중대한 과실」이라 함은 채권자가 조금만 주의를 기울였다면 수령한 금전이 편취된 것이라는 사실을 쉽게 알 수 있었음에도 그러한 행위를 하지 않는 등 일반인에게 요구되는 주의의무를 현저히 위반하는 것을 말하고, 채권자가 수령한 금전이 편취된 것이라는 사실을 알았거나 중대한 과실로 알지 못하였다는 점에 대한 증명책임은 피해자에게 있다고 한다($^{대판\ 2024.\ 6.\ 27,}_{2024다216187}$).

〈판 례〉

「예금계약에 적용되는 예금거래 기본약관 제 7 조의 규정은 다른 은행이나 점포($^{이하\ '지급은행'}_{이라고\ 한다}$)에서 지급될 어음 등 증권으로 입금하는 경우에는 이를 교환에 돌려 지급은행에서 그 증권이 정상적으로 추심되었는지 또는 부도처리되어 추심이 이루어지지 않았는지 여부에 관계없이 추심을 의뢰한 은행이나 점포($^{이하\ '제시은행'}_{이라고\ 한다}$)에 위 부도반환시한까지 부도통보가 없으면 무조건 예금계약이 성립한다는 취지는 아니다. 따라서 소지인이 제시은행에 추심을 의뢰, 예입한 약속어음이 지급은행에 개설된 발행인의 당좌계좌의 예금부족으로 현실적으로 추심되지 않았음에도 불구하고, 어음교환일 당일 위 규약 등에 정해진 시각까지 미결제어음통보 혹은 부도어음통보($^{이하\ 묶어서}_{'부도어음통}$ $^{보'라고}_{한다}$)가 이루어지지 않아 지급은행이 어음교환소에서 대차결제된 결제자금을 제시은행으로부터 회수하지 못하게 됨으로써 그 어음이 정상적으로 추심된 것처럼 입금·처리되고 소지인이 이를 인출하여 간 경우, 소지인이 얻은 위 인출금 상당액은 원칙적으로 지급은행의 결제자금 상당의 손해로 인한 것이므로 사회통념상 법률상 원인 없는 부당이득으로 반환할 의무가 발생」한다(대판 2006. 5. 26, 2003다65643. 같은 취지: 대판 1996. 9. 20, 96다1610; 대판 1997. 11. 28, 96다21751(위조된 자기앞수표의 경우)). 그에 비하여 제시은행으로서는 아무 손해도 입은 바 없으므로 예금자에 대하여 부당이득 반환채권을 가질 수 없고, 따라서 지급은행이 제시은행을 상대로 부당이득 반환채권의 반환을 구할 수는 없다(대판 1996. 9. 20, 96다1610; 대판 1997. 11. 28, 96다21751).

[227] 〈전용물소권(轉用物訴權) 문제〉

계약에 의한 급부가 제 3 자의 이득으로 된 경우에 급부한 계약당사자의 그 제 3 자에 대한 부당이득 반환청구권을 인정하는 것을 전용물소권이라고 한다. 예컨대 수급인 A가 도급인 B로부터 제 3 자 C 소유의 건물을 인도받아 수리한 결과 그 물건의 가치가 증가한 경우에, A가 B에 대하여 도급계약상의 보수를 청구하는 외에 C에 대하여 부당이득 반환청구를 할 수 있는지의 문제이다. 프랑스와 일본에서는 판례가 이를 인정하고 있으나, 독일민법은 원칙적으로 이를 부정한다(독일민법 822조는 제 3 자가 무상으로 그 이득물을 취득한 경우에만 예외적으로 부당이득 반환의무를 인정한다). 우리나라에서도 부정설이 주장되며(김주수, 572면; 김형배, 172면; 지원림, 1595면), 판례도 같다(대판 1970. 11. 24, 70다1012; 대판 2002. 8. 23, 99다66564 · 66571; 대판 2005. 4. 15, 2004다49976; 대판 2010. 3. 11, 2009다98706; 대판 2010. 6. 24, 2010다9269; 대판 2011. 11. 10, 2011다48568; 대판 2023. 4. 27, 2022다304189). 생각건대 급부자는 계약상의 채권으로 충분히 보호되므로 전용물소권까지 인정하여 과대 보호할 필요가 없고, 또한 그는 상대방이 제 3 자에 대하여 가지는 비용상환청구권(203조 참조)을 대위행사할 수도 있기 때문에, 전용물소권은 허용하지 않아야 한다. 판례를 인용한다.

(ㄱ)「계약상의 급부가 계약의 상대방뿐만 아니라 제 3 자의 이익으로 된 경우에 급부를 한 계약당사자가 계약상대방에 대하여 계약상의 반대급부를 청구할 수 있는 이외에 그 제 3 자에 대하여 직접 부당이득 반환청구를 할 수 있다고 보면, 자기 책임하에 체결된 계약에 따른 위험부담을 제 3 자에게 전가시키는 것이 되어 계약법의 기본원리에 반하는 결과를 초래할 뿐만 아니라, 채권자인 계약당사자가 채무자인 계약상대방의 일반채권자에 비하여 우대받는 결과가 되어 일반채권자의 이익을 해치게 되고, 수익자인 제 3 자가 계약상대방에 대하여 가지는 항변권 등을 침해하게 되어 부당하므로, 위와 같은 경우 계약상의 급부를 한 계약당사자는 이익의 귀속 주체인 제 3 자에 대하여 직접 부당이득 반환을 청구할 수는 없다고 보아야 할 것이다.

한편, 유효한 도급계약에 기하여 수급인이 도급인으로부터 제 3 자 소유 물건의 점유를 이전받아 이를 수리한 결과 그 물건의 가치가 증가한 경우, 도급인이 그 물건을 간접점유하면서 궁극적으로 자신의 계산으로 비용지출과정을 관리한 것이므로, 도급인만이 소유자에 대한 관계에 있어서 민법 제203조에 의한 비용상환청구권을 행사할 수 있는 비용지출자라고 할 것이고, 수급인은 그러한 비용지출자에 해당하지 않는다고 보아야 할 것이다.」(대판 2002. 8. 23, 99다66564 · 66571[핵심판례 378면]; 공유자 중 1인으로부터 건물에 관한 공사를 도급받아 공사를 완료한 수급인이 그 건물의 다른 공유자 중 1인에 대하여 직접 부당이득 반환을 청구하거나 유익비상환을 청구할 수 없다고 함)

(ㄴ)「계약상의 급부가 계약의 상대방뿐 아니라 제 3 자에게 이익이 된 경우에 급부를 한 계약당사자는 계약 상대방에 대하여 계약상의 반대급부를 청구할 수 있는 이

외에 그 제 3 자에 대하여 직접 부당이득 반환청구를 할 수는 없다고 보아야 하고(대법원 2002. 8. 23. 선고 99다66564, 66571 판결, 대법원 2011. 11. 10. 선고 2011다48568 판결 등 참조), 이러한 법리는 그 급부가 사무관리에 의하여 이루어진 경우에도 마찬가지이다. 따라서 의무 없이 타인을 위하여 사무를 관리한 자는 그 타인에 대하여 민법상 사무관리 규정에 따라 비용상환 등을 청구할 수 있는 외에 그 사무관리에 의하여 결과적으로 사실상 이익을 얻은 다른 제 3 자에 대하여 직접 부당이득 반환을 청구할 수는 없다고 할 것이다.」(대판 2013. 6. 27, 2011다17106)

(ㄷ) 갑 회사의 화물차량 운전자가 갑 회사 소유의 화물차량을 운전하면서 갑 회사의 지정주유소가 아닌 을이 경영하는 주유소에서 대금을 지급할 의사나 능력이 없음에도 불구하고 상당량의 유류를 공급받아 편취한 다음 갑 회사의 화물운송사업에 사용하고 그 유류대금을 결제하지 않은 사안에서, 비록 위 유류가 갑 회사의 화물운송사업에 사용됨으로써 갑 회사에게 이익이 되었다 하더라도 을은 계약당사자가 아닌 갑 회사에 대하여 직접 부당이득 반환을 청구할 수 없다고 한 사례(대판 2010. 6. 24, 2010다9269).

(ㄹ) 갑 주식회사가 아파트 신축공사를 시행하여 완공한 후 을 주식회사를 아파트 주택관리업자로 선정하여 관리용역 계약을 체결하였고, 을 회사는 직원 병을 아파트 관리소장으로 선임하였는데, 병이 입주자대표회의가 구성되지 않은 상태에서 아파트에 관한 화재보험 가입을 위한 자금을 갑 회사에게서 차용하면서 아파트 입주율이 50% 이상이 되면 운영하는 관리비에서 이를 상환하기로 하는 내용의 확약서 및 차용증서를 작성하여 준 사안에서, 병에게 아파트 화재보험료 납입자금 명목으로 돈을 대여한 갑 회사로서는, 비록 그 돈이 병에 의하여 아파트 화재보험료 납입에 사용됨으로써 아파트 입주자대표회의가 동액 상당의 이득을 얻게 되었다고 하더라도, 실제 위 화재보험료를 대납한 병이 입주자대표회의를 상대로 부당이득 반환 내지 비용상환을 청구할 수 있는지는 별론으로 하고, 단지 자신의 대여금이 화재보험료 납입에 사용되었다는 사정만으로 입주자대표회의에 직접 부당이득 반환을 청구할 수는 없다고 한 사례(대판 2011. 11. 10, 2011다48568).

〈이른바 삼각관계(三角關係)에서 급부가 이루어진 경우〉

(ㄱ) 「계약의 일방 당사자가 계약상대방의 지시 등으로 급부과정을 단축하여 계약상대방과 또 다른 계약관계를 맺고 있는 제 3 자에게 직접 급부한 경우(이른바 삼각관계에서의 급부가 이루어진 경우), 그 급부로써 급부를 한 계약당사자의 상대방에 대한 급부가 이루어질 뿐 아니라 그 상대방의 제 3 자에 대한 급부도 이루어지는 것이므로 계약의 일방 당사자는 제 3 자를 상대로 법률상 원인 없이 급부를 수령하였다는 이유로 부당이득 반환청구를 할 수 없다. 이러한 경우에 계약의 일방 당사자가 계약상대방에 대하여 급부를 한 원인관계인 법률관계에 무효 등의 흠이 있다는 이유로 제 3 자를 상대로 직접 부당이득 반환청구를 할 수 있다고 보면 자기 책임 하에 체결된 계약에 따른 위험부담을 제 3 자에게 전가하는 것이 되어 계약법의 원리에 반하는 결과를 초래할 뿐만 아니라 수익자인 제 3 자가 계약상대방에 대하여 가지는 항변권 등을 침해하게 되어 부당하

기 때문이다. 이와 같이 삼각관계에서의 급부가 이루어진 경우에, 제 3 자가 급부를 수령함에 있어 계약의 일방 당사자가 계약상대방에 대하여 급부를 한 원인관계인 법률관계에 무효 등의 흠이 있었다는 사실을 알고 있었다 할지라도 계약의 일방 당사자는 제 3 자를 상대로 법률상 원인 없이 급부를 수령하였다는 이유로 부당이득 반환청구를 할 수 없다.」($\begin{smallmatrix}대판 2008. 9. 11, 2006다46278. 같은 취지: 대판 2003. 12. 26, 2001다46730; 대판 2015. \\ 4. 23, 2014다77956; 대판 2017. 7. 11, 2013다55447; 대판 2018. 7. 12, 2018다204992\end{smallmatrix}$)

(ㄴ)「계약상 금전채무를 지는 이가 채권자 갑의 지시에 좇아 갑에 대한 채권자 또는 갑이 증여하고자 하는 이에게 직접 금전을 지급한 경우 또는 남의 경사를 축하하기 위하여 꽃을 산 사람이 경사의 당사자에게 직접 배달시킨 경우와 같이, 계약상 급부가 실제적으로는 제 3 자에게 행하여졌다고 하여도 그것은 계약상 채무의 적법한 이행($\begin{smallmatrix}이른바 '제 3 자방'\\(제삼자방) 이행\end{smallmatrix}$)이라고 할 것이다. 이때 계약의 효력이 불발생하였으면, 그와 같이 적법한 이행을 한 계약당사자는 다른 특별한 사정이 없는 한 그 제 3 자가 아니라 계약의 상대방당사자에 대하여 계약의 효력 불발생으로 인한 부당이득을 이유로 자신의 급부 또는 그 가액의 반환을 청구하여야 한다.」($\begin{smallmatrix}대판 2010. 3. 11,\\2009다98706\end{smallmatrix}$)

[228]   ## 5. 법률상의 원인이 없을 것

(1) 부당이득이 인정되려면 수익이 「법률상 원인 없이」 생겼어야 한다. 이는 수익을 보유하는 것이 손실자와의 관계에서 재산적 정의에 반한다는 의미이다. 수익의 보유가 정당하지 않으면 비록 수익의 전제가 되는 법률상의 권리($\begin{smallmatrix}예: 유치\\권 · 동시이\\행의\\항변권\end{smallmatrix}$)가 있더라도 이 요건은 구비하는 것이 된다.

(2) 위와 같은 표준은 대단히 막연하다. 따라서 부당이득을 좀더 세분하여 법률상의 원인의 유무를 살펴보는 것이 좋다.

우선 급부행위에 의하여 수익이 생긴 경우(급부 부당이득)에는 급부의 근거가 되는 「채권의 존재」가 법률상의 원인이다. 따라서 채권이 존재하지 않음에도 불구하고 급부한 경우에는 부당이득으로 된다. 급부 당시에는 채권이 존재하였지만 후에 소급하여 소멸한 때에도 마찬가지이다. 채권이 존재하지 않는 예로는 ① 채권행위가 무효($\begin{smallmatrix}746조의 제\\한이 있음\end{smallmatrix}$) · 취소 · 해제된 경우, ② 채무자 아닌 자가 — 가령 채무를 이미 변제하여 채무가 없는데도 — 잘못하여 변제로서 급부한 경우($\begin{smallmatrix}742조 내지\\744조의 제한\\이 있\\음\end{smallmatrix}$), ③ 채무자 아닌 자가 타인의 채무를 제 3 자의 변제로서 변제하였으나 제 3 자의 변제로서의 효과가 생기지 않은 경우($\begin{smallmatrix}469조\\참조\end{smallmatrix}$), ④ 채무자가 진정한 채권자가 아닌 자를 채권자로 잘못 생각하고 변제하였으나 유효한 변제로서 인정되지 못한 경우($\begin{smallmatrix}470조 · 471조 · 514조 · 518\\조 · 524조 · 525조 참조\end{smallmatrix}$) 등을 들 수 있다.

무권리자가 타인의 물건을 사용·수익·처분함으로써 이득을 얻은 경우(침해 부당이득)에는 「해당하는 권한의 존재」가 법률상의 원인이다(여기의 「권한」은 본래의 의미 의 「권한」(민법총칙 [39] 참 조)과 다르며, 「해당하는 행위를 할 수 있는 법적 근거」라 는 의미임. 「권한」 대신에 「권원」이라고 하는 문헌도 있음). 예컨대 타인의 토지를 사용하는 자가 임 차권 등의 사용권을 가지고 있지 않으면 그것의 사용에 따른 이득은 부당이득이 된다.

기타의 부당이득에 대하여는 구체적인 경우에 있어서 이득의 귀속이 손실자 와의 관계에서 볼 때 정의관념에 합치하는지 여부를 검토하여야 하며, 그 결과 정의관념에 반하면 법률상 원인이 없는 것이 된다.

〈판 례〉   [229]

우리의 판례에서 부당이득인지에 대하여 판단한 주요한 경우를 정리하기로 한다.

(ㄱ) **담보권 실행경매 절차에서 배당을 받지 못한 경우**   ① 저당권자·가압류채 권자·전세권자 등 당연히 배당에 참가할 수 있는 채권자(이들은 경매개시 기입등기 전에 등기되었어야 함)와 경락 기일까지 배당요구를 한 배당요구 채권자(임금채권자·압류등기가 없는 조세채권자·주택임대차보호 법상 우선변제권이 있는 임차인 등 민법·상법·그 밖의 법 률에 의하여 우선변제권이 있는 채권자. 국세의 교부를 청구하는 것도 같은 성질의 것이다)가 실체상의 권리에 따른 배당을 받지 못한 경우, 즉 배당표의 기재내용에 실체적 하자가 있는 경우에는 확정된 배당표에 의하여 배당 을 실시하는 것이 실체법상의 권리를 확정하는 것이 아니므로, 배당에 관하여 이의 를 한 여부 또는 형식상 배당절차가 확정되었는가의 여부에 관계없이 배당을 받지 못한 우선채권자는 배당받은 자에 대하여 부당이득 반환청구권이 있다(대판 1988. 11. 8, 86다카2949; 1993. 3. 26, 92다52733(채무명의 있는 일반채권자에 대하여 부당이득 성립 인정); 대판 1994. 2. 22, 93다55241(주택 임차인의 경우); 대판 1997. 2. 14, 96다51585(배당요구한 조세채권자의 경우); 대판 1999. 1. 26, 98다21946(경매신 청 채권자에 우선하는 근저당권자의 경 우); 대판 2004. 4. 9, 2003다32681 등)(대법원은 최근에 전원합의체 판결로 이 법리를 유지하였다. 대판 (전원) 2019. 7. 18, 2014다206983. 이 판결을 아래에 인용한다). 그리고 이 법리는 배당을 받지 못한 채권자가 일반채권자이더라도 그대로 적용된다 (대판 2001. 3. 13, 99다26948; 대판 2007. 2. 9, 2006다39546).

「대법원은 배당받을 권리 있는 채권자가 자신이 배당받을 몫을 받지 못하고 그로 인해 권리 없는 다른 채권자가 그 몫을 배당받은 경우에는 배당이의 여부 또는 배당 표의 확정 여부와 관계없이 배당받을 수 있었던 채권자가 배당금을 수령한 다른 채권 자를 상대로 부당이득 반환청구를 할 수 있다는 입장을 취해 왔다.

이러한 법리의 주된 근거는 배당절차에 참가한 채권자가 배당이의 등을 하지 않아 배당절차가 종료되었더라도 그의 몫을 배당받은 다른 채권자에게 그 이득을 보유할 정당한 권원이 없는 이상 잘못된 배당의 결과를 바로잡을 수 있도록 하는 것이 실체 법 질서에 부합한다는 데에 있다. 나아가 위와 같은 부당이득 반환청구를 허용해야 할 현실적 필요성(배당이의의 소의 한계나 채권자취소 소송의 가액반환에 따른 문제점 보완), 현행 민사집행법에 따른 배당절차의 제도상 또는 실무상 한계로 인한 문제, 민사집행법 제155조의 내용과 취지, 입법 연혁 등에 비추어 보더라도, 종래 대법원 판례는 법리적으로나 실무적으로 타당하므로 유지되어야 한다.」$\left(\substack{\text{대판(전원) 2019. 7. 18, 2014다206983. 이 판결의 다수의} \\ \text{견에 대하여는 3인의 대법관의 반대의견(소수의견)이 있음}}\right)$

② 배당표의 기재내용이 실체법상의 권리관계와 합치하는 경우(즉 실체적 하자가 없는 경우)에는 실체법상의 권리에 따른 배당을 받지 못한 채권자는 배당표의 기재내용에 따라 배당을 받은 채권자에 대하여 부당이득 반환청구를 할 수 없다. 즉 경매를 신청한 근저당권자 또는 그에 우선하는 근저당권자가 피담보채권의 일부만을 청구금액으로 기재한 때$\left(\substack{\text{대판 2000. 9. 8, 99다24911(신청채권자가 잘못}\\\text{기재한 경우); 대판 2002. 10. 11, 2001다3054}}\right)$ $\left(\substack{\text{경락기일까지 배당요구한 채권자가}\\\text{경락기일 후에 추가 또는 확장하여}}\right.$ 배당요구를 하였으나 그 부분이 배당표에서 배제되고 그 확정된 배당표에 따라 배당이 실시된 경우에도 같다 $\left.\substack{\text{(대판 2005. 8. 25, 2005다14595: 경락기일 이후에는 배당요구하지 않은 채권을 추가·확장할 수 없다고 함)}}\right)$ 이 든 배당요구를 해야만 배당절차에 참여할 수 있는 채권자가 배당요구를 하지 않은 때이든 부당이득이 인정되지 않는다. 후자의 구체적 예로는 임금채권자가 적법하게 배당요구를 하지 않은 경우$\left(\substack{\text{대판 1996. 12. 20, 95다28304;}\\\text{대판 1997. 2. 25, 96다10263}}\right)$ $\left(\substack{\text{다만 임금채권자가 경매절차 개시 전에 경매목적 부동산}\\\text{을 가압류하고 배당표가 확정되기 전까지 그 가압류의 청}}\right.$ 구채권이 우선변제권 있는 임금채권임을 소명한 경우$\left.\substack{\text{에는 부당이득이 된다. 대판 2004. 7. 22, 2002다52312}}\right)$, 주택임대차보호법에 의하여 우선변제청구권이 인정되는 주택임차인이 적법하게 배당요구를 하지 않은 경우$\left(\substack{\text{대판 1998. 10. 13, 98다}\\\text{12379; 대판 2002. 1. 22,}}\right.$ 2001다$\left.\substack{}\right)$$\left(\substack{\text{1990년 민사소송법이 개시되기 전 경매법 하의 판례로 대결 1990. 3. 27, 90다카}}\right.$ 70702$\left.\substack{\text{315·322·339가 있는데, 이것은 현행 민사소송법 하에서는 유지되기 어려운 것이다)}}\right)$가 있다.

이와 관련하여 최근에 대법원은, 집행력 있는 정본을 가진 채권자, 경매개시결정이 등기된 뒤에 가압류를 한 채권자, 민법·상법, 그 밖의 법률에 따라 우선변제청구권이 있는 채권자는 배당요구의 종기까지 배당요구를 한 경우에 한하여 비로소 배당을 받을 수 있고$\left(\substack{\text{민집 88조 1항·}\\\text{148조 2호}}\right)$, 적법한 배당요구를 하지 않은 경우에는 매각대금으로부터 배당을 받을 수는 없다고 한 뒤, 이러한 채권자가 적법한 배당요구를 하지 않아 배당에서 제외되는 것으로 배당표가 작성되어 배당이 실시되었다면, 그가 적법한 배당요구를 한 경우에 배당받을 수 있었던 금액에 해당하는 돈이 다른 채권자에게 배당되었다고 해서 법률상 원인이 없는 것이라고 할 수 없다고 하였다$\left(\substack{\text{대판 2020. 10. 15,}\\\text{2017다216523}}\right)$.

③「수개의 물건을 일괄경매하더라도 배당절차는 기본적으로 개별경매의 경우와 다르지 않으므로 배당표가 하나로 작성되었다고 하더라도 이는 각 물건에 대한 배당액이 채권자별로 합산된 것에 불과하고, 그 중 어느 하나의 물건으로부터 다른 채권자들에 우선하여 배당받을 권리가 있는 선순위채권자가 배당을 받지 못하는 대신 후순위채권자가 배당을 받은 경우에 선순위채권자로서는 그 후순위채권자를 상대로 배당이의나 부당이득 반환청구를 할 수 있는 것이고, 어차피 그 후순위채권자로서는 다른 물건의 매각대금에서 배당을 받을 수 있었던 관계로 결과적으로는 후순위채권자의 배당총액에 있어서는 차이가 없었을 것이라고 하여 달리 볼 것은 아니다.」$\left(\substack{\text{대판 2004. 2. 27,}\\\text{2003다17682}}\right)$

④「배당이의소송은 대립하는 당사자 사이의 배당액을 둘러싼 분쟁을 그들 사이에서 상대적으로 해결하는 것에 지나지 아니하여 그 판결의 효력은 오직 그 소송의 당사자에게만 미칠 뿐이므로, 어느 채권자가 배당이의소송에서의 승소확정판결에 기하여 경정된 배당표에 따라 배당을 받은 경우에 있어서도, 그 배당이 배당이의소송에서 패소확정판결을 받은 자가 아닌 다른 배당요구채권자가 배당받을 몫까지도 배당

받은 결과로 된다면 그 다른 배당요구채권자는 위 법리에 따라 배당이의소송의 승소 확정판결에 따라 배당받은 채권자를 상대로 부당이득 반환청구를 할 수 있다.」 $\binom{\text{대판 2007. 2. 9,}}{\text{2006다39546}}$

⑤ 「근저당권자에게 배당하기로 한 배당금에 대하여 처분금지가처분 결정이 있어 경매법원이 그 배당금을 공탁한 후에 그 근저당권설정계약이 사해행위로 취소된 경우, … 그 공탁금은 그 경매절차에서 적법하게 배당요구하였던 다른 채권자들에게 추가배당함이 상당하고, 그 공탁금지급청구권에 관한 채권압류 및 추심명령은 추가배당절차에서 배당되고 남은 잉여금에 한하여 효력이 있을 뿐이다. 따라서 취소채권자나 적법하게 배당요구하였던 다른 채권자들로서는 추가배당 이외의 다른 절차를 통하여 채권의 만족을 얻을 수는 없다고 할 것이므로, 취소채권자라고 하더라도 배당금지급청구권에 대한 채권압류 및 추심명령에 기하여 배당금을 우선 수령하는 것은 허용되지 아니하고, 취소채권자가 그와 같은 절차를 거쳐 배당금을 우선 수령하였다면 적법하게 배당요구하였던 다른 채권자들과의 관계에서 부당이득이 성립한다.」 $\binom{\text{대판 2009. 5. 14,}}{\text{2007다64310}}$

⑥ 「첫 경매개시결정 등기 전에 등기된 가압류채권자로부터 그 피보전권리를 양수한 채권양수인이 경매법원에 채권신고를 하였으나 배당표가 확정되기 전까지 그 채권양수 사실을 제대로 소명하지 못함에 따라 가압류채권자에게 배당된 경우에, 다른 배당참가 채권자가 그 가압류채권자의 피보전권리는 채권양수인에게 양도되어 이미 소멸하였다는 이유로 가압류채권자에게 배당된 금액에 대하여 배당이의를 제기하고 배당이의의 소를 통해 가압류채권자에게 배당된 금액을 배당받는다면 위 채권양수인은 그 채권자를 상대로 가압류채권자의 배당액에 관하여 부당이득 반환청구를 할 수 있다.」 $\binom{\text{대판 2012. 4. 26,}}{\text{2010다94090}}$

⑦ 본안소송 결과 배당액 전액을 지급받기에 부족한 피보전권리만이 확정되어 다른 배당채권자들에게 추가배당하여야 할 경우임이 밝혀진 때에는 당초의 배당액 중 다른 배당채권자들에게 추가배당하여야 할 부분에 관하여는 가압류채권자가 처음부터 그 부분에 대한 배당금지급청구권을 가지고 있지 않았다고 보아야 하므로, 가압류채권자가 그 부분 채권$\binom{\text{다른 배당채권자들에게 추가배당하여야}}{\text{할 부분에 해당하는 배당금지급청구권}}$을 부당이득하였다고 할 수 없다$\binom{\text{대판 2013. 6. 13,}}{\text{2011다75478}}$.

(ㄴ) **경매절차에 의한 경우**　　① 저당권과 채권이 소멸하였음에도 저당부동산에 대하여 경매를 강행하여 스스로 경락인이 되어 경매대금 중 일부를 수령한 경우에는 부당이득 반환의무가 있다$\binom{\text{대판 1973. 3. 13,}}{\text{72다1073}}$. 　　　　　　　　　　　　　　　　[230]

② 강제경매절차에서 경락인이 부동산을 경락받아 대금을 완납하였으나 강제경매의 기초가 된 채무자 명의의 소유권이전등기가 원인무효이어서 경매부동산에 대하여 소유권을 취득하지 못하게 된 경우, 이와 같은 강제경매는 무효이고 경락인은 채권자에게 경매대금 중 그가 배당받은 금액에 대하여 부당이득으로 반환을 청구할 수

있고, 제578조 제 1 항 · 제 2 항에 따른 경매의 채무자나 채권자의 담보책임은 인정될 여지가 없다(대판 1993. 5. 25, 92다15574; 대판 2004. 6. 24, 2003다59259. [101]도 참조).

피담보채권이 소멸되어 무효인 근저당권에 기초하여 임의경매절차가 개시되고 매수인이 해당 부동산의 매각대금을 지급하였더라도, 그 경매절차는 무효이므로 매수인은 부동산의 소유권을 취득할 수 없으며(대판(전원) 2022. 8. 25, 2018다205209), 이와 같이 경매가 무효인 경우 매수인은 경매채권자 등 배당금을 수령한 자를 상대로 그가 배당받은 금액에 대하여 부당이득 반환을 청구할 수 있다(대판 2023. 7. 27, 2023다228107).

③ 채무자 이외의 자의 소유에 속한 동산을 경매한 경우, 경락인은 그 소유권을 선의취득하지만, 그 동산의 매수금은 채무자의 것이 아니어서 채권자가 이를 배당받았다고 하더라도 채권은 소멸하지 않고 존속하므로, 배당을 받은 채권자는 법률상 원인 없는 이득을 얻고 소유자는 소유권을 상실하는 손해를 입었으니, 그 동산의 소유자는 배당을 받은 채권자에 대하여 부당이득으로서 배당받은 금액의 반환을 청구할 수 있다(대판 1997. 6. 27, 96다51332; 대판 1998. 3. 27, 97다32680; 대판 1998. 6. 12, 98다6800; 대판 2003. 7. 25, 2002다39616. 이 경우 채권자의 채권은 존속하므로, 채무자는 이득한 것이 없게 됨).

(ㄷ) **체납처분의 청산절차에서 임금채권자가 배당요구를 하지 않은 경우** 이 경우에는 임금채권자는 후순위채권자에 대하여 부당이득 반환청구를 할 수 있다(대판 2000. 6. 9, 2000다15869; 대판 2003. 1. 24, 2002다64254. 임금채권자가 「경매절차에서」 배당요구를 하지 않은 경우에는 부당이득 반환청구권이 없음을 주의할 것. [229]의 (ㄱ) ② 판결들 참조).

(ㄹ) **근저당권설정등기가 위법하게 말소되어 그 근저당권자가 배당받지 못한 경우**

이 경우 근저당권자는 경매절차에서 배당받은 자에 대하여 배당금의 한도에서 부당이득 반환청구를 할 수 있다(대판 1998. 10. 2, 98다27197(회복등기를 위하여 현 소유자 의승낙을 구할 수는 없음); 대판 2002. 10. 22, 2000다59678).

(ㅁ) **판결 등에 의하여 집행한 경우** ① 확정판결은 재심의 소 등으로 취소되지 않는 한 그 소송당사자를 기속하는 것이므로, 비록 그 뒤 관련소송에서 그 확정판결에 반하는 내용의 판결이 선고되어 확정되었다 하더라도 그러한 사정만으로는 위 확정판결에 기한 강제집행으로 교부받은 금전이 부당이득이라고 단정할 수 없다(대판 1977. 12. 13, 77다1753; 대판 1991. 2. 26, 90다6576; 대판 1992. 6. 26, 92다10425; 대판 1995. 6. 29, 94다41430; 대판 2000. 5. 16, 2000다11850; 대판 2023. 6. 29, 2021다243812(해당 급부뿐만 아니라 그 급부의 대가로서 기존 급부와 동일성을 유지하면서 형태가 변경된 것에 불과한 처분대금 등도 마찬가지라고 함).

② 채권압류 및 전부명령이 적법하게 확정되었다면 그 효력 자체를 부정할 수는 없고, 다만 그 전부명령이 확정된 후 그 집행권원인 집행증서의 기초가 된 법률행위 중 전부 또는 일부에 무효사유가 있는 것으로 판명된 때에는 그 무효부분에 대하여는 집행채권자가 부당이득을 한 것이 된다(대판 2005. 4. 15, 2004다70024; 대결 2005. 12. 19, 2005그128; 대판 2010. 12. 23, 2009다37725).

③ 채권압류 및 전부명령이 적법하게 발부되어 채무자 및 제 3 채무자에게 송달되면 집행채권에 대하여 변제의 효과가 발생하고 강제집행절차는 종료하나, 채권압류 및 전부명령의 기초가 된 가집행선고부 판결이 상급심판결에 의하여 그 전부 또는 일부가 취소된 경우에는 그로 인하여 위 채권압류 및 전부명령에 의한 강제집행이 이미 종료한 것 자체에는 아무런 변동을 가져오지 않으면서도 그 취소된 부분에 관하여는 집행채권자가 부당이득을 한 것이 되어 이를 반환할 의무를 진다(대판 1991. 8. 13, 89

다카 27420).

④ 제 1 심의 가집행선고가 그 본안판결을 변경한 항소심판단의 선고로 인하여 효력을 잃은 경우 제 1 심판결에 의한 집행으로 얻은 이득은 부당이득이 된다(대판 1971. 6. 22, 71다982; 대판 2005. 1. 14, 2001다81320; 대판 2015. 2. 26, 2012다79866. 같은 취지: 대판 2011. 8. 25, 2011다25145; 대판 2023. 4. 13, 2022다293272(또는 손해배상을 해야 한다고 함)).

⑤ 「확정판결이 실체적 권리관계와 다르다 하더라도 그 판결이 재심의 소 등으로 취소되지 않는 한 그 판결의 기판력에 저촉되는 주장을 할 수 없어 그 판결의 집행으로 교부받은 금원을 법률상 원인 없는 이득이라 할 수 없는 것이므로, 불법행위로 인한 인신손해에 대한 손해배상청구소송에서 판결이 확정된 후 피해자가 그 판결에서 손해배상액 산정의 기초로 인정된 기대여명보다 일찍 사망한 경우라도 그 판결이 재심의 소 등으로 취소되지 않는 한 그 판결에 기하여 지급받은 손해배상금 중 일부를 법률상 원인 없는 이득이라 하여 반환을 구하는 것은 그 판결의 기판력에 저촉되어 허용될 수 없다.」(대판 2009. 11. 12, 2009다56665).

(ㅂ) **조세(租稅)의 과오납(過誤納)의 경우** ① 과세처분이 부존재하거나 당연 [231] 무효인 경우에 이 과세처분에 의하여 납세의무자가 납부하거나 징수당한 오납금은 부당이득에 해당한다(대판(전원) 1992. 3. 31, 91다32053). 조세환급금은 조세채무가 처음부터 존재하지 않거나 그 후 소멸하였음에도 불구하고 국가가 법률상 원인 없이 수령하거나 보유하고 있는 부당이득에 해당한다(대판(전원) 2018. 7. 19, 2017다242409).

② 「조세의 과오납이 부당이득이 되기 위하여는 납세 또는 조세의 징수가 실체법적으로나 절차법적으로 전혀 법률상의 근거가 없거나 과세처분의 하자가 중대하고 명백하여 당연무효이어야 하고, 과세처분의 하자가 단지 취소할 수 있는 정도에 불과할 때에는 과세관청이 이를 스스로 취소하거나 항고소송절차에 의하여 취소되지 않는 한 그로 인한 조세의 납부가 부당이득이 된다고 할 수 없다.」(대판 1994. 11. 11, 94다28000).

③ 취득세·등록세 등의 신고납부방식의 조세에 있어서는 원칙적으로 납세의무자의 신고행위에 의하여 조세채무가 구체적으로 확정되고, 그 납부행위는 신고에 의하여 확정된 구체적 조세채무의 이행으로서 하는 것이며, 국가나 지방자치단체는 그와 같이 확정된 조세채권에 기하여 납부된 세액을 보유하는 것이므로, 납세의무자의 신고행위가 중대하고 명백한 하자로 인하여 당연무효로 되지 않는 한 그것이 바로 부당이득에 해당한다고 할 수 없다(대판 1995. 2. 28, 94다31419 이래 대판 2006. 1. 13, 2004다64340까지 다수의 판결)(이 법리는 신고납부방식으로 징수되는 산업재해보상보험법상 산재보험료, 고용보험법상의 고용보험료 및 임금채권보장법상의 부담금에도 그대로 적용된다. 대판 2003. 9. 2, 2002다52084 등).

④ 법률의 근거가 없는 중과세처분에 기하여 납부받은 세금은 부당이득으로서 반환하여야 한다(대판 1981. 6. 9, 81다400. 대판 1981. 11. 10, 81다916도 참조).

⑤ 납세의무 없는 자가 스스로 납세의무자라고 믿고 취득세를 자진신고 납부한 경우도 부당이득이다(대판 1984. 6. 26, 83다카1659; 대판 1991. 1. 25, 87다카2569(부과납세방식의 조세에서 부과처분 전에 자진하여 세금을 과다납부한 경우)).

⑥ 당연무효인 변상금 부과처분에 의하여 납부하거나 징수당한 오납금은 부당이득이다(대판 2005. 1. 27, 2004다50143).

⑦ 부당이득이 인정되는 경우의 그 반환의무자는 이득의 주체이며, 그로부터 위임을 받아 징수업무를 행한 자가 아니다. 따라서 취득세의 경우는 서울특별시나 도(道)이고(구 또는 시·군이 자진 / 신고받아 도에 납입함)(대판 1997. 11. 11, 97다8427; / 대판 2005. 5. 13, 2005다12544), 구 교육세법에 의한 교육세의 경우는 국고이다(대판 2005. 8. 25, / 2004다58277).

⑧ 원천징수의무자가 원천납세의무자로부터 원천징수 대상이 아닌 소득에 대하여 세액을 징수·납부하였거나 징수하여야 할 세액을 초과하여 징수·납부하였다면 국가는 부당이득을 한 것이고, 이때 환급청구권은 원천납세의무자가 아닌 원천징수의무자에게 귀속되는 것인바, 이는 원천징수의무자가 원천납세의무자에 대한 관계에서는 부당이득을 얻은 것이라 할 것이므로 원천납세의무자는 원천징수의무자에 대하여 환급청구권 상당액을 부당이득으로 구상할 수 있다(대판 2003. 3. 14, / 2002다68294).

(ㅅ) 사인(私人)의 토지를 도로 또는 도로부지로 사용하는 경우　① 국가 또는 지방자치단체가 사인의 토지를 수용 또는 매수절차를 거치거나 적법한 보상을 함이 없이 도로나 도로부지로 사용하는 경우에는, 그 도로가 도로법의 적용을 받는 것인지의 여부에 관계없이 지방자치단체로서는 임료 상당의 이익을 법률상 원인 없이 이득하고 있는 것이다(대판 1975. 5. 13, 73다1772; 대판 1985. / 11. 26, 85다카1245 등 무수한 판결).

그러나 ② 토지소유자가 스스로 그 토지에 대한 독점적이고 배타적인 사용수익권을 포기한 경우에는 그렇지 않다(대판 1995. 11. 24, 95다39946; 대판 1999. 4. 27, 98다56232; 대판 / 2009. 6. 11, 2009다8802 등 다수의 판결. 그 밖에 [225]의 판결도 참조)(대판 2009. 3. 26, 2009다228· / 235도 참조).

(ㅇ) 공유물의 사용·수익의 경우　① 공유자 중의 일부가 공유토지의 전부를 배타적으로 점유·사용하고 있다면, 다른 공유자들 중 지분은 있으나 사용·수익은 전혀 하지 않고 있는 자에 대하여는 그 자의 지분에 상응하는 부당이득을 하고 있다(대판 2002. 10. 11, / 2000다17803).

② 과반수 지분의 공유자는 공유물의 관리에 관한 사항을 단독으로 결정할 수 있으므로 그가 공유토지의 특정된 한 부분을 배타적으로 사용·수익할 수 있으나, 그로 말미암아 지분은 있으되 그 특정부분의 사용·수익을 전혀 하지 못하여 손해를 입고 있는 소수지분권자에 대하여 그 지분에 상응하는 임료 상당의 부당이득을 하고 있으므로 이를 반환할 의무가 있으나, 그 과반수 지분의 공유자로부터 다시 그 특정부분의 사용·수익을 허락받은 제3자의 점유는 다수지분권자의 공유물관리권에 터잡은 적법한 점유이므로 그 제3자는 소수지분권자에 대하여도 그 점유로 인하여 부당이득을 얻고 있다고는 볼 수 없다(대판 2002. 5. 14, / 2002다9738).

③「부동산의 일부 지분 소유자가 다른 지분 소유자의 동의 없이 부동산을 다른 사람에게 임대하여 임대차보증금을 받았다면, 그로 인한 수익 중 자신의 지분을 초과하는 부분은 법률상 원인 없이 취득한 부당이득이 되어 다른 지분 소유자에게 이를 반환할 의무가 있다. 또한 이러한 무단 임대행위는 다른 지분 소유자의 공유지분의 사용·수익을 침해한 불법행위가 성립되어 그 손해를 배상할 의무가 있다. 다만 그 반환

또는 배상의 범위는 부동산 임대차로 인한 차임 상당액이고 부동산의 임대차보증금 자체에 대한 다른 지분 소유자의 지분비율 상당액을 구할 수는 없다.」^{(대판 2021. 4. 29,
2018다261889}).

㈜ **구분소유의 경우**　　①「집합건물에서 전유부분 면적 비율에 상응하는 적정 대지지분을 가진 구분소유자는 그 대지 전부를 용도에 따라 사용·수익할 수 있는 적법한 권원을 가지므로, 구분소유자 아닌 대지 공유자는 그 대지 공유지분권에 기초하여 적정 대지지분을 가진 구분소유자를 상대로는 대지의 사용·수익에 따른 부당이득 반환을 청구할 수 없다.」^{(대판(전원) 2022. 8. 25,
2017다257067})

「그러나 적정 대지지분보다 부족한 대지 공유지분(이하 '과소 대지
지분'이라 한다)을 가진 구분소유자는, 과소 대지지분이 적정 대지지분에 매우 근소하게 부족하여 그에 대한 부당이득 반환청구가 신의성실의 원칙에 반한다고 볼 수 있는 경우, 구분건물의 분양 당시 분양자로부터 과소 대지지분만을 이전받으면서 건물 대지를 무상으로 사용할 수 있는 권한을 부여받았고 이러한 약정이 분양자의 대지지분을 특정승계한 사람에게 승계된 것으로 볼 수 있는 경우, 또는 과소 대지지분에 기하여 전유부분을 계속 소유·사용하는 현재의 사실상태가 장기간 묵인되어온 경우 등과 같은 특별한 사정이 없는 한, 구분소유자 아닌 대지공유자에 대하여 적정 대지지분에서 부족한 지분의 비율에 해당하는 차임 상당의 부당이득 반환의무를 부담한다.」^{(대판 2023. 9. 14,
2016다12823}).

「이때 구분소유자가 적정 대지지분을 소유하였는지 여부나 과소 대지지분권자로서 구분소유자 아닌 대지공유자에 대하여 부당이득 반환의무를 부담하는지 여부 및 그 범위는 구분소유권별로 판단하여야 하고, 이는 특정 구분소유자가 복수의 구분소유권을 보유한 경우에도 마찬가지이므로 특별한 사정이 없는 한 복수의 구분소유권에 관한 전체 대지지분을 기준으로 이를 판단하여서는 아니 된다.」^{(대판 2023. 10. 18,
2019다266386})

②「1동의 건물의 구분소유자들이 당초 건물을 분양받을 당시 대지 공유지분 비율대로 그 건물의 대지를 공유하고 있는 경우에는 별도의 규약이 존재하는 등의 특별한 사정이 없는 한 각 구분소유자가 그 대지에 대하여 가지는 공유지분의 비율에 관계없이 그 대지 전부를 용도에 따라 사용할 수 있는 적법한 권원이 있으므로, 그 구분소유자들 사이에서는 대지 공유지분 비율의 차이를 이유로 부당이득 반환을 구할 수 없다.」^{(대판 2013. 3. 14,
2011다58701})

③「대지사용권이 없는 전유부분의 소유자는 법률상 원인 없이 전유부분의 대지를 점유하고 있으므로 그 대지 중 자기의 전유부분이 집합건물 전체 전유면적에서 차지하는 비율만큼의 차임에 해당하는 부당이득을 얻고 있고, 대지 지분 소유자는 그에 해당하는 손해를 입고 있다고 볼 수 있다. 따라서 특별한 사정이 없는 한 대지사용권이 없는 전유부분의 소유자는 위 지분의 소유자에게 위 부당이득을 반환할 의무가 있다.」^{(대판 2018. 6. 28, 2016
다219419·219426})

④ 구분소유자 중 일부가 정당한 권원 없이 집합건물의 복도, 계단 등과 같은 공용부분을 배타적으로 점유·사용함으로써 이익을 얻고, 그로 인하여 다른 구분소유자들

이 해당 공용부분을 사용할 수 없게 되었다면, 공용부분을 무단점유한 구분소유자는 특별한 사정이 없는 한 해당 공용부분을 점유·사용함으로써 얻은 이익을 부당이득으로 반환할 의무가 있다(대판(전원) 2020. 5. 21,
2017다220744).

[232]　　(ㅊ) 기　　타　　① 소멸시효의 완성으로 채권이 소멸한 경우에는 채무자가 부당이득을 한 것이라고 할 수 없다(대판 1971. 7. 27,
71다494).

② 근저당권자가 물상대위를 할 수 있다고 하여 부당이득 반환청구권의 성립에 지장이 있는 것은 아니다(대판 1975. 4. 8, 73다29: 근저당권자는 보상금을 받은
소유자에 대하여 부당이득 반환청구를 할 수 있다). 그리하여 저당권자(질권자
도 같다)가 물상대위권의 행사로 금전 또는 물건의 인도청구권을 압류하기 전에 저당목적물 소유자가 그 인도청구권에 기하여 금전 등을 수령한 경우에는, 저당목적물의 소유자는 저당권자에 대하여 피담보채권액 상당의 부당이득을 반환할 의무가 있다(대판 2009. 5. 14,
2008다17656). 그런데 저당권자가 물상대위권을 행사하지 않아 우선변제권을 상실한 이상 다른 채권자가 이득을 얻었다고 하더라도 이를 부당이득으로 반환청구할 수 없다(대판 2002. 10. 11,
2002다33137).

③ 채무명의에 기한 강제경매 신청에 의하여 목적부동산에 대한 경락허가결정이 확정된 경우에는, 비록 경매개시결정 전에 경료된 제 3 자 명의의 가등기에 기하여 그 제 3 자 명의로 소유권이전 본등기가 경료됨으로써 경락인이 경락부동산의 소유권을 취득하지 못하게 되었다 하더라도 그 사유만으로 경락허가결정이 무효로 돌아가는 것은 아니므로, 채권자가 경락대금 중에서 채권의 변제조로 교부받은 배당금을 부당이득이라고 할 수는 없다(대판 1986. 9. 23, 86다카560. 유사 판결: 대판 1992.
10. 27, 92다5065(가등기가 있는 채로 경매된 경우)).

④ 타인의 채무에 관하여 대위변제한 금전의 일부에 해당하는 채무가 존재하지 않는 경우에는 채권자는 대위변제자에 대하여 그 금액에 관하여 부당이득을 한 것이 된다(대판 1990. 6. 8,
89다카20481).

⑤ 원고가 비록 피고들의 강박에 의한 하자 있는 의사표시에 의하여 금원을 교부하였다 할지라도 그 의사표시가 취소되지 않는 한 피고들의 위 금원 보유가 부당이득이라고 볼 수는 없다(대판 1990. 11. 13,
90다카17153).

⑥ 구 국토이용관리법상의 규제구역 내의「토지 등의 거래계약」은 관할 관청의 허가를 받기까지는 유동적 무효의 상태에 있지만, 그렇다고 하여 계약금을 교부한 상태에 있는 계약당사자 일방이 언제든지 계약의 무효를 주장하여 부당이득으로 계약금의 반환을 구할 수는 없고, 유동적 무효상태가 확정적으로 무효로 되었을 때 비로소 부당이득으로 그 반환을 구할 수 있다(대판 1993. 6. 22, 91다21435;
대판 1995. 6. 9, 95다2487 등).

⑦ 부동산실명법 시행 후에 이른바 계약명의신탁 약정에 기하여 수탁자가 부동산을 매수한 경우 명의수탁자는 당해 부동산 자체가 아니라 신탁자로부터 제공받은 매수자금을 부당이득하였다고 할 것이다(대판 2005. 1. 28, 2002다66922. 부동산실명법 시행 전에 위와
같은 명의신탁이 행하여진 경우에는 당해 부동산 자체가 부당
이득이라고 함(대판 2002.
12. 26, 2000다 21123)).

⑧「계약의 일방 당사자가 계약상대방의 지시 등으로 급부과정을 단축하여 계약상

대방과 또다른 계약관계를 맺고 있는 제 3 자에게 직접 급부한 경우, 그 급부로써 급부를 한 계약당사자의 상대방에 대한 급부가 이루어질 뿐 아니라 그 상대방의 제 3 자에 대한 급부로도 이루어지는 것이므로 계약의 일방 당사자는 제 3 자를 상대로 법률상 원인 없이 급부를 수령하였다는 이유로 부당이득 반환청구를 할 수 없다.」$\binom{대판 2003. 12. 26,}{2001다46730}$$\binom{[51]의 판}{결도 참조}$.

⑨ 「채무자가 횡령한 금전으로 자신의 채권자에 대한 채무를 변제하는 경우 채권자가 그 변제를 수령함에 있어 악의 또는 중대한 과실이 있는 경우에는 채권자의 금전취득은 피해자에 대한 관계에 있어서 법률상 원인을 결여한 것으로 봄이 상당하나, 채권자가 그 변제를 수령함에 있어 단순히 과실이 있는 경우에는 그 변제는 유효하고 채권자의 금전취득이 피해자에 대한 관계에 있어서 법률상 원인을 결여한 것이라고 할 수 없다.」$\binom{대판 2003. 6. 13,}{2003다8862}$

⑩ 채권자가 대상청구권을 가지는 경우에 어떤 사유로 채권자가 직접 자신의 명의로 대상청구의 대상이 되는 보상금을 지급받았다고 하더라도 이로써 채무자에 대한 관계에서 바로 부당이득이 되는 것은 아니다$\binom{대판 2002. 2. 8,}{99다23901}$.

⑪ 부정한 방법으로 실체의 권리관계와 다른 내용의 확정판결을 얻어 강제집행을 하는 것은 권리남용에 해당하지만, 위 확정판결이 취소되지 않은 이상 그에 기한 강제집행으로 취득한 채권을 부당이득이라고 하여 반환을 구할 수는 없다$\binom{대판}{2001. 11. 13,}$ 99다 32905).

⑫ 타인 소유의 토지 위에 권원(권한) 없이 건물을 소유하는 자는 그 자체로써 건물 부지가 된 토지를 점유하고 있는 것이므로 특별한 사정이 없는 한 법률상 원인 없이 타인의 재산으로 인하여 토지의 차임에 상당하는 이익을 얻고 이로 인하여 타인에게 동액 상당의 손해를 주고 있다고 보아야 한다$\binom{대판 1998. 5. 8, 98다2389; 대판 2007. 8. 23,}{2007다21856 \cdot 21863; 대판 2022. 9. 29, 2018다}$ 243133 · 243140; 대판 2023. 8. 18, 2021다249810)$\binom{이 점은 건물 이외의 공작물의 소유를 목적으로 한 토지 전차인이 당해 토지 위에 권한}{없이(전대차가 해지된 경우 등) 공작물을 소유하고 있는 경우에도 마찬가지로 보아야 한}$ 다. 대판 2007. 8. 23, 2007다21856 · 21863). 이는 건물소유자가 미등기건물의 원시취득자이고 그 건물에 관하여 사실상의 처분권을 보유하게 된 양수인이 따로 존재하는 경우에도 다르지 않으므로, 미등기건물의 원시취득자는 토지소유자에 대하여 부당이득 반환의무를 진다$\binom{대판 2011. 7. 14, 2009다76522 \cdot 76539;}{대판 2022. 9. 29, 2018다243133 \cdot 243140}$. 그런가 하면 미등기건물을 양수하여 건물에 관한 사실상의 처분권을 보유하게 됨으로써 그 양수인이 건물 부지 역시 아울러 점유하고 있다고 볼 수 있는 경우에는 미등기건물에 관한 사실상의 처분권자도 건물 부지의 점유 · 사용에 따른 부당이득 반환의무를 부담한다$\binom{대판 2022. 9. 29, 2018다243133 \cdot 243140. 이러한 경}{우 미등기건물의 원시취득자와 사실상의 처분권자}$ 가 토지소유자에 대하여 부담하는 부당이 득 반환의무는 부진정연대채무 관계에 있다).

이때 임료에 상당하는 부당이득액을 산정하는 경우에는 토지 위에 건물이 소재함으로써 토지 사용권이 제한을 받는 사정은 참작할 필요가 없다$\binom{대판 1992. 6. 23,}{91다40177}$. 그리고 법률상 원인 없이 타인 소유의 건물을 점유하여 거주하는 자는 건물의 차임 상당액을 부당이득으로 반환할 의무가 있는데, 그 차임 상당액 속에는 건물의 차임 외에 부지

의 차임(지대)도 포함된다(대판 1994. 12. 9, 94다27809; 대판 1995. 8. 22, 95다11955 · 11962).

「건물소유자가 부지 부분에 관한 소유권을 상실하였다 하여도 건물소유자는 의연 토지소유자의 관계에 있어서는 토지 위에 있는 건물의 소유자인 관계로 건물 부지의 불법점유자라 할 것이고, 따라서 건물 부지 부분에 관한 차임 상당의 부당이득 전부에 관한 반환의무를 부담하게 되는 것이며, 건물을 점유하고 있는 건물임차인이 토지소유자에 대하여 부지 점유자로서 부당이득 반환의무를 진다고 볼 수 없을 것이므로 건물소유자는 이러한 채무의 부담한도 내에서 건물임차인의 건물 불법점유에 상응하는 부지 부분의 사용 · 수익에 따른 임료 상당의 손실이 생긴 것이고, 앞서 본 바와 같이 건물에 관한 임대차계약 종료 이후 이를 계속 점유 · 사용하는 건물임차인은 건물소유자에 대한 관계에 있어서 건물 부지의 사용 · 수익으로 인한 이득이 포함된 건물 임료 상당의 부당이득을 하였다고 보아야 한다.」(대판 2012. 5. 10, 2012다4633)

⑬ 동시이행의 항변권 또는 유익비상환청구권에 의한 유치권을 행사하여 가옥을 사용 · 수익한 경우에는 임료 상당의 부당이득을 한 것으로 본다(대판 1963. 7. 11, 63다235).

⑭ 담보권자가 담보로 제공받은 중기를 수시로 사용하였다면 담보권자로서는 위 중기를 사용한 만큼의 이익을 얻었다고 할 것이다(대판 1986. 2. 11, 85다카119).

⑮ 사유토지가 하천법에 의하여 준용하천구역으로 적법하게 편입됨으로써 그 소유자가 사용 · 수익에 관한 사권의 행사에 제한을 받고 있다고 하여도 하천법 규정에 의한 손실보상을 받음은 별론으로 하고 하천관리청인 지방자치단체의 점유를 권원 없는 점유와 같이 보아 부당이득의 반환을 청구할 수는 없다(대판 1991. 8. 13, 90다17712; 대판 1994. 11. 18, 93다30686 등).

「국가 또는 지방자치단체가 위법하게 사유지에 대한 점유를 개시한 경우, 국가 또는 지방자치단체가 토지보상법에 따라 해당 토지에 대한 수용 또는 사용 절차를 거쳐 손실보상금을 지급할 가능성이 있었다는 사정만으로 토지소유자에 대한 부당이득 반환의무가 소멸한다고 볼 수 없다. 국가 또는 지방자치단체로서는 토지보상법에 따른 적법한 수용 또는 사용 절차를 통해 정당한 보상을 함으로써 그 토지에 대한 사용권을 획득한 이후에야 그 범위 내에서 부당이득 반환의무를 면할 뿐이다.」(대판 2024. 6. 27, 2023다275530)

⑯ 부동산에 대한 취득시효가 완성된 경우 소유명의자는 점유자에 대하여 점유로 인한 부당이득 반환청구를 할 수 없다(대판 1993. 5. 25, 92다51280).

⑰ 「원소유자가 취득시효의 완성 이후 그 등기가 있기 전에 그 토지를 제 3 자에게 처분하거나 제한물권의 설정, 토지의 현상 변경 등 소유자로서의 권리를 행사하였다 하여 시효취득자에 대한 관계에서 불법행위가 성립하는 것이 아님은 물론 위 처분행위를 통하여 그 토지의 소유권이나 제한물권 등을 취득한 제 3 자에 대하여 취득시효의 완성 및 그 권리취득의 소급효를 들어 대항할 수도 없다 할 것이니, 이 경우 시효취득자로서는 원소유자의 적법한 권리행사로 인한 현상의 변경이나 제한물권의 설정

등이 이루어진 그 토지의 사실상 혹은 법률상 현상 그대로의 상태에서 등기에 의하여 그 소유권을 취득하게 된다. 따라서 시효취득자가 원소유자에 의하여 그 토지에 설정된 근저당권의 피담보채무를 변제하는 것은 시효취득자가 용인하여야 할 그 토지상의 부담을 제거하여 완전한 소유권을 확보하기 위한 것으로서 그 자신의 이익을 위한 행위라 할 것이니, 위 변제액 상당에 대하여 원소유자에게 대위변제를 이유로 구상권을 행사하거나 부당이득을 이유로 그 반환청구권을 행사할 수는 없다 할 것이다.」($\binom{대판\ 2006.\ 5.\ 12,}{2005다75910}$)

⑱ 「송금의뢰인과 수취인 사이에 계좌이체의 원인이 되는 법률관계가 존재하지 않음에도 불구하고, 계좌이체에 의하여 수취인이 계좌이체금액 상당의 예금채권을 취득한 경우에는, 송금의뢰인은 수취인에 대하여 위 금액 상당의 부당이득 반환청구권을 가지게 되지만, 수취은행은 이익을 얻은 것이 없으므로 수취은행에 대하여는 부당이득 반환청구권을 취득하지 아니하는 것이다.」($\binom{대판\ 2007.\ 11.\ 29,}{2007다51239}$)

종합통장자동대출의 약정계좌가 예금거래기본약관의 적용을 받는 예금계좌인 경우에 약정계좌의 잔고가 마이너스로 유지되는 상태, 즉 대출채무가 있는 상태에서 약정계좌로 자금이 이체되면, 설령 송금의뢰인과 수취인 사이에 자금이체의 원인인 법률관계가 없더라도, 송금의뢰인은 수취인에 대하여 이체금액 상당의 부당이득 반환청구권을 가지게 될 뿐이고, 수취인과의 적법한 대출거래약정에 따라 대출채권의 만족을 얻은 수취은행에 대하여는 부당이득 반환청구권을 취득한다고 할 수 없다($\binom{대판\ 2022.\ 6.\ 30,}{2016다237974}$).

⑲ 「인지 이전에 공동상속인들에 의해 이미 분할되거나 처분된 상속재산은 민법 제860조 단서가 규정한 인지의 소급효 제한에 따라 이를 분할받은 공동상속인이나 공동상속인들의 처분행위에 의해 이를 양수한 자에게 그 소유권이 확정적으로 귀속되는 것이며, 상속재산의 소유권을 취득한 자는 민법 제102조에 따라 그 과실을 수취할 권능도 보유한다고 할 것이므로, 피인지자에 대한 인지 이전에 상속재산을 분할한 공동상속인이 그 분할받은 상속재산으로부터 발생한 과실을 취득하는 것은 피인지자에 대한 관계에서 부당이득이 된다고 할 수 없다.」($\binom{대판\ 2007.\ 7.\ 26,}{2006다83796}$)

⑳ 자동차사고에 따른 법률상 보험금지급의무를 부담하고 있는 보험회사가 그 의무를 다투며 보험금 지급을 거절한다는 이유만으로 자동차손해배상 보장사업자가 피해자들에게 보상금을 지급한 경우, 이는 자동차손해배상보장법 제26조 제 1 항 제 2 호에 따른 보상금지급의무가 없는데도 피해자들에게 보상금을 지급한 것이므로 피해자들은 이를 부당이득으로 반환하여야 하지만, 위 보험회사 및 피보험차량 소유자와 운전자는 위 보상금지급으로 피해자에 대한 손해배상채무나 보험금의 직접지급의무가 소멸하는 것이 아니므로 그 보상금 상당의 부당이득을 취득하였다고 볼 수 없다($\binom{대판\ 2007.\ 12.\ 27,}{2007다54450}$).

㉑ 복수의 가해자 중 일방 가해자가 도주하였으나 다른 일방 가해자가 명확한 경

우의 자동차사고는 자동차손해배상 보장사업의 대상에 해당하지 않음에도 이를 알지 못하고 보장사업자가 피해자에게 보상금을 지급한 경우, 위 보장사업자는 피해자에게 그 보상금의 반환을 구할 수 있고, 피해자가 보장사업자에 대하여 부당이득 반환의무가 있는 이상 가해자의 책임보험자에 대한 보험금지급청구채권은 여전히 존속하므로, 보장사업자의 위 보상금지급으로 가해자의 책임보험자가 이득을 본 것은 없고, 따라서 보장사업자는 가해자의 책임보험자에게 부당이득 반환청구를 할 수 없다 ($\binom{대판 2007. 12. 28,}{2007다54351}$).

㉒「일반적으로 부동산을 채권담보의 목적으로 양도한 경우 특별한 사정이 없는 한 목적부동산에 대한 사용수익권은 채무자인 양도담보설정자에게 있는 것이므로, 양도담보권자는 사용수익할 수 있는 정당한 권한이 있는 채무자나 채무자로부터 그 사용수익할 수 있는 권한을 승계한 자에 대하여는 사용수익을 하지 못한 것을 이유로 임료 상당의 손해배상이나 부당이득 반환청구를 할 수 없다.」($\binom{대판 2008. 2. 28,}{2007다37394 · 37400}$)

㉓「공탁자가 착오로 공탁한 때 또는 공탁의 원인이 소멸한 때에는 공탁자가 공탁물을 회수할 수 있을 뿐($\binom{공탁법 제 9 조,}{제 2 항 참조}$), 피공탁자의 공탁물출급청구권은 존재하지 않는 것이므로, 이러한 경우 공탁자가 공탁물을 회수하기 전에 위 공탁물출급청구권에 대한 전부명령을 받아 공탁물을 수령한 자는 법률상 원인 없이 공탁물을 수령한 것이 되어 공탁자에 대하여 부당이득 반환의무를 부담한다.」($\binom{대판 2008. 9. 25,}{2008다34668}$)

㉔「근로기준법상의 요양보상에 대하여는 사용자는 특단의 사정이 없는 한 그 전액을 지급할 의무가 있는 것이고 근로자에게 과실이 있다고 하더라도 그 비율에 상당한 금액의 지급을 면할 수 없는 것이어서 이를 배상액에서 공제할 수 없는 것이므로, 재해근로자가 수령한 요양보상 중 근로자의 과실비율에 따른 금원을 부당이득이라 하여 사용자의 손해배상액으로부터 공제할 수 없다.」($\binom{대판 2008. 11. 27, 2008다40847. 같은}{취지: 대판(전원) 1981. 10. 13, 81다카}$ 351; 대판 1994. 12. 27,) 94다40543

㉕「토지의 상공에 고압전선이 통과하게 됨으로써 토지소유자가 그 토지 상공의 이용을 제한받게 되는 경우, 특별한 사정이 없는 한 그 토지소유자는 위 전선을 소유하는 자에게 이용이 제한되는 상공 부분에 대한 임료 상당액의 부당이득금의 반환을 구할 수 있다. 이때 고압전선이 통과하고 있는 상공 부분과 관계 법령에서 고압전선과 건조물 사이에 일정한 거리를 유지하도록 규정하고 있는 경우 그 거리 내의 상공 부분은 토지소유자의 이용이 제한되고 있다고 볼 수 있다. 한편, 고압전선의 경우 양쪽의 철탑으로부터 아래로 늘어져 있어 강풍 등이 있는 경우에 양쪽으로 움직이는 횡진현상이 발생할 수 있는데, 그 최대횡진거리 내의 상공 부분은 횡진현상이 발생할 가능성이 있는 것에 불과하므로 일반적으로는 토지소유자가 그 이용에 제한을 받고 있다고 볼 수 없으나, 최대횡진거리 내의 상공 부분이라도 토지소유자의 이용이 제한되고 있다고 볼 특별한 사정이 있는 경우에는 그 토지소유자는 고압전선의 소유자에게 그 부분에 대한 임료 상당액의 부당이득금의 반환을 구할 수 있다.」($\binom{대판}{2009. 1. 15,}$

2007다)
58544)

「고압전선의 소유자가 해당 토지 상공에 관하여 일정한 사용권원을 취득한 경우, 그 양적 범위가 토지소유자의 사용·수익이 제한되는 상공의 범위에 미치지 못한다면, 사용·수익이 제한되는 상공 중 사용권원을 취득하지 못한 부분에 대해서 고압전선의 소유자는 특별한 사정이 없는 한 차임 상당의 부당이득을 토지소유자에게 반환할 의무를 부담한다.」$\binom{\text{대판 2022. 11. 30,}}{\text{2017다257043}}$

㉖ 「토지에 대하여 가압류가 집행된 후에 제 3 자가 그 토지의 소유권을 취득함으로써 가압류의 처분금지 효력을 받고 있던 중 그 토지가 공익사업법에 따라 수용됨으로 인하여 기존 가압류의 효력이 소멸되는 한편 제 3 취득자인 토지소유자는 위 가압류의 부담에서 벗어나 토지수용보상금을 온전히 지급받게 되었다고 하더라도, 이는 공익사업법에 따른 토지 수용의 효과일 뿐이지 이를 두고 법률상 원인 없는 부당이득이라고 할 것은 아니다.」$\binom{\text{대판 2009. 9. 10,}}{\text{2006다61536·61543}}$

㉗ 사용자와 근로자가 매월 지급하는 월급이나 매일 지급하는 일당과 함께 퇴직금으로 일정한 금원을 미리 지급하기로 약정$\binom{\text{이하 '퇴직금 분할}}{\text{약정'이라 한다}}$하였다면, 그 약정은 구 근로기준법$\binom{\text{2005. 1. 27. 법률 제7379}}{\text{호로 개정되기 전의 것}}$ 제34조 제 3 항 전문 소정의 퇴직금 중간정산으로 인정되는 경우가 아닌 한 최종 퇴직시 발생하는 퇴직금청구권을 근로자가 사전에 포기하는 것으로서 강행법규인 같은 법 제34조에 위배되어 무효이고, 그 결과 퇴직금 분할 약정에 따라 사용자가 근로자에게 퇴직금 명목의 금원을 지급하였다 하더라도 퇴직금 지급으로서의 효력이 없다. 그런데 근로관계의 계속 중에 퇴직금 분할 약정에 의하여 월급이나 일당과는 별도로 실질적으로 퇴직금을 미리 지급하기로 한 경우 이는 어디까지나 위 약정이 유효함을 전제로 한 것인바, 그것이 위와 같은 이유로 퇴직금 지급으로서의 효력이 없다면, 사용자는 본래 퇴직금 명목에 해당하는 금원을 지급할 의무가 있었던 것이 아니므로, 위 약정에 의하여 이미 지급한 퇴직금 명목의 금원은 같은 법 제18조 소정의 '근로의 대가로 지급하는 임금'에 해당한다고 할 수 없다. 이처럼 사용자가 근로자에게 퇴직금 명목의 금원을 실질적으로 지급하였음에도 불구하고 정작 퇴직금 지급으로서의 효력이 인정되지 아니할 뿐만 아니라 같은 법 제18조 소정의 임금 지급으로서의 효력도 인정되지 않는다면, 사용자는 법률상 원인 없이 근로자에게 퇴직금 명목의 금원을 지급함으로써 위 금원 상당의 손해를 입은 반면 근로자는 같은 금액 상당의 이익을 얻은 셈이 되므로, 근로자는 수령한 퇴직금 명목의 금원을 부당이득으로 사용자에게 반환하여야 한다고 보는 것이 공평의 견지에서 합당하다$\binom{\text{대판(전원) 2010. 5. 20,}}{\text{2007다90760}}$.

㉘ 국가 또는 상위 지방자치단체 등 위임관청이 위임조례 등에 의하여 그 권한의 일부를 하위 지방자치단체의 장 등 수임관청에게 기관위임을 하여 수임관청이 그 사무처리를 위하여 공원 등의 부지가 된 토지를 점유하는 경우, 위임관청은 위임조례 등을 점유매개관계로 하여 법령상 관리청인 수임관청 또는 그가 속하는 지방자치단

체가 직접점유하는 공원 등의 부지가 된 토지를 간접점유한다고 보아야 하므로, 위 임관청은 공원 부지의 소유자에게 그 점유·사용으로 인한 부당이득을 반환할 의무 가 있다(대판 2010. 3. 25,).
2007다22897

㉙「무권리자가 타인의 권리를 제 3 자에게 처분하였으나 선의 제 3 자의 보호규정 에 의하여 원래의 권리자가 권리를 상실하는 경우, 그 권리자는 무권리자를 상대로 제 3 자로부터 그 처분의 대가로 수령한 것을 이른바 침해부당이득으로 보아 반환청 구할 수 있다. 한편 수익자가 법률상 원인 없이 이득한 재산을 처분함으로 인하여 원 물반환이 불가능한 경우에 있어서 반환하여야 할 가액을 산정함에 있어 수익자가 그 법률상 원인 없는 이득을 얻기 위하여 지출한 비용은 수익자가 반환하여야 할 이득 의 범위에서 공제되어야 할 것이나(대법원 1995. 5. 12. 선고), 타인 소유의 부동산을 처분 94다25551 판결 참조 하여 그 매각대금을 수령한 경우, 그 수익자는 그러한 처분행위가 없었다면 부동산 자체를 반환하였어야 할 지위에 있던 자이므로 그 자신의 처분행위로 인하여 발생한 양도소득세 기타 비용은 수익자가 이익의 취득에 관련하여 지출한 비용에 해당한다 고 할 수 없어 이를 반환하여야 할 이득에서 공제할 것은 아니다.」(갑이 취득한 토지 가 '친일반민족행위자 재산의 국가귀속에 관한 특별법' 제 3 조 제 1 항 전문에 의하 여 취득 등 원인행위시 국가에 귀속되었으나 이를 양수한 을·병이 같은 법 제 3 조 제 1 항 후문에서 정한 선의의 제 3 자에 해당하여 토지 자체를 반환받을 수 없었던 사안에서, 갑은 부당이득한 환가액인 매매대금을 반환할 의무가 있고 양도소득세 및 주민세 상당액을 공제할 것은 아니라고 본 원심판단을 수긍한 사례)(대판 2011. 6. 10,)
2010다40239

㉚ 갑과 을이, 먼저 을 소유 토지를 갑 소유 토지에 합병한 후 합병된 토지 중 을 소유 토지 면적에 상응하는 만큼의 토지를 분할하여 을에게 이전하여 주기로 하는 내용의 교환계약을 체결하였는데 그 후 측량과정에서 을 소유 토지의 면적이 정정된 사안에서, 정정된 면적만큼 추가로 갑에게 소유권이 이전되었다 하더라도 이는 교환 계약에 기한 의무 이행에 불과할 뿐 갑이 법률상 원인 없이 어떠한 부당이득을 얻었 다고 볼 수 없음에도, 갑에게 부당이득에 기한 지분이전등기절차 이행을 명한 원심 판단에는 법리오해의 위법이 있다고 한 사례(대판 2011. 6. 30,).
2010다16090

㉛ 갑의 대리인 을이, 토지의 소유자인 병에게서 매도에 관한 대리권을 위임받지 않았음에도 대리인이라고 사칭한 정으로부터 토지를 매수하기로 하는 매매계약을 체 결하였고 이에 기하여 갑이 병 명의의 계좌로 매매대금을 송금하였는데, 병에게서 미리 통장과 도장을 교부받아 소지하고 있던 정이 위 돈을 송금당일 전액 인출한 사 안에서, 갑이 송금한 돈이 병의 계좌로 입금되었다고 하더라도, 그로 인하여 병이 위 돈 상당을 이득하였다고 하기 위해서는 병이 이를 사실상 지배할 수 있는 상태에까 지 이르러 실질적인 이득자가 되었다고 볼 만한 사정이 인정되어야 할 것인데, 갑의 송금경위 및 정이 이를 인출한 경위 등에 비추어 볼 때 병이 위 돈을 송금받아 실질 적으로 이익의 귀속자가 되었다고 보기 어렵다고 하며, 갑의 부당이득 반환청구를

인용한 원심판결에는 부당이득에 관한 법리오해의 위법이 있다고 한 사례(대판 2011. 9. 8, 2010다 37325 · 37332).

㉜ 「금융실명거래 및 비밀보장에 관한 법률 시행 이후 예금주 명의의 신탁이 이루어진 다음 출연자가 사망함에 따라 금융기관이 출연자의 공동상속인들 중 전부 또는 일부에게 예금채권을 유효하게 변제하였다면, 그 변제된 예금은 출연자와 예금명의자의 명의신탁약정상 예금명의자에 대한 관계에서는 출연자의 공동상속인들에게 귀속되었다고 봄이 상당하다 할 것이므로, 이러한 경우 예금명의자는 예금을 수령한 공동상속인들의 전부 또는 일부를 상대로 예금 상당액의 부당이득 반환을 구할 수 없다고 할 것이다.」(대판 2012. 2. 23, 2011다86720)

㉝ 일반적으로 타인의 토지를 법률상 권원 없이 점유 · 사용함으로 인하여 수익자가 얻는 이득은 특별한 사정이 없는 한 그 토지의 임료 상당액이라 할 것이고(대법원 1994. 6. 28. 선고 93다51539 판결 참조), 구체적인 점유 · 사용의 일환으로 수익자가 토지에 나무를 식재한 후 이를 처분하였다고 하더라도 그 처분대금 중에는 수익자의 노력과 비용이 포함되어 있을 뿐만 아니라, 이를 제외한 나머지 대금 상당액이 임료 상당의 부당이득과 서로 별개의 이득이라고 보기는 어렵다고 할 것이므로, 수익자가 임료 상당액과는 별도로 그 처분대금을 부당이득으로 반환해야 하는 것은 아니라고 할 것이다(대판 2006. 12. 22, 2006다56367).

㉞ 지입계약의 종료에 따른 지입회사의 지입차량에 대한 소유권이전등록 절차 이행의무와 지입차주의 연체된 관리비 등의 지급의무는 서로 동시이행관계에 있다고 봄이 형평의 원칙에 비추어 상당하므로, 지입회사가 동시이행의 항변권을 가지고 지입차량의 소유명의를 보유하고 있는 동안에 지입차주가 지입회사의 화물자동차운송사업 등록명의를 이용하여 지입차량을 계속 운행하여 화물자동차 운송사업을 영위하여 왔다면, 지입차주는 특별한 사정이 없는 한 법률상 원인 없이 지입회사의 화물자동차 운송사업 등록명의를 이용하여 화물 운송사업을 영위함으로써 지입계약에서 약정한 지입료 상당의 이익을 얻고 있었다고 할 것이고, 지입차주가 얻은 위와 같은 이익은 부당이득으로서 지입회사에게 반환하여야 한다(대판 2003. 11. 28, 2003다37136).

㉟ 「지방자치단체가 설립 · 경영하는 학교의 부지 확보, 부지의 사용료 지급 등의 사무는 특별한 사정이 없는 한 지방교육자치의 주체인 지방자치단체의 고유사무인 자치사무라고 할 것이고, 국가는 법률과 예산의 범위 안에서 지방교육자치를 실현하고 있는 지방자치단체에게 재정을 지원할 의무가 있다고 할 것이며, 이러한 국가의 지원범위를 벗어나 지방자치단체가 법률상 원인 없이 국유재산을 학교부지로 임의 사용하는 경우에는 민법상 부당이득이 성립될 수 있다.」(대판 2014. 12. 24, 2010다69704)

㊱ 「고등교육법 제정 이후에 기성회장 명의로 기성회비 납부고지를 하면서 실질적으로는 이 사건 각 국립대학이 수업료와 함께 기성회비를 납부받은 것을 가지고 피고 기성회들이 '법률상 원인 없이' 타인의 재산으로 인하여 이익을 얻은 경우에 해당

한다고 볼 수는 없다.」(대판(전원) 2015. 6. 25, 2014다5531)

㊲ 「제 3 자가 체납자가 납부하여야 할 체납액을 체납자의 명의로 납부한 경우에는 원칙적으로 체납자의 조세채무에 대한 유효한 이행이 되고, 이로 인하여 국가의 조세채권은 만족을 얻어 소멸하므로, 국가가 체납액을 납부받은 것에 법률상 원인이 없다고 할 수 없고, 제 3 자는 국가에 대하여 부당이득반환을 청구할 수 없다. 이는 세무서장 등이 체납액을 징수하기 위하여 실시한 체납처분압류가 무효인 경우에도 다르지 아니하다.」(대판 2015. 11. 12, 2013다215263)

㊳ 「토지의 매수인이 아직 소유권이전등기를 경료받지 않았더라도 매매계약의 이행으로 그 토지를 인도받은 때에는 매매계약의 효력으로서 이를 점유·사용할 권리가 있다고 할 것이므로, 매도인이 매수인에 대하여 그 점유·사용을 법률상 원인이 없는 이익이라고 하여 부당이득 반환청구를 할 수는 없다. 이러한 법리는 대물변제 약정 등에 의하여 매매와 같이 부동산의 소유권을 이전받게 되는 사람이 이미 해당 부동산을 점유·사용하고 있는 경우에도 마찬가지로 적용된다(대법원 2001. 12. 11. 선고 2001다45355 판결 등 참조).」(대판 2016. 7. 7, 2014다2662)

㊴ 「저작권자의 허락 없이 저작물을 이용한 사람은 특별한 사정이 없는 한 법률상 원인 없이 그 이용료 상당액의 이익을 얻고 이로 인하여 저작권자에게 그 금액 상당의 손해를 가하였다고 보아야 하므로, 저작권자는 부당이득으로 이용자가 그 저작물에 관하여 이용허락을 받았더라면 이용대가로서 지급하였을 객관적으로 상당한 금액의 반환을 구할 수 있다.」(대판 2016. 7. 14, 2014다82385)

㊵ 「과세관청이 3자간 등기명의신탁에 따라 해당 부동산의 공부상 소유자가 된 명의수탁자에게 재산세 부과처분을 하고 이에 따라 명의수탁자가 재산세를 납부하였더라도 명의수탁자가 명의신탁자 또는 그 상속인을 상대로 재산세 상당의 금액에 대한 부당이득 반환청구권을 가진다고 보기는 어렵다(대법원 2020. 9. 3. 선고 2018다283773 판결 참조). 이러한 법리는 양자간 등기명의신탁 또는 3자간 등기명의신탁의 명의수탁자가 명의신탁된 해당 부동산에 부과된 종합부동산세 또는 해당 부동산을 이용한 임대사업으로 인한 임대소득과 관련된 종합소득세, 지방소득세, 부가가치세 등을 납부한 경우라고 하여 달리 볼 것은 아니다.」(대판 2020. 11. 26, 2019다298222·298239)

㊶ 「채무를 담보하기 위하여 채무자가 자기의 비용과 노력으로 신축하는 건물의 신축허가 명의를 채권자 명의로 한 경우 이는 완성될 건물을 양도담보로 제공하기로 하는 담보권 설정의 합의가 있다고 볼 수 있다(대법원 2002. 1. 11. 선고 2001다48347 판결 등 참조). 이때 완성된 건물의 소유권은 이를 건축한 채무자가 원시적으로 취득하고, 채권자가 그 명의로 소유권보존등기를 함으로써 건물에 대한 양도담보가 설정된 것으로 보아야 한다. 이러한 양도담보가 가등기담보법의 적용 대상이 되는 경우에는 양도담보권자가 청산절차 등을 거쳐 담보목적 부동산의 소유권을 취득하기 전까지 특별한 사정이 없는 한 양도담보설정자가 건물의 소유자로서 이를 현실적으로 점유하면서 사용·수익하고 있다고 볼

수 있으므로 채권자가 건물에 대한 양도담보권을 취득했다고 해서 그 대지 소유자에게 부당이득 반환의무를 부담하는 것은 아니다.」$\binom{\text{대판 2022. 4. 14,}}{\text{2021다263519}}$

㊷ 「농지에 관한 임대차계약이 강행법규인 농지법 제23조에 위반되어 무효가 되는 경우, 임차인이 법률상 권원 없이 농지를 점유·사용함에 따라 얻게 된 이득은 특별한 사정이 없는 한 그 농지의 임료 상당액이고$\binom{\text{대법원 1994. 6. 28. 선고 93다51539 판결, 대법}}{\text{원 2006. 12. 22. 선고 2006다56367 판결 등 참조}}$, 이때의 '임료 상당액'은 해당 농지가 다른 용도로 불법으로 전용되어 이용되는 상태임을 전제로 산정하여서는 안 됨은 물론, 임대차보증금이 없는 경우를 전제로 객관적으로 산정된 금액을 의미하는 것이 원칙이다. 그러므로 강행법규인 농지법 제23조의 위반을 이유로 임대차계약이 무효가 되는 경우에도 특별한 사정이 있는 경우가 아니라면 임대인이 임차인에 대하여 그 점유·사용에 관한 부당이득의 반환을 구할 수 있지만, 그 약정 차임이 해당 농지가 불법으로 전용되는 상태가 아닌 경우로서, 임대차보증금이 없는 경우임을 전제로 객관적으로 산정된 '임료 상당액'과 사실상 동일하다는 등의 특별한 사정이 없음에도, 곧바로 이를 그 점유·사용에 따른 부당이득 금액으로 추인하는 것은 결과적으로 무효인 농지임대차계약의 내용을 적극적으로 실현하는 것이 되어 강행법규인 농지법 제23조의 규범 목적과 취지를 사실상 잠탈하게 되므로 허용될 수 없다$\binom{\text{대법원 2017. 3. 15. 선고 2013다79887, 79894 판결,}}{\text{대법원 2017. 4. 13. 선고 2016다261274 판결 등 참조}}$·」$\binom{\text{대판 2022. 5. 26, 2021}}{\text{다216421·216438}}$

㊸ 「승진발령이 무효임에도 근로자가 승진발령이 유효함을 전제로 승진된 직급에 따라 계속 근무하여 온 경우, 승진 전후 각 직급에 따라 수행하는 업무에 차이가 있어 승진된 직급에 따른 업무를 수행하고 그에 대한 대가로 임금이 지급되었다면, 근로자가 지급받은 임금은 제공된 근로의 대가이므로 근로자에게 실질적인 이득이 있다고 볼 수 없어 사용자가 이에 대해 부당이득으로 반환을 청구할 수 없다. 그러나 승진 전후 각 직급에 따라 수행하는 업무에 차이가 없어 승진 후 제공된 근로의 가치가 승진 전과 견주어 실질적 차이가 없음에도 단지 직급의 상승만을 이유로 임금이 상승한 부분이 있다면, 근로자는 그 임금 상승분 상당의 이익을 얻었다고 볼 수 있고, 승진이 무효인 이상 그 이득은 근로자에게 법률상 원인 없이 지급된 것으로서 부당이득으로 사용자에게 반환되어야 한다.」$\binom{\text{대판 2022. 8. 19, 2017다292718. 근로계약 무}}{\text{효의 소급효를 내용적으로 제한하는 입장임}}$

㊹ 「적법한 원인 없이 타인 소유 부동산에 관하여 소유권보존등기를 마친 무권리자가 그 부동산을 제 3 자에게 매도하고 소유권이전등기를 마쳐주었다고 하더라도, 그러한 소유권보존등기와 소유권이전등기는 실체관계에 부합한다는 등의 특별한 사정이 없는 한 모두 무효이다. 따라서 이 경우 원소유자가 소유권을 상실하지 아니하고, 또 무권리자가 제 3 자와 체결한 매매계약의 효력이 원소유자에게 미치는 것도 아니므로, 무권리자가 받은 매매대금이 부당이득에 해당하여 이를 원소유자에게 반환하여야 한다고 볼 수는 없다.」$\binom{\text{대판 2022. 12. 29,}}{\text{2019다272275}}$

[233] **Ⅲ. 부당이득의 특례**

1. 서 설

민법은 부당이득 가운데 일정한 경우에 관하여 특칙을 두고 있다. 그 특칙은 크게 비채변제에 관한 것($\frac{742조 내}{지 745조}$)과 불법원인급여에 관한 것($\frac{746}{조}$)으로 나눌 수 있다.

2. 비채변제

(1) 의 의

널리 비채변제라고 하면 채무가 없음에도 불구하고 변제로서 급부하는 것을 말한다. 이러한 비채변제는 부당이득이 되어 반환청구를 할 수 있음이 원칙이다. 그런데 민법은 여기에 관하여 특칙을 두어 일정한 경우에는 반환청구를 허용하지 않고 있다. 그 결과 그와 같은 때에는 부당이득의 일반적인 성립요건이 갖추어진 것만으로는 부족하고 그 외에 민법이 정하는 반환금지사유가 없어야만 반환청구를 할 수 있게 된다. 민법이 특칙을 두고 있는 경우로는 ① 채무가 없음에도 불구하고 채무자로서 변제하는 경우 즉 좁은 의미의 비채변제($\frac{742조 ·}{744조}$), ② 채무자가 기한 전에 변제하는 경우($\frac{743}{조}$)($\frac{이 경우는 엄격하게 말하}{면 비채변제가 아니다}$), ③ 타인의 채무의 변제($\frac{745}{조}$)의 셋이 있다.

〈비채변제의 경우 부당이득 반환청구의 주체(판례)〉

「채무자가 자신의 채무에 관하여 스스로 또는 이행보조자를 사용하여 법률상 원인 없는 변제를 한 경우에는 채무자, 제 3 자가 타인의 채무에 관하여 법률상 원인 없는 변제를 한 경우에는 제 3 자가 각각 변제의 주체로서 그 변제로서 이루어진 급부의 반환을 청구할 수 있다. 이러한 변제 주체에 대한 증명책임은 자신이 변제 주체임을 전제로 변제에 법률상 원인이 없다고 주장하며 부당이득 반환청구를 하는 사람에게 있다.」($\frac{대판 2024. 2. 15,}{2023다272883}$)

(2) 좁은 의미의 비채변제

변제자가 자기 채무의 변제로서 급부를 하였으나 채무가 존재하지 않는 경우는 부당이득의 전형적인 예이며, 따라서 마땅히 반환청구가 인정되어야 한다. 그런데 민법은 그 경우에 관하여 제742조와 제744조를 두어 일정한 경우에는 반환청구를 인정하지 않는다($\frac{이은영, 703면은 742조가 축소}{해석되어야 할 것이라고 한다}$). 이들 규정을 고려하여 좁은 의미의 비채변제로서 반환청구가 인정되기 위한 추가적인 요건을 기술하기로 한다.

1) 채무가 존재하지 않을 것 비채변제가 되려면 당연히 변제 당시에 채무가 존재하지 않아야 한다. 채무가 처음부터 존재하지 않은 경우(예: 법률행위의 무
효·취소의 경우)뿐만 아니라, 채권이 유효하게 성립하였다가 변제·면제 기타의 사유로 소멸한 경우도 포함한다. 채권의 소멸시효가 완성된 경우에는 — 사견인 절대적 소멸설에 의하면(민법총칙
[288] 참조) — 이 요건은 갖추는 것이 되나, 도의관념에 적합한 비채변제이어서 반환청구를 하지 못한다(상대적 소멸설에 의하면 소멸시효의 완성만으로 채권이 소멸하는 것은 아니
므로, 소멸시효의 완성을 모르고 변제하더라도 비채변제로 되지 않는다. 김증
한,
427면). 그리고 보증채무자가 변제를 하였으나 그 당시 주채무가 성립하지 않았거나 타인의 면책행위로 이미 소멸된 경우에는, 비채변제가 된다(대판 2004. 2. 13, 2003다
43858: 주채무자에 대한 구상
권은 발생하
지 않는다).

2) 변제로서 급부하였을 것 변제자가 변제할 의사로 급부를 하였어야 한다. 그리하여 가령 급부자가 증여의 의사로 급부하고 상대방도 이에 동의한 때에는 증여계약이 되고 부당이득은 문제되지 않는다. 그리고 강제집행에 의한 채권의 만족은 변제자의 의사에 기하지 않고 행해지는 것으로서 비채변제가 성립하지 않는다(대판 1976. 12. 14, 76다2212;
대판 2018. 11. 29, 2017다286577). 그러나 이것이 항상 부당이득으로 되지 않는다는 의미는 아니며, 일반 부당이득의 문제로 된다.

3) 변제자가 채무없음을 알지 못하였을 것 변제자가 채무없음을 알고 변제한 때에는 그 반환을 청구하지 못한다(742
조). 여기서 채무없음을 안다는 것은 채무의 부존재에 대하여 적극적으로 인식하고 있는 것을 가리키며, 채무의 존재에 대하여 의문을 가지거나 의심을 품은 것은 포함되지 않는다(같은 취지: 양창수,
민법연구(7), 320면). 그리고 이 규정은 변제자가 채무없음을 알지 못한 경우에는 적용되지 않는다(대판 1998. 11. 13, 97다58453;
대판 2010. 5. 13, 2009다96847). 따라서 반환청구를 할 수 있으려면 변제자가 채무없음을 알지 못하였어야 한다. 즉 선의이어야 한다. 선의인지 악의인지는 변제 당시를 표준으로 판단하여야 한다. 변제자가 선의이기만 하면 되고, 선의에 과실이 없을 것은 요구되지 않는다(이설이 없으며, 판례도 같음. 대판 1998. 11. 13,
97다58453; 대판 2010. 5. 13, 2009다96847). 이 요건은 누가 증명하여야 하는가? 채무가 존재하지 않음을 알면서 변제하는 것은 이례적인 일이므로, 부당이득의 반환을 청구하는 변제자는 채무가 존재하지 않는다는 사실만 주장·증명하면 되고, 그 경우 반환책임을 면하려는 변제수령자가 변제자의 악의를 주장·증명하여야 한다(이설이 없으며, 판례도 같음. 대판 1962. 6. 28,
4294민상1453; 대판 2010. 5. 13, 2009다96847).

4) 변제가 도의관념에 적합한 것이 아닐 것　　채무없는 자가 착오로 인하여(즉 채무없음을 모르고) 변제한 경우에 그 변제가 도의관념에 적합한 때에는 그 반환을 청구하지 못한다($\frac{744}{조}$). 변제자가 채무없음을 알면서 도의상 변제해야겠다고 생각하여 변제한 경우는 제742조에 의하여 반환이 금지되며, 제744조의 문제가 아니다. 제744조는 채무가 없는데도 착오로 있다고 믿고 변제한 경우라도 그것이 도의관념에 적합한 때에는 반환을 금지하는 규정이다. 예컨대 법률상 부양의무 없는 자가 그 의무가 있다고 잘못 생각하고 부양을 한 때에 그렇다.

[234]　　**5) 변제가 자유로운 의사에 반하여 이루어진 경우의 고려**　　제742조는 변제자가 채무없음을 알면서도 임의로 변제한 경우에만 반환을 금지하는 의미로 새겨야 한다. 그리하여 변제자가 변제를 강제당하였거나 변제거절로 인한 불이익을 피하기 위하여 부득이 변제한 경우처럼 변제가 변제자의 자유로운 의사에 반하여 이루어진 경우에는 반환청구권을 허용하여야 한다. 통설($^{곽윤직,\ 361면;\ 김상용,}_{531면;\ 김주수,\ 585면;\ 이}$ $^{은영,\ 704면;}_{지원림,\ 1631면;}$) · 판례($^{대판\ 1988.\ 2.\ 9,\ 87다432;\ 대판\ 1996.\ 12.\ 20,\ 95다52222\ ·\ 52239;\ 대판\ 1997.\ 7.\ 25,\ 97다5541;\ 대}_{판\ 2004.\ 1.\ 27,\ 2003다46451;\ 대판\ 2006.\ 7.\ 28,\ 2004다54633;\ 대판\ 2009.\ 8.\ 20,\ 2009다4022;\ 대판}$ $^{2010.\ 7.\ 15,}_{2008다39786\ 등}$)도 같다. 판례는 회사를 인수한 자가 전기를 독점 공급하는 한국전력주식회사로부터 전기공급을 받기 위하여 부득이 인수하지도 않은 회사의 체납전기요금채무를 변제한 경우($^{대판\ 1988.\ 2.\ 9,}_{87다432}$), 구 「택지소유 상한에 관한 법률」의 위헌결정 이후에 부담금 등의 납부의무가 없음을 알면서도 압류해제거부로 인한 사실상의 손해를 피하기 위하여 부득이 부담금 등을 납부하게 된 경우($^{대판\ 2003.\ 9.\ 2,}_{2003다14348}$), 임차인이 불법거주배상금을 지급하지 아니하여 아파트 분양계약을 체결하지 못함으로써 발생하게 될 사실상의 손해를 피하기 위하여 부득이하게 불법거주배상금을 지급한 경우($^{대판\ 2009.\ 8.\ 20,}_{2009다4022}$) 등에 관하여 반환청구권을 상실하지 않는다고 하였다.

〈판 례〉

(ㄱ) 「제742조 소정의 비채변제는 지급자가 채무없음을 알면서도 임의로 지급한 경우에만 성립하고 채무없음을 알고 있었다 하더라도 변제를 강제당한 경우나 변제거절로 인한 사실상의 손해를 피하기 위하여 부득이 변제하게 된 경우 등 그 변제가 자기의 자유로운 의사에 반하여 이루어진 것으로 볼 수 있는 사정이 있는 때에는 지급자가 그 반환청구권을 상실하지 않는다.」($^{대판\ 1988.\ 2.\ 9,}_{87다432}$)

(ㄴ) 「납세의무자와 과세관청 사이의 조세법률관계에서 발생한 부당이득에 대하여서는 민법상의 비채변제의 규정이 적용되지 아니하는 것」이다($^{대판\ 1995.\ 2.\ 28,}_{94다31419}$).

(ㄷ) 위탁교육 후의 의무재직기간 근무 불이행시 급여를 반환토록 한 약정에 따라 근로자가 연수기간 중 지급받은 급여 일부를 반환한 사안에서, 그 급여반환이 반환의무 없음을 알면서 자유로운 의사에 기하여 이루어진 것이 아니라는 이유로 민법 제742조의 비채변제에 해당하지 아니하고, 나아가 그와 같은 강행법규에 위반한 무효의 약정에 기한 채무의 변제를 민법 제744조의 도의관념에 적합한 비채변제라고 할 수도 없다고 한 사례($\binom{대판 1996.12.20,}{95다52222 \cdot 52239}$).

(ㄹ) 「민법 제744조가 정하는 도의관념에 적합한 비채변제에 있어서 그 변제가 도의관념에 적합한 것인지 여부는, 객관적인 관점에서 그 비채변제의 급부가 수령자에게 그대로 보유되는 것이 일반인의 법감정에 부합하는 것으로서, 그 대상인 착오에 의한 비채변제가 강행법규에 위반한 무효의 약정 또는 상대방의 고의 · 중과실의 위법행위에 기하여 이루어진 것인 경우에는 그러한 변제행위를 도의관념에 적합한 비채변제라고 속단하여서는 안 될 것($\binom{대법원 1996.12.20. 선고 95다52222, 52239 판결, 대}{법원 2007.10.12. 선고 2005다64675 판결 등 참조}$)」이다($\binom{대판 2008.10.9,}{2007다67654}$).

〈존재하지 않는 제 3 자의 채무를 변제자가 제 3 자의 채무로서 변제한 경우〉
　이 경우는 위의 좁은 의미의 비채변제에 준하는 것으로 다루어야 한다. 따라서 제 3 자의 채무가 존재하지 않고 변제자가 그 사실을 모르고 변제한 때에는, 변제자는 그 수령자에 대하여 반환청구를 할 수 있다. 이 경우 악의 여부는 채무자가 아니고 변제자를 기준으로 판단하여야 한다($\binom{대판 1990.6.8,}{89다카20481}$). 그리고 변제자가 자유로운 의사에 반하여 급부한 경우에 반환청구권을 상실하지 않음은 변제자가 자기 채무로서 변제한 경우와 마찬가지이다($\binom{판례도 체납처분을 피하기 위하여 납세자 대신 세금을 납부한 경우에}{관하여 부당이득 반환청구권을 인정한다. 대판 1996.3.12, 95다46043}$).

(3) 변제기 전의 변제　　　　　　　　　　　　　　　　　　　　　　[235]

채무가 존재하는 한 그것을 변제기 전에 변제하였다고 하여 부당이득이 되지는 않는다. 따라서 채무자가 변제기 전에 채무를 변제한 경우에는 그 반환을 청구할 수 없다($\binom{743조 본문이 이 취지를 규}{정하나, 이는 당연한 것이다}$). 그러나 채권자가 급부받은 것을 변제기까지 이용함으로써 얻게 되는 이익 즉 중간이자는 부당이득이라고 할 수 있다. 그런데 민법은 채무자가 「착오로 인하여 변제한 때」, 다시 말하면 변제기가 되지 않았음을 모르고 변제한 때($\binom{대판 1991.8.13,}{91다6856}$)에만 그 이익의 반환을 청구할 수 있도록 하였다($\binom{743조}{단서}$). 변제기가 되지 않았음을 알면서도 변제한 것은 기한의 이익을 포기한 것으로 볼 수 있기 때문이다($\binom{대판 1991.8.13,}{91다6856}$).

〈판 례〉
　「사용자가 근로자에 대하여 중간퇴직처리를 하면서 퇴직금을 지급하였으나 그 퇴직처리가 무효로 된 경우 이는 착오로 인하여 변제기에 있지 아니한 채무를 변제한 경우에 해당한다고 할 수 없으므로, 이미 지급한 퇴직금에 대한 지급일 다음날부터 최종퇴직시까지의 연 5푼의 비율에 의한 법정이자 상당액은 부당이득에 해당하지 않는다 할 것이다.」($\binom{대판\ 2005.\ 2.\ 25,}{2004다34790}$)($\binom{대판\ 1991.\ 8.\ 13,\ 91다6856;\ 대판\ 1997.\ 3.\ 28,\ 95다51397은\ 그\ 이유로\ 사}{용자가\ 중간퇴직처리가\ 퇴직으로서\ 아무런\ 효과가\ 없었음을\ 몰랐다고\ 보}$
$\binom{기\ 어렵고,\ 그렇다면\ 이는\ 변제기\ 전의\ 퇴직금에\ 대하여}{기한의\ 이익을\ 포기한\ 것으로\ 보아야\ 할\ 것이라고\ 한다}$)

(4) 타인의 채무의 변제

타인의 채무의 변제에는 크게 ① 채무자 아닌 자가 「타인의 채무로서」 변제한 경우와 ② 채무자 아닌 자가 「자기의 채무로서」 변제한 경우의 둘이 있다. 이 가운데 ①에 있어서는 원칙적으로 변제가 유효하게 되어($\binom{변제가\ 제3자}{의\ 변제로\ 됨}$) 채권이 소멸하게 된다($\binom{469조\ 1}{항\ 본문}$). 따라서 이때는 변제자와 채권자 사이의 부당이득은 문제되지 않고, 변제자와 채무자 사이에서 위임($\binom{부탁받은}{경우}$)·사무관리 또는 부당이득이 문제된다($\binom{여기에는\ 「좁은\ 의미의\ 비채변제」에\ 관한\ 이론이\ 적용되어야\ 한다.}{그\ 결과\ 무효를\ 알고\ 변제한\ 경우라면\ 반환청구가\ 부정되어야\ 한다}$). 한편 ②에 있어서는 변제가 유효할 수 없다. 따라서 변제자는 좁은 의미의 비채변제로서 채권자에 대하여 반환을 청구할 수 있게 된다. 그런데 이를 끝까지 관철하게 되면 변제가 유효한 것으로 믿고 채권증서를 없애버리는 등의 행위를 한 채권자에게 예측하지 못한 손해가 생길 가능성이 있다. 그리하여 민법은 제745조에서 ②의 경우에 일정한 요건이 갖추어진 때에는 채권자 보호를 위하여 변제자의 반환청구권을 제한하고 있다($\binom{대판\ 1992.\ 2.\ 14,}{91다17917}$).

제745조에 의하여 반환청구권이 제한되기 위한 요건은, ① 채무자 아닌 자가 착오로 인하여 타인의 채무를 자기의 채무라고 믿고 변제하였을 것, ② 채권자가 선의 즉 유효하게 변제를 받았다고 믿었을 것($\binom{그\ 믿음의\ 원인은\ 묻지\ 않으며,\ 따라서\ 변제}{자를\ 채무자로\ 믿었거나\ 제3자의\ 변제라고}$
$\binom{믿었어도}{무방하다}$), ③ 그 믿음의 결과로 채권자가 증서를 훼멸하거나($\binom{증서를\ 변제자에게\ 교}{부하는\ 것도\ 포함함}$) 담보를 포기하거나 시효로 인하여 그 채권을 잃었을 것의 세 가지이다.

이들 요건이 갖추어지면 변제자는 채권자에 대한 반환청구권을 상실하게 된다($\binom{745조}{1항}$). 이는 변제자의 변제에 의하여 채권자의 채권이 소멸한다는 것을 전제로 하고 있다. 그 결과 채무자는 부당이득을 하게 된다. 그리하여 민법은 이 경우에 변제자는 채무자에 대하여 구상권($\binom{이\ 구상권의\ 성질은\ 부}{당이득\ 반환청구권이다}$)을 행사할 수 있다고 규정한다($\binom{745조}{2항}$).

3. 불법원인급여

[236]

(1) 의의 및 입법취지

민법은 제746조에서 불법원인급여에 대하여 원칙적으로 그 반환청구를 부인한다. 이러한 불법원인급여 제도는 로마법 이래 모든 나라에서 인정하고 있다. 불법원인급여 제도는 다음과 같은 특수성이 있다. ① 불법원인급여는 반환청구가 부인됨으로써 한편으로는 소극적으로 정의를 실현하지만 다른 한편으로 그것이 수익자의 수익으로 그대로 인정되는 결과가 된다. 특히 쌍방 불법의 경우 불법한 결과가 묵인·방치된다. ② 불법원인급여의 주장은 원고가 아니고 청구당한 피고가 항변으로 한다. 즉 원고는 계약이행의 청구, 채무불이행 또는 불법행위로 인한 손해배상의 청구, 물권적 청구권의 행사, 부당이득의 반환청구 등을 하고, 그러면 피고가 불법원인급여의 항변을 하는 것이다. 불법원인급여에는 이러한 특수성이 있기 때문에 그 해석이 쉽지 않다. 그 제도의 특수성과 제746조의 취지에 맞추어 타당한 이론을 세워야 할 것이다.

불법원인급여 제도의 취지에 관하여 학설은 i) 비도덕적 행위자의 심정에 대한 비난이라는 견해(비난설)($\frac{김주수,}{589면}$), ii) 사회적 타당성이 없는 행위를 한 자가 행위의 결과를 복구하려고 꾀하는 데 대하여 협력을 거절하려는 것이라는 견해(법적 보호 거절설)($\frac{곽윤직,}{364면}$), iii) 법적 보호 거절·불법원인급여에 대한 제재·반신의적 소송행위의 금지라는 견해(다원설)($\frac{이은영,}{707면}$) 등으로 나뉘어 있다. 이들 가운데 i), ii)설은 제746조가 제103조와 표리관계를 이루고 있다고 한다. 그리고 판례는 제746조는 제103조와 함께 사법의 기본이념으로 사회적 타당성이 없는 행위를 한 사람은 그 형식 여하를 불문하고 스스로 한 불법행위의 무효를 주장하여 그 복구를 소구할 수 없다는 법의 이상을 표현한 것이라고 하여($\frac{대판(전원) 1979. 11. 13, 79다483;}{대판 1989. 9. 29, 89다카5994; 대판}$ 1991. 3. 22, 91다520; 대판 1992. 12. 11, 92다33169. 대판 1994. 12. 22, 93다55234는「법적 보호를 거절」하는 것이라고 한다), ii)설과 같다. 생각건대 제746조는 스스로 불법한 행위를 한 자가 그 복구를 꾀하려고 하는 경우에 법적 보호를 거절한다는 취지의 것으로 이해하여야 한다. 그러한 점에서 ii)설과 판례가 타당하다. 그러나 이는 충분하지 않다. 불법원인급여 제도가 법적 보호를 거절함으로써 궁극적으로 달성하려고 하는 것은 ― 비록 소극적인 면의 강제에 의해서일지라도 ― 최소한도의 도덕규범은 반드시 지키게 하겠다는 것이라고 생각된다. 따라서 불법원인급여 제도의 특수성과 위와 같은 궁극적인 목적을 고려하여 법적 보호 거절의 범위를 합리적으로 제한하여야 한다.

[237]   (2) 요   건

불법원인급여가 되려면 불법의 원인으로 인하여 재산을 급여하거나 노무를 제공하였어야 한다($\frac{746}{조}$).

1) 불   법

㈎ 제746조의 불법의 의미에 관하여는 학설이 대립하고 있다. i) 불법은 선량한 풍속 기타 사회질서에 위반하는 것을 의미하고, 강행법규의 위반은 포함되지 않는다는 견해($\frac{곽윤직, 364면;}{김주수, 590면}$), ii) 선량한 풍속 기타 사회질서에 위반하는 경우에는 제746조의 불법에 해당하나, 강행법규 위반의 경우는 반환금지 또는 반환허용의 경우로 구분될 수 있다는 견해($\frac{이은영,}{710면}$), iii) 선량한 풍속 기타 사회질서에 관한 규정인 강행법규 위반 및 사법관계에 관한 행정법상의 금지법규 중 효력규정 위반만을 의미한다는 견해($\frac{김상용, 546면;}{지원림, 1635면}$) 등이 그것이다. 그리고 판례는 i)설($\frac{다수}{설}$)과 같다 ($\frac{대판 1983. 11. 22, 83다430; 대판 2001. 5. 29, 2001다1782; 대판 2003. 11. 27, 2003}{다41722; 대판 2010. 5. 27, 2009다12580; 대판 2010. 12. 9, 2010다57626 · 57633 등}$)($\frac{그런데 대판 2017. 3. 15, 2013다}{79887 · 79894는 '불법'이 있다고 하려}$면, 급부의 원인이 된 행위가 그 내용이나 성격 또는 목적이나 연유 등으로 볼 때 선량한 풍속 기타 사회질서에 위반될 뿐 아니라 반사회성 · 반윤리성 · 반도덕성이 현저하거나, 급부가 강행법규를 위반하여 이루어졌지만 이를 반환하게 하는 것이 오히려 규범 목적에 부합하지 아니하는 경우 등에 해당하여야 한다고 한다). 그 결과 판례에 의하면 강행법규에 위반하는 행위가 모두 불법원인에 해당하지는 않게 되며, 그 가운데에서 사회질서에 위반한 경우에만 불법원인의 행위로 된다($\frac{구체적인 예에 대하여는 송덕수, "불법원인급여,"}{곽윤직선생 고희 기념 민법학논총 · 제2, 432면 참조}$).

<판 례>

「제746조가 규정하는 불법원인이라 함은 그 원인되는 행위가 선량한 풍속 기타 사회질서에 위반하는 경우를 말하는 것으로서, 법률의 금지에 위반하는 경우라 할지라도 그것이 선량한 풍속 기타 사회질서에 위반하지 않는 경우에는 이에 해당하지 않는 것」이다($\frac{대판 2003. 11. 27,}{2003다41722}$).

검토하건대 iii)설은 법률규정을 위반한 경우만이 불법하다고 하는데, 이는 이해하기 어렵다. 그리고 i)설과 ii)설은 불법의 인정범위가 너무 넓어서 바람직하지 않다. 제746조는 부당한 결과의 묵인 · 방치를 초래하므로, 거기에서의 불법의 인정범위는 제103조에 있어서보다 좁아져야 하며, 그 취지를 살리는 한에서 최소한에 머물러야 한다. 구체적으로는 사회질서 가운데 모든 국민에게 지킬 것이 요구되는 최소한도의 도덕률인 「선량한 풍속」을 위반한 것만이 불법하다고 평가되어야 한다($\frac{선량한 풍속과 사회질서의 관계에 관하여는 다투어지고 있으나, 사견은 후}{자가 상위개념으로서 전자를 포함한다고 해석한다. 민법총칙 [122] 참조}$).

(내) 불법원인급여가 되기 위하여 급부자가 급부 당시에 불법을 인식하고 있었어야 하는가? 여기에 관하여는 i) 필요설($\binom{황적인,}{348면}$)과 ii) 불필요설($\binom{곽윤직, 364면; 김상용,}{547면; 김주수, 590면;}$ $\binom{이은영, 712면;}{지원림, 1636면}$)이 대립하고 있다. 선량한 풍속 위반의 경우만을 불법으로 이해하고 있는 사견의 입장에서는 불법의 인식은 필요하지 않다고 새겨야 한다. 선량한 풍속은 최소한의 도덕률로서 모든 자가 알고 있다고 보아야 하기 때문이다.

2)「급부원인」의 불법   불법원인급여가 되려면 급부가 불법의 원인으로 행하여졌어야 한다. 즉 급부의 원인이 불법이어야 한다. 급부원인이 무엇인가에 대하여는 일반적으로 급부가 선행하는 법률행위에 기하여 행하여지는 경우에는 그 법률행위가 급부원인이고, 선행하는 법률행위 없이 행하여지는 경우에는 그 급부에 의하여 달성하려고 하는 사회적 목적이 급부원인이라고 한다($\binom{곽윤직,}{365면 등}$).

급부원인이 불법인가 여부를 판단하는 표준은 법률행위의 목적이 사회질서에 위반하는가 여부를 판단할 때와 마찬가지이다. 따라서 급부의 내용 자체가 불법한 때($\binom{예: 도박에 진}{금전의 급부}$)는 물론이고, 급부 자체는 불법성이 없더라도 불법한 급부의 대가로 행한 급부($\binom{예: 불륜관계를 맺는 대}{가로 금전을 급부한 경우}$)이거나 불법행위를 조건으로 하는 급부인 경우($\binom{예: 살인할 것을 조}{건으로 한 금전급부}$)에도 모두 불법원인급여가 된다. 동기의 불법도 당사자가 이를 알고 있는 때에는 급부원인에 불법성을 준다고 새겨야 한다($\binom{같은 취지: 곽윤직, 365면; 김주}{수, 591면. 그러나 김상용, 548}$ $\binom{면은 표시 여부를 불문하고 넓}{게 불법원인급여를 인정한다}$). 판례도, 쌀을 도박에 쓰이는 줄 알면서 빌려준 경우에는 그 법률행위는 무효라고 하여, 같은 입장에 있다($\binom{대판 1962. 4. 4,}{4294민상1296}$).

3) 급   부   [238]

(가) 불법원인급여가 성립하려면 불법의 원인으로「재산을 급여하거나 노무를 제공」하였어야 한다. 즉 급부를 하였어야 한다. 여기의 급부는 급부자의 의사에 의한 재산적 가치 있는 출연을 의미한다. 따라서 급부자의 의사에 의한 것이 아닌 급부, 가령 법원의 배당절차에 의한 교부금 내지 배당금은 여기의 급부가 아니다. 그리고 급부는 재산적 이익을 주는 것이지만, 그 이익의 종류는 묻지 않는다. 그리하여 물권·채권 등의 재산권을 주는 것일 수도 있고 단순히 사실상의 이익, 가령 동서(同棲, 같이 사는 것)의 이익일 수도 있다($\binom{대판 1994. 12. 22,}{93다55234}$).

(내) 예컨대 불법한 계약에 의한 무효의 채권을 담보하기 위하여 저당권이나 질권을 설정한 경우에도 급부가 있다고 할 것인지가 문제된다. 여기에 관하여 학설은 i) 그러한 경우와 같이 급부가 종국적인 것이 아니고 종속적인 것이어서 그

급부의 본래의 목적을 달성하려면 다시 수령자 쪽의 법률적 주장을 기다려야 하는 것은 제746조의 급부는 아니라고 해석하여야 하며, 따라서 반환청구를 인정할 것이라는 견해(곽윤직, 366면; 김주수, 592면; 이은영, 708면; 지원림, 1634면)와 ii) 여기의 급부가 반드시 종국적인 이익일 필요가 없다는 견해(김상용, 549면)로 나뉘어 있다. 그리고 판례는, 제746조에서 불법의 원인으로 인하여 급여함으로써 그 반환을 청구하지 못하는 이익은 종국적인 것을 말한다고 하면서, 도박자금으로 금원을 대여함으로 인하여 발생한 채권을 담보하기 위한 근저당권설정등기가 경료되었을 뿐인 경우와 같이 수령자가 그 이익을 향수하려면 경매신청을 하는 등 별도의 조치를 취하여야 하는 경우에는, 그 불법원인급여로 인한 이익이 종국적인 것이 아니므로 등기설정자는 무효인 근저당권설정등기의 말소를 구할 수 있다고 하여, i)설과 같다(대판 1994. 12. 22, 93다 55234; 대판 1995. 8. 11, 94다 54108). 생각건대 위와 같은 경우에 급부자가 등기의 말소 또는 담보물의 반환을 청구하려면 자신이 불법한 행위를 하였음을 주장하여야 하는데, 그것은 제746조 때문에 허용될 수 없을 것이다. 그러나 그렇게 되면 담보권이 존재하지 않으면서 외관상 존재하는 것처럼 보이는 문제가 생긴다. 따라서 그러한 경우에는 반환청구(내지 등기 말소청구)를 허용하여야 한다.

〈판 례〉

「민법 제746조가 불법의 원인으로 인하여 재산을 급여하거나 노무를 제공한 때에 그 이익의 반환을 청구하지 못하도록 규정한 것은, 그에 대한 법적 보호를 거절함으로써 소극적으로 법적 정의를 유지하려고 하는 취지이므로, 위 법조항에서 말하는 이익에는 사실상의 이익도 포함되나, 그 이익은 재산상 가치가 있는 종국적인 것이어야 하고, 그것이 종속적인 것에 불과하여 수령자가 그 이익을 향수하려면 경매신청을 하는 것과 같이 별도의 조치를 취하여야 하는 것은 이에 해당하지 않는다 할 것이다.

이 사건에서 원심이 인정한 사실관계에 의하면, 도박자금을 제공함으로 인하여 발생한 채권의 담보로 이 사건 부동산에 관하여 피고 명의의 근저당권설정등기가 경료되었을 뿐이라는 것인바, 위와 같은 근저당권설정등기로 피고가 받을 이익은 소유권이전과 같은 종국적인 것이 되지 못하고 따라서 위 법조항에서 말하는 이익에는 해당하지 아니한다고 할 것이다.

따라서 이 사건 부동산의 소유자인 원고는 민법 제746조의 적용을 받음이 없이 그 말소를 청구할 수 있다.」(대판 1994. 12. 22, 93다55234)

불법한 계약에 의한 무효의 채권을 담보하기 위하여 대물변제예약을 하고 그것을 원인으로 하여 가등기를 한 경우에도 가등기의 말소를 청구할 수 있다고 하여야 한다. 다만, 가등기에 기하여 소유권이전등기까지 이미 행하여진 때에는 그렇지 않다. 그리고 담보의 목적으로 소유권이전등기가 된 경우에 대하여는 논란이 있으나, 가등기담보법에 의한다고 하더라도 소유권이전등기가 된 자는 국가의 조력 없이 담보권을 실행하여 소유권을 취득할 수 있으므로 이 경우에는 언제나 제746조의 급부가 존재하는 것으로 새겨야 할 것이다(가등기담보법 제정 전의 판례도 같다. 대판 1989. 9. 29, 89다카5994).

㈐ 부동산소유권이 급부대상인 경우에는 그 부동산에 관하여 소유권이전등기가 행하여져야만 급부가 인정된다. 판례도 등기가 행하여지지 않았거나 등기를 행한 때라도 그 등기의 원인이 무효인 경우에는 제746조의 급부가 있었다고 볼 수 없다고 한다(대판 1966. 5. 31, 66다531). 그리고 동산의 경우에는 인도시에 급부가 행하여졌다고 새겨야 한다. 한편 단지 채무를 부담하고 있는 것만으로는 여기의 급부가 있다고 할 수 없다.

〈불법원인급여인지 여부에 관하여 판단한 판례〉

판례에 의하면, ① 도박에 쓰이는 줄 알고 백미를 빌려준 경우(대판 1962. 4. 4, 4294민상1296), ② 관세법령을 피하기 위한 매매계약(대판 1969. 9. 30, 69다1139), ③ 긴급통화조치법에 위반하여 구 화폐를 타인 명의로 신고하게 한 경우(대판 1966. 2. 15, 65다2286), ④ 불륜관계를 맺는 대가로 임야를 증여한 경우(대판(전원) 1979. 1. 13, 79다483), ⑤ 도지사에게 청탁하여 택시운송사업면허를 받아줄 것을 부탁하면서 도지사에 대한 청탁 교제비조로 금전을 급부한 경우(대판 1991. 3. 22, 91다520), ⑥ 송금액에 해당하는 수입품에 대한 관세 포탈의 범죄를 저지르기 위하여 환전상 인가를 받지 않은 자에게 비밀송금을 위탁한 경우(대판 1992. 12. 11, 92다33169), ⑦ 공무원의 직무에 관한 사항에 관하여 특별한 청탁을 하게 하고 그에 대한 대가로 돈을 지급한 경우(대판 1995. 7. 14, 94다51994), ⑧ 윤락행위를 할 자를 고용·모집하거나 그 직업을 소개·알선한 자가 윤락행위를 할 자를 고용·모집함에 있어서 성매매의 유인·강요의 수단으로 이용되는 선불금 등을 교부한 경우(대판 2004. 9. 3, 2004다27488·27495), ⑨ 성매매의 직접적 대가로서 제공한 경제적 이익뿐만 아니라 성매매를 전제하고 지급하였거나 성매매와 관련성이 있는 경제적 이익(대판 2013. 6. 14, 2011다65174: 티켓다방의 종업원에게 대여한 선불금)은 불법원인급여이다.

그에 비하여 ① 광업법의 여러 규정에 위반된 공동광업권 설정계약(대판 1981. 7. 28, 81다145), ② 직업안정법에 위반되는 무허가의 직업알선행위(대판 1983. 11. 22, 83다430), ③ 강제집행을 면할 목적으로 부동산의 소유자 명의를 신탁한 것(대판 1991. 3. 12, 90다18524; 대판 1994. 4. 15, 93다61307), ④ 부동산실명법에 위반되어 무효인 명의신탁약정에 기하여 경료된 타인 명의의 등기(대판 2003. 11. 27,

$\binom{2003다}{41722}$), ⑤ 반사회적 행위에 의하여 조성된 재산인 이른바 비자금을 소극적으로 은닉하기 위하여 임치한 것($^{대판 2001.4.10,}_{2000다49343}$), ⑥ 구 담배사업법 소정의 등록도매업자 또는 지정소매인이 아닌 자가 담배 사재기를 위하여 한국담배인삼공사로부터 담배를 구입하기로 하고 지급한 담배구입대금($^{대판 2001.5.29,}_{2001다1782}$), ⑦ 어업권자가 어업권의 임대차를 금지하는 구 수산업법 제33조를 위반하여 어업권을 임대한 경우에 임차인이 어장을 점유·사용함으로써 얻은 이익($^{대판 2010.12.9,}_{2010다57626·57633}$), ⑧ 농지임대차가 구 농지법에 위반되어 무효인 경우에 임대차 계약기간 동안 임차인이 당해 농지를 사용·수익함으로써 얻은 토지사용료 상당의 점용이익($^{대판 2017.3.15,}_{2013다79887·79894}$), ⑨ 부동산실명법을 위반하여 무효인 명의신탁약정에 따라 명의수탁자 명의로 등기를 한 것($^{농지법에 따른 제한을 회피하}_{고자 명의신탁을 한 것도 같음}$) ($^{대판(전원) 2019.6.}_{20, 2013다218156}$)은 불법원인급여가 아니라고 한다.

[239] ### (3) 효　　과

1) 원　　칙　　어떤 급부가 불법원인급여인 경우에는 급부자는 원칙적으로 그 이익의 반환을 청구하지 못한다($^{746조}_{본문}$). 반환청구를 하지 못하는 것은 급부자 자신은 물론이고 그의 상속인과 같은 권리승계인도 마찬가지이다.

불법한 계약에 기하여 물건의 소유권을 이전한 경우에 그 소유권은 누구에게 귀속되는가? 물권행위의 무인성을 인정하게 되면, 원칙적으로 소유권이전은 유효하고 급부자는 불법원인급여로서 반환청구를 할 수 없게 되므로, 소유권은 확정적으로 수령자에게 귀속한다. 다만 무인론에 의하더라도 예외적으로 물권행위까지 무효로 되는 때에는 유인론에서와 같은 결과로 된다. 그에 비하여 물권행위의 유인성을 인정하는 경우에는 소유권이전은 무효로 된다. 이때 소유권을 근거로 한 반환청구도 부정한다면($^{[240]}_{참조}$), 그 소유권이 누구에게 귀속하느냐가 문제된다. 그런데 반환청구를 못한다면 소유권이 수령자에게 귀속한다고 새겨야 할 것이다($^{통설도 같음. 곽}_{윤직, 366면 등}$). 그러지 않으면 소유자는 소유권이 있어도 소유권을 행사할 수 없고, 점유자인 수령자는 소유자처럼 이용할 수 있어도 소유권은 없는 것으로 되기 때문이다. 판례도 같은 입장에 있다($^{대판(전원) 1979.11.13, 79다}_{483; 대판 1988.9.20, 86도628}$).

2) 예　　외　　불법원인급여라 할지라도 「불법원인이 수익자에게만 있는 때」에는 예외적으로 급부한 것의 반환을 청구할 수 있다($^{746조}_{단서}$). 범죄를 단념시키기 위하여 금전을 급부한 경우가 그 예이다. 물론 이 예외적인 경우가 되려면 우선 불법원인급여에 해당하여야 하며, 불법원인급여에 해당하지 않으면 제746조가 아니고 좁은 의미의 비채변제로서 반환청구를 할 수 있게 된다($^{「불법」을 넓게 인}_{정하는 견해에서}$

<small>는 폭리행위, 공무원에게 금전을 제공하여 정당한 직무
를 수행하게 한 경우 등도 이 예외에 해당한다고 한다</small>).

근래에 급부자와 수령자의 불법성을 비교하여 수령자 측의 불법성이 급부자 측의 불법성보다 클 때에는 반환청구를 인정하여야 한다는 이른바 불법성 비교론이 주장되고 있고, 판례도 그 이론을 채용하였다. 불법성 비교론의 모습에는 i) 양자의 불법성을 비교하여 수령자의 불법성이 급부자의 불법성에 비하여 현저히 커야 한다고 하는 견해(<small>김상용, 552면;
이은영, 714면</small>), ii) 수령자의 불법성이 급부자의 것보다 조금이라도 크기만 하면 된다고 하는 견해(<small>김주수,
595면</small>) 등이 있으며, 판례는 i)설과 같다 (<small>대판 1993. 12. 10, 93다12947; 대판 1997. 10. 24, 95다49530 · 49547;
대판 1999. 9. 17, 98도2036; 대판(전원) 2007. 2. 15, 2004다50426</small>).

〈판 례〉

㈀「제746조에 의하면 급여가 불법원인급여에 해당하고 급여자에게 불법원인이 있는 경우에는 수익자에게 불법원인이 있는지의 여부나 수익자의 불법원인의 정도 내지 불법성이 급여자의 그것보다 큰지의 여부를 막론하고 급여자는 그 불법원인급여의 반환을 구할 수 없는 것이 원칙이라 할 것이나, 수익자의 불법성이 급여자의 그것보다 현저히 크고 그에 비하면 급여자의 불법성은 미약한 경우에도 급여자의 반환청구가 허용되지 않는다고 하는 것은 공평에 반하고 신의성실의 원칙에도 어긋난다고 할 것이므로 이러한 경우에는 민법 제746조 본문의 적용이 배제되어 급여자의 반환청구는 허용된다고 해석함이 상당하다.」(<small>대판 1997. 10. 24, 95다49530 · 49547.
같은 취지: 대판 1993. 12. 10, 93다12947</small>)

㈁ 금전소비대차계약에 있어서「대주가 사회통념상 허용되는 한도를 초과하는 이율의 이자를 약정하여 지급받은 것은 그의 우월한 지위를 이용하여 부당한 이득을 얻고 차주에게는 과도한 반대급부 또는 기타의 부당한 부담을 지우는 것으로서 그 불법의 원인이 수익자인 대주에게만 있거나 또는 적어도 대주의 불법성이 차주의 불법성에 비하여 현저히 크다고 할 것이어서 차주는 그 이자의 반환을 청구할 수 있다고 봄이 상당하다.」(<small>대판(전원) 2007. 2. 15, 2004다50426. 채권법총론)
[49]에 관련된 판결이유 전문이 인용되어 있음</small>)

생각건대 i)설이 적용될 경우는 대부분 곧바로 제746조 단서가 적용될 수 있다. 그리고 그 이론은 제746조에 어긋나고 또 악용될 가능성도 있다. 그런가 하면 ii)설은 제746조 본문을 사문화(死文化)시킬 위험이 있다. 또한 그 이론 역시 악용될 가능성이 보다 크고 불법원인급여를 부추기는 결과를 초래한다. 결정적인 흠은 쌍방이 급부한 경우에 불법성의 차이가 적음에도 불구하고 한 당사자만이 전부 반환을 받는다는 데 있다. 결국 불법성 비교론은 어떤 모습의 것이라도 인정되지 않아야 한다.

[240]　　　**(4) 제746조의 적용범위**

1) 물권적 청구권　　　불법한 원인으로 소유권을 이전한 경우에 급부자는 부당이득을 이유로 급부의 반환을 청구할 수는 없다. 그것은 불법원인급여이기 때문이다. 그런데 그가 소유권에 기하여 반환을 청구할 수 있는가? 이 문제가 생기는 범위는 유인론·무인론에 따라 다르다. 무인론에 의하면 원칙적으로 급부자에게 소유권이 없어서 물권적 청구권을 행사할 수 없게 되고, 따라서 여기의 문제가 생기지 않으나, 유인론에 의하면 급부자에게 소유권이 있으므로 원칙적으로 여기의 문제가 생긴다.

이에 대하여 학설은 일치하여 제746조가 물권적 청구권에도 적용되어 소유권을 이유로 하여서도 반환청구를 할 수 없다고 한다. 학설은 그 이유로 ① 물권적 청구권에 제746조의 적용을 부인하면 그 규정의 입법취지를 무시하는 결과가 된다는 점, ② 급부자가 자기에게 소유권이 있다고 하려면 자신이 불법한 행위를 하였음을 주장하여야 한다는 점, ③ 만일 유인론이면서 제746조의 적용을 부인하면 그 규정은 가격반환의 경우 외에는 적용이 없어서 의의를 잃게 된다는 점 등을 든다($^{곽윤직,}_{367면}$). 그리고 판례는 처음에는 물권적 청구권을 행사할 수 있다고 하였으나($^{대판\ 1960.\ 9.\ 15,\ 4293민상57;}_{대판\ 1977.\ 6.\ 28,\ 77다728}$), 그 후 판례를 변경하여 소유권에 기한 반환청구도 할 수 없다고 한다($^{대판(전원)\ 1979.\ 11.\ 13,\ 79다483;\ 대판\ 1988.}_{9.\ 20,\ 86도628;\ 대판\ 1989.\ 9.\ 29,\ 89다카5994}$).

생각건대 위의 학설이 드는 이유도 옳을 뿐만 아니라, 물권적 청구권의 행사를 인정하면 원물이 남아있는 경우와 그렇지 않아서 가격반환을 하여야 하는 경우($^{이때는\ 746}_{조만\ 적용됨}$)와의 균형이 맞지 않게 되기도 하므로, 학설·판례를 따라야 한다.

2) 불법행위로 인한 손해배상청구권　　　불법한 원인으로 급부한 경우에 불법행위를 이유로 손해배상을 청구할 수도 없다. 여기에 관하여는 학설이 일치한다. 그런데 판례는 특별한 사정이 없는 한 그렇다고 하여 예외를 인정하고 있다($^{대판\ 2013.\ 8.\ 22,}_{2013다35412}$).

〈판　례〉

「불법의 원인으로 재산을 급여한 사람은 상대방 수령자가 그 '불법의 원인'에 가공하였다고 하더라도 상대방에게만 불법의 원인이 있거나 그의 불법성이 급여자의 불법성보다 현저히 크다고 평가되는 등으로 제반 사정에 비추어 급여자의 손해배상청구를 인정하지 아니하는 것이 오히려 사회상규에 명백히 반한다고 평가될 수 있는 특별한 사정이 없는 한 상대방의 불법행위를 이유로 그 재산의 급여로 말미암아 발생한 자신의 손해를 배상할 것을 주장할 수 없다고 할 것이다. 그와 같은 경우에 급여자의 위와 같은 손해배상청구를 인용한다면, 이는 급여자는 결국 자신이 행한 급부 자체 또는 그 경제적 동일물을 환수하는 것과 다름없는 결과가 되어, 민법 제746조에서 실정법적으로 구체화된 앞에서 본 바와 같은 법이념에 반하게 되는 것이다.」($\binom{대판\ 2013.\ 8.\ 22,}{2013다35412}$).

3) 선이행의 경우　　불법한 쌍무계약에 있어서 당사자 일방이 선이행한 경우에도 제746조가 적용되어야 한다($\binom{같은\ 취지:\ 이}{은영,\ 715면}$).

4) 2중매매의 경우　　판례는 매도인의 배임행위에 적극 가담하여 부동산을 2중으로 매수한 행위는 사회질서에 반하여 무효라고 한다($\binom{대판\ 1969.\ 11.\ 25,}{66다1565\ 등}$). 그런데 판례의 논리에 의하면 그 경우에 부동산소유권은 불법원인급여가 되어 대위할 수 있는 권리가 없게 되고, 따라서 제 1 매수인은 매도인을 대위하여 제 2 매수인에게 등기말소청구를 할 수 없게 된다. 그러나 판례는 다른 한편으로 제 1 매수인이 매도인을 대위하여 제 2 매수인 앞으로 행하여진 등기의 말소를 청구할 수 있다고 한다($\binom{대판\ 1980.\ 5.\ 27,}{80다565\ 등}$). 그리고 이러한 판례를 합리화시켜 주기 위하여 일부 견해는 이 경우에는 제746조가 적용되지 않는다고 한다($\binom{이영준,\ 민법총칙,\ 223면;\ 김}{상용,\ 553면;\ 김주수,\ 594면}$).

사견은 제746조의 불법을 「선량한 풍속 위반」이라고 이해하는데, 이 입장에서는 판례가 사회질서 위반이라고 하는 2중매매는 사회질서에는 반할지 몰라도 선량한 풍속 위반은 아니어서 매도인은 — 무효를 알지 못했다면 — 제741조·제742조에 의하여 반환청구권을 가지게 되고, 그 결과 제 1 매수인이 매도인의 등기말소청구권을 대위행사할 수 있게 된다.

5) 제742조와의 관계　　계약이 불법하여 무효이고, 그리하여 채무가 존재하지 않는다는 사실을 알면서 급부한 경우에는 제746조의 불법원인급여인 동시에 제742조의 비채변제이다. 이 경우에 제746조와 제742조 가운데 어느 규정을 적용할 것인지가 문제된다. 여기에 관하여는 i) 제746조 적용설($\binom{곽윤직,\ 368면;}{이은영,\ 718면}$)과 ii) 제742조 적용설($\binom{김상용,}{555면}$)이 대립하고 있다. i)설은 그 이유로 제746조가 일반적으로 적용되어야 할 규정이라는 점을 들고, ii)설은 그 이유로 악의의 비채변제가 불법원인급여보다 일반적인 부당이득제도라는 점을 들고 있다. 생각건대 제746조는 넓게 적용되어야 하는 것은 아니고 제한적으로 적용되어야 하지만($\binom{「선량한\ 풍}{속\ 위반」}$),

일단 적용되는 경우에는 철저하게 적용되어야만 취지를 살릴 수 있는 것이다. 그리고 두 견해의 차이는 제746조 단서가 적용되는 때에 있는데(이때 742조를 적용하면 반환
청구가 부인되나, 746조에
의하면 반환청
구가 인정됨), 그 결과는 마땅히 인정되어야 한다. 따라서 i)설이 옳다.

[241]   **(5) 불법원인급여의 반환계약의 효력**

불법원인급여의 당사자가 급부한 것을 반환하기로 하는 경우에 그 특약도 제746조에 위반하여 무효인지가 문제된다. 이 문제는 경우를 나누어 살펴보아야 한다.

① 수령자가 급부받을 때 만일 불법한 목적이 달성되지 않으면 반환한다고 약정하였다면 그 특약은 무효이다(이설이 없으며, 판례도 같음.
대판 1991. 3. 22, 91다520).

② 급부를 받은 후에 수령자가 받은 물건이나 그에 갈음한 다른 물건을 임의로 반환한 경우에는 그 효력을 인정하여야 한다(통설·판례도 같음. 곽윤직, 369면; 김주수,
595면; 이은영, 718면; 대판 1964. 10. 27,
64다
798·799). 제746조는 불법원인급여자의 반환청구를 법률상 보호하지 않겠다는 것일 뿐이지 수령자의 급부 보유가 정당하다는 것은 아니기 때문이다.

③ 급부가 있은 후에 당사자가 불법원인급여 계약을 해제하고 급부한 것을 반환하기로 특약을 한 경우는 어떤가? 여기에 관하여 통설은 위 ②에서와 같은 이유로 유효성을 인정한다(곽윤직,
369면 등). 그러나 판례는 종래에는 급여물을 그대로 반환하기로 한 경우(대판 1995. 7. 14, 94다51994: 반환약
정에 기하여 약속어음을 발행하였음)이든 급여물이 아닌 다른 물품의 지급을 받기로 한 경우(대판 1964. 7. 21, 64다389(금전 15만원 대신 정조 즉 벼
12석을 지급받기로 한 약정); 대판 1966. 12. 27, 66다2145)이든 반환약정은 모두 불법원인급여의 반환을 구하는 범주에 속하는 것으로서 무효라고 하였다. 그런데 최근에는 다음과 같이 정리하고 있다. 「불법원인급여 후 급부를 이행받은 자가 급부의 원인행위와 별도의 약정으로 급부 그 자체 또는 그에 갈음한 대가물의 반환을 특약하는 것은 불법원인급여를 한 자가 그 부당이득의 반환을 청구하는 경우와는 달리 그 반환약정 자체가 사회질서에 반하여 무효가 되지 않는 한 유효하다고 할 것이고, 여기서 반환약정 자체의 무효 여부는 반환약정 그 자체의 목적뿐만 아니라 당초의 불법원인급여가 이루어진 경위, 쌍방당사자의 불법성의 정도, 반환약정의 체결과정 등 민법 제103조 위반 여부를 판단하기 위한 제반요소를 종합적으로 고려하여 결정하여야 하고, 한편 반환약정이 사회질서에 반하여 무효라는 점은 수익자가 이를 입증하여야 한다」(대판 2010. 5. 27,
2009다12580). 생각건대 이는 반환약정이 사회질서에 반하여 무효로 되느냐의 문제이므로, 그것을 판단함에

있어서는 제103조에서와 마찬가지로 불법한 행위를 하지 않게 하는 목적의 것인가의 관점에서 결정하여야 한다. 그리하여 예컨대 범죄를 행하는 대가를 먼저 수수한 당사자가 그것을 하지 않고 반환하기로 약정하는 경우에는 그 계약이 유효하다고 하여야 하나, 이미 불법한 목적이 달성되었거나 목적달성이 불가능하기 때문에 어쩔 수 없이 반환하기로 한 경우에는 반환계약이 사회질서에 반하여 무효라고 하여야 한다.

Ⅳ. 부당이득의 효과 [242]

1. 부당이득 반환의무

부당이득의 요건이 갖추어지면 수익자는 손실자에 대하여 그가 받은 이득의 반환의무를 진다($\substack{741 \\ 조}$).

(1) 반환할 이득

수익자가 반환하여야 하는 것은 받은 이득이다. 우선은 수익자가 받은 목적물을 반환하여야 한다($\substack{747조\ 1 \\ 항\ 참조}$)($\substack{\text{취득한 물건이 대체물이더라도 그 물건을 반환하여야 하며, 그것이 불가능하} \\ \text{면 가액으로 반환하여야 한다. 같은 취지: 김상용, 557면. 다른 견해: 김주수,} \\ 574면}$). 그러나 수익자가 받은 물건을 소비 또는 처분하였거나 노무에 의하여 수익한 경우처럼 원물을 반환할 수 없는 때에는 그 가액을 반환하여야 한다($\substack{747조 \\ 1항}$). 그런데 수익자가 처분한 경우 중 원물을 매각한 때에는 부당이득제도 취지상 수령한 매매대금 전부를 반환해야 한다고 새겨야 한다($\substack{\text{통설은 이때도 가액을} \\ \text{반환해야 한다는 입장임}}$).

만약 수익자가 반환을 할 수 없으면 그 불이익은 손실자가 입는 수밖에 없다. 그런데 민법은 그 경우에 손실자의 보호를 위하여 하나의 예외를 규정하였다. 즉 수익자가 그 이익을 반환할 수 없는 경우에는 수익자로부터 무상으로 그 이익의 목적물을 양수한 악의의 제 3 자는 원물을 반환하여야 하고, 그것이 불가능하면 가액을 반환하여야 한다($\substack{747조 \\ 2항}$).

(2) 반환범위

수익자가 받은 이익이 손실자의 손실보다 큰 경우에 손실의 범위에서 반환하면 되는가? 여기에 관하여 학설은 i) 손실한도설($\substack{\text{곽윤직, 370면;} \\ \text{김주수, 580면}}$)과 ii) 이득전부 반환설($\substack{\text{김상용,} \\ 559면}$)로 나뉘어 있다. 그리고 판례는 i)설의 견지에 있다($\substack{\text{대판 1974. 7. 26, 73다} \\ \text{1637; 대판 1982. 5. 25, 81}}$

다카1061; 대판 2008. 1. 18, 2005다34711). 생각건대 부당이득은 불법행위와 달리 손실자의 손실을 전보해주는 제도가 아니고 잘못 귀속된 이득을 올바르게 귀속시키려는 제도이다. 따라서 손실자의 손실에 구애될 것이 아니고 이득 모두를 반환하여야 한다.

원물로부터 생긴 천연과실·법정과실과 그 사용이익을 반환하여야 하는가에 관하여는 제201조 내지 제203조와의 관계에서 검토되어야 하며, 뒤에서 설명하기로 한다(사견은 천연과실 외에는 반환하여야 한다는 견지에 있다. [244] 참조).

운용이익 즉 수익자가 이득을 운용하여 얻은 이익도 그 전부를 반환하여야 하는가? 예컨대 임대차 종료 후에 임차인이 임차물을 활용하여 임대료보다 큰 이익을 얻은 경우, 타인의 특허권을 활용하여 엄청난 수입을 얻은 경우에는 그 이익에 수익자의 뛰어난 능력에 따른 결과가 포함되어 있는데, 그 추가이익까지도 반환하여야 하는지가 문제이다. 여기에 관하여 학설은 i) 전부 반환설(김형배, 213면), ii) 선의의 수익자는 증대된 가액을 반환하지 않아도 되나 악의의 수익자는 증대된 가액도 반환하여야 한다는 견해(김상용, 559면), iii) 수익자의 운용이 없었더라도 손실자의 운용에 의하여 얻었으리라고 추정되는 통상적 운용이익의 범위에서 반환의무를 진다는 견해(이은영, 696면)로 나뉘어 있다. 그리고 판례는 iii)설과 같다(대판 1995. 5. 12, 94다 25551; 대판 2008. 1. 18, 2005다 34711). 생각건대 추가이익을 반환하지 않아도 된다고 새기면 부당이득자로 하여금 타인의 재산으로 투기를 하는 것을 방치하는 결과가 되며, 그 이익이 그대로 남아있는 것도 정의에 반하므로, 얻은 이익 모두의 반환의무가 있다고 새겨야 한다.

〈판 례〉

(ㄱ)「부당이득 반환의 경우, 수익자가 반환해야 할 이득의 범위는 손실자가 입은 손해의 범위에 한정되고, 여기서 손실자의 손해는 사회통념상 손실자가 당해 재산으로부터 통상 수익할 수 있을 것으로 예상되는 이익 상당이라 할 것이며(대법원 1997. 7. 11. 선고 96다31581 판결 참조), 부당이득한 재산에 수익자의 행위가 개입되어 얻어진 이른바 운용이익의 경우, 그것이 사회통념상 수익자의 행위가 개입되지 아니하였더라도 부당이득된 재산으로부터 손실자가 통상 취득하였으리라고 생각되는 범위 내에서는 반환해야 할 이득의 범위에 포함된다고 할 것이다.」(매매계약이 무효인 경우, 매도인이 매매대금으로 받은 금전을 정기예금에 예치하여 얻은 이자가 반환해야 할 부당이익의 범위에 포함된다고 본 사례)(대판 2008. 1. 18, 2005다34711)

(ㄴ)「일반적으로 수익자가 법률상 원인 없이 이득한 재산을 처분함으로 인하여 원물반환이 불가능한 경우에 있어서 반환하여야 할 가액은 특별한 사정이 없는 한 그

처분 당시의 대가라 할 것이나, 이 경우에 수익자가 그 법률상 원인 없는 이득을 얻기 위하여 지출한 비용은 수익자가 반환하여야 할 이득의 범위에서 공제되어야 할 것이고, 수익자가 자신의 노력 등으로 부당이득한 재산을 이용하여 남긴 이른바 운용이익도 그것이 사회통념상 수익자의 행위가 개입되지 아니하였더라도 부당이득된 재산으로부터 손실자가 당연히 취득하였으리라고 생각되는 범위 내의 것이 아닌 한 수익자가 반환하여야 할 이득의 범위에서 공제되어야 할 것이다.」(정당한 권원 없이 타인 소유 임야에서 굴취한 토석을 제방성토 작업장에 운반·사용하고 그 재료비·노무비·경비 등을 합하여 토석성토 대금으로 받은 경우, 노무비·경비 명목 부분을 반환이득의 범위에서 제외한 원심판결을 수긍한 사례)($^{대판\ 1995.\ 5.\ 12,}_{94다25551}$)

(3) 수익자의 선의·악의

[243]

부당이득의 반환의무의 범위는 수익자가 선의인지 악의인지에 따라 차이가 있다. 여기서 선의란 수익이 법률상 원인 없는 이득임을 알지 못하는 것이고, 악의는 그 사실을 아는 것이다. 여기의 선의·악의는 오직 법률상 원인 없는 이득임을 알았는지 여부에 따라 결정되는 것이므로, 가령 매매계약이 매도인의 기망행위를 이유로 취소되었더라도 매수인은 취소시부터는 악의이며, 또 매수인의 가액반환의무가 매도인의 매매대금반환채무와 서로 동시이행관계에 있다고 하여 달라지는 것도 아니다($^{대판\ 1993.\ 2.\ 26,}_{92다48635\ ·\ 48642}$). 선의인 데 과실이 있는지는 묻지 않는다. 수익자의 선의·악의는 원칙적으로 수익 당시를 기준으로 하나, 수익 당시에 선의였다가 그 후에 법률상 원인이 없음을 알게 되면 그때부터는 악의의 수익자로 책임을 진다($^{749조}_{1항}$). 그리고 선의의 수익자가 패소한 때에는 그 소를 제기한 때로부터 악의의 수익자로 본다($^{749조}_{2항}$)(이 규정이 점유자 등의 패소판결이 확정되기 전에는 이를 전제로 하는 청구를 하지 못한다는 의미가 아님을 주의할 것. 대판 2016. 7. 29, 2016다220044). 주의할 것은, 판례에 따르면 여기의 「그 소」는 부당이득을 이유로 그 반환을 구하는 소를 가리킨다는 점이다($^{대판\ 1987.\ 1.\ 20,}_{86다카1372}$)(그런데 양창수, 민법연구(2), 83면은 대판 1978. 10. 10, 78다1273(이전등기 말소소송을 제기하여 승소한 경우임)에 비추어서도, 197조 2항과의 균형이라는 관점에서도 앞으로 선례로 작용하지 않을 것이라고 한다). 한편 부당이득 반환의무자가 악의의 수익자라는 점에 대하여는 이를 주장하는 측에서 증명책임을 진다($^{대판\ 2010.\ 1.\ 28,\ 2009}_{다24187\ ·\ 24194;\ 대판}$ 2018. 4. 12, 2017다229536; 대판 2022. 10. 14, 2018다244488).

<수익자의 선의·악의에 관한 판례>

대법원은 ① 제 1 심의 금원지급 가집행선고부 판결 정본에 기하여 강제집행이 있은 후 항소심에서 제 1 심판결이 변경되고 상고심에서 그대로 유지된 경우에는 수익자는 상고기각 판결일부터 악의의 수익자로 되고($^{대판\ 1974.\ 7.\ 16,}_{74다525}$), ② 매매계약이 매도

인의 기망행위를 이유로 취소된 경우에는 매수인은 취소된 시점 이후부터 악의로 되며($\binom{대판 1993. 2. 26,}{92다48635 · 48642}$), ③ 개발부담금 부과처분이 취소된 경우 그 징수자는 악의의 수익자이고($\binom{대판 1995. 12. 22,}{94다51253}$), ④ 「행정청이 부과처분에 의하여 어떠한 급부를 받은 후 사후에 그 부과처분의 전부 또는 일부를 직권으로 취소하였다면 그 행정청이 속한 행정주체는 특별한 사정이 없는 한 적어도 그 부과처분의 취소 당시에는 그 처분에 의하여 받은 이익이 법률상 원인이 없음을 알았다고 보아야 할 것」이며($\binom{대판 2000. 4. 11,}{99다4238}$), ⑤ 새마을금고 이사장과 상무가 이사회의 의결을 얻지 않고 금고 명의로 금융기관으로부터 돈을 대출받은 뒤 이를 임의로 소비한 경우에는 새마을금고는 악의의 수익자로서 대출금 상당액의 부당이득을 반환할 의무가 있다($\binom{대판 2002. 2. 5,}{2001다66369}$)고 한다. 그런가 하면 「부당이득 반환채무는 기한의 정함이 없는 채무이므로 수익자는 이행청구를 받은 때로부터 지체책임이 있」다고 하면서, 정년퇴직조치의 무효를 다투면서 그 퇴직금을 수령한 자는 악의의 수익자라고 할 수 없다고 한다($\binom{대판 1995. 11. 21,}{94다45753 · 45760}$). 그리고 제748조 제 2 항에서 「'악의'라고 함은, 민법 제749조 제 2 항에서 악의로 의제되는 경우 등은 별론으로 하고, 자신의 이익 보유가 법률상 원인 없는 것임을 인식하는 것을 말하고, 그 이익의 보유를 법률상 원인이 없는 것이 되도록 하는 사정, 즉 부당이득 반환의무의 발생요건에 해당하는 사실이 있음을 인식하는 것만으로는 부족하다. 따라서 단지 원고가 수령한 이 사건 매수자금이 명의신탁약정에 기하여 지급되었다는 사실을 알았다고 하여도 그 명의신탁약정이 부동산실명법 제 4 조 제 1 항에 의하여 무효임을 알았다는 등의 사정이 부가되지 아니하는 한 원고가 그 금전의 보유에 관하여 법률상 원인 없음을 알았다고 쉽사리 말할 수 없다」고 한다($\binom{대판 2010. 1. 28, 2009다}{24187 · 24194. 전단에 관하}$여 같은 취지: 대판 2012. 11. 15, 2010다68237; 대판 2018. 4. 12, 2017다229536; 대판 2018. 10. 25, 2016다42800 · 42817 · 42824 · 42831).

(4) 지체책임

판례에 따르면, 부당이득 반환의무는 이행기한의 정함이 없는 채무이므로 그 채무자는 이행청구를 받은 때에 비로소 지체책임을 진다($\binom{대판 1995. 11. 21, 94다}{45753 · 45760; 대판 2010. 1. 28,}$2009다24187 등. 채권법총론 [67]도 참조). 구체적으로 이행청구를 받은 다음날부터 지체책임을 진다. 그런데 쌍무계약에 의한 급부의 반환의무들은 동시이행관계에 있으므로($\binom{[41] · [41a]}{참조}$), 상대방의 이행이나 이행의 제공이 있을 때까지는 지체책임이 발생하지 않는다.

[244]　　## 2. 선의의 수익자의 반환의무의 범위

(1) 현존이익의 반환의무

선의의 수익자는 「그 받은 이익이 현존하는 한도에서」 반환의무가 있다($\binom{748조}{1항}$). 따라서 그는 받은 이익 가운데 원물 또는 그 모습을 바꾸어서 남아 있는 것만을

반환하면 된다.

(2) 현존이익의 결정시기

어느 시기를 표준으로 하여 현존이익을 결정할 것인가에 관하여 통설은 반환할 때가 기준시기이지만 소가 제기된 경우에는 그 소가 제기된 때부터 악의의 수익자로서 책임을 진다($^{749조\ 2}_{항\ 참조}$)고 한다($^{곽윤직,\ 371면;}_{김주수,\ 579면}$). 이러한 통설에 의하면 소제기가 있는 때에는 소제기시가 표준으로 되고, 소제기가 없는 때에는 반환할 때가 표준으로 된다. 주의할 것은, 위의 이론은 수익자가 소제기시 또는 목적물 반환시 이전에 악의로 되지 않은 경우에 있어서의 기준시기에 관한 것이며, 수익자가 선의이다가 소제기시 또는 목적물 반환시 이전에 악의로 된 때에는 당연히 그때부터 악의의 수익자로 책임을 지게 된다는 점이다($^{같은\ 취지:\ 김상용,\ 567면;\ 김형배,\ 240면(악의}_{로\ 된\ 때에는\ 그\ 시점에서\ 이익의\ 현존을\ 판단}$ $^{해야\ 한}_{다고\ 함}$). 즉 그러한 경우에는 — 소제기시나 목적물 반환시가 아니고 — 악의로 된 시점을 기준으로 하여 현존이익을 결정하여야 한다.

(3) 현존이익의 내용

1) 원물반환의 경우

(가) 앞에서 자세히 논한 바와 같이($^{[222]}_{참조}$), 부당이득으로 현물(원물)을 반환하는 때에는 소유권이 수익자에게 이전하였든 이전하지 않았든 언제나 반환범위를 제201조 내지 제203조의 규정에 의하여 정하여야 한다. 즉 제201조 내지 제203조에 있어서 선의의 점유자에 관한 규정이 적용된다.

(나) 구체적인 반환범위는 다음과 같다.

① 원물이 남아 있으면 물론이고, 원물이 손상되어 있더라도 동일성을 인정할 수 있으면 그대로 반환하여야 한다($^{202조}_{1문}$). 그러나 원물이 멸실된 때에는 반환의무가 없다. 통설은 원물의 손상·멸실이 수익자의 유책사유에 의하여 일어났더라도 마찬가지라고 새긴다($^{곽윤직,\ 374면;}_{김주수,\ 581면\ 등}$).

② 원물로부터 수취한 천연과실은 반환할 필요가 없다($^{201조\ 1항.\ 사견은\ 통설과\ 달리}_{그\ 규정의\ 과실을\ 천연과실에\ 한}$ $^{정한다.\ 물권}_{법\ [95]\ 참조}$)($^{이은영,\ 697면은\ 부당이득법의\ 반환범위}_{에\ 따라\ 과실의\ 반환의무가\ 있다고\ 한다}$). 그에 비하여 법정과실이나 사용이익은 반환하여야 한다($^{통설·판례는\ 반대임.\ 곽윤직,\ 374면;\ 물권법\ [95]에\ 인용된\ 판결들\ 참조.\ 대판\ 1981.\ 9.\ 22,\ 81다233}_{은\ 타인의\ 토지를\ 점유·경작한\ 경우의\ 이득은\ 그\ 토지에\ 관한\ 과실에\ 준하는\ 것이므로\ 반환할\ 의무}$ $^{가\ 없다고\ 하나,}_{이는\ 옳지\ 않다}$).

③ 수익자가 원물에 대하여 비용을 지출한 때에는 제203조에 의하여 그 상환을 청구할 수 있다. 부당이득 반환 규정에 의하면 모든 비용($^{사치비}_{포함}$)의 상환을 청

구할 수 있어서, 과실에서와 달리 이 점에서는 물권적 청구권 규정에 의할 때보다 부당이득 규정에 의할 때에 반환범위가 적게 된다.

2) **가액반환의 경우** 수익자가 원물을 반환할 수 없을 때에는 그 가액을 반환하여야 하며($^{747조}_{1항}$), 선의의 수익자의 반환범위는 현존이익이다($^{748조}_{1항}$). 그리고 이때의 반환의무의 범위는 제748조 제 1 항에 의하여서만 결정되며, 제201조 내지 제203조는 적용될 여지가 없다.

가액반환에 있어서는 이익이 현존하는지가 중요한데, 이득을 얻음으로써 재산이 증가한 경우뿐만 아니라 재산의 지출을 면한 경우에도 이익은 현존하는 것으로 인정된다. 그리고 원물이 멸실되고 그 대신에 보험금이나 제 3 자에 대한 손해배상청구권을 취득한 때에도 그러한 대체이익(대상물)은 현존이익에 해당한다. 이익이 현존하는 경우의 예로는, 수익자가 원물을 매각하여 대금을 가지고 있는 경우, 금전을 이득하여 타인에게 빌려주거나 예금을 하거나 생활비로 쓴 경우, 타인의 노무에 의하여 수익을 하고 그 노무의 결과가 남아 있는 경우를 들 수 있다. 그에 비하여 이득한 금전 또는 원물의 매각대금을 도박이나 음주에 써버린 경우, 타인의 노무의 결과가 멸실한 경우, 이득한 금전을 예금하였는데 은행이 파산하여 무가치하게 된 경우에는 이익은 현존하지 않는다.

원물로부터 과실이 생긴 경우에는 그것도 현존하는 한 반환하여야 하며, 수익자가 비용을 지출한 때에는 반환해야 할 현존이익에서 그 비용을 공제하여야 한다($^{가액반환의 경우에는 201조 내지}_{203조가 적용되지 않음을 주의할 것}$).

[245] **(4) 이득현존의 추정**

수익자의 이득은 현존하는 것으로 추정하여야 하는지가 문제된다.

여기에 관하여 학설은 i) 언제나 추정을 인정하는 견해($^{곽윤직, 375면;}_{김주수, 579면}$)와 ii) 언제나 추정을 인정하지 않는 견해($^{김상용, 572면. 추정을 인정하면 선의 수익자와}_{악의 수익자의 차이가 없게 된다는 이유를 든다}$)가 대립하고 있다.

그리고 판례는, 선의의 수익자에 대한 부당이득 반환청구에 있어서 그 이익이 현존하고 있다는 사실에 관하여는 그 반환청구자에게 증명책임이 있다고 한 판결도 있고($^{대판 1970. 2. 10, 69다2171. 이 판결}_{의 사안은 하천을 논으로 만든 경우임}$), 또 무효인 농지 임대차계약에 기하여 그 임대료로 임차인으로부터 벼 33섬을 받은 경우에 관하여 벼 33섬을 받은 것이 사실이라 하면 다른 특별한 사정이 없는 이상에는 아직도 임대인이 이를 소지하고 있다고 보아야 할 것이고 이것이 현재 원고에게 존재하지 아니한다는 점은 원고가 이를 증명하여야 할 책임이 있다고 한 판결도 있어서($^{대판\ 1970.\ 10.\ 30,}_{70다1390\cdot1391}$), 분명하지 않다. 다만, 취득한 것이 금전상의 이득인 때에는 금전은 이를 취득한 자가 소비하였는가의 여부를 불문하고 현존하는 것으로 추정된다고 한다($^{대판\ 1969.\ 9.\ 30,\ 69다}_{1093;\ 대판\ 1987.\ 8.\ 18,\ 87}$ 다카768; 대판 1996. 12. 10, 96다32881; 대판 2005. 4. 15, 2003다60297 · 60303 · 60310 · 60327). 그러나 수익자가 급부자의 지시나 급부자와의 합의에 따라 그 금전을 사용하거나 지출하는 등의 사정이 있다면 이 추정은 번복될 수 있다고 한다($^{대판\ 2022.\ 10.\ 14,}_{2018다244488}$). 한편 그 취득한 것이 성질상 계속적으로 반복하여 거래되는 물품으로서 곧바로 판매되어 환가될 수 있는 금전과 유사한 대체물인 경우에도 이득이 현존하는 것으로 추정한다($^{대판\ 2009.\ 5.\ 28,\ 2007다20440\cdot20457:\ 비디}_{오폰을\ 비롯한\ 각종\ 통신제품이\ 문제된\ 사안}$).

생각건대 민법규정상으로는 언제나 손실자가 이득이 현존함을 증명하여야 하나, 본래 부당이득은 발생한 이득 전부를 반환하여야 하는 것인데 선의의 이득자에게는 현존이익만을 반환하도록 배려한 것으로 이해해야 한다는 점, 손실자는 이득이 현존하고 있는 경우에 현존한다는 사실을 증명하기가 어렵지만 수익자는 이득이 현존하지 않는 경우에 현존하지 않는다는 사실을 증명하기는 쉽다는 점 등에 비추어 볼 때, 모든 경우에 이익이 현존하는 것으로 추정함이 옳다.

3. 악의의 수익자의 반환의무의 범위 [246]

(1) 받은 이익 · 이자의 반환의무

악의의 수익자는 그 받은 이익에 이자를 붙여 반환하고 손해가 있으면 이를 배상하여야 한다($^{748조}_{2항}$).

(2) 반환하여야 할 내용

1) 원물반환의 경우　　　이 경우에는 언제나 제201조 내지 제203조에 의하여 반환범위가 결정된다. 구체적으로는 다음과 같이 된다.

① 원물이 그대로 남아 있으면 그것을 반환하여야 한다. 그런데 원물이 수익자에게 책임없는 사유로 멸실 · 훼손된 경우에는 수익자는 그에 대하여 책임이 없다($^{202조}_{참조}$).

② 원물로부터 수취한 천연과실은 반환하여야 하며 소비하였거나 과실(過失)로 인하여 훼손 또는 수취하지 못한 경우에는 그 대가를 반환하여야 한다($^{201조}_{2항}$). 물론 원물로부터 생긴 법정과실과 사용이익도 반환하여야 한다. 문제는 법정과실 · 사용이익에 이자를 붙여야 하는지이다. 판례는, 악의의 점유자는 과실을 반

환하여야 한다고만 규정한 제201조 제 2 항이 제748조 제 2 항에 의한 악의 수익자의 이자지급의무까지 배제하는 취지는 아니기 때문에, 악의 수익자의 부당이득금 반환범위에 있어서 제201조 제 2 항이 제748조 제 2 항의 특칙이라거나 우선적으로 적용되는 관계를 이루는 것은 아니라고 하면서, 제748조 제 2 항에 의하여 받은 이익에 이자를 붙여 반환하여야 한다고 한다($^{대판\ 2003.\ 11.\ 14,}_{2001다61869}$). 그리고 위 조문에서 규정하는 이자는 당해 침해행위가 없었더라면 원고가 위 임료로부터 통상 얻었을 법정이자 상당액을 말하는 것이므로 악의 수익자는 위 이자의 이행지체로 인한 지연손해금도 지급하여야 할 것이라고 한다($^{대판\ 2003.\ 11.\ 14,}_{2001다61869}$). 선의의 점유자의 사용이익 반환을 인정하는 사견의 입장에서는 이 판례는 적어도 결과에서는 바람직한 것으로 보인다.

③ 수익자가 비용을 지출한 때에는 제203조에 의하여 그 상환을 청구할 수 있다.

④ 손실자에게 손해가 생긴 때에는 손해도 배상하여야 한다($^{748조}_{2항}$).

2) 가액반환의 경우   이 경우에는 제748조 제 2 항에 의하여 반환범위가 정해진다. 그리하여 원물의 가액을 반환하여야 하고, 그 가액에 이자를 붙여야 한다. 그 이율은 연 5푼이다($^{379}_{조}$). 그리고 판례에 따르면, 계약무효의 경우에 각 당사자가 상대방에 대하여 부담하는 반환의무는 성질상 부당이득 반환의무로서 매도인이 악의의 수익자인 때에는 특별한 사정이 없는 한 그는 반환할 매매대금에 대하여 민법이 정한 연 5%의 법정이율에 의한 이자를 붙여 반환하여야 하고, 이와 같은 법정이자의 지급은 부당이득 반환의 성질을 가지는 것이지 반환의무의 이행지체로 인한 손해배상이 아니므로 매도인의 매매대금 반환의무와 매수인의 소유권이전등기 말소등기 절차 이행의무가 동시이행의 관계에 있는지 여부와는 관계가 없다고 한다($^{대판\ 2017.\ 3.\ 9,}_{2016다47478}$). 한편 원물로부터 수취한 천연과실·법정과실·사용이익과 손해배상에 대하여는 원물반환의 경우와 같다.

〈판 례〉

「매매계약이 무효인 때의 매도인의 매매대금반환의무는 성질상 부당이득 반환의 무로서 그 반환범위에 관하여는 민법 제748조가 적용된다 할 것이고 명문의 규정이 없는 이상 그에 관한 특칙인 민법 제548조 제 2 항이 당연히 유추적용 또는 준용된다고 할 수 없다.」($^{대판\ 1997.\ 9.\ 26,\ 96다54997:\ 토지거래허가}_{를\ 받지\ 못해\ 매매계약이\ 무효로\ 된\ 사안임}$)

제 6 장 불법행위

제 1 절 서   설

I. 불법행위의 의의 및 성질

1. 의   의

불법행위는 고의 또는 과실로 위법하게 타인에게 손해를 가하는 행위이다. 타인을 때려서 다치게 하거나 타인의 재산을 훼손하는 것이 그 예이다. 불법행위가 있으면 민법규정에 의하여 가해자는 피해자에 대하여 손해배상책임을 부담하게 된다($^{750}_{조}$). 따라서 불법행위는 사무관리·부당이득 등과 같이 법정 채권발생원인이다.

2. 성   질

불법행위는 법률사실로서 그 성질은 위법행위이다(사무관리는 혼합 사실행위이고, 부당이득은 사건이다). 즉 채무불이행과 더불어 대표적인 위법행위이다. 그리고 불법행위는 법률요건이다. 그리하여 채권발생이라는 법률효과를 발생시킨다.

<채무불이행과 불법행위의 비교>
채무불이행과 불법행위는 모두 위법행위인데, 채무불이행은 적법한 채권관계를 전제로 하여 그 당사자 사이에서 채무를 이행하지 않는 데 대한 책임을 문제삼는 위법행위이고, 불법행위는 아무런 특별한 관계가 없는 자들 사이에서 가해행위의 책임을 문제삼는 위법행위이다.

3. 법적 규제의 특색

실제 사회에서 불법행위는 자주 발생한다(오늘날에는 환경오염이나 건축소음과 같이 집단적으로 피해를 주는 일이 생기기도 한다). 그리하여 소송사건에서도 불법행위에 관한 것이 대단히 많다. 그런데 불법행위를 규율하는 민법규정은 그 수가 적고($^{750조\ 내지\ 766}_{조의\ 17개조}$) 그것들은 매우 일반화·추상화되어 있다($^{특히\ 750조}_{가\ 그렇다}$). 이러한 민법의 태도에 대하여는 긍정적으로 평가하는 것이 일반적이다. 원래 불법행위제도가 이미 손해가 발생한 후에 다툼을 해결하기 위한 것이어서 사전적(事前的)인 규범으로서 작용하는 계약에서와 달리 구체적일 필요가 없고, 또한 만약 구체적·열거적으로 규정하면 다양한 모습의 불법행위의 발생에 대처하기가 어려울 수 있기 때문이다. 불법행위의 경우에는 일반적·추상적 규정을 바탕으로 하여 법원이 구체적인 유형별로 판례를 쌓아가는 것이 바람직하다.

불법행위에 있어서는 기존의 민법규정만으로 규율하는 것이 부적절한 경우가 있으며($^{가령\ 고속\ 교통기관의\ 발달,\ 위험한}_{공장설비,\ 원자력의\ 개발\ 등으로}$), 그러한 경우를 위하여 특별법이 제정되고 있다. 자동차손해배상보장법, 원자력손해배상법, 환경정책기본법, 제조물책임법이 그 예이다. 이러한 특별법은 앞으로 더 늘어날 것으로 보인다.

[248]   ## Ⅱ. 민사책임과 형사책임

1. 두 책임의 분화(分化)

민사책임은 불법행위에 의한 손해배상책임이고($^{넓게는\ 채무불이행책임도\ 포함하나,}_{보통은\ 불법행위책임만을\ 가리킨다}$), 형사책임은 형사상의 형벌에 의한 제재이다. 이들 두 책임은 근대 이전에는 결합되어 있었으나, 근대 이후에는 완전히 나누어져 있다.

2. 두 책임의 차이

민사책임과 형사책임은 근거법·목적·요건·효과 등에서 차이가 있다. 전자는 사법상의 제도인 데 비하여 후자는 공법상의 제도이고, 전자는 피해자에게 생긴 손해의 전보(塡補)에 목적이 있는 데 비하여 후자는 행위자에 대한 응보(應報) 또는 장래에 있어서의 해악 발생의 방지에 목적이 있고, 전자는 가해자에게 고의가 있든 과실이 있든 손해를 배상하게 하는 데 비하여($^{실손해의\ 전보를}_{목적으로\ 하므로}$) 후자는 고의범만을 처벌하는 것이 원칙이고($^{죄형법정주의상\ 처벌규정이\ 없으면\ 무죄인데\ 과실범에\ 대하여는\ 예외적으}_{로만\ 처벌규정을\ 두었다.\ 그리하여\ 가령\ 과실로\ 재물을\ 손괴하거나\ 폭행}$ $^{한\ 자는}_{무죄이다}$), 전자에서는 손해가 생기지 않은 미수는 문제가 되지 않으나 후자에 있어서는 미수·예비·음모도 처벌하며($^{목적상\ 실제로\ 침해가}_{생기지\ 않아도\ 처벌한다}$), 효과에 있어서도 차이를 보여 전자에서는 고의와 과실의 경우에 책임의 경중에 차이가 없음이 원칙인 데 비하여 후자에서는 고의의 경우가 과실의 경우보다 책임이 훨씬 무겁다.

3. 두 책임의 관계

민사책임과 형사책임이 완전히 별개의 것이고 발생요건이 다르기 때문에, 동일한 가해행위에 의하여 두 책임이 모두 생기는 때가 있는가 하면(예: 살인·상해· 사기의 경우), 어느 하나의 책임만 생길 수도 있다(예: 과실로 재물을 멸실시킨 경우, 고의로 재물을 깨뜨리려 했으나 미수에 그친 경우). 즉 제도상 구분되어 있는 민사재판·형사재판에 있어서 그 결과가 달라질 수도 있는 것이다(무죄판결이 선고되었지만 손해배상은 인정될 수도 있고(대판 2008. 2. 1, 2006다6713로 같은 취지), 유죄판결이 선고되었지만 손해배상은 인정되지 않을 수도 있다). 또한 두 책임이 모두 발생하는 경우에는 어느 하나의 책임을 졌다고 하여 다른 책임을 면하는 것도 아니다.

그런데 현행 제도상 두 책임이 관련되어 있는 때가 있다. 배상명령제도(「소송촉진 등에 관한 특례법」 25조 이하. 제 1 심 또는 제 2 심의 형사공판절차에서 일정한 범죄에 관하여 유죄판결을 선고할 경우에 법원이 직권 또는 피해자나 그 상속인의 신청에 의하여 피고사건의 범죄행위로 인하여 발생한 직접적인 물적 피해·치료비 손해·위자료의 배상을 명할 수 있도록 한 제도)와 보험 등에 가입된 차의 교통사고의 경우의 형사면책제도(교통사고처리특례법 4조·3조 2항)가 그 예이다. 그러나 이것은 일정한 목적을 위하여 특별히 만들어진 제도일 뿐이며, 두 책임의 합체를 의미하는 것은 아니다.

Ⅲ. 과실책임과 무과실책임

[249]

1. 과실책임의 원칙

과실책임의 원칙은 개인이 타인에게 준 손해에 대하여는 그 행위가 위법할 뿐만 아니라 동시에 고의 또는 과실에 기한 경우에만 책임을 진다는 원칙이다. 이 원칙은 근대민법의 기본원리 가운데 하나이며, 우리 민법도 제750조에서 불법행위에 관하여 이를 규정하고 있다(채무불이행에 관한 390조도 같음).

과실책임의 원칙은 ① 개인의 자유활동 보장기능(과실이 없으면 책임이 생기지 않으므로 필요한 주의를 베풀면서 자유롭게 활동할 수 있게 함), ② 손해발생의 억제적 기능, ③ 제재적(징벌적) 기능(명예훼손 등에서 그러하나 오늘날에는 큰 의미가 없음)을 갖는다.

2. 무과실책임론과 그 입법

(1) 근대 이후 과학기술이 발달하면서 철도·자동차·항공기 등의 고속 교통

기관이 등장하였고 광업·전기사업·원자력산업과 같은 위험한 설비를 갖춘 기업이 나타났다. 이들 경우와 같이 손해발생의 가능성이 매우 크고 그러면서 많은 수익을 올리는 때에는, 그에 의하여 생긴 손해를 배상하게 하는 것이 적절하다. 그런데 그 결과는 과실책임의 원칙으로는 실현하기가 어렵다. 손해발생에 과실이 없다고 인정될 경우도 많고 설사 과실이 있어도 그것을 증명하기가 쉽지 않기 때문이다. 여기서 과실이 없어도 책임을 져야 한다는 무과실책임론이 주장되었다.

(2) 무과실책임론은 무과실책임의 근거를 어떻게 주장하느냐에 따라 여러 가지로 나누어지는데, 그 대표적인 것으로는 이익을 얻는 과정에서 타인에게 손해를 주었다면 그 이익에서 배상하게 하는 것이 공평하다는 보상책임설과 위험한 시설의 관리자는 그것으로부터 생긴 손해에 대하여 책임을 져야 한다는 위험책임설이 있다. 우리나라에서는 i) 위험책임설을 취하는 견해(김주수, 604면; 이은영, 748면)와 ii) 두 설을 종합해서 다원적으로 설명하는 견해(가령 756조는 보상책임원리로, 758조는 위험책임의 원리로 설명함)(김증한, 447면; 황적인, 366면)로 나뉘어 있다.

(3) 무과실책임의 실현은 이론만으로는 한계가 있다. 그리하여 필요한 분야에서는 무과실책임을 인정하는 입법을 하고 있다. 구체적인 예로는, 환경오염 또는 환경훼손으로 인한 피해에 대하여 해당 환경오염 또는 환경훼손의 원인자가 지는 무과실책임(환경정책기본법 44조), 시설의 설치·운영과 관련하여 환경오염피해가 발생한 때에 해당 시설의 사업자가 그 피해에 대하여 지는 무과실책임(「환경오염피해 배상책임 및 구제에 관한 법률」 6조), 토양오염으로 인한 피해에 대한 오염원인자의 무과실책임(토양환경보전법 10조의 3), 유조선에 의한 유류오염손해에 대한 유조선 선박소유자의 무과실책임(「유류오염손해배상 보장법」 5조), 원자력손해에 대한 원자력사업자의 무과실책임(원자력손해배상법 3조), 광해(鑛害)에 대한 광업권자 또는 조광권자의 무과실책임(광업법 75조), 제조물의 결함으로 인한 손해에 대한 제조업자의 무과실책임(제조물책임법 3조), 도로 등 공공의 영조물의 하자로 인한 손해에 대한 국가·지방자치단체의 무과실책임(국가배상법 5조), 우주손해(우주손해배상법 2조 4호 참조)에 대한 우주물체 발사자의 무과실책임(우주손해배상법 4조)을 들 수 있다. 그리고 자동차의 운행으로 인한 타인의 사망·부상에 대한 자동차운행자의 책임(자동차손해배상보장법 3조), 「독점규제 및 공정거래에 관한 법률」을 위반함으로써 피해를 입힌 사업자·사업자단체의 배상책임(같은 법 56조), 특허권의 침해(특허법 130조), 디자인권의 침해(디자인보호법 116조)의 경우에는 과실의 증명책임을 전환하여 사실상 무과실책임으로 하고 있다.

(4) 앞으로 무과실책임을 인정하는 입법이 늘어나겠지만 무과실책임이 불법행위책임에 있어서 원칙이 될 수는 없다. 과실책임의 원칙은 개인의 활동의 자유를 보장하는 것이므로, 그러한 자유를 위험하게 하더라도 배상책임을 인정하여야 할 특별한 사유가 있는 때에만 무과실책임을 인정하여야 한다($\binom{같은 취지: 곽윤직,}{382면; 이은영, 747면}$). 그러한 사유는 위험성을 지닌 기업의 경우에 있을 가능성이 크며, 따라서 개인의 일상생활에 관하여는 여전히 과실책임의 원칙이 유지될 것이다.

(5) 무과실책임이 인정되면 책임을 지는 자($\binom{특히}{기업}$)는 손해를 대금·요금 등의 형식으로 소비자나 이용자에게 분담시키거나 책임보험제도에 의하여 손실을 같은 위험을 지는 자 사이에 분산시키게 된다. 그 결과 손해가 널리 사회에 분산되는 효과를 가져온다.

〈민법에 있어서 무과실책임〉

① 불법행위에 있어서 무과실책임으로는 공작물의 소유자책임($\binom{758}{조}$)이 있고, ② 불법행위에 있어서 중간적 책임($\binom{증명책임이}{전환된 경우}$)으로는 공작물의 점유자책임($\binom{758}{조}$), 책임무능력자의 감독자책임($\binom{755}{조}$), 사용자책임($\binom{756}{조}$), 동물의 점유자책임($\binom{759}{조}$)이 있고, ③ 채무불이행에 있어서의 무과실책임으로 금전채무의 불이행책임($\binom{397조}{2항}$)이 있으며, ④ 기타의 것으로 무권대리인의 손해배상책임($\binom{135}{조}$), 책임전질자의 손해배상책임($\binom{336}{조}$), 매도인의 담보책임($\binom{570조 이하. 법정}{책임설의 입장}$), 위임인의 손해배상책임($\binom{688조 3항. 무상위임인에 한정}{된다고 새겨야 함. [187] 참조}$), 인지(隣地)의 사용에 의한 손해배상책임($\binom{216조 2항 \cdot}{219조 2항}$)이 있다.

IV. 불법행위와 보험제도

[250]

불법행위제도는 경우에 따라서는 손해전보라는 그 목적을 달성할 수 없다. 가해자에게 배상에 충분한 자력이 없는 때에 그렇다. 그런가 하면 자력은 있되 배상을 하고 나면 생계가 어려워지는 때도 있다. 이러한 때에는 불법행위제도만으로는 당사자들 모두를 적절하게 규율하기가 어려우며, 다른 제도의 도움을 받을 수밖에 없다. 그것이 바로 보험제도이며, 그 가운데에서도 특히 책임보험제도가 그렇다.

책임보험제도는 피보험자가 보험기간 중의 사고로 인하여 제 3 자에게 배상책임을 진 경우에 보험자가 이를 보상하는 것을 내용으로 하는 보험제도이다($\binom{상법}{719}$ 조 참). 이러한 책임보험을 이용하면 가해자는 보험료를 지급한 것만으로 배상책임으로부터 벗어날 수 있게 되고(같은 종류의 위험을 가진 자), 피해자는 보험회사에 직접 보험금을 청구할 수 있어서(상법 724조 2항) 두텁게 보호된다(후자의 이유 때문에 책임보험계약의 체결을 강제하기도 한다). 현행법상 책임보험계약의 체결이 강제되는 것으로는 자동차 책임보험(자동차손해배상보장법 5조. 자동차종합보험은 임의적 책임보험임), 원자력손해배상 책임보험(원자력손해배상법 5조 이하), 산업재해보상보험법에 의한 보험이 있다.

[251]　V. 불법행위책임과 계약책임의 관계

1. 서　　설

동일한 당사자 사이에서 하나의 사실이 계약책임(정확하게는 채무불이행에 의한 손해배상책임)의 요건과 불법행위의 요건을 모두 충족시키는 경우가 있다. 예컨대 임차인이 과실로 임차물을 멸실시킨 때에 그렇다. 원래 계약책임은 계약관계가 있는 자들 사이의 문제이고 불법행위책임은 일반인 사이의 문제이므로, 계약관계에 있는 자 사이에서 불법행위책임도 문제될 수 있는 것이다. 이와 같은 경우에 피해자(위의 예에서는 임대인)는 어떠한 청구권을 가지는지가 문제된다.

2. 학설·판례

(1) 학　　설

학설은 i) 청구권경합설, ii) 법조경합설, iii) 청구권규범경합설, iv) 청구권규범통합설로 나뉘어 있다.

i) 청구권경합설은 피해자인 채권자는 그의 선택에 따라서 가해자인 채무자에 대하여 계약책임을 묻거나 불법행위책임을 물을 수 있다고 한다(곽윤직, 386면; 김상용, 599면; 지원림, 1643면). 이 견해는 두 청구권의 경합을 인정한다고 하여 청구권경합설이라고 불린다. ii) 법조경합설은 불법행위책임과 계약책임은 일반법과 특별법과 같은 관계에 있는 것이므로, 먼저 특수한 관계인 계약책임을 적용하여야 할 것이고, 일반법인 불법행위책임은 배제된다고 한다(김학동, 774면). iii) 청구권규범경합설은 동일 급부(손해배상)에 대한 청구권이 경합하는 것으로 보이는 경우에도 청구권의 개수 사실은 1개이고, 단지 청구권규범이 동일 급부에 대한 청구를 기초짓기 위하여 복합하고

있는 것에 불과하다고 한다$\binom{\text{황적인,}}{377면}$). iv) 청구권규범통합설은 계약책임과 불법행위
책임의 규범이 경합하는 경우 피해자는 양 규범을 종합한 하나의 손해배상청구
권만 갖게 된다고 한다$\binom{\text{이은영(채총),}}{384면-386면}$). 그리고 이때의 두 책임의 규범통합은 요건규
범은 제외하고 효과규범만의 통합을 인정하는 것이 타당하다고 한다.

(2) 판   례

판례는 청구권경합설의 입장에 있다$\binom{\text{대판 1967. 12. 5, 67다2251; 대판 1977. 12. 13, 75다107; 대}}{\text{판(전원) 1983. 3. 22, 82다카1533; 대판 1989. 4. 11, 88다카}}$
11428; 대판 1989. 11. 24, 88다카
16294; 대판 2021. 6. 24, 2016다210474)·

〈판   례〉

「채무불이행책임과 불법행위책임은 각각 요건과 효과를 달리하는 별개의 법률관
계에서 발생하는 것이므로 하나의 행위가 계약상 채무불이행의 요건을 충족함과 동
시에 불법행위의 요건도 충족하는 경우에는 두 개의 손해배상청구권이 경합하여 발
생하고, 권리자는 위 두 개의 손해배상청구권 중 어느 것이든 선택하여 행사할 수 있
다$\binom{\text{대법원 1983. 3. 22. 선고 82다카}}{\text{1533 전원합의체 판결 등 참조}}$). 다만 동일한 사실관계에서 발생한 손해의 배상을 목적으
로 하는 경우에도 채무불이행을 원인으로 하는 배상청구와 불법행위를 원인으로 한
배상청구는 청구원인을 달리하는 별개의 소송물이므로, 법원은 원고가 행사하는 청
구권에 관하여 다른 청구권과는 별개로 그 성립요건과 법률효과의 인정 여부를 판단
하여야 한다. 계약 위반으로 인한 채무불이행이 성립한다고 하여 그것만으로 바로 불
법행위가 성립하는 것은 아니다.」$\binom{\text{대판 2021. 6. 24,}}{\text{2016다210474}}$)

3. 사   견

생각건대 법조경합설과 청구권규범경합설에 의하면 하나의 청구권만 인정
되어 채권자에게 불리할 가능성이 있다. 그리고 청구권규범통합설은 1개의 청구
권만 인정하지만 채권자에게 유리할 수는 있다. 그러나 그것은 해석의 한계를 넘
는 이론이다. 따라서 법에 적합한 이론으로서 채권자를 보호할 수 있는 것은 청
구권경합설이다.

〈불법행위책임과 계약책임의 구체적 차이〉

불법행위책임과 계약책임은 과실책임의 원칙$\binom{\text{750조/}}{\text{390조}}$), 책임능력$\binom{\text{753조 · 754}}{\text{조/해석상}}$), 손해배
상의 범위$\binom{\text{763조/}}{\text{393조}}$), 과실상계$\binom{\text{763조/}}{\text{396조}}$)에 있어서는 차이가 없다.

그러나 ① 유책사유의 증명책임에 있어서는 전자(불법행위책임)에서는 피해자가
가해자의 유책사유를 증명하여야 하는 데 비하여$\binom{750}{조}$), 후자(계약책임)에서는 가해자
인 채무자가 자기에게 유책사유가 없었음을 증명하여야 하고$\binom{390}{조}$), ② 전자에서는 피

용자의 고의·과실로 사용자가 책임을 지는 경우에 사용자가 면책될 수 있으나($_{조 1}^{756}$ $_{단서}^{항}$), 후자에서는 채무이행을 보조하는 자의 고의·과실로 채무자가 책임을 지는 경우에 채무자는 면책될 여지가 없고($_{조}^{391}$), ③ 전자에서는 공동불법행위의 경우에 연대책임을 인정하나($_{조}^{760}$), 후자에는 그러한 규정이 없고, ④ 전자의 청구권은 3년 또는 10년의 시효기간($_{라는 견해도 있음}^{10년은 제척기간이}$)에 걸리는 데 비하여($_{조}^{766}$), 후자의 청구권은 10년($_{권의}^{보통}$ $_{경우}^{의 채}$)의 시효에 걸리고($_{1항}^{162조}$), ⑤ 전자에서는 고의의 불법행위의 경우 채무자가 상계하지 못한다는 규정이 두어져 있고($_{조}^{496}$), ⑥ 후자에서는 법률상 채무자의 특정재산에 대한 담보권이 인정되는 때가 많으며($_{조-650조}^{320조 1항·648}$), ⑦ 전자에서는 태아에게 권리능력이 인정되는 데 비하여($_{조}^{762}$), 후자에는 그러한 규정이 없고, ⑧ 특별법 내지 특별규정으로 전자의 경우에는 「실화책임에 관한 법률」이 있고($_{음. [331]}^{그 법에 의하면 경과실의 경우 가해자}$ $_{참조}^{가 손해배상액의 경감을 청구할 수 있}$), 후자에서는 운송인의 책임을 가중하는 특칙($_{다했음을 증명해야만 면책됨}^{상법 135조: 운송인이 주의를}$)이 두어져 있는 등의 차이가 있다.

이들 가운데 ①②⑥⑧에 있어서는 계약책임을 묻는 것이 채권자에게 유리하고, ③⑤⑦에 있어서는 불법행위책임을 묻는 것이 채권자에게 유리하다. 그런데 전체적으로는 계약책임을 묻는 것이 채권자에게 유리하다고 할 수 있다.

제 2 절 일반 불법행위의 성립요건

[252] I. 개   관

민법상의 불법행위는 크게 두 가지로 나누어진다. 하나는 제750조에 의한 불법행위이고, 다른 하나는 제755조 내지 제760조의 불법행위이다. 이들 가운데 전자를 일반 불법행위라고 하고, 후자를 특수 불법행위라고 한다. 특수 불법행위는 일반 불법행위의 요건 외에 다시 추가적인 요건이 더 갖추어진 경우에 인정된다($_{없을 것을 전제로 추가적인 요건을 요구한다}^{755조의 경우는 일반 불법행위 요건의 일부가}$). 특수 불법행위의 추가적인 요건에 관하여는 뒤에서 따로 살펴보고, 여기서는 일반 불법행위의 성립요건만을 기술하기로 한다.

일반 불법행위의 성립요건은 그 대부분이 제750조에 정하여져 있다($_{①③④}^{아래의}$). 그리고 책임능력이라는 요건은 제753조·제754조에서 책임능력이 없는 자의 불법행위책임을 배제하는 방식으로 소극적으로 규정되어 있다. 이들 규정들을 종합하여 일반 불법행위의 성립요건을 정리하면, ① 가해자의 고의 또는 과실에 의한 행위가 있을 것(가해자의 고의·과실), ② 가해자에게 책임능력이 있을 것(가해자의 책임능력), ③ 가해행위가 위법할 것(가해행위의 위법성), ④ 가해행위에 의하여 손해가 발생할 것(가해행위에 의한 손해발생)의 네 가지이다. ①②는 가해자를 표준으로 판단하는 주관적 요건이고, ③④는 객관적 요건이다. 일반적으로 불법행위책임의 성립요건에 관한 증명책임은 그 불법행위를 주장하는 자가 부담한다($^{대판\ 2024.\ 2.\ 8,}_{2023다273336}$).

Ⅱ. 가해자의 고의·과실에 의한 행위 [253]

불법행위가 성립하려면 가해자의 고의 또는 과실에 의한 행위가 있어야 한다($^{750}_{조}$). 그러기 위하여 우선 가해자 자신의 행위이어야 하고, 또 가해자에게 고의·과실이 있어야 한다.

1. 가해자 자신의 행위

(1) 자기책임의 원칙

민법이 기본원리의 하나로 삼고 있는 과실책임의 원칙은 가해자 자신의 고의·과실에 의한 행위에 대하여만 책임을 지고 타인의 행위에 대하여는 책임을 지지 않는다는 의미도 가지고 있다. 그런 의미에서 과실책임의 원칙은 자기책임의 원칙이라고도 한다. 이러한 원칙의 결과 가해자의 불법행위가 성립하려면 가해자 자신의 행위가 있어야 한다.

〈판 례〉

「개인은 자신의 자유로운 선택과 결정에 따라 행위하고 그에 따른 결과를 다른 사람에게 귀속시키거나 전가하지 아니한 채 스스로 이를 감수하여야 한다는 '자기책임의 원칙'이 개인의 법률관계에 대하여 적용되고, 계약을 둘러싼 법률관계에서도 당사자는 자신의 자유로운 선택과 결정에 따라 계약을 체결한 결과 발생하게 되는 이익이나 손실을 스스로 감수하여야 할 뿐 일방 당사자가 상대방 당사자에게 손실이 발생하지 아니하도록 하는 등 상대방 당사자의 이익을 보호하거나 배려할 일반적인 의무는 부담하지 아니함이 원칙이라 할 것이다.

… 내국인의 출입이 가능한 카지노업을 허가받은 자(이하 '카지노사업자'라 한다)와 카지노 이용자 사이의 카지노 이용을 둘러싼 법률관계에 대하여도 당연히 위와 같

은 '자기책임의 원칙'이 적용된다. …

카지노사업자가 카지노 운영과 관련하여 공익상 포괄적인 영업 규제를 받고 있더라도 특별한 사정이 없는 한 이를 근거로 함부로 카지노 이용자의 이익을 위한 카지노사업자의 보호의무 내지 배려의무를 인정할 것은 아니다. …

다만 자기책임의 원칙도 절대적인 명제라고 할 수는 없는 것으로서, 개별 사안의 구체적 사정에 따라서는 신의성실이나 사회질서 등을 위하여 제한될 수도 있는 것이다. 그리하여 … 특별한 사정이 있는 경우에는, 예외적으로 카지노사업자의 카지노 이용자에 대한 보호의무 내지 배려의무 위반을 이유로 한 손해배상책임이 인정될 수 있을 것이다.」$\left(\begin{smallmatrix}\text{대판(전원) 2014. 8. 21, 2010다92438. 여}\\\text{기에 대하여는 반대하는 소수의견도 있음}\end{smallmatrix}\right)$

그런데 민법은 다른 한편으로 책임무능력자의 감독자$\left(\begin{smallmatrix}755\\조\end{smallmatrix}\right)$와 피용자를 사용하는 자$\left(\begin{smallmatrix}756\\조\end{smallmatrix}\right)$에게 감독을 받는 책임무능력자와 피용자의 행위에 대하여 책임을 지도록 하고 있다. 이는 적어도 외견상 타인의 행위에 대하여 책임을 지는 것이 된다. 그러나 이들의 경우에는 민법이 감독자나 사용자가 그들에게 부여된 주의의무를 게을리한 때에만 책임을 지도록 하고 있어서$\left(\begin{smallmatrix}755조 1항 단서 \cdot 756\\조 1항 단서 참조\end{smallmatrix}\right)$, 자기의 주의위반행위에 대하여 책임을 지는 것으로 이해된다$\left(\begin{smallmatrix}\text{부진정한 타인의}\\\text{행위에 대한 책임}\end{smallmatrix}\right)\left(\begin{smallmatrix}\text{이설}\\\text{없음}\end{smallmatrix}\right)$.

(2) 행위의 의미

불법행위(unerlaubte Handlung)는 법률행위(Rechtsgeschäft)가 아닐 뿐더러 두 용어에서의 행위의 의미도 전혀 다르다. 후자에서는 법적으로 의미 있는 하나의 거래이고, 전자에서는 단순한 의식 있는 거동 내지 동작일 뿐이다. 어쨌든 불법행위가 되려면 행위 즉 의식 있는 거동이 있어야 하므로, 의식이 없는 상태에서 행한 행동이나 저항할 수 없는 힘(절대적 폭력)에 의하여 강제된 행동은 여기의 「행위」가 아니다$\left(\begin{smallmatrix}754조 단서의\\\text{예외가 있음}\end{smallmatrix}\right)$. 그리고 여기의 행위는 보통은 작위이나, 부작위도 작위의무 있는 자의 것은 행위로 될 수 있다. 즉 부작위도 위법한 때에는 불법행위로 된다. 판례도, 작위의무가 있는 자의 부작위가 인정되는 경우에는 부작위에 의한 불법행위가 성립할 수 있다고 한다$\left(\begin{smallmatrix}\text{대판 2012. 4. 26, 2010다8709; 대판 2023. 11. 16, 2022}\\\text{다265994. 작위의무에 관한 판례에 대하여는 [285] 참조}\end{smallmatrix}\right)$.

〈판 례〉

「부작위로 인한 불법행위가 성립하려면 작위의무가 전제되어야 하지만, 작위의무가 객관적으로 인정되는 이상 의무자가 그 의무의 존재를 인식하지 못하였더라도 불법행위의 성립에는 영향이 없다. 이는 고지의무 위반에 의하여 불법행위가 성립하는 경우에도 마찬가지이므로 당사자의 부주의 또는 착오 등으로 고지의무가 있다는 것을 인식하지 못하였다고 하여 위법성이 부정될 수 있는 것은 아니다.」$\binom{\text{대판 2012. 4. 26,}}{\text{2010다8709}}$

(3) 자기의 행위인지가 문제되는 경우

타인을 자기의 도구로 이용한 경우, 가령 A가 B에게 C의 물건을 자신의 것이라고 속여 이를 파괴하게 한 경우에는 이용한 자의 불법행위가 성립한다.

어떤 자가 실제로는 채권이 없음에도 불구하고 가압류나 가처분을 한 경우에는, 그에게 고의·과실이 있으면 불법행위책임을 진다$\binom{\text{대판 1992. 9. 25, 92다8453; 대판}}{\text{1995. 12. 12, 95다34095·34101 등}}$
$\binom{\text{다수의 판결. 그리고 이 경우 집행채권}}{\text{자의 고의·과실이 추정된다고 한다}}$.

법인은 이사 기타의 대표자가 직무에 관하여 타인에게 가한 손해를 배상할 책임이 있는데$\binom{35\text{조}}{1\text{항}}$, 이는 법인 자신의 행위에 대한 책임이라고 이해된다$\binom{\text{민법총칙}}{[342] \text{참조}}$.

(4) 가해자의 행위(가해행위)의 증명

가해행위가 있었음은 피해자인 원고가 증명해야 한다$\binom{\text{대판 2019. 11. 28, 2016}}{\text{다233538·233545 등}}$.

2. 가해자의 고의·과실

[254]

불법행위가 성립하려면 가해자에게 고의 또는 과실이 있어야 한다.

(1) 고   의

1) 고의는 자기의 행위로부터 일정한 결과가 발생할 것을 인식하면서도 그 행위를 하는 심리상태이다. 고의가 인정되기 위하여 결과의 발생을 의욕했을 것까지는 요구되지 않으며, 결과발생을 인식한 것으로 충분하다. 그런가 하면 결과발생을 구체적으로 인식했을 필요는 없으며, 일정한 결과가 발생할지도 모른다고 인식하면서 행위를 하는 것도 고의로 인정된다$\binom{\text{이설이 없으며, 판례도 같음·}}{\text{대판 1991. 3. 8, 90다16771}}$. 이를 미필적 고의라고 한다.

2) 고의가 성립하기 위하여 일정한 결과의 발생이라는 사실의 인식 외에 그것이 위법한 것으로 평가된다는 것까지도 인식(위법의 인식)하여야 하는지가 문제된다. 여기에 관하여 학설$\binom{\text{곽윤직, 388면; 김상용,}}{\text{605면; 이은영, 784면}}$과 판례$\binom{\text{대판 2002. 7. 12,}}{\text{2001다46440}}$는 적절하게도 일치하여 부정하고 있다.

〈판 례〉

「불법행위에 있어서 고의는 일정한 결과가 발생하리라는 것을 알면서 감히 이를 행하는 심리상태로서, 객관적으로 위법이라고 평가되는 일정한 결과의 발생이라는 사실의 인식만 있으면 되고 그 외에 그것이 위법한 것으로 평가된다는 것까지 인식하는 것을 필요로 하는 것은 아니라고 할 것이다.」$\binom{\text{대판 2002. 7. 12,}}{\text{2001다46440}}$

(2) 과　실

1) 과실의 의의　　　과실은 자기의 행위로부터 일정한 결과가 발생할 것을 인식했어야 함에도 불구하고 부주의로 말미암아 인식하지 못하고 그 행위를 하는 심리상태이다.

2) 과실의 분류　　　과실은 전제가 되는 부주의의 종류에 따라 추상적 과실과 구체적 과실로 나누어진다. 추상적 과실은 그 사람이 속하는 사회적 지위, 종사하는 직업 등에서 보통 일반적으로 요구되는 주의 즉 구체적인 사람에 의한 개인의 능력 차이가 인정되지 않고 일반적으로 평균인에게 요구되는 주의를 게을리한 것이다. 이 경우의 주의를 「선량한 관리자의 주의」$\binom{374조 \cdot 681}{조\ 참조}$라고 한다. 그에 비하여 구체적 과실은 행위자 자신의 평상시의 주의를 게을리한 것이다$\binom{695조 \cdot 922조 \cdot}{1022조\ 등}$. 따라서 구체적 과실에서는 개인의 능력 차이가 인정된다.

과실은 부주의의 정도에 의하여 경과실과 중과실로 나누어진다. 경과실은 다소라도 주의를 게을리한 경우이고, 중과실은 현저하게 주의를 게을리한 경우이다. 민사책임에 있어서는 과실만 있으면 충분하므로, 일반적으로 민법에서 과실이라고 하면 경과실을 의미한다. 중과실을 요하는 경우에는 특별히 「중대한 과실」이라고 표현한다$\binom{109조\ 1항\ 단서 \cdot}{735조\ 등\ 참조}$.

추상적 과실과 구체적 과실은 이론상 각각 경과실과 중과실로 세분될 수 있다. 그러나 우리 법상 구체적 중과실을 규정하는 명문규정은 없다. 따라서 구체적 과실은 언제나 구체적 경과실을 의미한다. 그에 비하여 추상적 과실에는 추상적 경과실과 추상적 중과실이 있다.

[255]　　　**3) 불법행위에 있어서의 과실**　　　불법행위의 경우 과실은 본래는 행위자의 주의력을 문제삼는 구체적 과실이어야 할 것이나, 그렇게 새기면 피해자 보호에 불충분하게 되므로 보통·평균인의 주의력을 기준으로 하는 추상적 과실이라고 해석하여야 한다$\binom{\text{통설·판례도 같음. 곽윤직, 390면; 김상용, 606면; 김주수, 633면; 이은영, 744면; 대판}}{\text{2001. 1. 19, 2000다12532. 이에 대하여 과실을 행위자에 대한 비난가능성 즉 유책성이라고}}$ 하는 이른바 주관적 과실이론 이 소수설로 주장되고 있다). 그 결과 과실에 있어서 기준이 되는 주의는 보통·평균인이 베푸는 정도의 주의이다. 그런데 이때 「보통·평균인」은 추상적인 보통·평균인

이나 전체 사회에서의 보통·평균인이 아니고, 구체적인 경우에 있어서의 보통·평균인이다(이설이 없으며, 판례도 같음. 대판 1967. 7. 18, 66다1938; 대판 2001. 1. 19, 2000다12532). 그리하여 행위자의 직업, 사회적 지위 등에 있어서의 보통·평균인을 상정하여야 한다. 가령 수술·운전에 관하여는 의사·운전자 중 보통·평균인을 기준으로 과실 여부를 판단하여야 하며, 70세의 노인이 도로를 횡단하면서 사고를 당한 때에는 70세의 보통·평균인의 주의를 결하였는지를 판단하여야 한다. 한편 행정적인 단속법규의 위반과 과실은 법적 평가의 면에서 서로 다르기 때문에, 단속법규의 위반이 있다고 하여 반드시 과실이 있다고 할 수 없고(그러나 대체로는 과실이 인정될 것임), 또 단속법규를 모두 지켰다고 반드시 과실이 없다고 할 수도 없다.

〈판 례〉

(ㄱ)「불법행위의 성립요건으로서의 과실은 이른바 추상적 과실만이 문제되는 것이고 이러한 과실은 사회평균인으로서의 주의의무를 위반한 경우를 가리키는 것이지만, 그러나 여기서의 '사회평균인'이라고 하는 것은 추상적인 일반인을 말하는 것이 아니라, 그때 그때의 구체적인 사례에 있어서의 보통인을 말하는 것」이다(대판 2001. 1. 19, 2000다12532).

(ㄴ)「학생에 대한 징계가 징계대상자의 소행, 평소의 학업태도, 개전의 정 등을 참작하여 학칙에 정한 징계절차에 따라서 징계위원들이나 징계권자의 자율적인 판단에 따라 행하여진 것이고, 실제로 인정되는 징계사유에 비추어 그 정도의 징계를 하는 것도 무리가 아니라고 인정되는 경우라면, 비록 그 징계양정이 결과적으로 재량권을 일탈한 것으로 인정된다고 하더라도 이는 특별한 사정이 없는 한 법률전문가가 아닌 징계위원들이나 징계권자가 징계의 경중에 관한 법령의 해석을 잘못한 데 기인하는 것이라고 보아야 하므로, 이러한 경우에는 징계의 양정을 잘못한 것을 이유로 불법행위책임을 물을 수 있는 과실이 없다(대법원 1997. 9. 9. 선고 97다20007 판결 등 참조). 그러나 학교가 그 징계의 이유로 된 사실이 퇴학 등의 징계처분의 사유에 해당한다고 볼 수 없음이 객관적으로 명백하고 조금만 주의를 기울이면 이와 같은 사정을 쉽게 알아 볼 수 있는데도 징계에 나아간 경우와 같이 징계권의 행사가 우리의 건전한 사회통념이나 사회상규에 비추어 용인될 수 없음이 분명한 경우에 그 징계는 그 효력이 부정됨에 그치지 아니하고 위법하게 상대방에게 정신적 고통을 가하는 것이 되어 그 학생에 대한 관계에서 불법행위를 구성하게 된다.」(대판(전원) 2010. 4. 22, 2008다38288. 같은 취지: 대판 2015. 3. 26, 2012다62554)

〈실화책임(失火責任)의 문제〉

(ㄱ) 실화(失火)(실수로 불을 냄)에 관한 특별법으로「실화책임에 관한 법률」이 있다. 그 법은 2009. 5. 8.에 개정되기 전에는「민법 제750조의 규정은 실화의 경우에는 중대한 과

실이 있을 때에 한하여 이를 적용한다」고 규정하였다. 그 결과 실화 중 경과실만 있는 경우에는 불법행위책임을 지지 않았다. 개정 전의 그 법에 대하여 학자들은, 이 법은 일본의 같은 이름의 법률을 본받은 것으로서 타당성이 의심스럽다고 비판해 왔다($\substack{곽윤직, 390면; \\ 이은영, 797면}$). 그런데 과거 대법원($\substack{대판 1994. 1. 25, 93다13551; 대판 1994. 6. 10, \\ 93다58813; 대판 1995. 10. 13, 94다36506}$)과 헌법재판소($\substack{헌재 1995. 3. 23, \\ 92헌가4 등}$)는 위헌은 아니라고 하였다. 그러다가 최근에 헌법재판소가 그 법에 대하여 헌법에 합치되지 아니한다고 선언하고, 입법자가 실화책임법의 위헌성을 제거할 때까지 법원 기타 국가기관 및 지방자치단체는 실화책임법의 적용을 중지하도록 결정하였다($\substack{헌재 2007. 8. 30, \\ 2004헌가25}$). 그 뒤 2009. 5. 8.에 실화책임법이 개정되었으며, 그 법은 개정 후에는 개정 전과 달리 — 민법 제750조에 대한 특례가 아니고 — 손해배상액의 경감에 관한 제765조의 특례를 정하는 내용으로 바뀌었다. 그 법의 내용에 관하여는 나중에 설명한다($\substack{[331] \\ 참조}$).

(ㄴ) 개정 전의 실화책임법에 대한 헌법재판소 결정의 요지를 인용한다.

「가. 불의 특성으로 인하여 화재가 발생한 경우에는 불이 생긴 곳의 물건을 태울 뿐만 아니라 부근의 건물 기타 물건도 연소(延燒)함으로써 그 피해가 예상 외로 확대되는 경우가 많고, 화재피해의 확대 여부와 규모는 실화자가 통제하기 어려운 대기의 습도와 바람의 세기 등의 여건에 따라 달라질 수 있으므로, 입법자는 경과실로 인한 실화자를 지나치게 가혹한 손해배상책임으로부터 구제하기 위하여 실화책임법을 제정한 것이고, 오늘날에 있어서도 이러한 실화책임법의 필요성은 여전히 존속하고 있다고 할 수 있다.

그런데 실화책임법은 위와 같은 입법목적을 달성하는 수단으로서, 경과실로 인한 화재의 경우에 실화자의 손해배상책임을 감면하여 조절하는 방법을 택하지 아니하고, 실화자의 배상책임을 전부 부정하고 실화피해자의 손해배상청구권도 부정하는 방법을 채택하였다. 그러나 화재피해의 특수성을 고려하여 과실 정도가 가벼운 실화자를 가혹한 배상책임으로부터 구제할 필요가 있다고 하더라도, 그러한 입법목적을 달성하기 위하여 실화책임법이 채택한 방법은 입법목적의 달성에 필요한 정도를 벗어나 지나치게 실화자의 보호에만 치중하고 실화피해자의 보호를 외면한 것이어서 합리적이라고 보기 어렵고, 실화피해자의 손해배상청구권을 입법목적상 필요한 최소한도를 벗어나 과도하게 많이 제한하는 것이다. 또한 화재피해자에 대한 보호수단이 전혀 마련되어 있지 아니한 상태에서, 화재가 경과실로 발생한 경우에 화재와 연소의 규모와 원인 등 손해의 공평한 분담에 관한 여러 가지 사항을 전혀 고려하지 아니한 채, 일률적으로 실화자의 손해배상책임과 피해자의 손해배상청구권을 부정하는 것은, 일방적으로 실화자만 보호하고 실화피해자의 보호를 외면한 것으로서 실화자 보호의 필요성과 실화피해자 보호의 필요성을 균형있게 조화시킨 것이라고 보기 어렵다.

나. 실화책임법이 위헌이라고 하더라도, 화재와 연소(延燒)의 특성상 실화자의 책

임을 제한할 필요성이 있고, 그러한 입법목적을 달성하기 위한 수단으로는 구체적인 사정을 고려하여 실화자의 책임한도를 경감하거나 면제할 수 있도록 하는 방안, 경과실 실화자의 책임을 감면하는 한편 그 피해자를 공적인 보험제도에 의하여 구제하는 방안 등을 생각할 수 있을 것이고, 그 방안의 선택은 입법기관의 임무에 속하는 것이다.

따라서 실화책임법에 대하여 단순위헌을 선언하기보다는 헌법불합치를 선고하여 개선 입법을 촉구하되, 실화책임법을 계속 적용할 경우에는 경과실로 인한 실화피해자로서는 아무런 보상을 받지 못하게 되는 위헌적인 상태가 계속되므로, 입법자가 실화책임법의 위헌성을 제거하는 개선 입법을 하기 전에도 실화책임법의 적용을 중지시킴이 상당하다.

이 결정과 달리 실화책임법이 헌법에 위반되지 아니한다고 결정한 헌법재판소 1995. 3. 23. 선고 92헌가4 등 결정은 이 결정의 견해와 저촉되는 한도에서 변경한다.」($\binom{\text{헌재 2007. 8. 30,}}{\text{2004헌가25}}$)

(ㄷ) 「헌법재판소의 헌법불합치결정의 효력은 위헌제청을 한 당해 사건, 헌법불합치결정이 있기 전에 이와 동종의 위헌 여부에 관하여 헌법재판소에 위헌여부심판제청을 하였거나 법원에 위헌여부심판제청신청을 한 경우만이 아니라, 따로 위헌제청신청은 하지 아니하였지만 당해 법률 또는 법률조항이 재판의 전제가 되어 법원에 계속 중인 사건에도 미친다고 할 것인바, 이러한 법리와 앞서 본 헌법불합치결정 및 개선입법의 취지와 내용, 위헌심판에서의 구체적 규범통제의 실효성 보장이라는 측면 등을 종합적으로 고려하면, 헌법재판소의 위 헌법불합치결정 당시 구 실화책임법이 재판의 전제가 되어 법원에 계속 중이었던 이 사건에도 위 개정된 실화책임법이 적용된다고 보아야 한다.」($\binom{\text{대판 2010. 7. 22,}}{\text{2009다57910}}$)

(3) 고의 · 과실의 관계

민법에서는 고의가 있는 경우뿐만 아니라 과실이 있는 경우에도 책임을 지고 또 책임의 범위에서도 원칙적으로 차이가 없기 때문에, 고의가 있는지 과실이 있는지의 구별은 중요하지 않고($\binom{\text{다만 496조 · 765조 · 위자료 등}}{\text{에서는 구별이 의미가 있다}}$), 과실이 있는지 과실이 없는지의 구별이 중요하다.

(4) 고의 · 과실의 증명책임

고의 · 과실은 불법행위의 성립을 주장하는 피해자(원고)가 증명하여야 한다($\binom{\text{이설}}{\text{없음}}$). 그러나 민법($\binom{\text{755조-759}}{\text{조 참조}}$)이나 특별법($\binom{\text{그 예에 관하여}}{\text{는 [249] 참조}}$)에서 가해자(피고)가 고의 · 과실이 없었음을 증명하지 못하면 책임을 지도록 증명책임을 전환한 경우가 있다. 그런가 하면 해석에 의하여 과실을 추정하여 증명책임을 사실상 전환하는 때도 있다. 판례에 의하면, 채권이 없음에도 불구하고 채권자로서 가압류·가처분을 집행한 뒤 실체상의 청구권이 없다고 확정된 경우에는 집행채권자의 고의·과실이 추정된다고 한다(대판 1992. 9. 25, 92다8453; 대판 1995. 12. 12, 95다34095·34101; 대판 2012. 8. 23, 2012다34764; 대판 2023. 6. 1, 2020다242935 등).

[256] ## Ⅲ. 가해자의 책임능력

불법행위가 성립하려면 가해자에게 책임능력이 있어야 한다(753조·754조 참조).

1. 책임능력의 의의·증명책임

(1) 의   의

책임능력은 자기의 행위에 대한 책임을 인식할 수 있는 지능이다. 이는 자기의 행위에 의하여 일정한 결과가 발생하는 것을 인식하는 능력이 아니고, 그 결과가 위법한 것이어서 법률상 비난받는 것임을 인식하는 정신능력이다(같은 취지: 곽윤직, 393면; 김상용, 623면. 다른 견해: 이은영, 809면).

민법은 책임능력을 불법행위의 성립요건으로 적극적으로 규정하고 있지 않다. 그러나 통설(곽윤직, 393면 등)은 고의·과실이 있다고 하려면 이론상 당연히 일정한 판단능력이 있어야 하고, 또 제753조·제754조가 책임능력 없는 자의 행위에 대하여 불법행위책임을 인정하지 않고 있음을 근거로, 책임능력도 불법행위 요건의 하나로 인정한다.

책임능력은 불법행위능력이라고도 한다. 이 능력이 없으면 불법행위의 성립이 인정되지 않기 때문이다. 책임능력이 있는지 여부는 행위 당시를 기준으로 하여 구체적으로 판단되며, 연령 등에 의하여 획일적으로 결정되지 않는다(그 때문에 의사능력과 비슷하다 하여 책임능력을 「의사능력을 불법행위의 측면에서 고찰한 것」이라고도 하나, 이는 비유적인 표현에 불과할 뿐이며, 두 능력이 동일하지 않다는 것을 유의하여야 한다). 따라서 동일한 행위에 대하여 동일한 연령의 자라도 어떤 자에게는 책임능력이 인정되지만 다른 자에게는 인정되지 않을 수도 있고, 또 동일한 자라도 행위의 종류에 따라 책임능력의 유무가 달라질 수 있다. 가령 물건파괴와 명예훼손은 요구되는 책임능력의 정도가 다르다.

(2) 증명책임

책임능력은 일반인이 갖추고 있는 것이 보통이고 또 그것은 면책사유의 문제이기 때문에, 피해자가 가해자의 책임능력 있음을 주장·증명할 필요가 없고 책임을 면하려는 가해자가 책임능력 없음을 주장·증명하여야 한다(같은 취지: 곽윤직, 394면; 김상용, 625면. 김주수, 646면; 이은영, 811면은 12세 미만자에 대하여는 가해자의 면책주장이 없어도 법원이 면책판단을 할 것이라고 한다).

2. 미성년자의 책임능력 [257]

(1) 「미성년자가 타인에게 손해를 가한 경우에 그 행위의 책임을 변식(辨識)할 지능(智能)이 없는 때에는 배상의 책임이 없다」($753 \atop 조$). 즉 책임능력 없는 미성년자는 불법행위책임을 지지 않는다. 그러나 미성년자라도 책임능력이 있으면 책임을 지게 된다.

(2) 미성년자에게 책임능력이 있는지는, 일반적으로 책임능력 유무를 판정하는 때와 마찬가지로, 구체적인 행위에 관하여 행위 당시에 행위자에게 책임을 변식(인식)할 지능이 있었는지 여부에 의하여 결정되며, 실제로 그 책임을 변식하였는가는 묻지 않는다.

미성년자가 어느 정도의 연령에서 책임능력을 갖추는가에 관한 기준은 없다(개별적인 행위에 대하여 판정해야 하기 때문이다). 그렇지만 대체로 12세를 전후하여 책임능력을 갖추는 것으로 보아야 할 것이다. 대법원은 16세 5개월(대판 1989. 5. 9, 88다카2745)·18세(대판 1989. 1. 24, 87다카2118)의 자에게 책임능력이 있다고 하였고, 11·12세(대판 1977. 8. 23, 77다604)·13세 5개월(대판 1977. 5. 24, 77다354; 대판 1978. 7. 11, 78다729)·14세 2개월(대판 1978. 11. 28, 78다1805)의 자에게 책임능력이 없다고 하였다. 그런가 하면 13세 6개월 된 자에게 책임능력이 있다고 한 적도 있다(대판 1971. 4. 6, 71다187). 대법원이 12세가 넘은 미성년자에 대하여 책임능력을 부인한 것은 제755조가 책임능력 없는 미성년자의 감독의무자에게만 불법행위책임을 인정하는 것과 무관하지 않다. 즉 자력이 없는 미성년자 대신 감독의무자에게 배상을 받도록 하려면 행위자의 책임능력을 부인할 필요가 있었던 것이다. 그에 비하여 미성년자를 피용자로 하는 경우에 사용자책임이 인정되려면 피용자에게 책임능력이 있어야 한다. 앞에 인용된 판결들 가운데 맨 뒤의 것에서는, 그 때문에 대법원이 유사한 경우인데도 책임능력을 인정하였다. 이는 목적에 따라 유사한 경우를 달리 판단한 것으로서 바람직하지 않다(근래 판례가 감독의무자에 대하여 750조에 의한 책임을 인정한 뒤로는 책임능력 유무를 문제삼는 사안이 거의 눈에 띄지 않는다). 그리고 이러한 문제를 일으키는 원인이 제755조에 있는 만큼 그 규정을 속히 개정하여야 할 것이다.

3. 심신상실자(心神喪失者)의 책임능력

(1) 「심신상실 중에 타인에게 손해를 가한 자는 배상의 책임이 없다」($^{754조}_{본문}$). 여기서 심신상실이란 판단능력이 없는 상태를 가리킨다. 가해자가 가해행위 당시에 심신상실이었으면 충분하고, 그가 심신상실의 상태(常態)에 있었을 필요도 없고 또 성년후견개시의 심판을 받았을 필요도 없다.

(2) 다만, 심신상실의 상태를 가해자가 고의 또는 과실로 초래한 때에는 면책되지 않는다($^{754조}_{단서}$). 그러한 경우의 가해행위를 「원인에 있어서 자유로운 행위」라고 한다. 여기의 고의·과실은 심신상실을 초래하는 데 관한 것($^{예: 술을 마시면 정신}_{을 잃을 것을 알았거}$$_{나 알 수 있었던 상태에서 술을 마신 경우}$)이고 가해행위를 하는 데 관한 것($^{예: 술을 마시면 남을 때릴 것을 알았거나}_{알 수 있었던 상태에서 술을 마신 경우}$)이 아니다($^{같은 취지: 곽}_{윤직, 397면}$). 후자로 새기는 경우에는 곧바로 제750조에 의하여 책임을 지게 되어 제754조 단서는 무의미하게 되기 때문이다. 한편 제754조 단서가 적용되는 것은 가해자가 초래한 심신상실이 일시적인 경우에 한정되며, 계속적인 경우에는 적용되지 않는다($^{같은 취지: 곽윤직, 397면; 김상용, 627면;}_{김주수, 646면; 이은영, 811면}$).

[258] Ⅳ. 가해행위의 위법성

불법행위가 성립하려면 가해행위가 위법하여야 한다($^{750}_{조}$). 이 위법성의 요건은 의용민법에서의 「권리침해」($^{같은 법}_{709조}$)를 대치한 것인데, 이러한 민법의 태도는 긍정적으로 평가되고 있다.

1. 위법성의 본질

(1) 평가의 대상

위법성 판단의 대상을 어떻게 이해할 것인가에 관하여는, i) 사람의 주관적인 의식에 바탕을 둔 용태만이 판단대상이라고 하는 주관적 위법론($^{책임능력자의 행}_{위만이 판단의 대상으로 됨}$)과 ii) 판단대상을 객관적으로 결정하여야 한다는 객관적 위법론($^{의사에 기한 것뿐}_{만 아니라 의사에}$$_{기하지 않은 용태나 자연현상도 대상이 됨}$)이 있으나, 우리의 통설은 ii)설의 견지에 있다($^{김상용, 632면;}_{이은영, 801면}$).

〈판 례〉

「불법행위의 성립요건으로서 위법성은 관련 행위 전체를 일체로 보아 판단하여 결정해야만 하는 것은 아니고, 문제가 되는 행위마다 개별적·상대적으로 판단하여야 한다.」$\left(\begin{smallmatrix} \text{대판 2021. 6. 30, 2019다268061. 같은 취지: 대판 2001. 2. 9, 99다55434; 대판 2010. 7. 15,} \\ \text{2006다84126; 대판 2020. 11. 26, 2018다221676; 대판 2024. 7. 11, 2023다314022} \end{smallmatrix}\right)$

(2) 평가기준

위법성의 판단을 어떤 기준에 의하여 할 것인가에 관하여는, i) 실정법을 기준으로 하는 형식적 위법론과 ii) 실정법과 선량한 풍속 기타 사회질서를 기준으로 하는 실질적 위법론이 있으나, 우리의 통설은 ii)설의 입장이다$\left(\begin{smallmatrix} \text{곽윤직, 399면; 김상용,} \\ \text{631면; 이은영, 801면} \end{smallmatrix}\right)$.

〈판 례〉

「위법행위는 불법행위의 핵심적인 성립요건으로서, 법률을 위반한 경우에 한정되지 않고 전체 법질서의 관점에서 사회통념상 위법하다고 판단되는 경우도 포함할 수 있는 탄력적인 개념이다.」$\left(\begin{smallmatrix} \text{대판 2021. 6. 30, 2019다268061. 같은} \\ \text{취지: 대판 2024. 7. 11, 2023다314022} \end{smallmatrix}\right)$

(3) 결과위법론과 행위위법론

i) 종래의 일반적인 견해에 의하면 침해결과$\left(\begin{smallmatrix} \text{예: 신체침해·} \\ \text{소유물의 멸실} \end{smallmatrix}\right)$가 발생하면 그 결과를 야기한 행위는 위법성 조각사유가 없는 한 위법하다고 이해하며, 이를 결과위법론이라고 한다$\left(\begin{smallmatrix} \text{김주수,} \\ \text{649면 등} \end{smallmatrix}\right)$. 그에 대하여 근래 ii) 위법성의 본질을 가해행위에서 찾아야 한다는 행위위법론이 주장되고 있다$\left(\begin{smallmatrix} \text{이은영,} \\ \text{802면} \end{smallmatrix}\right)$. 이 견해는 i)설에 대하여 가해행위에 대한 사회적 비난의 근거를 정확히 밝히지 못하고, 위법성을 도식적으로 처리하는 문제점이 있다고 한다. 이 이론은 위법성의 평가에 있어서 ① 어떠한 행위의 결과로서 보호법익의 침해가 있었는가, ② 그러한 침해는 법규범이 행위자에게 부과한 주의의무를 해태함에 의하여 야기된 것인가의 두 가지의 측면이 함께 고찰되어야 한다고 주장한다$\left(\begin{smallmatrix} \text{그러면서 불법행위의 유형을 고의 불법행위·} \\ \text{과실 불법행위 등의 유형으로 나누어 검토한다} \end{smallmatrix}\right)$. 이 이론을 취하게 되면 과실 개념과 위법성 개념은 「주의의무 위반」이라는 요건으로 통합된다$\left(\begin{smallmatrix} \text{이은영,} \\ \text{803면,} \end{smallmatrix}\right)$. 그런가 하면 iii) 위법성의 판단에 있어서는 가해행위에 의한 보호법익의 침해결과와 침해행위의 불법성 모두를 고려하여야 한다는 결합설도 있다$\left(\begin{smallmatrix} \text{김상용,} \\ \text{631면} \end{smallmatrix}\right)$.

생각건대, 채무불이행에 있어서와 마찬가지로$\left(\begin{smallmatrix} \text{채권법총론} \\ \text{[63] 참조} \end{smallmatrix}\right)$, 논리적으로 볼 때 위법성의 판단은 가해자의 고의·과실과 구별되어야 하고 또 가해자의 고의·과실이 있는 경우와 위법성이 인정되는 경우가 불일치할 수 있으므로 i)설을 따라야 할 것이다.

[259]   ## 2. 위법행위의 구체적인 예

침해된 이익의 측면에서 위법성이 있는 경우를 보기로 한다. 이것은 예시적인 것이며, 모든 것이 아님을 주의하여야 한다.

(1) 재산적 이익의 침해

1) **소유권 침해**   타인의 소유물을 멸실·훼손·처분·사용·수익하는 행위는 위법하다(상린관계에 의한 경우는 예외임).

2) **점유권 침해**   타인의 점유를 침탈하거나 방해하는 경우는 위법하며, 그러한 경우에 대하여는 점유보호청구권의 규정에서 손해배상청구를 인정하고 있다(204조-206조 참조)(점유를 침탈하는 자가 점유자에 대한 반환청구권을 가지고 있다고 하더라도 사회통념상 허용될 수 있을 정도의 상당성이 있는 것으로 위법성이 없는 것으로 볼 만한 특별한 사정이 없는 한 그 점유의 침탈에 위법성이 배제된다고 할 수 없다. 대판 2023. 6. 1, 2023다203139).

3) **용익물권의 침해**   지상권·지역권·전세권 등의 용익물권을 잃게 하거나 사용·수익을 침해하는 행위는 위법하다.

4) **담보물권의 침해**   담보목적물을 멸실시키거나 그 가치를 감소하게 한 때에는 위법하다.

〈판 례〉

(ㄱ)「담보물을 권한 없이 멸실·훼손하거나 담보가치를 감소시키는 행위는 위법한 행위로서 불법행위를 구성하며, 이때 채권자가 입게 되는 손해는 담보 목적물의 가액의 범위 내에서 채권최고액을 한도로 하는 피담보채권액으로 확정될 뿐 그 피담보채무의 변제기가 도래하여 그 담보권을 실행할 때 비로소 발생하는 것은 아니다.」(대판 1998. 11. 10, 98다34126)

(ㄴ)「근저당권의 공동 담보물 중 일부를 권한 없이 멸실·훼손하거나 담보가치를 감소시키는 행위로 인하여 근저당권자가 나머지 저당 목적물만으로 채권의 완전한 만족을 얻을 수 없게 되었다면 근저당권자는 불법행위에 기한 손해배상청구권을 취득한다. 이때 이와 같은 불법행위 후 근저당권이 확정된 경우에 있어 근저당권자가 입게 되는 손해는 채권최고액 범위 내에서 나머지 저당 목적물의 가액에 의하여 만족을 얻지 못하는 채권액과 멸실·훼손되거나 또는 담보가치가 감소된 저당 목적물 부분(이하 '소멸된 저당 목적물 부분'이라 한다)의 가액 중 적은 금액이라 할 것이고, 여기서 나머지 저당 목적물의 가액에 의하여 만족을 얻지 못하는 채권액은 위 근저당권의 실행 또는 제3자의 신청으로 개시된 경매절차에서 근저당권자가 배당받을 금액이 확정되었거나 확정될 수 있는 때에는 그 금액을 기준으로 하여 산정하며, 그렇지 아니한 경우에는 손해배상 청구소송의 사실심 변론종결시를 기준으로 산정하여야 하고, 소멸된 저당 목적

물 부분의 가액 역시 같은 시점을 기준으로 산정하여야 할 것이다.」$\binom{\text{대판 2009. 5. 28,}}{\text{2006다42818}}$

(ㄷ) 「소유권을 비롯한 절대권을 침해한 경우뿐만 아니라 법률상 보호할 가치가 있는 이익을 침해하는 경우에도 침해행위의 양태, 피침해이익의 성질과 그 정도에 비추어 그 위법성이 인정되면 불법행위가 성립할 수 있다.」$\binom{\text{대판 2021. 6. 30, 2019다268061. 같은}}{\text{취지: 대판 2024. 7. 11, 2023다314022}}$

5) 광업권$\binom{\text{광업법}}{\text{10조}}$ · 어업권$\binom{\text{수산업법}}{\text{18조}}$의 침해

6) 용수권(用水權)$\binom{\text{231조}}{\text{이하}}$의 침해

7) 지식재산권$\binom{\text{저작권 · 특허권 · 실용신}}{\text{안권 · 상표권 · 디자인권}}$의 침해

8) 채권의 침해 채권침해는 채무자에 의한 것과 제 3 자에 의한 것의 두 가지가 있다. 그 가운데 전자는 채무불이행이라고 하며, 경우에 따라서 불법행위책임과의 경합이 문제된다($\binom{[251]}{\text{참조}}$). 그에 비하여 후자의 경우에는 때에 따라서 불법행위가 되기도 하는데, 그에 대하여는 채권법총론에서 이미 살펴보았다($\binom{\text{채권법}}{\text{총론}}$ [18] 이 하 참조).

9) 형성권의 침해 예컨대 환매권을 소멸시켜 종래의 물권을 취득할 수 없게 된 경우에는 불법행위가 성립한다.

(2) 인격적 이익의 침해 [260]

제751조는 타인의 신체 · 자유 · 명예의 침해와 기타 정신상 고통을 가하는 행위가 불법행위가 된다는 전제에서 비재산적 손해의 배상을 규정하고 있다. 그리고 제752조는 생명침해의 경우의 손해배상을 규정하고 있다. 이들 규정에 의하여 널리 인격적 이익의 침해가 모두 위법하게 됨을 알 수 있다. 즉 생명 · 신체 · 자유 · 명예의 침해뿐만 아니라 정조 · 초상 · 성명$\binom{\text{비법인사단도 인격권의 주체가 되므로 명칭에}}{\text{관한 권리를 가질 수 있음. 대판 2022. 11. 17,}}$ $\binom{\text{2018다}}{\text{249995}}$의 침해도 위법하게 된다.

〈판 례〉

(ㄱ) 「초상권, 사생활의 비밀과 자유에 대한 부당한 침해는 불법행위를 구성하고 위 침해는 그것이 공개된 장소에서 이루어졌다거나 민사소송의 증거를 수집할 목적으로 이루어졌다는 사유만으로는 정당화되지 않는다($\binom{\text{대법원 2006. 10. 13. 선고}}{\text{2004다16280 판결 참조}}$).

개인의 사생활과 관련된 사항의 공개가 사생활의 비밀을 침해하는 것이더라도, 사생활과 관련된 사항이 공공의 이해와 관련되어 공중의 정당한 관심의 대상이 되는 사항에 해당하고, 공개가 공공의 이익을 위한 것이며, 표현내용 · 방법 등이 부당한 것이 아닌 경우에는 위법성이 조각될 수 있다. 초상권이나 사생활의 비밀과 자유를 침해하는 행위를 둘러싸고 서로 다른 두 방향의 이익이 충돌하는 경우에는 구체적 사안에서 여러 사정을 종합적으로 고려한 이익형량을 통하여 침해행위의 최종적인 위법성이 가려진다. 이러한 이익형량 과정에서 첫째, 침해행위의 영역에 속하는 고려요소로는 침해행위로 달성하려는 이익의 내용과 중대성, 침해행위의 필요성과 효과성, 침해행위의 보충성과 긴급성, 침해방법의 상당성 등이 있고, 둘째, 피해이익의 영역에 속하는 고려요소로는 피해법익의 내용과 중대성, 침해행위로 피해자가 입는 피해의 정도, 피해이익의 보호가치 등이 있다. 그리고 일단 권리의 보호영역을 침범함으로써 불법행위를 구성한다고 평가된 행위가 위법하지 않다는 점은 이를 주장하는 사람이 증명하여야 한다(대법원 2013. 6. 27. 선고 2012다31628 판결 참조)·」(대판 2021. 4. 29, 2020다227455)

「타인의 얼굴 기타 사회통념상 특정인임을 식별할 수 있는 신체적 특징이 나타나는 사진을 촬영하거나 공표하고자 하는 사람은 피촬영자로부터 촬영에 관한 동의를 받고 사진을 촬영하여야 하고, 사진촬영에 관한 동의를 받았다 하더라도 사진촬영에 동의하게 된 동기 및 경위 … 등 여러 사정을 종합하여 볼 때 사진촬영에 관한 동의 당시에 피촬영자가 사회 일반의 상식과 거래의 통념상 허용하였다고 보이는 범위를 벗어나 이를 공표하고자 하는 경우에는 그에 관하여도 피촬영자의 동의를 받아야 한다. 그리고 이 경우 피촬영자로부터 사진촬영에 관한 동의를 받았다는 점이나, 촬영된 사진의 공표가 사진촬영에 관한 동의 당시에 피촬영자가 허용한 범위 내의 것이라는 점에 관한 증명책임은 그 촬영자나 공표자에게 있다(대법원 2013. 2. 14. 선고 2010다103185 판결 등 참조)·」(대판 2021. 7. 21, 2021다219116)

(ㄴ) 「법인의 목적사업 수행에 영향을 미칠 정도로 법인의 사회적 명성, 신용을 훼손하여 법인의 사회적 평가가 침해된 경우에는 그 법인에 대하여 불법행위를 구성한다고 할 것이다(대법원 1996. 6. 28. 선고 96다12696 판결 등 참조). 이는 결국 법인의 명예, 신용이 침해되어 그 법인의 목적인 사업 수행에 영향을 미치게 될 경우와 같이 법인의 사회적 평가가 침해되는 경우를 말한다(대법원 1965. 11. 30. 선고 65다1707 판결 참조). …

행위자가 법인을 상대로 그 법인 내부의 인사조치와 관련하여 명예훼손적 언동을 하여 그 법인의 기관이 법인을 대표하여 그 행위자에 대하여 처벌을 구하는 고소를 하고 수사가 진행된 결과, 그 법인에 대한 명예훼손죄를 구성한다고 기소되어 유죄판결이 선고되어 확정된 경우와 같이 법인을 상대로 한 특정 언동으로 법인이 직접 피해자로서 명예나 신용이 훼손되었음이 인정된 경우에는, 법인의 사회적 평가가 침해되었다고 보아야 한다.」(대판 2022. 10. 14, 2021다250735)

「민법 제751조 제 1 항은 불법행위로 인한 재산 이외의 손해에 대한 배상책임을 규정하고 있고, 재산 이외의 손해는 정신상의 고통만을 의미하는 것이 아니라 그 외에 수량적으로 산정할 수 없으나 사회통념상 금전평가가 가능한 무형의 손해도 포함된다고 할 것이므로, 법인의 명예나 신용을 훼손한 자는 그 법인에게 재산 이외의 손해에 대하여도 배상할 책임이 있으며, 법인의 명예나 신용을 훼손하는 행위에는 법인의 목적사업 수행에 영향을 미칠 정도로 법인의 사회적 평가를 저하시키는 일체의 행위가 포함되므로, 이에는 구체적인 사실을 적시하거나 의견을 표명하는 행위 등뿐만이 아니라, 고급 이미지의 의류로서 명성과 신용을 얻고 있는 타인의 의류와 유사한 디자인의 의류를 제조하여 이를 저가로 유통시키는 방법 등으로 타인인 법인의 신용을 훼손하는 행위도 포함된다고 할 것이다.」(대판 2008. 10. 9, 2006다53146. 앞부분에 관하여 같은 취지: 대판 2020. 12. 24, 2017다51603)

(ㄷ)「정보통신망 이용촉진 및 정보보호 등에 관한 법률 제 2 조 제 1 항 제 3 호 소정의 정보통신서비스 제공자로서, 인터넷 가상공간 내에 있는 각종 정보제공 장소(인터넷 이용자들은 '사이트'라고 부른다)들에 게재된 정보에 대한 분야별 분류 및 검색 기능을 비롯하여 인터넷 이용자가 직접 자신의 의견이나 각종 정보를 게시·저장하거나 이를 다른 이용자들과 서로 공유·교환할 수 있는 인터넷 게시공간(그 중 '블로그', '미니 홈페이지', '인터넷 동아리', '카페'라는 이름으로 개설된 게시공간을 아래에서는 '사적 인터넷 게시공간'이라고 한다)을 제공하고, 아울러 전자우편, 게임 이용 서비스를 제공하는 등 인터넷에 관한 종합적인 서비스를 제공하는 자(인터넷 이용자들은 위와 같은 서비스를 '포털서비스'로, 그 서비스가 이루어지는 정보제공 장소를 '포털사이트'로 부른다. 아래에서는 그 서비스를 '인터넷 종합 정보서비스', 그 서비스가 이루어지는 장소를 '인터넷 종합 정보제공 장소', 그 서비스를 제공하는 사업자를 '인터넷 종합 정보제공 사업자'라고 한다)가 보도매체가 작성·보관하는 기사에 대한 인터넷 이용자의 검색·접근에 관한 창구 역할을 넘어서서 보도매체로부터 기사를 전송받아 자신의 자료저장 컴퓨터 설비에 보관하면서 스스로 그 기사 가운데 일부를 선별하여 자신이 직접 관리하는 뉴스 게시공간에 게재하였고 그 게재된 기사가 타인의 명예를 훼손하는 내용을 담고 있다면, 이는 단순히 보도매체의 기사에 대한 검색·접근 기능을 제공하는 경우와는 달리 인터넷 종합 정보제공 사업자가 보도매체의 특정한 명예훼손적 기사 내용을 인식하고 이를 적극적으로 선택하여 전파한 행위에 해당하므로, 달리 특별한 사정이 없는 이상 위 사업자는 명예훼손적 기사를 보도한 보도매체와 마찬가지로 그로 인하여 명예가 훼손된 피해자에 대하여 불법행위로 인한 손해배상책임을 진다. …

명예훼손적 게시물이 게시된 목적, 내용, 게시기간과 방법, 그로 인한 피해의 정도, 게시자와 피해자의 관계, 반론 또는 삭제 요구의 유무 등 게시에 관련한 쌍방의 대응태도 등에 비추어, 인터넷 종합 정보제공 사업자가 제공하는 인터넷 게시공간에 게시된 명예훼손적 게시물의 불법성이 명백하고, 위 사업자가 위와 같은 게시물로 인하여 명예를 훼손당한 피해자로부터 구체적·개별적인 게시물의 삭제 및 차단 요구를 받은 경우는 물론, 피해자로부터 직접적인 요구를 받지 않은 경우라 하더라도 그 게시물이 게시된 사정을 구체적으로 인식하고 있었거나 그 게시물의 존재를 인식할 수 있었음이 외관상 명백히 드러나며, 또한 기술적, 경제적으로 그 게시물에 대한 관리·통제가 가능한 경우에는, 위 사업자에게 그 게시물을 삭제하고 향후 같은 인터넷 게시공간에 유사한 내용의 게시물이 게시되지 않도록 차단할 주의의무가 있고, 그 게시물 삭제 등의 처리를 위하여 필요한 상당한 기간이 지나도록 그 처리를 하지 아니함으로써 타인에게 손해가 발생된 경우에는 부작위에 의한 불법행위책임이 성립된다고 봄이 상당하다. …

인터넷 종합 정보제공 장소는 특정 기사에 대한 댓글들, 지식검색란에서의 특정

질문에 대한 답변들, 특정 사적 인터넷 게시공간 등과 같이 일정한 주제나 운영 주체에 따라 정보를 게시할 수 있는 개별 인터넷 게시공간으로 나누어져서 그 각 개별 인터넷 게시공간별로 운영 및 관리가 이루어지고 있고, 위와 같은 개별 인터넷 게시공간 내에서의 게시물들은 서로 관련을 맺고 게시되므로, 불법 게시물의 삭제 및 차단 의무는 위 개별 인터넷 게시공간별로 그 의무의 발생 당시 대상으로 된 불법 게시물뿐만 아니라 그 이후 이와 관련되어 게시되는 불법 게시물에 대하여도 함께 문제될 수 있고, 따라서 그 의무 위반으로 인한 불법행위책임은 개별 인터넷 게시공간별로 포괄적으로 평가될 수 있다.」(대판(전원) 2009. 4. 16,／2008다53812)

㈃ 「가. 평등권 침해로 인한 민법상 손해배상책임 성립의 법리에 관하여 헌법상의 기본권은 제 1 차적으로 개인의 자유로운 영역을 공권력의 침해로부터 보호하기 위한 방어적 권리이지만 다른 한편으로 헌법의 기본적인 결단인 객관적인 가치질서를 구체화한 것으로서, 사법을 포함한 모든 법 영역에 그 영향을 미치는 것이므로 사인 간의 사적인 법률관계도 헌법상의 기본권 규정에 적합하게 규율되어야 한다. 다만 기본권 규정은 그 성질상 사법관계에 직접 적용될 수 있는 예외적인 것을 제외하고는 사법상의 일반원칙을 규정한 민법 제 2 조, 제103조, 제750조, 제751조 등의 내용을 형성하고 그 해석기준이 되어 간접적으로 사법관계에 효력을 미치게 된다(대법원 2010. 4. 22. 선고 2008다38288 전원합의체 판결 참조)·

헌법 제11조는 "모든 국민은 법 앞에 평등하다. 누구든지 성별·종교 또는 사회적 신분에 의하여 정치적·경제적·사회적·문화적 생활의 모든 영역에 있어서 차별을 받지 아니한다"라고 규정하여 평등의 원칙을 선언함과 동시에 모든 국민에게 평등권을 보장하고 있다. 따라서 사적 단체를 포함하여 사회공동체 내에서 개인이 성별에 따른 불합리한 차별을 받지 아니하고 자신의 희망과 소양에 따라 다양한 사회적·경제적 활동을 영위하는 것은 그 인격권 실현의 본질적 부분에 해당하므로 평등권이라는 기본권의 침해도 민법 제750조의 일반규정을 통하여 사법상 보호되는 인격적 법익침해의 형태로 구체화되어 논하여질 수 있고, 그 위법성 인정을 위하여 반드시 사인간의 평등권 보호에 관한 별개의 입법이 있어야만 하는 것은 아니다.

따라서 이에 관한 상고이유의 주장은 모두 받아들일 수 없다.

나. 성별에 따른 차별처우로 인한 손해배상책임의 성립 여부에 관하여

(1) 사적 단체는 사적 자치의 원칙 내지 결사의 자유에 따라 그 단체의 형성과 조직, 운영을 자유롭게 할 수 있으므로, 사적 단체가 그 성격이나 목적에 비추어 그 구성원을 성별에 따라 달리 취급하는 것이 일반적으로 금지된다고 할 수는 없다.

그러나 사적 단체의 구성원에 대한 성별에 따른 차별처우가 사회공동체의 건전한 상식과 법감정에 비추어 볼 때 도저히 용인될 수 있는 한계를 벗어난 경우에는 사회질서에 위반되는 행위로서 위법한 것으로 평가할 수 있고, 위와 같은 한계를 벗어났는지 여부는 사적 단체의 성격이나 목적, 차별처우의 필요성, 차별처우에 의한 법익

침해의 양상 및 정도 등을 종합적으로 고려하여 판단하여야 한다.」(서울기독교청년회(서울YMCA)가 남성 회원에게는 별다른 심사 없이 총회의결권 등을 가지는 총회원 자격을 부여하면서도 여성 회원의 경우에는 지속적인 요구에도 불구하고 원천적으로 총회원 자격심사에서 배제하여 온 것은, 우리 사회의 건전한 상식과 법감정에 비추어 용인될 수 있는 한계를 벗어나 사회질서에 위반되는 것으로서 여성 회원들의 인격적 법익을 침해하여 불법행위를 구성한다고 본 원심판단을 수긍한 사례)(대판 2011. 1. 27, 2009다19864)

(ㅁ) 「정보주체의 동의 없이 개인정보를 공개함으로써 침해되는 인격적 법익과 정보주체의 동의 없이 자유롭게 개인정보를 공개하는 표현행위로서 보호받을 수 있는 법적 이익이 하나의 법률관계를 둘러싸고 충돌하는 경우에는, 개인이 공적인 존재인지 여부, 개인정보의 공공성 및 공익성, 개인정보 수집의 목적 · 절차 · 이용형태의 상당성, 개인정보 이용의 필요성, 개인정보 이용으로 인해 침해되는 이익의 성질 및 내용 등의 여러 사정을 종합적으로 고려하여, 개인정보에 관한 인격권의 보호에 의하여 얻을 수 있는 이익(비공개 이익)과 표현행위에 의하여 얻을 수 있는 이익(공개 이익)을 구체적으로 비교 형량하여, 어느 쪽의 이익이 더욱 우월한 것으로 평가할 수 있는지에 따라 그 행위의 최종적인 위법성 여부를 판단하여야 한다.」(변호사 정보 제공 웹사이트 운영자가 변호사들의 개인신상정보를 기반으로 변호사들의 '인맥지수'를 산출하여 공개하는 서비스를 제공한 사안에서, 위 인맥지수 서비스 제공행위가 변호사들의 개인정보에 관한 인격권을 침해하는 위법한 것이라고 한 사례. 아울러 변호사 정보 제공 웹사이트 운영자가 대법원 홈페이지에서 제공하는 '나의 사건검색' 서비스를 통해 수집한 사건정보를 이용하여 변호사들의 '승소율이나 전문성 지수 등'을 제공하는 서비스를 한 사안에서, 위 행위는 변호사들의 개인정보에 관한 인격권을 침해하는 위법한 행위로 평가할 수 없다고 한 사례)(대판(전원) 2011. 9. 2, 2008다42430)

(ㅂ) 「방송보도의 내용에서 직간접적으로 특정되지 아니하거나 방송보도의 내용과 개별적인 연관성이 없는 일반 시청자가 당해 방송보도로 인하여 정신적 고통을 받았다고 하더라도, 이러한 일반시청자는 다른 특별한 사정이 없는 한 당해 방송보도로 인하여 민법 제750조, 제751조, 구 '언론중재 및 피해구제 등에 관한 법률'(2009. 2. 6. 법률 제9425호로 개정되기 전의 것) 제30조 제 1 항에 의하여 보호되는 인격권 내지 인격적 이익 등의 법익이 위법하게 침해되었다고 할 수 없다.」(대판 2012. 5. 10, 2010다15660. 일반시청자가 "미국산 쇠고기, 광우병에서 안전한가?"라는 제목의 방송 때문에 정신적 고통을 입었다는 이유로 방송사와 제작진을 상대로 손해배상을 구한 사안)

(ㅅ) 「타인의 사회적 평가를 침해할 가능성이 있을 정도로 구체성이 있는 사실을 명시적으로 적시한 표현행위가 명예훼손이 될 수 있음은 물론이지만, 의견이나 논평을 표명하는 형식의 표현행위도 그 전체적 취지에 비추어 의견의 근거가 되는 숨겨진 기초 사실에 대한 주장이 묵시적으로 포함되어 있고 그 사실이 타인의 사회적 평가를 침해할 수 있다면 명예훼손에 해당할 수 있다. 그러나 순수하게 의견만을 표명하는

경우 표현행위의 형식과 내용이 모욕적이고 경멸적인 인신공격에 해당하는 등 별개 유형의 불법행위를 구성할 수 있음은 별론으로 하고 그 의견 표명 자체만으로는 명예훼손이 성립하지 않는다.」(대판 2023. 11. 30, 2022다280283: 사실 적시 명예훼손을 이유로 손해배상을 청구하는 경우 그 허위성에 대한 증명책임은 원고에게 있으나, 피고가 위법성이 없다고 항변할 경우 위법성 조각사유에 대한 증명책임은 피고가 부담한다고 함)

(ㅇ)「언론이 사설을 통하여 공적인 존재에 대하여 비판적인 의견을 표명하는 것은 언론 본연의 기능에 속하는 것이므로 원칙적으로 위법하다고 볼 수 없다. 다만 표현행위의 형식 및 내용 등이 모욕적이고 경멸적인 인신공격에 해당하거나 또는 타인의 신상에 관하여 다소간의 과장을 넘어서서 사실을 왜곡하는 공표행위를 하는 등으로써 그 인격권을 침해한 경우에는 의견표명으로서의 한계를 일탈한 것으로서 불법행위가 될 수 있다.」(대판 2014. 8. 20, 2012다19734. 같은 취지: 대판 2009. 4. 9, 2005다65494)(그 경우는 명예훼손과는 별개 유형의 불법행위를 구성할 수 있다고 함)

(ㅈ)「언론매체가 사실을 적시하여 타인의 명예를 훼손하는 행위를 한 경우에도 그것이 공공의 이해에 관한 사항으로서 그 목적이 오로지 공공의 이익을 위한 것일 때에는 적시된 사실이 진실이라는 증명이 있거나 그 증명이 없다 하더라도 행위자가 그것을 진실이라고 믿었고 또 그렇게 믿을 상당한 이유가 있으면 위법성이 없다고 보아야 할 것이고, 인터넷에서 무료로 취득한 공개 정보는 누구나 손쉽게 복사·가공하여 게시·전송할 수 있는 것으로서, 그 내용의 진위가 불명확함은 물론 궁극적 출처도 특정하기 어려우므로, 특정한 사안에 관하여 관심이 있는 사람들이 접속하는 인터넷상의 가상공동체(cyber community)의 자료실이나 게시판 등에 게시·저장된 자료를 보고 그에 터잡아 달리 사실관계의 조사나 확인이 없이 다른 사람의 사회적 평판을 저하할 만한 사실의 적시를 하였다면, 가사 행위자가 그 내용이 진실이라 믿었다 한들, 그렇게 믿을 만한 상당한 이유가 있다고 보기 어렵다.」(대판 2008. 4. 24, 2006다53214)

(ㅊ)「언론·출판의 자유와 명예보호 사이의 한계를 설정함에 있어서는 당해 표현으로 인하여 명예를 훼손당하게 되는 피해자가 공적 인물인지 사적 인물인지, 그 표현이 공적인 관심 사안에 관한 것인지 순수한 사적인 영역에 속하는 사안에 관한 것인지 등에 따라 그 심사기준에 차이를 두어 공공적·사회적인 의미를 가진 사안에 관한 표현의 경우에는 언론의 자유에 대한 제한이 완화되어야 한다. 특히 공직자의 도덕성·청렴성이나 그 업무처리가 정당하게 이루어지고 있는지 여부는 항상 국민의 감시와 비판의 대상이 되어야 한다는 점을 감안하면, 이러한 감시와 비판 기능은 그것이 공직자 개인에 대한 악의적이거나 심히 경솔한 공격으로서 현저히 상당성을 잃은 것으로 평가되지 않는 한 쉽게 제한되어서는 아니 된다. 이때 그 언론보도가 공직자 또는 공직 사회에 대한 감시·비판·견제라는 정당한 언론활동의 범위를 벗어나 공직자 개인에 대한 악의적이거나 심히 경솔한 공격으로서 현저히 상당성을 잃은 것인지는 표현의 내용이나 방식, 의혹사항의 내용이나 공익성의 정도, 공직자 또는 공직 사회의 사회적 평가를 저하하는 정도, 취재과정이나 취재로부터 보도에 이르기까지의 사실 확인을 위한 노력의 정도, 그 밖의 주위 여러 사정 등을 종합하여 판단해야 한다

(대법원 2007. 12. 27. 선고 2007다29379 판결, 대) . ┘ (대판 2024. 5. 9,)
(법원 2021. 3. 25. 선고 2016도14995 판결 등 참조) . ┘ (2021다270654)

(ㅋ) 「개인정보를 처리하는 자가 수집한 개인정보를 그 피용자가 해당 개인정보의 정보주체의 의사에 반하여 유출한 경우, 그로 인하여 그 정보주체에게 위자료로 배상할 만한 정신적 손해가 발생하였는지 여부는, 유출된 개인정보의 종류와 성격이 무엇인지, 개인정보의 유출로 정보주체를 식별할 가능성이 발생하였는지, 제 3 자가 유출된 개인정보를 열람하였는지 또는 제 3 자의 열람 여부가 밝혀지지 않았다면 제 3 자의 열람 가능성이 있었거나 앞으로 그 열람 가능성이 있는지, 유출된 개인정보가 어느 범위까지 확산되었는지, 개인정보의 유출로 추가적인 법익침해의 가능성이 발생하였는지, 개인정보를 처리하는 자가 개인정보를 관리해온 실태와 개인정보가 유출된 구체적인 경위는 어떠한지, 개인정보의 유출로 인한 피해의 발생 및 확산을 방지하기 위하여 어떠한 조치가 취하여졌는지 등 여러 사정을 종합적으로 고려하여 구체적 사건에 따라 개별적으로 판단하여야 한다.」(대판 2012. 12. 26, 2011다59834 · 59858 · 59841. 같은 취지: 대판 2019. 9. 26, 2018다 222303 · 222310 · 222327)

(ㅌ) 국회의원인 갑 등이 「각급학교 교원의 교원단체 및 교원노조 가입현황 실명자료」를 인터넷을 통하여 공개한 사안에서, 위 정보는 개인정보자기결정권의 보호대상이 되는 개인정보에 해당하므로 이를 일반 대중에게 공개하는 행위는 해당 교원들의 개인정보 자기결정권과 전국교직원노동조합의 존속 · 유지 · 발전에 관한 권리를 침해하는 것이고, 갑 등이 위 정보를 공개한 표현행위로 인하여 얻을 수 있는 법적 이익이 이를 공개하지 않음으로써 보호받을 수 있는 해당 교원 등의 법적 이익에 비하여 우월하다고 할 수 없으므로, 갑 등의 정보 공개행위가 위법하다고 한 사례(대판 2014. 7. 24, 2012다 49933).

(ㅍ) 「사망한 사람이 관련된 사건을 모델로 한 영화에서 그 묘사가 사망자에 대한 명예훼손에 해당하려면 그 사람에 대한 사회적 · 역사적 평가를 저하시킬 만한 구체적인 허위사실의 적시가 있어야 한다. 그와 같은 허위사실 적시가 있었는지는 통상의 건전한 상식을 가진 합리적인 관객을 기준으로 판단하여야 한다(대법원 2010. 6. 10. 선고 2010다8341, 8358 판결 등 참조).」(대결 2019. 3. 6, 2018마6721)

(3) 가족권(친족권)의 침해

1) **배우자의 권리 침해**　　예컨대 처(妻)에 대한 강간은 그 처 자신에 대한 불법행위이기도 하나(정조침해), 남편에 대하여도 불법행위가 된다. 그리고 부(夫)와 부첩관계(夫妾關係)를 계속하는 것은 본처에 대하여 불법행위로 된다(대판 1967. 10. 6, 67다1134). 한편 판례는 처에 대한 강간미수행위 그 자체만으로도 남편의 정신적 안정을 손상한 것이 되므로 남편에 대하여 불법행위가 성립한다고 한다(대판 1965. 11. 9, 65다1582 · 1583). 그리고 제 3 자가 부부의 일방과 부정행위를 함으로써 혼인의 본질

에 해당하는 부부공동생활을 침해하거나 그 유지를 방해하고 그에 대한 배우자로서의 권리를 침해하여 배우자에게 정신적 고통을 가하는 행위는 원칙적으로 불법행위를 구성한다고 한다(대판 2005. 5. 13, 2004다1899; 대판(전원) 2014. 11. 20, 2011므2997; 대판 2015. 5. 29, 2013므2441; 대판 2023. 12. 21, 2023다265731; 대판 2024. 6. 27, 2022므13504·13511; 대판 2024. 6. 27, 2023므12782). 그러나 비록 부부가 아직 이혼하지 않았지만 실질적으로 부부공동생활이 파탄되어 회복할 수 없을 정도의 상태에 이르렀다면, 제 3 자가 부부의 일방과 성적인 행위를 하더라도 불법행위가 성립하지 않는다고 한다(대판(전원) 2014. 11. 20, 2011므2997; 대판 2023. 12. 21, 2023다265731; 대판 2024. 6. 27, 2022므13504·13511). 그리고 이는, 부부의 일방과 부정행위를 한 제 3 자가 실질적으로 부부공동생활이 파탄되어 회복할 수 없을 정도의 상태에 이르게 된 원인을 제공한 경우라 하더라도, 배우자 아닌 자와의 성적인 행위가 부부공동생활이 실질적으로 파탄되어 실체가 더 이상 존재하지 않거나 객관적으로 회복할 수 없는 정도에 이른 상태에서 이루어졌다면 마찬가지라고 한다(대판 2023. 12. 21, 2023다265731). 여기서 부부 일방과 부정행위를 할 당시 그 부부의 공동생활이 실질적으로 파탄되어 회복할 수 없는 정도의 상태에 있었다는 사정은 이를 주장하는 제 3 자가 증명하여야 한다고 한다(대판 2024. 6. 27, 2022므13504·13511). 한편 제 3 자의 불법행위가 성립하는 경우 부부의 일방과 제 3 자가 부담하는 불법행위책임은 공동불법행위책임으로서 부진정연대채무 관계에 있다고 한다(대판 2015. 5. 29, 2013므2441; 대판 2024. 6. 27, 2023므12782).

2) 친권 침해　　자녀의 유괴가 그 예이다.

3) 부양청구권 침해　　생명침해는 부양청구권자에 대한 불법행위라고 하여야 한다(이설 있음. [312] 참조).

[261]　**3. 위법성의 조각**

타인에게 손해를 발생시키는 행위라고 하더라도 일정한 사유가 있는 때에는 위법성이 없는 것이 된다. 그러한 사유를 위법성 조각사유라고 한다. 민법은 위법성 조각사유로 정당방위($\frac{761조}{1항}$)와 긴급피난($\frac{761조}{2항}$)을 규정하고 있다. 그러나 그 외에 자력구제·피해자의 승낙·정당행위에 대하여도 위법성 조각이 논의되고 있다.

(1) 정당방위

정당방위란 타인의 불법행위에 대하여 자기 또는 제 3 자의 이익을 방위하기 위하여 부득이 타인에게 손해를 가하는 행위이다($\frac{761조}{1항}$).

정당방위가 성립하기 위한 요건은 ① 타인의 불법행위($\frac{고의·과실이나 책임능}{력은 필요하지 않음}$)가 있을 것, ② 자기 또는 제 3 자의 이익을 방위하기 위한 행위일 것(방위는 침해가 임박하거나 침해 중에만 할 수 있으며, 침해가 끝난 뒤에는 할 수 없다), ③ 방위행위가 부득이한 행위일 것(따라서 다른 적절한 방법이 없었을 뿐만 아니라 방위하려는 이익과 상대방의 손해 사이에 사회관념상 어느 정도 균형이 잡혀 있어야 한다. 대판 1991. 9. 10, 91다19913도 유사하다) 등이다. 방위행위는 제 3 자에 대한 것이라도 무방하다. 가령 강도를 피하기 위하여 다른 집 거실의 유리창을 깨고 들어간 경우에도 정당방위가 성립한다.

〈판 례〉

(ㄱ)「정당방위에 있어서는 반드시 방위행위에 보충의 원칙은 적용되지 않으나 방위에 필요한 한도 내의 행위로서 사회윤리에 위배되지 않는 상당성 있는 행위임을 요하는 것인바, 위 설시와 같은 총기사용의 경위에 비추어 소외 1 순경의 행위는 상당성 있는 행위라고 볼 수 없어 정당방위에도 해당하지 않는다.」(대판 1991. 9. 10, 91다19913. 야간에 병원에서 술에 취한 상태에서 과도를 들고 난동을 부린 피해자에 대하여 출동한 경찰관 중 1인이 소총을 발사하여 사망하게 한 경우에 관한 것임)

(ㄴ)「경찰관이 농성 진압의 과정에서 경찰장비를 위법하게 사용함으로써 그 직무수행이 적법한 범위를 벗어난 것으로 볼 수밖에 없다면, 상대방이 그로 인한 생명·신체에 대한 위해를 면하기 위하여 직접적으로 대항하는 과정에서 그 경찰장비를 손상시켰더라도 이는 위법한 공무집행으로 인한 신체에 대한 현재의 부당한 침해에서 벗어나기 위한 행위로서 정당방위에 해당한다.」(대판 2022. 11. 30, 2016다26662·26679·26686: 쌍용차 노조에 대한 국가의 손해배상청구 사건)

정당방위가 성립하면 방위행위의 위법성이 조각되어 방위행위자는 손해배상책임이 없다(761조 1항 본문). 제 3 자에게 손해를 가한 때에도 같으나, 이때에 제 3 자는 방위행위의 원인이 된 불법행위자에 대하여 손해배상을 청구할 수 있다(761조 1항 단서). 그런데 제 3 자의 손해배상청구권이 인정되려면 불법행위자의 행위가 불법행위의 모든 요건(그리하여 고의·과실, 책임능력도)을 갖추어야 한다.

상당한 정도를 넘는 방위행위는 과잉방위로 되어 위법성이 조각되지 않는다. 다만, 이때에는 과실상계(763조·396조)에 의하여 배상액이 경감될 수 있을 것이다.

(2) 긴급피난

긴급피난이란 급박한 위난을 피하기 위하여 부득이 타인에게 손해를 가한 경우를 말한다(761조 2항). 정당방위는 위법한 침해에 대한 반격인 데 대하여 긴급피난은 위법하지 않은 침해에 대한 피난인 점에서 둘은 차이가 있다.

긴급피난의 성립요건은 ① 현재의 급박한 위난(위난의 원인은 타인의 행위뿐만 아니라 자연력일 수도 있다)을 피하려는 행위일 것, ② 자기 또는 제 3 자의 이익을 보호하기 위한 행위일 것, ③ 부득이할 것(적절한 다른 피난수단이 없고 또 긴급피난으로 보호하려는 이익과 그로 인한 손해 사이에 현저한 불균형이 없을 것) 등이다. 그리고 급박한 위난이 가해자의 고의·과실에 의하여 발생한 것이 아니어야 한다(이설이 없으며, 판례도 같음. 대판 1968. 10. 22, 68다1643(과속으로 주행 중 행인과의 충돌을 피하기 위하여 도로 옆 점포를 들이받은 경우에 긴급피난을 부정함); 대판 1975. 8. 19, 74다1487; 대판 1981. 3. 24, 80다1592).

긴급피난이 성립하면 긴급피난행위의 위법성이 조각되어 행위자는 손해배상책임이 없다(761조 2항·761조 1항 본문). 그리고 긴급피난이 제 3 자에 대하여 행하여진 경우에, 위난의 원인을 발생시킨 자가 불법행위의 요건을 갖추는 때에는, 그 제 3 자는 불법행위자에게 손해배상을 청구할 수 있다(761조 2항·761조 1항 단서).

(3) 자력구제

자력구제는 청구권을 보전하기 위하여 국가기관의 구제를 기다릴 여유가 없는 경우에 권리자가 스스로 구제하는 행위이다. 민법은 점유의 침탈 또는 방해가 있는 때에 관하여서만 명문규정을 두고 있으나(209조. 물권법 [100] 참조), 통설은 일반적으로 자력구제를 인정하고 있다(곽윤직, 406면; 김상용, 638면; 김주수, 668면). 그에 의하면 정당한 자력구제행위는 위법성이 조각되어 불법행위로 되지 않는다.

(4) 피해자의 승낙

통설은 피해자의 승낙이 있는 경우에도 위법성이 조각된다고 한다(곽윤직, 406면; 김상용, 639면; 김주수, 669면. 반대 견해: 이은영, 803면). 그에 의하면 위법성이 조각되기 위하여서는 ① 피해자가 발생하게 될 손해의 의미·내용을 충분히 이해할 만한 정신능력을 가지고 있고, 또한 그의 자유로운 판단에 의하여 승낙을 하였을 것(따라서 유아나 만취자의 승낙은 아님), ② 승낙이 선량한 풍속 기타 사회질서에 반하지 않을 것(따라서 승낙살인·자살방조·결투의 합의는 아님), ③ 승낙이 행위 당시에 존재하고 있을 것(사후의 승낙은 여기의 승낙이 아니고 보통 손해배상청구권의 포기로 될 것이다)이 필요하다. 그리고 묵시의 승낙도 인정될 수 있다고 한다.

[262]
(5) 정당행위

가해행위 가운데 위에 열거되지 않았지만 법률에 의하여 허용되거나 사회적 타당성이 있어서 정당행위로서 위법성이 조각되는 것이 있다.

1) 권리남용에 이르지 않는 권리행사 계약상의 권리행사, 사법상(私法上)의 권리행사, 노동법상의 정당한 단체교섭이나 쟁의행위(「노동조합 및 노동관계조정법」 4조) 등은 권리남용이 되지 않는 한 위법성이 조각된다.

2) 정당한 사무관리(734조)

3) 정당한 업무행위 학교의 장(초·중등교육법 18조, 고등교육법 13조)·소년원장(「보호소년 등의 처우에 관한 법률」 15조)의 징계행위(대판 1979. 9. 11, 79다522는 교사가 수업태도가 불량한 학생에게 징계의 수단으로 심하지 않은 폭행을 가한 것은 교육업무상 정당한 행위로서 위법성이 조각된다고 한다), 현행범인

의 체포(형사소송 212조), 의사의 치료행위, 운동경기에서의 가해행위 등은 그것이 정당한 때에는 위법성이 조각된다.

〈위법성에 관한 판례〉

(ㄱ)「교사의 학생에 대한 체벌이 징계권의 행사로서 정당행위에 해당하려면 그 체벌이 교육상의 필요가 있고 다른 교육적 수단으로는 교정이 불가능하여 부득이한 경우에 한하는 것이어야 할 뿐 아니라, 그와 같은 경우에도 그 체벌의 방법과 정도에는 사회관념상 비난받지 아니할 객관적 타당성이 있지 않으면 안 된다고 할 것이다.」 (대판 1988. 1. 12, 87다카2240. 같은 취지: 대판 1991. 5. 28, 90다17972)

(ㄴ)「판결이 확정되면 기판력에 의하여 대상이 된 청구권의 존재가 확정되고 그 내용에 따라 집행력이 발생하는 것이므로, 그에 따른 집행이 불법행위를 구성하기 위하여는 소송당사자가 상대방의 권리를 해할 의사로 상대방의 소송 관여를 방해하거나 허위의 주장으로 법원을 기망하는 등 부정한 방법으로 실제의 권리관계와 다른 내용의 확정판결을 취득하여 집행을 하는 것과 같은 특별한 사정이 있어야 하고, 그와 같은 사정이 없이 확정판결의 내용이 단순히 실체적 권리관계에 배치되어 부당하고 또한 확정판결에 기한 집행 채권자가 이를 알고 있었다는 것만으로는 그 집행행위가 불법행위를 구성한다고 할 수 없다(당원 1992. 12. 11. 선고 92다18627 판결, 1991. 2. 26. 선고 90다6576 판결 등 참조). 편취된 판결에 기한 강제집행이 불법행위로 되는 경우가 있다고 하더라도 당사자의 법적 안정성을 위해 확정판결에 기판력을 인정한 취지나 확정판결의 효력을 배제하기 위하여는 그 확정판결에 재심사유가 존재하는 경우에 재심의 소에 의하여 그 취소를 구하는 것이 원칙적인 방법인 점에 비추어 볼 때 불법행위의 성립을 쉽게 인정하여서는 아니되고, 확정판결에 기한 강제집행이 불법행위로 되는 것은 당사자의 절차적 기본권이 근본적으로 침해된 상태에서 판결이 선고되었거나 확정판결에 재심사유가 존재하는 등 확정판결의 효력을 존중하는 것이 정의에 반함이 명백하여 이를 묵과할 수 없는 경우로 한정하여야 할 것이다.」(대판 1995. 12. 5, 95다21808)

(ㄷ)「수사기관에 소환되어 범죄혐의를 추궁당하며 조사를 받는 피의자나 참고인, 그리고 공소제기되어 재판을 받는 피고인 등은 자신의 형사소추를 피하거나 처벌을 감면받기 위하여 방어할 권리가 있고, 한편 수사기관이나 법원은 피의자나 피고인의 진술을 비롯한 제반 증거를 종합적으로 판단하여 기소 여부 또는 유·무죄 여부 등을 결정하는 것이므로, 어떤 사람이 수사 및 형사재판을 받는 과정에서 자신의 범죄혐의에 관련된 사항에 대하여 진술한 내용이 동시에 다른 사람의 범죄혐의 사실을 뒷받침하는 증거로 작용함으로써 그 다른 사람이 구속 기소되고 유죄판결까지 받은 뒤에 결국 무죄의 확정판결을 받기에 이르렀다고 하더라도, 그 진술행위가 법령이나 사회통념상 허용되는 범위를 넘어 방어권의 남용이었다고 인정될 정도에 이르지 아니하는 이상 그 다른 사람에 대하여 불법행위를 구성한다고 할 수 없고, 이는 그 진

술의 세부적인 내용에 다소의 허위나 과장이 있다고 하더라도 마찬가지라 할 것이다. 그리고 이 경우 진술자의 행위가 불법행위가 되는지 여부는 선량한 관리자의 주의를 표준으로 하여 진술 당시의 상황, 진술의 내용과 동기·목적·태양, 진술내용의 진실에의 부합 정도, 진술의 일관성이나 번복 여부 등의 정황, 그로 인하여 타인의 형사사건에 영향을 미친 정도 등을 종합적으로 고려하여 판단하여야 할 것이다(대법원 1983. 12. 13. 선고 81다카1030 판결, 1994. 1. 25. 선고 93다29556 판결 등 참조).ᆨ(대판 2007. 5. 11, 2007다2145)

(ㄹ) 교원의「수업거부행위의 위법성은 그 행위의 목적이 정당하였다는 이유만으로 조각되는 것이 아니다. 물론 학생의 학습권은 단순히 학교가 운영하는 교육과정을 이수할 권리에 그치지 않고 자신의 인간적인 성장·발달과 인격의 자유로운 발현을 도모하는 적극적이고 포괄적인 권리라고 할 것이나, 그렇다고 하여 교원이 이러한 포괄적 의미의 학습권 실현을 내세우면서 계획된 수업을 거부함으로써 명백히 법률에 위반되는 방법으로 학생이 정상적인 교육과정을 이수하지 못하게 하는 행위까지 허용되는 것은 아니며, 특단의 사정이 없는 한 이러한 행위는 오히려 학습권의 본질적인 내용을 침해하는 것이다.ᆨ(대판 2007. 9. 20, 2005다25298: 학원비리 척결을 이유로 한 전국교직원노동조합 소속 교사의 수업거부 및 수업방해 행위로 인하여 학생들의 학습권과 학부모의 교육권이 침해되었다고 보아 위 교사들의 손해배상책임을 인정한 사례)

(ㅁ)「법적 분쟁의 당사자가 법원에 대하여 당해 분쟁의 종국적인 해결을 구하는 것은 법치국가의 근간에 관계되는 중요한 일이므로 재판을 받을 권리는 최대한 존중되어야 하고, 제소행위나 응소행위가 불법행위가 되는지를 판단함에 있어서는 적어도 재판제도의 이용을 부당하게 제한하는 결과가 되지 아니하도록 신중하게 배려하여야 할 것이다. 따라서 법적 분쟁의 해결을 구하기 위하여 소를 제기하는 것은 원칙적으로 정당한 행위이고, 단지 제소자가 패소의 판결을 받아 확정되었다는 것만으로 바로 그 소의 제기가 불법행위였다고 단정할 수는 없으나, 반면 소를 제기당한 사람 쪽에서 보면, 응소를 강요당하고 어쩔 수 없이 그를 위하여 변호사 비용을 지출하는 등의 경제적·정신적 부담을 지게 되는 까닭에 응소자에게 부당한 부담을 강요하는 결과를 가져오는 소의 제기는 위법하게 되는 경우가 있을 수 있으므로, 민사소송을 제기한 사람이 패소판결을 받아 확정된 경우에 그와 같은 소의 제기가 상대방에 대하여 위법한 행위가 되는 것은 당해 소송에 있어서 제소자가 주장한 권리 또는 법률관계가 사실적·법률적 근거가 없고, 제소자가 그와 같은 점을 알면서, 혹은 통상인이라면 그 점을 용이하게 알 수 있음에도 불구하고 소를 제기하는 등 소의 제기가 재판제도의 취지와 목적에 비추어 현저하게 상당성을 잃었다고 인정되는 경우에 한한다(대법원 2002. 5. 31. 선고 2001다64486 판결 등 참조).ᆨ(대판 2010. 6. 10, 2010다15363·15370)

(ㅂ) 은행은 환 헤지(hedge) 목적을 가진 기업과 통화옵션계약을 체결함에 있어서 해당 기업의 … 경영상황을 미리 파악한 다음, 그에 비추어 해당 기업에 적합하지 아니하다고 인정되는 종류의 상품 또는 그러한 특성이 있는 통화옵션계약의 체결을 권유해서는 아니 된다. 은행이 그러한 의무를 위반하여 해당 기업의 경영상황에 비추

어 과대한 위험성을 초래하는 통화옵션계약을 적극적으로 권유하여 이를 체결하게 한 때에는, 이러한 권유행위는 이른바 적합성의 원칙을 위반하여 고객에 대한 보호 의무를 저버리는 위법한 것으로서 불법행위를 구성한다. 특히 장외파생상품은 고도 의 금융공학적 지식을 활용하여 개발된 것으로 예측과 다른 상황이 발생할 경우에는 손실이 과도하게 확대될 위험성이 내재되어 있고, 다른 한편 은행은 그 인가요건, 업 무범위, 지배구조 및 감독 체계 등 여러 면에서 투자를 전문으로 하는 금융기관 등에 비해 더 큰 공신력을 가지고 있어 은행의 권유는 기업의 의사결정에 강한 영향을 미 칠 수 있으므로, 은행이 위와 같이 위험성이 큰 장외파생상품의 거래를 권유할 때에 는 다른 금융기관에 비해 더 무거운 고객 보호의무를 부담한다고 봄이 타당하다.

금융기관이 일반 고객과 사이에 전문적인 지식과 분석능력이 요구되는 장외파생 상품 거래를 할 경우에는, 고객이 당해 장외파생상품에 대하여 이미 잘 알고 있는 경 우가 아닌 이상, 그 거래의 구조와 위험성을 정확하게 평가할 수 있도록 거래에 내재 된 위험요소 및 잠재적 손실에 영향을 미치는 중요인자 등 거래상 주요정보를 적합 한 방법으로 명확하게 설명하여야 할 신의칙상 의무가 있다. 이때 금융기관이 고객 에게 설명하여야 하는 거래상 주요정보에는 당해 장외파생상품 계약의 구조와 주요 내용, 고객이 그 거래를 통하여 얻을 수 있는 이익과 발생가능한 손실의 구체적 내 용, 특히 손실발생의 위험요소 등이 모두 포함된다. 그러나 당해 장외파생상품의 상 세한 금융공학적 구조나 다른 금융상품에 투자할 경우와 비교하여 손익에 있어서 어 떠한 차이가 있는지까지 설명해야 한다고 볼 것은 아니고, 또한 금융기관과 고객이 제로 코스트(zero cost) 구조의 장외파생상품 거래를 하는 경우에도 수수료의 액수 등은 그 거래의 위험성을 평가하는 데 중요한 고려요소가 된다고 보기 어렵다고 할 것이므로, 수수료가 시장의 관행에 비하여 현저하게 높지 아니한 이상 그 상품구조 속에 포함된 수수료 및 그로 인하여 발생하는 마이너스 시장가치에 대해서까지 설명 할 의무는 없다고 보는 것이 타당하다. 한편 금융기관은 금융상품의 특성 및 위험의 수준, 고객의 거래목적, 투자경험 및 능력 등을 종합적으로 고려하여 고객이 그 거래 상의 주요정보를 충분히 이해할 수 있을 정도로 설명하여야 한다. 특히 당해 금융상 품이 고도의 금융공학적 지식에 의하여 개발된 것으로서 환율 등 장래 예측이 어려 운 변동요인에 따라 손익의 결과가 크게 달라지는 고위험 구조이고, 더구나 개별거 래의 당사자인 고객의 예상 외화유입액 등에 비추어 객관적 상황이 환 헤지 목적보 다는 환율변동에 따른 환차익을 추구하는 정도에 이른 것으로 보이는 경우라면, 금 융기관으로서는 그 장외파생상품 거래의 위험성에 대하여 고객이 한층 분명하게 인 식할 수 있도록 구체적이고 상세하게 설명할 의무가 있다(대판(전원) 2013. 9. 26, 2011 다53683·53690; 대판(전원) 2013. 9. 26, 2012다1146·1153(설명의무 위반을 인정한 사 례); 대판(전원) 2013. 9. 26, 2012다13637. 이른바 KIKO 사건).

(ㅅ)「금융기관이 일반 고객과 사이에 전문적인 지식과 분석능력이 요구되는 장외파 생상품 거래를 할 경우에는 고객이 그 거래의 구조와 위험성을 정확하게 평가할 수

있도록 거래에 내재된 위험요소 및 잠재적 손실에 영향을 미치는 중요인자 등 거래상의 주요정보를 적합한 방법으로 명확하게 설명하여야 할 신의칙상의 의무가 있으나, 고객이 이미 그 내용을 충분히 알고 있는 경우에는 그러한 사항에 대하여서까지 금융기관에 설명의무가 인정된다고 할 수 없다(대법원 2010. 11. 11. 선고 2010다55699 판결 참조). 」(대판(전원) 2013. 9. 26, 2013다 26746. 이른 바 KIKO 사건)

(ㅇ)「당사자 일방이 알고 있는 정보를 상대방에게 사실대로 고지하여야 할 신의칙상 의무가 인정된다고 볼만한 특별한 사정이 없는 한, 매수인이 목적물의 시가를 묵비하여 매도인에게 고지하지 아니하거나 혹은 시가보다 낮은 가액을 시가라고 고지하였다 하더라도, 상대방의 의사결정에 불법적인 간섭을 하였다고 볼 수 없으므로 불법행위가 성립한다고 볼 수 없다(대법원 2001. 7. 13. 선고 99다38583 판결 참조). 더구나 매수인이 목적물의 시가를 미리 알고 있었던 것이 아니라 목적물의 시가를 알기 위하여 감정평가법인에게 의뢰하여 그 감정평가법인이 산정한 평가액을 매도인에게 가격자료로 제출하는 경우라면, 특별한 사정이 없는 한 매수인에게 그 평가액이 시가 내지 적정가격에 상당하는 것인지를 살펴볼 신의칙상 의무가 있다고 할 수 없고, 이러한 법리는 그 법적 성격이 사법상 매매인 공유재산의 매각에 있어서도 마찬가지라고 할 것이다.」(대판 2014. 4. 10, 2012다54997)

(ㅈ)「법관의 재판에 법령의 규정을 따르지 아니한 잘못이 있다 하더라도 이로써 바로 그 재판상 직무행위가 국가배상법 제 2 조 제 1 항에서 말하는 위법한 행위로 되어 국가의 손해배상책임이 발생하는 것은 아니고, 그 국가배상책임이 인정되려면 당해 법관이 위법 또는 부당한 목적을 가지고 재판을 하였다거나 법이 법관의 직무수행상 준수할 것을 요구하고 있는 기준을 현저하게 위반하는 등 법관이 그에게 부여된 권한의 취지에 명백히 어긋나게 이를 행사하였다고 인정할 만한 특별한 사정이 있어야 한다.」(대판 2003. 7. 11, 99다24218)

(ㅊ)「명예훼손과 모욕적 표현은 구분해서 다루어야 하고 그 책임의 인정 여부도 달리함으로써 정치적 논쟁이나 의견 표명과 관련하여 표현의 자유를 넓게 보장할 필요가 있다.

표현행위로 인한 명예훼손책임이 인정되려면 사실을 적시함으로써 명예가 훼손되었다는 점이 인정되어야 한다. 명예는 객관적인 사회적 평판을 뜻한다. 누군가를 단순히 '종북'이나 '주사파'라고 하는 등 부정적인 표현으로 지칭했다고 해서 명예훼손이라고 단정할 수 없고, 그러한 표현행위로 말미암아 객관적으로 평판이나 명성이 손상되었다는 점까지 증명되어야 명예훼손책임이 인정된다.

표현행위가 명예훼손에 해당하는지를 판단할 때에는 사용된 표현뿐만 아니라 발언자와 그 상대방이 누구이고 어떤 지위에 있는지도 고려해야 한다. …

타인에 대하여 비판적인 의견을 표명하는 것은 극히 예외적인 사정이 없는 한 위법하다고 볼 수 없다. 그러나 표현행위의 형식과 내용이 모욕적이고 경멸적인 인신공격에 해당하거나 타인의 신상에 관하여 다소간의 과장을 넘어서 사실을 왜곡하는 공표행위를 하는 등으로 인격권을 침해한 경우에는 의견 표명으로서의 한계를 벗어난 것으로서 불법행위가 될 수 있다.」$\binom{\text{대판(전원) 2018. 10. 30, 2014다61654. 같은 취지: 대판 2024. 1. 4,}}{\text{2022다284513(이 사건「종북」발언이 명예훼손으로 보기 어렵다고}}$ 한 사례)

㉠「수사기관의 피의사실 공표행위가 위법성을 조각하는지의 여부를 판단함에 있어서는 공표 목적의 공익성과 공표 내용의 공공성, 공표의 필요성, 공표된 피의사실의 객관성 및 정확성, 공표의 절차와 형식, 그 표현 방법, 피의사실의 공표로 침해되는 이익의 성질, 내용 등을 종합적으로 참작하여야 한다

한편 수사기관의 피의사실 공표행위의 대상은 어디까지나 피의사실, 즉 수사기관이 혐의를 두고 있는 범죄사실에 한정되는 것이므로, 피의사실과 불가분의 관계라는 등의 특별한 사정이 없는 한 수사기관이 '범죄를 구성하지 않는 사실관계'까지 피의사실에 포함시켜 수사 결과로서 발표하는 것은 원칙적으로 허용될 수 없다. 따라서 수사기관이 발표한 피의사실에 '범죄를 구성하지 않는 사실관계'까지 포함되어 있고, 그 발표 내용에 비추어 볼 때 피의사실은 부수적인 것에 불과하고 오히려 '범죄를 구성하지 않는 사실관계'가 주된 것인 경우에는 그러한 피의사실 공표행위는 위법하다.」$\binom{\text{대판 2022. 1. 14,}}{\text{2019다282197}}$

㉡「변호사의 신분적 지위와 직무수행의 방법과 한계, 의뢰인에 대한 의무의 목적과 성격 등을 종합하면, 변호사는 의뢰인이나 그의 대리인으로부터 위임된 소송의 소송물 또는 공격방어방법, 후속 분쟁 발생 가능성 등의 측면에서 위임사무 수행과 밀접하게 관련된 법률적 문제에 관하여 구체적인 질의를 받은 경우에는, 그것이 직접적인 수임사무는 아니더라도 해당 질의 사항이 가지고 있는 법률적인 문제점, 그들의 선택에 따라 향후 발생할 수 있는 상황과 현재 수행하는 소송에 미칠 영향, 만일 형사처벌이 문제될 여지가 있다면 그 위험성 등을 당시 인식할 수 있었던 상황과 법률전문가로서 통상적으로 갖추고 있는 법률지식의 범위에서 성실히 답변하여야 한다. 그리고 만약 그러한 질의 사항이 자신의 법률지식과 경험 범위를 벗어난 것이어서 답변하기 어렵다고 판단되거나 그에 관하여 일반적이거나 확립된 견해와 다른 입장을 갖고 있다면, 의뢰인이나 그의 대리인에게 다른 법률전문가에게도 상담을 받도록 조언하거나 적어도 이를 알림으로써 숙고하여 선택할 수 있는 기회를 부여해야 할 것이다.

변호사가 의뢰인이나 그의 대리인에 대하여 부담하는 위와 같은 의무를 위반한 경우, 개별 사안에서 질의와 답변의 경위나 내용, 동기나 의도, 침해된 이익의 성격과 정도 등 여러 사정을 종합하여 볼 때 변호사의 행위가 전문적·합목적적 재량에 유보된 영역의 것이 아니고 변호사 직무의 공공성과 윤리성, 사회적 책임성 등에 비추어 위법하다고 평가할 수 있는 때에는 불법행위가 성립할 수 있다.」$\binom{\text{대판 2022. 11. 17,}}{\text{2018다300364}}$

㉢「종교의 자유에는 자기가 신봉하는 종교를 널리 알리고 새로운 신자를 모으기 위한 선교의 자유가 포함되고 선교의 자유에는 다른 종교를 비판하거나 다른 종교의

신자에 대하여 개종을 권유하는 자유도 포함된다. 그러나 선교의 자유를 행사함에 있어 상대방이 가지는 종교선택의 자유를 존중하여야 하고, 구체적인 선교행위가 종교에 관한 정보를 제공하고 개종을 권유하는 등으로 종교선택의 자유 발현에 조력하는 정도를 벗어나 그 목적과 방법에 있어 사회적 상당성을 잃고 상대방의 종교선택에 관한 자유를 상실시키는 정도에 이른 경우에는 불법행위가 성립할 수 있다.」($^{대판\ 2022.}_{8.\ 11,}$ $^{2022다}_{227688}$)

[263] V. 가해행위에 의한 손해발생

불법행위가 성립하려면 가해행위에 의하여 손해가 발생하였어야 한다($^{750}_{조}$). 이 요건은 ① 손해의 발생과 ② 가해행위와 손해 사이의 인과관계의 둘로 나누어진다.

1. 손해의 발생

어떤 가해행위가 불법행위로 되려면 현실적으로 손해가 생겼어야 한다($^{불법행}_{위로\ 인}$ 한 손해배상청구권은 현실적으로 손해가 발생한 때에 성립함. 대판 1998. 8. 25, 97다4760; 대판 2003. 4. 8, 2000다53038; 대판 2021. 3. 11, 2017다179 · 186). 그리하여 행위자가 손해를 발생시킬 의도로 행위를 하였더라도 실제로 손해가 생기지 않았으면 손해배상책임이 인정되지 않는다. 판례는 손해의 발생이 추정되어도 그 액에 대한 증거가 없어 이를 확정할 수 없으면 그 배상청구를 인용할 수 없다고 한다($^{대판\ 1960.\ 7.\ 28,}_{4292민상961}$). 그런가 하면 대법원은 여러 판결에서, 불법행위로 인한 손해배상청구 소송에서 손해가 발생한 사실은 인정되나 구체적인 손해의 액수를 증명하는 것이 사안의 성질상 매우 어려운 경우에 법원은 증거조사의 결과와 변론 전체의 취지에 의하여 밝혀진 당사자들 사이의 관계, 불법행위와 그로 인한 재산적 손해가 발생하게 된 경위, 손해의 성격, 손해가 발생한 이후의 여러 정황 등 관련된 모든 간접사실을 종합하여 적당하다고 인정되는 금액을 손해배상 액수로 정할 수 있다고 하였다($^{대판\ 2007.\ 11.\ 29,\ 2006다3561;\ 대판\ 2017.\ 9.\ 26,\ 2014다27425;}_{대판\ 2023.\ 4.\ 27,\ 2021다262905\ 등\ 다수의\ 판결.\ [322]도\ 참조}$). 뒤의 판례는 현재에는 민사소송법에 명문으로 규정되었다($^{같은\ 법\ 202}_{조의\ 2\ 참조}$).

불법행위로 인한 손해배상책임은 원칙적으로 위법행위시에 성립하지만 위법행위 시점과 손해발생 시점 사이에 시간적 간격이 있는 경우에는 손해가 발생한 때에 성립한다($^{대판\ 2018.\ 6.\ 15,\ 2016다212272;\ 대판\ 2018.\ 9.\ 28,}_{2015다69853;\ 대판\ 2023.\ 11.\ 30,\ 2019다224238}$). 여기서 손해의 발생 시점이란 손해가 현실적으로 발생한 시점을 의미하는데, 현실적으로 손해가 발생하였는지 여부는 사회통념에 비추어 객관적이고 합리적으로 판단하여야 한다($\binom{대판 2011. 7.}{}$28, 2010다76368; 대판 2018. 9. 28, 2015다69853; 대판 2023. 5. 18, 2022다230677; 대판 2023. 11. 30, 2019다224238$)$.

손해의 의의와 종류에 관하여는 채권법총론에서 자세히 설명하였다($\binom{채권법}{총론}$[85]·[86] 참조$)$. 다만, 민법은 채무불이행의 경우와 달리 불법행위의 경우에는 비재산적 손해($\binom{이를 보통 정신적 손해라고 하나, 정}{확하지는 않다. 채권법총론 [86] 참조}$)의 배상에 관하여 명문의 규정을 두고 있고 ($\binom{751조·752}{조 등}$), 또 비재산적인 손해가 발생하는 때가 많이 있어서, 그에 대하여도 자세히 살펴보아야 한다.

손해의 발생에 대한 증명책임은 피해자인 원고가 부담한다($\binom{대판 2019. 11. 28, 2016}{다233538·233545 등}$).

〈판 례〉

(ㄱ) 「불법행위를 이유로 배상하여야 할 손해는 현실로 입은 확실한 손해에 한하므로, 가해자가 행한 불법행위로 인하여 피해자가 채무를 부담하게 된 경우 피해자가 가해자에게 그 채무액 상당의 손해배상을 구하기 위해서는 채무의 부담이 현실적·확정적이어서 실제로 변제하여야 할 성질의 것이어야 하고, 현실적으로 손해가 발생하였는지 여부는 사회통념에 비추어 객관적이고 합리적으로 판단하여야 한다.」 ($\binom{대판 2020. 10. 15,}{2017다278446}$)

(ㄴ) 「거래당사자 중 일방에 의한 고의적인 기망행위가 있고 이로 말미암아 상대방이 착오에 빠져 그러한 기망행위가 없었더라면 사회통념상 하지 않았을 것이라고 인정되는 법률행위를 하였다면 기망에 의한 손해배상책임이 성립하고($\binom{대법원 2018. 6. 15. 선}{고 2016다212272 판결}$등 참조$)$, 비록 사후적으로 피해자가 손해를 회복할 수 있는 다른 법적 구제수단이 존재한다고 하여 일단 있었던 손해의 발생 사실 자체를 부정할 수는 없다($\binom{대법원 2009. 3. 12. 선고}{2007다76580 판결 참조}$).」 ($\binom{대판 2024. 2. 8, 2020다201422. 이 판결은 그 사안에서, 피고 1이 원고 1·2를 기망하여 이 원고들이 임대차계약을}{체결하였고 만일 피고 1의 기망행위가 없었더라면 이 원고들이 임대차계약을 체결하지 않았을 것으로 인정된다면 이}{로써 피고 1의 기망에 의한 손해배상책임은 성립하는 것이고, 이는 이 원고들이 피고 5, 피}{고 6에 대하여 임대차보증금 반환청구권을 가지고 있다고 하여 달리 볼 것은 아니라고 함}$)

2. 가해행위와 손해발생 사이의 인과관계   [264]

(1) 일 반 론

불법행위로 인한 손해배상책임이 인정되려면 손해가 가해행위에 의하여 발생하였어야 한다. 즉 가해행위와 손해발생 사이에 인과관계가 있어야 한다. 이와 관련하여 종래 우리의 학설은 손해배상책임의 성립의 문제와 손해배상의 범위의 결정의 문제를 구별하지 않고 상당인과관계이론으로 한꺼번에 해결해 왔다($\binom{곽윤}{직,}$409면 등$)$. 판례도 같다($\binom{예: 대판 2007. 7. 13, 2005다21821;}{대판 2007. 7. 13, 2005다23599}$). 판례는, 불법행위로 인한 손해배상책임을 지우려면 위법한 행위와 피해자가 입은 손해 사이에 상당인과관계가 있어야 하고, 상당인과관계의 유무는 일반적인 결과 발생의 개연성은 물론 주의의무를 부과하는 법령 기타 행동규범의 목적과 보호법익, 가해행위의 태양 및 피침해이익의 성질 및 피해의 정도 등을 종합적으로 고려하여 판단해야 한다고 한다(대판 2007. 7. 13, 2005다21821; 대판 2020. 11. 26, 2018다221676; 대판 2022. 9. 16, 2017다247589; 대판 2023. 12. 21, 2017다249929(이 판결은 「가해행위의 태양」 대신 「가해행위의 내용과 위법성」을 들고 있음). 그런데 대판 2022. 5. 26, 2021다300791; 대판 2022. 11. 30, 2016다26662 · 26679 · 26686; 대판 2023. 4. 27, 2021다262905는 고려사유로 행동규범의 목적과 보호법익은 열거하지 않는다).

〈판 례〉

(ㄱ) 「금융기관에게 은행거래 당사자가 해당 금융자산의 실질적인 권리자인지의 여부를 조사·확인할 의무까지 있다고 볼 수 없음은 소론과 같으나, 금융기관이 대리인을 자처하는 자에게 예금계좌를 개설하여 주는 과정에서 위임장과 인감증명서를 제출받고 대리인의 신분증을 확인하는 등의 최소한의 확인절차마저 모두 생략한다면, 이를 이용하여 다른 사람의 명의를 모용한 채 거래에 임하면서 임의로 개설한 은행계좌로 송금받는 방법으로 금원을 편취하는 범죄행위가 용이하게 이루어질 수 있음은 누구나 쉽게 예견할 수 있다 할 것이고, 금융기관이 위와 같은 최소한도의 조치만 취하더라도 그와 같은 잠재적 위험의 상당부분을 제거할 수 있으며, 또 예금계좌의 개설에 임하는 금융기관 이외에는 위와 같은 역할을 수행할 주체가 전혀 존재하지 아니하는 점 등에 비추어 볼 때, 금융기관으로서는 위와 같은 최소한의 조치를 취함으로써 그것이 불특정 다수의 잠재적 피해자에 대한 범죄행위에 이용될 가능성을 미연에 방지함으로써 타인의 불법행위에 도움을 주지 않아야 할 주의의무가 있다고 볼 것이고, 그러한 조치를 전혀 취하지 아니한 결과 개설된 모용계좌가 범죄행위에 이용되어 모용자가 제 3 자로부터 계좌에 금원을 입금받는 방법으로 제 3 자에게 손해를 가하였다면, 금융기관의 그와 같은 주의의무 위반은 해당 금융기관이 금융실명거래 및 비밀보장에 관한 법률에서 정한 실명확인의무를 이행하였는지 여부와는 무관하게 위법한 것으로서, 제 3 자가 입게 된 손해와 사이에 상당인과관계가 있다고 보아야 할 것이다.」(대판 2006. 1. 13, 2003다54599. 같은 취지: 대판 2007. 7. 13, 2005다23599)

(ㄴ) 「금융기관이 본인확인절차 등을 제대로 거치지 아니하여 모용계좌가 개설되었다는 사정만으로 그 모용계좌를 통하여 입출금된 금원 상당에 대하여 언제나 손해배상책임을 져야 한다고 볼 수는 없고, 그 손해배상책임을 인정하기 위해서는 금융기관의 주의의무 위반과 피모용자 또는 제 3 자의 손해발생 사이에 상당인과관계가 있음이 인정되어야 할 것이고, 상당인과관계의 유무를 판단함에 있어서는 일반적인 결과발생의 개연성은 물론 주의의무를 부과하는 법령 기타 행동규범의 목적과 보호법익, 가해행위의 태양 및 피침해이익의 성질과 피해의 정도 등을 종합적으로 고려하여야 할 것이다(대법원 1995. 1. 12. 선고 94다21320 판결, 2006. 4. 14. 선고 2003다41746 판결 등 참조). 금융기관이 본인확인절차 등을 제

대로 거치지 아니하여 개설된 모용계좌가 불특정 다수인과의 거래에 이용되는 경위
나 태양은 각양각색으로서 그 중 모용자가 피해자와 정당한 거래관계를 맺을 의사와
능력이 없음에도 불구하고 피해자를 기망하여 피해자와 원인계약을 체결한 다음 피
해자가 그 원인계약상의 채무의 이행을 위하여 모용계좌에 금원을 입금하는 경우라
든가 모용자가 다른 방법이나 경로로 피해자의 재산권을 침해하는 수단을 확보한 후
그 수단을 사용하여 얻거나 얻어내려는 이득금을 모용계좌에 입금·보관하는 경우와
같이 모용계좌가 사기적 거래관계에서 이미 기망당한 피해자에 의하여 단순히 원인
계약상의 채무의 이행을 위하여 입금하는 데 이용되거나 다른 방법이나 경로로 피해
자의 재산권을 침해하여 얻은 이득금 등을 입금·보관하는 데 이용된 것에 불과한 경
우 등에는 특별한 사정이 없는 한 피해자가 모용계좌의 존재로 인하여 잘못된 신뢰
를 형성하여 원인계약을 체결하기에 이르렀다거나 가해자가 그 모용계좌의 존재로
인하여 피해자의 재산권에 대한 접근 및 침해가 가능하게 되었다고 보기 어렵고, 또
한 위와 같은 유형의 범죄행위로 인하여 발생한 피해에 대한 책임을 금융기관에 부
담시키게 된다면 불특정 다수인이 자신의 책임 하에 행하여야 할 거래상대방에 관한
신용조사 등을 잘못하여 이루어진 각양각색의 하자 있는 거래관계나 불특정 다수인
을 상대로 행하여진 다양한 형태의 재산권 침해행위 등으로 인하여 발생한 손해에
대해서까지 무차별적으로 금융기관에 책임을 추궁하는 결과가 되어 금융기관의 결과
발생에 대한 예측가능성은 물론 금융기관에게 본인확인의무 등을 부과한 행동규범의
목적과 보호법익의 보호범위를 넘어서게 되므로, 본인확인절차 등을 제대로 거치지
아니하여 모용계좌를 개설한 금융기관의 잘못과 위와 같은 태양의 가해행위로 인한
손해발생 사이에는 상당인과관계를 부정하여야 할 것이다.」(대판 2007. 7. 13, 2005다21821. 같은 취지: 대판 2016. 5. 12, 2015다234985)

(ㄷ)「우편역무종사자가 내용증명우편물을 배달하는 과정에서 구 우편법 관계 법령
에서 정한 직무규정을 위반하였다고 하더라도, 우편역무종사자가 발송인 등과
제 3 자와의 거래관계의 내용을 인식하고 그 내용증명우편물을 배달하지 아니할 경
우 그 거래관계의 성립·이행·소멸이 방해되어 발송인 등에게 손해가 발생할 수 있
다는 점을 알았거나 알 수 있었다는 등의 특별한 사정이 없는 한, 그 직무상 의무 위
반과 내용증명우편물에 기재된 의사표시가 도달되지 않거나 그 도달에 대한 증명기
능이 발휘되지 못함으로써 발송인 등이 제 3 자와 맺은 거래관계의 성립·이행·소멸
등과 관련하여 입게 된 손해 사이에는 상당인과관계가 있다고 볼 수 없다.」(대판 2009. 7. 23, 2006다81325)

(ㄹ)「기업체의 임직원이 대규모의 분식회계에 가담한 잘못이 있는 경우에는, 그로
말미암아 금융기관이 기업체에게 여신을 제공하기에 이르렀다고 봄이 상당하므로,
비록 기업체의 임직원이 기업체의 여신 제공행위에 직접 개입하지 아니하였다고 하
더라도 임직원의 분식회계 가담행위와 금융기관이 여신 제공으로 인하여 입은 손해

와의 사이에는 인과관계를 인정할 수 있는 것이고, 이러한 경우 분식회계 가담행위 자체가 금융기관에 대한 가해행위로서 민법 제750조의 불법행위 책임이 성립하는 것이다.」$\left(\substack{\text{대판 2008. 6. 26,} \\ \text{2007다43436}}\right)$

(ㅁ) 「선행차량이 사고 등의 사유로 고속도로에서 안전조치를 취하지 아니한 채 주행차로에 정지해 있는 사이에 뒤따라온 자동차에 의하여 추돌사고가 발생한 경우에, 안전조치를 취하지 아니한 정차로 인하여 후행차량이 선행차량을 충돌하고 나아가 그 주변의 다른 차량이나 사람들을 충돌할 수도 있다는 것을 충분히 예상할 수 있으므로, 선행차량 운전자가 정지 후 안전조치를 취할 수 있었음에도 과실로 이를 게을리하였거나, 또는 정지 후 시간적 여유 부족이나 부상 등의 사유로 안전조치를 취할 수 없었다고 하더라도 그 정지가 선행차량 운전자의 과실로 발생된 선행사고로 인한 경우 등과 같이 그의 과실에 의하여 비롯된 것이라면, 그 안전조치 미이행 또는 선행사고의 발생 등으로 인한 정지와 후행 추돌사고 및 그로 인하여 연쇄적으로 발생된 사고들 사이에는 특별한 사정이 없는 한 인과관계가 있다고 할 것이며, 손해의 공평한 분담이라는 손해배상제도의 이념에 비추어 볼 때에 선행차량 운전자의 과실은 후행사고들로 인한 손해배상책임에 관한 분담범위를 정할 때에 참작되어야 한다$\left(\substack{\text{대법} \\ \text{원}}\right)$ 2009. 12. 10. 선고 2009다64925 판결, 대법원 $\right)$ $\left(\substack{\text{대판 2012. 8. 17, 2010다28390. 같은}}\right)$ 2012. 3. 29. 선고 2011다110692 판결 등 참조 $\right)$·」$\left(\text{취지: 대판 2019. 6. 27, 2018다226015}\right)$

(ㅂ) 「부동산에 대하여 원인무효의 소유권이전등기가 이루어졌다고 하더라도, 타인 소유의 부동산에 관한 임대계약도 가능한 점 등을 고려하면, 다른 특별한 사정이 없는 한 위와 같은 원인무효의 소유권이전등기는 부동산을 임대함에 있어서 법률상의 장애가 되는 것은 아니다. 다만 타인 명의로 소유권이전등기가 되어 있는 부동산을 임차하려는 자로서는 그 부동산에 대한 임차권을 완전하게 취득하지 못하게 될 위험을 고려하여 그 부동산의 임차를 꺼리게 됨으로써, 결과적으로 타인 명의로 소유권이전등기가 되어 있다는 사정은 그 부동산을 임대함에 있어 사실상의 장애가 될 수는 있다. 따라서 진정한 소유자가 당해 부동산에 대한 임대를 계획하고 또 시도하였으나 임대하지 못하였고, 그와 같이 부동산을 임대하지 못한 것이 원인무효의 소유권이전등기로 인하였을 것이라는 점이 증명되는 경우에만 그 원인무효의 소유권이전등기와 해당 부동산의 임대지연 사이에 상당인과관계가 있다고 할 것이다$\left(\substack{\text{보전처분의 집} \\ \text{행과 부동산}}\right)$ 의 처분지연 사이의 상당인과관계 인정 여부에 관한 $\right)$ $\left(\substack{\text{대판 2014. 7. 24,}}\right)$ 대법원 2007. 11. 15. 선고 2005다34919 판결 등 참조 $\right)$·」$\left(\text{2014다200305}\right)$

그런데 근래에는 i) 이 두 문제를 구별하여 다루어야 한다는 견해$\left(\substack{\text{김상용,} \\ \text{644면 등}}\right)$가 주장되는가 하면, ii) 이에 비판적인 견해$\left(\substack{\text{이은영,} \\ \text{776면}}\right)$도 있다. 사견이 i)설의 견지에 있음은 채권법총론의 채무불이행 부분에서 밝힌 바 있다$\left(\substack{\text{채권법총론} \\ \text{[92] 참조}}\right)$. 사견처럼 손해배상책임의 성립의 문제와 손해배상범위의 결정의 문제를 구별할 경우에는, 여기의 인과관계는 전자에 한하는 것이 된다. 그리고 그 인과관계는 조건적 인과관계로 충분하다(같은 취지: 김 상용, 644면). 즉 불법행위가 없었으면 손해가 발생하지 않았을 것이라는 관계에 있으면 된다.

판례에 따르면, 불법행위로 인한 손해배상청구 소송에서 가해행위와 손해 발생 사이의 인과관계는 존재하거나 부존재하는지를 판단하는 것이고, 이를 비율적으로 인정할 수는 없으므로, 이른바 비율적 인과관계론은 받아들일 수 없다고 한다(대판 2013. 7. 12, 2006다17539).

인과관계가 인정되는 손해라고 해도 배상이 인정되지 않을 수 있음을 주의해야 한다. 배상범위의 확정은 다음 단계에서 결정되어야 할 별개의 문제이기 때문이다.

(2) 인과관계와 관련된 특수문제

가해행위와 자연력(예: 폭풍우·한파·낙뢰)이 경합하여 손해를 발생시킨 경우에는, 가해자는 원칙적으로 손해 전부를 배상하여야 하지만, 자연력의 기여분을 증명할 수 있으면 그 부분은 제외된다. 판례는 가해자의 배상범위를 손해분담의 공평이라는 견지에서 자연력의 기여분을 제외한 부분으로 제한할 것이라고 하면서(대판 1991. 7. 23, 89다카1275; 대판 1993. 2. 23, 92다52122), 다만 가해자가 자연적 조건이나 그에 따른 위험의 정도를 미리 예상할 수 있었고 또 과도한 노력이나 비용을 들이지 않아도 적절한 조치를 취하여 자연적 조건에 따른 위험의 발생을 예방할 수 있었다면 자연력의 기여분을 인정하여 배상범위를 제한할 것이 아니라고 한다(대판 1995. 2. 28, 94다31334; 대판 2001. 2. 23, 99다61316; 대판 2003. 6. 27, 2001다734).

(3) 인과관계의 증명책임

인과관계의 증명책임은 피해자인 원고가 부담하는 것이 원칙이다(대판 2019. 11. 28, 2016다233538·233545 등). 그러나 일정한 경우에는 법률이 그 증명책임을 상대방에게 전환하거나 완화하기도 한다(예: 756조 1항 단서·후단·760조 2항). 그런가 하면 때로는 피해자는 인과관계가 존재한다는 상당한 정도의 개연성만 증명하면 되고 그 경우 가해자가 인과관계가 없음을 증명하지 못하면 인과관계가 인정된다는 이른바 개연성설이 논의되기도 한다. 생활방해(공해)·제조물책임·의료과오 등에서 그렇다([295]·[299]·[303] 참조).

제 3 절   특수 불법행위

[265]   **I. 서   설**

(1) 일반 불법행위의 성립요건과 다른 특수한 요건이 정하여져 있는 불법행위를 통틀어서 특수 불법행위라고 한다. 특수 불법행위는 민법이나 특별법에 정해져 있기도 하고 학설·판례에 의하여 이론상 인정되기도 한다.

(2) 민법이 규정하는 특수 불법행위에는 책임무능력자의 감독자책임($\frac{755}{조}$), 사용자책임($\frac{756조. 757조도 사용자}{책임과 관련된 규정임}$), 공작물 등의 점유자·소유자의 책임($\frac{758}{조}$), 동물점유자의 책임($\frac{759}{조}$), 공동불법행위자의 책임($\frac{760}{조}$)이 있다. 이 가운데 제760조는 공동행위자 모두에게 연대책임을 지우는 점에서 보통의 불법행위와 다르며, 나머지들은 타인의 가해행위 또는 물건에 의한 손해에 대하여 배상책임을 지우는 점에서 자기의 가해행위에 의한 손해에 대하여 책임을 지는 일반 불법행위와 다르다. 그리고 제758조의 공작물 등의 소유자책임($\frac{소유자는 무과}{실책임을 짐}$)과 제760조의 공동불법행위자의 책임($\frac{이때는 피해자가 공동불법행위}{자의 고의·과실을 증명해야 함}$)을 제외하고는 고의·과실의 증명책임을 피해자로부터 가해자에게 전환한 이른바 중간적 책임이다.

(3) 특별법으로서 일반 불법행위의 성립요건과 다른 요건을 규정하고 있는 예는 대단히 많다. 우선 국가배상법이 있고, 또한 무과실책임을 규정하거나 증명책임을 전환하여 사실상 무과실책임으로 하고 있는 특별법도 많다($\frac{[249]}{참조}$).

(4) 학설·판례에 의한 특수 불법행위의 대표적인 경우로는 의료과오책임이 있다.

(5) 아래에서는 민법상의 특수 불법행위 전부와 특별법상의 특수 불법행위 중 자동차운행자의 책임, 생활방해(공해)에 대한 책임, 제조물책임을 차례로 보고, 이어서 학설·판례에 의한 것으로서 의료과오에 대한 책임에 대하여 기술하기로 한다.

Ⅱ. 책임무능력자의 감독자의 책임 [266]

1. 의의 및 성질

(1) 책임무능력자가 책임능력이 없어서($\frac{753조 \cdot 754}{조 참조}$) 불법행위책임을 지지 않는 경우에 「책임무능력자를 감독할 법정의무가 있는 자」($\frac{예: 친권자 \cdot}{후견인}$)와 「감독의무자를 갈음하여 책임무능력자를 감독하는 자」($\frac{예: 유치원장 \cdot 정}{신병원장 \cdot 학교장}$)는 그가 감독의무를 게을리하지 않았음을 증명하지 못하면 배상책임을 지게 되는데($\frac{755}{조}$), 이를 책임무능력자의 감독자의 책임(또는 감독자책임)이라고 한다.

(2) 책임무능력자의 감독자책임은 감독의무자가 자신의 가해행위에 대하여가 아니고 그의 감독을 받는 책임무능력자의 가해행위에 대하여 책임을 지는 것으로서 일종의 타인의 행위에 대한 책임에 해당한다. 그러나 그 책임이 성립하기위해서는 감독의무자의 과실이 필요하므로 순수한 의미의 타인 행위에 대한 책임은 아니다. 그리고 감독의무자의 과실에 대한 증명책임은 피해자로부터 감독의무자에게로 전환되어 있다($\frac{755조 1항}{단서 참조}$). 그 결과 무과실책임에 접근하게 된다. 일반적으로 감독자책임을 과실책임과 무과실책임의 중간적 책임이라고 부르는 이유가 여기에 있다.

2. 요 건

(1) 책임무능력자의 불법행위

책임무능력자의 가해행위가 불법행위의 다른 요건을 모두 갖추었으나, 책임능력이 없어서 면책되는 경우이어야 한다. 따라서 타인의 감독을 받는 자라도 책임능력이 있는 자는 그가 스스로 책임을 지며, 제755조의 감독자책임은 생기지 않는다($\frac{이러한 의미에서 감독자책임은 보충적인 것이다(대판 1994. 8. 23, 93}{다60588). 그러나 750조에 의한 책임은 인정될 수 있다. [268] 참조}$). 그리고 책임무능력자의 행위가 책임무능력 이외의 사유, 가령 정당방위 · 긴급피난 등의 위법성 조각사유로 불법행위책임을 발생시키지 않는 경우에는 감독자책임도 생기지 않는다.

(2) 감독의무자(또는 대리감독자)의 감독의무의 해태

감독의무자 또는 이를 갈음하여 감독하는 자(대리감독자)가 감독의무를 게을리하였어야 한다. 그런데 이 요건은 피해자가 증명할 필요가 없으며, 감독자가 책임을 면하려면 의무위반이 없었음을 증명하여야 한다. 이 의무는 구체적인 가해행위에 대한 것이 아니고 일반적인 감독의무이므로, 눈에 보이지 않는 곳에서 가해행위를 하는 경우에도 이 의무의 위반이 인정될 수 있다.

〈판 례〉

(ㄱ)「학교법인이 설치 경영하는 학교의 교장이나 교사는 학생을 보호감독할 의무를 지는 것이나 이러한 보호감독의무는 교육법에 따라 학생을 친권자 등 법정 감독의무자에 대신하여 감독을 하여야 하는 의무로서, 학교 내에서의 학생의 전 생활관계에 미치는 것이 아니고 학교에서의 교육활동 및 이와 밀접불가분의 관계에 있는 생활관계에 한하며, 그 의무 범위 내의 생활관계라고 하더라도 사고가 학교생활에서 통상 발생할 수 있다고 하는 것이 예측되거나 또는 예측가능성(사고발생의 구 체적 위험성)이 있는 경우에 한하여 교장이나 교사는 보호감독의무 위반에 대한 책임을 진다고 할 것이다. 위의 예측가능성에 대하여서는 교육활동의 때, 장소, 가해자의 분별능력, 가해자의 성행, 가해자와 피해자와의 관계 기타 여러 사정을 고려하여 판단할 필요가 있다.」 (대판 1993. 2. 12, 92다13646. 같은 취지: 대판 1994. 8. 23, 93다60588; 대판 2000. 4. 11, 99다44205 등 다 수의 판결. 후속판결들의 대다수는 지방자치단체가 설치한 학교의 경우에 관하여 같은 취지를 인정한 것임)

(ㄴ)「집단따돌림이란 학교 또는 학급 등 집단에서 복수의 학생들이 한 명 또는 소수의 학생들을 대상으로 의도와 적극성을 가지고, 지속적이면서도 반복적으로 관계에서 소외시키거나 괴롭히는 현상을 의미한다.

… 집단따돌림으로 인하여 피해 학생이 자살한 경우, 자살의 결과에 대하여 학교의 교장이나 교사의 보호감독의무 위반의 책임을 묻기 위하여는 피해 학생이 자살에 이른 상황을 객관적으로 보아 교사 등이 예견하였거나 예견할 수 있었음이 인정되어야 한다. 다만 사회통념상 허용될 수 없는 악질, 중대한 집단따돌림이 계속되고 그 결과 피해 학생이 육체적 또는 정신적으로 궁지에 몰린 상황에 있었음을 예견하였거나 예견할 수 있었던 경우에는 피해 학생이 자살에 이른 상황에 대한 예견가능성도 있는 것으로 볼 수 있을 것이나, 집단따돌림의 내용이 이와 같은 정도에까지 이르지 않은 경우에는 교사 등이 집단따돌림을 예견하였거나 예견할 수 있었다고 하더라도 이것만으로 피해 학생의 자살에 대한 예견이 가능하였던 것으로 볼 수는 없으므로, 교사 등이 집단따돌림 자체에 대한 보호감독의무 위반의 책임을 부담하는 것은 별론으로 하고 자살의 결과에 대한 보호감독의무 위반의 책임을 부담한다고 할 수는 없다.」 (대판 2007. 11. 15, 2005다16034: 중학교 3학년 여학생이 급우들 사이의 집단따돌림으로 인하여 자살한 사안에 서, 따돌림의 정도와 행위의 태양, 피해 학생의 평소 행동 등에 비추어 담임교사에게 피해 학생의 자살에 대한 예견가능성이 있었다고 인정하지 아니하여 자살의 결과에 대한 손해배상책임은 부정하면서, 다만 학생들 사이의 갈 등에 대한 대처를 소홀히 한 과실을 인정하여 교사의 직무상 불법행위로 발생한 집단따돌림의 피해에 대하여 지방자 치단체의 손해배상 책임을 긍정한 사례)

(ㄷ)「민법 제755조에 의하여 책임능력 없는 미성년자를 감독할 친권자 등 법정 감독의무자의 보호감독책임은 미성년자의 생활 전반에 미치는 것이고, 법정 감독의무자에 대신하여 보호감독의무를 부담하는 교사 등의 보호감독책임은 학교 내에서의 학생의 모든 생활관계에 미치는 것이 아니라, 학교에서의 교육활동 및 이와 밀접 불

가분의 관계에 있는 생활관계에 한하며, 이와 같은 대리감독자가 있다는 사실만 가지고서 곧 친권자의 법정 감독책임이 면탈된다고는 볼 수 없다 할 것이다. …

지방자치단체가 설치·경영하는 학교의 교장이나 교사는 학생을 보호·감독할 의무를 지는데, 이러한 보호·감독의무는 교육법에 따라 학생들을 친권자 등 법정 감독의무자에 대신하여 감독을 하여야 하는 의무로서 학교 내에서의 학생의 모든 생활관계에 미치는 것은 아니지만, 학교에서의 교육활동 및 이와 밀접 불가분의 관계에 있는 생활관계에 속하고, 교육활동의 때와 장소, 가해자의 분별능력, 가해자의 성행, 가해자와 피해자의 관계, 기타 여러 사정을 고려하여 사고가 학교생활에서 통상 발생할 수 있다고 하는 것이 예측되거나 또는 예측가능성($\binom{사고발생의 \ 구}{체적 \ 위험성}$)이 있는 경우에는 교장이나 교사는 보호·감독의무 위반에 대한 책임을 진다고 할 것이다.」$\binom{대판 \ 2007. \ 4. \ 26,}{2005다24318: \ 학}$ 교폭력 가해학생들의 부모의 과실과 담임교사, 교장의 과실이 경합하여 피해학생의 자살 사건이 발생하였다는 이유로, 부모들과 지방자치단체에게 공동불법행위자로서의 손해배상책임을 인정한 사례)

(3) 감독의무자의 면책 여부
[267]

감독의무자가 감독을 게을리한 경우($\binom{즉 \ 위의 \ 요건을}{모두 \ 갖춘 \ 경우}$)에, 그는 자신이 감독의무를 게을리하지 않았더라도 손해가 생겼으리라는 것을 증명하여 책임을 면할 수 있는가?($\binom{756조 \ 1항 \ 단서에는 \ 이에 \ 대}{하여 \ 명문규정을 \ 두고 \ 있다}$) 여기에 관하여 학설은 i) 제756조 제 1 항 단서를 유추적용하여 면책을 인정하는 견해($\binom{곽윤직,}{414면}$), ii) 면책을 부정하는 견해($\binom{이은영(구}{판), \ 625면}$), iii) 법정감독자에 관하여는 면책을 부정하고 임의감독자에 관하여는 면책을 인정하는 견해($\binom{이은영,}{846면}$), iv) 면책증명이 어려워 실질적으로 차이가 없다는 견해($\binom{김상용, \ 677면;}{김주수, \ 688면}$)로 나뉘어 있다. 생각건대 제756조 제 1 항 단서와 달리 규정된 것은 입법자가 의도한 것으로 보아야 한다. 따라서 ii)설이 타당하다.

3. 배상책임자

(1) 배상책임자는 책임무능력자를 감독할 법정 의무자($\binom{755조 \ 1}{항 \ 본문}$)와 그를 갈음하여 책임무능력자를 감독하는 자($\binom{755조}{2항}$)이다. 이들은 각각 법정 감독의무자, 대리감독자(임의감독자)라고 한다.

법정 감독의무자는 미성년자의 경우에는 친권자($\binom{부모가 \ 공동으로 \ 친권을 \ 행사하}{는 \ 때에는 \ 부진정연대채무를 \ 짐}$)·미성년후견인, 피성년후견인의 경우에는 성년후견인($\binom{구 \ 판례는 \ 금치산선고를 \ 받지 \ 않은 \ 심신상실자의}{경우에는 \ 처·부모의 \ 순으로 \ 감독의무자가 \ 된다}$고 한다. 대판 1957. 7. 25, 4290민상302)이다. 그리고 정신질환자의 경우에는 민법에 따른 후견인 또는 부양의무자이다($\binom{「정신건강증진 \ 및 \ 정신질환자 \ 복지서비스 \ 지원에 \ 관한}{법률」 \ 39조 \ 1항. \ 대판 \ 2021. \ 7. \ 29, \ 2018다228486도 \ 참조}$).

대리감독자는 법정 감독의무 없이 계약 또는 법률 등에 기초하여 감독의무를 부담하는 자이며, 탁아소의 보모, 유치원(대판 1996. 8. 23, 96다19833도 참조) 또는 초등학교의 교원, 사교육을 담당하는 학원의 설립·운영자나 교습자(대판 2008. 1. 17, 2007다40437: 초등학교 1학년인 학원 수강생이 쉬는 시간에 학원 밖으로 나갔다가 교통사고로 사망한 사안에서 학원 운영자의 보호·감독의무 위반을 인정한 사례), 정신병원의 의사 등이 그 예이다.

(2) 법정 감독의무자와 대리감독자의 책임은 서로 배척하는 것이 아니며 병존할 수 있다(이설이 없으며, 판례도 같음. 대판 1969. 1. 28, 68다 1804; 대판 2007. 4. 26, 2005다24318([266]에 인용함)). 양자의 책임이 병존하는 때에는 두 책임은 부진정연대채무로 된다.

〈특별손해의 예견가능성 결정의 기준이 되는 자〉

감독자책임의 손해배상범위에는 제393조가 준용되는데, 그 규정 제 2 항의 특별손해에 대한 예견가능성은 책임무능력자가 아니고 감독의무자를 기준으로 하여야 한다. 통설(김주수, 690면; 이은영, 847면)·판례(대판 1968. 6. 11, 68다639)도 같다.

[268] **4. 책임능력 있는 피감독자**(특히 미성년자)**의 행위에 대한 책임**

적어도 제755조의 법문상 피감독자에게 책임능력이 있어서 그가 스스로 불법행위책임을 지는 경우에는 감독의무자는 책임을 지지 않게 된다. 그런데 책임능력은 있지만 변제자력이 없는 경우가 많아서 문제이다. 그 때문에 피감독자에게 책임능력이 있는 때에도 감독의무자에게 책임을 인정할 필요가 있다.

이 문제는 종래 「책임능력 있는 미성년자의 감독자책임」을 둘러싸고 활발하게 논의되었으며(자세한 사항은 송덕수, 신사례, 757면 이하 참조), 다수설은 감독의무자에게 일반 불법행위책임을 인정한다(김상용, 681면; 김증한, 483면; 이은영, 842면). 그에 의하면 감독상의 부주의와 손해의 발생 사이에 인과관계가 있으면 일반 불법행위의 원칙에 따라서 감독의무자가 책임을 진다고 한다. 그러나 이때 제755조에 의한 증명책임의 전환은 인정되지 않으므로, 감독상의 부주의의 증명은 피해자가 해야 할 것이라고 한다.

그리고 판례는 과거에는 위의 다수설과 같은 판결(대판 1975. 1. 14, 74다 1795 등 다수의 판결)과 제755조를 확대적용하는 판결(대판 1984. 7. 10, 84다카474)로 나뉘어 있었으나, 그 후 전원합의체 판결(대판(전원) 1994. 2. 8, 93다13605)에 의하여 후자가 폐기되고 전자로 통일되었다(그 후속판결도 많이 있다. 대판 1994. 8. 23, 93다60588; 대판 1997. 3. 28, 96다15374 등)(판례는 정신질환자의 경우에도 다수설과 같은 법리를 인정한다. 대판 2021. 7. 29, 2018다228486). 그리고 판례는, 미성년 자녀를 양육하며 친권을 행사하는 부모는 미성년자의 감독의무자로서 미성년자의 불법행위에 대하여 손해배상책임을 지지만, 이혼으로 인하여 부모 중 1명이 친권자 및 양육자로 지정된 경우 그렇지 않은 부모(비양육친)는, 미성년자의 부모라는 사정만으로 미성년 자녀에 대하여 감독의무를 부담한다고 볼 수 없으므로, 그의 감독의무를 인정할 수 있는 특별한 사정이 있는 경우를 제외하고는 감독의무 위반으로 인한 손해배상책임을 지지 않는다고 한다(대판 2022. 4. 14, 2020다240021[핵심판례 394면]. 면접교섭권에 관한 규정은 제 3 자와의 관계에서 손해배상책임의 근거가 되는 감독의무를 부과하는 규정이라고 할 수 없다고 함).

생각건대 다수설과 판례는 이론상 부당하지 않다. 그러나 그 이론을 제대로 적용할 경우 그 요건(특히 감독의무 위반과 손해발생 사이의 인과관계에 관하여)이 갖추어지는 경우가 얼마나 있을지 의문이다. 그러다 보니 판결 중에는 무리하게 불법행위의 성립을 인정한 것들이 대부분이다(대판 1992. 5. 22, 91다37690도 그 중의 하나이다. 감독자책임을 부정한 대판 2003. 3. 28, 2003다5061도 참조). 그러한 판결은 결과에서는 타당할지 몰라도 불법행위의 일반이론, 특히 상당인과관계이론을 흔들리게 하여 문제이다. 이 모든 문제점은 제755조가 피감독자인 가해자에게 책임능력이 있는 경우에는 감독의무자가 책임을 지지 않도록 규정함으로써 생긴 것이다. 따라서 피감독자에게 책임능력이 있는 때에도 감독의무자에게 책임을 인정하는 내용으로 그 규정을 시급히 개정하여야 한다(독일민법 832조 참조).

〈판 례〉

(ㄱ)「민법 제750조에 대한 특별규정인 민법 제755조 제 1 항에 의하여 책임능력 없는 미성년자를 감독할 법정의 의무 있는 자가 지는 손해배상책임은 그 미성년자에게 책임이 없음을 전제로 하여 이를 보충하는 책임이고, 그 경우에 감독의무자 자신이 감독의무를 해태하지 아니하였음을 입증하지 아니하는 한 책임을 면할 수 없는 것이나, 반면에 미성년자가 책임능력이 있어 그 스스로 불법행위책임을 지는 경우에도 그 손해가 당해 미성년자의 감독의무자의 의무위반과 상당인과관계가 있으면 감독의무자는 일반 불법행위자로서 손해배상책임이 있다 할 것이므로, 이 경우에 그러한 감독의무 위반 사실 및 손해발생과의 상당인과관계의 존재는 이를 주장하는 자가 입증하여야 할 것이다.」(대판(전원) 1994. 2. 8, 93다13605)

(ㄴ) 책임능력 있는 미성년자들의 부모인 감독의무자에게 친권자로서의 감독의무를 현저히 해태한 과실이 있다고 하여 미성년자들의 불법행위(폭력행위)에 대하여 일반불법행위자로서 미성년자들과의 공동불법행위책임을 인정한 사례(대판 1991. 4. 9, 90다18500).

[269] **III. 사용자의 책임**

1. 서   설

(1) 의   의

사용자책임은 피용자가 사무집행에 관하여 제 3 자에게 손해를 가한 경우에 사용자 또는 사용자에 갈음하여 그 사무를 감독하는 자가 그에 대하여 지는 배상 책임을 말한다($\frac{756}{조}$). 회사 직원이 회사의 짐을 옮기다가 떨어뜨려 행인을 다치게 한 경우에 회사가 그에 대하여 손해배상을 하는 것이 그 예이다.

사용자책임에 관한 제756조는 가사(家事) 사용관계뿐만 아니라 기업의 사용 관계에도 적용된다. 그런데 그 규정은 사용자에게 면책사유를 인정하고($\frac{1항}{단서}$), 피용자에 대한 구상권을 인정하는 점($\frac{3}{항}$)에서, 기업의 사용관계에는 적절하지 않다. 입법론으로는 제756조를 유지하되, 기업책임에 관하여는 특별규정으로 따로 규율하는 것이 바람직하다.

(2) 성   질

1) 중간적 책임   사용자책임은 책임무능력자의 감독자책임과 마찬가지로 과실책임과 무과실책임의 중간적 책임이다($\frac{[266]}{참조}$).

2) 대위책임(代位責任)   사용자책임이 사용자의 고유한 책임인가에 관하여는 학설이 대립한다. i) 사용자 고유의 책임이 아니고 피용자의 불법행위책임에 대한 대위책임이라는 견해(대위책임설)($\frac{김상용, 688면; 지}{원림, 1713면 등}$), ii) 사용자가 피용자의 선임·감독을 제대로 다하지 못한 데 따른 사용자 자신이 부담하여야 할 책임이라는 견해(고유책임설)($\frac{이은영,}{851면}$), iii) 원칙적으로 고유책임이나 피용자의 가해가 지위의 남용·직무의 일탈의 결과로 온 경우에는 예외적으로 대위책임이라는 견해($\frac{김주수,}{691면}$)가 그것이다. i)설은 사용자책임의 성립에 피용자의 불법행위책임 발생이 필요하고, 또 사용자가 손해배상을 한 뒤에는 피용자에게 전액 구상할 수 있다고 하는 데 비하여, ii)설은 피용자의 불법행위책임 발생을 요구하지 않으며 구상권도 제한된다고 한다. 그리고 판례는 i)설과 같다($\frac{대판(전원) 1992. 6.}{23, 91다33070}$). 생각건대 사용자 책임의 성립에 사용자의 과실이 요구되기는 하나, 제756조 제 3 항이 피용자에 대한 구상권을 인정하는 점에 비추어 볼 때, 근본적으로는 피용자가 져야 할 책임을 사용자가 대신 지는 것으로 이해하여야 할 것이다.

(3) 근 거 [270]

사용자책임이 인정되는 근거에 대하여는 i) 타인을 사용하여 이익을 얻고 있는 자는 그 피용자가 주는 손해에 대하여도 책임을 져야 한다는 보상책임의 원리를 드는 견해(이 견해는 현실적으로 이익이 없는 경우에도 타인을 사용하여 자기)(곽윤직,의 활동범위를 넓히므로 그 책임범위도 넓어져야 한다고 설명한다)(416면 등), ii) 근거를 원칙적으로 보상책임의 원리에서 찾을 수 있지만 사용자가 배상을 쉽게 할 수 있다는 현실적 고려와 손실의 사회적 분배라는 정책적 고려도 함께 중시하여야 한다는 다원적 견해(김상용, 690면. 김주수, 690면은)(모습이 조금 다른 다원설이다) 등이 있다.

(4) 다른 책임과의 관계

1) 제35조에 의한 법인의 책임과의 관계 법인의 불법행위책임(민법총칙[342] 이하 참조)에 관한 제35조는 제756조와 유사하다. 특히 사용자가 법인인 경우에 그렇다. 그러나 제35조는 법인의 대표기관의 불법행위에만 적용되고, 그때의 책임은 법인 자신의 것으로서 면책이 인정되지 않는다. 그에 비하여 대표기관이 아닌 법인의 피용자가 가해행위를 한 경우에는 제756조가 적용되며, 거기에서는 면책이 인정된다(756조 1항 단서 참조).

2) 국가배상법과의 관계 공무원 또는 공무를 위탁받은 사인이 그 직무를 집행함에 있어서 불법행위를 한 경우에는 제756조가 적용되지 않고 그에 대한 특칙인 국가배상법 제 2 조가 적용된다(대판 1975. 5. 27, 75다300; 대판 1996. 8. 23, 96다19833). 그러나 국가 또는 지방자치단체가 공권력의 행사가 아니고 사인(私人)과 대등한 지위에서 사경제의 주체로 활동하였을 경우(예: 철도운행·사병의 명 찰구매계약·식당 영업)에는 국가배상법이 아니고 민법이 적용된다(대판 1962. 3. 15, 4294민상1083; 대판 1969. 4. 22, 68다2225; 대판 1970. 11. 24, 70다114; 대판 1997. 7. 22, 95다6991).

〈판 례〉

㈀ 소속 공무원의 과실이 관여되어 허위로 마쳐진 소유권이전등기를 믿고 부동산을 취득함으로써 손해를 입었다면 국가도 피해자에 대하여 불법행위에 기한 손해배상책임을 부담한다고 할 것이고 피해자가 반드시 그 부동산의 양도인을 상대로 매도인의 담보책임에 기한 손해배상청구를 먼저 혹은 동시에 하여야 하는 것은 아니다(대판 2000. 9. 5, 99다40302).

㈁「경과실이 있는 공무원이 피해자에 대하여 손해배상책임을 부담하지 아니함에도(국가배상법 2조 참조: 저자 주) 피해자에게 손해를 배상하였다면 그것은 채무자 아닌 사람이 타인의 채무를 변제한 경우에 해당하고, 이는 민법 제469조의 '제 3 자의 변제' 또는 민법 제744조의 '도의관념에 적합한 비채변제'에 해당하여 피해자는 공무원에 대하여 이를

반환할 의무가 없고, 그에 따라 피해자의 국가에 대한 손해배상청구권이 소멸하여 국가는 자신의 출연 없이 그 채무를 면하게 되므로, 피해자에게 손해를 직접 배상한 경과실이 있는 공무원은 특별한 사정이 없는 한 국가에 대하여 국가의 피해자에 대한 손해배상책임의 범위 내에서 공무원이 변제한 금액에 관하여 구상권을 취득한다.」($\binom{\text{대판 2014. 8. 20,}}{2012다54478}$)

3) 자동차손해배상보장법과의 관계　　동일한 자동차사고에 대하여 자동차손해배상보장법($^{자배}_{법}$) 제 3 조와 민법 제756조가 모두 적용될 수 있는 경우에는, 전자만이 적용된다. 그러나 그 범위를 넘는 때에는 제756조가 적용된다($^{자배법 4}_{조도 참조}$). 그런데 판례는 교통사고로 인한 손해배상청구권이 자동차손해배상보장법의 적용을 받는다고 하더라도 피해자가 사용자책임을 주장하여 청구할 수 있다고 한다($\binom{\text{대판 1970. 8. 31, 70다714;}}{\text{대판 1976. 4. 13, 74다2029}}$).

4) 이행보조자와 불법행위책임의 관계　　이행보조자의 고의·과실에 의한 행위가 동시에 불법행위가 되는 경우($^{예: 수치인의 이행보조자가 과}_{실로 임치물을 멸실시킨 경우}$)에는, 채무자는 채무자로서의 계약책임($^{391조}_{참조}$)과 제756조에 의한 사용자책임을 지게 된다($^{청구권경합}_{설의 입장}$).

[271]　　**2. 요　건**

(1) 타인을 사용하여 어느 사무에 종사하게 하였을 것(사용관계)

1) 여기서 「사무」란 일반적으로 말하는 「일」이며, 매우 넓은 의미이다. 그것은 법률적·계속적인 것뿐만 아니라 사실적·일시적인 것이어도 무방하고($\binom{\text{대판 1989. 10. 10,}}{\text{89다카2278}}$), 영리적이냐 비영리적이냐도 묻지 않는다.

「타인을 사용한다」는 것은 사용자가 불법행위자(피용자)를 실질적으로 지휘·감독하는 관계(사용관계)에 있음을 가리킨다($\binom{\text{대판 1995. 4. 11, 94다15646; 대판 1998. 4. 28,}}{\text{96다25500; 대판 1999. 10. 12, 98다62671; 대판}}$ $^{2001. 9. 4,}_{2000다26128}$). 그러한 관계는 고용계약에 의하여 성립하는 것이 보통이지만, 위임($\binom{\text{대판 1998. 4. 28,}}{\text{96다25500}}$)·조합의 경우에도 있을 수 있다. 또한 타인에게 위탁하여 계속적으로 사무를 처리하여 온 경우 객관적으로 보아 그 타인의 행위가 위탁자의 지휘·감독의 범위 내에 속한다고 보이는 경우 그 타인은 제756조에 규정한 피용자에 해당한다($\binom{\text{대판 2022. 2. 11, 2021다283834. 같은 취지: 대판 1998. 8. 21, 97다}}{\text{13702; 대판 1992. 2. 25, 91다39146; 대판 2010. 10. 28, 2010다48387}}$). 그리고 이 관계는 반드시 법적으로 유효한 것이어야 할 필요가 없으며, 사실상 지휘·감독을 하는 것으로 충분하다($\binom{\text{대판 1996. 10. 11, 96다30182; 대판 1998. 8. 21, 97다13702(위탁하여 사실상 지휘하는 경우); 대판 2003.}}{\text{12. 26, 2003다49542; 대판 2010. 10. 28, 2010다48387; 대판 2017. 9. 26, 2014다27425; 대판 2022. 2. 11,}}$

2021다283834). 또한 사용관계는 묵시적인 것이어도 무방하고(대판 1995. 6. 29, 95다13289), 보수의 유무나 기간의 길고 짧음은 묻지 않는다(대판 1960. 12. 8, 4292민상977). 한편 판례는 제756조의 사용관계에 있어서 실질적인 지휘·감독 관계는 실제로 지휘·감독하고 있느냐의 여부에 의하여 결정되는 것이 아니라 객관적으로 지휘·감독을 하여야 할 관계에 있느냐의 여부에 따라 결정된다고 하며(대판 2019. 11. 14, 2019216312; 대판 2022. 2. 11, 2021다283834. 의용민법의 해석에 관한 같은 취지의 판례: 대판 1961. 11. 23, 4293민상745), 이 법리를 명의대여의 경우에도 적용하고 있다(대판 1987. 12. 8, 87다카459; 대판 1994. 10. 25, 94다24176; 대판 1997. 4. 11, 97다386; 대판 2001. 8. 21, 2001다3658; 대판 2003. 7. 25, 2003다9049; 대판 2005. 2. 25, 2003다36133. 뒤의 세 판결은 「객관적」 대신에 「객관적·규범적」이라 함).

〈판 례〉

사용관계에 관련된 주요 판례를 정리한다.

① 동업관계라 하더라도 사무집행에 관하여 지휘·감독하는 관계에 있으면 사용관계가 인정된다(대판 1961. 10. 26, 4293민상288; 대판 1979. 7. 10, 79다644). 그리고 동업관계에 있는 자들이 공동으로 처리하여야 할 업무를 동업자 중 1인에게 맡겨 그로 하여금 처리하도록 한 경우 다른 동업자는 그 업무집행자의 동업자인 동시에 사용자의 지위에 있다 할 것이므로, 업무집행과정에서 발생한 사고에 대하여 사용자로서 손해배상책임이 있다(대판 2006. 3. 10, 200565562. 같은 취지: 대판 1998. 4. 28, 97다55164; 대판 1999. 4. 27, 98다36238(합동법무사사무소의 구성원인 법무사들이 등기사무를 처리함에 있어서 구성원인 법무사 중 1인이 등기신청 대행 업무를 처리하면서 다른 법무사를 서류상 작성명의인으로 기재한 경우, 서류상의 법무사는 실제 업무를 처리한 법무사에 대해 사용자관계에 있다)).

② 자동차를 운전수와 함께 타인에게 빌려준 자는 그 운전수의 과실로 인한 사고에 대하여 사용자책임이 있다(대판 1961. 12. 21, 4294민상224; 대판 1963. 9. 26, 63다455). 차량지입회사가 지입된 차량을 운전수와 함께 대여한 경우에도 같다(대판 1980. 8. 19, 80다708). 그리고 지입된 차량과 운전수를 지입차주가 일시대여한 때에도 지입회사는 사용자책임을 진다(대판 1992. 3. 31, 91다39849; 대판 1995. 4. 7, 94다3872).

③ 사표 수리 후 사실상 종전과 같이 근무한 자에 대하여는 사용관계가 인정될 수 있으나(대판 1982. 11. 23, 82다카1133), 피용자가 퇴직한 뒤에도 사용자의 실질적인 지휘·감독 아래에 있었다고 볼 수 있는 특별한 사정이 없으면 원칙적으로 종전의 사용자에게 사용자책임을 물을 수 없다(대판 2001. 9. 4, 2000다26128).

④ 건물임차인이 임대인으로부터 수리비용을 받아 임차목적물을 직접 수리하였다고 하여 그 수리업무에 있어서 임차인이 임대인의 피용자가 되거나 임대인으로부터 지휘·감독을 받을 지위에 있게 된다고 볼 수 없다(대판 1993. 3. 26, 92다10081).

⑤ 위임의 경우에도 위임인과 수임인 사이에 지휘·감독관계가 있으면 사용관계가 인정된다(대판 1998. 4. 28, 96다25500. 변호사의 불법행위에 대하여 위임인의 사용자책임을 인정함).

⑥ 「명의대여관계의 경우 민법 제756조가 규정하고 있는 사용자책임의 요건으로서의 사용관계가 있느냐 여부는 실제적으로 지휘·감독을 하였느냐의 여부에 관계없이 객관적·규범적으로 보아 사용자가 그 불법행위자를 지휘·감독해야 할 지위에

있었느냐의 여부를 기준으로 결정하여야 한다.」(대판 2001. 8. 21, 2001다3658. 같은 취지: 대판 2005. 2. 25, 2003다36133 등)

⑦ 「다단계판매원이 다단계판매업자의 상품 또는 용역을 소비자에게 판매하고, 하위판매원의 모집 및 후원활동을 하는 것은 실질적으로 다단계판매업자의 관리 아래 그 업무를 위탁받아 행하는 것으로 볼 수 있고, 다단계판매업자도 재화 등의 판매에 의한 이익의 귀속주체가 된다고 할 것이므로, 다단계판매원은 다단계판매업자의 지휘·감독을 받으면서 다단계판매업자의 업무를 직접 또는 간접으로 수행하는 자로서 다단계판매업자와 관계에서 민법 제756조에 규정한 피용자에 해당한다고 할 것이다.」(대판 2008. 11. 27, 2008다56118)

⑧ 「운송인을 위하여 운송계약의 이행을 보조하거나 대행하고 있더라도 운송인으로부터 직접 지휘·감독을 받지 않고 독립하여 영업활동을 수행하고 있을 뿐이라면 그러한 자를 운송인의 피용자라고 할 수는 없는 것이므로, 운송인은 그러한 자의 불법행위에 대하여 사용자로서의 손해배상책임을 지지 아니한다.」(대판 2000. 3. 10, 99다55052)

⑨ 「오피스텔 건축 시행사와 분양대행 용역계약을 체결하여 분양대행 업무를 수행하는 경우에도 사실상 시행사의 지휘·감독 아래 시행사의 의사에 따라 분양대행 업무를 수행하였다면 사용자, 피용자의 관계에 있다.」(대판 2010. 10. 28, 2010다48387)

[272]   **2) 도급인의 경우**   도급인은 수급인의 사용자가 아니기 때문에 수급인이 그 일에 관하여 제 3 자에게 가한 손해를 배상할 책임이 없다(757조 본문. 이는 주의적 규정임: 대판 2006. 4. 27, 2006다4564). 그러나 도급 또는 지시에 관하여 도급인에게 중대한 과실이 있는 때에는 배상책임이 있다(757조 단서).

한편 도급인과 수급인 사이에 사용관계가 인정되는 때에는 도급인은 제756조에 의하여 사용자책임을 진다. 통설(곽윤직, 416면; 김상용, 693면; 김주수, 710면; 이은영, 871면)·판례(대판 1982. 1. 26, 81다544; 대판 1983. 11. 22, 83다카1153; 대판 1987. 10. 28, 87다카1185; 대판 1991. 3. 8, 90다18432; 대판 1993. 5. 27, 92다48109)도 같다. 원수급인과 하수급인 사이에서도 마찬가지이다(대판 1975. 7. 30, 74다2256). 그리고 판례는 도급인이 수급인에 대하여 특정한 행위를 지휘하거나 특정한 사업을 도급시키는 경우와 같은 이른바 노무도급의 경우에는 비록 도급인이라 하더라도 사용자책임이 있다고 한다(대판 1965. 10. 19, 65다1688; 대판 1983. 2. 8, 81다428; 대판 1998. 6. 26, 97다58170; 대판 2005. 11. 10, 2004다37676). 그러나 도급인이 수급인의 공사에 대하여 감리적(監理的)인 감독을 하는 데 지나지 않을 때에는 사용관계를 인정할 수 없다고 한다(대판 1983. 11. 22, 83다카1153; 대판 2014. 2. 13, 2013다78372).

3) 명의대여자의 책임   어떤 사업에 관하여 자기의 명의의 사용을 허용한 자는 명의를 빌린 자의 가해행위에 대하여 사용자책임을 질 뿐만 아니라

(대판 1994. 10. 25, 94다24176; 대판 1996. 5. 10, 95다50462; 대판 1998. 5. 15, 97다58538; 대판 2001. 8. 21, 2001다3658; 대판 2005. 2. 25, 2003다36133 등)(대판 1993. 3. 26, 92다10081은 숙박업허가 명의대여의 경우에 사용자책임을 부정한

다. 공중위생법이 숙박업은 허가명의자에 중점을 두는 것이 아니라 시설물을 기준으로 하여 허가를 하고 있고, 허가명의를 양도하는 경우 등에도 양수인이 별다른 제한없이 그 지위를 승계하는 것으로 규정하고 있다는 점이 그 이유이다), 명의를 빌린 자의 피용자의 가해행위에 대하여도 사용자책임을 진다(대판 1959. 5. 21,
4291민상58; 대판
1964. 4. 7,
63다638). 그리고 이러한 법리는 이른바 차량지입제(車輛持込制)의 경우에도 그대로 인정된다. 그리하여 차량소유자(지입차주)가 차량을 운송사업자(지입회사) 명의로 등록한 후 소유자가 사실상 운행하는 경우에 지입회사는 그 지입차주 또는 그가 고용한 운전수의 가해행위에 대하여 사용자책임을 진다(대판 1991. 8. 23, 91다15409; 대
판 1995. 11. 10, 95다34255; 대판
2000. 10. 13,
2000다20069 등).

(2) 피용자가「그 사무집행에 관하여」손해를 가했을 것

[273]

여기서 어떤 행위가 사무집행에 관한 행위인지가 문제된다. 그에 대하여 판례는, 원칙적으로 피용자의 직무범위에 속하는 행위이어야 할 것이지만 직무집행행위 자체는 아닐지라도 그 행위의 외형으로 관찰하여 마치 직무범위 내에 속하는 것과 같이 보이는 행위도 포함된다고 한다(대판 1971. 6. 8, 71다598; 대판 1979. 7. 10,
79다795; 대판 1985. 8. 13, 84다카979 등). 그리고 그러한 행위이면 피용자가 사리(私利)를 꾀하기 위하여 그 권한을 남용하여 한 경우(대판 1980. 1. 15, 79다1867;
대판 1984. 2. 28, 82다카1875), 사용자 또는 사용자에 갈음하여 그 사무를 감독하는 자의 구체적인 명령 또는 위임에 따르지 않은 경우(대판 1992. 7. 28,
92다10531)도 사무집행에 관한 행위로 된다. 그런데 근래 판례는「외형상 객관적으로 사용자의 사무집행에 관련된 것인지의 여부는 피용자의 본래 직무와 불법행위와의 관련 정도 및 사용자에게 손해발생에 대한 위험창출과 방지조치 결여의 책임이 어느 정도 있는지를 고려하여 판단하여야 할 것」이라고 한다(대판 1988. 11. 22, 86다카1923 이
래 같은 취지의 많은 판결이 있음). 이것이 이른바 판례의 외형이론이다. 그리고 판례는 이러한 외형이론을 거래행위적인 불법행위뿐만 아니라 사실행위적인 불법행위에도 적용한다(예: 대판 1991. 1. 11, 90다8954(택시운전수가
택시운행 중 승객인 부녀를 강간한 경우 외형
이론에 의하여 회사의
사용자책임을 인정함)). 한편 판례는 피용자의 불법행위가 사무집행행위에 해당하지 않음을 피해자 자신이 알았거나 중대한 과실로 알지 못한 경우에는, 피해자는 사용자책임을 물을 수 없다고 한다(대판 1983. 6. 28, 83다카217; 대판 1992. 7. 28, 92다10531; 대판 1999. 1. 26, 98
다39930; 대판 2007. 9. 20, 2004다43886; 대판 2008. 1. 18, 2006다41471; 대판
2011. 11. 24, 2011다41529(특히 금융기관과의 거래에서는 건전한 금융거래의 상식에 비추어 정식 금융거래와는 동떨어진
때에는 거래 상대방에게 사무집행행위에 해당하지 않는다는 점에 대한 고의 또는 중대한 과실이 인정될 여지가 많다고 함);
대판 2016. 6. 28, 2012
다44358·44365). 이는 본래 외형이론이 피용자와 거래한 상대방의 신뢰를 보호하려는 데서 출발하였기 때문에 두어진 제한이다.

이러한 판례의 외형이론에 대하여 학설은 i) 초기의 판례를 지지하는 견해(곽윤직,
419면 등)와 ii) 사용자책임의 발생은「사무집행의 외형」자체를 매개로 할 것이 아니라 「사무집행의 외형을 만들었다는 점」을 매개로 하여야 한다는 견해(제한외형이론. 이_{는 근래의 판례와} 유사)(이은영, 857면,)로 나뉘어 있다. 초기 판례의 외형이론이 너무 광범위하다는 점에 비추어 볼 때, 그 제한이 고려되는 근래의 판례의 입장이 더 바람직한 것으로 생각된다.

〈판 례〉

(ㄱ) 「민법 제756조에 규정된 사용자책임의 요건인 사무집행에 관하여라는 뜻은 피용자의 불법행위가 외형상 객관적으로 사용자의 사업활동 내지 사무집행행위 또는 그와 관련된 것이라고 보여질 때에는 행위자의 주관적 사정을 고려함이 없이 이를 사무집행에 관하여 한 행위로 본다는 것이고, 외형상 객관적으로 사용자의 사무집행에 관련된 것인지의 여부는 피용자의 본래 직무와 불법행위와의 관련 정도 및 사용자에게 손해발생에 대한 위험창출과 방지조치 결여의 책임이 어느 정도 있는지를 고려하여 판단하여야 할 것」이다(대판 1988. 11. 22, 86다카1923 등).

(ㄴ) 「민법 제756조에 규정된 사용자책임의 요건인 '사무집행에 관하여'라 함은 피용자의 불법행위가 외형상 객관적으로 사용자의 사업활동, 사무집행행위 또는 그와 관련된 것이라고 보일 때에는 행위자의 주관적 사정을 고려하지 않고 사무집행에 관하여 한 행위로 본다는 것이다. 피용자가 다른 사람에게 가해행위를 한 경우 그 행위가 피용자의 사무집행 그 자체는 아니더라도 사용자의 사업과 시간적·장소적으로 근접하고 피용자의 사무의 전부 또는 일부를 수행하는 과정에서 이루어지거나 가해행위의 동기가 업무처리와 관련된 것이라면 외형적·객관적으로 사용자의 사무집행행위와 관련된 것이라고 보아 사용자책임이 성립한다. 이때 사용자가 위험발생을 방지하기 위한 조치를 취하였는지 여부도 손해의 공평한 부담을 위하여 부가적으로 고려할 수 있다(대법원 2017. 12. 22. 선고 2016다202947 판결 참조)·」(대판 2021. 3. 11, 2018다285106. 같은 취지: 대판 2000. 2. 11, 99다47297; 대판 2021. 9. 16, 2021다219529)

(ㄷ) 「피용자가 다른 피용자를 성추행 또는 간음하는 등 고의적인 가해행위를 한 경우, 그 행위가 피용자의 사무집행 자체는 아니라 하더라도, 피해자로 하여금 성적 굴욕감 또는 혐오감을 느끼게 하는 방법으로 업무를 수행하도록 하는 과정에서 피해자를 성추행하는 등 그 가해행위가 외형상 객관적으로 업무의 수행에 수반되거나 업무수행과 밀접한 관련 아래 이루어지는 경우뿐만 아니라, 피용자가 사용자로부터 채용, 계속고용, 승진, 근무평정과 같은 다른 근로자에 대한 고용조건을 결정할 수 있는 권한을 부여받고 있음을 이용하여 그 업무수행과 시간적, 장소적인 근접성이 인정되는 상황에서 피해자를 성추행하는 등과 같이 외형상 객관적으로 사용자의 사무집행행위와 관련된 것이라고 볼 수 있는 사안에서도 사용자책임이 성립할 수 있다.」(대판 2009. 2. 26, 2008다 89712)

(ㄹ) 「피용자의 불법행위가 외관상 사용자의 사무집행의 범위 내에 속하는 것으로

보여지는 경우에 사용자는 민법 제756조에 의한 배상책임을 면할 수 없으나, 다만 피
용자의 행위가 사용자의 사무집행행위에 해당하지 않음을 피해자 자신이 알았거나
또는 중대한 과실로 알지 못한 경우에는 사용자에 대하여 사용자책임을 물을 수 없
다.」$\binom{\text{대판 1983. 6. 28,}}{\text{83다카217 등}}$

(ㅁ)「법인이 피해자인 경우 법인의 업무에 관하여 포괄적 대리권을 가진 대리인이
가해자인 피용자의 행위가 사용자의 사무집행행위에 해당하지 않음을 안 때에는 피
해자인 법인이 이를 알았다고 보아야 하고, 이러한 법리는 그 대리인이 본인인 법인
에 대한 관계에서 이른바 배임적 대리행위를 하는 경우에도 마찬가지라고 할 것이다
$\binom{\text{대법원 2005. 12. 23. 선고}}{\text{2003다30159 판결 등 참조}}$·」$\binom{\text{대판 2007. 9. 20, 2004다43886: 증권회사 직원이 피해자 회사의 경리이사와 공모하}}{\text{여 환매조건부채권 예금계좌에 입금한 피해자 회사의 자금으로 임의로 주식거래를}}$
$\binom{\text{한 사안에서, 위 증권회사 직원의 행위가 증권회사의 사무집행행위에 속하지 않는다는 것을 위 경리이사가 알고 있었으}}{\text{므로 피해자 회사가 이를 알았다고 보아 피해자 회사는 위 증권회사에 대하여 사용자책임을 물을 수 없다고 한 사례}}$

(ㅂ)「사용자책임이 면책되는 피해자의 중대한 과실이라 함은 거래의 상대방이 조금
만 주의를 기울였더라면 피용자의 행위가 그 직무권한 내에서 적법하게 행하여진 것
이 아니라는 사정을 알 수 있었음에도 만연히 이를 직무권한 내의 행위라고 믿음으
로써 일반인에게 요구되는 주의의무에 현저히 위반하는 것으로 거의 고의에 가까운
정도의 주의를 결여하고, 공평의 관점에서 상대방을 구태여 보호할 필요가 없다고
봄이 상당하다고 인정되는 상태를 말한다.」$\binom{\text{대판 1998. 10. 27, 97다47989. 같은 취지: 대판}}{\text{2007. 11. 16, 2005다55312; 대판 2010. 2. 25,}}$
$\binom{\text{2009다}}{\text{87621 등}}$

(ㅅ)「중대한 과실 유무를 판단함에 있어서는 피용자의 행위에 의한 거래가 있었던
당시의 사정을 기준으로 하여야 한다.」$\binom{\text{대판 2007. 4. 12,}}{\text{2006다21354}}$

(3)「제 3 자」에게 손해를 가했을 것 [274]

여기의「제 3 자」는 사용자와 가해행위를 한 피용자 이외의 자를 가리킨다
$\binom{\text{대판 1966. 10. 21,}}{\text{65다825}}$. 따라서 근로자가 그 업무집행 중 다른 근로자에게 손해를 가한 경
우에도 사용자책임이 생긴다$\binom{\text{대판 1964. 11. 30, 64다1232. 그 밖에 사용자에}}{\text{대한 근로기준법상의 재해보상청구권도 생김}}$. 그리고 조합$\binom{\text{법인인}}{\text{건설공}}$
$\binom{\text{제조}}{\text{합임}}$출장소장이 권한 없이 발행한 약속어음을 배서양도받은 소지인이 어음금의
지급을 받지 못한 경우에 그 소지인도 조합과의 관계에서 여기의 제 3 자에 해당
한다$\binom{\text{대판 1972. 5. 31,}}{\text{72다611}}$.

〈판 례〉

어음이 위조된 경우에 피위조자는 민법상 표현대리에 관한 규정이 유추적용될 수
있다는 등의 특별한 경우를 제외하고는 원칙적으로 어음상의 책임을 지지 아니하나,
피용자가 어음위조로 인한 불법행위에 관여한 경우에 그것이 사용자의 업무집행과
관련한 위법한 행위로 인하여 이루어졌으면 그 사용자는 민법 제756조에 의한 손해
배상책임을 지는 경우가 있고, 이 경우에 사용자가 지는 책임은 어음상의 책임이 아

니라 민법상의 불법행위책임이므로 그 책임의 요건과 범위가 어음상의 그것과 일치하는 것이 아니다. 따라서 민법 제756조 소정의 사용자책임을 논함에 있어서는 어음소지인이 어음법상 소구권을 가지고 있느냐는 등 어음법상의 권리 유무를 따질 필요가 없으므로, 어음소지인이 현실적으로 지급제시를 하여 지급거절을 당하였는지의 여부가 어음배서의 위조로 인한 손해배상책임을 묻기 위하여 필요한 요건이라고 할 수 없고, 어음소지인이 적법한 지급제시기간 내에 지급제시를 하지 아니하여 소구권 보전의 절차를 밟지 않았다고 하더라도 이는 어음소지인이 이미 발생한 위조자의 사용자에 대한 불법행위책임을 묻는 것에 장애가 되는 사유라고 할 수 없다($^{대판(전원)}_{1994. 11. 8,}$ $^{93다}_{21514}$).

(4) 피용자의 가해행위가 불법행위의 요건을 갖출 것

사용자책임이 성립하기 위하여 피용자의 가해행위가 고의·과실과 책임능력 등의 불법행위의 성립요건을 갖추어야 하는가에 관하여는 논란이 있다. 학설은 i) 긍정설($^{곽윤직, 419면;}_{김상용, 696면}$), ii) 피용자의 과실 및 책임능력은 필요하지 않다는 견해 ($^{이은영,}_{853면}$), iii) 피용자의 과실은 필요하지만 책임능력은 필요하지 않을 때도 있다는 견해($^{김주수,}_{698면}$)로 나뉘어 있다. i)설은 사용자책임을 대위책임이라고 하는 입장이며, 그 이유로 ① 그러지 않으면 사용자에게 가혹하다는 점, ② 제756조 제 3 항이 사용자의 피용자에 대한 구상권을 규정하고 있다는 점을 든다. ii)설은 사용자책임이 사용자의 고유책임이라는 입장이며, 그 이유로 ① 피용자에게 과실이 없는데도 사용자책임이 인정되어야 할 때가 있다는 점, ② 제756조가 이를 요구하고 있지 않다는 점, ③ 그렇게 새기지 않으면 피해자에게 가혹하다는 점을 든다. 한편 판례는 i)설과 같다($^{대판 1981. 8. 11, 81다298: 대리감독자의 과실에 대하여 그의 사}_{용자의 책임을 인정하기 위하여 불법행위의 일반요건을 요구함}$). i)설이 타당하다.

(5) 사용자가 면책사유 있음을 증명하지 못할 것

사용자는 피용자의 선임 및 그 사무감독에 상당한 주의를 한 때 또는 상당한 주의를 하여도 손해가 있을 경우에는 사용자책임을 지지 않는다($^{756조 1}_{항 단서}$). 그것의 증명은 사용자가 하여야 하나($^{대판 1967. 9. 26, 67다1432; 대판 1969. 1. 28, 68다578;}_{대판 1971. 10. 11, 71다1641; 대판 1998. 5. 15, 97다58538}$), 사용자는 두 면책사유 중 어느 하나만 증명하면 면책된다. 그런데 종래 우리의 법원실무에서는 사용자의 면책을 인정한 예가 극히 적어($^{대판 1978. 3. 14, 77다491; 대판 1979. 4. 24,}_{79다185에서 면책을 인정하였음}$), 사실상 무과실책임처럼 운용되고 있다.

사용자가 직접 피용자를 선임·감독하지 않고 감독기관($^{예: 공장장·출장}_{소장·현장소장}$)을 두어

감독하게 한 경우에는, 사용자가 감독기관의 선임·감독에 과실이 있든 없든 감독자에게 과실이 있으면 사용자에게도 과실이 있다고 새겨야 한다($\binom{\text{같은 취지: 곽윤직,}}{\text{421면; 김상용, 697면}}$).

〈판 례〉

「파견근로자 보호 등에 관한 법률에 의한 근로자 파견은 파견사업주가 근로자를 고용한 후 그 고용관계를 유지하면서 사용사업주와 사이에 체결한 근로자 파견계약에 따라 사용사업주에게 근로자를 파견하여 근로를 제공하게 하는 것으로서, 파견근로자는 사용사업주의 사업장에서 그의 지시·감독을 받아 근로를 제공하기는 하지만 사용사업주와의 사이에는 고용관계가 존재하지 아니하는 반면, 파견사업주는 파견근로자의 근로계약상의 사용자로서 파견근로자에게 임금지급의무를 부담할 뿐만 아니라, 파견근로자가 사용사업자에게 근로를 제공함에 있어서 사용사업자가 행사하는 구체적인 업무상의 지휘·명령권을 제외한 파견근로자에 대한 파견명령권과 징계권 등 근로계약에 기한 모든 권한을 행사할 수 있으므로 파견근로자를 일반적으로 지휘·감독해야 할 지위에 있게 되고, 따라서 파견사업주와 파견근로자 사이에는 민법 제756조의 사용관계가 인정되어 파견사업주는 파견근로자의 파견업무에 관련한 불법행위에 대하여 파견근로자의 사용자로서의 책임을 져야 하는 것이다. 다만, 파견근로자가 사용사업주의 구체적인 지시·감독을 받아 사용사업주의 업무를 행하던 중에 불법행위를 한 경우에 파견사업주가 파견근로자의 선발 및 일반적 지휘·감독권의 행사에 있어서 주의를 다하였다고 인정되는 때에는 면책된다.」($\binom{\text{대판 2003. 10. 9,}}{\text{2001다24655}}$).

3. 배상책임

[275]

(1) 배상책임자

제756조에 의하여 책임을 지는 자는 사용자($\frac{1}{항}$)와 「사용자에 갈음하여 그 사무를 감독하는 자」 즉 대리감독자($\frac{2}{항}$)이다. 대리감독자는 객관적으로 볼 때 사용자에 갈음하여 현실적으로 구체적인 사업을 감독하는 지위에 있는 자이다($\binom{\text{대판 1973. 3. 13, 72다2300; 대판 1992. 7. 28,}}{\text{92다10531; 대판 1998. 5. 15, 97다58538}}$). 대리감독자 중에는 감독 외에 선임권한을 가지는 자도 있다.

대리감독자가 책임을 진다고 하여 사용자가 면책되는 것은 아니다.

사용자책임의 경우에도 피해자에게 과실이 있으면 과실상계를 할 수 있다($\binom{\text{대판 2002. 12. 26, 2000다56952. 대}}{\text{판 1994. 2. 22, 93다53696도 참조}}$).

(2) 피용자 자신의 책임

사용자책임이 성립하는 경우에 피용자는 이와 별도로 제750조에 의한 불법행위책임을 진다(대판 1969. 6. 24, 69다441; 대판 1994. 2. 22, 93다53696). 그리고 이 두 책임은 부진정연대채무의 관계에 있다(같은 취지: 곽윤직, 421면; 이은영, 863면. 반대 견해: 김상용, 697면(공동불법행위라고 함)).

　사용자와 피용자가 부진정연대채무를 부담하는 경우(또는 공동불법행위의 경우)에 다액채무자가 손해배상액의 일부를 변제하면 소액채무자의 채무는 어느 범위에서 소멸하는가? 여기에 관하여 과거 우리 대법원은 여러 번, 사용자책임(대판 1994. 2. 22, 93다53696; 대판 2012. 6. 28, 2010다73765 등) 또는 공동불법행위(대판 1995. 3. 10, 94다5731 등)가 문제 되는 사안에서 다액채무자가 손해배상액의 일부를 변제하는 경우 소액채무자의 과실비율에 상응하는 만큼 소액채무자와 공동으로 채무를 부담하는 부분에서도 변제된 것으로 보아야 한다(안분설 또는 과실비율설)고 하였고, 공간된 판결로는 하나에서만, 먼저 소멸하는 부분은 다른 채무자와 공동으로 채무를 부담하는 부분이 아니라 단독으로 채무를 부담하는 부분이라고(외측설) 하였다(대판 2000. 3. 14, 99다67376). 그런데 대법원이 최근에 전원합의체 판결로, 금액이 다른 채무가 서로 부진정연대 관계에 있을 때 다액채무자가 일부 변제를 하는 경우 그 변제로 인하여 먼저 소멸하는 부분은 당사자의 의사와 채무 전액의 지급을 확실히 확보하려는 부진정연대채무 제도의 취지에 비추어 볼 때 다액채무자가 단독으로 채무를 부담하는 부분으로 보아야 한다(외측설)고 하고, 이러한 법리는 사용자의 손해배상액이 피해자의 과실을 참작하여 과실상계를 한 결과 타인에게 직접 손해를 가한 피용자 자신의 손해배상액과 달라졌는데 다액채무자인 피용자가 손해배상액의 일부를 변제한 경우와 공동불법행위자들의 피해자에 대한 과실비율이 달라 손해배상액이 달라졌는데 다액채무자인 공동불법행위자가 손해배상액의 일부를 변제한 경우에도 적용된다고 하면서, 과거의 주류였던 판례를 변경하였다(대판(전원) 2018. 3. 22, 2012다74236. 채권법총론 [163]도 참조).

(3) 피용자 또는 대리감독자에 대한 구상권

　사용자 또는 대리감독자가 피해자에게 배상한 때에는 피용자에 대하여 구상권을 행사할 수 있다(756조 3항). 구상은 전액에 대하여 할 수 있다. 그런데 일부 견해는 고유책임설의 견지에서 사용자가 고유책임부분을 제외한 나머지 배상액만을 피용자에게 구상할 수 있다고 한다(이은영, 864면). 그리고 판례는 신의칙상 상당하다고 인정되는 한도 내에서만 구상할 수 있다고 하며(대판 1987. 9. 8, 86다카1045; 대판 1991. 5. 10, 91다7255; 대판 1994. 12. 13, 94다17246; 대판 1996. 4. 9, 95다52611; 대판 2001. 1. 19, 2000다33607; 대판 2009. 11. 26, 2009다59350; 대판 2017. 4. 27, 2016다271226(이러한 구상권 제한의 법리는 사용자의 보험자가 피용자에 대하여 구상권을 행사하는 경우에도 다를 바 없다); 대판 2022. 12. 29, 2019다210697), 구체적인 사안에서 신의칙상 구상권의 행사가 부당하다고 한 적도 있다

$\binom{\text{대판 1991. 5. 10, 91다7255(아래에 직}}{\text{접인용); 대판 1994. 12. 13, 94다17246}}$.

사용자는 대리감독자에 대하여는 그의 과실과 손해발생 사이에 직접적인 인과관계가 있는 경우$\binom{\text{피용자와 대리감독자}}{\text{의 공동불법행위 포함}}$ 외에는 구상권을 행사할 수 없다고 하여야 한다$\binom{\text{같은 취지: 곽윤직,}}{\text{422면; 이은영, 868면}}$. 대리감독자에게 무거운 책임을 인정하는 것은 바람직하지 않기 때문이다. 그러나 계약관계에 기하여 채무불이행책임을 지는 것은 별개의 문제이다.

〈판 례〉

(ㄱ)「일반적으로 사용자가 피용자의 업무수행과 관련하여 행하여진 불법행위로 인하여 직접 손해를 입었거나 그 피해자인 제 3 자에게 사용자로서의 손해배상책임을 부담한 결과로 손해를 입게 된 경우에 사용자는 그 사업의 성격과 규모, 시설의 현황, 피용자의 업무내용과 근로조건 및 근무태도, 가해행위의 발생원인과 성격, 가해행위의 예방이나 손실의 분산에 관한 사용자의 배려의 정도, 기타 제반 사정에 비추어 손해의 공평한 분담이라는 견지에서 신의칙상 상당하다고 인정되는 한도 내에서만 피용자에 대하여 손해배상을 청구하거나 구상권을 행사할 수 있」다$\binom{\text{대판 2022. 12. 29,}}{\text{2019다210697}}$.

(ㄴ) 렌트카회사의 야간경비원이 업무수행과 관련하여 회사 소유의 렌트카를 운전하다가 일으킨 교통사고로 인하여 회사가 사용자로서 손해배상책임을 부담한 경우에 있어, 피용자인 위 경비원의 가해행위가 지니는 책임성에 비하여 사용자의 가해행위에 대한 기여도 내지 가공도가 지나치게 큰 점 등에 비추어 사용자로서의 피용자의 상속인과 그 신원보증인에 대한 구상권 행사가 신의칙상 부당하다고 본 사례 $\binom{\text{대판 1991. 5. 10,}}{\text{91다7255}}$.

(ㄷ)「피용자와 제 3 자가 공동불법행위로 피해자에게 손해를 가하여 그 손해배상채무를 부담하는 경우에 피용자와 제 3 자는 공동불법행위자로서 서로 부진정연대관계에 있고, 한편 사용자의 손해배상책임은 피용자의 배상책임에 대한 대체적 책임이어서 사용자도 제 3 자와 부진정연대관계에 있다고 보아야 할 것이므로, 사용자가 피용자와 제 3 자의 책임비율에 의하여 정해진 피용자의 부담부분을 초과하여 피해자에게 손해를 배상한 경우에는 사용자는 제 3 자에 대하여도 구상권을 행사할 수 있으며, 그 구상의 범위는 제 3 자의 부담부분에 국한된다고 보는 것이 타당하다.」$\binom{\text{대판}}{\text{(전원)}}$ 1992. 6. 23, 91다33070. 같은 취 지: 대판 2006. 2. 9, 2005다28426)

[276] **Ⅳ. 공작물 등의 점유자·소유자의 책임**

1. 서 설

(1) 의의 및 성질

공작물 등의 점유자·소유자의 책임(공작물책임)은 공작물 또는 수목의 하자로 인하여 타인에게 손해가 발생한 때에 제 1 차로 점유자가, 제 2 차로 소유자가 지는 책임을 가리킨다($\frac{758}{조}$).

공작물책임은 점유자의 경우에는 중간적 책임이나, 소유자의 경우에는 무과실책임이다.

〈판 례〉

「도급인의 면책을 규정한 민법 제757조 본문은, 수급인은 도급인으로부터 독립하여 사무를 처리하기 때문에 민법 제756조 소정의 피용자에 해당되지 아니하므로 예외적으로 도급인이 수급인의 일의 진행 및 방법에 관하여 구체적인 지휘·감독권을 유보한 경우가 아닌 한 도급인이 수급인의 행위에 대하여 사용자책임을 부담하지 않는다($\frac{대법원\ 1993.\ 5.\ 27.\ 선고\ 92다48109\ 판}{결,\ 2000.\ 7.\ 7.\ 선고\ 97다29264\ 판결\ 등}$)는 것을 주의적으로 규정한 것이고, 민법 제757조에 의한 도급인의 책임과 민법 제758조 제 1 항에 의한 공작물 점유자의 책임은 그 법률요건과 효과를 달리하는 것이어서 공작물의 점유자가 그 공작물의 설치 또는 보존의 하자로 인하여 타인에게 손해를 가한 경우 민법 제758조 제 1 항에 의한 손해배상책임을 인정하는 데 있어 위 민법 제757조 본문이 장애가 되는 것은 아니」다($\frac{대판\ 2006.\ 4.\ 27,}{2006다4564}$).

(2) 근 거

통설은 공작물 등의 점유자·소유자의 책임을 가중하는 근거는, 위험성이 많은 공작물 등을 관리·소유하는 자는 위험방지에 충분한 주의를 하여야 하며 만일에 위험이 현실화하여 손해가 생긴 경우에는 그에게 배상책임을 부담시키는 것이 사회적으로 타당하다고 하는 위험책임의 원리에 있다고 한다($\frac{곽윤직,\ 422면;\ 김상}{용,\ 704면;\ 이은영,}$ 875면. 다른 견해: 김주수, 712면(다원설)).

(3) 영조물의 하자의 경우

도로·하천 기타 공공의 영조물의 설치 또는 관리에 하자가 있는 경우의 국가 또는 지방자치단체의 배상책임에 관하여는 국가배상법에 따로 명문규정을 두고 있어서($\frac{같은\ 법\ 5조.\ 758조와\ 달}{리\ 면책이\ 인정되지\ 않음}$), 제758조 대신 그 규정이 적용된다.

2. 공작물책임의 요건

[277]

(1) 공 작 물

공작물책임이 발생하려면 먼저 손해를 발생시킨 것이 공작물에 해당하여야 한다. 공작물이란 인공적(人工的) 작업에 의하여 만들어진 물건이며, 이에는 토지의 공작물($\binom{예: 건물 \cdot 교량 \cdot 도로 \cdot 지하도 \cdot 고}{압선 \cdot 전신주 \cdot 수도시설 \cdot 광고탑}$)($\binom{전기 자체는 여기의 공작물이 아}{니다. 대판 1993. 6. 29, 93다11913}$), 건물 내외의 설비($\binom{예: 천}{정 \cdot 계}{단 \cdot 승강기 \cdot}{광고판}$), 동적(動的)인 기업설비($\binom{예: 자동차 \cdot}{항공기}$) 등이 있다. 공작물은 일시적인 것이든 영구적인 것이든 모두 포함되며, 어떤 물건과 일체를 이루는가 독립한 것인가도 묻지 않는다.

(2) 설치 · 보존의 하자

공작물의 설치 또는 보존의 하자가 있어야 한다. 여기의 「하자」란 공작물이 그 용도에 따라 통상 갖추어야 할 안전성을 갖추지 못한 상태에 있는 것을 가리킨다($\binom{대판 1994. 10. 28, 94다16328; 대판1997. 10. 10,}{97다27022; 대판 2006. 1. 26, 2004다21053 등}$). 여기에서 본래 갖추어야 할 안전성은 그 공작물 자체만의 용도에 한정된 안전성만이 아니라 그 공작물이 현실적으로 설치되어 사용되고 있는 상황에서 요구되는 안전성을 뜻한다($\binom{대판 1992. 10. 27, 92다}{21050; 대판 2017. 8. 29,}$ $\binom{2017다}{227103}$). 그리고 판례는 이와 같은 안전성을 갖추었는지는 당해 공작물의 설치 또는 보존자가 그 공작물의 위험성에 비례하여 사회통념상 일반적으로 요구되는 정도의 방호조치의무를 다하였는지 여부를 기준으로 판단할 것이라고 한다 ($\binom{대판 1994. 10. 28, 94다16328; 대판 2015. 2. 12, 2013다61602; 대}{판 2018. 7. 12, 2015다68348; 대판 2019. 11. 28, 2017다14895 등}$). 그런가 하면 판례는 다른 한편으로, 공작물의 설치 또는 보존의 하자에서 안전성을 갖추지 못한 상태, 즉 타인에게 위해를 끼칠 위험성이 있는 상태라 함은 해당 공작물을 구성하는 물적 시설 그 자체에 물리적 · 외형적 결함이 있거나 필요한 물적 시설이 갖추어져 있지 않아 이용자에게 위해를 끼칠 위험성이 있는 경우뿐만 아니라, 그 공작물을 본래의 목적 등으로 이용하는 과정에서 일정한 한도를 초과하여 제 3 자에게 사회통념상 참을 한도를 넘는 피해를 입히는 경우까지 포함되며, 이 경우 참을 한도를 넘는 피해가 발생하였는지 여부는 구체적으로 피해의 성질과 정도, 피해이익의 공공성, 가해행위의 종류와 태양, 가해행위의 공공성, 가해자의 방지조치 또는 손해회피의 가능성, 공법상 규제기준의 위반 여부, 토지가 있는 지역의 특성과 용도, 토지이용의 선후 관계 등 모든 사정을 종합적으로 고려하여 판단할 것이라고 한다($\substack{대판\ 2019.\ 11.\ 28,\\ 2016다233538\cdot233545}$). 하자의 유무는 객관적으로 판단되며, 하자가 점유자·소유자의 고의·과실에 의하여 발생했는지는 묻지 않는다($\substack{이설\\없음}$).

　공작물의 하자의 존재에 관하여는 피해자에게 증명책임이 있는데, 판례는 때에 따라서는 하자의 존재를 추정한다($\substack{대판\ 1969.\ 12.\ 30,\ 69다1604(탄광에서\ 위의\ 암반이\ 떨어져\ 압\\사한\ 경우);\ 대판\ 1974.\ 11.\ 26,\ 74다246(다른\ 건물에는\ 이상이\\없는데\ 사고\ 건물\\만이\ 무너진\ 경우)}$). 그리고 판례는, 일단 하자가 있음이 인정되고 그 하자가 사고의 공동원인이 되는 이상, 그 사고가 그와 같은 하자가 없었더라도 불가피한 것이었다는 점이 공작물의 소유자나 점유자에 의하여 증명되지 않는다면 그 손해는 공작물의 설치 또는 보존의 하자에 의하여 발생한 것으로 해석함이 타당하다고 한다($\substack{대판\ 2019.\ 11.\ 28,\\2017다14895}$).

〈판 례〉

　(ㄱ)「공작물에서 발생한 사고라도 그것이 공작물의 통상의 용법에 따르지 아니한 이례적인 행동의 결과 발생한 사고라면, 특별한 사정이 없는 한 공작물의 설치·보존자에게 그러한 사고에까지 대비하여야 할 방호조치 의무가 있다고 할 수는 없다.」(행인이 여관 건물의 배수관 보호벽 위에 올라가 여관 내부를 엿보려다 보호벽이 무너져 사망한 사건에서 그 보호벽의 설치·보존상의 하자를 부인한 사례)($\substack{대판\ 1998.\ 1.\ 23,\\97다25118}$)

　(ㄴ)「공작물의 설치 후 제 3 자의 행위에 의하여 본래에 갖추어야 할 안전성에 결함이 발생된 경우에는 공작물에 그와 같은 결함이 있다는 것만으로 성급하게 공작물의 보존상의 하자를 인정하여서는 안 되고, 당해 공작물의 구조, 장소적 환경과 이용상황 등 제반사정을 종합하여 그와 같은 결함을 제거하여 원상으로 복구할 수 있는데도 이를 방치한 것인지 여부를 개별적·구체적으로 심리하여 하자의 유무를 판단하여야 할 것이다.」(인접 토지에서의 건축공사로 인하여 그 공사현장과 경계를 이루는 담장에 발생한 균열 등에 대하여 담장의 설치·보존상의 하자가 부정된 사례)($\substack{대판\ 2005.\ 1.\ 14,\\2003다24499}$)

　(ㄷ)「민법 제758조 소정의 '공작물의 설치 또는 보존의 하자'라 함은 공작물이 그 용도에 따라 갖추어야 할 안전성을 갖추지 못한 상태에 있음을 말하고, 안전성을 갖추지 못한 상태, 즉 타인에게 위해를 끼칠 위험성이 있는 상태라 함은 당해 공작물을 구성하는 물적 시설 그 자체에 있는 물리적·외형적 흠결이나 불비로 인하여 그 이용자에게 위해를 끼칠 위험성이 있는 경우뿐만 아니라, 그 공작물이 이용됨에 있어 그 이용상태 및 정도가 일정한 한도를 초과하여 제 3 자에게 사회통념상 수인할 것이 기대되는 한도를 넘는 피해를 입히는 경우까지 포함된다고 보아야 하고, 이 경우 제 3 자의 수인한도의 기준을 결정함에 있어서는 일반적으로 침해되는 권리나 이익의 성질과 침해의 정도뿐만 아니라 침해행위가 갖는 공공성의 내용과 정도, 그 지역환경의 특수성, 공법적인 규제에 의하여 확보하려는 환경기준, 침해를 방지 또는 경

감시키거나 손해를 회피할 방안의 유무 및 그 난이 정도 등 여러 사정을 종합적으로 고려하여 구체적 사건에 따라 개별적으로 결정하여야 한다.」$\binom{\text{대판 2007. 6. 15,}}{\text{2004다37904 · 37911}}$

(ㄹ) 「공작물인 도로의 설치·관리상의 하자는 도로의 위치 등 장소적인 조건, 도로의 구조, 교통량, 사고시에 있어서의 교통사정 등 도로의 이용 상황과 그 본래의 이용목적 등 여러 사정과 물적 결함의 위치, 형상 등을 종합적으로 고려하여 사회통념에 따라 구체적으로 판단하여야 할 것이다$\binom{\text{대법원 1999. 12. 24. 선}}{\text{고 99다45413 판결 참조}}$·

특히, 강설에 대처하기 위하여 완벽한 방법으로 도로 자체에 융설 설비를 갖추는 것이 현대의 과학기술 수준이나 재정사정에 비추어 사실상 불가능하다고 하더라도, 최저 속도의 제한이 있는 고속도로의 경우에 있어서는 도로관리자가 도로의 구조, 기상예보 등을 고려하여 사전에 충분한 인적·물적 설비를 갖추어 강설시 신속한 제설작업을 하고 나아가 필요한 경우 제때에 교통통제 조치를 취함으로써 고속도로로서의 기본적인 기능을 유지하거나 신속히 회복할 수 있도록 하는 관리의무가 있다고 할 것이다.」(폭설로 차량 운전자 등이 고속도로에서 장시간 고립된 사안에서, 고속도로의 관리자가 고립구간의 교통정체를 충분히 예견할 수 있었음에도 교통제한 및 운행정지 등 필요한 조치를 충실히 이행하지 아니하였으므로 고속도로의 관리상 하자가 있다고 한 사례)$\binom{\text{대판 2008. 3. 13,}}{\text{2007다29287 · 29294}}$

(ㅁ) 트럭 앞바퀴가 고속도로상에 떨어져 있는 자동차 타이어에 걸려 중앙분리대를 넘어가 사고가 발생한 경우에 있어서 한국도로공사에게 도로의 보존상 하자로 인한 손해배상책임을 인정하기 위하여는 도로에 타이어가 떨어져 있어 고속으로 주행하는 차량의 통행에 안전상의 결함이 있다는 것만으로 족하지 않고, 위 공사의 고속도로 안전성에 대한 순찰 등 감시체제, 타이어의 낙하시점, 위 공사가 타이어의 낙하사실을 신고받거나 직접 이를 발견하여 그로 인한 고속도로상의 안전성 결함을 알았음에도 사고방지조치를 취하지 아니하고 방치하였는지 여부, 혹은 이를 발견할 수 있었음에도 발견하지 못하였는지 여부 등 제반사정을 심리하여 고속도로의 하자 유무를 판단하였어야 함에도 이에 이르지 않은 채 위 공사의 손해배상책임을 인정한 원심판결을 파기한 사례$\binom{\text{대판 1992. 9. 14,}}{\text{92다3243}}$.

(ㅂ) 「시설$\binom{\text{공작물을 가}}{\text{리킴: 저자 주}}$이 관계법령이 정한 시설기준 등에 부적합한 것이라면 특별한 사정이 없는 한 이러한 사유는 공작물의 설치·보존상의 하자에 해당한다고 볼 수 있다.」(계단의 위쪽에 서 있던 피해자가 지상으로 추락하여 사망한 사안에서, 건물 벽면 바깥으로 돌출되어 난간으로 둘러싸인 곳은 추락사고를 방지하기 위하여 높이 1.1m 이상의 난간을 설치하여야 함에도, 이에 현저히 미달한 76cm-99cm의 난간을 설치하여 평균적 체격의 성인 남자가 추락하지 않도록 방호할 수 있는 통상의 안전성을 갖추지 못한 설치·보존상의 하자와 피해자가 추락한 것 사이에는 상당한 인과관계가 있다고 볼 여지가 있다고 한 사례)$\binom{\text{대판 2010. 2. 11,}}{\text{2008다61615}}$

(ㅅ) 도시가스의 공급시설 내지 그 사용시설 등과 같은 고도의 위험을 수반하는 공

작물의 경우에는 그 시설이 관계법령의 정한 바에 따른 시설기준 등에 부적합한 것
이라면 특별한 사정이 없는 한 이러한 사유는 공작물의 설치·보존상의 하자에 해당
한다고 볼 수 있다고 한 사례($\genfrac{}{}{0pt}{}{\text{대판 1994. 10. 28,}}{\text{94다16328}}$).

(ㅇ)「이 경우 하자 여부를 판단할 때에는 위험의 현실화 가능성의 정도, 위험이 현
실화하여 사고가 발생하였을 때 침해되는 법익의 중대성과 피해의 정도, 사고 방지를
위한 사전조치에 드는 비용이나 위험방지조치를 함으로써 희생되는 이익 등을 종합
적으로 고려하여야 한다($\genfrac{}{}{0pt}{}{\text{대법원 1995. 8. 25. 선고}}{\text{94다47803 판결 참조}}$).

이러한 법리는 '불합리한 손해의 위험'을 최소화하기 위한 조치로서 위험으로 인
한 손해를 위험을 회피하기 위한 부담과 비교할 것을 요구한다는 측면에서 법경제학
에서의 비용·편익 분석임과 동시에 균형접근법에 해당한다. 법관이 법을 만들어나
가는 속성을 지닌 불법행위법에서 법관이 수행해야 할 균형 설정의 역할이 중요함에
도 불구하고, 이러한 균형 설정은 구체적 사안과의 관련성 속에서 비로소 실질적인
내용을 가지는 것이므로, 미리 세세한 기준을 작성하여 제시하기는 어려운 것이 현실
이다. 이때는 이른바 'Hand Rule'을 참고하여, 사고 방지를 위한 사전조치를 하는 데
드는 비용(B)과 사고가 발생할 확률(P) 및 사고가 발생할 경우 피해의 정도(L)를 살
펴, 'B⟨P·L'인 경우에는 공작물의 위험성에 비하여 사회통념상 요구되는 위험방지
조치를 다하지 않은 것으로 보아 공작물의 점유자에게 불법행위책임을 인정하는 접
근 방식도 고려할 수 있다.」($\genfrac{}{}{0pt}{}{\text{대판 2019. 11. 28, 2017다14895. 이 판결은 법}}{\text{경제학의 원리를 도입하려는 점에서 특별하다}}$)

[278]   **(3) 공작물의 하자로 인하여 손해가 발생하였을 것**(인과관계)

공작물의 하자로 인하여 타인에게 손해가 발생하였어야 하며, 둘 사이에 인
과관계가 있어야 한다. 그런데 하자가 손해발생의 유일한 원인이었을 필요는 없
고, 하자가 다른 자연적 사실·제 3 자의 행위 또는 피해자의 행위 등과 함께 공
동원인의 하나인 것으로 충분하다($\genfrac{}{}{0pt}{}{\text{대판 1963. 9. 26, 63다385; 대판 1974. 7. 26, 74다543; 대판}}{\text{1994. 11. 22, 94다32924; 대판 2007. 6. 28, 2007다10139; 대판}}$
$\genfrac{}{}{0pt}{}{\text{2010. 4. 29, 2009다101343 ; 대판 2015. 2. 12,}}{\text{2013다61602; 대판 2017. 8. 29, 2017다227103}}$). 그리고 화재가 공작물의 설치 또는 보존상의 하
자가 아닌 다른 원인으로 발생하였거나 화재의 발생 원인이 밝혀지지 않은 경우
에도 공작물의 설치 또는 보존상의 하자로 인하여 화재가 확산되어 손해가 발생
하였다면 공작물의 설치 또는 보존상의 하자는 화재사고의 공동원인의 하나가
되었다고 볼 수 있다($\genfrac{}{}{0pt}{}{\text{대판 2015. 2. 12,}}{\text{2013다61602}}$). 그러나 불가항력($\genfrac{}{}{0pt}{}{\text{예: 태풍·}}{\text{폭우}}$)으로 인하여 손해가
발생한 때에는 설사 공작물에 하자가 있더라도 하자와 손해 사이에 인과관계가
없어서 공작물책임은 생기지 않는다($\genfrac{}{}{0pt}{}{\text{판례는 97.8mm 또는 50년 빈도의 집중폭우 사실만으로는 불가항}}{\text{력이라 단정할 수 없다고 한다. 대판 1982. 8. 24, 82다카348; 대판}}$
$\genfrac{}{}{0pt}{}{\text{2000. 5. 26,}}{\text{99다53247}}$). 이때 손해가 불가항력으로 인하여 생겼음은 점유자·소유자가 증명하

여야 한다. 즉 피해자가 공작물의 하자의 존재에 대하여 증명하여 하자 있음이 인정되면, 공작물책임을 지게 되는 점유자·소유자가 책임을 면하기 위하여 손해 발생이 불가항력에 의한 것으로서 하자가 없었더라도 불가피한 것이었다는 점을 증명하여야 한다(대판 1982. 8. 24, 82다카348).

〈판 례〉

(ㄱ) 정신질환으로 병원에 입원하여 진료를 받던 환자가 병원 옥상에서 떨어져 사망한 사안에서, 망인의 사망 원인이 투신에 의한 사망일 개연성이 아주 높고 병원이 망인의 자살 자체를 예견하기 어려웠다고 하더라도 위 옥상에 존재한 설치 또는 보존상의 하자가 사고의 공동원인의 하나가 되었다면, 그 공작물의 설치 또는 관리자는 손해배상책임을 면할 수 없다고 한 사례(대판 2010. 4. 29, 2009다101343).

(ㄴ) 이사짐 사다리차의 조작 도중(조작과정에 실수가 있었는지 등과는 관계없이) 사다리가 고압전선에 접촉되어 전류가 사다리차 옆에 주차된 이사짐 트럭에 옮겨붙는 바람에 그 주위에서 작업하던 인부가 감전되어 사망한 사고에 대하여, 공작물인 위 고압전선의 설치·보존상의 하자로 인한 한국전력공사의 손해배상책임을 인정한 사례(대판 2007. 6. 28, 2007다10139).

(ㄷ) 「개정 실화책임법은 구 실화책임법과 달리 손해배상액의 경감에 관한 특례 규정만을 두었을 뿐 손해배상의무의 성립을 제한하는 규정을 두고 있지 아니하므로, 공작물의 점유자 또는 소유자가 공작물의 설치·보존상의 하자로 인하여 생긴 화재에 대하여 손해배상책임을 지는지 여부는 다른 법률에 달리 정함이 없는 한 일반 민법의 규정에 의하여 판단하여야 한다. 따라서 공작물의 설치·보존상의 하자에 의하여 직접 발생한 화재로 인한 손해배상책임뿐만 아니라 그 화재로부터 연소한 부분에 대한 손해배상책임에 관하여도 공작물의 설치·보존상의 하자와 그 손해 사이에 상당인과관계가 있는 경우에는 민법 제758조 제 1 항이 적용되고, 실화가 중대한 과실로 인한 것이 아닌 한 그 화재로부터 연소한 부분에 대한 손해의 배상의무자는 개정 실화책임법 제 3 조에 의하여 손해배상액의 경감을 받을 수 있다.」(대판 2012. 6. 28, 2010다58056. 같은 취지: 대판 2013. 3. 28, 2010다71318)

(ㄹ) 「공작물의 하자로 인해 어떠한 손해가 발생하였다고 하더라도, 그 손해가 공작물의 하자와 관련한 위험이 현실화되어 발생한 것이 아니라면 이는 '공작물의 설치 또는 보존상의 하자로 인하여 발생한 손해'라고 볼 수 없다.」(대판 2018. 7. 12, 2015다68348. 한국수자원공사가 임시물막이의 소유자 및 점유자로서 그 설치·관리를 제대로 하지 못하여 사고가 발생하였고, 그로 인하여 원고들이 수돗물을 공급받지 못하여 정신적 고통을 입었음을 이유로, 한국수자원공사를 상대로 공작물책임에 따른 손해배상을 청구한데 대해, 원고들이 주장하는 위와 같은 손해는 공작물책임에서 보호하고자 하는 법익과 관련된 손해라고 보기 어렵다고 함)

(4) 면책사유가 없을 것

점유자는 손해의 방지에 필요한 주의를 해태하지 않은 때에는 면책된다(758조 1

$\binom{항}{단서}$). 그러나 소유자는 면책이 인정되지 않는다. 점유자의 이 면책사유는 책임을 면하려는 점유자가 증명하여야 한다$\binom{대판 2008. 3. 13,}{2007다29287 · 29294}$.

점유자가 상당한 주의를 하였더라도 손해가 생겼을 경우$\binom{756조 1항}{단서 참조}$에도 면책을 인정하는 견해가 있으나$\binom{곽윤직, 424면;}{김주수, 716면}$), 책임무능력자의 감독자책임에서와 같이 부정하여야 한다$\binom{[267]}{참조}$.

[279]

3. 배상책임자

(1) 공작물의 점유자 · 소유자의 책임

공작물책임은 제 1 차적으로 공작물의 점유자$\binom{\text{공작물을 사실상 지배하면서 그 설치 또는 보}}{\text{존상의 하자로 인하여 발생할 수 있는 각종 사}}$ 고를 방지하기 위하여 공작물을 보수 · 관리할 권한 및 책임이 있 $\binom{}{}$ (고속도로를 설치하고 보존 · 관리하는 자는 공작물점 는 자. 대판 2000. 4. 21, 2000다386; 대판 2024. 2. 15, 2019다208724) (유자에 해당한다. 대판 2019. 11. 28, 2016다233538 · $\binom{233545}{참조}$)가 지고 점유자가 면책되는 경우에 제 2 차적으로 공작물의 소유자가 지며, 점유자 중에 간접점유자가 있는 경우에는 직접점유자가 먼저 책임을 지고 직접 점유자에게 책임을 지울 수 없는 때에 비로소 간접점유자가 책임을 진다$\binom{대판}{1975. 3. 25,}$ $\binom{}{}$ 73다1077; 대판 1976. 9. 14, 75다204; 대판 1981. 7. 28, 81다 209; 대판 1993. 1. 12, 92다23551; 대판 1993. 3. 26, 92다10081). 그리고 직접점유자나 그와 같은 지위 에 있는 자가 공작물의 하자로 피해를 입은 경우에는 소유자가 책임을 지고, 그 때 피해자에게 보존상의 과실이 있더라도 과실상계의 사유가 될 뿐이다$\binom{대판}{1993. 2. 9, 92}$ 다31668: 주택의 임차인과 그 동거인이 연통의 보존의 하자로 연탄가스에 중독된 경우에 관하여 주택소유자의 공작물책임 을 인정하면서, 사망한 동거인이 사고 1주일 전에 연탄가스를 마신 적이 있음에도 소유자에게 알리거나 벽의 틈새를 막는 등 의 조치를 취하지 않은 과실이 있 다 하여 과실상계를 인정한 사례). 한편 판례는, 가사상 · 영업상 기타 유사한 관계에 의하여 타인의 지시를 받아서 공작물에 대한 사실상의 지배를 하는 자가 있는 경우에 그 타인의 지시를 받는 자는 제195조에 따른 점유보조자에 불과하므로 제758조 제 1 항에 의한 공작물 점유자의 책임을 부담하는 자에 해당하지 않는다고 한다 $\binom{대판 2024. 2. 15,}{2019다208724}$. 소유자가 지는 책임이 면책이 인정되지 않는 무과실책임이라 함은 앞에서 기술한 바 있다$\binom{[276]}{참조}$.

건물을 타인에게 임대한 소유자가 건물을 적합하게 유지 · 관리할 의무$\binom{623조}{참조}$ 를 위반하여 임대목적물에 필요한 안전성을 갖추지 못한 설치 · 보존상의 하자가 생기고 그 하자로 인하여 임차인에게 손해를 입힌 경우, 건물의 소유자 겸 임대 인은 임차인에게 공작물책임과 수선의무 위반에 따른 채무불이행 책임을 진다 $\binom{대판 2017. 8. 29,}{2017다227103}$.

〈판 례〉

(ㄱ)「화재가 공작물 자체의 설치 보존상의 하자에 의하여 직접 발생한 경우에 그로 인한 손해배상책임에 대하여는 민법 제758조 제 1 항 소정의 공작물 점유자 내지 소유자의 책임이 인정되는 것이지만, 그와 같은 경우에도 간접점유자인 건물의 소유자는 직접점유자가 손해방지에 필요한 주의를 해태하지 아니한 경우에 한하여 비로소 책임을 지게 되는 것이다(당원 1992. 2. 25. 선고 91다26270 판결 참조)·」(대판 1995. 10. 13, 94다36506).

(ㄴ) 피고들이 모두 공작물의 설치보존에 하자 있음을 이유로 본조에 의하여 손해배상책임이 있다면 그들의 각 불법행위는 그들 간에 주관적 공동관계가 없어도 객관적인 공동관계가 있으므로 민법 제760조 소정 공동불법행위자로서 연대하여 손해를 배상할 책임이 있다(대판 1968. 2. 27, 67다1975).

(ㄷ) 한국도로공사는 고속국도법 제 6 조 제 1 항의 규정에 의하여 건설부장관을 대행하여 경부고속도로를 관리하여 오고 있으므로 민법 제758조 제 1 항이 정하는 공작물의 점유자에 해당한다(고속도로의 추월선에 각목이 방치되어 사고의 원인이 된 경우, 한국도로공사의 공작물 보존 하자로 인한 책임을 인정한 사례)(대판 1996. 10. 11, 95다56552).

(2) 공작물의 점유자 · 소유자의 구상권

공작물의 점유자 또는 소유자가 피해자에 배상한 때에는, 그 손해의 원인에 대하여 책임있는 자가 있는 경우 그 자에게 구상권을 행사할 수 있다(758조 3항). 가령 공작물을 만든 수급인의 과실로 하자가 생긴 경우에 그렇다. 이러한 경우에 수급인은 피해자에 대하여 직접 제750조에 의하여 책임을 부담할 수도 있다(대판 1996. 11. 22, 96다39219: 758조가 750조의 책임을 배제하는 것이 아님).

4. 수목에 관한 책임

수목의 재식(栽植) 또는 보존에 하자가 있는 경우에도 수목의 점유자와 소유자는 공작물에서와 같은 책임을 진다(758조 2항). 구상권도 같다(758조 3항).

V. 동물점유자의 책임   [280]

1. 의의 · 성질

동물점유자의 책임은 동물이 타인에게 손해를 가한 경우에 동물의 점유자 또는 보관자가 지는 책임을 말한다(759조). 이 책임도 중간적 책임이다. 그 근거에 대하여는 보통 위험책임으로 설명한다(곽윤직, 425면 등).

2. 요 건

(1) 동물이 손해를 가하였을 것

동물의 종류는 묻지 않는다. 그런데 보통은 소·말·개 등의 가축이 문제된다.

(2) 타인에게 손해를 가하였을 것

손해는 인체에 대한 것뿐만 아니라 물건에 대한 것도 포함한다. 동물 자신의 동작에 의하지 않고 다른 자가 동물을 시켜 가해한 경우에는 일반 불법행위만이 문제된다(같은 취지: 곽윤직, 425면; 김상용, 711면. 다른 견해: 이은영, 880면).

(3) 면책사유가 없을 것

동물의 점유자가 동물의 종류와 성질에 따라 그 보관에 상당한 주의를 해태하지 않은 때에는 면책된다(759조 1항 단서). 그러나 상당한 주의를 하여도 손해가 생겼을 경우(756조 1항 단서 참조)에는 면책되지 않는다고 할 것이다(반대 견해: 곽윤직, 425면; 김상용, 712면; 김주수, 720면). 위의 면책사유는 책임을 면하려는 동물점유자가 증명하여야 한다.

3. 배상책임자

배상책임을 지는 자는 「동물의 점유자」(759조 1항)와 「점유자에 갈음하여 동물을 보관한 자」(759조 2항)이다.

「동물의 점유자」에 간접점유자가 포함되는가에 관하여는 다투어지나 제외된다고 새겨야 한다(같은 취지: 곽윤직, 426면; 김상용, 712면. 반대 견해: 김주수, 721면; 이은영, 880면). 제759조가 소유자의 책임을 제외하고 있는 점을 생각한다면, 그 규정은 현실적으로 동물을 점유하는 자로 하여금 전적으로 책임을 지도록 하려는 취지의 것으로 보이기 때문이다. 다만, 간접점유자가 부적당한 보관자를 선임한 것에 관하여 과실이 있는 경우에는, 그는 제750조에 의하여 책임을 지게 된다. 판례(대판 1981. 2. 10, 80다2966)도 같은 취지이다(김주수, 721면; 이은영, 879면은 판례가 간접 점유자를 포함시키는 입장이라고 오해한다).

「동물의 보관자」는 동물의 직접점유자를 가리키며, 따라서 그것은 「동물의 점유자」와 동일하여서, 제759조 제 2 항은 특별한 의미가 없다(같은 취지: 곽윤직, 425면. 다른 견해: 이은영, 880면). 그리고 점유보조자는 여기의 보관자에 포함되지 않는다. 그 결과 점유보조자가 있는 경우에는 점유주만이 동물점유자의 책임을 진다.

Ⅵ. 공동불법행위 [281]

1. 의의 및 성질

(1) 의 의

공동불법행위는 여러 사람이 공동으로 불법행위를 하여 타인에게 손해를 가하는 경우를 가리킨다. 민법은 제760조에서 공동불법행위로 세 가지를 규정하고 있다. ①「수인이 공동불법행위로 타인에게 손해를 가한 때」($\binom{760조}{1항}$) 즉 협의의 공동불법행위, ②「공동 아닌 수인의 행위 중 어느 자의 행위가 그 손해를 가한 것인지를 알 수 없는 때」($\binom{760조}{2항}$) 즉 가해자 불명(不明)의 공동불법행위, ③ 교사·방조의 경우($\binom{760조}{3항}$)가 그것이다. 민법은 이들 세 경우에 공동행위자에 대하여 연대하여 손해를 배상하도록 하고 있다.

(2) 성 질

제760조는 공동불법행위의 경우에는 행위자들이「연대하여 배상할 책임이 있다」고 규정한다($\binom{그\ 결과\ 공동불법행위의\ 경우에는\ 분할채}{권관계에\ 관한\ 408조가\ 적용되지\ 않는다}$). 법률에서「연대하여」채무를 부담한다거나 책임을 진다고 하면 그것은 당연히 민법상의 연대채무가 성립한다는 것이 된다. 그럼에도 불구하고 우리의 통설($\binom{곽윤직,\ 427면;\ 김상용,\ 719면;\ 김주수,}{732면;\ 이은영,\ 835면;\ 지원림,\ 1731면}$)과 판례($\binom{대판\ 1962.\ 2.\ 22,\ 4294민상996;\ 대판\ 1972.\ 11.}{28,\ 72다939;\ 대판\ 1982.\ 4.\ 27,\ 80다2555\ 등}$)는 부진정연대채무로 해석한다. 통설은 그 이유로 ① 피해자를 두텁게 보호하기 위한 제760조의 취지를 살리려면, 채무자 1인에게 생긴 사유가 다른 채무자에게 영향을 미치는 절대적 효력 있는 사유의 범위가 넓은 연대채무보다는 그 범위가 좁은 부진정연대채무라고 새겨야 한다는 점, ② 다른 특수 불법행위($\binom{예:\ 사용자와\ 피용자는\ 부}{진정연대채무를\ 부담함}$)와의 균형상으로도 부진정연대채무라고 해석하여야 한다는 점을 든다($\binom{곽윤직,}{427면}$).

생각건대 통설·판례는 법적 근거는 물론 이론적 근거도 제시함이 없이 단지 피해자의 두터운 보호라는 필요성만을 이유로 법문에 반하는 해석을 하고 있다. 그러면서 다른 한편으로는 부진정연대채무에는 인정될 수 없는 구상도 인정하고 있는 모순된 태도를 보인다. 무엇보다도 부진정연대채무는 채무자들 사이에 공동관계가 전혀 없는 경우에 인정되는 것인데, 공동불법행위의 경우에는 그렇지 않아서 문제이다. 만약 보호가 필요하다면 개별적 사항($\binom{예:\ 절대적}{효력\ 인정}$)에 대하여 예외를 인정하는 것이 민법에 더 합치하는 길이다. 결국 제760조의「연대하여」는 민법상의 연대채무를 가리키는 것으로 이해하여야 한다. 그렇게 해석하면 구상권은 당연히 인정되게 된다.

[282] ## 2. 공동불법행위의 모습과 요건

(1) 협의의 공동불법행위

협의의 공동불법행위는 「수인이 공동의 불법행위로 타인에게 손해를 가한」 경우이다($^{760조}_{1항}$). 여러 사람이 공동으로 다른 사람을 때려서 다치게 한 경우가 그 예이다. 그 요건은 다음과 같다.

1) 각자의 행위에 관한 요건 협의의 공동불법행위가 성립하기 위하여 각자의 행위가 각각 독립해서 불법행위의 요건을 갖추어야 하는지가 문제된다. 여기에 관하여 학설은 i) 긍정설($^{곽윤직, 428면;}_{이은영, 823면}$)과 ii) 경우에 따라 다르다는 견해($^{김상}_{용,}$ $^{717면. 김주수,}_{725면도 유사함}$)로 나뉘어 있다. 그리고 판례는 i)설과 같다($^{대판 1997. 8. 29, 96다46903; 대판}_{1998. 2. 13, 96다7854 등. 그러나 뒤에}$ $^{보는 것처럼 인과관계 인정 등}_{에서는 유연한 태도를 보인다}$). 생각건대 원칙적으로 긍정하되, 공동불법행위의 특수성을 고려하여 적절하게 해석하여야 한다. 특히 손해발생 및 인과관계에 있어서 그렇다. 이러한 사견에 의하면 원칙적으로 독립한 불법행위의 요건을 갖춘 자들 사이에서만 공동불법행위가 성립하게 되며, 예외가 인정된다. 특기할 점을 적어본다.

(가) **행위의 독립성** 독립한 행위로 인정되는 행위이어야 한다. 따라서 피용자의 가해행위에 대하여 사용자로서 책임을 지는 경우에 피용자와 사용자는 공동불법행위책임을 지지 않는다($^{반대 견해: 김}_{상용, 697면}$). 그러나 사용자에 대하여 제750조의 불법행위가 인정되는 때에는 공동불법행위가 된다. 책임능력 있는 미성년자의 감독의무자가 제750조에 의하여 불법행위책임을 지는 때에도 같다($^{같은 취지: 대판}_{1991. 4. 9, 90다}$ $^{18500. [268])}_{에 인용함}$).

(나) **고의·과실** 행위자에게는 고의나 과실이 있어야 한다. 그런데, 뒤에 보는 바와 같이, 공동불법행위가 성립하기 위하여 공모 또는 공동의 인식이 필요하지 않으므로, 각 행위자에게 고의나 과실 어느 하나만 있으면 된다. 그리고 무과실책임을 지는 자($^{예: 공작물}_{의 소유자}$)($^{증명책임이 전}_{환된 경우 포함}$)는 과실이 없어도 공동불법행위자가 될 수 있다($^{같은 취지: 곽윤직, 428면.}_{다른 견해: 김주수, 725면}$).

(다) **책임능력** 각자에게 책임능력이 있어야 하며, 책임능력이 없는 자는 제외된다.

㈑ **인과관계** 여기의 인과관계는 공동행위자의 가해행위와 손해 사이에 존재하면 되고, 각자의 행위와 손해 사이에 인과관계가 있어야 할 필요는 없다($^{같은 취지: 김주수, 726면; 이은영,}_{823면. 다른 견해: 곽윤직, 428면}$). 판례도 수인이 피해자를 폭행하기로 모의한 뒤 그 중 1인이 피해자를 폭행하여 사망하게 한 경우에 관하여 그 수인이 모두 공동불법행위책임을 진다고 하여($^{대판 1957. 3. 28,}_{4289민상551}$), 유사한 견지에 있다.

〈판 례〉

「민법 제760조 제 1 항, 제 3 항의 공동불법행위자에게 불법행위로 인한 손해배상책임을 지우려면, 그 위법한 행위와 원고가 입은 손해 사이에 상당인과관계가 있어야 하고($^{대법원 2012. 4. 26. 선고 2010다102755 판결, 대법}_{원 2012. 11. 15. 선고 2010다92346 판결 등 참조}$), 그 상당인과관계의 유무는 결과발생의 개연성, 위법행위의 태양 및 피침해이익의 성질 등을 종합적으로 고려하여 판단하여야 한다($^{대법원 2014. 9. 4. 선고}_{2014다37675 판결 등 참조}$)·」($^{대판 2018. 7. 11, 2017다263703. 같은}_{취지: 대판 2022. 4. 28, 2020다268265}$)

2) 행위의 관련·공동성 협의의 공동불법행위가 성립하려면 각 행위자 [283] 의 가해행위 사이에 관련·공동성이 있어야 한다. 제760조 제 1 항이 수인의 「공동의 불법행위」를 요구하기 때문이다. 그런데 이 관련·공동성의 의미에 대하여는 다투어지고 있다. 학설은 i) 행위자들 사이에 공모 내지 공동의 인식이 필요하다는 주관적 공동설($^{김학동, 861면;}_{지원림, 1729면}$), ii) 행위자들의 공모 내지 공동의 인식은 필요하지 않으며 객관적으로 관련·공동하고 있으면 된다고 하는 객관적 공동설($^{곽윤직,}_{429면}$), iii) 협의의 공동불법행위를 의사적인 것·객관적인 것·독립적인 것으로 나누어 그 각각을 다르게 설명하는 견해($^{김상용, 715면;}_{김주수, 728면}$), iv) 「주관적 공동관계(공동의 인수)가 있는 경우」와 「주관적 공동관계와 같은 정도의 긴밀한 객관적 공동이 있는 경우」에 공동불법행위를 인정하고, 객관적 공동의 경우 중 긴밀한 객관적 공동이 없는 경우는 제외하여야 한다는 견해($^{이은영,}_{826면}$)로 나뉘어 있다. 그리고 판례는, 행위자 상호간의 공모는 물론 공동의 인식을 필요로 하지 않고 다만 객관적으로 그 공동행위가 관련 공동되어 있으면 족하다고 하여, ii)설과 같다($^{대판 1963. 10. 31, 63다}_{573; 대판 1982. 6. 8, 81다카}$ 1130; 대판 1988. 4. 12, 87다카2951; 대판 1989. 5. 23, 87다카2723; 대판 2003. 1. 10, 2002다 35850; 대판 2009. 4. 23, 2009다1313; 대판 2009. 8. 20, 2008다51120·51137·51144·51151 등)·

생각건대 제760조 제 1 항의 문언(文言)만으로 보면 i)설이 적당해 보이나, 그렇게 해석하면 피해자 보호가 필요한 경우들이 제외되어 바람직하지 않다($^{i)설에서는}_{다른 경우들을 가해자 불명의 불법}$ $_{행위로 다루려고 하나, 부적당하다}$). 그리고 iii)설, iv)설은 좀더 검토해 보아야 할 견해이다. 결국 판례도 취하고 있는 ii)설을 따라야 한다.

〈판 례〉

(ㄱ) 「공동불법행위의 성립에는 공동불법행위자 상호간에 의사의 공통이나 공동의 인식이 필요하지 아니하고 객관적으로 각 그 행위에 관련공동성이 있으면 족하고, 그 관련공동성 있는 행위에 의하여 손해가 발생하였다면 그 손해배상책임을 면할 수 없다고 할 것이다.」$\binom{\text{대판 1988. 4. 12, 87다카2951. 같은}}{\text{취지: 대판 2019. 6. 27, 2018다226015}}$

(ㄴ) 갑과 을이 공동으로 폭행을 가하여 상해를 입게 한 발단이 병의 좋지 못한 행위로 이루어졌고 병이 그 현장에 있었다는 사실만으로는 병을 공동불법행위자라고 말할 수는 없는 것이다$\binom{\text{대판 1966. 4. 19,}}{\text{66다391}}$.

(ㄷ) 갑회사의 차량이 횡단보도상의 피해자를 충격, 땅에 넘어뜨리자 뒤따라 오던 을회사의 차량이 피해자의 복부를 역과(轢過)하여 사망한 경우에 피해자를 넘어지게 한 사실은 이에 연하여 일어난 역과(轢過)의 원인이 되는 것이므로 위 두 과실은 사망에 대한 공동원인이 된다$\binom{\text{대판 1968. 3. 26,}}{\text{68다91}}$.

(ㄹ) 각 피용자의 공동과실로 인하여 제 3 자에게 손해를 가한 경우에는 각 사용자는 공동불법행위자로 연대책임이 있고 각기 피용자의 과실의 정도에 따라 부담부분이 정하여질 것이다$\binom{\text{대판 1969. 1. 28,}}{\text{68다2245}}$.

(ㅁ) 교통사고로 전치 8주를 요할 부상을 당하고 병원에 입원치료를 받던 중 병원의 시설하자 및 그 직원의 불법행위로 병원의 비상계단에서 추락하여 사망한 경우에, 「양 행위가 시간과 장소에 괴리가 있고 결과발생에 있어서도 양 행위가 경합하여 단일한 결과를 발생시킨 것이 아니고 각 행위의 결과발생을 구별할 수 있으므로 그러한 경우에는 공동불법행위가 성립한다고 하기 어렵다.」$\binom{\text{대판 1989. 5. 23,}}{\text{87다카2723}}$

(ㅂ) 「교통사고로 인하여 상해를 입은 피해자가 치료를 받던 중 치료를 하던 의사의 과실 등으로 인한 의료사고로 증상이 악화되거나 새로운 증상이 생겨 손해가 확대된 경우에는, 특별한 다른 사정이 없는 한 그와 같은 손해와 교통사고 사이에도 상당인과관계가 있다고 보아야 할 것이므로, 교통사고와 의료사고가 각기 독립하여 불법행위의 요건을 갖추고 있으면서 객관적으로 관련되고 공동하여 위법하게 피해자에게 손해를 가한 것으로 인정된다면, 공동불법행위가 성립되어 공동불법행위자들이 연대하여 그와 같은 손해를 배상할 책임이 있는 것이다.」$\binom{\text{대판 1993. 1. 26,}}{\text{92다4871}}$

(ㅅ) 국도상에 아스팔트가 패여서 생긴 길이 1.2미터, 폭 0.7미터의 웅덩이가 있어서 이 곳을 통과하던 관광버스가 이를 피하기 위하여 중앙선을 침범운행한 과실로 마주 오던 화물트럭과 충돌하여 교통사고가 발생한 경우에, 도로의 관리책임자인 국가는 관광버스 소속회사와 공동불법행위자로서 손해배상의 책임이 있다$\binom{\text{대판 1993. 6. 25,}}{\text{93다14424}}$.

(ㅇ) 대한적십자사가 혈액원으로서 에이즈바이러스감염 위험군으로부터 헌혈을 배제하지 않아 피해자가 에이즈바이러스에 감염된 혈액을 수혈받아 그 바이러스에 감염되었고, 또한 수혈을 한 병원의사는 특별히 긴급한 상황이 아닌 상태에서 피해자에게 사전에 에이즈감염 위험에 관하여는 아무런 설명을 하지 않은 경우에는, 대한

적십자사의 과실 및 위법행위는 피해자의 신체상해 자체에 대한 것인 데 비하여, 병원 소속 의사들의 과실 및 위법행위는 신체상해의 결과발생 여부를 묻지 않는 수혈 여부와 수혈혈액에 대한 피해자의 자기결정권이라는 인격권의 침해에 대한 것임이 분명하므로 양 행위가 경합하여 단일한 결과를 발생시킨 것이 아니고 각 행위의 결과발생을 구별할 수 있으니, 이와 같은 경우에는 공동불법행위가 성립한다고 할 수 없다($\binom{대판\ 1998.\ 2.\ 13,}{96다7854}$).

(ㅈ)「동시에 또는 거의 같은 시기에 건축된 가해 건물들이 피해 건물에 대하여 전체적으로 수인한도를 초과하는 일조 침해의 결과를 야기한 경우, 각 가해 건물들이 함께 피해 건물의 소유자 등이 종래 향유하던 일조를 침해하게 된다는 점을 예견할 수 있었다면 특별한 사정이 없는 한 각 가해 건물의 건축자 등은 일조 침해로 피해 건물의 소유자 등이 입은 손해 전부에 대하여 공동불법행위자로서의 책임을 부담한다고 봄이 상당하다.」($\binom{대판\ 2006.\ 1.\ 26,\ 2005다}{47014 \cdot 47021 \cdot 47038}$)

(ㅊ) 외주제작사가 무단촬영한 장면에 관하여 방송사업자가 피촬영자의 방송 승낙 여부를 확인하지 않고 피촬영자의 식별을 곤란하게 하는 별도의 화면조작 없이 그대로 방송한 경우, 피촬영자의 초상권 침해에 대하여 외주제작사와 공동불법행위책임을 진다($\binom{대판\ 2008.\ 1.\ 17,}{2007다59912}$).

(ㅋ)「재건축조합이 재건축조합원들을 위법하게 제명하여 그 수분양권을 박탈한 상태에서 시공사가 재건축조합과 함께 일반분양을 강행하는 경우에는 제명된 조합원들에 대하여 공동불법행위가 성립할 수 있다.」($\binom{대판\ 2009.\ 9.\ 10,}{2008다37414}$)

(ㅌ)「공동불법행위가 성립하려면 행위자 사이에 의사의 공통이나 행위공동의 인식이 필요한 것은 아니지만, 객관적으로 보아 행위자 각자의 고의 또는 과실에 기한 행위가 공동으로 행하여져 피해자에 대한 권리침해 및 손해발생에 공통의 원인이 되었다고 인정되는 경우라야 할 것이므로($\binom{대법원\ 1982.\ 12.\ 28.\ 선고\ 80다3057\ 판결,\ 대법}{원\ 1989.\ 5.\ 23.\ 선고\ 87다카2723\ 판결\ 등\ 참조}$), 공동불법행위를 이유로 손해배상책임을 인정하기 위하여는 먼저 행위자 각자의 고의 또는 과실에 기한 행위가 공동으로 행하여졌다는 점이 밝혀져야 한다고 할 것이다.

원심은, … 등을 인정한 다음, 피고들은 연대하여 원고가 2005. 7. 18.부터 제1심 변론종결일인 2005. 12. 20.까지 사우나 영업을 하지 못함으로써 입은 영업이익 상당의 손해와 위 매표소 등의 파손으로 인한 수리비 상당의 손해를 배상할 의무가 있다고 판단하였다.

그러나 원심의 위와 같은 판단은 앞서 본 법리에 비추어 수긍하기 어렵다. 원고가 구하는 영업이익 상당의 손해나 물건 파손으로 인한 수리비 상당의 손해에 대하여 피고들이 이를 공동불법행위자로서 연대하여 배상할 의무가 있다고 하기 위하여는, 피고들 각자의 고의 또는 과실에 기한 행위가 원고가 손해배상을 구하는 기간 동안에 계속하여 공동으로 행하여졌다는 점이 인정되어야 할 터인데, 원심이 들고 있는 증거들을 기록에 비추어 자세히 살펴보아도 피고들 각자가 언제, 어떤 고의 또는 과

실에 기한 행위를 하였는지를 알 수 없다.」(대판 2008. 4. 24, 2007다44774)

(ㄹ) 농업협동조합의 대부업무 담당자가 조합의 대부규정에 위배하여 부정대부를 한 결과 조합에 손해를 끼쳤으면 전무, 차장 등 상사의 지시에 의하여 대부를 하였다 하더라도 특별한 사정이 없는 한 대부업무 담당자에게 고의, 과실이 인정되는 한 동 부정대부의 가담자로서 공동불법행위자로서의 책임을 져야 한다(대판 1974. 2. 26, 73다1191).

(ㅎ) 「민법상 공동불법행위는 객관적으로 관련공동성이 있는 수인의 행위로 타인에 게 손해를 가하면 성립하고, 행위자 상호 간에 공모는 물론 의사의 공통이나 공동의 인식을 필요로 하는 것이 아니다. 또한, 그러한 공동의 행위는 불법행위 자체를 공동 으로 하거나 교사·방조하는 경우는 물론 횡령행위로 인한 장물을 취득하는 등 피해 의 발생에 공동으로 관련되어 있어도 인정될 수 있다(대법원 2001. 5. 8. 선고 2001다2181 판결, 대법원 2013. 4. 11. 선고 2012다44969 판 결 등 참조). 그리고 이러한 법리는 범죄수익 은닉의 규제 및 처벌 등에 관한 법률에서 정하 는 특정범죄로 취득한 재산인 것을 인식하면서 그 은닉·보존 등에 협력하는 등으로 특정범죄로 인한 피해회복을 곤란 또는 불가능하게 함으로써 그 손해가 지속되도록 한 경우에도 마찬가지로 적용된다고 할 것이다.」(대판 2016. 4. 12, 2013다31137)

[284] **(2) 가해자 불명의 공동불법행위**

이는 「공동 아닌 수인의 행위 중 어느 자의 행위가 그 손해를 가한 것인지를 알 수 없」 경우이다(760조 2항). 우연히 여러 사람이 돌을 던져 피해자가 그 중 하나 의 돌에 의하여 다친 경우, 다수의 의사가 의료행위에 관여하여 의료사고가 발생 하였는데 그 중 누구의 과실에 의하여 의료사고가 발생한 것인지 분명하지 않은 경우(대판 2005. 9. 30, 2004다52576)가 그 예이다. 가해자 불명의 공동불법행위는 가해행위 자체에 는 객관적 공동성이 없는 점에서 협의의 공동불법행위와 다르다.

이 공동불법행위가 성립하려면 ① 각 행위자에게 고의·과실과 책임능력이 있어야 한다. 그리고 ② 수인이 가해할 위험성이 있는 행위(예: 돌을 던 지는 행위)를 하였어야 한다. 우리의 문헌들은 일반적으로 위험성 있는 행위를 「공동으로」 했을 것을 요 구하나(대표적으로 곽윤직, 429면), 공동성은 제760조 제 2 항이 요구하는 요건이 아닐뿐더러 그 것을 요구할 경우에는 가해자 불명의 공동불법행위와 협의의 공동불법행위의 구 별이 대단히 어려워지는 문제가 생긴다(객관적 공동설을 취할 경우에 더욱 그렇다). 다음에 ③ 공동행위자 중 1인이 가해행위를 한 것이 확실하나 그가 누구인지가 불분명해야 한다. 가해 자가 누구인지 알 경우에는 일반 불법행위가 성립하고 공동불법행위가 되지 않 는다. 그리고 어느 1인이 자기의 행위와 손해발생 사이에 인과관계가 없음을 증명하면 그는 책임을 면한다고 할 것이다. 통설·판례도 같다$\binom{\text{대판 2008. 4. 10,}}{\text{2007다76306}}$.

민법이 가해자 불명의 공동불법행위를 규정한 것은 피해자를 증명의 곤란으로부터 구제해 주기 위해서이다.

〈판 례〉

「민법 제760조 제 2 항은 같은 조 제 1 항에서 말하는 공동의 불법행위로 보기에 부족한, 여러 사람의 행위가 경합하여 손해가 생긴 경우, 입증책임을 덜어줌으로써 피해자를 보호하려는 입법정책상의 고려에 따라 각각의 행위와 손해발생 사이의 인과관계를 법률상 추정한 것이므로, 이러한 경우 개별 행위자가 자기의 행위와 손해발생 사이에 인과관계가 존재하지 아니함을 입증하면 면책되고, 손해의 일부가 자신의 행위에서 비롯된 것이 아님을 입증하면 배상책임이 그 범위로 감축된다.」(차량 등의 3중 충돌사고로 사망한 피해자가 그 중 어느 충돌사고로 사망하였는지 정확히 알수 없는 경우)$\binom{\text{대판 2008. 4. 10,}}{\text{2007다76306}}$

(3) 교사(教唆)·방조(幇助)의 경우

[285]

교사자나 방조자는 공동행위자로 본다$\binom{760조}{3항}$. 교사는 타인으로 하여금 불법행위의 의사를 결정하게 하는 것이다. 그리고 방조는 불법행위의 보조적 행위이다$\binom{\text{예: 망을 보는 것·조}}{\text{언·격려·흉기 제공}}$. 즉 불법행위를 용이하게 하는 직접·간접의 모든 행위이다$\binom{\text{대판 1998. 12. 23, 98다31264; 대판 2000. 9. 29,}}{\text{2000다13900; 대판 2001. 5. 8, 2001다2181 등}}$. 방조는 작위에 의한 경우뿐만 아니라 작위의무 있는 자가 그것을 방지하여야 할 여러 조치를 취하지 아니하는 부작위로 인하여 불법행위자의 실행행위를 용이하게 하는 경우도 포함한다$\binom{\text{대판 2007. 6. 14, 2005다}}{\text{32999; 대판 2010. 4. 29,}}$ $\binom{\text{2009다59855; 대판 2012. 4. 26, 2010다}}{\text{8709; 대판 2014. 3. 27, 2013다91597}}$. 여기서 작위의무는 법적인 의무이어야 하므로 단순한 도덕상 또는 종교상의 의무는 포함되지 않으나 작위의무가 법적인 의무인 한 그 근거가 성문법이든 불문법이든 상관이 없고 또 공법인가 사법인가를 불문하므로, 법령·법률행위·선행행위로 인한 경우는 물론이고 기타 신의성실의 원칙이나 사회상규 혹은 조리상 작위의무가 기대되는 경우에도 법적인 작위의무는 있다$\binom{\text{대판 1996. 9. 6, 95도2551; 대판 2012. 4. 26,}}{\text{2010다8709; 대판 2023. 11. 16, 2022다265994}}$. 다만, 신의성실의 원칙이나 사회상규 혹은 조리상의 작위의무는 혈연적인 결합관계나 계약관계 등으로 인한 특별한 신뢰관계가 존재하여 상대방의 법익을 보호하고 그에 대한 침해를 방지할 책임이 있다고 인정되거나 혹은 상대방에게 피해를 입힐 수 있는 위험요인을 지배·관리하고 있거나 타인의 행위를 관리·감독할 지위에 있어 개별적·구체적 사정 하에서 그 위험요인이나 타인의 행위로 인한 피해가 생기지 않도록 조치할 책임이 있다고 인정되는 경우 등과 같이 상대방의 법익을 보호하거나 그의 법익에 대한 침해를 방지하여야 할 특별한 지위에 있음이 인정되는 자에 대하여만 인정할 수 있는 것이고, 그러한 지위에 있지 않은 제 3 자에 대하여 함부로 작위의무를 확대하여 부과할 것은 아니다(대판 2012. 4. 26, 2010다8709; 대판 2023. 11. 16, 2022다265994). 한편 판례는 과실에 의한 방조도 가능하다고 한다(대판 1998. 12. 23, 98다31264; 대판 2000. 4. 11, 99다41749; 대판 2003. 1. 10, 2002다35850; 대판 2007. 5. 10, 2005다55299; 대판 2009. 3. 12, 2007다52942; 대판 2009. 4. 23, 2009다1313(아파트 최상층 분양에 있어 중요한 사항인 다락의 형상에 관하여 신의성실의 의무에 비추어 비난받을 정도로 허위·과장한 내용의 분양광고를 한 사안에서, 분양자(시행사)뿐만 아니라 시공사도 공동불법행위로 인한 손해배상책임을 부담한다고 한 사례); 대판 2009. 8. 20, 2008다51120·51137·51144·51151; 대판 2010. 2. 11, 2009다80026; 대판 2014. 3. 27, 2013다91597(손해의 전보를 목적으로 하여 과실을 원칙적으로 고의와 동일시하는 민사법의 영역에서는 과실에 의한 방조도 가능하다고 함); 대판 2016. 5. 12, 2015다234985; 대판 2022. 9. 7, 2022다237098; 대판 2023. 12. 14, 2022다208649). 그런데 판례는, 이 경우의 과실의 내용은 불법행위에 도움을 주지 말아야 할 주의의무가 있음을 전제로 하여 그 의무를 위반하는 것을 말하고, 방조자에게 공동불법행위자로서의 책임을 지우기 위하여는 방조행위와 피해자의 손해 발생 사이에 상당인과관계가 있어야 한다고 한다(대판 2007. 5. 10, 2005다55299; 대판 2014. 3. 27, 2013다91597; 대판 2016. 5. 12, 2015다234985; 대판 2022. 9. 7, 2022다237098; 대판 2023. 12. 14, 2022다208649). 그리고 상당인과관계를 판단할 때에는 과실에 의한 행위로 인하여 해당 불법행위를 용이하게 한다는 사정에 관한 예견가능성과 아울러 과실에 의한 행위가 피해 발생에 끼친 영향, 피해자의 신뢰 형성에 기여한 정도, 피해자 스스로 쉽게 피해를 방지할 수 있었는지 여부, 주의의무를 부과하는 법령 기타 행동규범의 목적과 보호법익 등을 종합적으로 고려하여 그 책임이 지나치게 확대되지 않도록 신중을 기할 것이라고 한다(대판 2016. 5. 12, 2015다234985; 대판 2022. 9. 7, 2022다237098; 대판 2023. 12. 14, 2022다208649. 대판 2014. 3. 27, 2013다91597도 참조). 그런가 하면 판례는, 공동불법행위자 1인이라고 하여 자신의 행위와 상당인과관계가 없는 손해에 대하여도 당연히 배상책임을 진다고 할 수는 없는 것이고, 타인의 불법행위가 계속되는 중 공동불법행위자의 과실에 의한 행위가 이루어졌다면, 특별한 사정이 없는 한 그 과실에 의한 행위와 그 이전에 타인의 불법행위로 발생한 손해 사이에 상당인과관계가 있다고 보기는 어렵다고 한다(대판 2022. 9. 7, 2022다237098. 같은 취지: 대판 1982. 12. 28, 80다3057; 대판 1991. 11. 22, 91다26980; 대판 1994. 6. 14, 93다39973).

교사자와 방조자는 직접 가해행위를 한 자와 공동불법행위책임을 진다.

〈판 례〉

㈀ 수도권 신공항 건설사업시행자 갑이 임대차계약의 교섭단계에 있는 자들에게 객관적으로 PMS(People Mover System, 모노레일) 완공이 가능한지 여부를 정확히 확인해보려는 별다른 노력도 기울여보지 않고 상업시설을 경유하는 PMS가 설치될 것이라는 잘못된 정보

를 제공한 것은, 통상의 선전·영업활동을 넘어서서 임차인들에게 의사결정에 영향을 줄 수 있는 중요한 사정에 관한 신의칙상 고지의무 내지 설명의무를 위반한 것이며, 인천국제공항공사도 PMS 설치에 대한 정확하고 충분한 정보를 갑에게 고지하지 아니하고 PMS 설치에 대한 확정된 계획이 없음에도 2단계 공사기간 내에 PMS가 완공될 예정이라는 안내문을 설치하여 갑의 임대차를 조장·방치함으로써 갑이나 임차인들에 대한 신의칙상의 의무를 위반하였으므로, 갑과 인천국제공항공사는 공동불법행위자로서 연대하여 임차인들에게 그로 인한 손해를 배상할 의무가 있다고 한 사례 $\binom{대판 2009. 8. 20, 2008다51120 \cdot}{51137 \cdot 51144 \cdot 51151}$.

㈑ 국내 운송취급인이 선하증권을 제시받지 아니한 채 수입업자에게 화물인도지시서를 발행하였고 수입업자가 그 화물인도지시서를 이용하여 제 3 자와 양도담보계약을 체결한 사안에서, 위 국내 운송취급인이 화물인도지시서를 발행한 행위는 수입업자의 불법행위에 관하여 공모 또는 방조한 행위로서 공동불법행위에 해당하고, 양도담보권을 상실함으로써 제 3 자가 입은 손해 사이에 상당인과관계도 인정된다고 한 사례 $\binom{대판 2010. 2. 11,}{2009다80026}$.

㈒ 「인터넷 포털사이트를 운영하는 온라인서비스제공자가 제공한 인터넷 게시공간에 타인의 저작권을 침해하는 게시물이 게시되었고 그 검색 기능을 통하여 인터넷 이용자들이 위 게시물을 쉽게 찾을 수 있다 하더라도, 위와 같은 사정만으로 곧바로 위 서비스제공자에게 저작권 침해 게시물에 대한 불법행위책임을 지울 수는 없다. 다만 저작권 침해 게시물이 게시된 목적, 내용, 게시기간과 방법, 그로 인한 피해의 정도, 게시자와 피해자의 관계, 삭제 요구의 유무 등 게시에 관련한 쌍방의 대응태도, 관련 인터넷 기술의 발전 수준, 기술적 수단의 도입에 따른 경제적 비용 등에 비추어, 위 서비스제공자가 제공하는 인터넷 게시공간에 게시된 저작권 침해 게시물의 불법성이 명백하고, 위 서비스제공자가 위와 같은 게시물로 인하여 저작권을 침해당한 피해자로부터 구체적·개별적인 게시물의 삭제 및 차단 요구를 받은 경우는 물론, 피해자로부터 직접적인 요구를 받지 않은 경우라 하더라도 그 게시물이 게시된 사정을 구체적으로 인식하고 있었거나 그 게시물의 존재를 인식할 수 있었음이 외관상 명백히 드러나며, 또한 기술적, 경제적으로 그 게시물에 대한 관리·통제가 가능한 경우에는, 위 서비스제공자에게 그 게시물을 삭제하고 향후 같은 인터넷 게시공간에 유사한 내용의 게시물이 게시되지 않도록 차단하는 등의 적절한 조치를 취하여야 할 의무가 있으므로 $\binom{대법원 2009. 4. 16. 선고 2008다}{53812 전원합의체 판결 등 참조}$, 이를 위반하여 게시자의 저작권 침해를 용이하게 하는 경우에는 위 게시물을 직접 게시한 자의 행위에 대하여 부작위에 의한 방조자로서 공동불법행위책임이 성립한다.」 $\binom{대판 2010. 3. 11,}{2009다4343}$

[286]   ## 3. 공동불법행위자의 책임

(1) 책임의 연대성

공동불법행위자는 피해자에 대하여 연대채무를 부담한다(통설·판례는 부진정연대 채무를 부담한다고 함. [281] 참조). 즉 모든 행위자가 전부급부의무를 지며, 그것은 불법행위에 가담한 정도가 경미한 자라도 마찬가지이다(대판 1998. 10. 20, 98다31691; 대판 2000. 9. 29, 2000다13900; 대판 2001. 9. 7, 99다70365; 대판 2005. 10. 13, 2003다24147; 대판 2005. 11. 10, 2003다66066).

(2) 배상의 범위

공동불법행위에 의한 직접적 손해와 통상손해·특별손해를 배상하여야 한다([321] 참조)(통설은 통상손해·특 별손해로만 구분한다). 그런데 특별손해에 대하여는 논란이 있다. 학설은 i) 특별손해에 관하여는 예견가능성이 없는 자는 연대의 책임이 생기지 않는다는 견해(곽윤직, 430면), ii) 예견가능성이 없는 자도 면책되지 않는다는 견해(김주수, 732면), iii) 특별손해를 수인의 공동행위에 의하여 발생한 것과 수인 중 일부의 과잉행위로 인하여 손해가 확대된 것으로 나누어, 전자에서는 일부의 자가 예견할 수 있는 것으로 충분하나, 후자에서는 초과행위를 한 자만이 책임을 진다는 견해(김상용, 720면), iv) 제760조 제 1 항·제 3 항의 경우에는 면책될 수 없으나, 제 2 항의 경우에는 면책될 수 있다는 견해(이은영, 837면)로 나뉘어 있다. 생각건대 피해자 보호의 취지에 비추어 볼 때, 행위자 중 1인이라도 예견가능성이 있다면 모든 행위자가 연대채무를 진다고 새겨야 할 것이다.

판례는, 피해자의 과실을 들어 과실상계를 함에 있어서는 피해자의 공동불법행위자 각인에 대한 과실비율이 서로 다르더라도 피해자의 과실을 공동불법행위자 각인에 대한 과실로 개별적으로 평가할 것이 아니고 그들 전원에 대한 과실로 전체적으로 평가하여야 할 것이라고 한다(대판 1997. 4. 11, 97다3118; 대판 1998. 6. 12, 96다55631; 대판 1998. 11. 10, 98다20059; 대판 2000. 9. 8, 99다48245; 대판 2007. 6. 14, 2005다32999; 대판 2011. 7. 28, 2010다76368; 대판 2022. 7. 28, 2017다16747·16754(이 판결)은 과실상계 외에 손해부담의 공평을 기하기 위한 책임제한에 대해서도 그렇다고 함). 대판 1991. 5. 10, 90다14423도 참조). 다만, 피해자가 공동불법행위자들을 모두 피고로 삼아 손해배상청구의 소를 제기한 경우와 달리 공동불법행위자별로 별개의 소를 제기한 경우에는, 과실상계 비율과 손해액도 서로 달리 인정될 수 있다고 한다(대판 2001. 2. 9, 2000다60227). 그리고 판례는, 불법행위로 인한 손해배상 사건에서 피해자의 과실을 들어 과실상계를 함에 있어서는 피해자의 부주의를 이용하여 고의로 불법행위를 저지른 자가 바로 그 피해자의 부주의를 이유로 자신의 책임을 감하여 달라고 주장할 수 없으나(대판 1987. 7. 21, 87다카637; 대판 1995.
11. 14, 95다30352), 이는 그러한 사유가 있는 자에게 과실상계의 주장을 허용하는 것
이 신의칙에 반하기 때문이므로, 불법행위자 중의 일부에게 그러한 사유가 있다
고 하여도 그러한 사유가 없는 불법행위자는 과실상계의 주장을 할 수 있다고 한
다(대판 2007. 6. 14, 2005다32999; 대판 2009.
8. 20, 2008다51120 · 51137 · 51144 · 51151). 또한 피해자의 과실을 공동불법행위자 전원에
대한 과실로 전체적으로 평가하여야 한다는 것이 공동불법행위자 중에 고의로
불법행위를 행한 자가 있는 경우에는 피해자에게 과실이 없는 것으로 보아야 한
다거나 모든 불법행위자가 과실상계의 주장을 할 수 없게 된다는 의미는 아니다
(대판 2007. 6. 14, 2006다78336; 대판 2010. 2. 11,
2009다68408; 대판 2020. 2. 27, 2019다223747).

〈판 례〉

(ㄱ)「공동불법행위로 인한 손해배상책임의 범위는 피해자에 대한 관계에서 가해자
들 전원의 행위를 전체적으로 함께 평가하여 정하여야 하고, 그 손해배상액에 대하
여는 가해자 각자가 그 금액의 전부에 대한 책임을 부담하는 것이며, 가해자의 1인이
다른 가해자에 비하여 불법행위에 가공한 정도가 경미하다고 하더라도 피해자에 대
한 관계에서 그 가해자의 책임범위를 위와 같이 정하여진 손해배상액의 일부로 제한
하여 인정할 수는 없는 것이고, 한편 공동불법행위의 경우 법원이 피해자의 과실을
들어 과실상계를 함에 있어서는 피해자의 공동불법행위자 각인에 대한 과실비율이
서로 다르더라도 피해자의 과실을 공동불법행위자 각인에 대한 과실로 개별적으로
평가할 것이 아니고 그들 전원에 대한 과실로 전체적으로 평가하여야 할 것이며, 이
경우 피해자의 부주의를 이용하여 고의로 불법행위를 저지른 자가 바로 그 피해자의
부주의를 이유로 자신의 책임을 감하여 달라고 주장하는 것은 허용될 수 없는 것이
나, 이는 그러한 사유가 있는 자에게 과실상계의 주장을 허용하는 것이 신의칙에 반
하기 때문이므로, 불법행위자 중의 일부에게 그러한 사유가 있다고 하여 그러한 사
유가 없는 다른 불법행위자까지도 과실상계의 주장을 할 수 없다고 해석할 것은 아
니다.」(대판 2007. 6. 14,
2005다32999)

(ㄴ)「피해자가 공동불법행위자 중의 일부만을 상대로 손해배상을 청구하는 경우에
도 과실상계를 함에 있어 참작하여야 할 쌍방의 과실은 피해자에 대한 공동불법행위
자 전원의 과실과 피해자의 공동불법행위자 전원에 대한 과실을 전체적으로 평가하
여야 하고 공동불법행위자간의 과실의 경중이나 구상권행사의 가능 여부 등은 고려
할 여지가 없다.」(대판 1991. 5. 10,
90다14423)

(ㄷ)「피해자가 공동불법행위자들을 모두 피고로 삼아 한꺼번에 손해배상청구의 소
를 제기한 경우와 달리 공동불법행위자별로 별개의 소를 제기하여 소송을 진행하는
경우에는 각 소송에서 제출된 증거가 서로 다르고 이에 따라 교통사고의 경위와 피
해자의 손해액 산정의 기초가 되는 사실이 달리 인정됨으로 인하여 과실상계비율과

손해액도 서로 달리 인정될 수 있는 것이므로, 원고들이 ○○화재해상보험 주식회사를 상대로 한 손해배상 소송에서 승소한 금액을 전부 지급받았다고 하더라도 그 금액이 이 사건 손해배상 소송에서 산정된 손해액에 미치지 못한다면 피고는 그 차액을 원고들에게 지급할 의무가 있는 것이다.」$\binom{\text{대판 2001. 2. 9,}}{\text{2000다60227}}$

(ㄹ)「공동불법행위자의 관계는 아니지만 서로 별개의 원인으로 발생한 독립된 채무가 동일한 경제적 목적을 가지고 있고 서로 중첩되는 부분에 관하여 한쪽의 채무가 변제 등으로 소멸하면 다른 쪽의 채무도 소멸하는 관계에 있기 때문에 부진정연대채무 관계가 인정되는 경우가 있다$\binom{\text{대법원 2009. 3. 26. 선고}}{\text{2006다47677 판결 참조}}$. 이러한 경우까지 과실상계를 할 때 반드시 채권자의 과실을 채무자 전원에 대하여 전체적으로 평가하여야 하는 것은 아니다.」$\binom{\text{대판 2022. 7. 28,}}{\text{2017다16747 · 16754}}$

공동불법행위에서 채무자들의 손해배상액이 차이가 있는 경우에 다액채무자가 손해배상액의 일부를 변제하면 소액채무자의 채무는 어느 범위에서 소멸하는지가 문제되는데, 그에 대해서는 사용자책임 부분에서 이미 설명하였다$\binom{[275]}{\text{참조}}$.

[287]　　(3) 구상관계

공동불법행위자는 채권자에 대한 관계에서는 연대채무를 부담하되, 내부관계에서는 일정한 부담부분이 있고, 이 부담부분은 공동불법행위자의 과실의 정도에 따라 정해진다$\binom{\text{과실상계를 하는 피해자의 과실을 공동불법행위자의 과실 내}}{\text{용 및 비율로 삼을 수는 없다. 대판 2005. 7. 8, 2005다8125}}$. 그리하여 공동불법행위자 중 1인이 자기의 부담부분 이상을 변제하여 공동의 면책을 얻었을 경우에는 다른 공동불법행위자에게 그 부담부분의 비율에 따라 구상권을 행사할 수 있다$\binom{425조}{\text{참조}}$. 이는 공동불법행위자가 연대채무를 부담한다고 파악하는 사견에서는 당연한 것이다. 그런데 통설 · 판례는 부진정연대채무라고 하면서도 구상을 인정하고 있다$\binom{\text{대판 1971. 2. 9, 70다2508; 대판 1983. 5. 24, 83다카208; 대판 1989. 9. 26, 88}}{\text{다카27232; 대판 1997. 12. 12, 96다50896; 대판 2005. 7. 8, 2005다8125 등}}$. 그리고 판례는 일정한 경우에는 신의칙상 상당하다고 인정되는 한도 내에서만 구상권을 행사하도록 제한할 수도 있다고 한다$\binom{\text{대판 2001. 1. 19,}}{\text{2000다33607}}$. 또한 판례는 공동불법행위자의 1인이 동시에 피해자이더라도 다른 공동불법행위자가 손해를 입은 제 3 자에게 배상한 때에는 그 피해자인 공동불법행위자에 대하여 구상권을 가질 수 있다고 한다$\binom{\text{대판 2005. 7. 8,}}{\text{2005다8125}}$.

공동불법행위자 사이의 구상에 있어서 통지에 관한 제426조가 적용되는가? 여기에 대하여 공동불법행위자의 책임을 부진정연대채무라고 보는 판례는 제426조의 규정을 유추적용할 수 없다고 한다$\binom{\text{대판 1976. 7. 13,}}{\text{74다746}}$. 그리고 학설로서, 구상청구인이 다른 공동불법행위자의 존재 및 소재를 알고 있는 경우에 한하여 신의칙에 비추어 부진정연대채무자 간에도 사후통지의무는 부과되어야 한다는 견해가 주장된다($\frac{이은영,}{840면}$). 공동불법행위자의 책임을 연대채무라고 이해하는 사견의 견지에서는 제426조가 당연히 적용된다. 그런데 설사 부진정연대채무로 새겨도 공동관계를 인정하고 부담부분이 존재한다고 보는 이상 구상권 제한에 관한 그 규정은 마땅히 적용(또는 유추적용)되어야 한다.

〈판 례〉

(ㄱ) 「공동불법행위자는 채권자에 대한 관계에서 연대책임($\frac{부진정}{연대채무}$)을 지되 공동불법행위자들 내부관계에서는 일정한 부담부분이 있고, 이 부담부분은 공동불법행위자의 채권자에 대한 가해자로서의 과실 정도에 따라 정하여지는 것으로서 여기에서의 과실은 의무위반이라는 강력한 과실임에 반하여, 불법행위에 있어서 피해자의 과실을 따지는 과실상계에서의 과실은 가해자의 과실과 달리 사회통념이나 신의성실의 원칙에 따라 공동생활에 있어 요구되는 약한 의미의 부주의를 가리키는 것이므로, 공동불법행위자 중의 1인이 다른 공동불법행위자와 공동불법행위자로서 제 3 자에게 손해배상책임을 짐과 동시에 피해자로서 다른 공동불법행위자에게 불법행위로 인한 손해배상을 구하는 경우에 피해자로서의 과실상계의 대상이 되는 과실내용이나 비율은 공동불법행위자 사이에 제 3 자에 대한 가해자로서의 부담부분을 정하기 위한 과실내용이나 비율과 반드시 일치되어야 하는 것은 아니라고 할 것이다.」($\frac{대판 2000. 8. 22,}{2000다29028}$)

(ㄴ) 「공동불법행위자 중 1인이 자기의 부담부분 이상을 변제하여 공동의 면책을 얻게 하였을 때에는 다른 공동불법행위자에게 그 부담부분의 비율에 따라 구상권을 행사할 수 있다. 그리고 공동불법행위자 중 1인이 다른 공동불법행위자에 대하여 구상권을 행사하기 위하여는 자기의 부담부분 이상을 변제하여 공동의 면책을 얻었음을 주장·입증하여야 하며, 위와 같은 법리는 피해자의 다른 공동불법행위자에 대한 손해배상청구권이 시효소멸한 후에 구상권을 행사하는 경우라고 하여 달리 볼 것이 아니다. …

피해자가 부진정연대채무자 중 1인에 대하여 손해배상에 관한 권리를 포기하거나 채무를 면제하는 의사표시를 하였다 하더라도 다른 채무자에 대하여 그 효력이 미친다고 볼 수는 없고, 또한 구상권의 발생 시점은 구상권자가 현실로 피해자에게 지급한 때라 할 것이다.」($\frac{대판 1997. 12. 12,}{96다50896}$)

(ㄷ) 「소멸시효의 절대적 효력에 관한 민법 제421조의 규정은 공동불법행위자 상호간의 부진정연대채무에 대하여는 그 적용이 없으므로, 공동불법행위자 중 1인의 손해배상채무가 시효로 소멸한 후에 다른 공동불법행위자 1인이 피해자에게 자기의 부담부분을 넘는 손해를 배상하였을 경우에도, 그 공동불법행위자는 다른 공동불법행

위자에게 구상권을 행사할 수 있다.」(대판 1997. 12. 23, 97다42830. 같은 취지: 대판 2010. 12. 23, 2010다52225)

(ㄹ)「수인의 불법행위로 인한 손해배상책임은 부진정연대채무이나 그 구상권 행사에 있어서는 성질상 연대채무에 관한 규정이 준용된다고 할 것인데 그 구상권에 관하여 규정한 민법 제425조 제 1 항에 의하면 어느 연대채무자가 변제 기타 자기의 출재로 공동면책이 된 때에는 다른 연대채무자의 부담부분에 대하여 구상권을 행사할 수 있다고 되어 있으나 이 규정에 의한 구상권 행사의 상대방은 공동면책이 된 다른 연대채무자에 한하는 것이며 다른 연대채무자가 그 채권자에게 부담하는 채무를 연대보증한 연대보증인은 그 연대채무자와 연대하여 채권자에게 채무를 변제할 책임을 지는데 불과하고 채무를 변제한 연대채무자에게까지 그 연대보증한 연대채무자의 부담부분에 관한 채무를 변제할 책임을 부담하는 것은 아니라고 할 것이다.」(대판 1991. 10. 22, 90다20244)

(ㅁ)「어느 공동불법행위자를 위하여 보증인이 된 자가 피보증인을 위하여 손해배상채무를 변제한 경우, 그 보증인은 피보증인이 아닌 다른 공동불법행위자에 대하여 그 부담부분에 한하여 구상권을 행사할 수 있고, 이러한 법리는 어느 공동불법행위자를 위하여 그가 위 손해배상채무를 변제한 보증인에 대하여 부담하는 구상채무를 보증한 구상보증인이 피보증인을 위하여 그 구상채무를 변제한 경우에도 마찬가지라고 할 것이어서 그 구상보증인은 피보증인이 아닌 다른 공동불법행위자에 대하여 그 부담부분에 한하여 구상권을 행사할 수 있다고 할 것이다.」(대판 2008. 7. 24, 2007다37530)

(ㅂ)「보증인이 보증한 공동불법행위자의 부담부분이 전부이고 다른 공동불법행위자의 부담부분이 없는 경우에는 보증인은 그 다른 공동불법행위자에 대하여 구상 내지 부당이득 반환청구를 할 수 없다 할 것이고, 이는 신원보증의 경우라 하여 다르지 않다.」(대판 1996. 2. 9, 95다47176)

(ㅅ)「공동불법행위자 중 1인에 대하여 구상의무를 부담하는 다른 공동불법행위자가 수인인 경우에는 특별한 사정이 없는 이상 그들의 구상권자에 대한 채무는 각자의 부담부분에 따른 분할채무로 봄이 상당하지만, 구상권자인 공동불법행위자 측에 과실이 없는 경우, 즉 내부적인 부담부분이 전혀 없는 경우에는 이와 달리 그에 대한 수인의 구상의무 사이의 관계를 부진정연대관계로 봄이 상당하다.」(대판 2005. 10. 13, 2003다24147; 대판 2012. 3. 15, 2011다52727)

「이때(자신의 부담부분을 넘어 공동 면책을 시킨 공동불법행위자에 대하여 구상의무를 부담하는 다른 공동불법행위자가 수인인 경우: 저자 주) 분할채무 관계에 있는 공동불법행위자들 중 1인이 자신의 부담부분을 초과하여 구상에 응하였고 그로 인하여 다른 공동불법행위자가 자신의 출연 없이 채무를 면하게 되는 경우, 구상에 응한 공동불법행위자는 그 다른 공동불법행위자의 부담부분 내에서 자신의 부담부분을 초과하여 변제한 금액에 관하여 구상권을 취득한다.」(대판 2023. 6. 29, 2022다309474)

(ㅇ)「공동불법행위자 중 1인이 피해자로부터 손해배상청구 소송을 당하여 그 판결에서 인용된 손해배상금을 지급함으로써 공동면책된 때에는, 그것이 부당응소라는

등의 특별한 사정이 없는 한 공동면책된 금액 중 다른 공동불법행위자의 과실비율에 상당하는 금액은 물론이고 그에 대한 공동면책일 이후의 법정이자 및 피할 수 없는 비용 기타의 손해배상을 구상할 수 있다. 이러한 피할 수 없는 비용 기타의 손해배상에는 소송을 제기당한 공동불법행위자가 피해자에게 지급한 소송비용 상환액뿐만 아니라 소송을 수행하는 과정에서 지출한 소송비용도 포함되고, 그가 지출한 변호사보수 중에서 「변호사보수의 소송비용 산입에 관한 규칙」에 의한 보수기준, 소속 변호사회의 규약, 소송물가액, 사건의 난이도, 소송 진행 과정, 판결 결과 등 여러 가지 사정을 참작하여 합리적으로 판단하여 상당하다고 인정되는 범위 내의 금원은 피할 수 없는 비용 기타의 손해로서 구상할 수 있다(대법원 1997. 4. 8. 선고
96다54232 판결 등 참조). 반면 공동불법행위자가 다른 공동불법행위자와의 공동면책이 아니라 자신의 권리를 방어하기 위하여 지출한 소송비용은 다른 공동불법행위자에 대하여 구상하는 것이 허용되지 않는다(대법원
1995. 10. 12. 선고
94다48257 판결 참조). 공동불법행위자 중 1인이 공동면책을 시킨 다른 공동불법행위자로부터 구상금 청구 소송을 당한 경우 그 구상금 채무는 특별한 사정이 없는 한 자신의 부담부분에 따른 분할채무이다. 따라서 그 소송과 관련하여 지출한 변호사보수나 소송비용상환액은 나머지 공동불법행위자들과의 공동면책이 아니라 자신의 권리를 방어하기 위한 것으로 이들에 대하여 구상을 할 수 없다.」(대판 2023. 6. 29,
2022다309474)

(ㅈ) 헌법 제29조 제 2 항, 국가배상법 제 2 조 제 1 항 단서의 입법 취지를 관철하기 위하여는, 국가배상법 제 2 조 제 1 항 단서가 적용되는 공무원의 직무상 불법행위로 인하여 직무집행과 관련하여 피해를 입은 군인 등에 대하여 위 불법행위에 관련된 일반국민(법인을 포함한다. 이
하 '민간인'이라 한다)이 공동불법행위책임, 사용자책임, 자동차운행자책임 등에 의하여 그 손해를 자신의 귀책부분을 넘어서 배상한 경우에도, 국가 등은 피해 군인 등에 대한 국가배상책임을 면할 뿐만 아니라, 나아가 민간인에 대한 국가의 귀책비율에 따른 구상의무도 부담하지 않는다고 하여야 할 것이다. 그러나 위와 같은 경우, 민간인은 여전히 공동불법행위자 등이라는 이유로 피해 군인 등의 손해 전부를 배상할 책임을 부담하도록 하면서 국가 등에 대하여는 귀책비율에 따른 구상을 청구할 수 없도록 한다면, 공무원의 직무활동으로 빚어지는 이익의 귀속주체인 국가 등과 민간인과의 관계에서 원래는 국가 등이 부담하여야 할 손해까지 민간인이 부담하는 부당한 결과가 될 것이고(가해 공무원에게 경과실이 있는 경우에는 그 공무원은 손해배상책임을 부담하지
아니하므로 민간인으로서는 자신이 손해발생에 기여한 귀책부분을 넘는 손해까
지 종국적으로 부담하는 불이익을 받게 될 것이며, 가해 공무원에게 고의 또는 중과실이 있는 경우에도 그 무
자력 위험을 사용관계에 있는 국가 등이 부담하는 것이 아니라 오히려 민간인이 감수하게 되는 결과가 된다), 이는 위 헌법과 국가배상법의 규정에 의하여도 정당화될 수 없다고 할 것이다. 이러한 부당한 결과를 방지하면서 위 헌법 및 국가배상법 규정의 입법 취지를 관철하기 위하여는, 피해 군인 등은 위 헌법 및 국가배상법 규정에 의하여 국가 등에 대한 배상청구권을 상실한 대신에 자신의 과실 유무나 그 정도와 관계 없이 무자력의 위험부담이 없는 확실한 국가보상의 혜택을 받을 수 있는 지위에 있게 되는 특별한 이익을 누리고 있음에 반하여 민간인으로서는 손해 전부를 배상할 의무를 부담하면서도 국

가 등에 대한 구상권을 행사할 수 없다고 한다면 부당하게 권리침해를 당하게 되는 결과가 되는 것과 같은 각 당사자의 이해관계의 실질을 고려하여, 위와 같은 경우에는 공동불법행위자 등이 부진정연대채무자로서 각자 피해자의 손해 전부를 배상할 의무를 부담하는 공동불법행위의 일반적인 경우와 달리 예외적으로 민간인은 피해 군인 등에 대하여 그 손해 중 국가 등이 민간인에 대한 구상의무를 부담한다면 그 내부적인 관계에서 부담하여야 할 부분을 제외한 나머지 자신의 부담부분에 한하여 손해배상의무를 부담하고, 한편 국가 등에 대하여는 그 귀책부분의 구상을 청구할 수 없다고 해석함이 상당하다 할 것이고, 이러한 해석이 손해의 공평·타당한 부담을 그 지도원리로 하는 손해배상제도의 이상에도 맞는다 할 것이다(대판(전원) 2001. 2. 15, 96다42420).

(ㅊ)「공동의 불법행위로 피해자에게 가한 손해를 연대하여 배상할 책임이 있는 공동불법행위자 중의 1인과 체결한 보험계약에 따라 보험자가 피해자에게 그 손해배상금을 보험금액으로 모두 지급함으로써 공동불법행위자들이 공동면책된 경우에, 보험금액을 지급한 보험자는 상법 제682조 소정의 보험자대위에 의하여 그 공동불법행위자가 공동면책됨으로써 다른 공동불법행위자의 부담부분에 대하여 행사할 수 있는 구상권을 취득한다고 할 것이고, 이때에 보험자가 취득하는 구상권의 소멸시효의 기산점과 그 기간은 대위에 의하여 이전되는 권리 자체를 기준으로 판단하여야 하며, 위와 같은 구상권은 그 소멸시효에 관하여 법률에 따로 정한 바가 없으므로 일반원칙으로 돌아가 일반채권과 같이 그 소멸시효는 10년으로 완성된다고 해석함이 상당하고 그 기산점은 구상권이 발생한 시점, 즉 구상권자가 현실로 피해자에게 지급한 때라 할 것이다.」(대판 1994. 1. 11, 93다32958)

(ㅋ) 판례는 공동불법행위책임을 부진정연대채무로 파악하여, 변제에 대하여는 절대적 효력을 인정하나(대판 1981. 8. 11, 81다298; 대판 1982. 4. 27, 80다2555; 대판 2024. 6. 27, 2023므12782), 채무면제(대판 1969. 8. 26, 69다962; 대판 1982. 4. 27, 80다2555; 대판 1997. 10. 10, 97다28391), 소멸시효(대판 1997. 12. 23, 97다42830)에 대하여는 상대적 효력만 인정한다. 그리고 상계에 대하여는 상대적 효력만 인정하던 과거의 판례(대판 1989. 3. 28, 88다카4994. 공동불법행위에 관한 사안임)를 전원합의체 판결로 변경하고 부진정연대채무의 경우에 절대적 효력을 인정하였으므로(대판(전원) 2010. 9. 16, 2008다97218. 이 판결은 신주인수대금채무와 대출금 등 채권을 상계하기로 합의한 경우에 관한 것이며, 공동불법행위에 관한 것은 아님), 여기서도 절대적 효력을 인정한다고 하겠다(채권법총론 [163] 참조).

「공동불법행위자의 다른 공동불법행위자에 대한 구상권은 피해자의 다른 공동불법행위자에 대한 손해배상채권과는 그 발생원인 및 성질을 달리하는 별개의 권리이고(당원 1996. 3. 26. 선고 96다3791 판결 참조), 연대채무에 있어서 소멸시효의 절대적 효력에 관한 민법 제421조의 규정은 공동불법행위자 상호간의 부진정연대채무에 대하여는 그 적용이 없으므로, 공동불법행위자 중 1인의 손해배상채무가 시효로 소멸한 후에 다른 공동불법행위자 1인이 피해자에게 자기의 부담부분을 넘는 손해를 배상하였을 경우에도, 그 공동불법행위자는 다른 공동불법행위자에게 구상권을 행사할 수 있다.」(대판 1997. 12. 23, 97다42830)

Ⅶ. 자동차운행자의 책임 [288]

1. 의의 및 성질

(1) 자동차운행자의 책임은 자기를 위하여 자동차를 운행하는 자가 자동차손해배상보장법(이하 「자배법」이라 함) 제 3 조에 의하여 그 자동차의 운행으로 인하여 다른 사람을 사망 또는 부상하게 한 때에 지는 책임을 말한다. 자배법은 자동차운행으로 인하여 사망하거나 상해를 입은 자를 보호하기 위하여 자동차운행자의 배상책임을 강화하고 강제적 책임보험제도를 마련하여 일정한 범위까지 배상을 보장하고 있다.

(2) 자배법 제 3 조는 자동차운행자에게 가중된 무과실의 증명책임을 부과하고 있다. 그 결과 자동차운행자의 책임은 사실상 무과실책임으로 되고 있다. 이러한 운행자책임은 위험책임과 보상책임에 근거한 것으로 이해된다(같은 취지: 곽윤직, 431면; 김상용, 726면; 김주수, 734면; 대판 1987. 7. 21, 87다카51. 대판 1998. 7. 10, 97다52653은 자배법 3조 2호는 위험책임의 법리를 도입한 것이라고 한다).

2. 요 건

자동차운행자의 책임이 성립하려면 다음과 같은 요건을 갖추어야 한다(자배법 3조).

(1) 「자기를 위하여 자동차를 운행하는 자」일 것

자배법상의 책임을 지는 자는 「자기를 위하여 자동차를 운행하는 자」즉 자동차운행자이다. 자동차운행자는 자동차에 대한 운행을 지배하여 그 이익을 향수하는 책임주체자로서의 지위에 있는 자를 가리키며(대판 1986. 12. 23, 86다카556; 대판 1987. 7. 21, 87다카51; 대판 2021. 3. 25, 2019다208687 등 다수의 판결), 따라서 운행자이려면 운행지배와 운행이익의 두 가지를 가지고 있어야 한다(같은 취지: 위의 판결; 곽윤직, 431면; 김상용, 726면. 그러나 이은영, 889면은 운행지배만을 문제삼는다). 그리고 판례는, 이 경우 운행지배는 현실적인 지배에 한하지 않고 사회통념상 간접지배 내지는 지배가능성이 있다고 볼 수 있는 경우도 포함한다는 입장이다(대판 1992. 4. 14, 91다4102; 대판 1994. 9. 23, 94다21672; 대판 1995. 10. 13, 94다17253; 대판 2002. 11. 26, 2002다47181 등).

운행자는 운전자나 자동차보유자(소유자 또는 자동차를 사용할 권리가 있는 자로서 자기를 위하여 자동차를 운행하는 자. 자배법 2조 3호)와는 개념상 구별된다. 그리하여 보유자가 아닌 고용된 운전자는 운행지배·운행이익이 없어서 운행자가 아니며, 소유자나 그 밖의 보유자(임차인 등)는 보통은 운행자일 것이지만 운행지배와 운행이익을 상실한 경우에는 운행자가 아니게 된다. 이와 관련하여 판례는, 자동차의 소유자 또는 보유자는 통상 자동차운행자로서의 지위에 있는 것으로 추인된다 할 것이므로 사고를 일으킨 구체적 운행이 보유자의 의사에 기하지 아니한 경우에도 그 운행에 있어 보유자의 운행지배와 운행이익이 완전히 상실되었다고 볼 특별한 사정이 없는 한 보유자는 당해 사고에 대하여 자배법 제 3 조의 운행자로서의 책임을 부담한다고 한다(대판 1986. 12. 23, 86다카556; 대판 2009. 11. 12, 2009다63106). 또한 판례에 의하면, 자동차보유자 특히 소유자가 운행지배와 운행이익을 상실하였는지 여부는 자동차의 관리상태 등 객관적이고 외형적인 여러 사정을 사회통념에 따라 종합적으로 평가하여 판단할 것이라고 한다(대판 1992. 3. 10, 91다43701; 대판 1994. 8. 26, 93다47394; 대판 1997. 11. 14, 95다37391; 대판 1999. 4. 23, 98다61395 등). 한편 운행자에게 권리가 있는지는 묻지 않으므로 도둑운전자도 운행자로 될 수 있다.

[289] 　　　　　　　　　　　　　　　〈판 례〉

운행자인지에 관한 판례를 정리한다.

　(ㄱ) **무단운전의 경우**　　　　무단운전(자동차보유자와 고용관계·친족관계 등 일정한 인적 관계가 있는 자가 자동차보유자의 승낙 없이 운전하는 것)의 경우에는 객관적·외형적으로 보유자를 위하여 한 운행이라고 인정되는 때에는 보유자가 운행자이다(대판 1978. 2. 28, 77다2271; 대판 1981. 7. 7, 80다2813; 대판 1981. 12. 22, 81다331). 그러나 동승자가 무단운행임을 알고 오히려 이를 이용하여 편승한 때에는 운전자는 보유자를 위하여 운행한 것이 아니어서 보유자는 운행자가 아니다(대판 1981. 3. 10, 80다2973. 대판 1983. 6. 14, 82다카1831도 참조).

　(ㄴ) **절취운전의 경우**　　　　절취운전(자동차보유자와 아무런 인적 관계도 없는 자가 보유자에게 되돌려 줄 생각 없이 자동차를 절취하여 운전하는 것)의 경우에는 자동차보유자는 원칙적으로 자동차를 절취당하였을 때 운행지배와 운행이익을 잃어버렸다고 보아야 할 것이고, 다만 예외적으로 자동차보유자의 차량이나 시동열쇠 관리상의 과실이 중대하여 객관적으로 볼 때에 자동차보유자가 절취운전을 용인하였다고 평가할 수 있을 정도가 되고, 또한 절취운전 중 사고가 일어난 시간과 장소 등에 비추어 볼 때 자동차보유자의 운행지배와 운행이익이 잔존한다고 평가할 수 있는 경우에 한하여 자동차보유자에게 운행자성을 인정할 수 있다(대판 1998. 6. 23, 98다10380; 대판 2001. 4. 24, 2001다3788). 그리고 때에 따라서는 운행자책임은 지지 않을지라도 일반 불법행위책임을 지게 될 수는 있다. 자동차의 열쇠를 차내에 두고 출입문도 잠그지 않아서 도난당한 경우에 그렇다(대판 1981. 6. 23, 81다329; 대판 1988. 3. 22, 86다카2747; 대판 2001. 6. 29, 2001다23201·23218).

　(ㄷ) **자동차의 대차의 경우**　　　　자동차소유자가 자신과 밀접한 인적 관계에 있는 자에게 무상으로 자동차를 대여한 경우에는 소유자는 운행지배와 운행이익을 상실하지 않는다(대판 1987. 1. 20, 86다카1807; 대판 1987. 11. 10, 87다카376; 대판 1988. 9. 13, 88다카80; 대판 1991. 5. 10, 91다3918). 그리고 자동차대여업자가 자동차를 일정기간 임대한 경우에도 대여업자와 임차인 간에는 임대목적 자동차에 대하여 대여업자의 운행지배가 직접적이고 현재적으로 존재한다(대판 1991. 4. 12, 91다3932; 대판 1991. 7. 12,

$\left(\begin{smallmatrix}91다\\8418\end{smallmatrix}\right)$$\left(\begin{smallmatrix}그\ 결과\ 이\ 경우에는\ 임차인과\\대여업자가\ 모두\ 운행자로\ 된다\end{smallmatrix}\right)$. 그에 비하여 대여업자가 아닌 보유자로부터 자동차를 임차한 보통의 임대차의 경우에는 임차인이 운행자로 된다$\left(\begin{smallmatrix}대판\ 1993.\ 6.\ 8,\ 92다27782;\ 대\\판\ 1997.\ 4.\ 8,\ 96다52724;\ 대판\\2000.\ 7.\ 6,\\2000다560\end{smallmatrix}\right)$. 그리고 자동차운전학원에서 피교습자가 학원의 교습용 자동차를 이용하여 운전연습을 하는 때에는, 교습용 자동차에 관하여 임대차 또는 사용대차의 관계가 성립하는 것이고, 차주(借主)인 피교습자는 운행자에 해당한다$\left(\begin{smallmatrix}대판\ 2001.\ 1.\ 19,\\2000다12532\end{smallmatrix}\right)$.

(ㄹ) **명의대여의 경우** 　타인에게 자동차를 자신의 명의로 등록하도록 한 자는 운행자책임을 진다$\left(\begin{smallmatrix}대판\ 1982.\ 10.\ 12,\\81다583\end{smallmatrix}\right)$. 그리고 지입차량(持込車輛)의 경우에는 지입회사는 운행자에 해당한다$\left(\begin{smallmatrix}대판\ 1993.\ 4.\ 23,\\93다1879\ 참조\end{smallmatrix}\right)$.

(ㅁ) **자동차 매매·대물변제·매매를 위한 위탁의 경우** 　자동차를 매매한 경우에 관하여 판례는 매매대금을 완납했는지 여부에 따라 달리 판단한다. 즉 대금을 완납하기 전에 인도한 때에는 등록명의이전 전까지 매도인 명의로 운행할 것을 허용한 것이라고 볼 수 있으므로 매도인이 운행자라고 하며$\left(\begin{smallmatrix}대판\ 1980.\ 4.\ 22,\ 79다1942;\ 대판\\1980.\ 6.\ 10,\ 80다591;\ 대판\ 1991.\ 3.\ 12,\end{smallmatrix}\right.$ $\left.\begin{smallmatrix}91다\\605\end{smallmatrix}\right)$, 대금 전액을 수령하면서 자동차를 인도하고 등록명의이전에 필요한 모든 서류를 교부하였지만 아직 그 절차를 마치지 못한 때에는 매수인이 운행자라고 한다$\left(\begin{smallmatrix}대판\ 1980.\ 9.\ 24,\\79다2238\end{smallmatrix}\right)$$\left(\begin{smallmatrix}대판\ 1994.\ 2.\ 22,\ 93다37052는\ 명의이전에\ 필\\요한\ 서류를\ 교부하지\ 않았어도\ 이를\ 인정한다\end{smallmatrix}\right)$. 그런데 다른 한편으로 매매대금 전액을 지급하였더라도 당사자 사이에 매도인 명의를 유지하기로 하는 등의 특별한 사정이 있는 때에는 예외적으로 매도인을 운행자로 인정한다$\left(\begin{smallmatrix}대판\ 1995.\ 1.\ 12,\\94다38212\end{smallmatrix}\right)$.

대물변제를 위하여 채권자에게 자동차를 양도하기로 하고 인도까지 하였으나 아직 채권자 명의로 그 소유권이전등록이 되지 않은 경우$\left(\begin{smallmatrix}자동차\ 시가가\ 채권자\\의\ 채무에\ 미달한\ 때\end{smallmatrix}\right)$에는, 채권자가 운행자이다$\left(\begin{smallmatrix}대판\ 1999.\ 5.\ 14,\\98다57501\end{smallmatrix}\right)$.

자동차(버스)를 매도하기로 하고$\left(\begin{smallmatrix}대금문제\\도\ 완결됨\end{smallmatrix}\right)$ 인도까지 하였으나 아직 매수인 명의로 그 소유권이전등록이 경료되지 아니한 경우에 아직 그 등록 명의가 매도인에게 남아 있다는 사정만으로 그 자동차에 대한 운행지배나 운행이익이 매도인에게 남아 있다고 단정할 수는 없다고 하며$\left(\begin{smallmatrix}대판\ 2009.\ 12.\ 24,\\2009다69432\end{smallmatrix}\right)$, 할부로 매수한 자동차를 제3자에게 다시 매도하고$\left(\begin{smallmatrix}미불입\ 할부금은\ 인수하기로\ 하고\\나머지\ 대금은\ 즉석에서\ 지급함\end{smallmatrix}\right)$ 인도까지 하였으나 제3자의 할부대금 완납 시까지 이전등록을 유보한 경우 회사 명의의 근저당권이 설정되어 있기 때문에 소유자 명의의 이전이 불가능하여 할부금을 모두 지급한 후에 이전하기로 하였다는 사정만으로는 운행지배가 매도인에게 남아 있다고 단정할 수 없다고 한다$\left(\begin{smallmatrix}대판\ 1996.\ 7.\ 30,\\95다54716\end{smallmatrix}\right)$.

자동차소유자가 타인에게 자동차의 매도를 의뢰하여 자동차를 맡긴 경우에 관하여 판례는, 수임인이 전문영업자가 아닌 아는 사람인 예에서는 위임인을 운행자라고 하였고$\left(\begin{smallmatrix}대판\ 1992.\ 5.\ 12,\\92다6365\end{smallmatrix}\right)$, 수임인이 전문영업자인 예$\left(\begin{smallmatrix}명의이전서류\\도\ 교부함\end{smallmatrix}\right)$에서는 최후의 전문영업자가 운행자라고 하였다$\left(\begin{smallmatrix}대판\ 2002.\ 11.\ 26,\\2002다47181\end{smallmatrix}\right)$.

(ㅂ) **양도담보의 경우** 　채권담보의 목적으로 자동차등록원부상 자동차의 소유자로 등록된 자는 특별한 사정이 없는 한 운행자가 아니다$\left(\begin{smallmatrix}대판\ 1980.\ 4.\ 8,\\79다302\end{smallmatrix}\right)$.

(ㅅ) **수리·세차 등의 경우** 　자동차의 수리를 위하여 수리업자에게 자동차를 맡

긴 경우에 수리하는 동안의 운행지배권은 수리업자에게 있다$\binom{\text{대판 1988. 6. 14, 87다카1585;}}{\text{대판 1990. 4. 13, 89다카29136;}}$ 대판 1999. 12. 28, $\binom{\text{수리의뢰를 받은 자동차수리업자가 소유자의 동의 없이 다른 수리업자에게 수리를 의}}{\text{뢰한 경우에는 두 수리업자가 공동으로 운행자가 된다. 대판 2005. 4. 14, 2004다68175}}$. 그러 99다50224 나 소유자가 운행지배와 운행이익을 완전히 상실하지 않았다고 볼만한 특별한 사정 이 있는 경우에는 소유자와 수리업자가 공동운행자가 된다$\binom{\text{대판 1993. 2. 9, 92다40167; 대}}{\text{판 2000. 4. 11, 98다56645; 대판}}$ 2002. 12. 10, $)$. 그리고 세차작업 중 사고에 의한 책임은 세차업자에게 있다$\binom{\text{대판 1976.}}{\text{10. 26,}}$ 2002다53193 76다 $)$. 또한 엔진오일 교환작업 중인 차량의 지배권은 엔진오일 교환업자에게 있다 517 $\binom{\text{대판 1987. 7. 7,}}{\text{87다카449}}$.

(ㅇ) **파견근로자의 경우**　　파견근로자가 운전하는 자동차의 운행자는 사용사업 주이고 파견사업주가 아니다$\binom{\text{대판 2005. 9. 15,}}{\text{2005다10531}}$.

(ㅈ) **기타의 경우**　　비번인 회사택시 운전사가 동거녀의 언니를 집에 데려다 주 기 위하여 회사로부터 비번인 택시를 가사사유로 출고받아 운전하여 가던 중 충돌사 고로 언니를 사망케 한 경우에 있어 택시회사의 평소의 비번차량 관리상태, 사고택 시의 출고 및 운행경위, 피해자로서는 비번차량인 점을 알기 어려웠던 점 등에 비추 어 사고 당시 그 구체적 운행지배나 운행이익을 완전히 상실한 상태에 있었다고 볼 수 없다 하여 택시회사에게 운행자로서의 책임이 있다고 한 사례$\binom{\text{대판 1992. 6. 23,}}{\text{91다28177}}$.

[290]　　**(2) 자동차의 운행에 의할 것**

자배법에서 「자동차」라 함은 자동차관리법의 적용을 받는 자동차와 건설기 계관리법의 적용을 받는 건설기계 중 대통령령이 정하는 것을 말한다$\binom{\text{자배법}}{\text{2조 1호}}$.

「운행」은 사람 또는 물건의 운송 여부에 관계없이 자동차를 그 용법에 따라 사용 또는 관리하는 것이다$\binom{\text{자배법 2조 2호. 1999년 자배법 개정 전에는 「자동차를 당}}{\text{해 장치의 용법에 따라 사용하는 것」이라고 규정했었다}}$. 여기서 「자 동차를 그 용법에 따라 사용한다」는 것은 자동차의 용도에 따라 그 구조상 설비 되어 있는 각종의 장치를 각각의 장치목적에 따라 사용하는 것을 말하는 것으로 서, 자동차가 반드시 주행상태에 있지 않더라도 주행의 전후단계로서 주·정차 상태에서 문을 열고 닫는 등 각종의 부수적인 장치를 사용하는 것도 포함하는 것 이다$\binom{\text{대판 2004. 7. 9,}}{\text{2004다20340·20357}}$. 그리고 판례에 의하면, 안전하게 주·정차하기 어려운 곳에 주·정차하거나 주·정차를 함에 있어서 지형과 도로상태에 맞추어 변속기나 브 레이크 등을 조작하지 않음으로 인하여 생긴 사고는 원칙적으로 운행 중의 사고 라고 한다$\binom{\text{대판 1997. 8. 26, 97다5183; 대판 2003. 9. 23, 2002다65936·65943;}}{\text{대판 2004. 3. 12, 2004다445·452; 대판 2005. 3. 25, 2002다71232}}$.

〈판 례〉

(ㄱ) 판례에 의하면 ① 화물자동차의 운전수가 여고생을 태우고 가다가 강간할 마음 이 생겨 내려주지 않고 계속 진행하던 중 그 학생이 문을 열고 뛰어내려 사망한 경우

(대판 1989. 10. 27, 89다카432), ② 동승자가 주차한 자동차에서 하차하다가 차량 밖의 터널바닥으로 떨어져 다친 경우(대판 1998. 9. 4, 98다22604·22611), ③ 지게차로 화물을 화물차에 적재하기 위하여 계속 작업하던 중 적재된 화물이 떨어져 사망한 경우(대판 1997. 4. 8, 95다26995: 지게차의 운행 중의 사고), ④ 구급차로·환자를 후송한 후 구급차에 비치된 들것(간이침대)으로 환자를 하차시키던 도중에 들것을 잘못 조작하여 환자를 땅에 떨어뜨려 상해를 입힌 경우(대판 2004. 7. 9, 2004다20340·20357), ⑤ 한강 선착장에 주차시킨 승용차가 비탈면을 굴러 강물에 빠져 동승자가 사망한 경우(대판 1997. 8. 26, 97다5183. 유사하게 바닷가 비탈면에 주차하였다가 추락한 경우: 대판 2004. 3. 12, 2004다445·452), ⑥ 화물자동차의 시동을 걸고 전조등을 켜서 그 불빛을 이용하여 작업하던 중 화물자동차가 굴러와 사고가 생긴 경우(대판 2005. 3. 25, 2004다71232)는 운행 중의 사고라고 한다.

그에 비하여 ① 트랙터로 견인하는 트레일러의 적재함에 부착되어 있는 쇠파이프를 철거하는 수리과정에서 타인을 다치게 한 경우(대판 1996. 5. 28, 96다7359), ② 화물자동차에서 화물 하차작업을 하던 중 화물 고정용 밧줄을 너무 힘껏 잡아당겨 때마침 오토바이를 운전하고 그 곳을 지나던 자의 상반신에 걸리게 하여 사고가 생긴 경우(대판 1996. 5. 31, 95다19232), ③ 화물자동차를 정차시키고 철근다발을 떨어뜨리는 방법으로 하역작업을 하던 중 그 철근다발을 자동차 뒤편에서 다가오던 피해자의 등 위로 떨어지게 하여 피해자가 사망한 경우(대판 1996. 9. 20, 96다24675)는 운행 중의 사고로 볼 수 없다고 한다. 그리고 보험약관상의「운행」이 문제되는 사안에서, 자동차를 도로 옆의 잔디밭에 주차시키고 잠을 자다가 자동차가 미끄러져 물에 빠져 사망한 사고는「운행」중의 사고가 아니라고 한다(대판 1994. 4. 29, 93다55180).

(ㄴ)「자동차손해배상보장법 제3조 본문 및 제2조 제2호에 의하면, 자기를 위하여 자동차를 운행하는 자는 그 운행으로 인하여 다른 사람을 사망하게 하거나 부상하게 한 때에는 그 손해를 배상할 책임을 지고, 그 '운행'이라 함은 사람 또는 물건의 운송 여부에 관계없이 자동차를 그 용법에 따라 사용 또는 관리하는 것을 말한다고 규정되어 있는바, 여기서 '자동차를 그 용법에 따라 사용한다'는 것은 자동차의 용도에 따라 그 구조상 설비되어 있는 각종의 장치를 각각의 장치목적에 따라 사용하는 것을 말하는 것으로서, 자동차가 반드시 주행 상태에 있지 않더라도 주행의 전후단계로서 주·정차 상태에서 문을 열고 닫는 등 각종 부수적인 장치를 사용하는 것도 포함하는 것이다(대법원 1988. 9. 27. 선고 86다카2270 판결, 1999. 11. 12. 선고 98다30834 판결, 2003. 12. 26. 선고 2003다21865 판결 등 참조). 한편, 자동차의 용도에 따라 그 구조상 설비되어 있는 각종의 장치는 원칙적으로 당해 자동차에 계속적으로 고정되어 사용되는 것이지만 당해 자동차에서 분리하여야만 그 장치의 사용목적에 따른 사용이 가능한 경우에는, 그 장치가 평상시 당해 자동차에 고정되어 있는 것으로서 그 사용이 장치목적에 따른 것이고 당해 자동차의 운행목적을 달성하기 위한 필수적인 요소이며 시간적·공간적으로 당해 자동차의 사용에 밀접하게 관련된 것이라면 그 장치를 자동차에서 분리하여 사용하더라도 자동차를 그 용법에 따라 사용하는 것으로 볼 수 있다.」(구급차로 환자를 병원에 후송한 후 구급차에 비치된 들

것(간이침대)으로 환자를 하차시키던 중 들것을 잘못 조작하여 환자를 땅에 떨어뜨려 상해를 입게 한 경우에 관하여 자동차의 운행으로 인하여 발생한 사고에 해당한다고 한 사례($\substack{\text{대판 2004. 7. 9,} \\ \text{2004다20340·20357}}$).

[291]   **(3) 다른 사람을 사망하게 하거나 부상하게 하였을 것**

여기의 「다른 사람」은 자동차운행자·운전자·운전보조자 이외의 자이나 ($\substack{\text{대판 2010. 5. 27, 2010다5175. 이 판결은 운전보조} \\ \text{자에 해당하는지를 판단하는 기준도 제시하고 있음}}$), 당해 자동차의 운전자나 운전보조자라도 사고 당시에 현실적으로 자동차 운전에 관여하지 않고 있었으면 타인으로 보호된다($\substack{\text{대판 1999. 9. 17,} \\ \text{99다22328}}$)($\substack{\text{그러나 김주수, 743면; 이은영, 897면은 운전을 한} \\ \text{운전자도 과실이 없으면 「다른 사람」이라고 한다}}$). 그리하여 예컨대 조수석에서 수면휴식 중이던 교대운전자($\substack{\text{대판 1983. 2. 22,} \\ \text{82다128}}$), 자신이 배정받은 택시를 같은 회사의 다른 운전자에게 맡기고 옆좌석에 앉아 있던 자($\substack{\text{대판 1989. 4. 24,} \\ \text{89다카2070}}$)도 「다른 사람」에 해당한다. 그리고 자동차 보유자나 사용권자의 배우자나 직계존비속 등의 친족이라도 운행자나 운전자에 해당하지 않는 한 「다른 사람」에 해당한다($\substack{\text{대판 2021. 3. 25,} \\ \text{2019다208687}}$). 그러나 현실적으로 운전을 하지 않았더라도 운전하여야 할 지위에 있는 자가 법령상 또는 직무상의 임무에 위배하여 타인에게 운전을 위탁하였고 상대가 운전무자격자나 운전미숙자인 때에는 「다른 사람」에 포함되지 않는다($\substack{\text{대판 2000. 3. 28, 99다} \\ \text{53827(이삿짐센터 화}}$ 물차의 운전을 담당하는 종업원이 운전면허도 없는 자에게 고가 사다리를 조작하도록 한 경우); 대판 2016. 4. 28, 2014다236830·236847). 그리고 이때 그 타인이 해당 자동차의 용법에 따른 사용행위를 실제 하였다고 하더라도 그는 특별한 사정이 없는 한 운전보조자에 해당할 수는 있으나 운전자에는 해당하지 않는다($\substack{\text{대판} \\ \text{2016. 4. 28,} \\ \text{2014다} \\ \text{236830·236847}}$). 그리고 판례는, 자신의 업무와 관계없이, 별도의 대가를 받지 않고 운전행위를 도운 것에 불과한 자는 특별한 사정이 없는 한 운전의 보조에 종사한 자에 해당하지 않는다고 한다($\substack{\text{대판 2016. 4. 28, 2014} \\ \text{다236830·236847}}$). 한편 동일한 자동차에 대하여 복수로 존재하는 운행자 중 1인이 당해 자동차의 사고로 피해를 입은 경우에는 사고를 당한 운행자는 다른 운행자에 대하여 원칙적으로 「다른 사람」임을 주장할 수 없으나, 다만 사고를 당한 운행자의 운행지배 및 운행이익에 비하여 상대방 운행자의 것이 보다 주도적이거나 직접적이고 구체적으로 나타나 있어 상대방이 용이하게 사고의 발생을 방지할 수 있었다고 보여지는 때만은 자신이 「다른 사람」임을 주장할 수 있다($\substack{\text{대판 1997. 7. 25, 96다46613; 대판 2001. 11. 30, 2000다66393; 대} \\ \text{판 2002. 12. 10, 2002다51654; 대판 2009. 5. 28,2007다87221 등}}$).

자배법 제 3 조는 다른 사람을 사망하게 하거나 부상하게 한 때에만 운행자책임을 인정한다.

〈판 례〉

「자동차 운행자나 운전자의 운행 중 과실로 인하여 피해를 입은 자가 운행자나 운전자와 신분상 내지 생활관계상 일체를 이루는 관계에 있더라도 그 운행자나 운전자와 피해자 사이에서 운행자나 운전자의 과실은 손해배상채무의 성립요건이 될 뿐 손해배상책임의 감면사유가 될 수 없다.」$\binom{\text{대판 2021. 3. 25, 2019다208687. 호의동승에 관}}{\text{하여 같은 취지: 대판 1997. 11. 14, 97다35344}}$

(4) 면책사유가 없을 것

운행자는 승객이 아닌 자가 사망·부상한 경우에는 ① 자기와 운전자가 자동차의 운행에 관하여 주의를 게을리하지 않았고, ② 피해자 또는 자기 및 운전자 외의 제 3 자에게 고의 또는 과실이 있으며, ③ 자동차의 구조상의 결함 또는 기능에 장해가 없었다는 것을 증명하면 책임을 면하고$\binom{\text{자배법}}{\text{3조 1호}}$, 승객이 사망·부상한 경우에는 그 사망 또는 부상이 그 승객의 고의나 자살행위로 인한 것임을 증명하면 책임을 면하고$\binom{\text{자배법}}{\text{3조 2호}}$, 이러한 증명을 하지 못하면 책임을 지게 된다$\binom{\text{대판}}{\text{1987.}}$

6. 23, 86다카2863; 대판 1993. 5. 27, 93다6560(자동차운행자로서는 그 소유의 자동차승객이 사망한 경우라면 자기에게 과실이 없음을 내세워 손해배상책임을 면할 수 없다); 대판 2017. 7. 18, 2016다216953; 대판 2021. 11. 11, 2021다257705).

한편 여기의 「승객의 고의 또는 자살행위」는 승객의 자유로운 의사결정에 기하여 의식적으로 행한 행위에 한정된다$\binom{\text{대판 1997. 11. 11, 95다22115;}}{\text{대판 2017. 7. 18, 2016다216953}}$.

〈판 례〉

「자동차 손해배상보장법 제 3 조…단서 제 2 호 소정의 승객이란 자동차 운행자의 명시적·묵시적 동의 하에 승차한 사람을 의미하는데, 위 법률 조항은 자동차운행을 지배하고 그 운행이익을 받으면서 승객의 동승에 명시적·묵시적으로 동의하여 승객을 자동차의 직접적인 위험범위 안에 받아들인 운행자로 하여금 그 과실 유무를 묻지 않고 무상·호의동승자를 포함한 모든 승객의 손해를 배상하도록 하는 것이 그 취지이므로$\binom{\text{헌법재판소 1998. 5. 28. 선고 96헌가4, 97헌가}}{\text{6·7, 95헌바58(병합) 전원재판부 결정 참조}}$, 반드시 자동차에 탑승하여 차량 내부에 있는 자만을 승객이라고 할 수 없고, 운행 중인 자동차에서 잠시 하차하였으나 운행 중인 자동차의 직접적인 위험범위에서 벗어나지 않은 자도 승객의 지위를 유지할 수 있으며, 그 해당 여부를 판단함에는 운행자와 승객의 의사, 승객이 하차한 경위, 하차 후 경과한 시간, 자동차가 주·정차한 장소의 성격, 그 장소와 사고 위치의 관계 등의 제반사정을 종합하여 사회통념에 비추어 결정하여야 한다.」(고속도로상에서 1 차사고로 정차한 관광버스의 승객 일부가 버스에서 하차하여 갓길에 서서 사고상황을 살피다가 얼마 지나지 않아 2차사고를 당하여 사망한 사안에서, 망인이 2차사고시에도 운행 중인 관광버스의 직접적인 위험범위에서 벗어나지 않았으므로 자동차손해배상보장법 3조 단서 2호의 승객에 해당한다고 한 사례$\binom{\text{대판 2008. 2. 28,}}{\text{2006다18303}}$

[292]　**3. 민법 등과의 관계**

　　자배법은 민법 불법행위 규정의 특별법이므로 자동차사고로 손해를 입은 자가 자배법에 의하여 손해배상을 주장하지 않았더라도 법원은 민법에 우선하여 자배법을 적용하여야 한다$\binom{\text{대판 1967. 9. 26, 67다1695; 대판 1970. 11. 24,}}{\text{70다1501; 대판 1997. 11. 28, 95다29390}}$. 그러나 자배법 제 3 조는 자동차의 운행으로 다른 사람이 사망하거나 부상당한 경우에만 운행자책임을 인정하고 있다. 따라서 사망·부상사고 이외의 경우에는 민법에 의하여 구제받을 수밖에 없다. 그리고 운행자가 아닌 운전자에 대하여는 민법에 의하여 배상을 청구하여야 한다. 또한 운행자로서 책임을 진 사용자가 과실있는 운전자에게 구상하려면 제756조에 의하여야 한다. 운행자책임이 성립하지 않는 경우에 민법에 의하여 배상을 청구할 수 있음은 물론이다$\binom{\text{대판 1981. 6. 23, 81다329; 대판 1988. 3.}}{\text{22, 86다카2747; 대판 2001. 6. 29, 2001다}}$$\binom{23201 \cdot}{23218}$.

　　판례에 따르면, 자배법은 국가배상법에도 우선한다$\binom{\text{대판 1996. 3. 8,}}{\text{94다23876}}$.

〈판 례〉

　　자동차손해배상보장법의 입법취지에 비추어 볼 때, 같은 법 제 3 조는 자동차의 운행이 사적인 용무를 위한 것이건 국가 등의 공무를 위한 것이건 구별하지 아니하고 민법이나 국가배상법에 우선하여 적용된다고 보아야 한다. 따라서, 일반적으로 공무원의 공무집행상의 위법행위로 인한 공무원 개인 책임의 내용과 범위는 민법과 국가배상법의 규정과 해석에 따라 정하여질 것이지만, 자동차의 운행으로 말미암아 다른 사람을 사망하게 하거나 부상하게 함으로써 발생한 손해에 대한 공무원의 손해배상책임의 내용과 범위는 이와는 달리 자동차손해배상보장법이 정하는 바에 의할 것이므로, 공무원이 직무상 자동차를 운전하다가 사고를 일으켜 다른 사람에게 손해를 입힌 경우에는 그 사고가 자동차를 운전한 공무원의 경과실에 의한 것인지 중과실 또는 고의에 의한 것인지를 가리지 않고, 그 공무원이 자동차손해배상보장법 제 3 조 소정의 '자기를 위하여 자동차를 운행하는 자'에 해당하는 한 자동차손해배상보장법상의 손해배상책임을 부담한다$\binom{\text{대판 1996. 3. 8,}}{\text{94다23876}}$.

[293]　　　　　　　　　　　〈호의동승(好意同乘) 문제〉

　　㈀ 호의동승의 의의　　　호의동승$\binom{\text{정확한 표현으로는 호}}{\text{의운행 내지 호의운전}}$이란 계약이 없이 순수한 호의에서 무상으로 타인을 자신이 운전하는(또는 자신의) 차에 태워주는 것을 말한다. 호

의동승은 비계약성·무상성·호의성$\left(\substack{\text{잠입동승·강요동승}\\\text{은 호의동승이 아님}}\right)$·동승자의 비운전성 등의 특징을 가지고 있다. 이러한 호의동승에 자배법 제 3 조가 적용되는지, 그리고 동승자가 입은 모든 손해를 배상해 주어야 하는지가 문제된다. 호의동승에는 운행자와 운전자가 동일한 경우와 둘이 다른 경우$\left(\substack{\text{이는 다시 무단운전의 경우와}\\\text{무단운전이 아닌 경우로 나뉨}}\right)$가 있어서 후자의 경우에는 운행자책임과 별도로 운전자책임도 문제되나, 여기서는 운행자책임만을 살펴보기로 한다$\left(\substack{\text{운전자책임에 대하여는 송덕수, "호}\\\text{의동승," 민사법학 18, 627면 참조}}\right)$.

(ㄴ) **호의운행자의 책임에 관한 학설·판례**   호의동승의 경우에 호의운행자의 책임에 관하여 학설은 크게 i) 책임제한 부정설과 ii) 책임제한 인정설로 나누어지고, ii)설에는 ① 운행자성 조각설(책임상대설), ② 운행자성 비율 조각설, ③ 비율적 책임설, ④ 신의칙설, ⑤ 금반언설, ⑥ 개별적 해결설 등 여러 가지가 있으나$\left(\substack{\text{자세한 점은}\\\text{송덕수, 앞의}}\right.$ 논문, 590면$\left.\right)$, i)설이 다수설이다$\left(\substack{\text{김상용, 739면; 김주수, 745면; 이은영, 900면. 곽윤직, 435면은 운행자는}\\\text{원칙적으로 모든 책임을 지고, 다만 여러 사정을 고려하여 신의칙상 배상액}}\right.$ 을 감액할 수 있다고 한다$\left.\right)$.

판례는, 사고차량에 무상동승하여 그 운행으로 인한 이익을 누리는 지위에 있었다 하더라도 특별한 사정이 없는 한 그 점만으로 피해자에게 과실이 있다고 할 수 없고 $\left(\substack{\text{대판 1987. 1. 20, 86다카251; 대판1987. 7. 7, 87다카69; 대}\\\text{판 1988. 9. 27, 86다카481; 대판 1989. 10. 24, 88다카11114}}\right)$ 또 동승사실만 가지고 동승자에게 자동차보유자성을 인정할 수도 없으므로$\left(\substack{\text{대판 1987. 9. 22, 86다카2580; 대판 1987. 12. 22, 86다카2994; 대}\\\text{판 1988. 6. 28, 88다카2516; 대판 1988. 9. 13, 86다카774; 대판}}\right.$ 1988. 9. 13, 88다카80; 대 판 1991. 7. 12, 91다8418$\left.\right)$, 호의로 동승한 사실만으로 손해액을 감액할 수는 없다고 한다 $\left(\substack{\text{대판 1989. 1. 31, 88다카3625; 대판 1992. 11. 27,}\\\text{92다24561; 대판 1999. 2. 9, 98다53141}}\right)$. 그러나 운행의 목적, 호의동승자와 운행자와의 인적 관계, 피해자가 차량에 동승한 경위 특히 동승요구의 목적과 적극성 등의 제반사정에 비추어 가해자에게 일반의 교통사고와 같은 책임을 지우는 것이 신의칙이나 형평의 원칙에 비추어 매우 불합리한 것으로 인정되는 경우에는 그 배상책임을 감경할 사유로 삼을 수도 있다고 한다$\left(\substack{\text{대판 1987. 12. 22, 86다카2994; 대판 1989. 1. 31, 87다카1090;}\\\text{대판 1989. 5. 9, 88다카6075; 대판 1990. 4. 25, 90다3062; 대}}\right.$ 판 1991. 2. 12, 90다14461; 대판 1997. 11. 14, 97다35344; 대판 1999. 2. 9, 98다53141 등$\left.\right)$.

(ㄷ) **사   견**   사견을 기술하기로 한다. 호의동승은 호의관계의 일종이다. 따라서 호의동승의 문제는 호의관계의 일반이론 위에서 호의동승의 특수성, 자배법의 규정 및 그 취지 등을 고려하여 해결되어야 한다. 여기서 자세히 논할 수는 없으나, 일반적으로 호의행위자는 구체적 과실이 있는 때에만 책임을 져야 한다$\left(\substack{\text{자세한 사항은 송}\\\text{덕수, "호의관계}}\right.$ 의 법률문제," 민사법학 15, 420면 이하 참조$\left.\right)$. 그러나 그 이론은 호의동승에서는 그대로 관철되지는 않아야 한다. 자배법의 취지를 고려하여야 하기 때문이다. 자배법 제 3 조는 일응 호의동승자에게도 적용된다고 할 것인데, 그 규정에 의하면 운행자는 운전자의 추상적 과실에 책임을 지게 된다. 그러나 자배법은 책임보험 등의 가입이 강제되는 범위에서만 철저하게 손해를 전보해 주려고 하고 있다$\left(\substack{\text{같은 법 5조·20조·}\\\text{26조·31조 참조}}\right)$. 그러므로 호의동승의 경우에도 책임보험이 있는 한 그 범위에서는 자배법 제 3 조에 의하여 운행자는 책임을 진다고 하여야 한다. 그에 비하여 책임보험금을 넘는 손해에 대하여는 설사 임의보험에 가입되어 있더라도 거기에는 구체적 과실의 원칙을 적용하여야 한다. 한편 이

때 동승자에게 과실이 있으면(예: 운전자의 음주사실) 과실상계를 하여야 한다. 또 위자료를 정함에 있어서 호의동승 사실이 참작되어야 한다.

〈판 례〉

「2인 이상의 공동불법행위로 인하여 호의동승한 사람이 피해를 입은 경우, 공동불법행위자 상호 간의 내부관계에서는 일정한 부담 부분이 있으나 피해자에 대한 관계에서는 부진정연대책임을 지므로, 동승자가 입은 손해에 대한 배상액을 산정함에 있어서는 먼저 호의동승으로 인한 감액 비율을 참작하여 공동불법행위자들이 동승자에 대하여 배상하여야 할 수액을 정하여야 한다.」(대판 2014. 3. 27, 2012다87263).

[294] **Ⅷ. 생활방해(공해)에 대한 책임**

1. 서 설

오늘날 산업화와 인구집중 등으로 말미암아 매연·폐수·소음 등으로 인한 피해가 많이 생기고 있다. 이를 생활방해, 공해 또는 환경오염이라고 한다. 생활방해 내지 공해에 관하여 민법은 상린관계의 문제로 규정하고 있다(217조. 물권법 [110] 참조). 그런데 다른 한편으로 헌법은 제35조 제 1 항에서 환경권을 하나의 기본권으로 규정하고 있다(판례는 헌법상의 기본권이 사법상의 권리로서의 환경권을 부여 한 것으로 보기 어렵다고 한다. 대결 1995. 5. 23, 94마2218 등). 그리고 공해를 규제하는 법률로 환경정책기본법을 비롯한 다수의 개별입법이 두어져 있다.

환경정책기본법은 공해에 대하여 일정한 경우에는 무과실책임을 규정하고 있다. 즉 환경오염(사업활동 및 그 밖의 사람의 활동에 의하여 발생하는 대기오염·수질오염·토양오염·해양오염·방사능오염·소음·진동·악취·일조방해 등으로서 사람의 건강이나 환경에 피해를 주는 상태. 같은 법 3조 4호) 또는 환경훼손(야생 동식물의 남획 및 그 서식지의 파괴, 생태계질서의 교란, 자연경관의 훼손, 표토 (表土)의 유실 등으로 자연환경의 본래적 기능에 중대한 손상을 주는 상태. 같은 법 3조 5호)으로 피해가 발생한 경우에는, 해당 환경오염 또는 환경훼손의 원인자가 그 피해를 배상하여야 한다(같은 법 44조 1항).

환경정책기본법이 공해의 경우에 무과실책임을 규정하고 있으나 그것은 제한된 경우에 사업자에 대하여만 적용된다. 따라서 그 밖의 경우에는 물론이고 그 경우에도 과실 이외의 요건은 모두 제750조에 의하게 된다. 그런데 제750조는 공해와 같이 사회에서 필연적으로 발생하는 문제는 예상하지 못하고 만들어졌다. 그리하여 공해의 특수성을 고려한 해석이 필요하게 된다.

2. 요건상의 문제

(1) 고의 · 과실

위에서 본 바와 같이 환경정책기본법은 일정한 경우에 무과실책임을 규정하고 있다($^{같은\ 법}_{44조}$). 따라서 그 경우에는 고의 · 과실 요건이 필요하지 않으나, 나머지 경우가 문제이다. 그에 대하여는 이 무과실책임 규정의 유추를 생각할 수 있으나, 그것은 적당치 않다. 그렇다고 하여 엄격하게 주의의무 위반을 요구하는 것도 부적절하다. 그리하여 일부 견해는 손해발생의 예견가능성이 있는 때에는 방지설비를 하고 있거나 방지가 불가능한 경우이더라도 과실을 인정하자고 주장하기도 한다($^{곽윤직,\ 439}_{면이\ 그렇다}$).

(2) 위 법 성

오늘날의 기업활동 · 일상생활에서 공해는 필연적으로 발생한다. 따라서 공해가 발생한다고 하여 언제나 위법하다고 해서는 안 될 것이다. 여기서 그 기준으로 제217조 제 2 항의 수인한도(受忍限度)를 생각해 볼 수 있다. 즉 사회공동생활을 함에 있어서 일반적으로 용인하여야 할 정도를 넘는 경우에 위법하다고 하여야 한다($^{같은\ 취지:\ 곽}_{윤직,\ 439면}$).

(3) 인과관계(사실적 인과관계)

[295]

공해 가운데 소음 · 진동 · 일조방해 등과 같이 직접적인 것은 인과관계의 증명이 용이하다. 그러나 대기 · 물 등의 매개체를 통한 간접적인 것은 인과관계의 증명이 쉽지 않다. 그 때문에 이 요건의 증명을 위하여 개연성설(蓋然性說), 신개연성설(新蓋然性說)과 같은 특수한 이론들이 주장되고 있다. 개연성설은 인과관계의 증명은 개연성의 증명으로 충분하다는 견해이다. 즉 원고는 인과관계의 개연성을 증명하면 되고 그 증명이 되면 피고는 반증으로서 인과관계의 부존재를 증명하여야만 면책된다는 것이다. 그리고 신개연성설(간접반증설)은 간접반증이라는 개념($^{본증의\ 대상이\ 된\ 사실을\ 직접\ 공격하지\ 않고,\ 그와\ 별개의\ 간접사}_{실을\ 증명하여\ 본증의\ 대상이\ 된\ 사실의\ 부존재를\ 추인시키는\ 것}$)을 공해책임에 도입한 이론으로서, 인과관계의 발전과정을 몇 단계로 나눈 뒤 그 중 일정한 단계가 증명되면 나머지 단계는 특별한 사정이 없는 한 증명을 다한 것으로 추정하고, 이를 부인하기 위해서는 피고가 간접반증의 책임을 지게 함으로써 원고의 증명부담을 완화하려는 견해이다.

판례는 처음에는 명시적으로 개연성설에 반대하였으나($^{대판\ 1973.\ 11.\ 27,}_{73다919}$), 그 후 개연성설을 인정하였으며($^{대판\ 1974.\ 12.\ 10,}_{72다1774}$), 근래에는 신개연성설을 채택하고 있다 (대판 1984. 6. 12, 81다558; 대판 1991. 7. 23, 89다카1275; 대판 1997. 6. 27, 95다2692; 대판 2002. 10. 22, 2000다65666·65673; 대판 2004. 11. 26, 2003다2123; 대판 2012. 1. 12, 2009다84608·84615·84622·84639; 대판 2019. 11. 28, 2016다233538·233545; 대판 2020. 6. 25, 2019다292026·292033·292040).

〈판 례〉

「일반적으로 불법행위로 인한 손해배상청구 사건에서 가해자의 가해행위, 피해자의 손해발생, 가해행위와 피해자의 손해발생 사이의 인과관계에 관한 증명책임은 청구자인 피해자가 부담한다. 다만 대기오염이나 수질오염 등에 의한 공해로 인한 손해배상을 청구하는 소송에서 피해자에게 사실적인 인과관계의 존재에 관하여 과학적으로 엄밀한 증명을 요구하는 것은 공해로 인한 사법적 구제를 사실상 거부하는 결과가 될 수 있는 반면에, 기술적·경제적으로 피해자보다는 가해자에 의한 원인조사가 훨씬 용이한 경우가 많을 뿐만 아니라 가해자는 손해발생의 원인을 은폐할 염려가 있기 때문에, 가해자가 어떤 유해한 원인물질을 배출하고 그것이 피해물건에 도달하여 손해가 발생하였다면 가해자 측에서 그것이 무해하다는 것을 증명하지 못하는 한 가해행위와 피해자의 손해발생 사이의 인과관계를 인정할 수 있다. 그러나 이 경우에 있어서도 적어도 가해자가 어떤 유해한 원인물질을 배출한 사실, 그 유해의 정도가 사회통념상 참을 한도를 넘는다는 사실, 그것이 피해물건에 도달한 사실, 그 후 피해자에게 손해가 발생한 사실에 관한 증명책임은 피해자가 여전히 부담한다($^{대법원\ 2013.\ 10.}$ 11. 선고 2012다111661 판결, 대법원 2016. 12. 29. 선고 2014다67720 판결 참조).」($^{대판\ 2019.\ 11.\ 28,\ 2016다233538·233545.\ 같은\ 취지:}_{대판\ 2020.\ 6.\ 25,\ 2019다292026·292033·292040}$)

3. 토지소유자의 토양오염이 현재의 토지소유자에 대한 불법행위인지 여부

대법원은 최근에 전원합의체 판결에서 토지소유자의 토양오염이 거래 상대방 및 현재의 토지소유자에 대한 불법행위가 된다고 한다($^{대판(전원)\ 2016.\ 5.\ 19,\ 2009다66549.}_{이에\ 대하여는\ 불법행위의\ 성립을\ 부정}$ $_{하는\ 대법관\ 4인의}^{}$ $_{반대의견이\ 있음}$). 그 판결을 인용한다.

「토지의 소유자라 하더라도 토양오염물질을 토양에 누출·유출하거나 투기·방치함으로써 토양오염을 유발하였음에도 오염토양을 정화하지 않은 상태에서 그 오염토양이 포함된 토지를 거래에 제공함으로써 유통되게 하거나, 토지에 폐기물을 불법으로 매립하였음에도 이를 처리하지 않은 상태에서 그 해당 토지를 거래에 제공하는 등으로 유통되게 하였다면, 다른 특별한 사정이 없는 한 이는 거래의 상대방 및 위 토지를 전전 취득한 현재의 토지 소유자에 대한 위법행위로서 불법행위가 성립할 수 있다고 봄이 타당하다. 그리고 위 토지를 매수한 현재의 토지 소유자가 오염토양 또는 폐기물이 매립되어 있는 지하까지 그 토지를 개발·사용하게 된 경우 등과 같이 자신의 토지소유권을 완전하게 행사하기 위하여 오염토양 정화비용이나 폐기물 처리비용을 지출하였거나 지출해야만 하는 상황에 이르렀다거나 구 토양환경보전법에 의하여 관할 행정관청으로부터 조치명령 등을 받음에 따라 마찬가지의 상황에 이르렀다면 위 위법행위로 인하여 오염토양 정화비용 또는 폐기물 처리비용의 지출이라는 손해의 결과가 현실적으로 발생하였다고 할 것이므로, 토양오염을 유발하거나 폐기물을 매립한 종전 토지 소유자는 그 오염토양 정화비용 또는 폐기물 처리비용 상당의 손해에 대하여 불법행위자로서 손해배상책임을 진다.」

4. 공동불법행위와의 관계 [296]

공해는 다수의 가해자에 의하여 발생하는 경우가 많다. 그러한 경우 가운데 각각의 가해행위가 단독으로 손해를 발생하게 할 수 있는 때에는, 공동불법행위가 성립한다($\frac{760조}{참조}$). 환경정책기본법도 「환경오염 또는 환경훼손의 원인자가 둘 이상인 경우에 어느 원인자에 의하여 제 1 항에 따른 피해가 발생한 것인지를 알 수 없을 때에는 각 원인자가 연대하여 배상하여야 한다」고 규정한다($\frac{같은 법}{44조 2항}$).

문제는 각각의 가해행위가 단독으로는 손해를 발생시키지 않지만 다른 행위와의 경합에 의하여 비로소 손해를 발생시키는 때이다. 여기에 관하여 학설은 i) 피해의 기여정도에 따른 분할책임을 인정하여야 한다는 견해($\frac{곽윤직, 440면;}{김주수, 756면}$), ii) 가해자 불명의 경우에는 모든 가해자가 연대책임을 지나, 각자의 관여도가 증명된 경우에는 각자의 관여비율에 상응하는 책임만 진다는 견해($\frac{이은영,}{559면}$), iii) 모든 가해자가 연대하여 손해를 배상할 책임을 지고, 그 수인 상호간에는 기여의 정도에 따라 분담하고, 전 손해를 배상한 자는 다른 침해자에 대하여 구상할 수 있다는 견해($\frac{김상용,}{754면}$)로 나뉘어 있다. 생각건대 이 경우도 일종의 공동불법행위로 보아야 하며, 따라서 가해자는 연대채무를 부담하고 내부적으로 기여에 따른 부담부분을 갖는다고 할 것이다.

5. 생활방해의 방지청구

생활방해 내지 공해는 대체로 계속적으로 발생한다. 그러므로 과거의 손해에 대한 배상청구 외에 장래에 발생하지 않도록 조치를 해야 할 필요가 있다. 이에 관하여 제217조는 생활방해가 인용하여야 할 정도를 넘는 경우에는 방해자는 적당한 조치를 할 의무가 있다고 규정한다. 따라서 피해자는 물권적 청구권을 행사하여 적당한 조치를 청구하거나 방해의 중지를 청구할 수 있다(같은 취지: 곽윤직, 441면). 견해에 따라서는 장래손해도, 그 발생이 확실하고 배상내용이 확정되어 있는 경우에는, 정기금에 의한 배상을 인정할 것이라고 한다(곽윤직, 441면).

[297]   〈생활이익 침해에 관한 판례〉

⑴ **일조방해에 관한 판례**   「건물의 신축으로 인하여 그 이웃 토지상의 거주자가 직사광선이 차단되는 불이익을 받은 경우에 그 신축행위가 정당한 권리행사로서의 범위를 벗어나 사법상 위법한 가해행위로 평가되기 위해서는 그 일조방해의 정도가 사회통념상 일반적으로 인용하는 수인한도를 넘어야 하고, 건축법 등 관계 법령에 일조방해에 관한 직접적인 단속법규가 있다면 그 법규에 적합한지 여부가 사법상 위법성을 판단함에 있어서 중요한 판단자료가 될 것이지만, 이러한 공법적 규제에 의하여 확보하고자 하는 일조는 원래 사법상 보호되는 일조권을 공법적인 면에서도 가능한 한 보증하려는 것으로서 특별한 사정이 없는 한 일조권 보호를 위한 최소한도의 기준으로 봄이 상당하고, 구체적인 경우에 있어서는 어떠한 건물 신축이 건축 당시의 공법적 규제에 형식적으로 적합하다고 하더라도 현실적인 일조방해의 정도가 현저하게 커 사회통념상 수인한도를 넘은 경우에는 위법행위로 평가될 수 있으며, 일조방해 행위가 사회통념상 수인한도를 넘었는지 여부는 피해의 정도, 피해이익의 성질 및 그에 대한 사회적 평가, 가해건물의 용도, 지역성, 토지이용의 선후관계, 가해 방지 및 피해 회피의 가능성, 공법적 규제의 위반 여부, 교섭 경과 등 모든 사정을 종합적으로 고려하여 판단하여야 하고, 건축 후에 신설된 일조권에 관한 새로운 공법적 규제 역시 이러한 위법성의 평가에 있어서 중요한 자료가 될 수 있다.」(대판 2002. 12. 10, 2000다72213)

「토지의 소유자 등이 종전부터 향유하던 일조이익(日照利益)이 객관적인 생활이익으로서 가치가 있다고 인정되면 법적인 보호의 대상이 될 수 있는데, 그 인근에서 건물이나 구조물 등이 신축됨으로 인하여 햇빛이 차단되어 생기는 그늘, 즉 일영(日影)이 증가함으로써 해당 토지에서 종래 향유하던 일조량이 감소하는 일조방해가 발생한 경우, 그 일조방해의 정도, 피해이익의 법적 성질, 가해건물의 용도, 지역성, 토지이용의 선후관계, 가해 방지 및 피해 회피의 가능성, 공법적 규제의 위반 여부, 교섭 경과 등 모든 사정을 종합적으로 고려하여 사회통념상 일반적으로 해당 토지 소유자의 수인한도를 넘게 되면 그 건축행위는 정당한 권리행사의 범위를 벗어나 사법상(私法上) 위법한 가해행위로 평가된다.」(대판(전원) 2008. 4. 17,
2006다35865)

「여기(일조이익의
방해: 저자 주)에서 객관적인 생활이익으로서 일조이익을 향유하는 '토지의 소유자 등'이란 토지소유자, 건물소유자, 지상권자, 전세권자 또는 임차인 등의 거주자를 말하는 것으로서, 당해 토지·건물을 일시적으로 이용하는 것에 불과한 사람은 이러한 일조이익을 향유하는 주체가 될 수 없다.」(초등학교 학생들은 공공시설인 학교시설을 방학기간이나 휴일을 제외한 개학기간 중, 그것도 학교에 머무르는 시간 동안 일시적으로 이용하는 지위에 있을 뿐이고, 학교를 점유하면서 지속적으로 거주하고 있다고 할 수 없어서 생활이익으로서의 일조권을 법적으로 보호받을 수 있는 지위에 있지 않다고 한 사례)(대판 2008. 12. 24,
2008다41499)

「가해건물의 신축으로 인하여 일조피해를 받게 되는 건물이 이미 다른 기존 건물에 의하여 일조방해를 받고 있는 경우 또는 피해건물이 남향이 아니거나 처마가 돌출되어 있는 등 그 구조 자체가 충분한 일조를 확보하기 어렵게 되어 있는 경우에는, 가해건물 신축 결과 피해건물이 동짓날 08시부터 16시 사이에 합계 4시간 이상 그리고 동짓날 09시부터 15시 사이에 연속하여 2시간 이상의 일조를 확보하지 못하게 되더라도 언제나 수인한도를 초과하는 일조피해가 있다고 단정할 수는 없고(한편, 피해건
물이 종전부터 위와 같은 정도의 일조를 확보하지 못하고 있었던 경우라도
그 일조의 이익이 항상 보호의 대상에서 제외되는 것은 아니다), 가해건물이 신축되기 전부터 있었던 일조방해의 정도, 신축 건물에 의하여 발생하는 일조방해의 정도, 가해건물 신축 후 위 두 개의 원인이 결합하여 피해건물에 끼치는 전체 일조방해의 정도, 종전의 원인에 의한 일조방해와 신축 건물에 의한 일조방해가 겹치는 정도, 신축 건물에 의하여 발생하는 일조방해시간이 전체 일조방해시간 중 차지하는 비율, 종전의 원인만으로 발생하는 일조방해시간과 신축 건물만에 의하여 발생하는 일조방해시간 중 어느 것이 더 긴 것인지 등을 종합적으로 고려하여 신축 건물에 의한 일조방해가 수인한도를 넘었는지 여부를 판단하여야 한다.」(대판 2007. 6. 28,
2004다54282)

「기존 건물의 건립으로 인하여 피해건물에 발생한 일조방해의 정도가 수인한도를 넘지 않고 있었는데 그로부터 상당한 기간이 경과한 후 타인 소유의 인접건물이 신축되고 그 기존 건물과 인접건물로 인하여 생긴 일영이 결합하여 피해건물에 수인한도를 넘는 일조방해가 발생한 때에는, 피해건물의 소유자 등은 인접건물의 신축 전에 기존 건물로 인하여 발생한 일조방해의 정도가 수인한도를 넘지 아니하여 기존 건물로 인한 일조방해를 수인할 의무가 있었으므로, 특별한 사정이 없는 한 기존 건물 소유자와 무관하게 신축된 인접건물로 인하여 수인한도를 넘게 된 일조방해의 결과에 대하여는 인접건물의 소유자를 상대로 불법행위책임을 물을 수 있는지는 별론으로 하고 기존 건물의 소유자를 상대로 불법행위책임을 물을 수 없다. 그리고 이와 같은 상황에서 기존 건물의 소유자가 낙후된 기존 건물을 철거하고 그 지상에 가해

건물을 신축함으로써 이미 기존 건물과 인접건물로 인하여 생긴 일조방해의 정도가 더욱 심화되는 결과가 발생하였다 하더라도, 위와 같이 당초 기존 건물로 인하여 생긴 일조방해에 대하여는 피해건물의 소유자 등이 수인할 의무가 있었던 이상, 신축 가해건물로 생긴 일조방해 중 기존 건물로 인하여 당초 발생하였던 일조방해의 범위 내에서는 불법행위책임을 물을 수 없다. …

피해건물이 이미 타인 소유의 다른 기존 건물에 의하여 일조방해를 받고 있는 상황에서 가해건물이 신축됨으로써 일조방해의 정도가 심화되어 피해건물에 수인한도를 넘는 일조방해의 피해가 발생하고 그로 인하여 피해건물의 재산적 가치가 하락된 경우 신축건물 소유자는 피해건물 소유자에 대하여 불법행위로 인한 재산상 손해배상책임을 부담한다. 그런데 이때 다른 기존 건물의 일조방해가 위와 같이 수인한도를 넘는 데 기여한 부분에 대한 책임을 신축건물의 소유자에게 전부 부담시킨다면 신축건물의 소유자는 이미 건립되어 있던 기존 건물로 인한 일조방해를 자신의 전적인 책임으로 인수하는 것이 되어 불합리하고, 반대로 기존 건물의 일조방해가 수인한도를 넘는 데 기여한 부분에 대한 책임을 피해건물의 소유자에게 전부 부담시킨다면, 실제로 기존 건물과 신축건물에 의하여 생긴 일영이 결합하여 피해건물에 수인한도를 넘는 일조방해의 피해가 발생하였는데도 피해자가 아무런 구제를 받을 수 없게 될 수 있으므로 이 역시 불합리하다. 따라서 이러한 경우에는 상린관계에 있는 이웃 간의 토지이용의 합리적인 조정이라는 요청과 손해부담의 공평이라는 손해배상제도의 이념에 비추어, 특별한 사정이 없는 한 기존 건물의 일조방해가 수인한도를 넘는 데 기여함으로써 피해건물의 소유자가 입게 된 재산적 손해가 신축건물의 소유자와 피해 건물의 소유자 사이에서 합리적이고 공평하게 분담될 수 있도록 정하여야 하고, 이를 위해서는 특히 가해건물이 신축되기 전부터 있었던 기존 건물로 인한 일조방해의 정도, 신축건물에 의하여 발생하는 일조방해의 정도, 가해건물 신축 후 위 두 개의 원인이 결합하여 피해건물에 끼치는 전체 일조방해의 정도, 기존 건물로 인한 일조방해와 신축건물에 의한 일조방해가 겹치는 정도, 신축건물에 의하여 발생하는 일조방해시간이 전체 일조방해시간 중 차지하는 비율 등을 고려하여야 한다.」
(대판 2010. 6. 24, 2008다23729)

「건물 건축공사의 수급인은 도급계약에 기한 의무이행으로서 건물을 건축하는 것이므로 원칙적으로 일조방해에 대하여 손해배상책임이 없다고 할 것이지만, 수급인이 스스로 또는 도급인과 서로 의사를 같이하여 타인이 향수하는 일조를 방해하려는 목적으로 건물을 건축한 경우, 당해 건물이 건축법규에 위반되었고 그로 인하여 타인이 향수하는 일조를 방해하게 된다는 것을 알거나 알 수 있었는데도 과실로 이를 모른 채 건물을 건축한 경우, 도급인과 사실상 공동 사업주체로서 이해관계를 같이 하면서 건물을 건축한 경우 등 특별한 사정이 있는 때에는 수급인도 일조방해에 대하여 손해배상책임을 진다고 할 것이다.」(대판 2005. 3. 24, 2004다38792)

「일조방해로 인하여 인근 공작물 등 그 토지상에 정착한 물건을 더 이상 그 본래의 용법대로 사용할 수 없게 되었다면, 그 공작물 등의 소유자로서는 공작물 등의 이전이 불가능하거나, 그 이전으로 인하여 공작물 등을 종래의 용법대로 사용할 수 없게 되거나, 공작물 등의 이전비용이 그 공작물 등의 교환가치를 넘는다는 등의 특별한 사정이 없는 한, 그 이전비용 상당액을 통상의 손해로서 청구할 수 있고, 그 이전과정에서 불가피하게 발생한 손해 역시 통상의 손해로서 청구할 수 있으며, 위와 같은 특별한 사정이 있는 경우에는 그 공작물 등의 교환가치 상당액을 통상의 손해로서 청구할 수 있다고 할 것이다. 한편 이와 같이 이전비용 등을 통상의 손해로서 청구하는 경우 장래 그 공작물 등을 사용·수익하여 얻을 수 있었을 이익은 그 이전비용 등에 포함되어 있어 이를 따로 청구할 수 없다.」($\frac{대판\ 2011.\ 4.\ 28,}{2009다98652}$)

분양회사가 신축한 아파트를 분양받은 자는 분양된 아파트에서 일정한 일조시간을 확보할 수 없다고 하더라도, 이를 가지고 위 아파트가 매매목적물로서 거래상 통상 갖추어야 하거나 당사자의 특약에 의하여 보유하여야 할 품질이나 성질을 갖추지 못한 것이라거나, 또는 분양회사가 수분양자에게 분양하는 아파트의 일조 상황 등에 관하여 정확한 정보를 제공할 신의칙상 의무를 게을리하였다고 볼 여지가 있을지는 몰라도, 분양회사가 신축한 아파트로 인하여 수분양자가 직사광선이 차단되는 불이익을 입게 되었다고 볼 수는 없으므로 분양회사에게 일조방해를 원인으로 하는 불법행위책임을 물을 수는 없다($\frac{대판\ 2001.\ 6.\ 26,}{2000다44928}$).

(ㄴ) **조망이익 침해에 관한 판례**　　「어느 토지나 건물의 소유자가 종전부터 향유하고 있던 경관이나 조망이 그에게 하나의 생활이익으로서의 가치를 가지고 있다고 객관적으로 인정된다면 법적인 보호의 대상이 될 수 있는 것인바($\frac{대법원\ 1997.\ 7.\ 22.}{선고\ 96다56153\ 판결}$ 등참조), 이와 같은 조망이익은 원칙적으로 특정의 장소가 그 장소로부터 외부를 조망함에 있어 특별한 가치를 가지고 있고, 그와 같은 조망이익의 향유를 하나의 중요한 목적으로 하여 그 장소에 건물이 건축된 경우와 같이 당해 건물의 소유자나 점유자가 그 건물로부터 향유하는 조망이익이 사회통념상 독자의 이익으로 승인되어야 할 정도로 중요성을 갖는다고 인정되는 경우에 비로소 법적인 보호의 대상이 되는 것이라고 할 것이고, 그와 같은 정도에 이르지 못하는 조망이익의 경우에는 특별한 사정이 없는 한 법적인 보호의 대상이 될 수 없다고 할 것이다.

그리고 조망이익이 법적인 보호의 대상이 되는 경우에 이를 침해하는 행위가 사법상 위법한 가해행위로 평가되기 위해서는 조망이익의 침해 정도가 사회통념상 일반적으로 인용하는 수인한도를 넘어야 하고, 그 수인한도를 넘었는지 여부는 조망의 대상이 되는 경관의 내용과 피해건물이 입지하고 있는 지역에 있어서 건조물의 전체적 상황 등의 사정을 포함한 넓은 의미에서의 지역성, 피해건물의 위치 및 구조와 조망상황, 특히 조망과의 관계에서의 건물의 건축·사용목적 등 피해건물의 상황, 주관적 성격이 강한 것인지 여부와 여관·식당 등의 영업과 같이 경제적 이익과 밀접하게

[298]

결부되어 있는지 여부 등 당해 조망이익의 내용, 가해건물의 위치 및 구조와 조망방해의 상황 및 건축·사용목적 등 가해건물의 상황, 가해건물 건축의 경위, 조망방해를 회피할 수 있는 가능성의 유무, 조망방해에 관하여 가해자측이 해의(害意)를 가졌는지의 유무, 조망이익이 피해이익으로서 보호가 필요한 정도 등 모든 사정을 종합적으로 고려하여 판단하여야 한다.」$\binom{\text{대판 2004. 9. 13,}}{\text{2003다64602}}$

「조망의 대상과 그에 대한 조망의 이익을 누리는 건물 사이에 타인 소유의 토지가 있지만 그 토지 위에 건물이 건축되어 있지 않거나 저층의 건물만이 건축되어 있어 그 결과 타인의 토지를 통한 조망의 향수가 가능하였던 경우 그 타인은 자신의 토지에 대한 소유권을 자유롭게 행사하여 그 토지 위에 건물을 건축할 수 있고 그 건물 신축이 국토의 계획 및 이용에 관한 법률에 의하여 정해진 지역의 용도에 부합하고 건물의 높이나 이격거리에 관한 건축관계법규에 어긋나지 않으며 조망 향수자가 누리던 조망의 이익을 부당하게 침해하려는 해의에 의한 것으로서 권리의 남용에 이를 정도가 아닌 한 인접한 토지에서 조망의 이익을 누리던 자라도 이를 함부로 막을 수는 없으며, 따라서 조망의 이익은 주변에 있는 객관적 상황의 변화에 의하여 저절로 변용 내지 제약을 받을 수밖에 없고, 그 이익의 향수자가 이러한 변화를 당연히 제약할 수 있는 것도 아니다.」(5층짜리 아파트의 뒤에 그보다 높은 10층짜리 건물을 세움으로써 한강 조망을 확보한 경우와 같이 보통의 지역에 인공적으로 특별한 시설을 갖춤으로써 누릴 수 있게 된 조망의 이익은 법적으로 보호받을 수 없다고 한 사례) $\binom{\text{대판 2007. 6. 28,}}{\text{2004다54282}}$

「인접 토지에 건물 등이 건축되어 발생하는 시야 차단으로 인한 폐쇄감이나 압박감 등의 생활이익의 침해를 이유로 하는 소송에서 그 침해가 사회통념상 일반적으로 수인할 정도를 넘어서서 위법하다고 할 것인지 여부는, 피해건물의 거실이나 창문의 안쪽으로 일정거리 떨어져서 그 거실 등의 창문을 통하여 외부를 보았을 때 창문의 전체면적 중 가해건물 외에 하늘이 보이는 면적비율을 나타내는 이른바 천공율이나 그중 가해건물이 외부조망을 차단하는 면적비율을 나타내는 이른바 조망침해율뿐만 아니라, 피해건물과 가해건물 사이의 이격거리와 가해건물의 높이 및 그 이격거리와 높이 사이의 비율 등으로 나타나는 침해의 정도와 성질, 창과 거실 등의 위치와 크기 및 방향 등 건물 개구부 현황을 포함한 피해건물의 전반적인 구조, 건축법령상의 이격거리 제한규정 등 공법상 규제의 위반 여부, 나아가 피해 건물이 입지하고 있는 지역에 있어서 건조물의 전체적 상황 등의 사정을 포함한 넓은 의미의 지역성, 가해건물 건축의 경위 및 공공성, 가해자의 방지조치와 손해회피의 가능성, 가해자 측이 해의를 가졌는지 유무 및 토지이용의 선후관계 등 모든 사정을 종합적으로 고려하여 판단하여야 한다.」$\binom{\text{대판 2014. 2. 27, 2009다40462: 조망침해율의 증가만을 이유로 수인한도를 초과한 시}}{\text{야차단으로 폐쇄감이나 압박감이 발생하였다고 본 원심판결에 위법이 있다고 한 사례)·}}$

(ㄷ) **소음에 의한 침해**   「소음 등을 포함한 공해 등의 위험지역으로 이주하여 들어가서 거주하는 경우와 같이 위험의 존재를 인식하면서 그로 인한 피해를 용인하

며 접근한 것으로 볼 수 있는 경우에, 그 피해가 직접 생명이나 신체에 관련된 것이 아니라 정신적 고통이나 생활방해의 정도에 그치고 그 침해행위에 고도의 공공성이 인정되는 때에는, 위험에 접근한 후 실제로 입은 피해 정도가 위험에 접근할 당시에 인식하고 있었던 위험의 정도를 초과하는 것이거나 위험에 접근한 후에 그 위험이 특별히 증대하였다는 등의 특별한 사정이 없는 한 가해자의 면책을 인정하여야 하는 경우도 있을 수 있을 것이나(대법원 2004. 3. 12. 선고 2002다14242 판결 참조), 일반인이 공해 등의 위험지역으로 이주하여 거주하는 경우라고 하더라도 위험에 접근할 당시에 그러한 위험이 존재하는 사실을 정확하게 알 수 없는 경우가 많고, 그 밖에 위험에 접근하게 된 경위와 동기 등의 여러 가지 사정을 종합하여 그와 같은 위험의 존재를 인식하면서 굳이 위험으로 인한 피해를 용인하였다고 볼 수 없는 경우에는 손해배상액의 산정에 있어 형평의 원칙상 과실상계에 준하여 감액사유로 고려하는 것이 상당하다.」(대판 2005. 1. 27, 2003다49566)

(ㄹ) **과도한 태양반사광에 의한 침해**　　「인접 토지에 외벽이 유리로 된 건물 등이 건축되어 과도한 태양반사광이 발생하고 이러한 태양반사광이 인접 주거지에 유입되어 거주자가 이로 인한 시야방해 등 생활에 고통을 받고 있음(이하 '생활방해'라 한다)을 이유로 손해배상을 청구하려면, 그 건축행위로 인한 생활방해의 정도가 사회통념상 일반적으로 참아내야 할 정도(이하 '참을 한도'라 한다)를 넘는 것이어야 한다. 건축된 건물 등에서 발생한 태양반사광으로 인한 생활방해의 정도가 사회통념상 참을 한도를 넘는지는 태양반사광이 피해 건물에 유입되는 강도와 각도, 유입되는 시기와 시간, 피해 건물의 창과 거실 등의 위치 등에 따른 피해의 성질과 정도, 피해이익의 내용, 가해 건물 건축의 경위 및 공공성, 피해 건물과 가해 건물 사이의 이격거리, 건축법령상의 제한 규정 등 공법상 규제의 위반 여부, 건물이 위치한 지역의 용도와 이용현황, 피해를 줄일 수 있는 방지조치와 손해 회피의 가능성, 토지 이용의 선후 관계, 교섭 경과 등 모든 사정을 종합적으로 고려하여 판단하여야 한다(대법원 2021. 3. 11. 선고 2013다59142 판결 참조).

나아가 태양반사광으로 인한 생활방해를 원인으로 태양반사광의 예방 또는 배제를 구하는 방지청구는 금전배상을 구하는 손해배상청구와는 그 내용과 요건을 서로 달리하는 것이어서 같은 사정이라도 청구의 내용에 따라 고려요소의 중요도에 차이가 생길 수 있고, 태양반사광 침해의 방지청구는 그것이 허용될 경우 소송당사자뿐 아니라 제 3 자의 이해관계에도 중대한 영향을 미칠 수 있어, 방지청구의 당부를 판단하는 법원으로서는 해당 청구가 허용될 경우에 방지청구를 구하는 당사자가 받게 될 이익과 상대방 및 제 3 자가 받게 될 불이익 등을 비교·교량하여야 한다(도로소음으로 인한 생활방해를 원인으로 그 방지청구의 당부를 판단한 대법원 2015. 9. 24. 선고 2011다91784 판결 참조).」(대판 2021. 6. 3, 2016다33202·33219)

(ㅁ) **생활이익에 관한 수인한도의 판단**　　「일조 장해, 사생활 침해, 조망 침해, 시야 차단으로 인한 압박감, 소음, 분진, 진동 등과 같은 생활이익에 대한 침해가 사회통념상의 수인한도를 초과하여 위법한지를 판단하고 그에 따른 재산상 손해를 산정함에 있어서는, 생활이익을 구성하는 요소들을 종합적으로 참작하여 수인한도를 판

단하여야만 형평을 기할 수 있는 특별한 사정이 없다면, 원칙적으로 개별적인 생활
이익별로 침해의 정도를 고려하여 수인한도 초과 여부를 판단한 후 수인한도를 초과
하는 생활이익들에 기초하여 손해배상액을 산정하여야 하며, 수인한도를 초과하지
아니하는 생활이익에 대한 침해를 다른 생활이익 침해로 인한 수인한도 초과 여부
판단이나 손해배상액 산정에 있어서 직접적인 근거 사유로 삼을 수는 없다고 할 것
이다.」$\binom{\text{대판 2007. 6. 28,}}{\text{2004다54282}}$

「불법행위 성립요건으로서의 위법성은 관련행위 전체를 일체로만 판단하여 결정
하여야 하는 것은 아니고, 문제가 되는 행위마다 개별적·상대적으로 판단하여야 할
것이므로 어느 시설을 적법하게 가동하거나 공용에 제공하는 경우에도 그로부터 발
생하는 유해배출물로 인하여 제 3 자가 손해를 입은 경우에는 그 위법성을 별도로 판
단하여야 하며, 이러한 경우의 판단 기준은 그 유해의 정도가 사회생활상 통상의 수
인한도를 넘는 것인지 여부라고 할 것인바$\binom{\text{대법원 2001. 2. 9. 선고 99다55434 판결, 대법}}{\text{원 2003. 6. 27. 선고 2001다734 판결 등 참조}}$, 그 수
인한도의 기준을 결정함에 있어서는 일반적으로 침해되는 권리나 이익의 성질과 침
해의 정도뿐만 아니라 침해행위가 갖는 공공성의 내용과 정도, 그 지역환경의 특수
성, 공법적인 규제에 의하여 확보하려는 환경기준, 침해를 방지 또는 경감시키거나
손해를 회피할 방안의 유무 및 그 난이정도 등 여러 사정을 종합적으로 고려하여 구
체적 사건에 따라 개별적으로 결정하여야 한다$\binom{\text{대법원 2005. 1. 27. 선고}}{\text{2003다49566 판결 등 참조}}$·」$\binom{\text{대판 2010. 7. 15,}}{\text{2006다84126. 전단}}$
에 관하여 같은 취지: 대판 2019.
11. 28, 2016다233538·233545 $\big)$

[299] ## IX. 제조물책임

1. 서   설

(1) 제조물책임은 제조물의 결함으로 인하여 발생한 손해에 대하여 제조업자
등이 지는 책임을 말한다. 닭의 사료에 결함이 있어서 산란율이 떨어진 경우에
사료제조자가 지는 책임이 그 예이다.

(2) 제조물에 결함이 있는 때에 피해자를 구제하는 법적 구성으로는 우선 매
도인의 하자담보책임과 불완전급부를 생각해 볼 수 있다. 그러나 피해자와 제조
자 사이에 계약관계가 없기 때문에 그러한 방법은 사용할 수가 없다. 결국 피해
자는 일반 불법행위책임을 물을 수밖에 없다. 그런데 그 방법에 있어서는 쉽지
않은 결함 증명, 과실 증명, 결함과 손해 사이의 인과관계 증명 등을 모두 피해자
가 하여야 하는 문제가 있다. 그리하여 종래 판례는 문제점을 해결하기 위해 노
력하여 왔다. 그러나 해석으로 문제점을 해결하는 데는 한계가 있기 마련이다.

그래서 제조물책임법이라는 특별법을 제정하였다($^{2000.\,1.\,12.\,제정,}_{2002.\,7.\,1.\,시행}$). 이 법은 제조업자의 무과실책임, 징벌적 손해배상 등을 규정하고 있다($^{같은\,법}_{3조}$). 아래에서 제조물책임법의 내용을 살펴보기로 한다.

2. 제조물의 결함

(1) 제 조 물

제조물책임법에서 「제조물」이라 함은 제조되거나 가공된 동산을 말하며($^{가공되}_{지\,않}$ 은 농림수산물$_은$ 제외된다), 그러한 동산이면 다른 동산이나 부동산의 일부를 구성하는 경우도 포함된다($^{그러나\,부동산\,자체}_{는\,제조물이\,아니다}$)($^{같은\,법}_{2조\,1호}$). 그리고 여기의 제조물에는 여러 단계의 상업적 유통을 거쳐 불특정 다수 소비자에게 공급되는 것뿐만 아니라 특정 소비자와의 공급계약에 따라 그 소비자에게 직접 납품되어 사용되는 것도 포함된다($^{대판\,2013.}_{7.\,12,\,2006다}$ 17539(베트남 참전군인 고엽제 피해자 사건)).

(2) 결함의 의의

「결함」이란 해당 제조물에 제조상의 결함, 즉 제조업자가 제조물에 대하여 제조상·가공상의 주의의무를 이행하였는지에 관계없이 제조물이 원래 의도한 설계와 다르게 제조·가공됨으로써 안전하지 못하게 된 경우, 설계상의 결함, 즉 제조업자가 합리적인 대체설계를 채용하였더라면 피해나 위험을 줄이거나 피할 수 있었음에도 대체설계를 채용하지 않아 해당 제조물이 안전하지 못하게 된 경우 ($^{대판\,2014.\,4.\,10,\,2011다22092는\,국가\,등이}_{제조한\,담배에\,설계상의\,결함이\,없다고\,함}$), 표시상의 결함, 즉 제조업자가 합리적인 설명·지시·경고 또는 그 밖의 표시를 하였더라면 해당 제조물에 의하여 발생될 수 있는 피해나 위험을 줄이거나 피할 수 있었음에도 이를 하지 않은 경우($^{대판\,2014.\,4.\,10,\,2011}_{다22092는\,국가\,등이}$ 제조·판매한 담배에 표 시상의 결함이 없다고 함)나 그 밖에 통상적으로 기대할 수 있는 안전성이 결여되어 있는 것을 말한다($^{같은\,법}_{2조\,2호}$). 따라서 매매목적물의 하자와는 구별되는 개념이다.

〈판 례〉

(ㄱ) 「제조상 내지 설계상의 결함이 인정되지 아니하는 경우라 할지라도, 제조업자 등이 합리적인 설명, 지시, 경고 기타의 표시를 하였더라면 당해 제조물에 의하여 발생될 수 있는 피해나 위험을 줄이거나 피할 수 있었음에도 이를 하지 아니한 때에는 그와 같은 표시상의 결함($^{지시·경고}_{상의\,결함}$)에 대하여도 불법행위로 인한 책임이 인정될 수 있고, 그와 같은 결함이 존재하는지 여부에 대한 판단을 함에 있어서는 제조물의 특성, 통상 사용되는 사용형태, 제조물에 대한 사용자의 기대의 내용, 예상되는 위험의 내

용, 위험에 대한 사용자의 인식 및 사용자에 의한 위험회피의 가능성 등의 여러 사정을 종합적으로 고려하여 사회통념에 비추어 판단하여야 할 것이다.」(대판 2003. 9. 5, 2002다17333; 대판 2014. 4. 10, 2011다22092. 같은 취지: 대판 2022. 7. 14, 2017다213289)

(ㄴ) 「제조업자가 이러한 고도의 위험방지의무를 위반한 채 생명·신체에 위해를 발생시킬 위험이 있는 화학제품을 설계하여 그대로 제조·판매한 경우에는 특별한 사정이 없는 한 그 화학제품에는 사회통념상 통상적으로 기대되는 안전성이 결여된 설계상의 결함이 존재한다고 봄이 상당하다.」(대판 2013. 7. 12, 2006다17539(고엽제 사건))

(3) 결함의 증명과 인과관계

결함의 존재, 결함과 손해 사이의 인과관계는 피해자가 증명하여야 한다. 그런데 그 증명이 대단히 어려우므로, 제조물이 정상적으로 사용되는 상태에서 손해가 발생한 경우에는 사회통념상 개연성이 인정되면 이들을 사실상 추정함이 바람직하다(같은 취지: 이은영, 913면). 판례(제조물책임법이 적용되기 전의 사안)도 그러한 견지에 있다(대판 1977. 1. 25, 75다2092(닭 사료 사건의 경우 결함 인정); 대판 2000. 2. 25, 98다15934(텔레비전이 폭발한 경우 결함을 인정); 대판 2004. 3. 12, 2003다16771(급발진 사고의 경우 결함 불인정); 대판 2011. 9. 29, 2008다16776(제약회사가 제조한 혈액제제의 결함 인정); 대판 2013. 9. 26, 2011다88870; 대판 2014. 4. 10, 2011다22092(흡연과 폐암 발병 사이에 인과관계가 인정되지 않는다고 함); 대판 2017. 11. 9, 2013다26708·26715·26722·26739(혈액제제와 바이러스 감염 사이의 인과관계를 추정함).

위와 같은 학설·판례의 영향으로 제조물책임법에 추정규정이 신설되었다(2017. 4. 18. 개정, 2018. 4. 19. 시행). 그에 따르면, 피해자가 다음 세 가지 사실, 즉 ① 해당 제조물이 정상적으로 사용되는 상태에서 피해자의 손해가 발생하였다는 사실, ② 위 ①의 손해가 제조업자의 실질적인 지배영역에 속한 원인으로부터 초래되었다는 사실, ③ 위 ①의 손해가 해당 제조물의 결함 없이는 통상적으로 발생하지 않는다는 사실을 증명한 경우에는, 제조물을 공급할 당시 해당 제조물에 결함이 있었고 그 제조물의 결함으로 인하여 손해가 발생한 것으로 추정한다(같은 법 3조의 2 본문). 다만, 제조업자가 제조물의 결함이 아닌 다른 원인으로 인하여 그 손해가 발생한 사실을 증명한 경우에는 그렇지 않다(같은 법 3조의 2 단서).

〈판 례〉

(ㄱ) 「고도의 기술이 집약되어 대량으로 생산되는 제품의 결함을 이유로 그 제조업자에게 손해배상책임을 지우는 경우 그 제품의 생산과정은 전문가인 제조업자만이 알 수 있어서 그 제품에 어떠한 결함이 존재하였는지, 그 결함으로 인하여 손해가 발생한 것인지 여부는 일반인으로서는 밝힐 수 없는 특수성이 있어서 소비자 측이 제품의 결함 및 그 결함과 손해의 발생과의 사이의 인과관계를 과학적·기술적으로 입증한다는 것은 지극히 어려우므로 그 제품이 정상적으로 사용되는 상태에서 사고가 발생한 경우 소비자 측에서 그 사고가 제조업자의 배타적 지배 하에 있는 영역에서

발생하였다는 점과 그 사고가 어떤 자의 과실없이는 통상 발생하지 않는다고 하는 사정을 증명하면, 제조업자 측에서 그 사고가 제품의 결함이 아닌 다른 원인으로 말 미암아 발생한 것임을 입증하지 못하는 이상 그 제품에게 결함이 존재하며 그 결함 으로 말미암아 사고가 발생하였다고 추정하여 손해배상책임을 지울 수 있도록 입증 책임을 완화하는 것이 손해의 공평·타당한 부담을 그 지도원리로 하는 손해배상제 도의 이상에 맞는 것」이다(대판 2004. 3. 12, 2003다16771. 유사한 취지: 대판 2013. 9. 26, 2011다88870).

(ㄴ)「비료가 원고들의 경우와 같은 재배환경 하에서 이용하기에 부적절한 이상 그 용법에 관한 표시상의 결함이 존재한다고 봄이 상당하며, 따라서 그 시비과정에 있 어서 통상의 경우를 가정하여 위 비료의 포장지 등에 명시한 설명방법을 원고들이 그대로 따르지 아니한 점이 인정된다 하더라도 그것이 원고들의 귀책으로 돌아가는 비정상적인 사용상태로 인하여 피해가 발생한 경우에 해당한다고 보기는 어려우므 로, 같은 취지에서 피고 회사의 제조물책임을 인정하면서 다만 위와 같은 원고들의 과실 기타 사정을 참작하여 그 책임비율을 감경한 제1심판결을 인용한 원심의 조치 는 정당」하다(대판 2006. 3. 10, 2005다31361).

3. 책임의 주체   [300]

(1) 책임을 지는 자는 원칙적으로 같은 법상의 「제조업자」, 즉 ① 제조물의 제조·가공 또는 수입을 업(業)으로 하는 자와 ② 제조물에 성명·상호·상표 또 는 그 밖에 식별 가능한 기호 등을 사용하여 자신을 제조·가공 또는 수입을 업 으로 하는 자로 표시한 자, 또는 자신을 제조·가공 또는 수입을 업으로 하는 자 로 오인하게 할 수 있는 표시를 한 자(같은 법 2조 3호)이다(같은 법 3조 1항). 그리고 판례에 따르면, 정부와의 공급계약에 따라 정부가 제시한 제조지시에 따라 제조물을 제조·판매 한 경우에도 제조물에 결함이 발생한 때에는 제조물책임을 부담한다고 한다 (대판 2013. 7. 12, 2006다17539). 한편 제조업자는 제조물을 영리목적으로 공급하지 않은 때에도 결 함 있는 제조물에 대하여 책임을 진다(같은 법 3조 3항이 이를 전제하고 있음). 그런데 제조물의 제조업자 를 알 수 없는 경우에는 제조물을 영리목적으로 판매·대여 등의 방법으로 공급 한 자 즉 제조물공급자가 배상책임을 진다(같은 법 3조 3항 본문). 다만, 그 공급자가 상당한 기간 내에 제조업자나 제조물을 자신에게 공급한 자를 피해자 또는 그 법정대리 인에게 고지한 때에는 책임을 지지 않는다(같은 법 3조 3항 단서).

(2) 동일한 손해에 대하여 배상할 책임이 있는 자가 2인 이상인 경우에는 연 대하여 배상책임을 진다(같은 법 5조).

4. 책임의 내용과 면책사유

(1) 제조업자·제조물공급자는 제조물의 결함으로 생명·신체 또는 재산에 손해(그 제조물에 대해서만 발생한 손해를 제외한다. 이 손해에는 제조물 그 자체에 발생한 재산상 손해뿐만 아니라 제조물의 결함 때문에 발생한 영업 손실로 인한 손해도 포함되는데(대판 2015. 3. 26, 2012다4824), 이 손해는 제조물책임법의 적용대상이 아니고 하자담보책임·불완전급부책임에 의한다. 제조물책임법이 시행되기 전의 판례도 같은 태도였다. 대판 1999. 2. 5, 97다26593; 대판 2000. 7. 28, 98다35525 참조)를 입은 자에게 그 손해를 배상하여야 한다(같은 법 3조 1항·3항). 이때 제조업자 등에게 과실이 있는지는 묻지 않는다. 즉 무과실책임을 진다. 통설도 같다(그런데 곽윤직, 444면은 설계상의 결함과 표시상의 결함의 경우에는 과실책임이라고 한다).

제조물책임법은 최근에 개정을 통하여 제조업자의 악의적인 불법행위를 막고 중대한 피해자의 실질적 보상을 위하여 징벌적 손해배상제도를 도입하였다(2017. 4. 18. 개정, 2018. 4. 19. 시행). 그에 따르면, 같은 법 제 3 조 제 1 항에도 불구하고 제조업자가 제조물의 결함을 알면서도 그 결함에 대하여 필요한 조치를 취하지 않은 결과로 생명 또는 신체에 중대한 손해를 입은 자가 있는 경우에는 그 자에게 발생한 손해의 3배를 넘지 않는 범위에서 배상책임을 진다(같은 법 3조 2항 1문). 이 경우 법원은 배상액을 정할 때 고의성의 정도, 해당 제조물의 결함으로 인하여 발생한 손해의 정도 등 일정사항(같은 법 3조 2항 1호-7호 참조)을 고려하여야 한다(같은 법 3조 2항 2문).

(2) 제조물책임을 지게 되는 제조업자 등은 다음 중 어느 하나의 사실을 입증(증명)하면 면책된다(같은 법 4조).

① 제조업자가 해당 제조물을 공급하지 않았다는 사실(같은 법 4조 1항 1호), ② 제조업자가 해당 제조물을 공급한 당시의 과학·기술수준으로는 결함의 존재를 발견할 수 없었다는 사실(같은 법 4조 1항 2호), ③ 제조물의 결함이 제조업자가 해당 제조물을 공급한 당시의 법령이 정하는 기준을 준수함으로써 발생하였다는 사실(같은 법 4조 1항 3호), ④ 원재료 또는 부품의 경우에는 그 원재료나 부품을 사용한 제조물 제조업자의 설계 또는 제작에 관한 지시로 인하여 결함이 발생하였다는 사실(같은 법 4조 1항 4호).

그러나 제조업자 등이 제조물을 공급한 후에 그 제조물에 결함이 존재한다는 사실을 알거나 알 수 있었음에도 그 결함으로 인한 손해의 발생을 방지하기 위한 적절한 조치를 하지 않은 경우에는, 위 ②③④의 증명에 따른 면책을 주장할 수 없다(같은 법 4조 2항).

제조물책임법에 따른 손해배상책임을 배제하거나 제한하는 특약은 무효이다(같은 법 6조 본문). 다만, 자신의 영업에 이용하기 위하여 제조물을 공급받은 자가 자신의 영업용 재산에 발생한 손해에 관하여 그와 같은 특약을 한 경우에는 유효하다($\substack{같은 법 \\ 6조 단서}$).

(3) 제조물책임법에 의한 손해배상의 청구권은 피해자 또는 그 법정대리인이 손해 및 배상책임자를 모두 알게 된 날부터 3년간 이를 행사하지 않으면 시효로 소멸한다($\substack{같은 법 \\ 7조 1항}$). 또한 그 청구권은 제조업자가 손해를 발생시킨 제조물을 공급한 날부터 10년 이내에 행사하여야 한다($\substack{같은 법 7조 \\ 2항 본문}$). 다만, 신체에 누적되어 사람의 건강을 해치는 물질에 의하여 발생한 손해 또는 일정한 잠복기간이 지난 후에 증상이 나타나는 손해에 대하여는 그 손해가 발생한 날부터 기산한다($\substack{같은 법 7조 \\ 2항 단서}$).

5. 민법과의 관계

제조물의 결함으로 인한 손해배상책임에 관하여 제조물책임법에 규정된 것을 제외하고는 민법에 따른다($\substack{같은 법 \\ 8조}$). 한편 판례는, 제조물책임법은 불법행위에 관한 민법의 특별법이라 할 것이므로, 제조물의 결함으로 손해를 입은 자가 제조물책임법에 의하여 손해배상을 주장하지 않고 민법상 불법행위책임을 주장하였더라도 법원은 민법에 우선하여 제조물책임법을 적용하여야 하고, 제조물책임법의 요건이 갖추어지지 않았지만 민법상 불법행위책임 요건을 갖추었다면 민법상 불법행위책임을 인정할 수도 있다고 한다($\substack{대판 2023. 5. 18, \\ 2022다230677}$).

X. 의료과오에 대한 책임

[301]

1. 서 설

(1) 의료과오에 대한 책임(의료과오책임)이란 의사 기타 의료인($\substack{이하 「의사」 \\ 라고 함}$)의 의료상의 과실로 인하여 발생한 손해에 대하여 지는 책임을 가리킨다. 의료과오책임은 전문가책임의 대표적인 예이다.

(2) 의료과오의 피해자가 의료과오책임을 묻는 방법에는 계약책임(불완전급부책임)에 의한 것과 불법행위책임에 의한 것의 두 가지가 있다. 환자와 의사 사이에는 계약관계($\substack{일종의 특수 \\ 위임관계}$)가 존재하기 때문에 두 책임이 모두 문제될 수 있는 것이다. 그리고 두 책임의 관계에 관하여 청구권경합설을 취하게 되면($\substack{[251] \\ 참조}$), 피해자는 두 책임을 선택적으로 물을 수 있다($\substack{판례도 같은 입장임. 대판 \\ 2018. 11. 15, 2016다244491}$). 그런데 종래 판례와

학설이 의료과오책임을 주로 불법행위의 측면에서 다루어오고 있기 때문에 여기
서도 불법행위를 중심으로 하여 살펴보기로 한다.

〈판 례〉

「진료계약상 주의의무 위반으로 환자의 생명이나 신체에 불이익한 결과를 초래한
경우 일반적으로 채무불이행책임과 불법행위책임이 성립할 수 있다. 이와 같이 생
명·신체가 침해된 경우 환자가 정신적 고통을 입는다고 볼 수 있으므로, 진료계약의
당사자인 병원 등은 환자가 입은 정신적 고통에 대해서도 민법 제393조, 제763조, 제
751조 제 1 항에 따라 손해를 배상해야 한다.」(대판 2018. 11. 15,
2016다244491)

(3) 의료행위는 고도의 전문성을 바탕으로 하는 행위이다. 따라서 그러한 의
료행위에 있어서 의사에게 과실이 있었는지는 일반인으로서는 잘 알 수가 없으
며, 설사 과실이 있다고 하여도 그것을 증명하기가 대단히 어렵다. 과실있는 의
료행위와 손해 사이의 인과관계의 증명도 마찬가지이다. 이들 문제에 대하여 다
른 의사의 도움을 얻는 것도 기대하기가 어렵다. 그 때문에 의료과오의 경우에는
의사의 과실이나 인과관계의 인정에 있어서 일반 불법행위와는 달리 다루어야
할 필요가 있다(의료과오책임을 계약책임으로 묻는 경우에는 채무불이
행(불완전급부) 사실을 증명하기가 어려운 문제가 있다).

(4) 의료과오에 의한 불법행위의 전형적인 모습은 의사가 의료상의 과실로
환자의 생명·신체·건강을 침해하는 경우이다. 그런데 그러한 불법행위를 이유
로 책임을 묻는 것이 쉽지 않은 점을 고려하여 환자의 보호를 강화하기 위하여
근래에는 의사가 충분히 설명하지 않고서 치료한 경우에 관하여 일정한 요건 하
에 불법행위의 성립을 인정하고 있다.

이하에서는 전형적인 의료과오에 있어서 과실·인과관계·책임의 주체에 관
하여 본 뒤, 이어서 의사의 설명의무의 위반에 대하여 설명하기로 한다.

2. 의사의 과실

의사가 진찰·치료 등의 의료행위를 함에 있어서는 사람의 생명·신체·건강
을 관리하는 업무의 성질에 비추어 환자의 구체적인 증상이나 상황에 따라 위험을
방지하기 위하여 요구되는 최선의 조치를 취하여야 할 주의의무가 있고(대판 1997. 2.
11, 96다5933;
대판 1998. 2. 27, 97다38442; 대판 1998. 7. 24, 98다12270; 대판 2018. 12. 13, 2018다10562; 대판 2020. 11. 26, 2020
다244511; 대판 2022. 12. 29, 2022다264434; 대판 2023. 7. 13, 2020다217533; 대판 2023. 10. 12, 2021다213316 등), 그러
한 주의의무를 위반하는 경우에 과실이 있다.

의사의 과실에는 특수성이 있다. ① 의사는 전문 직업인이므로 그의 과실은 당연히 「업무상의 과실」이다. 따라서 그 과실 여부는 추상적인 일반인이 아니고 동일한 업무와 직무를 담당하는 자의 주의의무를 기준으로 판단하여야 한다(통설·판례도 같음. 대판 1987. 1. 20, 86다카1469; 대판 1996. 11. 8, 95도2710; 대판 1999. 11. 23, 98다21403 등). ② 의사의 주의의무는 의료행위를 할 당시 의료기관 등 임상의학 분야에서 실천되고 있는 의료행위의 수준을 기준으로 판단하여야 한다(대판 1994. 4. 26, 93다59304; 대판 1999. 3. 26, 98다45379·45386; 대판 2018. 11. 15, 2016다244491; 대판 2022. 12. 29, 2022다264434; 대판 2023. 7. 13, 2020다217533; 대판 2023. 10. 12, 2021다213316 등). 그러나 그 의료수준은 통상의 의사에게 의료행위 당시 일반적으로 알려져 있고 또 시인되고 있는 이른바 의학상식을 뜻하므로 진료환경 및 조건·의료환경의 특수성 등을 고려하여 규범적인 수준으로 파악되어야 한다(대판 1998. 7. 24, 98다12270; 대판 2004. 10. 28, 2002다45185; 대판 2005. 10. 28, 2004다13045; 대판 2010. 6. 24, 2007다62505; 대판 2010. 7. 8, 2007다55866; 대판 2011. 7. 14, 2009다65416; 대판 2018. 11. 29, 2016다266606·266613; 대판 2020. 11. 26, 2020다244511; 대판 2022. 3. 17, 2018다263434; 대판 2022. 12. 29, 2022다264434; 대판 2023. 10. 12, 2021다213316 등). ③ 의사의 의료행위에는 재량이 인정된다. 따라서 의사가 선택한 치료방법이 합리적인 재량의 범위를 벗어난 것이 아닌 한 그 방법을 선택한 것에 과실이 있다고 할 수 없다(대판 1984. 6. 12, 82도3199; 대판 1992. 5. 12, 91다23707; 대판 1996. 6. 25, 94다13046; 대판 1999. 3. 26, 98다45379·45386; 대판 2012. 6. 14, 2010다95635; 대판 2020. 11. 26, 2020다244511; 대판 2022. 12. 29, 2022다264434 등).

〈판 례〉 [302]

(ㄱ) 「의료사고에 있어서 의료종사원의 과실을 인정하기 위하여서는 의료종사원이 결과발생을 예견할 수 있음에도 불구하고 그 결과발생을 예견하지 못하였고, 그 결과발생을 회피할 수 있었음에도 불구하고 그 결과발생을 회피하지 못한 과실이 검토되어야 할 것이고 또한 이와 같은 과실은 일반적 보통인을 표준으로 하여 요구되는 주의의무를 결한 것으로서 여기에서 일반적 보통인이라 함은 이는 추상적인 일반인이 아니라, 그와 같은 업무와 직무에 종사하는 사람을 뜻하는 것이므로, 결국 이와 같은 사람이라면 보통 누구나 할 수 있는 주의의 정도를 표준으로 하여 과실 유무를 논하여야 하며 이에는 사고 당시의 일반적인 의학의 수준과 진료환경 및 조건, 의료행위의 특수성 등이 고려되어야 할 것이다.」(대판 1987. 1. 20, 86다카1469)

(ㄴ) 「의사는 진료를 행함에 있어 환자의 상황과 당시의 의료수준 그리고 자기의 지식경험에 따라 적절하다고 판단되는 진료방법을 선택할 상당한 범위의 재량을 가진다고 할 것이고, 그것이 합리적인 범위를 벗어난 것이 아닌 한 진료의 결과를 놓고 그 중 어느 하나만이 정당하고 이와 다른 조치를 취한 것은 과실이 있다고 말할 수는 없을 것이다.」(대판 1992. 5. 12, 91다23707. 같은 취지: 대판 2007. 5. 31, 2005다5867; 대판 2010. 7. 22, 2007다70445; 대판 2019. 2. 14, 2017다203763; 대판 2022. 12. 29, 2022다264434)

(ㄷ) 의사의 「주의의무는 의료행위를 할 당시 의료기관 등 임상의학 분야에서 실천되고 있는 의료행위의 수준을 기준으로 판단하여야 할 것이므로, 의사가 행한 의료행위가 그 당시의 위와 같은 의료수준에 비추어 최선을 다한 것으로 인정되는 경우

에는 그 의사에게 환자를 진료함에 있어서 요구되는 주의의무를 위반한 과실이 있다고 볼 수 없는 것이다.」(대판 1994. 4. 26, 93다59304. 같은 취지: 대판 2022. 12. 29, 2022다264434)

(ㄹ)「인간의 생명과 건강을 담당하는 의사에게는 그의 업무의 성질에 비추어 보아 위험방지를 위하여 필요한 최선의 주의의무가 요구되고, 따라서 의사로서는 환자의 상태에 충분히 주의하고 진료 당시의 의학적 지식에 입각하여 그 치료방법의 효과와 부작용 등 모든 사정을 고려하여 최선의 주의를 기울여 그 치료를 실시하지 않으면 안 되는데, 이러한 주의의무의 기준은 진료 당시의 이른바 임상의학의 실천에 의한 의료수준에 의하여 결정되어야 하나, 그 의료수준은 규범적으로 요구되는 수준으로 파악되어야 하고, 당해 의사나 의료기관의 구체적 상황에 따라 고려되어서는 안 된다.」(대판 1997. 2. 11, 96다5933)

(ㅁ) 의사의「주의의무는 의료행위를 할 당시 의료기관 등 임상의학 분야에서 실천되고 있는 의료행위의 수준을 기준으로 삼되, 그 의료수준은 통상의 의사에게 의료행위 당시 일반적으로 알려져 있고 또 시인되고 있는 이른바 의학상식을 뜻하므로 진료환경 및 조건, 의료행위의 특수성 등을 고려하여 규범적인 수준으로 파악되어야 한다.···

가해행위와 피해자 측의 요인이 경합하여 손해가 발생하거나 확대된 경우에는 그 피해자 측의 요인이 체질적인 소인 또는 질병의 위험도와 같이 피해자 측의 귀책사유와 무관한 것이라고 할지라도 당해 질환의 태양·정도 등에 비추어 가해자에게 손해의 전부를 배상시키는 것이 공평의 이념에 반하는 경우에는, 법원은 그 손해배상액을 정함에 있어서 과실상계의 법리를 유추적용하여 그 손해의 발생 또는 확대에 기여한 피해자 측의 요인을 참작할 수 있다.」(대판 1998. 7. 24, 98다12270. 같은 취지: 대판 2010. 2. 25, 2009다75574. 둘째 단락과 같은 취지: 대판 2018. 11. 15, 2016다244491; 대판 2018. 11. 29, 2016다266606·266613)

(ㅂ)「진단은 문진·시진·촉진·청진 및 각종 임상검사 등의 결과에 터잡아 질병 여부를 감별하고 그 종류, 성질 및 진행 정도 등을 밝혀내는 임상의학의 출발점으로서 이에 따라 치료법이 선택되는 중요한 의료행위이므로, 진단상의 과실 유무를 판단함에 있어서는 그 과정에 있어서 비록 완전무결한 임상진단의 실시는 불가능하다고 할지라도 적어도 임상의학 분야에서 실천되고 있는 진단 수준의 범위 내에서 그 의사가 전문직업인으로서 요구되는 의료상의 윤리와 의학지식 및 경험에 터잡아 신중히 환자를 진찰하고 정확히 진단함으로써 위험한 결과 발생을 예견하고 그 결과 발생을 회피하는 데에 필요한 최선의 주의의무를 다하였는지 여부를 따져 보아야 한다.」(대판 2010. 7. 8, 2007다55866. 같은 취지: 대판 2018. 11. 15, 2016다244491; 대판 2023. 7. 13, 2020다217533)

(ㅅ)「관계 법령에 따라 감독관청의 승인이 요구됨에도 이를 위반하여 승인 없이 임상시험에 해당하는 의료행위를 하였더라도 그 자체가 의료상의 주의의무 위반행위는 아니라고 할 것이므로, 당해 의료행위에 있어 구체적인 의료상의 주의의무 위반이 인정되지 아니한다면 그것만으로 불법행위책임임을 지지는 아니한다.」(대판 2010. 10. 14, 2007다3162)

(ㅇ) 「여러 명의 의사가 분업이나 협업을 통하여 의료행위를 담당하는 경우 먼저 환자를 담당했던 의사는 이후 환자를 담당할 의사에게 환자의 상태를 정확하게 알려 적절한 조치를 할 수 있도록 해야 한다. 특히 환자가 병원에서 검사나 수술을 받는 과정에서 넘어지는 등의 사고가 발생하였다면 담당 의사는 이러한 사정을 고려하여 환자의 건강유지와 치료를 위한 주의를 기울여야 하고, 담당 의사가 바뀌는 경우 나중에 담당할 의사에게 이러한 사정을 알려 지속적으로 환자의 상태를 살필 수 있도록 해야 한다.」($\genfrac{}{}{0pt}{}{대판 2022. 3. 17,}{2018다263434}$)

(ㅈ) 갑 대학병원에서 환자 을에 대한 유방 조직검사를 시행하여 암의 확정 진단을 하였는데, 을이 병 대학병원에 전원(轉院)하면서 갑 병원의 조직검사 결과를 기재한 조직검사 결과지를 제출하여 병 대학병원에서 유방절제술을 받았으나, 종양조직검사 결과 암세포가 검출되지 않았고 이에 갑 병원에서 을의 조직검사 슬라이드 등을 각 대출받아 암세포 검출 여부를 재확인하는 과정에서 갑 병원 병리과 의료진이 조직검사 슬라이드를 만들면서 다른 환자의 조직검체에 을의 라벨을 부착한 것이 밝혀진 사안에서, 병 병원의 의사에게 갑 병원의 조직검사 슬라이드 제작과정에서 조직검체가 뒤바뀔 가능성 등 매우 이례적인 상황에 대비하여 을로부터 새로이 조직을 채취하여 재검사를 실시하거나 갑 병원에서 파라핀 블록을 대출받아 조직검사 슬라이드를 다시 만들어 재검사를 시행한 이후에 유방절제술을 시행할 주의의무까지 있다고 보기는 어렵다고 한 사례($\genfrac{}{}{0pt}{}{대판 2011. 7. 14,}{2009다65416}$).

3. 과실 및 인과관계의 증명 [303]

의료과오에 있어서 의사의 과실, 과실있는 행위와 손해 사이의 인과관계는 피해자인 원고가 증명하여야 한다. 그런데 의료행위의 자세한 과정과 내용조차 알 수가 없는 피해자로서 의사의 전문분야에 관한 과실과 인과관계를 증명하는 것은 대단히 어려운 일이다. 따라서 이들의 증명을 일반 불법행위에 있어서와 마찬가지로 엄격하게 요구한다면 손해배상을 받는 것이 사실상 불가능할 것이다. 그렇다고 하여 증명책임을 모두 의사 측에 전환시키는 것도 반드시 바람직하다고 할 수 없다. 그렇게 되면 자칫 의사의 치료가 소극적이 되어 오히려 환자에게 불리하게 될 수도 있기 때문이다. 가장 바람직한 것은 증명책임의 원칙을 유지하되 다소 완화하는 방법이다. 즉 피해자 쪽에서 상당한 정도의 개연성만 증명하면 의사 측의 반대증명이 없는 한 책임을 인정하는 것이다. 통설($\genfrac{}{}{0pt}{}{곽윤직(신정판), 797}{면; 이은영, 934면}$)・판례($\genfrac{}{}{0pt}{}{대판 1995. 2. 10, 93다}{52402 이래 다수의 판결}$)도 같은 견지에 있다.

〈판 례〉

㈀ 「원래 의료행위에 있어서 주의의무 위반으로 인한 불법행위 또는 채무불이행으로 인한 책임이 있다고 하기 위하여는 다른 경우와 마찬가지로 의료행위상의 주의의무의 위반, 손해의 발생 및 주의의무의 위반과 손해의 발생과의 사이의 인과관계의 존재가 전제되어야 한다고 할 것이다. 그러나 의료행위가 고도의 전문적 지식을 필요로 하는 분야이고, 그 의료의 과정은 대개의 경우 환자 본인이 그 일부를 알 수 있는 외에 의사만이 알 수 있을 뿐이며, 치료의 결과를 달성하기 위한 의료기법은 의사의 재량에 달려 있기 때문에 손해발생의 직접적인 원인이 의료상의 과실로 말미암은 것인지 여부는 전문가인 의사가 아닌 보통인으로서는 도저히 밝혀낼 수 없는 특수성이 있어서 환자 측이 의사의 의료행위상의 주의의무 위반과 손해의 발생과 사이의 인과관계를 의학적으로 완벽하게 입증한다는 것은 극히 어려우므로, 이 사건에 있어서와 같이 환자가 치료 도중에 사망한 경우에 있어서는 피해자 측에서 일련의 의료행위 과정에 있어서 저질러진 일반인의 상식에 바탕을 둔 의료상의 과실있는 행위를 입증하고 그 결과와 사이에 일련의 의료행위 외에 다른 원인이 개재될 수 없다는 점, 이를테면 환자에게 의료행위 이전에 그러한 결과의 원인이 될 만한 건강상의 결함이 없었다는 사정을 증명한 경우에 있어서는, 의료행위를 한 측이 그 결과가 의료상의 과실로 말미암은 것이 아니라 전혀 다른 원인으로 말미암은 것이라는 입증을 하지 아니하는 이상, 의료상 과실과 결과 사이의 인과관계를 추정하여 손해배상책임을 지울 수 있도록 입증책임을 완화하는 것이 손해의 공평·타당한 부담을 그 지도원리로 하는 손해배상제도의 이상에 맞는다고 하지 않을 수 없다.」$\binom{\text{대판 1995. 2. 10,}}{\text{93다52402}}$

㈁ 「의료행위상의 주의의무 위반으로 인한 손해배상청구에서 피해자 측에서 일련의 의료행위 과정에 있어서 저질러진 일반인의 상식에 바탕을 둔 의료상의 과실있는 행위를 입증하고 그 결과와 사이에 일련의 의료행위 외에 다른 원인이 개재될 수 없다는 점, 이를테면 환자에게 의료행위 이전에 그러한 결과의 원인이 될 만한 건강상의 결함이 없었다는 사정을 증명한 경우에는 의료상 과실과 결과 사이의 인과관계를 추정하여 손해배상책임을 지울 수 있도록 입증책임을 완화하는 것이 당원의 확립된 판례이나, 이 경우에도 일련의 의료행위 과정에 있어서 일반인의 상식에 바탕을 둔 의료상 과실의 존재는 환자 측에서 입증하여야 하는 결과 의료과정에서 어떠한 주의의무 위반의 잘못을 인정할 수 없다면 그 청구는 배척될 수밖에 없는 것이다($\binom{\text{대법}}{\text{원}}$ 1999. 9. 3. 선고 99다10479 판결, 2002. 8. 23.). 선고 2000다37265 판결 등 참조)」$\binom{\text{대판 2003. 11. 27, 2001다20127. 같은}}{\text{취지: 대판 2019. 2. 14, 2017다203763}}$

㈂ 「의료행위는 고도의 전문적 지식을 필요로 하는 분야로서 전문가가 아닌 일반인으로서는 의사의 의료행위의 과정에 주의의무 위반이 있는지의 여부나 그 주의의무 위반과 손해발생 사이에 인과관계가 있는지 여부를 밝혀내기가 극히 어려운 특수성이 있으므로 수술 도중 환자에게 사망의 원인이 된 증상이 발생한 경우 그 증상 발생에 관하여 의료상의 과실 이외의 다른 원인이 있다고 보기 어려운 간접사실들을

입증함으로써 그와 같은 증상이 의료상의 과실에 기한 것이라고 추정하는 것도 가능하다고 하겠으나(대법원 2000. 7. 7. 선고 99다66328 판결 등 참조), 그 경우에도 의사의 과실로 인한 결과 발생을 추정할 수 있을 정도의 개연성이 담보되지 않는 사정들을 가지고 막연하게 중한 결과에서 의사의 과실과 인과관계를 추정함으로써 결과적으로 의사에게 무과실의 입증책임을 지우는 것까지 허용되는 것은 아니라고 할 것이다.」(은 취지: 대판 2007. 5. 31, 2005다 5867; 대판 2009. 12. 10, 2008다22030; 대판 2018. 11. 15, 2016다244491; 대판 2019. 2. 14, 2017다203763; 대판 2020. 11. 26, 2020다244511; 대판 2022. 12. 29, 2022다264434; 대판 2023. 8. 31, 2022다303995(이 판결은 수술 도중이나 수술 후 환자에게 중한 결과의 원인이 된 증상이 발생한 경우라고 함. 다른 여러 판결도 사망의 경우에 한정하지 않음); 대판 2023. 10. 12, 2021다213316)

(ㄹ) 「진료상 과실로 인한 손해배상책임이 성립하기 위해서는 다른 경우와 마찬가지로 손해가 발생하는 것 외에 주의의무 위반, 주의의무 위반과 손해 사이의 인과관계가 인정되어야 한다.

그러나 의료행위는 고도의 전문적 지식을 필요로 하는 분야로서 환자 측에서 의료진의 과실을 증명하는 것이 쉽지 않고, 현대의학지식 자체의 불완전성 등 때문에 진료상 과실과 환자 측에게 발생한 손해(기존에 없던 건강상 결함 또는 사망의 결과가 발생하거나, 통상적으로 회복가능한 질병 등에서 회복하지 못하게 된 경우 등) 사이의 인과관계는 환자 측뿐만 아니라 의료진 측에서도 알기 어려운 경우가 많다.

이러한 증명의 어려움을 고려하면, 환자 측이 의료행위 당시 임상의학 분야에서 실천되고 있는 의료수준에서 통상의 의료인에게 요구되는 주의의무의 위반 즉 진료상 과실로 평가되는 행위의 존재를 증명하고, 그 과실이 환자 측의 손해를 발생시킬 개연성이 있다는 점을 증명한 경우에는, 진료상 과실과 손해 사이의 인과관계를 추정하여 인과관계 증명책임을 완화하는 것이 타당하다. 여기서 손해 발생의 개연성은 자연과학적, 의학적 측면에서 의심이 없을 정도로 증명될 필요는 없으나, 해당 과실과 손해 사이의 인과관계를 인정하는 것이 의학적 원리 등에 부합하지 않거나 해당 과실이 손해를 발생시킬 막연한 가능성이 있는 정도에 그치는 경우에는 증명되었다고 볼 수 없다.

한편 진료상 과실과 손해 사이의 인과관계가 추정되는 경우에도 의료행위를 한 측에서는 환자 측의 손해가 진료상 과실로 인하여 발생한 것이 아니라는 것을 증명하여 추정을 번복시킬 수 있다.」(대판 2023. 8. 31, 2022다219427. 이 판결은 의료과오의 경우 인과관계 증명의 법리를 포괄적으로 정비한 것이라고 평가됨)

(ㅁ) 「의료진의 주의의무 위반으로 인한 불법행위의 책임을 묻기 위해서는 의료행위상 주의의무의 위반, 손해의 발생 및 그 양자 사이에 인과관계가 존재한다는 점이 각 입증되어야 할 것인바, 사람의 생명·신체·건강을 관리하는 업무인 의료행위의 속성상 환자의 구체적인 증상이나 상황에 따라 위험을 방지하기 위하여 요구되는 최선의 조치를 취하여야 할 주의의무를 부담하는 의료인 및 의료종사원 등 의료진이 그와 같은 환자의 기대에 반하여 환자의 치료에 전력을 다하지 아니한 경우에는 그 업무상 주의의무를 위반한 것이라고 보아야 할 것이지만, 그러한 주의의무 위반과 환자에게 발생한 악결과(惡結果) 사이에 상당인과관계가 인정되지 않는 경우에는 그에 관한 손해배상을 구할 수 없다 할 것이다. 다만, 그 주의의무 위반의 정도가 일반인의

처지에서 보아 수인한도를 넘어설 만큼 현저하게 불성실한 진료를 행한 것이라고 평가될 정도에 이른 경우라면 그 자체로서 불법행위를 구성하여 그로 말미암아 환자나 그 가족이 입은 정신적 고통에 대한 위자료의 배상을 명할 수 있다고 보아야 할 것이나, 이때 그 수인한도를 넘어서는 정도로 현저하게 불성실한 진료가 있었다는 점은 불법행위의 성립을 주장하는 원고들이 이를 입증하여야 할 것이다.」(대판 2006. 9. 28, 2004 다61402. '다만' 이하 에 관하여 같은 취지: 대판 2023. 8. 18, 2022다306185)

(ㅂ)「의료진이 임상의학 분야에서 요구되는 수준에 부합하는 진료를 한 경우 불성실한 진료를 하였다고 평가할 수는 없으므로, 수인한도를 넘는 현저히 불성실한 진료는 의료진에게 현저한 주의의무 위반이 있음을 전제로 한다. 그리고 수인한도를 넘는 현저히 불성실한 진료로 인한 위자료는, 환자에게 발생한 신체상 손해의 발생 또는 확대와 관련된 정신적 고통을 위자하는 것이 아니라 불성실한 진료 그 자체로 인하여 발생한 정신적 고통을 위자하기 위한 것이다. 따라서 불성실한 진료로 인하여 이미 발생한 정신적 고통이 중대하여 진료 후 신체상 손해가 발생하지 않더라도 별도의 위자료를 인정하는 것이 사회통념상 마땅한 정도에 이르러야 한다.」(대판 2023. 8. 18, 2022다306185)

(ㅅ)「의료행위에 의하여 후유장해가 발생한 경우, 그 후유장해가 당시 의료수준에서 최선의 조치를 다하는 때에도 당해 의료행위 과정의 합병증으로 나타날 수 있는 것이거나 또는 그 합병증으로 인하여 2차적으로 발생될 수 있는 것이라면 의료행위의 내용이나 시술 과정, 합병증의 발생 부위, 정도 및 당시의 의료수준과 담당의료진의 숙련도 등을 종합하여 볼 때에 그 증상이 일반적으로 인정되는 합병증의 범위를 벗어났다고 볼 수 있는 사정이 없는 한, 그 후유장해가 발생되었다는 사실만으로 의료행위 과정에 과실이 있었다고 추정할 수 없다.」(대판 2008. 3. 27, 2007다76290. 같은 취지: 대판 2019. 2. 14, 2017다203763)

(ㅇ)「의료행위에 있어서의 잘못을 원인으로 한 불법행위책임이 성립하기 위해서도 일반 불법행위의 경우와 마찬가지로 의료상의 주의의무 위반과 손해의 발생이 있고 그 사이에 인과관계가 있음이 증명되어야 하므로, 환자가 진료를 받는 과정에서 손해가 발생하였다면, 의료행위의 특수성을 감안하더라도 먼저 환자 측에서 일반인의 상식에 바탕을 두고 일련의 의료행위 과정에 의료상의 과실 있는 행위가 있었고 그 행위와 손해의 발생 사이에 다른 원인이 개재되지 않았다는 점을 증명하여야 하고, 설령 당사자 일방이 증명을 방해하는 행위를 하였더라도 법원으로서는 이를 하나의 자료로 삼아 자유로운 심증에 따라 방해자 측에게 불리한 평가를 할 수 있음에 그칠 뿐 증명책임이 전환되거나 곧바로 상대방의 주장 사실이 증명되었다고 보아야 하는 것은 아니다.」(대판 2010. 5. 27, 2007다25971. 같은 취지: 대판 1999. 4. 13, 98다9915)

[304]   **4. 책임의 주체**

의료과오책임을 지는 자는 과실있는 의료행위를 한 의사이다. 여기의 「의사」는 널리 의료인을 의미하므로, 간호사 등의 의료보조자도 책임을 질 수 있다 (대판 2003. 8. 19, 2001도3667도 참조). 그런가 하면 간호사 등의 보조자의 가해행위에 대하여 보조자를 지휘·감독하는 의사에게 과실이 있으면 의사가 사용자책임이나 채무자로서 책임을 질 수도 있다. 또한 의사가 병원에 고용되어 있는 경우에는 병원 개설자가 사용자로서 책임을 진다. 사용자책임을 지는 자가 있는 경우에 해당 행위를 한 자도 불법행위책임을 지는 것은 물론이다. 그때에는 양자의 책임은 부진정연대 채무의 관계에 있다. 한편 무면허로 의료행위를 하다가 의료과오로 손해를 발생시킨 때에도 책임이 발생한다. 그리고 이 경우에는 자격 있는 의사의 주의의무를 기준으로 무면허자의 과실 유무를 판단한다.

5. 의사의 설명의무

[305]

(1) 의료행위는 환자의 신체에 대한 침습(侵襲)을 포함하는 것이 일반적이다. 따라서 의사는 그 침습에 대한 승낙을 얻기 위한 전제로서 환자 또는 그 법정대리인에게 질병의 증상, 치료방법의 내용 및 필요성, 발생이 예상되는 위험 등에 관하여 설명하여 해당 환자가 그 필요성이나 위험성을 충분히 비교해 보고 그 의료행위를 받을 것인가의 여부를 선택할 수 있도록 할 의무가 있다(대판 1994. 4. 15, 92다25885; 대판 1994. 4. 15, 93다60953; 대판 1995. 1. 20, 94다3421; 대판 1995. 2. 10, 93다52402; 대판 2023. 3. 9, 2020다218925 등). 특히 그러한 의료행위가 임상시험의 단계에서 이루어지는 것이라면 해당 의료행위의 안전성 및 유효성(치료효과)에 관하여 그 시행 당시 임상에서 실천되는 일반적·표준적 의료행위와 비교하여 설명할 의무가 있다(대판 2010. 10. 14, 2007다3162). 또한 진료 목적을 달성하기 위하여 환자 또는 그 보호자에게 요양의 방법 기타 건강관리에 필요한 사항을 상세히 설명하여 후유증에 대비하도록 할 의무가 있다(대판 1997. 7. 22, 95다49608; 대판 2010. 7. 22, 2007다70445). 이것이 의사의 설명의무이다(설명의무는 무면허 의료행위자에게도 부과된다. 대판 2002. 1. 11, 2001다27449도 참조). 만일 의료행위 주체(의사)가 위와 같은 설명의무를 소홀히 하여 환자로 하여금 자기결정권을 실질적으로 행사할 수 없게 하였다면 그 자체만으로도 불법행위가 성립할 수 있다(대판 2017. 2. 15, 2014다230535: 국가가 한센병 환자의 치료 및 격리수용을 위하여 운영·통제해 온 국립 소록도병원 등에 소속된 의사 등이 한센인들에게 시행한 정관 절제수술과 임신중절수술을 시행한 경우에 민사상 불법행위의 성립을 인정한 사건).

이와 같은 의사의 설명의무는 그 의료행위가 행해질 때까지 적절한 시간적 여유를 두고 이행되어야 하며, 의사가 환자에게 의사를 결정함에 충분한 시간을 주지 않고 의료행위에 관한 설명을 한 다음 곧바로 의료행위로 나아간다면 이는 환자가 의료행위에 응할 것인지 선택할 기회를 침해한 것으로서 의사의 설명의무가 이행되었다고 볼 수 없다(대판 2022. 1. 27, 2021다265010). 이때 적절한 시간적 여유를 두고 설명의무를 이행하였는지는 의료행위의 내용과 방법, 그 의료행위의 위험성과 긴급성의 정도, 의료행위 전 환자의 상태 등 여러 가지 사정을 종합하여 개별적·구체적으로 판단하여야 한다(대판 2022. 1. 27, 2021다265010).

그런데 의사(의료진)의 설명은 의학지식의 미비 등을 보완하여 실질적인 자기결정권을 보장하기 위한 것이므로, 환자가 이미 알고 있거나 상식적인 내용까지 설명할 필요는 없고, 환자가 위험성을 알면서도 스스로의 결정에 따라 진료를 거부한 경우에는 특별한 사정이 없는 한 위와 같은 설명을 하지 아니한 데 대하여 의료진의 책임을 물을 수는 없다(대판 2011. 11. 24, 2009다70906). 그리고 이 경우 환자가 이미 알고 있는 내용인지 여부는, 해당 의학지식의 전문성, 환자의 기존 경험, 환자의 교육수준 등을 종합하여 판단할 수 있다(대판 2011. 11. 24, 2009다70906).

의사의 설명의무는 응급환자의 경우(대판 1994. 4. 15, 92다25885)나 위험이 당시의 의료수준에 비추어 예견할 수 없었던 경우(대판 1999. 9. 3, 99다10479)와 같이 특별한 사정이 있는 때에는 면제된다. 그리고 즉시 추가검사 등 의료행위를 시행하지 않고 경과관찰을 선택한 의사의 판단이 합리적인 범위에 있다면, 환자의 상태가 당시의 의료수준에서 예상할 수 있는 통상의 예후와는 달리 갑자기 악화될 예외적 가능성까지 고려하여 환자의 상태가 갑자기 악화될 수 있다거나 그에 대비한 추가검사를 받을 것인지에 관한 설명을 하지 않았다고 하더라도, 의사가 설명의무를 위반하여 환자의 치료기회를 상실시켰다거나 자기결정권을 침해하였다고 할 수 없다(대판 2013. 2. 28, 2011다36848). 그러나 해당 의료행위에 따르는 후유증이나 부작용 등의 위험발생 가능성이 희소하다는 사정만으로는 설명의무가 면제되지 않으며, 그 후유증이나 부작용이 해당 치료행위에 전형적으로 발생하는 위험이거나 회복할 수 없는 중대한 것인 경우에는 그 발생 가능성의 희소성에도 불구하고 설명의무가 있다(대판 1995. 1. 20, 94다3421; 대판 1996. 4. 12, 95다56095; 대판 1998. 2. 13, 96다7854; 대판 2004. 10. 28, 2002다45185; 대판 2007. 5. 31, 2005다5867; 대판 2020. 11. 26, 2018다217974). 그리고 의사의 설명이 환자로 하여금 의학지식 및 기술상 합리적인 진료행위를 비합리적인 근거로 거부하게 하는 결과를 초래할 염려가 있다는 사정만으로는 설명의무가 면제된다고 할 수 없다(대판 1995. 1. 20, 94다3421). 한편 환자가 의사로부터 올바른 설명을 들었더라도 수술에 동의하였을 것이라는 이른바 가정적 승낙에 의한 의사의 면책은 의사 측의 항변사항으로서 환자의 승낙이 명백히 예상되는 경우에만 허용된다(대판 1994. 4. 15, 92다25885; 대판 1995. 1. 20, 94다3421; 대판 2002. 1. 11, 2001다27449).

　(2) 환자가 미성년자인 경우에 의사가 그에게도 설명할 의무가 있는가? 여기에 관하여 판례의 태도는 다음과 같다(대판 2023. 3. 9, 2020다218925). 의료법 및 관계 법령들의 취지에 비추어 보면, 환자가 미성년자라도 의사결정능력이 있는 이상 자신의 신체에 위험을 가하는 의료행위에 관한 자기결정권을 가질 수 있으므로 원칙적으로 의사는 미성년자인 환자에 대해서 의료행위에 관하여 설명할 의무를 부담한다. 그러나 의사가 미성년자인 환자의 친권자나 법정대리인에게 의료행위에 관하여 설명하였다면, 그러한 설명이 친권자나 법정대리인을 통하여 미성년자인 환자에게 전달됨으로써 의사는 미성년자인 환자에 대한 설명의무를 이행하였다고 볼 수 있다. 다만 친권자나 법정대리인에게 설명하더라도 미성년자에게 전달되지 않아 의료행위 결정과 시행에 미성년자의 의사가 배제될 것이 명백한 경우나 미성년자인 환자가 의료행위에 대하여 적극적으로 거부 의사를 보이는 경우처럼 의사가 미성년자인 환자에게 직접 의료행위에 관하여 설명하고 승낙을 받을 필요가 있는 특별한 사정이 있으면 의사는 친권자나 법정대리인에 대한 설명만으로 설명의무를 다하였다고 볼 수는 없고, 미성년자인 환자에게 직접 의료행위를 설명하여야 한다. 그리고 이와 같이 의사가 미성년자인 환자에게 직접 설명의무를 부담하는 경우 의사는 미성년자인 환자의 나이, 미성년자인 환자가 자신의 질병에 대하여 갖고 있는 이해 정도에 맞추어 설명을 하여야 한다.

　(3) 의사의 설명의무 위반의 증명책임은 환자 측에 있지 않으며, 의사 측에서 설명의무의 이행이 있었음을 증명하여야 한다(대판 2007. 5. 31, 2005다5867).

〈판 례〉

「설명의무는 침습적인 의료행위로 나아가는 과정에서 의사에게 필수적으로 요구되는 절차상의 조치로서, 그 의무의 중대성에 비추어 의사로서는 적어도 환자에게 설명한 내용을 문서화하여 이를 보존할 직무수행상의 필요가 있다고 보여질 뿐 아니라, 응급의료에 관한 법률 제 9 조, 같은 법 시행규칙 제 3 조 및 [서식] 1에 의하면, 통상적인 의료행위에 비해 오히려 긴급을 요하는 응급의료의 경우에도 의료행위의 필요성, 의료행위의 내용, 의료행위의 위험성 등을 설명하고 이를 문서화한 서면에 동의를 받을 법적 의무가 의료종사자에게 부과되어 있는 점, 의사가 그러한 문서에 의해 설명의무의 이행을 입증하기는 매우 용이한 반면 환자 측에서 설명의무가 이행되지 않았음을 입증하기는 성질상 극히 어려운 점 등에 비추어, 특별한 사정이 없는 한 의사 측에 설명의무를 이행한 데 대한 입증책임이 있다고 해석하는 것이 손해의 공평·타당한 부담을 그 지도원리로 하는 손해배상제도의 이상 및 법체계의 통일적 해석의 요구에 부합한다고 할 것이다.」$\binom{\text{대판 2007. 5. 31,}}{2005\text{다}5867}$

[306]　(4) 의사가 설명을 하지 않고 환자 측의 승낙 없이 침습한 경우에는 설사 의사에게 치료상의 과실이 없는 경우에도 환자의 승낙권을 침해하는 위법한 행위가 된다$\binom{\text{대판 1979. 8. 14, 78다488; 대판 1994. 4. 15, 92다25885;}}{\text{대판 1998. 2. 13, 96다7854; 대판 2002. 1. 11, 2001다27449}}$.

(5) 의사가 설명의무를 위반한 채 수술 등을 하여 환자에게 사망 등의 중대한 결과가 발생한 경우에, 환자 측에서 선택의 기회를 잃고 자기결정권을 행사할 수 없게 된 데 대한 위자료만을 청구하는 경우에는 의사의 설명 결여 내지 부족으로 선택의 기회를 상실하였다는 사실만을 증명하면 충분하고, 설명을 받았더라면 사망 등의 결과는 생기지 않았을 것이라는 관계까지 증명할 필요는 없으나, 그 결과로 인한 모든 손해를 청구하는 경우에는 그 중대한 결과와 의사의 설명의무 위반 내지 승낙취득 과정에서의 잘못과의 사이에 상당인과관계가 존재하여야 하며, 그때의 의사의 설명의무의 위반은 환자의 자기결정권 내지 치료행위에 대한 선택의 기회를 보호하기 위한 것인 점에 비추어 환자의 생명·신체에 대한 구체적인 치료과정에서 요구되는 의사의 주의의무 위반과 동일시할 정도의 것이어야 한다$\binom{\text{대판 1994. 4. 15, 93다60953; 대판 1995. 1. 20, 94다3421; 대판 1995. 2. 10, 93다52402; 대판 1996. 4. 12,}}{95\text{다}56095; \text{대판 2002. 1. 11, 2001다27449; 대판 2004. 10. 28, 2002다45185; 대판 2007. 5. 31, 2005다5867}}$.

〈판 례〉

(ㄱ) 「의사의 환자에 대한 설명의무는 수술시에만 한하지 않고 검사·진단·치료 등 진료의 모든 단계에서 발생한다고 하겠으나, 이러한 설명의무 위반에 대하여 의사에게 위자료 등의 지급의무를 부담시키는 것은 의사가 환자에게 제대로 설명하지 아니한 채 수술 등을 시행하여 환자에게 예기치 못한 중대한 결과가 발생하였을 경우에 의사가 그 행위에 앞서 환자에게 질병의 증상, 치료나 진단방법의 내용 및 필요성과 그로 인하여 발생이 예상되는 위험성 등을 설명하여 주었더라면 환자가 스스로 자기결정권을 행사하여 그 의료행위를 받을 것인지 여부를 선택함으로써 중대한 결과의 발생을 회피할 수 있었음에도 불구하고, 의사가 설명을 하지 아니하여 그 기회를 상실하게 된 데에 따른 정신적 고통을 위자하는 것이므로, 이러한 의미에서의 설명의무는 모든 의료과정 전반을 대상으로 하는 것이 아니라 수술 등 침습을 과하는 과정 및 그 후에 나쁜 결과 발생의 개연성이 있는 의료행위를 하는 경우 또는 사망 등의

중대한 결과발생이 예측되는 의료행위를 하는 경우 등과 같이 환자에게 자기결정에 의한 선택이 요구되는 경우를 대상으로 하는 것이다. 따라서 환자에게 발생한 중대한 결과가 의사의 침습행위로 인한 것이 아니거나 또는 환자의 자기결정권이 문제되지 아니하는 사항에 관한 것은 위자료 지급대상으로서의 설명의무 위반이 문제될 여지는 없다고 봄이 상당하다($^{대법원 1995. 4. 25. 선고}_{94다27151 판결 등 참조}$)·」($^{대판 2010. 5. 27,}_{2007다25971}$)

 (ㄴ)「설명의무 위반으로 인하여 지급할 의무가 있는 위자료에는, 설명의무 위반이 인정되지 않은 부분과 관련된 자기결정권 상실에 따른 정신적 고통을 위자하는 금액 또는 중대한 결과의 발생 자체에 따른 정신적 고통을 위자하는 금액 등은 포함되지 아니한다고 보아야 한다. 그리고 의료행위로 인하여 환자에게 나쁜 결과가 발생하였는데 의사의 진료상 과실은 인정되지 않고 설명의무 위반만 인정되는 경우, 설명의무 위반에 대한 위자료의 명목 아래 사실상 재산적 손해의 전보를 꾀하여서는 아니 된다.」($^{대판 2013. 4. 26,}_{2011다29666}$)

제 4 절 불법행위의 효과

Ⅰ. 서 설 [307]

1. 손해배상청구권의 발생

 불법행위의 성립요건이 갖추어지면 민법규정상 피해자는 가해자에 대하여 손해배상청구권을 취득하게 된다($^{750}_{조}$). 그리하여 불법행위는 법정 채권발생원인에 해당한다.

2. 침해행위의 정지·예방청구의 문제

 불법행위의 경우에 손해배상청구권 외에 침해행위의 정지 또는 예방을 청구할 수 있는지가 문제된다. 여기에 관하여 학설은 i) 이는 입법정책의 문제이고, 우리 법제도 일정한 경우($^{물권의 침해·지식재산권의 침해·217조 등. 그 외에}_{인격권 침해시는 특별한 입법은 없으나 인정하자고 함}$)에는 방해배제도 인정하고 있다는 견해($^{곽윤직,}_{446면}$), ii) 피침해이익의 보호방법으로서 유익할 때에는 이를 인정함이 타당하다는 견해($^{김상용, 808면. 같은}_{취지: 김주수, 771면}$)로 나뉘어 있다. 생각건대 불법행위는 이미 손해가 발생한 경우에 그 손해를 전보해 주는 제도이기 때문에, 법률상 또는 이론상($^{예: 제 3 자의 채권침해에 있어서 방해}_{배제청구의 경우. 채권법총론 [21] 참조}$) 방해의 배제나 예방의 청구가 인정되지 않는 한,「불법행위의 효과로서」이들이 인정될 수는 없다고 하여야 한다(같은 취지: 지원림, 1764면).

〈판 례〉

㈀「명예는 생명, 신체와 함께 매우 중대한 보호법익이고 인격권으로서의 명예권은 물권의 경우와 마찬가지로 배타성을 가지는 권리라고 할 것이므로 사람의 품성, 덕행, 명성, 신용 등의 인격적 가치에 관하여 사회로부터 받는 객관적인 평가인 명예를 위법하게 침해당한 자는 손해배상(민법 제751조) 또는 명예회복을 위한 처분(민법 제764조)을 구할 수 있는 이외에 인격권으로서 명예권에 기초하여 가해자에 대하여 현재 이루어지고 있는 침해행위를 배제하거나 장래에 생길 침해를 예방하기 위하여 침해행위의 금지를 구할 수도 있다(대법원 2005. 1. 17.자 2003마1477 결정 참조).

한편 인격권 침해를 이유로 한 방해배제청구권으로서 기사삭제 청구의 당부를 판단함에 있어서는 그 표현내용이 진실이 아니거나 공공의 이해에 관한 사항이 아닌 기사로 인해 현재 원고의 명예가 중대하고 현저하게 침해받고 있는 상태에 있는지 여부를 언론의 자유와 인격권이라는 두 가치를 비교·형량하면서 판단하면 되는 것이고, 피고가 그 기사가 진실이라고 믿은 데 상당한 이유가 있었다는 등의 사정은 형사상 명예훼손죄나 민사상 손해배상책임을 부정하는 사유는 될지언정 기사삭제를 구하는 방해배제청구권을 저지하는 사유로는 될 수 없다.」(대판 2013. 3. 28, 2010다60950)

㈁「사람(종중 등의 경우에 도 마찬가지이다.)이 갖는 이와 같은 명예에 관한 권리는 일종의 인격권으로 볼 수 있는 것으로서, 그 성질상 일단 침해된 후에는 금전배상이나 명예회복에 필요한 처분 등의 구제수단만으로는 그 피해의 완전한 회복이 어렵고 손해전보의 실효성을 기대하기 어려우므로, 이와 같은 인격권의 침해에 대하여는 사전 예방적 구제수단으로 침해행위의 정지·방지 등의 금지청구권이 인정될 수 있다.」(대판 1997. 10. 24, 96다17851)

㈂「인격권은 성질상 일단 침해된 후의 구제수단(금전배상이나 명 예회복 처분 등)만으로는 그 피해의 완전한 회복이나 손해전보의 실효성을 기대하기 어려우므로 인격권의 침해에 대해서는 사전(예방적) 구제수단으로 침해행위 정지·방지 등의 금지청구권이 인정될 수 있다(대법원 1996. 4. 12. 선고 93다40614, 40621 판결, 대법원 2021. 9. 30. 자 2020마7677 결정 등 참조). 따라서 타인이 비법인사단의 명칭을 사용함으로써 비법인사단의 명칭에 관한 권리를 침해하였음이 인정될 경우, 그러한 침해행위가 계속되어 금전배상을 명하는 것만으로는 비법인사단의 권리 구제에 실효성을 기대하기 어렵고 침해행위 금지로 보호되는 비법인사단의 이익과 그로 인한 타인의 불이익을 비교·형량할 때 비법인사단의 이익이 더 크다고 인정되면 비법인사단은 자신의 명칭을 사용하여 권리를 침해한 타인을 상대로 명칭 사용의 금지를 청구할 수 있다(대법원 2014. 5. 29. 선고 2011다31225 판결 등 참조).」(대판 2022. 11. 17, 2018다249995)

㈃「일반 공중의 통행에 제공된 도로를 통행하고자 하는 자는, 그 도로에 관하여 다른 사람이 가지는 권리 등을 침해한다는 등의 특별한 사정이 없는 한, 일상생활상

필요한 범위 내에서 다른 사람들과 같은 방법으로 그 도로를 통행할 자유가 있고, 제 3 자가 특정인에 대하여만 그 도로의 통행을 방해함으로써 일상생활에 지장을 받게 하는 등의 방법으로 그 특정인의 통행의 자유를 침해하였다면 민법상 불법행위에 해당하며, 그 침해를 받은 자로서는 그 방해의 배제나 장래에 생길 방해를 예방하기 위하여 통행방해 행위의 금지를 소구할 수 있다고 보아야 한다.」(갑이 일반인들의 통행에 제공되어 온 도로에 토지관리소를 축조하고 개폐식 차단기를 설치한 다음 자동차 운전자들에게 행선지 및 방문목적 등을 확인한 후 차단기를 열어 통행할 수 있게 하면서 을 등이 운행하는 자동차에 대하여는 통행을 금지한 사안에서, 갑의 을 등에 대한 통행방해 행위는 을 등의 통행의 자유를 침해하는 것이므로, 을 등으로서는 갑에게 도로에 대한 통행방해 행위의 금지를 구할 수 있다고 본 원심판단을 정당하다고 한 사례)$\binom{\text{대판 2011. 10. 13, 2010다63720. 같은 취지: 대판 2021.}}{\text{3. 11, 2020다229239; 대판 2021. 10. 14, 2021다242154}}$

Ⅱ. 손해배상청구권   [308]

1. 손해 및 손해배상의 의의

여기에 관하여는 채권법총론 책에서 채무불이행과 관련하여 이미 설명하였으므로 생략한다$\binom{\text{채권법총론}}{\text{[85]-[88] 참조}}$.

2. 손해배상청구권자

(1) 원   칙

1) 손해배상청구권자 일반   불법행위에 의하여 손해를 입은 자 즉 직접적 피해자$\binom{\text{채권법총론}}{\text{[89] 참조}}$가 손해배상청구권을 가지게 된다$\binom{750조}{참조}$. 그에 비하여 다른 자에 대한 침해의 결과로 피해를 입는 데 불과한 간접적 피해자는 법률에 명문규정$\binom{\text{예:}}{752조}$이 있는 경우에만 예외적으로 손해배상청구권을 갖는다고 하여야 한다$\binom{\text{다른 견}}{\text{해 있음}}$. 간접피해자에게 이를 인정하면 한계를 정할 수 없기 때문이다. 그리하여 예컨대 타인에 의하여 상해를 입거나 재산을 멸실당한 자는 손해배상청구권을 가지나, 살해당한 자의 친구는 배상청구권이 없다. 그리고 여기의 손해에는 재산적 손해뿐만 아니라 비재산적 손해 즉 정신적 손해$\binom{\text{이 두 용어는 엄격하게는 동의어가 아니나,}}{\text{일반적으로 동의어로 사용한다. 채권법총론}}$ $\binom{[86]}{참조}$도 포함되므로, 정신적 손해를 입은 자는 그것의 배상청구권 즉 위자료청구권을 가진다.

[309]   **2) 위자료청구권자**   제751조는 신체·자유·명예를 침해당하거나 기타 정신상 고통을 입은 자는 위자료청구권을 가지는 것으로 규정하고 있다. 그리고 제752조는 생명침해의 경우에 일정한 유족의 위자료청구권을 인정한다. 이들 규정 중 제752조는 뒤에 보는 바와 같이($^{[313]}_{참조}$) 생명침해의 경우의 간접적 피해자인 일정한 유족에게 위자료청구권을 부여하는 특별규정이나($^{다른 견}_{해 있음}$), 제751조는 정신적 손해를 입은 직접적 피해자가 제750조에 의하여 위자료청구권을 행사할 수 있음을 주의적으로 규정한 데 지나지 않는다($^{통설·판례도 같은 취지임. 대}_{판 2004. 4. 28, 2001다36733 등}$). 따라서 제751조에 열거된 신체·자유·명예침해 이외의 불법행위의 경우에도 정신적 손해를 입은 자는 위자료청구권을 가지게 되며, 어느 경우든 청구권의 근거는 제750조이다.

〈판 례〉

불법행위에 있어서 피해자 본인($^{제3자의}_{경우 제외}$)의 위자료청구권을 인정한 판례를 보기로 한다.

① 사실상 혼인관계에 있는 여자와 통정한 자는 그 여자의 사실혼의 부(夫)에 대하여 위자료를 지급하여야 한다($^{대판 1959. 2. 19, 4290민상749. 이}_{는 배우자의 권리를 침해한 것임}$).

② 혼인관계가 존속 중인 사실을 알면서 남의 첩이 되어 부첩행위를 계속한 경우에는 본처의 사전 승인이 있었다 하더라도 본처에 대하여 위자료지급의무가 있다($^{대판 1967. 10. 6,}_{67다1134}$).

③ 처에 대한 강간미수행위는 남편에 대하여 불법행위가 된다($^{대판 1965. 11. 9,}_{65다1582·1583}$).

④ 사실혼을 부당파기한 당사자($^{대판 1989. 2. 14,}_{88므146}$)나 부당파기에 가담한 제3자($^{대판 1970. 4. 28,}_{69므37}$)는 다른 당사자에게 위자료를 지급하여야 한다.

⑤ 피고들의 공장에서 배출된 공해물질로 인하여 장차 발병 가능한 만성적인 신체건강상의 장해를 입은 경우에는 피고들은 공동불법행위자로서 위자료지급의무가 있다($^{대판 1991. 7. 26,}_{90다카26607}$).

⑥ 형사사건에서 피고의 허위진술로 유죄판결을 받을 위험에 노출되었던 자는 유죄판결을 받지 않았다 하더라도 위자료청구권이 있다($^{대판 1994. 2. 8,}_{93다32439}$).

⑦ 사용자가 정당한 이유 없이 근로자의 근로제공을 계속적으로 거부하는 것은 근로자의 인격적 법익을 침해하는 것이 되어 사용자는 위자료를 지급하여야 한다($^{대판 1996. 4. 23,}_{95다6823}$).

⑧「부당소송을 당한 상대방이 입게 되는 정신상의 고통은 통상 당해 소송에서 승소하는 것에 의하여 회복되고 승소하여도 회복할 수 없는 정신적 고통은 특별사정으로 인한 손해라고 볼 것이므로, 이 사건에서 원고는 피고들의 부당소송으로 인하여 입은 경제적 손실에 대하여는 당연히 그 배상을 청구할 수 있다고 볼 것이나, 이로

인한 위자료청구가 인용되기 위해서는 승소나 재산적 손해의 배상만으로는 회복될 수 없는 정신적 고통을 입었다고 인정될 만한 특별사정의 존재와 그러한 특별사정에 대한 피고들의 예견가능성이 전제되어야 할 것이다.」$\binom{\text{대판 1994. 9. 9, 93다50116. 같은}}{\text{취지: 대판 1978. 12. 13, 78다1542}}$

⑨ 협동조합의 총회에서 이사장이 조합원에 대한 불법 제명결의를 주도한 경우에는 그 조합원이 경제기획원 장관의 시정명령에 의하여 조합원의 지위를 회복하게 되었다고 하더라도 정신적 손해가 완전히 치유되지 않는다$\binom{\text{대판 1997. 9. 5,}}{\text{96다30298}}$.

⑩ 대학교수가 실험기기 담당 조교에게 성적 굴욕감이나 혐오감을 느끼게 하는 성적 언동을 한 경우에는 인격권을 침해한 것이다$\binom{\text{대판 1998. 2. 10, 95다39533: 이 판결은 이른바 성}}{\substack{\text{희롱에 관하여 불법행위의 한 유형으로 파악하지}\\\text{않고 행위의 위법성 여부에 따라 불법행}\\\text{위의 성립 여부를 가리면 족하다고 함}}}$.

⑪ 본인의 승낙을 받고 승낙의 범위 내에서 그의 사생활에 관한 사항을 공개하는 것은 위법하지 않으나, 본인의 승낙을 받은 때에도 승낙의 범위를 초과하여 승낙 당시의 예상과는 다른 목적이나 방법으로 이러한 사항을 공개할 경우에는 위법하다$\binom{\text{대판 1998. 9. 4, 96다11327: 유방확대수술의 부작용으로 고생하는 여자의 진술을}}{\text{방송하면서 그녀의 측면그림자를 방영하고 아울러 육성을 그대로 방송한 경우}}$.

⑫ 표현대리책임을 지는 데 불과한 자가 보증보험계약을 체결한 당사자가 아니라고 부인하는데도 보증보험사가 사실관계를 제대로 조사하지 않은 채 신용거래불량자로 등록하여 그로 하여금 은행대출 등 경제활동을 하는 데 지장을 받게 한 경우에는 보증보험사는 위자료지급의무가 있다$\binom{\text{대판 2001. 3. 23,}}{\text{2000다57511}}$.

⑬ 대통령이 담화를 발표하고 이에 따라 국방부장관이 삼청교육관련 피해자들에게 그 피해를 보상하겠다고 공고하고 피해신고까지 받은 뒤에, 국가가 그 약속을 어기고 후속조치를 취하지 않음으로써 위 담화 및 피해신고 공고에 따라 피해신고를 마친 피해자의 신뢰를 깨뜨린 경우, 그 신뢰의 상실에 따르는 손해를 배상할 의무가 있고, 이러한 손해에는 정신적 손해도 포함된다$\binom{\text{대판 2001. 7. 10,}}{\text{98다38364}}$.

⑭ 징계권이 남용된 경우에도 위자료청구권이 인정된다$\binom{\text{대판 1993. 10. 12, 92다43586; 대}}{\text{판 1993. 12. 21, 93다11463; 대판}}$ 1999. 2. 23, 98다12157; 대판 2002. 9. 24, 2001다44901 등$\big)$.

⑮ 의사가 설명의무를 이행하지 않은 때에는 위자료지급의무가 있다$\binom{\text{대판 1994. 4. 15,}}{\text{92다25885; 대판}}$ 1995. 4. 25, 94다27151; 대판 1997. 7. 22, 95다49608 등$\big)$.

⑯ 계약교섭의 파기로 인한 불법행위가 인격적 법익을 침해함으로써 상대방에게 정신적 고통을 초래하였다고 인정되는 경우에는 위자료청구권이 인정된다$\binom{\text{대판}}{\substack{\text{2003. 4. 11,}\\\text{2001다53059: 조형물 건립에 관하여 시안을 제출한 뒤 당선}\\\text{통지를 받았으나 3년쯤 후에 조형물 설치가 취소된 경우}}}$.

⑰ 소속 대학교수를 본연의 업무에서 배제하려는 의도 하에 그 의사에 반하여 전공분야와 관련없는 과목의 강의를 배정함으로써 결국 강의할 수 없게 하는 행위는 교원의 인격적 법익을 침해하는 것이 되고, 학교법인은 이로 인하여 그 대학교수가 입게 되는 정신적 고통에 대하여 배상할 의무를 부담한다$\binom{\text{대판 2008. 6. 26, 2006다30730;}}{\text{대판 2012. 5. 9, 2010다88880}}$.

⑱ 「우편집배원의 고의 또는 중과실에 의한 직무상 의무 위반으로 내용증명우편물이 도달되지 않거나 그 증명기능이 발휘되지 못하게 된 경우, 발송인 등이 그로 인하

여 정신적 고통을 입었을 것임은 경험칙상 넉넉히 인정할 수 있고, 이러한 정신적 고통은 단순히 내용증명우편물의 발송비용을 전보받는 것만으로 회복된다고 볼 수 없으므로, 이러한 경우에는 당해 발송인 등은 그 정신적 고통에 대한 위자료를 통상손해로서 청구할 수 있을 것이다.」($^{대판\ 2009.\ 7.\ 23,}_{2006다81325}$)

⑲ 학원비리 척결을 이유로 한 전국교직원 노동조합 소속 교사의 수업거부 및 수업방해 행위로 인하여 학생들의 학습권과 학부모의 교육권이 침해되었다고 보아 위 교사들의 손해배상책임(위자료지급의무)을 인정한다($^{대판\ 2007.\ 9.\ 20,}_{2005다25298}$).

[310]　재산권이 침해된 경우에도 위자료청구권이 발생하는가? 제750조의 「손해」에는 정신적 손해도 포함되므로 재산권 침해로 정신적 손해가 생긴 경우에는 위자료청구권이 인정될 것이다. 다만, 재산권이 침해된 경우에는 재산적 손해의 배상에 의하여 정신적 손해도 회복된다고 보아야 할 것이므로, 그 밖의 정신적 손해는 특별손해일 것이다. 그러므로 그 특별손해는 침해자에게 예견가능성이 있는 경우에만 배상이 인정되어야 한다. 통설($^{곽윤직(신정판),\ 823}_{면;\ 김주수,\ 801면}$)·판례($^{대판\ 1970.\ 3.\ 31,\ 69다}_{2016;\ 대판\ 1971.\ 2.\ 9,}$ $^{70다2826;\ 대판\ 1988.\ 3.\ 22,\ 87다카1096;\ 대판\ 1995.\ 5.\ 12,}_{94다25551;\ 대판(전원)\ 2004.\ 3.\ 18,\ 2001다82507\ 등}$)도 같다.

〈판 례〉

㈀ 「일반적으로 타인의 불법행위 등에 의하여 재산권이 침해된 경우에는 그 재산적 손해의 배상에 의하여 정신적 고통도 회복된다고 보아야 할 것이므로 재산적 손해의 배상에 의하여 회복할 수 없는 정신적 손해가 발생하였다면, 이는 특별한 사정으로 인한 손해로서 가해자가 그러한 사정을 알았거나 알 수 있었을 경우에 한하여 그 손해에 대한 위자료를 청구할 수 있는 것이다.」($^{대판(전원)\ 2004.\ 3.\ 18,\ 2001다82507.\ 같은}_{취지:\ 대판\ 1988.\ 3.\ 22,\ 87다카1096\ 이래\ 다수}$ $^{의}_{판결}$)

㈁ 판례는 다음의 경우에는 재산권 침해임에도 위자료청구를 인정하였다. ① 피고의 지하굴착공사로 인하여 원고가 거주하는 건물의 담장이 붕괴되고 건물 내외벽 및 바닥에 수많은 균열이 발생하게 된 경우($^{대판\ 1991.\ 6.\ 11,}_{90다20206}$). ② 원고의 조부모 묘가 설치되어 있는 임야를 피고가 적법한 절차를 거치지 않은 채 포크레인과 덤프트럭을 사용하여 토석을 굴취하여 원상복구가 불가능할 정도로 훼손한 경우($^{대판\ 1995.\ 5.\ 12,}_{94다25551}$).

㈂ 「법원은 위자료액을 산정함에 있어서 피해자 측과 가해자 측의 제반사정을 참작하여 그 금액을 정하여야 하므로 피해자가 가해자로부터 당해 사고로 입은 재산상 손해에 대하여 배상을 받을 수 있는지의 여부 및 그 배상액의 다과 등과 같은 사유도 위자료액 산정의 참작사유가 되는 것은 물론이며, 특히 재산상 손해의 발생이 인정되는데도 입증 곤란 등의 이유로 그 손해액의 확정이 불가능하여 그 배상을 받을 수 없는 경우에 이러한 사정을 위자료의 증액사유로 참작할 수 있다고 할 것이다.」

$\binom{\text{대판 1984. 11. 13,}}{\text{84다카722}}$

3) 기 타   자연인뿐만 아니라 법인이나 권리능력 없는(법인 아닌) 사   **[311]**
단·재단도 손해배상청구권을 가질 수 있다. 다만, 법인 등은 자연인에서와 같은
정신적 고통을 생각할 수 없으므로 위자료청구권은 가지지 못한다$\binom{\text{반대 견해: 곽윤}}{\text{직, 449면; 김주}}$
$\binom{\text{수;}}{\text{777면}}$. 그런데 판례는 「불법행위로 인하여 법인의 명예와 신용이 침해되어 그 법
인의 목적사업 수행이 영향을 입은 경우와 같이 법인의 사회적 평가가 침해된 경
우에는 불법행위를 이유로 침해를 한 자에게 재산상 손해는 물론 위자료의 청구
도 할 수 있다」고 한다$\binom{\text{대판 1980. 2. 26,}}{\text{79다2138}}$.

태아는 손해배상청구권에 관하여는 이미 출생한 것으로 본다$\binom{762}{\text{조}}$. 그 결과
태아는 태아인 동안에도 고유한 손해배상청구권을 가진다. 그리고 그 청구권에
는 위자료청구권도 포함된다$\binom{\text{같은 취지: 대판 1962. 3.}}{\text{15, 4294민상903}}$. 또한 태아 자신에 대한 불법행위
도 성립할 수 있다고 할 것이다. 그리하여 예컨대 태아가 산모의 교통사고의 충
격으로 조산되고 또 그로 인하여 제대로 성장하지 못하고 사망한 경우에는, 그
불법행위는 산모에 대한 불법행위인 동시에 태아 자신에 대한 불법행위가 된다
$\binom{\text{대판 1968. 3. 5,}}{\text{67다2869}}$. 그런데 태아의 출생의제는 태아가 살아서 태어난 경우를 전제로 한
것이다. 따라서 태아가 모체에 대한 불법행위에 의하여 모체와 함께 사망한 때에
는 배상청구권을 가질 수 없다$\binom{\text{대판 1976. 9. 14,}}{\text{76다1365}}$. 이는 태아의 법률상 지위에 관하여
정지조건설을 취하든 해제조건설을 취하든 마찬가지이다. 한편 태아의 부(父)가
불법행위에 의한 손해배상청구권을 취득한 뒤 사망하면 태아가 이를 상속할 수
도 있으나, 그것은 상속법$\binom{1000조}{3항}$에 의한 결과이고 제762조에 의한 것이 아니다.

(2) 특수한 경우   **[312]**

불법행위에 의하여 직접 피해를 입지 않은 자에게 손해배상청구권이 귀속되
는지 문제되는 때가 있다. 그 대표적인 것은 생명침해의 경우이나, 신체침해의
경우에서도 그 문제가 논의된다. 아래에서 두 경우를 나누어 살펴보기로 한다.

1) 생명침해의 경우   생명침해는 타인을 사망하게 하는 불법행위이다.
생명침해의 경우에는 다른 불법행위와 달리 불법행위 성립시에 직접 법익침해를
당한 자(피살자)가 권리능력을 잃게 된다. 그리하여 직접적인 피해자는 「생명침
해」를 이유로 한 손해배상청구권을 취득할 수가 없게 된다. 그리하여 생명침해의

경우에는 누구에게 어떠한 내용의 배상청구권이 발생하는지가 문제된다.

   ㈎ 재산적 손해에 대한 배상청구권자   생명침해의 경우에 재산적 손해에 대한 배상청구권자가 누구인가에 관하여는 학설이 나뉜다. i) 다수설은 피살자가 치명상을 입은 때에 그에게 신체침해를 이유로 한 배상청구권이 발생하였다가 피살자가 사망하면 그 청구권이 상속인에게 상속된다고 한다(^{곽윤직, 451면;}_{김상용, 867면 등}). 이 견해는 그 근거로 즉사의 경우에도 피살자가 치명상을 입은 때와 사망한 때와의 사이에는 이론상 또는 실제상 시간적 간격이 있는 것이며, 피살자는 치명상을 입었을 때에 곧 손해배상청구권을 취득하고 그의 사망으로 그 청구권이 상속인에게 승계된다고 설명한다(시간적 간격설). 또한 이것 외에 유족 고유의 손해(^{부양청구권을}_{상실하는 것}_{과 장}_{례비})에 대한 배상청구권도 인정한다. 그에 비하여 ii) 소수설은 상속을 인정하는 다수설보다는 비상속적인 구성이 우수하다고 하면서(^{김주수,}_{816면}), 생명침해의 경우의 재산상의 손해는 부양청구권의 침해와 같은 것을 의미하므로 피해자에 대하여 부양청구권을 가지고 있던 사람은 누구나 손해배상청구를 할 수 있다고 한다(^{장례}_{비의}_{배상도}_{인정함})(^{김주수,}_{780면}). 한편 판례는 이 문제를 정면으로 다루고 있지는 않으나, 생명침해로 인한 손해배상사건에서 일실이익의 배상과 관련하여 i)설의 입장을 전제로 하여 판단을 하고 있다. 그리고 장례비의 배상도 인정한다.

   생각건대 앞서 언급한 바와 같이 생명침해의 경우에 사망으로부터 야기된 손해를 이유로 한 배상청구권은 피살자 자신에게는 발생할 여지가 없다. 왜냐하면 그는 사망의 순간에 권리능력을 잃기 때문이다. 이러한 명백한 법논리에도 불구하고 다수설과 판례가 굳이 피살자에게 손해배상청구권이 발생한다고 이론구성을 하는 이유는 피살자가 중상당한 후 사망한 경우(중상사망의 경우)와 즉사의 경우의 불균형을 제거하기 위해서라고 한다. 그러나 이것은 중상사망자가 취득하는 일실이익 배상청구권의 범위에 대한 오해에서 비롯된 잘못된 생각이다. 중상사망자의 일실이익 배상청구권은 상해와 사망 사이의 일실이익에만 미치며, 사망 후의 기간의 일실이익에는 미치지 않는다. 그러고 보면 중상사망의 경우와 즉사의 경우의 불균형은 생기지 않는다. 그리고 다른 한편으로 생명침해의 경우에는 신체침해의 경우와 달리 침해를 당한 자가 존재하지 않으므로 처음부터 피살자가 아닌 그의 유족의 보호에 손해배상 논리의 초점을 맞추는 것이 옳다.

   사견에 의하면 생명침해로 인하여 재산상의 손해를 입은 자는 피살자에 대하여 부양청구권을 가지고 있었거나 가졌을 자이다. 부양청구권자는 피살자의 사망으로 그의 부양에 관한 권리를 상실하게 되며, 그리하여 부양청구권을 행사할 수 있었던 범위에서 손해를 입게 된다. 일종의 재산권인 부양청구권의 침해는 제 3 자에 의한 채권침해로서 불법행위를 구성하므로 부양청구권자는 그가 부양을 받을 수 없게 된 한도에서 가해자에 대하여 손해배상청구권을 취득한다. 즉 우리 민법상 생명침해는 부양청구권자에 대한 독립한 불법행위가 되며, 따라서 부양청구권자는 간접피해자가 아니어서 특별규정이 없이도 제750조에 의하여 배상청구권을 갖는다. 그리고 위와 같은 논리는 장례비에 대하여도 그대로 적용된다. 즉 생명침해자는 피살자의 장례비 부담의무자($\binom{\text{통설은 장례비 지출자라}}{\text{고 하나, 이는 옳지 않다}}$)에게 불법행위를 한 것이 되며, 따라서 손해배상으로 장례비를 지급하여야 한다. i)설은 일실이익 배상청구권이 상속된다고 하면서 유족에게 부양청구권 상실을 이유로 한 배상청구권도 인정하는데, 이는 명백한 2중배상이다. 피살자는 그의 소득으로 부양했을 것이기 때문이다.

피살자가 즉사하지 않고 치명상을 당한 후 얼마 있다가 사망한 경우에 피살자 자신에게도 — 생명침해로 인한 것은 아니고 신체침해에 의하여 — 손해가 발생할 수 있다. 치료비·수입결손($\binom{\text{사망시까}}{\text{지의 것}}$) 등이 그 예이다. 그리고 신체침해에 의한 정신적 손해도 발생하게 된다. 이러한 손해에 대한 배상청구권은 피살자가 사망하면 그의 상속인에게 상속된다고 할 것이다.

(나) 정신적 손해에 대한 배상청구권자   (a) 민법은 제752조에서 「타인의 생명 [313]을 해한 자는 피해자의 직계존속, 직계비속 및 배우자에 대하여는 재산상의 손해 없는 경우에도 손해배상의 책임이 있다」고 규정한다. 이 규정의 문언상 유족에게 위자료청구권이 발생함은 분명하다. 그런데 어떤 범위의 유족이 그 청구권을 가질 수 있는가에 대하여는 논란이 있으며, 그에 관하여는 뒤에서 논의하기로 한다.

(b) 생명침해의 경우에 피살자에게도 생명침해로 인한 위자료청구권이 인정되는가? 여기에 관하여 판례는 — 즉사의 경우에도 — 생명침해에 의하여 피살자에게도 정신적 손해가 발생한다고 하면서, 그 근거로 치명상과 사망과의 사이에는 시간적 간격이 인정될 수 있다고 한다($\binom{\text{대판 1969. 4. 15,}}{\text{69다268}}$). 그리고 이 위자료청구권은 피살자가 이를 포기했거나 면제했다고 볼 수 있는 특별한 사정이 없는 한 생전에 청구의 의사를 표시할 필요 없이 원칙적으로 상속된다고 하고($\binom{\text{대판 1966. 10. 18,}}{\text{66다1335; 대판}}$

1967. 5. 23, 66다1025), 이는 피살자가 즉사한 경우에도 같다고 한다(대판 1969. 4. 15, 69다268). 한편 학설은 i) 판례를 지지하는 견해(곽윤직, 451면; 김상용, 867면)와 ii) 피살자에게 위자료청구권이 생기지 않고, 따라서 상속되지도 않는다는 견해(이은영, 773면; 김주수, 817면)로 나뉘어 있다. 생각건대 「생명침해」로 인한 정신적 손해는 피살자에게는 발생할 여지가 없다. 다만, 중상사망자에게 발생하는 위자료청구권은 신체침해에 의한 것이다. i)설과 판례는 중상사망의 경우와 즉사의 경우 사이에 불균형이 존재한다고 전제하고 이론을 펴고 있는 것으로 추측된다. 그러나 그 전제는 일실이익에 사망 후의 것이 포함된다고 보는 것처럼 위자료에도 사망 후의 것이 포함되어 있다는 생각에서 나온 잘못된 것이다. 즉 중상사망자가 취득하는 위자료청구권은 신체침해와 사망 사이 동안의 정신적 손해에 대한 것이다. 위자료액을 산정함에 있어서 중상사망의 경우에 짧은 고통기간을 고려하고 또 즉사의 경우에 유족 자신의 고통이 더욱 크다고 본다면 두 경우의 불균형은 생기지 않는다. 한편 중상사망자에게 위자료청구권이 발생하였다면, 특별한 사정이 없는 한 그것이 상속인에게 상속된다고 보아야 할 것이다.

(c) 「생명침해」로 인한 위자료청구권은 피살자의 유족에게만 발생할 수 있는데, 그 범위가 문제된다. 이 문제는 제752조를 어떻게 파악하느냐에 직결된다. 즉 그 규정이 제750조·제751조의 주의적·예시적 규정이라면 위자료청구권을 갖는 유족의 범위가 확대될 것이나, 그 규정이 제한적 규정이라면 위자료청구권자는 열거된 자에 국한될 것이다.

판례는, 제752조는 제한적 규정이 아니고 다만 열거된 친족에 대하여 정신적 고통에 관한 증명책임을 경감한 취지의 것이므로, 그 이외의 친족도 정신적 고통을 증명하면 일반원칙인 제750조·제751조에 의하여 위자료를 청구할 수 있다고 한다(대판 1963. 10. 31, 63다558; 대판 1965. 3. 16, 64다1542; 대판 1967. 9. 5, 67다1307 등). 통설도 판례와 같다(곽윤직, 452면; 김상용, 845면; 김주수, 780면; 이은영, 709면).

〈판 례〉

판례에 의하면, 제752조에 규정된 친족관계는 호적상의 관계만을 가리키는 것이 아니고 사실상 그와 같은 관계가 있는 경우도 포함한다(대판 1962. 4. 26, 62다72; 대판 1966. 6. 28, 66다493). 그리고 대법원은 피살자의 시어머니(대판 1967. 12. 18, 67다2047), 피살자의 며느리(대판 1978. 1. 17, 77다1942)에게 위자료청구권을 인정한 바 있다.

판례·통설을 검토해 본다. 앞서 본 바와 같이 생명침해의 경우에 재산적 손해에 대하여는 가해자가 부양청구권자(또는 부양청구권을 가지게 될 자)와 장례비 지출의무 부담자에 대하여 독립한 불법행위를 한 것이고, 따라서 이들은 직접적인 피해자로서 배상청구권을 취득하게 된다. 그러나 유족이 근친의 사망으로 정신적 손해를 입었다고 가정할 때에는 독립한 불법행위를 인정할 수가 없다. 유족의 보호법익을 확정하기 어렵기 때문이다. 즉 유족은 단지 간접적으로만 피해를 받았을 뿐이다. 불법행위의 경우에 간접피해자는 법률규정에 근거하여서만 배상청구권을 취득할 수 있다. 그리고 제752조는 예외적으로 간접피해자에게 배상청구권을 인정하는 특별규정으로 이해된다($^{같은~취지:~지}_{원림,~1792면}$). 그 결과 위자료청구권자도 그 규정에 열거된 자에 한정되어야 한다.

〈판 례〉

(ㄱ)「불법행위로 사람의 생명을 침해한 경우에 그 생명을 침해당한 피해자 본인의 정신적 고통에 대한 위자료청구와 그 피해자의 직계비속 등의 정신적 고통에 대한 위자료청구는 각각 별개의 소송물이라고 할 것이다.」($^{대판~2008.~3.~27,}_{2008다1576}$)

(ㄴ)「생명침해의 불법행위로 인한 피해자 본인의 위자료 청구권과 민법 제752조에 의한 배우자 등 유족의 정신적 피해로 인한 그 고유의 위자료 청구권은 별개이므로 소멸시효 완성 여부도 각각 그 권리를 행사한 때를 기준으로 판단하여야 한다.」($^{대판~2013.~8.~22,}_{2013다200568}$)

2) 신체침해의 경우   신체침해의 경우에는 직접적인 피해자가 존재하고 [314] 있고, 그가 손해배상청구권을 취득하게 됨은 물론이다. 그런데 그 이외의 자가 손해배상청구권을 가질 수 있는지가 문제된다.

(가) 재산적 손해에 대하여   신체침해의 경우에 피해자 이외의 자에게는 원칙적으로 재산적 손해배상청구권이 생기지 않는다. 다만, 피해자에 대한 부양의무자가 의료비를 지출하거나 간호를 위하여 휴업으로 수입을 잃은 때와 같이 특별한 사정이 있는 때에는 배상을 인정하여야 한다($^{같은~취지:~곽윤직,~454면;~대판~1987.~12.~12,}_{87다카1577;~대판~1988.~2.~23,~87다카57}$) ($^{독립한~불법행}_{위가~인정됨}$). 이 경우 피해자 자신도 배상청구를 할 수 있으며, 근친자와 피해자의 권리는 부진정연대관계에 있다.

(나) 정신적 손해에 대하여   신체침해에 있어서 피해자의 근친자가 자신의 고유한 위자료청구권을 가지는가? 여기에 관하여 학설($^{곽윤직,~455면;}_{이은영,~669면}$)·판례($^{대판~1967.~6.}_{27,~66다1592;}$)

대판 1967. 9. 19,
67다1445 등)는 긍정하고 있다. 대법원은 구체적으로 상해를 입은 피해자의 부모(대판 1967. 9. 19, 67다1445; 대판 1993. 9. 28,
92다42606; 대판 1999. 6. 22, 99다7046 등) · 배우자(대판 1969. 7. 22, 69다
684 등: 사실상의 배우자) · 형 제 자 매(대판
1971. 12. 28,
71다
2256) · 동생(대판 1970. 11. 24,
70다2115) · 유아인 자녀(대판 1968. 3. 19, 67다2512;
대판 1971. 4. 30, 71다467) · 태아인 자녀(대판
1993. 4. 27,
93다
4663)에게 위자료청구권을 인정하였다(대판 1999. 4. 23, 98다41377에서는 불법으로 구금
당한 피해자의 부모에게 위자료청구권을 인정한다) ·

생각건대 생명침해에 있어서와 마찬가지로 신체침해를 당한 자의 근친자는 간접적인 피해자로서 특별규정이 없는 한 가해자에 대하여 위자료청구권을 가지지 못한다. 그리고 신체침해의 경우에는 제752조와 같은 특별규정도 없다. 따라서 신체침해를 당한 자의 근친자는 자신의 고유한 위자료청구권이 없다고 하여야 한다.

[315]
3. 손해배상청구권의 성질

(1) 상계의 금지

고의의 불법행위자는 피해자의 손해배상청구권을 수동채권으로 하여 상계하지 못한다(496조. 채권법
총론 [258] 참조) ·

(2) 양 도 성

불법행위에 의한 손해배상청구권도 양도성이 있다(449조. 그러나 생명 · 신체의 침해로 국
가배상을 받을 권리는 양도하지 못한
다. 국가배
상법 4조). 그 점은 재산적 손해에 대한 배상청구권 외에 정신적 손해의 배상청구권도 마찬가지이다(같은 취지: 곽윤직, 471면; 김상용,
866면. 반대 견해: 김주수, 813면). 판례도 위자료청구권이 일신전속권이 아니라는 이유로 양도성을 인정한다(대판 1976. 4. 13,
75다396).

(3) 상 속 성

불법행위에 의한 손해배상청구권은 상속성이 있다(1005조
참조). 다만, 생명침해의 경우에 관하여는 논란이 있으나, 앞에서 이미 설명하였다([312] · [313]
참조).

4. 손해배상자의 대위

불법행위자가 훼손되거나 소재불명으로 된 물건에 관하여 피해자에게 그 가액 전부를 배상한 때에는 그 물건에 대한 권리는 손해배상을 한 불법행위자에게 이전한다(763조 · 399조. 채권
법총론 [110] 참조). 이때 권리는 법률상 당연히 이전되는 것이고, 양도 기타 어떤 특별한 행위를 필요로 하는 것이 아니다(대판 1977. 7. 12,
76다408).

5. 손해배상청구권의 소멸시효 [316]

(1) 서 설

불법행위로 인한 손해배상청구권은 「피해자나 그 법정대리인이 그 손해 및 가해자를 안 날로부터」 3년간 이를 행사하지 않으면 시효로 인하여 소멸한다($^{766조}_{1항}$). 그리고 「불법행위를 한 날로부터」 10년이 경과한 때에도 같다($^{766조}_{2항}$). 이 두 기간 중 어느 하나가 만료하면 다른 기간의 경과를 기다리지 않고 권리는 소멸한다. 이 두 기간 가운데 앞의 것이 시효기간이라는 데 대하여는 다툼이 없다. 그런데 뒤의 것에 대하여는 논란이 있다. 학설은 i) 제척기간이라는 견해($^{곽윤직, 472면; 김}_{상용, 871면; 김주}$ $^{수,}_{823면}$)와 ii) 시효기간이라는 견해($^{이은영, 819면;}_{지원림, 1797면}$)로 나뉘어 있으며, 판례는 ii)설과 같다($^{대판 1993. 7. 27, 93다357; 대판 2000. 4. 7, 99다53742; 대판}_{2001. 4. 24, 2000다57856; 대판 2005. 5. 13, 2004다71881}$). 생각건대 제766조 제 2 항의 법문에 비추어 보거나 피해자 보호를 고려할 때 시효기간이라고 새겨야 한다.

제766조는 불법행위로 인한 손해배상청구권에만 적용된다. 판례도, 상법 제399조 제 1 항, 제414조 제 1 항에서 규정하고 있는 주식회사의 이사 또는 감사의 회사에 대한 임무 해태로 인한 손해배상책임은 위임관계로 인한 채무불이행책임이므로 그에 따른 손해배상채권에는 제766조 제 1 항의 단기소멸시효가 적용되지 않는다고 하며($^{대판 1985. 6. 25, 84다카1954; 대판 2008. 12. 11, 2005다51471; 대판 2023.}_{10. 26, 2020다236848(상법 401조의 2 1항에 따른 손해배상채권도 같다고 함)}$), 소비대차 대여원금에 대한 지연손해금채권에 대하여도 같은 입장이다($^{대판 1987. 10. 28,}_{87다카1409}$).

〈판 례〉

채무불이행으로 인한 손해배상청구권에 대한 소멸시효 항변이 불법행위로 인한 손해배상청구권에 대한 소멸시효 항변을 포함한 것으로 볼 수는 없다($^{대판 1998. 5. 29,}_{96다51110}$).

(2) 3년의 시효기간의 기산점

3년의 시효기간은 피해자나 그 법정대리인이 그 손해 및 가해자를 안 날로부터 기산한다($^{766조}_{1항}$). 여기서 「손해를 안다」 함은 손해의 발생뿐만 아니라 가해행위가 불법행위인 것($^{그리하여 소구(訴)}_{求)할 수 있다는 것}$)까지도 안 것을 말한다($^{대판 1966. 1. 25, 65다2318; 대판}_{1975. 3. 25, 75다233(소구할 수 있다}$ 는 사실까지 안 때); 대판 1978. 10. 31, 78다1611; 대판 2010. 12. 9, 2010 다71592(소구할 수 있다는 것까지 알아야 한다고 함) 등 다수의 판결). 따라서 과실의 존재, 위법한 가해행위의 존재, 손해의 발생, 가해행위와 손해와의 인과관계 등이 있는 것까지도 알아야 한다($^{대판 1989. 9. 26, 88다카32371; 대판 1994. 4. 26, 93다59304; 대판 2002. 6. 28, 2000다22249;}_{대판 2008. 1. 18, 2005다65579; 대판 2008. 4. 24, 2006다30440; 대판 2009. 10. 15, 2008다}$ 88832; 대판 2010. 5. 27, 2010다7577; 대판 2011. 3. 10, 2010다13282; 대판 2013. 7. 12, 2006다17539; 대판 2019. 12. 13, 2019다259371; 대판 2021. 6. 30, 2016다10827; 대판 2022. 6. 30, 2022다206384). 그런가 하면

여기에서 「손해를 안다」는 것은 현실로 손해가 발생한 것을 안 경우뿐만 아니라 손해발생을 예견할 수 있을 때를 포함한다(대판 1977. 3. 8, 76다1356([317]에 인 용합); 대판 2021. 7. 29, 2016다11257). 그리고 「가 해자」란 손해배상청구의 상대방이 되는 자를 의미한다(대판 1974. 1. 15, 73다150). 이 「손해 및 가해자」는 현실적이고 구체적으로 인식하여야 하며 손해발생의 추정이나 의문만 으로는 불충분하다(대판 1991. 3. 22, 90다8152; 대판 1999. 11. 23, 98다11529; 대판 2002. 6. 28, 2000다22249; 대 판 2011. 3. 10, 2010다13282; 대판 2013. 7. 12, 2006다17539; 대판 2021. 6. 30, 2016다10827). 피해자 등이 언제 불법행위의 요건사실을 현실적이고도 구체적으로 인식한 것으 로 볼 것인지는 개별적 사건에 있어서의 여러 객관적 사정을 참작하고 손해배상 청구가 사실상 가능하게 된 상황을 고려하여 합리적으로 인정하여야 한다 (대판 2002. 6. 28, 2000다22249; 대판 2008. 4. 24, 2006다30440; 대판 2011. 11. 10, 2011다54686; 대판 2013. 7. 12, 2006다17539; 대판 2019. 12. 13, 2019다259371; 대판 2021. 6. 30, 2016다10827; 대판 2022. 6. 30, 2022다206384). 그 러므로 아동·청소년 성폭력 범죄로 인한 손해배상청구권의 단기소멸시효 기산 점을 판단함에 있어서는 성폭력 피해의 특수성을 염두에 두고, 피해자가 피해를 인식하여 표현하고 법적 구제절차로 나아가게 된 동기나 경위 및 그 시점, 관련 형사절차 진행 중 수사기관 및 법정에서 가해자가 사실관계나 법리 등을 다투는 지 여부, 가해자가 범행을 부인하는 데 그치지 않고 피해자를 무고로 고소하였는 지 여부, 관련 형사사건 재판의 심급별 판결 결과 등을 종합적으로 고려하여야 한다(대판 2022. 6. 30, 2022다206384). 한편 법률상 어떠한 손해배상청구권이 발생하였는지를 알 필요는 없고(대판 1967. 1. 24, 66다2279), 손해의 정도나 액수를 구체적으로 알아야 하는 것도 아니다(대판 1992. 4. 14, 92다2011). 그리고 제766조 제 1 항의 단기소멸시효는 형사상의 소추와 는 무관하게 설정한 민사관계에 고유한 제도이므로 그 시효의 기산점은 원칙적 으로 관련 형사사건의 소추 여부 및 그 결과에 영향을 받지 않는다(대판 1998. 11. 10, 98다34126; 대판 2010. 5. 27, 2010다7577).

불법행위의 피해자가 미성년자·피성년후견인·피한정후견인과 같은 제한 능력자인 경우에는 그 법정대리인이 손해 및 가해자를 알아야 제766조 제 1 항의 소멸시효가 진행한다. 우리 대법원도 미성년자에 관하여 위와 같이 판시한 뒤, 구체적인 사안에서 원심이, 피고로부터 간음을 당할 당시 만 15세로서 미성년자 이던 원고의 법정대리인이 원고의 피해사실 및 그 가해자를 알았다고 볼 만한 증 거가 없으므로, 원고가 성년이 된 시점까지는 원고의 피고에 대한 손해배상청구 권의 소멸시효가 진행되지 않았다고 판단한 것은 정당하다고 하였다(대판 2010. 2. 11, 2009다79897).

후유증 등으로 인하여 불법행위 당시에는 전혀 예견할 수 없었던 새로운 손해가 발생하였거나 예상 외로 손해가 확대된 경우에는, 그러한 사유가 판명되었을 때 비로소 새로이 발생 또는 확대된 손해를 알았다고 보아야 하므로, 그때부터 시효가 진행한다(대판 1981. 7. 7, 80다2150; 대판 1988. 12. 27, 87다카2005; 대판 1995. 2. 3, 94다16359; 대판 2001. 9. 4, 2001다9496; 대판 2001. 9. 14, 99다42797; 대판 2010. 4. 29, 2009다99105; 대판 2021. 7. 29, 2016다11257 등). 그리고 불법행위가 계속적으로 행하여지는 결과 손해도 역시 계속적으로 발생하는 경우에는 특별한 사정이 없는 한 그 손해는 날마다 새로운 불법행위에 기하여 발생하는 손해로서 그 각 손해를 안 때로부터 별개로 소멸시효가 진행한다(대판(전원) 1966. 6. 9, 66다615(토지를 불법으로 점유하여 계속 사용하고 있는 경우); 대판 1999. 3. 23, 98다30285(부당한 설계변경으로 인하여 준공검사가 지연되고 있는 경우)).

가해행위와 이로 인한 현실적인 손해의 발생 사이에 시간적 간격이 있는 불법행위의 경우 소멸시효의 기산점이 되는 불법행위를 안 날은 단지 관념적이고 부동적인 상태에서 잠재하고 있던 손해에 대한 인식이 있었다는 정도만으로는 부족하고 그러한 손해가 그 후 현실화된 것을 안 날을 의미한다(대판 1992. 12. 8, 92다29924; 대판 2001. 1. 19, 2000다11836; 대판 2019. 7. 25, 2016다1687). 그리고 대법원에 따르면, 이때 신체에 대한 가해행위가 있은 후 상당한 기간 동안 치료가 계속되는 과정에서 어떠한 증상이 발현되어 그로 인한 손해가 현실화된 사안이라면, 법원은 피해자가 담당의사의 최종 진단이나 법원의 감정결과가 나오기 전에 손해가 현실화된 사실을 알았거나 알 수 있었다고 인정하는 데 매우 신중할 필요가 있으며, 특히 가해행위가 있을 당시 피해자의 나이가 왕성하게 발육·성장활동을 하는 때이거나, 최초 손상된 부위가 뇌나 성장판과 같이 일반적으로 발육·성장에 따라 호전가능성이 매우 크거나(다만 최초 손상의 정도나 부위로 보아 장차 호전가능성이 전혀 없다고 단정할 수 있는 경우는 제외한다), 치매나 인지장애 등과 같이 증상의 발현 양상이나 진단 방법 등으로 보아 일정한 연령에 도달한 후 전문가의 도움을 받아야 정확하게 진단할 수 있는 등의 특수한 사정이 있는 때에는 더욱 그렇다고 한다(대판 2019. 7. 25, 2016다1687).

피해자 등에게 손해의 발생사실과 그 손해가 가해자의 불법행위로 인하여 발생하였다는 사실을 현실적이고 구체적으로 인식할 만한 정신적 능력이 없다면 설사 사고발생 후 피해자 등이 사고경위 등에 관하여 들은 적이 있다고 하더라도 손해 및 가해자를 알았다고 할 수 없으므로 시효는 진행하지 않는다(대판 1995. 2. 10, 94다30263).

「손해 및 가해자」를 안 시기는 소멸시효를 주장하는 자가 증명하여야 한다(대판 1971. 4. 6, 70다269; 대판 1977. 6. 7, 76다20081; 대판 1982. 5. 25, 81다카1226; 대판 2013. 7. 12, 2006다17539; 대판 2021. 6. 30, 2016다10827 등).

[317]   〈판 례〉

(ㄱ) 「불법행위로 인한 손해배상청구권의 단기소멸시효의 기산점이 되는 민법 제
766조 제 1 항 소정의 '손해 및 가해자를 안 날'이라 함은 손해의 발생, 위법한 가해
행위의 존재, 가해행위와 손해의 발생과의 사이에 상당인과관계가 있다는 사실 등
불법행위의 요건사실에 대하여 현실적이고도 구체적으로 인식하였을 때를 의미한다
고 할 것이고, 피해자 등이 언제 불법행위의 요건사실을 현실적이고도 구체적으로
인식한 것으로 볼 것인지는 개별 사건의 여러 객관적 사정을 참작하고 손해배상청구
가 사실상 가능하게 된 상황을 고려하여 합리적으로 인정하여야 한다.」$\binom{대판\ 2008.\ 1.\ 18,}{2005다\ 65579}$

대법원이 구체적으로 판단한 예를 인용하기로 한다.

① 고객들이 은행창구직원에게 예탁한 돈을 당좌예금 담당대리가 사채로 사용하
기 위하여 위 창구직원들을 통하여 이를 수령하면서도 마치 정기예금으로 수령한 것
처럼 하여 수기식통장을 고객에게 교부한 후 임의로 소비하여 버려 고객들이 사용자
인 은행을 상대로 손해배상을 청구한 사안에 있어서 은행대리의 위와 같은 진의 아
닌 행위는 이례에 속하는 것이었고, 관련 형사사건에서도 위의 경우에 은행과의 예
금계약이 성립한 것으로 보았다가 일부 고객이 은행을 상대로 제기한 예금반환청구
의 상고심에서 비로소 고객들은 위 담당대리의 진의 아닌 행위를 알 수 있었다고 인
정하여 예금계약의 성립을 부인하기에 이르렀다면, 위와 같은 특수한 사정 아래에서
는 고객들은 다른 특별한 사유가 없는 한 위 상고심판결이 있은 때로부터 비로소 위
담당대리의 행위에 대한 위법성 및 그로 인한 손해의 발생사실을 인식하게 되었다고
한 사례$\binom{대판\ 1989.\ 9.\ 26,}{88다카32371}$.

② 의료사고의 경우에 의료전문가가 아닌 일반인들로서는 의사에게 과실이 있는
지의 여부 및 의사의 과실과 손해 사이에 인과관계가 있는지의 여부 등을 쉽게 알 수
없는 것이므로, 환자의 모가 의사를 업무상과실치상죄로 고소한 것은 결국 의사의
의료행위와 환자의 뇌성마비 사이에 인과관계가 있는지의 여부 및 의사에게 과실이
있는지의 여부 등을 수사하여 만일 인과관계와 과실이 있다고 판명되면 처벌하여 달
라는 취지에 불과하므로, 환자의 모가 고소를 할 당시에 의사의 진료와 환자의 뇌성
마비 사이에 인과관계가 있고 또 의사에게 과실이 있었음을 알았다고 할 수 없다고
한 사례$\binom{대판\ 1994.\ 4.\ 26,}{93다59304}$.

③ 검사의 불법구속으로 인한 손해배상청구권의 소멸시효는 불법구속시부터 진행
하고 구속된 범죄사실에 관한 형사재판이 확정될 때까지 소멸시효가 진행하지 않는
다고 볼 수 없다고 한 사례$\binom{대판\ 2002.\ 6.\ 28,}{2000다22249}$.

④ 긴급체포의 적법 여부는 주로 긴급체포의 요건 충족 여부와 관련된 것으로서
일반인을 기준으로 볼 때 불법행위 당시 그 법적 평가의 귀추가 불확실하다고 볼 여
지가 있고, 실제로 관련 형사재판에서 긴급체포의 적법성이 다투어지고 있는 경우에

는 관련 형사판결이 확정된 때에 비로소 그로 인한 손해 등을 현실적·구체적으로 인식하였다고 볼 수 있다고 한 사례($\binom{대판 2008. 4. 24,}{2006다30440}$).

⑤ 금원 갈취의 피해자가 수사기관에 갈취 사실을 밝힌 시점에는 그 손해 및 가해자를 알았다고 보아야 하므로, 그로부터 3년이 지난 후에 소로써 구한 손해배상채권이 시효로 소멸하였다고 한 사례($\binom{대판 2009. 10. 15,}{2008다88832}$).

⑥ 불법행위의 가해자에 대한 형사사건의 제1심에서 무죄판결이 선고되었다가 항소심에서 유죄판결이 선고된 사안에서, 위 가해자가 수사단계에서부터 혐의를 극력 부인하고 위 형사사건의 제1심에서 무죄판결이 선고되기까지 하였으므로, 피해자로서는 위 형사사건의 항소심에서 유죄판결을 한 때에 이르러서야 비로소 불법행위의 가해자를 현실적이고 구체적으로 인식하였다고 봄이 상당하다고 한 사례($\binom{대판 2010. 5. 27,}{2010다7577}$).

⑦ 경찰관들로부터 폭행을 당한 사람이 그 경찰관들을 폭행죄로 고소하였으나 오히려 무고죄로 기소되어 제1심에서 징역형을 선고받았다가 상고심에서 무죄로 확정된 사안에서, 무고죄에 대한 무죄판결이 확정된 때부터 손해배상청구의 소멸시효가 진행된다고 한 사례($\binom{대판 2010. 12. 9,}{2010다71592}$).

(ㄴ)「불법행위로 인한 손해배상청구권의 단기소멸시효의 기산점은 '손해 및 가해자를 안 날'부터 진행되며, 법인의 경우에 손해 및 가해자를 안 날은 통상 대표자가 이를 안 날을 뜻한다. 그렇지만 법인의 대표자가 법인에 대하여 불법행위를 한 경우에는, 법인과 그 대표자의 이익은 상반되므로 법인의 대표자가 그로 인한 손해배상청구권을 행사하리라고 기대하기 어려울 뿐만 아니라 일반적으로 그 대표권도 부인된다고 할 것이어서, 법인의 대표자가 그 손해 및 가해자를 아는 것만으로는 부족하다. 따라서 위의 경우에는, 적어도 법인의 이익을 정당하게 보전할 권한을 가진 다른 대표자, 임원 또는 사원이나 직원 등이 손해배상청구권을 행사할 수 있을 정도로 이를 안 때에 비로소 위 단기소멸시효가 진행한다고 할 것이고, 만약 위 임원 등이 법인의 대표자와 공동불법행위를 한 경우에는 그 임원 등을 배제하고 위 단기소멸시효 기산점을 판단하여야 한다($\binom{대법원 2002. 6. 14. 선고}{2002다11441 판결 등 참조}$)·」($\binom{대판 2012. 7. 12, 2012다20475. 같은 취지: 대}{판 1998. 11. 10, 98다34126; 대판 2015. 1. 15,}$ $\binom{2013다}{50435}$).

(ㄷ) ① 위법한 가처분명령 집행으로 인한 피해자의 손해배상청구권의 시효 기산점은 상대방의 청구권이 가처분명령시 없었다는 것이 재판상 확정된 것을 안 때이다($\binom{대판 1963. 11. 7,}{63다626}$).

② 타인의 고소로 구속당한 경우 그 고소로 인한 손해배상청구권의 소멸시효의 기산일은 구속된 날이 아니고 무죄판결이 확정된 때이다($\binom{대판 1965. 5. 4,}{64다1696}$).

③ 불법행위로 인하여 사람이 상해를 입고 사망한 경우에 피해자 등이 그 손해를 안 날이라는 것은 그 사망일시이다($\binom{대판 1970. 5. 26,}{70다452}$).

④ 실화의 경우의 소멸시효의 기산점은 가해자의 중과실로 인하여 화재가 발생한

사실을 안 때이다(대판 1975. 3. 25, 75다233. 2007년 헌법불합치결정 이
전의 실화책임법이 적용되던 때의 판례임을 유의할 것).

⑤ 신체침해 사고로 인하여 퇴직할 것을 예견할 수 있었다면 설사 그 후에 퇴직하였다고 하더라도 불법행위로 인한 일실퇴직금 상당의 손해배상청구권은 예견할 수 있었던 때부터 소멸시효가 진행한다(대판 1977. 3. 8,
76다1356).

⑥ 피해자가 도리어 가해자로서 형사소추를 받고 있었다면 그의 손해배상청구가 사실상 가능하게 된 상황을 고려하여 동인에 대한 무죄판결이 확정된 때가「가해자를 안 날」에 해당한다고 할 것이다(대판 1989. 9. 26,
89다카6584).

⑦ 강박에 의한 불법행위의 경우에는 강박상태에서 벗어난 날을 시효기간의 기산일로 보아야 한다(대판 1990. 11. 13,
90다카17153).

㈃「일반적으로 위와 같이 위법한 건축행위에 의하여 건물 등이 준공되거나 외부 골조공사가 완료되면 그 건축행위에 따른 일영의 증가는 더 이상 발생하지 않게 되고 해당 토지의 소유자는 그 시점에 이러한 일조방해행위로 인하여 현재 또는 장래에 발생 가능한 재산상 손해나 정신적 손해 등을 예견할 수 있다고 할 것이므로, 이러한 손해배상청구권에 관한 민법 제766조 제 1 항 소정의 소멸시효는 원칙적으로 그 때부터 진행한다(대법원 1966. 6. 9. 선고 66다
615 전원합의체 판결 등 참조). 다만, 지극히 예외적이기는 하지만, 위와 같은 일조방해로 인하여 건물 등의 소유자 내지 실질적 처분권자가 피해자에 대하여 건물 등의 전부 또는 일부에 대한 철거의무를 부담하는 경우가 있다면, 이러한 철거의무를 계속적으로 이행하지 않는 부작위는 새로운 불법행위가 되고 그 손해는 날마다 새로운 불법행위에 기하여 발생하는 것이므로 피해자가 그 각 손해를 안 때로부터 각별로 소멸시효가 진행한다고 볼 수 있을 것이다(대법원 1999. 3. 23. 선고
98다30285 판결 등 참조).」(이러한 다수의견에 대하여, 위법한 일조방해행위로 인한 재산상의 손해는 특별한 사정이 없는 한 가해 건물이 완성될 때 일회적으로 발생한다고 볼 수 있으나, 정신적 손해는 가해 건물이 존속하는 한 날마다 계속적으로 발생한다고 보아야 하므로, 그 위자료청구권의 소멸시효는 가해 건물이 피해 부동산의 일조를 방해하는 상태로 존속하는 한 날마다 개별적으로 진행한다는 소수의견이 있음)(대판(전원) 2008. 4. 17,
2006다35865

㈄「전문적인 감정 등을 통해서 상해를 입은 피해자의 여명에 관한 예측을 토대로 손해배상의 범위가 결정되어 소송 또는 합의 등을 통하여 정기금 지급방식이 아닌 일시금 지급방식으로 배상이 이루어졌는데, 이후 예측된 여명기간을 지나 피해자가 계속 생존하게 되면 종전에 배상이 이루어질 당시에는 예상할 수 없었던 새로운 손해가 발생할 수 있다. 이 경우 예측된 여명기간 내에 그 기간을 지나 생존할 것을 예상할 수 있는 사정이 생겼다면 그때에, 그러한 사정이 발생하지 않고 예측된 여명기간이 지나면 그때에 장래에 발생 가능한 손해를 예견할 수 있다고 보아야 한다. 따라서 종전에 손해배상 범위 결정의 전제가 된 여명기간을 지나 피해자가 생존하게 되어 발생하는 손해로 인한 배상청구권은 늦어도 종전에 예측된 여명기간이 지난 때부터 민법 제766조 제 1 항에서 정한 소멸시효기간이 진행된다.」(대판 2021. 7. 29,
2016다11257)

(ㅂ)「불법행위를 원인으로 한 손해배상청구권은 민법 제766조 제 1 항에 따라 피해자나 그 법정대리인이 손해와 가해자를 안 날로부터 3년간 이를 행사하지 아니하면 시효로 소멸하는 것이나, 여기에도 소멸시효의 기산점에 관한 규정인 민법 제166조 제 1 항이 적용되어 시효기간은 권리를 행사할 수 있는 때로부터 진행」한다($^{대판}_{1998.\,7.\,10,}$ $^{98다7001.\ 국가배상청구권에\ 관한\ 3년의\ 단기\ 소멸시효기간\ 기산에\ 관하여\ 같은\ 취지:\ 대판}_{2012.\,4.\,13,\,2009다33754;\ 대판\,2023.\,1.\,12,\,2021다201184;\ 대판\,2023.\,2.\,2,\,2020다270633}$).

(3) 10년의 시효기간의 기산점

[318]

10년의 시효기간은「불법행위를 한 날」로부터 진행한다($^{766조}_{2항}$). 판례에 의하면 여기의「불법행위를 한 날」은 가해행위가 있었던 날이 아니고 현실적으로 손해의 결과가 발생한 날을 의미하며($^{과거에는\ 가해행위를\ 한\ 날이라고\ 하였으나(대판\,1974.\,11.\,12,\,74}_{다632),\ 그\ 후\ 전원합의체\ 판결에\ 의하여\ 변경하였다(대판)(전원)}$ $^{1979.\,12.\,26,\,77}_{다1894\cdot1895}$), 그 손해의 결과 발생이 현실적인 것으로 되었다면 그 소멸시효는 피해자가 손해의 결과 발생을 알았거나 예상할 수 있는가에 관계없이 가해행위로 인한 손해가 현실적인 것으로 되었다고 볼 수 있는 때로부터 진행한다($^{대판\,1993.\,7.\,27,}_{93다357;\ 대판}$ $_{2005.\,5.\,13,\,2004다71881;\ 대판\,2019.\,8.\,29,\,2017다276679.\ 대판(전원)\,1979.\,12.\,26,\,77다1894\cdot1895;\ 대판\,1988.\,10.\,11,\,85}$ $_{다카693;\ 대판\,1990.\,1.\,12,\,88다카25168;\ 대판\,1992.\,12.\,8,\,92다29924;\ 대판\,2001.\,1.\,19,\,2000다11836;\ 대판\,2021.\,8.\,19,\,2019다}$ $_{297137;\ 대판\,2022.\,1.\,14,}^{2019다282197도\ 참조}$). 한편 — 가해행위와 다른 시기에 손해가 발생한 경우에 — 손해의 발생시기에 대한 증명책임은 소멸시효의 이익을 주장하는 자에게 있다($^{대판\,2013.\,7.\,12,\,2006다17539;}_{대판\,2021.\,8.\,19,\,2019다297137}$).

<판 례>

(ㄱ)「가해행위와 그로 인한 현실적인 손해의 발생 사이에 시간적 간격이 있는 불법행위에 기한 손해배상채권의 경우, 소멸시효의 기산점이 되는 '불법행위를 한 날'의 의미는 단지 관념적이고 부동적인 상태에서 잠재적으로만 존재하고 있는 손해가 그 후 현실화되었다고 볼 수 있는 때, 다시 말하자면 손해의 결과 발생이 현실적인 것으로 되었다고 할 수 있는 때로 보아야 한다($^{대법원\,2007.\,11.\,16.\ 선고}_{2005다55312\ 판결\ 참조}$).」($^{대판\,2012.\,8.\,30,\,2010다}_{54566.\ 같은\ 취지:\ 대판}$ $_{1990.\,1.\,12,\,88다카25168;\ 대판\,1998.\,5.\,8,\,97다36613;\ 대판}$ $_{2013.\,7.\,12,\,2006다17539;\ 대판\,2022.\,1.\,14,\,2019다282197}$)

(ㄴ)「수사기관의 위법한 폐기처분으로 인한 피압수자의 손해는 형사재판 결과가 확정되기 전까지는 관념적이고 부동적인 상태에서 잠재적으로만 존재하고 있을 뿐 아직 현실화되었다고 볼 수 없으므로, 수사기관의 위법한 폐기처분으로 인한 손해배상청구권에 관한 장기소멸시효의 기산점은 위법한 폐기처분이 이루어진 시점이 아니라 무죄의 형사판결이 확정되었을 때로 봄이 상당하다.」($^{대판\,2022.\,1.\,14,}_{2019다282197}$)

(ㄷ)「불법행위에 기한 손해배상채권에 있어서 민법 제766조 제 2 항에 의한 소멸시효의 기산점이 되는 '불법행위를 한 날'이란 가해행위가 있었던 날이 아니라 현실적으로 손해의 결과가 발생한 날을 의미한다($^{대법원\,1979.\,12.\,26.\ 선고\,77다1894,\,1895\ 전원합의체\ 판}_{결,\ 대법원\,2005.\,5.\,13.\ 선고\,2004다71881\ 판결\ 등\ 참조}$).

그런데 감염의 잠복기가 길거나, 감염 당시에는 장차 병이 어느 단계까지 진행될 것인지 예측하기 어려운 경우, 손해가 현실화된 시점을 일률적으로 감염일로 보게 되면, 피해자는 감염일 당시에는 장래의 손해 발생 여부가 불확실하여 청구하지 못하고, 장래 손해가 발생한 시점에서는 소멸시효가 완성되어 청구하지 못하게 되는 부당한 결과가 초래될 수 있다.

따라서 위와 같은 경우에는 감염 자체로 인한 손해 외에 증상의 발현 또는 병의 진행으로 인한 손해가 있을 수 있고, 그러한 손해는 증상이 발현되거나, 병이 진행된 시점에 현실적으로 발생한다고 볼 수 있다.」$\binom{\text{대판 2011. 9. 29, 2008다16776. 같은 취지: 대판}}{\text{2017. 11. 9, 2013다26708 · 26715 · 26722 · 26739}}$

(ㄹ) 대법원은, 헌법재판소가 민법 제166조 제 1 항, 제766조 제 2 항 중 「진실 · 화해를 위한 과거사정리기본법」 제 2 조 제 1 항 제 3 호의 '민간인 집단 희생사건', 같은 항 제 4 호의 '중대한 인권침해사건 · 조작의혹사건'에 적용되는 부분은 헌법에 위반된다고 선고한 결정$\binom{\text{헌재 2014}}{\text{헌바148 등}}$에 맞추어, 그 위헌결정 당시까지 법원에 계속되어 있는 소송의 경우 그 사건들의 손해배상청구권에 대해서는 민법 제166조 제 1 항, 제766조 제 2 항에 따른 '객관적 기산점을 기준으로 하는 소멸시효'는 적용되지 않고, 국가에 대한 금전 급부를 목적으로 하는 권리의 소멸시효기간을 5년으로 규정한 국가재정법 제96조 제 2 항$\binom{\text{구 예산회계법}}{\text{제96조 제 2 항}}$ 역시 이러한 객관적 기산점을 전제로 하는 경우에는 적용되지 않는다고 판시하였다$\binom{\text{대판 2019. 11. 14, 2018다233686; 대판 2020. 4. 9, 2018다238865; 대판 2020.}}{\text{11. 26, 2019다276307; 대판 2021. 7. 29, 2016다259363. 같은 취지: 대판 2023.}}$ 1. 12, 2021다201184; 대판 2023. 2. 2, 2020 다270633; 대판 2023. 3. 9, 2021다202903).

(3) 미성년자가 성적(性的) 침해를 당한 경우

미성년자가 성폭력, 성추행, 성희롱, 그 밖의 성적 침해를 당한 경우에 이로 인한 손해배상청구권의 소멸시효는 그가 성년이 될 때까지는 진행되지 않는다$\binom{766}{\text{조}}$ $\binom{\text{3항. 2020. 10. 20.}}{\text{신설 · 시행}}$. 미성년자의 성적 침해는 주변인들에 의해서 일어나는 일이 빈번하기도 하여 피해를 당한 미성년자를 보호하기 위해 그가 미성년인 동안에는 소멸시효의 진행을 정지시킨 것이다. 이렇게 시효의 진행을 정지시키는 제도는 아직까지 우리 법에는 없었는데 이 경우에 새로 신설되었다. 이 경우의 소멸시효 진행 정지는 그 불법행위의 특성상 피해자의 법정대리인이 손해와 가해자를 알고 있는 때에도 인정되어야 한다. 그리고 이 개정규정은 이 법 시행 전에 행하여진 성적 침해로 발생하여 이 법 시행 당시$\binom{2020.}{10. 20}$ 소멸시효가 완성되지 않은 손해배상청구권에도 적용된다$\binom{\text{부칙}}{\text{2조}}$.

Ⅲ. 손해배상의 방법 [319]

1. 금전배상의 원칙

(1) 불법행위에 의한 손해배상의 방법에는 원상회복주의와 금전배상주의가 있는데, 우리 민법은 금전배상주의를 원칙으로 하고 있다($\frac{763조}{394조}$). 즉 민법상 손해배상은 금전으로 하여야 하며, 다만 법률에 특별규정($\frac{예:}{764조}$)이 있거나 당사자의 다른 의사표시가 있는 때에는 예외이다. 따라서 법률에 다른 규정도 없고 당사자 사이의 특약도 없는 경우에는 불법행위자에게 원상회복청구를 할 수 없다($\frac{대판\ 1994.\ 3.\ 22,\ 92다52726(건물\ 훼손}{의\ 경우);\ 대판\ 1997.\ 3.\ 28,\ 96다10638}$). 재산적 손해에 대하여뿐만 아니라 정신적 손해의 배상(위자료)에 대하여도 금전으로 평가하여 배상하여야 함은 물론이다.

(2) 손해배상금을 지급하는 방법에는 일시금지급과 정기금지급의 두 가지가 있다. 그런데 민법은 이 중에 일시금지급을 원칙으로 하고, 예외적으로 정기금지급을 인정하고 있다. 즉 타인의 신체·자유·명예를 해하거나 기타 정신상 고통을 가한 자의 위자료에 관하여 법원이 정기금채무로 명할 수 있다고 하고, 그 이행을 확보하기 위하여 상당한 담보의 제공을 명할 수 있다고 한다($\frac{751조}{2항}$). 정기금지급에 관한 이러한 민법의 태도에는 의문이 있다. 정작 정기금지급이 필요한 것은 신체침해나 생명침해의 경우의 재산적 손해이고, 위자료는 피해자의 고통을 덮어주는 기능을 생각할 때 오히려 일시에 지급하는 것이 바람직하기 때문이다. 그런 연유에서인지 우리 대법원은 정기금에 관하여 법률과는 사뭇 거리가 있는 모습의 판례를 형성하였다.

판례에 의하면, 장래 일정시기마다 발생하는 이익을 상실하였다고 하여 손해배상을 청구하는 경우에 피해자는 정기금으로 지급할 것을 청구할 수도 있고 중간이자를 공제하고 일시금으로 지급할 것을 청구할 수도 있다($\frac{대판\ 1968.\ 3.\ 5,\ 68다}{92;\ 대판\ 1988.\ 1.\ 12,\ 87}$ $\frac{다카}{2240}$). 또한 향후 계속적으로 치료비 또는 개호비를 지출하여야 하는 손해를 입은 경우에도 같다($\frac{대판\ 1990.\ 11.\ 9,\ 90다카26102;}{대판\ 1992.\ 1.\ 21,\ 91다36628\ 등}$). 그런데 이때 정기금지급을 명할 것인가는 법원의 자유재량에 속한다($\frac{대판\ 1991.\ 1.\ 25,\ 90다카27587;\ 대판\ 1992.\ 1.\ 21,\ 91다}{36628;\ 대판\ 1992.\ 10.\ 27,\ 91다39368\ 등\ 다수의\ 판결}$). 따라서 피해자가 일시금의 지급을 청구하였더라도 법원은 정기금지급을 명할 수 있다($\frac{대판\ 1994.}{1.\ 25,\ 93다}$ 48526; 대판 1994. 1. 25, 93다51874; 대판 1995. 6. 9, 94다30515; 대판 1996. 8. 23, 96다21591; 대판 2021. 7. 29, 2016다11257 등).

〈판 례〉

(ㄱ) 「불법행위의 피해자가 후유장애로 장래에 계속적으로 치료비나 개호비 등을 지출하여야 하는 경우에 정기금 지급과 일시금 지급 중 어느 방식으로 손해배상을 청구할 것인지는 원칙적으로 피해자 자신이 선택할 수 있다. 다만 식물인간 등의 경우와 같이 그 후유장애의 계속기간이나 잔존여명이 단축된 정도 등을 확정하기 곤란하여 일시금 지급방식에 의한 손해배상이 사회정의와 형평의 이념에 비추어 현저하게 불합리한 결과를 초래할 우려가 있다고 인정될 때에는 피해자가 일시금 지급을 청구하였더라도 법원이 재량에 따라 정기금 지급을 명하는 판결을 할 수 있다($^{대법원\ 1992.}_{10.\ 27.\ 선고\ 91다}$ $^{39368\ 판결,\ 대법원\ 1994.\ 1.\ 25.}_{선고\ 93다48526\ 판결\ 등\ 참조}$). 특히 전문적인 감정 등을 거쳐 예측된 여명기간을 기준으로 소송 등을 통하여 손해배상이 이루어진 다음 피해자가 예측된 여명기간을 지나서 생존하여 추가 손해가 발생한 경우에는 새로운 여명기간의 예측에 대한 불확실성이 더욱 커지므로, 이러한 경우 법원으로서는 손해배상을 일시금 지급방식으로 정하는 데 더욱 신중을 기할 필요가 있다.」($^{대판\ 2021.\ 7.\ 29,}_{2016다11257}$)

(ㄴ) 「여명 예측이 불확실하다고 보아 향후 치료비 및 개호비 손해에 대하여는 가동연한 이내로서 원고가 확실히 생존하고 있으리라고 인정되는 기간을 기준으로 일시금과 정기금을 혼용하여 지급을 명한 원심으로서는 원고가 일시금으로 구하고 있는 일실수익 손해를 산정하여 그 지급을 명함에 있어서도 피해자가 확실히 생존하고 있으리라고 인정되는 기간 동안의 일실수익은 중간이자를 공제한 일시금으로, 그 기간 이후 가동연한까지의 일실수익은 생계비를 공제한 금액에서 중간이자를 공제한 일시금으로, 그 기간 이후 가동연한까지의 일실수익 중 생계비 상당의 손해는 피해자의 생존을 조건으로 매월 정기금으로 배상할 것을 명하였어야 할 것이다.」($^{대판\ 2000.\ 7.\ 28,}_{2000다11317}$)

[320]

2. 원상회복

금전배상의 원칙에 대한 예외로서 원상회복이 인정되는 때는 법률에 특별규정이 있는 경우와 당사자의 특약이 있는 경우이다. 이 중에 앞의 것에 대하여만 좀더 설명하기로 한다.

(1) 민법은 명예훼손에 있어서 피해자의 청구에 의하여 법원이 손해배상에 갈음하거나 손해배상과 함께 「명예회복에 적당한 처분」을 명할 수 있다고 규정한다($^{764}_{조}$). 이와 유사한 규정은 특별법에도 두어져 있다($^{「부정경쟁\ 방지\ 및\ 영업비밀\ 보호에\ 관}_{한\ 법률」\ 6조,\ 특허법\ 131조,\ 실용신안}$ $_{법\ 30조,\ 디자인보호법\ 117조,\ 상}^{}$ $_{표법\ 113조,\ 저작권법\ 127조\ 등}$).

명예회복에 적당한 처분으로 과거에는 사죄광고가 주로 이용되었다. 그런데 이제는 사죄광고는 이용할 수가 없게 되었다. 헌법재판소가 사죄광고는 헌법 제

19조의 양심의 자유를 제약하고 또 인격권을 침해하는 것이어서 그것을 제764조의 「적당한 처분」에 포함시키는 것은 헌법에 위반된다고 하기 때문이다(헌재 1991. 4. 1, 89헌마160). 그리하여 이제는 다른 방법, 예컨대 명예훼손의 판결의 내용을 광고의 형식으로 일반에게 알리는 것 등을 생각해 보아야 한다.

(2) 광업법은 광해(鑛害)에 관하여 금전배상을 원칙으로 하면서, 예외적으로 배상금액에 비하여 과다한 비용을 요하지 않고 원상을 회복할 수 있는 경우에는 원상회복을 청구할 수 있다고 규정한다(같은 법 77조).

Ⅳ. 손해배상의 범위와 금액 [321]

1. 손해배상의 범위

민법은 손해배상의 범위를 채무불이행에 관하여 규정한 뒤(393조) 이를 불법행위에 준용하고 있다(763조). 그 결과 손해배상범위에 관한 이론은 채무불이행과 불법행위에 있어서 동일하게 된다. 그런데 채무불이행의 경우의 손해배상범위에 관하여 채권법총론 책에서 자세히 설명하였으므로(채권법총론 [92] 이하 참조), 여기서는 결론만을 요약하여 적기로 한다.

불법행위에 의한 손해 가운데에는 불법행위가 성립하면서 발생하는 것과 그 밖의 것이 있다. 전자가 직접적 손해이고, 후자가 후속손해이다(채권법총론 [88]·[94] 참조). 이 중에 직접적 손해는 가해행위에 의하여 야기된 한 상당인과관계가 없어도 배상되어야 한다(인과관계는 조건 관계로 충분함). 그 근거는 제750조이다. 그에 비하여 후속손해는 그 배상범위를 합리적으로 제한하여야 한다. 바로 이에 관하여 규정하고 있는 것이 제393조이다. 그 중 제 1 항은 「통상의 손해」를 한도로 한다고 규정한 것으로 보아 상당인과관계의 원칙을 선언한 것으로 보인다. 그리고 제 2 항은 상당인과관계설과는 별도로 민법이 일정한 요건 하에 「특별한 사정으로 인한 손해」 즉 특별손해의 배상을 인정하기 위한 규정이라고 이해된다. 특별손해는 배상하지 않음을 원칙으로 하되, 가해자가 특별한 사정을 알았거나 알 수 있었을 경우에는 예외적으로 배상을 인정한 것이다.

이러한 사견에 의하면 손해배상의 범위 문제는 직접적 손해·통상손해·특별손해의 세 경우로 나누어지게 될 것이다. 그러나 통설·판례는 직접적 손해를 따로 구별하지 않고 있다.

<손해배상에 관한 합의>

손해배상에 관하여 당사자가 「합의」를 하는 경우에 그 합의는 유효하다(이설이 없으며, 판례도 같음. 대판 1975. 6. 24, 74다1929 등). 그리고 이는 피해자가 합의금을 수령하면서 권리포기 약정 또는 부제소 합의를 한 때에도 같다. 그런데 그러한 합의를 한 때에 피해자에게 후유증과 같은 후발손해가 생기면 피해자 보호가 문제되나, 그에 관하여는 앞에서 살펴보았다([214] 참조). 불법행위 후 후발손해가 생긴 것은 아니고 이미 발생한 손해에 관하여 합의한 경우에 관한 판례 하나를 인용한다.

「불법행위로 인한 손해배상과 관련하여 당사자 사이에 피해자가 일정한 금액을 지급받고 나머지 청구를 포기하기로 하는 내용의 합의나 화해가 이루어진 경우, 그 목적이 된 사항에 관하여는 나중에 다시 배상을 청구할 수 없는 것이 원칙이므로, 합의나 화해 당시의 여러 사정을 종합적으로 참작하여 이를 엄격하게 해석하여야 한다.」(공동불법행위자 중 1인이 다른 공동불법행위자의 보험자로부터 자동차종합보험의 대물배상 한도액인 2,000만원을 지급받으면서 그 보험자에 대한 '법률상의 배상액'을 포기하기로 합의하였더라도 이로써 위 한도액과는 무관한 손해방지비용의 상환청구권을 포기한 것으로 볼 수 없다고 판단한 사례)(대판 2007. 3. 15, 2004다64272)

[322]   <손해배상의 범위에 관한 판례>

(ㄱ)「불법행위로 인한 손해배상청구 소송에서 재산적 손해의 발생사실은 인정되나 구체적인 손해의 액수를 증명하는 것이 사안의 성질상 곤란한 경우, 법원은 증거조사의 결과와 변론 전체의 취지에 의하여 밝혀진 당사자들 사이의 관계, 불법행위와 그로 인한 재산적 손해가 발생하게 된 경위, 손해의 성격, 손해가 발생한 이후의 여러 정황 등 관련된 모든 간접사실들을 종합하여 손해의 액수를 판단할 수 있는 것이고(대법원 2004. 6. 24. 선고 2002다6951, 6968 판결, 2006. 9. 8. 선고 2006다21880 판결 등 참조), 이러한 법리는 자유심증주의 하에서 손해의 발생사실은 입증되었으나 사안의 성질상 손해액에 대한 입증이 곤란한 경우 증명도·심증도를 경감함으로써 손해의 공평·타당한 분담을 지도원리로 하는 손해배상 제도의 이상과 기능을 실현하고자 함에 그 취지가 있는 것이지, 법관에게 손해액의 산정에 관한 자유재량을 부여한 것은 아니므로, 법원이 위와 같은 방법으로 구체적 손해액을 판단함에 있어서는, 손해액 산정의 근거가 되는 간접사실들의 탐색에 최선의 노력을 다해야 하고, 그와 같이 탐색해 낸 간접사실들을 합리적으로 평가하여 객관적으로 수긍할 수 있는 손해액을 산정해야 할 것이다.」(대판 2007. 11. 29, 2006다3561. 같은 취지: 대판 2009. 8. 20, 2008다19355; 대판 2009. 9. 10, 2006다64627) 이 판결 전단의 내용은 2016. 3. 29.에 민사소송법이 개정될 때 민사소송법에 신설되었다(같은 법 202조의 2 참조).

(ㄴ)「부동산의 매수인이 불법행위자가 타인의 소유의 토지에 관하여 등기관계서류를 위조하여 매각한다는 사정을 알지 못한 채 불법행위자에게 매매대금을 지급하고 자신의 명의로 원인무효의 소유권이전등기를 마친 다음 유효하게 부동산을 취득한 것으로 믿고 다른 사람에게 이를 양도하여 중간 매도인이 되었으나, 후에 진정한 소유자가 중간 매도인을 상대로 말소등기 청구소송을 제기하여 승소함에 따라 중간 매도인 명의로 된 소유권이전등기가 말소됨으로써 최종 매수인에 대하여 매도인의 담보책임을 부담하게 되고 그 이행으로 손해배상금을 지급하게 된 경우, 불법행위로 인하여 중간 매도인이 입은 통상의 손해는, 부동산의 시가가 하락하는 등의 특별한 사정이 없는 이상, 담보책임의 이행으로 지급한 손해배상금에서 자신이 전매를 통하여 취한 이득을 공제한 금액 상당이라고 봄이 상당하고, 그 금액은 중간 매도인이 부동산을 유효하게 취득하기 위하여 출연한 매매대금과 매도인의 담보책임의 이행으로 지급한 손해배상금에서 최종 매수인으로부터 지급받은 매매대금을 공제한 나머지 금액을 합한 것과 같다.」($\binom{\text{대판 2007. 11. 16,}}{\text{2005다55312}}$)

(ㄷ)「과당매매의 불법행위로 인한 재산상의 손해는 위법한 가해행위로 인하여 발생한 재산상의 불이익, 즉 과당매매가 없었더라면 존재하였을 재산상태와 과당매매가 종료된 이후의 재산상태의 차이를 말한다($\binom{\text{대법원 1992. 6. 23. 선고 91다33070 전원}}{\text{합의체 판결, 위 2004다4980 판결 등 참조}}$).

과당매매가 없었더라면 존재하였을 재산상태는 정상적인 일임거래가 이루어졌을 경우의 투자위험이 반영되어야 하므로, 과당매매가 시작되는 시점의 예탁금 및 주식 등의 평가액으로부터, 주가지수변동률 등을 사용하여 정상적인 일임거래가 이루어졌을 경우 발생되었을 것으로 예상되는 손실과 거래비용을 적절히 평가하여 이를 공제한 금액($\binom{\text{정상거래}}{\text{후 잔고}}$)이라고 하겠고, 그 금액과 과당매매가 종료된 시점의 잔고($\binom{\text{과당매매}}{\text{후 잔고}}$)의 차액을 과당매매로 인한 손해로 보아 이를 산정함이 원칙이라고 할 것이다. 그런데 과당매매의 주식거래기간 동안 고객이 일부 거래를 적극적으로 주도한 경우에는 그러한 거래는 증권회사 측의 계좌지배를 인정할 수 없어 과당매매에서 제외되어야 하므로, 과당매매의 불법행위로 인한 재산상의 손해액을 산정함에 있어서도 이를 참작하여야 할 것인바, 그와 같은 경우에는 고객이 적극적으로 주도한 거래로 인한 손실과 거래비용의 액수를 적절히 고려하여 과당매매의 불법행위로 인한 재산상의 손해액을 추산하거나, 고객이 적극적으로 주도한 거래의 횟수, 규모, 내용 및 손실과 거래비용의 규모와 정도 등을 적절히 고려하여 그 거래로 인한 손실과 거래비용이 손해발생에 기여하였다고 인정되는 부분을 비율적으로 인정하여 그 나머지 부분을 과당매매의 불법행위로 인한 손해액으로 산정하는 것도 허용될 수 있다.

다만, 실제로는 개별 주식거래의 다양성과 주식시장의 변동성 등으로 인하여, 주가지수변동률 등의 통계자료만으로 정상적인 일임거래가 이루어졌을 경우에 발생되었을 것으로 예상되는 손실이나 거래비용을 정확히 추산하는 것이 쉽지 아니하고, 과당매매의 거래기간 동안 고객이 매수한 주식을 증권회사의 직원이 매도하거나 증권회사의 직원이 매수한 주식을 고객이 매도하는 등과 같은 사정으로 고객이 주도한 개별 주식거래 부분을 분리하여 그로 인한 손실과 거래비용의 액수 내지 그 부분의 손해발생에 대한 기여도를 판단하는 것이 곤란할 뿐 아니라 위와 같은 방법에 의해 손해를 산정함에 있어서도 당해 거래관계에 특수한 상황이 있을 때에는 이를 참작하여 손해배상책임을 조정할 필요가 있으므로, 증권회사가 부담할 최종적인 손해배상액을 정하는 법원으로서는 경험칙이나 논리칙 또는 공평의 원칙에 어긋나지 아니하는 한 '과당매매가 시작되는 시점의 계좌 상태'와 '과당매매 종료 시점의 계좌 잔고'와의 차액에 의해 손해를 산정한 다음, 정상적인 일임거래가 이루어졌을 경우에도 전반적인 주가하락 추세 등의 요소로 인해 과당매매가 없었더라도 어느 정도의 손실을 피할 수 없었거나 그에 상응한 수수료 등 거래비용이 지출되었으리라는 사정과 고객이 주도한 주식거래 부분으로 인하여 어느 정도의 손실이 발생하였거나 그에 상응한 수수료 등 거래비용이 지출되었으리라는 사정 등을 적절히 참작하여 합리적인 범위 내에서 책임을 감경하는 방법으로 손해배상액을 산정할 수밖에 없는 경우도 있을 것이다(위 2004다 4980 판결 참조)·」(대판 2007. 11. 15, 2005다16775).

(ㄹ) 「부실감사로 인하여 주식을 매수한 원고들이 입은 손해액은 위와 같은 부실감사로 인하여 상실하게 된 주가 상당액이라고 봄이 상당하고, 이는 특별한 사정이 없는 한 부실감사 사실이 밝혀지기 전에 정상적으로 형성된 주가와 부실감사 사실이 밝혀지고 계속된 하종가를 벗어난 시점에 정상적으로 형성된 주가의, 또는 그 이상의 가격으로 매도한 경우에는 그 매도가액과의 차액 상당이라고 할 것이다.」(대판 2007. 7. 26, 2006다20405)

(ㅁ) 「운송인이 운송물을 선하증권과 상환하지 아니하고 타인에게 인도함으로써 선하증권 소지인이 입은 손해는 그 인도 당시의 운송물의 가액 및 이에 대한 지연손해금 상당의 금액이라 할 것」이다(대판 2007. 6. 28, 2007다16113).

(ㅂ) 「불법행위로 인한 재산상의 손해는 위법한 가해행위로 인하여 발생한 재산상의 불이익, 즉 불법행위가 없었더라면 존재하였을 재산상태와 불법행위가 가해진 이후의 재산상태와의 차이를 말하는 것이므로, 임의매매가 불법행위임을 전제로 손해배상을 구하는 경우에는 임의매매 이전에 가지고 있던 고객의 주식 및 예탁금 등의 잔고와 그 이후 고객의 지시에 반하여 임의매매를 해 버린 상태, 즉 고객이 그 임의매매 사실을 알고 문제를 제기할 당시에 가지게 된 주식 및 예탁금의 잔고와의 차액이 그로 인한 재산상 손해라고 보아야 한다. 그리고 이 경우 임의매매 이전에 고객이 가지고 있던 주식의 평가는 임의매매 당시의 주식의 시가를 기준으로 결정하여야 하며, 그 후 주식의 가격이 오른 경우 그로 인한 추가적 손해가 있다면 이는 특별한 사정으로 인한 것이어서 불법행위자가 주식을 처분할 때 그와 같은 특별한 사정을 알았거나 알 수 있었고, 또 고객이 주식의 가격이 올랐을 때 주식을 매도하여 그로 인한 이익을 확실히 취득할 수 있었던 경우에 한하여 고객은 그와 같이 오른 가격에 의

한 손해배상을 청구할 수 있을 뿐이다.」$\binom{\text{대법원 1995. 10. 12. 선고 94다16786 판결,}}{\text{2006. 1. 26. 선고 2002다12659 판결 등 참조}}$·」$\binom{\text{대판}}{\text{2007. 6. 14,}}$
$\binom{\text{2004다}}{\text{45530}}$

(ㅅ)「교통사고로 인한 피해자의 후유증이 그 사고와 피해자의 기왕증이 경합하여 나타난 것이라면, 그 사고가 후유증이라는 결과 발생에 대하여 기여하였다고 인정되는 정도에 따라 그에 상응한 배상액을 부담케 하는 것이 손해의 공평한 부담이라는 견지에서 타당하고, 법원은 그 기여도를 정함에 있어서 기왕증의 원인과 정도 기왕증과 후유증과의 상관관계, 피해자의 연령과 직업, 그 건강상태 등 제반사정을 고려하여 합리적으로 판단하여야 할 것이다.」$\binom{\text{대판 1992. 5. 22,}}{\text{91다39320}}$

(ㅇ)「가압류나 가처분 등 보전처분은 법원의 재판에 의하여 집행되는 것이기는 하나, 그 실체상 청구권이 있는지 여부는 본안소송에 맡기고 단지 소명에 의하여 채권자의 책임 아래 하는 것이므로, 그 집행 후에 집행채권자가 본안소송에서 패소 확정되었다면 그 보전처분의 집행으로 인하여 채무자가 입은 손해에 대하여는 특별한 반증이 없는 한 집행채권자에게 고의 또는 과실이 있다고 추정되고, 따라서 그 부당한 집행으로 인한 손해에 대하여 이를 배상할 책임이 있다고 할 것이나, 토지에 대한 부당한 가압류의 집행으로 그 지상에 건물을 신축하는 내용의 공사도급계약이 해제됨으로 인한 손해는 특별손해라고 할 것이므로, 가압류채권자가 토지에 대한 가압류집행이 그 지상 건물 공사도급계약의 해제사유가 된다는 특별한 사정을 알았거나 알 수 있었을 때에 한하여 배상의 책임이 있다.」$\binom{\text{대판 2008. 6. 26,}}{\text{2006다84874}}$

(ㅈ)「불법행위로 인한 재산상의 손해는 위법한 가해행위로 인하여 발생한 재산상의 불이익, 즉 불법행위가 없었더라면 존재하였을 재산상태와 불법행위가 가해진 이후의 재산상태와의 차이를 말하는 것이고$\binom{\text{대법원 2000. 11. 10. 선고 98다39633 판결, 대법}}{\text{원 2006. 1. 26. 선고 2002다12659 판결 등 참조}}$, 이러한 손해의 액수에 대한 증명책임은 손해배상을 청구하는 피해자인 원고에게 있으므로 $\binom{\text{대법원 1994. 3. 11. 선고 93다57100 판결, 대법}}{\text{원 2011. 7. 28. 선고 2010다18850 판결 등 참조}}$, 원고는 불법행위가 없었더라면 존재하였을 재산상태와 불법행위가 가해진 이후의 재산상태가 무엇인지에 관하여 이를 증명할 책임을 진다.」$\binom{\text{대판 2012. 12. 13,}}{\text{2011다25695}}$

(ㅊ)「불법행위로 인하여 피해자가 타인의 사무를 수임하여 그 위임사무 처리의 일환으로 권리를 취득하면서 비용을 지출하고 그로 인한 세금을 납부한 경우 그로 말미암은 손해에는 특별한 사정이 없는 한 권리의 취득대금뿐만 아니라 그 취득에 필요한 제반 비용과 제세공과금도 포함된다.」$\binom{\text{대판 2013. 11. 28,}}{\text{2011다105621}}$

(ㅋ)「불법행위로 영업을 중단한 자가 영업 중단에 따른 손해배상을 구하는 경우 영업을 중단하지 않았으면 얻었을 순이익과 이와 별도로 영업 중단과 상관없이 불가피하게 지출해야 하는 비용도 특별한 사정이 없는 한 손해배상의 범위에 포함될 수 있다. 위와 같은 순이익과 비용의 배상을 인정하는 것은 이중배상에 해당하지 않는다. 이러한 법리는 환경정책기본법 제44조 제 1 항에 따라 그 피해의 배상을 인정하는 경우에도 적용된다.」$\binom{\text{대판 2018. 9. 13,}}{\text{2016다35802}}$

〈전소송(前訴訟)의 변론종결 후에 새로운 적극적 손해가 발생한 경우에 관한 판례〉

「불법행위로 인한 적극적 손해의 배상을 명한 전소송의 변론종결 후에 새로운 적극적 손해가 발생한 경우에 그 소송의 변론종결 당시 그 손해의 발생을 예견할 수 없었고 또 그 부분 청구를 포기하였다고 볼 수 없는 등 특별한 사정이 있다면 전소송에서 그 부분에 관한 청구가 유보되어 있지 않다고 하더라도 이는 전소송의 소송물과는 별개의 소송물이므로 전소송의 기판력에 저촉되는 것이 아니다(대법원 1980. 11. 25. 선고 80다1671 판결, 2002. 2. 22. 선고 2001다71446 판결 등 참조).」(식물인간 피해자의 여명이 종전의 예측에 비하여 수년 연장되어 그에 상응한 향후치료, 보조구 및 개호 등이 추가적으로 필요하게 된 것은 전소의 변론종결 당시에는 예견할 수 없었던 새로운 중한 손해로서 전소의 기판력에 저촉되지 않는다고 한 사례)(대판 2007. 4. 13, 2006다78640)

[323]   **2. 손해액의 산정의 기준**

(1) 일반적 기준시기

손해액 산정의 기준시기가 주로 문제되는 것은 소유물이 멸실된 경우이다. 그 경우에는 원칙적으로 불법행위시를 기준으로 하여 그때의 교환가격으로 손해액을 산정하여야 하고, 그 후의 목적물의 가격 등귀와 같은 특별사정에 의한 손해는 예견가능성이 있었던 경우에 한하여 배상액에 포함시켜야 한다(같은 취지: 곽윤직, 456면; 대판 1963. 6. 20, 63다242; 대판 1994. 3. 22, 92다 52726 등. 다른 견해: 김상용, 862면(구두변론 종결시설). 채권법총론 [98]도 참조).

〈판 례〉

「불법행위로 인한 손해액 산정의 기준시점은 불법행위시라고 할 것이나, 다만 불법행위시와 결과발생시 사이에 시간적 간격이 있는 경우에는 결과가 발생한 때에 불법행위가 완성된다고 보아 불법행위가 완성된 시점, 즉 손해발생시가 손해액 산정의 기준시점이 된다.」(대판 2014. 7. 10, 2013다65710. 같은 취지: 대판 2023. 5. 18, 2022다230677)

(2) 지연이자(지연배상)의 발생시기

불법행위에 의한 손해배상채무는 금전채무이므로, 그 이행이 지체된 때에는 연 5푼의 지연이자($397조 \atop 1항$)를 붙여야 한다($379 \atop 조$). 그런데 언제부터 이행지체가 되는지가 문제이다. 여기에 관하여 통설(곽윤직, 456면 등)·판례(대판 1993. 3. 9, 92다48413; 대판 2010. 7. 22, 2010다18829)는 일치하여 불법행위에 의한 손해배상채무는 손해발생과 동시에 이행기에 있고, 따라서 손해가 발생한 때 즉 불법행위가 있었던 때부터 지연이자를 붙일 것이라고 한다(그런데 불법행위 시점과 손해발생 시점 사이에 시간적 간격이 있는 경우에는 불법행위로 인한 손해배상채권의 지연손해금은 손해발생 시점을 기산일로 하여 발생한다. 대판 2011. 7. 28, 2010다76368; 대판 2022. 6. 16, 2017다289538). 그리고 그럼에 있어서 재산적 손해와 정신적 손해를 구별하지 않는다. 다만 판례는, 불법행위 시와 변론종결 시 사이에 장기간의 세월이 경과됨으로써 위자료를 산정함에 있어 반드시 참작해야 할 변론종결 시의 통화가치 등에 불법행위 시와 비교하여 상당한 변동이 생긴 때에는, 예외적으로라도 불법행위로 인한 위자료 채무의 지연손해금은 그 위자료 산정의 기준시인 사실심 변론종결 당일로부터 발생한다고 보아야만 하며, 그러한 예외적인 경우에는 논리상 변론종결 시 이전에는 지연손해금을 붙일 수 없는 결과, 위자료채무가 성립한 불법행위 시로부터 지연손해금을 붙이는 원칙적인 경우와는 달리, 불법행위 시로부터 변론종결 시까지 상당한 장기간 동안 배상이 지연됨에도 그 기간에 대한 지연손해금이 전혀 가산되지 않게 된다는 사정까지 참작하여 변론종결 시의 위자료 원금을 산정함에 있어 이를 적절히 증액할 여지가 있을 수 있다고 한다(대판 2011. 1. 13, 2009다103950. 같은 취지: 대판 2020. 11. 26, 2019다276307; 대판 2023. 3. 9, 2021다202903). 그리고 제 1 심판결에서 위와 같이 배상이 지연된 사정을 참작하여 제 1 심 변론종결일을 기준으로 위자료를 산정하였는데 항소심이 항소심 변론종결일을 기준으로 새로이 위자료를 산정하지 않고 제 1 심판결의 위자료 액수를 그대로 유지한 경우 위자료 배상채무의 지연손해금은 위자료 산정의 기준일인 제 1 심 변론종결일부터 발생한다고 한다(대판 2020. 11. 26, 2019다276307). 이러한 판례는 타당하다. 한편 이 손해배상채무의 이행을 구하는 소장(訴狀) 또는 이에 준하는 서면이 채무자에게 송달된 다음 날부터는 연 1 할 5 푼의 지연이자를 지급하여야 한다(「소송촉진 등에 관한 특례법 제 3 조 제 1 항 본문의 법정이율에 관한 규정」).

3. 재산적 손해의 산정

[324]

재산적 손해의 산정에 관하여 판례를 중심으로 하여 주요사항을 살펴본다.

(1) 소유물의 멸실·훼손

1) 소유물이 멸실된 경우에는 위에서 설명한 바와 같이 원칙적으로 불법행위 당시 즉 멸실 당시의 교환가격이 통상손해이고(사건에 의하면 「직접적 손해」임), 그 교환가격 속에는 현재 및 장래에 있어서 그 물건을 통상의 방법으로 사용하여 얻을 수 있는 이익이 포함되어 있으므로 그 이익을 따로 청구하지는 못한다(대판 1963. 6. 20, 63다242; 대판 1966. 12. 6, 66다1684). 다만, 불법행위로 영업용 건물이 멸실된 경우에는 휴업손해를 배상하여야 한다(대판(전원) 2004. 3. 18, 2001다82507; 대판 2004. 3. 25, 2003다20909·20916 등).

2) 소유권이 상실된 경우는 소유물이 멸실된 경우에 준한다. 예컨대 공매처분으로 소유권을 취득한 자가 담당 공무원의 과실로 그 공매처분이 취소됨으로써 소유권을 상실한 때에는 손해액은 공매처분 취소 당시의 시가이며(대판 1970. 7. 24, 70다560), 매수한 토지상에 불법행위로 근저당권이 설정되고 매수인의 소유권이전등기 후 그 근저당권의 실행으로 토지가 제 3 자에게 경락된 때에는 경락 당시의 시가를 기준으로 손해액을 산정하여야 한다(대판 1991. 6. 14, 91다8333). 그러나 타인의 부동산에 등기서류를 위조하여 원인무효의 등기를 한 자로부터 부동산을 매수한 자는 처음부터 소유권을 취득한 바가 없으므로 그의 손해액은 부동산의 시가가 아니고 그 부동산을 취득한 것으로 믿고 지급한 매매대금 상당액이다(대판 1978. 3. 14, 77다2423; 대판 1982. 7. 27, 81다1006; 대판(전원) 1992. 6. 23, 91다33070; 대판 1993. 4. 27, 92다44312 등). 이 경우 부동산소유자는 소유권을 잃은 것은 아니므로, 소유권을 회복하기 위한 비용이나 회복할 때까지 목적물을 이용하지 못한 손실 등이 배상할 손해가 된다.

3) 소유물이 훼손된 경우에는 수선이 가능한지에 따라 다르다. 그 경우 가운데 수선이 가능한 때에는 그 수선비와 수선기간 중 통상의 방법으로 사용하지 못함으로 인한 손해가 통상의 손해이다(대판 1970. 12. 29, 70다2445; 대판 1972. 12. 12, 72다18020 등). 이때 수리가 되었더라도 교환가치가 감소하였는지에 대하여 대법원은 이를 통상손해로 인정한 적도 있고(대판 1992. 3. 10, 91다42833 등), 예견할 수 있는 것이 아니라고 한 적도 있다(대판 1979. 2. 27, 78다1820; 대판 1982. 6. 22, 81다8; 대판 1991. 7. 23, 90다9070 등). 그에 비하여 수선이 불가능한 때에는 그 훼손 당시의 교환가치(시가)가 통상손해이다(훼손 당시에 물건의 가치가 남아 있으면 그 대금을 공제함)(대판 1991. 7. 12, 91다5150; 대판 1995. 7. 28, 94다19129 등). 이때 훼손된 물건이 수입통관을 마친 제품인 경우에는 특별한 사정이 없는 한 같은 제품의 국내 시가를 기준으로 손해를 산정하여야 한다(대판 2008. 4. 10, 2007다7751). 주의할 것은, 건물이 훼손되었고, 그것의 사용 및 수리가 불가능한 경우에 통상 불법행위로 인한 손해배상액의 기준이 되는 건물의 시가에는 건물의 철거비용은 포함되지 않는다는 점이다(대판 1995. 7. 28, 94다19129). 그리고 수선이 가능하더라도 수선비가 물건의 교환가치를 초과하는 경우에는 형평의 원칙상 그 손해액은 그 물건의 교환가치의 범위 내로 제한되어야 한다(그리하여 교환가치감소분이 된다)(대판 1996. 1. 23, 95다38233; 대판 1998. 9. 8, 98다22048; 대판 1999. 12. 21, 97다15104 등). 한편 손해액의 산정에 있어서 교환가격이 기준이 될 때에는 그 물건을 사용·수익할 수 있었을 이익은 교환가격에 포함되어 있으므로 이를 따로 청구할 수 없다(대판 1980. 12. 9, 80다1840; 대판 1990. 8. 28, 88다카30085 등: 이 판결 등은 뒤의 전원합의체 판결에 의하여 일부 변경됨). 다만, 불법행위로 영업용 물건이 일부 손괴된 경우에

는 휴업손해를 배상하여야 한다($\binom{대판(전원) 2004. 3. 18,}{2001다82507 등}$).

〈판 례〉

(ㄱ)「일반적으로 불법행위로 인한 손해는 물건이 멸실되었을 때에는 멸실 당시의 시가를, 물건이 훼손되었을 때에는 수리 또는 원상회복이 가능한 경우에는 수리비 또는 원상회복에 드는 비용을, 수리 또는 원상회복이 불가능하거나 그 비용이 과다한 경우에는 훼손으로 인하여 교환가치가 감소된 부분을 통상의 손해로 보아야 할 것」이다($\binom{대판 1996. 1. 23, 95다38233. 같은}{취지: 대판 2006. 4. 28, 2005다44663}$).

(ㄴ)「불법행위로 인하여 물건이 훼손되었을 때 통상의 손해액은 수리가 가능한 경우에는 그 수리비, 수리가 불가능한 경우에는 교환가치의 감소액이 되고, 수리를 한 후에도 일부 수리가 불가능한 부분이 남아있는 경우에는 수리비 외에 수리불능으로 인한 교환가치의 감소액도 통상의 손해에 해당한다($\binom{대법원 1992. 2. 11. 선고 91다28719 판결, 대법}{원 2001. 11. 13. 선고 2001다52889 판결 참조}$).

자동차의 주요 골격 부위가 파손되는 등의 사유로 중대한 손상이 있는 사고가 발생한 경우에는, 기술적으로 가능한 수리를 마치더라도 특별한 사정이 없는 한 원상회복이 안 되는 수리 불가능한 부분이 남는다고 보는 것이 경험칙에 부합하고, 그로 인한 자동차 가격 하락의 손해는 통상의 손해에 해당한다고 보아야 한다. 이 경우 그처럼 잠재적 장애가 남는 정도의 중대한 손상이 있는 사고에 해당하는지 여부는 사고의 경위 및 정도, 파손 부위 및 경중, 수리방법, 자동차의 연식 및 주행거리, 사고 당시 자동차 가액에서 수리비가 차지하는 비율, 중고자동차 성능·상태점검기록부에 사고 이력으로 기재할 대상이 되는 정도의 수리가 있었는지 여부 등의 사정을 종합적으로 고려하여, 사회일반의 거래관념과 경험칙에 따라 객관적·합리적으로 판단하여야 하고, 이는 중대한 손상이라고 주장하는 당사자가 주장·증명하여야 한다.」($\binom{대판 2017. 5. 17,}{2016다248806}$)

(ㄷ)「타인의 불법행위로 인하여 피해자 소유의 물건이 손괴되어 수리를 요하는 경우에 그 수리를 위해서는 피해자가 수리에 소요되는 부가가치세까지 부담하여야 한다면 피해자는 그 부가가치세를 포함한 수리비만큼의 손해를 입었다고 하여 가해자에 대하여 그 배상을 청구할 수 있음이 원칙이다. 그러나 피해자가 부가가치세법상의 납세의무자인 사업자로서 그 수리가 자기의 사업을 위하여 사용하였거나 사용할 목적으로 공급받은 용역에 해당하는 경우에는 위 부가가치세는 부가가치세법 제38조 제1항 제1호 소정의 매입세액에 해당하는 것이어서 피해자가 자기의 매출세액에서 공제하거나 환급받을 수 있으므로 위 부가가치세는 실질적으로는 피해자의 부담으로 돌아가지 않게 되고 따라서 이러한 경우에는 다른 특별한 사정이 없는 한 피해자가 가해자에게 위 부가가치세 상당의 손해배상을 청구할 수 없다($\binom{대법원 1993. 7. 27. 선고}{92다47328 판결 등 참조}$).」($\binom{대판 2021. 8. 12,}{2021다210195}$)

(ㄹ)「일반적으로 영업용 물건이 손괴된 경우 수리를 위하여 필요한 기간 동안 그 물

건에 의한 영업을 할 수 없었던 경우에는 영업을 계속하였더라면 얻을 수 있었던 수익상실은 통상손해에 해당한다. 그러나 위법한 가해행위로 인하여 영업용 물건이 손괴되었더라도 그 위법행위의 태양, 물건이 사용 및 손괴된 경위 등에 비추어 볼 때 가해자가 그것이 영업용 물건으로서 이를 손괴함으로써 그 물건을 이용하여 얻을 수 있었던 영업수익이 상실될 수 있다는 사정을 통상적으로 예견할 수 없었다면 그러한 경우까지도 위 손해가 통상손해에 해당한다고 보기는 어렵다.」$\binom{대판 2022. 11. 30, 2016}{다26662 \cdot 26679 \cdot 26686}$

(ㅁ)「불법행위로 영업용 물건이 멸실된 경우, 이를 대체할 다른 물건을 마련하기 위하여 필요한 합리적인 기간 동안 그 물건을 이용하여 영업을 계속하였더라면 얻을 수 있었던 이익, 즉 휴업손해는 그에 대한 증명이 가능한 한 통상의 손해로서 그 교환가치와는 별도로 배상하여야 하고, 이는 영업용 물건이 일부 손괴된 경우, 수리를 위하여 필요한 합리적인 기간 동안의 휴업손해와 마찬가지라고 보아야 할 것이다.」$\binom{대판(전원) 2004. 3. 18,}{2001다82507}$

(ㅂ)「불법행위로 인하여 건물이 훼손된 경우, 수리가 가능하면 그 수리비가 통상의 손해이며, 훼손 당시 그 건물이 이미 내용연수가 다 된 낡은 건물이어서 원상으로 회복시키는 데 소요되는 수리비가 건물의 교환가치를 초과하는 경우에는 형평의 원칙상 그 손해액은 그 건물의 교환가치 범위 내로 제한되어야 할 것이고, 또한 수리로 인하여 훼손 전보다 건물의 교환가치가 증가하는 경우에는 그 수리비에서 교환가치 증가분을 공제한 금액이 그 손해라 할 것이다.」$\binom{대판 1998. 9. 8, 98다22048. 같은 취}{지: 대판 2004. 2. 27, 2002다39456}$

(ㅅ)「불법행위로 인하여 소유물이 훼손되었을 때 수리가 불가능하다면 훼손 당시의 교환가치(시가)가 통상의 손해이고, 훼손된 소유물이 이미 내용연수가 상당히 경과된 낡은 것임에도 그와 같은 내용연수가 경과된 중고자재를 구입할 수 없어 신품 자재로써 원상회복시키는 데 소요되는 복구비를 토대로 교환가치를 산정할 때에는 물건의 내용연수에 따라 신품을 재조달하기 위하여 적립하는 비용인 감가상각비용을 공제하여야 하며$\binom{대법원 1994. 1. 28. 선고 93다49499 판결, 대법}{원 2009. 6. 25. 선고 2009다24415 판결 등 참조}$, 다만 신규의 부품으로 교환하더라도 훼손된 물건의 전체 가치가 손상 이전의 가치를 초과하지 않는다고 인정되는 경우에는 감가상각비용을 공제하지 아니하여도 무방하다$\binom{대법원 2003. 4. 25. 선고}{2002다64520 판결 등 참조}$·」$\binom{대판 2022. 11. 17,}{2022다261299}$

[325]   **(2) 부동산의 불법점유**

타인이 자신의 부동산을 불법점유함으로 인하여 입은 손해는 특별한 사정이 없는 한 그 부동산의 임료 상당액이다$\binom{대판 1991. 9. 24, 91다20197; 대판 1994. 6. 28,}{93다51539; 대판 2023. 3. 13, 2022다293999}$.

〈판 례〉

「피고가 원고의 소유물을 권원 없이 점유·사용하고 있다고 주장하여 손해배상을 청구하는 경우에, 비록 피고의 목적물 점유가 인정되지 아니한다고 하더라도, 원고가 점유 및 사용으로 인한 손해의 배상만을 청구하고 피고의 사용으로 인한 손해의 배상은 이를 바라지 아니한다는 의사가 표시되지 아니하는 한, 법원은 나아가 원고에게 피고의 사용권능 침해로 인한 손해가 있는지를 심리·판단하여야 할 것이다. 그리고 원고가 그 손해를 목적물의 차임 상당액으로 주장하였다고 하여도, 이는 일반적으로 자신에게 유리한 소송상 결과를 얻기 위한 의도 또는 소송수행상의 편의에서 나온 것에 불과하므로, 그것만으로 원고에게 위와 같이 사용으로 인한 손해도 이를 구하지 아니하는 의사가 표시되었다고 할 수 없다.」($^{대판\ 2012.\ 1.\ 27,}_{2011다74949}$)

(3) 변호사비용

우리나라는 변호사 강제주의를 채용하지 않고 있으므로 변호사비용은 원칙적으로 배상하여야 할 손해가 아니나($^{대판\ 1978.\ 8.\ 22,\ 78다672;\ 대판\ 1996.\ 11.\ 8,\ 96}_{다27889;\ 대판\ 2010.\ 6.\ 10,\ 2010다15363 \cdot 15370}$), 불법행위자의 부당한 항쟁에 대하여 피해자가 소송을 제기하는 경우($^{대판\ 1965.\ 11.\ 30,\ 65다1707;}_{대판\ 1972.\ 5.\ 9,\ 71다1297}$)에는 배상하여야 할 손해이다.

(4) 생명침해

[326]

사견에 의하면, 생명침해의 경우에는 재산적 손해로 유족의 부양청구권 상실로 인한 손해, 치료비, 장례비 등이 배상되어야 한다($^{[312]}_{참조}$). 그런데 판례는 치료비·장례비 등과 함께 피살자의 일실이익의 배상청구권이 유족에게 상속된다는 견지에 있다($^{대판\ 1993.\ 3.\ 9,}_{92다48413}$). 판례의 내용을 정리하기로 한다.

1) **일실이익(逸失利益)** 이때의 일실이익은 생명침해가 없었다면 피살자가 장래 얻을 수 있었던 이익이다. 일실이익의 의의에 관하여 소득상실설과 가동능력상실설이 대립되나, 어느 견해에 의하든 생명침해에서는 차이가 없을 것이다. 그 이익은, 생명침해가 없었으면 얼마 동안 일할 수 있었는지($^{이때\ 평균\ 여명기간(餘}_{命期間)을\ 기초로\ 소득}$을 올릴 수 있는 기간인 가동연$_{한(稼動年限)이\ 계산되어야\ 한다}$), 그리고 그 기간 동안에 어떤 노무로 모두 얼마의 수입을 올렸을 것인가를 가정하여($^{본봉\ 외에\ 수당 \cdot 상여}_{금 \cdot 퇴직금도\ 포함된다}$), 생활비 등을 공제하고($^{현재\ 판례상\ 세금}_{은\ 공제하지\ 않는다}$), 또 중간이자를 공제하여 계산한다.

우리의 대법원은, 일반육체노동을 하는 사람 또는 육체노동을 주로 생계활동으로 하는 사람의 가동연한을 경험칙상 65세로 보고 있다($^{대판(전원)\ 2019.\ 2.}_{21,\ 2018다248909}$).

중간이자의 공제방법으로는 호프만(Hoffmann)식·가르프초(Garpzow)식·라이프니츠(Leibniz)식의 세 가지가 있다. 명의액을 A, 연수를 n, 이율을 r, 실제로 받을 금액을 X라 하면, 호프만식은 단리계산방식(單利計算方式)으로서 X ＝ A/

$(1+nr)$가 되고, 가르프초식은 $X = A(1-nr)$이며, 라이프니츠식은 복리계산으로서 $X = A/(1+r)^n$가 된다. 우리 법원은 종래 호프만식을 사용하였으나($\substack{\text{대판 1966.} \\ \text{11. 29,} \\ \text{66다} \\ \text{1871}}$), 대법원이 당사자의 주장에 관계없이 라이프니츠식을 사용하여도 무방하다고 한 뒤에는($\substack{\text{대판 1983. 6. 28,} \\ \text{83다191}}$), 두 방법이 모두 이용되고 있다. 그리고 근래에는 호프만식에 의한 계산이 위법하지 않다고 판단한 예가 많이 있다($\substack{\text{대판 1985. 10. 11, 85다} \\ \text{카819 등 다수의 판결}}$). 그런데 배상액수가 달라지는 두 방식을 하급심이 마음대로 골라 쓸 수 있도록 하는 태도는 바람직하지 않다($\substack{\text{같은 취지: 곽} \\ \text{윤직, 462면}}$). 한편 국가배상법은 과거에는 라이프니츠식에 의하였으나 현재는 호프만식에 의하고 있다($\substack{\text{같은 법 3조의 2 2항·3항,} \\ \text{같은 법 시행령 6조 3항}}$).

〈판 례〉

㈀「생명이나 신체에 대한 불법행위로 인하여 가동능력의 전부 또는 일부를 상실함으로써 일실하는 이익의 액은 그 피해자가 그로 인하여 상실하게 된 가동능력에 대한 총평가액으로서 소득세 등 제세금액을 공제하지 아니한 금액이라고 봄이 상당하다.」($\substack{\text{대판(전원) 1979. 2. 13, 78다1491. 이} \\ \text{판결은 노동능력상실설을 취한 것이다}}$)

㈁「대법원은 1989. 12. 26. 선고한 88다카16867 전원합의체 판결에서 일반육체노동을 하는 사람 또는 육체노동을 주로 생계활동으로 하는 사람($\substack{\text{이하 '육체노} \\ \text{동'이라 한다}}$)의 가동연한을 경험칙상 만 55세라고 본 기존 견해를 폐기하였다. 그 후부터 현재에 이르기까지 육체노동의 가동연한을 경험칙상 만 60세로 보아야 한다는 견해를 유지하여 왔다.

그런데 우리나라의 사회적·경제적 구조와 생활여건이 급속하게 향상·발전하고 법제도가 정비·개선됨에 따라 종전 전원합의체 판결 당시 위 경험칙의 기초가 되었던 제반사정들이 아래와 같이 현저히 변하였기 때문에 위와 같은 견해는 더 이상 유지하기 어렵게 되었다. 이제는 특별한 사정이 없는 한 만 60세를 넘어 만 65세까지도 가동할 수 있다고 보는 것이 경험칙에 합당하다.」($\substack{\text{대판(전원) 2019. 2.} \\ \text{21, 2018다248909}}$)

㈂「일용노동에 종사하는 사람은 만 60세가 끝날 때가 아니라 만 60세에 이르기까지 가동할 수 있다고 보는 것이 경험칙상 타당하다.」($\substack{\text{대판 1991. 3. 27, 90다11400. 같은 취} \\ \text{지: 대판 1991. 4. 23, 91다6665; 대판} \\ \text{1992. 2. 11,} \\ \text{91다29095}}$)($\substack{\text{이 판결의 「60세」는 대판(전원) 2019. 2. 21, 2018다} \\ \text{248909 때문에 이제는 65세라고 바꾸어 이해해야 함}}$)

㈃「일실수입 산정의 기초가 되는 가동연한은 사실조사의 권능을 가진 사실심이 우리나라 국민의 평균여명과 경제수준, 고용조건 등의 사회적, 경제적 여건 외에 연령별 근로자인구수, 취업률 또는 근로참가율 및 직종별 근로조건과 정년제한 등 제반사정을 조사하여 이로부터 경험칙상 추정되는 가동연한을 도출하든가 또는 피해당사자의 연령, 직업, 경력, 건강상태 등 구체적인 사정을 고려하여 그 가동연한을 인정하든가 하여 정할 수 있는 것이다($\substack{\text{당원 1989. 12. 26. 선고 88다카16867 전원합의체} \\ \text{판결 및 1992. 7. 24. 선고 92다10135 판결 등 참조}}$).

원심이 이와 같은 취지에서 이 사건 사고 당시 원고 박○○는 60세 6개월($\substack{\text{60세 7개} \\ \text{월의 오기}}$

로 봄으로 인다) 정도의 나이로서 기대여명이 14.92년이고, 농촌지역에 거주하면서 사고 당시에도 실제 농업노동에 종사하여 왔으며, 한편 1985. 12.경 전국 농가 중 경영주가 60세 이상인 농가가 24%에 이르는 사실을 적법하게 확정한 다음, 한국 농촌의 현실 등에 비추어 볼 때 위 원고의 가동연한은 65세가 될 때까지로 봄이 상당하다고 판단한 것은 정당한 것으로 수긍이 가고, 거기에 소론과 같이 채증법칙 위배, 심리미진, 이유불비 또는 경험칙 위배의 위법이 있다고 할 수 없다.

소론이 지적하는 판례는 일반노동에 종사하는 사람은 경험칙상 만 60세에 이르기까지 가동할 수 있다고 하는 것으로서 이 사건에 적절한 것이라고 할 수 없다.」(대판 1993. 11. 26, 93다31917. 과거의 판결 중 이와 같이 노동을 하는 경우 이지만 개별적으로 가동연한을 60세로 보지 않은 예도 많음을 주의할 것)(대판(전원) 2019. 2. 21, 2018다248909 도 이 판결의 첫단락과 같은 취지로 판시하고 있어서, 현재에도 이 판결에서처럼 구체적인 경우 에 가동연한이 「65세」 이하나 그 이상으로 인정될 수 있음)

(ㅁ)「근로조건이 산업환경에 따라 해마다 변동하는 도시 일용근로자의 일실수입을 그 1일 노임에 관한 통계사실에 기초하여 평가하는 경우에는, 그 가동일수에 관하여도 법원에 현저한 사실을 포함한 각종 통계자료 등에 나타난 월평균 근로일수와 직종별 근로조건 등 여러 사정들을 감안하고 그 밖의 적절한 자료들을 보태어 합리적인 사실인정을 하여야 한다(대법원 2003. 10. 10. 선고 2001다70368 판결 등 참조)·」(대판 2024. 4. 25, 2020다271650. 과거 대법원이 도 시 일용근로자의 월 가동일수를 22일 정도로 보는 근거가 되었던 각종 통계자료 등의 내용이 많 이 바뀌어 그대로 적용하기 어렵게 되었다고 함)

(ㅂ)「불법행위로 인하여 사망한 자의 노동력 상실로 인한 장래의 일실수익은 사망 당시의 수익을 기준으로 산정함이 원칙이나 장차 그 수익이 증가될 것이 확실하게 예측할 수 있는 객관적 자료가 있는 경우에는 장차 증가될 수익도 일실수익을 산정함에 있어 고려되어야 할 것」이다(대판 1982. 7. 13, 82다카137).

(ㅅ)「불법행위로 인하여 사망하거나 또는 신체상의 장애를 입은 사람이 장래 얻을 수 있는 수입의 상실액은 그 수익이 장차 증가될 것임이 상당한 정도로 확실시되는 객관적인 자료가 없는 한 원칙적으로 그 불법행위로 인하여 손해가 발생할 당시에 그 피해자가 종사하고 있었던 직업으로부터 수익하고 있는 금액을 기준으로 하여 산정하여야 하고 불법행위 당시 일정한 수입이 없는 피해자의 장래의 수입상실액은 보통 일반사람이면 누구나 종사하여 얻을 수 있는 일반노동임금을 기준으로 하여야 하며 피해자의 학력이나 경력 등을 참작하여 그 수입을 책정할 수는 없다.」(대판 1986. 2. 25, 85다카 1954. 같은 취지: 대판 1987. 2. 24, 86다 카646; 대판 2009. 1. 15, 2006다19832)

(ㅇ)「불법행위로 사망한 피해자의 일실수입은 원칙적으로 불법행위로 손해가 발생할 당시에 피해자가 종사하고 있던 직업의 소득을 기준으로 산정해야 한다. 피해자가 사고 당시 일정한 직업의 소득이 없는 사람이라면 그 수입상실액은 보통사람이면 누구나 종사하여 얻을 수 있는 일반노동임금을 기준으로 하되, 특정한 기능이나 자격 또는 경력을 가지고 있어서 장차 그에 대응한 소득을 얻을 수 있는 상당한 개연성이 인정되는 경우에는 그 통계소득을 기준으로 산정할 수 있다. 이 경우 의과대학 등과 같이 전문직을 양성하는 대학에 재학 중인 피해자가 장차 전문직으로서 소득을 얻을

수 있는 상당한 개연성이 있는지 여부는 피해자의 연령, 재학 기간, 학업 성과, 전공 학과, 전문직을 수행하기 위한 자격의 취득가능성 등 피해자의 개인적인 경력은 물론 전문직을 양성하는 대학 졸업생의 졸업 후 진로, 취업률 그 밖의 사회적·경제적 조건을 모두 고려하여 경험칙에 따라 개별적으로 판단해야 한다.」(대판 2021. 7. 15, 2016다260097. 사망하거나 신체상의 장애를 입은 경우에 전단과 같은 취지: 대판 1992. 3. 10, 91다27044; 대판 2001. 8. 21, 2001다32472 등)

(ㅈ)「호프만식 계산법에 의하여 중간이자를 공제하는 경우에 단리연금현가율이 240을 넘는 중간이자 공제기간 414월(연별 호프만식 계산에 있어서는 그 율이 20을 넘는 36년) 이후에 있어서는 그 단리연금현가율을 그대로 적용하여 그 현가를 산정하게 되면 현가로 받게 되는 금액의 이자가 매월 입게 되는 손해액보다 많게 되어 손해액보다 더 많은 금원을 배상하게 되는 불합리한 결과를 가져오게 되므로 그 단리연금현가율이 240을 넘는 공제기간의 현가를 산정함에 있어서는 그 수치표상의 단리연금현가율이 얼마인지를 불문하고 모두 240을 적용계산함으로써 피해자가 과잉배상을 받는 일이 없도록 하여야 할 것이다.」(대판 1986. 3. 11, 85다카2352)

「그런데 가동할 수 있는 총기간 자체가 414개월을 초과하여 그 현가율의 수치가 240을 넘더라도 그 중간에 피해자가 순이익을 얻을 수 없는 기간이 포함되었다면 그 현가를 산정함에 있어서 가동할 수 있는 총기간의 단리연금현가율에서 순이익을 얻을 수 없는 기간에 해당하는 단리연금현가율을 공제한 수치를 적용하게 된다. 그 경우에는 그 공제한 결과의 수치가 240을 넘지 않는다면 가동할 수 있는 총기간에 해당하는 단리연금현가율의 수치 그대로를 적용하는 방식으로, 240을 넘는다면 가동할 수 있는 총기간에 해당하는 단리연금현가율에서 그 240의 초과분을 차감한 수치를 적용하는 방식으로 현가를 산정하여야 과잉배상의 문제가 발생하지 아니한다.」(대판 2022. 6. 16, 2022다211393)

(ㅊ)「피해자가 불법행위로 상해를 입고 장래의 불특정한 시점에 그로 인한 손해가 구체적으로 발현되었지만 불법행위 당시부터 이미 예정된 소극적·적극적 손해의 경우, 불법행위로 상해를 입었을 때 불법행위가 완성되어 손해배상채권이 성립하고 이행기까지 도래하는 것으로 볼 수 있으므로, 장래 구체적으로 발현되는 소극적·적극적 손해에 대하여는 불법행위 시가 현가산정의 기준시기가 되고, 이때부터 장래의 손해발현 시점까지 중간이자를 공제한 금액에 대해 다시 불법행위 시부터 지연손해금을 부가하여 산정하는 것이 원칙으로, 이는 불법행위로 인한 장래의 손해의 현가액 등 산정은 과잉배상이나 과소배상을 방지하고 정당한 배상액을 정하기 위한 손해액의 조정이 필요하기 때문이다. 같은 이유로, 불법행위 시 이후로서 사실심 변론종결일 이전의 어느 시점을 기준으로 그 이후 발생할 손해를 그 시점으로부터 장래 각 손해발생 시점까지 중간이자를 공제하는 방법으로 현가를 산정하되 그에 맞추어 지연손해금도 그 기준시점 이후부터 구하는 것은 그것이 위와 같은 본래의 방법을 벗어나거나 이에 모순·저촉되는 것이 아닌 한 허용되고, 반면 불법행위 시 이후로서 사실심

변론종결일 이전의 어느 시점을 기준으로 하여 현가를 산정하면서도 지연손해금은 그 기준시점 이전부터 명하는 것은 중간이자를 덜 공제하거나 지연손해금을 더 많이 인용하는 과잉배상이 되어 허용되지 않는다(대법원 1994. 11. 25. 선고 94다30065 판결, 대법원 2018. 10. 4. 선고 2016다41869 판결 등 참조). 호프만식 계산법에 따라 중간이자 공제기간이 414개월을 초과하여 월 단위 수치표상 단리연금현가율이 240을 넘는 경우, 이를 그대로 적용하여 현가를 산정하면 현가로 받게 되는 금액의 이자가 매월 입게 되는 손해액보다 많게 되어 피해자가 과잉배상을 받게 되는 결과가 되므로, 이를 막기 위하여 그 수치표상 단리연금현가율이 얼마인지를 불문하고 모두 240을 적용하는 것도 같은 취지이다.

이러한 법리에 비추어 볼 때, 불법행위로 상해를 입었지만 후유증 등으로 인하여 불법행위 당시에는 전혀 예상할 수 없었던 후발손해가 새로이 발생한 경우와 같이, 사회통념상 후발손해가 판명된 때에 현실적으로 손해가 발생한 것으로 볼 수 있는 경우에는 후발손해 판명 시점에 불법행위로 인한 손해배상채권이 성립하고, 지연손해금 역시 그때부터 발생한다고 봄이 상당하다. 이 경우 후발손해가 판명된 때가 불법행위 시이자 그로부터 장래의 구체적인 소극적·적극적 손해에 대한 중간이자를 공제하는 현가산정의 원칙적인 기준시기가 된다고 보아야 하고, 그보다 앞선 시점이 현가산정의 기준시기나 지연손해금의 기산일이 될 수는 없다.」(대판 2022. 6. 16, 2017다289538)

㈔ 사립고등학교 교사로 근무하고 있던 피해자가 사망 당시 유흥업소의 밴드원으로 전속출연하여 급료를 받고 있었다 하더라도 사립학교법과 국가공무원법의 관계규정에 의하면 사립학교 교원은 영리를 목적으로 한 업무에 종사하여서는 아니된다고 할 것이므로 피해자가 받은 위 급료는 위법소득에 해당하여 불법행위로 인한 일실수익의 기초로 삼을 수 없다(대판 1992. 10. 27, 92다34582).

㈕ 피해자가 여명기간 동안 계속 병원에 입원하여 있어야 할 경우 그 식비가 광의의 입원비에 해당된다면 피해자의 여명기간까지의 일실수입을 산정함에 있어서 그가 지출할 통상의 식비를 공제하여야 한다고 한 사례(대판 2010. 7. 8, 2010다20563).

2) 장례비　　사람은 누구나 언젠가 사망하기는 하지만 장례비 부담의　　[327] 무자가 언제나 그 의무를 진다는 보장이 없다. 따라서 장례비도 배상되어야 한다(같은 취지: 대판 1966. 10. 11, 66다1456 등). 그리고 판례는, 타인의 불법행위로 인하여 사망한 자를 매장하기 위하여 묘지를 구입한 경우 그 묘지구입비는 손해배상의 대상이 되는 장례비에 해당된다고 하면서, 다만 묘지구입비는 법률이 허용하는 묘지면적(현행「장사 등에 관한 법률」 18조 참조. 그에 의하면 사설묘지는 30제곱미터를 초과하지 못한다)의 매수대금을 초과하지 않는 범위에서만 인용되어야 할 것이라고 한다(대판 1984. 12. 11, 84다카1125). 한편 청구권자는 장례비 부담의무자이다(곽윤직, 463면 등은 지출자라고 한다). 그 의무는 상속인, 부양의무자 순으로 부담한다고 할 것이다.

〈판 례〉

교통사고로 사망한 자의 수입상실에 의한 손해액과 위자료액에 대하여 과실상계를 한 이상 동일한 원인으로 생긴 장례비에 관하여도 필요적으로 과실상계를 하여야 한다(대판 1974. 4. 9, 73다1506).

3) 치 료 비　피살자가 즉사하지 않고 중상당한 후 사망한 때에는 치료비도 배상하여야 한다. 그 배상청구권은 부양의무자에게 속한다.

[328]　**(5) 신체침해**

1) 치료비 · 개호비(介護費)　신체침해의 경우 치료비($\binom{입원비 \cdot 약값 \cdot}{진료비 등}$)는 마땅히 배상하여야 한다. 또한 신체침해의 피해자가 장애자가 되어 다른 사람의 도움 없이 일상생활을 할 수 없어 개호인(介護人)($\binom{환자 등을 보살}{펴주는 사람}$)이 필요한 때에는 그 비용도 배상하여야 한다(대판 1989. 10. 10, 88다카20545 등). 그리고 이들의 배상청구권은 피해자와 부양의무자에게 생긴다고 할 것이다(부진정연대채권).

〈판 례〉

「불법행위 피해자가 일반병실에 입원하지 아니하고 상급병실에 입원하여 치료를 받음으로써 추가로 부담하게 되는 입원료 상당의 손해는, 당해 진료행위의 성질상 상급병실에 입원하여 진료를 받아야 하거나, 일반병실이 없어 부득이 상급병실을 사용할 수밖에 없었다는 등의 특별한 사정이 인정되지 아니한다면, 그 불법행위와 상당인과관계가 있는 손해라고 할 수 없다(대법원 1995. 3. 14. 선고 94다39413 판결 등 참조).」(대판 2010. 11. 25, 2010다51406)

2) 일실이익　우선 피해자가 치료를 받는 동안 수입을 얻지 못한 것에 대하여 배상하여야 한다. 그리고 피해자가 노동능력을 완전히 또는 부분적으로 상실한 때에는 그로 인하여 얻지 못할 이익(일실이익)을 배상하여야 한다. 그런데 여기의 일실이익의 산정방법에는 두 가지가 있다. 하나는 일실이익의 본질을 사고가 없었으면 피해자가 얻을 수 있었던 소득의 상실이라고 보아 사고 전후의 수입을 비교하여 차액을 산출하는 방법(소득상실설 또는 차액설)이고, 다른 하나는 일실이익의 본질을 소득산출의 근거가 되는 노동능력의 상실 자체로 보고 상실된 노동능력의 가치를 사고 당시의 소득이나 추정소득에 의하여 평가하는 방법(가동능력(노동능력)상실설 또는 평가설)이다($\binom{노동능력의 일부를 상실하였으나 수입은 감소되지}{않은 경우에는 처음 견해에 의하면 손해가 없게 된다}$)· 판례는 처음에는 전자에 의하였으나(대판 1971. 12. 28, 71다2254 등), 전원합의체 판결에서 후자를 취한 뒤(대판(전원) 1979. 2. 13, 78다1491: [326]에 인용됨), 다른 전원합의체 판결에서 전자가 부당하다고 하였으

나($\frac{\text{대판(전원) 1984. 10.}}{\text{23, 84다카325}}$), 그 후에 특히 1984년의 전원합의체 판결을 폐기하지 않은 채 당해 사건에서 어느 방법이 보다 합리적이고 객관성 있는 장래가득수익을 반영하는 것인가에 따라 결정하여야 한다고 하여 현재까지 계속되고 있다($\frac{\text{대판 1986.}}{\text{3. 25, 85다카}}$ $\frac{\text{538; 대판 1987. 3. 10, 86}}{\text{다카331 등 다수의 판결}}$). 그런데 피해자가 종전과 다름없는 수입을 얻고 있더라도 손해를 입는 것으로 판단하는 점으로 보아($\frac{\text{대판 1991. 7. 23, 90다10803; 대판}}{\text{1992. 9. 25, 91다45929 등 다수의 판결}}$) 가동능력상실설을 주로 채택하는 것으로 생각된다.

〈제 1 사고 후 제 2 사고가 있는 경우에 관한 판례〉($\frac{\text{[283]에 인용된 대판 1968.}}{\text{3. 26, 68다91도 참조}}$) [329]

(ㄱ) 제 1 차로 광산낙반사고로 부상한 광부가 그 후 2차로 교통사고를 당하여 사망한 경우, 제 1 차사고와 2차사고 간에 조건적 관계가 존재하는 때($\frac{\text{즉 제 1 차사고가 없었다면}}{\text{2차사고도 발생하지 않았}}$ $\frac{\text{을 것이라고}}{\text{인정되는 때}}$)에는 후발적 사정을 참작할 것이 아니므로 제 1 차사고의 가해자는 제 1 차사고로 인한 손해액 전액을 배상하여야 하나, 제1, 2차사고 간에 조건적 관계가 없는 때에는 제 1 차사고의 가해자는 제 2 차사고로 피해자가 사망한 때까지의 손해만을 배상하면 된다($\frac{\text{대판 1979. 4. 24,}}{\text{79다156}}$).

(ㄴ) 「사고로 상해를 입은 피해자가 다른 사고로 인하여 사망한 경우, 위 두 사고 사이에 1차사고가 없었더라면 2차사고도 발생하지 않았을 것이라고 인정되는 것과 같은 조건적 관계가 존재하지 아니하는 경우에는 1차사고의 가해자는 2차사고로 인하여 피해자가 사망한 때까지의 손해만을 배상하면 된다.」($\frac{\text{대판 1995. 2. 10,}}{\text{94다51895}}$)

(ㄷ) 「사고로 상해를 입은 피해자가 다른 사고로 인하여 사망한 경우 그 두 사고 사이에 1차사고가 없었더라면 2차사고도 발생하지 않았을 것이라고 인정되는 것과 같은 조건적 관계가 존재하는 경우 1차사고의 가해자는 2차사고로 인한 피해자의 사망을 고려함이 없이 피해자가 가동연한에 이를 때까지의 일실수입을 배상하여야 한다.」($\frac{\text{대판 1998. 9. 18,}}{\text{97다47507}}$)

〈판 례〉

(ㄱ) 「불법행위로 인한 손해배상사건에서 피해자인 개인사업자의 실제 수입을 인정할 만한 객관적인 자료가 현출되어 있지 아니하는 경우에는 그 사업체의 규모와 경영형태, 종업원의 수 및 경영실적 등을 참작하여 피해자와 같은 정도의 학력, 경력 및 경영능력 등을 보유한 사람을 고용하는 경우의 보수 상당액, 즉 대체고용비에 의하여 일실수입액을 산정할 수 있고, 이와 같은 법리는 자영농민의 경우에도 그대로 적용될 수 있다. 한편 피해자인 개인사업자와 유사한 직종에 종사하는 자의 통계소득을 기준으로 하여 대체고용비를 산정할 수도 있으나, 이는 피해자인 개인사업자는 자신이 수행한 것과 그 내용에 있어서나 노무제공시간 등에 있어서 유사한 업무를 수행하는 자를 고용하는 데 지급하여야 하는 보수 상당의 수입을 얻어왔던 것으로

보아야 한다는 데 그 근거가 있는 것이므로, 통계소득을 기준으로 하여 대체고용비를 산정하기 위해서는 당해 통계의 조사목적이나 방법, 조사대상 및 범위, 표본설계의 방법 등을 두루 살펴 그 이용의 적합성 여부를 신중하게 판단하여야 한다.

이 사건에서 원심은, 원고가 4년제 대학을 졸업한 후 각종 농업기계장비를 갖추고 인삼·고추·벼 등을 경작하면서 10년 이상 영농에 종사하였고, 1994년에는 농업인 후계자로 지정되기도 하였다는 사실을 인정한 다음, 노동부 발행 임금구조 기본통계 조사보고서상의 농업숙련종사자로서 10년 이상 경력을 가진 남자의 월평균수입을 원고에 대한 대체고용비로 보고, 이를 기준으로 하여 원고의 일실수입을 산정하였다.

그러나 위 조사보고서는 상용근로자 5인 이상 사업체 중 표본사업체에 종사하고 있는 근로자들의 임금을 조사하여 작성된 것으로서 원칙적으로 '근로자'에 해당하는 자의 소득을 추정하는 기준이 될 뿐이므로, 위 조사보고서상 '농업숙련종사자'의 통계소득을 끌어다가 곧바로 자영농민인 원고에 대한 대체고용비로 인정할 수는 없다. 다만, 원고의 영농규모와 영농형태, 영농종사자의 수 및 영농실적 등을 참작하여 원고가 수행하여 온 업무가 그 내용이나 노무제공시간 등에 있어서 위 조사보고서상의 '농업숙련종사자'로서 10년 이상 경력을 가진 남자의 그것과 유사한 것으로 인정되는 경우에는 달리 볼 수도 있다고 할 것이나, 원심이 인정한 사실만으로는 그와 같이 보기 어렵다.」(대판 2007. 3. 29, 2006다50499)

(ㄴ) 「불법행위로 인한 손해배상사건에서 피해자의 일실수입은 사고 당시 피해자의 실제소득을 기준으로 하여 산정할 수도 있고 통계소득을 포함한 추정소득에 의하여 평가할 수도 있는 것인바, 피해자가 일정한 수입을 얻고 있었던 경우 신빙성 있는 실제수입에 대한 증거가 현출되지 아니하는 경우에는 피해자가 종사하였던 직종과 유사한 직종에 종사하는 자들에 대한 통계소득에 의하여 피해자의 일실수입을 산정하여야 한다. …

불법행위의 피해자가 입은 소극적 손해를 산정함에 있어 노동능력상실률을 적용하는 방법에 의할 경우에는 그 노동능력상실률은 단순한 신체적 장애율이 아니라 피해자의 연령, 교육 정도, 종전 직업의 성질과 직업 경력 및 기술숙련 정도, 신체장애의 부위 및 정도, 유사 직종이나 타 직종에의 전업가능성과 그 확률 기타 사회적, 경제적 조건을 모두 참작하여 경험법칙에 따라 도출하는 합리적이고 객관성 있는 노동능력상실률을 도출해야 하는 것이다.」(대판 2009. 7. 9, 2008다91180. 후단에 관하여 같은 취지: 대판 2023. 11. 16, 2020다292671)

「노동능력상실률은 궁극적으로는 법관이 피해자의 연령, 교육 정도, 노동의 성질과 신체기능 장애 정도, 기타 사회적·경제적 조건 등을 모두 참작하여 경험칙에 비추어 규범적으로 결정하는 것이다.」(대판 2017. 11. 9, 2013다 26708·26715·26722·26739)

「노동능력상실률을 정하기 위한 보조자료의 하나인 의학적 신체기능장애율 및 그에 대한 감정인의 감정결과 등은 사실인정에 관하여 특별한 지식과 경험, 통계치 등을 요하는 경우에 법관이 이용하는 참고자료에 불과한 것으로, 궁극적으로는 피해자의 모든 조건과 경험칙에 비추어 규범적으로 결정할 수밖에 없으므로 동일한 사실에 관하여 일치하지 않는 수 개의 자료가 있을 때 법관이 그 하나에 의거하여 사실을 인정하거나 이를 종합하여 사실을 인정하는 것은 경험칙 또는 논리법칙에 위배되지 않는 한 적법하다(대법원 1989. 3. 14. 선고 86다카2731 판결, 대법원 1992. 5. 22. 선고 91다39320 판결, 대법원 2002. 9. 4. 선고 2001다80778 판결 등 참조). 이와 같이 노동능력상실률을 정하는 것은 원칙적으로 사실심 법원의 전권에 속하는 것이지만 법관에게 이에 관한 자유재량을 부여한 것은 아니므로, 법원은 형평의 원칙에 반하거나 현저히 불합리한 결과가 발생하지 않도록 앞서 열거한 모든 구체적 사정을 충실하고 신중하게 심리하여 그 평가가 객관성을 갖추도록 하여야 한다(대법원 2020. 4. 9. 선고 2019다293654 판결, 대법원 2020. 6. 25. 선고 2020다219850 판결 등 참조).」(대판 2023. 11. 16, 2020다292671)

「1) 불법행위로 인한 일실수입을 산정하기 위하여 노동능력상실률을 평가할 때 '기왕의 장해율', 즉 불법행위 전에 가지고 있던 기왕증으로 인한 노동능력상실의 정도는, '기왕증의 기여도', 즉 기왕증이 후유증 발생에 기여한 정도와 구분되는 개념이다. 불법행위 전에 기왕의 장해가 있었다면, 불법행위 후 현재의 노동능력상실률(L2)에서 기왕의 장해로 인한 노동능력상실률(L1)을 빼고(L3 = L2 − L1), 기왕증이 후유증 발생에 기여하였다면 기왕의 장해율 외에 기왕증의 기여도도 참작하여 불법행위로 인한 노동능력상실률을 평가하여야 한다(대법원 1995. 7. 14. 선고 95다16738 판결, 대법원 2023. 6. 15. 선고 2023다211840 판결 등 참조). 기왕의 장해와 기왕증 기여도가 동일한 부위에 문제 되는 경우, 기왕증 기여도는 기왕의 장해로 인한 노동능력상실률을 제외하고 증가된 노동능력상실률에 기왕증이 기여한 정도를 의미한다.

2) 추간판탈출증 등을 치료하는 과정에서 의료과실이 없더라도 환자에게 척추 유합술이 필요하고, 장해평가기준에서 척추 유합술을 받은 상태 자체를 장해로 인정하는 것과 같이 일부 의료행위의 특수성상 불법행위가 없었더라도 필연적으로 일정한 장해 및 노동능력상실이 예정된 경우가 있다. 이와 같은 예정된 장해가 있다면, 의료과실로 인한 불법행위가 없었더라도 피해자의 노동능력은 그 예정된 장해로 일정 부분 상실될 수밖에 없다는 점을 고려해야 하는데, 예정된 장해는 기왕의 장해와 그 성격이 유사하므로 특별한 사정이 없는 한 기왕의 장해와 동일하게 취급하면 된다. 다만 일실수입을 실제소득에 의하여 산정하는 경우, 그 실제소득은 예정된 장해가 없었던 상태에서 얻고 있던 소득이라는 차이를 고려해야 한다.

따라서 기왕의 장해가 없이 예정된 장해만 있고, 예정된 장해로 인한 노동능력상실의 정도를 알 수 있는 경우에는, 현재의 전신 노동능력상실률(L2)에서 예정된 장해로 인한 전신 노동능력상실률(L1)을 빼는 방법으로 불법행위로 인한 전신 노동능력상실률(L3 = L2 − L1)을 산정하고, 여기에 통계소득 또는 실제소득을 그대로 곱하는 방식으로 일실수입을 산정하면 된다(L3 × 소득). 한편 기왕증이 예정된 장해 외에 증가된 노동능력상실률에도 기여하였다면, 이를 참작하여 현재의 전신 노동능력상실률(L2)을 산정하여야 한다.」(대판 2023. 8. 31, 2022다303995)

㈐「불법행위 피해자는 그로 인한 손해의 확대를 방지하거나 감경하기 위하여 노력하여야 할 일반적 의무가 있다고 할 것이므로, 피해자는 관례적이고 상당한 결과의 호전을 기대할 수 있는 수술을 용인할 의무가 있다. 따라서 그와 같은 수술을 거부함으로써 손해가 확대된 경우 그 손해 부분은 피해자가 부담하여야 하고(대법원 2006. 8. 25. 선고 2006다20580 등 판결), 그러한 수술로 피해자의 후유증이 개선될 수 있는 경우에 신체 손상으로 인한 일실이익 산정의 전제가 되는 가동능력상실률은 다른 특별한 사정이 없는 한 그 수술을 시행한 후에도 여전히 남을 후유증을 기준으로 하여 정하여져야 할 것이다(대법원 2002. 4. 26. 선고 2000다16237 판결 등 참조. 한편 그 수술비용이 다른 요건을 갖추는 한 손해배상의 범위에 들어감은 물론이다).」(취지: 대판 2023. 3. 16, 2022다283305)(대판 2010. 11. 25, 2010다51406. 같은)

㈑「불법행위로 인한 후유장애로 말미암아 외모에 추상이 생긴 경우에 그 추상의 부위 및 정도, 피해자의 성별, 나이 등과 관련하여 그 추상이 장래의 취직, 직종선택, 승진, 전직에의 가능성 등에 영향을 미칠 정도로 현저한 경우에 한하여 추상장애로 인하여 노동능력상실이 있다고 볼 수 있을 것이다(대법원 2004. 10. 15. 선고 2003다39927 판결 참조).」(대판 2011. 1. 13, 2009다105062)

㈒「불법행위 당시 일정한 수입을 얻고 있던 피해자의 일실수입 손해액은 객관적이고 합리적인 자료에 의하여 피해자가 사고 당시에 실제로 얻고 있었던 수입금액을 확정하여 이를 기초로 산정하여야 하고, 이 경우 피해자가 세무당국에 신고한 소득이 있을 때에는 그 신고 소득액을 사고 당시의 수입금액으로 보는 것이 원칙이다(대법원 2000. 3. 24. 선고 98다62114 판결 참조). 다만 신고된 소득액이 피해자의 직업, 나이, 경력 등에 비추어 현저히 저액이라고 판단되는 경우에는 그 신고소득액만을 피해자의 사고 당시 수입금액으로 삼을 수는 없으나(대법원 2007. 12. 14. 선고 2007다52607 판결 참조), 그러한 경우 피해자에게 일용노임 이상의 소득금액을 기초로 한 일실수입을 인정하려면 사고 당시 피해자가 실제로 그러한 소득금액을 얻고 있었다거나 그러한 소득금액을 얻을 수 있었다는 상당한 개연성이 인정되어야 한다. 따라서 그러한 사정이 인정되지 않는 경우에까지 피해자가 주장하는 소득금액을 기초로 일실수입을 인정하여서는 아니 된다. 이는 개인 사업주인 피해자의 수입이 주로 사업주 개인의 노무에 의존하고 있어 기업에서의 자본적 수익이 미미한 경우에 해당한다고 보아 피해자에게 같은 경력을 가지고 같은 직종에 종사하는 근로자의 추정통계소득을 기준으로 일실수입을 인정할 경우에도 마찬가지이다.」(대판 2016. 6. 28, 2015다23024)

㈓「불법행위로 인한 피해자의 일실수익은 피해자의 노동능력이 가지는 재산적 가치를 정당하게 반영하는 기준에 의하여 산정하여야 하고 사고 당시 일정한 직업에 종사하여 수익을 얻고 있던 사람은 특별한 사정이 없는 한 그 수익이 산정 기준이 된다. 피해자가 사고 당시 기간을 정한 계약에 따라 근무하고 있었던 경우 특별한 사정이 없는 한 그 가동연한까지 그 정도의 수익이 있는 유사한 직종에 계속 종사할 수 있는 것으로 봄이 타당하다(대법원 1987. 12. 22. 선고 87다카2169 판결 등 참조). 이때 피해자의 가동능력이 상실되면 피해자의 임금이 감소될 것이고, 그 퇴직금도 위와 같이 감소된 임금을 기초로 하여 산정될 것이므로 특단의 사정이 없는 한 피해자는 남은 가동능력을 가지고 사업장이나 직

장에서 정년까지 근무할 것이라고 보아 노동능력상실률에 따른 일실퇴직금을 인정하여야 한다(대법원 1994. 9. 30. 선고
93다58844 판결 등 참조). 피해자가 외국인이거나 계약에 따라 임용되었다는 이유만으로 이와 달리 볼 것이 아니다.」(대판 2018. 11. 29,
2016다266606 · 266613)

(ㅅ)「타인의 불법행위로 인하여 신체적 장해가 발생한 경우에 일실수익의 산정은 원칙적으로 불법행위 당시의 피해자의 실제 수입이 손해액 산정의 기초가 되고, 근로기준법상 평균임금이나 통상임금은 일실수익 상당의 손해를 산정하는 기준으로 볼 수 없다(대법원 1989. 5. 9. 선고 88다카16010 판결, 대법
원 2018. 2. 28. 선고 2015다254538 판결 등 참조). 또한, 향후 예상소득에 관한 증명의 정도는 과거 사실에 대한 증명의 정도보다 경감하여야 하므로, 피해자가 현실적으로 얻을 수 있는 구체적이고 확실한 소득의 증명이 아니라 합리성과 객관성을 잃지 않는 범위 안에서 상당한 개연성이 있는 소득의 증명으로서 족하다(대법원 1990. 11. 27. 선고
90다카10312 판결, 대법원
2018. 2. 28. 선고 2015)·」(대판 2022. 11. 10,
다254538 판결 등 참조)·」(2022다261534)

4. 정신적 손해의 산정 [330]

위자료액의 산정에 관하여는 명백한 기준이 없다. 판례에 의하면, 불법행위로 입은 비재산적 손해에 대한 위자료 액수는 사실심법원이 여러 사정을 참작하여 그 직권에 속하는 재량에 의하여 이를 확정할 수 있다고 한다(대판 1988. 2. 23, 87다카
57; 대판 1999. 4. 23, 98
다41377; 대판 2002. 11. 26, 2002다43165; 대판 2006. 1. 26, 2005다47014; 대판 2018. 7. 26, 2016다205908 ; 대판 2018. 11. 29, 2016다266606 · 266613; 대판(전원) 2019. 2. 21, 2018다248909; 대판 2019. 9. 26, 2018다222303 · 222310 · 222327; 대판 2020. 12. 24, 2017다51603; 대판 2023. 2. 2, 2020다270633; 대판 2023. 12. 21, 2018다303653 등. 대판 2018. 11. 15, 2016다244491은「불법행위 또는 채무불이행」으로 입은 정신적 피해에 대한 위자료 액수에 관해서 같은 취지로 판시함)(대판 2009. 12. 24, 2007다77149; 대판 2020. 11. 26, 2019다276307; 대판 2023. 2. 2, 2020다270633은 법원이 불법행위로 인한 위자료를 산정함에 있어서는 피해자의 연령, 직업, 사회적 지위, 재산 및 생활상태, 피해로 입은 고통의 정도, 피해자의 과실 정도 등 피해자 측의 사정에 가해자의 고의, 과실의 정도, 가해행위의 동기, 원인, 가해자의 재산상태, 사회적 지위, 연령, 사고 후의 가해자의 태도 등 가해자 측의 사정까지 함께 참작하는 것이 손해의 공평부담이라는 손해배상의 원칙에 부합한다고 한다). 그런데 판례는, 이것이 위자료 산정에 법관의 자의가 허용된다는 것을 의미하는 것은 아니라고 하면서, 위자료의 산정에도 그 시대와 일반적인 법감정에 부합될 수 있는 액수가 산정되어야 한다는 한계가 당연히 존재하고, 따라서 그 한계를 넘어 손해의 공평한 분담이라는 이념과 형평의 원칙에 현저히 반하는 위자료를 산정하는 것은 사실심법원이 갖는 재량의 한계를 일탈한 것이 된다고 한다(대판(전원)
2013. 5. 16,
2012다202819; 대판 2014. 1. 16, 2011다108057; 대
판 2017. 11. 9, 2013다26708 · 26715 · 26722 · 26739). 사견으로는 유사한 사건이 담당 법관에 따라 위자료액이 크게 차이가 생기는 것은 바람직하지 않으므로 가능한 범위에서 위자료액의 정형화(표준 위
자료액)가 필요하다고 생각한다.

5. 손익상계

불법행위로 인하여 피해자가 손해를 입음과 동시에 이익을 얻는 경우에는 배상액에서 그 이익을 공제하여야 한다. 이를 손익상계라고 한다. 민법은 이에 대하여 명문의 규정(예: 국가배상법 3조의 2, 국가배상법 시행령 6조)을 두고 있지 않으나, 학설·판례는 채무불이행에 있어서와 마찬가지로 불법행위에서도 일치하여 손익상계를 인정하고 있다.

손익상계가 되려면 피해자가 불법행위로 인하여 새로운 이익을 얻었어야 하고, 또 그 이익과 불법행위 사이에 상당인과관계가 있어야 한다(대판 1992. 12. 22, 92다31361; 대판 2002. 10. 11, 2002다33502. 같은 취지: 곽윤직, 466면. 다른 견해 있음). 그 구체적인 예는 채권법총론 책에서 이미 설명하였다(채권법총론 [99] 참조).

6. 과실상계

불법행위의 경우에 피해자에게도 과실이 있는 때에는 법원은 손해배상의 책임 및 그 금액을 정함에 있어서 이를 참작하여야 한다(763조· 396조). 이를 과실상계라고 한다. 여기에 관하여도 채권법총론 책에서 자세히 설명하였다(채권법총론 [100] 이하 참조).

[331]   ## 7. 배상액의 경감

불법행위손해의 배상의무자는 그 손해가 고의 또는 중대한 과실에 의한 것이 아니고 또 그 배상으로 인하여 배상자의 생계에 중대한 영향을 미치게 될 경우에는 법원에 배상액의 경감을 청구할 수 있고(765조 1항), 법원은 그 청구가 있는 때에는 채권자 및 채무자의 경제상태와 손해의 원인 등을 참작하여 배상액을 경감할 수 있다(765조 2항). 민법은 생계마저 어렵게 될 가능성이 있는 가해자를 위하여 이와 같은 규정을 마련하였다. 그러나 그 적용은 신중하여야 한다. 판례는 배상액 경감청구 여부에 관하여 법원은 석명의무도 없다고 하며(대판 1962. 9. 20, 62다428), 배상액의 경감청구가 있으면 법원은 형평의 정신에 입각하여 자유로이 경감할 수 있다고 한다(대판 1967. 12. 26, 67다1430).

〈실화의 경우〉

개정된 「실화책임에 관한 법률」은 실화의 특수성을 고려하여 실화자에게 중대한 과실이 없는 경우 그 손해배상액의 경감에 관한 「민법」 제765조의 특례를 정하고 있다(같은 법 1조). 그 법의 구체적인 내용을 살펴본다.

그 법은 실화로 인하여 화재가 발생한 경우 연소(延燒)로 인한 부분에 대한 손해배상청구에 한하여 적용되며($\substack{같은 법 \\ 2조}$), 발화점과 불가분의 일체를 이루는 부분(즉 직접 화재)에 대한 손해배상청구에는 적용되지 않는다($\substack{대판 2024. 2. 15, \\ 2019다208724}$). 따라서 후자에 대하여는 배상액의 경감을 청구하지 못한다.

그 법에 의하면, 실화가 중대한 과실로 인한 것이 아닌 경우 그로 인한 손해의 배상의무자는 법원에 손해배상액의 경감을 청구할 수 있다($\substack{같은 법 \\ 3조 1항}$). 배상으로 인하여 배상의무자의 생계에 중대한 영향이 미치게 될 경우인지는 묻지 않는다($\substack{765조 1 \\ 항 참조}$). 그리고 법원은 배상액 경감의 청구가 있을 경우에는 화재의 원인과 규모, 피해의 대상과 정도, 연소 및 피해 확대의 원인, 피해 확대를 방지하기 위한 실화자의 노력, 배상의무자 및 피해자의 경제상태, 그 밖에 손해배상액을 결정할 때 고려할 사정을 고려하여 그 손해배상액을 경감할 수 있다($\substack{같은 법 \\ 3조 2항}$).

민법규정 색인

(왼쪽의 숫자는 민법규정이고, 오른쪽의 숫자는
본문의 옆에 붙인 일련번호 즉 옆번호임)

판례(대법원·헌법재판소) 색인

(오른쪽의 숫자는 옆번호임)

사항 색인

(오른쪽의 숫자는 옆번호임)

저자약력
서울대학교 법과대학, 동 대학원 졸업
법학박사(서울대)
경찰대학교 전임강사, 조교수
이화여자대학교 법과대학/법학전문대학원 조교수, 부교수, 교수
Santa Clara University, School of Law의 Visiting Scholar
사법시험·행정고시·외무고시·입법고시·감정평가사시험·변리사시험 위원
현재: 이화여자대학교 법학전문대학원 명예교수

주요저서
錯誤論
民法注解[Ⅱ], [Ⅷ], [Ⅸ], [XIII](초판)(각권 공저)
註釋民法 債權各則(7)(제 3 판)(공저)
법학입문(공저)
法律行爲와 契約에 관한 基本問題 硏究
代償請求權에 관한 理論 및 判例硏究
不動産 占有取得時效와 自主占有
法律行爲에 있어서의 錯誤에 관한 判例硏究
契約締結에 있어서 他人 名義를 사용한 경우의 法律效果
흠있는 意思表示 硏究
民法改正案意見書(공저)
제 3 자를 위한 契約 硏究
民法事例演習
民法講義(上)
民法講義(下)
債權의 目的 硏究
不法原因給與에 관한 理論 및 判例 硏究
法官의 職務上 잘못에 대한 法的 責任 硏究
시민생활과 법(공저)
신민법강의
기본민법
신민법사례연습
신민법입문
민법 핵심판례240선(공저)
민법총칙
물권법
채권법총론
채권법각론
친족상속법
민법전의 용어와 문장구조
나의 민법 이야기

제 7 판

채권법각론

초판발행 2014년 1월 20일
제 7 판 발행 2025년 1월 5일

지은이 송덕수
펴낸이 안종만 · 안상준

편 집 김선민
기획/마케팅 조성호
표지디자인 이수빈
제 작 고철민 · 김원표

펴낸곳 (주) **박영시**
서울특별시 금천구 가산디지털2로 53, 210호(가산동, 한라시그마밸
등록 1959. 3. 11. 제300-1959-1호(倫)

전 화 02)733-6771
f a x 02)736-4818
e-mail pys@pybook.co.kr
homepage www.pybook.co.kr
ISBN 979-11-303-4847-6 93360

정 가 39,000원